TABLES FOR CLEARING THE LUNAR DISTANCE
THIRD, REVISED EDITION

Copyright © 1995, 1997, 2010 by Bruce Stark

All rights reserved. No part of this book may be reproduced or transmitted in any form or by any means, electronic or mechanical, including photocopying, recording, or any information storage or retrieval system, without permission in writing from the author.

ISBN 9780914025689

Published by

Starpath Publications

3050 NW 63rd Street, Seattle, WA 98107

www.starpathpublications.com

Table of Contents

Preface v
Making an Observation vii
Suggested Page Tab Placements ix
Using the Tables x
Odds and Ends xvi
Blank Workforms xxii

Table W.W. P. Moon 2
Table W.W. P. Venus and Mars 9
Instructions for W.W.P. and W.W.P. Ref 10
Table W.W. Ref 11

Table 1 12
Table 2 17
Table 3 60
Table 4 68
Table 5 70
Table 6 71

Table K 73
Table Gaussians 208
Table Log Dec. 275
Table 7 and 8 Instructions 292
Table 7 293
Table 8 297

Appendix
Using Predicted Lunar Distances 304
Table of Proportional Logs 306

Preface

These tables are the outcome of nearly two decades of experience with, and research into, the problem of getting Greenwich time from the moon. They reduce the calculation that clears a distance of refraction and parallax to a simple routine. The method fills a special niche. Unlike other easy-to-use procedures for clearing, it remains accurate when the distance is short. Short distances are the only ones the navigator of a quick-motioned small boat can hope to measure with confidence.

Lunars were more important in navigation—and for a longer period—than is commonly recognized. It is true they became really practical only in 1767, the first year of the *Nautical Almanac*, and that by then John Harrison had already perfected his best timekeeper. But special "watches" such as Harrison's were extremely difficult and expensive to build, and generations passed before they were standard equipment for ocean-going ships. On a long voyage a ship that did have a chronometer used it in conjunction with lunars.

Bowditch had more faith in lunars than in chronometers. Of longitude-by-chronometer he wrote:

> This method is useful in a short run; but in a long voyage, implicit confidence cannot be place in an instrument of such a delicate construction, and liable to so many accidents.

And of longitude-by-lunar distance:

> Other methods of finding the longitude at sea have been proposed, but among them all there is not one of such practical utility, as that by measuring the angular distance of the moon from the sun, or from certain fixed stars situated near the ecliptic, usually called a *lunar observation*, or, more frequently, "*a lunar.*"

(These quotes are from the 1851 edition of *The New American Practical Navigator*, page 225. Wording is different in the 1821 edition, page 148, but the message is the same.)

Although each 0.'1 of error in the distance causes about twelve seconds of error in Greenwich time—3' of longitude—Bowditch had no trouble taking his ship from one place to another quickly and safely. He had a good idea what his maximum error in longitude could be at a given time, and allowed for it when shaping a course or making the land.

But by the middle of the nineteenth century chronometers were so reasonably priced that ships often carried three, and geography had improved to the point that almost any land raised served to check longitude. More and more steamships were being built—ships that couldn't be held up for weeks by a headwind or calm. Lunars were less and less needed. By the eighteen-nineties they were, as Captain Lecky put it in his *Wrinkles in Practical Navigation*, "... as dead as Julius Caesar."

Actually they weren't quite *that* dead. Joshua Slocum and a few others were still using them.

Now GPS is about to do for the rest of celestial navigation what chronometers and radio time signals did for the lunar. This might seem an awkward time for it, but if you enjoy using a sextant you will welcome the resurrection of the lunar distance. For one thing, lunars could help keep celestial navigation alive.

The present justification for celestial is that it provides a backup when electronics fail. The argument will have more force if lunars are part of the navigator's kit, since the electromagnetic shock wave from a nearby lightning strike can derange the timekeepers, even spring driven ones, in the same instant it takes out the electronics.

A more compelling point is this: Nothing else comes close to the lunar for developing skill with a sextant—and the observation is demanding enough to hold one's interest for a lifetime. On land a navigator who already knows his position can observe a distance on a moment's notice, day or night, without a horizon of any kind. When he compares his result with known GMT he will get the clean, reliable feedback he needs to continually improve his technique.

A third reason for resurrecting the lunar is to encourage more people to use sextants. At present it doesn't make sense to have a sextant unless you take it to sea. There's no other way to get enough satisfaction out of it to justify the price. Lunars will make land-based celestial navigation interesting enough to take up for its own sake, and amateur astronomers will find a sextant is worth owning.

The sextant doesn't belong exclusively to the sea. Explorers, geographers, and surveyors depended on sextants as they mapped the continental interiors. Not all these men are forgotten. Read a bit of history on the western two-thirds of the continent and you'll find references to Canada's intrepid David Thompson. And there are others. But of all the men who observed lunar distances on the river banks and in the mountain passes of the North American continent, the two best known—in the United States at least—are Lewis and Clark. The details of lunars are recorded in their journals.

Making the Observation

Preparation: If you don't already have a better way of recording your sights, try this: Find an open cylinder (such as a smooth-sided tin can with both ends out) of a size to fit on your forearm. Fold a sheet of notebook paper lengthwise, wrap it around the cylinder and snap a rubber band over it to hold it in place. Slide this on your arm until the inboard end is snug. Roll your sleeve back and stuff it under the outboard end, to make that secure. This also gets your sleeve out of the way of the watch, which can be worn on the palm side of the wrist and, during daylight at least, read at a glance.

For night observations a mechanic's penlight with flexible stem is convenient. It can be clipped in the shirt pocket and the stem bent to suit. To keep it from flopping around, cut a stiff piece of plastic to fit in the pocket, and clip the light over both pocket and plastic. For the sake of night vision you may want to paint the bulb or lens red.

Choosing the other body: Naturally the body from which the moon's distance is measured should be more or less in line with her orbit. The sun is ideal in this respect. At night you can discover the moon's orbit by imagining a line drawn through her narrow dimension. Or, put another way, her orbit is perpendicular to a supposed line joining her horns. When she's too near full for this to work it is worth knowing where the ecliptic is among the stars. Pages 266 and 267 of the *Almanac* show it as a curving line. The moon will be within about five degrees of the line, and her orbital motion nearly parallel to it.

Getting a rough contact: Take the telescope off the sextant and put it in a safe, handy place, such as a clean left front pants pocket. This gives you a wide view, and lets both eyes work. Turn up the shades you think you'll need and set the index to zero. If confusing reflections are coming from the shades or mirrors try using a sight tube. The usual way of bringing the objects together is to hold the sextant so its frame is in line with both, and looking through the horizon glass at one, move the index forward until the other appears. This is easy if the distance is short.

Alternatively, start with the higher object. Hold it in the silvered side of the glass and bring it across the sky to the other. This is like bringing a star down to the horizon for an altitude, but more difficult, since the destination is easier to miss and the motion seldom vertical. It is usually necessary to bring the first object even with but well to the side of the other, until shades are readjusted.

A less sporting approach is to calculate the two comparing distances from the *Almanac* beforehand and set the index somewhere in between. This will be close enough to put both objects in the horizon glass.

Adjust the images to a comfortable, and equal, brightness. Usually this will take fewer shades if you look through the horizon glass at the dimmer of the two objects and reflect the other.

Measuring the distance: Put the telescope back on and make the contact on the moon's fully rounded limb at the point the sun, or star, can just touch when the sextant is rocked on the axis of the telescope. But split a planet's image on the limb. That way you can ignore its semidiameter. The images may be easier to control if you use your right hand simply to keep one body—the one you are looking at directly—centered in the telescope. The reflected image will follow your left hand as it rocks the sextant.

Don't try for perfection—just take an interest in the way the contact looks as the images brush. It shouldn't take much over a minute to get and record each contact and watch time.

While it's customary to use the average of from three to six measurements (and watch times), it may work as well to put a mark beside the best one and use it only. This might be a good idea for those who have trouble averaging sexagesimals.

Altitudes: Fortunately, altitudes are not critical. They are only wanted for their refraction and parallax corrections, and to determine the shape of the triangle formed by the two bodies and the observer's zenith. Still, try to get the altitudes within 1' or 2' of the truth—especially if the distance is short.

At sea, a lone observer measures the altitudes twice, once before getting a set of three or more distances, and then again afterward. Watch times are noted with the altitudes, just as they are with the distances. The operation is best completed in ten minutes or so since altitudes don't change at a steady rate. Get the rough contact for distance before you begin, and write it down. Also make a mental note of the shades you'll want. That way you can set the sextant for the distance as soon as you have the first altitudes.

An example at the bottom of page 292, facing Table 7, shows how to proportion the altitudes to agree with the time of the distance.

If there are three observers, the one measuring the distance calls "Mark" each time he has a contact. The other two, who have been following the altitudes, note what they have at the moment. Altitudes are recorded along with each measurement of the distance. The mean of the altitudes will agree with that of the distances. If the altitudes make a reasonable cut you won't need a watch, as you can use the mean altitudes for a position fix after you've found Greenwich time.

At home—or any place on land where you know latitude, longitude and time—save yourself trouble by leaving the artificial horizon in its box. That way you can step out the door and be back with a set of distances in five minutes. When you're ready to work the observation, compute altitudes using your true position and the true GMT of the average distance. A hand-held calculator, if programmed for this job, makes short work of it.

Index correction: I get wildly variable notions of index error from the horizon or a star. I wear trifocals, and my eyes were never particularly sharp anyway. But the sun's diameter, measured on and off the arc, still gets a reliable correction. The method isn't much used nowadays, so is given here.

If there is a dark glass in the sextant box fit it on the eye end of the telescope. Otherwise you'll have to use a lot of shades. Set the index to zero and then turn the micrometer drum forward to about 30'. Perfect the contact between limbs of the sun's two images and record it. Unclamp the index, set it on the other side of zero—off the arc—and perfect the contact again. Bear in mind that measurements off the arc must be read in the opposite direction to the numbers. This applies to both micrometer drum and vernier. Perhaps it would make more sense to read the normal way and then subtract from sixty.

Get two or three measurements each side of zero. The difference between the sum of "on" measurements and the sum of "off" measurements, divided by the total number of measurements, will be index error. Name it "on" or "off" after the biggest sum.

on	off
32.8	32.6
32.6	32.2
32.8	32.3
98.2	97.1
97.1	
1.1	

6 / 1.1 = 0.2' on

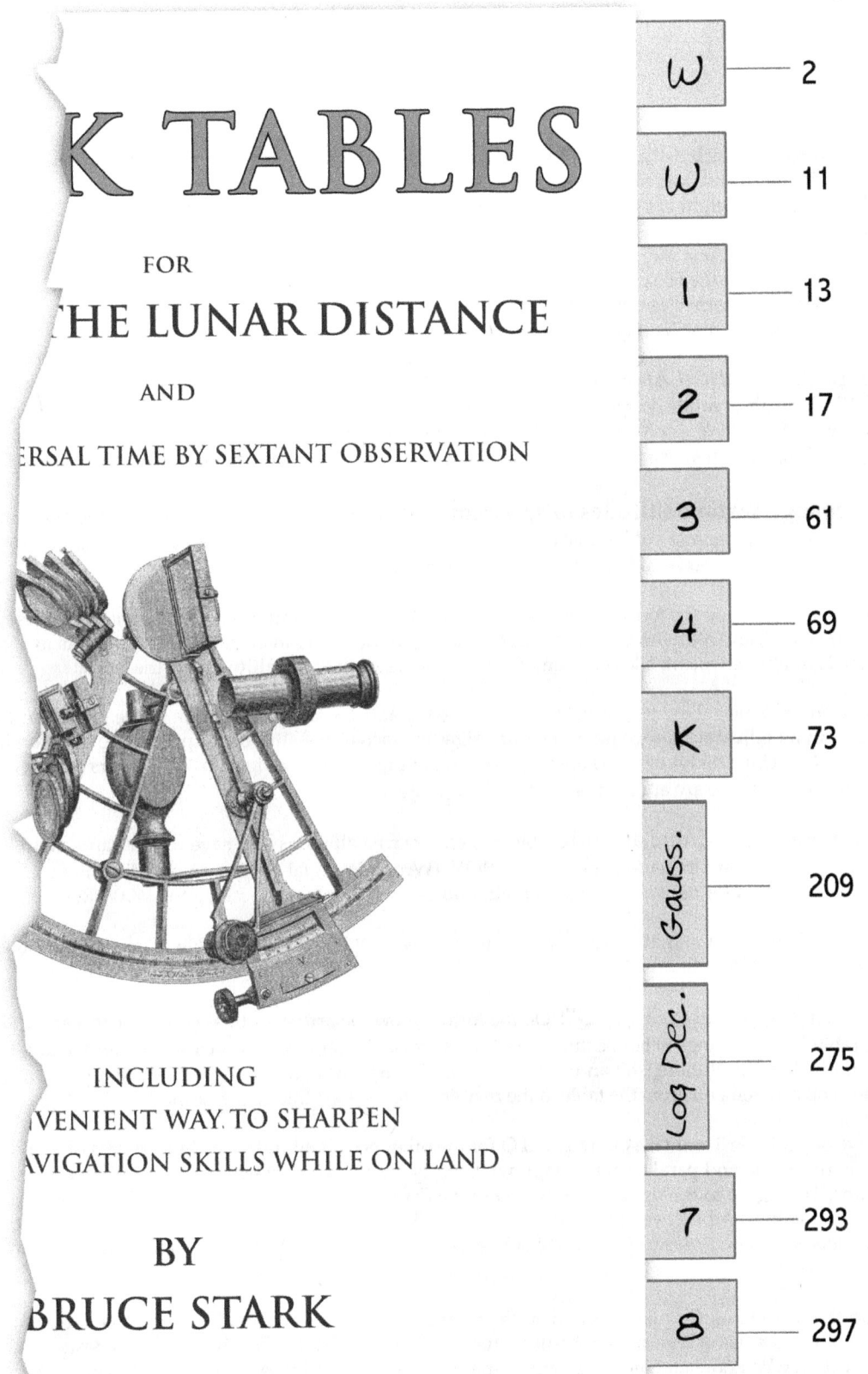

Put Tab on page #

Tab	Page
W	2
W	11
1	13
2	17
3	61
4	69
K	73
Log Gauss.	209
Log Dec.	275
7	293
8	297

This is the index tab placement that works best for me

Using the Tables

Three lunars are included as examples. One was measured from a planet, one from the sun, and one from a star. All were observed on land, but fake sea-horizon altitudes were used to clear the one on the opposite page. Height of eye is supposed to be eight feet.

Probably the quickest way to learn the method is to work the three examples for yourself. The blank forms bound into the book before the first table should be saved as patterns. Make photocopies as you need them. One form clears the distance, the other gets comparing distances (and GMT) when you have only the present-day *Nautical Almanac* to work with.

From the *Nautical Almanac*: Take the moon's H.P. for the hour you believe to be nearest the GMT of the observation. Put it in the box at the upper right corner of the form. If the distance was measured from Venus or Mars, check the bottom of page 259 in the *Almanac* to see if a value of "p." is given. If so, enter it above the moon's H.P. box. That's all you need from the *Almanac* for clearing.

To change *sextant* altitudes to apparent altitudes of the centers: If you have sextant altitudes for the moment of the distance, put them in the spaces on the top row. Circle the figure that best represents the body and limb you brought to the horizon.

There is no place on the form to adjust sextant altitudes for index and instrument error, since these are usually small, and altitudes not critical. But if combined index and instrument error amounts to 1' or more it might be worthwhile correcting for them before putting the altitudes on the form.

Next, enter Table 1. Find your height-of-eye at the top and go down the column to the row of best fit. Take out an adjustment, together with + or - sign, for each of the altitudes. Apply these and you have **Sa** and **Ma**. Unorthodox symbols are used because, in present-day navigation, "H_a" refers to the sun's or moon's limb. These are apparent altitudes of the centers.

To change *calculated* altitudes: Since these are true altitudes you have to put parallax and refraction *into* them to get **Ma** and **Sa**. The W.W. (Wrong Way) tables give these adjustments, together with + or - signs for applying them. You will find examples on page 9, facing the W.W. Ref. Table.

Put the resulting **Sa** and **Ma** directly on the form, leaving the first two lines blank, as will be shown in the next example.

Refraction, parallax, and "Q": On the form, follow the arrow to the right of **Ma** and enter Table 2. In Table 2 the headings of both columns and rows are at 2' intervals. That's close enough for **Ma**. Use the *nearest* value. But if there isn't an exact match for H.P. use the column headed by the next *lesser* value. Then copy increments from the table in the margin onto the next line of the form.

Move on to Table 3 and take out r&p and Q for the other body's altitude. The hundredths of a minute of arc in refraction and parallax are there so when parts are added there will be no rounding error in the tenths. The figure to the right of the comma in the Q function has a similar purpose. Don't interpolate between values. All the way through this system values are tabulated to the precision needed. Interpolation would be a waste of time. The only exception is that part of the "K" table above 104°, and it is seldom used.

Add the three lines. Q will be needed on the fourth line from the bottom. It's a negative logarithm of the ratio of cosines of true and apparent altitudes, if you are curious. But the method is designed for navigators who know nothing about trigonometry or logarithms. Those who happen to know about such

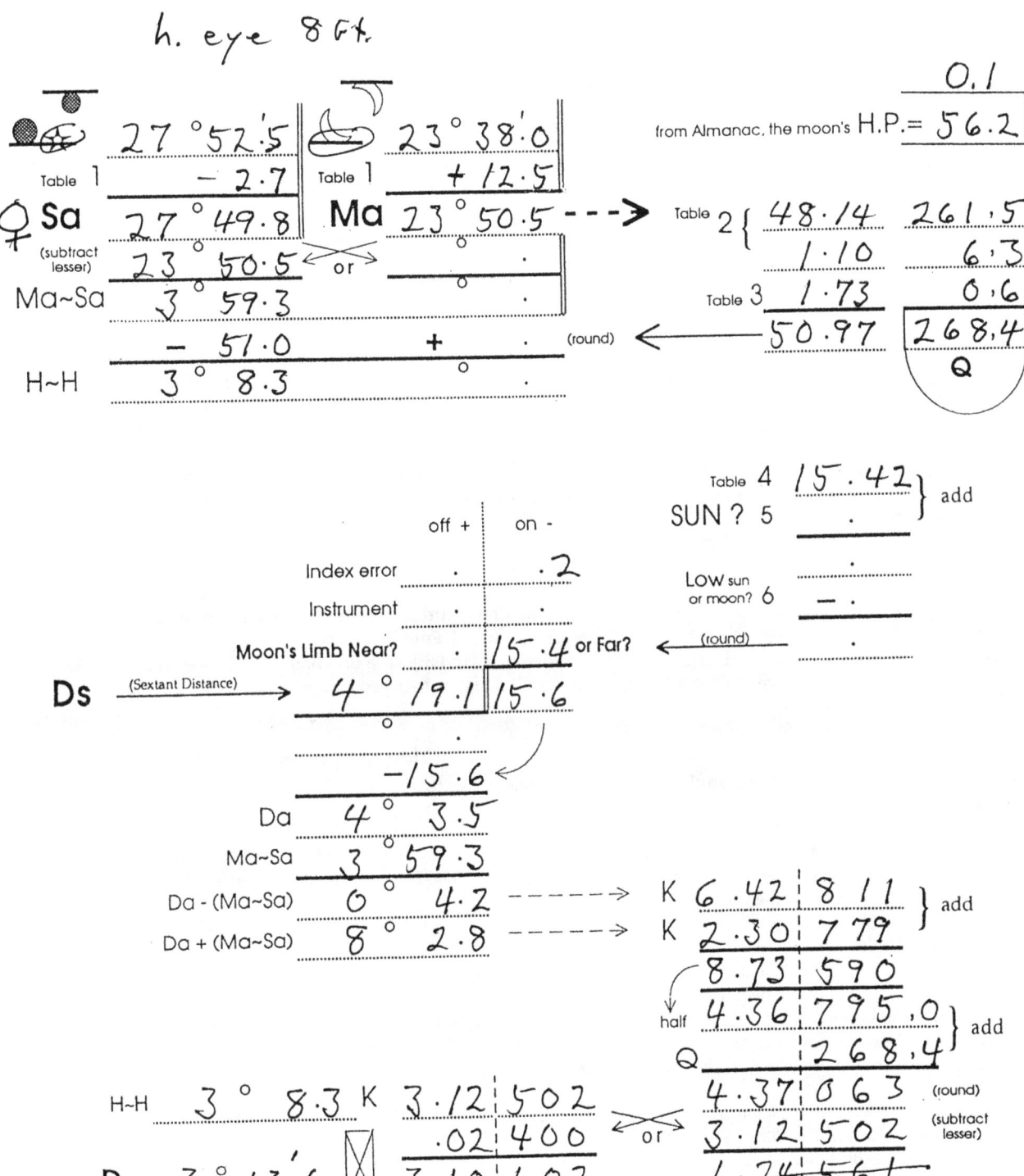

things will keep that in mind, I hope, and forgive me for using the terms "number" and "function" and "log" indiscriminately.

Difference of altitudes—apparent, and true: Go back to **Sa** and **Ma**. Copy the smaller of the two beneath the other and subtract to get the apparent difference of altitudes, Ma~Sa. Now bring over the refraction and parallax correction, rounded to the nearest tenth, and apply according to the + or - sign already in place. This gives you the true difference of altitudes, H~H.

Once in a while it will happen that the r&p correction is larger than Ma~Sa, and is subtractive. In that case subtract Ma~Sa from r&p. The sun lunar on the facing page illustrates this.

Apparent distance between the centers: Take the moon's augmented semidiameter from Table 4 and put it on the form. In case of a sun lunar, also take the sun's semidiameter from Table 5. If moon or sun is low you can adjust for the slight squashing of its disk with Table 6. These three tables give the total correction for semidiameter.

Where the total goes depends on whether the other body was brought to the side of the moon nearest to it, or across her face to the far limb. A sun lunar is always to the near limb, since the moon is lighted by the sun. But if you put "near" or "far" with the rest of the data when you measure from a star or planet you could save yourself a blunder.

Bring the total semidiameter correction, rounded to tenths, over to the left and place it according to limb. Put index and instrument corrections above—the first according to whether it is off or on the arc, the second according to whether it is to be added or subtracted. Enter your sextant distance now, if you haven't already done so. Anything above **Ds** is added to it, and the sum of whatever is in the "on -" column is subtracted from it. This gets Da, the apparent distance between centers, and brings the sorting and adjusting to an end.

The calculation: Bring down Ma~Sa and subtract it from Da. Then add it to Da. Look up the K functions of the two resulting angles and add the functions together. Take half of the sum. Bring down Q and add.

On the left, bring down H~H. Look up and copy its K function. You now have two logarithms on the third line from the bottom of the form. Copy the smaller of these beneath the other and subtract. Use the remainder to enter the Gaussian table.

Since the Gaussian table may take some getting used to, instructions are repeated on each page. Look for the number you are entering with in the body of the table, in the heavy print. If you don't find the number *exactly* go to the next larger number. Above the top of the column you will find the first three digits of the Gaussian logarithm. The last two digits are beside the number you stopped at. Copy the Gaussian into the remaining space on the second line from the bottom and subtract it from the logarithm above. You now have the K of the cleared lunar distance.

You know where to open the table because the cleared distance has to be within 1° 8' of the apparent distance. Values of K increase going up and to the left. Find your number, or the nearest thing to it, and the corresponding angle will be the cleared distance, D.

One more thing: It's a good idea to strike through the number used to look up the Gaussian as soon as it is no longer needed. Otherwise it might accidentally be used in looking up D.

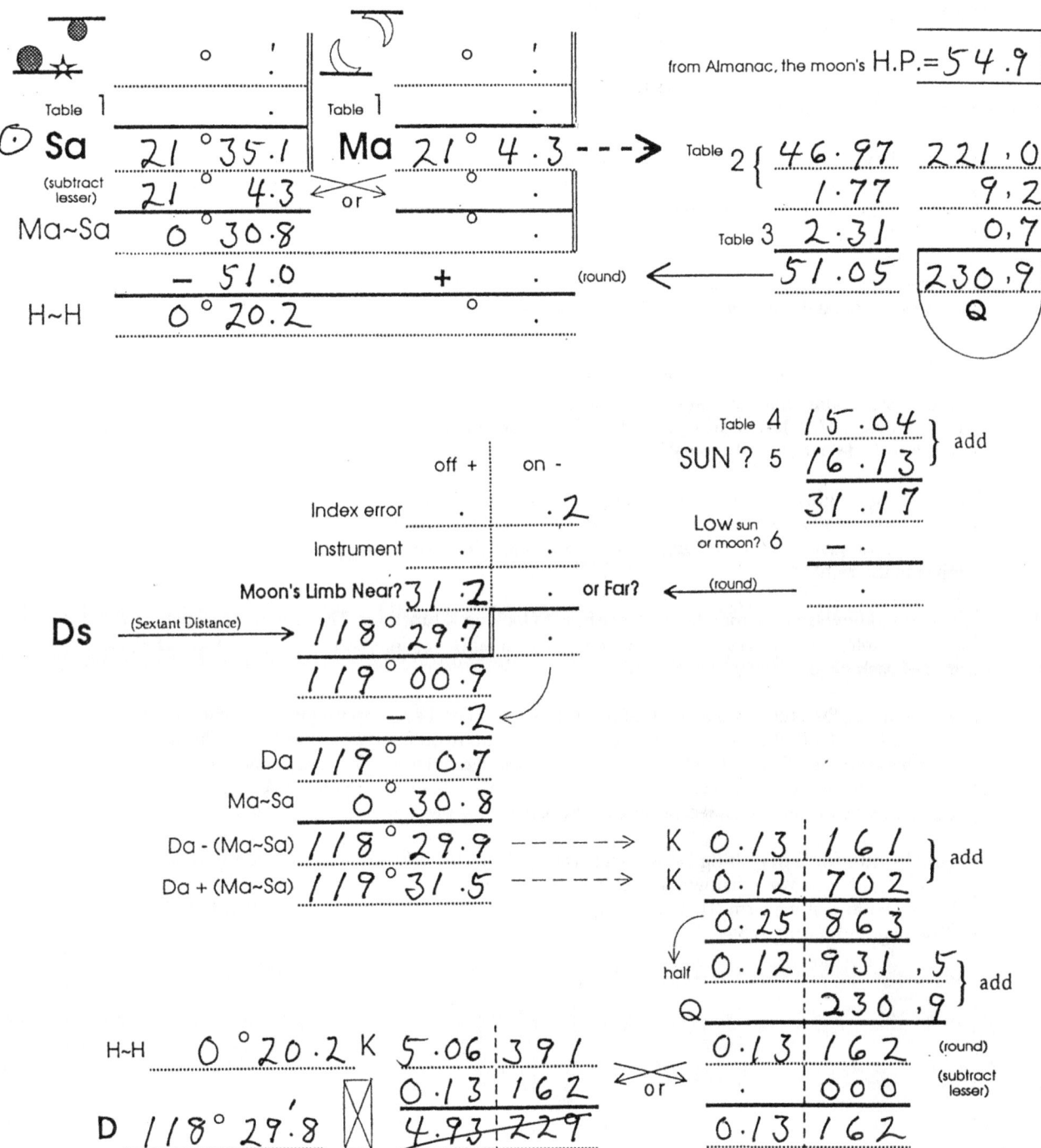

The *Nautical Almanac* no longer gives pre-calculated distances. Perhaps someone with a program in his computer that can *accurately* predict the moon's position will take up the slack.

For the present, though, you will have to calculate your own comparing distances. Except for the accuracy needed, this is about the same as calculating H_c for line-of-position navigation.

Calculating distances: This is what the other work form is for. Begin at the upper left corner. Write in the Greenwich date of the observation, together with the hour that immediately preceded it. There's also a place halfway down the form where you can write in the following hour if you like, although this hardly seems necessary.

From the *Almanac*, take the GHA and declination of each body for the hour. Ignore the v's and d's. You don't need increments and corrections. For a star there's a place on the form for the extra steps in getting GHA.

You can avoid upside-down subtraction by putting whichever GHA is least under the other. The same goes for declinations when both are north or both south. Declinations don't have to go on the form in the same order as GHA's. Just be sure you get the first hour's data in the top half of the work sheet and the second hour's data in the bottom half.

There will be roughly half a degree of difference in the distances. This means that when you open the tables to take out a function for the first hour the function for the second hour will be close by. You can cut table openings in half by working both hours at once. But take extraordinary care to put the right number in the right place.

You already know from clearing the distance how to look up K functions. The only thing new here is the "log Dec." table, and it works the same as the Gaussian table. Again, instructions are repeated at the bottom of each page.

Add the two log Dec. functions to the K of the difference of GHA's. Compare this sum with the number to the left of it—the K of the difference of declinations. You're on familiar ground now. Put the smaller number beneath the other and subtract. With the remainder, enter the Gaussian table. Put the Gaussian in the last empty space on the second line from the bottom and subtract again. Look up the result in the K table and take off the calculated distance (D#1 or D#2) for the hour.

Proportioning for GMT: Bring D#1 down to D#2 and take the difference. Write your observed distance, D, either above or below D#1 and take the difference. Copy these results in the spaces you'll find at the bottom of the form. There is an explanation of how to use Tables 7 and 8 to interpolate for GMT on page 292, facing Table 7.

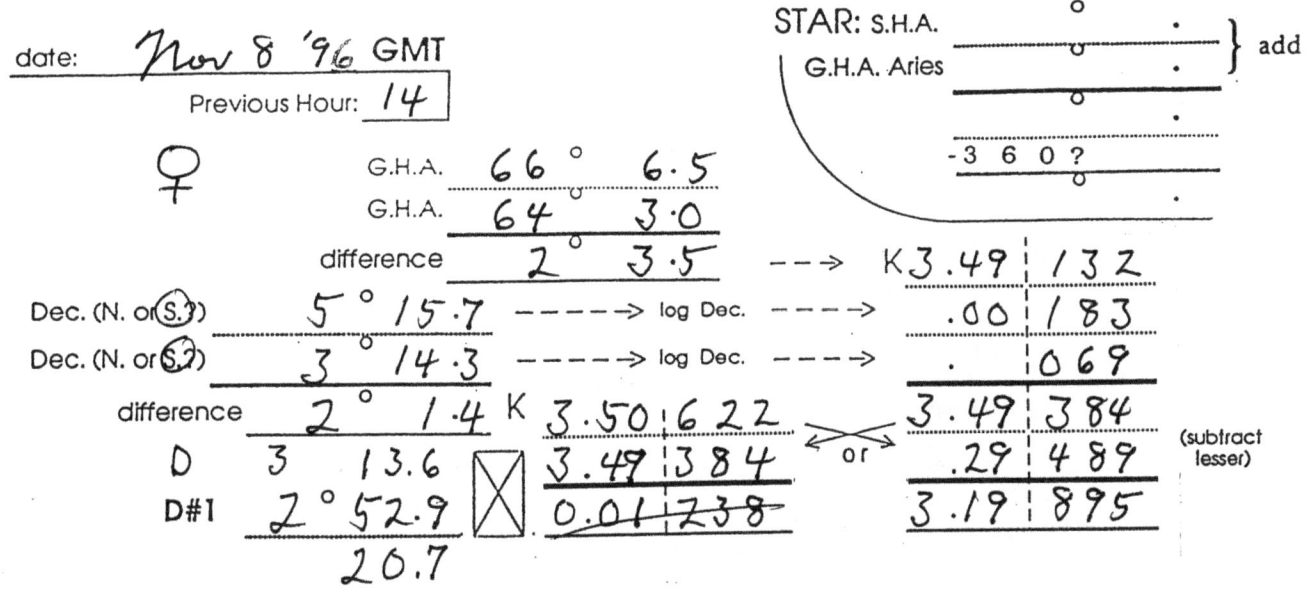

Odds and Ends

Long Distances: Let me quote Bowditch again since, of the eighteenth-and-nineteenth-century authorities, he is probably the only one whose name every American navigator knows.

> When a great angular distance is to be measured, it is absolutely necessary to use a telescope, and the parallelism of it, with respect to the plane of the instrument, must be carefully examined; but in measuring small distances, the use of the telescope is not of such great importance, and a sight-tube may then be used, taking care, however, that the eye and point of contact of the objects on the horizon-glass be equally distant from the plane of the instrument.

If your line of sight is not parallel to the sextant frame the angle will measure too great. The table gives an idea what the effect is in different circumstances.

Showing how much a sextant meaures too great
when line of sight is not parallel to frame

Angle measured	Angle between plane of sextant & line of sight				
	15'	30'	45'	1°	1° 20'
10°	0.'0	0.'0	0.'1	0.'1	0.'2
30°	0.'0	0.'1	0.'2	0.'3	0.'5
60°	0.'0	0.'2	0.'3	0.'6	1.'1
90°	0.'1	0.'3	0.'6	1.'1	1.'9
120°	0.'1	0.'5	1.'0	1.'8	3.'2

Unfortunately the telescope Bowditch is referring to—the old, astronomical style inverting 'scope—is a thing of the past. It had parallel wires close together in the field of view so you could tell you were in the middle of the field at the instant of contact. At present the only way I know of to get accurate distances in the 80°—120° range is to steady the sextant on a post or against a corner of the house. The trick is to try the measurement a bit short—hold a gap with the near limb of the moon, or an overlap with the far limb—and move the objects back and forth across the field of view to find where the contact is best. Complete it there.

For lesser distances just take care to have the objects centered in the telescope's field when you make contact.

Extremely short Distances: These are easy to measure, but tricky. If you aren't careful you could observe one and then discover—once you've calculated comparing distances for it—that it's worthless.

As you know, the distance should be measured from a body more or less in line with the moon's orbital motion. This isn't much of a limitation, usually. The other body can be 35° out of line and you still get 82% of the moon's motion.

But you not only need a reasonable rate of change in the distance as *you* see it. You also need a reasonable rate of change in the distance as the *Nautical Almanac* sees it—from the center of the earth. Normally, if it looks good to you, it looks good to the *Almanac*—and vice versa. But with extremely short distances—under five degrees, say—this isn't necessarily true.

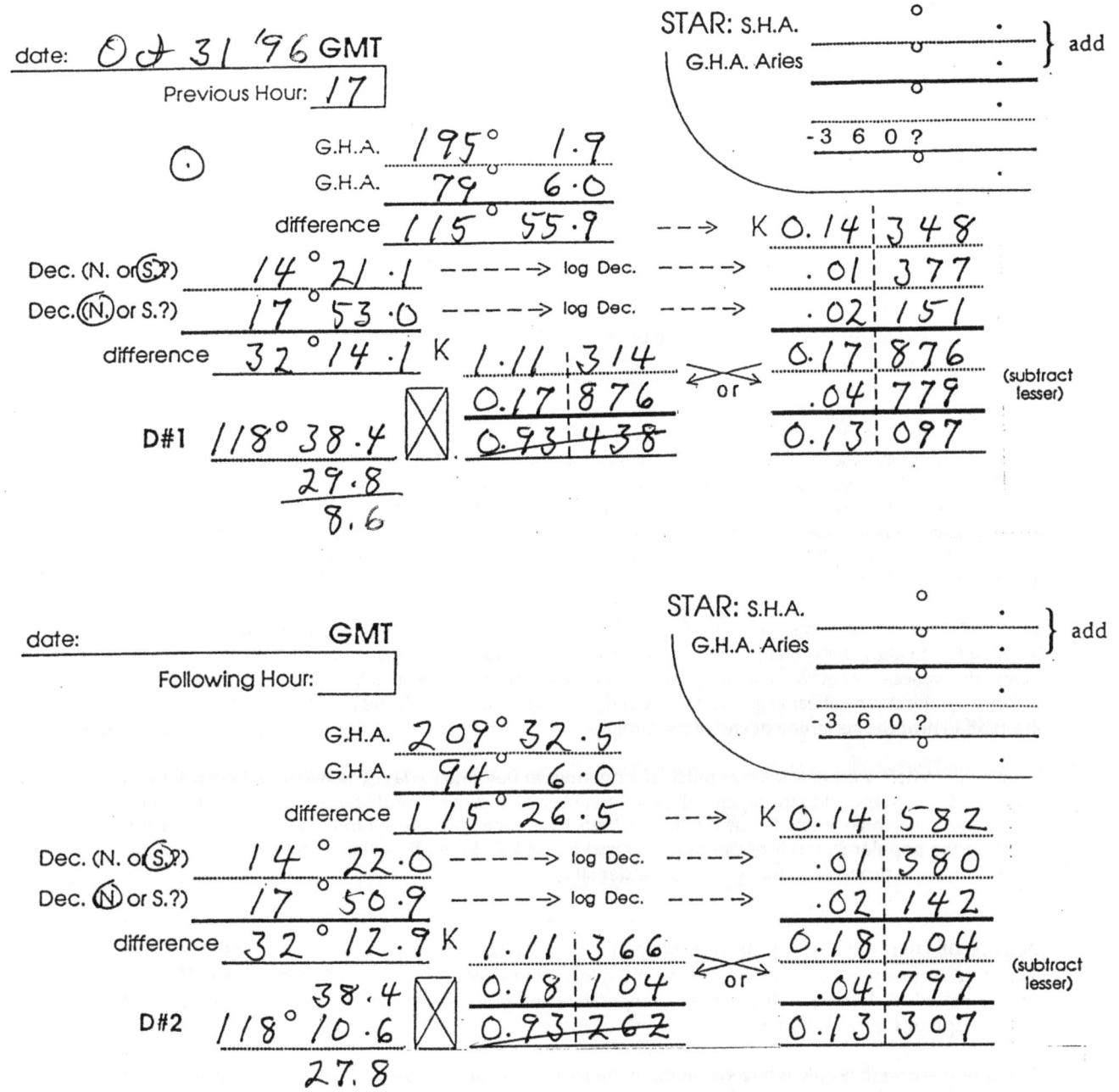

Since they are about the same altitude, the moon and other body are affected equally by refraction. But the star or planet has little or no parallax, while the moon has a lot. She appears lower in the sky than she would otherwise. To get an idea where the *Almanac* puts the moon in relation to the star or planet, use her own diameter as a gauge. If the altitude is around 5° imagine her two diameters higher; if around 30°, one and a half diameters; around 60°, one diameter; 75°, a half.

If someone publishes an almanac, or list, of comparing distances we can look at the list to see what bodies are suitable from the *Almanac's* point of view. But whether or not an extremely short distance is also worth taking from *our* point of view will still have to be judged by eye, as that will depend on where—on the surface of the globe—we happen to be.

Another problem with short distances has to do with interpolating for GMT. In the first example—the Venus observation—the 3° 13.'6 distance got a GMT of 14:47:14. But that was based on the supposition the distance was changing at the same rate all through the hour, from 14:00 to 15:00. It wasn't. Venus was about 30° out of line with the moon's orbital motion, and alignment was changing during the hour. When a distance is that short the moon's half degree of progress along her orbit makes a difference. The amount the star or planet is out of line increases or decreases, and change in distance slows down or speeds up accordingly.

If, in the Venus example, this "second difference" in rate of change is allowed for, GMT is found to be 14:47:25. But to allow for it I had, among other things, to calculate the distance for 13:00. In my opinion second differences are not worth bothering with—not so long as we must calculate our own comparing distances, at least. The effect is greatest at the half hour, so you can limit the problem by taking your observation near the beginning or end of the hour.

Second differences were *nine times* as much of a nuisance in Bowditch's day. The maximum error they can cause is proportional to the square of the interval between comparing distances, and the interval in the *Almanac* was three hours. Consequently, distances less than 20° were seldom listed. It didn't matter then that the popular methods of clearing fell apart below 20°. When Bowditch spoke of short distances he was probably thinking of those under 50°.

Degree of fussiness: This is the measure of one's willingness to agonize over details for the sake of a little more accuracy—details such as second differences, the effect of refraction on the shape of the sun's or moon's disk (table 6), the effects of temperature and pressure on refraction, and the effects of the oblate shape of the earth on parallax and vertical plane.

No doubt there were people who took all these things into account. Certainly it would have made sense for those surveyors who provided themselves with tripods to mount their sextants or circles on. But the evidence I've come across so far suggests these details were almost universally ignored. In Bowditch's opinion it was best to skip all such embellishments and use the time saved to take observations more often.

I put table 6 in because the correction is easy to use and not apt to cause a blunder. But if the other refinements are dealt with it will be in a pamphlet, to keep them separate from these tables.

Sample Workform for Clearing the Lunar Distance

Aldeb.

from Almanac, the moon's H.P. = 54.6

Table 1 Sa 31° 19.4′
(subtract lesser)
Table 1 Ma 57° 39.4′ ---→ Table 2 { 27.74   546.5
        or   31° 19.4′   .86   17.4
Ma~Sa   26° 20.0′   Table 3 1.58   0.0
       −   + 30.2 (round) ←── 30.18   563.9
H~H   26° 50.2′   Q

                 off +   on −   Table 4 15.09 } add
                                       SUN ? 5
Index error   .2
Instrument   LOW sun or moon? 6   −.
Moon's Limb Near?   15.1 or Far? ← (round)
Ds (Sextant Distance) → 40° 37.6′ | 15.3
                       −15.3
Da   40° 22.3′
Ma~Sa   26° 20.0′
Da − (Ma~Sa)   14° 2.3′ ------→ K 1.82 585 } add
Da + (Ma~Sa)   66° 42.3′ ------→ K 0.51 961
                               2.34 546
                     half   1.17 273.0 } add
                         Q   563.9
H~H 26° 50.2′ K 1.26 880   1.17 837 (round)
                    1.17 837 or .25 817 (subtract lesser)
D 40° 34.0′   0.09 043   0.92 020

Sample Workform for Computing the Lunar Distance

Aldeb

date: Nov 1 '96 GMT
Previous Hour: **14**

STAR: S.H.A. 291° 3.6 } add
G.H.A. Aries 251° 8.1
                    542° 11.7
                    -3 6 0 ?
                    182°

G.H.A. 182° 11.7
G.H.A. 139° 52.5
difference 42° 19.2 ---> K 0.88 505

Dec. (N) or S.? 16° 51.8 -----> log Dec. -----> .01 909
Dec. (N) or S.? 16° 30.1 -----> log Dec. -----> .01 826
difference 0° 21.7   K 5.00 169   0.92 240
           34.0   or .   004   (subtract lesser)
D#1 40° 27.6 ⊠ 4.07 929   0.92 236
    6.4

date: _____ GMT
Following Hour: _____

STAR: S.H.A. 291° 3.6 } add
G.H.A. Aries 266° 10.6
                    557° 14.2
                    -3 6 0 ?
                    197°

G.H.A. 197° 14.2
G.H.A. 154° 23.9
difference 42° 50.3 ---> K 0.87 497

Dec. (N) or S.? 16° 48.0 -----> log Dec. -----> .01 894
Dec. (N) or S.? 16° 30.1 -----> log Dec. -----> .01 826
difference 0° 17.9   K 5.16 890   0.91 217
                                 or .   002   (subtract lesser)
D#2 40° 57.6 ⊠ 4.25 673   0.91 215
    27.6
    30.0

Table
D ~ D#1 6.4   7 1.5740
D#2 ~ D#1 30.0 7 -0.9031
              8 0.6709   12 min. 48 sec.
                     True 12   04
                              44

0.9031
1.9128
2.8159

0.4 Gzp

~ xx ~

Example of Adjusting Altitudes to an Intermediate Time

Date	May 7, 2000

Body	Sun

Elapsed Time between 1st Altitude and Time of Lunar Distance Observation

Time of 1st Altitude	23h 03m 49s			
Time of Lunar Distance Obs.	23h 08m 43s			
Difference	00h 04m 54s	Table 8	1	1.0880

Elapsed time Between 1st Altitude and Last Altitude

Time of 1st Altitude	23h 03m 49s			
Time of Last Altitude.	23h 12m 30s			
Difference	00h 08m 41s	Table 8	2	0.8395
		Subtract 2 from 1	3	0.2499

Change in Altitude Between 1st and Last Observation

1st Observed Altitude	42° 36.3'			
Last Observed Altitude.	41° 16.0'			
Difference	01° 20.3'	Table 7	4	0.4755
		Add 3 and 4,	5	0.7254

Enter argument 5 into **Table 7**, extract value, then add or subtract to **1st** observed altitude	00° 45.2'

1st Observed Altitude	42° 36.3'
Increment to be Added to or Subtracted from, **1st** Altitude Observation	−00° 45.2'
Observed Altitude adjusted to common time	41° 51.1'

Courtesy of Robert Eno, Iqaluit, NT

A sun-moon lunar distance was measured at 23h 08m 43s. The sun altitude was measured first at 23h 03m 49s, which gave H1 = 42° 36.3' (plotted as 41° 96.3'), and then measured again at 23h 12m 30s, which gave H2 = 41° 16.0'.

Use the work form to find the precise value of the sun altitude (H?) at 23h 08m 43s, the time of the lunar.

In the plot:
  Sight Time = 23 hr + X time min
  Sextant Altitude = 41° + Y arc min

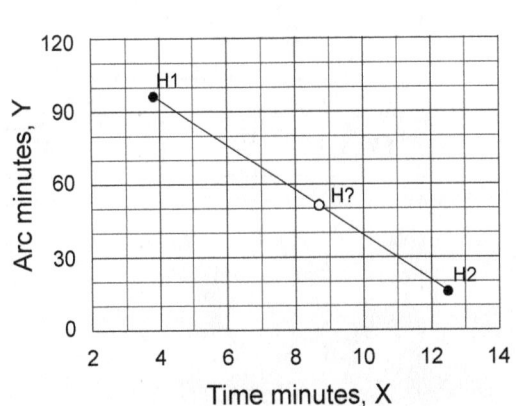

Sample Workform for Adusting Altitudes to an Intermediate Time

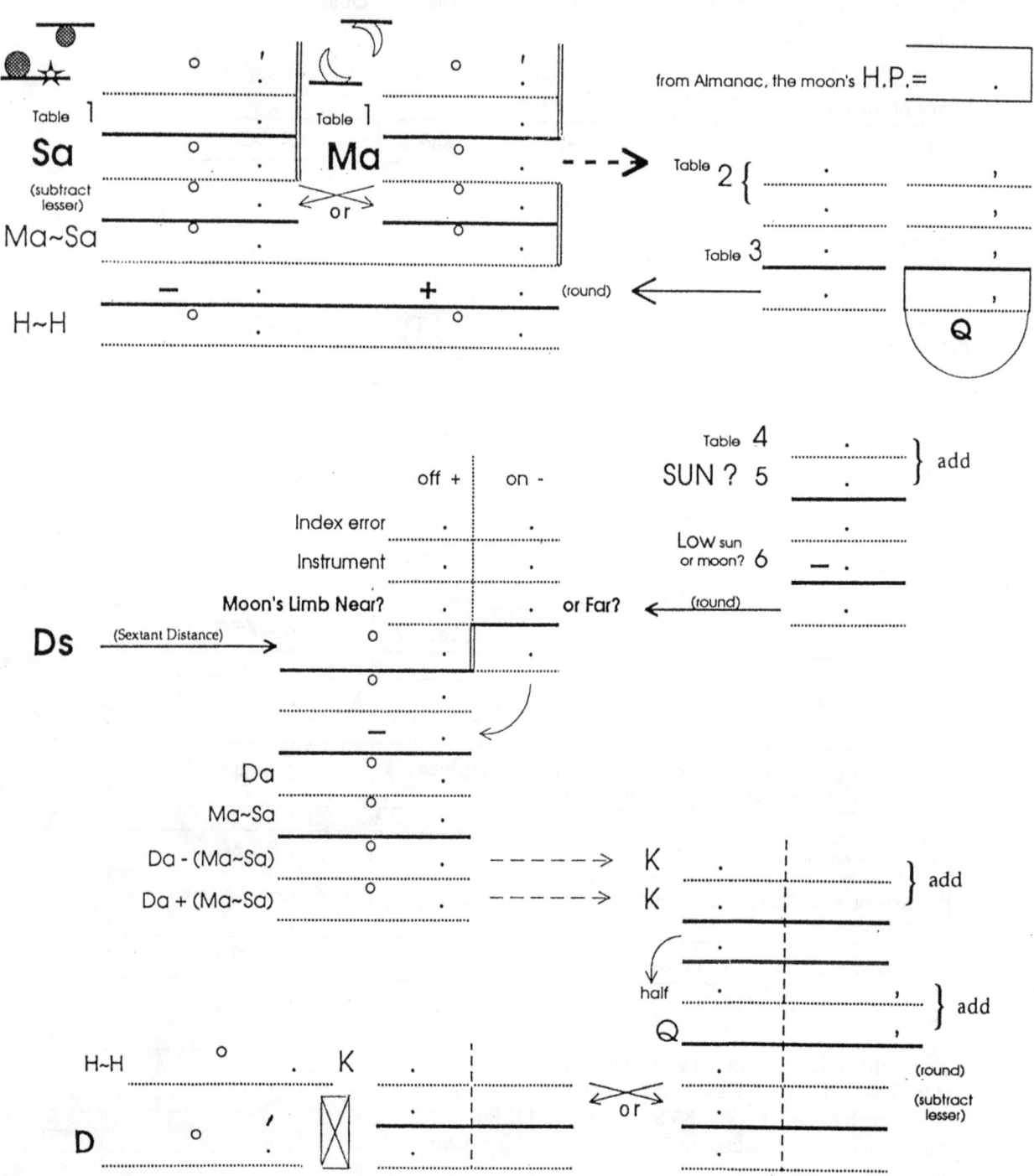

Workform for Computing the Lunar Distance

STAR: S.H.A. ° ′ } add
G.H.A. Aries
-3 6 0 ?

date: GMT
Previous Hour:

G.H.A. ° ′
G.H.A.
difference --> K

Dec. (N. or S.?) ° ----> log Dec. --->
Dec. (N. or S.?) ----> log Dec. --->
difference ° K
or (subtract lesser)

D#1 °

STAR: S.H.A. ° ′ } add
G.H.A. Aries
-3 6 0 ?

date: GMT
Following Hour:

G.H.A. ° ′
G.H.A.
difference --> K

Dec. (N. or S.?) ° ----> log Dec. --->
Dec. (N. or S.?) ----> log Dec. --->
difference ° K
or (subtract lesser)

D#2 ° ′

	′	Table
D ~ D#1	.	7 .
D#2 ~ D#1	.	7 — .
		8 .

min. sec.

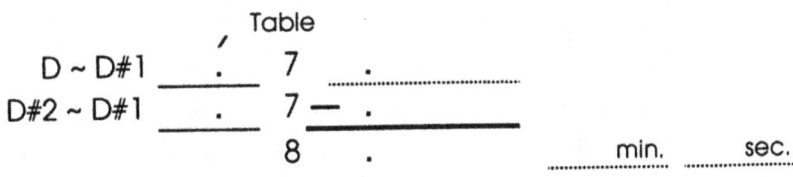

Workform for Altitudes at Time of Lunar Distance Sight

Date	

Body	

Elapsed Time between 1st Altitude and Time of Lunar Distance Observation

Time of 1st Altitude			
Time of Lunar Distance Obs.			
Difference		Table 8	1

Elapsed time Between 1st Altitude and Last Altitude

Time of 1st Altitude			
Time of Last Altitude.			
Difference		Table 8	2
		Subtract 2 from 1	3

Change in Altitude Between 1st and Last Observation

1st Observed Altitude			
Last Observed Altitude.			
Difference		Table 7	4
		Add 3 and 4,	5

Enter argument 5 into **Table 7**, extract value, then add or subtract to **1st** observed altitude	

1st Observed Altitude	
Increment to be Added to or Subtracted from, 1st Altitude Observation	
Observed Altitude adjusted to common time	

Courtesy of Robert Eno, Iqaluit, NT

TABLES FOR CLEARING THE LUNAR DISTANCE

W.W.P. Moon

To get "Ma" from a CALCULATED Altitude of the moon, apply this before W.W.Ref. (Skip Table 1)

Calculated Altitude of Moon

From N. Almanac H.P.	5°	6°	7°	8°	9°	10°	11°	12°	13°	14°	15°	16°	17°	18°	19°	20°	21°	22°	23°	24°	25°	26°
54.0	-53.9	-53.8	-53.7	-53.6	-53.5	-53.3	-53.2	-53.0	-52.8	-52.6	-52.4	-52.1	-51.9	-51.6	-51.3	-51.0	-50.7	-50.4	-50.0	-49.6	-49.3	-48.9
.2	-54.1	-54.0	-53.9	-53.8	-53.7	-53.5	-53.4	-53.2	-53.0	-52.8	-52.6	-52.3	-52.1	-51.8	-51.5	-51.2	-50.9	-50.5	-50.2	-49.8	-49.4	-49.0
.4	-54.3	-54.2	-54.1	-54.0	-53.9	-53.7	-53.6	-53.4	-53.2	-53.0	-52.8	-52.5	-52.3	-52.0	-51.7	-51.4	-51.1	-50.7	-50.4	-50.0	-49.6	-49.2
.6	-54.5	-54.4	-54.3	-54.2	-54.1	-53.9	-53.8	-53.6	-53.4	-53.2	-53.0	-52.7	-52.5	-52.2	-51.9	-51.6	-51.3	-50.9	-50.6	-50.2	-49.8	-49.4
.8	-54.7	-54.6	-54.5	-54.4	-54.3	-54.1	-54.0	-53.8	-53.6	-53.4	-53.1	-52.9	-52.6	-52.4	-52.1	-51.8	-51.4	-51.1	-50.8	-50.4	-50.0	-49.6
55.0	-54.9	-54.8	-54.7	-54.6	-54.5	-54.3	-54.1	-54.0	-53.8	-53.6	-53.3	-53.1	-52.8	-52.6	-52.3	-52.0	-51.6	-51.3	-50.9	-50.6	-50.2	-49.8
.2	-55.1	-55.0	-54.9	-54.8	-54.7	-54.5	-54.3	-54.2	-54.0	-53.8	-53.5	-53.3	-53.0	-52.8	-52.5	-52.2	-51.8	-51.5	-51.1	-50.8	-50.4	-50.0
.4	-55.3	-55.2	-55.1	-55.0	-54.8	-54.7	-54.5	-54.4	-54.2	-54.0	-53.7	-53.5	-53.2	-52.9	-52.7	-52.3	-52.0	-51.7	-51.3	-50.9	-50.5	-50.1
.6	-55.5	-55.4	-55.3	-55.2	-55.0	-54.9	-54.7	-54.6	-54.4	-54.2	-53.9	-53.7	-53.4	-53.1	-52.8	-52.5	-52.2	-51.9	-51.5	-51.1	-50.7	-50.3
.8	-55.7	-55.6	-55.5	-55.4	-55.2	-55.1	-54.9	-54.8	-54.6	-54.3	-54.1	-53.9	-53.6	-53.3	-53.0	-52.7	-52.4	-52.0	-51.7	-51.3	-50.9	-50.5
56.0	-55.9	-55.8	-55.7	-55.6	-55.4	-55.3	-55.1	-55.0	-54.8	-54.5	-54.3	-54.1	-53.8	-53.5	-53.2	-52.9	-52.6	-52.2	-51.9	-51.5	-51.1	-50.7
.2	-56.1	-56.0	-55.9	-55.8	-55.6	-55.5	-55.3	-55.2	-55.0	-54.7	-54.5	-54.3	-54.0	-53.7	-53.4	-53.1	-52.8	-52.4	-52.1	-51.7	-51.3	-50.9
.4	-56.3	-56.2	-56.1	-56.0	-55.8	-55.7	-55.5	-55.3	-55.2	-54.9	-54.7	-54.5	-54.2	-53.9	-53.6	-53.3	-53.0	-52.6	-52.2	-51.9	-51.5	-51.1
.6	-56.5	-56.4	-56.3	-56.2	-56.0	-55.9	-55.7	-55.5	-55.3	-55.1	-54.9	-54.6	-54.4	-54.1	-53.8	-53.5	-53.2	-52.8	-52.4	-52.0	-51.6	-51.2
.8	-56.7	-56.6	-56.5	-56.4	-56.2	-56.1	-55.9	-55.7	-55.5	-55.3	-55.1	-54.8	-54.6	-54.3	-54.0	-53.7	-53.3	-53.0	-52.6	-52.2	-51.8	-51.4
57.0	-56.9	-56.8	-56.7	-56.6	-56.4	-56.3	-56.1	-55.9	-55.7	-55.5	-55.3	-55.0	-54.8	-54.5	-54.2	-53.9	-53.5	-53.2	-52.8	-52.4	-52.0	-51.6
.2	-57.1	-57.0	-56.9	-56.8	-56.6	-56.5	-56.3	-56.1	-55.9	-55.7	-55.5	-55.2	-55.0	-54.7	-54.4	-54.0	-53.7	-53.4	-53.0	-52.6	-52.2	-51.8
.4	-57.3	-57.2	-57.1	-57.0	-56.8	-56.7	-56.5	-56.3	-56.1	-55.9	-55.7	-55.4	-55.2	-54.9	-54.6	-54.2	-53.9	-53.5	-53.2	-52.8	-52.4	-52.0
.6	-57.5	-57.4	-57.3	-57.2	-57.0	-56.9	-56.7	-56.5	-56.3	-56.1	-55.9	-55.6	-55.3	-55.1	-54.8	-54.4	-54.1	-53.7	-53.4	-53.0	-52.6	-52.1
.8	-57.7	-57.6	-57.5	-57.4	-57.2	-57.1	-56.9	-56.7	-56.5	-56.3	-56.1	-55.8	-55.5	-55.2	-54.9	-54.6	-54.3	-53.9	-53.5	-53.2	-52.8	-52.3
58.0	-57.9	-57.8	-57.7	-57.6	-57.4	-57.3	-57.1	-56.9	-56.7	-56.5	-56.3	-56.0	-55.7	-55.4	-55.1	-54.8	-54.5	-54.1	-53.7	-53.3	-52.9	-52.5
.2	-58.1	-58.0	-57.9	-57.8	-57.6	-57.5	-57.3	-57.1	-56.9	-56.7	-56.5	-56.2	-55.9	-55.6	-55.3	-55.0	-54.7	-54.3	-53.9	-53.5	-53.1	-52.7
.4	-58.3	-58.2	-58.1	-58.0	-57.8	-57.7	-57.5	-57.3	-57.1	-56.9	-56.7	-56.4	-56.1	-55.8	-55.5	-55.2	-54.8	-54.5	-54.1	-53.7	-53.3	-52.9
.6	-58.5	-58.4	-58.3	-58.2	-58.0	-57.9	-57.7	-57.5	-57.3	-57.1	-56.8	-56.6	-56.3	-56.0	-55.7	-55.4	-55.0	-54.7	-54.3	-53.9	-53.5	-53.1
.8	-58.7	-58.6	-58.5	-58.4	-58.2	-58.1	-57.9	-57.7	-57.5	-57.3	-57.0	-56.8	-56.5	-56.2	-55.9	-55.6	-55.2	-54.9	-54.5	-54.1	-53.7	-53.2
59.0	-58.9	-58.8	-58.7	-58.6	-58.4	-58.3	-58.1	-57.9	-57.7	-57.5	-57.2	-57.0	-56.7	-56.4	-56.1	-55.8	-55.4	-55.0	-54.7	-54.3	-53.9	-53.4
.2	-59.1	-59.0	-58.9	-58.8	-58.6	-58.5	-58.3	-58.1	-57.9	-57.7	-57.4	-57.2	-56.9	-56.6	-56.3	-56.0	-55.6	-55.2	-54.9	-54.5	-54.0	-53.6
.4	-59.3	-59.2	-59.1	-59.0	-58.8	-58.7	-58.5	-58.3	-58.1	-57.9	-57.6	-57.4	-57.1	-56.8	-56.5	-56.1	-55.8	-55.4	-55.0	-54.6	-54.2	-53.8
.6	-59.5	-59.4	-59.3	-59.2	-59.0	-58.9	-58.7	-58.5	-58.3	-58.1	-57.8	-57.6	-57.3	-57.0	-56.7	-56.3	-56.0	-55.6	-55.2	-54.8	-54.4	-54.0
.8	-59.7	-59.6	-59.5	-59.4	-59.2	-59.1	-58.9	-58.7	-58.5	-58.3	-58.0	-57.8	-57.5	-57.2	-56.9	-56.5	-56.2	-55.8	-55.4	-55.0	-54.6	-54.2
60.0	-59.9	-59.8	-59.7	-59.6	-59.4	-59.3	-59.1	-58.9	-58.7	-58.5	-58.2	-57.9	-57.7	-57.4	-57.0	-56.7	-56.4	-56.0	-55.6	-55.2	-54.8	-54.3
.2	-60.1	-60.0	-59.9	-59.8	-59.6	-59.5	-59.3	-59.1	-58.9	-58.7	-58.4	-58.1	-57.9	-57.6	-57.2	-56.9	-56.5	-56.2	-55.8	-55.4	-55.0	-54.5
.4	-60.3	-60.2	-60.1	-59.9	-59.8	-59.7	-59.5	-59.3	-59.1	-58.8	-58.6	-58.3	-58.0	-57.7	-57.4	-57.1	-56.7	-56.4	-56.0	-55.6	-55.1	-54.7
.6	-60.5	-60.4	-60.3	-60.1	-60.0	-59.9	-59.7	-59.5	-59.3	-59.0	-58.8	-58.5	-58.2	-57.9	-57.6	-57.3	-56.9	-56.6	-56.2	-55.8	-55.3	-54.9
.8	-60.7	-60.6	-60.5	-60.3	-60.2	-60.1	-59.9	-59.7	-59.5	-59.2	-59.0	-58.7	-58.4	-58.1	-57.8	-57.5	-57.1	-56.7	-56.3	-55.9	-55.5	-55.1
61.0	-60.9	-60.8	-60.7	-60.5	-60.4	-60.2	-60.1	-59.9	-59.7	-59.4	-59.2	-58.9	-58.6	-58.3	-58.0	-57.7	-57.3	-56.9	-56.5	-56.1	-55.7	-55.2
.2	-61.1	-61.0	-60.9	-60.7	-60.6	-60.4	-60.3	-60.1	-59.9	-59.6	-59.4	-59.1	-58.8	-58.5	-58.2	-57.9	-57.5	-57.1	-56.7	-56.3	-55.9	-55.4
.4	-61.3	-61.2	-61.1	-60.9	-60.8	-60.6	-60.5	-60.3	-60.1	-59.8	-59.6	-59.3	-59.0	-58.7	-58.4	-58.0	-57.7	-57.3	-56.9	-56.5	-56.1	-55.6

W.W.P. Moon

To get "Ma" from a CALCULATED altitude of the moon, apply this, then W.W.Ref. (Skip Table 1)

Calculated Altitude of Moon

From N. Almanac H.P.	27° 0'	30'	28° 0'	30'	29° 0'	30'	30° 0'	30'	31° 0'	30'	32° 0'	30'	33° 0'	30'	34° 0'	30'	35° 0'	30'	36° 0'	30'	37° 0'	30'	38° 0'	30'
54.0	-48.5	-48.2	-48.0	-47.8	-47.6	-47.4	-47.1	-46.9	-46.7	-46.4	-46.2	-45.9	-45.7	-45.4	-45.2	-44.9	-44.6	-44.4	-44.1	-43.8	-43.5	-43.2	-43.0	-42.7
.2	-48.6	-48.4	-48.2	-48.0	-47.8	-47.5	-47.3	-47.1	-46.8	-46.6	-46.3	-46.1	-45.8	-45.6	-45.3	-45.1	-44.8	-44.5	-44.3	-44.0	-43.7	-43.4	-43.1	-42.8
.4	-48.8	-48.6	-48.4	-48.2	-47.9	-47.7	-47.5	-47.2	-47.0	-46.8	-46.5	-46.3	-46.0	-45.8	-45.5	-45.2	-45.0	-44.7	-44.4	-44.1	-43.9	-43.6	-43.3	-43.0
.6	-49.0	-48.8	-48.6	-48.3	-48.1	-47.9	-47.7	-47.4	-47.2	-46.9	-46.7	-46.4	-46.2	-45.9	-45.7	-45.4	-45.1	-44.9	-44.6	-44.3	-44.0	-43.7	-43.4	-43.1
.8	-49.2	-49.0	-48.7	-48.5	-48.3	-48.1	-47.8	-47.6	-47.4	-47.1	-46.9	-46.6	-46.4	-46.1	-45.8	-45.6	-45.3	-45.0	-44.7	-44.5	-44.2	-43.9	-43.6	-43.3
55.0	-49.4	-49.1	-48.9	-48.7	-48.5	-48.2	-48.0	-47.8	-47.5	-47.3	-47.0	-46.8	-46.5	-46.3	-46.0	-45.7	-45.5	-45.2	-44.9	-44.6	-44.3	-44.1	-43.8	-43.5
.2	-49.5	-49.3	-49.1	-48.9	-48.7	-48.4	-48.2	-47.9	-47.7	-47.5	-47.2	-46.9	-46.7	-46.4	-46.2	-45.9	-45.6	-45.4	-45.1	-44.8	-44.5	-44.2	-43.9	-43.6
.4	-49.7	-49.5	-49.3	-49.1	-48.8	-48.6	-48.4	-48.1	-47.9	-47.6	-47.4	-47.1	-46.9	-46.6	-46.3	-46.1	-45.8	-45.5	-45.2	-45.0	-44.7	-44.4	-44.1	-43.8
.6	-49.9	-49.7	-49.5	-49.2	-49.0	-48.8	-48.5	-48.3	-48.1	-47.8	-47.6	-47.3	-47.0	-46.8	-46.5	-46.2	-46.0	-45.7	-45.4	-45.1	-44.8	-44.5	-44.2	-43.9
56.0	-50.1	-49.9	-49.6	-49.4	-49.2	-48.9	-48.7	-48.5	-48.2	-48.0	-47.7	-47.5	-47.2	-46.9	-46.7	-46.4	-46.1	-45.9	-45.6	-45.3	-45.0	-44.7	-44.4	-44.1
.2	-50.3	-50.0	-49.8	-49.6	-49.4	-49.1	-48.9	-48.6	-48.4	-48.1	-47.9	-47.6	-47.4	-47.1	-46.8	-46.6	-46.3	-46.0	-45.7	-45.4	-45.2	-44.9	-44.6	-44.3
.4	-50.4	-50.2	-50.0	-49.8	-49.5	-49.3	-49.1	-48.8	-48.6	-48.3	-48.1	-47.8	-47.5	-47.3	-47.0	-46.7	-46.5	-46.2	-45.9	-45.6	-45.3	-45.0	-44.7	-44.4
.6	-50.6	-50.4	-50.2	-49.9	-49.7	-49.5	-49.2	-49.0	-48.7	-48.5	-48.2	-48.0	-47.7	-47.4	-47.2	-46.9	-46.6	-46.3	-46.1	-45.8	-45.5	-45.2	-44.9	-44.6
.8	-50.8	-50.6	-50.4	-50.1	-49.9	-49.7	-49.4	-49.2	-48.9	-48.7	-48.4	-48.2	-47.9	-47.6	-47.4	-47.1	-46.8	-46.5	-46.2	-45.9	-45.6	-45.4	-45.0	-44.7
57.0	-51.0	-50.8	-50.5	-50.3	-50.1	-49.8	-49.6	-49.3	-49.1	-48.8	-48.6	-48.3	-48.1	-47.8	-47.5	-47.2	-47.0	-46.7	-46.4	-46.1	-45.8	-45.5	-45.2	-44.9
.2	-51.2	-50.9	-50.7	-50.5	-50.2	-50.0	-49.8	-49.5	-49.3	-49.0	-48.8	-48.5	-48.2	-48.0	-47.7	-47.4	-47.1	-46.8	-46.6	-46.3	-45.9	-45.7	-45.4	-45.1
.4	-51.3	-51.1	-50.9	-50.7	-50.4	-50.2	-49.9	-49.7	-49.4	-49.2	-48.9	-48.7	-48.4	-48.1	-47.9	-47.6	-47.3	-47.0	-46.7	-46.4	-46.1	-45.8	-45.5	-45.2
.6	-51.5	-51.3	-51.1	-50.8	-50.6	-50.4	-50.1	-49.9	-49.6	-49.4	-49.1	-48.8	-48.6	-48.3	-48.0	-47.7	-47.5	-47.2	-46.9	-46.6	-46.3	-46.0	-45.7	-45.4
.8	-51.7	-51.5	-51.3	-51.0	-50.8	-50.5	-50.3	-50.0	-49.8	-49.5	-49.3	-49.0	-48.7	-48.5	-48.2	-47.9	-47.6	-47.3	-47.0	-46.8	-46.5	-46.2	-45.9	-45.5
58.0	-51.9	-51.7	-51.4	-51.2	-51.0	-50.7	-50.5	-50.2	-50.0	-49.7	-49.4	-49.2	-48.9	-48.6	-48.4	-48.1	-47.8	-47.5	-47.2	-46.9	-46.6	-46.3	-46.0	-45.7
.2	-52.1	-51.8	-51.6	-51.4	-51.1	-50.9	-50.6	-50.4	-50.1	-49.9	-49.6	-49.4	-49.1	-48.8	-48.5	-48.3	-48.0	-47.7	-47.4	-47.1	-46.8	-46.5	-46.2	-45.9
.2	-52.2	-52.0	-51.8	-51.6	-51.3	-51.1	-50.8	-50.6	-50.3	-50.0	-49.8	-49.5	-49.2	-49.0	-48.7	-48.4	-48.1	-47.8	-47.5	-47.2	-46.9	-46.6	-46.3	-46.0
.4	-52.4	-52.2	-52.0	-51.7	-51.5	-51.2	-51.0	-50.7	-50.5	-50.2	-50.0	-49.7	-49.4	-49.2	-48.9	-48.6	-48.3	-48.0	-47.7	-47.4	-47.1	-46.8	-46.5	-46.2
.6	-52.6	-52.4	-52.1	-51.9	-51.7	-51.4	-51.2	-50.9	-50.7	-50.4	-50.1	-49.9	-49.6	-49.3	-49.0	-48.8	-48.5	-48.2	-47.9	-47.6	-47.3	-47.0	-46.7	-46.3
.8	-52.8	-52.5	-52.3	-52.1	-51.8	-51.6	-51.4	-51.1	-50.8	-50.6	-50.3	-50.0	-49.8	-49.5	-49.2	-48.9	-48.6	-48.3	-48.0	-47.7	-47.4	-47.1	-46.8	-46.5
59.0	-53.0	-52.7	-52.5	-52.3	-52.0	-51.8	-51.5	-51.3	-51.0	-50.8	-50.5	-50.2	-49.9	-49.7	-49.4	-49.1	-48.8	-48.5	-48.2	-47.9	-47.6	-47.3	-47.0	-46.7
.2	-53.2	-52.9	-52.7	-52.4	-52.2	-51.9	-51.7	-51.4	-51.2	-50.9	-50.6	-50.4	-50.1	-49.8	-49.5	-49.2	-48.9	-48.6	-48.3	-48.1	-47.8	-47.5	-47.1	-46.8
.4	-53.3	-53.1	-52.9	-52.6	-52.4	-52.1	-51.9	-51.6	-51.4	-51.1	-50.8	-50.5	-50.3	-50.0	-49.7	-49.4	-49.1	-48.8	-48.5	-48.1	-47.9	-47.6	-47.3	-47.0
.6	-53.5	-53.3	-53.0	-52.8	-52.6	-52.3	-52.1	-51.8	-51.5	-51.3	-51.0	-50.7	-50.4	-50.2	-49.9	-49.6	-49.3	-49.0	-48.7	-48.3	-48.1	-47.8	-47.5	-47.1
.8	-53.7	-53.5	-53.2	-53.0	-52.7	-52.5	-52.2	-52.0	-51.7	-51.4	-51.2	-50.9	-50.6	-50.3	-50.0	-49.8	-49.5	-49.2	-48.8	-48.5	-48.3	-47.9	-47.6	-47.3
60.0	-53.9	-53.6	-53.4	-53.2	-52.9	-52.7	-52.4	-52.1	-51.9	-51.6	-51.3	-51.1	-50.8	-50.5	-50.2	-49.9	-49.6	-49.3	-49.0	-48.7	-48.4	-48.1	-47.8	-47.5
.2	-54.1	-53.8	-53.6	-53.3	-53.1	-52.8	-52.6	-52.3	-52.1	-51.8	-51.5	-51.2	-51.0	-50.7	-50.4	-50.1	-49.8	-49.5	-49.2	-48.8	-48.6	-48.3	-47.9	-47.6
.4	-54.2	-54.0	-53.8	-53.5	-53.3	-53.0	-52.8	-52.5	-52.2	-52.0	-51.7	-51.4	-51.1	-50.8	-50.6	-50.3	-50.0	-49.7	-49.4	-49.1	-48.7	-48.4	-48.1	-47.8
.6	-54.4	-54.2	-53.9	-53.7	-53.4	-53.2	-52.9	-52.7	-52.4	-52.1	-51.9	-51.6	-51.3	-51.0	-50.7	-50.4	-50.1	-49.8	-49.5	-49.2	-48.9	-48.6	-48.3	-47.9
.8	-54.6	-54.4	-54.1	-53.9	-53.6	-53.4	-53.1	-52.9	-52.6	-52.3	-52.0	-51.8	-51.5	-51.2	-50.9	-50.6	-50.3	-50.0	-49.7	-49.4	-49.1	-48.8	-48.4	-48.1
61.0	-54.8	-54.5	-54.3	-54.1	-53.8	-53.5	-53.3	-53.0	-52.8	-52.5	-52.2	-51.9	-51.6	-51.4	-51.1	-50.8	-50.5	-50.2	-49.9	-49.5	-49.2	-48.9	-48.6	-48.3
.2	-55.0	-54.7	-54.5	-54.2	-54.0	-53.7	-53.5	-53.2	-52.9	-52.7	-52.4	-52.1	-51.8	-51.5	-51.2	-50.9	-50.6	-50.3	-50.0	-49.7	-49.4	-49.1	-48.7	-48.4
.4	-55.1	-54.9	-54.7	-54.4	-54.2	-53.9	-53.6	-53.4	-53.1	-52.8	-52.6	-52.3	-52.0	-51.7	-51.4	-51.1	-50.8	-50.5	-50.2	-49.9	-49.6	-49.2	-48.9	-48.6

W.W.P. Moon   W.W.P. Moon

To get "Ma" from a CALCULATED altitude of the moon, apply this, then W.W.Ref. (Skip Table 1)

Calculated Altitude of Moon

From N. Almanac H.P.	39° 0'	30'	40° 0'	30'	41° 0'	30'	42° 0'	30'	43° 0'	30'	44° 0'	30'	45° 0'	30'	46° 0'	30'	47° 0'	30'	48° 0'	30'	49° 0'	30'	50° 0'	30'
54.0	-42.4	-42.1	-41.8	-41.5	-41.2	-40.9	-40.5	-40.2	-39.9	-39.6	-39.3	-38.9	-38.6	-38.3	-37.9	-37.6	-37.2	-36.9	-36.6	-36.2	-35.8	-35.5	-35.1	-34.8
.2	-42.5	-42.2	-41.9	-41.6	-41.3	-41.0	-40.7	-40.4	-40.1	-39.7	-39.4	-39.1	-38.8	-38.4	-38.1	-37.7	-37.4	-37.0	-36.7	-36.3	-36.0	-35.6	-35.3	-34.9
.4	-42.7	-42.4	-42.1	-41.8	-41.5	-41.2	-40.9	-40.5	-40.2	-39.9	-39.6	-39.2	-38.9	-38.6	-38.2	-37.9	-37.5	-37.2	-36.8	-36.5	-36.1	-35.8	-35.4	-35.0
.6	-42.9	-42.6	-42.3	-41.9	-41.6	-41.3	-41.0	-40.7	-40.4	-40.0	-39.7	-39.4	-39.0	-38.7	-38.4	-38.0	-37.7	-37.3	-37.0	-36.6	-36.2	-35.9	-35.5	-35.2
.8	-43.0	-42.7	-42.4	-42.1	-41.8	-41.5	-41.2	-40.8	-40.5	-40.2	-39.9	-39.5	-39.2	-38.8	-38.5	-38.2	-37.8	-37.5	-37.1	-36.7	-36.4	-36.0	-35.7	-35.3
55.0	-43.2	-42.9	-42.6	-42.3	-41.9	-41.6	-41.3	-41.0	-40.7	-40.3	-40.0	-39.7	-39.3	-39.0	-38.6	-38.3	-37.9	-37.6	-37.2	-36.9	-36.5	-36.2	-35.8	-35.4
.2	-43.3	-43.0	-42.7	-42.4	-42.1	-41.8	-41.5	-41.1	-40.8	-40.5	-40.1	-39.8	-39.5	-39.1	-38.8	-38.4	-38.1	-37.7	-37.4	-37.0	-36.7	-36.3	-35.9	-35.5
.4	-43.5	-43.2	-42.9	-42.6	-42.2	-41.9	-41.6	-41.3	-41.0	-40.6	-40.3	-40.0	-39.6	-39.3	-38.9	-38.6	-38.2	-37.9	-37.5	-37.1	-36.8	-36.4	-36.0	-35.7
.6	-43.6	-43.3	-43.0	-42.7	-42.4	-42.1	-41.8	-41.4	-41.1	-40.8	-40.4	-40.1	-39.8	-39.4	-39.1	-38.7	-38.4	-38.0	-37.6	-37.3	-36.9	-36.6	-36.2	-35.8
.8	-43.8	-43.5	-43.2	-42.9	-42.6	-42.2	-41.9	-41.6	-41.3	-40.9	-40.6	-40.3	-39.9	-39.6	-39.2	-38.9	-38.5	-38.1	-37.8	-37.4	-37.1	-36.7	-36.3	-35.9
56.0	-44.0	-43.7	-43.3	-43.0	-42.7	-42.4	-42.1	-41.7	-41.4	-41.1	-40.7	-40.4	-40.1	-39.7	-39.4	-39.0	-38.6	-38.3	-37.9	-37.6	-37.2	-36.8	-36.4	-36.1
.2	-44.1	-43.8	-43.5	-43.2	-42.9	-42.5	-42.2	-41.9	-41.6	-41.2	-40.9	-40.5	-40.2	-39.8	-39.5	-39.1	-38.8	-38.4	-38.1	-37.7	-37.3	-37.0	-36.6	-36.2
.4	-44.3	-44.0	-43.7	-43.3	-43.0	-42.7	-42.4	-42.0	-41.7	-41.4	-41.0	-40.7	-40.3	-40.0	-39.6	-39.3	-38.9	-38.6	-38.2	-37.8	-37.5	-37.1	-36.7	-36.3
.6	-44.4	-44.1	-43.8	-43.5	-43.2	-42.9	-42.5	-42.2	-41.9	-41.5	-41.2	-40.8	-40.5	-40.1	-39.8	-39.4	-39.1	-38.7	-38.3	-38.0	-37.6	-37.2	-36.8	-36.5
.8	-44.6	-44.3	-44.0	-43.7	-43.3	-43.0	-42.7	-42.3	-42.0	-41.7	-41.3	-41.0	-40.6	-40.3	-39.9	-39.6	-39.2	-38.8	-38.5	-38.1	-37.7	-37.4	-37.0	-36.6
57.0	-44.8	-44.4	-44.1	-43.8	-43.5	-43.2	-42.8	-42.5	-42.2	-41.8	-41.5	-41.1	-40.8	-40.4	-40.1	-39.7	-39.3	-39.0	-38.6	-38.2	-37.9	-37.5	-37.1	-36.7
.2	-44.9	-44.6	-44.3	-44.0	-43.6	-43.3	-43.0	-42.6	-42.3	-42.0	-41.6	-41.3	-40.9	-40.6	-40.2	-39.8	-39.5	-39.1	-38.7	-38.4	-38.0	-37.6	-37.2	-36.8
.4	-45.1	-44.8	-44.4	-44.1	-43.8	-43.5	-43.1	-42.8	-42.5	-42.1	-41.8	-41.4	-41.1	-40.7	-40.3	-40.0	-39.6	-39.2	-38.9	-38.5	-38.1	-37.7	-37.4	-37.0
.6	-45.2	-44.9	-44.6	-44.3	-43.9	-43.6	-43.3	-42.9	-42.6	-42.3	-41.9	-41.6	-41.2	-40.9	-40.5	-40.1	-39.8	-39.4	-39.0	-38.6	-38.3	-37.9	-37.5	-37.1
.8	-45.4	-45.1	-44.8	-44.4	-44.1	-43.8	-43.4	-43.1	-42.8	-42.4	-42.1	-41.7	-41.4	-41.0	-40.6	-40.3	-39.9	-39.5	-39.2	-38.8	-38.4	-38.0	-37.6	-37.2
58.0	-45.5	-45.2	-44.9	-44.6	-44.3	-43.9	-43.6	-43.2	-42.9	-42.6	-42.2	-41.9	-41.5	-41.1	-40.8	-40.4	-40.0	-39.7	-39.3	-38.9	-38.5	-38.1	-37.8	-37.4
.2	-45.7	-45.4	-45.1	-44.7	-44.4	-44.1	-43.7	-43.4	-43.1	-42.7	-42.4	-42.0	-41.6	-41.3	-40.9	-40.6	-40.2	-39.8	-39.4	-39.1	-38.7	-38.3	-37.9	-37.5
.4	-45.9	-45.5	-45.2	-44.9	-44.6	-44.2	-43.9	-43.5	-43.2	-42.9	-42.5	-42.1	-41.8	-41.4	-41.1	-40.7	-40.3	-39.9	-39.6	-39.2	-38.8	-38.4	-38.0	-37.6
.6	-46.0	-45.7	-45.4	-45.0	-44.7	-44.4	-44.0	-43.7	-43.4	-43.0	-42.6	-42.3	-41.9	-41.6	-41.2	-40.8	-40.5	-40.1	-39.7	-39.3	-38.9	-38.5	-38.2	-37.8
.8	-46.2	-45.9	-45.5	-45.2	-44.9	-44.5	-44.2	-43.8	-43.5	-43.2	-42.8	-42.4	-42.1	-41.7	-41.3	-41.0	-40.6	-40.2	-39.8	-39.5	-39.1	-38.7	-38.3	-37.9
59.0	-46.3	-46.0	-45.7	-45.4	-45.0	-44.7	-44.3	-44.0	-43.7	-43.3	-42.9	-42.6	-42.2	-41.8	-41.5	-41.1	-40.7	-40.4	-40.0	-39.6	-39.2	-38.8	-38.4	-38.0
.2	-46.5	-46.2	-45.8	-45.5	-45.2	-44.8	-44.5	-44.1	-43.8	-43.5	-43.1	-42.7	-42.4	-42.0	-41.6	-41.2	-40.9	-40.5	-40.1	-39.7	-39.3	-38.9	-38.6	-38.2
.4	-46.7	-46.3	-46.0	-45.7	-45.3	-45.0	-44.6	-44.3	-44.0	-43.6	-43.2	-42.9	-42.5	-42.1	-41.8	-41.4	-41.0	-40.6	-40.3	-39.9	-39.5	-39.1	-38.7	-38.3
.6	-46.8	-46.5	-46.2	-45.8	-45.5	-45.1	-44.8	-44.4	-44.1	-43.7	-43.4	-43.0	-42.6	-42.3	-41.9	-41.5	-41.2	-40.8	-40.4	-40.0	-39.6	-39.2	-38.8	-38.4
.8	-47.0	-46.6	-46.3	-46.0	-45.6	-45.3	-44.9	-44.6	-44.3	-43.9	-43.5	-43.1	-42.8	-42.4	-42.0	-41.7	-41.3	-40.9	-40.5	-40.1	-39.7	-39.3	-38.9	-38.6
60.0	-47.1	-46.8	-46.5	-46.1	-45.8	-45.4	-45.1	-44.7	-44.4	-44.0	-43.7	-43.3	-42.9	-42.6	-42.2	-41.8	-41.4	-41.1	-40.7	-40.3	-39.9	-39.5	-39.1	-38.7
.2	-47.3	-47.0	-46.6	-46.3	-46.0	-45.6	-45.2	-44.9	-44.5	-44.2	-43.8	-43.5	-43.1	-42.7	-42.3	-41.9	-41.6	-41.2	-40.8	-40.4	-40.0	-39.6	-39.2	-38.8
.4	-47.5	-47.1	-46.8	-46.4	-46.1	-45.8	-45.4	-45.0	-44.7	-44.3	-44.0	-43.6	-43.2	-42.9	-42.5	-42.1	-41.7	-41.3	-40.9	-40.5	-40.1	-39.7	-39.3	-38.9
.6	-47.6	-47.3	-46.9	-46.6	-46.3	-45.9	-45.5	-45.2	-44.8	-44.5	-44.1	-43.7	-43.4	-43.0	-42.6	-42.2	-41.9	-41.5	-41.1	-40.7	-40.3	-39.9	-39.5	-39.1
.8	-47.8	-47.4	-47.1	-46.8	-46.4	-46.1	-45.7	-45.3	-45.0	-44.6	-44.3	-43.9	-43.5	-43.1	-42.8	-42.4	-42.0	-41.6	-41.2	-40.8	-40.4	-40.0	-39.6	-39.2
61.0	-47.9	-47.6	-47.3	-46.9	-46.6	-46.2	-45.8	-45.5	-45.1	-44.8	-44.4	-44.0	-43.7	-43.3	-42.9	-42.5	-42.1	-41.7	-41.4	-41.0	-40.6	-40.1	-39.7	-39.3
	.8		-47.4	-47.1	-46.7	-46.4	-46.0	-45.7	-45.3	-44.9	-44.6	-44.2	-43.8	-43.4	-43.1	-42.7	-42.3	-41.9	-41.5	-41.1	-40.7	-40.3	-39.9	-39.5
	.9		-47.6	-47.2	-46.9	-46.5	-46.2	-45.8	-45.4	-45.1	-44.7	-44.3	-44.0	-43.6	-43.2	-42.8	-42.4	-42.0	-41.6	-41.2	-40.8	-40.4	-40.0	-39.6

W.W.P. Moon

To get 'Ma' from a CALCULATED altitude of the moon, apply this, then W.W.Ref. (Skip Table 1)

Calculated Altitude of Moon

From N. Almanac H.P.	51° 0'	20'	40'	52° 0'	20'	40'	53° 0'	20'	40'	54° 0'	20'	40'	55° 0'	20'	40'	56° 0'	20'	40'	57° 0'	20'	40'	58° 0'	20'	40'
54.0	-34.4	-34.2	-33.9	-33.7	-33.4	-33.2	-32.9	-32.7	-32.4	-32.1	-31.9	-31.6	-31.4	-31.1	-30.9	-30.6	-30.3	-30.1	-29.8	-29.5	-29.3	-29.0	-28.7	-28.5
.2	-34.5	-34.3	-34.0	-33.8	-33.5	-33.3	-33.0	-32.8	-32.5	-32.3	-32.0	-31.7	-31.5	-31.2	-31.0	-30.7	-30.4	-30.2	-29.9	-29.6	-29.4	-29.1	-28.8	-28.6
.4	-34.7	-34.4	-34.2	-33.9	-33.7	-33.4	-33.2	-32.9	-32.6	-32.4	-32.1	-31.9	-31.6	-31.3	-31.1	-30.8	-30.6	-30.3	-30.0	-29.8	-29.5	-29.2	-28.9	-28.7
.6	-34.8	-34.5	-34.3	-34.0	-33.8	-33.5	-33.3	-33.0	-32.8	-32.5	-32.2	-32.0	-31.7	-31.5	-31.2	-30.9	-30.7	-30.4	-30.1	-29.9	-29.6	-29.3	-29.1	-28.8
.8	-34.9	-34.7	-34.4	-34.2	-33.9	-33.7	-33.4	-33.1	-32.9	-32.6	-32.4	-32.1	-31.8	-31.6	-31.3	-31.0	-30.8	-30.5	-30.2	-30.0	-29.7	-29.4	-29.2	-28.9
55.0	-35.0	-34.8	-34.5	-34.3	-34.0	-33.8	-33.5	-33.3	-33.0	-32.7	-32.5	-32.2	-32.0	-31.7	-31.4	-31.2	-30.9	-30.6	-30.4	-30.1	-29.8	-29.5	-29.3	-29.0
.2	-35.2	-34.9	-34.7	-34.4	-34.2	-33.9	-33.6	-33.4	-33.1	-32.9	-32.6	-32.3	-32.1	-31.8	-31.5	-31.3	-31.0	-30.7	-30.5	-30.2	-29.9	-29.6	-29.4	-29.1
.4	-35.3	-35.0	-34.8	-34.5	-34.3	-34.0	-33.8	-33.5	-33.2	-33.0	-32.7	-32.5	-32.2	-31.9	-31.7	-31.4	-31.1	-30.9	-30.6	-30.3	-30.0	-29.8	-29.5	-29.2
.6	-35.4	-35.2	-34.9	-34.7	-34.4	-34.2	-33.9	-33.6	-33.4	-33.1	-32.8	-32.6	-32.3	-32.0	-31.8	-31.5	-31.2	-31.0	-30.7	-30.4	-30.1	-29.9	-29.6	-29.3
.8	-35.6	-35.3	-35.0	-34.8	-34.5	-34.3	-34.0	-33.8	-33.5	-33.2	-33.0	-32.7	-32.4	-32.2	-31.9	-31.6	-31.3	-31.1	-30.8	-30.5	-30.3	-30.0	-29.7	-29.4
56.0	-35.7	-35.4	-35.2	-34.9	-34.7	-34.4	-34.1	-33.9	-33.6	-33.3	-33.1	-32.8	-32.5	-32.3	-32.0	-31.7	-31.5	-31.2	-30.9	-30.6	-30.4	-30.1	-29.8	-29.5
.2	-35.8	-35.6	-35.3	-35.0	-34.8	-34.5	-34.3	-34.0	-33.7	-33.5	-33.2	-32.9	-32.7	-32.4	-32.1	-31.9	-31.6	-31.3	-31.0	-30.8	-30.5	-30.2	-29.9	-29.6
.4	-35.9	-35.7	-35.4	-35.2	-34.9	-34.6	-34.4	-34.1	-33.9	-33.6	-33.3	-33.1	-32.8	-32.5	-32.2	-32.0	-31.7	-31.4	-31.1	-30.9	-30.6	-30.3	-30.0	-29.7
.6	-36.1	-35.8	-35.5	-35.3	-35.0	-34.8	-34.5	-34.2	-34.0	-33.7	-33.4	-33.2	-32.9	-32.6	-32.4	-32.1	-31.8	-31.5	-31.3	-31.0	-30.7	-30.4	-30.1	-29.8
.8	-36.2	-35.9	-35.6	-35.4	-35.1	-34.8	-34.6	-34.3	-34.0	-33.8	-33.5	-33.2	-33.0	-32.7	-32.4	-32.2	-31.9	-31.6	-31.3	-31.1	-30.8	-30.5	-30.2	-29.9
58.0	-37.0	-36.7	-36.4	-36.2	-35.9	-35.6	-35.4	-35.1	-34.8	-34.6	-34.3	-34.0	-33.7	-33.5	-33.2	-32.9	-32.6	-32.3	-32.0	-31.7	-31.5	-31.2	-30.9	-30.6
.2	-37.1	-36.8	-36.6	-36.3	-36.0	-35.8	-35.5	-35.2	-35.0	-34.7	-34.4	-34.1	-33.8	-33.6	-33.3	-33.0	-32.7	-32.4	-32.1	-31.9	-31.6	-31.3	-31.0	-30.7
.4	-37.2	-37.0	-36.7	-36.4	-36.2	-35.9	-35.6	-35.3	-35.1	-34.8	-34.5	-34.2	-34.0	-33.7	-33.4	-33.1	-32.8	-32.5	-32.2	-32.0	-31.7	-31.4	-31.1	-30.8
.6	-37.4	-37.1	-36.8	-36.5	-36.3	-36.0	-35.7	-35.5	-35.2	-34.9	-34.6	-34.3	-34.1	-33.8	-33.5	-33.2	-32.9	-32.7	-32.4	-32.1	-31.8	-31.5	-31.2	-30.9
.8	-37.5	-37.2	-37.0	-36.7	-36.4	-36.1	-35.9	-35.6	-35.3	-35.0	-34.8	-34.5	-34.2	-33.9	-33.6	-33.3	-33.1	-32.8	-32.5	-32.2	-31.9	-31.6	-31.3	-31.0
59.0	-37.6	-37.4	-37.1	-36.8	-36.5	-36.3	-36.0	-35.7	-35.4	-35.2	-34.9	-34.6	-34.3	-34.0	-33.7	-33.5	-33.2	-32.9	-32.6	-32.3	-32.0	-31.7	-31.4	-31.1
.2	-37.8	-37.5	-37.2	-36.9	-36.7	-36.4	-36.1	-35.8	-35.6	-35.3	-35.0	-34.7	-34.4	-34.1	-33.9	-33.6	-33.3	-33.0	-32.7	-32.4	-32.1	-31.8	-31.5	-31.2
.4	-37.9	-37.6	-37.3	-37.1	-36.8	-36.5	-36.2	-36.0	-35.7	-35.4	-35.1	-34.8	-34.6	-34.3	-34.0	-33.7	-33.4	-33.1	-32.8	-32.5	-32.2	-31.9	-31.6	-31.3
.6	-38.0	-37.7	-37.5	-37.2	-36.9	-36.6	-36.4	-36.1	-35.8	-35.5	-35.2	-35.0	-34.7	-34.4	-34.1	-33.8	-33.5	-33.2	-32.9	-32.6	-32.3	-32.0	-31.7	-31.5
.8	-38.1	-37.9	-37.6	-37.3	-37.0	-36.8	-36.5	-36.2	-35.9	-35.6	-35.4	-35.1	-34.8	-34.5	-34.2	-33.9	-33.6	-33.3	-33.0	-32.7	-32.5	-32.2	-31.9	-31.6
60.0	-38.3	-38.0	-37.7	-37.4	-37.2	-36.9	-36.6	-36.3	-36.0	-35.8	-35.5	-35.2	-34.9	-34.6	-34.3	-34.0	-33.7	-33.4	-33.2	-32.9	-32.6	-32.3	-32.0	-31.7
.2	-38.4	-38.1	-37.8	-37.6	-37.3	-37.0	-36.7	-36.4	-36.2	-35.9	-35.6	-35.3	-35.0	-34.7	-34.4	-34.2	-33.9	-33.6	-33.3	-33.0	-32.7	-32.4	-32.1	-31.8
.4	-38.5	-38.3	-38.0	-37.7	-37.4	-37.1	-36.9	-36.6	-36.3	-36.0	-35.7	-35.4	-35.1	-34.9	-34.6	-34.3	-34.0	-33.7	-33.4	-33.1	-32.8	-32.5	-32.2	-31.9
.6	-38.7	-38.4	-38.1	-37.8	-37.5	-37.3	-37.0	-36.7	-36.4	-36.1	-35.8	-35.5	-35.3	-35.0	-34.7	-34.4	-34.1	-33.8	-33.5	-33.2	-32.9	-32.6	-32.3	-32.0
.8	-38.8	-38.5	-38.2	-38.0	-37.7	-37.4	-37.1	-36.8	-36.5	-36.2	-36.0	-35.7	-35.4	-35.1	-34.8	-34.5	-34.2	-33.9	-33.6	-33.3	-33.0	-32.7	-32.4	-32.1
61.0	-38.9	-38.6	-38.4	-38.1	-37.8	-37.5	-37.2	-36.9	-36.7	-36.4	-36.1	-35.8	-35.5	-35.2	-34.9	-34.6	-34.3	-34.0	-33.7	-33.4	-33.1	-32.8	-32.5	-32.2
.2	-39.0	-38.8	-38.5	-38.2	-37.9	-37.6	-37.4	-37.1	-36.8	-36.5	-36.2	-35.9	-35.6	-35.3	-35.0	-34.7	-34.4	-34.1	-33.8	-33.5	-33.2	-32.9	-32.6	-32.3
.4	-39.2	-38.9	-38.6	-38.3	-38.0	-37.8	-37.5	-37.2	-36.9	-36.6	-36.3	-36.0	-35.7	-35.4	-35.1	-34.8	-34.5	-34.2	-33.9	-33.6	-33.3	-33.0	-32.7	-32.4

~ 5 ~

W.W.P. Moon

To get "Mo" from a CALCULATED altitude of the moon, apply this, then W.W.Ref. (Skip Table 1)

Calculated Altitude of Moon

From N. Almanac H.P.	59° 0'	20'	40'	60° 0'	20'	40'	61° 0'	20'	40'	62° 0'	20'	40'	63° 0'	20'	40'	64° 0'	20'	40'	65° 0'	20'	40'	66° 0'	20'	40'
54.0	-28.2	-27.9	-27.6	-27.4	-27.1	-26.8	-26.5	-26.3	-26.0	-25.7	-25.4	-25.1	-24.9	-24.6	-24.3	-24.0	-23.7	-23.4	-23.1	-22.9	-22.6	-22.3	-22.0	-21.7
.2	-28.3	-28.0	-27.7	-27.5	-27.2	-26.9	-26.6	-26.4	-26.1	-25.8	-25.5	-25.2	-25.0	-24.7	-24.4	-24.1	-23.8	-23.5	-23.2	-23.0	-22.7	-22.4	-22.1	-21.8
.4	-28.4	-28.1	-27.8	-27.6	-27.3	-27.0	-26.7	-26.5	-26.2	-25.9	-25.6	-25.3	-25.0	-24.8	-24.5	-24.2	-23.9	-23.6	-23.3	-23.0	-22.7	-22.4	-22.2	-21.9
.6	-28.5	-28.2	-28.0	-27.7	-27.4	-27.1	-26.8	-26.6	-26.3	-26.0	-25.7	-25.4	-25.1	-24.9	-24.6	-24.3	-24.0	-23.7	-23.4	-23.1	-22.8	-22.5	-22.2	-21.9
.8	-28.6	-28.3	-28.1	-27.8	-27.5	-27.2	-26.9	-26.7	-26.4	-26.1	-25.8	-25.5	-25.2	-24.9	-24.7	-24.4	-24.1	-23.8	-23.5	-23.2	-22.9	-22.6	-22.3	-22.0
55.0	-28.7	-28.4	-28.2	-27.9	-27.6	-27.3	-27.0	-26.8	-26.5	-26.2	-25.9	-25.6	-25.3	-25.0	-24.7	-24.5	-24.2	-23.9	-23.6	-23.3	-23.0	-22.7	-22.4	-22.1
.2	-28.8	-28.5	-28.3	-28.0	-27.7	-27.4	-27.1	-26.9	-26.6	-26.3	-26.0	-25.7	-25.4	-25.1	-24.8	-24.5	-24.3	-24.0	-23.7	-23.4	-23.1	-22.8	-22.5	-22.2
.4	-28.9	-28.6	-28.4	-28.1	-27.8	-27.5	-27.2	-27.0	-26.7	-26.4	-26.1	-25.8	-25.5	-25.2	-24.9	-24.6	-24.3	-24.0	-23.8	-23.5	-23.2	-22.9	-22.6	-22.3
.6	-29.0	-28.8	-28.5	-28.2	-27.9	-27.6	-27.3	-27.0	-26.8	-26.5	-26.2	-25.9	-25.6	-25.3	-25.0	-24.7	-24.4	-24.1	-23.8	-23.5	-23.2	-22.9	-22.6	-22.3
56.	-29.1	-28.9	-28.6	-28.3	-28.0	-27.7	-27.4	-27.1	-26.9	-26.6	-26.3	-26.0	-25.7	-25.4	-25.1	-24.8	-24.5	-24.2	-23.9	-23.6	-23.3	-23.0	-22.7	-22.4
.2	-29.2	-29.0	-28.7	-28.4	-28.1	-27.8	-27.5	-27.2	-27.0	-26.7	-26.4	-26.1	-25.8	-25.5	-25.2	-24.9	-24.6	-24.3	-24.0	-23.7	-23.4	-23.1	-22.8	-22.5
.4	-29.3	-29.1	-28.8	-28.5	-28.2	-27.9	-27.6	-27.3	-27.1	-26.8	-26.5	-26.2	-25.9	-25.6	-25.3	-25.0	-24.7	-24.4	-24.1	-23.8	-23.5	-23.2	-22.9	-22.6
.4	-29.5	-29.2	-28.9	-28.6	-28.3	-28.0	-27.7	-27.4	-27.2	-26.9	-26.6	-26.3	-26.0	-25.7	-25.4	-25.1	-24.8	-24.5	-24.2	-23.9	-23.6	-23.3	-23.0	-22.7
.6	-29.6	-29.3	-29.0	-28.7	-28.4	-28.1	-27.8	-27.5	-27.3	-27.0	-26.7	-26.4	-26.1	-25.8	-25.5	-25.2	-24.9	-24.6	-24.3	-24.0	-23.7	-23.4	-23.1	-22.8
.8	-29.7	-29.4	-29.1	-28.8	-28.5	-28.2	-27.9	-27.6	-27.3	-27.1	-26.8	-26.5	-26.2	-25.9	-25.6	-25.3	-25.0	-24.7	-24.4	-24.1	-23.8	-23.5	-23.1	-22.8
57.0	-29.8	-29.5	-29.2	-28.9	-28.6	-28.3	-28.0	-27.7	-27.4	-27.2	-26.9	-26.6	-26.3	-26.0	-25.7	-25.4	-25.1	-24.8	-24.5	-24.2	-23.9	-23.6	-23.2	-22.9
.2	-29.9	-29.6	-29.3	-29.0	-28.7	-28.4	-28.1	-27.8	-27.5	-27.2	-27.0	-26.7	-26.4	-26.1	-25.8	-25.4	-25.1	-24.8	-24.5	-24.2	-23.9	-23.6	-23.3	-23.0
.4	-30.0	-29.7	-29.4	-29.1	-28.8	-28.5	-28.2	-27.9	-27.6	-27.3	-27.1	-26.8	-26.5	-26.2	-25.9	-25.5	-25.2	-24.9	-24.6	-24.3	-24.0	-23.7	-23.4	-23.1
.6	-30.1	-29.8	-29.5	-29.2	-28.9	-28.6	-28.3	-28.0	-27.7	-27.4	-27.1	-26.9	-26.6	-26.3	-26.0	-25.6	-25.3	-25.0	-24.7	-24.4	-24.1	-23.8	-23.5	-23.2
.8	-30.2	-29.9	-29.6	-29.3	-29.0	-28.7	-28.4	-28.1	-27.8	-27.5	-27.2	-27.0	-26.7	-26.4	-26.0	-25.7	-25.4	-25.1	-24.8	-24.5	-24.2	-23.9	-23.6	-23.3
58.0	-30.3	-30.0	-29.7	-29.4	-29.1	-28.8	-28.5	-28.2	-27.9	-27.6	-27.3	-27.0	-26.7	-26.4	-26.1	-25.8	-25.5	-25.2	-24.9	-24.6	-24.3	-24.0	-23.7	-23.3
.2	-30.4	-30.1	-29.8	-29.5	-29.2	-28.9	-28.6	-28.3	-28.0	-27.7	-27.4	-27.1	-26.8	-26.5	-26.2	-25.9	-25.6	-25.3	-25.0	-24.7	-24.4	-24.1	-23.7	-23.4
.4	-30.5	-30.2	-29.9	-29.6	-29.3	-29.0	-28.7	-28.4	-28.1	-27.8	-27.5	-27.2	-26.9	-26.6	-26.3	-26.0	-25.7	-25.4	-25.1	-24.7	-24.4	-24.1	-23.8	-23.5
.6	-30.6	-30.3	-30.0	-29.7	-29.4	-29.1	-28.8	-28.5	-28.2	-27.9	-27.6	-27.3	-27.0	-26.7	-26.4	-26.1	-25.8	-25.5	-25.1	-24.8	-24.5	-24.2	-23.9	-23.6
.8	-30.7	-30.4	-30.1	-29.8	-29.5	-29.2	-28.9	-28.6	-28.3	-28.0	-27.7	-27.4	-27.1	-26.8	-26.5	-26.2	-25.9	-25.6	-25.2	-24.9	-24.6	-24.3	-24.0	-23.7
59.0	-30.8	-30.5	-30.2	-29.9	-29.6	-29.3	-29.0	-28.7	-28.4	-28.1	-27.8	-27.5	-27.2	-26.9	-26.6	-26.3	-26.0	-25.6	-25.3	-25.0	-24.7	-24.4	-24.1	-23.7
.2	-30.9	-30.6	-30.3	-30.0	-29.7	-29.4	-29.1	-28.8	-28.5	-28.2	-27.9	-27.6	-27.3	-27.0	-26.7	-26.4	-26.0	-25.7	-25.4	-25.1	-24.8	-24.5	-24.1	-23.8
.4	-31.0	-30.7	-30.4	-30.1	-29.8	-29.5	-29.2	-28.9	-28.6	-28.3	-28.0	-27.7	-27.4	-27.1	-26.8	-26.4	-26.1	-25.8	-25.5	-25.2	-24.9	-24.6	-24.2	-23.9
.6	-31.2	-30.8	-30.5	-30.2	-29.9	-29.6	-29.3	-29.0	-28.7	-28.4	-28.1	-27.8	-27.5	-27.2	-26.9	-26.5	-26.2	-25.9	-25.6	-25.3	-25.0	-24.6	-24.3	-24.0
.8	-31.3	-30.9	-30.6	-30.3	-30.0	-29.7	-29.4	-29.1	-28.8	-28.5	-28.2	-27.9	-27.6	-27.3	-27.0	-26.6	-26.3	-26.0	-25.7	-25.4	-25.1	-24.7	-24.4	-24.1
60.0	-31.4	-31.1	-30.8	-30.5	-30.1	-29.8	-29.5	-29.2	-28.9	-28.6	-28.3	-28.0	-27.7	-27.4	-27.0	-26.7	-26.4	-26.1	-25.8	-25.5	-25.2	-24.8	-24.5	-24.2
.2	-31.5	-31.2	-30.9	-30.6	-30.2	-29.9	-29.6	-29.3	-29.0	-28.7	-28.4	-28.1	-27.8	-27.5	-27.1	-26.8	-26.5	-26.2	-25.9	-25.5	-25.2	-24.9	-24.6	-24.3
.4	-31.6	-31.3	-31.0	-30.7	-30.4	-30.0	-29.7	-29.4	-29.1	-28.8	-28.5	-28.2	-27.8	-27.5	-27.2	-26.9	-26.6	-26.3	-25.9	-25.6	-25.3	-25.0	-24.6	-24.3
.6	-31.7	-31.4	-31.1	-30.8	-30.5	-30.1	-29.8	-29.5	-29.2	-28.9	-28.6	-28.3	-27.9	-27.6	-27.3	-27.0	-26.7	-26.4	-26.0	-25.7	-25.4	-25.0	-24.7	-24.4
.8	-31.8	-31.5	-31.2	-30.9	-30.6	-30.2	-29.9	-29.6	-29.3	-29.0	-28.7	-28.4	-28.0	-27.7	-27.4	-27.1	-26.8	-26.4	-26.1	-25.8	-25.5	-25.1	-24.8	-24.5
61.0	-31.9	-31.6	-31.3	-31.0	-30.7	-30.3	-30.0	-29.7	-29.4	-29.1	-28.8	-28.4	-28.1	-27.8	-27.5	-27.2	-26.8	-26.5	-26.2	-25.9	-25.5	-25.2	-24.9	-24.6
.2	-32.0	-31.7	-31.4	-31.1	-30.8	-30.4	-30.1	-29.8	-29.5	-29.2	-28.9	-28.5	-28.2	-27.9	-27.6	-27.3	-26.9	-26.6	-26.3	-26.0	-25.6	-25.3	-25.0	-24.6
.4	-32.1	-31.8	-31.5	-31.2	-30.9	-30.5	-30.2	-29.9	-29.6	-29.3	-29.0	-28.6	-28.3	-28.0	-27.7	-27.3	-27.0	-26.7	-26.4	-26.0	-25.7	-25.4	-25.0	-24.7

W.W.P. Moon

To get 'Ma' from a CALCULATED altitude of the moon, apply this, then W.W.Ref. (Skip Table 1)

Calculated Altitude of Moon

From N. Almanac H.P.	67° 0'	20'	40'	68° 0'	20'	40'	69° 0'	20'	40'	70° 0'	20'	40'	71° 0'	20'	40'	72° 0'	20'	40'	73° 0'	20'	40'	74° 0'	20'	40'
54.0	-21.4	-21.1	-20.8	-20.5	-20.2	-19.9	-19.6	-19.3	-19.0	-18.7	-18.4	-18.1	-17.8	-17.5	-17.2	-16.9	-16.6	-16.3	-16.0	-15.7	-15.4	-15.1	-14.8	-14.5
.2	-21.5	-21.2	-20.9	-20.6	-20.3	-20.0	-19.7	-19.4	-19.1	-18.8	-18.5	-18.2	-17.9	-17.6	-17.3	-17.0	-16.7	-16.4	-16.1	-15.8	-15.5	-15.2	-14.9	-14.6
.4	-21.6	-21.3	-21.0	-20.7	-20.4	-20.1	-19.8	-19.5	-19.2	-18.9	-18.6	-18.3	-18.0	-17.7	-17.4	-17.1	-16.8	-16.5	-16.1	-15.8	-15.5	-15.2	-14.9	-14.6
.6	-21.6	-21.3	-21.1	-20.8	-20.5	-20.2	-19.9	-19.6	-19.3	-19.0	-18.6	-18.3	-18.0	-17.7	-17.4	-17.1	-16.8	-16.5	-16.2	-15.9	-15.6	-15.3	-15.0	-14.7
.8	-21.7	-21.4	-21.1	-20.8	-20.5	-20.2	-19.9	-19.6	-19.3	-19.0	-18.7	-18.4	-18.1	-17.8	-17.5	-17.2	-16.9	-16.6	-16.3	-16.0	-15.6	-15.3	-15.0	-14.7
55.0	-21.8	-21.5	-21.2	-20.9	-20.6	-20.3	-20.0	-19.7	-19.4	-19.1	-18.8	-18.5	-18.2	-17.9	-17.6	-17.3	-16.9	-16.6	-16.3	-16.0	-15.7	-15.4	-15.1	-14.8
.2	-21.9	-21.6	-21.3	-21.0	-20.7	-20.4	-20.1	-19.8	-19.5	-19.2	-18.9	-18.6	-18.2	-17.9	-17.6	-17.3	-17.0	-16.7	-16.4	-16.1	-15.8	-15.4	-15.1	-14.8
.4	-22.0	-21.7	-21.4	-21.1	-20.8	-20.5	-20.2	-19.8	-19.5	-19.2	-18.9	-18.6	-18.3	-18.0	-17.7	-17.4	-17.1	-16.8	-16.4	-16.1	-15.8	-15.5	-15.2	-14.9
.6	-22.0	-21.7	-21.4	-21.1	-20.8	-20.5	-20.2	-19.9	-19.6	-19.3	-19.0	-18.7	-18.4	-18.1	-17.8	-17.4	-17.1	-16.8	-16.5	-16.2	-15.9	-15.6	-15.2	-14.9
.8	-22.1	-21.8	-21.5	-21.2	-20.9	-20.6	-20.3	-20.0	-19.7	-19.4	-19.1	-18.8	-18.4	-18.1	-17.8	-17.5	-17.2	-16.9	-16.6	-16.3	-15.9	-15.6	-15.3	-15.0
56.0	-22.2	-21.9	-21.6	-21.3	-21.0	-20.7	-20.4	-20.1	-19.8	-19.4	-19.1	-18.8	-18.5	-18.2	-17.9	-17.6	-17.3	-16.9	-16.6	-16.3	-16.0	-15.7	-15.4	-15.0
.2	-22.3	-22.0	-21.7	-21.4	-21.1	-20.8	-20.4	-20.1	-19.8	-19.5	-19.2	-18.9	-18.6	-18.3	-18.0	-17.6	-17.3	-17.0	-16.7	-16.4	-16.1	-15.7	-15.4	-15.1
.4	-22.4	-22.1	-21.8	-21.4	-21.1	-20.8	-20.5	-20.2	-19.9	-19.6	-19.3	-19.0	-18.6	-18.3	-18.0	-17.7	-17.4	-17.1	-16.7	-16.4	-16.1	-15.8	-15.5	-15.1
.6	-22.4	-22.1	-21.8	-21.5	-21.2	-20.9	-20.6	-20.3	-19.9	-19.6	-19.3	-19.0	-18.7	-18.4	-18.1	-17.8	-17.4	-17.1	-16.8	-16.5	-16.2	-15.8	-15.5	-15.2
.8	-22.5	-22.2	-21.9	-21.6	-21.3	-21.0	-20.7	-20.4	-20.0	-19.7	-19.4	-19.1	-18.8	-18.5	-18.1	-17.8	-17.5	-17.2	-16.9	-16.5	-16.2	-15.9	-15.6	-15.3
57.0	-22.6	-22.3	-22.0	-21.7	-21.4	-21.1	-20.7	-20.4	-20.1	-19.8	-19.5	-19.2	-18.8	-18.5	-18.2	-17.9	-17.6	-17.3	-16.9	-16.6	-16.3	-16.0	-15.6	-15.3
.2	-22.7	-22.4	-22.1	-21.8	-21.4	-21.1	-20.8	-20.5	-20.2	-19.9	-19.6	-19.2	-18.9	-18.6	-18.3	-18.0	-17.6	-17.3	-17.0	-16.7	-16.3	-16.0	-15.7	-15.4
.4	-22.8	-22.5	-22.1	-21.8	-21.5	-21.2	-20.9	-20.6	-20.3	-19.9	-19.6	-19.3	-19.0	-18.7	-18.3	-18.0	-17.7	-17.4	-17.0	-16.7	-16.4	-16.1	-15.7	-15.4
.6	-22.9	-22.5	-22.2	-21.9	-21.6	-21.3	-21.0	-20.6	-20.3	-20.0	-19.7	-19.4	-19.0	-18.7	-18.4	-18.1	-17.8	-17.4	-17.1	-16.8	-16.5	-16.1	-15.8	-15.5
.8	-22.9	-22.6	-22.3	-22.0	-21.7	-21.4	-21.0	-20.7	-20.4	-20.1	-19.8	-19.4	-19.1	-18.8	-18.5	-18.1	-17.8	-17.5	-17.2	-16.8	-16.5	-16.2	-15.9	-15.5
58.0	-23.0	-22.7	-22.4	-22.1	-21.7	-21.4	-21.1	-20.8	-20.5	-20.2	-19.8	-19.5	-19.2	-18.9	-18.5	-18.2	-17.9	-17.6	-17.2	-16.9	-16.6	-16.2	-15.9	-15.6
.2	-23.1	-22.8	-22.5	-22.1	-21.8	-21.5	-21.2	-20.9	-20.5	-20.2	-19.9	-19.6	-19.3	-18.9	-18.6	-18.3	-17.9	-17.6	-17.3	-17.0	-16.6	-16.3	-16.0	-15.6
.4	-23.2	-22.9	-22.5	-22.2	-21.9	-21.6	-21.3	-20.9	-20.6	-20.3	-20.0	-19.6	-19.3	-19.0	-18.7	-18.3	-18.0	-17.7	-17.3	-17.0	-16.7	-16.4	-16.0	-15.7
.6	-23.3	-22.9	-22.6	-22.3	-22.0	-21.7	-21.3	-21.0	-20.7	-20.4	-20.0	-19.7	-19.4	-19.1	-18.7	-18.4	-18.1	-17.7	-17.4	-17.1	-16.7	-16.4	-16.1	-15.8
.8	-23.3	-23.0	-22.7	-22.4	-22.1	-21.7	-21.4	-21.1	-20.8	-20.4	-20.1	-19.8	-19.5	-19.1	-18.8	-18.5	-18.1	-17.8	-17.5	-17.1	-16.8	-16.5	-16.1	-15.8
59.0	-23.4	-23.1	-22.8	-22.5	-22.1	-21.8	-21.5	-21.2	-20.8	-20.5	-20.2	-19.8	-19.5	-19.2	-18.9	-18.5	-18.2	-17.9	-17.5	-17.2	-16.9	-16.5	-16.2	-15.9
.2	-23.5	-23.2	-22.9	-22.5	-22.2	-21.9	-21.6	-21.2	-20.9	-20.6	-20.2	-19.9	-19.6	-19.3	-18.9	-18.6	-18.3	-17.9	-17.6	-17.3	-16.9	-16.6	-16.3	-15.9
.4	-23.6	-23.3	-22.9	-22.6	-22.3	-22.0	-21.6	-21.3	-21.0	-20.6	-20.3	-20.0	-19.7	-19.3	-19.0	-18.7	-18.3	-18.0	-17.7	-17.3	-17.0	-16.6	-16.3	-16.0
.6	-23.7	-23.3	-23.0	-22.7	-22.4	-22.0	-21.7	-21.4	-21.0	-20.7	-20.4	-20.1	-19.7	-19.4	-19.1	-18.7	-18.4	-18.1	-17.7	-17.4	-17.0	-16.7	-16.4	-16.0
.8	-23.7	-23.4	-23.1	-22.8	-22.4	-22.1	-21.8	-21.4	-21.1	-20.8	-20.5	-20.1	-19.8	-19.5	-19.1	-18.8	-18.4	-18.1	-17.8	-17.4	-17.1	-16.8	-16.4	-16.1
60.0	-23.8	-23.5	-23.2	-22.8	-22.5	-22.2	-21.9	-21.5	-21.2	-20.9	-20.5	-20.2	-19.9	-19.5	-19.2	-18.8	-18.5	-18.2	-17.8	-17.5	-17.2	-16.8	-16.5	-16.1
.2	-23.9	-23.6	-23.2	-22.9	-22.6	-22.3	-21.9	-21.6	-21.3	-20.9	-20.6	-20.3	-19.9	-19.6	-19.3	-18.9	-18.6	-18.2	-17.9	-17.6	-17.2	-16.9	-16.5	-16.2
.4	-24.0	-23.7	-23.3	-23.0	-22.7	-22.3	-22.0	-21.7	-21.3	-21.0	-20.7	-20.3	-20.0	-19.7	-19.3	-19.0	-18.6	-18.3	-18.0	-17.6	-17.3	-16.9	-16.6	-16.2
.6	-24.1	-23.7	-23.4	-23.1	-22.7	-22.4	-22.1	-21.7	-21.4	-21.1	-20.7	-20.4	-20.1	-19.7	-19.4	-19.1	-18.7	-18.4	-18.0	-17.7	-17.3	-17.0	-16.6	-16.3
.8	-24.1	-23.8	-23.5	-23.1	-22.8	-22.5	-22.1	-21.8	-21.5	-21.1	-20.8	-20.5	-20.1	-19.8	-19.4	-19.1	-18.8	-18.4	-18.1	-17.7	-17.4	-17.0	-16.7	-16.4
61.0	-24.2	-23.9	-23.6	-23.2	-22.9	-22.6	-22.2	-21.9	-21.5	-21.2	-20.9	-20.5	-20.2	-19.9	-19.5	-19.2	-18.8	-18.5	-18.1	-17.8	-17.4	-17.1	-16.8	-16.4
.2	-24.3	-24.0	-23.6	-23.3	-23.0	-22.6	-22.3	-22.0	-21.6	-21.3	-20.9	-20.6	-20.3	-19.9	-19.6	-19.2	-18.9	-18.5	-18.2	-17.9	-17.5	-17.2	-16.8	-16.5
.4	-24.4	-24.1	-23.7	-23.4	-23.0	-22.7	-22.4	-22.0	-21.7	-21.4	-21.0	-20.7	-20.3	-20.0	-19.6	-19.3	-19.0	-18.6	-18.3	-17.9	-17.6	-17.2	-16.9	-16.5

W.W.P. Moon

W.W.P. Moon

To get 'Ma' from a CALCULATED altitude of the moon, apply this, then W.W.Ref. (Skip Table 1)

Calculated Altitude of Moon

From N. Almanac H.P.	75° 0'	20'	40'	76° 0'	20'	40'	77° 0'	20'	40'	78° 0'	20'	40'	79° 0'	20'	40'	80° 0'	20'	40'	81° 0'	20'	40'	82° 0'	20'	40'
54.0	-14.2	-13.9	-13.6	-13.3	-13.0	-12.6	-12.3	-12.0	-11.7	-11.4	-11.1	-10.8	-10.5	-10.1	-9.8	-9.5	-9.2	-8.9	-8.6	-8.3	-7.9	-7.6	-7.3	-7.0
.2	-14.2	-13.9	-13.6	-13.3	-13.0	-12.7	-12.3	-12.1	-11.8	-11.4	-11.1	-10.8	-10.5	-10.2	-9.9	-9.6	-9.2	-8.9	-8.6	-8.3	-8.0	-7.7	-7.3	-7.0
.4	-14.3	-14.0	-13.7	-13.4	-13.1	-12.7	-12.4	-12.1	-11.8	-11.5	-11.2	-10.9	-10.5	-10.2	-9.9	-9.6	-9.3	-9.0	-8.6	-8.3	-8.0	-7.7	-7.4	-7.1
.6	-14.3	-14.0	-13.7	-13.4	-13.1	-12.8	-12.5	-12.2	-11.8	-11.5	-11.2	-10.9	-10.6	-10.3	-9.9	-9.6	-9.3	-9.0	-8.7	-8.4	-8.1	-7.7	-7.4	-7.1
.8	-14.4	-14.1	-13.8	-13.5	-13.1	-12.8	-12.5	-12.2	-11.9	-11.6	-11.3	-10.9	-10.6	-10.3	-10.0	-9.7	-9.3	-9.0	-8.7	-8.4	-8.1	-7.7	-7.4	-7.1
55.0	-14.5	-14.1	-13.8	-13.5	-13.2	-12.9	-12.6	-12.2	-11.9	-11.6	-11.3	-11.0	-10.7	-10.3	-10.0	-9.7	-9.4	-9.1	-8.7	-8.4	-8.1	-7.8	-7.5	-7.1
.2	-14.5	-14.2	-13.9	-13.6	-13.2	-12.9	-12.6	-12.3	-12.0	-11.7	-11.3	-11.0	-10.7	-10.4	-10.1	-9.7	-9.4	-9.1	-8.8	-8.4	-8.1	-7.8	-7.5	-7.2
.4	-14.6	-14.2	-13.9	-13.6	-13.3	-13.0	-12.7	-12.3	-12.0	-11.7	-11.4	-11.1	-10.7	-10.4	-10.1	-9.8	-9.5	-9.1	-8.8	-8.5	-8.2	-7.8	-7.5	-7.2
.6	-14.6	-14.3	-14.0	-13.7	-13.3	-13.0	-12.7	-12.4	-12.1	-11.7	-11.4	-11.1	-10.8	-10.5	-10.1	-9.8	-9.5	-9.2	-8.8	-8.5	-8.2	-7.9	-7.5	-7.2
.8	-14.7	-14.3	-14.0	-13.7	-13.4	-13.1	-12.8	-12.4	-12.1	-11.8	-11.5	-11.2	-10.8	-10.5	-10.2	-9.8	-9.5	-9.2	-8.9	-8.5	-8.2	-7.9	-7.6	-7.2
56.0	-14.7	-14.4	-14.1	-13.8	-13.4	-13.1	-12.8	-12.5	-12.2	-11.8	-11.5	-11.2	-10.9	-10.5	-10.2	-9.9	-9.6	-9.2	-8.9	-8.6	-8.2	-7.9	-7.6	-7.3
.2	-14.8	-14.4	-14.1	-13.8	-13.5	-13.2	-12.8	-12.5	-12.2	-11.9	-11.5	-11.2	-10.9	-10.6	-10.3	-9.9	-9.6	-9.3	-8.9	-8.6	-8.3	-7.9	-7.6	-7.3
.4	-14.8	-14.5	-14.2	-13.9	-13.5	-13.2	-12.9	-12.6	-12.2	-11.9	-11.6	-11.3	-10.9	-10.6	-10.3	-10.0	-9.6	-9.3	-9.0	-8.6	-8.3	-8.0	-7.6	-7.3
.6	-14.9	-14.5	-14.2	-13.9	-13.6	-13.3	-12.9	-12.6	-12.3	-12.0	-11.6	-11.3	-11.0	-10.6	-10.3	-10.0	-9.7	-9.3	-9.0	-8.7	-8.3	-8.0	-7.7	-7.3
.8	-14.9	-14.6	-14.3	-14.0	-13.6	-13.3	-13.0	-12.7	-12.3	-12.0	-11.7	-11.4	-11.0	-10.7	-10.4	-10.0	-9.7	-9.4	-9.0	-8.7	-8.4	-8.0	-7.7	-7.4
57.0	-15.0	-14.7	-14.3	-14.0	-13.7	-13.4	-13.0	-12.7	-12.4	-12.0	-11.7	-11.4	-11.1	-10.7	-10.4	-10.1	-9.7	-9.4	-9.1	-8.7	-8.4	-8.1	-7.7	-7.4
.2	-15.0	-14.7	-14.4	-14.1	-13.7	-13.4	-13.1	-12.7	-12.4	-12.1	-11.8	-11.4	-11.1	-10.8	-10.4	-10.1	-9.8	-9.4	-9.1	-8.8	-8.4	-8.1	-7.8	-7.4
.4	-15.1	-14.8	-14.4	-14.1	-13.8	-13.5	-13.1	-12.8	-12.5	-12.1	-11.8	-11.5	-11.1	-10.8	-10.5	-10.1	-9.8	-9.5	-9.1	-8.8	-8.5	-8.1	-7.8	-7.4
.6	-15.1	-14.8	-14.5	-14.2	-13.8	-13.5	-13.2	-12.8	-12.5	-12.2	-11.8	-11.5	-11.2	-10.8	-10.5	-10.2	-9.8	-9.5	-9.2	-8.8	-8.5	-8.1	-7.8	-7.5
.8	-15.2	-14.9	-14.5	-14.2	-13.9	-13.5	-13.2	-12.9	-12.5	-12.2	-11.9	-11.5	-11.2	-10.9	-10.5	-10.2	-9.9	-9.5	-9.2	-8.9	-8.5	-8.2	-7.8	-7.5
58.0	-15.3	-14.9	-14.6	-14.3	-13.9	-13.6	-13.3	-12.9	-12.6	-12.3	-11.9	-11.6	-11.3	-10.9	-10.6	-10.2	-9.9	-9.6	-9.2	-8.9	-8.5	-8.2	-7.9	-7.5
.2	-15.3	-15.0	-14.6	-14.3	-14.0	-13.6	-13.3	-13.0	-12.6	-12.3	-12.0	-11.6	-11.3	-11.0	-10.6	-10.3	-9.9	-9.6	-9.3	-8.9	-8.6	-8.2	-7.9	-7.6
.4	-15.4	-15.0	-14.7	-14.4	-14.0	-13.7	-13.4	-13.0	-12.7	-12.3	-12.0	-11.7	-11.3	-11.0	-10.7	-10.3	-10.0	-9.6	-9.3	-8.9	-8.6	-8.3	-7.9	-7.6
.6	-15.4	-15.1	-14.7	-14.4	-14.1	-13.7	-13.4	-13.1	-12.7	-12.4	-12.0	-11.7	-11.4	-11.0	-10.7	-10.3	-10.0	-9.7	-9.3	-9.0	-8.6	-8.3	-7.9	-7.6
.8	-15.5	-15.1	-14.8	-14.5	-14.1	-13.8	-13.4	-13.1	-12.8	-12.4	-12.1	-11.7	-11.4	-11.1	-10.7	-10.4	-10.0	-9.7	-9.4	-9.0	-8.7	-8.3	-8.0	-7.6
59.0	-15.5	-15.2	-14.8	-14.5	-14.2	-13.8	-13.5	-13.2	-12.8	-12.5	-12.1	-11.8	-11.4	-11.1	-10.8	-10.4	-10.1	-9.7	-9.4	-9.0	-8.7	-8.4	-8.0	-7.7
.2	-15.6	-15.2	-14.9	-14.6	-14.2	-13.9	-13.5	-13.2	-12.9	-12.5	-12.2	-11.8	-11.5	-11.1	-10.8	-10.5	-10.1	-9.8	-9.4	-9.1	-8.7	-8.4	-8.0	-7.7
.4	-15.6	-15.3	-15.0	-14.6	-14.3	-13.9	-13.6	-13.2	-12.9	-12.6	-12.2	-11.9	-11.5	-11.2	-10.8	-10.5	-10.1	-9.8	-9.5	-9.1	-8.8	-8.4	-8.1	-7.7
.6	-15.7	-15.3	-15.0	-14.7	-14.3	-14.0	-13.6	-13.3	-12.9	-12.6	-12.3	-11.9	-11.6	-11.2	-10.9	-10.5	-10.2	-9.8	-9.5	-9.1	-8.8	-8.4	-8.1	-7.7
.8	-15.7	-15.4	-15.1	-14.7	-14.4	-14.0	-13.7	-13.3	-13.0	-12.6	-12.3	-11.9	-11.6	-11.3	-10.9	-10.6	-10.2	-9.9	-9.5	-9.2	-8.8	-8.5	-8.1	-7.8
60.0	-15.8	-15.4	-15.1	-14.8	-14.4	-14.1	-13.7	-13.4	-13.0	-12.7	-12.3	-12.0	-11.6	-11.3	-10.9	-10.6	-10.2	-9.9	-9.5	-9.2	-8.8	-8.5	-8.1	-7.8
.2	-15.8	-15.5	-15.2	-14.8	-14.5	-14.1	-13.8	-13.4	-13.1	-12.7	-12.4	-12.0	-11.7	-11.3	-11.0	-10.6	-10.3	-9.9	-9.6	-9.2	-8.9	-8.5	-8.2	-7.8
.4	-15.9	-15.6	-15.2	-14.9	-14.5	-14.2	-13.8	-13.5	-13.1	-12.8	-12.4	-12.1	-11.7	-11.4	-11.0	-10.7	-10.3	-10.0	-9.6	-9.3	-8.9	-8.6	-8.2	-7.8
.6	-16.0	-15.6	-15.3	-14.9	-14.6	-14.2	-13.9	-13.5	-13.2	-12.8	-12.5	-12.1	-11.8	-11.4	-11.1	-10.7	-10.4	-10.0	-9.6	-9.3	-8.9	-8.6	-8.2	-7.9
.8	-16.0	-15.7	-15.3	-15.0	-14.6	-14.3	-13.9	-13.6	-13.2	-12.9	-12.5	-12.2	-11.8	-11.4	-11.1	-10.7	-10.4	-10.0	-9.7	-9.3	-9.0	-8.6	-8.3	-7.9
61.0	-16.1	-15.7	-15.4	-15.0	-14.7	-14.3	-14.0	-13.6	-13.3	-12.9	-12.6	-12.2	-11.9	-11.5	-11.1	-10.8	-10.4	-10.1	-9.7	-9.4	-9.0	-8.7	-8.3	-7.9
.2	-16.1	-15.8	-15.4	-15.1	-14.7	-14.4	-14.0	-13.7	-13.3	-12.9	-12.6	-12.2	-11.9	-11.5	-11.2	-10.8	-10.5	-10.1	-9.7	-9.4	-9.0	-8.7	-8.3	-7.9
.4	-16.2	-15.8	-15.5	-15.1	-14.8	-14.4	-14.1	-13.7	-13.3	-13.0	-12.6	-12.3	-11.9	-11.6	-11.2	-10.8	-10.5	-10.1	-9.8	-9.4	-9.1	-8.7	-8.3	-8.0

W.W.P. Moon

To get "Ma" from a CALCULATED altitude of the moon, apply this, then W.W.Ref. (Skip Table 1)

Calculated Altitude of Moon

From N. Almanac H.P.	83° 0'	84° 0'			85° 0'			86° 0'			87° 0'			88° 0'			89° 0'		
		40'	20'	0'	40'	20'	0'	40'	20'	0'	40'	20'	0'	40'	20'	0'	40'	20'	40'
54.0	-6.7	-6.0	-5.4	-5.7	-5.1	-4.5	-4.8	-4.2	-3.5	-3.8	-3.2	-2.6	-2.9	-2.3	-1.9	-1.6	-1.3	-1.0	-0.6	-0.3
55.0	-6.8	-6.2	-5.5	-5.8	-5.2	-4.5	-4.9	-4.2	-3.6	-3.9	-3.2	-2.6	-2.9	-2.3	-1.9	-1.6	-1.3	-1.0	-0.7	-0.3
56.0	-6.9	-6.3	-5.6	-5.9	-5.3	-4.6	-5.0	-4.3	-3.6	-4.0	-3.3	-2.6	-3.0	-2.3	-2.0	-1.7	-1.3	-1.0	-0.7	-0.3
57.0	-7.1	-6.4	-5.7	-6.1	-5.4	-4.7	-5.0	-4.4	-3.7	-4.0	-3.4	-2.7	-3.0	-2.4	-2.0	-1.7	-1.3	-1.0	-0.7	-0.3
58.0	-7.2	-6.5	-5.8	-6.2	-5.5	-4.8	-5.1	-4.5	-3.8	-4.1	-3.4	-2.7	-3.1	-2.4	-2.1	-1.7	-1.4	-1.0	-0.7	-0.3
59.0	-7.3	-6.6	-5.9	-6.3	-5.6	-4.9	-5.2	-4.5	-3.8	-4.2	-3.5	-2.8	-3.1	-2.4	-2.1	-1.7	-1.4	-1.0	-0.7	-0.3
60.0	-7.4	-6.7	-6.0	-6.4	-5.7	-5.0	-5.3	-4.6	-3.9	-4.3	-3.5	-2.8	-3.2	-2.5	-2.1	-1.8	-1.4	-1.1	-0.7	-0.4
61.0	-7.6	-6.8	-6.1	-6.5	-5.8	-5.1	-5.4	-4.7	-4.0	-4.3	-3.6	-2.9	-3.2	-2.5	-2.2	-1.8	-1.4	-1.1	-0.7	-0.4

W.W.P. **Venus or Mars**

Don't bother with this unless you have reason to want an unusually precise calculated apparent altitude.

If Venus or Mars has parallax (p) of 0.'1 or more any time during the year the Nautical Almanac gives it at the bottom of Page 259.

To get "Sa" from a CALCULATED Altitude of Venus or Mars apply this and W.W.Ref. (Skip Table 1)

Calculated Altitude of Venus or Mars

p	5°	10°	15°	20°	25°	30°	35°	40°	45°	50°	55°	60°	65°	70°	75°	80°	85°
0.1	-0.1	-0.1	-0.1	-0.1	-0.1	-0.1	-0.1	-0.1	-0.1	-0.1	-0.1	-0.1	-0.0	-0.0	0.0	0.0	0.0
0.2	-0.2	-0.2	-0.2	-0.2	-0.2	-0.2	-0.2	-0.2	-0.1	-0.1	-0.1	-0.1	-0.1	-0.1	-0.0	0.0	0.0
0.3	-0.3	-0.3	-0.3	-0.3	-0.3	-0.3	-0.3	-0.2	-0.2	-0.2	-0.2	-0.2	-0.1	-0.1	-0.1	-0.1	0.0
0.4	-0.4	-0.4	-0.4	-0.4	-0.4	-0.4	-0.3	-0.3	-0.3	-0.3	-0.2	-0.2	-0.2	-0.1	-0.1	-0.1	0.0
0.5	-0.5	-0.5	-0.5	-0.5	-0.5	-0.4	-0.4	-0.4	-0.4	-0.3	-0.3	-0.3	-0.2	-0.2	-0.1	-0.1	0.0

Changing calculated altitudes to Ma and Sa, the apparent altitudes of the centers

Sun, Star, or Planet

Calculated Altitude: 45° 31.'2
W.W. Ref. Table: + 0.9
Sa = 45° 32.'1

Moon

Calculated Altitude: 30° 23.8
W.W.P. Moon Table: −49.7
(H.P.=57.2)
  29 34.1
W.W. Ref. Table: + 1.7
Ma = 29° 35.'8

The W.W.P. Moon table has rows for H.P. as close as needed. When H.P. falls between row headings you can use *either* row. If H.P. had been 57.1 in the example you could have taken either −49.5 or −49.7 as the adjustment.

For altitudes above 9° 51 W.W. Ref. is a critical table. This means that when an altitude falls between two values in the table you should use the adjustment shown for the space between them. But when it fits one of the values in the table *exactly*, use the adjustment given for the space above. This is the same rule you use with critical tables in the front of the *Nautical Almanac*.

W.W. Ref.

Add to Calculated altitude (Hc) to get Ma or Sa. For the moon, first reduce Hc with W.W.P Moon before using it to enter this table.

Hc			Hc			Hc			Hc		
4°	0'	+11.'3	6°	30'	+7.'8	9°	51'	+5.'3	13°	50'	+3.'8
4°	5'	+11.'2	6°	35'	+7.'7						
4°	10'	+11.'0	6°	40'	+7.'6	10°	3'	+5.'2	14°	14'	+3.'7
4°	15'	+10.'9	6°	45'	+7.'5						
4°	20'	+10.'7	6°	50'	+7.'4	10°	15'	+5.'1	14°	36'	+3.'6
4°	25'	+10.'6	6°	55'	+7.'4						
4°	30'	+10.'4	7°	0'	+7.'3	10°	27'	+5.'0	15°	0'	+3.'5
4°	35'	+10.'3	7°	5'	+7.'2						
4°	40'	+10.'1	7°	10'	+7.'1	10°	41'	+4.'9	15°	27'	+3.'4
4°	45'	+10.'0	7°	15'	+7.'1						
4°	50'	+9.'9	7°	20'	+7.'0	10°	55'	+4.'8	15°	55'	+3.'3
4°	55'	+9.'7	7°	25'	+6.'9						
5°	0'	+9.'6	7°	30'	+6.'9	11°	9'	+4.'7	16°	23'	+3.'2
5°	5'	+9.'5	7°	35'	+6.'8						
5°	10'	+9.'4	7°	40'	+6.'7	11°	25'	+4.'6	16°	53'	+3.'1
5°	15'	+9.'2	7°	45'	+6.'7						
5°	20'	+9.'1	7°	50'	+6.'6	11°	39'	+4.'5	17°	25'	+3.'0
5°	25'	+9.'0	7°	55'	+6.'5						
5°	30'	+8.'9	8°	0'	+6.'5	11°	58'	+4.'4	17°	59'	+2.'9
5°	35'	+8.'8	8°	10'	+6.'4						
5°	40'	+8.'7	8°	20'	+6.'2	12°	14'	+4.'3	18°	35'	+2.'8
5°	45'	+8.'6	8°	30'	+6.'1						
5°	50'	+8.'5	8°	40'	+6.'0	12°	32'	+4.'2	19°	15'	+2.'7
5°	55'	+8.'4	8°	50'	+5.'9						
6°	0'	+8.'3	9°	0'	+5.'8	12°	50'	+4.'1	19°	55'	+2.'6
6°	5'	+8.'2	9°	10'	+5.'7						
6°	10'	+8.'1	9°	20'	+5.'6	13°	10'	+4.'0	20°	39'	+2.'5
6°	15'	+8.'0	9°	30'	+5.'5						
6°	20'	+7.'9	9°	40'	+5.'4	13°	30'	+3.'9	21°	26'	+2.'4
6°	25'	+7.'8	9°	50'	+5.'4						

Hc			Hc		
22°	16'	+2.'3	48°	41'	+0.'8
23°	12'	+2.'2	52°	13'	+0.'7
24°	10'	+2.'1	56°	5'	+0.'6
25°	12'	+2.'0	60°	21'	+0.'5
26°	18'	+1.'9	65°	2'	+0.'4
27°	34'	+1.'8	70°	6'	+0.'3
28°	54'	+1.'7	75°	30'	+0.'2
30°	22'	+1.'6	81°	12'	+0.'1
31°	58'	+1.'5	87°	0'	+0.'0
33°	43'	+1.'4	90°		
35°	37'	+1.'3			
37°	43'	+1.'2			
40°	3'	+1.'1			
42°	39'	+1.'0			
45°	31'	+0.'9			
48°	41'				

Table 1

Combined Dip and Semidiameter

These corrections change sextant altitudes to Sa and Ma, the apparent altitudes of the centers. For height of eye beyond the range of the table, combine the value in the zero column with dip from the *Nautical Almanac* correction table.

Height of Eye in Feet

		0	3	4	5	6	7	8	9	10	11	12
Sun Upper Limb	April-Sept.	-15.9	-17.6	-17.8	-18.1	-18.3	-18.5	-18.6	-18.8	-19.0	-19.1	-19.3
	Oct.-March	-16.2	-17.8	-18.1	-18.3	-18.5	-18.7	-18.9	-19.1	-19.2	-19.4	-19.5
Sun Lower Limb	April-Sept.	+15.9	+14.2	+13.9	+13.7	+13.5	+13.3	+13.1	+13.0	+12.8	+12.7	+12.5
	Oct.-March	+16.2	+14.5	+14.2	+14.0	+13.8	+13.6	+13.4	+13.2	+13.1	+12.9	+12.8
Star or Planet		0.0	-1.7	-1.9	-2.2	-2.4	-2.6	-2.7	-2.9	-3.1	-3.2	-3.4

Moon's Upper Limb

H.P.	0	3	4	5	6	7	8	9	10	11	12
54.0	-14.7	-16.4	-16.7	-16.9	-17.1	-17.3	-17.5	-17.6	-17.8	-17.9	-18.1
.5	-14.9	-16.5	-16.8	-17.0	-17.2	-17.4	-17.6	-17.8	-17.9	-18.1	-18.2
55.0	-15.0	-16.7	-16.9	-17.2	-17.4	-17.6	-17.7	-17.9	-18.1	-18.2	-18.4
.5	-15.1	-16.8	-17.1	-17.3	-17.5	-17.7	-17.9	-18.0	-18.2	-18.3	-18.5
56.0	-15.3	-16.9	-17.2	-17.4	-17.6	-17.8	-18.0	-18.2	-18.3	-18.5	-18.6
.5	-15.4	-17.1	-17.3	-17.6	-17.8	-18.0	-18.1	-18.3	-18.5	-18.6	-18.8
57.0	-15.5	-17.2	-17.5	-17.7	-17.9	-18.1	-18.3	-18.4	-18.6	-18.8	-18.9
.5	-15.7	-17.4	-17.6	-17.8	-18.0	-18.2	-18.4	-18.6	-18.7	-18.9	-19.0
58.0	-15.8	-17.5	-17.7	-18.0	-18.2	-18.4	-18.6	-18.7	-18.9	-19.0	-19.2
.5	-15.9	-17.6	-17.9	-18.1	-18.3	-18.5	-18.7	-18.9	-19.0	-19.2	-19.3
59.0	-16.1	-17.8	-18.0	-18.3	-18.5	-18.6	-18.8	-19.0	-19.2	-19.3	-19.4
.5	-16.2	-17.9	-18.2	-18.4	-18.6	-18.8	-19.0	-19.1	-19.3	-19.4	-19.6
60.0	-16.4	-18.0	-18.3	-18.5	-18.7	-18.9	-19.1	-19.3	-19.4	-19.6	-19.7
.5	-16.5	-18.2	-18.4	-18.7	-18.9	-19.1	-19.2	-19.4	-19.6	-19.7	-19.9
61.0	-16.6	-18.3	-18.6	-18.8	-19.0	-19.2	-19.4	-19.5	-19.7	-19.8	-20.0
.5	-16.8	-18.4	-18.7	-18.9	-19.1	-19.3	-19.5	-19.7	-19.8	-20.0	-20.1

Moon's Lower Limb

H.P.	0	3	4	5	6	7	8	9	10	11	12
54.0	+14.7	+13.0	+12.8	+12.5	+12.3	+12.1	+12.0	+11.8	+11.6	+11.5	+11.3
.5	+14.9	+13.2	+12.9	+12.7	+12.5	+12.3	+12.1	+11.9	+11.8	+11.6	+11.5
55.0	+15.0	+13.3	+13.0	+12.8	+12.6	+12.4	+12.2	+12.1	+11.9	+11.8	+11.6
.5	+15.1	+13.4	+13.2	+13.0	+12.7	+12.6	+12.4	+12.2	+12.1	+11.9	+11.8
56.0	+15.3	+13.6	+13.3	+13.1	+12.9	+12.7	+12.5	+12.3	+12.2	+12.0	+11.9
.5	+15.4	+13.7	+13.5	+13.2	+13.0	+12.8	+12.6	+12.5	+12.3	+12.2	+12.0
57.0	+15.5	+13.8	+13.6	+13.4	+13.2	+13.0	+12.8	+12.6	+12.5	+12.3	+12.2
.5	+15.7	+14.0	+13.7	+13.5	+13.3	+13.1	+12.9	+12.8	+12.6	+12.4	+12.3
58.0	+15.8	+14.1	+13.9	+13.6	+13.4	+13.2	+13.1	+12.9	+12.7	+12.6	+12.4
.5	+15.9	+14.3	+14.0	+13.8	+13.6	+13.4	+13.2	+13.0	+12.9	+12.7	+12.6
59.0	+16.1	+14.4	+14.1	+13.9	+13.7	+13.5	+13.3	+13.2	+13.0	+12.9	+12.7
.5	+16.2	+14.5	+14.3	+14.0	+13.8	+13.6	+13.5	+13.3	+13.1	+13.0	+12.8
60.0	+16.4	+14.7	+14.4	+14.2	+14.0	+13.8	+13.6	+13.4	+13.3	+13.1	+13.0
.5	+16.5	+14.8	+14.5	+14.3	+14.1	+13.9	+13.7	+13.6	+13.4	+13.3	+13.1
61.0	+16.6	+14.9	+14.7	+14.4	+14.2	+14.1	+13.9	+13.7	+13.5	+13.4	+13.3
.5	+16.8	+15.1	+14.8	+14.6	+14.4	+14.2	+14.0	+13.8	+13.7	+13.5	+13.4

Table 1

Combined Dip and Semidiameter

These corrections change sextant altitudes to Sa and Ma, the apparent altitudes of the centers. For height of eye beyond the range of the table, combine the value in the zero column with dip from the Nautical Almanac correction table.

Height of Eye in Feet

		13	14	15	16	17	18	19	20	21	22	23
Sun — Upper Limb	April-Sept.	-19.'4	-19.'5	-19.'7	-19.'8	-19.'9	-20.'0	-20.'1	-20.'2	-20.'3	-20.'4	-20.'6
	Oct.-March	-19.'7	-19.'8	-19.'9	-20.'0	-20.'2	-20.'3	-20.'4	-20.'5	-20.'6	-20.'7	-20.'8
Sun — Lower Limb	April-Sept.	+12.'4	+12.'3	+12.'1	+12.'0	+11.'9	+11.'8	+11.'7	+11.'5	+11.'4	+11.'3	+11.'2
	Oct.-March	+12.'7	+12.'5	+12.'4	+12.'3	+12.'2	+12.'0	+11.'9	+11.'8	+11.'7	+11.'6	+11.'5
Star or Planet		-3.'5	-3.'6	-3.'8	-3.'9	-4.'0	-4.'1	-4.'2	-4.'3	-4.'5	-4.'6	-4.'7

Moon's Upper Limb

H.P.	13	14	15	16	17	18	19	20	21	22	23
54.0	-18.'2	-18.'4	-18.'5	-18.'6	-18.'7	-18.'8	-19.'0	-19.'1	-19.'2	-19.'3	-19.'4
.5	-18.'4	-18.'5	-18.'6	-18.'7	-18.'9	-19.'0	-19.'1	-19.'2	-19.'3	-19.'4	-19.'5
55.0	-18.'5	-18.'6	-18.'8	-18.'9	-19.'0	-19.'2	-19.'3	-19.'4	-19.'5	-19.'6	
.5	-18.'6	-18.'8	-18.'9	-19.'0	-19.'1	-19.'2	-19.'4	-19.'5	-19.'6	-19.'7	-19.'8
56.0	-18.'8	-18.'9	-19.'0	-19.'1	-19.'3	-19.'4	-19.'5	-19.'6	-19.'7	-19.'8	-19.'9
.5	-18.'9	-19.'0	-19.'2	-19.'3	-19.'4	-19.'5	-19.'6	-19.'7	-19.'9	-20.'0	-20.'1
57.0	-19.'0	-19.'2	-19.'3	-19.'4	-19.'5	-19.'7	-19.'8	-19.'9	-20.'0	-20.'1	-20.'2
.5	-19.'2	-19.'3	-19.'4	-19.'6	-19.'7	-19.'8	-19.'9	-20.'0	-20.'1	-20.'2	-20.'3
58.0	-19.'3	-19.'4	-19.'6	-19.'7	-19.'8	-19.'9	-20.'0	-20.'2	-20.'3	-20.'4	-20.'5
.5	-19.'4	-19.'6	-19.'7	-19.'8	-19.'9	-20.'1	-20.'2	-20.'3	-20.'4	-20.'5	-20.'6
59.0	-19.'6	-19.'7	-19.'8	-20.'0	-20.'1	-20.'2	-20.'3	-20.'4	-20.'5	-20.'6	-20.'7
.5	-19.'7	-19.'9	-20.'0	-20.'1	-20.'2	-20.'3	-20.'5	-20.'6	-20.'7	-20.'8	-20.'9
60.0	-19.'9	-20.'0	-20.'1	-20.'2	-20.'4	-20.'5	-20.'6	-20.'7	-20.'8	-20.'9	-21.'0
.5	-20.'0	-20.'1	-20.'3	-20.'4	-20.'5	-20.'6	-20.'7	-20.'8	-20.'9	-21.'0	-21.'1
61.0	-20.'1	-20.'3	-20.'4	-20.'5	-20.'6	-20.'7	-20.'9	-21.'0	-21.'1	-21.'2	-21.'3
.5	-20.'3	-20.'4	-20.'5	-20.'6	-20.'8	-20.'9	-21.'0	-21.'1	-21.'2	-21.'3	-21.'4

Moon's Lower Limb

H.P.	13	14	15	16	17	18	19	20	21	22	23
54.0	+11.'2	+11.'1	+11.'0	+10.'8	+10.'7	+10.'6	+10.'5	+10.'4	+10.'3	+10.'2	+10.'1
.5	+11.'3	+11.'2	+11.'1	+11.'0	+10.'8	+10.'7	+10.'6	+10.'5	+10.'4	+10.'3	+10.'2
55.0	+11.'5	+11.'4	+11.'2	+11.'1	+11.'0	+10.'9	+10.'8	+10.'6	+10.'5	+10.'4	+10.'3
.5	+11.'6	+11.'5	+11.'4	+11.'2	+11.'1	+11.'0	+10.'9	+10.'8	+10.'7	+10.'6	+10.'5
56.0	+11.'8	+11.'6	+11.'5	+11.'4	+11.'3	+11.'1	+11.'0	+10.'9	+10.'8	+10.'7	+10.'6
.5	+11.'9	+11.'8	+11.'6	+11.'5	+11.'4	+11.'3	+11.'2	+11.'0	+10.'9	+10.'8	+10.'7
57.0	+12.'0	+11.'9	+11.'8	+11.'6	+11.'5	+11.'4	+11.'3	+11.'2	+11.'1	+11.'0	+10.'9
.5	+12.'2	+12.'0	+11.'9	+11.'8	+11.'7	+11.'5	+11.'4	+11.'3	+11.'2	+11.'1	+11.'0
58.0	+12.'3	+12.'2	+12.'0	+11.'9	+11.'8	+11.'7	+11.'6	+11.'5	+11.'4	+11.'2	+11.'1
.5	+12.'4	+12.'3	+12.'2	+12.'1	+11.'9	+11.'8	+11.'7	+11.'6	+11.'5	+11.'4	+11.'3
59.0	+12.'6	+12.'4	+12.'3	+12.'2	+12.'1	+12.'0	+11.'8	+11.'7	+11.'6	+11.'5	+11.'4
.5	+12.'7	+12.'6	+12.'4	+12.'3	+12.'2	+12.'1	+12.'0	+11.'9	+11.'8	+11.'7	+11.'6
60.0	+12.'8	+12.'7	+12.'6	+12.'5	+12.'3	+12.'2	+12.'1	+12.'0	+11.'9	+11.'8	+11.'7
.5	+13.'0	+12.'8	+12.'7	+12.'6	+12.'5	+12.'4	+12.'2	+12.'1	+12.'0	+11.'9	+11.'8
61.0	+13.'1	+13.'0	+12.'9	+12.'7	+12.'6	+12.'5	+12.'4	+12.'3	+12.'2	+12.'1	+12.'0
.5	+13.'3	+13.'1	+13.'0	+12.'9	+12.'8	+12.'6	+12.'5	+12.'4	+12.'3	+12.'2	+12.'1

Table 1

Combined Dip and Semidiameter

These corrections change sextant altitudes to Sa and Ma, the apparent altitudes of the centers. For height of eye beyond the range of the table, combine the value in the zero column with dip from the *Nautical Almanac* correction table.

		Height of Eye in Feet										
			24	**25**	**26**	**27**	**28**	**29**	**30**	**31**	**32**	**33**	**34**

			24	25	26	27	28	29	30	31	32	33	34
Sun Upper Limb	April-Sept.		-20.'7	-20.'8	-20.'8	-20.'9	-21.'0	-21.'1	-21.'2	-21.'3	-21.'4	-21.'5	-21.'6
	Oct.-March		-20.'9	-21.'0	-21.'1	-21.'2	-21.'3	-21.'4	-21.'5	-21.'6	-21.'7	-21.'7	-21.'8
Sun Lower Limb	April-Sept.		+11.'1	+11.'0	+10.'9	+10.'8	+10.'7	+10.'7	+10.'6	+10.'5	+10.'4	+10.'3	+10.'2
	Oct.-March		+11.'4	+11.'3	+11.'2	+11.'1	+11.'0	+10.'9	+10.'8	+10.'7	+10.'7	+10.'6	+10.'5
Star or Planet			-4.'8	-4.'9	-5.'0	-5.'1	-5.'1	-5.'2	-5.'3	-5.'4	-5.'5	-5.'6	-5.'7
		H.P.											
Moon's Upper Limb		54.0	-19.'5	-19.'6	-19.'7	-19.'8	-19.'9	-19.'9	-20.'0	-20.'1	-20.'2	-20.'3	-20.'4
		.5	-19.'6	-19.'7	-19.'8	-19.'9	-20.'0	-20.'1	-20.'2	-20.'3	-20.'3	-20.'4	-20.'5
		55.0	-19.'7	-19.'8	-19.'9	-20.'0	-20.'1	-20.'2	-20.'3	-20.'4	-20.'5	-20.'6	-20.'7
		.5	-19.'9	-20.'0	-20.'1	-20.'2	-20.'3	-20.'4	-20.'4	-20.'5	-20.'6	-20.'7	-20.'8
		56.0	-20.'0	-20.'1	-20.'2	-20.'3	-20.'4	-20.'5	-20.'6	-20.'7	-20.'8	-20.'8	-20.'9
		.5	-20.'2	-20.'3	-20.'4	-20.'4	-20.'5	-20.'6	-20.'7	-20.'8	-20.'9	-21.'0	-21.'1
		57.0	-20.'3	-20.'4	-20.'5	-20.'6	-20.'7	-20.'8	-20.'9	-20.'9	-21.'0	-21.'1	-21.'2
		.5	-20.'4	-20.'5	-20.'6	-20.'7	-20.'8	-20.'9	-21.'0	-21.'1	-21.'2	-21.'3	-21.'3
		58.0	-20.'6	-20.'7	-20.'8	-20.'9	-20.'9	-21.'0	-21.'1	-21.'2	-21.'3	-21.'4	-21.'5
		.5	-20.'7	-20.'8	-20.'9	-21.'0	-21.'1	-21.'2	-21.'3	-21.'4	-21.'4	-21.'5	-21.'6
		59.0	-20.'8	-20.'9	-21.'0	-21.'1	-21.'2	-21.'3	-21.'4	-21.'5	-21.'6	-21.'7	-21.'7
		.5	-21.'0	-21.'1	-21.'2	-21.'3	-21.'4	-21.'4	-21.'5	-21.'6	-21.'7	-21.'8	-21.'9
		60.0	-21.'1	-21.'2	-21.'3	-21.'4	-21.'5	-21.'6	-21.'7	-21.'8	-21.'8	-21.'9	-22.'0
		.5	-21.'2	-21.'3	-21.'4	-21.'5	-21.'6	-21.'7	-21.'8	-21.'9	-22.'0	-22.'1	-22.'2
		61.0	-21.'4	-21.'5	-21.'6	-21.'7	-21.'8	-21.'9	-21.'9	-22.'0	-22.'1	-22.'2	-22.'3
		.5	-21.'5	-21.'6	-21.'7	-21.'8	-21.'9	-22.'0	-22.'1	-22.'2	-22.'3	-22.'3	-22.'4
		H.P.											
Moon's Lower Limb		54.0	+10.'0	+9.'9	+9.'8	+9.'7	+9.'6	+9.'5	+9.'4	+9.'3	+9.'2	+9.'1	+9.'0
		.5	+10.'1	+10.'0	+9.'9	+9.'8	+9.'7	+9.'6	+9.'5	+9.'4	+9.'4	+9.'3	+9.'2
		55.0	+10.'2	+10.'1	+10.'0	+9.'9	+9.'8	+9.'8	+9.'7	+9.'6	+9.'5	+9.'4	+9.'3
		.5	+10.'4	+10.'3	+10.'2	+10.'1	+10.'0	+9.'9	+9.'8	+9.'7	+9.'6	+9.'5	+9.'5
		56.0	+10.'5	+10.'4	+10.'3	+10.'2	+10.'1	+10.'0	+9.'9	+9.'8	+9.'8	+9.'7	+9.'6
		.5	+10.'6	+10.'5	+10.'4	+10.'3	+10.'3	+10.'2	+10.'1	+10.'0	+9.'9	+9.'8	+9.'7
		57.0	+10.'8	+10.'7	+10.'6	+10.'5	+10.'4	+10.'3	+10.'2	+10.'1	+10.'0	+9.'9	+9.'9
		.5	+10.'9	+10.'8	+10.'7	+10.'6	+10.'5	+10.'4	+10.'3	+10.'3	+10.'2	+10.'1	+10.'0
		58.0	+11.'0	+10.'9	+10.'8	+10.'8	+10.'7	+10.'6	+10.'5	+10.'4	+10.'3	+10.'2	+10.'1
		.5	+11.'2	+11.'1	+11.'0	+10.'9	+10.'8	+10.'7	+10.'6	+10.'5	+10.'4	+10.'4	+10.'3
		59.0	+11.'3	+11.'2	+11.'1	+11.'0	+10.'9	+10.'8	+10.'8	+10.'7	+10.'6	+10.'5	+10.'4
		.5	+11.'5	+11.'4	+11.'3	+11.'2	+11.'1	+11.'0	+10.'9	+10.'8	+10.'7	+10.'6	+10.'5
		60.0	+11.'6	+11.'5	+11.'4	+11.'3	+11.'2	+11.'1	+11.'0	+10.'9	+10.'9	+10.'8	+10.'7
		.5	+11.'7	+11.'6	+11.'5	+11.'4	+11.'3	+11.'3	+11.'2	+11.'1	+11.'0	+10.'9	+10.'8
		61.0	+11.'9	+11.'8	+11.'7	+11.'6	+11.'5	+11.'4	+11.'3	+11.'2	+11.'1	+11.'0	+11.'0
		.5	+12.'0	+11.'9	+11.'8	+11.'7	+11.'6	+11.'5	+11.'4	+11.'3	+11.'3	+11.'2	+11.'1

Table 1 — Combined Dip and Semidiameter

These corrections change sextant altitudes to Sa and Ma, the apparent altitudes of the centers. For height of eye beyond the range of the table, combine the value in the zero column with dip from the *Nautical Almanac* correction table.

Height of Eye in Feet

Sun

Limb	Season	36	38	40	42	44	46	48	50	52	54	56
Upper Limb	April–Sept.	−21.′7	−21.′9	−22.′0	−22.′2	−22.′3	−22.′5	−22.′6	−22.′8	−22.′9	−23.′0	−23.′2
Upper Limb	Oct.–March	−22.′0	−22.′2	−22.′3	−22.′5	−22.′6	−22.′8	−22.′9	−23.′0	−23.′2	−23.′3	−23.′4
Lower Limb	April–Sept.	+10.′1	+9.′9	+9.′7	+9.′6	+9.′4	+9.′3	+9.′2	+9.′0	+8.′9	+8.′7	+8.′6
Lower Limb	Oct.–March	+10.′3	+10.′2	+10.′0	+9.′9	+9.′7	+9.′6	+9.′4	+9.′3	+9.′2	+9.′0	+8.′9

Star or Planet

	36	38	40	42	44	46	48	50	52	54	56
	−5.′8	−6.′0	−6.′1	−6.′3	−6.′4	−6.′6	−6.′7	−6.′9	−7.′0	−7.′1	−7.′3

Moon's Upper Limb

H.P.	36	38	40	42	44	46	48	50	52	54	56
54.0	−20.′5	−20.′7	−20.′9	−21.′0	−21.′2	−21.′3	−21.′4	−21.′6	−21.′7	−21.′9	−22.′0
.5	−20.′7	−20.′8	−21.′0	−21.′2	−21.′3	−21.′4	−21.′6	−21.′7	−21.′9	−22.′0	−22.′1
55.0	−20.′8	−21.′0	−21.′1	−21.′3	−21.′4	−21.′6	−21.′7	−21.′9	−22.′0	−22.′1	−22.′3
.5	−21.′0	−21.′1	−21.′3	−21.′4	−21.′6	−21.′7	−21.′9	−22.′0	−22.′1	−22.′3	−22.′4
56.0	−21.′1	−21.′3	−21.′4	−21.′6	−21.′7	−21.′9	−22.′0	−22.′1	−22.′3	−22.′4	−22.′5
.5	−21.′2	−21.′4	−21.′5	−21.′7	−21.′8	−22.′0	−22.′1	−22.′3	−22.′4	−22.′5	−22.′7
57.0	−21.′4	−21.′5	−21.′7	−21.′8	−22.′0	−22.′1	−22.′3	−22.′4	−22.′5	−22.′7	−22.′8
.5	−21.′5	−21.′7	−21.′8	−22.′0	−22.′1	−22.′3	−22.′4	−22.′5	−22.′7	−22.′8	−22.′9
58.0	−21.′6	−21.′8	−22.′0	−22.′1	−22.′3	−22.′4	−22.′5	−22.′7	−22.′8	−22.′9	−23.′1
.5	−21.′8	−21.′9	−22.′1	−22.′2	−22.′4	−22.′5	−22.′7	−22.′8	−23.′0	−23.′1	−23.′2
59.0	−21.′9	−22.′1	−22.′2	−22.′4	−22.′5	−22.′7	−22.′8	−23.′0	−23.′1	−23.′2	−23.′4
.5	−22.′0	−22.′2	−22.′4	−22.′5	−22.′7	−22.′8	−22.′9	−23.′1	−23.′2	−23.′4	−23.′5
60.0	−22.′2	−22.′3	−22.′5	−22.′6	−22.′8	−22.′9	−23.′1	−23.′2	−23.′4	−23.′5	−23.′6
.5	−22.′3	−22.′5	−22.′6	−22.′8	−22.′9	−23.′1	−23.′2	−23.′4	−23.′5	−23.′6	−23.′8
61.0	−22.′5	−22.′6	−22.′8	−22.′9	−23.′1	−23.′2	−23.′4	−23.′5	−23.′6	−23.′8	−23.′9
.5	−22.′6	−22.′8	−22.′9	−23.′1	−23.′2	−23.′4	−23.′5	−23.′6	−23.′8	−23.′9	−24.′0

Moon's Lower Limb

H.P.	36	38	40	42	44	46	48	50	52	54	56
54.0	+8.′9	+8.′7	+8.′6	+8.′4	+8.′3	+8.′1	+8.′0	+7.′8	+7.′7	+7.′6	+7.′4
.5	+9.′0	+8.′9	+8.′7	+8.′6	+8.′4	+8.′3	+8.′1	+8.′0	+7.′8	+7.′7	+7.′6
55.0	+9.′2	+9.′0	+8.′8	+8.′7	+8.′5	+8.′4	+8.′3	+8.′1	+8.′0	+7.′8	+7.′7
.5	+9.′3	+9.′1	+9.′0	+8.′8	+8.′7	+8.′5	+8.′4	+8.′3	+8.′1	+8.′0	+7.′8
56.0	+9.′4	+9.′3	+9.′1	+9.′0	+8.′8	+8.′7	+8.′5	+8.′4	+8.′3	+8.′1	+8.′0
.5	+9.′6	+9.′4	+9.′2	+9.′1	+8.′9	+8.′8	+8.′7	+8.′5	+8.′4	+8.′3	+8.′1
57.0	+9.′7	+9.′5	+9.′4	+9.′2	+9.′1	+8.′9	+8.′8	+8.′7	+8.′5	+8.′4	+8.′3
.5	+9.′8	+9.′7	+9.′5	+9.′4	+9.′2	+9.′1	+8.′9	+8.′8	+8.′7	+8.′5	+8.′4
58.0	+10.′0	+9.′8	+9.′7	+9.′5	+9.′4	+9.′2	+9.′1	+8.′9	+8.′8	+8.′7	+8.′5
.5	+10.′1	+9.′9	+9.′8	+9.′6	+9.′5	+9.′3	+9.′2	+9.′1	+8.′9	+8.′8	+8.′7
59.0	+10.′2	+10.′1	+9.′9	+9.′8	+9.′6	+9.′5	+9.′3	+9.′2	+9.′1	+8.′9	+8.′8
.5	+10.′4	+10.′2	+10.′1	+9.′9	+9.′8	+9.′6	+9.′5	+9.′3	+9.′2	+9.′1	+8.′9
60.0	+10.′5	+10.′4	+10.′2	+10.′1	+9.′9	+9.′8	+9.′6	+9.′5	+9.′3	+9.′2	+9.′1
.5	+10.′7	+10.′5	+10.′3	+10.′2	+10.′0	+9.′9	+9.′8	+9.′6	+9.′5	+9.′3	+9.′2
61.0	+10.′8	+10.′6	+10.′5	+10.′3	+10.′2	+10.′0	+9.′9	+9.′7	+9.′6	+9.′5	+9.′3
.5	+10.′9	+10.′8	+10.′6	+10.′5	+10.′3	+10.′2	+10.′0	+9.′9	+9.′7	+9.′6	+9.′5

Table 1 — Combined Dip and Semidiameter

These corrections change sextant altitudes to Sa and Ma, the apparent altitudes of the centers. For height of eye beyond the range of the table, combine the value in the zero column with dip from the *Nautical Almanac* correction table.

		Height of Eye in Feet										
		58	62	66	70	74	78	82	86	90	94	98
Sun Upper Limb	April-Sept.	-23.'3	-23.'5	-23.'8	-24.'0	-24.'3	-24.'5	-24.'7	-24.'9	-25.'1	-25.'3	-25.'5
	Oct.-March	-23.'6	-23.'8	-24.'1	-24.'3	-24.'5	-24.'7	-25.'0	-25.'2	-25.'4	-25.'6	-25.'8
Sun Lower Limb	April-Sept.	+8.'5	+8.'2	+8.'0	+7.'8	+7.'5	+7.'3	+7.'1	+6.'9	+6.'7	+6.'5	+6.'3
	Oct.-March	+8.'8	+8.'5	+8.'3	+8.'0	+7.'8	+7.'6	+7.'4	+7.'1	+6.'9	+6.'7	+6.'5
Star or Planet ★		-7.'4	-7.'7	-7.'9	-8.'1	-8.'4	-8.'6	-8.'8	-9.'0	-9.'2	-9.'4	-9.'6
Moon's Upper Limb	H.P.											
	54.0	-22.'1	-22.'4	-22.'6	-22.'8	-23.'1	-23.'3	-23.'5	-23.'7	-23.'9	-24.'1	-24.'3
	.5	-22.'3	-22.'5	-22.'7	-23.'0	-23.'2	-23.'4	-23.'7	-23.'9	-24.'1	-24.'3	-24.'5
	55.0	-22.'4	-22.'6	-22.'9	-23.'1	-23.'3	-23.'6	-23.'8	-24.'0	-24.'2	-24.'4	-24.'6
	.5	-22.'5	-22.'8	-23.'0	-23.'3	-23.'5	-23.'7	-23.'9	-24.'1	-24.'3	-24.'5	-24.'7
	56.0	-22.'7	-22.'9	-23.'2	-23.'4	-23.'6	-23.'8	-24.'1	-24.'3	-24.'5	-24.'7	-24.'9
	.5	-22.'8	-23.'0	-23.'3	-23.'5	-23.'8	-24.'0	-24.'2	-24.'4	-24.'6	-24.'8	-25.'0
	57.0	-22.'9	-23.'2	-23.'4	-23.'7	-23.'9	-24.'1	-24.'3	-24.'5	-24.'8	-25.'0	-25.'2
	.5	-23.'1	-23.'3	-23.'6	-23.'8	-24.'0	-24.'3	-24.'5	-24.'7	-24.'9	-25.'1	-25.'3
	58.0	-23.'2	-23.'5	-23.'7	-23.'9	-24.'2	-24.'4	-24.'6	-24.'8	-25.'0	-25.'2	-25.'4
	.5	-23.'3	-23.'6	-23.'8	-24.'1	-24.'3	-24.'5	-24.'7	-25.'0	-25.'2	-25.'4	-25.'6
	59.0	-23.'5	-23.'7	-24.'0	-24.'2	-24.'4	-24.'7	-24.'9	-25.'1	-25.'3	-25.'5	-25.'7
	.5	-23.'6	-23.'9	-24.'1	-24.'3	-24.'6	-24.'8	-25.'0	-25.'2	-25.'4	-25.'6	-25.'8
	60.0	-23.'8	-24.'0	-24.'2	-24.'5	-24.'7	-24.'9	-25.'2	-25.'4	-25.'6	-25.'8	-26.'0
	.5	-23.'9	-24.'1	-24.'4	-24.'6	-24.'8	-25.'1	-25.'3	-25.'5	-25.'7	-25.'9	-26.'1
	61.0	-24.'0	-24.'3	-24.'5	-24.'8	-25.'0	-25.'2	-25.'4	-25.'6	-25.'8	-26.'0	-26.'2
	.5	-24.'2	-24.'4	-24.'7	-24.'9	-25.'1	-25.'3	-25.'6	-25.'8	-26.'0	-26.'2	-26.'4
Moon's Lower Limb	H.P.											
	54.0	+7.'3	+7.'1	+6.'8	+6.'6	+6.'4	+6.'1	+5.'9	+5.'7	+5.'5	+5.'3	+5.'1
	.5	+7.'4	+7.'2	+7.'0	+6.'7	+6.'5	+6.'3	+6.'0	+5.'8	+5.'6	+5.'4	+5.'2
	55.0	+7.'6	+7.'3	+7.'1	+6.'9	+6.'6	+6.'4	+6.'2	+6.'0	+5.'8	+5.'6	+5.'4
	.5	+7.'7	+7.'5	+7.'2	+7.'0	+6.'8	+6.'5	+6.'3	+6.'1	+5.'9	+5.'7	+5.'5
	56.0	+7.'9	+7.'6	+7.'4	+7.'1	+6.'9	+6.'7	+6.'5	+6.'2	+6.'0	+5.'8	+5.'6
	.5	+8.'0	+7.'7	+7.'5	+7.'3	+7.'0	+6.'8	+6.'6	+6.'4	+6.'2	+6.'0	+5.'8
	57.0	+8.'1	+7.'9	+7.'6	+7.'4	+7.'2	+6.'9	+6.'7	+6.'5	+6.'3	+6.'1	+5.'9
	.5	+8.'3	+8.'0	+7.'8	+7.'5	+7.'3	+7.'1	+6.'9	+6.'7	+6.'4	+6.'2	+6.'0
	58.0	+8.'4	+8.'2	+7.'9	+7.'7	+7.'4	+7.'2	+7.'0	+6.'8	+6.'6	+6.'4	+6.'2
	.5	+8.'5	+8.'3	+8.'0	+7.'8	+7.'6	+7.'4	+7.'1	+6.'9	+6.'7	+6.'5	+6.'3
	59.0	+8.'7	+8.'4	+8.'2	+7.'9	+7.'7	+7.'5	+7.'3	+7.'1	+6.'9	+6.'7	+6.'5
	.5	+8.'8	+8.'6	+8.'3	+8.'1	+7.'9	+7.'6	+7.'4	+7.'2	+7.'0	+6.'8	+6.'6
	60.0	+8.'9	+8.'7	+8.'5	+8.'2	+8.'0	+7.'8	+7.'5	+7.'3	+7.'1	+6.'9	+6.'7
	.5	+9.'1	+8.'8	+8.'6	+8.'4	+8.'1	+7.'9	+7.'7	+7.'5	+7.'3	+7.'1	+6.'9
	61.0	+9.'2	+9.'0	+8.'7	+8.'5	+8.'3	+8.'0	+7.'8	+7.'6	+7.'4	+7.'2	+7.'0
	.5	+9.'4	+9.'1	+8.'9	+8.'6	+8.'4	+8.'2	+8.'0	+7.'7	+7.'5	+7.'3	+7.'1

Table 2

Ma 4°

Ma	H.P.= 53' r&p	H.P.= 53' Q	H.P.= 55' r&p	H.P.= 55' Q	H.P.= 57' r&p	H.P.= 57' Q	H.P.= 59' r&p	H.P.= 59' Q	H.P.= 61' r&p	H.P.= 61' Q
0'	41.'14	27,3	43.'13	29,3	45.'13	31,4	47.'12	33,5	49.'12	35,6
2'	41.'21	27,6	43.'20	29,7	45.'20	31,8	47.'19	34,0	49.'19	36,1
4'	41.'28	28,0	43.'27	30,1	45.'27	32,2	47.'26	34,4	49.'26	36,5
6'	41.'35	28,4	43.'34	30,5	45.'34	32,7	47.'33	34,8	49.'33	37,0
8'	41.'41	28,8	43.'41	30,9	45.'41	33,1	47.'40	35,2	49.'40	37,4
10'	41.'48	29,2	43.'48	31,3	45.'47	33,5	47.'47	35,7	49.'46	37,8
12'	41.'55	29,5	43.'54	31,7	45.'54	33,9	47.'53	36,1	49.'53	38,3
14'	41.'62	29,9	43.'61	32,1	45.'61	34,3	47.'60	36,5	49.'60	38,7
16'	41.'68	30,3	43.'68	32,5	45.'67	34,7	47.'67	36,9	49.'66	39,2
18'	41.'74	30,7	43.'74	32,9	45.'73	35,1	47.'73	37,3	49.'72	39,6
20'	41.'81	31,1	43.'80	33,3	45.'80	35,5	47.'79	37,8	49.'79	40,0
22'	41.'87	31,4	43.'87	33,7	45.'86	35,9	47.'86	38,2	49.'85	40,5
24'	41.'93	31,8	43.'93	34,1	45.'92	36,3	47.'92	38,6	49.'91	40,9
26'	42.'00	32,2	43.'99	34,5	45.'98	36,8	47.'98	39,1	49.'97	41,4
28'	42.'06	32,6	44.'05	34,9	46.'05	37,2	48.'04	39,5	50.'03	41,8
30'	42.'12	33,0	44.'11	35,3	46.'11	37,6	48.'10	39,9	50.'09	42,2
32'	42.'18	33,3	44.'17	35,7	46.'16	38,0	48.'16	40,3	50.'15	42,7
34'	42.'24	33,7	44.'23	36,0	46.'22	38,4	48.'22	40,8	50.'21	43,1
36'	42.'29	34,1	44.'29	36,4	46.'28	38,8	48.'28	41,2	50.'27	43,6
38'	42.'35	34,5	44.'34	36,8	46.'34	39,2	48.'33	41,6	50.'33	44,0
40'	42.'41	34,9	44.'40	37,2	46.'40	39,6	48.'39	42,0	50.'38	44,5
42'	42.'46	35,2	44.'46	37,6	46.'45	40,0	48.'45	42,5	50.'44	44,9
44'	42.'52	35,6	44.'51	38,0	46.'51	40,5	48.'50	42,9	50.'49	45,3
46'	42.'58	36,0	44.'57	38,4	46.'56	40,9	48.'56	43,3	50.'55	45,8
48'	42.'63	36,4	44.'62	38,8	46.'62	41,3	48.'61	43,7	50.'60	46,2
50'	42.'68	36,8	44.'68	39,2	46.'67	41,7	48.'66	44,2	50.'66	46,7
52'	42.'74	37,2	44.'73	39,6	46.'72	42,1	48.'72	44,6	50.'71	47,1
54'	42.'79	37,5	44.'78	40,0	46.'78	42,5	48.'77	45,0	50.'76	47,6
56'	42.'84	37,9	44.'84	40,4	46.'83	42,9	48.'82	45,5	50.'81	48,0
58'	42.'89	38,3	44.'89	40,8	46.'88	43,3	48.'87	45,9	50.'87	48,4

for H.P. increments (4°)

extra H.P.	r&p	Q
0.'1	0.'10	0,1
0.'2	0.'20	0,2
0.'3	0.'30	0,3
0.'4	0.'40	0,5
0.'5	0.'50	0,6
0.'6	0.'60	0,7
0.'7	0.'70	0,8
0.'8	0.'80	0,9
0.'9	0.'90	1,0
1.'0	1.'00	1,2
1.'1	1.'10	1,3
1.'2	1.'20	1,4
1.'3	1.'30	1,5
1.'4	1.'40	1,6
1.'5	1.'50	1,7
1.'6	1.'60	1,9
1.'7	1.'70	2,0
1.'8	1.'79	2,1
1.'9	1.'89	2,2

5°

Ma	H.P.= 53' r&p	H.P.= 53' Q	H.P.= 55' r&p	H.P.= 55' Q	H.P.= 57' r&p	H.P.= 57' Q	H.P.= 59' r&p	H.P.= 59' Q	H.P.= 61' r&p	H.P.= 61' Q
0'	42.'94	38,7	44.'94	41,2	46.'93	43,8	48.'92	46,3	50.'92	48,9
2'	43.'00	39,1	44.'99	41,6	46.'98	44,2	48.'97	46,7	50.'97	49,3
4'	43.'05	39,4	45.'04	42,0	47.'03	44,6	49.'02	47,2	51.'02	49,8
6'	43.'09	39,8	45.'09	42,4	47.'08	45,0	49.'07	47,6	51.'07	50,2
8'	43.'14	40,2	45.'14	42,8	47.'13	45,4	49.'12	48,0	51.'11	50,7
10'	43.'19	40,6	45.'18	43,2	47.'18	45,8	49.'17	48,4	51.'16	51,1
12'	43.'24	41,0	45.'23	43,6	47.'22	46,2	49.'22	48,9	51.'21	51,5
14'	43.'29	41,4	45.'28	44,0	47.'27	46,6	49.'26	49,3	51.'26	52,0
16'	43.'33	41,7	45.'33	44,4	47.'32	47,1	49.'31	49,7	51.'30	52,4
18'	43.'38	42,1	45.'37	44,8	47.'36	47,5	49.'36	50,2	51.'35	52,9
20'	43.'43	42,5	45.'42	45,2	47.'41	47,9	49.'40	50,6	51.'39	53,3
22'	43.'47	42,9	45.'46	45,6	47.'46	48,3	49.'45	51,0	51.'44	53,8
24'	43.'52	43,3	45.'51	46,0	47.'50	48,7	49.'49	51,4	51.'48	54,2
26'	43.'56	43,7	45.'55	46,4	47.'55	49,1	49.'54	51,9	51.'53	54,6
28'	43.'61	44,0	45.'60	46,8	47.'59	49,5	49.'58	52,3	51.'57	55,1
30'	43.'65	44,4	45.'64	47,2	47.'63	50,0	49.'62	52,7	51.'61	55,5
32'	43.'69	44,8	45.'68	47,6	47.'68	50,4	49.'67	53,2	51.'66	56,0
34'	43.'74	45,2	45.'73	48,0	47.'72	50,8	49.'71	53,6	51.'70	56,4
36'	43.'78	45,6	45.'77	48,4	47.'76	51,2	49.'75	54,0	51.'74	56,9
38'	43.'82	46,0	45.'81	48,8	47.'80	51,6	49.'79	54,5	51.'78	57,3
40'	43.'86	46,4	45.'85	49,2	47.'84	52,0	49.'83	54,9	51.'82	57,8
42'	43.'90	46,7	45.'89	49,6	47.'88	52,4	49.'87	55,3	51.'86	58,2
44'	43.'94	47,1	45.'93	50,0	47.'92	52,9	49.'91	55,7	51.'90	58,6
46'	43.'98	47,5	45.'97	50,4	47.'96	53,3	49.'95	56,2	51.'94	59,1
48'	44.'02	47,9	46.'01	50,8	48.'00	53,7	49.'99	56,6	51.'98	59,5
50'	44.'06	48,3	46.'05	51,2	48.'04	54,1	50.'03	57,0	52.'02	60,0
52'	44.'10	48,7	46.'09	51,6	48.'08	54,5	50.'07	57,5	52.'06	60,4
54'	44.'14	49,0	46.'13	52,0	48.'12	54,9	50.'11	57,9	52.'10	60,9
56'	44.'18	49,4	46.'17	52,4	48.'16	55,3	50.'15	58,3	52.'14	61,3
58'	44.'22	49,8	46.'21	52,8	48.'20	55,8	50.'18	58,7	52.'17	61,8

for H.P. increments (5°)

extra H.P.	r&p	Q
0.'1	0.'10	0,1
0.'2	0.'20	0,3
0.'3	0.'30	0,4
0.'4	0.'40	0,6
0.'5	0.'50	0,7
0.'6	0.'60	0,8
0.'7	0.'70	1,0
0.'8	0.'80	1,1
0.'9	0.'90	1,2
1.'0	1.'00	1,4
1.'1	1.'10	1,5
1.'2	1.'19	1,7
1.'3	1.'29	1,8
1.'4	1.'39	1,9
1.'5	1.'49	2,1
1.'6	1.'59	2,2
1.'7	1.'69	2,4
1.'8	1.'79	2,5
1.'9	1.'89	2,6

Table 2

Ma	H.P. **53'** r&p	H.P. **53'** Q	H.P. **55'** r&p	H.P. **55'** Q	H.P. **57'** r&p	H.P. **57'** Q	H.P. **59'** r&p	H.P. **59'** Q	H.P. **61'** r&p	H.P. **61'** Q
6° 0'	44.'25	50,2	46.'24	53,2	48.'23	56,2	50.'22	59,2	52.'21	62,2
2'	44.'29	50,6	46.'28	53,6	48.'27	56,6	50.'26	59,6	52.'25	62,6
4'	44.'33	51,0	46.'32	54,0	48.'31	57,0	50.'29	60,0	52.'28	63,1
6'	44.'36	51,4	46.'35	54,4	48.'34	57,4	50.'33	60,5	52.'32	63,5
8'	44.'40	51,7	46.'39	54,8	48.'38	57,8	50.'37	60,9	52.'36	64,0
10'	44.'43	52,1	46.'42	55,2	48.'41	58,2	50.'40	61,3	52.'39	64,4
12'	44.'47	52,5	46.'46	55,6	48.'45	58,7	50.'44	61,8	52.'43	64,9
14'	44.'51	52,9	46.'49	56,0	48.'48	59,1	50.'47	62,2	52.'46	65,3
16'	44.'54	53,3	46.'53	56,4	48.'52	59,5	50.'51	62,6	52.'49	65,8
18'	44.'57	53,7	46.'56	56,8	48.'55	59,9	50.'54	63,0	52.'53	66,2
20'	44.'61	54,1	46.'60	57,2	48.'58	60,3	50.'57	63,5	52.'56	66,6
22'	44.'64	54,4	46.'63	57,6	48.'62	60,7	50.'61	63,9	52.'59	67,1
24'	44.'67	54,8	46.'66	58,0	48.'65	61,1	50.'64	64,3	52.'63	67,5
26'	44.'71	55,2	46.'70	58,4	48.'68	61,6	50.'67	64,8	52.'66	68,0
28'	44.'74	55,6	46.'73	58,8	48.'72	62,0	50.'70	65,2	52.'69	68,4
30'	44.'77	56,0	46.'76	59,2	48.'75	62,4	50.'74	65,6	52.'72	68,9
32'	44.'80	56,4	46.'79	59,6	48.'78	62,8	50.'77	66,1	52.'75	69,3
34'	44.'84	56,7	46.'82	60,0	48.'81	63,2	50.'80	66,5	52.'79	69,8
36'	44.'87	57,1	46.'85	60,4	48.'84	63,6	50.'83	66,9	52.'82	70,2
38'	44.'90	57,5	46.'89	60,8	48.'87	64,1	50.'86	67,3	52.'85	70,6
40'	44.'93	57,9	46.'92	61,2	48.'90	64,5	50.'89	67,8	52.'88	71,1
42'	44.'96	58,3	46.'95	61,6	48.'93	64,9	50.'92	68,2	52.'91	71,5
44'	44.'99	58,7	46.'98	62,0	48.'96	65,3	50.'95	68,6	52.'94	72,0
46'	45.'02	59,1	47.'01	62,4	48.'99	65,7	50.'98	69,1	52.'97	72,4
48'	45.'05	59,4	47.'04	62,8	49.'02	66,1	51.'01	69,5	52.'99	72,9
50'	45.'08	59,8	47.'06	63,2	49.'05	66,5	51.'04	69,9	53.'02	73,3
52'	45.'11	60,2	47.'09	63,6	49.'08	67,0	51.'07	70,4	53.'05	73,8
54'	45.'14	60,6	47.'12	64,0	49.'11	67,4	51.'09	70,8	53.'08	74,2
56'	45.'16	61,0	47.'15	64,4	49.'14	67,8	51.'12	71,2	53.'11	74,7
58'	45.'19	61,4	47.'18	64,8	49.'16	68,2	51.'15	71,6	53.'14	75,1
7° 0'	45.'22	61,8	47.'21	65,2	49.'19	68,6	51.'18	72,1	53.'16	75,5
2'	45.'25	62,1	47.'23	65,6	49.'22	69,0	51.'20	72,5	53.'19	76,0
4'	45.'28	62,5	47.'26	66,0	49.'25	69,5	51.'23	72,9	53.'22	76,4
6'	45.'30	62,9	47.'29	66,4	49.'27	69,9	51.'26	73,4	53.'24	76,9
8'	45.'33	63,3	47.'31	66,8	49.'30	70,3	51.'28	73,8	53.'27	77,3
10'	45.'36	63,7	47.'34	67,2	49.'33	70,7	51.'31	74,2	53.'30	77,8
12'	45.'38	64,1	47.'37	67,6	49.'35	71,1	51.'34	74,7	53.'32	78,2
14'	45.'41	64,5	47.'39	68,0	49.'38	71,5	51.'36	75,1	53.'35	78,7
16'	45.'43	64,8	47.'42	68,4	49.'40	71,9	51.'39	75,5	53.'37	79,1
18'	45.'46	65,2	47.'44	68,8	49.'43	72,4	51.'41	75,9	53.'40	79,5
20'	45.'49	65,6	47.'47	69,2	49.'45	72,8	51.'44	76,4	53.'42	80,0
22'	45.'51	66,0	47.'49	69,6	49.'48	73,2	51.'46	76,8	53.'45	80,4
24'	45.'54	66,4	47.'52	70,0	49.'50	73,6	51.'49	77,2	53.'47	80,9
26'	45.'56	66,8	47.'54	70,4	49.'53	74,0	51.'51	77,7	53.'49	81,3
28'	45.'58	67,2	47.'57	70,8	49.'55	74,4	51.'53	78,1	53.'52	81,8
30'	45.'61	67,5	47.'59	71,2	49.'57	74,9	51.'56	78,5	53.'54	82,2
32'	45.'63	67,9	47.'62	71,6	49.'60	75,3	51.'58	79,0	53.'57	82,7
34'	45.'66	68,3	47.'64	72,0	49.'62	75,7	51.'61	79,4	53.'59	83,1
36'	45.'68	68,7	47.'66	72,4	49.'65	76,1	51.'63	79,8	53.'61	83,6
38'	45.'70	69,1	47.'69	72,8	49.'67	76,5	51.'65	80,2	53.'63	84,0
40'	45.'73	69,5	47.'71	73,2	49.'69	76,9	51.'67	80,7	53.'66	84,4
42'	45.'75	69,9	47.'73	73,6	49.'71	77,3	51.'70	81,1	53.'68	84,9
44'	45.'77	70,2	47.'75	74,0	49.'74	77,8	51.'72	81,5	53.'70	85,3
46'	45.'79	70,6	47.'78	74,4	49.'76	78,2	51.'74	82,0	53.'72	85,8
48'	45.'82	71,0	47.'80	74,8	49.'78	78,6	51.'76	82,4	53.'74	86,2
50'	45.'84	71,4	47.'82	75,2	49.'80	79,0	51.'78	82,8	53.'76	86,7
52'	45.'86	71,8	47.'84	75,6	49.'82	79,4	51.'80	83,3	53.'79	87,1
54'	45.'88	72,2	47.'86	76,0	49.'84	79,8	51.'83	83,7	53.'81	87,6
56'	45.'90	72,6	47.'88	76,4	49.'86	80,2	51.'85	84,1	53.'83	88,0
58'	45.'92	72,9	47.'90	76,8	49.'89	80,7	51.'87	84,5	53.'85	88,4

for H.P. increments (6°)

extra H.P.	r&p	Q
0.'1	0.'10	0,2
0.'2	0.'20	0,3
0.'3	0.'30	0,5
0.'4	0.'40	0,6
0.'5	0.'50	0,8
0.'6	0.'60	1,0
0.'7	0.'70	1,1
0.'8	0.'80	1,3
0.'9	0.'89	1,4
1.'0	0.'99	1,6
1.'1	1.'09	1,8
1.'2	1.'19	1,9
1.'3	1.'29	2,1
1.'4	1.'39	2,3
1.'5	1.'49	2,4
1.'6	1.'59	2,6
1.'7	1.'69	2,7
1.'8	1.'79	2,9
1.'9	1.'89	3,1

for H.P. increments (7°)

extra H.P.	r&p	Q
0.'1	0.'10	0,2
0.'2	0.'20	0,4
0.'3	0.'30	0,5
0.'4	0.'40	0,7
0.'5	0.'50	0,9
0.'6	0.'60	1,1
0.'7	0.'69	1,3
0.'8	0.'79	1,5
0.'9	0.'89	1,6
1.'0	0.'99	1,8
1.'1	1.'09	2,0
1.'2	1.'19	2,2
1.'3	1.'29	2,4
1.'4	1.'39	2,6
1.'5	1.'49	2,7
1.'6	1.'59	2,9
1.'7	1.'69	3,1
1.'8	1.'79	3,3
1.'9	1.'88	3,5

Table 2

Ma 8°

	H.P. 53'		H.P. 55'		H.P. 57'		H.P. 59'		H.P. 61'	
	r&p	Q	r&p	Q	r&p	Q	r&p	Q	r&p	Q
0'	45.'94	73,3	47.'93	77,2	49.'91	81,1	51.'89	85,0	53.'87	88,9
2'	45.'96	73,7	47.'95	77,6	49.'93	81,5	51.'91	85,4	53.'89	89,3
4'	45.'99	74,1	47.'97	78,0	49.'95	81,9	51.'93	85,8	53.'91	89,8
6'	46.'01	74,5	47.'99	78,4	49.'97	82,3	51.'95	86,3	53.'93	90,2
8'	46.'03	74,9	48.'01	78,8	49.'99	82,7	51.'97	86,7	53.'95	90,7
10'	46.'05	75,3	48.'03	79,2	50.'01	83,2	51.'99	87,1	53.'97	91,1
12'	46.'07	75,6	48.'05	79,6	50.'03	83,6	52.'01	87,6	53.'99	91,6
14'	46.'09	76,0	48.'07	80,0	50.'05	84,0	52.'02	88,0	54.'00	92,0
16'	46.'10	76,4	48.'08	80,4	50.'06	84,4	52.'04	88,4	54.'02	92,4
18'	46.'12	76,8	48.'10	80,8	50.'08	84,8	52.'06	88,8	54.'04	92,9
20'	46.'14	77,2	48.'12	81,2	50.'10	85,2	52.'08	89,3	54.'06	93,3
22'	46.'16	77,6	48.'14	81,6	50.'12	85,6	52.'10	89,7	54.'08	93,8
24'	46.'18	78,0	48.'16	82,0	50.'14	86,1	52.'12	90,1	54.'10	94,2
26'	46.'20	78,3	48.'18	82,4	50.'16	86,5	52.'14	90,6	54.'11	94,7
28'	46.'22	78,7	48.'20	82,8	50.'17	86,9	52.'15	91,0	54.'13	95,1
30'	46.'24	79,1	48.'21	83,2	50.'19	87,3	52.'17	91,4	54.'15	95,6
32'	46.'25	79,5	48.'23	83,6	50.'21	87,7	52.'19	91,9	54.'17	96,0
34'	46.'27	79,9	48.'25	84,0	50.'23	88,1	52.'21	92,3	54.'18	96,4
36'	46.'29	80,3	48.'27	84,4	50.'24	88,5	52.'22	92,7	54.'20	96,9
38'	46.'31	80,7	48.'28	84,8	50.'26	89,0	52.'24	93,1	54.'22	97,3
40'	46.'32	81,0	48.'30	85,2	50.'28	89,4	52.'26	93,6	54.'23	97,8
42'	46.'34	81,4	48.'32	85,6	50.'30	89,8	52.'27	94,0	54.'25	98,2
44'	46.'36	81,8	48.'33	86,0	50.'31	90,2	52.'29	94,4	54.'27	98,7
46'	46.'37	82,2	48.'35	86,4	50.'33	90,6	52.'31	94,9	54.'28	99,1
48'	46.'39	82,6	48.'37	86,8	50.'34	91,0	52.'32	95,3	54.'30	99,5
50'	46.'41	83,0	48.'38	87,2	50.'36	91,5	52.'34	95,7	54.'31	100,0
52'	46.'42	83,4	48.'40	87,6	50.'38	91,9	52.'35	96,1	54.'33	100,4
54'	46.'44	83,7	48.'42	88,0	50.'39	92,3	52.'37	96,6	54.'35	100,9
56'	46.'46	84,1	48.'43	88,4	50.'41	92,7	52.'38	97,0	54.'36	101,3
58'	46.'47	84,5	48.'45	88,8	50.'42	93,1	52.'40	97,4	54.'38	101,8

for H.P. increments

extra H.P.	r&p	Q
0.'1	0.'10	0,2
0.'2	0.'20	0,4
0.'3	0.'30	0,6
0.'4	0.'40	0,8
0.'5	0.'49	1,0
0.'6	0.'59	1,2
0.'7	0.'69	1,4
0.'8	0.'79	1,6
0.'9	0.'89	1,8
1.'0	0.'99	2,1
1.'1	1.'09	2,3
1.'2	1.'19	2,5
1.'3	1.'29	2,7
1.'4	1.'39	2,9
1.'5	1.'48	3,1
1.'6	1.'58	3,3
1.'7	1.'68	3,5
1.'8	1.'78	3,7
1.'9	1.'88	3,9

9°

	H.P. 53'		H.P. 55'		H.P. 57'		H.P. 59'		H.P. 61'	
	r&p	Q	r&p	Q	r&p	Q	r&p	Q	r&p	Q
0'	46.'49	84,9	48.'46	89,2	50.'44	93,5	52.'42	97,9	54.'39	102,2
2'	46.'50	85,3	48.'48	89,6	50.'45	93,9	52.'43	98,3	54.'41	102,7
4'	46.'52	85,7	48.'49	90,0	50.'47	94,4	52.'44	98,7	54.'42	103,1
6'	46.'53	86,0	48.'51	90,4	50.'48	94,8	52.'46	99,1	54.'43	103,5
8'	46.'55	86,4	48.'52	90,8	50.'50	95,2	52.'47	99,6	54.'45	104,0
10'	46.'56	86,8	48.'54	91,2	50.'51	95,6	52.'49	100,0	54.'46	104,4
12'	46.'58	87,2	48.'55	91,6	50.'53	96,0	52.'50	100,4	54.'48	104,9
14'	46.'59	87,6	48.'57	92,0	50.'54	96,4	52.'52	100,9	54.'49	105,3
16'	46.'61	88,0	48.'58	92,4	50.'56	96,8	52.'53	101,3	54.'51	105,8
18'	46.'62	88,4	48.'60	92,8	50.'57	97,3	52.'54	101,7	54.'52	106,2
20'	46.'64	88,7	48.'61	93,2	50.'58	97,7	52.'56	102,1	54.'53	106,6
22'	46.'65	89,1	48.'62	93,6	50.'60	98,1	52.'57	102,6	54.'55	107,1
24'	46.'66	89,5	48.'64	94,0	50.'61	98,5	52.'59	103,0	54.'56	107,5
26'	46.'68	89,9	48.'65	94,4	50.'62	98,9	52.'60	103,4	54.'57	108,0
28'	46.'69	90,3	48.'66	94,8	50.'64	99,3	52.'61	103,9	54.'58	108,4
30'	46.'71	90,7	48.'68	95,2	50.'65	99,7	52.'62	104,3	54.'60	108,9
32'	46.'72	91,0	48.'69	95,6	50.'66	100,1	52.'64	104,7	54.'61	109,3
34'	46.'73	91,4	48.'70	96,0	50.'68	100,6	52.'65	105,1	54.'62	109,7
36'	46.'74	91,8	48.'72	96,4	50.'69	101,0	52.'66	105,6	54.'64	110,2
38'	46.'76	92,2	48.'73	96,8	50.'70	101,4	52.'67	106,0	54.'65	110,6
40'	46.'77	92,6	48.'74	97,2	50.'72	101,8	52.'69	106,4	54.'66	111,1
42'	46.'78	93,0	48.'76	97,6	50.'73	102,2	52.'70	106,9	54.'67	111,5
44'	46.'80	93,4	48.'77	98,0	50.'74	102,6	52.'71	107,3	54.'68	112,0
46'	46.'81	93,7	48.'78	98,4	50.'75	103,0	52.'72	107,7	54.'69	112,4
48'	46.'82	94,1	48.'79	98,8	50.'76	103,5	52.'74	108,1	54.'71	112,8
50'	46.'83	94,5	48.'80	99,2	50.'78	103,9	52.'75	108,6	54.'72	113,3
52'	46.'85	94,9	48.'82	99,6	50.'79	104,3	52.'76	109,0	54.'73	113,7
54'	46.'86	95,3	48.'83	100,0	50.'80	104,7	52.'77	109,4	54.'74	114,2
56'	46.'87	95,7	48.'84	100,4	50.'81	105,1	52.'78	109,9	54.'75	114,6
58'	46.'88	96,0	48.'85	100,8	50.'82	105,5	52.'79	110,3	54.'76	115,1

for H.P. increments

extra H.P.	r&p	Q
0.'1	0.'10	0,2
0.'2	0.'20	0,5
0.'3	0.'30	0,7
0.'4	0.'39	0,9
0.'5	0.'49	1,1
0.'6	0.'59	1,4
0.'7	0.'69	1,6
0.'8	0.'79	1,8
0.'9	0.'89	2,0
1.'0	0.'99	2,3
1.'1	1.'09	2,5
1.'2	1.'18	2,7
1.'3	1.'28	3,0
1.'4	1.'38	3,2
1.'5	1.'48	3,4
1.'6	1.'58	3,6
1.'7	1.'68	3,9
1.'8	1.'78	4,1
1.'9	1.'87	4,3

Table 2

Ma		H.P. 53'		H.P. 55'		H.P. 57'		H.P. 59'		H.P. 61'		extra H.P.	r&p	Q
		r&p	Q	r&p	Q	r&p	Q	r&p	Q	r&p	Q			
10°	0'	46.'89	96,4	48.'86	101,2	50.'83	105,9	52.'80	110,7	54.'77	115,5			
	2'	46.'90	96,8	48.'87	101,6	50.'84	106,4	52.'81	111,1	54.'78	115,9			
	4'	46.'92	97,2	48.'89	102,0	50.'85	106,8	52.'82	111,6	54.'79	116,4			
	6'	46.'93	97,6	48.'90	102,4	50.'87	107,2	52.'84	112,0	54.'80	116,8			
	8'	46.'94	98,0	48.'91	102,8	50.'88	107,6	52.'85	112,4	54.'82	117,3		for H.P. increments	
	10'	46.'95	98,3	48.'92	103,2	50.'89	108,0	52.'86	112,9	54.'83	117,7			
	12'	46.'96	98,7	48.'93	103,6	50.'90	108,4	52.'87	113,3	54.'84	118,2	0.'1	0.'10	0,2
	14'	46.'97	99,1	48.'94	104,0	50.'91	108,8	52.'88	113,7	54.'85	118,6	0.'2	0.'20	0,5
	16'	46.'98	99,5	48.'95	104,4	50.'92	109,2	52.'89	114,1	54.'86	119,0	0.'3	0.'30	0,7
	18'	46.'99	99,9	48.'96	104,8	50.'93	109,7	52.'90	114,6	54.'87	119,5	0.'4	0.'39	1,0
	20'	47.'00	100,3	48.'97	105,2	50.'94	110,1	52.'91	115,0	54.'87	119,9	0.'5	0.'49	1,2
	22'	47.'01	100,7	48.'98	105,6	50.'95	110,5	52.'92	115,4	54.'88	120,4	0.'6	0.'59	1,5
	24'	47.'02	101,0	48.'99	106,0	50.'96	110,9	52.'93	115,8	54.'89	120,8	0.'7	0.'69	1,7
	26'	47.'03	101,4	49.'00	106,4	50.'97	111,3	52.'94	116,3	54.'90	121,3	0.'8	0.'79	2,0
	28'	47.'04	101,8	49.'01	106,8	50.'98	111,7	52.'94	116,7	54.'91	121,7	0.'9	0.'89	2,2
	30'	47.'05	102,2	49.'02	107,2	50.'99	112,1	52.'95	117,1	54.'92	122,1	1.'0	0.'98	2,5
	32'	47.'06	102,6	49.'03	107,5	51.'00	112,5	52.'96	117,6	54.'93	122,6	1.'1	1.'08	2,7
	34'	47.'07	103,0	49.'04	107,9	51.'01	113,0	52.'97	118,0	54.'94	123,0	1.'2	1.'18	3,0
	36'	47.'08	103,3	49.'05	108,3	51.'01	113,4	52.'98	118,4	54.'95	123,5	1.'3	1.'28	3,2
	38'	47.'09	103,7	49.'06	108,7	51.'02	113,8	52.'99	118,8	54.'96	123,9	1.'4	1.'38	3,5
	40'	47.'10	104,1	49.'07	109,1	51.'03	114,2	53.'00	119,3	54.'96	124,3	1.'5	1.'48	3,7
	42'	47.'11	104,5	49.'08	109,5	51.'04	114,6	53.'01	119,7	54.'97	124,8	1.'6	1.'57	4,0
	44'	47.'12	104,9	49.'08	109,9	51.'05	115,0	53.'02	120,1	54.'98	125,2	1.'7	1.'67	4,2
	46'	47.'13	105,3	49.'09	110,3	51.'06	115,4	53.'02	120,5	54.'99	125,7	1.'8	1.'77	4,5
	48'	47.'14	105,6	49.'10	110,7	51.'07	115,8	53.'03	121,0	55.'00	126,1	1.'9	1.'87	4,7
	50'	47.'15	106,0	49.'11	111,1	51.'08	116,3	53.'04	121,4	55.'01	126,6			
	52'	47.'15	106,4	49.'12	111,5	51.'08	116,7	53.'05	121,8	55.'01	127,0			
	54'	47.'16	106,8	49.'13	111,9	51.'09	117,1	53.'06	122,2	55.'02	127,4			
	56'	47.'17	107,2	49.'14	112,3	51.'10	117,5	53.'06	122,7	55.'03	127,9			
	58'	47.'18	107,5	49.'14	112,7	51.'11	117,9	53.'07	123,1	55.'04	128,3			
11°	0'	47.'19	107,9	49.'15	113,1	51.'12	118,3	53.'08	123,5	55.'04	128,8			
	2'	47.'20	108,3	49.'16	113,5	51.'12	118,7	53.'09	124,0	55.'05	129,2			
	4'	47.'21	108,7	49.'17	113,9	51.'13	119,1	53.'10	124,4	55.'06	129,6			
	6'	47.'21	109,1	49.'18	114,3	51.'14	119,6	53.'10	124,8	55.'07	130,1			
	8'	47.'22	109,5	49.'18	114,7	51.'15	120,0	53.'11	125,2	55.'07	130,5		for H.P. increments	
	10'	47.'23	109,8	49.'19	115,1	51.'15	120,4	53.'12	125,7	55.'08	131,0			
	12'	47.'24	110,2	49.'20	115,5	51.'16	120,8	53.'12	126,1	55.'09	131,4	0.'1	0.'10	0,3
	14'	47.'24	110,6	49.'21	115,9	51.'17	121,2	53.'13	126,5	55.'09	131,8	0.'2	0.'20	0,5
	16'	47.'25	111,0	49.'21	116,3	51.'18	121,6	53.'14	126,9	55.'10	132,3	0.'3	0.'29	0,8
	18'	47.'26	111,4	49.'22	116,7	51.'18	122,0	53.'15	127,4	55.'11	132,7	0.'4	0.'39	1,1
	20'	47.'27	111,8	49.'23	117,1	51.'19	122,4	53.'15	127,8	55.'11	133,2	0.'5	0.'49	1,4
	22'	47.'27	112,1	49.'24	117,5	51.'20	122,8	53.'16	128,2	55.'12	133,6	0.'6	0.'59	1,6
	24'	47.'28	112,5	49.'24	117,9	51.'20	123,3	53.'17	128,6	55.'13	134,0	0.'7	0.'69	1,9
	26'	47.'29	112,9	49.'25	118,3	51.'21	123,7	53.'17	129,1	55.'13	134,5	0.'8	0.'78	2,2
	28'	47.'30	113,3	49.'26	118,7	51.'22	124,1	53.'18	129,5	55.'14	134,9	0.'9	0.'88	2,4
	30'	47.'30	113,7	49.'26	119,1	51.'22	124,5	53.'18	129,9	55.'14	135,4	1.'0	0.'98	2,7
	32'	47.'31	114,1	49.'27	119,5	51.'23	124,9	53.'19	130,3	55.'15	135,8	1.'1	1.'08	3,0
	34'	47.'32	114,4	49.'28	119,9	51.'24	125,3	53.'20	130,8	55.'16	136,2	1.'2	1.'18	3,2
	36'	47.'32	114,8	49.'28	120,3	51.'24	125,7	53.'20	131,2	55.'16	136,7	1.'3	1.'27	3,5
	38'	47.'33	115,2	49.'29	120,7	51.'25	126,1	53.'21	131,6	55.'17	137,1	1.'4	1.'37	3,8
	40'	47.'34	115,6	49.'30	121,1	51.'26	126,5	53.'21	132,0	55.'17	137,6	1.'5	1.'47	4,1
	42'	47.'34	116,0	49.'30	121,5	51.'26	127,0	53.'22	132,5	55.'18	138,0	1.'6	1.'57	4,3
	44'	47.'35	116,3	49.'31	121,8	51.'27	127,4	53.'23	132,9	55.'18	138,4	1.'7	1.'67	4,6
	46'	47.'36	116,7	49.'31	122,2	51.'27	127,8	53.'23	133,3	55.'19	138,9	1.'8	1.'76	4,9
	48'	47.'36	117,1	49.'32	122,6	51.'28	128,2	53.'24	133,7	55.'19	139,3	1.'9	1.'86	5,1
	50'	47.'37	117,5	49.'33	123,0	51.'28	128,6	53.'24	134,2	55.'20	139,8			
	52'	47.'37	117,9	49.'33	123,4	51.'29	129,0	53.'25	134,6	55.'21	140,2			
	54'	47.'38	118,3	49.'34	123,8	51.'30	129,4	53.'25	135,0	55.'21	140,6			
	56'	47.'39	118,6	49.'34	124,2	51.'30	129,8	53.'26	135,4	55.'22	141,1			
	58'	47.'39	119,0	49.'35	124,6	51.'31	130,2	53.'26	135,9	55.'22	141,5			

Table 2

Ma 12°

	H.P. 53'		H.P. 55'		H.P. 57'		H.P. 59'		H.P. 61'	
	r&p	Q	r&p	Q	r&p	Q	r&p	Q	r&p	Q
0'	47.'40	119,4	49.'35	125,0	51.'31	130,6	53.'27	136,3	55.'22	141,8
2'	47.'40	119,8	49.'36	125,4	51.'32	131,1	53.'27	136,7	55.'23	142,3
4'	47.'41	120,2	49.'36	125,8	51.'32	131,5	53.'28	137,1	55.'23	142,7
6'	47.'41	120,5	49.'37	126,2	51.'33	131,9	53.'28	137,6	55.'24	143,1
8'	47.'42	120,9	49.'38	126,6	51.'33	132,3	53.'29	138,0	55.'24	143,6
10'	47.'42	121,3	49.'38	127,0	51.'34	132,7	53.'29	138,4	55.'25	144,0
12'	47.'43	121,7	49.'39	127,4	51.'34	133,1	53.'30	138,8	55.'25	144,4
14'	47.'44	122,1	49.'39	127,8	51.'35	133,5	53.'30	139,3	55.'26	144,9
16'	47.'44	122,4	49.'39	128,2	51.'35	133,9	53.'30	139,7	55.'26	145,3
18'	47.'45	122,8	49.'40	128,6	51.'35	134,3	53.'31	140,1	55.'26	145,8
20'	47.'45	123,2	49.'40	129,0	51.'36	134,8	53.'31	140,5	55.'27	146,2
22'	47.'45	123,6	49.'41	129,4	51.'36	135,2	53.'32	141,0	55.'27	146,6
24'	47.'46	124,0	49.'41	129,8	51.'37	135,6	53.'32	141,4	55.'28	147,1
26'	47.'46	124,4	49.'42	130,2	51.'37	136,0	53.'33	141,8	55.'28	147,5
28'	47.'47	124,7	49.'42	130,6	51.'38	136,4	53.'33	142,2	55.'28	148,0
30'	47.'47	125,1	49.'43	130,9	51.'38	136,8	53.'33	142,7	55.'29	148,4
32'	47.'48	125,5	49.'43	131,3	51.'38	137,2	53.'34	143,1	55.'29	148,8
34'	47.'48	125,9	49.'43	131,7	51.'39	137,6	53.'34	143,5	55.'29	149,3
36'	47.'49	126,3	49.'44	132,1	51.'39	138,0	53.'34	143,9	55.'30	149,7
38'	47.'49	126,6	49.'44	132,5	51.'40	138,4	53.'35	144,4	55.'30	150,1
40'	47.'50	127,0	49.'45	132,9	51.'40	138,8	53.'35	144,8	55.'30	150,6
42'	47.'50	127,4	49.'45	133,3	51.'40	139,3	53.'35	145,2	55.'31	151,0
44'	47.'50	127,8	49.'45	133,7	51.'41	139,7	53.'36	145,6	55.'31	151,5
46'	47.'51	128,2	49.'46	134,1	51.'41	140,1	53.'36	146,1	55.'31	151,9
48'	47.'51	128,5	49.'46	134,5	51.'41	140,5	53.'36	146,5	55.'31	152,3
50'	47.'51	128,9	49.'47	134,9	51.'42	140,9	53.'37	146,9	55.'32	152,8
52'	47.'52	129,3	49.'47	135,3	51.'42	141,3	53.'37	147,3	55.'32	153,2
54'	47.'52	129,7	49.'47	135,7	51.'42	141,7	53.'37	147,7	55.'32	153,7
56'	47.'53	130,1	49.'48	136,1	51.'43	142,1	53.'38	148,2	55.'33	154,1
58'	47.'53	130,4	49.'48	136,5	51.'43	142,5	53.'38	148,6	55.'33	154,5

for H.P. increments (12°)

extra H.P.	r&p	Q
0.'1	0.'10	0,3
0.'2	0.'20	0,6
0.'3	0.'29	0,9
0.'4	0.'39	1,2
0.'5	0.'49	1,5
0.'6	0.'59	1,7
0.'7	0.'68	2,0
0.'8	0.'78	2,3
0.'9	0.'88	2,6
1.'0	0.'98	2,9
1.'1	1.'07	3,2
1.'2	1.'17	3,5
1.'3	1.'27	3,8
1.'4	1.'37	4,1
1.'5	1.'46	4,4
1.'6	1.'56	4,7
1.'7	1.'66	4,9
1.'8	1.'76	5,2
1.'9	1.'86	5,5

13°

	H.P. 53'		H.P. 55'		H.P. 57'		H.P. 59'		H.P. 61'	
	r&p	Q	r&p	Q	r&p	Q	r&p	Q	r&p	Q
0'	47.'53	130,8	49.'48	136,9	51.'43	142,9	53.'38	149,0	55.'33	155,0
2'	47.'54	131,2	49.'49	137,3	51.'44	143,4	53.'39	149,5	55.'34	155,4
4'	47.'55	131,6	49.'49	137,7	51.'44	143,8	53.'39	149,9	55.'34	155,9
6'	47.'55	132,0	49.'50	138,1	51.'45	144,2	53.'39	150,3	55.'34	156,3
8'	47.'55	132,4	49.'50	138,5	51.'45	144,6	53.'40	150,7	55.'35	156,7
10'	47.'56	132,7	49.'50	138,9	51.'45	145,0	53.'40	151,2	55.'35	157,2
12'	47.'56	133,1	49.'51	139,3	51.'45	145,4	53.'40	151,6	55.'35	157,6
14'	47.'56	133,5	49.'51	139,6	51.'46	145,8	53.'40	152,0	55.'35	158,0
16'	47.'56	133,9	49.'51	140,0	51.'46	146,2	53.'41	152,4	55.'35	158,5
18'	47.'57	134,3	49.'51	140,4	51.'46	146,6	53.'41	152,8	55.'35	158,9
20'	47.'57	134,6	49.'52	140,8	51.'46	147,0	53.'41	153,3	55.'36	159,4
22'	47.'57	135,0	49.'52	141,2	51.'47	147,4	53.'41	153,7	55.'36	159,8
24'	47.'58	135,4	49.'52	141,6	51.'47	147,9	53.'41	154,1	55.'36	160,2
26'	47.'58	135,8	49.'52	142,0	51.'47	148,3	53.'42	154,5	55.'36	160,7
28'	47.'58	136,1	49.'53	142,4	51.'47	148,7	53.'42	155,0	55.'36	161,1
30'	47.'58	136,5	49.'53	142,8	51.'47	149,1	53.'42	155,4	55.'36	161,5
32'	47.'59	136,9	49.'53	143,2	51.'48	149,5	53.'42	155,8	55.'37	162,0
34'	47.'59	137,3	49.'53	143,6	51.'48	149,9	53.'42	156,2	55.'37	162,4
36'	47.'59	137,7	49.'53	144,0	51.'48	150,3	53.'42	156,6	55.'37	162,8
38'	47.'59	138,0	49.'54	144,4	51.'48	150,7	53.'42	157,1	55.'37	163,3
40'	47.'59	138,4	49.'54	144,8	51.'48	151,1	53.'43	157,5	55.'37	163,7
42'	47.'60	138,8	49.'54	145,2	51.'48	151,5	53.'43	157,9	55.'37	164,2
44'	47.'60	139,2	49.'54	145,5	51.'49	151,9	53.'43	158,3	55.'37	164,6
46'	47.'60	139,6	49.'54	145,9	51.'49	152,3	53.'43	158,8	55.'37	165,0
48'	47.'60	139,9	49.'55	146,3	51.'49	152,7	53.'43	159,2	55.'37	165,5
50'	47.'60	140,3	49.'55	146,7	51.'49	153,2	53.'43	159,6	55.'37	165,9
52'	47.'61	140,7	49.'55	147,1	51.'49	153,6	53.'43	160,0	55.'38	166,3
54'	47.'61	141,1	49.'55	147,5	51.'49	154,0	53.'43	160,4	55.'38	166,8
56'	47.'61	141,4	49.'55	147,9	51.'49	154,4	53.'43	160,9	55.'38	167,2
58'	47.'61	141,8	49.'55	148,3	51.'49	154,8	53.'44	161,3	55.'38	167,6

for H.P. increments (13°)

extra H.P.	r&p	Q
0.'1	0.'10	0,3
0.'2	0.'19	0,6
0.'3	0.'29	0,9
0.'4	0.'39	1,2
0.'5	0.'49	1,6
0.'6	0.'58	1,9
0.'7	0.'68	2,2
0.'8	0.'78	2,5
0.'9	0.'88	2,8
1.'0	0.'97	3,1
1.'1	1.'07	3,4
1.'2	1.'17	3,7
1.'3	1.'26	4,1
1.'4	1.'36	4,4
1.'5	1.'46	4,7
1.'6	1.'56	5,0
1.'7	1.'65	5,3
1.'8	1.'75	5,6
1.'9	1.'85	5,9

Table 2

Ma 14°

Ma	H.P. 53' r&p	H.P. 53' Q	H.P. 55' r&p	H.P. 55' Q	H.P. 57' r&p	H.P. 57' Q	H.P. 59' r&p	H.P. 59' Q	H.P. 61' r&p	H.P. 61' Q
0'	47.'61	142,2	49.'55	148,7	51.'50	155,2	53.'44	161,7	55.'38	168,2
2'	47.'61	142,6	49.'56	149,1	51.'50	155,6	53.'44	162,1	55.'38	168,7
4'	47.'62	143,0	49.'56	149,5	51.'50	156,0	53.'44	162,5	55.'38	169,1
6'	47.'62	143,3	49.'56	149,9	51.'50	156,4	53.'44	163,0	55.'38	169,5
8'	47.'62	143,7	49.'56	150,3	51.'50	156,8	53.'44	163,4	55.'38	170,0
10'	47.'62	144,1	49.'56	150,7	51.'50	157,2	53.'44	163,8	55.'38	170,4
12'	47.'62	144,5	49.'56	151,0	51.'50	157,6	53.'44	164,2	55.'38	170,8
14'	47.'62	144,9	49.'56	151,4	51.'50	158,0	53.'44	164,6	55.'38	171,3
16'	47.'62	145,2	49.'56	151,8	51.'50	158,4	53.'44	165,1	55.'38	171,7
18'	47.'62	145,6	49.'56	152,2	51.'50	158,8	53.'44	165,5	55.'38	172,1
20'	47.'63	146,0	49.'56	152,6	51.'50	159,3	53.'44	165,9	55.'38	172,6
22'	47.'63	146,4	49.'56	153,0	51.'50	159,7	53.'44	166,3	55.'38	173,0
24'	47.'63	146,7	49.'57	153,4	51.'50	160,1	53.'44	166,8	55.'38	173,5
26'	47.'63	147,1	49.'57	153,8	51.'50	160,5	53.'44	167,2	55.'38	173,9
28'	47.'63	147,5	49.'57	154,2	51.'50	160,9	53.'44	167,6	55.'38	174,3
30'	47.'63	147,9	49.'57	154,6	51.'50	161,3	53.'44	168,0	55.'38	174,8
32'	47.'63	148,2	49.'57	155,0	51.'50	161,7	53.'44	168,4	55.'38	175,2
34'	47.'63	148,6	49.'57	155,4	51.'50	162,1	53.'44	168,9	55.'38	175,6
36'	47.'63	149,0	49.'57	155,7	51.'50	162,5	53.'44	169,3	55.'38	176,1
38'	47.'64	149,4	49.'57	156,2	51.'51	162,9	53.'45	169,7	55.'38	176,5
40'	47.'64	149,8	49.'57	156,6	51.'51	163,3	53.'45	170,1	55.'38	176,9
42'	47.'64	150,2	49.'58	156,9	51.'51	163,7	53.'45	170,6	55.'38	177,4
44'	47.'64	150,5	49.'58	157,3	51.'51	164,1	53.'44	171,0	55.'38	177,8
46'	47.'64	150,9	49.'58	157,7	51.'51	164,6	53.'44	171,4	55.'38	178,3
48'	47.'64	151,3	49.'58	158,1	51.'51	165,0	53.'44	171,8	55.'38	178,7
50'	47.'64	151,7	49.'57	158,5	51.'51	165,4	53.'44	172,2	55.'38	179,1
52'	47.'64	152,0	49.'57	158,9	51.'51	165,8	53.'44	172,7	55.'38	179,6
54'	47.'64	152,4	49.'57	159,3	51.'51	166,2	53.'44	173,1	55.'37	180,0
56'	47.'64	152,8	49.'57	159,7	51.'51	166,6	53.'44	173,5	55.'37	180,4
58'	47.'64	153,2	49.'57	160,1	51.'51	167,0	53.'44	173,9	55.'37	180,9

15°

Ma	r&p	Q	r&p	Q	r&p	Q	r&p	Q	r&p	Q
0'	47.'64	153,5	49.'57	160,5	51.'51	167,4	53.'44	174,3	55.'37	181,3
2'	47.'64	153,9	49.'57	160,9	51.'51	167,8	53.'44	174,7	55.'37	181,7
4'	47.'64	154,3	49.'57	161,2	51.'50	168,2	53.'44	175,2	55.'37	182,2
6'	47.'64	154,7	49.'57	161,6	51.'50	168,6	53.'44	175,6	55.'37	182,6
8'	47.'64	155,1	49.'57	162,0	51.'50	169,0	53.'43	176,0	55.'37	183,0
10'	47.'64	155,4	49.'57	162,4	51.'50	169,4	53.'43	176,4	55.'36	183,5
12'	47.'64	155,8	49.'57	162,8	51.'50	169,8	53.'43	176,8	55.'36	183,9
14'	47.'64	156,2	49.'57	163,2	51.'50	170,2	53.'43	177,3	55.'36	184,3
16'	47.'64	156,6	49.'57	163,6	51.'50	170,6	53.'43	177,7	55.'36	184,8
18'	47.'64	156,9	49.'57	164,0	51.'50	171,0	53.'43	178,1	55.'36	185,2
20'	47.'64	157,3	49.'57	164,4	51.'50	171,4	53.'43	178,5	55.'36	185,6
22'	47.'64	157,7	49.'57	164,8	51.'50	171,8	53.'42	178,9	55.'35	186,1
24'	47.'64	158,1	49.'57	165,1	51.'49	172,2	53.'42	179,4	55.'35	186,5
26'	47.'64	158,4	49.'56	165,5	51.'49	172,6	53.'42	179,8	55.'35	186,9
28'	47.'64	158,8	49.'56	165,9	51.'49	173,1	53.'42	180,2	55.'35	187,3
30'	47.'63	159,2	49.'56	166,3	51.'49	173,5	53.'42	180,6	55.'35	187,8
32'	47.'63	159,6	49.'56	166,7	51.'49	173,9	53.'42	181,0	55.'34	188,2
34'	47.'63	159,9	49.'56	167,1	51.'49	174,3	53.'41	181,4	55.'34	188,6
36'	47.'63	160,3	49.'56	167,5	51.'49	174,7	53.'41	181,9	55.'34	189,1
38'	47.'63	160,7	49.'56	167,9	51.'48	175,1	53.'41	182,3	55.'34	189,5
40'	47.'63	161,1	49.'56	168,3	51.'48	175,5	53.'41	182,7	55.'33	189,9
42'	47.'63	161,4	49.'55	168,6	51.'48	175,9	53.'41	183,1	55.'33	190,4
44'	47.'63	161,8	49.'55	169,0	51.'48	176,3	53.'40	183,5	55.'33	190,8
46'	47.'63	162,2	49.'55	169,4	51.'48	176,7	53.'40	184,0	55.'33	191,2
48'	47.'62	162,6	49.'55	169,8	51.'47	177,1	53.'40	184,4	55.'32	191,7
50'	47.'62	162,9	49.'55	170,2	51.'47	177,5	53.'40	184,8	55.'32	192,1
52'	47.'62	163,3	49.'55	170,6	51.'47	177,9	53.'40	185,2	55.'32	192,5
54'	47.'62	163,7	49.'54	171,0	51.'47	178,3	53.'39	185,6	55.'32	193,0
56'	47.'62	164,1	49.'54	171,4	51.'47	178,7	53.'39	186,0	55.'31	193,4
58'	47.'62	164,4	49.'54	171,8	51.'46	179,1	53.'39	186,5	55.'31	193,8

for H.P. increments (14°)

extra H.P.	r&p	Q
0.'1	0.'10	0,3
0.'2	0.'19	0,7
0.'3	0.'29	1,0
0.'4	0.'39	1,3
0.'5	0.'48	1,7
0.'6	0.'58	2,0
0.'7	0.'68	2,3
0.'8	0.'77	2,7
0.'9	0.'87	3,0
1.'0	0.'97	3,4
1.'1	1.'07	3,7
1.'2	1.'16	4,0
1.'3	1.'26	4,4
1.'4	1.'36	4,7
1.'5	1.'45	5,0
1.'6	1.'55	5,4
1.'7	1.'65	5,7
1.'8	1.'74	6,0
1.'9	1.'84	6,4

for H.P. increments (15°)

extra H.P.	r&p	Q
0.'1	0.'10	0,4
0.'2	0.'19	0,7
0.'3	0.'29	1,1
0.'4	0.'39	1,4
0.'5	0.'48	1,8
0.'6	0.'58	2,1
0.'7	0.'67	2,5
0.'8	0.'77	2,9
0.'9	0.'87	3,2
1.'0	0.'96	3,6
1.'1	1.'06	3,9
1.'2	1.'16	4,3
1.'3	1.'25	4,6
1.'4	1.'35	5,0
1.'5	1.'45	5,4
1.'6	1.'54	5,7
1.'7	1.'64	6,1
1.'8	1.'74	6,4
1.'9	1.'83	6,8

Table 2

Ma	H.P. 53' r&p	H.P. 53' Q	H.P. 55' r&p	H.P. 55' Q	H.P. 57' r&p	H.P. 57' Q	H.P. 59' r&p	H.P. 59' Q	H.P. 61' r&p	H.P. 61' Q
16° 0'	47.'62	164,8	49.'54	172,2	51.'46	179,5	53.'39	186,9	55.'31	194,3
2'	47.'62	165,2	49.'54	172,5	51.'46	179,9	53.'38	187,3	55.'31	194,7
4'	47.'61	165,6	49.'54	172,9	51.'46	180,3	53.'38	187,7	55.'30	195,1
6'	47.'61	165,9	49.'54	173,3	51.'46	180,7	53.'38	188,1	55.'30	195,6
8'	47.'61	166,3	49.'53	173,7	51.'46	181,1	53.'38	188,5	55.'30	196,0
10'	47.'61	166,7	49.'53	174,1	51.'45	181,5	53.'37	189,0	55.'30	196,4
12'	47.'61	167,1	49.'53	174,5	51.'45	181,9	53.'37	189,4	55.'29	196,9
14'	47.'61	167,4	49.'53	174,9	51.'45	182,3	53.'37	189,8	55.'29	197,3
16'	47.'61	167,8	49.'53	175,3	51.'45	182,7	53.'37	190,2	55.'29	197,7
18'	47.'60	168,2	49.'52	175,7	51.'44	183,1	53.'36	190,6	55.'28	198,1
20'	47.'60	168,6	49.'52	176,0	51.'44	183,5	53.'36	191,1	55.'28	198,6
22'	47.'60	168,9	49.'52	176,4	51.'44	183,9	53.'36	191,5	55.'28	199,0
24'	47.'60	169,3	49.'52	176,8	51.'44	184,4	53.'36	191,9	55.'28	199,4
26'	47.'60	169,7	49.'52	177,2	51.'44	184,8	53.'35	192,3	55.'27	199,9
28'	47.'60	170,1	49.'51	177,6	51.'43	185,2	53.'35	192,7	55.'27	200,3
30'	47.'59	170,4	49.'51	178,0	51.'43	185,6	53.'35	193,1	55.'27	200,7
32'	47.'59	170,8	49.'51	178,4	51.'43	186,0	53.'35	193,6	55.'26	201,2
34'	47.'59	171,2	49.'51	178,8	51.'43	186,4	53.'34	194,0	55.'26	201,6
36'	47.'59	171,6	49.'51	179,2	51.'42	186,8	53.'34	194,4	55.'26	202,0
38'	47.'59	171,9	49.'50	179,5	51.'42	187,2	53.'34	194,8	55.'25	202,5
40'	47.'58	172,3	49.'50	179,9	51.'42	187,6	53.'33	195,2	55.'25	202,9
42'	47.'58	172,7	49.'50	180,3	51.'41	188,0	53.'33	195,6	55.'25	203,3
44'	47.'58	173,1	49.'50	180,7	51.'41	188,4	53.'33	196,1	55.'24	203,8
46'	47.'58	173,4	49.'49	181,1	51.'41	188,8	53.'32	196,5	55.'24	204,2
48'	47.'58	173,8	49.'49	181,5	51.'41	189,2	53.'32	196,9	55.'24	204,6
50'	47.'57	174,2	49.'49	181,9	51.'40	189,6	53.'32	197,3	55.'23	205,0
52'	47.'57	174,6	49.'49	182,3	51.'40	190,0	53.'31	197,7	55.'23	205,5
54'	47.'57	174,9	49.'48	182,7	51.'40	190,4	53.'31	198,1	55.'23	205,9
56'	47.'57	175,3	49.'48	183,0	51.'39	190,8	53.'31	198,6	55.'22	206,3
58'	47.'56	175,7	49.'48	183,4	51.'39	191,2	53.'30	199,0	55.'22	206,8
17° 0'	47.'56	176,1	49.'47	183,8	51.'39	191,6	53.'30	199,4	55.'21	207,2
2'	47.'56	176,4	49.'47	184,2	51.'38	192,0	53.'30	199,8	55.'21	207,6
4'	47.'56	176,8	49.'47	184,6	51.'38	192,4	53.'29	200,2	55.'21	208,1
6'	47.'55	177,2	49.'47	185,0	51.'38	192,8	53.'29	200,6	55.'20	208,5
8'	47.'55	177,5	49.'46	185,4	51.'37	193,2	53.'28	201,0	55.'20	208,9
10'	47.'55	177,9	49.'46	185,7	51.'37	193,6	53.'28	201,5	55.'19	209,3
12'	47.'54	178,3	49.'45	186,1	51.'36	194,0	53.'28	201,9	55.'19	209,8
14'	47.'54	178,6	49.'45	186,5	51.'36	194,4	53.'27	202,3	55.'18	210,2
16'	47.'53	179,0	49.'44	186,9	51.'35	194,8	53.'27	202,7	55.'18	210,6
18'	47.'53	179,4	49.'44	187,3	51.'35	195,2	53.'26	203,1	55.'17	211,0
20'	47.'53	179,8	49.'44	187,7	51.'35	195,6	53.'26	203,5	55.'17	211,5
22'	47.'53	180,1	49.'43	188,1	51.'34	196,0	53.'25	203,9	55.'16	211,9
24'	47.'52	180,5	49.'43	188,4	51.'34	196,4	53.'25	204,4	55.'16	212,3
26'	47.'52	180,9	49.'43	188,8	51.'34	196,8	53.'25	204,8	55.'15	212,8
28'	47.'52	181,3	49.'42	189,2	51.'33	197,2	53.'24	205,2	55.'15	213,2
30'	47.'51	181,6	49.'42	189,6	51.'33	197,6	53.'24	205,6	55.'15	213,6
32'	47.'51	182,0	49.'42	190,0	51.'33	198,0	53.'23	206,0	55.'14	214,0
34'	47.'51	182,4	49.'41	190,4	51.'32	198,4	53.'23	206,4	55.'14	214,5
36'	47.'50	182,7	49.'41	190,8	51.'32	198,8	53.'22	206,8	55.'13	214,9
38'	47.'50	183,1	49.'41	191,2	51.'31	199,2	53.'22	207,3	55.'13	215,3
40'	47.'50	183,5	49.'40	191,5	51.'31	199,6	53.'22	207,7	55.'12	215,8
42'	47.'49	183,9	49.'40	191,9	51.'31	200,0	53.'21	208,1	55.'12	216,2
44'	47.'49	184,2	49.'40	192,3	51.'30	200,4	53.'21	208,5	55.'11	216,6
46'	47.'49	184,6	49.'39	192,7	51.'30	200,8	53.'20	208,9	55.'11	217,0
48'	47.'48	185,0	49.'39	193,1	51.'29	201,2	53.'20	209,3	55.'10	217,5
50'	47.'48	185,4	49.'38	193,5	51.'29	201,6	53.'19	209,7	55.'10	217,9
52'	47.'48	185,7	49.'38	193,9	51.'28	202,0	53.'19	210,2	55.'09	218,3
54'	47.'47	186,1	49.'38	194,2	51.'28	202,4	53.'18	210,6	55.'09	218,8
56'	47.'47	186,5	49.'37	194,6	51.'28	202,8	53.'18	211,0	55.'08	219,2
58'	47.'47	186,8	49.'37	195,0	51.'27	203,2	53.'18	211,4	55.'08	219,6

for H.P. increments (16°)

extra H.P.	r&p	Q
0.'1	0.'10	0,4
0.'2	0.'19	0,8
0.'3	0.'29	1,1
0.'4	0.'38	1,5
0.'5	0.'48	1,9
0.'6	0.'58	2,3
0.'7	0.'67	2,6
0.'8	0.'77	3,0
0.'9	0.'86	3,4
1.'0	0.'96	3,8
1.'1	1.'06	4,2
1.'2	1.'15	4,5
1.'3	1.'25	4,9
1.'4	1.'34	5,3
1.'5	1.'44	5,7
1.'6	1.'53	6,1
1.'7	1.'63	6,4
1.'8	1.'73	6,8
1.'9	1.'82	7,2

for H.P. increments (17°)

extra H.P.	r&p	Q
0.'1	0.'10	0,4
0.'2	0.'19	0,8
0.'3	0.'29	1,2
0.'4	0.'38	1,6
0.'5	0.'48	2,0
0.'6	0.'57	2,4
0.'7	0.'67	2,8
0.'8	0.'76	3,2
0.'9	0.'86	3,6
1.'0	0.'95	4,0
1.'1	1.'05	4,4
1.'2	1.'14	4,8
1.'3	1.'24	5,2
1.'4	1.'34	5,6
1.'5	1.'43	6,0
1.'6	1.'53	6,4
1.'7	1.'62	6,8
1.'8	1.'72	7,2
1.'9	1.'81	7,6

Table 2

Ma 18°

	H.P. 53' r&p	H.P. 53' Q	H.P. 55' r&p	H.P. 55' Q	H.P. 57' r&p	H.P. 57' Q	H.P. 59' r&p	H.P. 59' Q	H.P. 61' r&p	H.P. 61' Q
0'	47.'46	187,2	49.'37	195,4	51.'27	203,6	53.'17	211,8	55.'07	220,0
2'	47.'46	187,6	49.'36	195,8	51.'26	204,0	53.'17	212,2	55.'07	220,5
4'	47.'45	188,0	49.'36	196,2	51.'26	204,4	53.'16	212,6	55.'06	220,9
6'	47.'45	188,3	49.'35	196,6	51.'25	204,8	53.'16	213,1	55.'06	221,3
8'	47.'45	188,7	49.'35	196,9	51.'25	205,2	53.'15	213,5	55.'05	221,8
10'	47.'44	189,1	49.'34	197,3	51.'25	205,6	53.'15	213,9	55.'05	222,2
12'	47.'44	189,4	49.'34	197,7	51.'24	206,0	53.'14	214,3	55.'04	222,6
14'	47.'44	189,8	49.'34	198,1	51.'24	206,4	53.'14	214,7	55.'04	223,0
16'	47.'43	190,2	49.'33	198,5	51.'23	206,8	53.'13	215,1	55.'03	223,5
18'	47.'43	190,6	49.'33	198,9	51.'23	207,2	53.'13	215,5	55.'03	223,9
20'	47.'42	190,9	49.'32	199,2	51.'22	207,6	53.'12	215,9	55.'02	224,3
22'	47.'42	191,3	49.'32	199,6	51.'22	208,0	53.'12	216,4	55.'01	224,7
24'	47.'42	191,7	49.'31	200,0	51.'21	208,4	53.'11	216,8	55.'01	225,2
26'	47.'41	192,0	49.'31	200,4	51.'21	208,8	53.'11	217,2	55.'00	225,6
28'	47.'41	192,4	49.'30	200,8	51.'20	209,2	53.'10	217,6	55.'00	226,0
30'	47.'40	192,8	49.'30	201,2	51.'20	209,6	53.'09	218,0	54.'99	226,5
32'	47.'40	193,1	49.'30	201,6	51.'19	210,0	53.'09	218,4	54.'99	226,9
34'	47.'39	193,5	49.'29	201,9	51.'19	210,4	53.'08	218,8	54.'98	227,3
36'	47.'39	193,9	49.'29	202,3	51.'18	210,8	53.'08	219,2	54.'97	227,7
38'	47.'39	194,3	49.'28	202,7	51.'18	211,2	53.'07	219,7	54.'97	228,2
40'	47.'38	194,6	49.'28	203,1	51.'17	211,6	53.'07	220,1	54.'96	228,6
42'	47.'38	195,0	49.'27	203,5	51.'17	212,0	53.'06	220,5	54.'96	229,0
44'	47.'37	195,4	49.'27	203,9	51.'16	212,4	53.'06	220,9	54.'95	229,4
46'	47.'37	195,7	49.'26	204,2	51.'16	212,8	53.'05	221,3	54.'94	229,9
48'	47.'36	196,1	49.'26	204,6	51.'15	213,2	53.'04	221,7	54.'94	230,3
50'	47.'36	196,5	49.'25	205,0	51.'15	213,6	53.'04	222,1	54.'93	230,7
52'	47.'35	196,8	49.'25	205,4	51.'14	214,0	53.'03	222,5	54.'93	231,1
54'	47.'35	197,2	49.'24	205,8	51.'14	214,4	53.'03	223,0	54.'92	231,6
56'	47.'34	197,6	49.'24	206,2	51.'13	214,8	53.'02	223,4	54.'91	232,0
58'	47.'34	198,0	49.'23	206,5	51.'12	215,2	53.'02	223,8	54.'91	232,4

for H.P. increments

extra H.P.	r&p	Q
0.'1	0.'09	0,4
0.'2	0.'19	0,8
0.'3	0.'28	1,3
0.'4	0.'38	1,7
0.'5	0.'47	2,1
0.'6	0.'57	2,5
0.'7	0.'66	2,9
0.'8	0.'76	3,4
0.'9	0.'85	3,8
1.'0	0.'95	4,2
1.'1	1.'04	4,6
1.'2	1.'14	5,0
1.'3	1.'23	5,5
1.'4	1.'33	5,9
1.'5	1.'42	6,3
1.'6	1.'52	6,7
1.'7	1.'61	7,1
1.'8	1.'71	7,6
1.'9	1.'80	8,0

19°

	H.P. 53' r&p	H.P. 53' Q	H.P. 55' r&p	H.P. 55' Q	H.P. 57' r&p	H.P. 57' Q	H.P. 59' r&p	H.P. 59' Q	H.P. 61' r&p	H.P. 61' Q
0'	47.'34	198,3	49.'23	206,9	51.'12	215,6	53.'01	224,2	54.'90	232,8
2'	47.'32	198,7	49.'22	207,3	51.'11	215,9	53.'00	224,6	54.'89	233,2
4'	47.'32	199,0	49.'21	207,7	51.'10	216,3	52.'99	225,0	54.'88	233,7
6'	47.'32	199,4	49.'21	208,1	51.'10	216,7	52.'99	225,4	54.'88	234,1
8'	47.'31	199,8	49.'20	208,4	51.'09	217,1	52.'98	225,8	54.'87	234,5
10'	47.'31	200,1	49.'20	208,8	51.'08	217,5	52.'97	226,2	54.'86	234,9
12'	47.'30	200,5	49.'19	209,2	51.'08	217,9	52.'97	226,6	54.'86	235,4
14'	47.'30	200,9	49.'18	209,6	51.'07	218,3	52.'96	227,0	54.'85	235,8
16'	47.'29	201,3	49.'18	210,0	51.'07	218,7	52.'96	227,4	54.'84	236,2
18'	47.'29	201,6	49.'17	210,4	51.'06	219,1	52.'95	227,9	54.'84	236,6
20'	47.'28	202,0	49.'17	210,7	51.'06	219,5	52.'94	228,3	54.'83	237,1
22'	47.'28	202,4	49.'16	211,1	51.'05	219,9	52.'94	228,7	54.'82	237,5
24'	47.'27	202,7	49.'16	211,5	51.'04	220,3	52.'93	229,1	54.'82	237,9
26'	47.'27	203,1	49.'15	211,9	51.'04	220,7	52.'92	229,5	54.'81	238,3
28'	47.'26	203,5	49.'15	212,3	51.'03	221,1	52.'92	229,9	54.'80	238,8
30'	47.'25	203,8	49.'14	212,6	51.'03	221,5	52.'91	230,3	54.'80	239,2
32'	47.'25	204,2	49.'13	213,0	51.'02	221,9	52.'91	230,7	54.'79	239,6
34'	47.'24	204,6	49.'13	213,4	51.'01	222,3	52.'90	231,1	54.'78	240,0
36'	47.'24	204,9	49.'12	213,8	51.'01	222,7	52.'89	231,5	54.'78	240,4
38'	47.'23	205,3	49.'12	214,2	51.'00	223,1	52.'89	232,0	54.'77	240,9
40'	47.'23	205,7	49.'11	214,6	51.'00	223,5	52.'88	232,4	54.'76	241,3
42'	47.'22	206,0	49.'11	214,9	50.'99	223,8	52.'87	232,8	54.'76	241,7
44'	47.'22	206,4	49.'10	215,3	50.'98	224,2	52.'87	233,2	54.'75	242,1
46'	47.'21	206,8	49.'09	215,7	50.'98	224,6	52.'86	233,6	54.'74	242,6
48'	47.'21	207,1	49.'09	216,1	50.'97	225,0	52.'85	234,0	54.'73	243,0
50'	47.'20	207,5	49.'08	216,5	50.'96	225,4	52.'85	234,4	54.'73	243,4
52'	47.'19	207,9	49.'08	216,8	50.'96	225,8	52.'84	234,8	54.'72	243,8
54'	47.'19	208,2	49.'07	217,2	50.'95	226,2	52.'83	235,2	54.'71	244,3
56'	47.'18	208,6	49.'06	217,6	50.'94	226,6	52.'83	235,6	54.'71	244,7
58'	47.'18	209,0	49.'06	218,0	50.'94	227,0	52.'82	236,0	54.'70	245,1

for H.P. increments

extra H.P.	r&p	Q
0.'1	0.'09	0,4
0.'2	0.'19	0,9
0.'3	0.'28	1,3
0.'4	0.'38	1,8
0.'5	0.'47	2,2
0.'6	0.'57	2,6
0.'7	0.'66	3,1
0.'8	0.'75	3,5
0.'9	0.'85	4,0
1.'0	0.'94	4,4
1.'1	1.'04	4,9
1.'2	1.'13	5,3
1.'3	1.'23	5,7
1.'4	1.'32	6,2
1.'5	1.'41	6,6
1.'6	1.'51	7,1
1.'7	1.'60	7,5
1.'8	1.'70	7,9
1.'9	1.'79	8,4

Table 2

Ma 20°

Ma	H.P. 53' r&p	H.P. 53' Q	H.P. 55' r&p	H.P. 55' Q	H.P. 57' r&p	H.P. 57' Q	H.P. 59' r&p	H.P. 59' Q	H.P. 61' r&p	H.P. 61' Q
0'	47.'17	209,3	49.'05	218,4	50.'93	227,4	52.'81	236,5	54.'69	245,5
2'	47.'17	209,7	49.'05	218,7	50.'93	227,8	52.'80	236,9	54.'68	245,9
4'	47.'16	210,1	49.'04	219,1	50.'92	228,2	52.'80	237,3	54.'68	246,4
6'	47.'15	210,4	49.'03	219,5	50.'91	228,6	52.'79	237,7	54.'67	246,8
8'	47.'15	210,8	49.'03	219,9	50.'91	229,0	52.'78	238,1	54.'66	247,2
10'	47.'14	211,2	49.'02	220,3	50.'90	229,4	52.'78	238,5	54.'65	247,6
12'	47.'14	211,5	49.'01	220,7	50.'89	229,8	52.'77	238,9	54.'65	248,1
14'	47.'13	211,9	49.'01	221,0	50.'88	230,2	52.'76	239,3	54.'64	248,5
16'	47.'12	212,3	49.'00	221,4	50.'88	230,6	52.'75	239,7	54.'63	248,9
18'	47.'12	212,6	48.'99	221,8	50.'87	231,0	52.'75	240,1	54.'62	249,3
20'	47.'11	213,0	48.'99	222,2	50.'86	231,3	52.'74	240,5	54.'62	249,7
22'	47.'11	213,4	48.'98	222,6	50.'86	231,7	52.'73	240,9	54.'61	250,2
24'	47.'10	213,7	48.'98	222,9	50.'85	232,1	52.'73	241,4	54.'60	250,6
26'	47.'09	214,1	48.'97	223,3	50.'84	232,5	52.'72	241,8	54.'59	251,0
28'	47.'09	214,5	48.'96	223,7	50.'84	232,9	52.'71	242,2	54.'59	251,4
30'	47.'08	214,8	48.'96	224,1	50.'83	233,3	52.'70	242,6	54.'58	251,8
32'	47.'08	215,2	48.'95	224,5	50.'82	233,7	52.'70	243,0	54.'57	252,3
34'	47.'07	215,6	48.'94	224,8	50.'82	234,1	52.'69	243,4	54.'56	252,7
36'	47.'06	215,9	48.'94	225,2	50.'81	234,5	52.'68	243,8	54.'55	253,1
38'	47.'06	216,3	48.'93	225,6	50.'80	234,9	52.'67	244,2	54.'55	253,5
40'	47.'05	216,7	48.'92	226,0	50.'79	235,3	52.'67	244,6	54.'54	254,0
42'	47.'04	217,0	48.'91	226,3	50.'78	235,7	52.'66	245,0	54.'53	254,4
44'	47.'03	217,4	48.'91	226,7	50.'78	236,1	52.'65	245,4	54.'52	254,8
46'	47.'03	217,8	48.'90	227,1	50.'77	236,4	52.'64	245,8	54.'51	255,2
48'	47.'02	218,1	48.'89	227,5	50.'76	236,8	52.'63	246,2	54.'50	255,6
50'	47.'02	218,5	48.'89	227,8	50.'75	237,2	52.'62	246,6	54.'49	256,0
52'	47.'01	218,8	48.'88	228,2	50.'75	237,6	52.'62	247,0	54.'49	256,5
54'	47.'00	219,2	48.'87	228,6	50.'74	238,0	52.'61	247,4	54.'48	256,9
56'	47.'00	219,6	48.'86	229,0	50.'73	238,4	52.'60	247,8	54.'47	257,3
58'	46.'99	219,9	48.'86	229,4	50.'73	238,8	52.'59	248,3	54.'46	257,7

for H.P. increments (20°)

extra H.P.	r&p	Q
0.'1	0.'09	0,5
0.'2	0.'19	0,9
0.'3	0.'28	1,4
0.'4	0.'37	1,8
0.'5	0.'47	2,3
0.'6	0.'56	2,8
0.'7	0.'66	3,2
0.'8	0.'75	3,7
0.'9	0.'84	4,2
1.'0	0.'94	4,6
1.'1	1.'03	5,1
1.'2	1.'12	5,5
1.'3	1.'22	6,0
1.'4	1.'31	6,5
1.'5	1.'41	6,9
1.'6	1.'50	7,4
1.'7	1.'59	7,9
1.'8	1.'69	8,3
1.'9	1.'78	8,8

21°

Ma	H.P. 53' r&p	H.P. 53' Q	H.P. 55' r&p	H.P. 55' Q	H.P. 57' r&p	H.P. 57' Q	H.P. 59' r&p	H.P. 59' Q	H.P. 61' r&p	H.P. 61' Q
0'	46.'98	220,3	48.'85	229,7	50.'72	239,2	52.'59	248,7	54.'45	258,1
2'	46.'98	220,7	48.'84	230,1	50.'71	239,6	52.'58	249,1	54.'44	258,6
4'	46.'97	221,0	48.'84	230,5	50.'70	240,0	52.'57	249,5	54.'44	259,0
6'	46.'96	221,4	48.'83	230,9	50.'69	240,4	52.'56	249,9	54.'43	259,4
8'	46.'96	221,8	48.'82	231,3	50.'69	240,8	52.'55	250,3	54.'42	259,8
10'	46.'95	222,1	48.'81	231,6	50.'68	241,2	52.'55	250,7	54.'41	260,2
12'	46.'94	222,5	48.'81	232,0	50.'67	241,5	52.'54	251,1	54.'40	260,7
14'	46.'93	222,9	48.'80	232,4	50.'66	241,9	52.'53	251,5	54.'39	261,1
16'	46.'93	223,2	48.'79	232,8	50.'66	242,3	52.'52	251,9	54.'39	261,5
18'	46.'92	223,6	48.'78	233,1	50.'65	242,7	52.'51	252,3	54.'38	261,9
20'	46.'91	223,9	48.'78	233,5	50.'64	243,1	52.'50	252,7	54.'37	262,3
22'	46.'91	224,3	48.'77	233,9	50.'63	243,5	52.'50	253,1	54.'36	262,8
24'	46.'90	224,7	48.'76	234,3	50.'63	243,9	52.'49	253,5	54.'35	263,2
26'	46.'89	225,0	48.'76	234,7	50.'62	244,3	52.'48	253,9	54.'34	263,6
28'	46.'89	225,4	48.'75	235,0	50.'61	244,7	52.'47	254,3	54.'33	264,0
30'	46.'88	225,8	48.'74	235,4	50.'60	245,1	52.'46	254,7	54.'32	264,4
32'	46.'87	226,1	48.'73	235,8	50.'59	245,5	52.'45	255,1	54.'32	264,8
34'	46.'86	226,5	48.'72	236,2	50.'59	245,8	52.'45	255,5	54.'31	265,3
36'	46.'86	226,9	48.'72	236,5	50.'58	246,2	52.'44	255,9	54.'30	265,7
38'	46.'85	227,2	48.'71	236,9	50.'57	246,6	52.'43	256,4	54.'29	266,1
40'	46.'84	227,6	48.'70	237,3	50.'56	247,0	52.'42	256,8	54.'28	266,5
42'	46.'84	227,9	48.'69	237,7	50.'55	247,4	52.'41	257,2	54.'27	266,9
44'	46.'83	228,3	48.'69	238,0	50.'54	247,8	52.'40	257,6	54.'26	267,3
46'	46.'82	228,7	48.'68	238,4	50.'54	248,2	52.'39	258,0	54.'25	267,8
48'	46.'81	229,0	48.'67	238,8	50.'53	248,6	52.'39	258,4	54.'24	268,2
50'	46.'81	229,4	48.'66	239,2	50.'52	249,0	52.'38	258,8	54.'23	268,6
52'	46.'80	229,8	48.'66	239,5	50.'51	249,4	52.'37	259,2	54.'23	269,0
54'	46.'79	230,1	48.'65	239,9	50.'50	249,7	52.'36	259,6	54.'22	269,4
56'	46.'78	230,5	48.'64	240,3	50.'50	250,1	52.'35	260,0	54.'21	269,9
58'	46.'78	230,8	48.'63	240,7	50.'49	250,5	52.'34	260,4	54.'20	270,3

for H.P. increments (21°)

extra H.P.	r&p	Q
0.'1	0.'09	0,5
0.'2	0.'19	1,0
0.'3	0.'28	1,4
0.'4	0.'37	1,9
0.'5	0.'47	2,4
0.'6	0.'56	2,9
0.'7	0.'65	3,4
0.'8	0.'74	3,9
0.'9	0.'84	4,3
1.'0	0.'93	4,8
1.'1	1.'02	5,3
1.'2	1.'12	5,8
1.'3	1.'21	6,3
1.'4	1.'30	6,8
1.'5	1.'40	7,2
1.'6	1.'49	7,7
1.'7	1.'58	8,2
1.'8	1.'68	8,7
1.'9	1.'77	9,2

Table 2

Ma 22°

	H.P. 53'		H.P. 55'		H.P. 57'		H.P. 59'		H.P. 61'			for H.P. increments	
	r&p	Q	r&p	Q	r&p	Q	r&p	Q	r&p	Q	extra H.P.	r&p	Q
0'	46.'77	231,2	48.'62	241,1	50.'48	250,9	52.'33	260,8	54.'19	270,7			
2'	46.'76	231,6	48.'62	241,4	50.'47	251,3	52.'32	261,2	54.'18	271,1			
4'	46.'75	231,9	48.'61	241,8	50.'46	251,7	52.'32	261,6	54.'17	271,5			
6'	46.'75	232,3	48.'60	242,2	50.'45	252,1	52.'31	262,0	54.'16	271,9			
8'	46.'74	232,7	48.'59	242,6	50.'44	252,5	52.'30	262,4	54.'15	272,4			
10'	46.'73	233,0	48.'58	242,9	50.'44	252,9	52.'29	262,8	54.'14	272,8			
12'	46.'72	233,4	48.'57	243,3	50.'43	253,2	52.'28	263,2	54.'13	273,2	0.'1	0.'09	0,5
14'	46.'71	233,7	48.'57	243,7	50.'42	253,6	52.'27	263,6	54.'12	273,6	0.'2	0.'18	1,0
16'	46.'71	234,1	48.'56	244,1	50.'41	254,0	52.'26	264,0	54.'11	274,0	0.'3	0.'28	1,5
18'	46.'70	234,5	48.'55	244,4	50.'40	254,4	52.'25	264,4	54.'10	274,4	0.'4	0.'37	2,0
20'	46.'69	234,8	48.'54	244,8	50.'39	254,8	52.'24	264,8	54.'09	274,8	0.'5	0.'46	2,5
22'	46.'68	235,2	48.'53	245,2	50.'38	255,2	52.'23	265,2	54.'08	275,3	0.'6	0.'55	3,0
24'	46.'68	235,5	48.'53	245,6	50.'38	255,6	52.'22	265,6	54.'07	275,7	0.'7	0.'65	3,5
26'	46.'66	235,9	48.'51	245,9	50.'36	255,9	52.'21	266,0	54.'06	276,1	0.'8	0.'74	4,0
28'	46.'66	236,2	48.'50	246,3	50.'35	256,3	52.'20	266,4	54.'05	276,5	0.'9	0.'83	4,5
30'	46.'65	236,6	48.'50	246,7	50.'34	256,7	52.'19	266,8	54.'04	276,9	1.'0	0.'92	5,0
32'	46.'64	237,0	48.'49	247,0	50.'33	257,1	52.'18	267,2	54.'03	277,3	1.'1	1.'02	5,5
34'	46.'63	237,3	48.'48	247,4	50.'33	257,5	52.'17	267,6	54.'02	277,7	1.'2	1.'11	6,0
36'	46.'62	237,7	48.'47	247,8	50.'32	257,9	52.'16	268,0	54.'01	278,1	1.'3	1.'20	6,5
38'	46.'62	238,0	48.'46	248,1	50.'31	258,3	52.'15	268,4	54.'00	278,6	1.'4	1.'29	7,0
40'	46.'61	238,4	48.'45	248,5	50.'30	258,7	52.'15	268,8	53.'99	279,0	1.'5	1.'39	7,6
42'	46.'60	238,8	48.'44	248,9	50.'29	259,0	52.'14	269,2	53.'98	279,4	1.'6	1.'48	8,1
44'	46.'59	239,1	48.'44	249,3	50.'28	259,4	52.'13	269,6	53.'97	279,8	1.'7	1.'57	8,6
46'	46.'58	239,5	48.'43	249,6	50.'27	259,8	52.'12	270,0	53.'96	280,2	1.'8	1.'66	9,1
48'	46.'57	239,8	48.'42	250,0	50.'26	260,2	52.'11	270,4	53.'95	280,6	1.'9	1.'76	9,6
50'	46.'57	240,2	48.'41	250,4	50.'25	260,6	52.'10	270,8	53.'94	281,0			
52'	46.'56	240,6	48.'40	250,8	50.'24	261,0	52.'09	271,2	53.'93	281,5			
54'	46.'55	240,9	48.'39	251,1	50.'24	261,4	52.'08	271,6	53.'92	281,9			
56'	46.'54	241,3	48.'38	251,5	50.'23	261,8	52.'07	272,0	53.'91	282,3			
58'	46.'53	241,6	48.'38	251,9	50.'22	262,1	52.'06	272,4	53.'90	282,7			

23°

	H.P. 53'		H.P. 55'		H.P. 57'		H.P. 59'		H.P. 61'			for H.P. increments	
	r&p	Q	r&p	Q	r&p	Q	r&p	Q	r&p	Q	extra H.P.	r&p	Q
0'	46.'52	242,0	48.'37	252,3	50.'21	262,5	52.'05	272,8	53.'89	283,1			
2'	46.'52	242,4	48.'36	252,6	50.'20	262,9	52.'04	273,2	53.'88	283,5			
4'	46.'51	242,7	48.'35	253,0	50.'19	263,3	52.'03	273,6	53.'87	283,9			
6'	46.'50	243,1	48.'34	253,4	50.'18	263,7	52.'02	274,0	53.'86	284,4			
8'	46.'49	243,4	48.'33	253,7	50.'17	264,1	52.'01	274,4	53.'85	284,8			
10'	46.'48	243,8	48.'32	254,1	50.'16	264,5	52.'00	274,8	53.'84	285,2			
12'	46.'47	244,2	48.'31	254,5	50.'15	264,8	51.'99	275,2	53.'83	285,6	0.'1	0.'09	0,5
14'	46.'47	244,5	48.'30	254,9	50.'14	265,2	51.'98	275,6	53.'82	286,0	0.'2	0.'18	1,0
16'	46.'46	244,9	48.'29	255,2	50.'13	265,6	51.'97	276,0	53.'81	286,4	0.'3	0.'28	1,6
18'	46.'45	245,2	48.'29	255,6	50.'12	266,0	51.'96	276,4	53.'80	286,8	0.'4	0.'37	2,1
20'	46.'44	245,6	48.'28	256,0	50.'11	266,4	51.'95	276,8	53.'79	287,2	0.'5	0.'46	2,6
22'	46.'43	245,9	48.'27	256,4	50.'10	266,8	51.'94	277,2	53.'78	287,7	0.'6	0.'55	3,1
24'	46.'42	246,3	48.'26	256,7	50.'09	267,2	51.'93	277,6	53.'77	288,1	0.'7	0.'64	3,7
26'	46.'41	246,7	48.'25	257,1	50.'08	267,5	51.'92	278,0	53.'76	288,5	0.'8	0.'73	4,2
28'	46.'40	247,0	48.'24	257,5	50.'08	267,9	51.'91	278,4	53.'75	288,9	0.'9	0.'83	4,7
30'	46.'40	247,4	48.'23	257,8	50.'07	268,3	51.'90	278,8	53.'73	289,3	1.'0	0.'92	5,2
32'	46.'39	247,7	48.'22	258,2	50.'06	268,7	51.'89	279,2	53.'72	289,7	1.'1	1.'01	5,8
34'	46.'38	248,1	48.'21	258,6	50.'05	269,1	51.'88	279,6	53.'71	290,1	1.'2	1.'10	6,3
36'	46.'37	248,5	48.'20	259,0	50.'04	269,5	51.'87	280,0	53.'70	290,5	1.'3	1.'19	6,8
38'	46.'36	248,8	48.'19	259,3	50.'03	269,9	51.'86	280,4	53.'69	291,0	1.'4	1.'28	7,3
40'	46.'35	249,2	48.'18	259,7	50.'02	270,2	51.'85	280,8	53.'68	291,4	1.'5	1.'38	7,9
42'	46.'34	249,5	48.'17	260,1	50.'01	270,6	51.'84	281,2	53.'67	291,8	1.'6	1.'47	8,4
44'	46.'33	249,9	48.'17	260,4	50.'00	271,0	51.'83	281,6	53.'66	292,2	1.'7	1.'56	8,9
46'	46.'33	250,2	48.'16	260,8	49.'99	271,4	51.'82	282,0	53.'65	292,6	1.'8	1.'65	9,4
48'	46.'32	250,6	48.'15	261,2	49.'98	271,8	51.'81	282,4	53.'64	293,0	1.'9	1.'74	10,0
50'	46.'31	251,0	48.'14	261,5	49.'97	272,2	51.'80	282,8	53.'63	293,4			
52'	46.'30	251,3	48.'13	261,9	49.'96	272,5	51.'79	283,2	53.'62	293,8			
54'	46.'29	251,7	48.'12	262,3	49.'95	272,9	51.'78	283,6	53.'61	294,2			
56'	46.'28	252,0	48.'11	262,7	49.'94	273,3	51.'77	284,0	53.'59	294,7			
58'	46.'27	252,4	48.'10	263,0	49.'93	273,7	51.'76	284,4	53.'58	295,1			

Table 2

Ma 24°

	H.P. 53'		H.P. 55'		H.P. 57'		H.P. 59'		H.P. 61'	
	r&p	Q	r&p	Q	r&p	Q	r&p	Q	r&p	Q
0'	46.'26	252,7	48.'09	263,4	49.'92	274,1	51.'74	284,8	53.'57	295,5
2'	46.'25	253,1	48.'08	263,8	49.'91	274,5	51.'73	285,2	53.'56	295,9
4'	46.'24	253,4	48.'07	264,1	49.'90	274,8	51.'72	285,6	53.'55	296,3
6'	46.'23	253,8	48.'06	264,5	49.'89	275,2	51.'71	286,0	53.'54	296,7
8'	46.'23	254,2	48.'05	264,9	49.'88	275,6	51.'70	286,4	53.'53	297,1
10'	46.'22	254,5	48.'04	265,2	49.'87	276,0	51.'69	286,7	53.'52	297,5
12'	46.'21	254,9	48.'03	265,6	49.'86	276,4	51.'68	287,1	53.'51	297,9
14'	46.'20	255,2	48.'02	266,0	49.'85	276,8	51.'67	287,5	53.'49	298,3
16'	46.'19	255,6	48.'01	266,4	49.'84	277,1	51.'66	287,9	53.'48	298,8
18'	46.'18	255,9	48.'00	266,7	49.'83	277,5	51.'65	288,3	53.'47	299,2
20'	46.'17	256,3	47.'99	267,1	49.'81	277,9	51.'64	288,7	53.'46	299,6
22'	46.'16	256,7	47.'98	267,5	49.'80	278,3	51.'63	289,1	53.'45	300,0
24'	46.'15	257,0	47.'97	267,8	49.'79	278,7	51.'62	289,5	53.'44	300,4
26'	46.'14	257,4	47.'96	268,2	49.'78	279,1	51.'60	289,9	53.'43	300,8
28'	46.'13	257,7	47.'95	268,6	49.'77	279,4	51.'59	290,3	53.'41	301,2
30'	46.'12	258,1	47.'94	268,9	49.'76	279,8	51.'58	290,7	53.'40	301,6
32'	46.'11	258,4	47.'93	269,3	49.'75	280,2	51.'57	291,1	53.'39	302,0
34'	46.'10	258,8	47.'92	269,7	49.'74	280,6	51.'56	291,5	53.'38	302,4
36'	46.'09	259,1	47.'91	270,0	49.'73	281,0	51.'55	291,9	53.'37	302,8
38'	46.'08	259,5	47.'90	270,4	49.'72	281,3	51.'54	292,3	53.'36	303,2
40'	46.'07	259,8	47.'89	270,8	49.'71	281,7	51.'53	292,7	53.'35	303,7
42'	46.'06	260,2	47.'88	271,1	49.'70	282,1	51.'52	293,1	53.'33	304,1
44'	46.'05	260,6	47.'87	271,5	49.'69	282,5	51.'51	293,5	53.'32	304,5
46'	46.'04	260,9	47.'86	271,9	49.'68	282,9	51.'49	293,9	53.'31	304,9
48'	46.'04	261,3	47.'85	272,3	49.'67	283,2	51.'48	294,3	53.'30	305,3
50'	46.'03	261,6	47.'84	272,6	49.'66	283,6	51.'47	294,7	53.'29	305,7
52'	46.'02	262,0	47.'83	273,0	49.'65	284,0	51.'46	295,1	53.'28	306,1
54'	46.'01	262,3	47.'82	273,4	49.'63	284,4	51.'45	295,4	53.'26	306,5
56'	46.'00	262,7	47.'81	273,7	49.'62	284,8	51.'44	295,8	53.'25	306,9
58'	45.'99	263,0	47.'80	274,1	49.'61	285,2	51.'43	296,2	53.'24	307,3

for H.P. increments (24°)

extra H.P.	r&p	Q
0.'1	0.'09	0,5
0.'2	0.'18	1,1
0.'3	0.'27	1,6
0.'4	0.'36	2,2
0.'5	0.'46	2,7
0.'6	0.'55	3,3
0.'7	0.'64	3,8
0.'8	0.'73	4,4
0.'9	0.'82	4,9
1.'0	0.'91	5,4
1.'1	1.'00	6,0
1.'2	1.'09	6,5
1.'3	1.'18	7,1
1.'4	1.'27	7,6
1.'5	1.'37	8,2
1.'6	1.'46	8,7
1.'7	1.'55	9,2
1.'8	1.'64	9,8
1.'9	1.'73	10,3

25°

	H.P. 53'		H.P. 55'		H.P. 57'		H.P. 59'		H.P. 61'	
	r&p	Q	r&p	Q	r&p	Q	r&p	Q	r&p	Q
0'	45.'98	263,4	47.'79	274,5	49.'60	285,5	51.'42	296,6	53.'23	307,7
2'	45.'97	263,7	47.'78	274,8	49.'59	285,9	51.'40	297,0	53.'22	308,1
4'	45.'96	264,1	47.'77	275,2	49.'58	286,3	51.'39	297,4	53.'20	308,5
6'	45.'95	264,5	47.'76	275,6	49.'57	286,7	51.'38	297,8	53.'19	309,0
8'	45.'94	264,8	47.'75	275,9	49.'56	287,1	51.'37	298,2	53.'18	309,4
10'	45.'93	265,2	47.'74	276,3	49.'55	287,4	51.'36	298,6	53.'17	309,8
12'	45.'92	265,5	47.'73	276,7	49.'54	287,8	51.'35	299,0	53.'16	310,2
14'	45.'91	265,9	47.'72	277,0	49.'53	288,2	51.'34	299,4	53.'15	310,6
16'	45.'90	266,2	47.'71	277,4	49.'51	288,6	51.'32	299,8	53.'13	311,0
18'	45.'89	266,6	47.'69	277,8	49.'50	289,0	51.'31	300,2	53.'12	311,4
20'	45.'88	266,9	47.'68	278,1	49.'49	289,3	51.'30	300,6	53.'11	311,8
22'	45.'87	267,3	47.'67	278,5	49.'48	289,7	51.'29	301,0	53.'10	312,2
24'	45.'86	267,6	47.'66	278,9	49.'47	290,1	51.'28	301,3	53.'08	312,6
26'	45.'85	268,0	47.'65	279,2	49.'46	290,5	51.'27	301,7	53.'07	313,0
28'	45.'84	268,3	47.'64	279,6	49.'45	290,8	51.'25	302,1	53.'06	313,4
30'	45.'83	268,7	47.'63	279,9	49.'44	291,2	51.'24	302,5	53.'05	313,8
32'	45.'81	269,0	47.'62	280,3	49.'43	291,6	51.'23	302,9	53.'04	314,2
34'	45.'80	269,4	47.'61	280,7	49.'41	292,0	51.'22	303,3	53.'02	314,6
36'	45.'79	269,7	47.'60	281,0	49.'40	292,4	51.'21	303,7	53.'01	315,0
38'	45.'78	270,1	47.'59	281,4	49.'39	292,7	51.'20	304,1	53.'00	315,4
40'	45.'77	270,4	47.'58	281,8	49.'38	293,1	51.'18	304,5	52.'99	315,9
42'	45.'76	270,8	47.'57	282,1	49.'37	293,5	51.'17	304,9	52.'97	316,3
44'	45.'75	271,1	47.'56	282,5	49.'36	293,9	51.'16	305,3	52.'96	316,7
46'	45.'74	271,5	47.'54	282,9	49.'35	294,3	51.'15	305,7	52.'95	317,1
48'	45.'73	271,9	47.'53	283,2	49.'33	294,6	51.'14	306,0	52.'94	317,5
50'	45.'72	272,2	47.'52	283,6	49.'32	295,0	51.'12	306,4	52.'92	317,9
52'	45.'71	272,6	47.'51	284,0	49.'31	295,4	51.'11	306,8	52.'91	318,3
54'	45.'70	272,9	47.'50	284,3	49.'30	295,8	51.'10	307,2	52.'90	318,7
56'	45.'69	273,3	47.'49	284,7	49.'29	296,1	51.'09	307,6	52.'89	319,1
58'	45.'68	273,6	47.'48	285,1	49.'28	296,5	51.'08	308,0	52.'87	319,5

for H.P. increments (25°)

extra H.P.	r&p	Q
0.'1	0.'09	0,6
0.'2	0.'18	1,1
0.'3	0.'27	1,7
0.'4	0.'36	2,3
0.'5	0.'45	2,8
0.'6	0.'54	3,4
0.'7	0.'63	3,9
0.'8	0.'72	4,5
0.'9	0.'81	5,1
1.'0	0.'90	5,6
1.'1	0.'99	6,2
1.'2	1.'08	6,8
1.'3	1.'17	7,3
1.'4	1.'26	7,9
1.'5	1.'35	8,5
1.'6	1.'44	9,0
1.'7	1.'53	9,6
1.'8	1.'63	10,2
1.'9	1.'72	10,7

Table 2

Ma		H.P. 53'		H.P. 55'		H.P. 57'		H.P. 59'		H.P. 61'	
		r&p	Q	r&p	Q	r&p	Q	r&p	Q	r&p	Q
26°	0'	45.'67	274,0	47.'47	285,4	49.'27	296,9	51.'06	308,4	52.'86	319,9
	2'	45.'66	274,3	47.'46	285,8	49.'25	297,3	51.'05	308,8	52.'85	320,3
	4'	45.'65	274,7	47.'44	286,1	49.'24	297,7	51.'04	309,2	52.'84	320,7
	6'	45.'64	275,0	47.'43	286,5	49.'23	298,0	51.'03	309,6	52.'82	321,1
	8'	45.'63	275,4	47.'42	286,9	49.'22	298,4	51.'01	310,0	52.'81	321,5
	10'	45.'62	275,7	47.'41	287,2	49.'21	298,8	51.'00	310,3	52.'80	321,9
	12'	45.'60	276,1	47.'40	287,6	49.'19	299,2	50.'99	310,7	52.'78	322,3
	14'	45.'59	276,4	47.'39	288,0	49.'18	299,5	50.'98	311,1	52.'77	322,7
	16'	45.'58	276,8	47.'38	288,3	49.'17	299,9	50.'97	311,5	52.'76	323,1
	18'	45.'57	277,1	47.'37	288,7	49.'16	300,3	50.'95	311,9	52.'75	323,5
	20'	45.'56	277,5	47.'35	289,1	49.'15	300,7	50.'94	312,3	52.'73	323,9
	22'	45.'55	277,8	47.'34	289,4	49.'14	301,0	50.'93	312,7	52.'72	324,3
	24'	45.'54	278,2	47.'33	289,8	49.'12	301,4	50.'92	313,1	52.'71	324,7
	26'	45.'53	278,5	47.'32	290,1	49.'11	301,8	50.'90	313,5	52.'69	325,1
	28'	45.'52	278,9	47.'31	290,5	49.'10	302,2	50.'89	313,8	52.'68	325,5
	30'	45.'51	279,2	47.'30	290,9	49.'09	302,5	50.'88	314,2	52.'67	325,9
	32'	45.'50	279,6	47.'29	291,2	49.'08	302,9	50.'87	314,6	52.'66	326,3
	34'	45.'49	279,9	47.'27	291,6	49.'06	303,3	50.'85	315,0	52.'64	326,7
	36'	45.'47	280,3	47.'26	292,0	49.'05	303,7	50.'84	315,4	52.'63	327,1
	38'	45.'46	280,6	47.'25	292,3	49.'04	304,0	50.'83	315,8	52.'62	327,5
	40'	45.'45	281,0	47.'24	292,7	49.'03	304,4	50.'82	316,2	52.'60	327,9
	42'	45.'44	281,3	47.'23	293,0	49.'02	304,8	50.'80	316,6	52.'59	328,3
	44'	45.'43	281,6	47.'22	293,4	49.'00	305,2	50.'79	317,0	52.'58	328,7
	46'	45.'42	282,0	47.'21	293,8	48.'99	305,5	50.'78	317,3	52.'56	329,2
	48'	45.'41	282,3	47.'19	294,1	48.'98	305,9	50.'77	317,7	52.'55	329,6
	50'	45.'40	282,7	47.'18	294,5	48.'97	306,3	50.'75	318,1	52.'54	330,0
	52'	45.'39	283,0	47.'17	294,8	48.'95	306,7	50.'74	318,5	52.'52	330,4
	54'	45.'37	283,4	47.'16	295,2	48.'94	307,0	50.'73	318,9	52.'51	330,8
	56'	45.'36	283,7	47.'15	295,6	48.'93	307,4	50.'71	319,3	52.'50	331,2
	58'	45.'35	284,1	47.'14	295,9	48.'92	307,8	50.'70	319,7	52.'48	331,6
27°	0'	45.'34	284,4	47.'12	296,3	48.'91	308,2	50.'69	320,1	52.'47	332,0
	2'	45.'33	284,8	47.'11	296,6	48.'89	308,5	50.'67	320,4	52.'45	332,3
	4'	45.'31	285,1	47.'10	297,0	48.'88	308,9	50.'66	320,8	52.'44	332,7
	6'	45.'30	285,4	47.'08	297,3	48.'86	309,3	50.'65	321,2	52.'43	333,1
	8'	45.'29	285,8	47.'07	297,7	48.'85	309,6	50.'63	321,6	52.'41	333,5
	10'	45.'28	286,1	47.'06	298,1	48.'84	310,0	50.'62	322,0	52.'40	333,9
	12'	45.'27	286,5	47.'05	298,4	48.'83	310,4	50.'61	322,3	52.'39	334,3
	14'	45.'26	286,8	47.'04	298,8	48.'81	310,8	50.'59	322,7	52.'37	334,7
	16'	45.'25	287,2	47.'02	299,1	48.'80	311,1	50.'58	323,1	52.'36	335,1
	18'	45.'23	287,5	47.'01	299,5	48.'79	311,5	50.'57	323,5	52.'35	335,5
	20'	45.'22	287,9	47.'00	299,9	48.'78	311,9	50.'55	323,9	52.'33	335,9
	22'	45.'21	288,2	46.'99	300,2	48.'76	312,2	50.'54	324,3	52.'32	336,3
	24'	45.'20	288,6	46.'98	300,6	48.'75	312,6	50.'53	324,7	52.'30	336,7
	26'	45.'19	288,9	46.'96	300,9	48.'74	313,0	50.'52	325,0	52.'29	337,1
	28'	45.'18	289,3	46.'95	301,3	48.'73	313,4	50.'50	325,4	52.'28	337,5
	30'	45.'17	289,6	46.'94	301,7	48.'71	313,7	50.'49	325,8	52.'26	337,9
	32'	45.'15	290,0	46.'93	302,0	48.'70	314,1	50.'48	326,2	52.'25	338,3
	34'	45.'14	290,3	46.'92	302,4	48.'69	314,5	50.'46	326,6	52.'24	338,7
	36'	45.'13	290,6	46.'90	302,7	48.'68	314,8	50.'45	327,0	52.'22	339,1
	38'	45.'12	291,0	46.'89	303,1	48.'66	315,2	50.'44	327,4	52.'21	339,5
	40'	45.'11	291,3	46.'88	303,5	48.'65	315,6	50.'42	327,7	52.'19	339,9
	42'	45.'10	291,7	46.'87	303,8	48.'64	316,0	50.'41	328,1	52.'18	340,3
	44'	45.'08	292,0	46.'85	304,2	48.'63	316,3	50.'40	328,5	52.'17	340,7
	46'	45.'07	292,4	46.'84	304,5	48.'61	316,7	50.'38	328,9	52.'15	341,1
	48'	45.'06	292,7	46.'83	304,9	48.'60	317,1	50.'37	329,3	52.'14	341,5
	50'	45.'05	293,1	46.'82	305,3	48.'59	317,5	50.'36	329,7	52.'12	341,9
	52'	45.'04	293,4	46.'80	305,6	48.'57	317,8	50.'34	330,0	52.'11	342,3
	54'	45.'02	293,8	46.'79	306,0	48.'56	318,2	50.'33	330,4	52.'10	342,7
	56'	45.'01	294,1	46.'78	306,3	48.'55	318,6	50.'32	330,8	52.'08	343,1
	58'	45.'00	294,4	46.'77	306,7	48.'53	318,9	50.'30	331,2	52.'07	343,5

for H.P. increments (26°)

extra H.P.	r&p	Q
0.'1	0.'09	0,6
0.'2	0.'18	1,2
0.'3	0.'27	1,8
0.'4	0.'36	2,3
0.'5	0.'45	2,9
0.'6	0.'54	3,5
0.'7	0.'63	4,1
0.'8	0.'72	4,7
0.'9	0.'81	5,3
1.'0	0.'90	5,8
1.'1	0.'98	6,4
1.'2	1.'07	7,0
1.'3	1.'16	7,6
1.'4	1.'25	8,2
1.'5	1.'34	8,8
1.'6	1.'43	9,3
1.'7	1.'52	9,9
1.'8	1.'61	10,5
1.'9	1.'70	11,1

for H.P. increments (27°)

extra H.P.	r&p	Q
0.'1	0.'09	0,6
0.'2	0.'18	1,2
0.'3	0.'27	1,8
0.'4	0.'35	2,4
0.'5	0.'44	3,0
0.'6	0.'53	3,6
0.'7	0.'62	4,2
0.'8	0.'71	4,8
0.'9	0.'80	5,4
1.'0	0.'89	6,0
1.'1	0.'98	6,6
1.'2	1.'06	7,2
1.'3	1.'15	7,8
1.'4	1.'24	8,4
1.'5	1.'33	9,1
1.'6	1.'42	9,7
1.'7	1.'51	10,3
1.'8	1.'60	10,9
1.'9	1.'69	11,5

Table 2

Ma 28°

	H.P. 53'		H.P. 55'		H.P. 57'		H.P. 59'		H.P. 61'	
	r&p	Q	r&p	Q	r&p	Q	r&p	Q	r&p	Q
0'	44.'99	294,8	46.'76	307,0	48.'52	319,3	50.'29	331,6	52.'05	343,9
2'	44.'98	295,1	46.'74	307,4	48.'51	319,7	50.'27	332,0	52.'04	344,3
4'	44.'96	295,5	46.'73	307,8	48.'50	320,0	50.'26	332,4	52.'03	344,7
6'	44.'95	295,8	46.'72	308,1	48.'48	320,4	50.'25	332,7	52.'01	345,1
8'	44.'94	296,2	46.'71	308,5	48.'47	320,8	50.'23	333,1	52.'00	345,5
10'	44.'93	296,5	46.'69	308,8	48.'46	321,2	50.'22	333,5	51.'98	345,9
12'	44.'92	296,9	46.'68	309,2	48.'44	321,5	50.'21	333,9	51.'97	346,3
14'	44.'90	297,2	46.'67	309,5	48.'43	321,9	50.'19	334,3	51.'96	346,7
16'	44.'89	297,5	46.'65	309,9	48.'42	322,3	50.'18	334,6	51.'94	347,0
18'	44.'88	297,9	46.'64	310,3	48.'40	322,6	50.'17	335,0	51.'93	347,4
20'	44.'87	298,2	46.'63	310,6	48.'39	323,0	50.'15	335,4	51.'91	347,8
22'	44.'86	298,6	46.'62	311,0	48.'38	323,4	50.'14	335,8	51.'90	348,2
24'	44.'84	298,9	46.'60	311,3	48.'36	323,7	50.'12	336,2	51.'88	348,6
26'	44.'83	299,3	46.'59	311,7	48.'35	324,1	50.'11	336,6	51.'87	349,0
28'	44.'82	299,6	46.'58	312,0	48.'34	324,5	50.'10	336,9	51.'85	349,4
30'	44.'81	299,9	46.'57	312,4	48.'32	324,8	50.'08	337,3	51.'84	349,8
32'	44.'80	300,3	46.'55	312,7	48.'31	325,2	50.'07	337,7	51.'83	350,2
34'	44.'78	300,6	46.'54	313,1	48.'30	325,6	50.'05	338,1	51.'81	350,6
36'	44.'77	301,0	46.'53	313,5	48.'28	326,0	50.'04	338,5	51.'80	351,0
38'	44.'76	301,3	46.'51	313,8	48.'27	326,3	50.'03	338,8	51.'78	351,4
40'	44.'75	301,7	46.'50	314,2	48.'26	326,7	50.'01	339,2	51.'77	351,8
42'	44.'73	302,0	46.'49	314,5	48.'24	327,1	50.'00	339,6	51.'75	352,2
44'	44.'72	302,3	46.'48	314,9	48.'23	327,4	49.'98	340,0	51.'74	352,6
46'	44.'71	302,7	46.'46	315,2	48.'22	327,8	49.'97	340,4	51.'72	353,0
48'	44.'70	303,0	46.'45	315,6	48.'20	328,2	49.'96	340,8	51.'71	353,4
50'	44.'68	303,4	46.'44	315,9	48.'19	328,5	49.'94	341,1	51.'69	353,8
52'	44.'67	303,7	46.'42	316,3	48.'18	328,9	49.'93	341,5	51.'68	354,1
54'	44.'66	304,1	46.'41	316,7	48.'16	329,3	49.'91	341,9	51.'66	354,5
56'	44.'65	304,4	46.'40	317,0	48.'15	329,6	49.'90	342,3	51.'65	354,9
58'	44.'63	304,7	46.'38	317,4	48.'13	330,0	49.'89	342,7	51.'64	355,3

28° — for H.P. increments

extra H.P.	r&p	Q
0.'1	0.'09	0,6
0.'2	0.'18	1,2
0.'3	0.'26	1,9
0.'4	0.'35	2,5
0.'5	0.'44	3,1
0.'6	0.'53	3,7
0.'7	0.'62	4,4
0.'8	0.'70	5,0
0.'9	0.'79	5,6
1.'0	0.'88	6,2
1.'1	0.'97	6,9
1.'2	1.'06	7,5
1.'3	1.'14	8,1
1.'4	1.'23	8,7
1.'5	1.'32	9,3
1.'6	1.'41	10,0
1.'7	1.'49	10,6
1.'8	1.'58	11,2
1.'9	1.'67	11,8

29°

	H.P. 53'		H.P. 55'		H.P. 57'		H.P. 59'		H.P. 61'	
	r&p	Q	r&p	Q	r&p	Q	r&p	Q	r&p	Q
0'	44.'62	305,1	46.'37	317,7	48.'12	330,4	49.'87	343,0	51.'62	355,7
2'	44.'61	305,4	46.'36	318,1	48.'11	330,7	49.'86	343,4	51.'61	356,1
4'	44.'60	305,8	46.'35	318,4	48.'09	331,1	49.'84	343,8	51.'59	356,5
6'	44.'58	306,1	46.'33	318,8	48.'08	331,5	49.'83	344,2	51.'58	356,9
8'	44.'57	306,4	46.'32	319,1	48.'07	331,8	49.'81	344,6	51.'56	357,3
10'	44.'56	306,8	46.'31	319,5	48.'05	332,2	49.'80	344,9	51.'55	357,7
12'	44.'55	307,1	46.'29	319,8	48.'04	332,5	49.'78	345,3	51.'53	358,1
14'	44.'53	307,5	46.'28	320,2	48.'02	332,9	49.'77	345,7	51.'52	358,5
16'	44.'52	307,8	46.'27	320,5	48.'01	333,3	49.'76	346,1	51.'50	358,9
18'	44.'51	308,1	46.'25	320,9	48.'00	333,7	49.'74	346,4	51.'49	359,2
20'	44.'49	308,5	46.'24	321,2	47.'98	334,0	49.'73	346,8	51.'47	359,6
22'	44.'48	308,8	46.'23	321,6	47.'97	334,4	49.'71	347,2	51.'46	360,0
24'	44.'47	309,2	46.'21	322,0	47.'96	334,8	49.'70	347,6	51.'44	360,4
26'	44.'46	309,5	46.'20	322,3	47.'94	335,1	49.'68	348,0	51.'43	360,8
28'	44.'44	309,8	46.'19	322,7	47.'93	335,5	49.'67	348,3	51.'41	361,2
30'	44.'43	310,2	46.'17	323,0	47.'91	335,9	49.'65	348,7	51.'40	361,6
32'	44.'42	310,5	46.'16	323,4	47.'90	336,2	49.'64	349,1	51.'38	362,0
34'	44.'41	310,9	46.'15	323,7	47.'89	336,6	49.'63	349,5	51.'37	362,4
36'	44.'39	311,2	46.'13	324,1	47.'87	337,0	49.'61	349,9	51.'35	362,8
38'	44.'38	311,5	46.'12	324,4	47.'86	337,3	49.'60	350,2	51.'33	363,2
40'	44.'37	311,9	46.'10	324,8	47.'84	337,7	49.'58	350,6	51.'32	363,5
42'	44.'35	312,2	46.'09	325,1	47.'83	338,0	49.'57	351,0	51.'30	363,9
44'	44.'34	312,6	46.'08	325,5	47.'81	338,4	49.'55	351,4	51.'29	364,3
46'	44.'33	312,9	46.'06	325,8	47.'80	338,8	49.'54	351,7	51.'27	364,7
48'	44.'31	313,2	46.'05	326,2	47.'79	339,1	49.'52	352,1	51.'26	365,1
50'	44.'30	313,6	46.'04	326,5	47.'77	339,5	49.'51	352,5	51.'24	365,5
52'	44.'29	313,9	46.'02	326,9	47.'76	339,9	49.'49	352,9	51.'23	365,9
54'	44.'28	314,2	46.'01	327,2	47.'74	340,2	49.'48	353,3	51.'21	366,3
56'	44.'26	314,6	46.'00	327,6	47.'73	340,6	49.'46	353,6	51.'20	366,7
58'	44.'33	315,5	45.'98	327,9	47.'72	341,0	49.'45	354,0	51.'18	367,1

29° — for H.P. increments

extra H.P.	r&p	Q
0.'1	0.'09	0,6
0.'2	0.'17	1,3
0.'3	0.'26	1,9
0.'4	0.'35	2,6
0.'5	0.'43	3,2
0.'6	0.'52	3,8
0.'7	0.'61	4,5
0.'8	0.'69	5,1
0.'9	0.'78	5,7
1.'0	0.'87	6,4
1.'1	0.'95	7,0
1.'2	1.'04	7,7
1.'3	1.'13	8,3
1.'4	1.'21	8,9
1.'5	1.'30	9,6
1.'6	1.'39	10,2
1.'7	1.'47	10,9
1.'8	1.'56	11,5
1.'9	1.'65	12,1

Table 2

Ma		H.P. 53'		H.P. 55'		H.P. 57'		H.P. 59'		H.P. 61'	
		r&p	Q	r&p	Q	r&p	Q	r&p	Q	r&p	Q
30°	0'	44.'24	315,3	45.'97	328,3	47.'70	341,3	49.'43	354,4	51.'17	367,4
	2'	44.'22	315,6	45.'95	328,6	47.'69	341,7	49.'42	354,7	51.'15	367,8
	4'	44.'21	315,9	45.'94	329,0	47.'67	342,0	49.'40	355,1	51.'13	368,2
	6'	44.'20	316,3	45.'93	329,3	47.'66	342,4	49.'39	355,5	51.'12	368,6
	8'	44.'18	316,6	45.'91	329,7	47.'64	342,8	49.'37	355,9	51.'10	369,0
	10'	44.'17	316,9	45.'90	330,0	47.'63	343,1	49.'36	356,3	51.'09	369,4
	12'	44.'16	317,3	45.'89	330,4	47.'61	343,5	49.'34	356,6	51.'07	369,8
	14'	44.'14	317,6	45.'87	330,7	47.'60	343,9	49.'33	357,0	51.'06	370,2
	16'	44.'13	318,0	45.'86	331,1	47.'59	344,2	49.'31	357,4	51.'04	370,5
	18'	44.'12	318,3	45.'84	331,4	47.'57	344,6	49.'30	357,8	51.'03	370,9
	20'	44.'10	318,6	45.'83	331,8	47.'56	344,9	49.'28	358,1	51.'01	371,3
	22'	44.'09	319,0	45.'82	332,1	47.'54	345,3	49.'27	358,5	50.'99	371,7
	24'	44.'08	319,3	45.'80	332,5	47.'53	345,7	49.'25	358,9	50.'98	372,1
	26'	44.'06	319,6	45.'79	332,8	47.'51	346,0	49.'24	359,3	50.'96	372,5
	28'	44.'05	320,0	45.'77	333,2	47.'50	346,4	49.'22	359,6	50.'95	372,9
	30'	44.'04	320,3	45.'76	333,5	47.'48	346,8	49.'21	360,0	50.'93	373,3
	32'	44.'02	320,7	45.'75	333,9	47.'47	347,1	49.'19	360,4	50.'91	373,6
	34'	44.'01	321,0	45.'73	334,2	47.'45	347,5	49.'18	360,7	50.'90	374,0
	36'	44.'00	321,3	45.'72	334,6	47.'44	347,8	49.'16	361,1	50.'88	374,4
	38'	43.'98	321,7	45.'70	334,9	47.'42	348,2	49.'15	361,5	50.'87	374,8
	40'	43.'97	322,0	45.'69	335,3	47.'41	348,6	49.'13	361,9	50.'85	375,2
	42'	43.'95	322,3	45.'67	335,6	47.'40	348,9	49.'12	362,2	50.'84	375,6
	44'	43.'94	322,7	45.'66	336,0	47.'38	349,3	49.'10	362,6	50.'82	376,0
	46'	43.'93	323,0	45.'65	336,3	47.'37	349,6	49.'08	363,0	50.'80	376,3
	48'	43.'91	323,3	45.'63	336,7	47.'35	350,0	49.'07	363,4	50.'79	376,7
	50'	43.'90	323,7	45.'62	337,0	47.'34	350,4	49.'05	363,7	50.'77	377,1
	52'	43.'89	324,0	45.'60	337,4	47.'32	350,7	49.'04	364,1	50.'76	377,5
	54'	43.'87	324,3	45.'59	337,7	47.'31	351,1	49.'02	364,5	50.'74	377,9
	56'	43.'86	324,7	45.'58	338,1	47.'29	351,4	49.'01	364,9	50.'72	378,3
	58'	43.'85	325,0	45.'56	338,4	47.'28	351,8	48.'99	365,2	50.'71	378,7
31°	0'	43.'83	325,3	45.'55	338,7	47.'26	352,2	48.'98	365,6	50.'69	379,0
	2'	43.'82	325,7	45.'53	339,1	47.'25	352,5	48.'96	366,0	50.'67	379,4
	4'	43.'80	326,0	45.'52	339,4	47.'23	352,9	48.'94	366,3	50.'66	379,8
	6'	43.'79	326,3	45.'50	339,8	47.'22	353,2	48.'93	366,7	50.'64	380,2
	8'	43.'78	326,7	45.'49	340,1	47.'20	353,6	48.'91	367,1	50.'63	380,6
	10'	43.'76	327,0	45.'47	340,5	47.'19	354,0	48.'90	367,5	50.'61	381,0
	12'	43.'75	327,3	45.'46	340,8	47.'17	354,3	48.'88	367,8	50.'59	381,4
	14'	43.'73	327,7	45.'45	341,2	47.'16	354,7	48.'87	368,2	50.'58	381,7
	16'	43.'72	328,0	45.'43	341,5	47.'14	355,0	48.'85	368,6	50.'56	382,1
	18'	43.'71	328,3	45.'42	341,9	47.'13	355,4	48.'84	368,9	50.'54	382,5
	20'	43.'69	328,7	45.'40	342,2	47.'11	355,8	48.'82	369,3	50.'53	382,9
	22'	43.'68	329,0	45.'39	342,6	47.'10	356,1	48.'80	369,7	50.'51	383,3
	24'	43.'67	329,3	45.'37	342,9	47.'08	356,5	48.'79	370,1	50.'50	383,7
	26'	43.'65	329,7	45.'36	343,2	47.'07	356,8	48.'77	370,4	50.'48	384,0
	28'	43.'64	330,0	45.'34	343,6	47.'05	357,2	48.'76	370,8	50.'46	384,4
	30'	43.'62	330,3	45.'33	343,9	47.'03	357,5	48.'74	371,2	50.'45	384,8
	32'	43.'61	330,7	45.'31	344,3	47.'02	357,9	48.'72	371,5	50.'43	385,2
	34'	43.'59	331,0	45.'30	344,6	47.'00	358,3	48.'71	371,9	50.'41	385,6
	36'	43.'58	331,3	45.'28	345,0	46.'99	358,6	48.'69	372,3	50.'40	386,0
	38'	43.'57	331,7	45.'27	345,3	46.'97	359,0	48.'68	372,6	50.'38	386,3
	40'	43.'55	332,0	45.'26	345,7	46.'96	359,3	48.'66	373,0	50.'36	386,7
	42'	43.'54	332,3	45.'24	346,0	46.'94	359,7	48.'64	373,4	50.'35	387,1
	44'	43.'52	332,7	45.'23	346,4	46.'93	360,0	48.'63	373,8	50.'33	387,5
	46'	43.'51	333,0	45.'21	346,7	46.'91	360,4	48.'61	374,1	50.'31	387,9
	48'	43.'50	333,3	45.'20	347,0	46.'90	360,8	48.'60	374,5	50.'30	388,2
	50'	43.'48	333,7	45.'18	347,4	46.'88	361,1	48.'58	374,9	50.'28	388,6
	52'	43.'47	334,0	45.'17	347,7	46.'87	361,5	48.'56	375,2	50.'26	389,0
	54'	43.'45	334,3	45.'15	348,1	46.'85	361,8	48.'55	375,6	50.'25	389,4
	56'	43.'44	334,7	45.'14	348,4	46.'83	362,2	48.'53	376,0	50.'23	389,8
	58'	43.'42	335,0	45.'12	348,8	46.'82	362,5	48.'52	376,3	50.'21	390,1

for H.P. increments (30°)

extra H.P.	r&p	Q
0.'1	0.'09	0,7
0.'2	0.'17	1,3
0.'3	0.'26	2,0
0.'4	0.'34	2,6
0.'5	0.'43	3,3
0.'6	0.'52	4,0
0.'7	0.'60	4,6
0.'8	0.'69	5,3
0.'9	0.'78	6,0
1.'0	0.'86	6,6
1.'1	0.'95	7,3
1.'2	1.'03	7,9
1.'3	1.'12	8,6
1.'4	1.'21	9,3
1.'5	1.'29	9,9
1.'6	1.'38	10,6
1.'7	1.'47	11,2
1.'8	1.'55	11,9
1.'9	1.'64	12,6

for H.P. increments (31°)

extra H.P.	r&p	Q
0.'1	0.'09	0,7
0.'2	0.'17	1,4
0.'3	0.'26	2,0
0.'4	0.'34	2,7
0.'5	0.'43	3,4
0.'6	0.'51	4,1
0.'7	0.'60	4,8
0.'8	0.'68	5,4
0.'9	0.'77	6,1
1.'0	0.'85	6,8
1.'1	0.'94	7,5
1.'2	1.'02	8,2
1.'3	1.'11	8,8
1.'4	1.'19	9,5
1.'5	1.'28	10,2
1.'6	1.'36	10,9
1.'7	1.'45	11,6
1.'8	1.'54	12,2
1.'9	1.'62	12,9

Table 2

Ma 32°

Ma	H.P. 53' r&p	H.P. 53' Q	H.P. 55' r&p	H.P. 55' Q	H.P. 57' r&p	H.P. 57' Q	H.P. 59' r&p	H.P. 59' Q	H.P. 61' r&p	H.P. 61' Q
32° 0'	43.'41	335,3	45.'11	349,1	46.'80	362,9	48.'50	376,7	50.'20	390,5
2'	43.'40	335,7	45.'09	349,4	46.'79	363,3	48.'48	377,1	50.'18	390,9
4'	43.'38	336,0	45.'08	349,8	46.'77	363,6	48.'47	377,4	50.'16	391,3
6'	43.'37	336,3	45.'06	350,1	46.'76	364,0	48.'45	377,8	50.'15	391,7
8'	43.'35	336,6	45.'05	350,5	46.'74	364,3	48.'43	378,2	50.'13	392,1
10'	43.'34	337,0	45.'03	350,8	46.'73	364,7	48.'42	378,5	50.'11	392,4
12'	43.'32	337,3	45.'02	351,2	46.'71	365,0	48.'40	378,9	50.'10	392,8
14'	43.'31	337,6	45.'00	351,5	46.'69	365,4	48.'39	379,3	50.'08	393,2
16'	43.'29	338,0	44.'99	351,8	46.'68	365,7	48.'37	379,6	50.'06	393,6
18'	43.'28	338,3	44.'97	352,2	46.'66	366,1	48.'35	380,0	50.'04	394,0
20'	43.'27	338,6	44.'96	352,5	46.'65	366,4	48.'34	380,4	50.'03	394,3
22'	43.'25	339,0	44.'94	352,9	46.'63	366,8	48.'32	380,7	50.'01	394,7
24'	43.'24	339,3	44.'93	353,2	46.'61	367,2	48.'30	381,1	49.'99	395,1
26'	43.'22	339,6	44.'91	353,6	46.'60	367,5	48.'29	381,5	49.'98	395,5
28'	43.'21	339,9	44.'90	353,9	46.'58	367,9	48.'27	381,8	49.'96	395,8
30'	43.'19	340,3	44.'88	354,2	46.'57	368,2	48.'25	382,2	49.'94	396,2
32'	43.'18	340,6	44.'86	354,6	46.'55	368,6	48.'24	382,6	49.'92	396,6
34'	43.'16	340,9	44.'85	354,9	46.'54	368,9	48.'22	382,9	49.'91	397,0
36'	43.'15	341,3	44.'83	355,3	46.'52	369,3	48.'21	383,3	49.'89	397,4
38'	43.'13	341,6	44.'82	355,6	46.'50	369,6	48.'19	383,7	49.'87	397,7
40'	43.'12	341,9	44.'80	355,9	46.'49	370,0	48.'17	384,0	49.'86	398,1
42'	43.'10	342,2	44.'79	356,3	46.'47	370,3	48.'16	384,4	49.'84	398,5
44'	43.'09	342,6	44.'77	356,6	46.'46	370,7	48.'14	384,8	49.'82	398,9
46'	43.'08	342,9	44.'76	357,0	46.'44	371,0	48.'12	385,1	49.'80	399,2
48'	43.'06	343,2	44.'74	357,3	46.'42	371,4	48.'11	385,5	49.'79	399,6
50'	43.'05	343,6	44.'73	357,6	46.'41	371,7	48.'09	385,9	49.'77	400,0
52'	43.'03	343,9	44.'71	358,0	46.'39	372,1	48.'07	386,2	49.'75	400,4
54'	43.'02	344,2	44.'70	358,3	46.'38	372,5	48.'06	386,6	49.'73	400,8
56'	43.'00	344,5	44.'68	358,7	46.'36	372,8	48.'04	387,0	49.'72	401,1
58'	42.'99	344,9	44.'66	359,0	46.'34	373,2	48.'02	387,3	49.'70	401,5
33° 0'	42.'97	345,2	44.'65	359,3	46.'33	373,5	48.'00	387,7	49.'68	401,9
2'	42.'96	345,5	44.'63	359,7	46.'31	373,9	47.'99	388,1	49.'67	402,3
4'	42.'94	345,8	44.'62	360,0	46.'29	374,2	47.'97	388,4	49.'65	402,6
6'	42.'93	346,2	44.'60	360,4	46.'28	374,6	47.'95	388,8	49.'63	403,0
8'	42.'91	346,5	44.'59	360,7	46.'26	374,9	47.'94	389,1	49.'61	403,4
10'	42.'90	346,8	44.'57	361,0	46.'25	375,3	47.'92	389,5	49.'60	403,8
12'	42.'88	347,2	44.'56	361,4	46.'23	375,6	47.'90	389,9	49.'58	404,1
14'	42.'87	347,5	44.'54	361,7	46.'21	376,0	47.'89	390,2	49.'56	404,5
16'	42.'85	347,8	44.'52	362,1	46.'20	376,3	47.'87	390,6	49.'54	404,9
18'	42.'84	348,1	44.'51	362,4	46.'18	376,7	47.'85	391,0	49.'52	405,3
20'	42.'82	348,5	44.'49	362,7	46.'16	377,0	47.'84	391,3	49.'51	405,6
22'	42.'81	348,8	44.'48	363,1	46.'15	377,4	47.'82	391,7	49.'49	406,0
24'	42.'79	349,1	44.'46	363,4	46.'13	377,7	47.'80	392,1	49.'47	406,4
26'	42.'78	349,4	44.'45	363,7	46.'12	378,1	47.'78	392,4	49.'45	406,8
28'	42.'76	349,8	44.'43	364,1	46.'10	378,4	47.'77	392,8	49.'44	407,1
30'	42.'75	350,1	44.'41	364,4	46.'08	378,8	47.'75	393,1	49.'42	407,5
32'	42.'73	350,4	44.'40	364,8	46.'07	379,1	47.'73	393,5	49.'40	407,9
34'	42.'72	350,7	44.'38	365,1	46.'05	379,5	47.'72	393,9	49.'38	408,3
36'	42.'70	351,1	44.'37	365,4	46.'03	379,8	47.'70	394,2	49.'37	408,6
38'	42.'69	351,4	44.'35	365,8	46.'02	380,2	47.'68	394,6	49.'35	409,0
40'	42.'67	351,7	44.'33	366,1	46.'00	380,5	47.'66	394,9	49.'33	409,4
42'	42.'65	352,0	44.'32	366,4	45.'98	380,9	47.'65	395,3	49.'31	409,8
44'	42.'64	352,4	44.'30	366,8	45.'97	381,2	47.'63	395,7	49.'29	410,1
46'	42.'62	352,7	44.'29	367,1	45.'95	381,6	47.'61	396,0	49.'28	410,5
48'	42.'61	353,0	44.'27	367,5	45.'93	381,9	47.'60	396,4	49.'26	410,9
50'	42.'59	353,3	44.'26	367,8	45.'92	382,3	47.'58	396,8	49.'24	411,3
52'	42.'58	353,7	44.'24	368,1	45.'90	382,6	47.'56	397,1	49.'22	411,6
54'	42.'56	354,0	44.'22	368,5	45.'88	383,0	47.'54	397,5	49.'20	412,0
56'	42.'55	354,3	44.'21	368,8	45.'87	383,3	47.'53	397,8	49.'19	412,4
58'	42.'53	354,6	44.'19	369,1	45.'85	383,7	47.'51	398,2	49.'17	412,7

for H.P. increments (32°)

extra H.P.	r&p	Q
0.'1	0.'08	0,7
0.'2	0.'17	1,4
0.'3	0.'25	2,1
0.'4	0.'34	2,8
0.'5	0.'42	3,5
0.'6	0.'51	4,2
0.'7	0.'59	4,9
0.'8	0.'68	5,6
0.'9	0.'76	6,3
1.'0	0.'84	7,0
1.'1	0.'93	7,7
1.'2	1.'01	8,4
1.'3	1.'10	9,1
1.'4	1.'18	9,8
1.'5	1.'27	10,5
1.'6	1.'35	11,2
1.'7	1.'43	11,9
1.'8	1.'52	12,6
1.'9	1.'60	13,3

for H.P. increments (33°)

extra H.P.	r&p	Q
0.'1	0.'08	0,7
0.'2	0.'17	1,4
0.'3	0.'25	2,2
0.'4	0.'33	2,9
0.'5	0.'42	3,6
0.'6	0.'50	4,3
0.'7	0.'58	5,0
0.'8	0.'67	5,7
0.'9	0.'75	6,5
1.'0	0.'83	7,2
1.'1	0.'92	7,9
1.'2	1.'00	8,6
1.'3	1.'08	9,3
1.'4	1.'17	10,0
1.'5	1.'25	10,8
1.'6	1.'33	11,5
1.'7	1.'42	12,2
1.'8	1.'50	12,9
1.'9	1.'59	13,6

Table 2

Ma 34°

Ma		H.P. 53'		H.P. 55'		H.P. 57'		H.P. 59'		H.P. 61'	
		r&p	Q	r&p	Q	r&p	Q	r&p	Q	r&p	Q
34°	0'	42.'52	354,9	44.'17	369,5	45.'83	384,0	47.'49	398,6	49.'15	413,1
	2'	42.'50	355,3	44.'16	369,8	45.'82	384,3	47.'47	398,9	49.'13	413,5
	4'	42.'49	355,6	44.'14	370,1	45.'80	384,7	47.'46	399,3	49.'11	413,9
	6'	42.'47	355,9	44.'13	370,5	45.'78	385,0	47.'44	399,6	49.'10	414,2
	8'	42.'45	356,2	44.'11	370,8	45.'77	385,4	47.'42	400,0	49.'08	414,6
	10'	42.'44	356,6	44.'09	371,1	45.'75	385,7	47.'40	400,4	49.'06	415,0
	12'	42.'42	356,9	44.'08	371,5	45.'73	386,1	47.'39	400,7	49.'04	415,3
	14'	42.'41	357,2	44.'06	371,8	45.'72	386,4	47.'37	401,1	49.'02	415,7
	16'	42.'39	357,5	44.'05	372,1	45.'70	386,8	47.'35	401,4	49.'01	416,1
	18'	42.'38	357,9	44.'03	372,5	45.'68	387,1	47.'33	401,8	48.'99	416,5
	20'	42.'36	358,2	44.'01	372,8	45.'66	387,5	47.'32	402,1	48.'97	416,8
	22'	42.'35	358,5	44.'00	373,1	45.'65	387,8	47.'30	402,5	48.'95	417,2
	24'	42.'33	358,8	43.'98	373,5	45.'63	388,2	47.'28	402,9	48.'93	417,6
	26'	42.'31	359,1	43.'96	373,8	45.'61	388,5	47.'26	403,2	48.'91	417,9
	28'	42.'30	359,5	43.'95	374,2	45.'60	388,9	47.'25	403,6	48.'90	418,3
	30'	42.'28	359,8	43.'93	374,5	45.'58	389,2	47.'23	403,9	48.'88	418,7
	32'	42.'27	360,1	43.'91	374,8	45.'56	389,5	47.'21	404,3	48.'86	419,1
	34'	42.'25	360,4	43.'90	375,2	45.'55	389,9	47.'19	404,7	48.'84	419,4
	36'	42.'24	360,7	43.'88	375,5	45.'53	390,2	47.'18	405,0	48.'82	419,8
	38'	42.'22	361,1	43.'87	375,8	45.'51	390,6	47.'16	405,4	48.'80	420,2
	40'	42.'20	361,4	43.'85	376,2	45.'49	390,9	47.'14	405,7	48.'79	420,5
	42'	42.'19	361,7	43.'83	376,5	45.'48	391,3	47.'12	406,1	48.'77	420,9
	44'	42.'17	362,0	43.'82	376,8	45.'46	391,6	47.'10	406,4	48.'75	421,3
	46'	42.'16	362,3	43.'80	377,1	45.'44	392,0	47.'09	406,8	48.'73	421,6
	48'	42.'14	362,7	43.'78	377,5	45.'43	392,3	47.'07	407,2	48.'71	422,0
	50'	42.'12	363,0	43.'77	377,8	45.'41	392,7	47.'05	407,5	48.'69	422,4
	52'	42.'11	363,3	43.'75	378,1	45.'39	393,0	47.'03	407,9	48.'67	422,7
	54'	42.'09	363,6	43.'73	378,5	45.'37	393,3	47.'01	408,2	48.'66	423,1
	56'	42.'08	363,9	43.'72	378,8	45.'36	393,7	47.'00	408,6	48.'64	423,5
	58'	42.'06	364,3	43.'70	379,1	45.'34	394,0	46.'98	408,9	48.'62	423,8
35°	0'	42.'04	364,6	43.'68	379,5	45.'32	394,4	46.'96	409,3	48.'60	424,2
	2'	42.'03	364,9	43.'67	379,8	45.'31	394,7	46.'94	409,6	48.'58	424,6
	4'	42.'01	365,2	43.'65	380,1	45.'29	395,1	46.'93	410,0	48.'56	425,0
	6'	42.'00	365,5	43.'63	380,5	45.'27	395,4	46.'91	410,4	48.'54	425,3
	8'	41.'98	365,9	43.'62	380,8	45.'25	395,7	46.'89	410,7	48.'53	425,7
	10'	41.'96	366,2	43.'60	381,1	45.'24	396,1	46.'87	411,1	48.'51	426,1
	12'	41.'95	366,5	43.'58	381,5	45.'22	396,4	46.'85	411,4	48.'49	426,4
	14'	41.'93	366,8	43.'57	381,8	45.'20	396,8	46.'83	411,8	48.'47	426,8
	16'	41.'92	367,1	43.'55	382,1	45.'18	397,1	46.'82	412,1	48.'45	427,2
	18'	41.'90	367,5	43.'53	382,5	45.'17	397,5	46.'80	412,5	48.'43	427,5
	20'	41.'88	367,8	43.'52	382,8	45.'15	397,8	46.'78	412,8	48.'41	427,9
	22'	41.'87	368,1	43.'50	383,1	45.'13	398,1	46.'76	413,2	48.'39	428,3
	24'	41.'85	368,4	43.'48	383,4	45.'11	398,5	46.'74	413,5	48.'37	428,6
	26'	41.'84	368,7	43.'47	383,8	45.'10	398,8	46.'73	413,9	48.'36	429,0
	28'	41.'82	369,0	43.'45	384,1	45.'08	399,2	46.'71	414,3	48.'34	429,3
	30'	41.'80	369,4	43.'43	384,4	45.'06	399,5	46.'69	414,6	48.'32	429,7
	32'	41.'79	369,7	43.'41	384,8	45.'04	399,9	46.'67	415,0	48.'30	430,1
	34'	41.'77	370,0	43.'40	385,1	45.'03	400,2	46.'65	415,3	48.'28	430,4
	36'	41.'75	370,3	43.'38	385,4	45.'01	400,5	46.'63	415,7	48.'26	430,8
	38'	41.'74	370,6	43.'36	385,7	44.'99	400,9	46.'62	416,0	48.'24	431,2
	40'	41.'72	371,0	43.'35	386,1	44.'97	401,2	46.'60	416,4	48.'22	431,5
	42'	41.'71	371,3	43.'33	386,4	44.'95	401,6	46.'58	416,7	48.'20	431,9
	44'	41.'69	371,6	43.'31	386,7	44.'94	401,9	46.'56	417,1	48.'18	432,3
	46'	41.'67	371,9	43.'30	387,1	44.'92	402,2	46.'54	417,4	48.'17	432,6
	48'	41.'66	372,2	43.'28	387,4	44.'90	402,6	46.'52	417,8	48.'15	433,0
	50'	41.'64	372,5	43.'26	387,7	44.'88	402,9	46.'51	418,1	48.'13	433,4
	52'	41.'62	372,9	43.'24	388,0	44.'87	403,3	46.'49	418,5	48.'11	433,7
	54'	41.'61	373,2	43.'23	388,4	44.'85	403,6	46.'47	418,8	48.'09	434,1
	56'	41.'59	373,5	43.'21	388,7	44.'83	403,9	46.'45	419,2	48.'07	434,5
	58'	41.'57	373,8	43.'19	389,0	44.'81	404,3	46.'43	419,5	48.'05	434,8

for H.P. increments (34°)

extra H.P.	r&p	Q
0.'1	0.'08	0,7
0.'2	0.'16	1,5
0.'3	0.'25	2,2
0.'4	0.'33	2,9
0.'5	0.'41	3,7
0.'6	0.'49	4,4
0.'7	0.'58	5,2
0.'8	0.'66	5,9
0.'9	0.'74	6,6
1.'0	0.'82	7,4
1.'1	0.'91	8,1
1.'2	0.'99	8,8
1.'3	1.'07	9,6
1.'4	1.'15	10,3
1.'5	1.'24	11,0
1.'6	1.'32	11,8
1.'7	1.'40	12,5
1.'8	1.'48	13,2
1.'9	1.'57	14,0

for H.P. increments (35°)

extra H.P.	r&p	Q
0.'1	0.'08	0,8
0.'2	0.'16	1,5
0.'3	0.'24	2,3
0.'4	0.'33	3,0
0.'5	0.'41	3,8
0.'6	0.'49	4,5
0.'7	0.'57	5,3
0.'8	0.'65	6,0
0.'9	0.'73	6,8
1.'0	0.'81	7,5
1.'1	0.'90	8,3
1.'2	0.'98	9,0
1.'3	1.'06	9,8
1.'4	1.'14	10,6
1.'5	1.'22	11,3
1.'6	1.'30	12,1
1.'7	1.'38	12,8
1.'8	1.'47	13,6
1.'9	1.'55	14,3

Table 2

Ma 36°

Ma	H.P. 53' r&p	H.P. 53' Q	H.P. 55' r&p	H.P. 55' Q	H.P. 57' r&p	H.P. 57' Q	H.P. 59' r&p	H.P. 59' Q	H.P. 61' r&p	H.P. 61' Q
0'	41.'56	374,1	43.'18	389,4	44.'79	404,6	46.'41	419,9	48.'03	435,2
2'	41.'54	374,4	43.'16	389,7	44.'78	405,0	46.'39	420,2	48.'01	435,5
4'	41.'52	374,7	43.'14	390,0	44.'76	405,3	46.'38	420,6	47.'99	435,9
6'	41.'51	375,1	43.'12	390,3	44.'74	405,6	46.'36	420,9	47.'97	436,3
8'	41.'49	375,4	43.'11	390,7	44.'72	406,0	46.'34	421,3	47.'95	436,6
10'	41.'47	375,7	43.'09	391,0	44.'71	406,3	46.'32	421,6	47.'94	437,0
12'	41.'46	376,0	43.'07	391,3	44.'69	406,6	46.'30	422,0	47.'92	437,4
14'	41.'44	376,3	43.'06	391,6	44.'67	407,0	46.'28	422,3	47.'90	437,7
16'	41.'43	376,6	43.'04	392,0	44.'65	407,3	46.'26	422,7	47.'88	438,1
18'	41.'41	376,9	43.'02	392,3	44.'63	407,7	46.'25	423,0	47.'86	438,4
20'	41.'39	377,3	43.'00	392,6	44.'62	408,0	46.'23	423,4	47.'84	438,8
22'	41.'38	377,6	42.'99	393,0	44.'60	408,3	46.'21	423,7	47.'82	439,2
24'	41.'36	377,9	42.'97	393,3	44.'58	408,7	46.'19	424,1	47.'80	439,5
26'	41.'34	378,2	42.'95	393,6	44.'56	409,0	46.'17	424,4	47.'78	439,9
28'	41.'32	378,5	42.'93	393,9	44.'54	409,4	46.'15	424,8	47.'76	440,2
30'	41.'31	378,8	42.'92	394,3	44.'52	409,7	46.'13	425,1	47.'74	440,6
32'	41.'29	379,1	42.'90	394,6	44.'51	410,0	46.'11	425,5	47.'72	441,0
34'	41.'27	379,5	42.'88	394,9	44.'49	410,4	46.'10	425,8	47.'70	441,3
36'	41.'26	379,8	42.'86	395,2	44.'47	410,7	46.'08	426,2	47.'68	441,7
38'	41.'24	380,1	42.'85	395,6	44.'45	411,0	46.'06	426,5	47.'66	442,1
40'	41.'22	380,4	42.'83	395,9	44.'43	411,4	46.'04	426,9	47.'64	442,4
42'	41.'21	380,7	42.'81	396,2	44.'42	411,7	46.'02	427,2	47.'62	442,8
44'	41.'19	381,0	42.'79	396,5	44.'40	412,0	46.'00	427,6	47.'60	443,1
46'	41.'17	381,3	42.'78	396,9	44.'38	412,4	45.'98	427,9	47.'58	443,5
48'	41.'16	381,6	42.'76	397,2	44.'36	412,7	45.'96	428,3	47.'56	443,8
50'	41.'14	382,0	42.'74	397,5	44.'34	413,1	45.'94	428,6	47.'54	444,2
52'	41.'12	382,3	42.'72	397,8	44.'32	413,4	45.'92	429,0	47.'52	444,6
54'	41.'11	382,6	42.'71	398,1	44.'31	413,7	45.'91	429,3	47.'51	444,9
56'	41.'09	382,9	42.'69	398,5	44.'29	414,1	45.'89	429,7	47.'49	445,3
58'	41.'07	383,2	42.'67	398,8	44.'27	414,4	45.'87	430,0	47.'47	445,6

for H.P. increments (36°)

extra H.P.	r&p	Q
0.'1	0.'08	0,8
0.'2	0.'16	1,5
0.'3	0.'24	2,3
0.'4	0.'32	3,1
0.'5	0.'40	3,9
0.'6	0.'48	4,6
0.'7	0.'56	5,4
0.'8	0.'64	6,2
0.'9	0.'72	6,9
1.'0	0.'80	7,7
1.'1	0.'88	8,5
1.'2	0.'97	9,3
1.'3	1.'05	10,0
1.'4	1.'13	10,8
1.'5	1.'21	11,6
1.'6	1.'29	12,4
1.'7	1.'37	13,1
1.'8	1.'45	13,9
1.'9	1.'53	14,7

37°

Ma	H.P. 53' r&p	H.P. 53' Q	H.P. 55' r&p	H.P. 55' Q	H.P. 57' r&p	H.P. 57' Q	H.P. 59' r&p	H.P. 59' Q	H.P. 61' r&p	H.P. 61' Q
0'	41.'06	383,5	42.'65	399,1	44.'25	414,7	45.'85	430,4	47.'45	446,0
2'	41.'04	383,8	42.'64	399,4	44.'23	415,1	45.'83	430,7	47.'43	446,4
4'	41.'02	384,1	42.'62	399,8	44.'21	415,4	45.'81	431,1	47.'41	446,7
6'	41.'00	384,5	42.'60	400,1	44.'20	415,7	45.'79	431,4	47.'39	447,1
8'	40.'99	384,8	42.'58	400,4	44.'18	416,1	45.'77	431,7	47.'37	447,5
10'	40.'97	385,1	42.'56	400,7	44.'16	416,4	45.'75	432,1	47.'35	447,8
12'	40.'95	385,4	42.'55	401,1	44.'14	416,8	45.'73	432,4	47.'33	448,2
14'	40.'94	385,7	42.'53	401,4	44.'12	417,1	45.'71	432,8	47.'31	448,5
16'	40.'92	386,0	42.'51	401,7	44.'10	417,4	45.'69	433,1	47.'29	448,9
18'	40.'90	386,3	42.'49	402,0	44.'08	417,7	45.'68	433,5	47.'27	449,2
20'	40.'88	386,6	42.'47	402,3	44.'07	418,1	45.'66	433,8	47.'25	449,6
22'	40.'87	386,9	42.'46	402,7	44.'05	418,4	45.'64	434,2	47.'23	449,9
24'	40.'85	387,2	42.'44	403,0	44.'03	418,7	45.'62	434,5	47.'21	450,3
26'	40.'83	387,6	42.'42	403,3	44.'01	419,1	45.'60	434,9	47.'19	450,6
28'	40.'82	387,9	42.'40	403,6	43.'99	419,4	45.'58	435,2	47.'17	451,0
30'	40.'80	388,2	42.'39	403,9	43.'97	419,7	45.'56	435,5	47.'15	451,4
32'	40.'78	388,5	42.'37	404,3	43.'95	420,1	45.'54	435,9	47.'13	451,7
34'	40.'76	388,8	42.'35	404,6	43.'93	420,4	45.'52	436,2	47.'11	452,1
36'	40.'75	389,1	42.'33	404,9	43.'92	420,7	45.'50	436,6	47.'09	452,4
38'	40.'73	389,4	42.'31	405,2	43.'90	421,1	45.'48	436,9	47.'07	452,8
40'	40.'71	389,7	42.'30	405,6	43.'88	421,4	45.'46	437,3	47.'05	453,1
42'	40.'69	390,0	42.'28	405,9	43.'86	421,7	45.'44	437,6	47.'03	453,5
44'	40.'68	390,3	42.'26	406,2	43.'84	422,1	45.'42	437,9	47.'01	453,9
46'	40.'66	390,6	42.'24	406,5	43.'82	422,4	45.'40	438,3	46.'99	454,2
48'	40.'64	391,0	42.'22	406,8	43.'80	422,7	45.'38	438,6	46.'97	454,6
50'	40.'62	391,3	42.'20	407,2	43.'78	423,1	45.'36	439,0	46.'94	454,9
52'	40.'61	391,6	42.'19	407,5	43.'77	423,4	45.'35	439,3	46.'92	455,3
54'	40.'59	391,9	42.'17	407,8	43.'75	423,7	45.'33	439,7	46.'90	455,6
56'	40.'57	392,2	42.'15	408,1	43.'73	424,1	45.'31	440,0	46.'88	456,0
58'	40.'55	392,5	42.'13	408,4	43.'71	424,4	45.'29	440,3	46.'86	456,3

for H.P. increments (37°)

extra H.P.	r&p	Q
0.'1	0.'08	0,8
0.'2	0.'16	1,6
0.'3	0.'24	2,4
0.'4	0.'32	3,2
0.'5	0.'40	3,9
0.'6	0.'48	4,7
0.'7	0.'56	5,5
0.'8	0.'63	6,3
0.'9	0.'71	7,1
1.'0	0.'79	7,9
1.'1	0.'87	8,7
1.'2	0.'95	9,5
1.'3	1.'03	10,3
1.'4	1.'11	11,1
1.'5	1.'19	11,8
1.'6	1.'27	12,6
1.'7	1.'35	13,4
1.'8	1.'43	14,2
1.'9	1.'51	15,0

Table 2

Ma 38°

Ma	H.P. 53' r&p	H.P. 53' Q	H.P. 55' r&p	H.P. 55' Q	H.P. 57' r&p	H.P. 57' Q	H.P. 59' r&p	H.P. 59' Q	H.P. 61' r&p	H.P. 61' Q
0'	40.'54	392,8	42.'11	408,7	43.'69	424,7	45.'27	440,7	46.'84	456,7
2'	40.'52	393,1	42.'10	409,1	43.'67	425,0	45.'25	441,0	46.'82	457,0
4'	40.'50	393,4	42.'08	409,4	43.'65	425,4	45.'23	441,4	46.'80	457,4
6'	40.'48	393,7	42.'06	409,7	43.'63	425,7	45.'21	441,7	46.'78	457,7
8'	40.'47	394,0	42.'04	410,0	43.'61	426,0	45.'19	442,1	46.'76	458,1
10'	40.'45	394,3	42.'02	410,3	43.'60	426,4	45.'17	442,4	46.'74	458,5
12'	40.'43	394,6	42.'00	410,7	43.'58	426,7	45.'15	442,7	46.'72	458,8
14'	40.'41	394,9	41.'99	411,0	43.'56	427,0	45.'13	443,1	46.'70	459,1
16'	40.'40	395,3	41.'97	411,3	43.'54	427,4	45.'11	443,4	46.'68	459,5
18'	40.'38	395,6	41.'95	411,6	43.'52	427,7	45.'09	443,8	46.'66	459,9
20'	40.'36	395,9	41.'93	411,9	43.'50	428,0	45.'07	444,1	46.'64	460,2
22'	40.'34	396,2	41.'91	412,2	43.'48	428,3	45.'05	444,4	46.'62	460,6
24'	40.'33	396,5	41.'89	412,6	43.'46	428,7	45.'03	444,8	46.'60	460,9
26'	40.'31	396,8	41.'88	412,9	43.'44	429,0	45.'01	445,1	46.'58	461,3
28'	40.'29	397,1	41.'86	413,2	43.'42	429,3	44.'99	445,5	46.'56	461,6
30'	40.'27	397,4	41.'84	413,5	43.'40	429,7	44.'97	445,8	46.'54	462,0
32'	40.'26	397,7	41.'82	413,8	43.'39	430,0	44.'95	446,1	46.'51	462,3
34'	40.'24	398,0	41.'80	414,1	43.'37	430,3	44.'93	446,5	46.'49	462,7
36'	40.'22	398,3	41.'78	414,5	43.'35	430,6	44.'91	446,8	46.'47	463,0
38'	40.'20	398,6	41.'76	414,8	43.'33	431,0	44.'89	447,2	46.'45	463,4
40'	40.'18	398,9	41.'75	415,1	43.'31	431,3	44.'87	447,5	46.'43	463,7
42'	40.'17	399,2	41.'73	415,4	43.'29	431,6	44.'85	447,8	46.'41	464,1
44'	40.'15	399,5	41.'71	415,7	43.'27	431,9	44.'83	448,2	46.'39	464,4
46'	40.'13	399,8	41.'69	416,0	43.'25	432,3	44.'81	448,5	46.'37	464,8
48'	40.'11	400,1	41.'67	416,4	43.'23	432,6	44.'79	448,9	46.'35	465,1
50'	40.'09	400,4	41.'65	416,7	43.'21	432,9	44.'77	449,2	46.'33	465,5
52'	40.'08	400,7	41.'63	417,0	43.'19	433,3	44.'75	449,5	46.'31	465,8
54'	40.'06	401,0	41.'62	417,3	43.'17	433,6	44.'73	449,9	46.'29	466,2
56'	40.'04	401,3	41.'60	417,6	43.'15	433,9	44.'71	450,2	46.'27	466,5
58'	40.'02	401,7	41.'58	417,9	43.'13	434,2	44.'69	450,5	46.'24	466,9

for H.P. increments (38°)

extra H.P.	r&p	Q
0.'1	0.'08	0,8
0.'2	0.'16	1,6
0.'3	0.'23	2,4
0.'4	0.'31	3,2
0.'5	0.'39	4,0
0.'6	0.'47	4,8
0.'7	0.'55	5,6
0.'8	0.'63	6,5
0.'9	0.'70	7,3
1.'0	0.'78	8,1
1.'1	0.'86	8,9
1.'2	0.'94	9,7
1.'3	1.'02	10,5
1.'4	1.'10	11,3
1.'5	1.'17	12,1
1.'6	1.'25	12,9
1.'7	1.'33	13,7
1.'8	1.'41	14,5
1.'9	1.'49	15,3

Ma 39°

Ma	H.P. 53' r&p	H.P. 53' Q	H.P. 55' r&p	H.P. 55' Q	H.P. 57' r&p	H.P. 57' Q	H.P. 59' r&p	H.P. 59' Q	H.P. 61' r&p	H.P. 61' Q
0'	40.'00	402,0	41.'56	418,2	43.'11	434,6	44.'67	450,9	46.'22	467,2
2'	39.'99	402,3	41.'54	418,6	43.'09	434,9	44.'65	451,2	46.'20	467,6
4'	39.'97	402,6	41.'52	418,9	43.'08	435,2	44.'63	451,6	46.'18	467,9
6'	39.'95	402,9	41.'50	419,2	43.'06	435,5	44.'61	451,9	46.'16	468,3
8'	39.'93	403,2	41.'48	419,5	43.'04	435,9	44.'59	452,2	46.'14	468,6
10'	39.'91	403,5	41.'47	419,8	43.'02	436,2	44.'57	452,6	46.'12	469,0
12'	39.'90	403,8	41.'45	420,1	43.'00	436,5	44.'55	452,9	46.'10	469,3
14'	39.'88	404,1	41.'43	420,4	42.'98	436,8	44.'53	453,2	46.'08	469,7
16'	39.'86	404,4	41.'41	420,8	42.'96	437,2	44.'51	453,6	46.'06	470,0
18'	39.'84	404,7	41.'39	421,1	42.'94	437,5	44.'49	453,9	46.'03	470,4
20'	39.'82	405,0	41.'37	421,4	42.'92	437,8	44.'47	454,2	46.'01	470,7
22'	39.'81	405,3	41.'35	421,7	42.'90	438,1	44.'45	454,6	45.'99	471,0
24'	39.'79	405,6	41.'33	422,0	42.'88	438,5	44.'43	454,9	45.'97	471,4
26'	39.'77	405,9	41.'31	422,3	42.'86	438,8	44.'41	455,3	45.'95	471,7
28'	39.'75	406,2	41.'30	422,6	42.'84	439,1	44.'38	455,6	45.'93	472,1
30'	39.'73	406,5	41.'28	422,9	42.'82	439,4	44.'36	455,9	45.'91	472,4
32'	39.'72	406,8	41.'26	423,3	42.'80	439,8	44.'34	456,3	45.'89	472,8
34'	39.'70	407,1	41.'24	423,6	42.'78	440,1	44.'32	456,6	45.'87	473,1
36'	39.'68	407,4	41.'22	423,9	42.'76	440,4	44.'30	456,9	45.'84	473,5
38'	39.'66	407,7	41.'20	424,2	42.'74	440,7	44.'28	457,3	45.'82	473,8
40'	39.'64	408,0	41.'18	424,5	42.'72	441,0	44.'26	457,6	45.'80	474,2
42'	39.'62	408,3	41.'16	424,8	42.'70	441,4	44.'24	457,9	45.'78	474,5
44'	39.'61	408,6	41.'14	425,1	42.'68	441,7	44.'22	458,3	45.'76	474,9
46'	39.'59	408,9	41.'12	425,4	42.'66	442,0	44.'20	458,6	45.'74	475,2
48'	39.'57	409,2	41.'11	425,8	42.'64	442,3	44.'18	458,9	45.'72	475,5
50'	39.'55	409,5	41.'09	426,1	42.'62	442,7	44.'16	459,3	45.'70	475,9
52'	39.'53	409,8	41.'07	426,4	42.'60	443,0	44.'14	459,6	45.'67	476,2
54'	39.'51	410,1	41.'05	426,7	42.'58	443,3	44.'12	459,9	45.'65	476,6
56'	39.'50	410,4	41.'03	427,0	42.'56	443,6	44.'10	460,3	45.'63	476,9
58'	39.'48	410,7	41.'01	427,3	42.'54	443,9	44.'08	460,6	45.'61	477,3

for H.P. increments (39°)

extra H.P.	r&p	Q
0.'1	0.'08	0,8
0.'2	0.'15	1,6
0.'3	0.'23	2,5
0.'4	0.'31	3,3
0.'5	0.'39	4,1
0.'6	0.'46	4,9
0.'7	0.'54	5,8
0.'8	0.'62	6,6
0.'9	0.'69	7,4
1.'0	0.'77	8,2
1.'1	0.'85	9,1
1.'2	0.'93	9,9
1.'3	1.'00	10,7
1.'4	1.'08	11,5
1.'5	1.'16	12,4
1.'6	1.'24	13,2
1.'7	1.'31	14,0
1.'8	1.'39	14,8
1.'9	1.'47	15,7

Table 2

Ma 40°

	H.P. 53'		H.P. 55'		H.P. 57'		H.P. 59'		H.P. 61'	
	r&p	Q	r&p	Q	r&p	Q	r&p	Q	r&p	Q
0'	39.'46	411,0	40.'99	427,6	42.'52	444,3	44.'06	460,9	45.'59	477,6
2'	39.'44	411,3	40.'97	427,9	42.'50	444,6	44.'04	461,3	45.'57	478,0
4'	39.'42	411,6	40.'95	428,2	42.'48	444,9	44.'01	461,6	45.'55	478,3
6'	39.'40	411,9	40.'93	428,5	42.'46	445,2	43.'99	461,9	45.'52	478,6
8'	39.'38	412,2	40.'91	428,9	42.'44	445,5	43.'97	462,3	45.'50	479,0
10'	39.'37	412,5	40.'89	429,2	42.'42	445,9	43.'95	462,6	45.'48	479,3
12'	39.'35	412,8	40.'88	429,5	42.'40	446,2	43.'93	462,9	45.'46	479,7
14'	39.'33	413,1	40.'86	429,8	42.'38	446,5	43.'91	463,3	45.'44	480,0
16'	39.'31	413,4	40.'84	430,1	42.'36	446,8	43.'89	463,6	45.'42	480,4
18'	39.'29	413,7	40.'82	430,4	42.'34	447,2	43.'87	463,9	45.'39	480,7
20'	39.'27	414,0	40.'80	430,7	42.'32	447,5	43.'85	464,2	45.'37	481,0
22'	39.'25	414,3	40.'78	431,0	42.'30	447,8	43.'83	464,6	45.'35	481,4
24'	39.'24	414,6	40.'76	431,3	42.'28	448,1	43.'81	464,9	45.'33	481,7
26'	39.'22	414,9	40.'74	431,6	42.'26	448,4	43.'79	465,2	45.'31	482,1
28'	39.'20	415,1	40.'72	431,9	42.'24	448,7	43.'76	465,6	45.'29	482,4
30'	39.'18	415,4	40.'70	432,2	42.'22	449,1	43.'74	465,9	45.'26	482,7
32'	39.'16	415,7	40.'68	432,6	42.'20	449,4	43.'72	466,2	45.'24	483,1
34'	39.'14	416,0	40.'66	432,9	42.'18	449,7	43.'70	466,6	45.'22	483,4
36'	39.'12	416,3	40.'64	433,2	42.'16	450,0	43.'68	466,9	45.'20	483,8
38'	39.'10	416,6	40.'62	433,5	42.'14	450,3	43.'66	467,2	45.'18	484,1
40'	39.'09	416,9	40.'60	433,8	42.'12	450,7	43.'64	467,5	45.'16	484,5
42'	39.'07	417,2	40.'58	434,1	42.'10	451,0	43.'62	467,9	45.'13	484,8
44'	39.'05	417,5	40.'56	434,4	42.'08	451,3	43.'60	468,2	45.'11	485,1
46'	39.'03	417,8	40.'54	434,7	42.'06	451,6	43.'57	468,5	45.'09	485,5
48'	39.'01	418,1	40.'53	435,0	42.'04	451,9	43.'55	468,9	45.'07	485,8
50'	38.'99	418,4	40.'51	435,3	42.'02	452,2	43.'53	469,2	45.'05	486,2
52'	38.'97	418,7	40.'49	435,6	42.'00	452,6	43.'51	469,5	45.'02	486,5
54'	38.'95	419,0	40.'47	435,9	41.'98	452,9	43.'49	469,9	45.'00	486,8
56'	38.'94	419,3	40.'45	436,2	41.'96	453,2	43.'47	470,2	44.'98	487,2
58'	38.'92	419,6	40.'43	436,5	41.'94	453,5	43.'45	470,5	44.'96	487,5

41°

	H.P. 53'		H.P. 55'		H.P. 57'		H.P. 59'		H.P. 61'	
0'	38.'90	419,9	40.'41	436,8	41.'92	453,8	43.'43	470,8	44.'94	487,8
2'	38.'88	420,2	40.'39	437,2	41.'90	454,1	43.'41	471,2	44.'91	488,2
4'	38.'86	420,5	40.'37	437,5	41.'88	454,5	43.'38	471,5	44.'89	488,5
6'	38.'84	420,8	40.'35	437,8	41.'86	454,8	43.'36	471,8	44.'87	488,9
8'	38.'82	421,1	40.'33	438,1	41.'84	455,1	43.'34	472,1	44.'85	489,2
10'	38.'80	421,3	40.'31	438,4	41.'81	455,4	43.'32	472,5	44.'83	489,5
12'	38.'78	421,6	40.'29	438,7	41.'79	455,7	43.'30	472,8	44.'80	489,9
14'	38.'76	421,9	40.'27	439,0	41.'77	456,0	43.'28	473,1	44.'78	490,2
16'	38.'75	422,2	40.'25	439,3	41.'75	456,4	43.'26	473,4	44.'76	490,6
18'	38.'73	422,5	40.'23	439,6	41.'73	456,7	43.'24	473,8	44.'74	490,9
20'	38.'71	422,8	40.'21	439,9	41.'71	457,0	43.'21	474,1	44.'72	491,2
22'	38.'69	423,1	40.'19	440,2	41.'69	457,3	43.'19	474,4	44.'69	491,6
24'	38.'67	423,4	40.'17	440,5	41.'67	457,6	43.'17	474,8	44.'67	491,9
26'	38.'65	423,7	40.'15	440,8	41.'65	457,9	43.'15	475,1	44.'65	492,2
28'	38.'63	424,0	40.'13	441,1	41.'63	458,2	43.'13	475,4	44.'63	492,6
30'	38.'61	424,3	40.'11	441,4	41.'61	458,6	43.'11	475,7	44.'61	492,9
32'	38.'59	424,6	40.'09	441,7	41.'59	458,9	43.'09	476,1	44.'58	493,2
34'	38.'57	424,9	40.'07	442,0	41.'57	459,2	43.'06	476,4	44.'56	493,6
36'	38.'55	425,1	40.'05	442,3	41.'55	459,5	43.'04	476,7	44.'54	493,9
38'	38.'53	425,4	40.'03	442,6	41.'53	459,8	43.'02	477,0	44.'52	494,3
40'	38.'52	425,7	40.'01	442,9	41.'50	460,1	43.'00	477,4	44.'49	494,6
42'	38.'50	426,0	39.'99	443,2	41.'48	460,4	42.'98	477,7	44.'47	494,9
44'	38.'48	426,3	39.'97	443,5	41.'46	460,8	42.'96	478,0	44.'45	495,3
46'	38.'46	426,6	39.'95	443,8	41.'44	461,1	42.'93	478,3	44.'43	495,6
48'	38.'44	426,9	39.'93	444,1	41.'42	461,4	42.'91	478,6	44.'40	495,9
50'	38.'42	427,2	39.'91	444,4	41.'40	461,7	42.'89	479,0	44.'38	496,3
52'	38.'40	427,5	39.'89	444,7	41.'38	462,0	42.'87	479,3	44.'36	496,6
54'	38.'38	427,8	39.'87	445,0	41.'36	462,3	42.'85	479,6	44.'34	496,9
56'	38.'36	428,1	39.'85	445,3	41.'34	462,6	42.'83	479,9	44.'31	497,3
58'	38.'34	428,3	39.'83	445,6	41.'32	462,9	42.'80	480,3	44.'29	497,6

for H.P. increments (40°)

extra H.P.	r&p	Q
0.'1	0.'08	0,8
0.'2	0.'15	1,7
0.'3	0.'23	2,5
0.'4	0.'30	3,4
0.'5	0.'38	4,2
0.'6	0.'46	5,0
0.'7	0.'53	5,9
0.'8	0.'61	6,7
0.'9	0.'68	7,6
1.'0	0.'76	8,4
1.'1	0.'84	9,3
1.'2	0.'91	10,1
1.'3	0.'99	10,9
1.'4	1.'07	11,8
1.'5	1.'14	12,6
1.'6	1.'22	13,5
1.'7	1.'29	14,3
1.'8	1.'37	15,1
1.'9	1.'45	16,0

for H.P. increments (41°)

extra H.P.	r&p	Q
0.'1	0.'07	0,9
0.'2	0.'15	1,7
0.'3	0.'22	2,6
0.'4	0.'30	3,4
0.'5	0.'37	4,3
0.'6	0.'45	5,1
0.'7	0.'52	6,0
0.'8	0.'60	6,9
0.'9	0.'67	7,7
1.'0	0.'75	8,6
1.'1	0.'82	9,4
1.'2	0.'90	10,3
1.'3	0.'97	11,1
1.'4	1.'05	12,0
1.'5	1.'12	12,9
1.'6	1.'20	13,7
1.'7	1.'27	14,6
1.'8	1.'35	15,4
1.'9	1.'42	16,3

Table 2

Ma 42°	H.P. 53' r&p	H.P. 53' Q	H.P. 55' r&p	H.P. 55' Q	H.P. 57' r&p	H.P. 57' Q	H.P. 59' r&p	H.P. 59' Q	H.P. 61' r&p	H.P. 61' Q	extra H.P.	r&p	Q
0'	38.'32	428,6	39.'81	445,9	41.'30	463,3	42.'78	480,6	44.'27	497,9			
2'	38.'30	428,9	39.'79	446,2	41.'28	463,6	42.'76	480,9	44.'25	498,3			
4'	38.'28	429,2	39.'77	446,5	41.'25	463,9	42.'74	481,2	44.'22	498,6			
6'	38.'26	429,5	39.'75	446,8	41.'23	464,2	42.'72	481,6	44.'20	498,9			
8'	38.'25	429,8	39.'73	447,1	41.'21	464,5	42.'70	481,9	44.'18	499,3	for H.P. increments		
10'	38.'23	430,1	39.'71	447,4	41.'19	464,8	42.'67	482,2	44.'16	499,6			
12'	38.'21	430,4	39.'69	447,7	41.'17	465,1	42.'65	482,5	44.'13	499,9	extra H.P.	r&p	Q
14'	38.'19	430,7	39.'67	448,0	41.'15	465,4	42.'63	482,8	44.'11	500,3	0.'1	0.'07	0,9
16'	38.'17	430,9	39.'65	448,3	41.'13	465,7	42.'61	483,2	44.'09	500,6	0.'2	0.'15	1,7
18'	38.'15	431,2	39.'63	448,6	41.'11	466,1	42.'59	483,5	44.'07	500,9	0.'3	0.'22	2,6
20'	38.'13	431,5	39.'61	448,9	41.'09	466,4	42.'56	483,8	44.'04	501,3	0.'4	0.'30	3,5
22'	38.'11	431,8	39.'59	449,2	41.'06	466,7	42.'54	484,1	44.'02	501,6	0.'5	0.'37	4,4
24'	38.'09	432,1	39.'57	449,5	41.'04	467,0	42.'52	484,4	44.'00	501,9	0.'6	0.'44	5,2
26'	38.'07	432,4	39.'55	449,8	41.'02	467,3	42.'50	484,8	43.'98	502,3	0.'7	0.'52	6,1
28'	38.'05	432,7	39.'53	450,1	41.'00	467,6	42.'48	485,1	43.'95	502,6	0.'8	0.'59	7,0
30'	38.'03	433,0	39.'51	450,4	40.'98	467,9	42.'46	485,4	43.'93	502,9	0.'9	0.'66	7,9
32'	38.'01	433,3	39.'48	450,7	40.'96	468,2	42.'43	485,7	43.'91	503,2	1.'0	0.'74	8,7
34'	37.'99	433,5	39.'46	451,0	40.'94	468,5	42.'41	486,0	43.'88	503,6	1.'1	0.'81	9,6
36'	37.'97	433,8	39.'44	451,3	40.'92	468,8	42.'39	486,4	43.'86	503,9	1.'2	0.'89	10,5
38'	37.'95	434,1	39.'42	451,6	40.'90	469,1	42.'37	486,7	43.'84	504,2	1.'3	0.'96	11,4
40'	37.'93	434,4	39.'40	451,9	40.'87	469,5	42.'35	487,0	43.'82	504,6	1.'4	1.'03	12,2
42'	37.'91	434,7	39.'38	452,2	40.'85	469,8	42.'32	487,3	43.'79	504,9	1.'5	1.'11	13,1
44'	37.'89	435,0	39.'36	452,5	40.'83	470,1	42.'30	487,6	43.'77	505,2	1.'6	1.'18	14,0
46'	37.'87	435,3	39.'34	452,8	40.'81	470,4	42.'28	488,0	43.'75	505,6	1.'7	1.'25	14,9
48'	37.'85	435,5	39.'32	453,1	40.'79	470,7	42.'26	488,3	43.'72	505,9	1.'8	1.'33	15,7
50'	37.'83	435,8	39.'30	453,4	40.'77	471,0	42.'23	488,6	43.'70	506,2	1.'9	1.'40	16,6
52'	37.'81	436,1	39.'28	453,7	40.'75	471,3	42.'21	488,9	43.'68	506,5			
54'	37.'79	436,4	39.'26	454,0	40.'73	471,6	42.'19	489,2	43.'66	506,9			
56'	37.'77	436,7	39.'24	454,3	40.'70	471,9	42.'17	489,6	43.'63	507,2			
58'	37.'75	437,0	39.'22	454,6	40.'68	472,2	42.'15	489,9	43.'61	507,5			
43° 0'	37.'73	437,3	39.'20	454,9	40.'66	472,5	42.'12	490,2	43.'59	507,9			
2'	37.'71	437,5	39.'18	455,2	40.'64	472,8	42.'10	490,5	43.'56	508,2			
4'	37.'69	437,8	39.'16	455,5	40.'62	473,1	42.'08	490,8	43.'54	508,5			
6'	37.'68	438,1	39.'14	455,8	40.'60	473,4	42.'06	491,1	43.'52	508,8			
8'	37.'66	438,4	39.'12	456,1	40.'58	473,8	42.'04	491,5	43.'49	509,2	for H.P. increments		
10'	37.'64	438,7	39.'09	456,4	40.'55	474,1	42.'01	491,8	43.'47	509,5			
12'	37.'62	439,0	39.'07	456,7	40.'53	474,4	41.'99	492,1	43.'45	509,8	extra H.P.	r&p	Q
14'	37.'60	439,3	39.'05	457,0	40.'51	474,7	41.'97	492,4	43.'43	510,2	0.'1	0.'07	0,9
16'	37.'58	439,5	39.'03	457,2	40.'49	475,0	41.'95	492,7	43.'40	510,5	0.'2	0.'15	1,8
18'	37.'56	439,8	39.'01	457,5	40.'47	475,3	41.'92	493,0	43.'38	510,8	0.'3	0.'22	2,7
20'	37.'54	440,1	38.'99	457,8	40.'45	475,6	41.'90	493,4	43.'36	511,1	0.'4	0.'29	3,6
22'	37.'52	440,4	38.'97	458,1	40.'42	475,9	41.'88	493,7	43.'33	511,5	0.'5	0.'36	4,5
24'	37.'50	440,7	38.'95	458,4	40.'40	476,2	41.'86	494,0	43.'31	511,8	0.'6	0.'44	5,3
26'	37.'48	441,0	38.'93	458,7	40.'38	476,5	41.'83	494,3	43.'29	512,1	0.'7	0.'51	6,2
28'	37.'46	441,2	38.'91	459,0	40.'36	476,8	41.'81	494,6	43.'26	512,4	0.'8	0.'58	7,1
30'	37.'44	441,5	38.'89	459,3	40.'34	477,1	41.'79	494,9	43.'24	512,8	0.'9	0.'65	8,0
32'	37.'42	441,8	38.'87	459,6	40.'32	477,4	41.'77	495,2	43.'22	513,1	1.'0	0.'73	8,9
34'	37.'40	442,1	38.'85	459,9	40.'29	477,7	41.'74	495,6	43.'19	513,4	1.'1	0.'80	9,8
36'	37.'38	442,4	38.'82	460,2	40.'27	478,0	41.'72	495,9	43.'17	513,7	1.'2	0.'87	10,7
38'	37.'36	442,7	38.'80	460,5	40.'25	478,3	41.'70	496,2	43.'15	514,1	1.'3	0.'94	11,6
40'	37.'34	442,9	38.'78	460,8	40.'23	478,6	41.'68	496,5	43.'12	514,4	1.'4	1.'02	12,5
42'	37.'32	443,2	38.'76	461,1	40.'21	478,9	41.'65	496,8	43.'10	514,7	1.'5	1.'09	13,4
44'	37.'29	443,5	38.'74	461,4	40.'19	479,2	41.'63	497,1	43.'08	515,0	1.'6	1.'16	14,2
46'	37.'27	443,8	38.'72	461,7	40.'16	479,5	41.'61	497,4	43.'05	515,4	1.'7	1.'23	15,1
48'	37.'25	444,1	38.'70	461,9	40.'14	479,8	41.'59	497,8	43.'03	515,7	1.'8	1.'31	16,0
50'	37.'23	444,3	38.'68	462,2	40.'12	480,1	41.'56	498,1	43.'01	516,0	1.'9	1.'38	16,9
52'	37.'21	444,6	38.'66	462,5	40.'10	480,4	41.'54	498,4	42.'98	516,3			
54'	37.'19	444,9	38.'64	462,8	40.'08	480,7	41.'52	498,7	42.'96	516,7			
56'	37.'17	445,2	38.'61	463,1	40.'06	481,1	41.'50	499,0	42.'94	517,0			
58'	37.'15	445,5	38.'59	463,4	40.'03	481,4	41.'47	499,3	42.'91	517,3			

Table 2

Ma 44°

Ma	H.P. 53' r&p	H.P. 53' Q	H.P. 55' r&p	H.P. 55' Q	H.P. 57' r&p	H.P. 57' Q	H.P. 59' r&p	H.P. 59' Q	H.P. 61' r&p	H.P. 61' Q
0'	37.'13	445,7	38.'57	463,7	40.'01	481,7	41.'45	499,6	42.'89	517,6
2'	37.'11	446,0	38.'55	464,0	39.'99	482,0	41.'43	499,9	42.'87	517,9
4'	37.'09	446,3	38.'53	464,3	39.'97	482,3	41.'41	500,3	42.'84	518,3
6'	37.'07	446,6	38.'51	464,6	39.'95	482,6	41.'38	500,6	42.'82	518,6
8'	37.'05	446,9	38.'49	464,9	39.'92	482,9	41.'36	500,9	42.'80	518,9
10'	37.'03	447,1	38.'47	465,1	39.'90	483,2	41.'34	501,2	42.'77	519,2
12'	37.'01	447,4	38.'45	465,4	39.'88	483,5	41.'31	501,5	42.'75	519,6
14'	36.'99	447,7	38.'42	465,7	39.'86	483,8	41.'29	501,8	42.'72	519,9
16'	36.'97	448,0	38.'40	466,0	39.'84	484,1	41.'27	502,1	42.'70	520,2
18'	36.'95	448,3	38.'38	466,3	39.'81	484,4	41.'25	502,4	42.'68	520,5
20'	36.'93	448,5	38.'36	466,6	39.'79	484,7	41.'22	502,7	42.'65	520,8
22'	36.'91	448,8	38.'34	466,9	39.'77	485,0	41.'20	503,1	42.'63	521,2
24'	36.'89	449,1	38.'32	467,2	39.'75	485,3	41.'18	503,4	42.'61	521,5
26'	36.'87	449,4	38.'30	467,5	39.'73	485,6	41.'15	503,7	42.'58	521,8
28'	36.'85	449,7	38.'28	467,8	39.'70	485,9	41.'13	504,0	42.'56	522,1
30'	36.'83	449,9	38.'25	468,0	39.'68	486,2	41.'11	504,3	42.'54	522,4
32'	36.'81	450,2	38.'23	468,3	39.'66	486,5	41.'09	504,6	42.'51	522,8
34'	36.'79	450,5	38.'21	468,6	39.'64	486,8	41.'06	504,9	42.'49	523,1
36'	36.'77	450,8	38.'19	468,9	39.'62	487,1	41.'04	505,2	42.'46	523,4
38'	36.'75	451,0	38.'17	469,2	39.'59	487,4	41.'02	505,5	42.'44	523,7
40'	36.'73	451,3	38.'15	469,5	39.'57	487,7	40.'99	505,8	42.'42	524,0
42'	36.'70	451,6	38.'13	469,8	39.'55	488,0	40.'97	506,1	42.'39	524,4
44'	36.'68	451,9	38.'11	470,1	39.'53	488,2	40.'95	506,5	42.'37	524,7
46'	36.'66	452,2	38.'08	470,3	39.'50	488,5	40.'92	506,8	42.'35	525,0
48'	36.'64	452,4	38.'06	470,6	39.'48	488,8	40.'90	507,1	42.'32	525,3
50'	36.'62	452,7	38.'04	470,9	39.'46	489,1	40.'88	507,4	42.'30	525,6
52'	36.'60	453,0	38.'02	471,2	39.'44	489,4	40.'86	507,7	42.'27	526,0
54'	36.'58	453,3	38.'00	471,5	39.'42	489,7	40.'83	508,0	42.'25	526,3
56'	36.'56	453,5	37.'98	471,8	39.'39	490,0	40.'81	508,3	42.'23	526,6
58'	36.'54	453,8	37.'96	472,1	39.'37	490,3	40.'79	508,6	42.'20	526,9

for H.P. increments (44°)

extra H.P.	r&p	Q
0.'1	0.'07	0,9
0.'2	0.'14	1,8
0.'3	0.'21	2,7
0.'4	0.'29	3,6
0.'5	0.'36	4,5
0.'6	0.'43	5,4
0.'7	0.'50	6,3
0.'8	0.'57	7,2
0.'9	0.'64	8,2
1.'0	0.'71	9,1
1.'1	0.'78	10,0
1.'2	0.'86	10,9
1.'3	0.'93	11,8
1.'4	1.'00	12,7
1.'5	1.'07	13,6
1.'6	1.'14	14,5
1.'7	1.'21	15,4
1.'8	1.'28	16,3
1.'9	1.'36	17,2

Ma 45°

Ma	H.P. 53' r&p	H.P. 53' Q	H.P. 55' r&p	H.P. 55' Q	H.P. 57' r&p	H.P. 57' Q	H.P. 59' r&p	H.P. 59' Q	H.P. 61' r&p	H.P. 61' Q
0'	36.'52	454,1	37.'93	472,3	39.'35	490,6	40.'76	508,9	42.'18	527,2
2'	36.'50	454,4	37.'91	472,6	39.'33	490,9	40.'74	509,2	42.'15	527,5
4'	36.'48	454,6	37.'89	472,9	39.'30	491,2	40.'72	509,5	42.'13	527,9
6'	36.'46	454,9	37.'87	473,2	39.'28	491,5	40.'69	509,8	42.'11	528,2
8'	36.'44	455,2	37.'85	473,5	39.'26	491,8	40.'67	510,1	42.'08	528,5
10'	36.'42	455,5	37.'83	473,8	39.'24	492,1	40.'65	510,5	42.'06	528,8
12'	36.'39	455,7	37.'80	474,1	39.'21	492,4	40.'62	510,8	42.'03	529,1
14'	36.'37	456,0	37.'78	474,3	39.'19	492,7	40.'60	511,1	42.'01	529,4
16'	36.'35	456,3	37.'76	474,6	39.'17	493,0	40.'58	511,4	41.'99	529,8
18'	36.'33	456,6	37.'74	474,9	39.'15	493,3	40.'55	511,7	41.'96	530,1
20'	36.'31	456,8	37.'72	475,2	39.'12	493,6	40.'53	512,0	41.'94	530,4
22'	36.'29	457,1	37.'70	475,5	39.'10	493,9	40.'51	512,3	41.'91	530,7
24'	36.'27	457,4	37.'67	475,8	39.'08	494,2	40.'48	512,6	41.'89	531,0
26'	36.'25	457,7	37.'65	476,1	39.'06	494,5	40.'46	512,9	41.'86	531,3
28'	36.'23	457,9	37.'63	476,3	39.'03	494,8	40.'44	513,2	41.'84	531,7
30'	36.'21	458,2	37.'61	476,6	39.'01	495,1	40.'41	513,5	41.'82	532,0
32'	36.'19	458,5	37.'59	476,9	38.'99	495,3	40.'39	513,8	41.'79	532,3
34'	36.'17	458,8	37.'57	477,2	38.'97	495,6	40.'37	514,1	41.'77	532,6
36'	36.'14	459,0	37.'54	477,5	38.'94	495,9	40.'34	514,4	41.'74	532,9
38'	36.'12	459,3	37.'52	477,8	38.'92	496,2	40.'32	514,7	41.'72	533,2
40'	36.'10	459,6	37.'50	478,0	38.'90	496,5	40.'30	515,0	41.'69	533,5
42'	36.'08	459,8	37.'48	478,3	38.'88	496,8	40.'27	515,3	41.'67	533,8
44'	36.'06	460,1	37.'46	478,6	38.'85	497,1	40.'25	515,6	41.'65	534,2
46'	36.'04	460,4	37.'44	478,9	38.'83	497,4	40.'23	515,9	41.'62	534,5
48'	36.'02	460,7	37.'41	479,2	38.'81	497,7	40.'20	516,2	41.'60	534,8
50'	36.'00	460,9	37.'39	479,4	38.'79	498,0	40.'18	516,5	41.'57	535,1
52'	35.'98	461,2	37.'37	479,7	38.'76	498,3	40.'16	516,8	41.'55	535,4
54'	35.'96	461,5	37.'35	480,0	38.'74	498,6	40.'13	517,1	41.'52	535,7
56'	35.'93	461,7	37.'33	480,3	38.'72	498,9	40.'11	517,4	41.'50	536,0
58'	35.'91	462,0	37.'30	480,6	38.'69	499,2	40.'09	517,7	41.'48	536,4

for H.P. increments (45°)

extra H.P.	r&p	Q
0.'1	0.'07	0,9
0.'2	0.'14	1,8
0.'3	0.'21	2,8
0.'4	0.'28	3,7
0.'5	0.'35	4,6
0.'6	0.'42	5,5
0.'7	0.'49	6,5
0.'8	0.'56	7,4
0.'9	0.'63	8,3
1.'0	0.'70	9,2
1.'1	0.'77	10,1
1.'2	0.'84	11,1
1.'3	0.'91	12,0
1.'4	0.'98	12,9
1.'5	1.'05	13,8
1.'6	1.'12	14,7
1.'7	1.'19	15,7
1.'8	1.'26	16,6
1.'9	1.'33	17,5

Table 2

Ma 46°	H.P. 53' r&p	H.P. 53' Q	H.P. 55' r&p	H.P. 55' Q	H.P. 57' r&p	H.P. 57' Q	H.P. 59' r&p	H.P. 59' Q	H.P. 61' r&p	H.P. 61' Q		extra H.P.	r&p	Q
0'	35.'89	462,3	37.'28	480,9	38.'67	499,4	40.'06	518,0	41.'45	536,7				
2'	35.'87	462,6	37.'26	481,1	38.'65	499,7	40.'04	518,3	41.'43	537,0				
4'	35.'85	462,8	37.'24	481,4	38.'63	500,0	40.'01	518,6	41.'40	537,3				
6'	35.'83	463,1	37.'22	481,7	38.'60	500,3	39.'99	518,9	41.'38	537,6		for H.P. increments		
8'	35.'81	463,4	37.'19	482,0	38.'58	500,6	39.'97	519,3	41.'35	537,9				
10'	35.'79	463,6	37.'17	482,3	38.'56	500,9	39.'94	519,6	41.'33	538,2				
12'	35.'77	463,9	37.'15	482,5	38.'53	501,2	39.'92	519,9	41.'30	538,5		extra H.P.	r&p	Q
14'	35.'74	464,2	37.'13	482,8	38.'51	501,5	39.'90	520,2	41.'28	538,8		0.'1	0.'07	0,9
16'	35.'72	464,4	37.'11	483,1	38.'49	501,8	39.'87	520,5	41.'26	539,2		0.'2	0.'14	1,9
18'	35.'70	464,7	37.'08	483,4	38.'47	502,1	39.'85	520,8	41.'23	539,5		0.'3	0.'21	2,8
20'	35.'68	465,0	37.'06	483,7	38.'44	502,3	39.'82	521,1	41.'21	539,8		0.'4	0.'28	3,7
22'	35.'66	465,3	37.'04	483,9	38.'42	502,6	39.'80	521,4	41.'18	540,1		0.'5	0.'34	4,7
24'	35.'64	465,5	37.'02	484,2	38.'40	502,9	39.'78	521,7	41.'16	540,4		0.'6	0.'41	5,6
26'	35.'62	465,8	37.'00	484,5	38.'37	503,2	39.'75	521,9	41.'13	540,7		0.'7	0.'48	6,6
28'	35.'60	466,1	36.'97	484,8	38.'35	503,5	39.'73	522,2	41.'11	541,0		0.'8	0.'55	7,5
30'	35.'57	466,3	36.'95	485,1	38.'33	503,8	39.'71	522,5	41.'08	541,3		0.'9	0.'62	8,4
32'	35.'55	466,6	36.'93	485,3	38.'31	504,1	39.'68	522,8	41.'06	541,6		1.'0	0.'69	9,4
34'	35.'53	466,9	36.'91	485,6	38.'28	504,4	39.'66	523,1	41.'03	541,9		1.'1	0.'76	10,3
36'	35.'51	467,1	36.'89	485,9	38.'26	504,7	39.'63	523,4	41.'01	542,2		1.'2	0.'83	11,2
38'	35.'49	467,4	36.'86	486,2	38.'24	504,9	39.'61	523,7	40.'98	542,6		1.'3	0.'90	12,2
40'	35.'47	467,7	36.'84	486,4	38.'21	505,2	39.'59	524,0	40.'96	542,9		1.'4	0.'96	13,1
42'	35.'45	467,9	36.'82	486,7	38.'19	505,5	39.'56	524,3	40.'93	543,2		1.'5	1.'03	14,1
44'	35.'43	468,2	36.'80	487,0	38.'17	505,8	39.'54	524,6	40.'91	543,5		1.'6	1.'10	15,0
46'	35.'40	468,5	36.'77	487,3	38.'14	506,1	39.'51	524,9	40.'88	543,8		1.'7	1.'17	15,9
48'	35.'38	468,7	36.'75	487,6	38.'12	506,4	39.'49	525,2	40.'86	544,1		1.'8	1.'24	16,9
50'	35.'36	469,0	36.'73	487,8	38.'10	506,7	39.'47	525,5	40.'84	544,4		1.'9	1.'31	17,8
52'	35.'34	469,3	36.'71	488,1	38.'07	507,0	39.'44	525,8	40.'81	544,7				
54'	35.'32	469,5	36.'68	488,4	38.'05	507,2	39.'42	526,1	40.'79	545,0				
56'	35.'30	469,8	36.'66	488,7	38.'03	507,5	39.'39	526,4	40.'76	545,3				
58'	35.'27	470,1	36.'64	488,9	38.'01	507,8	39.'37	526,7	40.'74	545,6				

Ma 47°	H.P. 53' r&p	H.P. 53' Q	H.P. 55' r&p	H.P. 55' Q	H.P. 57' r&p	H.P. 57' Q	H.P. 59' r&p	H.P. 59' Q	H.P. 61' r&p	H.P. 61' Q		extra H.P.	r&p	Q
0'	35.'25	470,3	36.'62	489,2	37.'98	508,1	39.'35	527,0	40.'71	545,9				
2'	35.'23	470,6	36.'60	489,5	37.'96	508,4	39.'32	527,3	40.'69	546,2				
4'	35.'21	470,9	36.'57	489,8	37.'94	508,7	39.'30	527,6	40.'66	546,5				
6'	35.'19	471,1	36.'55	490,0	37.'91	509,0	39.'27	527,9	40.'64	546,8		for H.P. increments		
8'	35.'17	471,4	36.'53	490,3	37.'89	509,2	39.'25	528,2	40.'61	547,2				
10'	35.'15	471,7	36.'51	490,6	37.'87	509,5	39.'23	528,5	40.'59	547,5				
12'	35.'12	471,9	36.'48	490,9	37.'84	509,8	39.'20	528,8	40.'56	547,8		extra H.P.	r&p	Q
14'	35.'10	472,2	36.'46	491,1	37.'82	510,1	39.'18	529,1	40.'54	548,1		0.'1	0.'07	1,0
16'	35.'08	472,5	36.'44	491,4	37.'80	510,4	39.'15	529,4	40.'51	548,4		0.'2	0.'14	1,9
18'	35.'06	472,7	36.'42	491,7	37.'77	510,7	39.'13	529,7	40.'49	548,7		0.'3	0.'20	2,9
20'	35.'04	473,0	36.'39	492,0	37.'75	511,0	39.'11	530,0	40.'46	549,0		0.'4	0.'27	3,8
22'	35.'02	473,3	36.'37	492,2	37.'73	511,2	39.'08	530,3	40.'44	549,3		0.'5	0.'34	4,8
24'	34.'99	473,5	36.'35	492,5	37.'70	511,5	39.'06	530,5	40.'41	549,6		0.'6	0.'41	5,7
26'	34.'97	473,8	36.'33	492,8	37.'68	511,8	39.'03	530,8	40.'39	549,9		0.'7	0.'47	6,7
28'	34.'95	474,0	36.'30	493,1	37.'66	512,1	39.'01	531,1	40.'36	550,2		0.'8	0.'54	7,6
30'	34.'93	474,3	36.'28	493,3	37.'63	512,4	38.'98	531,4	40.'34	550,5		0.'9	0.'61	8,6
32'	34.'91	474,6	36.'26	493,6	37.'61	512,7	38.'96	531,7	40.'31	550,8		1.'0	0.'68	9,5
34'	34.'89	474,8	36.'24	493,9	37.'59	512,9	38.'94	532,0	40.'29	551,1		1.'1	0.'74	10,5
36'	34.'86	475,1	36.'21	494,2	37.'56	513,2	38.'91	532,3	40.'26	551,4		1.'2	0.'81	11,4
38'	34.'84	475,4	36.'19	494,4	37.'54	513,5	38.'89	532,6	40.'23	551,7		1.'3	0.'88	12,4
40'	34.'82	475,6	36.'17	494,7	37.'52	513,8	38.'86	532,9	40.'21	552,0		1.'4	0.'95	13,3
42'	34.'80	475,9	36.'15	495,0	37.'49	514,1	38.'84	533,2	40.'18	552,3		1.'5	1.'01	14,3
44'	34.'78	476,1	36.'12	495,2	37.'47	514,4	38.'81	533,5	40.'16	552,6		1.'6	1.'08	15,2
46'	34.'76	476,4	36.'10	495,5	37.'44	514,6	38.'79	533,8	40.'13	552,9		1.'7	1.'15	16,2
48'	34.'73	476,7	36.'08	495,8	37.'42	514,9	38.'76	534,1	40.'11	553,2		1.'8	1.'22	17,1
50'	34.'71	476,9	36.'05	496,1	37.'40	515,2	38.'74	534,4	40.'08	553,5		1.'9	1.'28	18,1
52'	34.'69	477,2	36.'03	496,3	37.'37	515,5	38.'72	534,6	40.'06	553,8				
54'	34.'67	477,5	36.'01	496,6	37.'35	515,8	38.'69	534,9	40.'03	554,1				
56'	34.'65	477,7	35.'99	496,9	37.'33	516,0	38.'67	535,2	40.'01	554,4				
58'	34.'62	478,0	35.'96	497,1	37.'30	516,3	38.'64	535,5	39.'98	554,7				

Table 2

Ma	H.P. 53'		H.P. 55'		H.P. 57'		H.P. 59'		H.P. 61'	
	r&p	Q	r&p	Q	r&p	Q	r&p	Q	r&p	Q
48° 0'	34.'60	478,2	35.'94	497,4	37.'28	516,6	38.'62	535,8	39.'96	555,0
2'	34.'58	478,5	35.'92	497,7	37.'26	516,9	38.'59	536,1	39.'93	555,3
4'	34.'56	478,8	35.'90	498,0	37.'23	517,2	38.'57	536,4	39.'91	555,6
6'	34.'54	479,0	35.'87	498,2	37.'21	517,4	38.'54	536,7	39.'88	555,9
8'	34.'51	479,3	35.'85	498,5	37.'18	517,7	38.'52	537,0	39.'86	556,2
10'	34.'49	479,5	35.'83	498,8	37.'16	518,0	38.'50	537,3	39.'83	556,5
12'	34.'47	479,8	35.'80	499,0	37.'14	518,3	38.'47	537,5	39.'80	556,8
14'	34.'45	480,1	35.'78	499,3	37.'11	518,6	38.'45	537,8	39.'78	557,1
16'	34.'43	480,3	35.'76	499,6	37.'09	518,8	38.'42	538,1	39.'75	557,4
18'	34.'40	480,6	35.'74	499,8	37.'07	519,1	38.'40	538,4	39.'73	557,7
20'	34.'38	480,8	35.'71	500,1	37.'04	519,4	38.'37	538,7	39.'70	558,0
22'	34.'36	481,1	35.'69	500,4	37.'02	519,7	38.'35	539,0	39.'68	558,3
24'	34.'34	481,4	35.'67	500,6	37.'00	520,0	38.'32	539,3	39.'65	558,6
26'	34.'32	481,6	35.'64	500,9	36.'97	520,2	38.'30	539,6	39.'63	558,9
28'	34.'29	481,9	35.'62	501,2	36.'95	520,5	38.'27	539,9	39.'60	559,2
30'	34.'27	482,1	35.'60	501,5	36.'92	520,8	38.'25	540,1	39.'57	559,5
32'	34.'25	482,4	35.'57	501,7	36.'90	521,1	38.'22	540,4	39.'55	559,8
34'	34.'23	482,6	35.'55	502,0	36.'88	521,3	38.'20	540,7	39.'52	560,1
36'	34.'21	482,9	35.'53	502,3	36.'85	521,6	38.'17	541,0	39.'50	560,4
38'	34.'18	483,2	35.'51	502,5	36.'83	521,9	38.'15	541,3	39.'47	560,7
40'	34.'16	483,4	35.'48	502,8	36.'80	522,2	38.'13	541,6	39.'45	561,0
42'	34.'14	483,7	35.'46	503,1	36.'78	522,5	38.'10	541,9	39.'42	561,3
44'	34.'12	483,9	35.'44	503,3	36.'76	522,7	38.'08	542,1	39.'40	561,6
46'	34.'10	484,2	35.'41	503,6	36.'73	523,0	38.'05	542,4	39.'37	561,9
48'	34.'07	484,5	35.'39	503,9	36.'71	523,3	38.'03	542,7	39.'34	562,2
50'	34.'05	484,7	35.'37	504,1	36.'68	523,6	38.'00	543,0	39.'32	562,5
52'	34.'03	485,0	35.'34	504,4	36.'66	523,8	37.'98	543,3	39.'29	562,8
54'	34.'01	485,2	35.'32	504,7	36.'64	524,1	37.'95	543,6	39.'27	563,1
56'	33.'98	485,5	35.'30	504,9	36.'61	524,4	37.'93	543,9	39.'24	563,4
58'	33.'96	485,7	35.'28	505,2	36.'59	524,7	37.'90	544,1	39.'22	563,6
49° 0'	33.'94	486,0	35.'25	505,5	36.'56	524,9	37.'88	544,4	39.'19	563,9
2'	33.'92	486,2	35.'23	505,7	36.'54	525,2	37.'85	544,7	39.'16	564,2
4'	33.'89	486,5	35.'21	506,0	36.'52	525,5	37.'83	545,0	39.'14	564,5
6'	33.'87	486,8	35.'18	506,2	36.'49	525,8	37.'80	545,3	39.'11	564,8
8'	33.'85	487,0	35.'16	506,5	36.'47	526,0	37.'78	545,6	39.'09	565,1
10'	33.'83	487,3	35.'14	506,8	36.'44	526,3	37.'75	545,9	39.'06	565,4
12'	33.'81	487,5	35.'11	507,0	36.'42	526,6	37.'73	546,1	39.'03	565,7
14'	33.'78	487,8	35.'09	507,3	36.'40	526,9	37.'70	546,4	39.'01	566,0
16'	33.'76	488,0	35.'07	507,6	36.'37	527,1	37.'68	546,7	38.'98	566,3
18'	33.'74	488,3	35.'04	507,8	36.'35	527,4	37.'65	547,0	38.'96	566,6
20'	33.'72	488,5	35.'02	508,1	36.'32	527,7	37.'63	547,3	38.'93	566,9
22'	33.'69	488,8	35.'00	508,4	36.'30	528,0	37.'60	547,6	38.'90	567,2
24'	33.'67	489,0	34.'97	508,6	36.'27	528,2	37.'58	547,8	38.'88	567,5
26'	33.'65	489,3	34.'95	508,9	36.'25	528,5	37.'55	548,1	38.'85	567,8
28'	33.'63	489,6	34.'93	509,2	36.'23	528,8	37.'53	548,4	38.'83	568,0
30'	33.'60	489,8	34.'90	509,4	36.'20	529,0	37.'50	548,7	38.'80	568,3
32'	33.'58	490,1	34.'88	509,7	36.'18	529,3	37.'48	549,0	38.'77	568,6
34'	33.'56	490,3	34.'86	509,9	36.'15	529,6	37.'45	549,2	38.'75	568,9
36'	33.'54	490,6	34.'83	510,2	36.'13	529,9	37.'43	549,5	38.'72	569,2
38'	33.'51	490,8	34.'81	510,5	36.'11	530,1	37.'40	549,8	38.'70	569,5
40'	33.'49	491,1	34.'79	510,7	36.'08	530,4	37.'38	550,1	38.'67	569,8
42'	33.'47	491,3	34.'76	511,0	36.'06	530,7	37.'35	550,4	38.'64	570,1
44'	33.'45	491,6	34.'74	511,3	36.'03	530,9	37.'33	550,6	38.'62	570,4
46'	33.'42	491,8	34.'72	511,5	36.'01	531,2	37.'30	550,9	38.'59	570,7
48'	33.'40	492,1	34.'69	511,8	35.'98	531,5	37.'27	551,2	38.'57	571,0
50'	33.'38	492,3	34.'67	512,0	35.'96	531,8	37.'25	551,5	38.'54	571,2
52'	33.'36	492,6	34.'65	512,3	35.'93	532,0	37.'22	551,8	38.'51	571,5
54'	33.'33	492,8	34.'62	512,6	35.'91	532,3	37.'20	552,0	38.'49	571,8
56'	33.'31	493,1	34.'60	512,8	35.'89	532,6	37.'17	552,3	38.'46	572,1
58'	33.'29	493,3	34.'57	513,1	35.'86	532,8	37.'15	552,6	38.'44	572,4

for H.P. increments

extra H.P.	r&p	Q
0.'1	0.'07	1,0
0.'2	0.'13	1,9
0.'3	0.'20	2,9
0.'4	0.'27	3,9
0.'5	0.'33	4,8
0.'6	0.'40	5,8
0.'7	0.'46	6,8
0.'8	0.'53	7,7
0.'9	0.'60	8,7
1.'0	0.'66	9,7
1.'1	0.'73	10,6
1.'2	0.'80	11,6
1.'3	0.'86	12,6
1.'4	0.'93	13,5
1.'5	0.'99	14,5
1.'6	1.'06	15,5
1.'7	1.'13	16,4
1.'8	1.'19	17,4
1.'9	1.'26	18,4

for H.P. increments

extra H.P.	r&p	Q
0.'1	0.'06	1,0
0.'2	0.'13	2,0
0.'3	0.'19	2,9
0.'4	0.'26	3,9
0.'5	0.'32	4,9
0.'6	0.'39	5,9
0.'7	0.'45	6,9
0.'8	0.'52	7,9
0.'9	0.'58	8,8
1.'0	0.'65	9,8
1.'1	0.'71	10,8
1.'2	0.'78	11,8
1.'3	0.'84	12,8
1.'4	0.'91	13,7
1.'5	0.'97	14,7
1.'6	1.'04	15,7
1.'7	1.'10	16,7
1.'8	1.'17	17,7
1.'9	1.'23	18,6

Table 2

Ma	H.P. 53' r&p	H.P. 53' Q	H.P. 55' r&p	H.P. 55' Q	H.P. 57' r&p	H.P. 57' Q	H.P. 59' r&p	H.P. 59' Q	H.P. 61' r&p	H.P. 61' Q
50° 0'	33.'27	493,6	34.'55	513,3	35.'84	533,1	37.'12	552,9	38.'41	572,7
2'	33.'24	493,8	34.'53	513,6	35.'81	533,4	37.'10	553,2	38.'38	573,0
4'	33.'22	494,1	34.'50	513,9	35.'79	533,6	37.'07	553,4	38.'36	573,3
6'	33.'20	494,3	34.'48	514,1	35.'76	533,9	37.'05	553,7	38.'33	573,6
8'	33.'17	494,6	34.'46	514,4	35.'74	534,2	37.'02	554,0	38.'30	573,8
10'	33.'15	494,8	34.'43	514,6	35.'71	534,4	37.'00	554,3	38.'28	574,1
12'	33.'13	495,1	34.'41	514,9	35.'69	534,7	36.'97	554,6	38.'25	574,4
14'	33.'11	495,3	34.'39	515,2	35.'67	535,0	36.'95	554,8	38.'22	574,7
16'	33.'08	495,6	34.'36	515,4	35.'64	535,3	36.'92	555,1	38.'20	575,0
18'	33.'06	495,8	34.'34	515,7	35.'62	535,5	36.'89	555,4	38.'17	575,3
20'	33.'04	496,1	34.'31	515,9	35.'59	535,8	36.'87	555,7	38.'15	575,6
22'	33.'01	496,3	34.'29	516,2	35.'57	536,1	36.'84	555,9	38.'12	575,8
24'	32.'99	496,6	34.'27	516,4	35.'54	536,3	36.'82	556,2	38.'09	576,1
26'	32.'97	496,8	34.'24	516,7	35.'52	536,6	36.'79	556,5	38.'07	576,4
28'	32.'95	497,1	34.'22	517,0	35.'49	536,9	36.'77	556,8	38.'04	576,7
30'	32.'92	497,3	34.'20	517,2	35.'47	537,1	36.'74	557,1	38.'01	577,0
32'	32.'90	497,6	34.'17	517,5	35.'44	537,4	36.'72	557,3	37.'99	577,3
34'	32.'88	497,8	34.'15	517,7	35.'42	537,7	36.'69	557,6	37.'96	577,6
36'	32.'86	498,1	34.'12	518,0	35.'39	537,9	36.'66	557,9	37.'93	577,8
38'	32.'83	498,3	34.'10	518,2	35.'37	538,2	36.'64	558,2	37.'91	578,1
40'	32.'81	498,6	34.'08	518,5	35.'35	538,5	36.'61	558,4	37.'88	578,4
42'	32.'79	498,8	34.'05	518,8	35.'32	538,7	36.'59	558,7	37.'85	578,7
44'	32.'76	499,1	34.'03	519,0	35.'30	539,0	36.'56	559,0	37.'83	579,0
46'	32.'74	499,3	34.'01	519,3	35.'27	539,3	36.'54	559,3	37.'80	579,3
48'	32.'72	499,5	33.'98	519,5	35.'25	539,5	36.'51	559,5	37.'78	579,6
50'	32.'69	499,8	33.'96	519,8	35.'22	539,8	36.'49	559,8	37.'75	579,8
52'	32.'67	500,0	33.'93	520,0	35.'20	540,0	36.'46	560,1	37.'72	580,1
54'	32.'65	500,3	33.'91	520,3	35.'17	540,3	36.'43	560,3	37.'70	580,4
56'	32.'63	500,5	33.'89	520,5	35.'15	540,6	36.'41	560,6	37.'67	580,7
58'	32.'60	500,8	33.'86	520,8	35.'12	540,8	36.'38	560,9	37.'64	581,0
51° 0'	32.'58	501,0	33.'84	521,1	35.'10	541,1	36.'36	561,2	37.'62	581,2
2'	32.'56	501,3	33.'81	521,3	35.'07	541,4	36.'33	561,4	37.'59	581,5
4'	32.'53	501,5	33.'79	521,6	35.'05	541,6	36.'30	561,7	37.'56	581,8
6'	32.'51	501,8	33.'77	521,8	35.'02	541,9	36.'28	562,0	37.'54	582,1
8'	32.'49	502,0	33.'74	522,1	35.'00	542,2	36.'25	562,3	37.'51	582,4
10'	32.'46	502,2	33.'72	522,3	34.'97	542,4	36.'23	562,5	37.'48	582,7
12'	32.'44	502,5	33.'69	522,6	34.'95	542,7	36.'20	562,8	37.'46	582,9
14'	32.'42	502,7	33.'67	522,8	34.'92	542,9	36.'18	563,1	37.'43	583,2
16'	32.'39	503,0	33.'65	523,1	34.'90	543,2	36.'15	563,3	37.'40	583,5
18'	32.'37	503,2	33.'62	523,3	34.'87	543,5	36.'12	563,6	37.'38	583,8
20'	32.'35	503,5	33.'60	523,6	34.'85	543,7	36.'10	563,9	37.'35	584,1
22'	32.'33	503,7	33.'57	523,8	34.'82	544,0	36.'07	564,2	37.'32	584,3
24'	32.'30	504,0	33.'55	524,1	34.'80	544,3	36.'05	564,4	37.'29	584,6
26'	32.'28	504,2	33.'53	524,4	34.'77	544,5	36.'02	564,7	37.'27	584,9
28'	32.'26	504,4	33.'50	524,6	34.'75	544,8	35.'99	565,0	37.'24	585,2
30'	32.'23	504,7	33.'48	524,9	34.'72	545,0	35.'97	565,2	37.'21	585,5
32'	32.'21	504,9	33.'45	525,1	34.'70	545,3	35.'94	565,5	37.'19	585,7
34'	32.'19	505,2	33.'43	525,4	34.'67	545,6	35.'92	565,8	37.'16	586,0
36'	32.'16	505,4	33.'41	525,6	34.'65	545,8	35.'89	566,1	37.'13	586,3
38'	32.'14	505,7	33.'38	525,9	34.'62	546,1	35.'86	566,3	37.'11	586,6
40'	32.'12	505,9	33.'36	526,1	34.'60	546,3	35.'84	566,6	37.'08	586,9
42'	32.'09	506,1	33.'33	526,4	34.'57	546,6	35.'81	566,9	37.'05	587,1
44'	32.'07	506,4	33.'31	526,6	34.'55	546,9	35.'79	567,1	37.'03	587,4
46'	32.'05	506,6	33.'28	526,9	34.'52	547,1	35.'76	567,4	37.'00	587,7
48'	32.'02	506,9	33.'26	527,1	34.'50	547,4	35.'73	567,7	36.'97	588,0
50'	32.'00	507,1	33.'24	527,4	34.'47	547,6	35.'71	567,9	36.'94	588,2
52'	31.'98	507,3	33.'21	527,6	34.'45	547,9	35.'68	568,2	36.'92	588,5
54'	31.'95	507,6	33.'19	527,9	34.'42	548,2	35.'66	568,5	36.'89	588,8
56'	31.'93	507,8	33.'16	528,1	34.'40	548,4	35.'63	568,7	36.'86	589,1
58'	31.'91	508,1	33.'14	528,4	34.'37	548,7	35.'60	569,0	36.'84	589,4

for H.P. increments (50°)

extra H.P.	r&p	Q
0.'1	0.'06	1,0
0.'2	0.'13	2,0
0.'3	0.'19	3,0
0.'4	0.'25	4,0
0.'5	0.'32	5,0
0.'6	0.'38	6,0
0.'7	0.'45	7,0
0.'8	0.'51	8,0
0.'9	0.'57	9,0
1.'0	0.'64	10,0
1.'1	0.'70	11,0
1.'2	0.'76	11,9
1.'3	0.'83	12,9
1.'4	0.'89	13,9
1.'5	0.'95	14,9
1.'6	1.'02	15,9
1.'7	1.'08	16,9
1.'8	1.'15	17,9
1.'9	1.'21	18,9

for H.P. increments (51°)

extra H.P.	r&p	Q
0.'1	0.'06	1,0
0.'2	0.'12	2,0
0.'3	0.'19	3,0
0.'4	0.'25	4,0
0.'5	0.'31	5,0
0.'6	0.'37	6,1
0.'7	0.'44	7,1
0.'8	0.'50	8,1
0.'9	0.'56	9,1
1.'0	0.'62	10,1
1.'1	0.'69	11,1
1.'2	0.'75	12,1
1.'3	0.'81	13,1
1.'4	0.'87	14,1
1.'5	0.'93	15,1
1.'6	1.'00	16,2
1.'7	1.'06	17,2
1.'8	1.'12	18,2
1.'9	1.'18	19,2

Table 2

Ma 52°

Ma	H.P. 53' r&p	H.P. 53' Q	H.P. 55' r&p	H.P. 55' Q	H.P. 57' r&p	H.P. 57' Q	H.P. 59' r&p	H.P. 59' Q	H.P. 61' r&p	H.P. 61' Q
0'	31.'88	508,3	33.'11	528,6	34.'35	548,9	35.'58	569,3	36.'81	589,6
2'	31.'86	508,5	33.'09	528,9	34.'32	549,2	35.'55	569,5	36.'78	589,9
4'	31.'84	508,8	33.'07	529,1	34.'30	549,5	35.'53	569,8	36.'76	590,2
6'	31.'81	509,0	33.'04	529,4	34.'27	549,7	35.'50	570,1	36.'73	590,5
8'	31.'79	509,3	33.'02	529,6	34.'25	550,0	35.'47	570,3	36.'70	590,7
10'	31.'77	509,5	32.'99	529,9	34.'22	550,2	35.'45	570,6	36.'67	591,0
12'	31.'74	509,7	32.'97	530,1	34.'19	550,5	35.'42	570,9	36.'65	591,3
14'	31.'72	510,0	32.'94	530,4	34.'17	550,7	35.'39	571,1	36.'62	591,6
16'	31.'70	510,2	32.'92	530,6	34.'14	551,0	35.'37	571,4	36.'59	591,8
18'	31.'67	510,5	32.'90	530,8	34.'12	551,3	35.'34	571,7	36.'57	592,1
20'	31.'65	510,7	32.'87	531,1	34.'09	551,5	35.'32	571,9	36.'54	592,4
22'	31.'62	510,9	32.'85	531,3	34.'07	551,8	35.'29	572,2	36.'51	592,7
24'	31.'60	511,2	32.'82	531,6	34.'04	552,0	35.'26	572,5	36.'48	592,9
26'	31.'58	511,4	32.'80	531,8	34.'02	552,3	35.'24	572,7	36.'46	593,2
28'	31.'55	511,6	32.'77	532,1	33.'99	552,5	35.'21	573,0	36.'43	593,5
30'	31.'53	511,9	32.'75	532,3	33.'97	552,8	35.'18	573,3	36.'40	593,7
32'	31.'51	512,1	32.'72	532,6	33.'94	553,0	35.'16	573,5	36.'37	594,0
34'	31.'48	512,4	32.'70	532,8	33.'92	553,3	35.'13	573,8	36.'35	594,3
36'	31.'46	512,6	32.'67	533,1	33.'89	553,6	35.'11	574,1	36.'32	594,6
38'	31.'44	512,8	32.'65	533,3	33.'86	553,8	35.'08	574,3	36.'29	594,8
40'	31.'41	513,1	32.'63	533,6	33.'84	554,1	35.'05	574,6	36.'27	595,1
42'	31.'39	513,3	32.'60	533,8	33.'81	554,3	35.'03	574,8	36.'24	595,4
44'	31.'37	513,5	32.'58	534,0	33.'79	554,6	35.'00	575,1	36.'21	595,7
46'	31.'34	513,8	32.'55	534,3	33.'76	554,8	34.'97	575,4	36.'18	595,9
48'	31.'32	514,0	32.'53	534,5	33.'74	555,1	34.'95	575,6	36.'16	596,2
50'	31.'29	514,2	32.'50	534,8	33.'71	555,3	34.'92	575,9	36.'13	596,5
52'	31.'27	514,5	32.'48	535,0	33.'69	555,6	34.'89	576,2	36.'10	596,7
54'	31.'25	514,7	32.'45	535,3	33.'66	555,8	34.'87	576,4	36.'07	597,0
56'	31.'22	515,0	32.'43	535,5	33.'63	556,1	34.'84	576,7	36.'05	597,3
58'	31.'20	515,2	32.'40	535,8	33.'61	556,3	34.'81	576,9	36.'02	597,6

for H.P. increments

extra H.P.	r&p	Q
0.'1	0.'06	1,0
0.'2	0.'12	2,0
0.'3	0.'18	3,1
0.'4	0.'24	4,1
0.'5	0.'30	5,1
0.'6	0.'37	6,1
0.'7	0.'43	7,2
0.'8	0.'49	8,2
0.'9	0.'55	9,2
1.'0	0.'61	10,2
1.'1	0.'67	11,3
1.'2	0.'73	12,3
1.'3	0.'79	13,3
1.'4	0.'85	14,3
1.'5	0.'91	15,3
1.'6	0.'97	16,4
1.'7	1.'04	17,4
1.'8	1.'10	18,4
1.'9	1.'16	19,4

53°

Ma	H.P. 53' r&p	H.P. 53' Q	H.P. 55' r&p	H.P. 55' Q	H.P. 57' r&p	H.P. 57' Q	H.P. 59' r&p	H.P. 59' Q	H.P. 61' r&p	H.P. 61' Q
0'	31.'18	515,4	32.'38	536,0	33.'58	556,6	34.'79	577,2	35.'99	597,8
2'	31.'15	515,7	32.'36	536,2	33.'56	556,8	34.'76	577,5	35.'96	598,1
4'	31.'13	515,9	32.'33	536,5	33.'53	557,1	34.'73	577,7	35.'94	598,4
6'	31.'10	516,1	32.'31	536,7	33.'51	557,3	34.'71	578,0	35.'91	598,6
8'	31.'08	516,4	32.'28	537,0	33.'48	557,6	34.'68	578,2	35.'88	598,9
10'	31.'06	516,6	32.'26	537,2	33.'46	557,9	34.'65	578,5	35.'85	599,2
12'	31.'03	516,8	32.'23	537,5	33.'43	558,1	34.'63	578,8	35.'83	599,4
14'	31.'01	517,1	32.'21	537,7	33.'40	558,4	34.'60	579,0	35.'80	599,7
16'	30.'99	517,3	32.'18	537,9	33.'38	558,6	34.'57	579,3	35.'77	600,0
18'	30.'96	517,5	32.'16	538,2	33.'35	558,9	34.'55	579,5	35.'74	600,2
20'	30.'94	517,8	32.'13	538,4	33.'33	559,1	34.'52	579,8	35.'72	600,5
22'	30.'91	518,0	32.'11	538,7	33.'30	559,4	34.'49	580,1	35.'69	600,8
24'	30.'89	518,2	32.'08	538,9	33.'28	559,6	34.'47	580,3	35.'66	601,0
26'	30.'87	518,5	32.'06	539,1	33.'25	559,9	34.'44	580,6	35.'63	601,3
28'	30.'84	518,7	32.'03	539,4	33.'22	560,1	34.'41	580,8	35.'61	601,6
30'	30.'82	518,9	32.'01	539,6	33.'20	560,4	34.'39	581,1	35.'58	601,8
32'	30.'79	519,2	31.'98	539,9	33.'17	560,6	34.'36	581,4	35.'55	602,1
34'	30.'77	519,4	31.'96	540,1	33.'15	560,9	34.'33	581,6	35.'52	602,4
36'	30.'75	519,6	31.'93	540,4	33.'12	561,1	34.'31	581,9	35.'50	602,6
38'	30.'72	519,8	31.'91	540,6	33.'09	561,4	34.'28	582,1	35.'47	602,9
40'	30.'70	520,1	31.'88	540,8	33.'07	561,6	34.'25	582,4	35.'44	603,2
42'	30.'67	520,3	31.'86	541,1	33.'04	561,8	34.'23	582,6	35.'41	603,4
44'	30.'65	520,5	31.'83	541,3	33.'02	562,1	34.'20	582,9	35.'38	603,7
46'	30.'63	520,8	31.'81	541,5	32.'99	562,3	34.'17	583,1	35.'36	604,0
48'	30.'60	521,0	31.'78	541,8	32.'97	562,6	34.'15	583,4	35.'33	604,2
50'	30.'58	521,2	31.'76	542,0	32.'94	562,8	34.'12	583,7	35.'30	604,5
52'	30.'55	521,5	31.'73	542,3	32.'91	563,1	34.'09	583,9	35.'27	604,8
54'	30.'53	521,7	31.'71	542,5	32.'89	563,3	34.'07	584,2	35.'25	605,0
56'	30.'51	521,9	31.'68	542,7	32.'86	563,6	34.'04	584,4	35.'22	605,3
58'	30.'48	522,2	31.'66	543,0	32.'84	563,8	34.'01	584,7	35.'19	605,6

for H.P. increments

extra H.P.	r&p	Q
0.'1	0.'06	1,0
0.'2	0.'12	2,1
0.'3	0.'18	3,1
0.'4	0.'24	4,1
0.'5	0.'30	5,2
0.'6	0.'36	6,2
0.'7	0.'42	7,3
0.'8	0.'48	8,3
0.'9	0.'54	9,3
1.'0	0.'60	10,4
1.'1	0.'65	11,4
1.'2	0.'71	12,4
1.'3	0.'77	13,5
1.'4	0.'83	14,5
1.'5	0.'89	15,5
1.'6	0.'95	16,6
1.'7	1.'01	17,6
1.'8	1.'07	18,7
1.'9	1.'13	19,7

Table 2

Ma	H.P. 53'		H.P. 55'		H.P. 57'		H.P. 59'		H.P. 61'			extra H.P.	r&p	Q
	r&p	Q	r&p	Q	r&p	Q	r&p	Q	r&p	Q				
54° 0'	30.'46	522,4	31.'63	543,2	32.'81	564,1	33.'99	584,9	35.'16	605,8				
2'	30.'43	522,6	31.'61	543,5	32.'78	564,3	33.'96	585,2	35.'13	606,1				
4'	30.'41	522,8	31.'58	543,7	32.'76	564,6	33.'93	585,5	35.'11	606,4				
6'	30.'39	523,1	31.'56	543,9	32.'73	564,8	33.'90	585,7	35.'08	606,6			for H.P.	
8'	30.'36	523,3	31.'53	544,2	32.'71	565,1	33.'88	586,0	35.'05	606,9			increments	
10'	30.'34	523,5	31.'51	544,4	32.'68	565,3	33.'85	586,2	35.'02	607,1				
12'	30.'31	523,8	31.'48	544,6	32.'65	565,5	33.'82	586,5	34.'99	607,4		extra H.P.	r&p	Q
14'	30.'29	524,0	31.'46	544,9	32.'63	565,8	33.'80	586,7	34.'97	607,7		0.'1	0.'06	1,0
16'	30.'27	524,2	31.'43	545,1	32.'60	566,0	33.'77	587,0	34.'94	607,9		0.'2	0.'12	2,1
18'	30.'24	524,4	31.'41	545,4	32.'58	566,3	33.'74	587,2	34.'91	608,2		0.'3	0.'17	3,1
20'	30.'22	524,7	31.'38	545,6	32.'55	566,5	33.'72	587,5	34.'88	608,5		0.'4	0.'23	4,2
22'	30.'19	524,9	31.'36	545,8	32.'52	566,8	33.'69	587,7	34.'85	608,7		0.'5	0.'29	5,2
24'	30.'17	525,1	31.'33	546,1	32.'50	567,0	33.'66	588,0	34.'83	609,0		0.'6	0.'35	6,3
26'	30.'14	525,3	31.'31	546,3	32.'47	567,3	33.'63	588,2	34.'80	609,2		0.'7	0.'41	7,3
28'	30.'12	525,6	31.'28	546,5	32.'45	567,5	33.'61	588,5	34.'77	609,5		0.'8	0.'46	8,4
30'	30.'10	525,8	31.'26	546,8	32.'42	567,7	33.'58	588,7	34.'74	609,8		0.'9	0.'52	9,4
32'	30.'07	526,0	31.'23	547,0	32.'39	568,0	33.'55	589,0	34.'71	610,0		1.'0	0.'58	10,5
34'	30.'05	526,2	31.'21	547,2	32.'37	568,2	33.'53	589,3	34.'69	610,3		1.'1	0.'64	11,5
36'	30.'02	526,5	31.'18	547,5	32.'34	568,5	33.'50	589,5	34.'66	610,5		1.'2	0.'70	12,6
38'	30.'00	526,7	31.'16	547,7	32.'31	568,7	33.'47	589,8	34.'63	610,8		1.'3	0.'76	13,6
40'	29.'97	526,9	31.'13	547,9	32.'29	569,0	33.'44	590,0	34.'60	611,1		1.'4	0.'81	14,7
42'	29.'95	527,2	31.'11	548,2	32.'26	569,2	33.'42	590,3	34.'57	611,3		1.'5	0.'87	15,7
44'	29.'93	527,4	31.'08	548,4	32.'24	569,4	33.'39	590,5	34.'55	611,6		1.'6	0.'93	16,8
46'	29.'90	527,6	31.'06	548,6	32.'21	569,7	33.'36	590,8	34.'52	611,8		1.'7	0.'99	17,8
48'	29.'88	527,8	31.'03	548,9	32.'18	569,9	33.'34	591,0	34.'49	612,1		1.'8	1.'05	18,9
50'	29.'85	528,1	31.'00	549,1	32.'16	570,2	33.'31	591,3	34.'46	612,4		1.'9	1.'10	19,9
52'	29.'83	528,3	30.'98	549,3	32.'13	570,4	33.'28	591,5	34.'43	612,6				
54'	29.'80	528,5	30.'95	549,6	32.'10	570,7	33.'25	591,8	34.'40	612,9				
56'	29.'78	528,7	30.'93	549,8	32.'08	570,9	33.'23	592,0	34.'38	613,1				
58'	29.'75	528,9	30.'90	550,0	32.'05	571,1	33.'20	592,3	34.'35	613,4				
55° 0'	29.'73	529,2	30.'88	550,3	32.'03	571,4	33.'17	592,5	34.'32	613,6				
2'	29.'71	529,4	30.'85	550,5	32.'00	571,6	33.'15	592,8	34.'29	613,9				
4'	29.'68	529,6	30.'83	550,7	31.'97	571,9	33.'12	593,0	34.'26	614,2				
6'	29.'66	529,8	30.'80	551,0	31.'95	572,1	33.'09	593,2	34.'24	614,4			for H.P.	
8'	29.'63	530,1	30.'78	551,2	31.'92	572,3	33.'06	593,5	34.'21	614,7			increments	
10'	29.'61	530,3	30.'75	551,4	31.'89	572,6	33.'04	593,7	34.'18	614,9				
12'	29.'58	530,5	30.'73	551,7	31.'87	572,8	33.'01	594,0	34.'15	615,2		extra H.P.	r&p	Q
14'	29.'56	530,7	30.'70	551,9	31.'84	573,1	32.'98	594,2	34.'12	615,4		0.'1	0.'06	1,1
16'	29.'53	531,0	30.'67	552,1	31.'81	573,3	32.'95	594,5	34.'09	615,7		0.'2	0.'11	2,1
18'	29.'51	531,2	30.'65	552,3	31.'79	573,5	32.'93	594,7	34.'07	616,0		0.'3	0.'17	3,2
20'	29.'49	531,4	30.'62	552,6	31.'76	573,8	32.'90	595,0	34.'04	616,2		0.'4	0.'23	4,2
22'	29.'46	531,6	30.'60	552,8	31.'73	574,0	32.'87	595,2	34.'01	616,5		0.'5	0.'28	5,3
24'	29.'44	531,8	30.'57	553,0	31.'71	574,2	32.'84	595,5	33.'98	616,7		0.'6	0.'34	6,4
26'	29.'41	532,1	30.'55	553,3	31.'68	574,5	32.'82	595,7	33.'95	617,0		0.'7	0.'40	7,4
28'	29.'39	532,3	30.'52	553,5	31.'66	574,7	32.'79	596,0	33.'92	617,2		0.'8	0.'45	8,5
30'	29.'36	532,5	30.'50	553,7	31.'63	575,0	32.'76	596,2	33.'90	617,5		0.'9	0.'51	9,6
32'	29.'34	532,7	30.'47	554,0	31.'60	575,2	32.'73	596,5	33.'87	617,7		1.'0	0.'57	10,6
34'	29.'31	532,9	30.'44	554,2	31.'58	575,4	32.'71	596,7	33.'84	618,0		1.'1	0.'62	11,7
36'	29.'29	533,2	30.'42	554,4	31.'55	575,7	32.'68	597,0	33.'81	618,2		1.'2	0.'68	12,7
38'	29.'26	533,4	30.'39	554,6	31.'52	575,9	32.'65	597,2	33.'78	618,5		1.'3	0.'74	13,8
40'	29.'24	533,6	30.'37	554,9	31.'50	576,1	32.'62	597,4	33.'75	618,7		1.'4	0.'79	14,9
42'	29.'21	533,8	30.'34	555,1	31.'47	576,4	32.'60	597,7	33.'72	619,0		1.'5	0.'85	15,9
44'	29.'19	534,0	30.'32	555,3	31.'44	576,6	32.'57	597,9	33.'70	619,3		1.'6	0.'91	17,0
46'	29.'17	534,3	30.'29	555,6	31.'42	576,9	32.'54	598,2	33.'67	619,5		1.'7	0.'96	18,1
48'	29.'14	534,5	30.'27	555,8	31.'39	577,1	32.'51	598,4	33.'64	619,8		1.'8	1.'02	19,1
50'	29.'12	534,7	30.'24	556,0	31.'36	577,3	32.'49	598,7	33.'61	620,0		1.'9	1.'08	20,2
52'	29.'09	534,9	30.'21	556,2	31.'34	577,6	32.'46	598,9	33.'58	620,3				
54'	29.'07	535,1	30.'19	556,5	31.'31	577,8	32.'43	599,1	33.'55	620,5				
56'	29.'04	535,4	30.'16	556,7	31.'28	578,0	32.'40	599,4	33.'52	620,8				
58'	29.'02	535,6	30.'14	556,9	31.'26	578,3	32.'38	599,6	33.'50	621,0				

Table 2

Ma 56° / **56°**

Ma	H.P. 53' r&p	H.P. 53' Q	H.P. 55' r&p	H.P. 55' Q	H.P. 57' r&p	H.P. 57' Q	H.P. 59' r&p	H.P. 59' Q	H.P. 61' r&p	H.P. 61' Q
0'	28.'99	535,8	30.'11	557,1	31.'23	578,5	32.'35	599,9	33.'47	621,3
2'	28.'97	536,0	30.'09	557,4	31.'20	578,7	32.'32	600,1	33.'44	621,5
4'	28.'94	536,2	30.'06	557,6	31.'18	579,0	32.'29	600,4	33.'41	621,8
6'	28.'92	536,4	30.'03	557,8	31.'15	579,2	32.'27	600,6	33.'38	622,0
8'	28.'89	536,7	30.'01	558,0	31.'12	579,4	32.'24	600,8	33.'35	622,3
10'	28.'87	536,9	29.'98	558,3	31.'10	579,7	32.'21	601,1	33.'32	622,5
12'	28.'84	537,1	29.'96	558,5	31.'07	579,9	32.'18	601,3	33.'30	622,8
14'	28.'82	537,3	29.'93	558,7	31.'04	580,1	32.'15	601,6	33.'27	623,0
16'	28.'79	537,5	29.'91	558,9	31.'02	580,4	32.'13	601,8	33.'24	623,3
18'	28.'77	537,7	29.'88	559,2	30.'99	580,6	32.'10	602,1	33.'21	623,5
20'	28.'74	538,0	29.'85	559,4	30.'96	580,8	32.'07	602,3	33.'18	623,8
22'	28.'72	538,2	29.'83	559,6	30.'94	581,1	32.'04	602,5	33.'15	624,0
24'	28.'69	538,4	29.'80	559,8	30.'91	581,3	32.'02	602,8	33.'12	624,3
26'	28.'67	538,6	29.'78	560,1	30.'88	581,5	31.'99	603,0	33.'09	624,5
28'	28.'65	538,8	29.'75	560,3	30.'86	581,8	31.'96	603,3	33.'07	624,8
30'	28.'62	539,0	29.'72	560,5	30.'83	582,0	31.'93	603,5	33.'04	625,0
32'	28.'60	539,3	29.'70	560,7	30.'80	582,2	31.'90	603,7	33.'01	625,3
34'	28.'57	539,5	29.'67	561,0	30.'77	582,5	31.'88	604,0	32.'98	625,5
36'	28.'55	539,7	29.'65	561,2	30.'75	582,7	31.'85	604,2	32.'95	625,8
38'	28.'52	539,9	29.'62	561,4	30.'72	582,9	31.'82	604,5	32.'92	626,0
40'	28.'50	540,1	29.'59	561,6	30.'69	583,2	31.'79	604,7	32.'89	626,2
42'	28.'47	540,3	29.'57	561,8	30.'67	583,4	31.'77	604,9	32.'86	626,5
44'	28.'45	540,5	29.'54	562,1	30.'64	583,6	31.'74	605,2	32.'84	626,7
46'	28.'42	540,8	29.'52	562,3	30.'61	583,8	31.'71	605,4	32.'81	627,0
48'	28.'40	541,0	29.'49	562,5	30.'59	584,1	31.'68	605,6	32.'78	627,2
50'	28.'37	541,2	29.'47	562,7	30.'56	584,3	31.'65	605,9	32.'75	627,5
52'	28.'35	541,4	29.'44	563,0	30.'53	584,5	31.'63	606,1	32.'72	627,7
54'	28.'32	541,6	29.'41	563,2	30.'51	584,8	31.'60	606,4	32.'69	628,0
56'	28.'30	541,8	29.'39	563,4	30.'48	585,0	31.'57	606,6	32.'66	628,2
58'	28.'27	542,0	29.'36	563,6	30.'45	585,2	31.'54	606,8	32.'63	628,5

57° / **57°**

Ma	H.P. 53' r&p	H.P. 53' Q	H.P. 55' r&p	H.P. 55' Q	H.P. 57' r&p	H.P. 57' Q	H.P. 59' r&p	H.P. 59' Q	H.P. 61' r&p	H.P. 61' Q
0'	28.'25	542,2	29.'33	563,8	30.'42	585,4	31.'51	607,1	32.'60	628,7
2'	28.'22	542,5	29.'31	564,1	30.'40	585,7	31.'49	607,3	32.'57	628,9
4'	28.'20	542,7	29.'28	564,3	30.'37	585,9	31.'46	607,5	32.'55	629,2
6'	28.'17	542,9	29.'26	564,5	30.'34	586,1	31.'43	607,8	32.'52	629,4
8'	28.'15	543,1	29.'23	564,7	30.'32	586,4	31.'40	608,0	32.'49	629,7
10'	28.'12	543,3	29.'20	564,9	30.'29	586,6	31.'37	608,2	32.'46	629,9
12'	28.'09	543,5	29.'18	565,2	30.'26	586,8	31.'35	608,5	32.'43	630,2
14'	28.'07	543,7	29.'15	565,4	30.'24	587,0	31.'32	608,7	32.'40	630,4
16'	28.'04	543,9	29.'13	565,6	30.'21	587,3	31.'29	608,9	32.'37	630,6
18'	28.'02	544,2	29.'10	565,8	30.'18	587,5	31.'26	609,2	32.'34	630,9
20'	27.'99	544,4	29.'07	566,0	30.'15	587,7	31.'23	609,4	32.'31	631,1
22'	27.'97	544,6	29.'05	566,3	30.'13	587,9	31.'21	609,7	32.'28	631,4
24'	27.'94	544,8	29.'02	566,5	30.'10	588,2	31.'18	609,9	32.'26	631,6
26'	27.'92	545,0	29.'00	566,7	30.'07	588,4	31.'15	610,1	32.'23	631,9
28'	27.'89	545,2	28.'97	566,9	30.'05	588,6	31.'12	610,4	32.'20	632,1
30'	27.'87	545,4	28.'94	567,1	30.'02	588,8	31.'09	610,6	32.'17	632,3
32'	27.'84	545,6	28.'92	567,3	29.'99	589,1	31.'06	610,8	32.'14	632,6
34'	27.'82	545,8	28.'89	567,6	29.'96	589,3	31.'04	611,1	32.'11	632,8
36'	27.'79	546,0	28.'86	567,8	29.'94	589,5	31.'01	611,3	32.'08	633,1
38'	27.'77	546,2	28.'84	568,0	29.'91	589,7	30.'98	611,5	32.'05	633,3
40'	27.'74	546,5	28.'81	568,2	29.'88	590,0	30.'95	611,7	32.'02	633,5
42'	27.'72	546,7	28.'79	568,4	29.'85	590,2	30.'92	612,0	31.'99	633,8
44'	27.'69	546,9	28.'76	568,6	29.'83	590,4	30.'90	612,2	31.'96	634,0
46'	27.'67	547,1	28.'73	568,9	29.'80	590,6	30.'87	612,4	31.'93	634,3
48'	27.'64	547,3	28.'71	569,1	29.'77	590,9	30.'84	612,7	31.'91	634,5
50'	27.'62	547,5	28.'68	569,3	29.'75	591,1	30.'81	612,9	31.'88	634,7
52'	27.'59	547,7	28.'65	569,5	29.'72	591,3	30.'78	613,1	31.'85	635,0
54'	27.'56	547,9	28.'63	569,7	29.'69	591,5	30.'75	613,4	31.'82	635,2
56'	27.'54	548,1	28.'60	569,9	29.'66	591,8	30.'73	613,6	31.'79	635,5
58'	27.'51	548,3	28.'58	570,1	29.'64	592,0	30.'70	613,8	31.'76	635,7

for H.P. increments (56°)

extra H.P.	r&p	Q
0.'1	0.'06	1,1
0.'2	0.'11	2,1
0.'3	0.'17	3,2
0.'4	0.'22	4,3
0.'5	0.'28	5,4
0.'6	0.'33	6,4
0.'7	0.'39	7,5
0.'8	0.'44	8,6
0.'9	0.'50	9,7
1.'0	0.'55	10,7
1.'1	0.'61	11,8
1.'2	0.'66	12,9
1.'3	0.'72	14,0
1.'4	0.'77	15,0
1.'5	0.'83	16,1
1.'6	0.'88	17,2
1.'7	0.'94	18,3
1.'8	0.'99	19,3
1.'9	1.'05	20,4

for H.P. increments (57°)

extra H.P.	r&p	Q
0.'1	0.'05	1,1
0.'2	0.'11	2,2
0.'3	0.'16	3,3
0.'4	0.'22	4,3
0.'5	0.'27	5,4
0.'6	0.'32	6,5
0.'7	0.'38	7,6
0.'8	0.'43	8,7
0.'9	0.'48	9,8
1.'0	0.'54	10,9
1.'1	0.'59	11,9
1.'2	0.'65	13,0
1.'3	0.'70	14,1
1.'4	0.'75	15,2
1.'5	0.'81	16,3
1.'6	0.'86	17,4
1.'7	0.'91	18,5
1.'8	0.'97	19,6
1.'9	1.'02	20,6

Table 2

Ma 58°

	H.P. 53'		H.P. 55'		H.P. 57'		H.P. 59'		H.P. 61'	
	r&p	Q	r&p	Q	r&p	Q	r&p	Q	r&p	Q
0'	27.'49	548,5	28.'55	570,4	29.'61	592,2	30.'67	614,1	31.'73	635,9
2'	27.'46	548,7	28.'52	570,6	29.'58	592,4	30.'64	614,3	31.'70	636,2
4'	27.'44	548,9	28.'50	570,8	29.'55	592,6	30.'61	614,5	31.'67	636,4
6'	27.'41	549,2	28.'47	571,0	29.'53	592,9	30.'58	614,7	31.'64	636,6
8'	27.'39	549,4	28.'44	571,2	29.'50	593,1	30.'56	615,0	31.'61	636,9
10'	27.'36	549,6	28.'42	571,4	29.'47	593,3	30.'53	615,2	31.'58	637,1
12'	27.'34	549,8	28.'39	571,6	29.'44	593,5	30.'50	615,4	31.'55	637,4
14'	27.'31	550,0	28.'36	571,9	29.'42	593,8	30.'47	615,7	31.'52	637,6
16'	27.'29	550,2	28.'34	572,1	29.'39	594,0	30.'44	615,9	31.'49	637,8
18'	27.'26	550,4	28.'31	572,3	29.'36	594,2	30.'41	616,1	31.'46	638,1
20'	27.'23	550,6	28.'28	572,5	29.'34	594,4	30.'39	616,3	31.'44	638,3
22'	27.'21	550,8	28.'26	572,7	29.'31	594,6	30.'36	616,6	31.'41	638,5
24'	27.'18	551,0	28.'23	572,9	29.'28	594,9	30.'33	616,8	31.'38	638,8
26'	27.'16	551,2	28.'21	573,1	29.'25	595,1	30.'30	617,0	31.'35	639,0
28'	27.'13	551,4	28.'18	573,3	29.'23	595,3	30.'27	617,3	31.'32	639,2
30'	27.'11	551,6	28.'15	573,6	29.'20	595,5	30.'24	617,5	31.'29	639,5
32'	27.'08	551,8	28.'13	573,8	29.'17	595,7	30.'21	617,7	31.'26	639,7
34'	27.'06	552,0	28.'10	574,0	29.'14	595,9	30.'19	617,9	31.'23	639,9
36'	27.'03	552,2	28.'07	574,2	29.'12	596,2	30.'16	618,2	31.'20	640,2
38'	27.'00	552,4	28.'05	574,4	29.'09	596,4	30.'13	618,4	31.'17	640,4
40'	26.'98	552,6	28.'02	574,6	29.'06	596,6	30.'10	618,6	31.'14	640,6
42'	26.'95	552,8	27.'99	574,8	29.'03	596,8	30.'07	618,8	31.'11	640,9
44'	26.'93	553,0	27.'97	575,0	29.'00	597,0	30.'04	619,1	31.'08	641,1
46'	26.'90	553,2	27.'94	575,2	28.'98	597,3	30.'01	619,3	31.'05	641,3
48'	26.'88	553,4	27.'91	575,4	28.'95	597,5	29.'99	619,5	31.'02	641,6
50'	26.'85	553,6	27.'89	575,7	28.'92	597,7	29.'96	619,7	30.'99	641,8
52'	26.'83	553,8	27.'86	575,9	28.'89	597,9	29.'93	620,0	30.'96	642,0
54'	26.'80	554,0	27.'83	576,1	28.'87	598,1	29.'90	620,2	30.'93	642,3
56'	26.'77	554,2	27.'81	576,3	28.'84	598,3	29.'87	620,4	30.'90	642,5
58'	26.'75	554,4	27.'78	576,5	28.'81	598,6	29.'84	620,6	30.'87	642,7

for H.P. increments

extra H.P.	r&p	Q
0.'1	0.'05	1,1
0.'2	0.'10	2,2
0.'3	0.'16	3,3
0.'4	0.'21	4,4
0.'5	0.'26	5,5
0.'6	0.'31	6,6
0.'7	0.'37	7,7
0.'8	0.'42	8,8
0.'9	0.'47	9,9
1.'0	0.'52	11,0
1.'1	0.'58	12,1
1.'2	0.'63	13,2
1.'3	0.'68	14,3
1.'4	0.'73	15,4
1.'5	0.'78	16,5
1.'6	0.'84	17,6
1.'7	0.'89	18,7
1.'8	0.'94	19,8
1.'9	0.'99	20,9

59°

	H.P. 53'		H.P. 55'		H.P. 57'		H.P. 59'		H.P. 61'	
0'	26.'72	554,6	27.'75	576,7	28.'78	598,8	29.'81	620,9	30.'84	643,0
2'	26.'70	554,8	27.'73	576,9	28.'76	599,0	29.'79	621,1	30.'81	643,2
4'	26.'67	555,0	27.'70	577,1	28.'73	599,2	29.'76	621,3	30.'79	643,4
6'	26.'65	555,2	27.'67	577,3	28.'70	599,4	29.'73	621,5	30.'76	643,7
8'	26.'62	555,4	27.'65	577,5	28.'67	599,6	29.'70	621,8	30.'73	643,9
10'	26.'59	555,6	27.'62	577,7	28.'65	599,9	29.'67	622,0	30.'70	644,1
12'	26.'57	555,8	27.'59	577,9	28.'62	600,1	29.'64	622,2	30.'67	644,3
14'	26.'54	556,0	27.'57	578,2	28.'59	600,3	29.'61	622,4	30.'64	644,6
16'	26.'52	556,2	27.'54	578,4	28.'56	600,5	29.'58	622,6	30.'61	644,8
18'	26.'49	556,4	27.'51	578,6	28.'53	600,7	29.'56	622,9	30.'58	645,0
20'	26.'47	556,6	27.'49	578,8	28.'51	600,9	29.'53	623,1	30.'55	645,3
22'	26.'44	556,8	27.'46	579,0	28.'48	601,1	29.'50	623,3	30.'52	645,5
24'	26.'41	557,0	27.'43	579,2	28.'45	601,3	29.'47	623,5	30.'49	645,7
26'	26.'39	557,2	27.'41	579,4	28.'42	601,6	29.'44	623,7	30.'46	645,9
28'	26.'36	557,4	27.'38	579,6	28.'40	601,8	29.'41	624,0	30.'43	646,2
30'	26.'34	557,6	27.'35	579,8	28.'37	602,0	29.'38	624,2	30.'40	646,4
32'	26.'31	557,8	27.'33	580,0	28.'34	602,2	29.'35	624,4	30.'37	646,6
34'	26.'29	558,0	27.'30	580,2	28.'31	602,4	29.'33	624,6	30.'34	646,9
36'	26.'26	558,2	27.'27	580,4	28.'28	602,6	29.'30	624,8	30.'31	647,1
38'	26.'23	558,4	27.'24	580,6	28.'26	602,8	29.'27	625,1	30.'28	647,3
40'	26.'21	558,6	27.'22	580,8	28.'23	603,0	29.'24	625,3	30.'25	647,5
42'	26.'18	558,8	27.'19	581,0	28.'20	603,3	29.'21	625,5	30.'22	647,8
44'	26.'16	559,0	27.'16	581,2	28.'17	603,5	29.'18	625,7	30.'19	648,0
46'	26.'13	559,2	27.'14	581,4	28.'14	603,7	29.'15	625,9	30.'16	648,2
48'	26.'10	559,4	27.'11	581,6	28.'12	603,9	29.'12	626,2	30.'13	648,4
50'	26.'08	559,6	27.'08	581,8	28.'09	604,1	29.'09	626,4	30.'10	648,7
52'	26.'05	559,8	27.'06	582,0	28.'06	604,3	29.'07	626,6	30.'07	648,9
54'	26.'03	560,0	27.'03	582,3	28.'03	604,5	29.'04	626,8	30.'04	649,1
56'	26.'00	560,2	27.'00	582,5	28.'01	604,7	29.'01	627,0	30.'01	649,3
58'	25.'97	560,4	26.'98	582,7	27.'98	604,9	28.'98	627,3	29.'98	649,6

for H.P. increments

extra H.P.	r&p	Q
0.'1	0.'05	1,1
0.'2	0.'10	2,2
0.'3	0.'15	3,3
0.'4	0.'20	4,4
0.'5	0.'25	5,5
0.'6	0.'30	6,7
0.'7	0.'36	7,8
0.'8	0.'41	8,9
0.'9	0.'46	10,0
1.'0	0.'51	11,1
1.'1	0.'56	12,2
1.'2	0.'61	13,3
1.'3	0.'66	14,4
1.'4	0.'71	15,5
1.'5	0.'76	16,6
1.'6	0.'81	17,8
1.'7	0.'86	18,9
1.'8	0.'91	20,0
1.'9	0.'97	21,1

Table 2

Ma 60°

	H.P. 53'		H.P. 55'		H.P. 57'		H.P. 59'		H.P. 61'	
	r&p	Q	r&p	Q	r&p	Q	r&p	Q	r&p	Q
0'	25.'95	560,6	26.'95	582,9	27.'95	605,2	28.'95	627,5	29.'95	649,8
2'	25.'92	560,8	26.'92	583,1	27.'92	605,4	28.'92	627,7	29.'92	650,0
4'	25.'90	561,0	26.'89	583,3	27.'89	605,6	28.'89	627,9	29.'89	650,2
6'	25.'87	561,2	26.'87	583,5	27.'87	605,8	28.'86	628,1	29.'86	650,5
8'	25.'84	561,4	26.'84	583,7	27.'84	606,0	28.'83	628,3	29.'83	650,7
10'	25.'82	561,6	26.'81	583,9	27.'81	606,2	28.'80	628,6	29.'80	650,9
12'	25.'79	561,7	26.'79	584,1	27.'78	606,4	28.'78	628,8	29.'77	651,1
14'	25.'77	561,9	26.'76	584,3	27.'75	606,6	28.'75	629,0	29.'74	651,4
16'	25.'74	562,1	26.'73	584,5	27.'73	606,8	28.'72	629,2	29.'71	651,6
18'	25.'71	562,3	26.'71	584,7	27.'70	607,0	28.'69	629,4	29.'68	651,8
20'	25.'69	562,5	26.'68	584,9	27.'67	607,2	28.'66	629,6	29.'65	652,0
22'	25.'66	562,7	26.'65	585,1	27.'64	607,4	28.'63	629,8	29.'62	652,2
24'	25.'64	562,9	26.'62	585,3	27.'61	607,7	28.'60	630,1	29.'59	652,5
26'	25.'61	563,1	26.'60	585,5	27.'58	607,9	28.'57	630,3	29.'56	652,7
28'	25.'58	563,3	26.'57	585,7	27.'56	608,1	28.'54	630,5	29.'53	652,9
30'	25.'56	563,5	26.'54	585,9	27.'53	608,3	28.'51	630,7	29.'50	653,1
32'	25.'53	563,7	26.'52	586,1	27.'50	608,5	28.'48	630,9	29.'47	653,4
34'	25.'51	563,9	26.'49	586,3	27.'47	608,7	28.'46	631,1	29.'44	653,6
36'	25.'48	564,1	26.'46	586,5	27.'44	608,9	28.'43	631,3	29.'41	653,8
38'	25.'45	564,2	26.'43	586,7	27.'42	609,1	28.'40	631,6	29.'38	654,0
40'	25.'43	564,4	26.'41	586,9	27.'39	609,3	28.'37	631,8	29.'35	654,2
42'	25.'40	564,6	26.'38	587,1	27.'36	609,5	28.'34	632,0	29.'32	654,5
44'	25.'38	564,8	26.'35	587,3	27.'33	609,7	28.'31	632,2	29.'29	654,7
46'	25.'35	565,0	26.'33	587,5	27.'30	609,9	28.'28	632,4	29.'26	654,9
48'	25.'32	565,2	26.'30	587,7	27.'27	610,1	28.'25	632,6	29.'23	655,1
50'	25.'30	565,4	26.'27	587,9	27.'25	610,3	28.'22	632,8	29.'20	655,3
52'	25.'27	565,6	26.'24	588,0	27.'22	610,5	28.'19	633,0	29.'17	655,6
54'	25.'24	565,8	26.'22	588,2	27.'19	610,7	28.'16	633,2	29.'14	655,8
56'	25.'22	566,0	26.'19	588,4	27.'16	610,9	28.'13	633,5	29.'11	656,0
58'	25.'19	566,1	26.'16	588,6	27.'13	611,1	28.'10	633,7	29.'08	656,2

for H.P. increments

extra H.P.	r&p	Q
0.'1	0.'05	1,1
0.'2	0.'10	2,2
0.'3	0.'15	3,4
0.'4	0.'20	4,5
0.'5	0.'25	5,6
0.'6	0.'30	6,7
0.'7	0.'34	7,8
0.'8	0.'39	9,0
0.'9	0.'44	10,1
1.'0	0.'49	11,2
1.'1	0.'54	12,3
1.'2	0.'59	13,4
1.'3	0.'64	14,6
1.'4	0.'69	15,7
1.'5	0.'74	16,8
1.'6	0.'79	17,9
1.'7	0.'84	19,0
1.'8	0.'89	20,2
1.'9	0.'94	21,3

61°

	H.P. 53'		H.P. 55'		H.P. 57'		H.P. 59'		H.P. 61'	
0'	25.'17	566,3	26.'14	588,8	27.'11	611,3	28.'08	633,9	29.'05	656,4
2'	25.'14	566,5	26.'11	589,0	27.'08	611,6	28.'05	634,1	29.'01	656,6
4'	25.'11	566,7	26.'08	589,2	27.'05	611,8	28.'02	634,3	28.'98	656,9
6'	25.'09	566,9	26.'05	589,4	27.'02	612,0	27.'99	634,5	28.'95	657,1
8'	25.'06	567,1	26.'03	589,6	26.'99	612,2	27.'96	634,7	28.'92	657,3
10'	25.'03	567,3	26.'00	589,8	26.'96	612,4	27.'93	634,9	28.'89	657,5
12'	25.'01	567,5	25.'97	590,0	26.'94	612,6	27.'90	635,1	28.'86	657,7
14'	24.'98	567,7	25.'94	590,2	26.'91	612,8	27.'87	635,3	28.'83	657,9
16'	24.'96	567,8	25.'92	590,4	26.'88	613,0	27.'84	635,6	28.'80	658,2
18'	24.'93	568,0	25.'89	590,6	26.'85	613,2	27.'81	635,8	28.'77	658,4
20'	24.'90	568,2	25.'86	590,8	26.'82	613,4	27.'78	636,0	28.'74	658,6
22'	24.'88	568,4	25.'84	591,0	26.'79	613,6	27.'75	636,2	28.'71	658,8
24'	24.'85	568,6	25.'81	591,2	26.'77	613,8	27.'72	636,4	28.'68	659,0
26'	24.'82	568,8	25.'78	591,4	26.'74	614,0	27.'69	636,6	28.'65	659,2
28'	24.'80	569,0	25.'75	591,6	26.'71	614,2	27.'66	636,8	28.'62	659,4
30'	24.'77	569,1	25.'73	591,8	26.'68	614,4	27.'63	637,0	28.'59	659,7
32'	24.'74	569,3	25.'70	591,9	26.'65	614,6	27.'61	637,2	28.'56	659,9
34'	24.'72	569,5	25.'67	592,1	26.'62	614,8	27.'58	637,4	28.'53	660,1
36'	24.'69	569,7	25.'64	592,3	26.'59	615,0	27.'55	637,6	28.'50	660,3
38'	24.'67	569,9	25.'62	592,5	26.'57	615,2	27.'52	637,8	28.'47	660,5
40'	24.'64	570,1	25.'59	592,7	26.'54	615,4	27.'49	638,0	28.'44	660,7
42'	24.'61	570,3	25.'56	592,9	26.'51	615,6	27.'46	638,2	28.'41	660,9
44'	24.'59	570,4	25.'53	593,1	26.'48	615,8	27.'43	638,5	28.'38	661,2
46'	24.'56	570,6	25.'51	593,3	26.'45	616,0	27.'40	638,7	28.'35	661,4
48'	24.'53	570,8	25.'48	593,5	26.'42	616,2	27.'37	638,9	28.'31	661,6
50'	24.'51	571,0	25.'45	593,7	26.'40	616,4	27.'34	639,1	28.'28	661,8
52'	24.'48	571,2	25.'42	593,9	26.'37	616,6	27.'31	639,3	28.'25	662,0
54'	24.'45	571,4	25.'40	594,1	26.'34	616,8	27.'28	639,5	28.'22	662,2
56'	24.'43	571,6	25.'37	594,2	26.'31	617,0	27.'25	639,7	28.'19	662,4
58'	24.'40	571,7	25.'34	594,4	26.'28	617,2	27.'22	639,9	28.'16	662,6

for H.P. increments

extra H.P.	r&p	Q
0.'1	0.'05	1,1
0.'2	0.'10	2,3
0.'3	0.'14	3,4
0.'4	0.'19	4,5
0.'5	0.'24	5,7
0.'6	0.'29	6,8
0.'7	0.'33	7,9
0.'8	0.'38	9,0
0.'9	0.'43	10,2
1.'0	0.'48	11,3
1.'1	0.'53	12,4
1.'2	0.'57	13,6
1.'3	0.'62	14,7
1.'4	0.'67	15,8
1.'5	0.'72	17,0
1.'6	0.'76	18,1
1.'7	0.'81	19,2
1.'8	0.'86	20,4
1.'9	0.'91	21,5

Table 2

Ma		H.P. 53'		H.P. 55'		H.P. 57'		H.P. 59'		H.P. 61'	
		r&p	Q	r&p	Q	r&p	Q	r&p	Q	r&p	Q
62°	0'	24.'37	571,9	25.'31	594,6	26.'25	617,4	27.'19	640,1	28.'13	662,8
	2'	24.'35	572,1	25.'29	594,8	26.'22	617,5	27.'16	640,3	28.'10	663,1
	4'	24.'32	572,3	25.'26	595,0	26.'20	617,7	27.'13	640,5	28.'07	663,3
	6'	24.'29	572,5	25.'23	595,2	26.'17	617,9	27.'10	640,7	28.'04	663,5
	8'	24.'27	572,6	25.'20	595,4	26.'14	618,1	27.'07	640,9	28.'01	663,7
	10'	24.'24	572,8	25.'18	595,6	26.'11	618,3	27.'04	641,1	27.'98	663,9
	12'	24.'22	573,0	25.'15	595,8	26.'08	618,5	27.'01	641,3	27.'95	664,1
	14'	24.'19	573,2	25.'12	596,0	26.'05	618,7	26.'98	641,5	27.'92	664,3
	16'	24.'16	573,4	25.'09	596,1	26.'02	618,9	26.'95	641,7	27.'89	664,5
	18'	24.'14	573,6	25.'07	596,3	26.'00	619,1	26.'93	641,9	27.'86	664,7
	20'	24.'11	573,7	25.'04	596,5	25.'97	619,3	26.'90	642,1	27.'82	664,9
	22'	24.'08	573,9	25.'01	596,7	25.'94	619,5	26.'87	642,3	27.'79	665,1
	24'	24.'06	574,1	24.'98	596,9	25.'91	619,7	26.'84	642,5	27.'76	665,4
	26'	24.'03	574,3	24.'95	597,1	25.'88	619,9	26.'81	642,7	27.'73	665,6
	28'	24.'00	574,5	24.'93	597,3	25.'85	620,1	26.'78	642,9	27.'70	665,8
	30'	23.'98	574,6	24.'90	597,5	25.'82	620,3	26.'75	643,1	27.'67	666,0
	32'	23.'95	574,8	24.'87	597,6	25.'79	620,5	26.'72	643,3	27.'64	666,2
	34'	23.'92	575,0	24.'84	597,8	25.'77	620,7	26.'69	643,5	27.'61	666,4
	36'	23.'90	575,2	24.'82	598,0	25.'74	620,9	26.'66	643,7	27.'58	666,6
	38'	23.'87	575,4	24.'79	598,2	25.'71	621,1	26.'63	643,9	27.'55	666,8
	40'	23.'84	575,5	24.'76	598,4	25.'68	621,2	26.'60	644,1	27.'52	667,0
	42'	23.'82	575,7	24.'73	598,6	25.'65	621,4	26.'57	644,3	27.'49	667,2
	44'	23.'79	575,9	24.'71	598,8	25.'62	621,6	26.'54	644,5	27.'46	667,4
	46'	23.'76	576,1	24.'68	598,9	25.'59	621,8	26.'51	644,7	27.'42	667,6
	48'	23.'74	576,3	24.'65	599,1	25.'56	622,0	26.'48	644,9	27.'39	667,8
	50'	23.'71	576,4	24.'62	599,3	25.'54	622,1	26.'45	645,1	27.'36	668,0
	52'	23.'68	576,6	24.'59	599,5	25.'51	622,4	26.'42	645,3	27.'33	668,2
	54'	23.'66	576,8	24.'57	599,7	25.'48	622,6	26.'39	645,5	27.'30	668,4
	56'	23.'63	577,0	24.'54	599,9	25.'45	622,8	26.'36	645,7	27.'27	668,7
	58'	23.'60	577,1	24.'51	600,0	25.'42	623,0	26.'33	645,9	27.'24	668,9
63°	0'	23.'58	577,3	24.'48	600,2	25.'39	623,2	26.'30	646,1	27.'21	669,1
	2'	23.'55	577,5	24.'46	600,4	25.'36	623,3	26.'27	646,3	27.'18	669,3
	4'	23.'52	577,7	24.'43	600,6	25.'33	623,5	26.'24	646,5	27.'15	669,5
	6'	23.'49	577,8	24.'40	600,8	25.'30	623,7	26.'21	646,7	27.'12	669,7
	8'	23.'47	578,0	24.'37	601,0	25.'28	623,9	26.'18	646,9	27.'08	669,9
	10'	23.'44	578,2	24.'34	601,1	25.'25	624,1	26.'15	647,1	27.'05	670,1
	12'	23.'41	578,4	24.'32	601,3	25.'22	624,3	26.'12	647,3	27.'02	670,3
	14'	23.'39	578,6	24.'29	601,5	25.'19	624,5	26.'09	647,5	26.'99	670,5
	16'	23.'36	578,7	24.'26	601,7	25.'16	624,7	26.'06	647,7	26.'96	670,7
	18'	23.'33	578,9	24.'23	601,9	25.'13	624,9	26.'03	647,9	26.'93	670,9
	20'	23.'31	579,1	24.'20	602,1	25.'10	625,1	26.'00	648,1	26.'90	671,1
	22'	23.'28	579,3	24.'18	602,2	25.'07	625,2	25.'97	648,3	26.'87	671,3
	24'	23.'25	579,4	24.'15	602,4	25.'04	625,4	25.'94	648,4	26.'84	671,5
	26'	23.'23	579,6	24.'12	602,6	25.'02	625,6	25.'91	648,6	26.'81	671,7
	28'	23.'20	579,8	24.'09	602,8	24.'99	625,8	25.'88	648,8	26.'77	671,9
	30'	23.'17	579,9	24.'07	603,0	24.'96	626,0	25.'85	649,0	26.'74	672,1
	32'	23.'15	580,1	24.'04	603,1	24.'93	626,2	25.'82	649,2	26.'71	672,3
	34'	23.'12	580,3	24.'01	603,3	24.'90	626,4	25.'79	649,4	26.'68	672,5
	36'	23.'09	580,5	23.'98	603,5	24.'87	626,5	25.'76	649,6	26.'65	672,7
	38'	23.'06	580,6	23.'95	603,7	24.'84	626,7	25.'73	649,8	26.'62	672,9
	40'	23.'04	580,8	23.'93	603,9	24.'81	626,9	25.'70	650,0	26.'59	673,1
	42'	23.'01	581,0	23.'90	604,0	24.'78	627,1	25.'67	650,2	26.'56	673,3
	44'	22.'98	581,2	23.'87	604,2	24.'75	627,3	25.'64	650,4	26.'53	673,5
	46'	22.'96	581,3	23.'84	604,4	24.'73	627,5	25.'61	650,6	26.'49	673,7
	48'	22.'93	581,5	23.'81	604,6	24.'70	627,7	25.'58	650,8	26.'46	673,9
	50'	22.'90	581,7	23.'79	604,7	24.'67	627,8	25.'55	651,0	26.'43	674,1
	52'	22.'88	581,8	23.'76	604,9	24.'64	628,0	25.'52	651,1	26.'40	674,3
	54'	22.'85	582,0	23.'73	605,1	24.'61	628,2	25.'49	651,3	26.'37	674,5
	56'	22.'82	582,2	23.'70	605,3	24.'58	628,4	25.'46	651,5	26.'34	674,7
	58'	22.'80	582,4	23.'67	605,5	24.'55	628,6	25.'43	651,7	26.'31	674,9

62° — for H.P. increments

extra H.P.	r&p	Q
0.'1	0.'05	1,1
0.'2	0.'09	2,3
0.'3	0.'14	3,4
0.'4	0.'18	4,6
0.'5	0.'23	5,7
0.'6	0.'28	6,8
0.'7	0.'32	8,0
0.'8	0.'37	9,1
0.'9	0.'42	10,3
1.'0	0.'46	11,4
1.'1	0.'51	12,6
1.'2	0.'55	13,7
1.'3	0.'60	14,8
1.'4	0.'65	16,0
1.'5	0.'69	17,1
1.'6	0.'74	18,3
1.'7	0.'79	19,4
1.'8	0.'83	20,5
1.'9	0.'88	21,7

63° — for H.P. increments

extra H.P.	r&p	Q
0.'1	0.'04	1,2
0.'2	0.'09	2,3
0.'3	0.'13	3,5
0.'4	0.'18	4,6
0.'5	0.'22	5,8
0.'6	0.'27	6,9
0.'7	0.'31	8,1
0.'8	0.'36	9,2
0.'9	0.'40	10,4
1.'0	0.'45	11,5
1.'1	0.'49	12,7
1.'2	0.'54	13,8
1.'3	0.'58	15,0
1.'4	0.'63	16,1
1.'5	0.'67	17,3
1.'6	0.'71	18,4
1.'7	0.'76	19,6
1.'8	0.'80	20,7
1.'9	0.'85	21,9

Table 2

Ma 64°

	H.P. 53'		H.P. 55'		H.P. 57'		H.P. 59'		H.P. 61'	
	r&p	Q	r&p	Q	r&p	Q	r&p	Q	r&p	Q
0'	22.'77	582,5	23.'65	605,6	24.'52	628,8	25.'40	651,9	26.'28	675,1
2'	22.'74	582,7	23.'62	605,8	24.'49	629,0	25.'37	652,1	26.'24	675,3
4'	22.'71	582,9	23.'59	606,0	24.'46	629,1	25.'34	652,3	26.'21	675,5
6'	22.'69	583,0	23.'56	606,2	24.'43	629,3	25.'31	652,5	26.'18	675,7
8'	22.'66	583,2	23.'53	606,4	24.'41	629,5	25.'28	652,7	26.'15	675,9
10'	22.'63	583,4	23.'50	606,5	24.'38	629,7	25.'25	652,9	26.'12	676,0
12'	22.'61	583,6	23.'48	606,7	24.'35	629,9	25.'22	653,0	26.'09	676,2
14'	22.'58	583,7	23.'45	606,9	24.'32	630,1	25.'19	653,2	26.'06	676,4
16'	22.'55	583,9	23.'42	607,1	24.'29	630,2	25.'16	653,4	26.'03	676,6
18'	22.'52	584,1	23.'39	607,2	24.'26	630,4	25.'13	653,6	25.'99	676,8
20'	22.'50	584,2	23.'36	607,4	24.'23	630,6	25.'10	653,8	25.'96	677,0
22'	22.'47	584,4	23.'34	607,6	24.'20	630,8	25.'07	654,0	25.'93	677,2
24'	22.'44	584,6	23.'31	607,8	24.'17	631,0	25.'04	654,2	25.'90	677,4
26'	22.'42	584,7	23.'28	607,9	24.'14	631,1	25.'01	654,4	25.'87	677,6
28'	22.'39	584,9	23.'25	608,1	24.'11	631,3	24.'98	654,6	25.'84	677,8
30'	22.'36	585,1	23.'22	608,3	24.'08	631,5	24.'95	654,7	25.'81	678,0
32'	22.'33	585,2	23.'19	608,5	24.'06	631,7	24.'92	654,9	25.'78	678,2
34'	22.'31	585,4	23.'17	608,6	24.'03	631,9	24.'88	655,1	25.'74	678,4
36'	22.'28	585,6	23.'14	608,8	24.'00	632,0	24.'85	655,3	25.'71	678,6
38'	22.'25	585,7	23.'11	609,0	23.'97	632,2	24.'82	655,5	25.'68	678,8
40'	22.'23	585,9	23.'08	609,1	23.'94	632,4	24.'79	655,7	25.'65	679,0
42'	22.'20	586,1	23.'05	609,3	23.'91	632,6	24.'76	655,9	25.'62	679,1
44'	22.'17	586,2	23.'03	609,5	23.'88	632,8	24.'73	656,0	25.'59	679,3
46'	22.'14	586,4	23.'00	609,7	23.'85	632,9	24.'70	656,2	25.'56	679,5
48'	22.'12	586,6	22.'97	609,8	23.'82	633,1	24.'67	656,4	25.'52	679,7
50'	22.'09	586,7	22.'94	610,0	23.'79	633,3	24.'64	656,6	25.'49	679,9
52'	22.'06	586,9	22.'91	610,2	23.'76	633,5	24.'61	656,8	25.'46	680,1
54'	22.'04	587,1	22.'88	610,4	23.'73	633,7	24.'58	657,0	25.'43	680,3
56'	22.'01	587,2	22.'86	610,5	23.'70	633,8	24.'55	657,1	25.'40	680,5
58'	21.'98	587,4	22.'83	610,7	23.'67	634,0	24.'52	657,3	25.'37	680,7

for H.P. increments

extra H.P.	r&p	Q
0.'1	0.'04	1,2
0.'2	0.'09	2,3
0.'3	0.'13	3,5
0.'4	0.'17	4,6
0.'5	0.'22	5,8
0.'6	0.'26	7,0
0.'7	0.'30	8,1
0.'8	0.'34	9,3
0.'9	0.'39	10,5
1.'0	0.'43	11,6
1.'1	0.'47	12,8
1.'2	0.'52	13,9
1.'3	0.'56	15,1
1.'4	0.'60	16,3
1.'5	0.'65	17,4
1.'6	0.'69	18,6
1.'7	0.'73	19,7
1.'8	0.'78	20,9
1.'9	0.'82	22,1

65°

	H.P. 53'		H.P. 55'		H.P. 57'		H.P. 59'		H.P. 61'	
0'	21.'95	587,6	22.'80	610,9	23.'64	634,2	24.'49	657,5	25.'34	680,9
2'	21.'93	587,7	22.'77	611,0	23.'62	634,4	24.'46	657,7	25.'30	681,1
4'	21.'90	587,9	22.'74	611,2	23.'59	634,5	24.'43	657,9	25.'27	681,2
6'	21.'87	588,1	22.'71	611,4	23.'56	634,7	24.'40	658,1	25.'24	681,4
8'	21.'84	588,2	22.'69	611,6	23.'53	634,9	24.'37	658,2	25.'21	681,6
10'	21.'82	588,4	22.'66	611,7	23.'50	635,1	24.'34	658,4	25.'18	681,8
12'	21.'79	588,6	22.'63	611,9	23.'47	635,2	24.'31	658,6	25.'15	682,0
14'	21.'76	588,7	22.'60	612,1	23.'44	635,4	24.'28	658,8	25.'11	682,2
16'	21.'74	588,9	22.'57	612,2	23.'41	635,6	24.'25	659,0	25.'08	682,4
18'	21.'71	589,0	22.'54	612,4	23.'38	635,8	24.'22	659,2	25.'05	682,6
20'	21.'68	589,2	22.'52	612,6	23.'35	635,9	24.'19	659,3	25.'02	682,7
22'	21.'65	589,4	22.'49	612,7	23.'32	636,1	24.'15	659,5	24.'99	682,9
24'	21.'63	589,5	22.'46	612,9	23.'29	636,3	24.'12	659,7	24.'96	683,1
26'	21.'60	589,7	22.'43	613,1	23.'26	636,5	24.'09	659,9	24.'93	683,3
28'	21.'57	589,9	22.'40	613,2	23.'23	636,6	24.'06	660,1	24.'89	683,5
30'	21.'54	590,0	22.'37	613,4	23.'20	636,8	24.'03	660,2	24.'86	683,7
32'	21.'52	590,2	22.'34	613,6	23.'17	637,0	24.'00	660,4	24.'83	683,9
34'	21.'49	590,3	22.'32	613,7	23.'14	637,2	23.'97	660,6	24.'80	684,0
36'	21.'46	590,5	22.'29	613,9	23.'11	637,3	23.'94	660,8	24.'77	684,2
38'	21.'43	590,7	22.'26	614,1	23.'08	637,5	23.'91	661,0	24.'74	684,4
40'	21.'41	590,8	22.'23	614,2	23.'06	637,7	23.'88	661,1	24.'70	684,6
42'	21.'38	591,0	22.'20	614,4	23.'03	637,9	23.'85	661,3	24.'67	684,8
44'	21.'35	591,1	22.'17	614,6	23.'00	638,0	23.'82	661,5	24.'64	685,0
46'	21.'32	591,3	22.'15	614,7	22.'97	638,2	23.'79	661,7	24.'61	685,2
48'	21.'30	591,5	22.'12	614,9	22.'94	638,4	23.'76	661,9	24.'58	685,3
50'	21.'27	591,6	22.'09	615,1	22.'91	638,5	23.'73	662,0	24.'55	685,5
52'	21.'24	591,8	22.'06	615,2	22.'88	638,7	23.'70	662,2	24.'51	685,7
54'	21.'21	591,9	22.'03	615,4	22.'85	638,9	23.'67	662,4	24.'48	685,9
56'	21.'19	592,1	22.'00	615,6	22.'82	639,1	23.'63	662,6	24.'45	686,1
58'	21.'16	592,3	21.'97	615,7	22.'79	639,2	23.'60	662,7	24.'42	686,3

for H.P. increments

extra H.P.	r&p	Q
0.'1	0.'04	1,2
0.'2	0.'08	2,3
0.'3	0.'12	3,5
0.'4	0.'17	4,7
0.'5	0.'21	5,9
0.'6	0.'25	7,0
0.'7	0.'29	8,2
0.'8	0.'33	9,4
0.'9	0.'37	10,5
1.'0	0.'42	11,7
1.'1	0.'46	12,9
1.'2	0.'50	14,0
1.'3	0.'54	15,2
1.'4	0.'58	16,4
1.'5	0.'62	17,6
1.'6	0.'66	18,7
1.'7	0.'71	19,9
1.'8	0.'75	21,1
1.'9	0.'79	22,2

Table 2

Ma 66°

Ma	H.P. 53' r&p	H.P. 53' Q	H.P. 55' r&p	H.P. 55' Q	H.P. 57' r&p	H.P. 57' Q	H.P. 59' r&p	H.P. 59' Q	H.P. 61' r&p	H.P. 61' Q
0'	21.'13	592,4	21.'95	615,9	22.'76	639,4	23.'57	662,9	24.'39	686,4
2'	21.'10	592,6	21.'92	616,1	22.'73	639,6	23.'54	663,1	24.'36	686,6
4'	21.'08	592,7	21.'89	616,2	22.'70	639,7	23.'51	663,3	24.'32	686,8
6'	21.'05	592,9	21.'86	616,4	22.'67	639,9	23.'48	663,4	24.'29	687,0
8'	21.'02	593,1	21.'83	616,6	22.'64	640,1	23.'45	663,6	24.'26	687,2
10'	20.'99	593,2	21.'80	616,7	22.'61	640,2	23.'42	663,8	24.'23	687,4
12'	20.'97	593,4	21.'77	616,9	22.'58	640,4	23.'39	664,0	24.'20	687,5
14'	20.'94	593,5	21.'75	617,0	22.'55	640,6	23.'36	664,1	24.'16	687,7
16'	20.'91	593,7	21.'72	617,2	22.'52	640,8	23.'33	664,3	24.'13	687,9
18'	20.'88	593,8	21.'69	617,4	22.'49	640,9	23.'30	664,5	24.'10	688,1
20'	20.'86	594,0	21.'66	617,5	22.'46	641,1	23.'27	664,7	24.'07	688,3
22'	20.'83	594,1	21.'63	617,7	22.'43	641,3	23.'24	664,8	24.'04	688,4
24'	20.'80	594,3	21.'60	617,9	22.'40	641,4	23.'20	665,0	24.'01	688,6
26'	20.'77	594,5	21.'57	618,0	22.'37	641,6	23.'17	665,2	23.'97	688,8
28'	20.'75	594,6	21.'55	618,2	22.'34	641,8	23.'14	665,4	23.'94	689,0
30'	20.'72	594,8	21.'52	618,3	22.'31	641,9	23.'11	665,5	23.'91	689,2
32'	20.'69	594,9	21.'49	618,5	22.'28	642,1	23.'08	665,7	23.'88	689,3
34'	20.'66	595,1	21.'46	618,7	22.'25	642,3	23.'05	665,9	23.'85	689,5
36'	20.'64	595,2	21.'43	618,8	22.'22	642,4	23.'02	666,1	23.'81	689,7
38'	20.'61	595,4	21.'40	619,0	22.'20	642,6	22.'99	666,2	23.'78	689,9
40'	20.'58	595,5	21.'37	619,1	22.'17	642,8	22.'96	666,4	23.'75	690,0
42'	20.'55	595,7	21.'34	619,3	22.'14	642,9	22.'93	666,6	23.'72	690,2
44'	20.'53	595,9	21.'32	619,5	22.'11	643,1	22.'90	666,7	23.'69	690,4
46'	20.'50	596,0	21.'29	619,6	22.'08	643,3	22.'87	666,9	23.'65	690,6
48'	20.'47	596,2	21.'26	619,8	22.'05	643,4	22.'83	667,1	23.'62	690,8
50'	20.'44	596,3	21.'23	619,9	22.'02	643,6	22.'80	667,3	23.'59	690,9
52'	20.'41	596,5	21.'20	620,1	21.'99	643,8	22.'77	667,4	23.'56	691,1
54'	20.'39	596,6	21.'17	620,3	21.'96	643,9	22.'74	667,6	23.'53	691,3
56'	20.'36	596,8	21.'14	620,4	21.'93	644,1	22.'71	667,8	23.'49	691,5
58'	20.'33	596,9	21.'11	620,6	21.'90	644,3	22.'68	667,9	23.'46	691,6

for H.P. increments

extra H.P.	r&p	Q
0.'1	0.'04	1,2
0.'2	0.'08	2,4
0.'3	0.'12	3,5
0.'4	0.'16	4,7
0.'5	0.'20	5,9
0.'6	0.'24	7,1
0.'7	0.'28	8,3
0.'8	0.'32	9,4
0.'9	0.'36	10,6
1.'0	0.'40	11,8
1.'1	0.'44	13,0
1.'2	0.'48	14,2
1.'3	0.'52	15,3
1.'4	0.'56	16,5
1.'5	0.'60	17,7
1.'6	0.'64	18,9
1.'7	0.'68	20,1
1.'8	0.'72	21,2
1.'9	0.'76	22,4

67°

Ma	H.P. 53' r&p	H.P. 53' Q	H.P. 55' r&p	H.P. 55' Q	H.P. 57' r&p	H.P. 57' Q	H.P. 59' r&p	H.P. 59' Q	H.P. 61' r&p	H.P. 61' Q
0'	20.'30	597,1	21.'09	620,7	21.'87	644,4	22.'65	668,1	23.'43	691,8
2'	20.'28	597,2	21.'06	620,9	21.'84	644,6	22.'62	668,3	23.'40	692,0
4'	20.'25	597,4	21.'03	621,1	21.'81	644,7	22.'59	668,4	23.'37	692,2
6'	20.'22	597,5	21.'00	621,2	21.'78	644,9	22.'56	668,6	23.'33	692,3
8'	20.'19	597,7	20.'97	621,4	21.'75	645,1	22.'52	668,8	23.'30	692,5
10'	20.'16	597,8	20.'94	621,5	21.'72	645,2	22.'49	668,9	23.'27	692,7
12'	20.'14	598,0	20.'91	621,7	21.'69	645,4	22.'46	669,1	23.'24	692,9
14'	20.'11	598,1	20.'88	621,8	21.'66	645,6	22.'43	669,3	23.'21	693,1
16'	20.'08	598,3	20.'85	622,0	21.'63	645,7	22.'40	669,5	23.'17	693,2
18'	20.'05	598,4	20.'83	622,2	21.'60	645,9	22.'37	669,6	23.'14	693,4
20'	20.'03	598,6	20.'80	622,3	21.'57	646,0	22.'34	669,8	23.'11	693,6
22'	20.'00	598,7	20.'77	622,5	21.'54	646,2	22.'31	670,0	23.'08	693,7
24'	19.'97	598,9	20.'74	622,6	21.'51	646,4	22.'28	670,1	23.'05	693,9
26'	19.'94	599,0	20.'71	622,8	21.'48	646,5	22.'25	670,3	23.'01	694,1
28'	19.'91	599,2	20.'68	622,9	21.'45	646,7	22.'21	670,5	22.'98	694,2
30'	19.'89	599,3	20.'65	623,1	21.'42	646,8	22.'18	670,6	22.'95	694,4
32'	19.'86	599,5	20.'62	623,2	21.'39	647,0	22.'15	670,8	22.'92	694,6
34'	19.'83	599,6	20.'59	623,4	21.'36	647,2	22.'12	671,0	22.'89	694,8
36'	19.'80	599,8	20.'57	623,6	21.'33	647,3	22.'09	671,1	22.'85	694,9
38'	19.'78	599,9	20.'54	623,7	21.'30	647,5	22.'06	671,3	22.'82	695,1
40'	19.'75	600,1	20.'51	623,9	21.'27	647,6	22.'03	671,4	22.'79	695,3
42'	19.'72	600,2	20.'48	624,0	21.'24	647,8	22.'00	671,6	22.'76	695,4
44'	19.'69	600,4	20.'45	624,2	21.'21	648,0	21.'97	671,8	22.'72	695,6
46'	19.'66	600,5	20.'42	624,3	21.'18	648,1	21.'93	671,9	22.'69	695,8
48'	19.'64	600,7	20.'39	624,5	21.'15	648,3	21.'90	672,1	22.'66	695,9
50'	19.'61	600,8	20.'36	624,6	21.'12	648,4	21.'87	672,3	22.'63	696,1
52'	19.'58	601,0	20.'33	624,8	21.'09	648,6	21.'84	672,4	22.'60	696,3
54'	19.'55	601,1	20.'31	624,9	21.'06	648,8	21.'81	672,6	22.'56	696,5
56'	19.'52	601,3	20.'28	625,1	21.'03	648,9	21.'78	672,8	22.'53	696,6
58'	19.'50	601,4	20.'25	625,2	21.'00	649,1	21.'75	672,9	22.'50	696,8

for H.P. increments

extra H.P.	r&p	Q
0.'1	0.'04	1,2
0.'2	0.'08	2,4
0.'3	0.'11	3,6
0.'4	0.'15	4,8
0.'5	0.'19	5,9
0.'6	0.'23	7,1
0.'7	0.'27	8,3
0.'8	0.'31	9,5
0.'9	0.'34	10,7
1.'0	0.'38	11,9
1.'1	0.'42	13,1
1.'2	0.'46	14,3
1.'3	0.'50	15,4
1.'4	0.'54	16,6
1.'5	0.'57	17,8
1.'6	0.'61	19,0
1.'7	0.'65	20,2
1.'8	0.'69	21,4
1.'9	0.'73	22,6

Table 2

Ma 68°

	H.P. 53'		H.P. 55'		H.P. 57'		H.P. 59'		H.P. 61'	
	r&p	Q	r&p	Q	r&p	Q	r&p	Q	r&p	Q
0'	19.'47	601,6	20.'22	625,4	20.'97	649,2	21.'72	673,1	22.'47	697,0
2'	19.'44	601,7	20.'19	625,5	20.'94	649,4	21.'69	673,2	22.'43	697,1
4'	19.'41	601,8	20.'16	625,7	20.'91	649,5	21.'65	673,4	22.'40	697,3
6'	19.'38	602,0	20.'13	625,8	20.'88	649,7	21.'62	673,6	22.'37	697,5
8'	19.'36	602,1	20.'10	626,0	20.'85	649,9	21.'59	673,7	22.'34	697,6
10'	19.'33	602,3	20.'07	626,1	20.'82	650,0	21.'56	673,9	22.'30	697,8
12'	19.'30	602,4	20.'04	626,3	20.'79	650,2	21.'53	674,1	22.'27	698,0
14'	19.'27	602,6	20.'01	626,4	20.'76	650,3	21.'50	674,2	22.'24	698,1
16'	19.'24	602,7	19.'99	626,6	20.'73	650,5	21.'47	674,4	22.'21	698,3
18'	19.'22	602,9	19.'96	626,7	20.'70	650,6	21.'44	674,5	22.'18	698,5
20'	19.'19	603,0	19.'93	626,9	20.'67	650,8	21.'40	674,7	22.'14	698,6
22'	19.'16	603,1	19.'90	627,0	20.'64	650,9	21.'37	674,9	22.'11	698,8
24'	19.'13	603,3	19.'87	627,2	20.'61	651,1	21.'34	675,0	22.'08	699,0
26'	19.'10	603,4	19.'84	627,3	20.'58	651,3	21.'31	675,2	22.'05	699,1
28'	19.'08	603,6	19.'81	627,5	20.'55	651,4	21.'28	675,3	22.'01	699,3
30'	19.'05	603,7	19.'78	627,6	20.'52	651,6	21.'25	675,5	21.'98	699,5
32'	19.'02	603,9	19.'75	627,8	20.'48	651,7	21.'22	675,7	21.'95	699,6
34'	18.'99	604,0	19.'72	627,9	20.'45	651,9	21.'19	675,8	21.'92	699,8
36'	18.'96	604,2	19.'69	628,1	20.'42	652,0	21.'15	676,0	21.'88	699,9
38'	18.'94	604,3	19.'67	628,2	20.'39	652,2	21.'12	676,1	21.'85	700,1
40'	18.'91	604,4	19.'64	628,4	20.'36	652,3	21.'09	676,3	21.'82	700,3
42'	18.'88	604,6	19.'61	628,5	20.'33	652,5	21.'06	676,4	21.'79	700,4
44'	18.'85	604,7	19.'58	628,7	20.'30	652,6	21.'03	676,6	21.'75	700,6
46'	18.'82	604,9	19.'55	628,8	20.'27	652,8	21.'00	676,8	21.'72	700,8
48'	18.'80	605,0	19.'52	629,0	20.'24	652,9	20.'97	676,9	21.'69	700,9
50'	18.'77	605,1	19.'49	629,1	20.'21	653,1	20.'94	677,1	21.'66	701,1
52'	18.'74	605,3	19.'46	629,3	20.'18	653,2	20.'90	677,2	21.'62	701,2
54'	18.'71	605,4	19.'43	629,4	20.'15	653,4	20.'87	677,4	21.'59	701,4
56'	18.'68	605,6	19.'40	629,5	20.'12	653,5	20.'84	677,5	21.'56	701,6
58'	18.'66	605,7	19.'37	629,7	20.'09	653,7	20.'81	677,7	21.'53	701,7

for H.P. increments

extra H.P.	r&p	Q
0.'1	0.'04	1,2
0.'2	0.'07	2,4
0.'3	0.'11	3,6
0.'4	0.'15	4,8
0.'5	0.'18	6,0
0.'6	0.'22	7,2
0.'7	0.'26	8,4
0.'8	0.'29	9,6
0.'9	0.'33	10,8
1.'0	0.'37	12,0
1.'1	0.'40	13,2
1.'2	0.'44	14,4
1.'3	0.'48	15,6
1.'4	0.'51	16,8
1.'5	0.'55	17,9
1.'6	0.'59	19,1
1.'7	0.'62	20,3
1.'8	0.'66	21,5
1.'9	0.'70	22,7

69°

	H.P. 53'		H.P. 55'		H.P. 57'		H.P. 59'		H.P. 61'	
0'	18.'63	605,8	19.'34	629,8	20.'06	653,8	20.'78	677,9	21.'50	701,9
2'	18.'60	606,0	19.'31	630,0	20.'03	654,0	20.'75	678,0	21.'46	702,1
4'	18.'57	606,1	19.'29	630,1	20.'00	654,1	20.'72	678,2	21.'43	702,2
6'	18.'54	606,3	19.'26	630,3	19.'97	654,3	20.'68	678,3	21.'40	702,4
8'	18.'51	606,4	19.'23	630,4	19.'94	654,4	20.'65	678,5	21.'36	702,5
10'	18.'49	606,5	19.'20	630,6	19.'91	654,6	20.'62	678,6	21.'33	702,7
12'	18.'46	606,7	19.'17	630,7	19.'88	654,7	20.'59	678,8	21.'30	702,9
14'	18.'43	606,8	19.'14	630,8	19.'85	654,9	20.'56	678,9	21.'27	703,0
16'	18.'40	607,0	19.'11	631,0	19.'82	655,0	20.'53	679,1	21.'23	703,2
18'	18.'37	607,1	19.'08	631,1	19.'79	655,2	20.'50	679,2	21.'20	703,3
20'	18.'35	607,2	19.'05	631,3	19.'76	655,3	20.'46	679,4	21.'17	703,5
22'	18.'32	607,4	19.'02	631,4	19.'73	655,5	20.'43	679,6	21.'14	703,6
24'	18.'29	607,5	18.'99	631,6	19.'70	655,6	20.'40	679,7	21.'10	703,8
26'	18.'26	607,6	18.'96	631,7	19.'67	655,8	20.'37	679,9	21.'07	704,0
28'	18.'23	607,8	18.'93	631,8	19.'64	655,9	20.'34	680,0	21.'04	704,1
30'	18.'20	607,9	18.'90	632,0	19.'61	656,1	20.'31	680,2	21.'01	704,3
32'	18.'18	608,0	18.'88	632,1	19.'58	656,2	20.'27	680,3	20.'97	704,4
34'	18.'15	608,2	18.'85	632,3	19.'54	656,4	20.'24	680,5	20.'94	704,6
36'	18.'12	608,3	18.'82	632,4	19.'51	656,5	20.'21	680,6	20.'91	704,7
38'	18.'09	608,5	18.'79	632,5	19.'48	656,7	20.'18	680,8	20.'88	704,9
40'	18.'06	608,6	18.'76	632,7	19.'45	656,8	20.'15	680,9	20.'84	705,1
42'	18.'03	608,7	18.'73	632,8	19.'42	656,9	20.'12	681,1	20.'81	705,2
44'	18.'01	608,9	18.'70	633,0	19.'39	657,1	20.'09	681,2	20.'78	705,4
46'	17.'98	609,0	18.'67	633,1	19.'36	657,2	20.'05	681,4	20.'75	705,5
48'	17.'95	609,1	18.'64	633,2	19.'33	657,4	20.'02	681,5	20.'71	705,7
50'	17.'92	609,3	18.'61	633,4	19.'30	657,5	19.'99	681,7	20.'68	705,8
52'	17.'89	609,4	18.'58	633,5	19.'27	657,7	19.'96	681,8	20.'65	706,0
54'	17.'86	609,5	18.'55	633,7	19.'24	657,8	19.'93	682,0	20.'61	706,1
56'	17.'84	609,7	18.'52	633,8	19.'21	658,0	19.'90	682,1	20.'58	706,3
58'	17.'81	609,8	18.'49	633,9	19.'18	658,1	19.'86	682,3	20.'55	706,5

for H.P. increments

extra H.P.	r&p	Q
0.'1	0.'04	1,2
0.'2	0.'07	2,4
0.'3	0.'11	3,6
0.'4	0.'14	4,8
0.'5	0.'18	6,0
0.'6	0.'21	7,2
0.'7	0.'25	8,4
0.'8	0.'28	9,6
0.'9	0.'32	10,8
1.'0	0.'35	12,0
1.'1	0.'39	13,2
1.'2	0.'42	14,5
1.'3	0.'46	15,7
1.'4	0.'49	16,9
1.'5	0.'53	18,1
1.'6	0.'56	19,3
1.'7	0.'60	20,5
1.'8	0.'63	21,7
1.'9	0.'67	22,9

Table 2

Ma	H.P. 53'		H.P. 55'		H.P. 57'		H.P. 59'		H.P. 61'	
	r&p	Q	r&p	Q	r&p	Q	r&p	Q	r&p	Q
70° 0'	17.78	609,9	18.46	634,1	19.15	658,2	19.83	682,4	20.51	706,3
2'	17.75	610,1	18.43	634,2	19.12	658,4	19.80	682,6	20.48	706,5
4'	17.72	610,2	18.41	634,4	19.09	658,5	19.77	682,7	20.45	706,6
6'	17.69	610,3	18.38	634,5	19.06	658,7	19.74	682,9	20.41	706,8
8'	17.67	610,5	18.35	634,6	19.03	658,8	19.71	683,0	20.38	706,9
10'	17.64	610,6	18.32	634,8	19.00	659,0	19.67	683,2	20.35	707,1
12'	17.61	610,7	18.29	634,9	18.96	659,1	19.64	683,3	20.31	707,2
14'	17.58	610,9	18.26	635,0	18.93	659,2	19.61	683,4	20.28	707,4
16'	17.55	611,0	18.23	635,2	18.90	659,4	19.58	683,6	20.25	707,5
18'	17.52	611,1	18.20	635,3	18.87	659,5	19.55	683,7	20.22	707,7
20'	17.50	611,3	18.17	635,5	18.84	659,7	19.52	683,9	20.18	707,8
22'	17.47	611,4	18.14	635,6	18.81	659,8	19.48	684,0	20.15	708,0
24'	17.44	611,5	18.11	635,7	18.78	659,9	19.45	684,2	20.12	708,1
26'	17.41	611,7	18.08	635,9	18.75	660,1	19.42	684,3	20.09	708,3
28'	17.38	611,8	18.05	636,0	18.72	660,2	19.39	684,5	20.05	708,4
30'	17.35	611,9	18.02	636,1	18.69	660,4	19.36	684,6	20.02	708,6
32'	17.33	612,0	17.99	636,3	18.66	660,5	19.33	684,8	19.99	708,7
34'	17.30	612,2	17.96	636,4	18.63	660,6	19.29	684,9	19.95	708,9
36'	17.27	612,3	17.93	636,5	18.60	660,8	19.26	685,0	19.92	709,0
38'	17.24	612,4	17.90	636,7	18.57	660,9	19.23	685,2	19.89	709,2
40'	17.21	612,6	17.87	636,8	18.54	661,1	19.20	685,3	19.86	709,3
42'	17.18	612,7	17.84	636,9	18.51	661,2	19.17	685,5	19.82	709,5
44'	17.15	612,8	17.81	637,1	18.47	661,3	19.14	685,6	19.79	709,6
46'	17.13	612,9	17.79	637,2	18.44	661,5	19.10	685,8	19.76	709,8
48'	17.10	613,1	17.76	637,3	18.41	661,6	19.07	685,9	19.72	709,9
50'	17.07	613,2	17.73	637,5	18.38	661,8	19.04	686,1	19.69	710,1
52'	17.04	613,3	17.70	637,6	18.35	661,9	19.01	686,2	19.66	710,2
54'	17.01	613,5	17.67	637,7	18.32	662,0	18.98	686,4	19.63	710,4
56'	16.98	613,6	17.64	637,9	18.29	662,2	18.94	686,5	19.59	710,5
58'	16.96	613,7	17.61	638,0	18.26	662,3	18.91	686,6	19.56	710,6
71° 0'	16.93	613,8	17.58	638,1	18.23	662,4	18.88	686,8	19.53	710,8
2'	16.90	614,0	17.55	638,3	18.20	662,6	18.85	686,9	19.49	710,9
4'	16.87	614,1	17.52	638,4	18.17	662,7	18.82	687,0	19.46	711,1
6'	16.84	614,2	17.49	638,5	18.14	662,8	18.79	687,2	19.43	711,2
8'	16.81	614,3	17.46	638,7	18.11	663,0	18.75	687,3	19.39	711,4
10'	16.78	614,5	17.43	638,8	18.08	663,1	18.72	687,5	19.36	711,5
12'	16.76	614,6	17.40	638,9	18.04	663,3	18.69	687,6	19.33	711,7
14'	16.73	614,7	17.37	639,0	18.01	663,4	18.66	687,7	19.30	711,8
16'	16.70	614,8	17.34	639,2	17.98	663,5	18.63	687,9	19.26	712,0
18'	16.67	615,0	17.31	639,3	17.95	663,7	18.59	688,0	19.23	712,1
20'	16.64	615,1	17.28	639,4	17.92	663,8	18.56	688,2	19.20	712,2
22'	16.61	615,2	17.25	639,6	17.89	663,9	18.53	688,3	19.16	712,4
24'	16.58	615,3	17.22	639,7	17.86	664,1	18.50	688,4	19.13	712,5
26'	16.56	615,5	17.19	639,8	17.83	664,2	18.47	688,6	19.10	712,7
28'	16.53	615,6	17.16	640,0	17.80	664,3	18.43	688,7	19.06	712,8
30'	16.50	615,7	17.13	640,1	17.77	664,5	18.40	688,9	19.03	713,0
32'	16.47	615,8	17.10	640,2	17.74	664,6	18.37	689,0	19.00	713,1
34'	16.44	616,0	17.07	640,3	17.71	664,7	18.34	689,1	18.97	713,2
36'	16.41	616,1	17.04	640,5	17.68	664,9	18.31	689,3	18.93	713,4
38'	16.38	616,2	17.01	640,6	17.64	665,0	18.27	689,4	18.90	713,5
40'	16.35	616,3	16.98	640,7	17.61	665,1	18.24	689,5	18.87	713,7
42'	16.33	616,5	16.95	640,8	17.58	665,3	18.21	689,7	18.83	713,8
44'	16.30	616,6	16.92	641,0	17.55	665,4	18.18	689,8	18.80	713,9
46'	16.27	616,7	16.89	641,1	17.52	665,5	18.15	689,9	18.77	714,1
48'	16.24	616,8	16.86	641,2	17.49	665,6	18.11	690,1	18.73	714,2
50'	16.21	616,9	16.84	641,4	17.46	665,8	18.08	690,2	18.70	714,4
52'	16.18	617,1	16.81	641,5	17.43	665,9	18.05	690,4	18.67	714,5
54'	16.15	617,2	16.78	641,6	17.40	666,0	18.02	690,5	18.63	714,6
56'	16.13	617,3	16.75	641,7	17.37	666,2	17.99	690,6	18.60	714,8
58'	16.10	617,4	16.72	641,9	17.34	666,3	17.95	690,8	18.57	714,9

70° — for H.P. increments

extra H.P.	r&p	Q
0.1	0.03	1,2
0.2	0.07	2,4
0.3	0.10	3,6
0.4	0.13	4,8
0.5	0.17	6,0
0.6	0.20	7,2
0.7	0.23	8,5
0.8	0.27	9,7
0.9	0.30	10,9
1.0	0.33	12,1
1.1	0.37	13,3
1.2	0.40	14,5
1.3	0.43	15,7
1.4	0.47	16,9
1.5	0.50	18,1
1.6	0.53	19,3
1.7	0.57	20,5
1.8	0.60	21,7
1.9	0.63	23,0

71° — for H.P. increments

extra H.P.	r&p	Q
0.1	0.03	1,2
0.2	0.06	2,4
0.3	0.10	3,6
0.4	0.13	4,9
0.5	0.16	6,1
0.6	0.19	7,3
0.7	0.22	8,5
0.8	0.25	9,7
0.9	0.29	10,9
1.0	0.32	12,2
1.1	0.35	13,4
1.2	0.38	14,6
1.3	0.41	15,8
1.4	0.44	17,0
1.5	0.48	18,2
1.6	0.51	19,4
1.7	0.54	20,7
1.8	0.57	21,9
1.9	0.60	23,1

Table 2

Ma 72°

	H.P. 53'		H.P. 55'		H.P. 57'		H.P. 59'		H.P. 61'	
	r&p	Q	r&p	Q	r&p	Q	r&p	Q	r&p	Q
0'	16.'07	617,6	16.'69	642,0	17.'30	666,4	17.'92	690,9	18.'54	715,4
2'	16.'04	617,7	16.'66	642,1	17.'27	666,6	17.'89	691,0	18.'51	715,5
4'	16.'01	617,8	16.'63	642,2	17.'24	666,7	17.'86	691,2	18.'47	715,6
6'	15.'98	617,9	16.'60	642,4	17.'21	666,8	17.'83	691,3	18.'44	715,8
8'	15.'95	618,0	16.'57	642,5	17.'18	666,9	17.'79	691,4	18.'41	715,9
10'	15.'92	618,2	16.'54	642,6	17.'15	667,1	17.'76	691,6	18.'38	716,1
12'	15.'90	618,3	16.'51	642,7	17.'12	667,2	17.'73	691,7	18.'34	716,2
14'	15.'87	618,4	16.'48	642,9	17.'09	667,3	17.'70	691,8	18.'31	716,3
16'	15.'84	618,5	16.'45	643,0	17.'06	667,5	17.'67	692,0	18.'28	716,5
18'	15.'81	618,6	16.'42	643,1	17.'03	667,6	17.'63	692,1	18.'24	716,6
20'	15.'78	618,7	16.'39	643,2	16.'99	667,7	17.'60	692,2	18.'21	716,7
22'	15.'75	618,9	16.'36	643,3	16.'96	667,8	17.'57	692,4	18.'18	716,9
24'	15.'72	619,0	16.'33	643,5	16.'93	668,0	17.'54	692,5	18.'14	717,0
26'	15.'69	619,1	16.'30	643,6	16.'90	668,1	17.'51	692,6	18.'11	717,2
28'	15.'67	619,2	16.'27	643,7	16.'87	668,2	17.'47	692,7	18.'08	717,3
30'	15.'64	619,3	16.'24	643,8	16.'84	668,3	17.'44	692,9	18.'04	717,4
32'	15.'61	619,5	16.'21	644,0	16.'81	668,5	17.'41	693,0	18.'01	717,6
34'	15.'58	619,6	16.'18	644,1	16.'78	668,6	17.'38	693,1	17.'98	717,7
36'	15.'55	619,7	16.'15	644,2	16.'75	668,7	17.'35	693,3	17.'94	717,8
38'	15.'52	619,8	16.'12	644,3	16.'72	668,8	17.'31	693,4	17.'91	718,0
40'	15.'49	619,9	16.'09	644,4	16.'68	669,0	17.'28	693,5	17.'88	718,1
42'	15.'46	620,0	16.'06	644,6	16.'65	669,1	17.'25	693,7	17.'84	718,2
44'	15.'43	620,1	16.'03	644,7	16.'62	669,2	17.'22	693,8	17.'81	718,4
46'	15.'41	620,3	16.'00	644,8	16.'59	669,3	17.'18	693,9	17.'78	718,5
48'	15.'38	620,4	15.'97	644,9	16.'56	669,5	17.'15	694,0	17.'74	718,6
50'	15.'35	620,5	15.'94	645,0	16.'53	669,6	17.'12	694,2	17.'71	718,8
52'	15.'32	620,6	15.'91	645,2	16.'50	669,7	17.'09	694,3	17.'68	718,9
54'	15.'29	620,7	15.'88	645,3	16.'47	669,8	17.'06	694,4	17.'64	719,0
56'	15.'26	620,8	15.'85	645,4	16.'44	670,0	17.'02	694,6	17.'61	719,2
58'	15.'23	621,0	15.'82	645,5	16.'41	670,1	16.'99	694,7	17.'58	719,3

for H.P. increments

extra H.P.	r&p	Q
0.'1	0.'03	1,2
0.'2	0.'06	2,5
0.'3	0.'09	3,7
0.'4	0.'12	4,9
0.'5	0.'15	6,1
0.'6	0.'18	7,4
0.'7	0.'21	8,6
0.'8	0.'24	9,8
0.'9	0.'27	11,0
1.'0	0.'30	12,3
1.'1	0.'33	13,5
1.'2	0.'36	14,7
1.'3	0.'39	15,9
1.'4	0.'42	17,2
1.'5	0.'45	18,4
1.'6	0.'48	19,6
1.'7	0.'51	20,8
1.'8	0.'54	22,1
1.'9	0.'57	23,3

73°

	H.P. 53'		H.P. 55'		H.P. 57'		H.P. 59'		H.P. 61'	
0'	15.'20	621,1	15.'79	645,6	16.'37	670,2	16.'96	694,8	17.'54	719,4
2'	15.'18	621,2	15.'76	645,8	16.'34	670,3	16.'93	694,9	17.'51	719,5
4'	15.'15	621,3	15.'73	645,9	16.'31	670,5	16.'89	695,1	17.'48	719,7
6'	15.'12	621,4	15.'70	646,0	16.'28	670,6	16.'86	695,2	17.'44	719,8
8'	15.'09	621,5	15.'67	646,1	16.'25	670,7	16.'83	695,3	17.'41	719,9
10'	15.'06	621,6	15.'64	646,2	16.'22	670,8	16.'80	695,4	17.'38	720,1
12'	15.'03	621,7	15.'61	646,3	16.'19	670,9	16.'77	695,5	17.'34	720,2
14'	15.'00	621,9	15.'58	646,5	16.'16	671,1	16.'73	695,7	17.'31	720,3
16'	14.'97	622,0	15.'55	646,6	16.'12	671,2	16.'70	695,8	17.'28	720,5
18'	14.'94	622,1	15.'52	646,7	16.'09	671,3	16.'67	695,9	17.'24	720,6
20'	14.'92	622,2	15.'49	646,8	16.'06	671,4	16.'64	696,1	17.'21	720,7
22'	14.'89	622,3	15.'46	646,9	16.'03	671,5	16.'60	696,2	17.'18	720,8
24'	14.'86	622,4	15.'43	647,0	16.'00	671,7	16.'57	696,3	17.'14	721,0
26'	14.'83	622,5	15.'40	647,2	15.'97	671,8	16.'54	696,4	17.'11	721,1
28'	14.'80	622,6	15.'37	647,3	15.'94	671,9	16.'51	696,6	17.'08	721,2
30'	14.'77	622,8	15.'34	647,4	15.'91	672,0	16.'47	696,7	17.'04	721,4
32'	14.'74	622,9	15.'31	647,5	15.'88	672,1	16.'44	696,8	17.'01	721,5
34'	14.'71	623,0	15.'28	647,6	15.'84	672,3	16.'41	696,9	16.'98	721,6
36'	14.'68	623,1	15.'25	647,7	15.'81	672,4	16.'38	697,1	16.'94	721,7
38'	14.'65	623,2	15.'22	647,8	15.'78	672,5	16.'35	697,2	16.'91	721,9
40'	14.'63	623,3	15.'19	648,0	15.'75	672,6	16.'31	697,3	16.'88	722,0
42'	14.'60	623,4	15.'16	648,1	15.'72	672,7	16.'28	697,4	16.'84	722,1
44'	14.'57	623,5	15.'13	648,2	15.'69	672,9	16.'25	697,5	16.'81	722,2
46'	14.'54	623,6	15.'10	648,3	15.'66	673,0	16.'22	697,7	16.'78	722,4
48'	14.'51	623,7	15.'07	648,4	15.'63	673,1	16.'18	697,8	16.'74	722,5
50'	14.'48	623,8	15.'04	648,5	15.'59	673,2	16.'15	697,9	16.'71	722,6
52'	14.'45	624,0	15.'01	648,6	15.'56	673,3	16.'12	698,0	16.'68	722,7
54'	14.'42	624,1	14.'98	648,7	15.'53	673,4	16.'09	698,1	16.'64	722,9
56'	14.'39	624,2	14.'95	648,9	15.'50	673,6	16.'05	698,3	16.'61	723,0
58'	14.'36	624,3	14.'92	649,0	15.'47	673,7	16.'02	698,4	16.'57	723,1

for H.P. increments

extra H.P.	r&p	Q
0.'1	0.'03	1,2
0.'2	0.'06	2,5
0.'3	0.'09	3,7
0.'4	0.'11	4,9
0.'5	0.'14	6,2
0.'6	0.'17	7,4
0.'7	0.'20	8,6
0.'8	0.'23	9,9
0.'9	0.'26	11,1
1.'0	0.'28	12,3
1.'1	0.'31	13,6
1.'2	0.'34	14,8
1.'3	0.'37	16,0
1.'4	0.'40	17,3
1.'5	0.'43	18,5
1.'6	0.'45	19,7
1.'7	0.'48	21,0
1.'8	0.'51	22,2
1.'9	0.'54	23,4

Table 2

Ma 74°	H.P. 53' r&p	H.P. 53' Q	H.P. 55' r&p	H.P. 55' Q	H.P. 57' r&p	H.P. 57' Q	H.P. 59' r&p	H.P. 59' Q	H.P. 61' r&p	H.P. 61' Q		extra H.P.	r&p	Q
0'	14.'34	624,4	14.'89	649,1	15.'44	673,8	15.'99	698,5	16.'54	723,2				
2'	14.'31	624,5	14.'86	649,2	15.'41	673,9	15.'96	698,6	16.'51	723,4				
4'	14.'28	624,6	14.'83	649,3	15.'38	674,0	15.'92	698,7	16.'47	723,5				
6'	14.'25	624,7	14.'80	649,4	15.'34	674,1	15.'89	698,9	16.'44	723,6			for H.P. increments	
8'	14.'22	624,8	14.'77	649,5	15.'31	674,2	15.'86	699,0	16.'41	723,7				
10'	14.'19	624,9	14.'74	649,6	15.'28	674,4	15.'83	699,1	16.'37	723,9				
12'	14.'16	625,0	14.'71	649,7	15.'25	674,5	15.'80	699,2	16.'34	724,0		extra H.P.	r&p	Q
14'	14.'13	625,1	14.'68	649,9	15.'22	674,6	15.'76	699,3	16.'31	724,1		0.'1	0.'03	1,2
16'	14.'10	625,2	14.'65	650,0	15.'19	674,7	15.'73	699,5	16.'27	724,2		0.'2	0.'05	2,5
18'	14.'07	625,3	14.'62	650,1	15.'16	674,8	15.'70	699,6	16.'24	724,3		0.'3	0.'08	3,7
20'	14.'04	625,5	14.'58	650,2	15.'13	674,9	15.'67	699,7	16.'21	724,5		0.'4	0.'11	5,0
22'	14.'02	625,6	14.'55	650,3	15.'09	675,0	15.'63	699,8	16.'17	724,6		0.'5	0.'13	6,2
24'	13.'99	625,7	14.'52	650,4	15.'06	675,2	15.'60	699,9	16.'14	724,7		0.'6	0.'16	7,4
26'	13.'96	625,8	14.'49	650,5	15.'03	675,3	15.'57	700,0	16.'10	724,8		0.'7	0.'19	8,7
28'	13.'93	625,9	14.'46	650,6	15.'00	675,4	15.'54	700,2	16.'07	724,9		0.'8	0.'21	9,9
30'	13.'90	626,0	14.'43	650,7	14.'97	675,5	15.'50	700,3	16.'04	725,1		0.'9	0.'24	11,1
32'	13.'87	626,1	14.'40	650,8	14.'94	675,6	15.'47	700,4	16.'00	725,2		1.'0	0.'27	12,4
34'	13.'84	626,2	14.'37	650,9	14.'91	675,7	15.'44	700,5	15.'97	725,3		1.'1	0.'29	13,6
36'	13.'81	626,3	14.'34	651,0	14.'87	675,8	15.'41	700,6	15.'94	725,4		1.'2	0.'32	14,9
38'	13.'78	626,4	14.'31	651,2	14.'84	675,9	15.'37	700,7	15.'90	725,5		1.'3	0.'35	16,1
40'	13.'75	626,5	14.'28	651,3	14.'81	676,0	15.'34	700,8	15.'87	725,7		1.'4	0.'37	17,3
42'	13.'72	626,6	14.'25	651,4	14.'78	676,2	15.'31	701,0	15.'84	725,8		1.'5	0.'40	18,6
44'	13.'70	626,7	14.'22	651,5	14.'75	676,3	15.'28	701,1	15.'80	725,9		1.'6	0.'43	19,8
46'	13.'67	626,8	14.'19	651,6	14.'72	676,4	15.'24	701,2	15.'77	726,0		1.'7	0.'45	21,1
48'	13.'64	626,9	14.'16	651,7	14.'69	676,5	15.'21	701,3	15.'74	726,1		1.'8	0.'48	22,3
50'	13.'61	627,0	14.'13	651,8	14.'65	676,6	15.'18	701,4	15.'70	726,3		1.'9	0.'51	23,5
52'	13.'58	627,1	14.'10	651,9	14.'62	676,7	15.'15	701,5	15.'67	726,4				
54'	13.'55	627,2	14.'07	652,0	14.'59	676,8	15.'11	701,7	15.'63	726,5				
56'	13.'52	627,3	14.'04	652,1	14.'56	676,9	15.'08	701,8	15.'60	726,6				
58'	13.'49	627,4	14.'01	652,2	14.'53	677,0	15.'05	701,9	15.'57	726,7				

Ma 75°	H.P. 53' r&p	H.P. 53' Q	H.P. 55' r&p	H.P. 55' Q	H.P. 57' r&p	H.P. 57' Q	H.P. 59' r&p	H.P. 59' Q	H.P. 61' r&p	H.P. 61' Q		extra H.P.	r&p	Q
0'	13.'46	627,5	13.'98	652,3	14.'50	677,1	15.'02	702,0	15.'53	726,8				
2'	13.'43	627,6	13.'95	652,4	14.'47	677,3	14.'98	702,1	15.'50	727,0				
4'	13.'40	627,7	13.'92	652,5	14.'43	677,4	14.'95	702,2	15.'47	727,1				
6'	13.'37	627,8	13.'89	652,6	14.'40	677,5	14.'92	702,3	15.'43	727,2			for H.P. increments	
8'	13.'35	627,9	13.'86	652,7	14.'37	677,6	14.'88	702,4	15.'40	727,3				
10'	13.'32	628,0	13.'83	652,8	14.'34	677,7	14.'85	702,5	15.'36	727,4				
12'	13.'29	628,1	13.'80	652,9	14.'31	677,8	14.'82	702,7	15.'33	727,5		extra H.P.	r&p	Q
14'	13.'26	628,2	13.'77	653,0	14.'28	677,9	14.'79	702,8	15.'30	727,6		0.'1	0.'03	1,2
16'	13.'23	628,3	13.'74	653,2	14.'25	678,0	14.'75	702,9	15.'26	727,8		0.'2	0.'05	2,5
18'	13.'20	628,4	13.'71	653,3	14.'21	678,1	14.'72	703,0	15.'23	727,9		0.'3	0.'08	3,7
20'	13.'17	628,5	13.'68	653,4	14.'18	678,2	14.'69	703,1	15.'20	728,0		0.'4	0.'10	5,0
22'	13.'14	628,6	13.'65	653,5	14.'15	678,3	14.'66	703,2	15.'16	728,1		0.'5	0.'13	6,2
24'	13.'11	628,7	13.'62	653,6	14.'12	678,4	14.'62	703,3	15.'13	728,2		0.'6	0.'15	7,5
26'	13.'08	628,8	13.'59	653,7	14.'09	678,5	14.'59	703,4	15.'09	728,3		0.'7	0.'18	8,7
28'	13.'05	628,9	13.'55	653,8	14.'06	678,6	14.'56	703,5	15.'06	728,4		0.'8	0.'20	10,0
30'	13.'02	629,0	13.'52	653,9	14.'03	678,7	14.'53	703,6	15.'03	728,5		0.'9	0.'23	11,2
32'	12.'99	629,1	13.'49	654,0	13.'99	678,9	14.'49	703,7	14.'99	728,7		1.'0	0.'25	12,4
34'	12.'97	629,2	13.'46	654,1	13.'96	679,0	14.'46	703,9	14.'96	728,8		1.'1	0.'28	13,7
36'	12.'94	629,3	13.'43	654,2	13.'93	679,1	14.'43	704,0	14.'93	728,9		1.'2	0.'30	14,9
38'	12.'91	629,4	13.'40	654,3	13.'90	679,2	14.'40	704,1	14.'89	729,0		1.'3	0.'33	16,2
40'	12.'88	629,5	13.'37	654,4	13.'87	679,3	14.'36	704,2	14.'86	729,1		1.'4	0.'35	17,4
42'	12.'85	629,6	13.'34	654,5	13.'84	679,4	14.'33	704,3	14.'82	729,2		1.'5	0.'38	18,7
44'	12.'82	629,7	13.'31	654,6	13.'80	679,5	14.'30	704,4	14.'79	729,3		1.'6	0.'40	19,9
46'	12.'79	629,8	13.'28	654,7	13.'77	679,6	14.'26	704,5	14.'76	729,4		1.'7	0.'43	21,2
48'	12.'76	629,9	13.'25	654,8	13.'74	679,7	14.'23	704,6	14.'72	729,5		1.'8	0.'45	22,4
50'	12.'73	630,0	13.'22	654,9	13.'71	679,8	14.'20	704,7	14.'69	729,7		1.'9	0.'48	23,6
52'	12.'70	630,1	13.'19	655,0	13.'68	679,9	14.'17	704,8	14.'66	729,8				
54'	12.'67	630,2	13.'16	655,1	13.'65	680,0	14.'13	704,9	14.'62	729,9				
56'	12.'64	630,3	13.'13	655,2	13.'62	680,1	14.'10	705,0	14.'59	730,0				
58'	12.'61	630,3	13.'10	655,3	13.'58	680,2	14.'07	705,1	14.'55	730,1				

Table 2

Ma

76°	H.P. 53' r&p	H.P. 53' Q	H.P. 55' r&p	H.P. 55' Q	H.P. 57' r&p	H.P. 57' Q	H.P. 59' r&p	H.P. 59' Q	H.P. 61' r&p	H.P. 61' Q		extra H.P.	for H.P. increments r&p	Q
0'	12.'58	630,4	13.'07	655,4	13.'55	680,3	14.'04	705,2	14.'52	730,2				
2'	12.'55	630,5	13.'04	655,5	13.'52	680,4	14.'00	705,3	14.'49	730,3				
4'	12.'53	630,6	13.'01	655,6	13.'49	680,5	13.'97	705,5	14.'45	730,4				
6'	12.'50	630,7	12.'98	655,7	13.'46	680,6	13.'94	705,6	14.'42	730,5				
8'	12.'47	630,8	12.'95	655,7	13.'43	680,7	13.'91	705,7	14.'38	730,6				
10'	12.'44	630,9	12.'92	655,8	13.'39	680,8	13.'87	705,8	14.'35	730,7				
12'	12.'41	631,0	12.'89	655,9	13.'36	680,9	13.'84	705,9	14.'32	730,9		0.'1	0.'02	1,2
14'	12.'38	631,1	12.'85	656,0	13.'33	681,0	13.'81	706,0	14.'28	731,0		0.'2	0.'05	2,5
16'	12.'35	631,2	12.'82	656,1	13.'30	681,1	13.'77	706,1	14.'25	731,1		0.'3	0.'07	3,7
18'	12.'32	631,3	12.'79	656,2	13.'27	681,2	13.'74	706,2	14.'22	731,2		0.'4	0.'09	5,0
20'	12.'29	631,4	12.'76	656,3	13.'24	681,3	13.'71	706,3	14.'18	731,3		0.'5	0.'12	6,2
22'	12.'26	631,5	12.'73	656,4	13.'20	681,4	13.'68	706,4	14.'15	731,4		0.'6	0.'14	7,5
24'	12.'23	631,6	12.'70	656,5	13.'17	681,5	13.'64	706,5	14.'11	731,5		0.'7	0.'16	8,7
26'	12.'20	631,6	12.'67	656,6	13.'14	681,6	13.'61	706,6	14.'08	731,6		0.'8	0.'19	10,0
28'	12.'17	631,7	12.'64	656,7	13.'11	681,7	13.'58	706,7	14.'05	731,7		0.'9	0.'21	11,2
30'	12.'14	631,8	12.'61	656,8	13.'08	681,8	13.'54	706,8	14.'01	731,8		1.'0	0.'23	12,5
32'	12.'11	631,9	12.'58	656,9	13.'05	681,9	13.'51	706,9	13.'98	731,9		1.'1	0.'26	13,7
34'	12.'08	632,0	12.'55	657,0	13.'01	682,0	13.'48	707,0	13.'94	732,0		1.'2	0.'28	15,0
36'	12.'06	632,1	12.'52	657,1	12.'98	682,1	13.'45	707,1	13.'91	732,1		1.'3	0.'30	16,2
38'	12.'03	632,2	12.'49	657,2	12.'95	682,2	13.'41	707,2	13.'88	732,2		1.'4	0.'33	17,5
40'	12.'00	632,3	12.'46	657,3	12.'92	682,3	13.'38	707,3	13.'84	732,3		1.'5	0.'35	18,7
42'	11.'97	632,4	12.'43	657,4	12.'89	682,4	13.'35	707,4	13.'81	732,4		1.'6	0.'37	20,0
44'	11.'94	632,5	12.'40	657,5	12.'86	682,5	13.'32	707,5	13.'77	732,5		1.'7	0.'40	21,2
46'	11.'91	632,6	12.'37	657,5	12.'82	682,6	13.'28	707,6	13.'74	732,6		1.'8	0.'42	22,5
48'	11.'88	632,6	12.'34	657,6	12.'79	682,7	13.'25	707,7	13.'71	732,7		1.'9	0.'44	23,7
50'	11.'85	632,7	12.'31	657,7	12.'76	682,8	13.'22	707,8	13.'67	732,8				
52'	11.'82	632,8	12.'27	657,8	12.'73	682,8	13.'18	707,9	13.'64	732,9				
54'	11.'79	632,9	12.'24	657,9	12.'70	682,9	13.'15	708,0	13.'60	733,0				
56'	11.'76	633,0	12.'21	658,0	12.'67	683,0	13.'12	708,1	13.'57	733,1				
58'	11.'73	633,1	12.'18	658,1	12.'63	683,1	13.'09	708,2	13.'54	733,2				

77°

77°	H.P. 53' r&p	H.P. 53' Q	H.P. 55' r&p	H.P. 55' Q	H.P. 57' r&p	H.P. 57' Q	H.P. 59' r&p	H.P. 59' Q	H.P. 61' r&p	H.P. 61' Q		extra H.P.	for H.P. increments r&p	Q
0'	11.'70	633,2	12.'15	658,2	12.'60	683,2	13.'05	708,3	13.'50	733,3				
2'	11.'67	633,3	12.'12	658,3	12.'57	683,3	13.'02	708,4	13.'47	733,4				
4'	11.'64	633,3	12.'09	658,4	12.'54	683,4	12.'99	708,5	13.'43	733,5				
6'	11.'61	633,4	12.'06	658,5	12.'51	683,5	12.'95	708,6	13.'40	733,6				
8'	11.'58	633,5	12.'03	658,6	12.'48	683,6	12.'92	708,7	13.'37	733,7				
10'	11.'55	633,6	12.'00	658,6	12.'44	683,7	12.'89	708,8	13.'33	733,8				
12'	11.'53	633,7	11.'97	658,7	12.'41	683,8	12.'86	708,9	13.'30	733,9		0.'1	0.'02	1,3
14'	11.'50	633,8	11.'94	658,8	12.'38	683,9	12.'82	709,0	13.'26	734,0		0.'2	0.'04	2,5
16'	11.'47	633,9	11.'91	658,9	12.'35	684,0	12.'79	709,1	13.'23	734,1		0.'3	0.'07	3,8
18'	11.'44	634,0	11.'88	659,0	12.'32	684,1	12.'76	709,1	13.'20	734,2		0.'4	0.'09	5,0
20'	11.'41	634,0	11.'85	659,1	12.'28	684,2	12.'72	709,2	13.'16	734,3		0.'5	0.'11	6,3
22'	11.'38	634,1	11.'82	659,2	12.'25	684,3	12.'69	709,3	13.'13	734,4		0.'6	0.'13	7,5
24'	11.'35	634,2	11.'78	659,3	12.'22	684,3	12.'66	709,4	13.'09	734,5		0.'7	0.'15	8,8
26'	11.'32	634,3	11.'75	659,4	12.'19	684,4	12.'62	709,5	13.'06	734,6		0.'8	0.'17	10,0
28'	11.'29	634,4	11.'72	659,4	12.'16	684,5	12.'59	709,6	13.'03	734,7		0.'9	0.'20	11,3
30'	11.'26	634,5	11.'69	659,5	12.'13	684,6	12.'56	709,7	12.'99	734,8		1.'0	0.'22	12,5
32'	11.'23	634,5	11.'66	659,6	12.'09	684,7	12.'53	709,8	12.'96	734,9		1.'1	0.'24	13,8
34'	11.'20	634,6	11.'63	659,7	12.'06	684,8	12.'49	709,9	12.'92	735,0		1.'2	0.'26	15,1
36'	11.'17	634,7	11.'60	659,8	12.'03	684,9	12.'46	710,0	12.'89	735,1		1.'3	0.'28	16,3
38'	11.'14	634,8	11.'57	659,9	12.'00	685,0	12.'43	710,1	12.'86	735,2		1.'4	0.'30	17,6
40'	11.'11	634,9	11.'54	660,0	11.'97	685,1	12.'39	710,2	12.'82	735,3		1.'5	0.'33	18,8
42'	11.'08	635,0	11.'51	660,1	11.'94	685,2	12.'36	710,3	12.'79	735,4		1.'6	0.'35	20,1
44'	11.'05	635,0	11.'48	660,1	11.'90	685,2	12.'33	710,4	12.'75	735,5		1.'7	0.'37	21,3
46'	11.'02	635,1	11.'45	660,2	11.'87	685,3	12.'30	710,5	12.'72	735,6		1.'8	0.'39	22,6
48'	10.'99	635,2	11.'42	660,3	11.'84	685,4	12.'26	710,6	12.'69	735,7		1.'9	0.'41	23,8
50'	10.'96	635,3	11.'39	660,4	11.'81	685,5	12.'23	710,6	12.'65	735,8				
52'	10.'93	635,4	11.'36	660,5	11.'78	685,6	12.'20	710,7	12.'62	735,9				
54'	10.'91	635,5	11.'32	660,6	11.'74	685,7	12.'16	710,8	12.'58	736,0				
56'	10.'88	635,5	11.'29	660,7	11.'71	685,8	12.'13	710,9	12.'55	736,1				
58'	10.'85	635,6	11.'26	660,7	11.'68	685,9	12.'10	711,0	12.'51	736,2				

Table 2

Ma 78°

	H.P. 53'		H.P. 55'		H.P. 57'		H.P. 59'		H.P. 61'	
	r&p	Q	r&p	Q	r&p	Q	r&p	Q	r&p	Q
0'	10.'82	635,7	11.'23	660,8	11.'65	686,0	12.'06	711,1	12.'48	736,3
2'	10.'79	635,8	11.'20	660,9	11.'62	686,0	12.'03	711,2	12.'45	736,4
4'	10.'76	635,9	11.'17	661,0	11.'58	686,1	12.'00	711,3	12.'41	736,4
6'	10.'73	635,9	11.'14	661,1	11.'55	686,2	11.'97	711,4	12.'38	736,5
8'	10.'70	636,0	11.'11	661,2	11.'52	686,3	11.'93	711,5	12.'34	736,6
10'	10.'67	636,1	11.'08	661,2	11.'49	686,4	11.'90	711,5	12.'31	736,7
12'	10.'64	636,2	11.'05	661,3	11.'46	686,5	11.'87	711,6	12.'28	736,8
14'	10.'61	636,3	11.'02	661,4	11.'43	686,5	11.'83	711,7	12.'24	736,9
16'	10.'58	636,3	10.'99	661,5	11.'39	686,6	11.'80	711,8	12.'21	737,0
18'	10.'55	636,4	10.'96	661,6	11.'36	686,7	11.'77	711,9	12.'17	737,1
20'	10.'52	636,5	10.'93	661,6	11.'33	686,8	11.'73	712,0	12.'14	737,2
22'	10.'49	636,6	10.'89	661,7	11.'30	686,9	11.'70	712,1	12.'10	737,3
24'	10.'46	636,7	10.'86	661,8	11.'27	687,0	11.'67	712,2	12.'07	737,4
26'	10.'43	636,7	10.'83	661,9	11.'23	687,1	11.'64	712,3	12.'04	737,5
28'	10.'40	636,8	10.'80	662,0	11.'20	687,1	11.'60	712,3	12.'00	737,5
30'	10.'37	636,9	10.'77	662,1	11.'17	687,2	11.'57	712,4	11.'97	737,6
32'	10.'34	637,0	10.'74	662,1	11.'14	687,3	11.'54	712,5	11.'93	737,7
34'	10.'31	637,0	10.'71	662,2	11.'11	687,4	11.'50	712,6	11.'90	737,8
36'	10.'28	637,1	10.'68	662,3	11.'07	687,5	11.'47	712,7	11.'87	737,9
38'	10.'25	637,2	10.'65	662,4	11.'04	687,6	11.'44	712,8	11.'83	738,0
40'	10.'22	637,3	10.'62	662,5	11.'01	687,6	11.'40	712,9	11.'80	738,1
42'	10.'19	637,4	10.'59	662,5	10.'98	687,7	11.'37	712,9	11.'76	738,2
44'	10.'16	637,4	10.'56	662,6	10.'95	687,8	11.'34	713,0	11.'73	738,3
46'	10.'14	637,5	10.'53	662,7	10.'91	687,9	11.'30	713,1	11.'69	738,3
48'	10.'11	637,6	10.'49	662,8	10.'88	688,0	11.'27	713,2	11.'66	738,4
50'	10.'08	637,7	10.'46	662,8	10.'85	688,1	11.'24	713,3	11.'63	738,5
52'	10.'05	637,7	10.'43	662,9	10.'82	688,1	11.'21	713,4	11.'59	738,6
54'	10.'02	637,8	10.'40	663,0	10.'79	688,2	11.'17	713,4	11.'56	738,7
56'	9.'99	637,9	10.'37	663,1	10.'75	688,3	11.'14	713,5	11.'52	738,8
58'	9.'96	638,0	10.'34	663,2	10.'72	688,4	11.'11	713,6	11.'49	738,9

for H.P. increments (78°)

extra H.P.	r&p	Q
0.'1	0.'02	1,3
0.'2	0.'04	2,5
0.'3	0.'06	3,8
0.'4	0.'08	5,0
0.'5	0.'10	6,3
0.'6	0.'12	7,6
0.'7	0.'14	8,8
0.'8	0.'16	10,1
0.'9	0.'18	11,3
1.'0	0.'20	12,6
1.'1	0.'22	13,9
1.'2	0.'24	15,1
1.'3	0.'26	16,4
1.'4	0.'28	17,6
1.'5	0.'30	18,9
1.'6	0.'32	20,1
1.'7	0.'34	21,4
1.'8	0.'36	22,7
1.'9	0.'38	23,9

79°

	H.P. 53'		H.P. 55'		H.P. 57'		H.P. 59'		H.P. 61'	
0'	9.'93	638,0	10.'31	663,2	10.'69	688,5	11.'07	713,7	11.'45	738,9
2'	9.'90	638,1	10.'28	663,3	10.'66	688,5	11.'04	713,8	11.'42	739,0
4'	9.'87	638,2	10.'25	663,4	10.'63	688,6	11.'01	713,9	11.'39	739,1
6'	9.'84	638,3	10.'22	663,5	10.'60	688,7	10.'97	713,9	11.'35	739,2
8'	9.'81	638,3	10.'19	663,5	10.'56	688,8	10.'94	714,0	11.'32	739,3
10'	9.'78	638,4	10.'16	663,6	10.'53	688,9	10.'91	714,1	11.'28	739,4
12'	9.'75	638,5	10.'12	663,7	10.'50	688,9	10.'87	714,2	11.'25	739,5
14'	9.'72	638,5	10.'09	663,8	10.'47	689,0	10.'84	714,3	11.'21	739,5
16'	9.'69	638,6	10.'06	663,8	10.'44	689,1	10.'81	714,3	11.'18	739,6
18'	9.'66	638,7	10.'03	663,9	10.'40	689,2	10.'77	714,4	11.'15	739,7
20'	9.'63	638,8	10.'00	664,0	10.'37	689,2	10.'74	714,5	11.'11	739,8
22'	9.'60	638,8	9.'97	664,1	10.'34	689,3	10.'71	714,6	11.'08	739,9
24'	9.'57	638,9	9.'94	664,1	10.'31	689,4	10.'68	714,7	11.'04	740,0
26'	9.'54	639,0	9.'91	664,2	10.'27	689,5	10.'64	714,7	11.'01	740,0
28'	9.'51	639,1	9.'88	664,3	10.'24	689,6	10.'61	714,8	10.'97	740,1
30'	9.'48	639,1	9.'85	664,4	10.'21	689,6	10.'58	714,9	10.'94	740,2
32'	9.'45	639,2	9.'82	664,4	10.'18	689,7	10.'54	715,0	10.'91	740,3
34'	9.'42	639,3	9.'78	664,5	10.'15	689,8	10.'51	715,1	10.'87	740,4
36'	9.'39	639,3	9.'75	664,6	10.'11	689,9	10.'48	715,1	10.'84	740,4
38'	9.'36	639,4	9.'72	664,7	10.'08	689,9	10.'44	715,2	10.'80	740,5
40'	9.'33	639,5	9.'69	664,7	10.'05	690,0	10.'41	715,3	10.'77	740,6
42'	9.'30	639,5	9.'66	664,8	10.'02	690,1	10.'38	715,4	10.'73	740,7
44'	9.'27	639,6	9.'63	664,9	9.'99	690,2	10.'34	715,5	10.'70	740,8
46'	9.'24	639,7	9.'60	665,0	9.'95	690,2	10.'31	715,5	10.'67	740,8
48'	9.'21	639,8	9.'57	665,0	9.'92	690,3	10.'28	715,6	10.'63	740,9
50'	9.'18	639,8	9.'54	665,1	9.'89	690,4	10.'24	715,7	10.'60	741,0
52'	9.'15	639,9	9.'51	665,2	9.'86	690,5	10.'21	715,8	10.'56	741,1
54'	9.'12	640,0	9.'48	665,2	9.'83	690,5	10.'18	715,8	10.'53	741,2
56'	9.'09	640,0	9.'44	665,3	9.'79	690,6	10.'14	715,9	10.'49	741,2
58'	9.'07	640,1	9.'41	665,4	9.'76	690,7	10.'11	716,0	10.'46	741,3

for H.P. increments (79°)

extra H.P.	r&p	Q
0.'1	0.'02	1,3
0.'2	0.'04	2,5
0.'3	0.'05	3,8
0.'4	0.'07	5,1
0.'5	0.'09	6,3
0.'6	0.'11	7,6
0.'7	0.'13	8,8
0.'8	0.'15	10,1
0.'9	0.'16	11,4
1.'0	0.'18	12,6
1.'1	0.'20	13,9
1.'2	0.'22	15,2
1.'3	0.'24	16,4
1.'4	0.'26	17,7
1.'5	0.'27	18,9
1.'6	0.'29	20,2
1.'7	0.'31	21,5
1.'8	0.'33	22,7
1.'9	0.'35	24,0

Table 2

Ma	H.P. 53' r&p Q	H.P. 55' r&p Q	H.P. 57' r&p Q	H.P. 59' r&p Q	H.P. 61' r&p Q
80° 0'	9.'04 640,2	9.'38 665,4	9.'73 690,8	10.'08 716,1	10.'42 741,4
2'	9.'01 640,2	9.'35 665,5	9.'70 690,8	10.'04 716,1	10.'39 741,5
4'	8.'98 640,3	9.'32 665,6	9.'67 690,9	10.'01 716,2	10.'36 741,6
6'	8.'95 640,4	9.'29 665,7	9.'63 691,0	9.'98 716,3	10.'32 741,6
8'	8.'92 640,4	9.'26 665,7	9.'60 691,0	9.'94 716,4	10.'29 741,7
10'	8.'89 640,5	9.'23 665,8	9.'57 691,1	9.'91 716,4	10.'25 741,8
12'	8.'86 640,6	9.'20 665,9	9.'54 691,2	9.'88 716,5	10.'22 741,9
14'	8.'83 640,6	9.'17 665,9	9.'51 691,3	9.'84 716,6	10.'18 741,9
16'	8.'80 640,7	9.'14 666,0	9.'47 691,3	9.'81 716,7	10.'15 742,0
18'	8.'77 640,8	9.'10 666,1	9.'44 691,4	9.'78 716,7	10.'12 742,1
20'	8.'74 640,8	9.'07 666,1	9.'41 691,5	9.'74 716,8	10.'08 742,2
22'	8.'71 640,9	9.'04 666,2	9.'38 691,5	9.'71 716,9	10.'05 742,2
24'	8.'68 641,0	9.'01 666,3	9.'34 691,6	9.'68 717,0	10.'01 742,3
26'	8.'65 641,0	8.'98 666,3	9.'31 691,7	9.'65 717,0	9.'98 742,4
28'	8.'62 641,1	8.'95 666,4	9.'28 691,7	9.'61 717,1	9.'94 742,5
30'	8.'59 641,2	8.'92 666,5	9.'25 691,8	9.'58 717,2	9.'91 742,5
32'	8.'56 641,2	8.'89 666,5	9.'22 691,9	9.'55 717,2	9.'87 742,6
34'	8.'53 641,3	8.'86 666,6	9.'18 692,0	9.'51 717,3	9.'84 742,7
36'	8.'50 641,3	8.'83 666,7	9.'15 692,0	9.'48 717,4	9.'81 742,8
38'	8.'47 641,4	8.'79 666,7	9.'12 692,1	9.'45 717,5	9.'77 742,8
40'	8.'44 641,5	8.'76 666,8	9.'09 692,2	9.'41 717,5	9.'74 742,9
42'	8.'41 641,5	8.'73 666,9	9.'06 692,2	9.'38 717,6	9.'70 743,0
44'	8.'38 641,6	8.'70 666,9	9.'02 692,3	9.'35 717,7	9.'67 743,0
46'	8.'35 641,7	8.'67 667,0	8.'99 692,4	9.'31 717,7	9.'63 743,1
48'	8.'32 641,7	8.'64 667,1	8.'96 692,4	9.'28 717,8	9.'60 743,2
50'	8.'29 641,8	8.'61 667,1	8.'93 692,5	9.'25 717,9	9.'56 743,3
52'	8.'26 641,8	8.'58 667,2	8.'89 692,6	9.'21 717,9	9.'53 743,3
54'	8.'23 641,9	8.'55 667,3	8.'86 692,6	9.'18 718,0	9.'50 743,4
56'	8.'20 642,0	8.'52 667,3	8.'83 692,7	9.'15 718,1	9.'46 743,5
58'	8.'17 642,0	8.'48 667,4	8.'80 692,8	9.'11 718,1	9.'43 743,5
81° 0'	8.'14 642,1	8.'45 667,5	8.'77 692,8	9.'08 718,2	9.'39 743,6
2'	8.'11 642,2	8.'42 667,5	8.'73 692,9	9.'05 718,3	9.'36 743,7
4'	8.'08 642,2	8.'39 667,6	8.'70 693,0	9.'01 718,3	9.'32 743,8
6'	8.'05 642,3	8.'36 667,6	8.'67 693,0	8.'98 718,4	9.'29 743,8
8'	8.'02 642,3	8.'33 667,7	8.'64 693,1	8.'95 718,5	9.'25 743,9
10'	7.'99 642,4	8.'30 667,8	8.'60 693,2	8.'91 718,6	9.'22 744,0
12'	7.'96 642,5	8.'27 667,8	8.'57 693,2	8.'88 718,6	9.'18 744,0
14'	7.'93 642,5	8.'24 667,9	8.'54 693,3	8.'85 718,7	9.'15 744,1
16'	7.'90 642,6	8.'20 668,0	8.'51 693,3	8.'81 718,7	9.'12 744,2
18'	7.'87 642,6	8.'17 668,0	8.'48 693,4	8.'78 718,8	9.'08 744,2
20'	7.'84 642,7	8.'14 668,1	8.'44 693,5	8.'75 718,9	9.'05 744,3
22'	7.'81 642,8	8.'11 668,1	8.'41 693,5	8.'71 718,9	9.'01 744,4
24'	7.'78 642,8	8.'08 668,2	8.'38 693,6	8.'68 719,0	8.'98 744,4
26'	7.'75 642,9	8.'05 668,3	8.'35 693,7	8.'65 719,1	8.'94 744,5
28'	7.'72 642,9	8.'02 668,3	8.'32 693,7	8.'61 719,1	8.'91 744,6
30'	7.'69 643,0	7.'99 668,4	8.'28 693,8	8.'58 719,2	8.'87 744,6
32'	7.'66 643,0	7.'96 668,4	8.'25 693,8	8.'55 719,3	8.'84 744,7
34'	7.'63 643,1	7.'92 668,5	8.'22 693,9	8.'51 719,3	8.'81 744,8
36'	7.'60 643,2	7.'89 668,6	8.'19 694,0	8.'48 719,4	8.'77 744,8
38'	7.'57 643,2	7.'86 668,6	8.'15 694,0	8.'44 719,5	8.'74 744,9
40'	7.'54 643,3	7.'83 668,7	8.'12 694,1	8.'41 719,5	8.'70 745,0
42'	7.'51 643,3	7.'80 668,7	8.'09 694,1	8.'38 719,6	8.'67 745,0
44'	7.'48 643,4	7.'77 668,8	8.'06 694,2	8.'34 719,6	8.'63 745,1
46'	7.'45 643,4	7.'74 668,8	8.'02 694,3	8.'31 719,7	8.'60 745,2
48'	7.'42 643,5	7.'71 668,9	7.'99 694,3	8.'28 719,8	8.'56 745,2
50'	7.'39 643,5	7.'68 669,0	7.'96 694,4	8.'24 719,8	8.'53 745,3
52'	7.'36 643,6	7.'65 669,0	7.'93 694,4	8.'21 719,9	8.'49 745,4
54'	7.'33 643,7	7.'61 669,1	7.'90 694,5	8.'18 720,0	8.'46 745,4
56'	7.'30 643,7	7.'58 669,1	7.'86 694,6	8.'14 720,0	8.'43 745,5
58'	7.'27 643,8	7.'55 669,2	7.'83 694,6	8.'11 720,1	8.'39 745,5

80° for H.P. increments

extra H.P.	r&p	Q
0.'1	0.'02	1,3
0.'2	0.'03	2,5
0.'3	0.'05	3,8
0.'4	0.'07	5,1
0.'5	0.'08	6,3
0.'6	0.'10	7,6
0.'7	0.'12	8,9
0.'8	0.'13	10,1
0.'9	0.'15	11,4
1.'0	0.'17	12,7
1.'1	0.'18	13,9
1.'2	0.'20	15,2
1.'3	0.'21	16,5
1.'4	0.'23	17,7
1.'5	0.'25	19,0
1.'6	0.'26	20,3
1.'7	0.'28	21,5
1.'8	0.'30	22,8
1.'9	0.'31	24,1

81° for H.P. increments

extra H.P.	r&p	Q
0.'1	0.'01	1,3
0.'2	0.'03	2,5
0.'3	0.'04	3,8
0.'4	0.'06	5,1
0.'5	0.'07	6,4
0.'6	0.'09	7,6
0.'7	0.'10	8,9
0.'8	0.'12	10,2
0.'9	0.'13	11,4
1.'0	0.'15	12,7
1.'1	0.'16	14,0
1.'2	0.'18	15,2
1.'3	0.'19	16,5
1.'4	0.'21	17,8
1.'5	0.'22	19,1
1.'6	0.'24	20,3
1.'7	0.'25	21,6
1.'8	0.'27	22,9
1.'9	0.'28	24,1

Table 2

Ma 82°

	H.P. 53'		H.P. 55'		H.P. 57'		H.P. 59'		H.P. 61'	
	r&p	Q	r&p	Q	r&p	Q	r&p	Q	r&p	Q
0'	7.'24	643,8	7.'52	669,2	7.'80	694,7	8.'08	720,1	8.'36	745,6
2'	7.'21	643,9	7.'49	669,3	7.'77	694,7	8.'04	720,2	8.'32	745,7
4'	7.'18	643,9	7.'46	669,4	7.'73	694,8	8.'01	720,3	8.'29	745,7
6'	7.'15	644,0	7.'43	669,4	7.'70	694,9	7.'98	720,3	8.'25	745,8
8'	7.'12	644,0	7.'40	669,5	7.'67	694,9	7.'94	720,4	8.'22	745,9
10'	7.'09	644,1	7.'36	669,5	7.'64	695,0	7.'91	720,4	8.'18	745,9
12'	7.'06	644,1	7.'33	669,6	7.'61	695,0	7.'88	720,5	8.'15	746,0
14'	7.'03	644,2	7.'30	669,6	7.'57	695,1	7.'84	720,6	8.'11	746,0
16'	7.'00	644,2	7.'27	669,7	7.'54	695,1	7.'81	720,6	8.'08	746,1
18'	6.'97	644,3	7.'24	669,7	7.'51	695,2	7.'78	720,7	8.'04	746,2
20'	6.'94	644,4	7.'21	669,8	7.'48	695,2	7.'74	720,7	8.'01	746,2
22'	6.'91	644,4	7.'18	669,9	7.'44	695,3	7.'71	720,8	7.'98	746,3
24'	6.'88	644,5	7.'15	669,9	7.'41	695,4	7.'68	720,8	7.'94	746,3
26'	6.'85	644,5	7.'12	670,0	7.'38	695,4	7.'64	720,9	7.'91	746,4
28'	6.'82	644,6	7.'08	670,0	7.'35	695,5	7.'61	721,0	7.'87	746,5
30'	6.'79	644,6	7.'05	670,1	7.'31	695,5	7.'58	721,0	7.'84	746,5
32'	6.'76	644,7	7.'02	670,1	7.'28	695,6	7.'54	721,1	7.'80	746,6
34'	6.'73	644,7	6.'99	670,2	7.'25	695,6	7.'51	721,1	7.'77	746,6
36'	6.'70	644,8	6.'96	670,2	7.'22	695,7	7.'48	721,2	7.'73	746,7
38'	6.'67	644,8	6.'93	670,3	7.'19	695,7	7.'44	721,2	7.'70	746,7
40'	6.'64	644,9	6.'90	670,3	7.'15	695,8	7.'41	721,3	7.'66	746,8
42'	6.'61	644,9	6.'87	670,4	7.'12	695,9	7.'37	721,4	7.'63	746,9
44'	6.'58	645,0	6.'84	670,4	7.'09	695,9	7.'34	721,4	7.'59	746,9
46'	6.'55	645,0	6.'80	670,5	7.'06	696,0	7.'31	721,5	7.'56	747,0
48'	6.'52	645,1	6.'77	670,5	7.'02	696,0	7.'27	721,5	7.'53	747,0
50'	6.'49	645,1	6.'74	670,6	6.'99	696,1	7.'24	721,6	7.'49	747,1
52'	6.'46	645,2	6.'71	670,6	6.'96	696,1	7.'21	721,6	7.'46	747,1
54'	6.'43	645,2	6.'68	670,7	6.'93	696,2	7.'17	721,7	7.'42	747,2
56'	6.'40	645,3	6.'65	670,7	6.'89	696,2	7.'14	721,7	7.'39	747,3
58'	6.'37	645,3	6.'62	670,8	6.'86	696,3	7.'11	721,8	7.'35	747,3

for H.P. increments (82°)

extra H.P.	r&p	Q
0.'1	0.'01	1,3
0.'2	0.'03	2,5
0.'3	0.'04	3,8
0.'4	0.'05	5,1
0.'5	0.'07	6,4
0.'6	0.'08	7,6
0.'7	0.'09	8,9
0.'8	0.'10	10,2
0.'9	0.'12	11,5
1.'0	0.'13	12,7
1.'1	0.'14	14,0
1.'2	0.'16	15,3
1.'3	0.'17	16,6
1.'4	0.'18	17,8
1.'5	0.'20	19,1
1.'6	0.'21	20,4
1.'7	0.'22	21,7
1.'8	0.'24	22,9
1.'9	0.'25	24,2

83°

	H.P. 53'		H.P. 55'		H.P. 57'		H.P. 59'		H.P. 61'	
0'	6.'34	645,3	6.'59	670,8	6.'83	696,3	7.'07	721,8	7.'32	747,4
2'	6.'31	645,4	6.'55	670,9	6.'80	696,4	7.'04	721,9	7.'28	747,4
4'	6.'28	645,4	6.'52	670,9	6.'76	696,4	7.'01	721,9	7.'25	747,5
6'	6.'25	645,5	6.'49	671,0	6.'73	696,5	6.'97	722,0	7.'21	747,5
8'	6.'22	645,5	6.'46	671,0	6.'70	696,5	6.'94	722,0	7.'18	747,6
10'	6.'19	645,6	6.'43	671,1	6.'67	696,6	6.'91	722,1	7.'14	747,6
12'	6.'16	645,6	6.'40	671,1	6.'64	696,6	6.'87	722,2	7.'11	747,7
14'	6.'13	645,7	6.'37	671,2	6.'60	696,7	6.'84	722,2	7.'07	747,7
16'	6.'10	645,7	6.'34	671,2	6.'57	696,7	6.'81	722,3	7.'04	747,8
18'	6.'07	645,8	6.'30	671,3	6.'54	696,8	6.'77	722,3	7.'01	747,8
20'	6.'04	645,8	6.'27	671,3	6.'51	696,8	6.'74	722,4	6.'97	747,9
22'	6.'01	645,9	6.'24	671,4	6.'47	696,9	6.'70	722,4	6.'94	747,9
24'	5.'98	645,9	6.'21	671,4	6.'44	696,9	6.'67	722,5	6.'90	748,0
26'	5.'95	645,9	6.'18	671,5	6.'41	697,0	6.'64	722,5	6.'87	748,1
28'	5.'92	646,0	6.'15	671,5	6.'38	697,0	6.'60	722,6	6.'83	748,1
30'	5.'89	646,0	6.'12	671,5	6.'34	697,1	6.'57	722,6	6.'80	748,2
32'	5.'86	646,1	6.'09	671,6	6.'31	697,1	6.'54	722,7	6.'76	748,2
34'	5.'83	646,1	6.'06	671,6	6.'28	697,2	6.'50	722,7	6.'73	748,3
36'	5.'80	646,2	6.'02	671,7	6.'25	697,2	6.'47	722,7	6.'69	748,3
38'	5.'77	646,2	5.'99	671,7	6.'21	697,3	6.'44	722,8	6.'66	748,4
40'	5.'74	646,3	5.'96	671,8	6.'18	697,3	6.'40	722,8	6.'62	748,4
42'	5.'71	646,3	5.'93	671,8	6.'15	697,3	6.'37	722,9	6.'59	748,5
44'	5.'68	646,3	5.'90	671,9	6.'12	697,4	6.'34	722,9	6.'55	748,5
46'	5.'65	646,4	5.'87	671,9	6.'08	697,4	6.'30	723,0	6.'52	748,6
48'	5.'62	646,4	5.'84	671,9	6.'05	697,5	6.'27	723,0	6.'48	748,6
50'	5.'59	646,5	5.'81	672,0	6.'02	697,5	6.'24	723,1	6.'45	748,6
52'	5.'56	646,5	5.'77	672,0	5.'99	697,6	6.'20	723,1	6.'42	748,7
54'	5.'53	646,5	5.'74	672,1	5.'96	697,6	6.'17	723,2	6.'38	748,7
56'	5.'50	646,6	5.'71	672,1	5.'92	697,7	6.'13	723,2	6.'35	748,8
58'	5.'47	646,6	5.'68	672,2	5.'89	697,7	6.'10	723,3	6.'31	748,8

for H.P. increments (83°)

extra H.P.	r&p	Q
0.'1	0.'01	1,3
0.'2	0.'02	2,6
0.'3	0.'03	3,8
0.'4	0.'05	5,1
0.'5	0.'06	6,4
0.'6	0.'07	7,7
0.'7	0.'08	8,9
0.'8	0.'09	10,2
0.'9	0.'10	11,5
1.'0	0.'11	12,8
1.'1	0.'12	14,0
1.'2	0.'14	15,3
1.'3	0.'15	16,6
1.'4	0.'16	17,9
1.'5	0.'17	19,1
1.'6	0.'18	20,4
1.'7	0.'19	21,7
1.'8	0.'20	23,0
1.'9	0.'22	24,3

Table 2

Ma 84°

Ma	H.P. 53' r&p	H.P. 53' Q	H.P. 55' r&p	H.P. 55' Q	H.P. 57' r&p	H.P. 57' Q	H.P. 59' r&p	H.P. 59' Q	H.P. 61' r&p	H.P. 61' Q
0'	5.'44	646,7	5.'65	672,2	5.'86	697,7	6.'07	723,3	6.'28	748,9
2'	5.'41	646,7	5.'62	672,2	5.'83	697,8	6.'03	723,4	6.'24	748,9
4'	5.'38	646,8	5.'59	672,3	5.'79	697,8	6.'00	723,4	6.'21	749,0
6'	5.'35	646,8	5.'56	672,3	5.'76	697,9	5.'97	723,4	6.'17	749,0
8'	5.'32	646,8	5.'52	672,4	5.'73	697,9	5.'93	723,5	6.'14	749,1
10'	5.'29	646,9	5.'49	672,4	5.'70	698,0	5.'90	723,5	6.'10	749,1
12'	5.'26	646,9	5.'46	672,5	5.'66	698,0	5.'87	723,6	6.'07	749,1
14'	5.'23	647,0	5.'43	672,5	5.'63	698,1	5.'83	723,6	6.'03	749,2
16'	5.'20	647,0	5.'40	672,5	5.'60	698,1	5.'80	723,7	6.'00	749,3
18'	5.'17	647,0	5.'37	672,6	5.'57	698,1	5.'76	723,7	5.'96	749,3
20'	5.'14	647,1	5.'34	672,6	5.'53	698,2	5.'73	723,8	5.'93	749,3
22'	5.'11	647,1	5.'30	672,7	5.'50	698,2	5.'70	723,8	5.'89	749,4
24'	5.'08	647,1	5.'27	672,7	5.'47	698,3	5.'66	723,8	5.'86	749,4
26'	5.'05	647,2	5.'24	672,7	5.'44	698,3	5.'63	723,9	5.'82	749,5
28'	5.'02	647,2	5.'21	672,8	5.'40	698,3	5.'60	723,9	5.'79	749,5
30'	4.'99	647,3	5.'18	672,8	5.'37	698,4	5.'56	724,0	5.'76	749,6
32'	4.'96	647,3	5.'15	672,9	5.'34	698,4	5.'53	724,0	5.'72	749,6
34'	4.'93	647,3	5.'12	672,9	5.'31	698,5	5.'50	724,0	5.'69	749,6
36'	4.'90	647,4	5.'09	672,9	5.'27	698,5	5.'46	724,1	5.'65	749,7
38'	4.'87	647,4	5.'05	673,0	5.'24	698,5	5.'43	724,1	5.'62	749,7
40'	4.'84	647,4	5.'02	673,0	5.'21	698,6	5.'40	724,2	5.'58	749,8
42'	4.'81	647,5	4.'99	673,0	5.'18	698,6	5.'36	724,2	5.'55	749,8
44'	4.'78	647,5	4.'96	673,1	5.'14	698,7	5.'33	724,2	5.'51	749,9
46'	4.'75	647,6	4.'93	673,1	5.'11	698,7	5.'29	724,3	5.'48	749,9
48'	4.'72	647,6	4.'90	673,2	5.'08	698,7	5.'26	724,3	5.'44	749,9
50'	4.'69	647,6	4.'87	673,2	5.'05	698,8	5.'23	724,4	5.'41	750,0
52'	4.'66	647,7	4.'84	673,2	5.'01	698,8	5.'19	724,4	5.'37	750,0
54'	4.'63	647,7	4.'80	673,3	4.'98	698,8	5.'16	724,4	5.'34	750,1
56'	4.'60	647,7	4.'77	673,3	4.'95	698,9	5.'13	724,5	5.'30	750,1
58'	4.'57	647,8	4.'74	673,3	4.'92	698,9	5.'09	724,5	5.'27	750,1

for H.P. increments (84°)

extra H.P.	r&p	Q
0.'1	0.'01	1,3
0.'2	0.'02	2,6
0.'3	0.'03	3,8
0.'4	0.'04	5,1
0.'5	0.'05	6,4
0.'6	0.'06	7,7
0.'7	0.'07	9,0
0.'8	0.'08	10,2
0.'9	0.'09	11,5
1.'0	0.'10	12,8
1.'1	0.'11	14,1
1.'2	0.'12	15,3
1.'3	0.'13	16,6
1.'4	0.'13	17,9
1.'5	0.'14	19,2
1.'6	0.'15	20,5
1.'7	0.'16	21,7
1.'8	0.'17	23,0
1.'9	0.'18	24,3

85°

Ma	H.P. 53' r&p	H.P. 53' Q	H.P. 55' r&p	H.P. 55' Q	H.P. 57' r&p	H.P. 57' Q	H.P. 59' r&p	H.P. 59' Q	H.P. 61' r&p	H.P. 61' Q
0'	4.'54	647,8	4.'71	673,4	4.'88	699,0	5.'06	724,6	5.'23	750,2
2'	4.'51	647,8	4.'68	673,4	4.'85	699,0	5.'03	724,6	5.'20	750,2
4'	4.'48	647,9	4.'65	673,4	4.'82	699,0	4.'99	724,6	5.'16	750,3
6'	4.'45	647,9	4.'62	673,5	4.'79	699,1	4.'96	724,7	5.'13	750,3
8'	4.'42	647,9	4.'58	673,5	4.'75	699,1	4.'92	724,7	5.'09	750,3
10'	4.'39	648,0	4.'55	673,5	4.'72	699,1	4.'89	724,7	5.'06	750,4
12'	4.'35	648,0	4.'52	673,6	4.'69	699,2	4.'86	724,8	5.'02	750,4
14'	4.'32	648,0	4.'49	673,6	4.'66	699,2	4.'82	724,8	4.'99	750,4
16'	4.'29	648,1	4.'46	673,6	4.'62	699,2	4.'79	724,9	4.'95	750,5
18'	4.'26	648,1	4.'43	673,7	4.'59	699,3	4.'76	724,9	4.'92	750,5
20'	4.'23	648,1	4.'40	673,7	4.'56	699,3	4.'72	724,9	4.'89	750,6
22'	4.'20	648,2	4.'37	673,7	4.'53	699,3	4.'69	725,0	4.'85	750,6
24'	4.'17	648,2	4.'33	673,8	4.'49	699,4	4.'66	725,0	4.'82	750,6
26'	4.'14	648,2	4.'30	673,8	4.'46	699,4	4.'62	725,0	4.'78	750,7
28'	4.'11	648,2	4.'27	673,8	4.'43	699,4	4.'59	725,1	4.'75	750,7
30'	4.'08	648,3	4.'24	673,9	4.'40	699,5	4.'55	725,1	4.'71	750,7
32'	4.'05	648,3	4.'21	673,9	4.'36	699,5	4.'52	725,1	4.'68	750,8
34'	4.'02	648,3	4.'18	673,9	4.'33	699,5	4.'49	725,2	4.'64	750,8
36'	3.'99	648,4	4.'15	674,0	4.'30	699,6	4.'45	725,2	4.'61	750,8
38'	3.'96	648,4	4.'11	674,0	4.'27	699,6	4.'42	725,2	4.'57	750,9
40'	3.'93	648,4	4.'08	674,0	4.'23	699,6	4.'39	725,3	4.'54	750,9
42'	3.'90	648,5	4.'05	674,1	4.'20	699,7	4.'35	725,3	4.'50	750,9
44'	3.'87	648,5	4.'02	674,1	4.'17	699,7	4.'32	725,3	4.'47	751,0
46'	3.'84	648,5	3.'99	674,1	4.'14	699,7	4.'28	725,4	4.'43	751,0
48'	3.'81	648,5	3.'96	674,1	4.'10	699,8	4.'25	725,4	4.'40	751,0
50'	3.'78	648,6	3.'93	674,2	4.'07	699,8	4.'22	725,4	4.'36	751,1
52'	3.'75	648,6	3.'90	674,2	4.'04	699,8	4.'18	725,5	4.'33	751,1
54'	3.'72	648,6	3.'86	674,2	4.'01	699,9	4.'15	725,5	4.'29	751,1
56'	3.'69	648,7	3.'83	674,3	3.'97	699,9	4.'12	725,5	4.'26	751,2
58'	3.'66	648,7	3.'80	674,3	3.'94	699,9	4.'08	725,5	4.'22	751,2

for H.P. increments (85°)

extra H.P.	r&p	Q
0.'1	0.'01	1,3
0.'2	0.'02	2,6
0.'3	0.'02	3,8
0.'4	0.'03	5,1
0.'5	0.'04	6,4
0.'6	0.'05	7,7
0.'7	0.'06	9,0
0.'8	0.'06	10,2
0.'9	0.'07	11,5
1.'0	0.'08	12,8
1.'1	0.'09	14,1
1.'2	0.'09	15,4
1.'3	0.'10	16,6
1.'4	0.'11	17,9
1.'5	0.'12	19,2
1.'6	0.'13	20,5
1.'7	0.'13	21,8
1.'8	0.'14	23,1
1.'9	0.'15	24,3

Table 2

Ma	H.P. 53'		H.P. 55'		H.P. 57'		H.P. 59'		H.P. 61'	
	r&p	Q	r&p	Q	r&p	Q	r&p	Q	r&p	Q
86° 0'	3.'63	648,7	3.'77	674,3	3.'91	699,9	4.'05	725,6	4.'19	751,2
2'	3.'60	648,7	3.'74	674,3	3.'88	700,0	4.'02	725,6	4.'15	751,3
4'	3.'57	648,8	3.'71	674,4	3.'84	700,0	3.'98	725,6	4.'12	751,3
6'	3.'54	648,8	3.'68	674,4	3.'81	700,0	3.'95	725,7	4.'08	751,3
8'	3.'51	648,8	3.'64	674,4	3.'78	700,1	3.'91	725,7	4.'05	751,4
10'	3.'48	648,8	3.'61	674,5	3.'75	700,1	3.'88	725,7	4.'01	751,4
12'	3.'45	648,9	3.'58	674,5	3.'71	700,1	3.'85	725,7	3.'98	751,4
14'	3.'42	648,9	3.'55	674,5	3.'68	700,1	3.'81	725,8	3.'94	751,4
16'	3.'39	648,9	3.'52	674,5	3.'65	700,2	3.'78	725,8	3.'91	751,5
18'	3.'36	648,9	3.'49	674,6	3.'62	700,2	3.'75	725,8	3.'87	751,5
20'	3.'33	649,0	3.'46	674,6	3.'58	700,2	3.'71	725,9	3.'84	751,5
22'	3.'30	649,0	3.'42	674,6	3.'55	700,2	3.'68	725,9	3.'81	751,6
24'	3.'27	649,0	3.'39	674,6	3.'52	700,3	3.'64	725,9	3.'77	751,6
26'	3.'24	649,0	3.'36	674,7	3.'49	700,3	3.'61	726,0	3.'74	751,6
28'	3.'21	649,1	3.'33	674,7	3.'45	700,3	3.'58	726,0	3.'70	751,6
30'	3.'18	649,1	3.'30	674,7	3.'42	700,4	3.'54	726,0	3.'67	751,7
32'	3.'15	649,1	3.'27	674,7	3.'39	700,4	3.'51	726,0	3.'63	751,7
34'	3.'12	649,1	3.'24	674,8	3.'36	700,4	3.'48	726,1	3.'60	751,7
36'	3.'09	649,2	3.'21	674,8	3.'32	700,4	3.'44	726,1	3.'56	751,8
38'	3.'06	649,2	3.'17	674,8	3.'29	700,5	3.'41	726,1	3.'53	751,8
40'	3.'03	649,2	3.'14	674,8	3.'26	700,5	3.'38	726,1	3.'49	751,8
42'	3.'00	649,2	3.'11	674,9	3.'23	700,5	3.'34	726,2	3.'46	751,8
44'	2.'97	649,3	3.'08	674,9	3.'19	700,5	3.'31	726,2	3.'42	751,9
46'	2.'94	649,3	3.'05	674,9	3.'16	700,5	3.'27	726,2	3.'39	751,9
48'	2.'91	649,3	3.'02	674,9	3.'13	700,6	3.'24	726,2	3.'35	751,9
50'	2.'88	649,3	2.'99	675,0	3.'10	700,6	3.'21	726,3	3.'32	751,9
52'	2.'84	649,3	2.'95	675,0	3.'06	700,6	3.'17	726,3	3.'28	752,0
54'	2.'81	649,4	2.'92	675,0	3.'03	700,6	3.'14	726,3	3.'25	752,0
56'	2.'78	649,4	2.'89	675,0	3.'00	700,7	3.'11	726,3	3.'21	752,0
58'	2.'75	649,4	2.'86	675,0	2.'97	700,7	3.'07	726,4	3.'18	752,0
87° 0'	2.'72	649,4	2.'83	675,1	2.'93	700,7	3.'04	726,4	3.'14	752,1
2'	2.'69	649,4	2.'80	675,1	2.'90	700,7	3.'00	726,4	3.'11	752,1
4'	2.'66	649,5	2.'77	675,1	2.'87	700,8	2.'97	726,4	3.'07	752,1
6'	2.'63	649,5	2.'73	675,1	2.'84	700,8	2.'94	726,4	3.'04	752,1
8'	2.'60	649,5	2.'70	675,1	2.'80	700,8	2.'90	726,5	3.'00	752,1
10'	2.'57	649,5	2.'67	675,2	2.'77	700,8	2.'87	726,5	2.'97	752,2
12'	2.'54	649,5	2.'64	675,2	2.'74	700,8	2.'84	726,5	2.'93	752,2
14'	2.'51	649,6	2.'61	675,2	2.'71	700,9	2.'80	726,5	2.'90	752,2
16'	2.'48	649,6	2.'58	675,2	2.'67	700,9	2.'77	726,5	2.'86	752,2
18'	2.'45	649,6	2.'55	675,2	2.'64	700,9	2.'73	726,6	2.'83	752,3
20'	2.'42	649,6	2.'51	675,3	2.'61	700,9	2.'70	726,6	2.'79	752,3
22'	2.'39	649,6	2.'48	675,3	2.'58	700,9	2.'67	726,6	2.'76	752,3
24'	2.'36	649,7	2.'45	675,3	2.'54	701,0	2.'63	726,6	2.'72	752,3
26'	2.'33	649,7	2.'42	675,3	2.'51	701,0	2.'60	726,6	2.'69	752,3
28'	2.'30	649,7	2.'39	675,3	2.'48	701,0	2.'57	726,7	2.'65	752,4
30'	2.'27	649,7	2.'36	675,4	2.'44	701,0	2.'53	726,7	2.'62	752,4
32'	2.'24	649,7	2.'33	675,4	2.'41	701,0	2.'50	726,7	2.'58	752,4
34'	2.'21	649,7	2.'29	675,4	2.'38	701,0	2.'46	726,7	2.'55	752,4
36'	2.'18	649,8	2.'26	675,4	2.'35	701,1	2.'43	726,7	2.'51	752,4
38'	2.'15	649,8	2.'23	675,4	2.'31	701,1	2.'40	726,8	2.'48	752,5
40'	2.'12	649,8	2.'20	675,4	2.'28	701,1	2.'36	726,8	2.'44	752,5
42'	2.'09	649,8	2.'17	675,5	2.'25	701,1	2.'33	726,8	2.'41	752,5
44'	2.'06	649,8	2.'14	675,5	2.'22	701,1	2.'30	726,8	2.'37	752,5
46'	2.'03	649,8	2.'11	675,5	2.'18	701,1	2.'26	726,8	2.'34	752,5
48'	2.'00	649,8	2.'07	675,5	2.'15	701,2	2.'23	726,8	2.'31	752,5
50'	1.'97	649,9	2.'04	675,5	2.'12	701,2	2.'19	726,9	2.'27	752,6
52'	1.'94	649,9	2.'01	675,5	2.'09	701,2	2.'16	726,9	2.'24	752,6
54'	1.'91	649,9	1.'98	675,5	2.'05	701,2	2.'13	726,9	2.'20	752,6
56'	1.'88	649,9	1.'95	675,6	2.'02	701,2	2.'09	726,9	2.'17	752,6
58'	1.'85	649,9	1.'92	675,6	1.'99	701,2	2.'06	726,9	2.'13	752,6

86° — for H.P. increments

extra H.P.	r&p	Q
0.'1	0.'01	1,3
0.'2	0.'01	2,6
0.'3	0.'02	3,8
0.'4	0.'02	5,1
0.'5	0.'03	6,4
0.'6	0.'04	7,7
0.'7	0.'04	9,0
0.'8	0.'05	10,3
0.'9	0.'06	11,5
1.'0	0.'06	12,8
1.'1	0.'07	14,1
1.'2	0.'07	15,4
1.'3	0.'08	16,7
1.'4	0.'09	18,0
1.'5	0.'09	19,2
1.'6	0.'10	20,5
1.'7	0.'10	21,8
1.'8	0.'11	23,1
1.'9	0.'12	24,4

87° — for H.P. increments

extra H.P.	r&p	Q
0.'1	0.'00	1,3
0.'2	0.'01	2,6
0.'3	0.'01	3,9
0.'4	0.'02	5,1
0.'5	0.'02	6,4
0.'6	0.'03	7,7
0.'7	0.'03	9,0
0.'8	0.'04	10,3
0.'9	0.'04	11,6
1.'0	0.'04	12,8
1.'1	0.'05	14,1
1.'2	0.'05	15,4
1.'3	0.'06	16,7
1.'4	0.'06	18,0
1.'5	0.'07	19,3
1.'6	0.'07	20,5
1.'7	0.'07	21,8
1.'8	0.'08	23,1
1.'9	0.'08	24,4

Table 2

Ma 88°

	H.P. 53'		H.P. 55'		H.P. 57'		H.P. 59'		H.P. 61'	
	r&p	Q	r&p	Q	r&p	Q	r&p	Q	r&p	Q
0'	1.'82	649,9	1.'89	675,6	1.'96	701,3	2.'03	726,9	2.'10	752,6
2'	1.'79	649,9	1.'85	675,6	1.'92	701,3	1.'99	727,0	2.'06	752,7
4'	1.'76	650,0	1.'82	675,6	1.'89	701,3	1.'96	727,0	2.'03	752,7
6'	1.'73	650,0	1.'79	675,6	1.'86	701,3	1.'92	727,0	1.'99	752,7
8'	1.'70	650,0	1.'76	675,6	1.'83	701,3	1.'89	727,0	1.'96	752,7
10'	1.'67	650,0	1.'73	675,7	1.'79	701,3	1.'86	727,0	1.'92	752,7
12'	1.'63	650,0	1.'70	675,7	1.'76	701,3	1.'82	727,0	1.'89	752,7
14'	1.'60	650,0	1.'67	675,7	1.'73	701,4	1.'79	727,0	1.'85	752,7
16'	1.'57	650,0	1.'63	675,7	1.'70	701,4	1.'76	727,1	1.'82	752,8
18'	1.'54	650,0	1.'60	675,7	1.'66	701,4	1.'72	727,1	1.'78	752,8
20'	1.'51	650,1	1.'57	675,7	1.'63	701,4	1.'69	727,1	1.'75	752,8
22'	1.'48	650,1	1.'54	675,7	1.'60	701,4	1.'65	727,1	1.'71	752,8
24'	1.'45	650,1	1.'51	675,7	1.'56	701,4	1.'62	727,1	1.'68	752,8
26'	1.'42	650,1	1.'48	675,8	1.'53	701,4	1.'59	727,1	1.'64	752,8
28'	1.'39	650,1	1.'45	675,8	1.'50	701,4	1.'55	727,1	1.'61	752,8
30'	1.'36	650,1	1.'41	675,8	1.'47	701,5	1.'52	727,1	1.'57	752,8
32'	1.'33	650,1	1.'38	675,8	1.'43	701,5	1.'49	727,2	1.'54	752,9
34'	1.'30	650,1	1.'35	675,8	1.'40	701,5	1.'45	727,2	1.'50	752,9
36'	1.'27	650,1	1.'32	675,8	1.'37	701,5	1.'42	727,2	1.'47	752,9
38'	1.'24	650,2	1.'29	675,8	1.'34	701,5	1.'38	727,2	1.'43	752,9
40'	1.'21	650,2	1.'26	675,8	1.'30	701,5	1.'35	727,2	1.'40	752,9
42'	1.'18	650,2	1.'23	675,8	1.'27	701,5	1.'32	727,2	1.'36	752,9
44'	1.'15	650,2	1.'19	675,8	1.'24	701,5	1.'28	727,2	1.'33	752,9
46'	1.'12	650,2	1.'16	675,9	1.'21	701,5	1.'25	727,2	1.'29	752,9
48'	1.'09	650,2	1.'13	675,9	1.'17	701,5	1.'22	727,2	1.'26	752,9
50'	1.'06	650,2	1.'10	675,9	1.'14	701,6	1.'18	727,2	1.'22	753,0
52'	1.'03	650,2	1.'07	675,9	1.'11	701,6	1.'15	727,3	1.'19	753,0
54'	1.'00	650,2	1.'04	675,9	1.'08	701,6	1.'11	727,3	1.'15	753,0
56'	0.'97	650,2	1.'01	675,9	1.'04	701,6	1.'08	727,3	1.'12	753,0
58'	0.'94	650,2	0.'97	675,9	1.'01	701,6	1.'05	727,3	1.'08	753,0

for H.P. increments

extra H.P.	r&p	Q
0.'1	0.'00	1,3
0.'2	0.'01	2,6
0.'3	0.'01	3,9
0.'4	0.'01	5,1
0.'5	0.'01	6,4
0.'6	0.'02	7,7
0.'7	0.'02	9,0
0.'8	0.'02	10,3
0.'9	0.'02	11,6
1.'0	0.'03	12,8
1.'1	0.'03	14,1
1.'2	0.'03	15,4
1.'3	0.'03	16,7
1.'4	0.'04	18,0
1.'5	0.'04	19,3
1.'6	0.'04	20,5
1.'7	0.'05	21,8
1.'8	0.'05	23,1
1.'9	0.'05	24,4

89°

	H.P. 53'		H.P. 55'		H.P. 57'		H.P. 59'		H.P. 61'	
	r&p	Q	r&p	Q	r&p	Q	r&p	Q	r&p	Q
0'	0.'91	650,2	0.'94	675,9	0.'98	701,6	1.'01	727,3	1.'05	753,0
2'	0.'88	650,2	0.'91	675,9	0.'95	701,6	0.'98	727,3	1.'01	753,0
4'	0.'85	650,3	0.'88	675,9	0.'91	701,6	0.'95	727,3	0.'98	753,0
6'	0.'82	650,3	0.'85	675,9	0.'88	701,6	0.'91	727,3	0.'94	753,0
8'	0.'79	650,3	0.'82	675,9	0.'85	701,6	0.'88	727,3	0.'91	753,0
10'	0.'76	650,3	0.'79	675,9	0.'82	701,6	0.'84	727,3	0.'87	753,0
12'	0.'73	650,3	0.'75	675,9	0.'78	701,6	0.'81	727,3	0.'84	753,0
14'	0.'70	650,3	0.'72	676,0	0.'75	701,6	0.'78	727,3	0.'80	753,0
16'	0.'67	650,3	0.'69	676,0	0.'72	701,6	0.'74	727,3	0.'77	753,0
18'	0.'64	650,3	0.'66	676,0	0.'68	701,6	0.'71	727,3	0.'73	753,1
20'	0.'61	650,3	0.'63	676,0	0.'65	701,6	0.'68	727,3	0.'70	753,1
22'	0.'58	650,3	0.'60	676,0	0.'62	701,7	0.'64	727,4	0.'66	753,1
24'	0.'55	650,3	0.'57	676,0	0.'59	701,7	0.'61	727,4	0.'63	753,1
26'	0.'51	650,3	0.'53	676,0	0.'55	701,7	0.'57	727,4	0.'59	753,1
28'	0.'48	650,3	0.'50	676,0	0.'52	701,7	0.'54	727,4	0.'56	753,1
30'	0.'45	650,3	0.'47	676,0	0.'49	701,7	0.'51	727,4	0.'52	753,1
32'	0.'42	650,3	0.'44	676,0	0.'46	701,7	0.'47	727,4	0.'49	753,1
34'	0.'39	650,3	0.'41	676,0	0.'42	701,7	0.'44	727,4	0.'45	753,1
36'	0.'36	650,3	0.'38	676,0	0.'39	701,7	0.'41	727,4	0.'42	753,1
38'	0.'33	650,3	0.'35	676,0	0.'36	701,7	0.'37	727,4	0.'38	753,1
40'	0.'30	650,3	0.'31	676,0	0.'33	701,7	0.'34	727,4	0.'35	753,1
42'	0.'27	650,3	0.'28	676,0	0.'29	701,7	0.'30	727,4	0.'31	753,1
44'	0.'24	650,3	0.'25	676,0	0.'26	701,7	0.'27	727,4	0.'28	753,1
46'	0.'21	650,3	0.'22	676,0	0.'23	701,7	0.'24	727,4	0.'24	753,1
48'	0.'18	650,3	0.'19	676,0	0.'20	701,7	0.'20	727,4	0.'21	753,1
50'	0.'15	650,3	0.'16	676,0	0.'16	701,7	0.'17	727,4	0.'14	753,1
52'	0.'12	650,3	0.'13	676,0	0.'13	701,7	0.'14	727,4	0.'14	753,1
54'	0.'09	650,3	0.'09	676,0	0.'10	701,7	0.'10	727,4	0.'10	753,1
56'	0.'06	650,3	0.'06	676,0	0.'07	701,7	0.'07	727,4	0.'07	753,1
58'	0.'03	650,3	0.'03	676,0	0.'03	701,7	0.'03	727,4	0.'03	753,1

for H.P. increments

extra H.P.	r&p	Q
0.'1	0.'00	1,3
0.'2	0.'00	2,6
0.'3	0.'00	3,9
0.'4	0.'00	5,1
0.'5	0.'00	6,4
0.'6	0.'01	7,7
0.'7	0.'01	9,0
0.'8	0.'01	10,3
0.'9	0.'01	11,6
1.'0	0.'01	12,8
1.'1	0.'01	14,1
1.'2	0.'01	15,4
1.'3	0.'01	16,7
1.'4	0.'01	18,0
1.'5	0.'01	19,3
1.'6	0.'01	20,6
1.'7	0.'02	21,8
1.'8	0.'02	23,1
1.'9	0.'02	24,4

Table 3

	for SUN		SATURN, JUPITER or STAR		\multicolumn{10}{c|}{For VENUS or MARS, check bottom of page 259 in *Nautical Almanac* for a value of "p". If none is given, use Star column.}									
					p = 0.1		p = 0.2		p = 0.3		p = 0.4		p = 0.5	
Sa	r&p	Q	r&p	Q	r&p	Q	r&p	Q	r&p	Q	r&p	Q	r&p	Q
4° 0'	11.'60	2.2	11.'75	2.1	11.'65	2.2	11.'55	2.2	11.'45	2.3	11.'35	2.4	11.'25	2.5
2'	11.'53	2.2	11.'67	2.1	11.'57	2.1	11.'47	2.2	11.'37	2.3	11.'27	2.4	11.'17	2.5
4'	11.'45	2.2	11.'60	2.0	11.'50	2.1	11.'40	2.2	11.'30	2.3	11.'20	2.4	11.'10	2.5
6'	11.'38	2.1	11.'53	2.0	11.'43	2.1	11.'33	2.2	11.'23	2.3	11.'13	2.3	11.'03	2.4
8'	11.'31	2.1	11.'46	2.0	11.'36	2.1	11.'26	2.2	11.'16	2.2	11.'06	2.3	10.'96	2.4
10'	11.'24	2.1	11.'39	2.0	11.'29	2.0	11.'19	2.1	11.'09	2.2	10.'99	2.3	10.'89	2.4
12'	11.'17	2.1	11.'32	1.9	11.'22	2.0	11.'12	2.1	11.'02	2.2	10.'92	2.3	10.'82	2.4
14'	11.'11	2.0	11.'25	1.9	11.'15	2.0	11.'05	2.1	10.'95	2.2	10.'85	2.3	10.'75	2.4
16'	11.'04	2.0	11.'19	1.9	11.'09	2.0	10.'99	2.1	10.'89	2.2	10.'79	2.2	10.'69	2.3
18'	10.'97	2.0	11.'12	1.9	11.'02	2.0	10.'92	2.0	10.'82	2.1	10.'72	2.2	10.'62	2.3
20'	10.'91	2.0	11.'05	1.8	10.'95	1.9	10.'85	2.0	10.'75	2.1	10.'65	2.2	10.'55	2.3
22'	10.'84	2.0	10.'99	1.8	10.'89	1.9	10.'79	2.0	10.'69	2.1	10.'59	2.2	10.'49	2.3
24'	10.'78	1.9	10.'92	1.8	10.'82	1.9	10.'72	2.0	10.'62	2.1	10.'52	2.2	10.'42	2.3
26'	10.'71	1.9	10.'86	1.8	10.'76	1.9	10.'66	2.0	10.'56	2.1	10.'46	2.2	10.'36	2.3
28'	10.'65	1.9	10.'80	1.8	10.'70	1.9	10.'60	2.0	10.'50	2.0	10.'40	2.1	10.'30	2.2
30'	10.'59	1.9	10.'73	1.7	10.'63	1.8	10.'53	1.9	10.'43	2.0	10.'33	2.1	10.'23	2.2
32'	10.'52	1.9	10.'67	1.7	10.'57	1.8	10.'47	1.9	10.'37	2.0	10.'27	2.1	10.'17	2.2
34'	10.'46	1.8	10.'61	1.7	10.'51	1.8	10.'41	1.9	10.'31	2.0	10.'21	2.1	10.'11	2.2
36'	10.'40	1.8	10.'55	1.7	10.'45	1.8	10.'35	1.9	10.'25	2.0	10.'15	2.1	10.'05	2.2
38'	10.'34	1.8	10.'49	1.7	10.'39	1.8	10.'29	1.9	10.'19	2.0	10.'09	2.1	9.'99	2.2
40'	10.'28	1.8	10.'43	1.6	10.'33	1.7	10.'23	1.8	10.'13	1.9	10.'03	2.0	9.'93	2.1
42'	10.'22	1.8	10.'37	1.6	10.'27	1.7	10.'17	1.8	10.'07	1.9	9.'97	2.0	9.'87	2.1
44'	10.'17	1.8	10.'31	1.6	10.'21	1.7	10.'11	1.8	10.'01	1.9	9.'91	2.0	9.'81	2.1
46'	10.'11	1.7	10.'25	1.6	10.'15	1.7	10.'06	1.8	9.'96	1.9	9.'86	2.0	9.'76	2.1
48'	10.'05	1.7	10.'20	1.6	10.'10	1.7	10.'00	1.8	9.'90	1.9	9.'80	2.0	9.'70	2.1
50'	9.'99	1.7	10.'14	1.6	10.'04	1.7	9.'94	1.8	9.'84	1.9	9.'74	2.0	9.'64	2.1
52'	9.'94	1.7	10.'08	1.5	9.'99	1.6	9.'89	1.7	9.'79	1.9	9.'69	2.0	9.'59	2.1
54'	9.'88	1.7	10.'03	1.5	9.'93	1.6	9.'83	1.7	9.'73	1.8	9.'63	1.9	9.'53	2.0
56'	9.'83	1.7	9.'97	1.5	9.'88	1.6	9.'78	1.7	9.'68	1.8	9.'58	1.9	9.'48	2.0
58'	9.'77	1.6	9.'92	1.5	9.'82	1.6	9.'72	1.7	9.'62	1.8	9.'52	1.9	9.'42	2.0
5° 0'	9.'72	1.6	9.'87	1.5	9.'77	1.6	9.'67	1.7	9.'57	1.8	9.'47	1.9	9.'37	2.0
2'	9.'67	1.6	9.'81	1.5	9.'71	1.6	9.'61	1.7	9.'51	1.8	9.'41	1.9	9.'32	2.0
4'	9.'61	1.6	9.'76	1.4	9.'66	1.6	9.'56	1.7	9.'46	1.8	9.'36	1.9	9.'26	2.0
6'	9.'56	1.6	9.'71	1.4	9.'61	1.5	9.'51	1.6	9.'41	1.8	9.'31	1.9	9.'21	2.0
8'	9.'51	1.6	9.'66	1.4	9.'56	1.5	9.'46	1.6	9.'36	1.7	9.'26	1.9	9.'16	2.0
10'	9.'46	1.6	9.'61	1.4	9.'51	1.5	9.'41	1.6	9.'31	1.7	9.'21	1.8	9.'11	2.0
12'	9.'41	1.5	9.'55	1.4	9.'46	1.5	9.'36	1.6	9.'26	1.7	9.'16	1.8	9.'06	1.9
14'	9.'36	1.5	9.'50	1.4	9.'41	1.5	9.'31	1.6	9.'21	1.7	9.'11	1.8	9.'01	1.9
16'	9.'31	1.5	9.'45	1.4	9.'36	1.5	9.'26	1.6	9.'16	1.7	9.'06	1.8	8.'96	1.9
18'	9.'26	1.5	9.'41	1.3	9.'31	1.5	9.'21	1.6	9.'11	1.7	9.'01	1.8	8.'91	1.9
20'	9.'21	1.5	9.'36	1.3	9.'26	1.4	9.'16	1.6	9.'06	1.7	8.'96	1.8	8.'86	1.9
22'	9.'16	1.5	9.'31	1.3	9.'21	1.4	9.'11	1.5	9.'01	1.7	8.'91	1.8	8.'81	1.9
24'	9.'11	1.5	9.'26	1.3	9.'16	1.4	9.'06	1.5	8.'96	1.6	8.'86	1.8	8.'76	1.9
26'	9.'07	1.5	9.'21	1.3	9.'11	1.4	9.'01	1.5	8.'91	1.6	8.'81	1.8	8.'72	1.9
28'	9.'02	1.4	9.'17	1.3	9.'07	1.4	8.'97	1.5	8.'87	1.6	8.'77	1.7	8.'67	1.9

Table 3

Sa	for SUN		SATURN, JUPITER or STAR		For VENUS or MARS, check bottom of page 259 in *Nautical Almanac* for a value of "p". If none is given, use Star column.									
					p = 0.1		p = 0.2		p = 0.3		p = 0.4		p = 0.5	
	r&p	Q	r&p	Q	r&p	Q	r&p	Q	r&p	Q	r&p	Q	r&p	Q
5° 30'	8.'97	1,4	9.'12	1,3	9.'02	1,4	8.'92	1,5	8.'82	1,6	8.'72	1,7	8.'62	1,9
32'	8.'93	1,4	9.'07	1,2	8.'97	1,4	8.'87	1,5	8.'77	1,6	8.'68	1,7	8.'58	1,8
34'	8.'88	1,4	9.'03	1,2	8.'93	1,4	8.'83	1,5	8.'73	1,6	8.'63	1,7	8.'53	1,8
36'	8.'84	1,4	8.'98	1,2	8.'88	1,3	8.'78	1,5	8.'68	1,6	8.'58	1,7	8.'48	1,8
38'	8.'79	1,4	8.'94	1,2	8.'84	1,3	8.'74	1,5	8.'64	1,6	8.'54	1,7	8.'44	1,8
40'	8.'75	1,4	8.'89	1,2	8.'79	1,3	8.'69	1,4	8.'59	1,6	8.'49	1,7	8.'40	1,8
42'	8.'70	1,4	8.'85	1,2	8.'75	1,3	8.'65	1,4	8.'55	1,6	8.'45	1,7	8.'35	1,8
44'	8.'66	1,4	8.'81	1,2	8.'71	1,3	8.'61	1,4	8.'51	1,5	8.'41	1,7	8.'31	1,8
46'	8.'62	1,3	8.'76	1,2	8.'66	1,3	8.'56	1,4	8.'46	1,5	8.'36	1,7	8.'26	1,8
48'	8.'57	1,3	8.'72	1,2	8.'62	1,3	8.'52	1,4	8.'42	1,5	8.'32	1,7	8.'22	1,8
50'	8.'53	1,3	8.'68	1,1	8.'58	1,3	8.'48	1,4	8.'38	1,5	8.'28	1,6	8.'18	1,8
52'	8.'49	1,3	8.'63	1,1	8.'54	1,3	8.'44	1,4	8.'34	1,5	8.'24	1,6	8.'14	1,8
54'	8.'45	1,3	8.'59	1,1	8.'49	1,2	8.'39	1,4	8.'29	1,5	8.'19	1,6	8.'10	1,8
56'	8.'41	1,3	8.'55	1,1	8.'45	1,2	8.'35	1,4	8.'25	1,5	8.'15	1,6	8.'05	1,7
58'	8.'36	1,3	8.'51	1,1	8.'41	1,2	8.'31	1,4	8.'21	1,5	8.'11	1,6	8.'01	1,7
6° 0'	8.'32	1,3	8.'47	1,1	8.'37	1,2	8.'27	1,3	8.'17	1,5	8.'07	1,6	7.'97	1,7
2'	8.'28	1,3	8.'43	1,1	8.'33	1,2	8.'23	1,3	8.'13	1,5	8.'03	1,6	7.'93	1,7
4'	8.'24	1,3	8.'39	1,1	8.'29	1,2	8.'19	1,3	8.'09	1,5	7.'99	1,6	7.'89	1,7
6'	8.'20	1,2	8.'35	1,1	8.'25	1,2	8.'15	1,3	8.'05	1,4	7.'95	1,6	7.'85	1,7
8'	8.'16	1,2	8.'31	1,0	8.'21	1,2	8.'11	1,3	8.'01	1,4	7.'91	1,6	7.'81	1,7
10'	8.'13	1,2	8.'27	1,0	8.'17	1,2	8.'07	1,3	7.'97	1,4	7.'87	1,6	7.'77	1,7
12'	8.'09	1,2	8.'23	1,0	8.'13	1,2	8.'03	1,3	7.'94	1,4	7.'84	1,6	7.'74	1,7
14'	8.'05	1,2	8.'20	1,0	8.'10	1,2	8.'00	1,3	7.'90	1,4	7.'80	1,6	7.'70	1,7
16'	8.'01	1,2	8.'16	1,0	8.'06	1,1	7.'96	1,3	7.'86	1,4	7.'76	1,5	7.'66	1,7
18'	7.'97	1,2	8.'12	1,0	8.'02	1,1	7.'92	1,3	7.'82	1,4	7.'72	1,5	7.'62	1,7
20'	7.'94	1,2	8.'08	1,0	7.'98	1,1	7.'88	1,3	7.'78	1,4	7.'68	1,5	7.'59	1,7
22'	7.'90	1,2	8.'05	1,0	7.'95	1,1	7.'85	1,3	7.'75	1,4	7.'65	1,5	7.'55	1,7
24'	7.'86	1,2	8.'01	1,0	7.'91	1,1	7.'81	1,2	7.'71	1,4	7.'61	1,5	7.'51	1,7
26'	7.'83	1,2	7.'97	1,0	7.'87	1,1	7.'77	1,2	7.'67	1,4	7.'57	1,5	7.'48	1,7
28'	7.'79	1,2	7.'94	1,0	7.'84	1,1	7.'74	1,2	7.'64	1,4	7.'54	1,5	7.'44	1,7
30'	7.'75	1,2	7.'90	0,9	7.'80	1,1	7.'70	1,2	7.'60	1,4	7.'50	1,5	7.'40	1,6
32'	7.'72	1,1	7.'87	0,9	7.'77	1,1	7.'67	1,2	7.'57	1,4	7.'47	1,5	7.'37	1,6
34'	7.'68	1,1	7.'83	0,9	7.'73	1,1	7.'63	1,2	7.'53	1,4	7.'43	1,5	7.'33	1,6
36'	7.'65	1,1	7.'80	0,9	7.'70	1,1	7.'60	1,2	7.'50	1,3	7.'40	1,5	7.'30	1,6
38'	7.'61	1,1	7.'76	0,9	7.'66	1,1	7.'56	1,2	7.'46	1,3	7.'36	1,5	7.'26	1,6
40'	7.'58	1,1	7.'73	0,9	7.'63	1,0	7.'53	1,2	7.'43	1,3	7.'33	1,5	7.'23	1,6
42'	7.'55	1,1	7.'69	0,9	7.'59	1,0	7.'49	1,2	7.'39	1,3	7.'29	1,5	7.'20	1,6
44'	7.'51	1,1	7.'66	0,9	7.'56	1,0	7.'46	1,2	7.'36	1,3	7.'26	1,5	7.'16	1,6
46'	7.'48	1,1	7.'63	0,9	7.'53	1,0	7.'43	1,2	7.'33	1,3	7.'23	1,5	7.'13	1,6
48'	7.'45	1,1	7.'59	0,9	7.'49	1,0	7.'39	1,2	7.'29	1,3	7.'19	1,5	7.'10	1,6
50'	7.'41	1,1	7.'56	0,9	7.'46	1,0	7.'36	1,2	7.'26	1,3	7.'16	1,5	7.'06	1,6
52'	7.'38	1,1	7.'53	0,9	7.'43	1,0	7.'33	1,2	7.'23	1,3	7.'13	1,4	7.'03	1,6
54'	7.'35	1,1	7.'49	0,8	7.'39	1,0	7.'30	1,1	7.'20	1,3	7.'10	1,4	7.'00	1,6
56'	7.'32	1,1	7.'46	0,8	7.'36	1,0	7.'26	1,1	7.'16	1,3	7.'06	1,4	6.'97	1,6
58'	7.'28	1,1	7.'43	0,8	7.'33	1,0	7.'23	1,1	7.'13	1,3	7.'03	1,4	6.'93	1,6

Table 3

Sa		for SUN		SATURN, JUPITER or STAR		For VENUS or MARS, check bottom of page 259 in *Nautical Almanac* for a value of "p". If none is given, use Star column.									
						p = 0.1		p = 0.2		p = 0.3		p = 0.4		p = 0.5	
7°		r&p	Q	r&p	Q	r&p	Q	r&p	Q	r&p	Q	r&p	Q	r&p	Q
	0'	7.'25	1,0	7.'40	0,8	7.'30	1,0	7.'20	1,1	7.'10	1,3	7.'00	1,4	6.'90	1,6
	2'	7.'22	1,0	7.'37	0,8	7.'27	1,0	7.'17	1,1	7.'07	1,3	6.'97	1,4	6.'87	1,6
	4'	7.'19	1,0	7.'34	0,8	7.'24	1,0	7.'14	1,1	7.'04	1,3	6.'94	1,4	6.'84	1,6
	6'	7.'16	1,0	7.'30	0,8	7.'21	1,0	7.'11	1,1	7.'01	1,3	6.'91	1,4	6.'81	1,6
	8'	7.'13	1,0	7.'27	0,8	7.'17	1,0	7.'08	1,1	6.'98	1,3	6.'88	1,4	6.'78	1,6
	10'	7.'10	1,0	7.'24	0,8	7.'14	0,9	7.'05	1,1	6.'95	1,3	6.'85	1,4	6.'75	1,6
	12'	7.'07	1,0	7.'21	0,8	7.'11	0,9	7.'02	1,1	6.'92	1,3	6.'82	1,4	6.'72	1,6
	14'	7.'04	1,0	7.'18	0,8	7.'08	0,9	6.'99	1,1	6.'89	1,2	6.'79	1,4	6.'69	1,6
	16'	7.'01	1,0	7.'15	0,8	7.'05	0,9	6.'96	1,1	6.'86	1,2	6.'76	1,4	6.'66	1,6
	18'	6.'98	1,0	7.'12	0,8	7.'03	0,9	6.'93	1,1	6.'83	1,2	6.'73	1,4	6.'63	1,6
	20'	6.'95	1,0	7.'10	0,8	7.'00	0,9	6.'90	1,1	6.'80	1,2	6.'70	1,4	6.'60	1,6
	22'	6.'92	1,0	7.'07	0,8	6.'97	0,9	6.'87	1,1	6.'77	1,2	6.'67	1,4	6.'57	1,5
	24'	6.'89	1,0	7.'04	0,7	6.'94	0,9	6.'84	1,1	6.'74	1,2	6.'64	1,4	6.'54	1,5
	26'	6.'86	1,0	7.'01	0,7	6.'91	0,9	6.'81	1,1	6.'71	1,2	6.'61	1,4	6.'51	1,5
	28'	6.'83	1,0	6.'98	0,7	6.'88	0,9	6.'78	1,1	6.'68	1,2	6.'58	1,4	6.'48	1,5
	30'	6.'81	1,0	6.'95	0,7	6.'85	0,9	6.'75	1,1	6.'65	1,2	6.'56	1,4	6.'46	1,5
	32'	6.'78	1,0	6.'92	0,7	6.'83	0,9	6.'73	1,0	6.'63	1,2	6.'53	1,4	6.'43	1,5
	34'	6.'75	1,0	6.'90	0,7	6.'80	0,9	6.'70	1,0	6.'60	1,2	6.'50	1,4	6.'40	1,5
	36'	6.'72	1,0	6.'87	0,7	6.'77	0,9	6.'67	1,0	6.'57	1,2	6.'47	1,4	6.'37	1,5
	38'	6.'70	0,9	6.'84	0,7	6.'74	0,9	6.'64	1,0	6.'54	1,2	6.'45	1,4	6.'35	1,5
	40'	6.'67	0,9	6.'81	0,7	6.'72	0,9	6.'62	1,0	6.'52	1,2	6.'42	1,4	6.'32	1,5
	42'	6.'64	0,9	6.'79	0,7	6.'69	0,9	6.'59	1,0	6.'49	1,2	6.'39	1,4	6.'29	1,5
	44'	6.'62	0,9	6.'76	0,7	6.'66	0,9	6.'56	1,0	6.'46	1,2	6.'36	1,4	6.'27	1,5
	46'	6.'59	0,9	6.'73	0,7	6.'64	0,8	6.'54	1,0	6.'44	1,2	6.'34	1,4	6.'24	1,5
	48'	6.'56	0,9	6.'71	0,7	6.'61	0,8	6.'51	1,0	6.'41	1,2	6.'31	1,4	6.'21	1,5
	50'	6.'54	0,9	6.'68	0,7	6.'58	0,8	6.'48	1,0	6.'38	1,2	6.'29	1,3	6.'19	1,5
	52'	6.'51	0,9	6.'66	0,7	6.'56	0,8	6.'46	1,0	6.'36	1,2	6.'26	1,3	6.'16	1,5
	54'	6.'48	0,9	6.'63	0,7	6.'53	0,8	6.'43	1,0	6.'33	1,2	6.'23	1,3	6.'13	1,5
	56'	6.'46	0,9	6.'60	0,7	6.'51	0,8	6.'41	1,0	6.'31	1,2	6.'21	1,3	6.'11	1,5
	58'	6.'43	0,9	6.'58	0,6	6.'48	0,8	6.'38	1,0	6.'28	1,2	6.'18	1,3	6.'08	1,5
8°	0'	6.'41	0,9	6.'55	0,6	6.'46	0,8	6.'36	1,0	6.'26	1,2	6.'16	1,3	6.'06	1,5
	4'	6.'36	0,9	6.'50	0,6	6.'41	0,8	6.'31	1,0	6.'21	1,2	6.'11	1,3	6.'01	1,5
	8'	6.'31	0,9	6.'46	0,6	6.'36	0,8	6.'26	1,0	6.'16	1,2	6.'06	1,3	5.'96	1,5
	12'	6.'26	0,9	6.'41	0,6	6.'31	0,8	6.'21	1,0	6.'11	1,1	6.'01	1,3	5.'91	1,5
	16'	6.'21	0,9	6.'36	0,6	6.'26	0,8	6.'16	1,0	6.'06	1,1	5.'96	1,3	5.'86	1,5
	20'	6.'17	0,9	6.'31	0,6	6.'21	0,8	6.'11	1,0	6.'01	1,1	5.'92	1,3	5.'82	1,5
	24'	6.'12	0,9	6.'27	0,6	6.'17	0,8	6.'07	1,0	5.'97	1,1	5.'87	1,3	5.'77	1,5
	28'	6.'07	0,8	6.'22	0,6	6.'12	0,8	6.'02	0,9	5.'92	1,1	5.'82	1,3	5.'72	1,5
	32'	6.'03	0,8	6.'17	0,6	6.'08	0,8	5.'98	0,9	5.'88	1,1	5.'78	1,3	5.'68	1,5
	36'	5.'98	0,8	6.'13	0,6	6.'03	0,7	5.'93	0,9	5.'83	1,1	5.'73	1,3	5.'63	1,5
	40'	5.'94	0,8	6.'09	0,6	5.'99	0,7	5.'89	0,9	5.'79	1,1	5.'69	1,3	5.'59	1,5
	44'	5.'90	0,8	6.'04	0,5	5.'94	0,7	5.'84	0,9	5.'75	1,1	5.'65	1,3	5.'55	1,5
	48'	5.'85	0,8	6.'00	0,5	5.'90	0,7	5.'80	0,9	5.'70	1,1	5.'60	1,3	5.'51	1,5
	52'	5.'81	0,8	5.'96	0,5	5.'86	0,7	5.'76	0,9	5.'66	1,1	5.'56	1,3	5.'46	1,5
	56'	5.'77	0,8	5.'92	0,5	5.'82	0,7	5.'72	0,9	5.'62	1,1	5.'52	1,3	5.'42	1,5

Table 3

		for SUN		SATURN, JUPITER or STAR		\multicolumn{10}{c}{For VENUS or MARS, check bottom of page 259 in *Nautical Almanac* for a value of "p". If none is given, use Star column.}										
						p = 0.1		p = 0.2		p = 0.3		p = 0.4		p = 0.5	
Sa		r&p	Q	r&p	Q	r&p	Q	r&p	Q	r&p	Q	r&p	Q	r&p	Q
9°	0'	5.'73	0,8	5.'87	0,5	5.'78	0,7	5.'68	0,9	5.'58	1,1	5.'48	1,3	5.'38	1,5
	4'	5.'69	0,8	5.'83	0,5	5.'73	0,7	5.'64	0,9	5.'54	1,1	5.'44	1,3	5.'34	1,5
	8'	5.'65	0,8	5.'79	0,5	5.'69	0,7	5.'60	0,9	5.'50	1,1	5.'40	1,3	5.'30	1,5
	12'	5.'61	0,8	5.'75	0,5	5.'66	0,7	5.'56	0,9	5.'46	1,1	5.'36	1,3	5.'26	1,5
	16'	5.'57	0,8	5.'71	0,5	5.'62	0,7	5.'52	0,9	5.'42	1,1	5.'32	1,3	5.'22	1,5
	20'	5.'53	0,8	5.'68	0,5	5.'58	0,7	5.'48	0,9	5.'38	1,1	5.'28	1,3	5.'18	1,5
	24'	5.'49	0,8	5.'64	0,5	5.'54	0,7	5.'44	0,9	5.'34	1,1	5.'24	1,3	5.'14	1,5
	28'	5.'46	0,8	5.'60	0,5	5.'50	0,7	5.'40	0,9	5.'30	1,1	5.'21	1,3	5.'11	1,5
	32'	5.'42	0,8	5.'56	0,5	5.'46	0,7	5.'37	0,9	5.'27	1,1	5.'17	1,3	5.'07	1,5
	36'	5.'38	0,8	5.'53	0,4	5.'43	0,7	5.'33	0,9	5.'23	1,1	5.'13	1,3	5.'03	1,5
	40'	5.'35	0,8	5.'49	0,4	5.'39	0,7	5.'29	0,9	5.'19	1,1	5.'10	1,3	5.'00	1,5
	44'	5.'31	0,7	5.'46	0,4	5.'36	0,6	5.'26	0,9	5.'16	1,1	5.'06	1,3	4.'96	1,5
	48'	5.'27	0,7	5.'42	0,4	5.'32	0,6	5.'22	0,9	5.'12	1,1	5.'03	1,3	4.'93	1,5
	52'	5.'24	0,7	5.'38	0,4	5.'29	0,6	5.'19	0,9	5.'09	1,1	4.'99	1,3	4.'89	1,5
	56'	5.'21	0,7	5.'35	0,4	5.'25	0,6	5.'15	0,8	5.'05	1,1	4.'96	1,3	4.'86	1,5
10°	0'	5.'17	0,7	5.'32	0,4	5.'22	0,6	5.'12	0,8	5.'02	1,1	4.'92	1,3	4.'82	1,5
	4'	5.'14	0,7	5.'28	0,4	5.'18	0,6	5.'09	0,8	4.'99	1,1	4.'89	1,3	4.'79	1,5
	8'	5.'10	0,7	5.'25	0,4	5.'15	0,6	5.'05	0,8	4.'95	1,1	4.'86	1,3	4.'76	1,5
	12'	5.'07	0,7	5.'22	0,4	5.'12	0,6	5.'02	0,8	4.'92	1,1	4.'82	1,3	4.'72	1,5
	16'	5.'04	0,7	5.'18	0,4	5.'09	0,6	4.'99	0,8	4.'89	1,1	4.'79	1,3	4.'69	1,5
	20'	5.'01	0,7	5.'15	0,4	5.'05	0,6	4.'96	0,8	4.'86	1,1	4.'76	1,3	4.'66	1,5
	24'	4.'98	0,7	5.'12	0,4	5.'02	0,6	4.'92	0,8	4.'83	1,1	4.'73	1,3	4.'63	1,5
	28'	4.'94	0,7	5.'09	0,4	4.'99	0,6	4.'89	0,8	4.'79	1,1	4.'70	1,3	4.'60	1,5
	32'	4.'91	0,7	5.'06	0,4	4.'96	0,6	4.'86	0,8	4.'76	1,1	4.'67	1,3	4.'57	1,5
	36'	4.'88	0,7	5.'03	0,4	4.'93	0,6	4.'83	0,8	4.'73	1,1	4.'63	1,3	4.'54	1,5
	40'	4.'85	0,7	5.'00	0,4	4.'90	0,6	4.'80	0,8	4.'70	1,1	4.'60	1,3	4.'51	1,5
	44'	4.'82	0,7	4.'97	0,4	4.'87	0,6	4.'77	0,8	4.'67	1,1	4.'57	1,3	4.'48	1,5
	48'	4.'79	0,7	4.'94	0,3	4.'84	0,6	4.'74	0,8	4.'64	1,1	4.'55	1,3	4.'45	1,5
	52'	4.'76	0,7	4.'91	0,3	4.'81	0,6	4.'71	0,8	4.'61	1,1	4.'52	1,3	4.'42	1,5
	56'	4.'74	0,7	4.'88	0,3	4.'78	0,6	4.'68	0,8	4.'59	1,0	4.'49	1,3	4.'39	1,5
11°	0'	4.'71	0,7	4.'85	0,3	4.'75	0,6	4.'66	0,8	4.'56	1,0	4.'46	1,3	4.'36	1,5
	4'	4.'68	0,7	4.'82	0,3	4.'73	0,6	4.'63	0,8	4.'53	1,0	4.'43	1,3	4.'33	1,5
	8'	4.'65	0,7	4.'80	0,3	4.'70	0,6	4.'60	0,8	4.'50	1,0	4.'40	1,3	4.'30	1,5
	12'	4.'62	0,7	4.'77	0,3	4.'67	0,6	4.'57	0,8	4.'47	1,0	4.'38	1,3	4.'28	1,5
	16'	4.'60	0,7	4.'74	0,3	4.'64	0,6	4.'54	0,8	4.'45	1,0	4.'35	1,3	4.'25	1,5
	20'	4.'57	0,7	4.'71	0,3	4.'62	0,6	4.'52	0,8	4.'42	1,0	4.'32	1,3	4.'22	1,5
	24'	4.'54	0,7	4.'69	0,3	4.'59	0,6	4.'49	0,8	4.'39	1,0	4.'29	1,3	4.'20	1,5
	28'	4.'52	0,7	4.'66	0,3	4.'56	0,5	4.'46	0,8	4.'37	1,0	4.'27	1,3	4.'17	1,5
	32'	4.'49	0,7	4.'63	0,3	4.'54	0,5	4.'44	0,8	4.'34	1,0	4.'24	1,3	4.'14	1,5
	36'	4.'46	0,7	4.'61	0,3	4.'51	0,5	4.'41	0,8	4.'31	1,0	4.'22	1,3	4.'12	1,6
	40'	4.'44	0,7	4.'58	0,3	4.'48	0,5	4.'39	0,8	4.'29	1,0	4.'19	1,3	4.'09	1,6
	44'	4.'41	0,7	4.'56	0,3	4.'46	0,5	4.'36	0,8	4.'26	1,0	4.'17	1,3	4.'07	1,6
	48'	4.'39	0,7	4.'53	0,3	4.'43	0,5	4.'34	0,8	4.'24	1,0	4.'14	1,3	4.'04	1,6
	52'	4.'36	0,7	4.'51	0,3	4.'41	0,5	4.'31	0,8	4.'21	1,0	4.'12	1,3	4.'02	1,6
	56'	4.'34	0,7	4.'48	0,3	4.'39	0,5	4.'29	0,8	4.'19	1,0	4.'09	1,3	3.'99	1,6

Table 3

For VENUS or MARS, check bottom of page 259 in *Nautical Almanac* for a value of "p". If none is given, use Star column.

Sa		for SUN		SATURN, JUPITER or STAR		p = 0.1		p = 0.2		p = 0.3		p = 0.4		p = 0.5		
		r&p	Q	r&p	Q	r&p	Q	r&p	Q	r&p	Q	r&p	Q	r&p	Q	
12°	0'	4.'31	0,6	4.'46	0,3	4.'36	0,5	4.'26	0,8	4.'17	1,0	4.'07	1,3	3.'97	1,6	12°
	6'	4.'28	0,6	4.'42	0,3	4.'33	0,5	4.'23	0,8	4.'13	1,0	4.'03	1,3	3.'93	1,6	
	12'	4.'24	0,6	4.'39	0,3	4.'29	0,5	4.'19	0,8	4.'09	1,0	4.'00	1,3	3.'90	1,6	
	18'	4.'21	0,6	4.'35	0,2	4.'25	0,5	4.'16	0,8	4.'06	1,1	3.'96	1,3	3.'86	1,6	
	24'	4.'17	0,6	4.'32	0,2	4.'22	0,5	4.'12	0,8	4.'03	1,1	3.'93	1,3	3.'83	1,6	
	30'	4.'14	0,6	4.'28	0,2	4.'19	0,5	4.'09	0,8	3.'99	1,1	3.'89	1,3	3.'80	1,6	
	36'	4.'11	0,6	4.'25	0,2	4.'15	0,5	4.'06	0,8	3.'96	1,1	3.'86	1,3	3.'76	1,6	
	42'	4.'07	0,6	4.'22	0,2	4.'12	0,5	4.'02	0,8	3.'93	1,1	3.'83	1,3	3.'73	1,6	
	48'	4.'04	0,6	4.'19	0,2	4.'09	0,5	3.'99	0,8	3.'89	1,1	3.'80	1,3	3.'70	1,6	
	54'	4.'01	0,6	4.'15	0,2	4.'06	0,5	3.'96	0,8	3.'86	1,1	3.'76	1,3	3.'67	1,6	
13°	0'	3.'98	0,6	4.'12	0,2	4.'03	0,5	3.'93	0,8	3.'83	1,1	3.'73	1,3	3.'64	1,6	13°
	6'	3.'94	0,6	4.'09	0,2	3.'99	0,5	3.'89	0,8	3.'79	1,1	3.'70	1,4	3.'60	1,6	
	12'	3.'91	0,6	4.'06	0,2	3.'96	0,5	3.'86	0,8	3.'76	1,1	3.'67	1,4	3.'57	1,7	
	18'	3.'88	0,6	4.'03	0,2	3.'93	0,5	3.'83	0,8	3.'73	1,1	3.'64	1,4	3.'54	1,7	
	24'	3.'85	0,6	4.'00	0,2	3.'90	0,5	3.'80	0,8	3.'70	1,1	3.'61	1,4	3.'51	1,7	
	30'	3.'82	0,6	3.'97	0,2	3.'87	0,5	3.'77	0,8	3.'67	1,1	3.'58	1,4	3.'48	1,7	
	36'	3.'80	0,6	3.'94	0,2	3.'84	0,5	3.'74	0,8	3.'65	1,1	3.'55	1,4	3.'45	1,7	
	42'	3.'77	0,6	3.'91	0,2	3.'81	0,5	3.'72	0,8	3.'62	1,1	3.'52	1,4	3.'42	1,7	
	48'	3.'74	0,6	3.'88	0,2	3.'78	0,5	3.'69	0,8	3.'59	1,1	3.'49	1,4	3.'40	1,7	
	54'	3.'71	0,6	3.'85	0,2	3.'76	0,5	3.'66	0,8	3.'56	1,1	3.'47	1,4	3.'37	1,7	
14°	0'	3.'68	0,6	3.'83	0,2	3.'73	0,5	3.'63	0,8	3.'54	1,1	3.'44	1,4	3.'34	1,7	14°
	6'	3.'66	0,6	3.'80	0,2	3.'70	0,5	3.'61	0,8	3.'51	1,1	3.'41	1,4	3.'31	1,7	
	12'	3.'63	0,6	3.'77	0,2	3.'68	0,5	3.'58	0,8	3.'48	1,1	3.'39	1,4	3.'29	1,7	
	18'	3.'60	0,6	3.'75	0,2	3.'65	0,5	3.'55	0,8	3.'46	1,1	3.'36	1,4	3.'26	1,7	
	24'	3.'58	0,6	3.'72	0,2	3.'62	0,5	3.'53	0,8	3.'43	1,1	3.'33	1,4	3.'24	1,7	
	30'	3.'55	0,6	3.'70	0,2	3.'60	0,5	3.'50	0,8	3.'41	1,1	3.'31	1,4	3.'21	1,7	
	36'	3.'53	0,6	3.'67	0,1	3.'57	0,5	3.'48	0,8	3.'38	1,1	3.'28	1,4	3.'19	1,7	
	42'	3.'50	0,6	3.'64	0,2	3.'54	0,5	3.'45	0,8	3.'35	1,1	3.'25	1,4	3.'16	1,8	
	48'	3.'47	0,6	3.'61	0,2	3.'52	0,5	3.'42	0,8	3.'32	1,1	3.'23	1,4	3.'13	1,8	
	54'	3.'45	0,6	3.'59	0,2	3.'49	0,5	3.'40	0,8	3.'30	1,1	3.'20	1,4	3.'11	1,8	
15°	0'	3.'42	0,6	3.'57	0,2	3.'47	0,5	3.'37	0,8	3.'28	1,1	3.'18	1,5	3.'08	1,8	15°
	10'	3.'39	0,6	3.'53	0,1	3.'43	0,5	3.'33	0,8	3.'24	1,1	3.'14	1,5	3.'05	1,8	
	20'	3.'35	0,6	3.'49	0,1	3.'39	0,5	3.'30	0,8	3.'20	1,1	3.'10	1,5	3.'01	1,8	
	30'	3.'31	0,6	3.'45	0,1	3.'36	0,5	3.'26	0,8	3.'16	1,1	3.'07	1,5	2.'97	1,8	
	40'	3.'27	0,6	3.'42	0,1	3.'32	0,5	3.'22	0,8	3.'13	1,1	3.'03	1,5	2.'93	1,8	
	50'	3.'24	0,6	3.'38	0,1	3.'28	0,5	3.'19	0,8	3.'09	1,1	2.'99	1,5	2.'90	1,8	
16°	0'	3.'20	0,6	3.'34	0,1	3.'25	0,5	3.'15	0,8	3.'06	1,1	2.'96	1,5	2.'86	1,8	16°
	10'	3.'17	0,6	3.'31	0,1	3.'21	0,5	3.'12	0,8	3.'02	1,2	2.'92	1,5	2.'83	1,9	
	20'	3.'13	0,6	3.'27	0,1	3.'18	0,5	3.'08	0,8	2.'98	1,2	2.'89	1,5	2.'79	1,9	
	30'	3.'10	0,6	3.'24	0,1	3.'14	0,5	3.'05	0,8	2.'95	1,2	2.'85	1,5	2.'76	1,9	
	40'	3.'06	0,6	3.'20	0,1	3.'11	0,5	3.'01	0,8	2.'92	1,2	2.'82	1,6	2.'72	1,9	
	50'	3.'03	0,6	3.'17	0,1	3.'07	0,5	2.'98	0,8	2.'88	1,2	2.'79	1,6	2.'69	1,9	
17°	0'	3.'00	0,6	3.'14	0,1	3.'04	0,5	2.'95	0,8	2.'85	1,2	2.'75	1,6	2.'66	1,9	17°
	10'	2.'96	0,7	3.'10	0,1	3.'01	0,5	2.'91	0,8	2.'82	1,2	2.'72	1,6	2.'63	2,0	
	20'	2.'94	0,6	3.'08	0,1	2.'98	0,5	2.'89	0,8	2.'79	1,2	2.'70	1,6	2.'60	2,0	
	30'	2.'91	0,6	3.'05	0,1	2.'95	0,5	2.'86	0,8	2.'76	1,2	2.'67	1,6	2.'57	2,0	
	40'	2.'88	0,6	3.'02	0,1	2.'92	0,5	2.'83	0,8	2.'73	1,2	2.'64	1,6	2.'54	2,0	
	50'	2.'85	0,6	2.'99	0,1	2.'89	0,5	2.'80	0,8	2.'70	1,2	2.'61	1,6	2.'51	2,0	

Table 3

Sa		for SUN		SATURN, JUPITER or STAR		p = 0.1		p = 0.2		p = 0.3		p = 0.4		p = 0.5		
		r&p	Q	r&p	Q	r&p	Q	r&p	Q	r&p	Q	r&p	Q	r&p	Q	
18°	0'	2.'82	0,6	2.'96	0,1	2.'86	0,5	2.'77	0,9	2.'67	1,2	2.'58	1,6	2.'48	2,0	18°
	10'	2.'79	0,7	2.'93	0,1	2.'83	0,5	2.'74	0,9	2.'64	1,3	2.'55	1,6	2.'45	2,0	
	20'	2.'76	0,7	2.'90	0,1	2.'81	0,5	2.'71	0,9	2.'62	1,3	2.'52	1,7	2.'43	2,1	
	30'	2.'73	0,7	2.'87	0,1	2.'78	0,5	2.'68	0,9	2.'59	1,3	2.'49	1,7	2.'40	2,1	
	40'	2.'71	0,7	2.'84	0,1	2.'75	0,5	2.'66	0,9	2.'56	1,3	2.'47	1,7	2.'37	2,1	
	50'	2.'68	0,7	2.'82	0,1	2.'72	0,5	2.'63	0,9	2.'53	1,3	2.'44	1,7	2.'34	2,1	
19°	0'	2.'65	0,7	2.'79	0,1	2.'70	0,5	2.'60	0,9	2.'51	1,3	2.'41	1,7	2.'32	2,1	
	15'	2.'62	0,7	2.'76	0,0	2.'66	0,5	2.'57	0,9	2.'47	1,3	2.'38	1,7	2.'29	2,1	
	30'	2.'58	0,7	2.'72	0,0	2.'63	0,5	2.'53	0,9	2.'44	1,3	2.'34	1,7	2.'25	2,2	
	45'	2.'54	0,7	2.'68	0,0	2.'59	0,5	2.'49	0,9	2.'40	1,3	2.'31	1,8	2.'21	2,2	
20°	0'	2.'51	0,7	2.'65	0,0	2.'55	0,5	2.'46	0,9	2.'36	1,3	2.'27	1,8	2.'18	2,2	
	15'	2.'47	0,7	2.'61	0,0	2.'52	0,5	2.'42	0,9	2.'33	1,4	2.'23	1,8	2.'14	2,2	
	30'	2.'44	0,7	2.'58	0,0	2.'48	0,5	2.'39	0,9	2.'29	1,4	2.'20	1,8	2.'11	2,3	
	45'	2.'41	0,7	2.'54	0,0	2.'45	0,5	2.'36	0,9	2.'26	1,4	2.'17	1,8	2.'08	2,3	
21°	0'	2.'37	0,7	2.'51	0,0	2.'42	0,5	2.'32	0,9	2.'23	1,4	2.'14	1,8	2.'04	2,3	
	15'	2.'34	0,7	2.'48	0,0	2.'39	0,5	2.'29	0,9	2.'20	1,4	2.'11	1,9	2.'01	2,3	
	30'	2.'31	0,7	2.'45	0,0	2.'35	0,5	2.'26	1,0	2.'17	1,4	2.'07	1,9	1.'98	2,3	
	45'	2.'28	0,7	2.'42	0,0	2.'32	0,5	2.'23	1,0	2.'14	1,4	2.'04	1,9	1.'95	2,4	
22°	0'	2.'25	0,7	2.'39	0,0	2.'29	0,5	2.'20	1,0	2.'11	1,5	2.'02	1,9	1.'92	2,4	
	20'	2.'21	0,7	2.'35	0,0	2.'25	0,5	2.'16	1,0	2.'07	1,5	1.'98	2,0	1.'88	2,4	
	40'	2.'18	0,7	2.'31	0,0	2.'22	0,5	2.'13	1,0	2.'04	1,5	1.'94	2,0	1.'85	2,4	
23°	0'	2.'14	0,7	2.'28	0,0	2.'18	0,5	2.'09	1,0	2.'00	1,5	1.'91	2,0	1.'82	2,5	
	20'	2.'10	0,7	2.'24	0,0	2.'15	0,5	2.'06	1,0	1.'96	1,5	1.'87	2,0	1.'78	2,5	
	40'	2.'07	0,8	2.'20	0,0	2.'11	0,5	2.'02	1,0	1.'93	1,5	1.'84	2,0	1.'75	2,5	
24°	0'	2.'04	0,8	2.'17	0,0	2.'08	0,5	1.'99	1,0	1.'90	1,5	1.'80	2,1	1.'71	2,6	
	20'	2.'00	0,8	2.'14	0,0	2.'04	0,5	1.'95	1,0	1.'86	1,6	1.'77	2,1	1.'68	2,6	
	40'	1.'97	0,8	2.'10	0,0	2.'01	0,5	1.'92	1,1	1.'83	1,6	1.'74	2,1	1.'65	2,6	
25°	0'	1.'94	0,8	2.'07	0,0	1.'98	0,5	1.'89	1,1	1.'80	1,6	1.'71	2,1	1.'62	2,7	25°
	20'	1.'91	0,8	2.'04	0,0	1.'95	0,5	1.'86	1,1	1.'77	1,6	1.'68	2,2	1.'59	2,7	
	40'	1.'88	0,8	2.'01	0,0	1.'92	0,5	1.'83	1,1	1.'74	1,6	1.'65	2,2	1.'56	2,7	
26°	0'	1.'85	0,8	1.'98	0,0	1.'89	0,6	1.'80	1,1	1.'71	1,7	1.'62	2,2	1.'53	2,8	
	30'	1.'81	0,8	1.'94	0,0	1.'85	0,6	1.'76	1,1	1.'67	1,7	1.'58	2,3	1.'49	2,8	
27°	0'	1.'76	0,8	1.'90	0,0	1.'81	0,6	1.'72	1,2	1.'63	1,7	1.'54	2,3	1.'45	2,9	
	30'	1.'73	0,8	1.'86	0,0	1.'77	0,6	1.'68	1,1	1.'59	1,7	1.'50	2,3	1.'42	2,9	
28°	0'	1.'69	0,8	1.'82	0,0	1.'73	0,6	1.'64	1,2	1.'56	1,8	1.'47	2,3	1.'38	2,9	
	30'	1.'65	0,9	1.'78	0,0	1.'69	0,6	1.'61	1,2	1.'52	1,8	1.'43	2,4	1.'34	3,0	
29°	0'	1.'62	0,9	1.'75	0,0	1.'66	0,6	1.'57	1,2	1.'48	1,8	1.'40	2,4	1.'31	3,0	
	30'	1.'58	0,9	1.'71	0,0	1.'62	0,6	1.'54	1,2	1.'45	1,8	1.'36	2,5	1.'28	3,1	
30°	0'	1.'55	0,9	1.'68	0,0	1.'59	0,6	1.'50	1,2	1.'42	1,9	1.'33	2,5	1.'24	3,1	
	30'	1.'52	0,9	1.'64	0,0	1.'56	0,6	1.'47	1,3	1.'38	1,9	1.'30	2,5	1.'21	3,2	
31°	0'	1.'48	0,9	1.'61	0,0	1.'53	0,6	1.'44	1,3	1.'35	1,9	1.'27	2,6	1.'18	3,2	
	30'	1.'45	0,9	1.'58	0,0	1.'49	0,6	1.'41	1,3	1.'32	2,0	1.'24	2,6	1.'15	3,3	
32°	0'	1.'42	1,0	1.'55	0,0	1.'46	0,6	1.'38	1,3	1.'29	2,0	1.'21	2,7	1.'12	3,3	
	30'	1.'40	1,0	1.'52	0,0	1.'44	0,7	1.'35	1,3	1.'27	2,0	1.'18	2,7	1.'10	3,4	
33°	0'	1.'37	1,0	1.'49	0,0	1.'41	0,7	1.'32	1,4	1.'24	2,0	1.'16	2,7	1.'07	3,4	
	30'	1.'34	1,0	1.'46	0,0	1.'38	0,7	1.'30	1,4	1.'21	2,1	1.'13	2,8	1.'05	3,5	
34°	0'	1.'31	1,0	1.'44	0,0	1.'35	0,7	1.'27	1,4	1.'19	2,1	1.'10	2,8	1.'02	3,5	34°
	30'	1.'29	1,0	1.'41	0,0	1.'33	0,7	1.'24	1,4	1.'16	2,1	1.'08	2,8	1.'00	3,6	

For VENUS or MARS, check bottom of page 259 in *Nautical Almanac* for a value of "p". If none is given, use Star column.

Table 3

Sa	for SUN		SATURN, JUPITER or STAR		p = 0.1		p = 0.2		p = 0.3		p = 0.4		p = 0.5		
	r&p	Q	r&p	Q	r&p	Q	r&p	Q	r&p	Q	r&p	Q	r&p	Q	
35° 0'	1.'26	1,0	1.'38	0,0	1.'30	0,7	1.'22	1,4	1.'14	2,1	1.'05	2,9	0.'97	3,6	35°
30'	1.'24	1,0	1.'36	0,0	1.'28	0,7	1.'20	1,4	1.'11	2,2	1.'03	2,9	0.'95	3,6	
36° 0'	1.'21	1,1	1.'33	0,0	1.'25	0,7	1.'17	1,4	1.'09	2,2	1.'01	2,9	0.'93	3,7	
30'	1.'19	1,1	1.'31	0,0	1.'23	0,7	1.'15	1,5	1.'07	2,2	0.'99	3,0	0.'91	3,7	
37° 0'	1.'17	1,1	1.'29	0,0	1.'21	0,7	1.'13	1,5	1.'05	2,2	0.'97	3,0	0.'89	3,8	
30'	1.'15	1,1	1.'26	0,0	1.'18	0,7	1.'10	1,5	1.'02	2,3	0.'95	3,0	0.'87	3,8	
38°	1.'12	1,1	1.'24	0,0	1.'16	0,7	1.'08	1,5	1.'00	2,3	0.'92	3,1	0.'85	3,9	38°
39°	1.'08	1,1	1.'20	0,0	1.'12	0,8	1.'04	1,6	0.'96	2,3	0.'89	3,1	0.'81	3,9	
40°	1.'04	1,2	1.'15	0,0	1.'08	0,8	1.'00	1,6	0.'92	2,4	0.'85	3,2	0.'77	4,0	
41°	1.'00	1,2	1.'11	0,0	1.'04	0,8	0.'96	1,6	0.'89	2,4	0.'81	3,3	0.'74	4,1	
42°	0.'97	1,2	1.'08	0,0	1.'00	0,8	0.'93	1,7	0.'85	2,5	0.'78	3,3	0.'70	4,2	
43°	0.'93	1,2	1.'04	0,0	0.'97	0,8	0.'89	1,7	0.'82	2,5	0.'75	3,4	0.'67	4,3	
44°	0.'90	1,3	1.'00	0,0	0.'93	0,8	0.'86	1,7	0.'79	2,6	0.'72	3,5	0.'64	4,3	
45°	0.'87	1,3	0.'97	0,0	0.'90	0,9	0.'83	1,7	0.'76	2,6	0.'69	3,5	0.'62	4,4	
46°	0.'83	1,3	0.'94	0,0	0.'87	0,9	0.'80	1,8	0.'73	2,7	0.'66	3,6	0.'59	4,5	
47°	0.'80	1,3	0.'90	0,0	0.'84	0,9	0.'77	1,8	0.'70	2,7	0.'63	3,7	0.'56	4,6	
48°	0.'77	1,3	0.'87	0,0	0.'81	0,9	0.'74	1,8	0.'67	2,8	0.'60	3,7	0.'54	4,7	
49°	0.'75	1,4	0.'84	0,0	0.'78	0,9	0.'71	1,9	0.'65	2,8	0.'58	3,8	0.'51	4,7	
50°	0.'72	1,4	0.'81	0,0	0.'75	0,9	0.'68	1,9	0.'62	2,9	0.'56	3,8	0.'49	4,8	50°
51°	0.'69	1,4	0.'78	0,0	0.'72	0,9	0.'66	1,9	0.'60	2,9	0.'53	3,9	0.'47	4,9	
52°	0.'67	1,4	0.'76	0,0	0.'70	1,0	0.'63	2,0	0.'57	2,9	0.'51	3,9	0.'45	4,9	
53°	0.'64	1,4	0.'73	0,0	0.'67	1,0	0.'61	2,0	0.'55	3,0	0.'49	4,0	0.'43	5,0	
54°	0.'62	1,5	0.'70	0,0	0.'65	1,0	0.'59	2,0	0.'53	3,0	0.'47	4,0	0.'41	5,1	
55°	0.'59	1,5	0.'68	0,0	0.'62	1,0	0.'56	2,0	0.'51	3,1	0.'45	4,1	0.'39	5,1	
56°	0.'57	1,5	0.'65	0,0	0.'60	1,0	0.'54	2,1	0.'49	3,1	0.'43	4,2	0.'37	5,2	
57°	0.'55	1,5	0.'63	0,0	0.'57	1,0	0.'52	2,1	0.'47	3,1	0.'41	4,2	0.'36	5,3	
58°	0.'53	1,5	0.'61	0,0	0.'55	1,0	0.'50	2,1	0.'45	3,2	0.'39	4,2	0.'34	5,3	
59°	0.'51	1,6	0.'58	0,0	0.'53	1,0	0.'48	2,1	0.'43	3,2	0.'38	4,3	0.'32	5,4	
60°	0.'49	1,6	0.'56	0,0	0.'51	1,1	0.'46	2,1	0.'41	3,2	0.'36	4,3	0.'31	5,4	60°

For VENUS or MARS, check bottom of page 259 in *Nautical Almanac* for a value of "p". If none is given, use Star column.

Table 3

Sa	for SUN		SATURN, JUPITER or STAR		For VENUS or MARS, check bottom of page 259 in *Nautical Almanac* for a value of "p". If none is given, use Star column.										
					p = 0.1		p = 0.2		p = 0.3		p = 0.4		p = 0.5		
	r&p	Q	r&p	Q	r&p	Q	r&p	Q	r&p	Q	r&p	Q	r&p	Q	
61°	0.′47	1,6	0.′54	0,0	0.′49	1,1	0.′44	2,2	0.′39	3,3	0.′34	4,4	0.′29	5,5	61°
62°	0.′45	1,6	0.′52	0,0	0.′47	1,1	0.′42	2,2	0.′37	3,3	0.′33	4,4	0.′28	5,5	
63°	0.′43	1,6	0.′49	0,0	0.′45	1,1	0.′40	2,2	0.′36	3,3	0.′31	4,5	0.′27	5,6	
64°	0.′41	1,6	0.′47	0,0	0.′43	1,1	0.′38	2,2	0.′34	3,4	0.′30	4,5	0.′25	5,6	
65°	0.′39	1,6	0.′45	0,0	0.′41	1,1	0.′37	2,3	0.′33	3,4	0.′28	4,5	0.′24	5,7	
66°	0.′37	1,7	0.′43	0,0	0.′39	1,1	0.′35	2,3	0.′31	3,4	0.′27	4,6	0.′23	5,7	
67°	0.′35	1,7	0.′41	0,0	0.′37	1,1	0.′33	2,3	0.′29	3,4	0.′25	4,6	0.′22	5,8	
68°	0.′34	1,7	0.′39	0,0	0.′35	1,1	0.′32	2,3	0.′28	3,5	0.′24	4,6	0.′20	5,8	
69°	0.′32	1,7	0.′37	0,0	0.′34	1,1	0.′30	2,3	0.′26	3,5	0.′23	4,7	0.′19	5,9	
70°	0.′30	1,7	0.′35	0,0	0.′32	1,1	0.′28	2,3	0.′25	3,5	0.′22	4,7	0.′18	5,9	
71°	0.′29	1,7	0.′33	0,0	0.′30	1,2	0.′27	2,3	0.′24	3,5	0.′20	4,7	0.′17	5,9	
72°	0.′27	1,7	0.′31	0,0	0.′28	1,2	0.′25	2,4	0.′22	3,6	0.′19	4,8	0.′16	6,0	
73°	0.′25	1,7	0.′30	0,0	0.′27	1,2	0.′24	2,4	0.′21	3,6	0.′18	4,8	0.′15	6,0	
74°	0.′24	1,7	0.′28	0,0	0.′25	1,2	0.′22	2,4	0.′20	3,6	0.′17	4,8	0.′14	6,0	
75°	0.′22	1,8	0.′26	0,0	0.′23	1,2	0.′21	2,4	0.′18	3,6	0.′16	4,8	0.′13	6,1	75°
76°	0.′21	1,8	0.′24	0,0	0.′22	1,2	0.′19	2,4	0.′17	3,6	0.′14	4,9	0.′12	6,1	
77°	0.′19	1,8	0.′22	0,0	0.′20	1,2	0.′18	2,4	0.′16	3,7	0.′13	4,9	0.′11	6,1	
78°	0.′18	1,8	0.′21	0,0	0.′19	1,2	0.′16	2,4	0.′14	3,7	0.′12	4,9	0.′10	6,1	
79°	0.′16	1,8	0.′19	0,0	0.′17	1,2	0.′15	2,4	0.′13	3,7	0.′11	4,9	0.′09	6,2	
80°	0.′15	1,8	0.′17	0,0	0.′15	1,2	0.′14	2,4	0.′12	3,7	0.′10	4,9	0.′08	6,2	
81°	0.′13	1,8	0.′15	0,0	0.′14	1,2	0.′12	2,5	0.′11	3,7	0.′09	5,0	0.′08	6,2	
82°	0.′12	1,8	0.′14	0,0	0.′12	1,2	0.′11	2,5	0.′09	3,7	0.′08	5,0	0.′07	6,2	
83°	0.′10	1,8	0.′12	0,0	0.′11	1,2	0.′09	2,5	0.′08	3,7	0.′07	5,0	0.′06	6,2	
84°	0.′09	1,8	0.′10	0,0	0.′09	1,2	0.′08	2,5	0.′07	3,7	0.′06	5,0	0.′05	6,2	
85°	0.′07	1,8	0.′08	0,0	0.′08	1,2	0.′07	2,5	0.′06	3,7	0.′05	5,0	0.′04	6,3	
87°	0.′04	1,8	0.′05	0,0	0.′05	1,2	0.′04	2,5	0.′04	3,7	0.′03	5,0	0.′02	6,3	
89°	0.′01	1,8	0.′02	0,0	0.′02	1,2	0.′01	2,5	0.′01	3,7	0.′01	5,0	0.′01	6,3	89°

Table 4

Ma — Moon's Augmented Semidiameter

H.P.	5°	10°	15°	20°	25°	30°	40°	50°	60°	90°
53.9	14.′71	14.′73	14.′75	14.′77	14.′79	14.′80	14.′84	14.′87	14.′89	14.′92
54.0	14.′74	14.′76	14.′78	14.′79	14.′81	14.′83	14.′87	14.′89	14.′92	14.′95
.1	14.′76	14.′78	14.′80	14.′82	14.′84	14.′86	14.′89	14.′92	14.′95	14.′98
.2	14.′79	14.′81	14.′83	14.′85	14.′87	14.′89	14.′92	14.′95	14.′97	15.′01
.3	14.′82	14.′84	14.′86	14.′88	14.′90	14.′91	14.′95	14.′98	15.′00	15.′03
.4	14.′84	14.′86	14.′88	14.′90	14.′92	14.′94	14.′98	15.′01	15.′03	15.′06
.5	14.′87	14.′89	14.′91	14.′93	14.′95	14.′97	15.′00	15.′03	15.′06	15.′09
.6	14.′90	14.′92	14.′94	14.′96	14.′98	15.′00	15.′03	15.′06	15.′09	15.′12
.7	14.′93	14.′95	14.′97	14.′99	15.′01	15.′03	15.′06	15.′09	15.′11	15.′15
.8	14.′95	14.′97	14.′99	15.′01	15.′03	15.′05	15.′09	15.′12	15.′14	15.′17
.9	14.′98	15.′00	15.′02	15.′04	15.′06	15.′08	15.′12	15.′15	15.′17	15.′20
55.0	15.′01	15.′03	15.′05	15.′07	15.′09	15.′11	15.′14	15.′17	15.′20	15.′23
.1	15.′04	15.′06	15.′08	15.′10	15.′12	15.′14	15.′17	15.′20	15.′23	15.′26
.2	15.′06	15.′08	15.′10	15.′13	15.′14	15.′16	15.′20	15.′23	15.′25	15.′29
.3	15.′09	15.′11	15.′13	15.′15	15.′17	15.′19	15.′23	15.′26	15.′28	15.′32
.4	15.′12	15.′14	15.′16	15.′18	15.′20	15.′22	15.′25	15.′29	15.′31	15.′34
.5	15.′15	15.′17	15.′19	15.′21	15.′23	15.′25	15.′28	15.′31	15.′34	15.′37
.6	15.′17	15.′19	15.′21	15.′24	15.′26	15.′27	15.′31	15.′34	15.′37	15.′40
.7	15.′20	15.′22	15.′24	15.′26	15.′28	15.′30	15.′34	15.′37	15.′39	15.′43
.8	15.′23	15.′25	15.′27	15.′29	15.′31	15.′33	15.′37	15.′40	15.′42	15.′46
.9	15.′25	15.′28	15.′30	15.′32	15.′34	15.′36	15.′39	15.′42	15.′45	15.′48
56.0	15.′28	15.′30	15.′32	15.′35	15.′37	15.′39	15.′42	15.′45	15.′48	15.′51
.1	15.′31	15.′33	15.′35	15.′37	15.′39	15.′41	15.′45	15.′48	15.′51	15.′54
.2	15.′34	15.′36	15.′38	15.′40	15.′42	15.′44	15.′48	15.′51	15.′53	15.′57
.3	15.′36	15.′39	15.′41	15.′43	15.′45	15.′47	15.′50	15.′54	15.′56	15.′60
.4	15.′39	15.′41	15.′43	15.′46	15.′48	15.′50	15.′53	15.′56	15.′59	15.′63
.5	15.′42	15.′44	15.′46	15.′48	15.′50	15.′52	15.′56	15.′59	15.′62	15.′65
.6	15.′45	15.′47	15.′49	15.′51	15.′53	15.′55	15.′59	15.′62	15.′65	15.′68
.7	15.′47	15.′50	15.′52	15.′54	15.′56	15.′58	15.′62	15.′65	15.′67	15.′71
.8	15.′50	15.′52	15.′54	15.′57	15.′59	15.′61	15.′64	15.′68	15.′70	15.′74
.9	15.′53	15.′55	15.′57	15.′59	15.′61	15.′63	15.′67	15.′70	15.′73	15.′77
57.0	15.′55	15.′58	15.′60	15.′62	15.′64	15.′66	15.′70	15.′73	15.′76	15.′79
.1	15.′58	15.′60	15.′63	15.′65	15.′67	15.′69	15.′73	15.′76	15.′79	15.′82
.2	15.′61	15.′63	15.′65	15.′68	15.′70	15.′72	15.′76	15.′79	15.′81	15.′85
.3	15.′64	15.′66	15.′68	15.′70	15.′73	15.′75	15.′78	15.′82	15.′84	15.′88
.4	15.′66	15.′69	15.′71	15.′73	15.′75	15.′77	15.′81	15.′84	15.′87	15.′91
.5	15.′69	15.′71	15.′74	15.′76	15.′78	15.′80	15.′84	15.′87	15.′90	15.′94
.6	15.′72	15.′74	15.′76	15.′79	15.′81	15.′83	15.′87	15.′90	15.′93	15.′96
.7	15.′75	15.′77	15.′79	15.′81	15.′84	15.′86	15.′89	15.′93	15.′96	15.′99
.8	15.′77	15.′80	15.′82	15.′84	15.′86	15.′88	15.′92	15.′96	15.′98	16.′02
.9	15.′80	15.′82	15.′85	15.′87	15.′89	15.′91	15.′95	15.′98	16.′01	16.′05

Table 4

Ma

Moon's Augmented Semidiameter

H.P.	5°	10°	15°	20°	25°	30°	40°	50°	60°	90°
58.'0	15.'83	15.'85	15.'87	15.'90	15.'92	15.'94	15.'98	16.'01	16.'04	16.'08
.1	15.'86	15.'88	15.'90	15.'92	15.'95	15.'97	16.'01	16.'04	16.'07	16.'10
.2	15.'88	15.'91	15.'93	15.'95	15.'97	15.'99	16.'03	16.'07	16.'10	16.'13
.3	15.'91	15.'93	15.'96	15.'98	16.'00	16.'02	16.'06	16.'10	16.'12	16.'16
.4	15.'94	15.'96	15.'98	16.'01	16.'03	16.'05	16.'09	16.'12	16.'15	16.'19
.5	15.'96	15.'99	16.'01	16.'03	16.'06	16.'08	16.'12	16.'15	16.'18	16.'22
.6	15.'99	16.'02	16.'04	16.'06	16.'08	16.'11	16.'15	16.'18	16.'21	16.'25
.7	16.'02	16.'04	16.'07	16.'09	16.'11	16.'13	16.'17	16.'21	16.'24	16.'27
.8	16.'05	16.'07	16.'09	16.'12	16.'14	16.'16	16.'20	16.'24	16.'26	16.'30
.9	16.'07	16.'10	16.'12	16.'14	16.'17	16.'19	16.'23	16.'26	16.'29	16.'33
59.'0	16.'10	16.'13	16.'15	16.'17	16.'19	16.'22	16.'26	16.'29	16.'32	16.'36
.1	16.'13	16.'15	16.'18	16.'20	16.'22	16.'24	16.'28	16.'32	16.'35	16.'39
.2	16.'16	16.'18	16.'20	16.'23	16.'25	16.'27	16.'31	16.'35	16.'38	16.'41
.3	16.'18	16.'21	16.'23	16.'26	16.'28	16.'30	16.'34	16.'38	16.'40	16.'44
.4	16.'21	16.'24	16.'26	16.'28	16.'31	16.'33	16.'37	16.'40	16.'43	16.'47
.5	16.'24	16.'26	16.'29	16.'31	16.'33	16.'36	16.'40	16.'43	16.'46	16.'50
.6	16.'27	16.'29	16.'31	16.'34	16.'36	16.'38	16.'42	16.'46	16.'49	16.'53
.7	16.'29	16.'32	16.'34	16.'37	16.'39	16.'41	16.'45	16.'49	16.'52	16.'56
.8	16.'32	16.'34	16.'37	16.'39	16.'42	16.'44	16.'48	16.'52	16.'54	16.'58
.9	16.'35	16.'37	16.'40	16.'42	16.'44	16.'47	16.'51	16.'54	16.'57	16.'61
60.'0	16.'37	16.'40	16.'42	16.'45	16.'47	16.'49	16.'54	16.'57	16.'60	16.'64
.1	16.'40	16.'43	16.'45	16.'48	16.'50	16.'52	16.'56	16.'60	16.'63	16.'67
.2	16.'43	16.'45	16.'48	16.'50	16.'53	16.'55	16.'59	16.'63	16.'66	16.'70
.3	16.'46	16.'48	16.'51	16.'53	16.'55	16.'58	16.'62	16.'66	16.'69	16.'73
.4	16.'48	16.'51	16.'53	16.'56	16.'58	16.'60	16.'65	16.'68	16.'71	16.'75
.5	16.'51	16.'54	16.'56	16.'59	16.'61	16.'63	16.'67	16.'71	16.'74	16.'78
.6	16.'54	16.'56	16.'59	16.'61	16.'64	16.'66	16.'70	16.'74	16.'77	16.'81
.7	16.'57	16.'59	16.'62	16.'64	16.'67	16.'69	16.'73	16.'77	16.'80	16.'84
.8	16.'59	16.'62	16.'64	16.'67	16.'69	16.'72	16.'76	16.'80	16.'83	16.'87
.9	16.'62	16.'65	16.'67	16.'70	16.'72	16.'74	16.'79	16.'82	16.'85	16.'89
61.'0	16.'65	16.'67	16.'70	16.'72	16.'75	16.'77	16.'81	16.'85	16.'88	16.'92
.1	16.'68	16.'70	16.'73	16.'75	16.'78	16.'80	16.'84	16.'88	16.'91	16.'95
.2	16.'70	16.'73	16.'75	16.'78	16.'80	16.'83	16.'87	16.'91	16.'94	16.'98
.3	16.'73	16.'76	16.'78	16.'81	16.'83	16.'85	16.'90	16.'94	16.'97	17.'01
.4	16.'76	16.'78	16.'81	16.'83	16.'86	16.'88	16.'93	16.'96	16.'99	17.'04
.5	16.'78	16.'81	16.'84	16.'86	16.'89	16.'91	16.'95	16.'99	17.'02	17.'06
.6	16.'81	16.'84	16.'86	16.'89	16.'91	16.'94	16.'98	17.'02	17.'05	17.'09

SUN

	day of the month						
	1	5	10	15	20	25	30
			sun's semidiameter				
JAN.	16.'29	16.'29	16.'29	16.'29	16.'28	16.'27	16.'26
FEB.	16.'26	16.'25	16.'23	16.'22	16.'20	16.'18	
MAR.	16.'17	16.'15	16.'13	16.'11	16.'09	16.'06	16.'04
APR.	16.'03	16.'01	15.'99	15.'97	15.'95	15.'92	15.'90
MAY	15.'90	15.'88	15.'86	15.'85	15.'83	15.'82	15.'80
JUNE	15.'80	15.'79	15.'78	15.'77	15.'77	15.'76	15.'76
JULY	15.'76	15.'76	15.'76	15.'76	15.'77	15.'77	15.'78
AUG.	15.'78	15.'79	15.'80	15.'82	15.'83	15.'85	15.'87
SEPT.	15.'87	15.'89	15.'91	15.'93	15.'95	15.'97	16.'00
OCT.	16.'00	16.'02	16.'04	16.'07	16.'09	16.'11	16.'13
NOV.	16.'14	16.'16	16.'18	16.'20	16.'21	16.'23	16.'24
DEC.	16.'25	16.'26	16.'27	16.'28	16.'28	16.'29	16.'29

Table 6

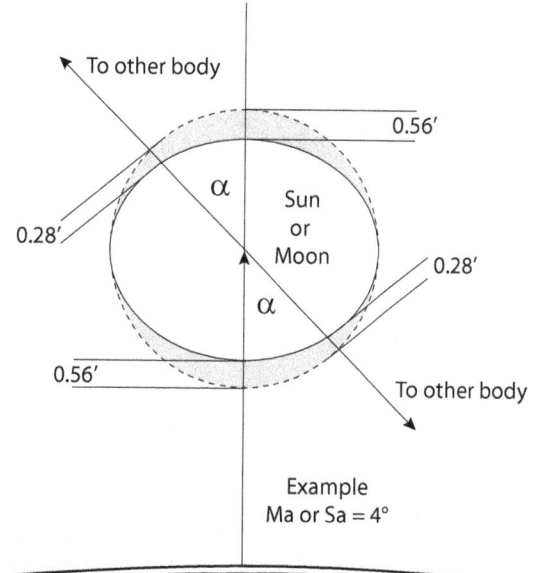

Example
Ma or Sa = 4°

Angle from the Vertical (α)

Ma or Sa	0°	10°	15°	20°	25°	30°	35°	40°	45°	50°	55°	60°	70°	80°
					Apparent Reduction of Semidiameter									
4° 0'	0.'56	0.'54	0.'52	0.'49	0.'46	0.'42	0.'38	0.'33	0.'28	0.'23	0.'18	0.'14	0.'07	0.'02
4° 30'	0.'48	0.'47	0.'45	0.'42	0.'39	0.'36	0.'32	0.'28	0.'24	0.'20	0.'16	0.'12	0.'06	0.'01
5° 0'	0.'42	0.'41	0.'39	0.'37	0.'34	0.'32	0.'28	0.'25	0.'21	0.'17	0.'14	0.'11	0.'05	0.'01
5° 30'	0.'36	0.'35	0.'34	0.'32	0.'30	0.'27	0.'24	0.'21	0.'18	0.'15	0.'12	0.'09	0.'04	0.'01
6° 0'	0.'31	0.'30	0.'29	0.'27	0.'25	0.'23	0.'21	0.'18	0.'16	0.'13	0.'10	0.'08	0.'04	0.'01
6° 30'	0.'27	0.'26	0.'25	0.'24	0.'22	0.'20	0.'18	0.'16	0.'14	0.'11	0.'09	0.'07	0.'03	0.'01
7° 0'	0.'25	0.'24	0.'23	0.'22	0.'21	0.'19	0.'17	0.'15	0.'13	0.'10	0.'08	0.'06	0.'03	0.'01
7° 30'	0.'22	0.'21	0.'21	0.'19	0.'18	0.'17	0.'15	0.'13	0.'11	0.'09	0.'07	0.'06	0.'03	0.'01
8° 0'	0.'19	0.'18	0.'18	0.'17	0.'16	0.'14	0.'13	0.'11	0.'10	0.'08	0.'06	0.'05	0.'02	0.'01
9° 0'	0.'16	0.'16	0.'15	0.'14	0.'13	0.'12	0.'11	0.'09	0.'08	0.'07	0.'05	0.'04	0.'02	0.'00
10° 0'	0.'14	0.'14	0.'13	0.'12	0.'11	0.'11	0.'09	0.'08	0.'07	0.'06	0.'05	0.'04	0.'02	0.'00
11° 0'	0.'11	0.'11	0.'10	0.'10	0.'09	0.'08	0.'07	0.'06	0.'06	0.'05	0.'04	0.'03	0.'01	0.'00
13° 0'	0.'08	0.'08	0.'07	0.'07	0.'07	0.'06	0.'05	0.'05	0.'04	0.'03	0.'03	0.'02	0.'01	0.'00
15° 0'	0.'06	0.'06	0.'06	0.'05	0.'05	0.'05	0.'04	0.'04	0.'03	0.'02	0.'02	0.'02	0.'01	0.'00
20° 0'	0.'04	0.'04	0.'04	0.'04	0.'03	0.'03	0.'03	0.'02	0.'02	0.'02	0.'01	0.'01	0.'00	0.'00
30° 0'	0.'02	0.'02	0.'02	0.'02	0.'02	0.'02	0.'01	0.'01	0.'01	0.'01	0.'01	0.'01	0.'00	0.'00

THE NEW AMERICAN PRACTICAL NAVIGATOR:

BEING AN

EPITOME OF NAVIGATION;

CONTAINING ALL THE

TABLES

NECESSARY TO BE USED WITH THE NAUTICAL ALMANAC
IN
DETERMINING THE LATITUDE, AND THE LONGITUDE
BY LUNAR OBSERVATIONS,
AND
KEEPING A COMPLETE RECKONING AT SEA;

ILLUSTRATED BY

PROPER RULES AND EXAMPLES:

THE WHOLE EXEMPLIFIED IN A JOURNAL,

KEPT FROM BOSTON TO MADEIRA,

IN WHICH

ALL THE RULES OF NAVIGATION ARE INTRODUCED:

ALSO,

THE DEMONSTRATION OF THE USUAL RULES OF TRIGONOMETRY; PROBLEMS IN MENSURATION, SURVEYING, AND GAUGING, DICTIONARY OF SEA TERMS; AND THE MANNER OF PERFORMING THE MOST USEFUL EVOLUTIONS AT SEA:

WITH

AN APPENDIX,

CONTAINING

METHODS OF CALCULATING ECLIPSES OF THE SUN AND MOON, AND OCCULTATIONS OF THE FIXED STARS; RULES FOR FINDING THE LONGITUDE OF A PLACE BY OBSERVATIONS OF ECLIPSES, OCCULTATIONS, AND TRANSITS OF THE MOON'S LIMB OVER THE MERIDIAN; ALSO A NEW METHOD FOR FINDING THE LATITUDE BY TWO ALTITUDES.

BY NATHANIEL BOWDITCH, LL. D.

Fellow of the Royal Societies of London, Edinburgh, and Dublin; of the Astronomical Society in London; of the American Philosophical Society; Acad. at Philadelphia; of the American Academy of Arts and Sciences; of the Connecticut Academy of Arts and Sciences; of the Literary and Philosophical Society of New York; Corresponding Member of the Royal Societies of Berlin, Palermo, &c.—and, since his decease, continued by his son,
J. INGERSOLL BOWDITCH.

TWENTIETH NEW STEREOTYPE EDITION.

NEW-YORK:

PUBLISHED BY E. & G. W. BLUNT, PROPRIETORS,

No. 179 WATER-STREET, CORNER OF BURLING SLIP.

STEREOTYPED AT THE
BOSTON TYPE AND STEREOTYPE FOUNDRY.

1851.

DESCRIPTION AND USE OF A SEXTANT OF REFLECTION.

A Sextant is constructed on the same principles, and may be used for measuring altitudes in the same manner, as a quadrant.* The arc of a sextant, as its name implies, contains 60°, but, by reason of the double reflection, is divided into 120°. This instrument is particularly intended to measure the distance of the moon from the sun, a planet, or a fixed star; and as that distance is wanted as accurately as possible, to determine the longitude of the place of observation, the instrument is constructed with more care, and is provided with some additional appendages that are not in the quadrant. Plate IX, figure 3, represents a sextant, the frame being generally made of brass, or other hard metal; the handle at its back is made of wood. When observing, the instrument is to be held with one hand, by the handle, while the other hand moves the index. The arc AA is divided into 120°, each degree into 3 parts of 20 minutes each, and the vernier scale is in general so divided as to show half or a quarter of a minute. In some sextants, the degree is divided into six equal parts, of 10' each, and the vernier shows 10'.

In order to observe with accuracy, and make the images come precisely in contact, a *tangent screw* B is fixed to the index, and by this it can be moved with greater regularity than it can be by hand; but the screw B does not act until the index is fixed by the screw C, at the back of the sextant. Care must be taken not to force the tangent screw, when it arrives at either extremity of its arc. When the index is to be moved any considerable quantity, the screw C must be loosened; and when the index is brought nearly to the division required, the back screw C must be tightened, and then the index moved gradually by the tangent screw.

In many sextants, the lower part of the index glass, or that next the plane of the instrument, is silvered as usual, and the back surface of the upper part painted black; a screen, painted black, is fixed by its axis to the base of the index glass, and may be placed over the silvered part when the rays are strong; in this case, the image is to be reflected from the outer surface of the upper part, and the error which might possibly arise from the planes of the glass not being parallel, is thereby avoided.

The colored glasses are similar to those applied to a common quadrant, and are usually four in number, placed at D, to screen the eye from the solar rays, and the glare of the moon; they may be used separately or together, as occasion requires. In addition to these, there are three similar glasses, placed behind the horizon glass, to be used in finding the index error by means of the sun, and in observing the sun's altitude, by an artificial horizon on land. The paler glass is sometimes used in observing altitudes at sea, to take off the strong glare of the horizon below the sun, arising from the sun's light, reflected irregularly from the small rippling waves—an appearance which has lately been called *kumatage*.

A sextant is generally furnished with a tube without glasses, and two telescopes, the one representing the objects erect or in their natural situation, the other inverting them,

---

* There is not, in general, any apparatus for the back observation fixed to a sextant; but if the altitude of any celestial object be greater than 60°, the supplement of the altitude may be obtained by a back observation, with a sextant, with ease and accuracy; and as this method may be often used with advantage, when a fore observation cannot be obtained, we shall here point out the method of taking the observation, and shall hereafter give the calculations for determining the latitude from a meridian observation, taken in this manner:—The back of the observer being turned to the sun, he must move the index till the image of the sun touches the edge of the back horizon, and then move the sextant a little to the right and left (as in a fore observation), and the image will describe an arc with the convex side upward; move the index till the lower limb of the image, when in the upper part of the arc, just touches the horizon, and the observation will be complete; observing that, if the telescope be not used, the image must be brought in the middle between the two parallel wires; but if the telescope be used, the image of the sun must be seen in the horizon glass, at the same distance from the plane of the instrument as the eye of the observer. The altitude thus obtained will be the supplement of the altitude of the sun's upper limb. The corrections to be applied to obtain the true central altitude, will be given hereafter.

K   0°

	0.'0	0.'1	0.'2	0.'3	0.'4	0.'5	0.'6	0.'7	0.'8	0.'9
0'	10.2767+	9.67 461	9.07 255	8.72 037	8.47 049	8.27 667	8.11 831	7.98 441	7.86 843	7.76 612
1'	7.67 461	7.59 182	7.51 625	7.44 672	7.38 235	7.32 243	7.26 637	7.21 371	7.16 406	7.11 710
2'	7.07 255	7.03 017	6.98 976	6.95 115	6.91 419	6.87 873	6.84 466	6.81 188	6.78 029	6.74 981
3'	6.72 037	6.69 188	6.66 431	6.63 758	6.61 165	6.58 647	6.56 200	6.53 820	6.51 504	6.49 248
4'	6.47 049	6.44 904	6.42 811	6.40 767	6.38 770	6.36 818	6.34 909	6.33 041	6.31 213	6.29 422
5'	6.27 667	6.25 947	6.24 260	6.22 606	6.20 982	6.19 388	6.17 823	6.16 286	6.14 775	6.13 290
6'	6.11 831	6.10 395	6.08 982	6.07 593	6.06 225	6.04 878	6.03 552	6.02 246	6.00 959	5.99 691
7'	5.98 441	5.97 209	5.95 994	5.94 796	5.93 614	5.92 449	5.91 298	5.90 163	5.89 042	5.87 935
8'	5.86 843	5.85 764	5.84 698	5.83 645	5.82 605	5.81 577	5.80 561	5.79 557	5.78 564	5.77 583
9'	5.76 612	5.75 653	5.74 703	5.73 764	5.72 835	5.71 916	5.71 007	5.70 106	5.69 216	5.68 334
10'	5.67 461	5.66 597	5.65 741	5.64 893	5.64 054	5.63 223	5.62 400	5.61 584	5.60 776	5.59 976
11'	5.59 182	5.58 396	5.57 617	5.56 845	5.56 080	5.55 321	5.54 569	5.53 824	5.53 084	5.52 351
12'	5.51 625	5.50 904	5.50 189	5.49 480	5.48 776	5.48 079	5.47 387	5.46 700	5.46 019	5.45 343
13'	5.44 672	5.44 007	5.43 346	5.42 691	5.42 040	5.41 394	5.40 753	5.40 117	5.39 485	5.38 858
14'	5.38 235	5.37 617	5.37 003	5.36 394	5.35 788	5.35 187	5.34 590	5.33 997	5.33 408	5.32 824
15'	5.32 243	5.31 665	5.31 092	5.30 523	5.29 957	5.29 395	5.28 836	5.28 281	5.27 729	5.27 181
16'	5.26 637	5.26 096	5.25 558	5.25 023	5.24 492	5.23 964	5.23 439	5.22 918	5.22 399	5.21 884
17'	5.21 371	5.20 862	5.20 355	5.19 852	5.19 351	5.18 853	5.18 358	5.17 866	5.17 377	5.16 890
18'	5.16 406	5.15 925	5.15 447	5.14 971	5.14 497	5.14 027	5.13 558	5.13 093	5.12 629	5.12 169
19'	5.11 710	5.11 254	5.10 801	5.10 349	5.09 901	5.09 454	5.09 010	5.08 568	5.08 128	5.07 690
20'	5.07 255	5.06 822	5.06 391	5.05 962	5.05 535	5.05 110	5.04 687	5.04 267	5.03 848	5.03 432
21'	5.03 017	5.02 604	5.02 194	5.01 785	5.01 378	5.00 973	5.00 570	5.00 169	4.99 770	4.99 372
22'	4.98 976	4.98 582	4.98 190	4.97 800	4.97 411	4.97 024	4.96 639	4.96 256	4.95 874	4.95 494
23'	4.95 115	4.94 739	4.94 363	4.93 990	4.93 618	4.93 247	4.92 879	4.92 511	4.92 146	4.91 781
24'	4.91 419	4.91 058	4.90 698	4.90 340	4.89 983	4.89 628	4.89 274	4.88 922	4.88 571	4.88 221
25'	4.87 873	4.87 526	4.87 181	4.86 837	4.86 494	4.86 153	4.85 813	4.85 474	4.85 137	4.84 801
26'	4.84 466	4.84 133	4.83 801	4.83 470	4.83 140	4.82 812	4.82 485	4.82 159	4.81 834	4.81 511
27'	4.81 188	4.80 867	4.80 547	4.80 228	4.79 911	4.79 594	4.79 279	4.78 965	4.78 652	4.78 340
28'	4.78 029	4.77 720	4.77 411	4.77 104	4.76 797	4.76 492	4.76 188	4.75 885	4.75 583	4.75 281
29'	4.74 981	4.74 682	4.74 384	4.74 088	4.73 792	4.73 497	4.73 203	4.72 910	4.72 618	4.72 327
30'	4.72 037	4.71 748	4.71 460	4.71 173	4.70 886	4.70 601	4.70 317	4.70 033	4.69 751	4.69 469
31'	4.69 189	4.68 909	4.68 630	4.68 352	4.68 075	4.67 799	4.67 524	4.67 249	4.66 976	4.66 703
32'	4.66 431	4.66 160	4.65 890	4.65 621	4.65 352	4.65 084	4.64 818	4.64 552	4.64 286	4.64 022
33'	4.63 758	4.63 496	4.63 233	4.62 972	4.62 712	4.62 452	4.62 193	4.61 935	4.61 678	4.61 421
34'	4.61 165	4.60 910	4.60 656	4.60 402	4.60 149	4.59 897	4.59 646	4.59 395	4.59 145	4.58 896
35'	4.58 648	4.58 400	4.58 153	4.57 906	4.57 661	4.57 415	4.57 171	4.56 928	4.56 685	4.56 442
36'	4.56 201	4.55 960	4.55 719	4.55 480	4.55 241	4.55 003	4.54 765	4.54 528	4.54 292	4.54 056
37'	4.53 821	4.53 586	4.53 353	4.53 119	4.52 887	4.52 655	4.52 424	4.52 193	4.51 963	4.51 733
38'	4.51 504	4.51 276	4.51 049	4.50 821	4.50 595	4.50 369	4.50 144	4.49 919	4.49 695	4.49 471
39'	4.49 248	4.49 026	4.48 804	4.48 583	4.48 362	4.48 142	4.47 922	4.47 703	4.47 485	4.47 267
40'	4.47 049	4.46 832	4.46 616	4.46 400	4.46 185	4.45 970	4.45 756	4.45 542	4.45 329	4.45 117
41'	4.44 905	4.44 693	4.44 482	4.44 271	4.44 061	4.43 852	4.43 643	4.43 434	4.43 226	4.43 019
42'	4.42 811	4.42 605	4.42 399	4.42 193	4.41 988	4.41 784	4.41 579	4.41 376	4.41 173	4.40 970
43'	4.40 768	4.40 566	4.40 365	4.40 164	4.39 963	4.39 764	4.39 564	4.39 365	4.39 167	4.38 968
44'	4.38 771	4.38 574	4.38 377	4.38 181	4.37 985	4.37 789	4.37 594	4.37 400	4.37 206	4.37 012
45'	4.36 819	4.36 626	4.36 434	4.36 242	4.36 050	4.35 859	4.35 668	4.35 478	4.35 288	4.35 099
46'	4.34 910	4.34 721	4.34 533	4.34 345	4.34 158	4.33 971	4.33 784	4.33 598	4.33 412	4.33 227
47'	4.33 042	4.32 857	4.32 673	4.32 489	4.32 306	4.32 123	4.31 940	4.31 758	4.31 576	4.31 394
48'	4.31 213	4.31 032	4.30 852	4.30 672	4.30 492	4.30 313	4.30 134	4.29 956	4.29 778	4.29 600
49'	4.29 422	4.29 245	4.29 068	4.28 892	4.28 716	4.28 540	4.28 365	4.28 190	4.28 016	4.27 841
50'	4.27 668	4.27 494	4.27 321	4.27 148	4.26 975	4.26 803	4.26 631	4.26 460	4.26 289	4.26 118
51'	4.25 948	4.25 777	4.25 608	4.25 438	4.25 269	4.25 100	4.24 932	4.24 763	4.24 596	4.24 428
52'	4.24 261	4.24 094	4.23 928	4.23 761	4.23 595	4.23 430	4.23 264	4.23 100	4.22 935	4.22 770
53'	4.22 606	4.22 443	4.22 279	4.22 116	4.21 953	4.21 791	4.21 629	4.21 467	4.21 305	4.21 144
54'	4.20 983	4.20 822	4.20 662	4.20 502	4.20 342	4.20 182	4.20 023	4.19 864	4.19 706	4.19 547
55'	4.19 389	4.19 231	4.19 074	4.18 917	4.18 760	4.18 603	4.18 447	4.18 291	4.18 135	4.17 979
56'	4.17 824	4.17 669	4.17 514	4.17 360	4.17 206	4.17 052	4.16 898	4.16 745	4.16 592	4.16 439
57'	4.16 287	4.16 135	4.15 983	4.15 831	4.15 679	4.15 528	4.15 377	4.15 227	4.15 076	4.14 926
58'	4.14 776	4.14 627	4.14 477	4.14 328	4.14 179	4.14 031	4.13 882	4.13 734	4.13 586	4.13 439
59'	4.13 291	4.13 144	4.12 998	4.12 851	4.12 705	4.12 558	4.12 413	4.12 267	4.12 122	4.11 977

K   K

1°		0.'0	0.'1	0.'2	0.'3	0.'4	0.'5	0.'6	0.'7	0.'8	0.'9	1°
	0'	4.11 832	4.11 687	4.11 543	4.11 398	4.11 255	4.11 111	4.10 967	4.10 824	4.10 681	4.10 538	
	1'	4.10 396	4.10 254	4.10 112	4.09 970	4.09 828	4.09 687	4.09 546	4.09 405	4.09 264	4.09 124	
	2'	4.08 984	4.08 844	4.08 704	4.08 564	4.08 425	4.08 286	4.08 147	4.08 008	4.07 870	4.07 732	
	3'	4.07 594	4.07 456	4.07 319	4.07 181	4.07 044	4.06 907	4.06 771	4.06 634	4.06 498	4.06 362	
	4'	4.06 226	4.06 090	4.05 955	4.05 820	4.05 685	4.05 550	4.05 416	4.05 281	4.05 147	4.05 013	
	5'	4.04 879	4.04 746	4.04 613	4.04 479	4.04 347	4.04 214	4.04 081	4.03 949	4.03 817	4.03 685	
	6'	4.03 553	4.03 422	4.03 291	4.03 159	4.03 029	4.02 898	4.02 767	4.02 637	4.02 507	4.02 377	
	7'	4.02 247	4.02 118	4.01 988	4.01 859	4.01 730	4.01 601	4.01 473	4.01 344	4.01 216	4.01 088	
	8'	4.00 960	4.00 833	4.00 705	4.00 578	4.00 451	4.00 324	4.00 197	4.00 071	3.99 945	3.99 818	
	9'	3.99 692	3.99 567	3.99 441	3.99 316	3.99 190	3.99 065	3.98 940	3.98 816	3.98 691	3.98 567	
	10'	3.98 443	3.98 319	3.98 195	3.98 071	3.97 948	3.97 824	3.97 701	3.97 578	3.97 456	3.97 333	
	11'	3.97 211	3.97 088	3.96 966	3.96 844	3.96 723	3.96 601	3.96 480	3.96 359	3.96 237	3.96 117	
	12'	3.95 996	3.95 875	3.95 755	3.95 635	3.95 515	3.95 395	3.95 275	3.95 156	3.95 036	3.94 917	
	13'	3.94 798	3.94 679	3.94 560	3.94 442	3.94 323	3.94 205	3.94 087	3.93 969	3.93 851	3.93 734	
	14'	3.93 616	3.93 499	3.93 382	3.93 265	3.93 148	3.93 031	3.92 915	3.92 798	3.92 682	3.92 566	
	15'	3.92 450	3.92 335	3.92 219	3.92 104	3.91 988	3.91 873	3.91 758	3.91 643	3.91 529	3.91 414	
	16'	3.91 300	3.91 186	3.91 072	3.90 958	3.90 844	3.90 730	3.90 617	3.90 504	3.90 390	3.90 277	
	17'	3.90 164	3.90 052	3.89 939	3.89 827	3.89 714	3.89 602	3.89 490	3.89 378	3.89 267	3.89 155	
	18'	3.89 044	3.88 932	3.88 821	3.88 710	3.88 599	3.88 489	3.88 378	3.88 268	3.88 157	3.88 047	
	19'	3.87 937	3.87 827	3.87 718	3.87 608	3.87 499	3.87 389	3.87 280	3.87 171	3.87 062	3.86 953	
	20'	3.86 845	3.86 736	3.86 628	3.86 520	3.86 412	3.86 304	3.86 196	3.86 088	3.85 981	3.85 873	
	21'	3.85 766	3.85 659	3.85 552	3.85 445	3.85 338	3.85 231	3.85 125	3.85 018	3.84 912	3.84 806	
	22'	3.84 700	3.84 594	3.84 488	3.84 383	3.84 277	3.84 172	3.84 067	3.83 962	3.83 857	3.83 752	
	23'	3.83 647	3.83 543	3.83 438	3.83 334	3.83 230	3.83 126	3.83 022	3.82 918	3.82 814	3.82 711	
	24'	3.82 607	3.82 504	3.82 401	3.82 297	3.82 194	3.82 092	3.81 989	3.81 886	3.81 784	3.81 681	
	25'	3.81 579	3.81 477	3.81 375	3.81 273	3.81 171	3.81 070	3.80 968	3.80 867	3.80 766	3.80 664	
	26'	3.80 563	3.80 462	3.80 362	3.80 261	3.80 160	3.80 060	3.79 959	3.79 859	3.79 759	3.79 659	
	27'	3.79 559	3.79 459	3.79 360	3.79 260	3.79 161	3.79 062	3.78 962	3.78 863	3.78 764	3.78 665	
	28'	3.78 567	3.78 468	3.78 369	3.78 271	3.78 173	3.78 075	3.77 976	3.77 878	3.77 781	3.77 683	
	29'	3.77 585	3.77 488	3.77 390	3.77 293	3.77 196	3.77 099	3.77 002	3.76 905	3.76 808	3.76 711	
	30'	3.76 615	3.76 518	3.76 422	3.76 326	3.76 230	3.76 134	3.76 038	3.75 942	3.75 846	3.75 751	
	31'	3.75 655	3.75 560	3.75 464	3.75 369	3.75 274	3.75 179	3.75 084	3.74 989	3.74 895	3.74 800	
	32'	3.74 706	3.74 611	3.74 517	3.74 423	3.74 329	3.74 235	3.74 141	3.74 047	3.73 954	3.73 860	
	33'	3.73 767	3.73 673	3.73 580	3.73 487	3.73 394	3.73 301	3.73 208	3.73 116	3.73 023	3.72 930	
	34'	3.72 838	3.72 746	3.72 653	3.72 561	3.72 469	3.72 377	3.72 285	3.72 194	3.72 102	3.72 010	
	35'	3.71 919	3.71 827	3.71 736	3.71 645	3.71 554	3.71 463	3.71 372	3.71 281	3.71 190	3.71 100	
	36'	3.71 009	3.70 919	3.70 829	3.70 738	3.70 648	3.70 558	3.70 468	3.70 378	3.70 289	3.70 199	
	37'	3.70 109	3.70 020	3.69 930	3.69 841	3.69 752	3.69 663	3.69 574	3.69 485	3.69 396	3.69 307	
	38'	3.69 219	3.69 130	3.69 041	3.68 953	3.68 865	3.68 777	3.68 688	3.68 600	3.68 512	3.68 425	
	39'	3.68 337	3.68 249	3.68 161	3.68 074	3.67 987	3.67 899	3.67 812	3.67 725	3.67 638	3.67 551	
	40'	3.67 464	3.67 377	3.67 290	3.67 204	3.67 117	3.67 031	3.66 944	3.66 858	3.66 772	3.66 686	
	41'	3.66 600	3.66 514	3.66 428	3.66 342	3.66 256	3.66 171	3.66 085	3.66 000	3.65 914	3.65 829	
	42'	3.65 744	3.65 659	3.65 574	3.65 489	3.65 404	3.65 319	3.65 235	3.65 150	3.65 065	3.64 981	
	43'	3.64 897	3.64 812	3.64 728	3.64 644	3.64 560	3.64 476	3.64 392	3.64 308	3.64 225	3.64 141	
	44'	3.64 057	3.63 974	3.63 891	3.63 807	3.63 724	3.63 641	3.63 558	3.63 475	3.63 392	3.63 309	
	45'	3.63 226	3.63 144	3.63 061	3.62 978	3.62 896	3.62 814	3.62 731	3.62 649	3.62 567	3.62 485	
	46'	3.62 403	3.62 321	3.62 239	3.62 158	3.62 076	3.61 994	3.61 913	3.61 831	3.61 750	3.61 669	
	47'	3.61 588	3.61 506	3.61 425	3.61 344	3.61 263	3.61 183	3.61 102	3.61 021	3.60 941	3.60 860	
	48'	3.60 780	3.60 699	3.60 619	3.60 539	3.60 459	3.60 378	3.60 298	3.60 218	3.60 139	3.60 059	
	49'	3.59 979	3.59 899	3.59 820	3.59 740	3.59 661	3.59 582	3.59 502	3.59 423	3.59 344	3.59 265	
	50'	3.59 186	3.59 107	3.59 028	3.58 949	3.58 871	3.58 792	3.58 713	3.58 635	3.58 557	3.58 478	
	51'	3.58 400	3.58 322	3.58 244	3.58 166	3.58 088	3.58 010	3.57 932	3.57 854	3.57 776	3.57 699	
	52'	3.57 621	3.57 544	3.57 466	3.57 389	3.57 311	3.57 234	3.57 157	3.57 080	3.57 003	3.56 926	
	53'	3.56 849	3.56 772	3.56 695	3.56 619	3.56 542	3.56 466	3.56 389	3.56 313	3.56 236	3.56 160	
	54'	3.56 084	3.56 008	3.55 932	3.55 856	3.55 780	3.55 704	3.55 628	3.55 552	3.55 476	3.55 401	
	55'	3.55 325	3.55 250	3.55 174	3.55 099	3.55 024	3.54 948	3.54 873	3.54 798	3.54 723	3.54 648	
	56'	3.54 573	3.54 498	3.54 424	3.54 349	3.54 274	3.54 200	3.54 125	3.54 051	3.53 976	3.53 902	
	57'	3.53 828	3.53 754	3.53 679	3.53 605	3.53 531	3.53 457	3.53 384	3.53 310	3.53 236	3.53 162	
	58'	3.53 089	3.53 015	3.52 942	3.52 868	3.52 795	3.52 721	3.52 648	3.52 575	3.52 502	3.52 429	
	59'	3.52 356	3.52 283	3.52 210	3.52 137	3.52 064	3.51 992	3.51 919	3.51 846	3.51 774	3.51 701	

K   **2°**

	0.'0	0.'1	0.'2	0.'3	0.'4	0.'5	0.'6	0.'7	0.'8	0.'9
0'	3.51 629	3.51 557	3.51 484	3.51 412	3.51 340	3.51 268	3.51 196	3.51 124	3.51 052	3.50 980
1'	3.50 908	3.50 836	3.50 765	3.50 693	3.50 622	3.50 550	3.50 479	3.50 407	3.50 336	3.50 265
2'	3.50 193	3.50 122	3.50 051	3.49 980	3.49 909	3.49 838	3.49 767	3.49 696	3.49 626	3.49 555
3'	3.49 484	3.49 414	3.49 343	3.49 273	3.49 202	3.49 132	3.49 062	3.48 992	3.48 921	3.48 851
4'	3.48 781	3.48 711	3.48 641	3.48 571	3.48 501	3.48 432	3.48 362	3.48 292	3.48 223	3.48 153
5'	3.48 084	3.48 014	3.47 945	3.47 875	3.47 806	3.47 737	3.47 668	3.47 599	3.47 529	3.47 460
6'	3.47 392	3.47 323	3.47 254	3.47 185	3.47 116	3.47 048	3.46 979	3.46 910	3.46 842	3.46 773
7'	3.46 705	3.46 637	3.46 568	3.46 500	3.46 432	3.46 364	3.46 296	3.46 228	3.46 160	3.46 092
8'	3.46 024	3.45 956	3.45 888	3.45 820	3.45 753	3.45 685	3.45 618	3.45 550	3.45 483	3.45 415
9'	3.45 348	3.45 281	3.45 213	3.45 146	3.45 079	3.45 012	3.44 945	3.44 878	3.44 811	3.44 744
10'	3.44 677	3.44 610	3.44 544	3.44 477	3.44 410	3.44 344	3.44 277	3.44 211	3.44 144	3.44 078
11'	3.44 012	3.43 946	3.43 879	3.43 813	3.43 747	3.43 681	3.43 615	3.43 549	3.43 483	3.43 417
12'	3.43 351	3.43 286	3.43 220	3.43 154	3.43 089	3.43 023	3.42 957	3.42 892	3.42 827	3.42 761
13'	3.42 696	3.42 631	3.42 565	3.42 500	3.42 435	3.42 370	3.42 305	3.42 240	3.42 175	3.42 110
14'	3.42 045	3.41 981	3.41 916	3.41 851	3.41 786	3.41 722	3.41 657	3.41 593	3.41 528	3.41 464
15'	3.41 400	3.41 335	3.41 271	3.41 207	3.41 143	3.41 079	3.41 014	3.40 950	3.40 886	3.40 823
16'	3.40 759	3.40 695	3.40 631	3.40 567	3.40 504	3.40 440	3.40 376	3.40 313	3.40 249	3.40 186
17'	3.40 122	3.40 059	3.39 996	3.39 932	3.39 869	3.39 806	3.39 743	3.39 680	3.39 617	3.39 554
18'	3.39 491	3.39 428	3.39 365	3.39 302	3.39 239	3.39 177	3.39 114	3.39 051	3.38 989	3.38 926
19'	3.38 864	3.38 801	3.38 739	3.38 676	3.38 614	3.38 552	3.38 490	3.38 427	3.38 365	3.38 303
20'	3.38 241	3.38 179	3.38 117	3.38 055	3.37 993	3.37 932	3.37 870	3.37 808	3.37 746	3.37 685
21'	3.37 623	3.37 561	3.37 500	3.37 438	3.37 377	3.37 316	3.37 254	3.37 193	3.37 132	3.37 070
22'	3.37 009	3.36 948	3.36 887	3.36 826	3.36 765	3.36 704	3.36 643	3.36 582	3.36 521	3.36 461
23'	3.36 400	3.36 339	3.36 278	3.36 218	3.36 157	3.36 097	3.36 036	3.35 976	3.35 915	3.35 855
24'	3.35 795	3.35 734	3.35 674	3.35 614	3.35 554	3.35 494	3.35 434	3.35 373	3.35 313	3.35 254
25'	3.35 194	3.35 134	3.35 074	3.35 014	3.34 954	3.34 895	3.34 835	3.34 775	3.34 716	3.34 656
26'	3.34 597	3.34 537	3.34 478	3.34 418	3.34 359	3.34 300	3.34 241	3.34 181	3.34 122	3.34 063
27'	3.34 004	3.33 945	3.33 886	3.33 827	3.33 768	3.33 709	3.33 650	3.33 591	3.33 533	3.33 474
28'	3.33 415	3.33 356	3.33 298	3.33 239	3.33 181	3.33 122	3.33 064	3.33 005	3.32 947	3.32 889
29'	3.32 830	3.32 772	3.32 714	3.32 656	3.32 597	3.32 539	3.32 481	3.32 423	3.32 365	3.32 307
30'	3.32 249	3.32 192	3.32 134	3.32 076	3.32 018	3.31 960	3.31 903	3.31 845	3.31 787	3.31 730
31'	3.31 672	3.31 615	3.31 557	3.31 500	3.31 443	3.31 385	3.31 328	3.31 271	3.31 213	3.31 156
32'	3.31 099	3.31 042	3.30 985	3.30 928	3.30 871	3.30 814	3.30 757	3.30 700	3.30 643	3.30 586
33'	3.30 530	3.30 473	3.30 416	3.30 360	3.30 303	3.30 246	3.30 190	3.30 133	3.30 077	3.30 020
34'	3.29 964	3.29 908	3.29 851	3.29 795	3.29 739	3.29 682	3.29 626	3.29 570	3.29 514	3.29 458
35'	3.29 402	3.29 346	3.29 290	3.29 234	3.29 178	3.29 122	3.29 066	3.29 010	3.28 955	3.28 899
36'	3.28 843	3.28 788	3.28 732	3.28 676	3.28 621	3.28 565	3.28 510	3.28 454	3.28 399	3.28 344
37'	3.28 288	3.28 233	3.28 178	3.28 123	3.28 067	3.28 012	3.27 957	3.27 902	3.27 847	3.27 792
38'	3.27 737	3.27 682	3.27 627	3.27 572	3.27 517	3.27 463	3.27 408	3.27 353	3.27 298	3.27 244
39'	3.27 189	3.27 134	3.27 080	3.27 025	3.26 971	3.26 916	3.26 862	3.26 808	3.26 753	3.26 699
40'	3.26 645	3.26 590	3.26 536	3.26 482	3.26 428	3.26 374	3.26 320	3.26 266	3.26 211	3.26 157
41'	3.26 104	3.26 050	3.25 996	3.25 942	3.25 888	3.25 834	3.25 781	3.25 727	3.25 673	3.25 619
42'	3.25 566	3.25 512	3.25 459	3.25 405	3.25 352	3.25 298	3.25 245	3.25 191	3.25 138	3.25 085
43'	3.25 031	3.24 978	3.24 925	3.24 872	3.24 819	3.24 765	3.24 712	3.24 659	3.24 606	3.24 553
44'	3.24 500	3.24 447	3.24 394	3.24 342	3.24 289	3.24 236	3.24 183	3.24 130	3.24 078	3.24 025
45'	3.23 972	3.23 920	3.23 867	3.23 815	3.23 762	3.23 710	3.23 657	3.23 605	3.23 552	3.23 500
46'	3.23 448	3.23 395	3.23 343	3.23 291	3.23 239	3.23 186	3.23 134	3.23 082	3.23 030	3.22 978
47'	3.22 926	3.22 874	3.22 822	3.22 770	3.22 718	3.22 666	3.22 615	3.22 563	3.22 511	3.22 459
48'	3.22 408	3.22 356	3.22 304	3.22 253	3.22 201	3.22 149	3.22 098	3.22 046	3.21 995	3.21 944
49'	3.21 892	3.21 841	3.21 789	3.21 738	3.21 687	3.21 636	3.21 584	3.21 533	3.21 482	3.21 431
50'	3.21 380	3.21 329	3.21 278	3.21 227	3.21 176	3.21 125	3.21 074	3.21 023	3.20 972	3.20 921
51'	3.20 871	3.20 820	3.20 769	3.20 718	3.20 668	3.20 617	3.20 566	3.20 516	3.20 465	3.20 415
52'	3.20 364	3.20 314	3.20 263	3.20 213	3.20 162	3.20 112	3.20 062	3.20 011	3.19 961	3.19 911
53'	3.19 861	3.19 811	3.19 760	3.19 710	3.19 660	3.19 610	3.19 560	3.19 510	3.19 460	3.19 410
54'	3.19 360	3.19 310	3.19 260	3.19 211	3.19 161	3.19 111	3.19 061	3.19 012	3.18 962	3.18 912
55'	3.18 863	3.18 813	3.18 763	3.18 714	3.18 664	3.18 615	3.18 565	3.18 516	3.18 466	3.18 417
56'	3.18 368	3.18 318	3.18 269	3.18 220	3.18 171	3.18 121	3.18 072	3.18 023	3.17 974	3.17 925
57'	3.17 876	3.17 827	3.17 778	3.17 729	3.17 680	3.17 631	3.17 582	3.17 533	3.17 484	3.17 435
58'	3.17 386	3.17 338	3.17 289	3.17 240	3.17 192	3.17 143	3.17 094	3.17 046	3.16 997	3.16 949
59'	3.16 900	3.16 851	3.16 803	3.16 755	3.16 706	3.16 658	3.16 609	3.16 561	3.16 513	3.16 464

K   **K**

3°   **3°**

	0'.0	0'.1	0'.2	0'.3	0'.4	0'.5	0'.6	0'.7	0'.8	0'.9
0'	3.16 416	3.16 368	3.16 320	3.16 272	3.16 223	3.16 175	3.16 127	3.16 079	3.16 031	3.15 983
1'	3.15 935	3.15 887	3.15 839	3.15 791	3.15 743	3.15 696	3.15 648	3.15 600	3.15 552	3.15 504
2'	3.15 457	3.15 409	3.15 361	3.15 314	3.15 266	3.15 218	3.15 171	3.15 123	3.15 076	3.15 028
3'	3.14 981	3.14 933	3.14 886	3.14 839	3.14 791	3.14 744	3.14 697	3.14 649	3.14 602	3.14 555
4'	3.14 508	3.14 460	3.14 413	3.14 366	3.14 319	3.14 272	3.14 225	3.14 178	3.14 131	3.14 084
5'	3.14 037	3.13 990	3.13 943	3.13 896	3.13 849	3.13 803	3.13 756	3.13 709	3.13 662	3.13 615
6'	3.13 569	3.13 522	3.13 475	3.13 429	3.13 382	3.13 336	3.13 289	3.13 243	3.13 196	3.13 150
7'	3.13 103	3.13 057	3.13 010	3.12 964	3.12 918	3.12 871	3.12 825	3.12 779	3.12 732	3.12 686
8'	3.12 640	3.12 594	3.12 548	3.12 502	3.12 455	3.12 409	3.12 363	3.12 317	3.12 271	3.12 225
9'	3.12 179	3.12 133	3.12 088	3.12 042	3.11 996	3.11 950	3.11 904	3.11 858	3.11 813	3.11 767
10'	3.11 721	3.11 675	3.11 630	3.11 584	3.11 538	3.11 493	3.11 447	3.11 402	3.11 356	3.11 311
11'	3.11 265	3.11 220	3.11 174	3.11 129	3.11 084	3.11 038	3.10 993	3.10 948	3.10 902	3.10 857
12'	3.10 812	3.10 767	3.10 721	3.10 676	3.10 631	3.10 586	3.10 541	3.10 496	3.10 451	3.10 406
13'	3.10 361	3.10 316	3.10 271	3.10 226	3.10 181	3.10 136	3.10 091	3.10 046	3.10 002	3.09 957
14'	3.09 912	3.09 867	3.09 822	3.09 778	3.09 733	3.09 688	3.09 644	3.09 599	3.09 555	3.09 510
15'	3.09 465	3.09 421	3.09 376	3.09 332	3.09 288	3.09 243	3.09 199	3.09 154	3.09 110	3.09 066
16'	3.09 021	3.08 977	3.08 933	3.08 889	3.08 844	3.08 800	3.08 756	3.08 712	3.08 668	3.08 624
17'	3.08 579	3.08 535	3.08 491	3.08 447	3.08 403	3.08 359	3.08 315	3.08 271	3.08 227	3.08 184
18'	3.08 140	3.08 096	3.08 052	3.08 008	3.07 964	3.07 921	3.07 877	3.07 833	3.07 790	3.07 746
19'	3.07 702	3.07 659	3.07 615	3.07 571	3.07 528	3.07 484	3.07 441	3.07 397	3.07 354	3.07 310
20'	3.07 267	3.07 224	3.07 180	3.07 137	3.07 094	3.07 050	3.07 007	3.06 964	3.06 920	3.06 877
21'	3.06 834	3.06 791	3.06 748	3.06 704	3.06 661	3.06 618	3.06 575	3.06 532	3.06 489	3.06 446
22'	3.06 403	3.06 360	3.06 317	3.06 274	3.06 231	3.06 188	3.06 145	3.06 103	3.06 060	3.06 017
23'	3.05 974	3.05 931	3.05 889	3.05 846	3.05 803	3.05 761	3.05 718	3.05 675	3.05 633	3.05 590
24'	3.05 547	3.05 505	3.05 462	3.05 420	3.05 377	3.05 335	3.05 292	3.05 250	3.05 208	3.05 165
25'	3.05 123	3.05 081	3.05 038	3.04 996	3.04 954	3.04 911	3.04 869	3.04 827	3.04 785	3.04 742
26'	3.04 700	3.04 658	3.04 616	3.04 574	3.04 532	3.04 490	3.04 448	3.04 406	3.04 364	3.04 322
27'	3.04 280	3.04 238	3.04 196	3.04 154	3.04 112	3.04 070	3.04 029	3.03 987	3.03 945	3.03 903
28'	3.03 861	3.03 820	3.03 778	3.03 736	3.03 695	3.03 653	3.03 611	3.03 570	3.03 528	3.03 486
29'	3.03 445	3.03 403	3.03 362	3.03 320	3.03 279	3.03 237	3.03 196	3.03 155	3.03 113	3.03 072
30'	3.03 030	3.02 989	3.02 948	3.02 906	3.02 865	3.02 824	3.02 783	3.02 741	3.02 700	3.02 659
31'	3.02 618	3.02 577	3.02 536	3.02 495	3.02 453	3.02 412	3.02 371	3.02 330	3.02 289	3.02 248
32'	3.02 207	3.02 166	3.02 125	3.02 085	3.02 044	3.02 003	3.01 962	3.01 921	3.01 880	3.01 840
33'	3.01 799	3.01 758	3.01 717	3.01 677	3.01 636	3.01 595	3.01 554	3.01 514	3.01 473	3.01 433
34'	3.01 392	3.01 351	3.01 311	3.01 270	3.01 230	3.01 189	3.01 149	3.01 108	3.01 068	3.01 028
35'	3.00 987	3.00 947	3.00 907	3.00 866	3.00 826	3.00 786	3.00 745	3.00 705	3.00 665	3.00 625
36'	3.00 584	3.00 544	3.00 504	3.00 464	3.00 424	3.00 384	3.00 343	3.00 303	3.00 263	3.00 223
37'	3.00 183	3.00 143	3.00 103	3.00 063	3.00 023	2.99 983	2.99 943	2.99 904	2.99 864	2.99 824
38'	2.99 784	2.99 744	2.99 704	2.99 665	2.99 625	2.99 585	2.99 545	2.99 506	2.99 466	2.99 426
39'	2.99 387	2.99 347	2.99 307	2.99 268	2.99 228	2.99 189	2.99 149	2.99 110	2.99 070	2.99 031
40'	2.98 991	2.98 952	2.98 912	2.98 873	2.98 833	2.98 794	2.98 755	2.98 715	2.98 676	2.98 637
41'	2.98 597	2.98 558	2.98 519	2.98 479	2.98 440	2.98 401	2.98 362	2.98 323	2.98 284	2.98 244
42'	2.98 205	2.98 166	2.98 127	2.98 088	2.98 049	2.98 010	2.97 971	2.97 932	2.97 893	2.97 854
43'	2.97 815	2.97 776	2.97 737	2.97 698	2.97 659	2.97 621	2.97 582	2.97 543	2.97 504	2.97 465
44'	2.97 427	2.97 388	2.97 349	2.97 310	2.97 272	2.97 233	2.97 194	2.97 156	2.97 117	2.97 078
45'	2.97 040	2.97 001	2.96 963	2.96 924	2.96 886	2.96 847	2.96 809	2.96 770	2.96 732	2.96 693
46'	2.96 655	2.96 616	2.96 578	2.96 540	2.96 501	2.96 463	2.96 425	2.96 386	2.96 348	2.96 310
47'	2.96 271	2.96 233	2.96 195	2.96 157	2.96 119	2.96 080	2.96 042	2.96 004	2.95 966	2.95 928
48'	2.95 890	2.95 852	2.95 814	2.95 776	2.95 738	2.95 700	2.95 662	2.95 624	2.95 586	2.95 548
49'	2.95 510	2.95 472	2.95 434	2.95 396	2.95 358	2.95 320	2.95 283	2.95 245	2.95 207	2.95 169
50'	2.95 131	2.95 094	2.95 056	2.95 018	2.94 981	2.94 943	2.94 905	2.94 868	2.94 830	2.94 792
51'	2.94 755	2.94 717	2.94 680	2.94 642	2.94 605	2.94 567	2.94 529	2.94 492	2.94 455	2.94 417
52'	2.94 380	2.94 342	2.94 305	2.94 267	2.94 230	2.94 193	2.94 155	2.94 118	2.94 081	2.94 043
53'	2.94 006	2.93 969	2.93 932	2.93 894	2.93 857	2.93 820	2.93 783	2.93 746	2.93 709	2.93 671
54'	2.93 634	2.93 597	2.93 560	2.93 523	2.93 486	2.93 449	2.93 412	2.93 375	2.93 338	2.93 301
55'	2.93 264	2.93 227	2.93 190	2.93 153	2.93 116	2.93 080	2.93 043	2.93 006	2.92 969	2.92 932
56'	2.92 895	2.92 859	2.92 822	2.92 785	2.92 748	2.92 712	2.92 675	2.92 638	2.92 602	2.92 565
57'	2.92 528	2.92 492	2.92 455	2.92 418	2.92 382	2.92 345	2.92 309	2.92 272	2.92 236	2.92 199
58'	2.92 163	2.92 126	2.92 090	2.92 053	2.92 017	2.91 981	2.91 944	2.91 908	2.91 871	2.91 835
59'	2.91 799	2.91 762	2.91 726	2.91 690	2.91 653	2.91 617	2.91 581	2.91 545	2.91 509	2.91 472

K

4°

	0.'0	0.'1	0.'2	0.'3	0.'4	0.'5	0.'6	0.'7	0.'8	0.'9
0'	2.91 436	2.91 400	2.91 364	2.91 328	2.91 292	2.91 255	2.91 219	2.91 183	2.91 147	2.91 111
1'	2.91 075	2.91 039	2.91 003	2.90 967	2.90 931	2.90 895	2.90 859	2.90 823	2.90 787	2.90 752
2'	2.90 716	2.90 680	2.90 644	2.90 608	2.90 572	2.90 536	2.90 501	2.90 465	2.90 429	2.90 393
3'	2.90 358	2.90 322	2.90 286	2.90 250	2.90 215	2.90 179	2.90 143	2.90 108	2.90 072	2.90 037
4'	2.90 001	2.89 965	2.89 930	2.89 894	2.89 859	2.89 823	2.89 788	2.89 752	2.89 717	2.89 681
5'	2.89 646	2.89 611	2.89 575	2.89 540	2.89 504	2.89 469	2.89 434	2.89 398	2.89 363	2.89 328
6'	2.89 292	2.89 257	2.89 222	2.89 186	2.89 151	2.89 116	2.89 081	2.89 046	2.89 010	2.88 975
7'	2.88 940	2.88 905	2.88 870	2.88 835	2.88 800	2.88 764	2.88 729	2.88 694	2.88 659	2.88 624
8'	2.88 589	2.88 554	2.88 519	2.88 484	2.88 449	2.88 414	2.88 379	2.88 345	2.88 310	2.88 275
9'	2.88 240	2.88 205	2.88 170	2.88 135	2.88 101	2.88 066	2.88 031	2.87 996	2.87 961	2.87 927
10'	2.87 892	2.87 857	2.87 822	2.87 788	2.87 753	2.87 718	2.87 684	2.87 649	2.87 615	2.87 580
11'	2.87 545	2.87 511	2.87 476	2.87 442	2.87 407	2.87 373	2.87 338	2.87 304	2.87 269	2.87 235
12'	2.87 200	2.87 166	2.87 131	2.87 097	2.87 062	2.87 028	2.86 994	2.86 959	2.86 925	2.86 891
13'	2.86 856	2.86 822	2.86 788	2.86 753	2.86 719	2.86 685	2.86 651	2.86 616	2.86 582	2.86 548
14'	2.86 514	2.86 480	2.86 445	2.86 411	2.86 377	2.86 343	2.86 309	2.86 275	2.86 241	2.86 207
15'	2.86 173	2.86 139	2.86 105	2.86 071	2.86 037	2.86 003	2.85 969	2.85 935	2.85 901	2.85 867
16'	2.85 833	2.85 799	2.85 765	2.85 731	2.85 697	2.85 663	2.85 630	2.85 596	2.85 562	2.85 528
17'	2.85 494	2.85 461	2.85 427	2.85 393	2.85 359	2.85 326	2.85 292	2.85 258	2.85 225	2.85 191
18'	2.85 157	2.85 124	2.85 090	2.85 056	2.85 023	2.84 989	2.84 956	2.84 922	2.84 888	2.84 855
19'	2.84 821	2.84 788	2.84 754	2.84 721	2.84 687	2.84 654	2.84 620	2.84 587	2.84 554	2.84 520
20'	2.84 487	2.84 453	2.84 420	2.84 387	2.84 353	2.84 320	2.84 287	2.84 253	2.84 220	2.84 187
21'	2.84 154	2.84 120	2.84 087	2.84 054	2.84 021	2.83 987	2.83 954	2.83 921	2.83 888	2.83 855
22'	2.83 822	2.83 788	2.83 755	2.83 722	2.83 689	2.83 656	2.83 623	2.83 590	2.83 557	2.83 524
23'	2.83 491	2.83 458	2.83 425	2.83 392	2.83 359	2.83 326	2.83 293	2.83 260	2.83 227	2.83 194
24'	2.83 161	2.83 128	2.83 096	2.83 063	2.83 030	2.82 997	2.82 964	2.82 931	2.82 899	2.82 866
25'	2.82 833	2.82 800	2.82 768	2.82 735	2.82 702	2.82 669	2.82 637	2.82 604	2.82 571	2.82 539
26'	2.82 506	2.82 473	2.82 441	2.82 408	2.82 376	2.82 343	2.82 311	2.82 278	2.82 245	2.82 213
27'	2.82 180	2.82 148	2.82 115	2.82 083	2.82 050	2.82 018	2.81 985	2.81 953	2.81 921	2.81 888
28'	2.81 856	2.81 823	2.81 791	2.81 759	2.81 726	2.81 694	2.81 662	2.81 629	2.81 597	2.81 565
29'	2.81 532	2.81 500	2.81 468	2.81 436	2.81 403	2.81 371	2.81 339	2.81 307	2.81 275	2.81 243
30'	2.81 210	2.81 178	2.81 146	2.81 114	2.81 082	2.81 050	2.81 018	2.80 986	2.80 954	2.80 921
31'	2.80 889	2.80 857	2.80 825	2.80 793	2.80 761	2.80 729	2.80 697	2.80 665	2.80 634	2.80 602
32'	2.80 570	2.80 538	2.80 506	2.80 474	2.80 442	2.80 410	2.80 378	2.80 347	2.80 315	2.80 283
33'	2.80 251	2.80 219	2.80 187	2.80 156	2.80 124	2.80 092	2.80 060	2.80 029	2.79 997	2.79 965
34'	2.79 934	2.79 902	2.79 870	2.79 839	2.79 807	2.79 775	2.79 744	2.79 712	2.79 681	2.79 649
35'	2.79 617	2.79 586	2.79 554	2.79 523	2.79 491	2.79 460	2.79 428	2.79 397	2.79 365	2.79 334
36'	2.79 302	2.79 271	2.79 239	2.79 208	2.79 177	2.79 145	2.79 114	2.79 082	2.79 051	2.79 020
37'	2.78 988	2.78 957	2.78 926	2.78 894	2.78 863	2.78 832	2.78 800	2.78 769	2.78 738	2.78 707
38'	2.78 675	2.78 644	2.78 613	2.78 582	2.78 551	2.78 519	2.78 488	2.78 457	2.78 426	2.78 395
39'	2.78 364	2.78 333	2.78 302	2.78 270	2.78 239	2.78 208	2.78 177	2.78 146	2.78 115	2.78 084
40'	2.78 053	2.78 022	2.77 991	2.77 960	2.77 929	2.77 898	2.77 867	2.77 836	2.77 806	2.77 775
41'	2.77 744	2.77 713	2.77 682	2.77 651	2.77 620	2.77 589	2.77 559	2.77 528	2.77 497	2.77 466
42'	2.77 435	2.77 405	2.77 374	2.77 343	2.77 312	2.77 282	2.77 251	2.77 220	2.77 189	2.77 159
43'	2.77 128	2.77 097	2.77 067	2.77 036	2.77 005	2.76 975	2.76 944	2.76 914	2.76 883	2.76 852
44'	2.76 822	2.76 791	2.76 761	2.76 730	2.76 700	2.76 669	2.76 639	2.76 608	2.76 578	2.76 547
45'	2.76 517	2.76 486	2.76 456	2.76 425	2.76 395	2.76 365	2.76 334	2.76 304	2.76 273	2.76 243
46'	2.76 213	2.76 182	2.76 152	2.76 122	2.76 091	2.76 061	2.76 031	2.76 000	2.75 970	2.75 940
47'	2.75 910	2.75 879	2.75 849	2.75 819	2.75 789	2.75 759	2.75 728	2.75 698	2.75 668	2.75 638
48'	2.75 608	2.75 578	2.75 547	2.75 517	2.75 487	2.75 457	2.75 427	2.75 397	2.75 367	2.75 337
49'	2.75 307	2.75 277	2.75 247	2.75 217	2.75 187	2.75 157	2.75 127	2.75 097	2.75 067	2.75 037
50'	2.75 007	2.74 977	2.74 947	2.74 917	2.74 887	2.74 857	2.74 828	2.74 798	2.74 768	2.74 738
51'	2.74 708	2.74 678	2.74 648	2.74 619	2.74 589	2.74 559	2.74 529	2.74 500	2.74 470	2.74 440
52'	2.74 410	2.74 381	2.74 351	2.74 321	2.74 291	2.74 262	2.74 232	2.74 202	2.74 173	2.74 143
53'	2.74 114	2.74 084	2.74 054	2.74 025	2.73 995	2.73 966	2.73 936	2.73 906	2.73 877	2.73 847
54'	2.73 818	2.73 788	2.73 759	2.73 729	2.73 700	2.73 670	2.73 641	2.73 611	2.73 582	2.73 552
55'	2.73 523	2.73 494	2.73 464	2.73 435	2.73 405	2.73 376	2.73 347	2.73 317	2.73 288	2.73 259
56'	2.73 229	2.73 200	2.73 171	2.73 141	2.73 112	2.73 083	2.73 053	2.73 024	2.72 995	2.72 966
57'	2.72 937	2.72 907	2.72 878	2.72 849	2.72 820	2.72 790	2.72 761	2.72 732	2.72 703	2.72 674
58'	2.72 645	2.72 616	2.72 586	2.72 557	2.72 528	2.72 499	2.72 470	2.72 441	2.72 412	2.72 383
59'	2.72 354	2.72 325	2.72 296	2.72 267	2.72 238	2.72 209	2.72 180	2.72 151	2.72 122	2.72 093

5°		0.'0	0.'1	0.'2	0.'3	0.'4	0.'5	0.'6	0.'7	0.'8	0.'9
	0'	2.72 064	2.72 035	2.72 006	2.71 977	2.71 948	2.71 920	2.71 891	2.71 862	2.71 833	2.71 804
	1'	2.71 775	2.71 746	2.71 718	2.71 689	2.71 660	2.71 631	2.71 602	2.71 574	2.71 545	2.71 516
	2'	2.71 487	2.71 459	2.71 430	2.71 401	2.71 372	2.71 344	2.71 315	2.71 286	2.71 258	2.71 229
	3'	2.71 200	2.71 172	2.71 143	2.71 114	2.71 086	2.71 057	2.71 029	2.71 000	2.70 971	2.70 943
	4'	2.70 914	2.70 886	2.70 857	2.70 829	2.70 800	2.70 772	2.70 743	2.70 715	2.70 686	2.70 658
	5'	2.70 629	2.70 601	2.70 572	2.70 544	2.70 516	2.70 487	2.70 459	2.70 430	2.70 402	2.70 374
	6'	2.70 345	2.70 317	2.70 288	2.70 260	2.70 232	2.70 203	2.70 175	2.70 147	2.70 119	2.70 090
	7'	2.70 062	2.70 034	2.70 005	2.69 977	2.69 949	2.69 921	2.69 892	2.69 864	2.69 836	2.69 808
	8'	2.69 780	2.69 752	2.69 723	2.69 695	2.69 667	2.69 639	2.69 611	2.69 583	2.69 555	2.69 526
	9'	2.69 498	2.69 470	2.69 442	2.69 414	2.69 386	2.69 358	2.69 330	2.69 302	2.69 274	2.69 246
	10'	2.69 218	2.69 190	2.69 162	2.69 134	2.69 106	2.69 078	2.69 050	2.69 022	2.68 994	2.68 966
	11'	2.68 938	2.68 910	2.68 883	2.68 855	2.68 827	2.68 799	2.68 771	2.68 743	2.68 715	2.68 687
	12'	2.68 660	2.68 632	2.68 604	2.68 576	2.68 548	2.68 521	2.68 493	2.68 465	2.68 437	2.68 410
	13'	2.68 382	2.68 354	2.68 326	2.68 299	2.68 271	2.68 243	2.68 216	2.68 188	2.68 160	2.68 133
	14'	2.68 105	2.68 077	2.68 050	2.68 022	2.67 995	2.67 967	2.67 939	2.67 912	2.67 884	2.67 857
	15'	2.67 829	2.67 802	2.67 774	2.67 746	2.67 719	2.67 691	2.67 664	2.67 636	2.67 609	2.67 581
	16'	2.67 554	2.67 526	2.67 499	2.67 472	2.67 444	2.67 417	2.67 389	2.67 362	2.67 334	2.67 307
	17'	2.67 280	2.67 252	2.67 225	2.67 198	2.67 170	2.67 143	2.67 116	2.67 088	2.67 061	2.67 034
	18'	2.67 006	2.66 979	2.66 952	2.66 924	2.66 897	2.66 870	2.66 843	2.66 815	2.66 788	2.66 761
	19'	2.66 734	2.66 707	2.66 679	2.66 652	2.66 625	2.66 598	2.66 571	2.66 544	2.66 516	2.66 489
	20'	2.66 462	2.66 435	2.66 408	2.66 381	2.66 354	2.66 327	2.66 300	2.66 272	2.66 245	2.66 218
	21'	2.66 191	2.66 164	2.66 137	2.66 110	2.66 083	2.66 056	2.66 029	2.66 002	2.65 975	2.65 948
	22'	2.65 921	2.65 894	2.65 867	2.65 841	2.65 814	2.65 787	2.65 760	2.65 733	2.65 706	2.65 679
	23'	2.65 652	2.65 625	2.65 598	2.65 572	2.65 545	2.65 518	2.65 491	2.65 464	2.65 438	2.65 411
	24'	2.65 384	2.65 357	2.65 330	2.65 304	2.65 277	2.65 250	2.65 223	2.65 197	2.65 170	2.65 143
	25'	2.65 116	2.65 090	2.65 063	2.65 036	2.65 010	2.64 983	2.64 956	2.64 930	2.64 903	2.64 876
	26'	2.64 850	2.64 823	2.64 797	2.64 770	2.64 743	2.64 717	2.64 690	2.64 664	2.64 637	2.64 611
	27'	2.64 584	2.64 557	2.64 531	2.64 504	2.64 478	2.64 451	2.64 425	2.64 398	2.64 372	2.64 345
	28'	2.64 319	2.64 292	2.64 266	2.64 240	2.64 213	2.64 187	2.64 160	2.64 134	2.64 108	2.64 081
	29'	2.64 055	2.64 028	2.64 002	2.63 976	2.63 949	2.63 923	2.63 897	2.63 870	2.63 844	2.63 818
	30'	2.63 791	2.63 765	2.63 739	2.63 712	2.63 686	2.63 660	2.63 634	2.63 607	2.63 581	2.63 555
	31'	2.63 529	2.63 503	2.63 476	2.63 450	2.63 424	2.63 398	2.63 372	2.63 345	2.63 319	2.63 293
	32'	2.63 267	2.63 241	2.63 215	2.63 189	2.63 162	2.63 136	2.63 110	2.63 084	2.63 058	2.63 032
	33'	2.63 006	2.62 980	2.62 954	2.62 928	2.62 902	2.62 876	2.62 850	2.62 824	2.62 798	2.62 772
	34'	2.62 746	2.62 720	2.62 694	2.62 668	2.62 642	2.62 616	2.62 590	2.62 564	2.62 538	2.62 512
	35'	2.62 486	2.62 460	2.62 434	2.62 408	2.62 383	2.62 357	2.62 331	2.62 305	2.62 279	2.62 253
	36'	2.62 227	2.62 202	2.62 176	2.62 150	2.62 124	2.62 098	2.62 073	2.62 047	2.62 021	2.61 995
	37'	2.61 970	2.61 944	2.61 918	2.61 892	2.61 867	2.61 841	2.61 815	2.61 789	2.61 764	2.61 738
	38'	2.61 712	2.61 687	2.61 661	2.61 635	2.61 610	2.61 584	2.61 558	2.61 533	2.61 507	2.61 482
	39'	2.61 456	2.61 430	2.61 405	2.61 379	2.61 354	2.61 328	2.61 303	2.61 277	2.61 251	2.61 226
	40'	2.61 200	2.61 175	2.61 149	2.61 124	2.61 098	2.61 073	2.61 047	2.61 022	2.60 996	2.60 971
	41'	2.60 946	2.60 920	2.60 895	2.60 869	2.60 844	2.60 818	2.60 793	2.60 768	2.60 742	2.60 717
	42'	2.60 691	2.60 666	2.60 641	2.60 615	2.60 590	2.60 565	2.60 539	2.60 514	2.60 489	2.60 463
	43'	2.60 438	2.60 413	2.60 387	2.60 362	2.60 337	2.60 312	2.60 286	2.60 261	2.60 236	2.60 211
	44'	2.60 185	2.60 160	2.60 135	2.60 110	2.60 084	2.60 059	2.60 034	2.60 009	2.59 984	2.59 959
	45'	2.59 933	2.59 908	2.59 883	2.59 858	2.59 833	2.59 808	2.59 783	2.59 758	2.59 732	2.59 707
	46'	2.59 682	2.59 657	2.59 632	2.59 607	2.59 582	2.59 557	2.59 532	2.59 507	2.59 482	2.59 457
	47'	2.59 432	2.59 407	2.59 382	2.59 357	2.59 332	2.59 307	2.59 282	2.59 257	2.59 232	2.59 207
	48'	2.59 182	2.59 157	2.59 132	2.59 107	2.59 082	2.59 057	2.59 033	2.59 008	2.58 983	2.58 958
	49'	2.58 933	2.58 908	2.58 883	2.58 858	2.58 834	2.58 809	2.58 784	2.58 759	2.58 734	2.58 709
	50'	2.58 685	2.58 660	2.58 635	2.58 610	2.58 586	2.58 561	2.58 536	2.58 511	2.58 487	2.58 462
	51'	2.58 437	2.58 412	2.58 388	2.58 363	2.58 338	2.58 314	2.58 289	2.58 264	2.58 240	2.58 215
	52'	2.58 190	2.58 166	2.58 141	2.58 116	2.58 092	2.58 067	2.58 042	2.58 018	2.57 993	2.57 969
	53'	2.57 944	2.57 919	2.57 895	2.57 870	2.57 846	2.57 821	2.57 797	2.57 772	2.57 748	2.57 723
	54'	2.57 699	2.57 674	2.57 649	2.57 625	2.57 600	2.57 576	2.57 552	2.57 527	2.57 503	2.57 478
	55'	2.57 454	2.57 429	2.57 405	2.57 380	2.57 356	2.57 332	2.57 307	2.57 283	2.57 258	2.57 234
	56'	2.57 210	2.57 185	2.57 161	2.57 136	2.57 112	2.57 088	2.57 063	2.57 039	2.57 015	2.56 990
	57'	2.56 966	2.56 942	2.56 918	2.56 893	2.56 869	2.56 845	2.56 820	2.56 796	2.56 772	2.56 748
	58'	2.56 723	2.56 699	2.56 675	2.56 651	2.56 627	2.56 602	2.56 578	2.56 554	2.56 530	2.56 506
	59'	2.56 481	2.56 457	2.56 433	2.56 409	2.56 385	2.56 361	2.56 336	2.56 312	2.56 288	2.56 264

K   K

6°

	0.'0	0.'1	0.'2	0.'3	0.'4	0.'5	0.'6	0.'7	0.'8	0.'9
0'	2.56 240	2.56 216	2.56 192	2.56 168	2.56 144	2.56 120	2.56 095	2.56 071	2.56 047	2.56 023
1'	2.55 999	2.55 975	2.55 951	2.55 927	2.55 903	2.55 879	2.55 855	2.55 831	2.55 807	2.55 783
2'	2.55 759	2.55 735	2.55 711	2.55 687	2.55 663	2.55 639	2.55 615	2.55 592	2.55 568	2.55 544
3'	2.55 520	2.55 496	2.55 472	2.55 448	2.55 424	2.55 400	2.55 376	2.55 353	2.55 329	2.55 305
4'	2.55 281	2.55 257	2.55 233	2.55 210	2.55 186	2.55 162	2.55 138	2.55 114	2.55 091	2.55 067
5'	2.55 043	2.55 019	2.54 995	2.54 972	2.54 948	2.54 924	2.54 900	2.54 877	2.54 853	2.54 829
6'	2.54 806	2.54 782	2.54 758	2.54 734	2.54 711	2.54 687	2.54 663	2.54 640	2.54 616	2.54 592
7'	2.54 569	2.54 545	2.54 522	2.54 498	2.54 474	2.54 451	2.54 427	2.54 403	2.54 380	2.54 356
8'	2.54 333	2.54 309	2.54 286	2.54 262	2.54 238	2.54 215	2.54 191	2.54 168	2.54 144	2.54 121
9'	2.54 097	2.54 074	2.54 050	2.54 027	2.54 003	2.53 980	2.53 956	2.53 933	2.53 909	2.53 886
10'	2.53 862	2.53 839	2.53 815	2.53 792	2.53 769	2.53 745	2.53 722	2.53 698	2.53 675	2.53 652
11'	2.53 628	2.53 605	2.53 581	2.53 558	2.53 535	2.53 511	2.53 488	2.53 465	2.53 441	2.53 418
12'	2.53 395	2.53 371	2.53 348	2.53 325	2.53 301	2.53 278	2.53 255	2.53 231	2.53 208	2.53 185
13'	2.53 162	2.53 138	2.53 115	2.53 092	2.53 069	2.53 045	2.53 022	2.52 999	2.52 976	2.52 952
14'	2.52 929	2.52 906	2.52 883	2.52 860	2.52 837	2.52 813	2.52 790	2.52 767	2.52 744	2.52 721
15'	2.52 698	2.52 674	2.52 651	2.52 628	2.52 605	2.52 582	2.52 559	2.52 536	2.52 513	2.52 490
16'	2.52 467	2.52 443	2.52 420	2.52 397	2.52 374	2.52 351	2.52 328	2.52 305	2.52 282	2.52 259
17'	2.52 236	2.52 213	2.52 190	2.52 167	2.52 144	2.52 121	2.52 098	2.52 075	2.52 052	2.52 029
18'	2.52 006	2.51 983	2.51 960	2.51 937	2.51 914	2.51 891	2.51 869	2.51 846	2.51 823	2.51 800
19'	2.51 777	2.51 754	2.51 731	2.51 708	2.51 685	2.51 663	2.51 640	2.51 617	2.51 594	2.51 571
20'	2.51 548	2.51 525	2.51 503	2.51 480	2.51 457	2.51 434	2.51 411	2.51 389	2.51 366	2.51 343
21'	2.51 320	2.51 297	2.51 275	2.51 252	2.51 229	2.51 206	2.51 184	2.51 161	2.51 138	2.51 116
22'	2.51 093	2.51 070	2.51 047	2.51 025	2.51 002	2.50 979	2.50 957	2.50 934	2.50 911	2.50 889
23'	2.50 866	2.50 843	2.50 821	2.50 798	2.50 775	2.50 753	2.50 730	2.50 708	2.50 685	2.50 662
24'	2.50 640	2.50 617	2.50 595	2.50 572	2.50 549	2.50 527	2.50 504	2.50 482	2.50 459	2.50 437
25'	2.50 414	2.50 391	2.50 369	2.50 346	2.50 324	2.50 301	2.50 279	2.50 256	2.50 234	2.50 211
26'	2.50 189	2.50 166	2.50 144	2.50 122	2.50 099	2.50 077	2.50 054	2.50 032	2.50 009	2.49 987
27'	2.49 964	2.49 942	2.49 920	2.49 897	2.49 875	2.49 852	2.49 830	2.49 808	2.49 785	2.49 763
28'	2.49 741	2.49 718	2.49 696	2.49 673	2.49 651	2.49 629	2.49 606	2.49 584	2.49 562	2.49 540
29'	2.49 517	2.49 495	2.49 473	2.49 450	2.49 428	2.49 406	2.49 383	2.49 361	2.49 339	2.49 317
30'	2.49 294	2.49 272	2.49 250	2.49 228	2.49 205	2.49 183	2.49 161	2.49 139	2.49 117	2.49 094
31'	2.49 072	2.49 050	2.49 028	2.49 006	2.48 984	2.48 961	2.48 939	2.48 917	2.48 895	2.48 873
32'	2.48 851	2.48 828	2.48 806	2.48 784	2.48 762	2.48 740	2.48 718	2.48 696	2.48 674	2.48 652
33'	2.48 630	2.48 607	2.48 585	2.48 563	2.48 541	2.48 519	2.48 497	2.48 475	2.48 453	2.48 431
34'	2.48 409	2.48 387	2.48 365	2.48 343	2.48 321	2.48 299	2.48 277	2.48 255	2.48 233	2.48 211
35'	2.48 189	2.48 167	2.48 145	2.48 123	2.48 101	2.48 079	2.48 057	2.48 036	2.48 014	2.47 992
36'	2.47 970	2.47 948	2.47 926	2.47 904	2.47 882	2.47 860	2.47 838	2.47 817	2.47 795	2.47 773
37'	2.47 751	2.47 729	2.47 707	2.47 685	2.47 664	2.47 642	2.47 620	2.47 598	2.47 576	2.47 554
38'	2.47 533	2.47 511	2.47 489	2.47 467	2.47 446	2.47 424	2.47 402	2.47 380	2.47 358	2.47 337
39'	2.47 315	2.47 293	2.47 271	2.47 250	2.47 228	2.47 206	2.47 185	2.47 163	2.47 141	2.47 119
40'	2.47 098	2.47 076	2.47 054	2.47 033	2.47 011	2.46 989	2.46 968	2.46 946	2.46 924	2.46 903
41'	2.46 881	2.46 860	2.46 838	2.46 816	2.46 795	2.46 773	2.46 751	2.46 730	2.46 708	2.46 687
42'	2.46 665	2.46 643	2.46 622	2.46 600	2.46 579	2.46 557	2.46 536	2.46 514	2.46 493	2.46 471
43'	2.46 450	2.46 428	2.46 406	2.46 385	2.46 363	2.46 342	2.46 320	2.46 299	2.46 277	2.46 256
44'	2.46 234	2.46 213	2.46 192	2.46 170	2.46 149	2.46 127	2.46 106	2.46 084	2.46 063	2.46 041
45'	2.46 020	2.45 999	2.45 977	2.45 956	2.45 934	2.45 913	2.45 892	2.45 870	2.45 849	2.45 827
46'	2.45 806	2.45 785	2.45 763	2.45 742	2.45 721	2.45 699	2.45 678	2.45 657	2.45 635	2.45 614
47'	2.45 593	2.45 571	2.45 550	2.45 529	2.45 507	2.45 486	2.45 465	2.45 444	2.45 422	2.45 401
48'	2.45 380	2.45 358	2.45 337	2.45 316	2.45 295	2.45 273	2.45 252	2.45 231	2.45 210	2.45 189
49'	2.45 167	2.45 146	2.45 125	2.45 104	2.45 083	2.45 061	2.45 040	2.45 019	2.44 998	2.44 977
50'	2.44 955	2.44 934	2.44 913	2.44 892	2.44 871	2.44 850	2.44 829	2.44 807	2.44 786	2.44 765
51'	2.44 744	2.44 723	2.44 702	2.44 681	2.44 660	2.44 639	2.44 618	2.44 597	2.44 575	2.44 554
52'	2.44 533	2.44 512	2.44 491	2.44 470	2.44 449	2.44 428	2.44 407	2.44 386	2.44 365	2.44 344
53'	2.44 323	2.44 302	2.44 281	2.44 260	2.44 239	2.44 218	2.44 197	2.44 176	2.44 155	2.44 134
54'	2.44 113	2.44 092	2.44 071	2.44 050	2.44 029	2.44 008	2.43 988	2.43 967	2.43 946	2.43 925
55'	2.43 904	2.43 883	2.43 862	2.43 841	2.43 820	2.43 799	2.43 779	2.43 758	2.43 737	2.43 716
56'	2.43 695	2.43 674	2.43 653	2.43 633	2.43 612	2.43 591	2.43 570	2.43 549	2.43 528	2.43 508
57'	2.43 487	2.43 466	2.43 445	2.43 424	2.43 404	2.43 383	2.43 362	2.43 341	2.43 321	2.43 300
58'	2.43 279	2.43 258	2.43 238	2.43 217	2.43 196	2.43 175	2.43 155	2.43 134	2.43 113	2.43 092
59'	2.43 072	2.43 051	2.43 030	2.43 010	2.42 989	2.42 968	2.42 948	2.42 927	2.42 906	2.42 886

K 7° 7° K

	0.'0	0.'1	0.'2	0.'3	0.'4	0.'5	0.'6	0.'7	0.'8	0.'9
0'	2.42 865	2.42 844	2.42 824	2.42 803	2.42 782	2.42 762	2.42 741	2.42 720	2.42 700	2.42 679
1'	2.42 659	2.42 638	2.42 617	2.42 597	2.42 576	2.42 556	2.42 535	2.42 515	2.42 494	2.42 473
2'	2.42 453	2.42 432	2.42 412	2.42 391	2.42 371	2.42 350	2.42 330	2.42 309	2.42 289	2.42 268
3'	2.42 248	2.42 227	2.42 206	2.42 186	2.42 166	2.42 145	2.42 125	2.42 104	2.42 084	2.42 063
4'	2.42 043	2.42 022	2.42 002	2.41 981	2.41 961	2.41 940	2.41 920	2.41 900	2.41 879	2.41 859
5'	2.41 838	2.41 818	2.41 797	2.41 777	2.41 757	2.41 736	2.41 716	2.41 696	2.41 675	2.41 655
6'	2.41 634	2.41 614	2.41 594	2.41 573	2.41 553	2.41 533	2.41 512	2.41 492	2.41 472	2.41 451
7'	2.41 431	2.41 411	2.41 390	2.41 370	2.41 350	2.41 330	2.41 309	2.41 289	2.41 269	2.41 248
8'	2.41 228	2.41 208	2.41 188	2.41 167	2.41 147	2.41 127	2.41 107	2.41 086	2.41 066	2.41 046
9'	2.41 026	2.41 005	2.40 985	2.40 965	2.40 945	2.40 925	2.40 904	2.40 884	2.40 864	2.40 844
10'	2.40 824	2.40 804	2.40 783	2.40 763	2.40 743	2.40 723	2.40 703	2.40 683	2.40 662	2.40 642
11'	2.40 622	2.40 602	2.40 582	2.40 562	2.40 542	2.40 522	2.40 502	2.40 481	2.40 461	2.40 441
12'	2.40 421	2.40 401	2.40 381	2.40 361	2.40 341	2.40 321	2.40 301	2.40 281	2.40 261	2.40 241
13'	2.40 221	2.40 201	2.40 181	2.40 161	2.40 141	2.40 121	2.40 101	2.40 081	2.40 061	2.40 041
14'	2.40 021	2.40 001	2.39 981	2.39 961	2.39 941	2.39 921	2.39 901	2.39 881	2.39 861	2.39 841
15'	2.39 821	2.39 801	2.39 781	2.39 761	2.39 741	2.39 721	2.39 701	2.39 681	2.39 661	2.39 642
16'	2.39 622	2.39 602	2.39 582	2.39 562	2.39 542	2.39 522	2.39 502	2.39 483	2.39 463	2.39 443
17'	2.39 423	2.39 403	2.39 383	2.39 363	2.39 344	2.39 324	2.39 304	2.39 284	2.39 264	2.39 245
18'	2.39 225	2.39 205	2.39 185	2.39 165	2.39 146	2.39 126	2.39 106	2.39 086	2.39 066	2.39 047
19'	2.39 027	2.39 007	2.38 987	2.38 968	2.38 948	2.38 928	2.38 908	2.38 889	2.38 869	2.38 849
20'	2.38 830	2.38 810	2.38 790	2.38 770	2.38 751	2.38 731	2.38 711	2.38 692	2.38 672	2.38 652
21'	2.38 633	2.38 613	2.38 593	2.38 574	2.38 554	2.38 534	2.38 515	2.38 495	2.38 475	2.38 456
22'	2.38 436	2.38 417	2.38 397	2.38 377	2.38 358	2.38 338	2.38 318	2.38 299	2.38 279	2.38 260
23'	2.38 240	2.38 221	2.38 201	2.38 181	2.38 162	2.38 142	2.38 123	2.38 103	2.38 084	2.38 064
24'	2.38 045	2.38 025	2.38 005	2.37 986	2.37 966	2.37 947	2.37 927	2.37 908	2.37 888	2.37 869
25'	2.37 849	2.37 830	2.37 810	2.37 791	2.37 771	2.37 752	2.37 733	2.37 713	2.37 694	2.37 674
26'	2.37 655	2.37 635	2.37 616	2.37 596	2.37 577	2.37 558	2.37 538	2.37 519	2.37 499	2.37 480
27'	2.37 460	2.37 441	2.37 422	2.37 402	2.37 383	2.37 364	2.37 344	2.37 325	2.37 305	2.37 286
28'	2.37 267	2.37 247	2.37 228	2.37 209	2.37 189	2.37 170	2.37 151	2.37 131	2.37 112	2.37 093
29'	2.37 073	2.37 054	2.37 035	2.37 015	2.36 996	2.36 977	2.36 957	2.36 938	2.36 919	2.36 900
30'	2.36 880	2.36 861	2.36 842	2.36 822	2.36 803	2.36 784	2.36 765	2.36 745	2.36 726	2.36 707
31'	2.36 688	2.36 669	2.36 649	2.36 630	2.36 611	2.36 592	2.36 572	2.36 553	2.36 534	2.36 515
32'	2.36 496	2.36 476	2.36 457	2.36 438	2.36 419	2.36 400	2.36 381	2.36 361	2.36 342	2.36 323
33'	2.36 304	2.36 285	2.36 266	2.36 247	2.36 227	2.36 208	2.36 189	2.36 170	2.36 151	2.36 132
34'	2.36 113	2.36 094	2.36 075	2.36 055	2.36 036	2.36 017	2.35 998	2.35 979	2.35 960	2.35 941
35'	2.35 922	2.35 903	2.35 884	2.35 865	2.35 846	2.35 827	2.35 808	2.35 789	2.35 770	2.35 751
36'	2.35 731	2.35 712	2.35 693	2.35 674	2.35 655	2.35 636	2.35 617	2.35 598	2.35 579	2.35 560
37'	2.35 542	2.35 523	2.35 504	2.35 485	2.35 466	2.35 447	2.35 428	2.35 409	2.35 390	2.35 371
38'	2.35 352	2.35 333	2.35 314	2.35 295	2.35 276	2.35 257	2.35 238	2.35 219	2.35 201	2.35 182
39'	2.35 163	2.35 144	2.35 125	2.35 106	2.35 087	2.35 068	2.35 049	2.35 031	2.35 012	2.34 993
40'	2.34 974	2.34 955	2.34 936	2.34 917	2.34 899	2.34 880	2.34 861	2.34 842	2.34 823	2.34 804
41'	2.34 786	2.34 767	2.34 748	2.34 729	2.34 710	2.34 692	2.34 673	2.34 654	2.34 635	2.34 617
42'	2.34 598	2.34 579	2.34 560	2.34 541	2.34 523	2.34 504	2.34 485	2.34 466	2.34 448	2.34 429
43'	2.34 410	2.34 392	2.34 373	2.34 354	2.34 335	2.34 317	2.34 298	2.34 279	2.34 261	2.34 242
44'	2.34 223	2.34 204	2.34 186	2.34 167	2.34 148	2.34 130	2.34 111	2.34 092	2.34 074	2.34 055
45'	2.34 036	2.34 018	2.33 999	2.33 980	2.33 962	2.33 943	2.33 925	2.33 906	2.33 887	2.33 869
46'	2.33 850	2.33 831	2.33 813	2.33 794	2.33 776	2.33 757	2.33 739	2.33 720	2.33 701	2.33 683
47'	2.33 664	2.33 646	2.33 627	2.33 609	2.33 590	2.33 571	2.33 553	2.33 534	2.33 516	2.33 497
48'	2.33 479	2.33 460	2.33 442	2.33 423	2.33 405	2.33 386	2.33 368	2.33 349	2.33 331	2.33 312
49'	2.33 294	2.33 275	2.33 257	2.33 238	2.33 220	2.33 201	2.33 183	2.33 164	2.33 146	2.33 127
50'	2.33 109	2.33 090	2.33 072	2.33 054	2.33 035	2.33 017	2.32 998	2.32 980	2.32 961	2.32 943
51'	2.32 925	2.32 906	2.32 888	2.32 869	2.32 851	2.32 833	2.32 814	2.32 796	2.32 777	2.32 759
52'	2.32 741	2.32 722	2.32 704	2.32 686	2.32 667	2.32 649	2.32 630	2.32 612	2.32 594	2.32 575
53'	2.32 557	2.32 539	2.32 520	2.32 502	2.32 484	2.32 465	2.32 447	2.32 429	2.32 411	2.32 392
54'	2.32 374	2.32 356	2.32 337	2.32 319	2.32 301	2.32 282	2.32 264	2.32 246	2.32 228	2.32 209
55'	2.32 191	2.32 173	2.32 155	2.32 136	2.32 118	2.32 100	2.32 082	2.32 063	2.32 045	2.32 027
56'	2.32 009	2.31 991	2.31 972	2.31 954	2.31 936	2.31 918	2.31 900	2.31 881	2.31 863	2.31 845
57'	2.31 827	2.31 809	2.31 790	2.31 772	2.31 754	2.31 736	2.31 718	2.31 700	2.31 681	2.31 663
58'	2.31 645	2.31 627	2.31 609	2.31 591	2.31 573	2.31 555	2.31 536	2.31 518	2.31 500	2.31 482
59'	2.31 464	2.31 446	2.31 428	2.31 410	2.31 392	2.31 373	2.31 355	2.31 337	2.31 319	2.31 301

K K

8°

	0.'0	0.'1	0.'2	0.'3	0.'4	0.'5	0.'6	0.'7	0.'8	0.'9
0'	2.31 283	2.31 265	2.31 247	2.31 229	2.31 211	2.31 193	2.31 175	2.31 157	2.31 139	2.31 121
1'	2.31 103	2.31 085	2.31 067	2.31 049	2.31 031	2.31 013	2.30 995	2.30 977	2.30 959	2.30 941
2'	2.30 923	2.30 905	2.30 887	2.30 869	2.30 851	2.30 833	2.30 815	2.30 797	2.30 779	2.30 761
3'	2.30 743	2.30 725	2.30 707	2.30 689	2.30 671	2.30 653	2.30 635	2.30 617	2.30 599	2.30 581
4'	2.30 563	2.30 546	2.30 528	2.30 510	2.30 492	2.30 474	2.30 456	2.30 438	2.30 420	2.30 402
5'	2.30 384	2.30 367	2.30 349	2.30 331	2.30 313	2.30 295	2.30 277	2.30 259	2.30 242	2.30 224
6'	2.30 206	2.30 188	2.30 170	2.30 152	2.30 135	2.30 117	2.30 099	2.30 081	2.30 063	2.30 045
7'	2.30 028	2.30 010	2.29 992	2.29 974	2.29 956	2.29 939	2.29 921	2.29 903	2.29 885	2.29 868
8'	2.29 850	2.29 832	2.29 814	2.29 796	2.29 779	2.29 761	2.29 743	2.29 725	2.29 708	2.29 690
9'	2.29 672	2.29 655	2.29 637	2.29 619	2.29 601	2.29 584	2.29 566	2.29 548	2.29 530	2.29 513
10'	2.29 495	2.29 477	2.29 460	2.29 442	2.29 424	2.29 407	2.29 389	2.29 371	2.29 354	2.29 336
11'	2.29 318	2.29 301	2.29 283	2.29 265	2.29 248	2.29 230	2.29 212	2.29 195	2.29 177	2.29 160
12'	2.29 142	2.29 124	2.29 107	2.29 089	2.29 071	2.29 054	2.29 036	2.29 019	2.29 001	2.28 983
13'	2.28 966	2.28 948	2.28 931	2.28 913	2.28 896	2.28 878	2.28 860	2.28 843	2.28 825	2.28 808
14'	2.28 790	2.28 773	2.28 755	2.28 737	2.28 720	2.28 702	2.28 685	2.28 667	2.28 650	2.28 632
15'	2.28 615	2.28 597	2.28 580	2.28 562	2.28 545	2.28 527	2.28 510	2.28 492	2.28 475	2.28 457
16'	2.28 440	2.28 422	2.28 405	2.28 387	2.28 370	2.28 352	2.28 335	2.28 318	2.28 300	2.28 283
17'	2.28 265	2.28 248	2.28 230	2.28 213	2.28 195	2.28 178	2.28 161	2.28 143	2.28 126	2.28 108
18'	2.28 091	2.28 073	2.28 056	2.28 039	2.28 021	2.28 004	2.27 986	2.27 969	2.27 952	2.27 934
19'	2.27 917	2.27 900	2.27 882	2.27 865	2.27 847	2.27 830	2.27 813	2.27 795	2.27 778	2.27 761
20'	2.27 743	2.27 726	2.27 709	2.27 691	2.27 674	2.27 657	2.27 639	2.27 622	2.27 605	2.27 587
21'	2.27 570	2.27 553	2.27 536	2.27 518	2.27 501	2.27 484	2.27 466	2.27 449	2.27 432	2.27 414
22'	2.27 397	2.27 380	2.27 363	2.27 345	2.27 328	2.27 311	2.27 294	2.27 276	2.27 259	2.27 242
23'	2.27 225	2.27 207	2.27 190	2.27 173	2.27 156	2.27 139	2.27 121	2.27 104	2.27 087	2.27 070
24'	2.27 052	2.27 035	2.27 018	2.27 001	2.26 984	2.26 966	2.26 949	2.26 932	2.26 915	2.26 898
25'	2.26 881	2.26 863	2.26 846	2.26 829	2.26 812	2.26 795	2.26 778	2.26 761	2.26 743	2.26 726
26'	2.26 709	2.26 692	2.26 675	2.26 658	2.26 641	2.26 623	2.26 606	2.26 589	2.26 572	2.26 555
27'	2.26 538	2.26 521	2.26 504	2.26 487	2.26 470	2.26 452	2.26 435	2.26 418	2.26 401	2.26 384
28'	2.26 367	2.26 350	2.26 333	2.26 316	2.26 299	2.26 282	2.26 265	2.26 248	2.26 231	2.26 214
29'	2.26 197	2.26 180	2.26 163	2.26 145	2.26 128	2.26 111	2.26 094	2.26 077	2.26 060	2.26 043
30'	2.26 026	2.26 009	2.25 992	2.25 975	2.25 958	2.25 941	2.25 924	2.25 907	2.25 891	2.25 874
31'	2.25 857	2.25 840	2.25 823	2.25 806	2.25 789	2.25 772	2.25 755	2.25 738	2.25 721	2.25 704
32'	2.25 687	2.25 670	2.25 653	2.25 636	2.25 619	2.25 602	2.25 586	2.25 569	2.25 552	2.25 535
33'	2.25 518	2.25 501	2.25 484	2.25 467	2.25 450	2.25 433	2.25 417	2.25 400	2.25 383	2.25 366
34'	2.25 349	2.25 332	2.25 315	2.25 298	2.25 282	2.25 265	2.25 248	2.25 231	2.25 214	2.25 197
35'	2.25 181	2.25 164	2.25 147	2.25 130	2.25 113	2.25 096	2.25 080	2.25 063	2.25 046	2.25 029
36'	2.25 012	2.24 996	2.24 979	2.24 962	2.24 945	2.24 928	2.24 912	2.24 895	2.24 878	2.24 861
37'	2.24 845	2.24 828	2.24 811	2.24 794	2.24 777	2.24 761	2.24 744	2.24 727	2.24 710	2.24 694
38'	2.24 677	2.24 660	2.24 644	2.24 627	2.24 610	2.24 593	2.24 577	2.24 560	2.24 543	2.24 527
39'	2.24 510	2.24 493	2.24 476	2.24 460	2.24 443	2.24 426	2.24 410	2.24 393	2.24 376	2.24 360
40'	2.24 343	2.24 326	2.24 310	2.24 293	2.24 276	2.24 260	2.24 243	2.24 226	2.24 210	2.24 193
41'	2.24 176	2.24 160	2.24 143	2.24 126	2.24 110	2.24 093	2.24 077	2.24 060	2.24 043	2.24 027
42'	2.24 010	2.23 994	2.23 977	2.23 960	2.23 944	2.23 927	2.23 911	2.23 894	2.23 877	2.23 861
43'	2.23 844	2.23 828	2.23 811	2.23 795	2.23 778	2.23 761	2.23 745	2.23 728	2.23 712	2.23 695
44'	2.23 679	2.23 662	2.23 646	2.23 629	2.23 612	2.23 596	2.23 579	2.23 563	2.23 546	2.23 530
45'	2.23 513	2.23 497	2.23 480	2.23 464	2.23 447	2.23 431	2.23 414	2.23 398	2.23 381	2.23 365
46'	2.23 348	2.23 332	2.23 315	2.23 299	2.23 282	2.23 266	2.23 250	2.23 233	2.23 217	2.23 200
47'	2.23 184	2.23 167	2.23 151	2.23 134	2.23 118	2.23 102	2.23 085	2.23 069	2.23 052	2.23 036
48'	2.23 019	2.23 003	2.22 987	2.22 970	2.22 954	2.22 937	2.22 921	2.22 905	2.22 888	2.22 872
49'	2.22 855	2.22 839	2.22 823	2.22 806	2.22 790	2.22 773	2.22 757	2.22 741	2.22 724	2.22 708
50'	2.22 692	2.22 675	2.22 659	2.22 643	2.22 626	2.22 610	2.22 594	2.22 577	2.22 561	2.22 545
51'	2.22 528	2.22 512	2.22 496	2.22 479	2.22 463	2.22 447	2.22 430	2.22 414	2.22 398	2.22 381
52'	2.22 365	2.22 349	2.22 333	2.22 316	2.22 300	2.22 284	2.22 267	2.22 251	2.22 235	2.22 219
53'	2.22 202	2.22 186	2.22 170	2.22 154	2.22 137	2.22 121	2.22 105	2.22 089	2.22 072	2.22 056
54'	2.22 040	2.22 024	2.22 007	2.21 991	2.21 975	2.21 959	2.21 943	2.21 926	2.21 910	2.21 894
55'	2.21 878	2.21 861	2.21 845	2.21 829	2.21 813	2.21 797	2.21 781	2.21 764	2.21 748	2.21 732
56'	2.21 716	2.21 700	2.21 683	2.21 667	2.21 651	2.21 635	2.21 619	2.21 603	2.21 587	2.21 570
57'	2.21 554	2.21 538	2.21 522	2.21 506	2.21 490	2.21 474	2.21 457	2.21 441	2.21 425	2.21 409
58'	2.21 393	2.21 377	2.21 361	2.21 345	2.21 329	2.21 312	2.21 296	2.21 280	2.21 264	2.21 248
59'	2.21 232	2.21 216	2.21 200	2.21 184	2.21 168	2.21 152	2.21 136	2.21 120	2.21 103	2.21 087

8°

K 9°

	0.'0	0.'1	0.'2	0.'3	0.'4	0.'5	0.'6	0.'7	0.'8	0.'9
0'	2.21 071	2.21 055	2.21 039	2.21 023	2.21 007	2.20 991	2.20 975	2.20 959	2.20 943	2.20 927
1'	2.20 911	2.20 895	2.20 879	2.20 863	2.20 847	2.20 831	2.20 815	2.20 799	2.20 783	2.20 767
2'	2.20 751	2.20 735	2.20 719	2.20 703	2.20 687	2.20 671	2.20 655	2.20 639	2.20 623	2.20 607
3'	2.20 591	2.20 575	2.20 559	2.20 543	2.20 527	2.20 511	2.20 495	2.20 479	2.20 464	2.20 448
4'	2.20 432	2.20 416	2.20 400	2.20 384	2.20 368	2.20 352	2.20 336	2.20 320	2.20 304	2.20 288
5'	2.20 272	2.20 257	2.20 241	2.20 225	2.20 209	2.20 193	2.20 177	2.20 161	2.20 145	2.20 129
6'	2.20 114	2.20 098	2.20 082	2.20 066	2.20 050	2.20 034	2.20 018	2.20 003	2.19 987	2.19 971
7'	2.19 955	2.19 939	2.19 923	2.19 907	2.19 892	2.19 876	2.19 860	2.19 844	2.19 828	2.19 812
8'	2.19 797	2.19 781	2.19 765	2.19 749	2.19 733	2.19 718	2.19 702	2.19 686	2.19 670	2.19 654
9'	2.19 639	2.19 623	2.19 607	2.19 591	2.19 575	2.19 560	2.19 544	2.19 528	2.19 512	2.19 497
10'	2.19 481	2.19 465	2.19 449	2.19 434	2.19 418	2.19 402	2.19 386	2.19 371	2.19 355	2.19 339
11'	2.19 323	2.19 308	2.19 292	2.19 276	2.19 261	2.19 245	2.19 229	2.19 213	2.19 198	2.19 182
12'	2.19 166	2.19 151	2.19 135	2.19 119	2.19 104	2.19 088	2.19 072	2.19 056	2.19 041	2.19 025
13'	2.19 009	2.18 994	2.18 978	2.18 962	2.18 947	2.18 931	2.18 915	2.18 900	2.18 884	2.18 868
14'	2.18 853	2.18 837	2.18 822	2.18 806	2.18 790	2.18 775	2.18 759	2.18 743	2.18 728	2.18 712
15'	2.18 697	2.18 681	2.18 665	2.18 650	2.18 634	2.18 618	2.18 603	2.18 587	2.18 572	2.18 556
16'	2.18 541	2.18 525	2.18 509	2.18 494	2.18 478	2.18 463	2.18 447	2.18 431	2.18 416	2.18 400
17'	2.18 385	2.18 369	2.18 354	2.18 338	2.18 323	2.18 307	2.18 291	2.18 276	2.18 260	2.18 245
18'	2.18 229	2.18 214	2.18 198	2.18 183	2.18 167	2.18 152	2.18 136	2.18 121	2.18 105	2.18 090
19'	2.18 074	2.18 059	2.18 043	2.18 028	2.18 012	2.17 997	2.17 981	2.17 966	2.17 950	2.17 935
20'	2.17 919	2.17 904	2.17 888	2.17 873	2.17 857	2.17 842	2.17 826	2.17 811	2.17 796	2.17 780
21'	2.17 765	2.17 749	2.17 734	2.17 718	2.17 703	2.17 687	2.17 672	2.17 657	2.17 641	2.17 626
22'	2.17 610	2.17 595	2.17 579	2.17 564	2.17 549	2.17 533	2.17 518	2.17 502	2.17 487	2.17 472
23'	2.17 456	2.17 441	2.17 425	2.17 410	2.17 395	2.17 379	2.17 364	2.17 348	2.17 333	2.17 318
24'	2.17 302	2.17 287	2.17 272	2.17 256	2.17 241	2.17 226	2.17 210	2.17 195	2.17 180	2.17 164
25'	2.17 149	2.17 134	2.17 118	2.17 103	2.17 088	2.17 072	2.17 057	2.17 042	2.17 026	2.17 011
26'	2.16 996	2.16 980	2.16 965	2.16 950	2.16 934	2.16 919	2.16 904	2.16 889	2.16 873	2.16 858
27'	2.16 843	2.16 827	2.16 812	2.16 797	2.16 782	2.16 766	2.16 751	2.16 736	2.16 720	2.16 705
28'	2.16 690	2.16 675	2.16 659	2.16 644	2.16 629	2.16 614	2.16 598	2.16 583	2.16 568	2.16 553
29'	2.16 537	2.16 522	2.16 507	2.16 492	2.16 477	2.16 461	2.16 446	2.16 431	2.16 416	2.16 401
30'	2.16 385	2.16 370	2.16 355	2.16 340	2.16 325	2.16 309	2.16 294	2.16 279	2.16 264	2.16 249
31'	2.16 233	2.16 218	2.16 203	2.16 188	2.16 173	2.16 158	2.16 142	2.16 127	2.16 112	2.16 097
32'	2.16 082	2.16 067	2.16 051	2.16 036	2.16 021	2.16 006	2.15 991	2.15 976	2.15 961	2.15 946
33'	2.15 930	2.15 915	2.15 900	2.15 885	2.15 870	2.15 855	2.15 840	2.15 825	2.15 810	2.15 794
34'	2.15 779	2.15 764	2.15 749	2.15 734	2.15 719	2.15 704	2.15 689	2.15 674	2.15 659	2.15 644
35'	2.15 628	2.15 613	2.15 598	2.15 583	2.15 568	2.15 553	2.15 538	2.15 523	2.15 508	2.15 493
36'	2.15 478	2.15 463	2.15 448	2.15 433	2.15 418	2.15 403	2.15 388	2.15 373	2.15 358	2.15 343
37'	2.15 328	2.15 313	2.15 298	2.15 283	2.15 268	2.15 253	2.15 238	2.15 223	2.15 208	2.15 193
38'	2.15 178	2.15 163	2.15 148	2.15 133	2.15 118	2.15 103	2.15 088	2.15 073	2.15 058	2.15 043
39'	2.15 028	2.15 013	2.14 998	2.14 983	2.14 968	2.14 953	2.14 938	2.14 923	2.14 908	2.14 893
40'	2.14 878	2.14 863	2.14 848	2.14 833	2.14 818	2.14 804	2.14 789	2.14 774	2.14 759	2.14 744
41'	2.14 729	2.14 714	2.14 699	2.14 684	2.14 669	2.14 654	2.14 640	2.14 625	2.14 610	2.14 595
42'	2.14 580	2.14 565	2.14 550	2.14 535	2.14 520	2.14 506	2.14 491	2.14 476	2.14 461	2.14 446
43'	2.14 431	2.14 416	2.14 401	2.14 387	2.14 372	2.14 357	2.14 342	2.14 327	2.14 312	2.14 298
44'	2.14 283	2.14 268	2.14 253	2.14 238	2.14 223	2.14 209	2.14 194	2.14 179	2.14 164	2.14 149
45'	2.14 134	2.14 120	2.14 105	2.14 090	2.14 075	2.14 060	2.14 046	2.14 031	2.14 016	2.14 001
46'	2.13 986	2.13 972	2.13 957	2.13 942	2.13 927	2.13 913	2.13 898	2.13 883	2.13 868	2.13 853
47'	2.13 839	2.13 824	2.13 809	2.13 794	2.13 780	2.13 765	2.13 750	2.13 735	2.13 721	2.13 706
48'	2.13 691	2.13 676	2.13 662	2.13 647	2.13 632	2.13 618	2.13 603	2.13 588	2.13 573	2.13 559
49'	2.13 544	2.13 529	2.13 515	2.13 500	2.13 485	2.13 470	2.13 456	2.13 441	2.13 426	2.13 412
50'	2.13 397	2.13 382	2.13 368	2.13 353	2.13 338	2.13 324	2.13 309	2.13 294	2.13 280	2.13 265
51'	2.13 250	2.13 236	2.13 221	2.13 206	2.13 192	2.13 177	2.13 162	2.13 148	2.13 133	2.13 118
52'	2.13 104	2.13 089	2.13 075	2.13 060	2.13 045	2.13 031	2.13 016	2.13 001	2.12 987	2.12 972
53'	2.12 958	2.12 943	2.12 928	2.12 914	2.12 899	2.12 885	2.12 870	2.12 855	2.12 841	2.12 826
54'	2.12 812	2.12 797	2.12 782	2.12 768	2.12 753	2.12 739	2.12 724	2.12 710	2.12 695	2.12 680
55'	2.12 666	2.12 651	2.12 637	2.12 622	2.12 608	2.12 593	2.12 578	2.12 564	2.12 549	2.12 535
56'	2.12 520	2.12 506	2.12 491	2.12 477	2.12 462	2.12 448	2.12 433	2.12 419	2.12 404	2.12 390
57'	2.12 375	2.12 361	2.12 346	2.12 332	2.12 317	2.12 303	2.12 288	2.12 274	2.12 259	2.12 245
58'	2.12 230	2.12 216	2.12 201	2.12 187	2.12 172	2.12 158	2.12 143	2.12 129	2.12 114	2.12 100
59'	2.12 085	2.12 071	2.12 056	2.12 042	2.12 027	2.12 013	2.11 999	2.11 984	2.11 970	2.11 955

K 9°

10°

	0.'0	0.'1	0.'2	0.'3	0.'4	0.'5	0.'6	0.'7	0.'8	0.'9
0'	2.11 941	2.11 926	2.11 912	2.11 897	2.11 883	2.11 869	2.11 854	2.11 840	2.11 825	2.11 811
1'	2.11 797	2.11 782	2.11 768	2.11 753	2.11 739	2.11 724	2.11 710	2.11 696	2.11 681	2.11 667
2'	2.11 652	2.11 638	2.11 624	2.11 609	2.11 595	2.11 581	2.11 566	2.11 552	2.11 537	2.11 523
3'	2.11 509	2.11 494	2.11 480	2.11 466	2.11 451	2.11 437	2.11 423	2.11 408	2.11 394	2.11 379
4'	2.11 365	2.11 351	2.11 336	2.11 322	2.11 308	2.11 293	2.11 279	2.11 265	2.11 250	2.11 236
5'	2.11 222	2.11 208	2.11 193	2.11 179	2.11 165	2.11 150	2.11 136	2.11 122	2.11 107	2.11 093
6'	2.11 079	2.11 064	2.11 050	2.11 036	2.11 022	2.11 007	2.10 993	2.10 979	2.10 964	2.10 950
7'	2.10 936	2.10 922	2.10 907	2.10 893	2.10 879	2.10 865	2.10 850	2.10 836	2.10 822	2.10 808
8'	2.10 793	2.10 779	2.10 765	2.10 751	2.10 736	2.10 722	2.10 708	2.10 694	2.10 679	2.10 665
9'	2.10 651	2.10 637	2.10 622	2.10 608	2.10 594	2.10 580	2.10 566	2.10 551	2.10 537	2.10 523
10'	2.10 509	2.10 495	2.10 480	2.10 466	2.10 452	2.10 438	2.10 424	2.10 409	2.10 395	2.10 381
11'	2.10 367	2.10 353	2.10 339	2.10 324	2.10 310	2.10 296	2.10 282	2.10 268	2.10 254	2.10 239
12'	2.10 225	2.10 211	2.10 197	2.10 183	2.10 169	2.10 154	2.10 140	2.10 126	2.10 112	2.10 098
13'	2.10 084	2.10 070	2.10 056	2.10 041	2.10 027	2.10 013	2.09 999	2.09 985	2.09 971	2.09 957
14'	2.09 943	2.09 928	2.09 914	2.09 900	2.09 886	2.09 872	2.09 858	2.09 844	2.09 830	2.09 816
15'	2.09 802	2.09 788	2.09 773	2.09 759	2.09 745	2.09 731	2.09 717	2.09 703	2.09 689	2.09 675
16'	2.09 661	2.09 647	2.09 633	2.09 619	2.09 605	2.09 591	2.09 577	2.09 562	2.09 548	2.09 534
17'	2.09 520	2.09 506	2.09 492	2.09 478	2.09 464	2.09 450	2.09 436	2.09 422	2.09 408	2.09 394
18'	2.09 380	2.09 366	2.09 352	2.09 338	2.09 324	2.09 310	2.09 296	2.09 282	2.09 268	2.09 254
19'	2.09 240	2.09 226	2.09 212	2.09 198	2.09 184	2.09 170	2.09 156	2.09 142	2.09 128	2.09 114
20'	2.09 100	2.09 086	2.09 072	2.09 058	2.09 044	2.09 030	2.09 016	2.09 002	2.08 988	2.08 975
21'	2.08 961	2.08 947	2.08 933	2.08 919	2.08 905	2.08 891	2.08 877	2.08 863	2.08 849	2.08 835
22'	2.08 821	2.08 807	2.08 793	2.08 779	2.08 766	2.08 752	2.08 738	2.08 724	2.08 710	2.08 696
23'	2.08 682	2.08 668	2.08 654	2.08 640	2.08 626	2.08 613	2.08 599	2.08 585	2.08 571	2.08 557
24'	2.08 543	2.08 529	2.08 515	2.08 501	2.08 488	2.08 474	2.08 460	2.08 446	2.08 432	2.08 418
25'	2.08 404	2.08 391	2.08 377	2.08 363	2.08 349	2.08 335	2.08 321	2.08 307	2.08 294	2.08 280
26'	2.08 266	2.08 252	2.08 238	2.08 224	2.08 211	2.08 197	2.08 183	2.08 169	2.08 155	2.08 142
27'	2.08 128	2.08 114	2.08 100	2.08 086	2.08 072	2.08 059	2.08 045	2.08 031	2.08 017	2.08 003
28'	2.07 990	2.07 976	2.07 962	2.07 948	2.07 935	2.07 921	2.07 907	2.07 893	2.07 879	2.07 866
29'	2.07 852	2.07 838	2.07 824	2.07 811	2.07 797	2.07 783	2.07 769	2.07 756	2.07 742	2.07 728
30'	2.07 714	2.07 700	2.07 687	2.07 673	2.07 659	2.07 646	2.07 632	2.07 618	2.07 604	2.07 591
31'	2.07 577	2.07 563	2.07 549	2.07 536	2.07 522	2.07 508	2.07 495	2.07 481	2.07 467	2.07 453
32'	2.07 440	2.07 426	2.07 412	2.07 399	2.07 385	2.07 371	2.07 358	2.07 344	2.07 330	2.07 316
33'	2.07 303	2.07 289	2.07 275	2.07 262	2.07 248	2.07 234	2.07 221	2.07 207	2.07 193	2.07 180
34'	2.07 166	2.07 152	2.07 139	2.07 125	2.07 111	2.07 098	2.07 084	2.07 070	2.07 057	2.07 043
35'	2.07 030	2.07 016	2.07 002	2.06 989	2.06 975	2.06 961	2.06 948	2.06 934	2.06 920	2.06 907
36'	2.06 893	2.06 880	2.06 866	2.06 852	2.06 839	2.06 825	2.06 812	2.06 798	2.06 784	2.06 771
37'	2.06 757	2.06 744	2.06 730	2.06 716	2.06 703	2.06 689	2.06 676	2.06 662	2.06 648	2.06 635
38'	2.06 621	2.06 608	2.06 594	2.06 581	2.06 567	2.06 553	2.06 540	2.06 526	2.06 513	2.06 499
39'	2.06 486	2.06 472	2.06 459	2.06 445	2.06 431	2.06 418	2.06 404	2.06 391	2.06 377	2.06 364
40'	2.06 350	2.06 337	2.06 323	2.06 310	2.06 296	2.06 283	2.06 269	2.06 256	2.06 242	2.06 229
41'	2.06 215	2.06 202	2.06 188	2.06 175	2.06 161	2.06 148	2.06 134	2.06 121	2.06 107	2.06 094
42'	2.06 080	2.06 067	2.06 053	2.06 040	2.06 026	2.06 013	2.05 999	2.05 986	2.05 972	2.05 959
43'	2.05 945	2.05 932	2.05 918	2.05 905	2.05 891	2.05 878	2.05 864	2.05 851	2.05 838	2.05 824
44'	2.05 811	2.05 797	2.05 784	2.05 770	2.05 757	2.05 743	2.05 730	2.05 717	2.05 703	2.05 690
45'	2.05 676	2.05 663	2.05 649	2.05 636	2.05 623	2.05 609	2.05 596	2.05 582	2.05 569	2.05 556
46'	2.05 542	2.05 529	2.05 515	2.05 502	2.05 488	2.05 475	2.05 462	2.05 448	2.05 435	2.05 422
47'	2.05 408	2.05 395	2.05 381	2.05 368	2.05 355	2.05 341	2.05 328	2.05 315	2.05 301	2.05 288
48'	2.05 274	2.05 261	2.05 248	2.05 234	2.05 221	2.05 208	2.05 194	2.05 181	2.05 168	2.05 154
49'	2.05 141	2.05 128	2.05 114	2.05 101	2.05 088	2.05 074	2.05 061	2.05 048	2.05 034	2.05 021
50'	2.05 008	2.04 994	2.04 981	2.04 968	2.04 954	2.04 941	2.04 928	2.04 914	2.04 901	2.04 888
51'	2.04 874	2.04 861	2.04 848	2.04 835	2.04 821	2.04 808	2.04 795	2.04 781	2.04 768	2.04 755
52'	2.04 741	2.04 728	2.04 715	2.04 702	2.04 688	2.04 675	2.04 662	2.04 649	2.04 635	2.04 622
53'	2.04 609	2.04 595	2.04 582	2.04 569	2.04 556	2.04 542	2.04 529	2.04 516	2.04 503	2.04 489
54'	2.04 476	2.04 463	2.04 450	2.04 437	2.04 423	2.04 410	2.04 397	2.04 384	2.04 370	2.04 357
55'	2.04 344	2.04 331	2.04 318	2.04 304	2.04 291	2.04 278	2.04 265	2.04 251	2.04 238	2.04 225
56'	2.04 212	2.04 199	2.04 185	2.04 172	2.04 159	2.04 146	2.04 133	2.04 119	2.04 106	2.04 093
57'	2.04 080	2.04 067	2.04 054	2.04 040	2.04 027	2.04 014	2.04 001	2.03 988	2.03 975	2.03 961
58'	2.03 948	2.03 935	2.03 922	2.03 909	2.03 896	2.03 882	2.03 869	2.03 856	2.03 843	2.03 830
59'	2.03 817	2.03 804	2.03 790	2.03 777	2.03 764	2.03 751	2.03 738	2.03 725	2.03 712	2.03 699

K   K

11°	0.'0	0.'1	0.'2	0.'3	0.'4	0.'5	0.'6	0.'7	0.'8	0.'9	11°
0'	2.03 685	2.03 672	2.03 659	2.03 646	2.03 633	2.03 620	2.03 607	2.03 594	2.03 581	2.03 567	
1'	2.03 554	2.03 541	2.03 528	2.03 515	2.03 502	2.03 489	2.03 476	2.03 463	2.03 450	2.03 437	
2'	2.03 423	2.03 410	2.03 397	2.03 384	2.03 371	2.03 358	2.03 345	2.03 332	2.03 319	2.03 306	
3'	2.03 293	2.03 280	2.03 267	2.03 254	2.03 240	2.03 227	2.03 214	2.03 201	2.03 188	2.03 175	
4'	2.03 162	2.03 149	2.03 136	2.03 123	2.03 110	2.03 097	2.03 084	2.03 071	2.03 058	2.03 045	
5'	2.03 032	2.03 019	2.03 006	2.02 993	2.02 980	2.02 967	2.02 954	2.02 941	2.02 928	2.02 915	
6'	2.02 902	2.02 889	2.02 876	2.02 863	2.02 850	2.02 837	2.02 824	2.02 811	2.02 798	2.02 785	
7'	2.02 772	2.02 759	2.02 746	2.02 733	2.02 720	2.02 707	2.02 694	2.02 681	2.02 668	2.02 655	
8'	2.02 642	2.02 629	2.02 616	2.02 603	2.02 590	2.02 577	2.02 564	2.02 551	2.02 539	2.02 526	
9'	2.02 513	2.02 500	2.02 487	2.02 474	2.02 461	2.02 448	2.02 435	2.02 422	2.02 409	2.02 396	
10'	2.02 383	2.02 370	2.02 357	2.02 345	2.02 332	2.02 319	2.02 306	2.02 293	2.02 280	2.02 267	
11'	2.02 254	2.02 241	2.02 228	2.02 215	2.02 203	2.02 190	2.02 177	2.02 164	2.02 151	2.02 138	
12'	2.02 125	2.02 112	2.02 099	2.02 087	2.02 074	2.02 061	2.02 048	2.02 035	2.02 022	2.02 009	
13'	2.01 997	2.01 984	2.01 971	2.01 958	2.01 945	2.01 932	2.01 919	2.01 907	2.01 894	2.01 881	
14'	2.01 868	2.01 855	2.01 842	2.01 829	2.01 817	2.01 804	2.01 791	2.01 778	2.01 765	2.01 752	
15'	2.01 740	2.01 727	2.01 714	2.01 701	2.01 688	2.01 675	2.01 663	2.01 650	2.01 637	2.01 624	
16'	2.01 611	2.01 599	2.01 586	2.01 573	2.01 560	2.01 547	2.01 535	2.01 522	2.01 509	2.01 496	
17'	2.01 483	2.01 471	2.01 458	2.01 445	2.01 432	2.01 420	2.01 407	2.01 394	2.01 381	2.01 368	
18'	2.01 356	2.01 343	2.01 330	2.01 317	2.01 305	2.01 292	2.01 279	2.01 266	2.01 254	2.01 241	
19'	2.01 228	2.01 215	2.01 203	2.01 190	2.01 177	2.01 164	2.01 152	2.01 139	2.01 126	2.01 113	
20'	2.01 101	2.01 088	2.01 075	2.01 062	2.01 050	2.01 037	2.01 024	2.01 012	2.00 999	2.00 986	
21'	2.00 973	2.00 961	2.00 948	2.00 935	2.00 923	2.00 910	2.00 897	2.00 884	2.00 872	2.00 859	
22'	2.00 846	2.00 834	2.00 821	2.00 808	2.00 796	2.00 783	2.00 770	2.00 758	2.00 745	2.00 732	
23'	2.00 720	2.00 707	2.00 694	2.00 682	2.00 669	2.00 656	2.00 644	2.00 631	2.00 618	2.00 606	
24'	2.00 593	2.00 580	2.00 568	2.00 555	2.00 542	2.00 530	2.00 517	2.00 504	2.00 492	2.00 479	
25'	2.00 466	2.00 454	2.00 441	2.00 428	2.00 416	2.00 403	2.00 391	2.00 378	2.00 365	2.00 353	
26'	2.00 340	2.00 327	2.00 315	2.00 302	2.00 290	2.00 277	2.00 264	2.00 252	2.00 239	2.00 227	
27'	2.00 214	2.00 201	2.00 189	2.00 176	2.00 164	2.00 151	2.00 138	2.00 126	2.00 113	2.00 101	
28'	2.00 088	2.00 076	2.00 063	2.00 050	2.00 038	2.00 025	2.00 013	2.00 000	1.99 987	1.99 975	
29'	1.99 962	1.99 950	1.99 937	1.99 925	1.99 912	1.99 900	1.99 887	1.99 874	1.99 862	1.99 849	
30'	1.99 837	1.99 824	1.99 812	1.99 799	1.99 787	1.99 774	1.99 762	1.99 749	1.99 736	1.99 724	
31'	1.99 711	1.99 699	1.99 686	1.99 674	1.99 661	1.99 649	1.99 636	1.99 624	1.99 611	1.99 599	
32'	1.99 586	1.99 574	1.99 561	1.99 549	1.99 536	1.99 524	1.99 511	1.99 499	1.99 486	1.99 474	
33'	1.99 461	1.99 449	1.99 436	1.99 424	1.99 411	1.99 399	1.99 386	1.99 374	1.99 361	1.99 349	
34'	1.99 336	1.99 324	1.99 311	1.99 299	1.99 287	1.99 274	1.99 262	1.99 249	1.99 237	1.99 224	
35'	1.99 212	1.99 199	1.99 187	1.99 174	1.99 162	1.99 150	1.99 137	1.99 125	1.99 112	1.99 100	
36'	1.99 087	1.99 075	1.99 062	1.99 050	1.99 038	1.99 025	1.99 013	1.99 000	1.98 988	1.98 975	
37'	1.98 963	1.98 951	1.98 938	1.98 926	1.98 913	1.98 901	1.98 889	1.98 876	1.98 864	1.98 851	
38'	1.98 839	1.98 827	1.98 814	1.98 802	1.98 789	1.98 777	1.98 765	1.98 752	1.98 740	1.98 727	
39'	1.98 715	1.98 703	1.98 690	1.98 678	1.98 665	1.98 653	1.98 641	1.98 628	1.98 616	1.98 604	
40'	1.98 591	1.98 579	1.98 567	1.98 554	1.98 542	1.98 529	1.98 517	1.98 505	1.98 492	1.98 480	
41'	1.98 468	1.98 455	1.98 443	1.98 431	1.98 418	1.98 406	1.98 394	1.98 381	1.98 369	1.98 357	
42'	1.98 344	1.98 332	1.98 320	1.98 307	1.98 295	1.98 283	1.98 270	1.98 258	1.98 246	1.98 233	
43'	1.98 221	1.98 209	1.98 196	1.98 184	1.98 172	1.98 160	1.98 147	1.98 135	1.98 123	1.98 110	
44'	1.98 098	1.98 086	1.98 073	1.98 061	1.98 049	1.98 037	1.98 024	1.98 012	1.98 000	1.97 987	
45'	1.97 975	1.97 963	1.97 951	1.97 938	1.97 926	1.97 914	1.97 902	1.97 889	1.97 877	1.97 865	
46'	1.97 853	1.97 840	1.97 828	1.97 816	1.97 804	1.97 791	1.97 779	1.97 767	1.97 755	1.97 742	
47'	1.97 730	1.97 718	1.97 706	1.97 693	1.97 681	1.97 669	1.97 657	1.97 644	1.97 632	1.97 620	
48'	1.97 608	1.97 595	1.97 583	1.97 571	1.97 559	1.97 547	1.97 534	1.97 522	1.97 510	1.97 498	
49'	1.97 486	1.97 473	1.97 461	1.97 449	1.97 437	1.97 425	1.97 412	1.97 400	1.97 388	1.97 376	
50'	1.97 364	1.97 351	1.97 339	1.97 327	1.97 315	1.97 303	1.97 290	1.97 278	1.97 266	1.97 254	
51'	1.97 242	1.97 230	1.97 217	1.97 205	1.97 193	1.97 181	1.97 169	1.97 157	1.97 144	1.97 132	
52'	1.97 120	1.97 108	1.97 096	1.97 084	1.97 071	1.97 059	1.97 047	1.97 035	1.97 023	1.97 011	
53'	1.96 999	1.96 986	1.96 974	1.96 962	1.96 950	1.96 938	1.96 926	1.96 914	1.96 902	1.96 889	
54'	1.96 877	1.96 865	1.96 853	1.96 841	1.96 829	1.96 817	1.96 805	1.96 792	1.96 780	1.96 768	
55'	1.96 756	1.96 744	1.96 732	1.96 720	1.96 708	1.96 696	1.96 684	1.96 671	1.96 659	1.96 647	
56'	1.96 635	1.96 623	1.96 611	1.96 599	1.96 587	1.96 575	1.96 563	1.96 551	1.96 539	1.96 527	
57'	1.96 514	1.96 502	1.96 490	1.96 478	1.96 466	1.96 454	1.96 442	1.96 430	1.96 418	1.96 406	
58'	1.96 394	1.96 382	1.96 370	1.96 358	1.96 346	1.96 334	1.96 322	1.96 309	1.96 297	1.96 285	
59'	1.96 273	1.96 261	1.96 249	1.96 237	1.96 225	1.96 213	1.96 201	1.96 189	1.96 177	1.96 165	

K 12°

	0.'0	0.'1	0.'2	0.'3	0.'4	0.'5	0.'6	0.'7	0.'8	0.'9
0'	1.96 153	1.96 141	1.96 129	1.96 117	1.96 105	1.96 093	1.96 081	1.96 069	1.96 057	1.96 045
1'	1.96 033	1.96 021	1.96 009	1.95 997	1.95 985	1.95 973	1.95 961	1.95 949	1.95 937	1.95 925
2'	1.95 913	1.95 901	1.95 889	1.95 877	1.95 865	1.95 853	1.95 841	1.95 829	1.95 817	1.95 805
3'	1.95 793	1.95 781	1.95 769	1.95 757	1.95 745	1.95 733	1.95 721	1.95 710	1.95 698	1.95 686
4'	1.95 674	1.95 662	1.95 650	1.95 638	1.95 626	1.95 614	1.95 602	1.95 590	1.95 578	1.95 566
5'	1.95 554	1.95 542	1.95 530	1.95 518	1.95 506	1.95 495	1.95 483	1.95 471	1.95 459	1.95 447
6'	1.95 435	1.95 423	1.95 411	1.95 399	1.95 387	1.95 375	1.95 363	1.95 352	1.95 340	1.95 328
7'	1.95 316	1.95 304	1.95 292	1.95 280	1.95 268	1.95 256	1.95 244	1.95 233	1.95 221	1.95 209
8'	1.95 197	1.95 185	1.95 173	1.95 161	1.95 149	1.95 137	1.95 126	1.95 114	1.95 102	1.95 090
9'	1.95 078	1.95 066	1.95 054	1.95 042	1.95 031	1.95 019	1.95 007	1.94 995	1.94 983	1.94 971
10'	1.94 959	1.94 948	1.94 936	1.94 924	1.94 912	1.94 900	1.94 888	1.94 877	1.94 865	1.94 853
11'	1.94 841	1.94 829	1.94 817	1.94 805	1.94 794	1.94 782	1.94 770	1.94 758	1.94 746	1.94 735
12'	1.94 723	1.94 711	1.94 699	1.94 687	1.94 675	1.94 664	1.94 652	1.94 640	1.94 628	1.94 616
13'	1.94 605	1.94 593	1.94 581	1.94 569	1.94 557	1.94 546	1.94 534	1.94 522	1.94 510	1.94 498
14'	1.94 487	1.94 475	1.94 463	1.94 451	1.94 439	1.94 428	1.94 416	1.94 404	1.94 392	1.94 381
15'	1.94 369	1.94 357	1.94 345	1.94 333	1.94 322	1.94 310	1.94 298	1.94 286	1.94 275	1.94 263
16'	1.94 251	1.94 239	1.94 228	1.94 216	1.94 204	1.94 192	1.94 181	1.94 169	1.94 157	1.94 145
17'	1.94 134	1.94 122	1.94 110	1.94 098	1.94 087	1.94 075	1.94 063	1.94 052	1.94 040	1.94 028
18'	1.94 016	1.94 005	1.93 993	1.93 981	1.93 969	1.93 958	1.93 946	1.93 934	1.93 923	1.93 911
19'	1.93 899	1.93 887	1.93 876	1.93 864	1.93 852	1.93 841	1.93 829	1.93 817	1.93 806	1.93 794
20'	1.93 782	1.93 770	1.93 759	1.93 747	1.93 735	1.93 724	1.93 712	1.93 700	1.93 689	1.93 677
21'	1.93 665	1.93 654	1.93 642	1.93 630	1.93 619	1.93 607	1.93 595	1.93 584	1.93 572	1.93 560
22'	1.93 549	1.93 537	1.93 525	1.93 514	1.93 502	1.93 490	1.93 479	1.93 467	1.93 455	1.93 444
23'	1.93 432	1.93 420	1.93 409	1.93 397	1.93 386	1.93 374	1.93 362	1.93 351	1.93 339	1.93 327
24'	1.93 316	1.93 304	1.93 293	1.93 281	1.93 269	1.93 258	1.93 246	1.93 234	1.93 223	1.93 211
25'	1.93 200	1.93 188	1.93 176	1.93 165	1.93 153	1.93 142	1.93 130	1.93 118	1.93 107	1.93 095
26'	1.93 084	1.93 072	1.93 060	1.93 049	1.93 037	1.93 026	1.93 014	1.93 002	1.92 991	1.92 979
27'	1.92 968	1.92 956	1.92 944	1.92 933	1.92 921	1.92 910	1.92 898	1.92 887	1.92 875	1.92 863
28'	1.92 852	1.92 840	1.92 829	1.92 817	1.92 806	1.92 794	1.92 782	1.92 771	1.92 759	1.92 748
29'	1.92 736	1.92 725	1.92 713	1.92 702	1.92 690	1.92 679	1.92 667	1.92 655	1.92 644	1.92 632
30'	1.92 621	1.92 609	1.92 598	1.92 586	1.92 575	1.92 563	1.92 552	1.92 540	1.92 529	1.92 517
31'	1.92 506	1.92 494	1.92 483	1.92 471	1.92 460	1.92 448	1.92 436	1.92 425	1.92 413	1.92 402
32'	1.92 390	1.92 379	1.92 367	1.92 356	1.92 344	1.92 333	1.92 321	1.92 310	1.92 298	1.92 287
33'	1.92 275	1.92 264	1.92 253	1.92 241	1.92 230	1.92 218	1.92 207	1.92 195	1.92 184	1.92 172
34'	1.92 161	1.92 149	1.92 138	1.92 126	1.92 115	1.92 103	1.92 092	1.92 080	1.92 069	1.92 057
35'	1.92 046	1.92 035	1.92 023	1.92 012	1.92 000	1.91 989	1.91 977	1.91 966	1.91 954	1.91 943
36'	1.91 932	1.91 920	1.91 909	1.91 897	1.91 886	1.91 874	1.91 863	1.91 851	1.91 840	1.91 829
37'	1.91 817	1.91 806	1.91 794	1.91 783	1.91 771	1.91 760	1.91 749	1.91 737	1.91 726	1.91 714
38'	1.91 703	1.91 692	1.91 680	1.91 669	1.91 657	1.91 646	1.91 635	1.91 623	1.91 612	1.91 600
39'	1.91 589	1.91 578	1.91 566	1.91 555	1.91 543	1.91 532	1.91 521	1.91 509	1.91 498	1.91 486
40'	1.91 475	1.91 464	1.91 452	1.91 441	1.91 429	1.91 418	1.91 407	1.91 395	1.91 384	1.91 373
41'	1.91 361	1.91 350	1.91 339	1.91 327	1.91 316	1.91 304	1.91 293	1.91 282	1.91 270	1.91 259
42'	1.91 248	1.91 236	1.91 225	1.91 214	1.91 202	1.91 191	1.91 180	1.91 168	1.91 157	1.91 146
43'	1.91 134	1.91 123	1.91 112	1.91 100	1.91 089	1.91 078	1.91 066	1.91 055	1.91 044	1.91 032
44'	1.91 021	1.91 010	1.90 998	1.90 987	1.90 976	1.90 964	1.90 953	1.90 942	1.90 930	1.90 919
45'	1.90 908	1.90 896	1.90 885	1.90 874	1.90 863	1.90 851	1.90 840	1.90 829	1.90 817	1.90 806
46'	1.90 795	1.90 783	1.90 772	1.90 761	1.90 750	1.90 738	1.90 727	1.90 716	1.90 704	1.90 693
47'	1.90 682	1.90 671	1.90 659	1.90 648	1.90 637	1.90 626	1.90 614	1.90 603	1.90 592	1.90 580
48'	1.90 569	1.90 558	1.90 547	1.90 535	1.90 524	1.90 513	1.90 502	1.90 490	1.90 479	1.90 468
49'	1.90 457	1.90 445	1.90 434	1.90 423	1.90 412	1.90 400	1.90 389	1.90 378	1.90 367	1.90 356
50'	1.90 344	1.90 333	1.90 322	1.90 311	1.90 299	1.90 288	1.90 277	1.90 266	1.90 254	1.90 243
51'	1.90 232	1.90 221	1.90 210	1.90 198	1.90 187	1.90 176	1.90 165	1.90 154	1.90 142	1.90 131
52'	1.90 120	1.90 109	1.90 097	1.90 086	1.90 075	1.90 064	1.90 053	1.90 042	1.90 030	1.90 019
53'	1.90 008	1.89 997	1.89 986	1.89 974	1.89 963	1.89 952	1.89 941	1.89 930	1.89 918	1.89 907
54'	1.89 896	1.89 885	1.89 874	1.89 863	1.89 851	1.89 840	1.89 829	1.89 818	1.89 807	1.89 796
55'	1.89 784	1.89 773	1.89 762	1.89 751	1.89 740	1.89 729	1.89 718	1.89 706	1.89 695	1.89 684
56'	1.89 673	1.89 662	1.89 651	1.89 639	1.89 628	1.89 617	1.89 606	1.89 595	1.89 584	1.89 573
57'	1.89 562	1.89 550	1.89 539	1.89 528	1.89 517	1.89 506	1.89 495	1.89 484	1.89 473	1.89 461
58'	1.89 450	1.89 439	1.89 428	1.89 417	1.89 406	1.89 395	1.89 384	1.89 373	1.89 361	1.89 350
59'	1.89 339	1.89 328	1.89 317	1.89 306	1.89 295	1.89 284	1.89 273	1.89 262	1.89 250	1.89 239

K   **K**

	0.'0	0.'1	0.'2	0.'3	0.'4	0.'5	0.'6	0.'7	0.'8	0.'9
13° 0'	1.89 228	1.89 217	1.89 206	1.89 195	1.89 184	1.89 173	1.89 162	1.89 151	1.89 140	1.89 129
1'	1.89 117	1.89 106	1.89 095	1.89 084	1.89 073	1.89 062	1.89 051	1.89 040	1.89 029	1.89 018
2'	1.89 007	1.88 996	1.88 985	1.88 974	1.88 963	1.88 951	1.88 940	1.88 929	1.88 918	1.88 907
3'	1.88 896	1.88 885	1.88 874	1.88 863	1.88 852	1.88 841	1.88 830	1.88 819	1.88 808	1.88 797
4'	1.88 786	1.88 775	1.88 764	1.88 753	1.88 742	1.88 731	1.88 720	1.88 709	1.88 698	1.88 687
5'	1.88 676	1.88 665	1.88 654	1.88 643	1.88 632	1.88 621	1.88 610	1.88 599	1.88 588	1.88 577
6'	1.88 566	1.88 555	1.88 544	1.88 533	1.88 522	1.88 511	1.88 500	1.88 489	1.88 478	1.88 467
7'	1.88 456	1.88 445	1.88 434	1.88 423	1.88 412	1.88 401	1.88 390	1.88 379	1.88 368	1.88 357
8'	1.88 346	1.88 335	1.88 324	1.88 313	1.88 302	1.88 291	1.88 280	1.88 269	1.88 258	1.88 247
9'	1.88 236	1.88 225	1.88 214	1.88 203	1.88 192	1.88 181	1.88 170	1.88 159	1.88 148	1.88 138
10'	1.88 127	1.88 116	1.88 105	1.88 094	1.88 083	1.88 072	1.88 061	1.88 050	1.88 039	1.88 028
11'	1.88 017	1.88 006	1.87 995	1.87 984	1.87 973	1.87 963	1.87 952	1.87 941	1.87 930	1.87 919
12'	1.87 908	1.87 897	1.87 886	1.87 875	1.87 864	1.87 853	1.87 842	1.87 832	1.87 821	1.87 810
13'	1.87 799	1.87 788	1.87 777	1.87 766	1.87 755	1.87 744	1.87 733	1.87 723	1.87 712	1.87 701
14'	1.87 690	1.87 679	1.87 668	1.87 657	1.87 646	1.87 635	1.87 625	1.87 614	1.87 603	1.87 592
15'	1.87 581	1.87 570	1.87 559	1.87 548	1.87 537	1.87 527	1.87 516	1.87 505	1.87 494	1.87 483
16'	1.87 472	1.87 461	1.87 451	1.87 440	1.87 429	1.87 418	1.87 407	1.87 396	1.87 385	1.87 375
17'	1.87 364	1.87 353	1.87 342	1.87 331	1.87 320	1.87 309	1.87 299	1.87 288	1.87 277	1.87 266
18'	1.87 255	1.87 244	1.87 234	1.87 223	1.87 212	1.87 201	1.87 190	1.87 179	1.87 169	1.87 158
19'	1.87 147	1.87 136	1.87 125	1.87 115	1.87 104	1.87 093	1.87 082	1.87 071	1.87 060	1.87 050
20'	1.87 039	1.87 028	1.87 017	1.87 006	1.86 996	1.86 985	1.86 974	1.86 963	1.86 952	1.86 942
21'	1.86 931	1.86 920	1.86 909	1.86 898	1.86 888	1.86 877	1.86 866	1.86 855	1.86 845	1.86 834
22'	1.86 823	1.86 812	1.86 801	1.86 791	1.86 780	1.86 769	1.86 758	1.86 748	1.86 737	1.86 726
23'	1.86 715	1.86 704	1.86 694	1.86 683	1.86 672	1.86 661	1.86 651	1.86 640	1.86 629	1.86 618
24'	1.86 608	1.86 597	1.86 586	1.86 575	1.86 565	1.86 554	1.86 543	1.86 532	1.86 522	1.86 511
25'	1.86 500	1.86 489	1.86 479	1.86 468	1.86 457	1.86 446	1.86 436	1.86 425	1.86 414	1.86 404
26'	1.86 393	1.86 382	1.86 371	1.86 361	1.86 350	1.86 339	1.86 328	1.86 318	1.86 307	1.86 296
27'	1.86 286	1.86 275	1.86 264	1.86 253	1.86 243	1.86 232	1.86 221	1.86 211	1.86 200	1.86 189
28'	1.86 179	1.86 168	1.86 157	1.86 146	1.86 136	1.86 125	1.86 114	1.86 104	1.86 093	1.86 082
29'	1.86 072	1.86 061	1.86 050	1.86 040	1.86 029	1.86 018	1.86 007	1.85 997	1.85 986	1.85 975
30'	1.85 965	1.85 954	1.85 943	1.85 933	1.85 922	1.85 911	1.85 901	1.85 890	1.85 879	1.85 869
31'	1.85 858	1.85 847	1.85 837	1.85 826	1.85 815	1.85 805	1.85 794	1.85 784	1.85 773	1.85 762
32'	1.85 752	1.85 741	1.85 730	1.85 720	1.85 709	1.85 698	1.85 688	1.85 677	1.85 666	1.85 656
33'	1.85 645	1.85 635	1.85 624	1.85 613	1.85 603	1.85 592	1.85 581	1.85 571	1.85 560	1.85 550
34'	1.85 539	1.85 528	1.85 518	1.85 507	1.85 496	1.85 486	1.85 475	1.85 465	1.85 454	1.85 443
35'	1.85 433	1.85 422	1.85 412	1.85 401	1.85 390	1.85 380	1.85 369	1.85 359	1.85 348	1.85 337
36'	1.85 327	1.85 316	1.85 306	1.85 295	1.85 284	1.85 274	1.85 263	1.85 253	1.85 242	1.85 231
37'	1.85 221	1.85 210	1.85 200	1.85 189	1.85 179	1.85 168	1.85 157	1.85 147	1.85 136	1.85 126
38'	1.85 115	1.85 105	1.85 094	1.85 083	1.85 073	1.85 062	1.85 052	1.85 041	1.85 031	1.85 020
39'	1.85 010	1.84 999	1.84 988	1.84 978	1.84 967	1.84 957	1.84 946	1.84 936	1.84 925	1.84 915
40'	1.84 904	1.84 893	1.84 883	1.84 872	1.84 862	1.84 851	1.84 841	1.84 830	1.84 820	1.84 809
41'	1.84 799	1.84 788	1.84 778	1.84 767	1.84 757	1.84 746	1.84 736	1.84 725	1.84 714	1.84 704
42'	1.84 693	1.84 683	1.84 672	1.84 662	1.84 651	1.84 641	1.84 630	1.84 620	1.84 609	1.84 599
43'	1.84 588	1.84 578	1.84 567	1.84 557	1.84 546	1.84 536	1.84 525	1.84 515	1.84 504	1.84 494
44'	1.84 483	1.84 473	1.84 462	1.84 452	1.84 441	1.84 431	1.84 420	1.84 410	1.84 399	1.84 389
45'	1.84 379	1.84 368	1.84 358	1.84 347	1.84 337	1.84 326	1.84 316	1.84 305	1.84 295	1.84 284
46'	1.84 274	1.84 263	1.84 253	1.84 242	1.84 232	1.84 221	1.84 211	1.84 201	1.84 190	1.84 180
47'	1.84 169	1.84 159	1.84 148	1.84 138	1.84 127	1.84 117	1.84 107	1.84 096	1.84 086	1.84 075
48'	1.84 065	1.84 054	1.84 044	1.84 033	1.84 023	1.84 013	1.84 002	1.83 992	1.83 981	1.83 971
49'	1.83 960	1.83 950	1.83 940	1.83 929	1.83 919	1.83 908	1.83 898	1.83 887	1.83 877	1.83 867
50'	1.83 856	1.83 846	1.83 835	1.83 825	1.83 815	1.83 804	1.83 794	1.83 783	1.83 773	1.83 763
51'	1.83 752	1.83 742	1.83 731	1.83 721	1.83 711	1.83 700	1.83 690	1.83 679	1.83 669	1.83 659
52'	1.83 648	1.83 638	1.83 627	1.83 617	1.83 607	1.83 596	1.83 586	1.83 576	1.83 565	1.83 555
53'	1.83 544	1.83 534	1.83 524	1.83 513	1.83 503	1.83 493	1.83 482	1.83 472	1.83 461	1.83 451
54'	1.83 441	1.83 430	1.83 420	1.83 410	1.83 399	1.83 389	1.83 379	1.83 368	1.83 358	1.83 347
55'	1.83 337	1.83 327	1.83 316	1.83 306	1.83 296	1.83 285	1.83 275	1.83 265	1.83 254	1.83 244
56'	1.83 234	1.83 223	1.83 213	1.83 203	1.83 192	1.83 182	1.83 172	1.83 161	1.83 151	1.83 141
57'	1.83 130	1.83 120	1.83 110	1.83 099	1.83 089	1.83 079	1.83 068	1.83 058	1.83 048	1.83 037
58'	1.83 027	1.83 017	1.83 007	1.82 996	1.82 986	1.82 976	1.82 965	1.82 955	1.82 945	1.82 934
59'	1.82 924	1.82 914	1.82 903	1.82 893	1.82 883	1.82 873	1.82 862	1.82 852	1.82 842	1.82 831

K   14°   14°   K

	0.'0	0.'1	0.'2	0.'3	0.'4	0.'5	0.'6	0.'7	0.'8	0.'9
0'	1.82 821	1.82 811	1.82 801	1.82 790	1.82 780	1.82 770	1.82 759	1.82 749	1.82 739	1.82 729
1'	1.82 718	1.82 708	1.82 698	1.82 687	1.82 677	1.82 667	1.82 657	1.82 646	1.82 636	1.82 626
2'	1.82 616	1.82 605	1.82 595	1.82 585	1.82 575	1.82 564	1.82 554	1.82 544	1.82 534	1.82 523
3'	1.82 513	1.82 503	1.82 492	1.82 482	1.82 472	1.82 462	1.82 452	1.82 441	1.82 431	1.82 421
4'	1.82 411	1.82 400	1.82 390	1.82 380	1.82 370	1.82 359	1.82 349	1.82 339	1.82 329	1.82 318
5'	1.82 308	1.82 298	1.82 288	1.82 278	1.82 267	1.82 257	1.82 247	1.82 237	1.82 226	1.82 216
6'	1.82 206	1.82 196	1.82 186	1.82 175	1.82 165	1.82 155	1.82 145	1.82 135	1.82 124	1.82 114
7'	1.82 104	1.82 094	1.82 083	1.82 073	1.82 063	1.82 053	1.82 043	1.82 033	1.82 022	1.82 012
8'	1.82 002	1.81 992	1.81 982	1.81 971	1.81 961	1.81 951	1.81 941	1.81 931	1.81 920	1.81 910
9'	1.81 900	1.81 890	1.81 880	1.81 870	1.81 859	1.81 849	1.81 839	1.81 829	1.81 819	1.81 809
10'	1.81 798	1.81 788	1.81 778	1.81 768	1.81 758	1.81 748	1.81 737	1.81 727	1.81 717	1.81 707
11'	1.81 697	1.81 687	1.81 676	1.81 666	1.81 656	1.81 646	1.81 636	1.81 626	1.81 616	1.81 605
12'	1.81 595	1.81 585	1.81 575	1.81 565	1.81 555	1.81 545	1.81 534	1.81 524	1.81 514	1.81 504
13'	1.81 494	1.81 484	1.81 474	1.81 464	1.81 453	1.81 443	1.81 433	1.81 423	1.81 413	1.81 403
14'	1.81 393	1.81 383	1.81 372	1.81 362	1.81 352	1.81 342	1.81 332	1.81 322	1.81 312	1.81 302
15'	1.81 292	1.81 281	1.81 271	1.81 261	1.81 251	1.81 241	1.81 231	1.81 221	1.81 211	1.81 201
16'	1.81 191	1.81 180	1.81 170	1.81 160	1.81 150	1.81 140	1.81 130	1.81 120	1.81 110	1.81 100
17'	1.81 090	1.81 080	1.81 069	1.81 059	1.81 049	1.81 039	1.81 029	1.81 019	1.81 009	1.80 999
18'	1.80 989	1.80 979	1.80 969	1.80 959	1.80 949	1.80 939	1.80 928	1.80 918	1.80 908	1.80 898
19'	1.80 888	1.80 878	1.80 868	1.80 858	1.80 848	1.80 838	1.80 828	1.80 818	1.80 808	1.80 798
20'	1.80 788	1.80 778	1.80 768	1.80 758	1.80 748	1.80 737	1.80 727	1.80 717	1.80 707	1.80 697
21'	1.80 687	1.80 677	1.80 667	1.80 657	1.80 647	1.80 637	1.80 627	1.80 617	1.80 607	1.80 597
22'	1.80 587	1.80 577	1.80 567	1.80 557	1.80 547	1.80 537	1.80 527	1.80 517	1.80 507	1.80 497
23'	1.80 487	1.80 477	1.80 467	1.80 457	1.80 447	1.80 437	1.80 427	1.80 417	1.80 407	1.80 397
24'	1.80 387	1.80 377	1.80 367	1.80 357	1.80 347	1.80 337	1.80 327	1.80 317	1.80 307	1.80 297
25'	1.80 287	1.80 277	1.80 267	1.80 257	1.80 247	1.80 237	1.80 227	1.80 217	1.80 207	1.80 197
26'	1.80 187	1.80 177	1.80 167	1.80 157	1.80 147	1.80 137	1.80 127	1.80 117	1.80 107	1.80 097
27'	1.80 087	1.80 077	1.80 067	1.80 057	1.80 047	1.80 037	1.80 028	1.80 018	1.80 008	1.79 998
28'	1.79 988	1.79 978	1.79 968	1.79 958	1.79 948	1.79 938	1.79 928	1.79 918	1.79 908	1.79 898
29'	1.79 888	1.79 878	1.79 868	1.79 858	1.79 848	1.79 839	1.79 829	1.79 819	1.79 809	1.79 799
30'	1.79 789	1.79 779	1.79 769	1.79 759	1.79 749	1.79 739	1.79 729	1.79 719	1.79 709	1.79 700
31'	1.79 690	1.79 680	1.79 670	1.79 660	1.79 650	1.79 640	1.79 630	1.79 620	1.79 610	1.79 600
32'	1.79 590	1.79 581	1.79 571	1.79 561	1.79 551	1.79 541	1.79 531	1.79 521	1.79 511	1.79 501
33'	1.79 491	1.79 482	1.79 472	1.79 462	1.79 452	1.79 442	1.79 432	1.79 422	1.79 412	1.79 402
34'	1.79 393	1.79 383	1.79 373	1.79 363	1.79 353	1.79 343	1.79 333	1.79 323	1.79 314	1.79 304
35'	1.79 294	1.79 284	1.79 274	1.79 264	1.79 254	1.79 244	1.79 235	1.79 225	1.79 215	1.79 205
36'	1.79 195	1.79 185	1.79 175	1.79 165	1.79 156	1.79 146	1.79 136	1.79 126	1.79 116	1.79 106
37'	1.79 097	1.79 087	1.79 077	1.79 067	1.79 057	1.79 047	1.79 037	1.79 028	1.79 018	1.79 008
38'	1.78 998	1.78 988	1.78 978	1.78 969	1.78 959	1.78 949	1.78 939	1.78 929	1.78 919	1.78 910
39'	1.78 900	1.78 890	1.78 880	1.78 870	1.78 860	1.78 851	1.78 841	1.78 831	1.78 821	1.78 811
40'	1.78 802	1.78 792	1.78 782	1.78 772	1.78 762	1.78 752	1.78 743	1.78 733	1.78 723	1.78 713
41'	1.78 703	1.78 694	1.78 684	1.78 674	1.78 664	1.78 654	1.78 645	1.78 635	1.78 625	1.78 615
42'	1.78 605	1.78 596	1.78 586	1.78 576	1.78 566	1.78 556	1.78 547	1.78 537	1.78 527	1.78 517
43'	1.78 508	1.78 498	1.78 488	1.78 478	1.78 468	1.78 459	1.78 449	1.78 439	1.78 429	1.78 420
44'	1.78 410	1.78 400	1.78 390	1.78 380	1.78 371	1.78 361	1.78 351	1.78 341	1.78 332	1.78 322
45'	1.78 312	1.78 302	1.78 293	1.78 283	1.78 273	1.78 263	1.78 254	1.78 244	1.78 234	1.78 224
46'	1.78 215	1.78 205	1.78 195	1.78 185	1.78 176	1.78 166	1.78 156	1.78 146	1.78 137	1.78 127
47'	1.78 117	1.78 107	1.78 098	1.78 088	1.78 078	1.78 068	1.78 059	1.78 049	1.78 039	1.78 030
48'	1.78 020	1.78 010	1.78 000	1.77 991	1.77 981	1.77 971	1.77 961	1.77 952	1.77 942	1.77 932
49'	1.77 923	1.77 913	1.77 903	1.77 893	1.77 884	1.77 874	1.77 864	1.77 855	1.77 845	1.77 835
50'	1.77 825	1.77 816	1.77 806	1.77 796	1.77 787	1.77 777	1.77 767	1.77 758	1.77 748	1.77 738
51'	1.77 728	1.77 719	1.77 709	1.77 699	1.77 690	1.77 680	1.77 670	1.77 661	1.77 651	1.77 641
52'	1.77 632	1.77 622	1.77 612	1.77 603	1.77 593	1.77 583	1.77 574	1.77 564	1.77 554	1.77 545
53'	1.77 535	1.77 525	1.77 515	1.77 506	1.77 496	1.77 486	1.77 477	1.77 467	1.77 457	1.77 448
54'	1.77 438	1.77 429	1.77 419	1.77 409	1.77 400	1.77 390	1.77 380	1.77 371	1.77 361	1.77 351
55'	1.77 342	1.77 332	1.77 322	1.77 313	1.77 303	1.77 293	1.77 284	1.77 274	1.77 264	1.77 255
56'	1.77 245	1.77 236	1.77 226	1.77 216	1.77 207	1.77 197	1.77 187	1.77 178	1.77 168	1.77 158
57'	1.77 149	1.77 139	1.77 130	1.77 120	1.77 110	1.77 101	1.77 091	1.77 081	1.77 072	1.77 062
58'	1.77 053	1.77 043	1.77 033	1.77 024	1.77 014	1.77 005	1.76 995	1.76 985	1.76 976	1.76 966
59'	1.76 956	1.76 947	1.76 937	1.76 928	1.76 918	1.76 908	1.76 899	1.76 889	1.76 880	1.76 870

15°

	0.'0	0.'1	0.'2	0.'3	0.'4	0.'5	0.'6	0.'7	0.'8	0.'9
0'	1.76 860	1.76 851	1.76 841	1.76 832	1.76 822	1.76 813	1.76 803	1.76 793	1.76 784	1.76 774
1'	1.76 765	1.76 755	1.76 745	1.76 736	1.76 726	1.76 717	1.76 707	1.76 697	1.76 688	1.76 678
2'	1.76 669	1.76 659	1.76 650	1.76 640	1.76 630	1.76 621	1.76 611	1.76 602	1.76 592	1.76 583
3'	1.76 573	1.76 564	1.76 554	1.76 544	1.76 535	1.76 525	1.76 516	1.76 506	1.76 497	1.76 487
4'	1.76 477	1.76 468	1.76 458	1.76 449	1.76 439	1.76 430	1.76 420	1.76 411	1.76 401	1.76 392
5'	1.76 382	1.76 372	1.76 363	1.76 353	1.76 344	1.76 334	1.76 325	1.76 315	1.76 306	1.76 296
6'	1.76 287	1.76 277	1.76 268	1.76 258	1.76 249	1.76 239	1.76 229	1.76 220	1.76 210	1.76 201
7'	1.76 191	1.76 182	1.76 172	1.76 163	1.76 153	1.76 144	1.76 134	1.76 125	1.76 115	1.76 106
8'	1.76 096	1.76 087	1.76 077	1.76 068	1.76 058	1.76 049	1.76 039	1.76 030	1.76 020	1.76 011
9'	1.76 001	1.75 992	1.75 982	1.75 973	1.75 963	1.75 954	1.75 944	1.75 935	1.75 925	1.75 916
10'	1.75 906	1.75 897	1.75 887	1.75 878	1.75 868	1.75 859	1.75 849	1.75 840	1.75 830	1.75 821
11'	1.75 811	1.75 802	1.75 792	1.75 783	1.75 773	1.75 764	1.75 755	1.75 745	1.75 736	1.75 726
12'	1.75 717	1.75 707	1.75 698	1.75 688	1.75 679	1.75 669	1.75 660	1.75 650	1.75 641	1.75 631
13'	1.75 622	1.75 613	1.75 603	1.75 594	1.75 584	1.75 575	1.75 565	1.75 556	1.75 546	1.75 537
14'	1.75 528	1.75 518	1.75 509	1.75 499	1.75 490	1.75 480	1.75 471	1.75 461	1.75 452	1.75 443
15'	1.75 433	1.75 424	1.75 414	1.75 405	1.75 395	1.75 386	1.75 376	1.75 367	1.75 358	1.75 348
16'	1.75 339	1.75 329	1.75 320	1.75 311	1.75 301	1.75 292	1.75 282	1.75 273	1.75 263	1.75 254
17'	1.75 245	1.75 235	1.75 226	1.75 216	1.75 207	1.75 198	1.75 188	1.75 179	1.75 169	1.75 160
18'	1.75 150	1.75 141	1.75 132	1.75 122	1.75 113	1.75 103	1.75 094	1.75 085	1.75 075	1.75 066
19'	1.75 056	1.75 047	1.75 038	1.75 028	1.75 019	1.75 009	1.75 000	1.74 991	1.74 981	1.74 972
20'	1.74 963	1.74 953	1.74 944	1.74 934	1.74 925	1.74 916	1.74 906	1.74 897	1.74 888	1.74 878
21'	1.74 869	1.74 859	1.74 850	1.74 841	1.74 831	1.74 822	1.74 813	1.74 803	1.74 794	1.74 784
22'	1.74 775	1.74 766	1.74 756	1.74 747	1.74 738	1.74 728	1.74 719	1.74 710	1.74 700	1.74 691
23'	1.74 681	1.74 672	1.74 663	1.74 653	1.74 644	1.74 635	1.74 625	1.74 616	1.74 607	1.74 597
24'	1.74 588	1.74 579	1.74 569	1.74 560	1.74 551	1.74 541	1.74 532	1.74 523	1.74 513	1.74 504
25'	1.74 495	1.74 485	1.74 476	1.74 467	1.74 457	1.74 448	1.74 439	1.74 429	1.74 420	1.74 411
26'	1.74 401	1.74 392	1.74 383	1.74 373	1.74 364	1.74 355	1.74 345	1.74 336	1.74 327	1.74 317
27'	1.74 308	1.74 299	1.74 290	1.74 280	1.74 271	1.74 262	1.74 252	1.74 243	1.74 234	1.74 224
28'	1.74 215	1.74 206	1.74 196	1.74 187	1.74 178	1.74 169	1.74 159	1.74 150	1.74 141	1.74 131
29'	1.74 122	1.74 113	1.74 104	1.74 094	1.74 085	1.74 076	1.74 066	1.74 057	1.74 048	1.74 038
30'	1.74 029	1.74 020	1.74 011	1.74 001	1.73 992	1.73 983	1.73 974	1.73 964	1.73 955	1.73 946
31'	1.73 936	1.73 927	1.73 918	1.73 909	1.73 899	1.73 890	1.73 881	1.73 872	1.73 862	1.73 853
32'	1.73 844	1.73 834	1.73 825	1.73 816	1.73 807	1.73 797	1.73 788	1.73 779	1.73 770	1.73 760
33'	1.73 751	1.73 742	1.73 733	1.73 723	1.73 714	1.73 705	1.73 696	1.73 686	1.73 677	1.73 668
34'	1.73 659	1.73 640	1.73 640	1.73 631	1.73 622	1.73 613	1.73 603	1.73 594	1.73 585	1.73 576
35'	1.73 566	1.73 557	1.73 548	1.73 539	1.73 529	1.73 520	1.73 511	1.73 502	1.73 493	1.73 483
36'	1.73 474	1.73 465	1.73 456	1.73 446	1.73 437	1.73 428	1.73 419	1.73 410	1.73 400	1.73 391
37'	1.73 382	1.73 373	1.73 363	1.73 354	1.73 345	1.73 336	1.73 327	1.73 317	1.73 308	1.73 299
38'	1.73 290	1.73 281	1.73 271	1.73 262	1.73 253	1.73 244	1.73 235	1.73 225	1.73 216	1.73 207
39'	1.73 198	1.73 189	1.73 179	1.73 170	1.73 161	1.73 152	1.73 143	1.73 134	1.73 124	1.73 115
40'	1.73 106	1.73 097	1.73 088	1.73 078	1.73 069	1.73 060	1.73 051	1.73 042	1.73 033	1.73 023
41'	1.73 014	1.73 005	1.72 996	1.72 987	1.72 978	1.72 968	1.72 959	1.72 950	1.72 941	1.72 932
42'	1.72 923	1.72 913	1.72 904	1.72 895	1.72 886	1.72 877	1.72 868	1.72 858	1.72 849	1.72 840
43'	1.72 831	1.72 822	1.72 813	1.72 803	1.72 794	1.72 785	1.72 776	1.72 767	1.72 758	1.72 749
44'	1.72 739	1.72 730	1.72 721	1.72 712	1.72 703	1.72 694	1.72 685	1.72 675	1.72 666	1.72 657
45'	1.72 648	1.72 639	1.72 630	1.72 621	1.72 612	1.72 602	1.72 593	1.72 584	1.72 575	1.72 566
46'	1.72 557	1.72 548	1.72 539	1.72 529	1.72 520	1.72 511	1.72 502	1.72 493	1.72 484	1.72 475
47'	1.72 466	1.72 456	1.72 447	1.72 438	1.72 429	1.72 420	1.72 411	1.72 402	1.72 393	1.72 384
48'	1.72 374	1.72 365	1.72 356	1.72 347	1.72 338	1.72 329	1.72 320	1.72 311	1.72 302	1.72 293
49'	1.72 284	1.72 274	1.72 265	1.72 256	1.72 247	1.72 238	1.72 229	1.72 220	1.72 211	1.72 202
50'	1.72 193	1.72 184	1.72 174	1.72 165	1.72 156	1.72 147	1.72 138	1.72 129	1.72 120	1.72 111
51'	1.72 102	1.72 093	1.72 084	1.72 075	1.72 066	1.72 056	1.72 047	1.72 038	1.72 029	1.72 020
52'	1.72 011	1.72 002	1.71 993	1.71 984	1.71 975	1.71 966	1.71 957	1.71 948	1.71 939	1.71 930
53'	1.71 920	1.71 911	1.71 902	1.71 893	1.71 884	1.71 875	1.71 866	1.71 857	1.71 848	1.71 839
54'	1.71 830	1.71 821	1.71 812	1.71 803	1.71 794	1.71 785	1.71 776	1.71 767	1.71 758	1.71 749
55'	1.71 740	1.71 731	1.71 722	1.71 712	1.71 703	1.71 694	1.71 685	1.71 676	1.71 667	1.71 658
56'	1.71 649	1.71 640	1.71 631	1.71 622	1.71 613	1.71 604	1.71 595	1.71 586	1.71 577	1.71 568
57'	1.71 559	1.71 550	1.71 541	1.71 532	1.71 523	1.71 514	1.71 505	1.71 496	1.71 487	1.71 478
58'	1.71 469	1.71 460	1.71 451	1.71 442	1.71 433	1.71 424	1.71 415	1.71 406	1.71 397	1.71 388
59'	1.71 379	1.71 370	1.71 361	1.71 352	1.71 343	1.71 334	1.71 325	1.71 316	1.71 307	1.71 298

K 16°

	0.'0	0.'1	0.'2	0.'3	0.'4	0.'5	0.'6	0.'7	0.'8	0.'9
0'	1.71 289	1.71 280	1.71 271	1.71 262	1.71 253	1.71 244	1.71 235	1.71 226	1.71 217	1.71 208
1'	1.71 199	1.71 190	1.71 181	1.71 172	1.71 163	1.71 154	1.71 145	1.71 136	1.71 127	1.71 118
2'	1.71 109	1.71 100	1.71 091	1.71 082	1.71 073	1.71 065	1.71 056	1.71 047	1.71 038	1.71 029
3'	1.71 020	1.71 011	1.71 002	1.70 993	1.70 984	1.70 975	1.70 966	1.70 957	1.70 948	1.70 939
4'	1.70 930	1.70 921	1.70 912	1.70 903	1.70 894	1.70 885	1.70 876	1.70 868	1.70 859	1.70 850
5'	1.70 841	1.70 832	1.70 823	1.70 814	1.70 805	1.70 796	1.70 787	1.70 778	1.70 769	1.70 760
6'	1.70 751	1.70 742	1.70 733	1.70 725	1.70 716	1.70 707	1.70 698	1.70 689	1.70 680	1.70 671
7'	1.70 662	1.70 653	1.70 644	1.70 635	1.70 626	1.70 617	1.70 609	1.70 600	1.70 591	1.70 582
8'	1.70 573	1.70 564	1.70 555	1.70 546	1.70 537	1.70 528	1.70 519	1.70 510	1.70 502	1.70 493
9'	1.70 484	1.70 475	1.70 466	1.70 457	1.70 448	1.70 439	1.70 430	1.70 421	1.70 413	1.70 404
10'	1.70 395	1.70 386	1.70 377	1.70 368	1.70 359	1.70 350	1.70 341	1.70 333	1.70 324	1.70 315
11'	1.70 306	1.70 297	1.70 288	1.70 279	1.70 270	1.70 261	1.70 253	1.70 244	1.70 235	1.70 226
12'	1.70 217	1.70 208	1.70 199	1.70 190	1.70 182	1.70 173	1.70 164	1.70 155	1.70 146	1.70 137
13'	1.70 128	1.70 119	1.70 111	1.70 102	1.70 093	1.70 084	1.70 075	1.70 066	1.70 057	1.70 049
14'	1.70 040	1.70 031	1.70 022	1.70 013	1.70 004	1.69 995	1.69 987	1.69 978	1.69 969	1.69 960
15'	1.69 951	1.69 942	1.69 933	1.69 925	1.69 916	1.69 907	1.69 898	1.69 889	1.69 880	1.69 872
16'	1.69 863	1.69 854	1.69 845	1.69 836	1.69 827	1.69 819	1.69 810	1.69 801	1.69 792	1.69 783
17'	1.69 774	1.69 766	1.69 757	1.69 748	1.69 739	1.69 730	1.69 721	1.69 713	1.69 704	1.69 695
18'	1.69 686	1.69 677	1.69 668	1.69 660	1.69 651	1.69 642	1.69 633	1.69 624	1.69 616	1.69 607
19'	1.69 598	1.69 589	1.69 580	1.69 572	1.69 563	1.69 554	1.69 545	1.69 536	1.69 527	1.69 519
20'	1.69 510	1.69 501	1.69 492	1.69 483	1.69 475	1.69 466	1.69 457	1.69 448	1.69 439	1.69 431
21'	1.69 422	1.69 413	1.69 404	1.69 396	1.69 387	1.69 378	1.69 369	1.69 360	1.69 352	1.69 343
22'	1.69 334	1.69 325	1.69 316	1.69 308	1.69 299	1.69 290	1.69 281	1.69 273	1.69 264	1.69 255
23'	1.69 246	1.69 237	1.69 229	1.69 220	1.69 211	1.69 202	1.69 194	1.69 185	1.69 176	1.69 167
24'	1.69 158	1.69 150	1.69 141	1.69 132	1.69 123	1.69 115	1.69 106	1.69 097	1.69 088	1.69 080
25'	1.69 071	1.69 062	1.69 053	1.69 045	1.69 036	1.69 027	1.69 018	1.69 010	1.69 001	1.68 992
26'	1.68 983	1.68 975	1.68 966	1.68 957	1.68 948	1.68 940	1.68 931	1.68 922	1.68 913	1.68 905
27'	1.68 896	1.68 887	1.68 878	1.68 870	1.68 861	1.68 852	1.68 843	1.68 835	1.68 826	1.68 817
28'	1.68 809	1.68 800	1.68 791	1.68 782	1.68 774	1.68 765	1.68 756	1.68 747	1.68 739	1.68 730
29'	1.68 721	1.68 713	1.68 704	1.68 695	1.68 686	1.68 678	1.68 669	1.68 660	1.68 652	1.68 643
30'	1.68 634	1.68 625	1.68 617	1.68 608	1.68 599	1.68 591	1.68 582	1.68 573	1.68 564	1.68 556
31'	1.68 547	1.68 538	1.68 530	1.68 521	1.68 512	1.68 503	1.68 495	1.68 486	1.68 477	1.68 469
32'	1.68 460	1.68 451	1.68 443	1.68 434	1.68 425	1.68 417	1.68 408	1.68 399	1.68 390	1.68 382
33'	1.68 373	1.68 364	1.68 356	1.68 347	1.68 338	1.68 330	1.68 321	1.68 312	1.68 304	1.68 295
34'	1.68 286	1.68 278	1.68 269	1.68 260	1.68 252	1.68 243	1.68 234	1.68 226	1.68 217	1.68 208
35'	1.68 200	1.68 191	1.68 182	1.68 174	1.68 165	1.68 156	1.68 148	1.68 139	1.68 130	1.68 122
36'	1.68 113	1.68 104	1.68 096	1.68 087	1.68 078	1.68 070	1.68 061	1.68 052	1.68 044	1.68 035
37'	1.68 026	1.68 018	1.68 009	1.68 000	1.67 992	1.67 983	1.67 974	1.67 966	1.67 957	1.67 949
38'	1.67 940	1.67 931	1.67 923	1.67 914	1.67 905	1.67 897	1.67 888	1.67 879	1.67 871	1.67 862
39'	1.67 854	1.67 845	1.67 836	1.67 828	1.67 819	1.67 810	1.67 802	1.67 793	1.67 784	1.67 776
40'	1.67 767	1.67 759	1.67 750	1.67 741	1.67 733	1.67 724	1.67 715	1.67 707	1.67 698	1.67 690
41'	1.67 681	1.67 672	1.67 664	1.67 655	1.67 647	1.67 638	1.67 629	1.67 621	1.67 612	1.67 604
42'	1.67 595	1.67 586	1.67 578	1.67 569	1.67 560	1.67 552	1.67 543	1.67 535	1.67 526	1.67 517
43'	1.67 509	1.67 500	1.67 492	1.67 483	1.67 474	1.67 466	1.67 457	1.67 449	1.67 440	1.67 432
44'	1.67 423	1.67 414	1.67 406	1.67 397	1.67 389	1.67 380	1.67 371	1.67 363	1.67 354	1.67 346
45'	1.67 337	1.67 329	1.67 320	1.67 311	1.67 303	1.67 294	1.67 286	1.67 277	1.67 268	1.67 260
46'	1.67 251	1.67 243	1.67 234	1.67 226	1.67 217	1.67 208	1.67 200	1.67 191	1.67 183	1.67 174
47'	1.67 166	1.67 157	1.67 149	1.67 140	1.67 131	1.67 123	1.67 114	1.67 106	1.67 097	1.67 089
48'	1.67 080	1.67 071	1.67 063	1.67 054	1.67 046	1.67 037	1.67 029	1.67 020	1.67 012	1.67 003
49'	1.66 995	1.66 986	1.66 977	1.66 969	1.66 960	1.66 952	1.66 943	1.66 935	1.66 926	1.66 918
50'	1.66 909	1.66 901	1.66 892	1.66 884	1.66 875	1.66 866	1.66 858	1.66 849	1.66 841	1.66 832
51'	1.66 824	1.66 815	1.66 807	1.66 798	1.66 790	1.66 781	1.66 773	1.66 764	1.66 756	1.66 747
52'	1.66 739	1.66 730	1.66 721	1.66 713	1.66 704	1.66 696	1.66 687	1.66 679	1.66 670	1.66 662
53'	1.66 653	1.66 645	1.66 636	1.66 628	1.66 619	1.66 611	1.66 602	1.66 594	1.66 585	1.66 577
54'	1.66 568	1.66 560	1.66 551	1.66 543	1.66 534	1.66 526	1.66 517	1.66 509	1.66 500	1.66 492
55'	1.66 483	1.66 475	1.66 466	1.66 458	1.66 449	1.66 441	1.66 432	1.66 424	1.66 415	1.66 407
56'	1.66 398	1.66 390	1.66 381	1.66 373	1.66 364	1.66 356	1.66 347	1.66 339	1.66 331	1.66 322
57'	1.66 314	1.66 305	1.66 297	1.66 288	1.66 280	1.66 271	1.66 263	1.66 254	1.66 246	1.66 237
58'	1.66 229	1.66 220	1.66 212	1.66 203	1.66 195	1.66 186	1.66 178	1.66 170	1.66 161	1.66 153
59'	1.66 144	1.66 136	1.66 127	1.66 119	1.66 110	1.66 102	1.66 093	1.66 085	1.66 076	1.66 068

K   K

17°		0.′0	0.′1	0.′2	0.′3	0.′4	0.′5	0.′6	0.′7	0.′8	0.′9	17°
	0'	1.66 060	1.66 051	1.66 043	1.66 034	1.66 026	1.66 017	1.66 009	1.66 000	1.65 992	1.65 984	
	1'	1.65 975	1.65 967	1.65 958	1.65 950	1.65 941	1.65 933	1.65 924	1.65 916	1.65 908	1.65 899	
	2'	1.65 891	1.65 882	1.65 874	1.65 865	1.65 857	1.65 849	1.65 840	1.65 832	1.65 823	1.65 815	
	3'	1.65 806	1.65 798	1.65 790	1.65 781	1.65 773	1.65 764	1.65 756	1.65 747	1.65 739	1.65 731	
	4'	1.65 722	1.65 714	1.65 705	1.65 697	1.65 688	1.65 680	1.65 672	1.65 663	1.65 655	1.65 646	
	5'	1.65 638	1.65 630	1.65 621	1.65 613	1.65 604	1.65 596	1.65 588	1.65 579	1.65 571	1.65 562	
	6'	1.65 554	1.65 546	1.65 537	1.65 529	1.65 520	1.65 512	1.65 504	1.65 495	1.65 487	1.65 478	
	7'	1.65 470	1.65 462	1.65 453	1.65 445	1.65 436	1.65 428	1.65 420	1.65 411	1.65 403	1.65 394	
	8'	1.65 386	1.65 378	1.65 369	1.65 361	1.65 352	1.65 344	1.65 336	1.65 327	1.65 319	1.65 311	
	9'	1.65 302	1.65 294	1.65 285	1.65 277	1.65 269	1.65 260	1.65 252	1.65 244	1.65 235	1.65 227	
	10'	1.65 218	1.65 210	1.65 202	1.65 193	1.65 185	1.65 177	1.65 168	1.65 160	1.65 152	1.65 143	
	11'	1.65 135	1.65 126	1.65 118	1.65 110	1.65 101	1.65 093	1.65 085	1.65 076	1.65 068	1.65 060	
	12'	1.65 051	1.65 043	1.65 035	1.65 026	1.65 018	1.65 009	1.65 001	1.64 993	1.64 984	1.64 976	
	13'	1.64 968	1.64 959	1.64 951	1.64 943	1.64 934	1.64 926	1.64 918	1.64 909	1.64 901	1.64 893	
	14'	1.64 884	1.64 876	1.64 868	1.64 859	1.64 851	1.64 843	1.64 834	1.64 826	1.64 818	1.64 809	
	15'	1.64 801	1.64 793	1.64 784	1.64 776	1.64 768	1.64 759	1.64 751	1.64 743	1.64 734	1.64 726	
	16'	1.64 718	1.64 709	1.64 701	1.64 693	1.64 684	1.64 676	1.64 668	1.64 660	1.64 651	1.64 643	
	17'	1.64 635	1.64 626	1.64 618	1.64 610	1.64 601	1.64 593	1.64 585	1.64 576	1.64 568	1.64 560	
	18'	1.64 552	1.64 543	1.64 535	1.64 527	1.64 518	1.64 510	1.64 502	1.64 493	1.64 485	1.64 477	
	19'	1.64 469	1.64 460	1.64 452	1.64 444	1.64 435	1.64 427	1.64 419	1.64 410	1.64 402	1.64 394	
	20'	1.64 386	1.64 377	1.64 369	1.64 361	1.64 352	1.64 344	1.64 336	1.64 328	1.64 319	1.64 311	
	21'	1.64 303	1.64 294	1.64 286	1.64 278	1.64 270	1.64 261	1.64 253	1.64 245	1.64 237	1.64 228	
	22'	1.64 220	1.64 212	1.64 203	1.64 195	1.64 187	1.64 179	1.64 170	1.64 162	1.64 154	1.64 146	
	23'	1.64 137	1.64 129	1.64 121	1.64 113	1.64 104	1.64 096	1.64 088	1.64 079	1.64 071	1.64 063	
	24'	1.64 055	1.64 046	1.64 038	1.64 030	1.64 022	1.64 013	1.64 005	1.63 997	1.63 989	1.63 980	
	25'	1.63 972	1.63 964	1.63 956	1.63 947	1.63 939	1.63 931	1.63 923	1.63 914	1.63 906	1.63 898	
	26'	1.63 890	1.63 882	1.63 873	1.63 865	1.63 857	1.63 849	1.63 840	1.63 832	1.63 824	1.63 816	
	27'	1.63 807	1.63 799	1.63 791	1.63 783	1.63 774	1.63 766	1.63 758	1.63 750	1.63 742	1.63 733	
	28'	1.63 725	1.63 717	1.63 709	1.63 700	1.63 692	1.63 684	1.63 676	1.63 668	1.63 659	1.63 651	
	29'	1.63 643	1.63 635	1.63 626	1.63 618	1.63 610	1.63 602	1.63 594	1.63 585	1.63 577	1.63 569	
	30'	1.63 561	1.63 553	1.63 544	1.63 536	1.63 528	1.63 520	1.63 512	1.63 503	1.63 495	1.63 487	
	31'	1.63 479	1.63 471	1.63 462	1.63 454	1.63 446	1.63 438	1.63 430	1.63 421	1.63 413	1.63 405	
	32'	1.63 397	1.63 389	1.63 380	1.63 372	1.63 364	1.63 356	1.63 348	1.63 339	1.63 331	1.63 323	
	33'	1.63 315	1.63 307	1.63 299	1.63 290	1.63 282	1.63 274	1.63 266	1.63 258	1.63 249	1.63 241	
	34'	1.63 233	1.63 225	1.63 217	1.63 209	1.63 200	1.63 192	1.63 184	1.63 176	1.63 168	1.63 160	
	35'	1.63 151	1.63 143	1.63 135	1.63 127	1.63 119	1.63 111	1.63 102	1.63 094	1.63 086	1.63 078	
	36'	1.63 070	1.63 062	1.63 053	1.63 045	1.63 037	1.63 029	1.63 021	1.63 013	1.63 004	1.62 996	
	37'	1.62 988	1.62 980	1.62 972	1.62 964	1.62 956	1.62 947	1.62 939	1.62 931	1.62 923	1.62 915	
	38'	1.62 907	1.62 899	1.62 890	1.62 882	1.62 874	1.62 866	1.62 858	1.62 850	1.62 842	1.62 833	
	39'	1.62 825	1.62 817	1.62 809	1.62 801	1.62 793	1.62 785	1.62 776	1.62 768	1.62 760	1.62 752	
	40'	1.62 744	1.62 736	1.62 728	1.62 720	1.62 711	1.62 703	1.62 695	1.62 687	1.62 679	1.62 671	
	41'	1.62 663	1.62 655	1.62 646	1.62 638	1.62 630	1.62 622	1.62 614	1.62 606	1.62 598	1.62 590	
	42'	1.62 582	1.62 573	1.62 565	1.62 557	1.62 549	1.62 541	1.62 533	1.62 525	1.62 517	1.62 509	
	43'	1.62 500	1.62 492	1.62 484	1.62 476	1.62 468	1.62 460	1.62 452	1.62 444	1.62 436	1.62 428	
	44'	1.62 419	1.62 411	1.62 403	1.62 395	1.62 387	1.62 379	1.62 371	1.62 363	1.62 355	1.62 347	
	45'	1.62 338	1.62 330	1.62 322	1.62 314	1.62 306	1.62 298	1.62 290	1.62 282	1.62 274	1.62 266	
	46'	1.62 258	1.62 250	1.62 241	1.62 233	1.62 225	1.62 217	1.62 209	1.62 201	1.62 193	1.62 185	
	47'	1.62 177	1.62 169	1.62 161	1.62 153	1.62 145	1.62 136	1.62 128	1.62 120	1.62 112	1.62 104	
	48'	1.62 096	1.62 088	1.62 080	1.62 072	1.62 064	1.62 056	1.62 048	1.62 040	1.62 032	1.62 024	
	49'	1.62 015	1.62 007	1.61 999	1.61 991	1.61 983	1.61 975	1.61 967	1.61 959	1.61 951	1.61 943	
	50'	1.61 935	1.61 927	1.61 919	1.61 911	1.61 903	1.61 895	1.61 887	1.61 879	1.61 871	1.61 862	
	51'	1.61 854	1.61 846	1.61 838	1.61 830	1.61 822	1.61 814	1.61 806	1.61 798	1.61 790	1.61 782	
	52'	1.61 774	1.61 766	1.61 758	1.61 750	1.61 742	1.61 734	1.61 726	1.61 718	1.61 710	1.61 702	
	53'	1.61 694	1.61 686	1.61 678	1.61 670	1.61 662	1.61 654	1.61 646	1.61 638	1.61 629	1.61 621	
	54'	1.61 613	1.61 605	1.61 597	1.61 589	1.61 581	1.61 573	1.61 565	1.61 557	1.61 549	1.61 541	
	55'	1.61 533	1.61 525	1.61 517	1.61 509	1.61 501	1.61 493	1.61 485	1.61 477	1.61 469	1.61 461	
	56'	1.61 453	1.61 445	1.61 437	1.61 429	1.61 421	1.61 413	1.61 405	1.61 397	1.61 389	1.61 381	
	57'	1.61 373	1.61 365	1.61 357	1.61 349	1.61 341	1.61 333	1.61 325	1.61 317	1.61 309	1.61 301	
	58'	1.61 293	1.61 285	1.61 277	1.61 269	1.61 261	1.61 253	1.61 245	1.61 237	1.61 229	1.61 221	
	59'	1.61 213	1.61 205	1.61 197	1.61 189	1.61 181	1.61 173	1.61 165	1.61 157	1.61 149	1.61 141	

K

	0.'0	0.'1	0.'2	0.'3	0.'4	0.'5	0.'6	0.'7	0.'8	0.'9
18° 0'	1.61 134	1.61 126	1.61 118	1.61 110	1.61 102	1.61 094	1.61 086	1.61 078	1.61 070	1.61 062
1'	1.61 054	1.61 046	1.61 038	1.61 030	1.61 022	1.61 014	1.61 006	1.60 998	1.60 990	1.60 982
2'	1.60 974	1.60 966	1.60 958	1.60 950	1.60 942	1.60 934	1.60 926	1.60 918	1.60 910	1.60 903
3'	1.60 895	1.60 887	1.60 879	1.60 871	1.60 863	1.60 855	1.60 847	1.60 839	1.60 831	1.60 823
4'	1.60 815	1.60 807	1.60 799	1.60 791	1.60 783	1.60 775	1.60 767	1.60 759	1.60 752	1.60 744
5'	1.60 736	1.60 728	1.60 720	1.60 712	1.60 704	1.60 696	1.60 688	1.60 680	1.60 672	1.60 664
6'	1.60 656	1.60 648	1.60 640	1.60 632	1.60 625	1.60 617	1.60 609	1.60 601	1.60 593	1.60 585
7'	1.60 577	1.60 569	1.60 561	1.60 553	1.60 545	1.60 537	1.60 529	1.60 522	1.60 514	1.60 506
8'	1.60 498	1.60 490	1.60 482	1.60 474	1.60 466	1.60 458	1.60 450	1.60 442	1.60 434	1.60 427
9'	1.60 419	1.60 411	1.60 403	1.60 395	1.60 387	1.60 379	1.60 371	1.60 363	1.60 355	1.60 348
10'	1.60 340	1.60 332	1.60 324	1.60 316	1.60 308	1.60 300	1.60 292	1.60 284	1.60 276	1.60 269
11'	1.60 261	1.60 253	1.60 245	1.60 237	1.60 229	1.60 221	1.60 213	1.60 205	1.60 198	1.60 190
12'	1.60 182	1.60 174	1.60 166	1.60 158	1.60 150	1.60 142	1.60 134	1.60 127	1.60 119	1.60 111
13'	1.60 103	1.60 095	1.60 087	1.60 079	1.60 071	1.60 064	1.60 056	1.60 048	1.60 040	1.60 032
14'	1.60 024	1.60 016	1.60 008	1.60 001	1.59 993	1.59 985	1.59 977	1.59 969	1.59 961	1.59 953
15'	1.59 945	1.59 938	1.59 930	1.59 922	1.59 914	1.59 906	1.59 898	1.59 890	1.59 883	1.59 875
16'	1.59 867	1.59 859	1.59 851	1.59 843	1.59 835	1.59 828	1.59 820	1.59 812	1.59 804	1.59 796
17'	1.59 788	1.59 780	1.59 773	1.59 765	1.59 757	1.59 749	1.59 741	1.59 733	1.59 726	1.59 718
18'	1.59 710	1.59 702	1.59 694	1.59 686	1.59 678	1.59 671	1.59 663	1.59 655	1.59 647	1.59 639
19'	1.59 631	1.59 624	1.59 616	1.59 608	1.59 600	1.59 592	1.59 584	1.59 577	1.59 569	1.59 561
20'	1.59 553	1.59 545	1.59 537	1.59 530	1.59 522	1.59 514	1.59 506	1.59 498	1.59 490	1.59 483
21'	1.59 475	1.59 467	1.59 459	1.59 451	1.59 444	1.59 436	1.59 428	1.59 420	1.59 412	1.59 404
22'	1.59 397	1.59 389	1.59 381	1.59 373	1.59 365	1.59 358	1.59 350	1.59 342	1.59 334	1.59 326
23'	1.59 319	1.59 311	1.59 303	1.59 295	1.59 287	1.59 280	1.59 272	1.59 264	1.59 256	1.59 248
24'	1.59 241	1.59 233	1.59 225	1.59 217	1.59 209	1.59 202	1.59 194	1.59 186	1.59 178	1.59 170
25'	1.59 163	1.59 155	1.59 147	1.59 139	1.59 131	1.59 124	1.59 116	1.59 108	1.59 100	1.59 092
26'	1.59 085	1.59 077	1.59 069	1.59 061	1.59 054	1.59 046	1.59 038	1.59 030	1.59 022	1.59 015
27'	1.59 007	1.58 999	1.58 991	1.58 984	1.58 976	1.58 968	1.58 960	1.58 952	1.58 945	1.58 937
28'	1.58 929	1.58 921	1.58 914	1.58 906	1.58 898	1.58 890	1.58 882	1.58 875	1.58 867	1.58 859
29'	1.58 851	1.58 844	1.58 836	1.58 828	1.58 820	1.58 813	1.58 805	1.58 797	1.58 789	1.58 782
30'	1.58 774	1.58 766	1.58 758	1.58 751	1.58 743	1.58 735	1.58 727	1.58 720	1.58 712	1.58 704
31'	1.58 696	1.58 689	1.58 681	1.58 673	1.58 665	1.58 658	1.58 650	1.58 642	1.58 634	1.58 627
32'	1.58 619	1.58 611	1.58 603	1.58 596	1.58 588	1.58 580	1.58 572	1.58 565	1.58 557	1.58 549
33'	1.58 541	1.58 534	1.58 526	1.58 518	1.58 510	1.58 503	1.58 495	1.58 487	1.58 480	1.58 472
34'	1.58 464	1.58 456	1.58 449	1.58 441	1.58 433	1.58 425	1.58 418	1.58 410	1.58 402	1.58 395
35'	1.58 387	1.58 379	1.58 371	1.58 364	1.58 356	1.58 348	1.58 341	1.58 333	1.58 325	1.58 317
36'	1.58 310	1.58 302	1.58 294	1.58 287	1.58 279	1.58 271	1.58 263	1.58 256	1.58 248	1.58 240
37'	1.58 233	1.58 225	1.58 217	1.58 209	1.58 202	1.58 194	1.58 186	1.58 179	1.58 171	1.58 163
38'	1.58 156	1.58 148	1.58 140	1.58 132	1.58 125	1.58 117	1.58 109	1.58 102	1.58 094	1.58 086
39'	1.58 079	1.58 071	1.58 063	1.58 055	1.58 048	1.58 040	1.58 032	1.58 025	1.58 017	1.58 009
40'	1.58 002	1.57 994	1.57 986	1.57 979	1.57 971	1.57 963	1.57 956	1.57 948	1.57 940	1.57 933
41'	1.57 925	1.57 917	1.57 909	1.57 902	1.57 894	1.57 886	1.57 879	1.57 871	1.57 863	1.57 856
42'	1.57 848	1.57 840	1.57 833	1.57 825	1.57 817	1.57 810	1.57 802	1.57 794	1.57 787	1.57 779
43'	1.57 771	1.57 764	1.57 756	1.57 748	1.57 741	1.57 733	1.57 725	1.57 718	1.57 710	1.57 702
44'	1.57 695	1.57 687	1.57 679	1.57 672	1.57 664	1.57 656	1.57 649	1.57 641	1.57 634	1.57 626
45'	1.57 618	1.57 611	1.57 603	1.57 595	1.57 588	1.57 580	1.57 572	1.57 565	1.57 557	1.57 549
46'	1.57 542	1.57 534	1.57 526	1.57 519	1.57 511	1.57 503	1.57 496	1.57 488	1.57 481	1.57 473
47'	1.57 465	1.57 458	1.57 450	1.57 442	1.57 435	1.57 427	1.57 419	1.57 412	1.57 404	1.57 397
48'	1.57 389	1.57 381	1.57 374	1.57 366	1.57 358	1.57 351	1.57 343	1.57 336	1.57 328	1.57 320
49'	1.57 313	1.57 305	1.57 297	1.57 290	1.57 282	1.57 275	1.57 267	1.57 259	1.57 252	1.57 244
50'	1.57 236	1.57 229	1.57 221	1.57 214	1.57 206	1.57 198	1.57 191	1.57 183	1.57 176	1.57 168
51'	1.57 160	1.57 153	1.57 145	1.57 138	1.57 130	1.57 122	1.57 115	1.57 107	1.57 099	1.57 092
52'	1.57 084	1.57 077	1.57 069	1.57 061	1.57 054	1.57 046	1.57 039	1.57 031	1.57 023	1.57 016
53'	1.57 008	1.57 001	1.56 993	1.56 985	1.56 978	1.56 970	1.56 963	1.56 955	1.56 948	1.56 940
54'	1.56 932	1.56 925	1.56 917	1.56 910	1.56 902	1.56 894	1.56 887	1.56 879	1.56 872	1.56 864
55'	1.56 856	1.56 849	1.56 841	1.56 834	1.56 826	1.56 819	1.56 811	1.56 803	1.56 796	1.56 788
56'	1.56 781	1.56 773	1.56 766	1.56 758	1.56 750	1.56 743	1.56 735	1.56 728	1.56 720	1.56 713
57'	1.56 705	1.56 697	1.56 690	1.56 682	1.56 675	1.56 667	1.56 660	1.56 652	1.56 644	1.56 637
58'	1.56 629	1.56 622	1.56 614	1.56 607	1.56 599	1.56 591	1.56 584	1.56 576	1.56 569	1.56 561
59'	1.56 554	1.56 546	1.56 539	1.56 531	1.56 523	1.56 516	1.56 508	1.56 501	1.56 493	1.56 486

K   19°

	0.'0	0.'1	0.'2	0.'3	0.'4	0.'5	0.'6	0.'7	0.'8	0.'9
0'	1.56 478	1.56 471	1.56 463	1.56 456	1.56 448	1.56 440	1.56 433	1.56 425	1.56 418	1.56 410
1'	1.56 403	1.56 395	1.56 388	1.56 380	1.56 373	1.56 365	1.56 357	1.56 350	1.56 342	1.56 335
2'	1.56 327	1.56 320	1.56 312	1.56 305	1.56 297	1.56 290	1.56 282	1.56 275	1.56 267	1.56 260
3'	1.56 252	1.56 244	1.56 237	1.56 229	1.56 222	1.56 214	1.56 207	1.56 199	1.56 192	1.56 184
4'	1.56 177	1.56 169	1.56 162	1.56 154	1.56 147	1.56 139	1.56 132	1.56 124	1.56 117	1.56 109
5'	1.56 102	1.56 094	1.56 087	1.56 079	1.56 071	1.56 064	1.56 056	1.56 049	1.56 041	1.56 034
6'	1.56 026	1.56 019	1.56 011	1.56 004	1.55 996	1.55 989	1.55 981	1.55 974	1.55 966	1.55 959
7'	1.55 951	1.55 944	1.55 936	1.55 929	1.55 921	1.55 914	1.55 906	1.55 899	1.55 891	1.55 884
8'	1.55 876	1.55 869	1.55 861	1.55 854	1.55 846	1.55 839	1.55 831	1.55 824	1.55 816	1.55 809
9'	1.55 801	1.55 794	1.55 786	1.55 779	1.55 771	1.55 764	1.55 757	1.55 749	1.55 742	1.55 734
10'	1.55 727	1.55 719	1.55 712	1.55 704	1.55 697	1.55 689	1.55 682	1.55 674	1.55 667	1.55 659
11'	1.55 652	1.55 644	1.55 637	1.55 629	1.55 622	1.55 614	1.55 607	1.55 599	1.55 592	1.55 585
12'	1.55 577	1.55 570	1.55 562	1.55 555	1.55 547	1.55 540	1.55 532	1.55 525	1.55 517	1.55 510
13'	1.55 502	1.55 495	1.55 487	1.55 480	1.55 473	1.55 465	1.55 458	1.55 450	1.55 443	1.55 435
14'	1.55 428	1.55 420	1.55 413	1.55 405	1.55 398	1.55 391	1.55 383	1.55 376	1.55 368	1.55 361
15'	1.55 353	1.55 346	1.55 338	1.55 331	1.55 323	1.55 316	1.55 309	1.55 301	1.55 294	1.55 286
16'	1.55 279	1.55 271	1.55 264	1.55 257	1.55 249	1.55 242	1.55 234	1.55 227	1.55 219	1.55 212
17'	1.55 204	1.55 197	1.55 190	1.55 182	1.55 175	1.55 167	1.55 160	1.55 152	1.55 145	1.55 138
18'	1.55 130	1.55 123	1.55 115	1.55 108	1.55 100	1.55 093	1.55 086	1.55 078	1.55 071	1.55 063
19'	1.55 056	1.55 048	1.55 041	1.55 034	1.55 026	1.55 019	1.55 011	1.55 004	1.54 996	1.54 989
20'	1.54 982	1.54 974	1.54 967	1.54 959	1.54 952	1.54 945	1.54 937	1.54 930	1.54 922	1.54 915
21'	1.54 908	1.54 900	1.54 893	1.54 885	1.54 878	1.54 870	1.54 863	1.54 856	1.54 848	1.54 841
22'	1.54 833	1.54 826	1.54 819	1.54 811	1.54 804	1.54 796	1.54 789	1.54 782	1.54 774	1.54 767
23'	1.54 759	1.54 752	1.54 745	1.54 737	1.54 730	1.54 722	1.54 715	1.54 708	1.54 700	1.54 693
24'	1.54 685	1.54 678	1.54 671	1.54 663	1.54 656	1.54 649	1.54 641	1.54 634	1.54 626	1.54 619
25'	1.54 612	1.54 604	1.54 597	1.54 589	1.54 582	1.54 575	1.54 567	1.54 560	1.54 553	1.54 545
26'	1.54 538	1.54 530	1.54 523	1.54 516	1.54 508	1.54 501	1.54 494	1.54 486	1.54 479	1.54 471
27'	1.54 464	1.54 457	1.54 449	1.54 442	1.54 435	1.54 427	1.54 420	1.54 412	1.54 405	1.54 398
28'	1.54 390	1.54 383	1.54 376	1.54 368	1.54 361	1.54 354	1.54 346	1.54 339	1.54 331	1.54 324
29'	1.54 317	1.54 309	1.54 302	1.54 295	1.54 287	1.54 280	1.54 273	1.54 265	1.54 258	1.54 251
30'	1.54 243	1.54 236	1.54 229	1.54 221	1.54 214	1.54 206	1.54 199	1.54 192	1.54 184	1.54 177
31'	1.54 170	1.54 162	1.54 155	1.54 148	1.54 140	1.54 133	1.54 126	1.54 118	1.54 111	1.54 104
32'	1.54 096	1.54 089	1.54 082	1.54 074	1.54 067	1.54 060	1.54 052	1.54 045	1.54 038	1.54 030
33'	1.54 023	1.54 016	1.54 008	1.54 001	1.53 994	1.53 986	1.53 979	1.53 972	1.53 964	1.53 957
34'	1.53 950	1.53 942	1.53 935	1.53 928	1.53 920	1.53 913	1.53 906	1.53 898	1.53 891	1.53 884
35'	1.53 876	1.53 869	1.53 862	1.53 854	1.53 847	1.53 840	1.53 833	1.53 825	1.53 818	1.53 811
36'	1.53 803	1.53 796	1.53 789	1.53 781	1.53 774	1.53 767	1.53 759	1.53 752	1.53 745	1.53 737
37'	1.53 730	1.53 723	1.53 716	1.53 708	1.53 701	1.53 694	1.53 686	1.53 679	1.53 672	1.53 664
38'	1.53 657	1.53 650	1.53 642	1.53 635	1.53 628	1.53 621	1.53 613	1.53 606	1.53 599	1.53 591
39'	1.53 584	1.53 577	1.53 570	1.53 562	1.53 555	1.53 548	1.53 540	1.53 533	1.53 526	1.53 518
40'	1.53 511	1.53 504	1.53 497	1.53 489	1.53 482	1.53 475	1.53 467	1.53 460	1.53 453	1.53 446
41'	1.53 438	1.53 431	1.53 424	1.53 416	1.53 409	1.53 402	1.53 395	1.53 387	1.53 380	1.53 373
42'	1.53 366	1.53 358	1.53 351	1.53 344	1.53 336	1.53 329	1.53 322	1.53 315	1.53 307	1.53 300
43'	1.53 293	1.53 286	1.53 278	1.53 271	1.53 264	1.53 256	1.53 249	1.53 242	1.53 235	1.53 227
44'	1.53 220	1.53 213	1.53 206	1.53 198	1.53 191	1.53 184	1.53 177	1.53 169	1.53 162	1.53 155
45'	1.53 148	1.53 140	1.53 133	1.53 126	1.53 119	1.53 111	1.53 104	1.53 097	1.53 090	1.53 082
46'	1.53 075	1.53 068	1.53 061	1.53 053	1.53 046	1.53 039	1.53 032	1.53 024	1.53 017	1.53 010
47'	1.53 003	1.52 995	1.52 988	1.52 981	1.52 974	1.52 966	1.52 959	1.52 952	1.52 945	1.52 937
48'	1.52 930	1.52 923	1.52 916	1.52 908	1.52 901	1.52 894	1.52 887	1.52 879	1.52 872	1.52 865
49'	1.52 858	1.52 851	1.52 843	1.52 836	1.52 829	1.52 822	1.52 814	1.52 807	1.52 800	1.52 793
50'	1.52 785	1.52 778	1.52 771	1.52 764	1.52 757	1.52 749	1.52 742	1.52 735	1.52 728	1.52 720
51'	1.52 713	1.52 706	1.52 699	1.52 692	1.52 684	1.52 677	1.52 670	1.52 663	1.52 656	1.52 648
52'	1.52 641	1.52 634	1.52 627	1.52 619	1.52 612	1.52 605	1.52 598	1.52 591	1.52 583	1.52 576
53'	1.52 569	1.52 562	1.52 555	1.52 547	1.52 540	1.52 533	1.52 526	1.52 519	1.52 511	1.52 504
54'	1.52 497	1.52 490	1.52 483	1.52 475	1.52 468	1.52 461	1.52 454	1.52 447	1.52 439	1.52 432
55'	1.52 425	1.52 418	1.52 411	1.52 403	1.52 396	1.52 389	1.52 382	1.52 375	1.52 367	1.52 360
56'	1.52 353	1.52 346	1.52 339	1.52 331	1.52 324	1.52 317	1.52 310	1.52 303	1.52 296	1.52 288
57'	1.52 281	1.52 274	1.52 267	1.52 260	1.52 252	1.52 245	1.52 238	1.52 231	1.52 224	1.52 217
58'	1.52 209	1.52 202	1.52 195	1.52 188	1.52 181	1.52 173	1.52 166	1.52 159	1.52 152	1.52 145
59'	1.52 138	1.52 130	1.52 123	1.52 116	1.52 109	1.52 102	1.52 095	1.52 087	1.52 080	1.52 073

20°

	0.'0	0.'1	0.'2	0.'3	0.'4	0.'5	0.'6	0.'7	0.'8	0.'9
0'	1.52 066	1.52 059	1.52 052	1.52 044	1.52 037	1.52 030	1.52 023	1.52 016	1.52 009	1.52 001
1'	1.51 994	1.51 987	1.51 980	1.51 973	1.51 966	1.51 959	1.51 951	1.51 944	1.51 937	1.51 930
2'	1.51 923	1.51 916	1.51 908	1.51 901	1.51 894	1.51 887	1.51 880	1.51 873	1.51 866	1.51 858
3'	1.51 851	1.51 844	1.51 837	1.51 830	1.51 823	1.51 816	1.51 808	1.51 801	1.51 794	1.51 787
4'	1.51 780	1.51 773	1.51 766	1.51 758	1.51 751	1.51 744	1.51 737	1.51 730	1.51 723	1.51 716
5'	1.51 708	1.51 701	1.51 694	1.51 687	1.51 680	1.51 673	1.51 666	1.51 659	1.51 651	1.51 644
6'	1.51 637	1.51 630	1.51 623	1.51 616	1.51 609	1.51 602	1.51 594	1.51 587	1.51 580	1.51 573
7'	1.51 566	1.51 559	1.51 552	1.51 545	1.51 537	1.51 530	1.51 523	1.51 516	1.51 509	1.51 502
8'	1.51 495	1.51 488	1.51 480	1.51 473	1.51 466	1.51 459	1.51 452	1.51 445	1.51 438	1.51 431
9'	1.51 424	1.51 416	1.51 409	1.51 402	1.51 395	1.51 388	1.51 381	1.51 374	1.51 367	1.51 360
10'	1.51 353	1.51 345	1.51 338	1.51 331	1.51 324	1.51 317	1.51 310	1.51 303	1.51 296	1.51 289
11'	1.51 282	1.51 274	1.51 267	1.51 260	1.51 253	1.51 246	1.51 239	1.51 232	1.51 225	1.51 218
12'	1.51 211	1.51 203	1.51 196	1.51 189	1.51 182	1.51 175	1.51 168	1.51 161	1.51 154	1.51 147
13'	1.51 140	1.51 133	1.51 125	1.51 118	1.51 111	1.51 104	1.51 097	1.51 090	1.51 083	1.51 076
14'	1.51 069	1.51 062	1.51 055	1.51 048	1.51 041	1.51 033	1.51 026	1.51 019	1.51 012	1.51 005
15'	1.50 998	1.50 991	1.50 984	1.50 977	1.50 970	1.50 963	1.50 956	1.50 949	1.50 941	1.50 934
16'	1.50 927	1.50 920	1.50 913	1.50 906	1.50 899	1.50 892	1.50 885	1.50 878	1.50 871	1.50 864
17'	1.50 857	1.50 850	1.50 843	1.50 836	1.50 828	1.50 821	1.50 814	1.50 807	1.50 800	1.50 793
18'	1.50 786	1.50 779	1.50 772	1.50 765	1.50 758	1.50 751	1.50 744	1.50 737	1.50 730	1.50 723
19'	1.50 716	1.50 709	1.50 701	1.50 694	1.50 687	1.50 680	1.50 673	1.50 666	1.50 659	1.50 652
20'	1.50 645	1.50 638	1.50 631	1.50 624	1.50 617	1.50 610	1.50 603	1.50 596	1.50 589	1.50 582
21'	1.50 575	1.50 568	1.50 561	1.50 554	1.50 547	1.50 539	1.50 532	1.50 525	1.50 518	1.50 511
22'	1.50 504	1.50 497	1.50 490	1.50 483	1.50 476	1.50 469	1.50 462	1.50 455	1.50 448	1.50 441
23'	1.50 434	1.50 427	1.50 420	1.50 413	1.50 406	1.50 399	1.50 392	1.50 385	1.50 378	1.50 371
24'	1.50 364	1.50 357	1.50 350	1.50 343	1.50 336	1.50 329	1.50 322	1.50 315	1.50 308	1.50 301
25'	1.50 294	1.50 287	1.50 280	1.50 273	1.50 266	1.50 259	1.50 252	1.50 244	1.50 237	1.50 230
26'	1.50 223	1.50 216	1.50 209	1.50 202	1.50 195	1.50 188	1.50 181	1.50 174	1.50 167	1.50 160
27'	1.50 153	1.50 146	1.50 139	1.50 132	1.50 125	1.50 118	1.50 111	1.50 104	1.50 097	1.50 090
28'	1.50 083	1.50 076	1.50 069	1.50 062	1.50 055	1.50 048	1.50 041	1.50 034	1.50 027	1.50 020
29'	1.50 013	1.50 006	1.49 999	1.49 992	1.49 985	1.49 978	1.49 972	1.49 965	1.49 958	1.49 951
30'	1.49 944	1.49 937	1.49 930	1.49 923	1.49 916	1.49 909	1.49 902	1.49 895	1.49 888	1.49 881
31'	1.49 874	1.49 867	1.49 860	1.49 853	1.49 846	1.49 839	1.49 832	1.49 825	1.49 818	1.49 811
32'	1.49 804	1.49 797	1.49 790	1.49 783	1.49 776	1.49 769	1.49 762	1.49 755	1.49 748	1.49 741
33'	1.49 734	1.49 727	1.49 720	1.49 713	1.49 706	1.49 699	1.49 692	1.49 685	1.49 678	1.49 672
34'	1.49 665	1.49 658	1.49 651	1.49 644	1.49 637	1.49 630	1.49 623	1.49 616	1.49 609	1.49 602
35'	1.49 595	1.49 588	1.49 581	1.49 574	1.49 567	1.49 560	1.49 553	1.49 546	1.49 539	1.49 532
36'	1.49 525	1.49 518	1.49 512	1.49 505	1.49 498	1.49 491	1.49 484	1.49 477	1.49 470	1.49 463
37'	1.49 456	1.49 449	1.49 442	1.49 435	1.49 428	1.49 421	1.49 414	1.49 407	1.49 400	1.49 393
38'	1.49 387	1.49 380	1.49 373	1.49 366	1.49 359	1.49 352	1.49 345	1.49 338	1.49 331	1.49 324
39'	1.49 317	1.49 310	1.49 303	1.49 296	1.49 289	1.49 282	1.49 276	1.49 269	1.49 262	1.49 255
40'	1.49 248	1.49 241	1.49 234	1.49 227	1.49 220	1.49 213	1.49 206	1.49 199	1.49 192	1.49 185
41'	1.49 179	1.49 172	1.49 165	1.49 158	1.49 151	1.49 144	1.49 137	1.49 130	1.49 123	1.49 116
42'	1.49 109	1.49 102	1.49 096	1.49 089	1.49 082	1.49 075	1.49 068	1.49 061	1.49 054	1.49 047
43'	1.49 040	1.49 033	1.49 026	1.49 019	1.49 013	1.49 006	1.48 999	1.48 992	1.48 985	1.48 978
44'	1.48 971	1.48 964	1.48 957	1.48 950	1.48 944	1.48 937	1.48 930	1.48 923	1.48 916	1.48 909
45'	1.48 902	1.48 895	1.48 888	1.48 881	1.48 875	1.48 868	1.48 861	1.48 854	1.48 847	1.48 840
46'	1.48 833	1.48 826	1.48 819	1.48 812	1.48 806	1.48 799	1.48 792	1.48 785	1.48 778	1.48 771
47'	1.48 764	1.48 757	1.48 750	1.48 744	1.48 737	1.48 730	1.48 723	1.48 716	1.48 709	1.48 702
48'	1.48 695	1.48 688	1.48 682	1.48 675	1.48 668	1.48 661	1.48 654	1.48 647	1.48 640	1.48 633
49'	1.48 627	1.48 620	1.48 613	1.48 606	1.48 599	1.48 592	1.48 585	1.48 578	1.48 572	1.48 565
50'	1.48 558	1.48 551	1.48 544	1.48 537	1.48 530	1.48 523	1.48 517	1.48 510	1.48 503	1.48 496
51'	1.48 489	1.48 482	1.48 475	1.48 469	1.48 462	1.48 455	1.48 448	1.48 441	1.48 434	1.48 427
52'	1.48 420	1.48 414	1.48 407	1.48 400	1.48 393	1.48 386	1.48 379	1.48 372	1.48 366	1.48 359
53'	1.48 352	1.48 345	1.48 338	1.48 331	1.48 324	1.48 318	1.48 311	1.48 304	1.48 297	1.48 290
54'	1.48 283	1.48 277	1.48 270	1.48 263	1.48 256	1.48 249	1.48 242	1.48 235	1.48 229	1.48 222
55'	1.48 215	1.48 208	1.48 201	1.48 194	1.48 188	1.48 181	1.48 174	1.48 167	1.48 160	1.48 153
56'	1.48 146	1.48 140	1.48 133	1.48 126	1.48 119	1.48 112	1.48 105	1.48 099	1.48 092	1.48 085
57'	1.48 078	1.48 071	1.48 064	1.48 058	1.48 051	1.48 044	1.48 037	1.48 030	1.48 023	1.48 017
58'	1.48 010	1.48 003	1.47 996	1.47 989	1.47 983	1.47 976	1.47 969	1.47 962	1.47 955	1.47 948
59'	1.47 942	1.47 935	1.47 928	1.47 921	1.47 914	1.47 907	1.47 901	1.47 894	1.47 887	1.47 880

21°

	0.'0	0.'1	0.'2	0.'3	0.'4	0.'5	0.'6	0.'7	0.'8	0.'9
0'	1.47 873	1.47 867	1.47 860	1.47 853	1.47 846	1.47 839	1.47 833	1.47 826	1.47 819	1.47 812
1'	1.47 805	1.47 798	1.47 792	1.47 785	1.47 778	1.47 771	1.47 764	1.47 758	1.47 751	1.47 744
2'	1.47 737	1.47 730	1.47 724	1.47 717	1.47 710	1.47 703	1.47 696	1.47 690	1.47 683	1.47 676
3'	1.47 669	1.47 662	1.47 656	1.47 649	1.47 642	1.47 635	1.47 628	1.47 622	1.47 615	1.47 608
4'	1.47 601	1.47 594	1.47 588	1.47 581	1.47 574	1.47 567	1.47 560	1.47 554	1.47 547	1.47 540
5'	1.47 533	1.47 526	1.47 520	1.47 513	1.47 506	1.47 499	1.47 493	1.47 486	1.47 479	1.47 472
6'	1.47 465	1.47 459	1.47 452	1.47 445	1.47 438	1.47 432	1.47 425	1.47 418	1.47 411	1.47 404
7'	1.47 398	1.47 391	1.47 384	1.47 377	1.47 371	1.47 364	1.47 357	1.47 350	1.47 343	1.47 337
8'	1.47 330	1.47 323	1.47 316	1.47 310	1.47 303	1.47 296	1.47 289	1.47 282	1.47 276	1.47 269
9'	1.47 262	1.47 255	1.47 249	1.47 242	1.47 235	1.47 228	1.47 222	1.47 215	1.47 208	1.47 201
10'	1.47 195	1.47 188	1.47 181	1.47 174	1.47 167	1.47 161	1.47 154	1.47 147	1.47 140	1.47 134
11'	1.47 127	1.47 120	1.47 113	1.47 107	1.47 100	1.47 093	1.47 086	1.47 080	1.47 073	1.47 066
12'	1.47 059	1.47 053	1.47 046	1.47 039	1.47 032	1.47 026	1.47 019	1.47 012	1.47 005	1.46 999
13'	1.46 992	1.46 985	1.46 978	1.46 972	1.46 965	1.46 958	1.46 951	1.46 945	1.46 938	1.46 931
14'	1.46 925	1.46 918	1.46 911	1.46 904	1.46 898	1.46 891	1.46 884	1.46 877	1.46 871	1.46 864
15'	1.46 857	1.46 850	1.46 844	1.46 837	1.46 830	1.46 823	1.46 817	1.46 810	1.46 803	1.46 797
16'	1.46 790	1.46 783	1.46 776	1.46 770	1.46 763	1.46 756	1.46 749	1.46 743	1.46 736	1.46 729
17'	1.46 723	1.46 716	1.46 709	1.46 702	1.46 696	1.46 689	1.46 682	1.46 676	1.46 669	1.46 662
18'	1.46 655	1.46 649	1.46 642	1.46 635	1.46 628	1.46 622	1.46 615	1.46 608	1.46 602	1.46 595
19'	1.46 588	1.46 581	1.46 575	1.46 568	1.46 561	1.46 555	1.46 548	1.46 541	1.46 535	1.46 528
20'	1.46 521	1.46 514	1.46 508	1.46 501	1.46 494	1.46 488	1.46 481	1.46 474	1.46 467	1.46 461
21'	1.46 454	1.46 447	1.46 441	1.46 434	1.46 427	1.46 421	1.46 414	1.46 407	1.46 400	1.46 394
22'	1.46 387	1.46 380	1.46 374	1.46 367	1.46 360	1.46 354	1.46 347	1.46 340	1.46 334	1.46 327
23'	1.46 320	1.46 313	1.46 307	1.46 300	1.46 293	1.46 287	1.46 280	1.46 273	1.46 267	1.46 260
24'	1.46 253	1.46 247	1.46 240	1.46 233	1.46 226	1.46 220	1.46 213	1.46 206	1.46 200	1.46 193
25'	1.46 186	1.46 180	1.46 173	1.46 166	1.46 160	1.46 153	1.46 146	1.46 140	1.46 133	1.46 126
26'	1.46 120	1.46 113	1.46 106	1.46 100	1.46 093	1.46 086	1.46 080	1.46 073	1.46 066	1.46 060
27'	1.46 053	1.46 046	1.46 040	1.46 033	1.46 026	1.46 020	1.46 013	1.46 006	1.46 000	1.45 993
28'	1.45 986	1.45 980	1.45 973	1.45 966	1.45 960	1.45 953	1.45 946	1.45 940	1.45 933	1.45 926
29'	1.45 920	1.45 913	1.45 906	1.45 900	1.45 893	1.45 886	1.45 880	1.45 873	1.45 866	1.45 860
30'	1.45 853	1.45 846	1.45 840	1.45 833	1.45 826	1.45 820	1.45 813	1.45 806	1.45 800	1.45 793
31'	1.45 787	1.45 780	1.45 773	1.45 767	1.45 760	1.45 753	1.45 747	1.45 740	1.45 733	1.45 727
32'	1.45 720	1.45 713	1.45 707	1.45 700	1.45 693	1.45 687	1.45 680	1.45 674	1.45 667	1.45 660
33'	1.45 654	1.45 647	1.45 640	1.45 634	1.45 627	1.45 620	1.45 614	1.45 607	1.45 601	1.45 594
34'	1.45 587	1.45 581	1.45 574	1.45 567	1.45 561	1.45 554	1.45 548	1.45 541	1.45 534	1.45 528
35'	1.45 521	1.45 514	1.45 508	1.45 501	1.45 494	1.45 488	1.45 481	1.45 475	1.45 468	1.45 461
36'	1.45 455	1.45 448	1.45 441	1.45 435	1.45 428	1.45 422	1.45 415	1.45 408	1.45 402	1.45 395
37'	1.45 389	1.45 382	1.45 375	1.45 369	1.45 362	1.45 355	1.45 349	1.45 342	1.45 336	1.45 329
38'	1.45 322	1.45 316	1.45 309	1.45 303	1.45 296	1.45 289	1.45 283	1.45 276	1.45 270	1.45 263
39'	1.45 256	1.45 250	1.45 243	1.45 236	1.45 230	1.45 223	1.45 217	1.45 210	1.45 203	1.45 197
40'	1.45 190	1.45 184	1.45 177	1.45 170	1.45 164	1.45 157	1.45 151	1.45 144	1.45 137	1.45 131
41'	1.45 124	1.45 118	1.45 111	1.45 104	1.45 098	1.45 091	1.45 085	1.45 078	1.45 072	1.45 065
42'	1.45 058	1.45 052	1.45 045	1.45 039	1.45 032	1.45 025	1.45 019	1.45 012	1.45 006	1.44 999
43'	1.44 992	1.44 986	1.44 979	1.44 973	1.44 966	1.44 960	1.44 953	1.44 946	1.44 940	1.44 933
44'	1.44 927	1.44 920	1.44 913	1.44 907	1.44 900	1.44 894	1.44 887	1.44 881	1.44 874	1.44 867
45'	1.44 861	1.44 854	1.44 848	1.44 841	1.44 835	1.44 828	1.44 821	1.44 815	1.44 808	1.44 802
46'	1.44 795	1.44 789	1.44 782	1.44 775	1.44 769	1.44 762	1.44 756	1.44 749	1.44 743	1.44 736
47'	1.44 729	1.44 723	1.44 716	1.44 710	1.44 703	1.44 697	1.44 690	1.44 683	1.44 677	1.44 670
48'	1.44 664	1.44 657	1.44 651	1.44 644	1.44 638	1.44 631	1.44 624	1.44 618	1.44 611	1.44 605
49'	1.44 598	1.44 592	1.44 585	1.44 579	1.44 572	1.44 565	1.44 559	1.44 552	1.44 546	1.44 539
50'	1.44 533	1.44 526	1.44 520	1.44 513	1.44 506	1.44 500	1.44 493	1.44 487	1.44 480	1.44 474
51'	1.44 467	1.44 461	1.44 454	1.44 448	1.44 441	1.44 434	1.44 428	1.44 421	1.44 415	1.44 408
52'	1.44 402	1.44 395	1.44 389	1.44 382	1.44 376	1.44 369	1.44 363	1.44 356	1.44 349	1.44 343
53'	1.44 336	1.44 330	1.44 323	1.44 317	1.44 310	1.44 304	1.44 297	1.44 291	1.44 284	1.44 278
54'	1.44 271	1.44 265	1.44 258	1.44 252	1.44 245	1.44 238	1.44 232	1.44 225	1.44 219	1.44 212
55'	1.44 206	1.44 199	1.44 193	1.44 186	1.44 180	1.44 173	1.44 167	1.44 160	1.44 154	1.44 147
56'	1.44 141	1.44 134	1.44 128	1.44 121	1.44 115	1.44 108	1.44 101	1.44 095	1.44 088	1.44 082
57'	1.44 075	1.44 069	1.44 062	1.44 056	1.44 049	1.44 043	1.44 036	1.44 030	1.44 023	1.44 017
58'	1.44 010	1.44 004	1.43 997	1.43 991	1.43 984	1.43 978	1.43 971	1.43 965	1.43 958	1.43 952
59'	1.43 945	1.43 939	1.43 932	1.43 926	1.43 919	1.43 913	1.43 906	1.43 900	1.43 893	1.43 887

K 22°

22°		0.'0	0.'1	0.'2	0.'3	0.'4	0.'5	0.'6	0.'7	0.'8	0.'9
	0'	1.43 880	1.43 874	1.43 867	1.43 861	1.43 854	1.43 848	1.43 841	1.43 835	1.43 828	1.43 822
	1'	1.43 815	1.43 809	1.43 802	1.43 796	1.43 789	1.43 783	1.43 776	1.43 770	1.43 763	1.43 757
	2'	1.43 750	1.43 744	1.43 737	1.43 731	1.43 724	1.43 718	1.43 711	1.43 705	1.43 698	1.43 692
	3'	1.43 685	1.43 679	1.43 673	1.43 666	1.43 660	1.43 653	1.43 647	1.43 640	1.43 634	1.43 627
	4'	1.43 621	1.43 614	1.43 608	1.43 601	1.43 595	1.43 588	1.43 582	1.43 575	1.43 569	1.43 562
	5'	1.43 556	1.43 549	1.43 543	1.43 536	1.43 530	1.43 524	1.43 517	1.43 511	1.43 504	1.43 498
	6'	1.43 491	1.43 485	1.43 478	1.43 472	1.43 465	1.43 459	1.43 452	1.43 446	1.43 439	1.43 433
	7'	1.43 427	1.43 420	1.43 414	1.43 407	1.43 401	1.43 394	1.43 388	1.43 381	1.43 375	1.43 368
	8'	1.43 362	1.43 355	1.43 349	1.43 343	1.43 336	1.43 330	1.43 323	1.43 317	1.43 310	1.43 304
	9'	1.43 297	1.43 291	1.43 284	1.43 278	1.43 272	1.43 265	1.43 259	1.43 252	1.43 246	1.43 239
	10'	1.43 233	1.43 226	1.43 220	1.43 213	1.43 207	1.43 201	1.43 194	1.43 188	1.43 181	1.43 175
	11'	1.43 168	1.43 162	1.43 155	1.43 149	1.43 143	1.43 136	1.43 130	1.43 123	1.43 117	1.43 110
	12'	1.43 104	1.43 098	1.43 091	1.43 085	1.43 078	1.43 072	1.43 065	1.43 059	1.43 052	1.43 046
	13'	1.43 040	1.43 033	1.43 027	1.43 020	1.43 014	1.43 007	1.43 001	1.42 995	1.42 988	1.42 982
	14'	1.42 975	1.42 969	1.42 962	1.42 956	1.42 950	1.42 943	1.42 937	1.42 930	1.42 924	1.42 917
	15'	1.42 911	1.42 905	1.42 898	1.42 892	1.42 885	1.42 879	1.42 872	1.42 866	1.42 860	1.42 853
	16'	1.42 847	1.42 840	1.42 834	1.42 828	1.42 821	1.42 815	1.42 808	1.42 802	1.42 795	1.42 789
	17'	1.42 783	1.42 776	1.42 770	1.42 763	1.42 757	1.42 751	1.42 744	1.42 738	1.42 731	1.42 725
	18'	1.42 718	1.42 712	1.42 706	1.42 699	1.42 693	1.42 686	1.42 680	1.42 674	1.42 667	1.42 661
	19'	1.42 654	1.42 648	1.42 642	1.42 635	1.42 629	1.42 622	1.42 616	1.42 610	1.42 603	1.42 597
	20'	1.42 590	1.42 584	1.42 578	1.42 571	1.42 565	1.42 558	1.42 552	1.42 546	1.42 539	1.42 533
	21'	1.42 526	1.42 520	1.42 514	1.42 507	1.42 501	1.42 494	1.42 488	1.42 482	1.42 475	1.42 469
	22'	1.42 462	1.42 456	1.42 450	1.42 443	1.42 437	1.42 431	1.42 424	1.42 418	1.42 411	1.42 405
	23'	1.42 399	1.42 392	1.42 386	1.42 379	1.42 373	1.42 367	1.42 360	1.42 354	1.42 348	1.42 341
	24'	1.42 335	1.42 328	1.42 322	1.42 316	1.42 309	1.42 303	1.42 297	1.42 290	1.42 284	1.42 277
	25'	1.42 271	1.42 265	1.42 258	1.42 252	1.42 246	1.42 239	1.42 233	1.42 226	1.42 220	1.42 214
	26'	1.42 207	1.42 201	1.42 195	1.42 188	1.42 182	1.42 175	1.42 169	1.42 163	1.42 156	1.42 150
	27'	1.42 144	1.42 137	1.42 131	1.42 125	1.42 118	1.42 112	1.42 105	1.42 099	1.42 093	1.42 086
	28'	1.42 080	1.42 074	1.42 067	1.42 061	1.42 055	1.42 048	1.42 042	1.42 035	1.42 029	1.42 023
	29'	1.42 016	1.42 010	1.42 004	1.41 997	1.41 991	1.41 985	1.41 978	1.41 972	1.41 966	1.41 959
	30'	1.41 953	1.41 947	1.41 940	1.41 934	1.41 927	1.41 921	1.41 915	1.41 908	1.41 902	1.41 896
	31'	1.41 889	1.41 883	1.41 877	1.41 870	1.41 864	1.41 858	1.41 851	1.41 845	1.41 839	1.41 832
	32'	1.41 826	1.41 820	1.41 813	1.41 807	1.41 801	1.41 794	1.41 788	1.41 782	1.41 775	1.41 769
	33'	1.41 763	1.41 756	1.41 750	1.41 744	1.41 737	1.41 731	1.41 725	1.41 718	1.41 712	1.41 706
	34'	1.41 699	1.41 693	1.41 687	1.41 680	1.41 674	1.41 668	1.41 661	1.41 655	1.41 649	1.41 642
	35'	1.41 636	1.41 630	1.41 623	1.41 617	1.41 611	1.41 604	1.41 598	1.41 592	1.41 585	1.41 579
	36'	1.41 573	1.41 566	1.41 560	1.41 554	1.41 547	1.41 541	1.41 535	1.41 528	1.41 522	1.41 516
	37'	1.41 509	1.41 503	1.41 497	1.41 491	1.41 484	1.41 478	1.41 472	1.41 465	1.41 459	1.41 453
	38'	1.41 446	1.41 440	1.41 434	1.41 427	1.41 421	1.41 415	1.41 408	1.41 402	1.41 396	1.41 390
	39'	1.41 383	1.41 377	1.41 371	1.41 364	1.41 358	1.41 352	1.41 345	1.41 339	1.41 333	1.41 326
	40'	1.41 320	1.41 314	1.41 308	1.41 301	1.41 295	1.41 289	1.41 282	1.41 276	1.41 270	1.41 263
	41'	1.41 257	1.41 251	1.41 245	1.41 238	1.41 232	1.41 226	1.41 219	1.41 213	1.41 207	1.41 200
	42'	1.41 194	1.41 188	1.41 182	1.41 175	1.41 169	1.41 163	1.41 156	1.41 150	1.41 144	1.41 138
	43'	1.41 131	1.41 125	1.41 119	1.41 112	1.41 106	1.41 100	1.41 094	1.41 087	1.41 081	1.41 075
	44'	1.41 068	1.41 062	1.41 056	1.41 050	1.41 043	1.41 037	1.41 031	1.41 024	1.41 018	1.41 012
	45'	1.41 006	1.40 999	1.40 993	1.40 987	1.40 980	1.40 974	1.40 968	1.40 962	1.40 955	1.40 949
	46'	1.40 943	1.40 937	1.40 930	1.40 924	1.40 918	1.40 911	1.40 905	1.40 899	1.40 893	1.40 886
	47'	1.40 880	1.40 874	1.40 868	1.40 861	1.40 855	1.40 849	1.40 842	1.40 836	1.40 830	1.40 824
	48'	1.40 817	1.40 811	1.40 805	1.40 799	1.40 792	1.40 786	1.40 780	1.40 774	1.40 767	1.40 761
	49'	1.40 755	1.40 749	1.40 742	1.40 736	1.40 730	1.40 723	1.40 717	1.40 711	1.40 705	1.40 698
	50'	1.40 692	1.40 686	1.40 680	1.40 673	1.40 667	1.40 661	1.40 655	1.40 648	1.40 642	1.40 636
	51'	1.40 630	1.40 623	1.40 617	1.40 611	1.40 605	1.40 598	1.40 592	1.40 586	1.40 580	1.40 573
	52'	1.40 567	1.40 561	1.40 555	1.40 548	1.40 542	1.40 536	1.40 530	1.40 523	1.40 517	1.40 511
	53'	1.40 505	1.40 498	1.40 492	1.40 486	1.40 480	1.40 474	1.40 467	1.40 461	1.40 455	1.40 449
	54'	1.40 442	1.40 436	1.40 430	1.40 424	1.40 417	1.40 411	1.40 405	1.40 399	1.40 392	1.40 386
	55'	1.40 380	1.40 374	1.40 368	1.40 361	1.40 355	1.40 349	1.40 343	1.40 336	1.40 330	1.40 324
	56'	1.40 318	1.40 311	1.40 305	1.40 299	1.40 293	1.40 287	1.40 280	1.40 274	1.40 268	1.40 262
	57'	1.40 255	1.40 249	1.40 243	1.40 237	1.40 231	1.40 224	1.40 218	1.40 212	1.40 206	1.40 199
	58'	1.40 193	1.40 187	1.40 181	1.40 175	1.40 168	1.40 162	1.40 156	1.40 150	1.40 143	1.40 137
	59'	1.40 131	1.40 125	1.40 119	1.40 112	1.40 106	1.40 100	1.40 094	1.40 088	1.40 081	1.40 075

K   K

23°	0.'0	0.'1	0.'2	0.'3	0.'4	0.'5	0.'6	0.'7	0.'8	0.'9	23°
0'	1.40 069	1.40 063	1.40 057	1.40 050	1.40 044	1.40 038	1.40 032	1.40 025	1.40 019	1.40 013	
1'	1.40 007	1.40 001	1.39 994	1.39 988	1.39 982	1.39 976	1.39 970	1.39 963	1.39 957	1.39 951	
2'	1.39 945	1.39 939	1.39 932	1.39 926	1.39 920	1.39 914	1.39 908	1.39 901	1.39 895	1.39 889	
3'	1.39 883	1.39 877	1.39 870	1.39 864	1.39 858	1.39 852	1.39 846	1.39 840	1.39 833	1.39 827	
4'	1.39 821	1.39 815	1.39 809	1.39 802	1.39 796	1.39 790	1.39 784	1.39 778	1.39 771	1.39 765	
5'	1.39 759	1.39 753	1.39 747	1.39 740	1.39 734	1.39 728	1.39 722	1.39 716	1.39 710	1.39 703	
6'	1.39 697	1.39 691	1.39 685	1.39 679	1.39 672	1.39 666	1.39 660	1.39 654	1.39 648	1.39 642	
7'	1.39 635	1.39 629	1.39 623	1.39 617	1.39 611	1.39 605	1.39 598	1.39 592	1.39 586	1.39 580	
8'	1.39 574	1.39 567	1.39 561	1.39 555	1.39 549	1.39 543	1.39 537	1.39 530	1.39 524	1.39 518	
9'	1.39 512	1.39 506	1.39 500	1.39 493	1.39 487	1.39 481	1.39 475	1.39 469	1.39 463	1.39 456	
10'	1.39 450	1.39 444	1.39 438	1.39 432	1.39 426	1.39 419	1.39 413	1.39 407	1.39 401	1.39 395	
11'	1.39 389	1.39 383	1.39 376	1.39 370	1.39 364	1.39 358	1.39 352	1.39 346	1.39 339	1.39 333	
12'	1.39 327	1.39 321	1.39 315	1.39 309	1.39 303	1.39 296	1.39 290	1.39 284	1.39 278	1.39 272	
13'	1.39 266	1.39 259	1.39 253	1.39 247	1.39 241	1.39 235	1.39 229	1.39 223	1.39 216	1.39 210	
14'	1.39 204	1.39 198	1.39 192	1.39 186	1.39 180	1.39 173	1.39 167	1.39 161	1.39 155	1.39 149	
15'	1.39 143	1.39 137	1.39 130	1.39 124	1.39 118	1.39 112	1.39 106	1.39 100	1.39 094	1.39 087	
16'	1.39 081	1.39 075	1.39 069	1.39 063	1.39 057	1.39 051	1.39 045	1.39 038	1.39 032	1.39 026	
17'	1.39 020	1.39 014	1.39 008	1.39 002	1.38 995	1.38 989	1.38 983	1.38 977	1.38 971	1.38 965	
18'	1.38 959	1.38 953	1.38 946	1.38 940	1.38 934	1.38 928	1.38 922	1.38 916	1.38 910	1.38 904	
19'	1.38 897	1.38 891	1.38 885	1.38 879	1.38 873	1.38 867	1.38 861	1.38 855	1.38 848	1.38 842	
20'	1.38 836	1.38 830	1.38 824	1.38 818	1.38 812	1.38 806	1.38 800	1.38 793	1.38 787	1.38 781	
21'	1.38 775	1.38 769	1.38 763	1.38 757	1.38 751	1.38 744	1.38 738	1.38 732	1.38 726	1.38 720	
22'	1.38 714	1.38 708	1.38 702	1.38 696	1.38 690	1.38 683	1.38 677	1.38 671	1.38 665	1.38 659	
23'	1.38 653	1.38 647	1.38 641	1.38 635	1.38 628	1.38 622	1.38 616	1.38 610	1.38 604	1.38 598	
24'	1.38 592	1.38 586	1.38 580	1.38 574	1.38 567	1.38 561	1.38 555	1.38 549	1.38 543	1.38 537	
25'	1.38 531	1.38 525	1.38 519	1.38 513	1.38 506	1.38 500	1.38 494	1.38 488	1.38 482	1.38 476	
26'	1.38 470	1.38 464	1.38 458	1.38 452	1.38 446	1.38 439	1.38 433	1.38 427	1.38 421	1.38 415	
27'	1.38 409	1.38 403	1.38 397	1.38 391	1.38 385	1.38 379	1.38 373	1.38 366	1.38 360	1.38 354	
28'	1.38 348	1.38 342	1.38 336	1.38 330	1.38 324	1.38 318	1.38 312	1.38 306	1.38 300	1.38 293	
29'	1.38 287	1.38 281	1.38 275	1.38 269	1.38 263	1.38 257	1.38 251	1.38 245	1.38 239	1.38 233	
30'	1.38 227	1.38 221	1.38 214	1.38 208	1.38 202	1.38 196	1.38 190	1.38 184	1.38 178	1.38 172	
31'	1.38 166	1.38 160	1.38 154	1.38 148	1.38 142	1.38 136	1.38 130	1.38 123	1.38 117	1.38 111	
32'	1.38 105	1.38 099	1.38 093	1.38 087	1.38 081	1.38 075	1.38 069	1.38 063	1.38 057	1.38 051	
33'	1.38 045	1.38 039	1.38 033	1.38 026	1.38 020	1.38 014	1.38 008	1.38 002	1.37 996	1.37 990	
34'	1.37 984	1.37 978	1.37 972	1.37 966	1.37 960	1.37 954	1.37 948	1.37 942	1.37 936	1.37 930	
35'	1.37 924	1.37 917	1.37 911	1.37 905	1.37 899	1.37 893	1.37 887	1.37 881	1.37 875	1.37 869	
36'	1.37 863	1.37 857	1.37 851	1.37 845	1.37 839	1.37 833	1.37 827	1.37 821	1.37 815	1.37 809	
37'	1.37 803	1.37 797	1.37 790	1.37 784	1.37 778	1.37 772	1.37 766	1.37 760	1.37 754	1.37 748	
38'	1.37 742	1.37 736	1.37 730	1.37 724	1.37 718	1.37 712	1.37 706	1.37 700	1.37 694	1.37 688	
39'	1.37 682	1.37 676	1.37 670	1.37 664	1.37 658	1.37 652	1.37 646	1.37 640	1.37 634	1.37 628	
40'	1.37 621	1.37 615	1.37 609	1.37 603	1.37 597	1.37 591	1.37 585	1.37 579	1.37 573	1.37 567	
41'	1.37 561	1.37 555	1.37 549	1.37 543	1.37 537	1.37 531	1.37 525	1.37 519	1.37 513	1.37 507	
42'	1.37 501	1.37 495	1.37 489	1.37 483	1.37 477	1.37 471	1.37 465	1.37 459	1.37 453	1.37 447	
43'	1.37 441	1.37 435	1.37 429	1.37 423	1.37 417	1.37 411	1.37 405	1.37 399	1.37 393	1.37 387	
44'	1.37 381	1.37 375	1.37 369	1.37 363	1.37 357	1.37 351	1.37 345	1.37 339	1.37 333	1.37 327	
45'	1.37 321	1.37 315	1.37 309	1.37 303	1.37 297	1.37 291	1.37 285	1.37 279	1.37 272	1.37 266	
46'	1.37 260	1.37 254	1.37 248	1.37 242	1.37 236	1.37 230	1.37 224	1.37 218	1.37 212	1.37 206	
47'	1.37 200	1.37 194	1.37 188	1.37 182	1.37 176	1.37 170	1.37 164	1.37 158	1.37 152	1.37 146	
48'	1.37 141	1.37 135	1.37 129	1.37 123	1.37 117	1.37 111	1.37 105	1.37 099	1.37 093	1.37 087	
49'	1.37 081	1.37 075	1.37 069	1.37 063	1.37 057	1.37 051	1.37 045	1.37 039	1.37 033	1.37 027	
50'	1.37 021	1.37 015	1.37 009	1.37 003	1.36 997	1.36 991	1.36 985	1.36 979	1.36 973	1.36 967	
51'	1.36 961	1.36 955	1.36 949	1.36 943	1.36 937	1.36 931	1.36 925	1.36 919	1.36 913	1.36 907	
52'	1.36 901	1.36 895	1.36 889	1.36 883	1.36 877	1.36 871	1.36 865	1.36 859	1.36 853	1.36 847	
53'	1.36 841	1.36 835	1.36 829	1.36 823	1.36 817	1.36 811	1.36 805	1.36 799	1.36 794	1.36 788	
54'	1.36 782	1.36 776	1.36 770	1.36 764	1.36 758	1.36 752	1.36 746	1.36 740	1.36 734	1.36 728	
55'	1.36 722	1.36 716	1.36 710	1.36 704	1.36 698	1.36 692	1.36 686	1.36 680	1.36 674	1.36 668	
56'	1.36 662	1.36 656	1.36 650	1.36 644	1.36 638	1.36 632	1.36 627	1.36 621	1.36 615	1.36 609	
57'	1.36 603	1.36 597	1.36 591	1.36 585	1.36 579	1.36 573	1.36 567	1.36 561	1.36 555	1.36 549	
58'	1.36 543	1.36 537	1.36 531	1.36 525	1.36 519	1.36 513	1.36 507	1.36 502	1.36 496	1.36 490	
59'	1.36 484	1.36 478	1.36 472	1.36 466	1.36 460	1.36 454	1.36 448	1.36 442	1.36 436	1.36 430	

K 24°

	0.'0	0.'1	0.'2	0.'3	0.'4	0.'5	0.'6	0.'7	0.'8	0.'9
0'	1.36 424	1.36 418	1.36 412	1.36 406	1.36 400	1.36 395	1.36 389	1.36 383	1.36 377	1.36 371
1'	1.36 365	1.36 359	1.36 353	1.36 347	1.36 341	1.36 335	1.36 329	1.36 323	1.36 317	1.36 311
2'	1.36 305	1.36 299	1.36 294	1.36 288	1.36 282	1.36 276	1.36 270	1.36 264	1.36 258	1.36 252
3'	1.36 246	1.36 240	1.36 234	1.36 228	1.36 222	1.36 216	1.36 211	1.36 205	1.36 199	1.36 193
4'	1.36 187	1.36 181	1.36 175	1.36 169	1.36 163	1.36 157	1.36 151	1.36 145	1.36 139	1.36 133
5'	1.36 128	1.36 122	1.36 116	1.36 110	1.36 104	1.36 098	1.36 092	1.36 086	1.36 080	1.36 074
6'	1.36 068	1.36 062	1.36 057	1.36 051	1.36 045	1.36 039	1.36 033	1.36 027	1.36 021	1.36 015
7'	1.36 009	1.36 003	1.35 997	1.35 991	1.35 986	1.35 980	1.35 974	1.35 968	1.35 962	1.35 956
8'	1.35 950	1.35 944	1.35 938	1.35 932	1.35 926	1.35 921	1.35 915	1.35 909	1.35 903	1.35 897
9'	1.35 891	1.35 885	1.35 879	1.35 873	1.35 867	1.35 862	1.35 856	1.35 850	1.35 844	1.35 838
10'	1.35 832	1.35 826	1.35 820	1.35 814	1.35 808	1.35 802	1.35 797	1.35 791	1.35 785	1.35 779
11'	1.35 773	1.35 767	1.35 761	1.35 755	1.35 749	1.35 744	1.35 738	1.35 732	1.35 726	1.35 720
12'	1.35 714	1.35 708	1.35 702	1.35 696	1.35 690	1.35 685	1.35 679	1.35 673	1.35 667	1.35 661
13'	1.35 655	1.35 649	1.35 643	1.35 637	1.35 632	1.35 626	1.35 620	1.35 614	1.35 608	1.35 602
14'	1.35 596	1.35 590	1.35 585	1.35 579	1.35 573	1.35 567	1.35 561	1.35 555	1.35 549	1.35 543
15'	1.35 537	1.35 532	1.35 526	1.35 520	1.35 514	1.35 508	1.35 502	1.35 496	1.35 490	1.35 485
16'	1.35 479	1.35 473	1.35 467	1.35 461	1.35 455	1.35 449	1.35 443	1.35 438	1.35 432	1.35 426
17'	1.35 420	1.35 414	1.35 408	1.35 402	1.35 396	1.35 391	1.35 385	1.35 379	1.35 373	1.35 367
18'	1.35 361	1.35 355	1.35 349	1.35 344	1.35 338	1.35 332	1.35 326	1.35 320	1.35 314	1.35 308
19'	1.35 303	1.35 297	1.35 291	1.35 285	1.35 279	1.35 273	1.35 267	1.35 262	1.35 256	1.35 250
20'	1.35 244	1.35 238	1.35 232	1.35 226	1.35 221	1.35 215	1.35 209	1.35 203	1.35 197	1.35 191
21'	1.35 185	1.35 180	1.35 174	1.35 168	1.35 162	1.35 156	1.35 150	1.35 144	1.35 139	1.35 133
22'	1.35 127	1.35 121	1.35 115	1.35 109	1.35 103	1.35 098	1.35 092	1.35 086	1.35 080	1.35 074
23'	1.35 068	1.35 063	1.35 057	1.35 051	1.35 045	1.35 039	1.35 033	1.35 027	1.35 022	1.35 016
24'	1.35 010	1.35 004	1.34 998	1.34 992	1.34 987	1.34 981	1.34 975	1.34 969	1.34 963	1.34 957
25'	1.34 951	1.34 946	1.34 940	1.34 934	1.34 928	1.34 922	1.34 916	1.34 911	1.34 905	1.34 899
26'	1.34 893	1.34 887	1.34 881	1.34 876	1.34 870	1.34 864	1.34 858	1.34 852	1.34 846	1.34 841
27'	1.34 835	1.34 829	1.34 823	1.34 817	1.34 811	1.34 806	1.34 800	1.34 794	1.34 788	1.34 782
28'	1.34 777	1.34 771	1.34 765	1.34 759	1.34 753	1.34 747	1.34 742	1.34 736	1.34 730	1.34 724
29'	1.34 718	1.34 712	1.34 707	1.34 701	1.34 695	1.34 689	1.34 683	1.34 678	1.34 672	1.34 666
30'	1.34 660	1.34 654	1.34 648	1.34 643	1.34 637	1.34 631	1.34 625	1.34 619	1.34 614	1.34 608
31'	1.34 602	1.34 596	1.34 590	1.34 584	1.34 579	1.34 573	1.34 567	1.34 561	1.34 555	1.34 550
32'	1.34 544	1.34 538	1.34 532	1.34 526	1.34 521	1.34 515	1.34 509	1.34 503	1.34 497	1.34 491
33'	1.34 486	1.34 480	1.34 474	1.34 468	1.34 462	1.34 457	1.34 451	1.34 445	1.34 439	1.34 433
34'	1.34 428	1.34 422	1.34 416	1.34 410	1.34 404	1.34 399	1.34 393	1.34 387	1.34 381	1.34 375
35'	1.34 370	1.34 364	1.34 358	1.34 352	1.34 346	1.34 341	1.34 335	1.34 329	1.34 323	1.34 317
36'	1.34 312	1.34 306	1.34 300	1.34 294	1.34 289	1.34 283	1.34 277	1.34 271	1.34 265	1.34 260
37'	1.34 254	1.34 248	1.34 242	1.34 236	1.34 231	1.34 225	1.34 219	1.34 213	1.34 207	1.34 202
38'	1.34 196	1.34 190	1.34 184	1.34 179	1.34 173	1.34 167	1.34 161	1.34 155	1.34 150	1.34 144
39'	1.34 138	1.34 132	1.34 126	1.34 121	1.34 115	1.34 109	1.34 103	1.34 098	1.34 092	1.34 086
40'	1.34 080	1.34 074	1.34 069	1.34 063	1.34 057	1.34 051	1.34 046	1.34 040	1.34 034	1.34 028
41'	1.34 022	1.34 017	1.34 011	1.34 005	1.33 999	1.33 994	1.33 988	1.33 982	1.33 976	1.33 971
42'	1.33 965	1.33 959	1.33 953	1.33 947	1.33 942	1.33 936	1.33 930	1.33 924	1.33 919	1.33 913
43'	1.33 907	1.33 901	1.33 896	1.33 890	1.33 884	1.33 878	1.33 873	1.33 867	1.33 861	1.33 855
44'	1.33 849	1.33 844	1.33 838	1.33 832	1.33 826	1.33 821	1.33 815	1.33 809	1.33 803	1.33 798
45'	1.33 792	1.33 786	1.33 780	1.33 775	1.33 769	1.33 763	1.33 757	1.33 752	1.33 746	1.33 740
46'	1.33 734	1.33 729	1.33 723	1.33 717	1.33 711	1.33 706	1.33 700	1.33 694	1.33 688	1.33 683
47'	1.33 677	1.33 671	1.33 665	1.33 660	1.33 654	1.33 648	1.33 642	1.33 637	1.33 631	1.33 625
48'	1.33 619	1.33 614	1.33 608	1.33 602	1.33 596	1.33 591	1.33 585	1.33 579	1.33 573	1.33 568
49'	1.33 562	1.33 556	1.33 550	1.33 545	1.33 539	1.33 533	1.33 527	1.33 522	1.33 516	1.33 510
50'	1.33 504	1.33 499	1.33 493	1.33 487	1.33 482	1.33 476	1.33 470	1.33 464	1.33 459	1.33 453
51'	1.33 447	1.33 441	1.33 436	1.33 430	1.33 424	1.33 418	1.33 413	1.33 407	1.33 401	1.33 396
52'	1.33 390	1.33 384	1.33 378	1.33 373	1.33 367	1.33 361	1.33 355	1.33 350	1.33 344	1.33 338
53'	1.33 333	1.33 327	1.33 321	1.33 315	1.33 310	1.33 304	1.33 298	1.33 292	1.33 287	1.33 281
54'	1.33 275	1.33 270	1.33 264	1.33 258	1.33 252	1.33 247	1.33 241	1.33 235	1.33 229	1.33 224
55'	1.33 218	1.33 212	1.33 207	1.33 201	1.33 195	1.33 189	1.33 184	1.33 178	1.33 172	1.33 167
56'	1.33 161	1.33 155	1.33 149	1.33 144	1.33 138	1.33 132	1.33 127	1.33 121	1.33 115	1.33 109
57'	1.33 104	1.33 098	1.33 092	1.33 087	1.33 081	1.33 075	1.33 070	1.33 064	1.33 058	1.33 052
58'	1.33 047	1.33 041	1.33 035	1.33 030	1.33 024	1.33 018	1.33 012	1.33 007	1.33 001	1.32 995
59'	1.32 990	1.32 984	1.32 978	1.32 973	1.32 967	1.32 961	1.32 955	1.32 950	1.32 944	1.32 938

K   K

25°

	0.'0	0.'1	0.'2	0.'3	0.'4	0.'5	0.'6	0.'7	0.'8	0.'9
0'	1.32 933	1.32 927	1.32 921	1.32 916	1.32 910	1.32 904	1.32 898	1.32 893	1.32 887	1.32 881
1'	1.32 876	1.32 870	1.32 864	1.32 859	1.32 853	1.32 847	1.32 842	1.32 836	1.32 830	1.32 824
2'	1.32 819	1.32 813	1.32 807	1.32 802	1.32 796	1.32 790	1.32 785	1.32 779	1.32 773	1.32 768
3'	1.32 762	1.32 756	1.32 751	1.32 745	1.32 739	1.32 733	1.32 728	1.32 722	1.32 716	1.32 711
4'	1.32 705	1.32 699	1.32 694	1.32 688	1.32 682	1.32 677	1.32 671	1.32 665	1.32 660	1.32 654
5'	1.32 648	1.32 643	1.32 637	1.32 631	1.32 626	1.32 620	1.32 614	1.32 608	1.32 603	1.32 597
6'	1.32 591	1.32 586	1.32 580	1.32 574	1.32 569	1.32 563	1.32 557	1.32 552	1.32 546	1.32 540
7'	1.32 535	1.32 529	1.32 523	1.32 518	1.32 512	1.32 506	1.32 501	1.32 495	1.32 489	1.32 484
8'	1.32 478	1.32 472	1.32 467	1.32 461	1.32 455	1.32 450	1.32 444	1.32 438	1.32 433	1.32 427
9'	1.32 421	1.32 416	1.32 410	1.32 404	1.32 399	1.32 393	1.32 387	1.32 382	1.32 376	1.32 370
10'	1.32 365	1.32 359	1.32 353	1.32 348	1.32 342	1.32 336	1.32 331	1.32 325	1.32 319	1.32 314
11'	1.32 308	1.32 303	1.32 297	1.32 291	1.32 286	1.32 280	1.32 274	1.32 269	1.32 263	1.32 257
12'	1.32 252	1.32 246	1.32 240	1.32 235	1.32 229	1.32 223	1.32 218	1.32 212	1.32 206	1.32 201
13'	1.32 195	1.32 190	1.32 184	1.32 178	1.32 173	1.32 167	1.32 161	1.32 156	1.32 150	1.32 144
14'	1.32 139	1.32 133	1.32 127	1.32 122	1.32 116	1.32 110	1.32 105	1.32 099	1.32 094	1.32 088
15'	1.32 082	1.32 077	1.32 071	1.32 065	1.32 060	1.32 054	1.32 048	1.32 043	1.32 037	1.32 032
16'	1.32 026	1.32 020	1.32 015	1.32 009	1.32 003	1.31 998	1.31 992	1.31 986	1.31 981	1.31 975
17'	1.31 970	1.31 964	1.31 958	1.31 953	1.31 947	1.31 941	1.31 936	1.31 930	1.31 924	1.31 919
18'	1.31 913	1.31 908	1.31 902	1.31 896	1.31 891	1.31 885	1.31 879	1.31 874	1.31 868	1.31 863
19'	1.31 857	1.31 851	1.31 846	1.31 840	1.31 834	1.31 829	1.31 823	1.31 818	1.31 812	1.31 806
20'	1.31 801	1.31 795	1.31 789	1.31 784	1.31 778	1.31 773	1.31 767	1.31 761	1.31 756	1.31 750
21'	1.31 745	1.31 739	1.31 733	1.31 728	1.31 722	1.31 716	1.31 711	1.31 705	1.31 700	1.31 694
22'	1.31 688	1.31 683	1.31 677	1.31 672	1.31 666	1.31 660	1.31 655	1.31 649	1.31 644	1.31 638
23'	1.31 632	1.31 627	1.31 621	1.31 615	1.31 610	1.31 604	1.31 599	1.31 593	1.31 587	1.31 582
24'	1.31 576	1.31 571	1.31 565	1.31 559	1.31 554	1.31 548	1.31 543	1.31 537	1.31 531	1.31 526
25'	1.31 520	1.31 515	1.31 509	1.31 503	1.31 498	1.31 492	1.31 487	1.31 481	1.31 475	1.31 470
26'	1.31 464	1.31 459	1.31 453	1.31 447	1.31 442	1.31 436	1.31 431	1.31 425	1.31 419	1.31 414
27'	1.31 408	1.31 403	1.31 397	1.31 391	1.31 386	1.31 380	1.31 375	1.31 369	1.31 363	1.31 358
28'	1.31 352	1.31 347	1.31 341	1.31 336	1.31 330	1.31 324	1.31 319	1.31 313	1.31 308	1.31 302
29'	1.31 296	1.31 291	1.31 285	1.31 280	1.31 274	1.31 268	1.31 263	1.31 257	1.31 252	1.31 246
30'	1.31 241	1.31 235	1.31 229	1.31 224	1.31 218	1.31 213	1.31 207	1.31 201	1.31 196	1.31 190
31'	1.31 185	1.31 179	1.31 174	1.31 168	1.31 162	1.31 157	1.31 151	1.31 146	1.31 140	1.31 135
32'	1.31 129	1.31 123	1.31 118	1.31 112	1.31 107	1.31 101	1.31 096	1.31 090	1.31 084	1.31 079
33'	1.31 073	1.31 068	1.31 062	1.31 057	1.31 051	1.31 045	1.31 040	1.31 034	1.31 029	1.31 023
34'	1.31 018	1.31 012	1.31 006	1.31 001	1.30 995	1.30 990	1.30 984	1.30 979	1.30 973	1.30 967
35'	1.30 962	1.30 956	1.30 951	1.30 945	1.30 940	1.30 934	1.30 928	1.30 923	1.30 917	1.30 912
36'	1.30 906	1.30 901	1.30 895	1.30 890	1.30 884	1.30 878	1.30 873	1.30 867	1.30 862	1.30 856
37'	1.30 851	1.30 845	1.30 840	1.30 834	1.30 828	1.30 823	1.30 817	1.30 812	1.30 806	1.30 801
38'	1.30 795	1.30 790	1.30 784	1.30 778	1.30 773	1.30 767	1.30 762	1.30 756	1.30 751	1.30 745
39'	1.30 740	1.30 734	1.30 728	1.30 723	1.30 717	1.30 712	1.30 706	1.30 701	1.30 695	1.30 690
40'	1.30 684	1.30 679	1.30 673	1.30 667	1.30 662	1.30 656	1.30 651	1.30 645	1.30 640	1.30 634
41'	1.30 629	1.30 623	1.30 618	1.30 612	1.30 607	1.30 601	1.30 595	1.30 590	1.30 584	1.30 579
42'	1.30 573	1.30 568	1.30 562	1.30 557	1.30 551	1.30 546	1.30 540	1.30 535	1.30 529	1.30 523
43'	1.30 518	1.30 512	1.30 507	1.30 501	1.30 496	1.30 490	1.30 485	1.30 479	1.30 474	1.30 468
44'	1.30 463	1.30 457	1.30 452	1.30 446	1.30 440	1.30 435	1.30 429	1.30 424	1.30 418	1.30 413
45'	1.30 407	1.30 402	1.30 396	1.30 391	1.30 385	1.30 380	1.30 374	1.30 369	1.30 363	1.30 358
46'	1.30 352	1.30 347	1.30 341	1.30 335	1.30 330	1.30 324	1.30 319	1.30 313	1.30 308	1.30 302
47'	1.30 297	1.30 291	1.30 286	1.30 280	1.30 275	1.30 269	1.30 264	1.30 258	1.30 253	1.30 247
48'	1.30 242	1.30 236	1.30 231	1.30 225	1.30 220	1.30 214	1.30 209	1.30 203	1.30 198	1.30 192
49'	1.30 187	1.30 181	1.30 175	1.30 170	1.30 164	1.30 159	1.30 153	1.30 148	1.30 142	1.30 137
50'	1.30 131	1.30 126	1.30 120	1.30 115	1.30 109	1.30 104	1.30 098	1.30 093	1.30 087	1.30 082
51'	1.30 076	1.30 071	1.30 065	1.30 060	1.30 054	1.30 049	1.30 043	1.30 038	1.30 032	1.30 027
52'	1.30 021	1.30 016	1.30 010	1.30 005	1.29 999	1.29 994	1.29 988	1.29 983	1.29 977	1.29 972
53'	1.29 966	1.29 961	1.29 955	1.29 950	1.29 944	1.29 939	1.29 933	1.29 928	1.29 922	1.29 917
54'	1.29 911	1.29 906	1.29 900	1.29 895	1.29 889	1.29 884	1.29 878	1.29 873	1.29 867	1.29 862
55'	1.29 856	1.29 851	1.29 845	1.29 840	1.29 834	1.29 829	1.29 824	1.29 818	1.29 813	1.29 807
56'	1.29 802	1.29 796	1.29 791	1.29 785	1.29 780	1.29 774	1.29 769	1.29 763	1.29 758	1.29 752
57'	1.29 747	1.29 741	1.29 736	1.29 730	1.29 725	1.29 719	1.29 714	1.29 708	1.29 703	1.29 697
58'	1.29 692	1.29 686	1.29 681	1.29 675	1.29 670	1.29 665	1.29 659	1.29 654	1.29 648	1.29 643
59'	1.29 637	1.29 632	1.29 626	1.29 621	1.29 615	1.29 610	1.29 604	1.29 599	1.29 593	1.29 588

25°

K 26°

	0.'0	0.'1	0.'2	0.'3	0.'4	0.'5	0.'6	0.'7	0.'8	0.'9
0'	1.29 582	1.29 577	1.29 571	1.29 566	1.29 561	1.29 555	1.29 550	1.29 544	1.29 539	1.29 533
1'	1.29 528	1.29 522	1.29 517	1.29 511	1.29 506	1.29 500	1.29 495	1.29 489	1.29 484	1.29 478
2'	1.29 473	1.29 468	1.29 462	1.29 457	1.29 451	1.29 446	1.29 440	1.29 435	1.29 429	1.29 424
3'	1.29 418	1.29 413	1.29 407	1.29 402	1.29 397	1.29 391	1.29 386	1.29 380	1.29 375	1.29 369
4'	1.29 364	1.29 358	1.29 353	1.29 347	1.29 342	1.29 337	1.29 331	1.29 326	1.29 320	1.29 315
5'	1.29 309	1.29 304	1.29 298	1.29 293	1.29 287	1.29 282	1.29 277	1.29 271	1.29 266	1.29 260
6'	1.29 255	1.29 249	1.29 244	1.29 238	1.29 233	1.29 227	1.29 222	1.29 217	1.29 211	1.29 206
7'	1.29 200	1.29 195	1.29 189	1.29 184	1.29 178	1.29 173	1.29 168	1.29 162	1.29 157	1.29 151
8'	1.29 146	1.29 140	1.29 135	1.29 129	1.29 124	1.29 119	1.29 113	1.29 108	1.29 102	1.29 097
9'	1.29 091	1.29 086	1.29 080	1.29 075	1.29 070	1.29 064	1.29 059	1.29 053	1.29 048	1.29 042
10'	1.29 037	1.29 032	1.29 026	1.29 021	1.29 015	1.29 010	1.29 004	1.28 999	1.28 994	1.28 988
11'	1.28 983	1.28 977	1.28 972	1.28 966	1.28 961	1.28 956	1.28 950	1.28 945	1.28 939	1.28 934
12'	1.28 928	1.28 923	1.28 917	1.28 912	1.28 907	1.28 901	1.28 896	1.28 890	1.28 885	1.28 880
13'	1.28 874	1.28 869	1.28 863	1.28 858	1.28 852	1.28 847	1.28 842	1.28 836	1.28 831	1.28 825
14'	1.28 820	1.28 814	1.28 809	1.28 804	1.28 798	1.28 793	1.28 787	1.28 782	1.28 776	1.28 771
15'	1.28 766	1.28 760	1.28 755	1.28 749	1.28 744	1.28 739	1.28 733	1.28 728	1.28 722	1.28 717
16'	1.28 711	1.28 706	1.28 701	1.28 695	1.28 690	1.28 684	1.28 679	1.28 674	1.28 668	1.28 663
17'	1.28 657	1.28 652	1.28 647	1.28 641	1.28 636	1.28 630	1.28 625	1.28 619	1.28 614	1.28 609
18'	1.28 603	1.28 598	1.28 592	1.28 587	1.28 582	1.28 576	1.28 571	1.28 565	1.28 560	1.28 555
19'	1.28 549	1.28 544	1.28 538	1.28 533	1.28 528	1.28 522	1.28 517	1.28 511	1.28 506	1.28 501
20'	1.28 495	1.28 490	1.28 484	1.28 479	1.28 474	1.28 468	1.28 463	1.28 457	1.28 452	1.28 447
21'	1.28 441	1.28 436	1.28 430	1.28 425	1.28 420	1.28 414	1.28 409	1.28 403	1.28 398	1.28 393
22'	1.28 387	1.28 382	1.28 376	1.28 371	1.28 366	1.28 360	1.28 355	1.28 350	1.28 344	1.28 339
23'	1.28 333	1.28 328	1.28 323	1.28 317	1.28 312	1.28 306	1.28 301	1.28 296	1.28 290	1.28 285
24'	1.28 279	1.28 274	1.28 269	1.28 263	1.28 258	1.28 253	1.28 247	1.28 242	1.28 236	1.28 231
25'	1.28 226	1.28 220	1.28 215	1.28 209	1.28 204	1.28 199	1.28 193	1.28 188	1.28 183	1.28 177
26'	1.28 172	1.28 166	1.28 161	1.28 156	1.28 150	1.28 145	1.28 140	1.28 134	1.28 129	1.28 123
27'	1.28 118	1.28 113	1.28 107	1.28 102	1.28 097	1.28 091	1.28 086	1.28 080	1.28 075	1.28 070
28'	1.28 064	1.28 059	1.28 054	1.28 048	1.28 043	1.28 037	1.28 032	1.28 027	1.28 021	1.28 016
29'	1.28 011	1.28 005	1.28 000	1.27 994	1.27 989	1.27 984	1.27 978	1.27 973	1.27 968	1.27 962
30'	1.27 957	1.27 952	1.27 946	1.27 941	1.27 935	1.27 930	1.27 925	1.27 919	1.27 914	1.27 909
31'	1.27 903	1.27 898	1.27 893	1.27 887	1.27 882	1.27 876	1.27 871	1.27 866	1.27 860	1.27 855
32'	1.27 850	1.27 844	1.27 839	1.27 834	1.27 828	1.27 823	1.27 818	1.27 812	1.27 807	1.27 801
33'	1.27 796	1.27 791	1.27 785	1.27 780	1.27 775	1.27 769	1.27 764	1.27 759	1.27 753	1.27 748
34'	1.27 743	1.27 737	1.27 732	1.27 727	1.27 721	1.27 716	1.27 711	1.27 705	1.27 700	1.27 694
35'	1.27 689	1.27 684	1.27 678	1.27 673	1.27 668	1.27 662	1.27 657	1.27 652	1.27 646	1.27 641
36'	1.27 636	1.27 630	1.27 625	1.27 620	1.27 614	1.27 609	1.27 604	1.27 598	1.27 593	1.27 588
37'	1.27 582	1.27 577	1.27 572	1.27 566	1.27 561	1.27 556	1.27 550	1.27 545	1.27 540	1.27 534
38'	1.27 529	1.27 524	1.27 518	1.27 513	1.27 507	1.27 502	1.27 497	1.27 491	1.27 486	1.27 481
39'	1.27 475	1.27 470	1.27 465	1.27 459	1.27 454	1.27 449	1.27 443	1.27 438	1.27 433	1.27 427
40'	1.27 422	1.27 417	1.27 412	1.27 406	1.27 401	1.27 396	1.27 390	1.27 385	1.27 380	1.27 374
41'	1.27 369	1.27 364	1.27 358	1.27 353	1.27 348	1.27 342	1.27 337	1.27 332	1.27 326	1.27 321
42'	1.27 316	1.27 310	1.27 305	1.27 300	1.27 294	1.27 289	1.27 284	1.27 278	1.27 273	1.27 268
43'	1.27 262	1.27 257	1.27 252	1.27 246	1.27 241	1.27 236	1.27 230	1.27 225	1.27 220	1.27 215
44'	1.27 209	1.27 204	1.27 199	1.27 193	1.27 188	1.27 183	1.27 177	1.27 172	1.27 167	1.27 161
45'	1.27 156	1.27 151	1.27 145	1.27 140	1.27 135	1.27 130	1.27 124	1.27 119	1.27 114	1.27 108
46'	1.27 103	1.27 098	1.27 092	1.27 087	1.27 082	1.27 076	1.27 071	1.27 066	1.27 060	1.27 055
47'	1.27 050	1.27 045	1.27 039	1.27 034	1.27 029	1.27 023	1.27 018	1.27 013	1.27 007	1.27 002
48'	1.26 997	1.26 992	1.26 986	1.26 981	1.26 976	1.26 970	1.26 965	1.26 960	1.26 954	1.26 949
49'	1.26 944	1.26 939	1.26 933	1.26 928	1.26 923	1.26 917	1.26 912	1.26 907	1.26 901	1.26 896
50'	1.26 891	1.26 886	1.26 880	1.26 875	1.26 870	1.26 864	1.26 859	1.26 854	1.26 848	1.26 843
51'	1.26 838	1.26 833	1.26 827	1.26 822	1.26 817	1.26 811	1.26 806	1.26 801	1.26 796	1.26 790
52'	1.26 785	1.26 780	1.26 774	1.26 769	1.26 764	1.26 759	1.26 753	1.26 748	1.26 743	1.26 737
53'	1.26 732	1.26 727	1.26 722	1.26 716	1.26 711	1.26 706	1.26 700	1.26 695	1.26 690	1.26 685
54'	1.26 679	1.26 674	1.26 669	1.26 663	1.26 658	1.26 653	1.26 648	1.26 642	1.26 637	1.26 632
55'	1.26 626	1.26 621	1.26 616	1.26 611	1.26 605	1.26 600	1.26 595	1.26 590	1.26 584	1.26 579
56'	1.26 574	1.26 568	1.26 563	1.26 558	1.26 553	1.26 547	1.26 542	1.26 537	1.26 532	1.26 526
57'	1.26 521	1.26 516	1.26 510	1.26 505	1.26 500	1.26 495	1.26 489	1.26 484	1.26 479	1.26 474
58'	1.26 468	1.26 463	1.26 458	1.26 452	1.26 447	1.26 442	1.26 437	1.26 431	1.26 426	1.26 421
59'	1.26 416	1.26 410	1.26 405	1.26 400	1.26 395	1.26 389	1.26 384	1.26 379	1.26 373	1.26 368

K 26°

K   K

27°

	0.'0	0.'1	0.'2	0.'3	0.'4	0.'5	0.'6	0.'7	0.'8	0.'9
0'	1.26 363	1.26 358	1.26 352	1.26 347	1.26 342	1.26 337	1.26 331	1.26 326	1.26 321	1.26 316
1'	1.26 310	1.26 305	1.26 300	1.26 295	1.26 289	1.26 284	1.26 279	1.26 274	1.26 268	1.26 263
2'	1.26 258	1.26 253	1.26 247	1.26 242	1.26 237	1.26 232	1.26 226	1.26 221	1.26 216	1.26 210
3'	1.26 205	1.26 200	1.26 195	1.26 189	1.26 184	1.26 179	1.26 174	1.26 168	1.26 163	1.26 158
4'	1.26 153	1.26 147	1.26 142	1.26 137	1.26 132	1.26 126	1.26 121	1.26 116	1.26 111	1.26 106
5'	1.26 100	1.26 095	1.26 090	1.26 085	1.26 079	1.26 074	1.26 069	1.26 064	1.26 058	1.26 053
6'	1.26 048	1.26 043	1.26 037	1.26 032	1.26 027	1.26 022	1.26 016	1.26 011	1.26 006	1.26 001
7'	1.25 995	1.25 990	1.25 985	1.25 980	1.25 974	1.25 969	1.25 964	1.25 959	1.25 954	1.25 948
8'	1.25 943	1.25 938	1.25 933	1.25 927	1.25 922	1.25 917	1.25 912	1.25 906	1.25 901	1.25 896
9'	1.25 891	1.25 885	1.25 880	1.25 875	1.25 870	1.25 865	1.25 859	1.25 854	1.25 849	1.25 844
10'	1.25 838	1.25 833	1.25 828	1.25 823	1.25 818	1.25 812	1.25 807	1.25 802	1.25 797	1.25 791
11'	1.25 786	1.25 781	1.25 776	1.25 770	1.25 765	1.25 760	1.25 755	1.25 750	1.25 744	1.25 739
12'	1.25 734	1.25 729	1.25 723	1.25 718	1.25 713	1.25 708	1.25 703	1.25 697	1.25 692	1.25 687
13'	1.25 682	1.25 676	1.25 671	1.25 666	1.25 661	1.25 656	1.25 650	1.25 645	1.25 640	1.25 635
14'	1.25 630	1.25 624	1.25 619	1.25 614	1.25 609	1.25 603	1.25 598	1.25 593	1.25 588	1.25 583
15'	1.25 577	1.25 572	1.25 567	1.25 562	1.25 557	1.25 551	1.25 546	1.25 541	1.25 536	1.25 531
16'	1.25 525	1.25 520	1.25 515	1.25 510	1.25 504	1.25 499	1.25 494	1.25 489	1.25 484	1.25 478
17'	1.25 473	1.25 468	1.25 463	1.25 458	1.25 452	1.25 447	1.25 442	1.25 437	1.25 432	1.25 426
18'	1.25 421	1.25 416	1.25 411	1.25 406	1.25 400	1.25 395	1.25 390	1.25 385	1.25 380	1.25 374
19'	1.25 369	1.25 364	1.25 359	1.25 354	1.25 348	1.25 343	1.25 338	1.25 333	1.25 328	1.25 322
20'	1.25 317	1.25 312	1.25 307	1.25 302	1.25 296	1.25 291	1.25 286	1.25 281	1.25 276	1.25 270
21'	1.25 265	1.25 260	1.25 255	1.25 250	1.25 245	1.25 239	1.25 234	1.25 229	1.25 224	1.25 219
22'	1.25 213	1.25 208	1.25 203	1.25 198	1.25 193	1.25 187	1.25 182	1.25 177	1.25 172	1.25 167
23'	1.25 162	1.25 156	1.25 151	1.25 146	1.25 141	1.25 136	1.25 130	1.25 125	1.25 120	1.25 115
24'	1.25 110	1.25 104	1.25 099	1.25 094	1.25 089	1.25 084	1.25 079	1.25 073	1.25 068	1.25 063
25'	1.25 058	1.25 053	1.25 048	1.25 042	1.25 037	1.25 032	1.25 027	1.25 022	1.25 016	1.25 011
26'	1.25 006	1.25 001	1.24 996	1.24 991	1.24 985	1.24 980	1.24 975	1.24 970	1.24 965	1.24 960
27'	1.24 954	1.24 949	1.24 944	1.24 939	1.24 934	1.24 928	1.24 923	1.24 918	1.24 913	1.24 908
28'	1.24 903	1.24 897	1.24 892	1.24 887	1.24 882	1.24 877	1.24 872	1.24 866	1.24 861	1.24 856
29'	1.24 851	1.24 846	1.24 841	1.24 835	1.24 830	1.24 825	1.24 820	1.24 815	1.24 810	1.24 804
30'	1.24 799	1.24 794	1.24 789	1.24 784	1.24 779	1.24 774	1.24 768	1.24 763	1.24 758	1.24 753
31'	1.24 748	1.24 743	1.24 737	1.24 732	1.24 727	1.24 722	1.24 717	1.24 712	1.24 706	1.24 701
32'	1.24 696	1.24 691	1.24 686	1.24 681	1.24 676	1.24 670	1.24 665	1.24 660	1.24 655	1.24 650
33'	1.24 645	1.24 639	1.24 634	1.24 629	1.24 624	1.24 619	1.24 614	1.24 609	1.24 603	1.24 598
34'	1.24 593	1.24 588	1.24 583	1.24 578	1.24 572	1.24 567	1.24 562	1.24 557	1.24 552	1.24 547
35'	1.24 542	1.24 536	1.24 531	1.24 526	1.24 521	1.24 516	1.24 511	1.24 506	1.24 500	1.24 495
36'	1.24 490	1.24 485	1.24 480	1.24 475	1.24 470	1.24 464	1.24 459	1.24 454	1.24 449	1.24 444
37'	1.24 439	1.24 434	1.24 428	1.24 423	1.24 418	1.24 413	1.24 408	1.24 403	1.24 398	1.24 392
38'	1.24 387	1.24 382	1.24 377	1.24 372	1.24 367	1.24 362	1.24 357	1.24 351	1.24 346	1.24 341
39'	1.24 336	1.24 331	1.24 326	1.24 321	1.24 315	1.24 310	1.24 305	1.24 300	1.24 295	1.24 290
40'	1.24 285	1.24 280	1.24 274	1.24 269	1.24 264	1.24 259	1.24 254	1.24 249	1.24 244	1.24 239
41'	1.24 233	1.24 228	1.24 223	1.24 218	1.24 213	1.24 208	1.24 203	1.24 197	1.24 192	1.24 187
42'	1.24 182	1.24 177	1.24 172	1.24 167	1.24 162	1.24 157	1.24 151	1.24 146	1.24 141	1.24 136
43'	1.24 131	1.24 126	1.24 121	1.24 116	1.24 110	1.24 105	1.24 100	1.24 095	1.24 090	1.24 085
44'	1.24 080	1.24 075	1.24 069	1.24 064	1.24 059	1.24 054	1.24 049	1.24 044	1.24 039	1.24 034
45'	1.24 029	1.24 023	1.24 018	1.24 013	1.24 008	1.24 003	1.23 998	1.23 993	1.23 988	1.23 983
46'	1.23 977	1.23 972	1.23 967	1.23 962	1.23 957	1.23 952	1.23 947	1.23 942	1.23 937	1.23 931
47'	1.23 926	1.23 921	1.23 916	1.23 911	1.23 906	1.23 901	1.23 896	1.23 891	1.23 885	1.23 880
48'	1.23 875	1.23 870	1.23 865	1.23 860	1.23 855	1.23 850	1.23 845	1.23 840	1.23 834	1.23 829
49'	1.23 824	1.23 819	1.23 814	1.23 809	1.23 804	1.23 799	1.23 794	1.23 789	1.23 783	1.23 778
50'	1.23 773	1.23 768	1.23 763	1.23 758	1.23 753	1.23 748	1.23 743	1.23 738	1.23 732	1.23 727
51'	1.23 722	1.23 717	1.23 712	1.23 707	1.23 702	1.23 697	1.23 692	1.23 687	1.23 682	1.23 676
52'	1.23 671	1.23 666	1.23 661	1.23 656	1.23 651	1.23 646	1.23 641	1.23 636	1.23 631	1.23 626
53'	1.23 620	1.23 615	1.23 610	1.23 605	1.23 600	1.23 595	1.23 590	1.23 585	1.23 580	1.23 575
54'	1.23 570	1.23 564	1.23 559	1.23 554	1.23 549	1.23 544	1.23 539	1.23 534	1.23 529	1.23 524
55'	1.23 519	1.23 514	1.23 509	1.23 503	1.23 498	1.23 493	1.23 488	1.23 483	1.23 478	1.23 473
56'	1.23 468	1.23 463	1.23 458	1.23 453	1.23 448	1.23 442	1.23 437	1.23 432	1.23 427	1.23 422
57'	1.23 417	1.23 412	1.23 407	1.23 402	1.23 397	1.23 392	1.23 387	1.23 382	1.23 377	1.23 371
58'	1.23 366	1.23 361	1.23 356	1.23 351	1.23 346	1.23 341	1.23 336	1.23 331	1.23 326	1.23 321
59'	1.23 316	1.23 311	1.23 306	1.23 300	1.23 295	1.23 290	1.23 285	1.23 280	1.23 275	1.23 270

27°

K K

28° 28°

	0.'0	0.'1	0.'2	0.'3	0.'4	0.'5	0.'6	0.'7	0.'8	0.'9
0'	1.23 265	1.23 260	1.23 255	1.23 250	1.23 245	1.23 240	1.23 235	1.23 230	1.23 224	1.23 219
1'	1.23 214	1.23 209	1.23 204	1.23 199	1.23 194	1.23 189	1.23 184	1.23 179	1.23 174	1.23 169
2'	1.23 164	1.23 159	1.23 154	1.23 149	1.23 143	1.23 138	1.23 133	1.23 128	1.23 123	1.23 118
3'	1.23 113	1.23 108	1.23 103	1.23 098	1.23 093	1.23 088	1.23 083	1.23 078	1.23 073	1.23 068
4'	1.23 063	1.23 057	1.23 052	1.23 047	1.23 042	1.23 037	1.23 032	1.23 027	1.23 022	1.23 017
5'	1.23 012	1.23 007	1.23 002	1.22 997	1.22 992	1.22 987	1.22 982	1.22 977	1.22 972	1.22 967
6'	1.22 962	1.22 956	1.22 951	1.22 946	1.22 941	1.22 936	1.22 931	1.22 926	1.22 921	1.22 916
7'	1.22 911	1.22 906	1.22 901	1.22 896	1.22 891	1.22 886	1.22 881	1.22 876	1.22 871	1.22 866
8'	1.22 861	1.22 856	1.22 851	1.22 845	1.22 840	1.22 835	1.22 830	1.22 825	1.22 820	1.22 815
9'	1.22 810	1.22 805	1.22 800	1.22 795	1.22 790	1.22 785	1.22 780	1.22 775	1.22 770	1.22 765
10'	1.22 760	1.22 755	1.22 750	1.22 745	1.22 740	1.22 735	1.22 730	1.22 725	1.22 720	1.22 715
11'	1.22 710	1.22 704	1.22 699	1.22 694	1.22 689	1.22 684	1.22 679	1.22 674	1.22 669	1.22 664
12'	1.22 659	1.22 654	1.22 649	1.22 644	1.22 639	1.22 634	1.22 629	1.22 624	1.22 619	1.22 614
13'	1.22 609	1.22 604	1.22 599	1.22 594	1.22 589	1.22 584	1.22 579	1.22 574	1.22 569	1.22 564
14'	1.22 559	1.22 554	1.22 549	1.22 544	1.22 539	1.22 534	1.22 529	1.22 524	1.22 518	1.22 513
15'	1.22 508	1.22 503	1.22 498	1.22 493	1.22 488	1.22 483	1.22 478	1.22 473	1.22 468	1.22 463
16'	1.22 458	1.22 453	1.22 448	1.22 443	1.22 438	1.22 433	1.22 428	1.22 423	1.22 418	1.22 413
17'	1.22 408	1.22 403	1.22 398	1.22 393	1.22 388	1.22 383	1.22 378	1.22 373	1.22 368	1.22 363
18'	1.22 358	1.22 353	1.22 348	1.22 343	1.22 338	1.22 333	1.22 328	1.22 323	1.22 318	1.22 313
19'	1.22 308	1.22 303	1.22 298	1.22 293	1.22 288	1.22 283	1.22 278	1.22 273	1.22 268	1.22 263
20'	1.22 258	1.22 253	1.22 248	1.22 243	1.22 238	1.22 233	1.22 228	1.22 223	1.22 218	1.22 213
21'	1.22 208	1.22 203	1.22 198	1.22 193	1.22 188	1.22 183	1.22 178	1.22 173	1.22 168	1.22 163
22'	1.22 158	1.22 153	1.22 148	1.22 143	1.22 138	1.22 133	1.22 128	1.22 123	1.22 118	1.22 113
23'	1.22 108	1.22 103	1.22 098	1.22 093	1.22 088	1.22 083	1.22 078	1.22 073	1.22 068	1.22 063
24'	1.22 058	1.22 053	1.22 048	1.22 043	1.22 038	1.22 033	1.22 028	1.22 023	1.22 018	1.22 013
25'	1.22 008	1.22 003	1.21 998	1.21 993	1.21 988	1.21 983	1.21 978	1.21 973	1.21 968	1.21 963
26'	1.21 958	1.21 953	1.21 948	1.21 943	1.21 938	1.21 933	1.21 928	1.21 923	1.21 918	1.21 913
27'	1.21 908	1.21 903	1.21 898	1.21 893	1.21 888	1.21 883	1.21 878	1.21 873	1.21 868	1.21 863
28'	1.21 858	1.21 853	1.21 848	1.21 843	1.21 838	1.21 834	1.21 829	1.21 824	1.21 819	1.21 814
29'	1.21 809	1.21 804	1.21 799	1.21 794	1.21 789	1.21 784	1.21 779	1.21 774	1.21 769	1.21 764
30'	1.21 759	1.21 754	1.21 749	1.21 744	1.21 739	1.21 734	1.21 729	1.21 724	1.21 719	1.21 714
31'	1.21 709	1.21 704	1.21 699	1.21 694	1.21 689	1.21 684	1.21 679	1.21 674	1.21 669	1.21 664
32'	1.21 659	1.21 654	1.21 650	1.21 645	1.21 640	1.21 635	1.21 630	1.21 625	1.21 620	1.21 615
33'	1.21 610	1.21 605	1.21 600	1.21 595	1.21 590	1.21 585	1.21 580	1.21 575	1.21 570	1.21 565
34'	1.21 560	1.21 555	1.21 550	1.21 545	1.21 540	1.21 535	1.21 530	1.21 525	1.21 520	1.21 515
35'	1.21 511	1.21 506	1.21 501	1.21 496	1.21 491	1.21 486	1.21 481	1.21 476	1.21 471	1.21 466
36'	1.21 461	1.21 456	1.21 451	1.21 446	1.21 441	1.21 436	1.21 431	1.21 426	1.21 421	1.21 416
37'	1.21 411	1.21 406	1.21 402	1.21 397	1.21 392	1.21 387	1.21 382	1.21 377	1.21 372	1.21 367
38'	1.21 362	1.21 357	1.21 352	1.21 347	1.21 342	1.21 337	1.21 332	1.21 327	1.21 322	1.21 317
39'	1.21 312	1.21 307	1.21 303	1.21 298	1.21 293	1.21 288	1.21 283	1.21 278	1.21 273	1.21 268
40'	1.21 263	1.21 258	1.21 253	1.21 248	1.21 243	1.21 238	1.21 233	1.21 228	1.21 223	1.21 218
41'	1.21 214	1.21 209	1.21 204	1.21 199	1.21 194	1.21 189	1.21 184	1.21 179	1.21 174	1.21 169
42'	1.21 164	1.21 159	1.21 154	1.21 149	1.21 144	1.21 139	1.21 135	1.21 130	1.21 125	1.21 120
43'	1.21 115	1.21 110	1.21 105	1.21 100	1.21 095	1.21 090	1.21 085	1.21 080	1.21 075	1.21 070
44'	1.21 065	1.21 060	1.21 056	1.21 051	1.21 046	1.21 041	1.21 036	1.21 031	1.21 026	1.21 021
45'	1.21 016	1.21 011	1.21 006	1.21 001	1.20 996	1.20 991	1.20 987	1.20 982	1.20 977	1.20 972
46'	1.20 967	1.20 962	1.20 957	1.20 952	1.20 947	1.20 942	1.20 937	1.20 932	1.20 927	1.20 923
47'	1.20 918	1.20 913	1.20 908	1.20 903	1.20 898	1.20 893	1.20 888	1.20 883	1.20 878	1.20 873
48'	1.20 868	1.20 863	1.20 859	1.20 854	1.20 849	1.20 844	1.20 839	1.20 834	1.20 829	1.20 824
49'	1.20 819	1.20 814	1.20 809	1.20 804	1.20 800	1.20 795	1.20 790	1.20 785	1.20 780	1.20 775
50'	1.20 770	1.20 765	1.20 760	1.20 755	1.20 750	1.20 745	1.20 741	1.20 736	1.20 731	1.20 726
51'	1.20 721	1.20 716	1.20 711	1.20 706	1.20 701	1.20 696	1.20 691	1.20 687	1.20 682	1.20 677
52'	1.20 672	1.20 667	1.20 662	1.20 657	1.20 652	1.20 647	1.20 642	1.20 637	1.20 633	1.20 628
53'	1.20 623	1.20 618	1.20 613	1.20 608	1.20 603	1.20 598	1.20 593	1.20 588	1.20 583	1.20 579
54'	1.20 574	1.20 569	1.20 564	1.20 559	1.20 554	1.20 549	1.20 544	1.20 539	1.20 534	1.20 530
55'	1.20 525	1.20 520	1.20 515	1.20 510	1.20 505	1.20 500	1.20 495	1.20 490	1.20 485	1.20 481
56'	1.20 476	1.20 471	1.20 466	1.20 461	1.20 456	1.20 451	1.20 446	1.20 441	1.20 437	1.20 432
57'	1.20 427	1.20 422	1.20 417	1.20 412	1.20 407	1.20 402	1.20 397	1.20 393	1.20 388	1.20 383
58'	1.20 378	1.20 373	1.20 368	1.20 363	1.20 358	1.20 353	1.20 348	1.20 344	1.20 339	1.20 334
59'	1.20 329	1.20 324	1.20 319	1.20 314	1.20 309	1.20 304	1.20 300	1.20 295	1.20 290	1.20 285

K 29°

	0.0	0.1	0.2	0.3	0.4	0.5	0.6	0.7	0.8	0.9
0'	1.20 280	1.20 275	1.20 270	1.20 265	1.20 261	1.20 256	1.20 251	1.20 246	1.20 241	1.20 236
1'	1.20 231	1.20 226	1.20 221	1.20 217	1.20 212	1.20 207	1.20 202	1.20 197	1.20 192	1.20 187
2'	1.20 182	1.20 178	1.20 173	1.20 168	1.20 163	1.20 158	1.20 153	1.20 148	1.20 143	1.20 139
3'	1.20 134	1.20 129	1.20 124	1.20 119	1.20 114	1.20 109	1.20 104	1.20 100	1.20 095	1.20 090
4'	1.20 085	1.20 080	1.20 075	1.20 070	1.20 065	1.20 061	1.20 056	1.20 051	1.20 046	1.20 041
5'	1.20 036	1.20 031	1.20 026	1.20 022	1.20 017	1.20 012	1.20 007	1.20 002	1.19 997	1.19 992
6'	1.19 988	1.19 983	1.19 978	1.19 973	1.19 968	1.19 963	1.19 958	1.19 953	1.19 949	1.19 944
7'	1.19 939	1.19 934	1.19 929	1.19 924	1.19 919	1.19 915	1.19 910	1.19 905	1.19 900	1.19 895
8'	1.19 890	1.19 885	1.19 880	1.19 876	1.19 871	1.19 866	1.19 861	1.19 856	1.19 851	1.19 846
9'	1.19 842	1.19 837	1.19 832	1.19 827	1.19 822	1.19 817	1.19 812	1.19 808	1.19 803	1.19 798
10'	1.19 793	1.19 788	1.19 783	1.19 778	1.19 774	1.19 769	1.19 764	1.19 759	1.19 754	1.19 749
11'	1.19 745	1.19 740	1.19 735	1.19 730	1.19 725	1.19 720	1.19 715	1.19 711	1.19 706	1.19 701
12'	1.19 696	1.19 691	1.19 686	1.19 681	1.19 677	1.19 672	1.19 667	1.19 662	1.19 657	1.19 652
13'	1.19 648	1.19 643	1.19 638	1.19 633	1.19 628	1.19 623	1.19 618	1.19 614	1.19 609	1.19 604
14'	1.19 599	1.19 594	1.19 589	1.19 585	1.19 580	1.19 575	1.19 570	1.19 565	1.19 560	1.19 555
15'	1.19 551	1.19 546	1.19 541	1.19 536	1.19 531	1.19 526	1.19 522	1.19 517	1.19 512	1.19 507
16'	1.19 502	1.19 497	1.19 493	1.19 488	1.19 483	1.19 478	1.19 473	1.19 468	1.19 464	1.19 459
17'	1.19 454	1.19 449	1.19 444	1.19 439	1.19 435	1.19 430	1.19 425	1.19 420	1.19 415	1.19 410
18'	1.19 406	1.19 401	1.19 396	1.19 391	1.19 386	1.19 381	1.19 377	1.19 372	1.19 367	1.19 362
19'	1.19 357	1.19 352	1.19 348	1.19 343	1.19 338	1.19 333	1.19 328	1.19 323	1.19 319	1.19 314
20'	1.19 309	1.19 304	1.19 299	1.19 294	1.19 290	1.19 285	1.19 280	1.19 275	1.19 270	1.19 265
21'	1.19 261	1.19 256	1.19 251	1.19 246	1.19 241	1.19 237	1.19 232	1.19 227	1.19 222	1.19 217
22'	1.19 212	1.19 208	1.19 203	1.19 198	1.19 193	1.19 188	1.19 184	1.19 179	1.19 174	1.19 169
23'	1.19 164	1.19 159	1.19 155	1.19 150	1.19 145	1.19 140	1.19 135	1.19 131	1.19 126	1.19 121
24'	1.19 116	1.19 111	1.19 106	1.19 102	1.19 097	1.19 092	1.19 087	1.19 082	1.19 078	1.19 073
25'	1.19 068	1.19 063	1.19 058	1.19 053	1.19 049	1.19 044	1.19 039	1.19 034	1.19 029	1.19 025
26'	1.19 020	1.19 015	1.19 010	1.19 005	1.19 001	1.18 996	1.18 991	1.18 986	1.18 981	1.18 977
27'	1.18 972	1.18 967	1.18 962	1.18 957	1.18 953	1.18 948	1.18 943	1.18 938	1.18 933	1.18 928
28'	1.18 924	1.18 919	1.18 914	1.18 909	1.18 904	1.18 900	1.18 895	1.18 890	1.18 885	1.18 880
29'	1.18 876	1.18 871	1.18 866	1.18 861	1.18 856	1.18 852	1.18 847	1.18 842	1.18 837	1.18 832
30'	1.18 828	1.18 823	1.18 818	1.18 813	1.18 808	1.18 804	1.18 799	1.18 794	1.18 789	1.18 784
31'	1.18 780	1.18 775	1.18 770	1.18 765	1.18 761	1.18 756	1.18 751	1.18 746	1.18 741	1.18 737
32'	1.18 732	1.18 727	1.18 722	1.18 717	1.18 713	1.18 708	1.18 703	1.18 698	1.18 693	1.18 689
33'	1.18 684	1.18 679	1.18 674	1.18 669	1.18 665	1.18 660	1.18 655	1.18 650	1.18 646	1.18 641
34'	1.18 636	1.18 631	1.18 626	1.18 622	1.18 617	1.18 612	1.18 607	1.18 602	1.18 598	1.18 593
35'	1.18 588	1.18 583	1.18 579	1.18 574	1.18 569	1.18 564	1.18 559	1.18 555	1.18 550	1.18 545
36'	1.18 540	1.18 535	1.18 531	1.18 526	1.18 521	1.18 516	1.18 512	1.18 507	1.18 502	1.18 497
37'	1.18 492	1.18 488	1.18 483	1.18 478	1.18 473	1.18 469	1.18 464	1.18 459	1.18 454	1.18 449
38'	1.18 445	1.18 440	1.18 435	1.18 430	1.18 426	1.18 421	1.18 416	1.18 411	1.18 406	1.18 402
39'	1.18 397	1.18 392	1.18 387	1.18 383	1.18 378	1.18 373	1.18 368	1.18 364	1.18 359	1.18 354
40'	1.18 349	1.18 344	1.18 340	1.18 335	1.18 330	1.18 325	1.18 321	1.18 316	1.18 311	1.18 306
41'	1.18 302	1.18 297	1.18 292	1.18 287	1.18 282	1.18 278	1.18 273	1.18 268	1.18 263	1.18 259
42'	1.18 254	1.18 249	1.18 244	1.18 240	1.18 235	1.18 230	1.18 225	1.18 221	1.18 216	1.18 211
43'	1.18 206	1.18 201	1.18 197	1.18 192	1.18 187	1.18 182	1.18 178	1.18 173	1.18 168	1.18 163
44'	1.18 159	1.18 154	1.18 149	1.18 144	1.18 140	1.18 135	1.18 130	1.18 125	1.18 121	1.18 116
45'	1.18 111	1.18 106	1.18 102	1.18 097	1.18 092	1.18 087	1.18 083	1.18 078	1.18 073	1.18 068
46'	1.18 064	1.18 059	1.18 054	1.18 049	1.18 045	1.18 040	1.18 035	1.18 030	1.18 026	1.18 021
47'	1.18 016	1.18 011	1.18 006	1.18 002	1.17 997	1.17 992	1.17 988	1.17 983	1.17 978	1.17 973
48'	1.17 969	1.17 964	1.17 959	1.17 954	1.17 950	1.17 945	1.17 940	1.17 935	1.17 931	1.17 926
49'	1.17 921	1.17 916	1.17 912	1.17 907	1.17 902	1.17 897	1.17 893	1.17 888	1.17 883	1.17 878
50'	1.17 874	1.17 869	1.17 864	1.17 859	1.17 855	1.17 850	1.17 845	1.17 840	1.17 836	1.17 831
51'	1.17 826	1.17 821	1.17 817	1.17 812	1.17 807	1.17 803	1.17 798	1.17 793	1.17 788	1.17 784
52'	1.17 779	1.17 774	1.17 769	1.17 765	1.17 760	1.17 755	1.17 750	1.17 746	1.17 741	1.17 736
53'	1.17 731	1.17 727	1.17 722	1.17 717	1.17 713	1.17 708	1.17 703	1.17 698	1.17 694	1.17 689
54'	1.17 684	1.17 679	1.17 675	1.17 670	1.17 665	1.17 660	1.17 656	1.17 651	1.17 646	1.17 642
55'	1.17 637	1.17 632	1.17 627	1.17 623	1.17 618	1.17 613	1.17 608	1.17 604	1.17 599	1.17 594
56'	1.17 590	1.17 585	1.17 580	1.17 575	1.17 571	1.17 566	1.17 561	1.17 556	1.17 552	1.17 547
57'	1.17 542	1.17 538	1.17 533	1.17 528	1.17 523	1.17 519	1.17 514	1.17 509	1.17 505	1.17 500
58'	1.17 495	1.17 490	1.17 486	1.17 481	1.17 476	1.17 472	1.17 467	1.17 462	1.17 457	1.17 453
59'	1.17 448	1.17 443	1.17 438	1.17 434	1.17 429	1.17 424	1.17 420	1.17 415	1.17 410	1.17 405

K — 30°

	0.'0	0.'1	0.'2	0.'3	0.'4	0.'5	0.'6	0.'7	0.'8	0.'9
0'	1.17 401	1.17 396	1.17 391	1.17 387	1.17 382	1.17 377	1.17 372	1.17 368	1.17 363	1.17 358
1'	1.17 354	1.17 349	1.17 344	1.17 339	1.17 335	1.17 330	1.17 325	1.17 321	1.17 316	1.17 311
2'	1.17 307	1.17 302	1.17 297	1.17 292	1.17 288	1.17 283	1.17 278	1.17 274	1.17 269	1.17 264
3'	1.17 259	1.17 255	1.17 250	1.17 245	1.17 241	1.17 236	1.17 231	1.17 226	1.17 222	1.17 217
4'	1.17 212	1.17 208	1.17 203	1.17 198	1.17 194	1.17 189	1.17 184	1.17 179	1.17 175	1.17 170
5'	1.17 165	1.17 161	1.17 156	1.17 151	1.17 147	1.17 142	1.17 137	1.17 132	1.17 128	1.17 123
6'	1.17 118	1.17 114	1.17 109	1.17 104	1.17 100	1.17 095	1.17 090	1.17 085	1.17 081	1.17 076
7'	1.17 071	1.17 067	1.17 062	1.17 057	1.17 053	1.17 048	1.17 043	1.17 039	1.17 034	1.17 029
8'	1.17 024	1.17 020	1.17 015	1.17 010	1.17 006	1.17 001	1.16 996	1.16 992	1.16 987	1.16 982
9'	1.16 978	1.16 973	1.16 968	1.16 963	1.16 959	1.16 954	1.16 949	1.16 945	1.16 940	1.16 935
10'	1.16 931	1.16 926	1.16 921	1.16 917	1.16 912	1.16 907	1.16 903	1.16 898	1.16 893	1.16 888
11'	1.16 884	1.16 879	1.16 874	1.16 870	1.16 865	1.16 860	1.16 856	1.16 851	1.16 846	1.16 842
12'	1.16 837	1.16 832	1.16 828	1.16 823	1.16 818	1.16 814	1.16 809	1.16 804	1.16 800	1.16 795
13'	1.16 790	1.16 785	1.16 781	1.16 776	1.16 771	1.16 767	1.16 762	1.16 757	1.16 753	1.16 748
14'	1.16 743	1.16 739	1.16 734	1.16 729	1.16 725	1.16 720	1.16 715	1.16 711	1.16 706	1.16 701
15'	1.16 697	1.16 692	1.16 687	1.16 683	1.16 678	1.16 673	1.16 669	1.16 664	1.16 659	1.16 655
16'	1.16 650	1.16 645	1.16 641	1.16 636	1.16 631	1.16 627	1.16 622	1.16 617	1.16 613	1.16 608
17'	1.16 603	1.16 599	1.16 594	1.16 589	1.16 585	1.16 580	1.16 575	1.16 571	1.16 566	1.16 561
18'	1.16 557	1.16 552	1.16 547	1.16 543	1.16 538	1.16 533	1.16 529	1.16 524	1.16 519	1.16 515
19'	1.16 510	1.16 505	1.16 501	1.16 496	1.16 491	1.16 487	1.16 482	1.16 477	1.16 473	1.16 468
20'	1.16 463	1.16 459	1.16 454	1.16 449	1.16 445	1.16 440	1.16 435	1.16 431	1.16 426	1.16 421
21'	1.16 417	1.16 412	1.16 407	1.16 403	1.16 398	1.16 393	1.16 389	1.16 384	1.16 379	1.16 375
22'	1.16 370	1.16 365	1.16 361	1.16 356	1.16 351	1.16 347	1.16 342	1.16 338	1.16 333	1.16 328
23'	1.16 324	1.16 319	1.16 314	1.16 310	1.16 305	1.16 300	1.16 296	1.16 291	1.16 286	1.16 282
24'	1.16 277	1.16 272	1.16 268	1.16 263	1.16 258	1.16 254	1.16 249	1.16 245	1.16 240	1.16 235
25'	1.16 231	1.16 226	1.16 221	1.16 217	1.16 212	1.16 207	1.16 203	1.16 198	1.16 193	1.16 189
26'	1.16 184	1.16 179	1.16 175	1.16 170	1.16 166	1.16 161	1.16 156	1.16 152	1.16 147	1.16 142
27'	1.16 138	1.16 133	1.16 128	1.16 124	1.16 119	1.16 114	1.16 110	1.16 105	1.16 101	1.16 096
28'	1.16 091	1.16 087	1.16 082	1.16 077	1.16 073	1.16 068	1.16 063	1.16 059	1.16 054	1.16 050
29'	1.16 045	1.16 040	1.16 036	1.16 031	1.16 026	1.16 022	1.16 017	1.16 012	1.16 008	1.16 003
30'	1.15 999	1.15 994	1.15 989	1.15 985	1.15 980	1.15 975	1.15 971	1.15 966	1.15 961	1.15 957
31'	1.15 952	1.15 948	1.15 943	1.15 938	1.15 934	1.15 929	1.15 924	1.15 920	1.15 915	1.15 911
32'	1.15 906	1.15 901	1.15 897	1.15 892	1.15 887	1.15 883	1.15 878	1.15 874	1.15 869	1.15 864
33'	1.15 860	1.15 855	1.15 850	1.15 846	1.15 841	1.15 837	1.15 832	1.15 827	1.15 823	1.15 818
34'	1.15 813	1.15 809	1.15 804	1.15 800	1.15 795	1.15 790	1.15 786	1.15 781	1.15 776	1.15 772
35'	1.15 767	1.15 763	1.15 758	1.15 753	1.15 749	1.15 744	1.15 739	1.15 735	1.15 730	1.15 726
36'	1.15 721	1.15 716	1.15 712	1.15 707	1.15 703	1.15 698	1.15 693	1.15 689	1.15 684	1.15 679
37'	1.15 675	1.15 670	1.15 666	1.15 661	1.15 656	1.15 652	1.15 647	1.15 643	1.15 638	1.15 633
38'	1.15 629	1.15 624	1.15 619	1.15 615	1.15 610	1.15 606	1.15 601	1.15 596	1.15 592	1.15 587
39'	1.15 583	1.15 578	1.15 573	1.15 569	1.15 564	1.15 560	1.15 555	1.15 550	1.15 546	1.15 541
40'	1.15 536	1.15 532	1.15 527	1.15 523	1.15 518	1.15 513	1.15 509	1.15 504	1.15 500	1.15 495
41'	1.15 490	1.15 486	1.15 481	1.15 477	1.15 472	1.15 467	1.15 463	1.15 458	1.15 454	1.15 449
42'	1.15 444	1.15 440	1.15 435	1.15 431	1.15 426	1.15 421	1.15 417	1.15 412	1.15 408	1.15 403
43'	1.15 398	1.15 394	1.15 389	1.15 385	1.15 380	1.15 375	1.15 371	1.15 366	1.15 362	1.15 357
44'	1.15 352	1.15 348	1.15 343	1.15 339	1.15 334	1.15 329	1.15 325	1.15 320	1.15 316	1.15 311
45'	1.15 306	1.15 302	1.15 297	1.15 293	1.15 288	1.15 283	1.15 279	1.15 274	1.15 270	1.15 265
46'	1.15 261	1.15 256	1.15 251	1.15 247	1.15 242	1.15 238	1.15 233	1.15 228	1.15 224	1.15 219
47'	1.15 215	1.15 210	1.15 205	1.15 201	1.15 196	1.15 192	1.15 187	1.15 182	1.15 178	1.15 173
48'	1.15 169	1.15 164	1.15 160	1.15 155	1.15 150	1.15 146	1.15 141	1.15 137	1.15 132	1.15 127
49'	1.15 123	1.15 118	1.15 114	1.15 109	1.15 105	1.15 100	1.15 095	1.15 091	1.15 086	1.15 082
50'	1.15 077	1.15 072	1.15 068	1.15 063	1.15 059	1.15 054	1.15 050	1.15 045	1.15 040	1.15 036
51'	1.15 031	1.15 027	1.15 022	1.15 018	1.15 013	1.15 008	1.15 004	1.14 999	1.14 995	1.14 990
52'	1.14 985	1.14 981	1.14 976	1.14 972	1.14 967	1.14 963	1.14 958	1.14 953	1.14 949	1.14 944
53'	1.14 940	1.14 935	1.14 931	1.14 926	1.14 921	1.14 917	1.14 912	1.14 908	1.14 903	1.14 899
54'	1.14 894	1.14 889	1.14 885	1.14 880	1.14 876	1.14 871	1.14 867	1.14 862	1.14 857	1.14 853
55'	1.14 848	1.14 844	1.14 839	1.14 835	1.14 830	1.14 825	1.14 821	1.14 816	1.14 812	1.14 807
56'	1.14 803	1.14 798	1.14 794	1.14 789	1.14 784	1.14 780	1.14 775	1.14 771	1.14 766	1.14 762
57'	1.14 757	1.14 752	1.14 748	1.14 743	1.14 739	1.14 734	1.14 730	1.14 725	1.14 721	1.14 716
58'	1.14 711	1.14 707	1.14 702	1.14 698	1.14 693	1.14 689	1.14 684	1.14 679	1.14 675	1.14 670
59'	1.14 666	1.14 661	1.14 657	1.14 652	1.14 648	1.14 643	1.14 638	1.14 634	1.14 629	1.14 625

K   K

31°		0.0	0.1	0.2	0.3	0.4	0.5	0.6	0.7	0.8	0.9		31°
	0'	1.14 620	1.14 616	1.14 611	1.14 607	1.14 602	1.14 597	1.14 593	1.14 588	1.14 584	1.14 579		
	1'	1.14 575	1.14 570	1.14 566	1.14 561	1.14 556	1.14 552	1.14 547	1.14 543	1.14 538	1.14 534		
	2'	1.14 529	1.14 525	1.14 520	1.14 516	1.14 511	1.14 506	1.14 502	1.14 497	1.14 493	1.14 488		
	3'	1.14 484	1.14 479	1.14 475	1.14 470	1.14 466	1.14 461	1.14 456	1.14 452	1.14 447	1.14 443		
	4'	1.14 438	1.14 434	1.14 429	1.14 425	1.14 420	1.14 416	1.14 411	1.14 406	1.14 402	1.14 397		
	5'	1.14 393	1.14 388	1.14 384	1.14 379	1.14 375	1.14 370	1.14 366	1.14 361	1.14 356	1.14 352		
	6'	1.14 347	1.14 343	1.14 338	1.14 334	1.14 329	1.14 325	1.14 320	1.14 316	1.14 311	1.14 307		
	7'	1.14 302	1.14 297	1.14 293	1.14 288	1.14 284	1.14 279	1.14 275	1.14 270	1.14 266	1.14 261		
	8'	1.14 257	1.14 252	1.14 248	1.14 243	1.14 238	1.14 234	1.14 229	1.14 225	1.14 220	1.14 216		
	9'	1.14 211	1.14 207	1.14 202	1.14 198	1.14 193	1.14 189	1.14 184	1.14 180	1.14 175	1.14 171		
	10'	1.14 166	1.14 161	1.14 157	1.14 152	1.14 148	1.14 143	1.14 139	1.14 134	1.14 130	1.14 125		
	11'	1.14 121	1.14 116	1.14 112	1.14 107	1.14 103	1.14 098	1.14 094	1.14 089	1.14 084	1.14 080		
	12'	1.14 075	1.14 071	1.14 066	1.14 062	1.14 057	1.14 053	1.14 048	1.14 044	1.14 039	1.14 035		
	13'	1.14 030	1.14 026	1.14 021	1.14 017	1.14 012	1.14 008	1.14 003	1.13 999	1.13 994	1.13 990		
	14'	1.13 985	1.13 980	1.13 976	1.13 971	1.13 967	1.13 962	1.13 958	1.13 953	1.13 949	1.13 944		
	15'	1.13 940	1.13 935	1.13 931	1.13 926	1.13 922	1.13 917	1.13 913	1.13 908	1.13 904	1.13 899		
	16'	1.13 895	1.13 890	1.13 886	1.13 881	1.13 877	1.13 872	1.13 868	1.13 863	1.13 859	1.13 854		
	17'	1.13 850	1.13 845	1.13 840	1.13 836	1.13 831	1.13 827	1.13 822	1.13 818	1.13 813	1.13 809		
	18'	1.13 804	1.13 800	1.13 795	1.13 791	1.13 786	1.13 782	1.13 777	1.13 773	1.13 768	1.13 764		
	19'	1.13 759	1.13 755	1.13 750	1.13 746	1.13 741	1.13 737	1.13 732	1.13 728	1.13 723	1.13 719		
	20'	1.13 714	1.13 710	1.13 705	1.13 701	1.13 696	1.13 692	1.13 687	1.13 683	1.13 678	1.13 674		
	21'	1.13 669	1.13 665	1.13 660	1.13 656	1.13 651	1.13 647	1.13 642	1.13 638	1.13 633	1.13 629		
	22'	1.13 624	1.13 620	1.13 615	1.13 611	1.13 606	1.13 602	1.13 597	1.13 593	1.13 588	1.13 584		
	23'	1.13 579	1.13 575	1.13 570	1.13 566	1.13 561	1.13 557	1.13 552	1.13 548	1.13 543	1.13 539		
	24'	1.13 534	1.13 530	1.13 525	1.13 521	1.13 516	1.13 512	1.13 507	1.13 503	1.13 498	1.13 494		
	25'	1.13 489	1.13 485	1.13 480	1.13 476	1.13 471	1.13 467	1.13 462	1.13 458	1.13 453	1.13 449		
	26'	1.13 444	1.13 440	1.13 435	1.13 431	1.13 427	1.13 422	1.13 418	1.13 413	1.13 409	1.13 404		
	27'	1.13 400	1.13 395	1.13 391	1.13 386	1.13 382	1.13 377	1.13 373	1.13 368	1.13 364	1.13 359		
	28'	1.13 355	1.13 350	1.13 346	1.13 341	1.13 337	1.13 332	1.13 328	1.13 323	1.13 319	1.13 314		
	29'	1.13 310	1.13 305	1.13 301	1.13 296	1.13 292	1.13 287	1.13 283	1.13 279	1.13 274	1.13 270		
	30'	1.13 265	1.13 261	1.13 256	1.13 252	1.13 247	1.13 243	1.13 238	1.13 234	1.13 229	1.13 225		
	31'	1.13 220	1.13 216	1.13 211	1.13 207	1.13 202	1.13 198	1.13 193	1.13 189	1.13 184	1.13 180		
	32'	1.13 176	1.13 171	1.13 167	1.13 162	1.13 158	1.13 153	1.13 149	1.13 144	1.13 140	1.13 135		
	33'	1.13 131	1.13 126	1.13 122	1.13 117	1.13 113	1.13 108	1.13 104	1.13 100	1.13 095	1.13 091		
	34'	1.13 086	1.13 082	1.13 077	1.13 073	1.13 068	1.13 064	1.13 059	1.13 055	1.13 050	1.13 046		
	35'	1.13 041	1.13 037	1.13 032	1.13 028	1.13 024	1.13 019	1.13 015	1.13 010	1.13 006	1.13 001		
	36'	1.12 997	1.12 992	1.12 988	1.12 983	1.12 979	1.12 974	1.12 970	1.12 966	1.12 961	1.12 957		
	37'	1.12 952	1.12 948	1.12 943	1.12 939	1.12 934	1.12 930	1.12 925	1.12 921	1.12 916	1.12 912		
	38'	1.12 908	1.12 903	1.12 899	1.12 894	1.12 890	1.12 885	1.12 881	1.12 876	1.12 872	1.12 867		
	39'	1.12 863	1.12 858	1.12 854	1.12 850	1.12 845	1.12 841	1.12 836	1.12 832	1.12 827	1.12 823		
	40'	1.12 818	1.12 814	1.12 809	1.12 805	1.12 801	1.12 796	1.12 792	1.12 787	1.12 783	1.12 778		
	41'	1.12 774	1.12 769	1.12 765	1.12 761	1.12 756	1.12 752	1.12 747	1.12 743	1.12 738	1.12 734		
	42'	1.12 729	1.12 725	1.12 720	1.12 716	1.12 712	1.12 707	1.12 703	1.12 698	1.12 694	1.12 689		
	43'	1.12 685	1.12 680	1.12 676	1.12 672	1.12 667	1.12 663	1.12 658	1.12 654	1.12 649	1.12 645		
	44'	1.12 640	1.12 636	1.12 632	1.12 627	1.12 623	1.12 618	1.12 614	1.12 609	1.12 605	1.12 600		
	45'	1.12 596	1.12 592	1.12 587	1.12 583	1.12 578	1.12 574	1.12 569	1.12 565	1.12 560	1.12 556		
	46'	1.12 552	1.12 547	1.12 543	1.12 538	1.12 534	1.12 529	1.12 525	1.12 520	1.12 516	1.12 512		
	47'	1.12 507	1.12 503	1.12 498	1.12 494	1.12 489	1.12 485	1.12 481	1.12 476	1.12 472	1.12 467		
	48'	1.12 463	1.12 458	1.12 454	1.12 450	1.12 445	1.12 441	1.12 436	1.12 432	1.12 427	1.12 423		
	49'	1.12 418	1.12 414	1.12 410	1.12 405	1.12 401	1.12 396	1.12 392	1.12 387	1.12 383	1.12 379		
	50'	1.12 374	1.12 370	1.12 365	1.12 361	1.12 356	1.12 352	1.12 348	1.12 343	1.12 339	1.12 334		
	51'	1.12 330	1.12 325	1.12 321	1.12 317	1.12 312	1.12 308	1.12 303	1.12 299	1.12 294	1.12 290		
	52'	1.12 286	1.12 281	1.12 277	1.12 272	1.12 268	1.12 263	1.12 259	1.12 255	1.12 250	1.12 246		
	53'	1.12 241	1.12 237	1.12 233	1.12 228	1.12 224	1.12 219	1.12 215	1.12 210	1.12 206	1.12 202		
	54'	1.12 197	1.12 193	1.12 188	1.12 184	1.12 179	1.12 175	1.12 171	1.12 166	1.12 162	1.12 157		
	55'	1.12 153	1.12 149	1.12 144	1.12 140	1.12 135	1.12 131	1.12 126	1.12 122	1.12 118	1.12 113		
	56'	1.12 109	1.12 104	1.12 100	1.12 096	1.12 091	1.12 087	1.12 082	1.12 078	1.12 073	1.12 069		
	57'	1.12 065	1.12 060	1.12 056	1.12 051	1.12 047	1.12 043	1.12 038	1.12 034	1.12 029	1.12 025		
	58'	1.12 021	1.12 016	1.12 012	1.12 007	1.12 003	1.11 998	1.11 994	1.11 990	1.11 985	1.11 981		
	59'	1.11 976	1.11 972	1.11 968	1.11 963	1.11 959	1.11 954	1.11 950	1.11 946	1.11 941	1.11 937		

K   K

32°	0.'0	0.'1	0.'2	0.'3	0.'4	0.'5	0.'6	0.'7	0.'8	0.'9	32°
0'	1.11 932	1.11 928	1.11 924	1.11 919	1.11 915	1.11 910	1.11 906	1.11 902	1.11 897	1.11 893	
1'	1.11 888	1.11 884	1.11 880	1.11 875	1.11 871	1.11 866	1.11 862	1.11 858	1.11 853	1.11 849	
2'	1.11 844	1.11 840	1.11 836	1.11 831	1.11 827	1.11 822	1.11 818	1.11 814	1.11 809	1.11 805	
3'	1.11 800	1.11 796	1.11 792	1.11 787	1.11 783	1.11 778	1.11 774	1.11 770	1.11 765	1.11 761	
4'	1.11 756	1.11 752	1.11 748	1.11 743	1.11 739	1.11 734	1.11 730	1.11 726	1.11 721	1.11 717	
5'	1.11 712	1.11 708	1.11 704	1.11 699	1.11 695	1.11 690	1.11 686	1.11 682	1.11 677	1.11 673	
6'	1.11 668	1.11 664	1.11 660	1.11 655	1.11 651	1.11 647	1.11 642	1.11 638	1.11 633	1.11 629	
7'	1.11 625	1.11 620	1.11 616	1.11 611	1.11 607	1.11 603	1.11 598	1.11 594	1.11 589	1.11 585	
8'	1.11 581	1.11 576	1.11 572	1.11 568	1.11 563	1.11 559	1.11 554	1.11 550	1.11 546	1.11 541	
9'	1.11 537	1.11 532	1.11 528	1.11 524	1.11 519	1.11 515	1.11 511	1.11 506	1.11 502	1.11 497	
10'	1.11 493	1.11 489	1.11 484	1.11 480	1.11 475	1.11 471	1.11 467	1.11 462	1.11 458	1.11 454	
11'	1.11 449	1.11 445	1.11 440	1.11 436	1.11 432	1.11 427	1.11 423	1.11 419	1.11 414	1.11 410	
12'	1.11 405	1.11 401	1.11 397	1.11 392	1.11 388	1.11 384	1.11 379	1.11 375	1.11 370	1.11 366	
13'	1.11 362	1.11 357	1.11 353	1.11 349	1.11 344	1.11 340	1.11 335	1.11 331	1.11 327	1.11 322	
14'	1.11 318	1.11 314	1.11 309	1.11 305	1.11 300	1.11 296	1.11 292	1.11 287	1.11 283	1.11 279	
15'	1.11 274	1.11 270	1.11 265	1.11 261	1.11 257	1.11 252	1.11 248	1.11 244	1.11 239	1.11 235	
16'	1.11 231	1.11 226	1.11 222	1.11 217	1.11 213	1.11 209	1.11 204	1.11 200	1.11 196	1.11 191	
17'	1.11 187	1.11 183	1.11 178	1.11 174	1.11 169	1.11 165	1.11 161	1.11 156	1.11 152	1.11 148	
18'	1.11 143	1.11 139	1.11 135	1.11 130	1.11 126	1.11 121	1.11 117	1.11 113	1.11 108	1.11 104	
19'	1.11 100	1.11 095	1.11 091	1.11 087	1.11 082	1.11 078	1.11 073	1.11 069	1.11 065	1.11 060	
20'	1.11 056	1.11 052	1.11 047	1.11 043	1.11 039	1.11 034	1.11 030	1.11 026	1.11 021	1.11 017	
21'	1.11 012	1.11 008	1.11 004	1.10 999	1.10 995	1.10 991	1.10 986	1.10 982	1.10 978	1.10 973	
22'	1.10 969	1.10 965	1.10 960	1.10 956	1.10 952	1.10 947	1.10 943	1.10 938	1.10 934	1.10 930	
23'	1.10 925	1.10 921	1.10 917	1.10 912	1.10 908	1.10 904	1.10 899	1.10 895	1.10 891	1.10 886	
24'	1.10 882	1.10 878	1.10 873	1.10 869	1.10 865	1.10 860	1.10 856	1.10 851	1.10 847	1.10 843	
25'	1.10 838	1.10 834	1.10 830	1.10 825	1.10 821	1.10 817	1.10 812	1.10 808	1.10 804	1.10 799	
26'	1.10 795	1.10 791	1.10 786	1.10 782	1.10 778	1.10 773	1.10 769	1.10 765	1.10 760	1.10 756	
27'	1.10 752	1.10 747	1.10 743	1.10 739	1.10 734	1.10 730	1.10 726	1.10 721	1.10 717	1.10 713	
28'	1.10 708	1.10 704	1.10 700	1.10 695	1.10 691	1.10 686	1.10 682	1.10 678	1.10 673	1.10 669	
29'	1.10 665	1.10 660	1.10 656	1.10 652	1.10 647	1.10 643	1.10 639	1.10 634	1.10 630	1.10 626	
30'	1.10 621	1.10 617	1.10 613	1.10 608	1.10 604	1.10 600	1.10 595	1.10 591	1.10 587	1.10 582	
31'	1.10 578	1.10 574	1.10 569	1.10 565	1.10 561	1.10 556	1.10 552	1.10 548	1.10 543	1.10 539	
32'	1.10 535	1.10 530	1.10 526	1.10 522	1.10 517	1.10 513	1.10 509	1.10 505	1.10 500	1.10 496	
33'	1.10 492	1.10 487	1.10 483	1.10 479	1.10 474	1.10 470	1.10 466	1.10 461	1.10 457	1.10 453	
34'	1.10 448	1.10 444	1.10 440	1.10 435	1.10 431	1.10 427	1.10 422	1.10 418	1.10 414	1.10 409	
35'	1.10 405	1.10 401	1.10 396	1.10 392	1.10 388	1.10 383	1.10 379	1.10 375	1.10 370	1.10 366	
36'	1.10 362	1.10 357	1.10 353	1.10 349	1.10 345	1.10 340	1.10 336	1.10 332	1.10 327	1.10 323	
37'	1.10 319	1.10 314	1.10 310	1.10 306	1.10 301	1.10 297	1.10 293	1.10 288	1.10 284	1.10 280	
38'	1.10 275	1.10 271	1.10 267	1.10 263	1.10 258	1.10 254	1.10 250	1.10 245	1.10 241	1.10 237	
39'	1.10 232	1.10 228	1.10 224	1.10 219	1.10 215	1.10 211	1.10 206	1.10 202	1.10 198	1.10 194	
40'	1.10 189	1.10 185	1.10 181	1.10 176	1.10 172	1.10 168	1.10 163	1.10 159	1.10 155	1.10 150	
41'	1.10 146	1.10 142	1.10 137	1.10 133	1.10 129	1.10 125	1.10 120	1.10 116	1.10 112	1.10 107	
42'	1.10 103	1.10 099	1.10 094	1.10 090	1.10 086	1.10 081	1.10 077	1.10 073	1.10 069	1.10 064	
43'	1.10 060	1.10 056	1.10 051	1.10 047	1.10 043	1.10 038	1.10 034	1.10 030	1.10 026	1.10 021	
44'	1.10 017	1.10 013	1.10 008	1.10 004	1.10 000	1.09 995	1.09 991	1.09 987	1.09 983	1.09 978	
45'	1.09 974	1.09 970	1.09 965	1.09 961	1.09 957	1.09 952	1.09 948	1.09 944	1.09 940	1.09 935	
46'	1.09 931	1.09 927	1.09 922	1.09 918	1.09 914	1.09 909	1.09 905	1.09 901	1.09 897	1.09 892	
47'	1.09 888	1.09 884	1.09 879	1.09 875	1.09 871	1.09 867	1.09 862	1.09 858	1.09 854	1.09 849	
48'	1.09 845	1.09 841	1.09 836	1.09 832	1.09 828	1.09 824	1.09 819	1.09 815	1.09 811	1.09 806	
49'	1.09 802	1.09 798	1.09 794	1.09 789	1.09 785	1.09 781	1.09 776	1.09 772	1.09 768	1.09 764	
50'	1.09 759	1.09 755	1.09 751	1.09 746	1.09 742	1.09 738	1.09 734	1.09 729	1.09 725	1.09 721	
51'	1.09 716	1.09 712	1.09 708	1.09 704	1.09 699	1.09 695	1.09 691	1.09 686	1.09 682	1.09 678	
52'	1.09 674	1.09 669	1.09 665	1.09 661	1.09 656	1.09 652	1.09 648	1.09 644	1.09 639	1.09 635	
53'	1.09 631	1.09 626	1.09 622	1.09 618	1.09 614	1.09 609	1.09 605	1.09 601	1.09 596	1.09 592	
54'	1.09 588	1.09 584	1.09 579	1.09 575	1.09 571	1.09 567	1.09 562	1.09 558	1.09 554	1.09 549	
55'	1.09 545	1.09 541	1.09 537	1.09 532	1.09 528	1.09 524	1.09 520	1.09 515	1.09 511	1.09 507	
56'	1.09 502	1.09 498	1.09 494	1.09 490	1.09 485	1.09 481	1.09 477	1.09 473	1.09 468	1.09 464	
57'	1.09 460	1.09 455	1.09 451	1.09 447	1.09 443	1.09 438	1.09 434	1.09 430	1.09 426	1.09 421	
58'	1.09 417	1.09 413	1.09 408	1.09 404	1.09 400	1.09 396	1.09 391	1.09 387	1.09 383	1.09 379	
59'	1.09 374	1.09 370	1.09 366	1.09 361	1.09 357	1.09 353	1.09 349	1.09 344	1.09 340	1.09 336	

K

33°

	0.'0	0.'1	0.'2	0.'3	0.'4	0.'5	0.'6	0.'7	0.'8	0.'9
0'	1.09 332	1.09 327	1.09 323	1.09 319	1.09 315	1.09 310	1.09 306	1.09 302	1.09 298	1.09 293
1'	1.09 289	1.09 285	1.09 280	1.09 276	1.09 272	1.09 268	1.09 263	1.09 259	1.09 255	1.09 251
2'	1.09 246	1.09 242	1.09 238	1.09 234	1.09 229	1.09 225	1.09 221	1.09 217	1.09 212	1.09 208
3'	1.09 204	1.09 200	1.09 195	1.09 191	1.09 187	1.09 183	1.09 178	1.09 174	1.09 170	1.09 165
4'	1.09 161	1.09 157	1.09 153	1.09 148	1.09 144	1.09 140	1.09 136	1.09 131	1.09 127	1.09 123
5'	1.09 119	1.09 114	1.09 110	1.09 106	1.09 102	1.09 097	1.09 093	1.09 089	1.09 085	1.09 080
6'	1.09 076	1.09 072	1.09 068	1.09 063	1.09 059	1.09 055	1.09 051	1.09 046	1.09 042	1.09 038
7'	1.09 034	1.09 029	1.09 025	1.09 021	1.09 017	1.09 012	1.09 008	1.09 004	1.09 000	1.08 995
8'	1.08 991	1.08 987	1.08 983	1.08 978	1.08 974	1.08 970	1.08 966	1.08 961	1.08 957	1.08 953
9'	1.08 949	1.08 944	1.08 940	1.08 936	1.08 932	1.08 928	1.08 923	1.08 919	1.08 915	1.08 911
10'	1.08 906	1.08 902	1.08 898	1.08 894	1.08 889	1.08 885	1.08 881	1.08 877	1.08 872	1.08 868
11'	1.08 864	1.08 860	1.08 855	1.08 851	1.08 847	1.08 843	1.08 838	1.08 834	1.08 830	1.08 826
12'	1.08 821	1.08 817	1.08 813	1.08 809	1.08 805	1.08 800	1.08 796	1.08 792	1.08 788	1.08 783
13'	1.08 779	1.08 775	1.08 771	1.08 766	1.08 762	1.08 758	1.08 754	1.08 749	1.08 745	1.08 741
14'	1.08 737	1.08 733	1.08 728	1.08 724	1.08 720	1.08 716	1.08 711	1.08 707	1.08 703	1.08 699
15'	1.08 694	1.08 690	1.08 686	1.08 682	1.08 678	1.08 673	1.08 669	1.08 665	1.08 661	1.08 656
16'	1.08 652	1.08 648	1.08 644	1.08 639	1.08 635	1.08 631	1.08 627	1.08 623	1.08 618	1.08 614
17'	1.08 610	1.08 606	1.08 601	1.08 597	1.08 593	1.08 589	1.08 585	1.08 580	1.08 576	1.08 572
18'	1.08 568	1.08 563	1.08 559	1.08 555	1.08 551	1.08 547	1.08 542	1.08 538	1.08 534	1.08 530
19'	1.08 525	1.08 521	1.08 517	1.08 513	1.08 509	1.08 504	1.08 500	1.08 496	1.08 492	1.08 487
20'	1.08 483	1.08 479	1.08 475	1.08 471	1.08 466	1.08 462	1.08 458	1.08 454	1.08 449	1.08 445
21'	1.08 441	1.08 437	1.08 433	1.08 428	1.08 424	1.08 420	1.08 416	1.08 411	1.08 407	1.08 403
22'	1.08 399	1.08 395	1.08 390	1.08 386	1.08 382	1.08 378	1.08 374	1.08 369	1.08 365	1.08 361
23'	1.08 357	1.08 352	1.08 348	1.08 344	1.08 340	1.08 336	1.08 331	1.08 327	1.08 323	1.08 319
24'	1.08 315	1.08 310	1.08 306	1.08 302	1.08 298	1.08 294	1.08 289	1.08 285	1.08 281	1.08 277
25'	1.08 272	1.08 268	1.08 264	1.08 260	1.08 256	1.08 251	1.08 247	1.08 243	1.08 239	1.08 235
26'	1.08 230	1.08 226	1.08 222	1.08 218	1.08 214	1.08 209	1.08 205	1.08 201	1.08 197	1.08 193
27'	1.08 188	1.08 184	1.08 180	1.08 176	1.08 172	1.08 167	1.08 163	1.08 159	1.08 155	1.08 151
28'	1.08 146	1.08 142	1.08 138	1.08 134	1.08 130	1.08 125	1.08 121	1.08 117	1.08 113	1.08 109
29'	1.08 104	1.08 100	1.08 096	1.08 092	1.08 088	1.08 083	1.08 079	1.08 075	1.08 071	1.08 067
30'	1.08 062	1.08 058	1.08 054	1.08 050	1.08 046	1.08 041	1.08 037	1.08 033	1.08 029	1.08 025
31'	1.08 020	1.08 016	1.08 012	1.08 008	1.08 004	1.07 999	1.07 995	1.07 991	1.07 987	1.07 983
32'	1.07 978	1.07 974	1.07 970	1.07 966	1.07 962	1.07 957	1.07 953	1.07 949	1.07 945	1.07 941
33'	1.07 937	1.07 932	1.07 928	1.07 924	1.07 920	1.07 916	1.07 911	1.07 907	1.07 903	1.07 899
34'	1.07 895	1.07 890	1.07 886	1.07 882	1.07 878	1.07 874	1.07 869	1.07 865	1.07 861	1.07 857
35'	1.07 853	1.07 849	1.07 844	1.07 840	1.07 836	1.07 832	1.07 828	1.07 823	1.07 819	1.07 815
36'	1.07 811	1.07 807	1.07 803	1.07 798	1.07 794	1.07 790	1.07 786	1.07 782	1.07 777	1.07 773
37'	1.07 769	1.07 765	1.07 761	1.07 756	1.07 752	1.07 748	1.07 744	1.07 740	1.07 736	1.07 731
38'	1.07 727	1.07 723	1.07 719	1.07 715	1.07 711	1.07 706	1.07 702	1.07 698	1.07 694	1.07 690
39'	1.07 685	1.07 681	1.07 677	1.07 673	1.07 669	1.07 665	1.07 660	1.07 656	1.07 652	1.07 648
40'	1.07 644	1.07 640	1.07 635	1.07 631	1.07 627	1.07 623	1.07 619	1.07 614	1.07 610	1.07 606
41'	1.07 602	1.07 598	1.07 594	1.07 589	1.07 585	1.07 581	1.07 577	1.07 573	1.07 569	1.07 564
42'	1.07 560	1.07 556	1.07 552	1.07 548	1.07 544	1.07 539	1.07 535	1.07 531	1.07 527	1.07 523
43'	1.07 519	1.07 514	1.07 510	1.07 506	1.07 502	1.07 498	1.07 494	1.07 489	1.07 485	1.07 481
44'	1.07 477	1.07 473	1.07 469	1.07 464	1.07 460	1.07 456	1.07 452	1.07 448	1.07 444	1.07 439
45'	1.07 435	1.07 431	1.07 427	1.07 423	1.07 419	1.07 414	1.07 410	1.07 406	1.07 402	1.07 398
46'	1.07 394	1.07 389	1.07 385	1.07 381	1.07 377	1.07 373	1.07 369	1.07 364	1.07 360	1.07 356
47'	1.07 352	1.07 348	1.07 344	1.07 339	1.07 335	1.07 331	1.07 327	1.07 323	1.07 319	1.07 314
48'	1.07 310	1.07 306	1.07 302	1.07 298	1.07 294	1.07 290	1.07 285	1.07 281	1.07 277	1.07 273
49'	1.07 269	1.07 265	1.07 260	1.07 256	1.07 252	1.07 248	1.07 244	1.07 240	1.07 236	1.07 231
50'	1.07 227	1.07 223	1.07 219	1.07 215	1.07 211	1.07 206	1.07 202	1.07 198	1.07 194	1.07 190
51'	1.07 186	1.07 182	1.07 177	1.07 173	1.07 169	1.07 165	1.07 161	1.07 157	1.07 152	1.07 148
52'	1.07 144	1.07 140	1.07 136	1.07 132	1.07 128	1.07 123	1.07 119	1.07 115	1.07 111	1.07 107
53'	1.07 103	1.07 099	1.07 094	1.07 090	1.07 086	1.07 082	1.07 078	1.07 074	1.07 070	1.07 065
54'	1.07 061	1.07 057	1.07 053	1.07 049	1.07 045	1.07 041	1.07 036	1.07 032	1.07 028	1.07 024
55'	1.07 020	1.07 016	1.07 012	1.07 007	1.07 003	1.06 999	1.06 995	1.06 991	1.06 987	1.06 983
56'	1.06 978	1.06 974	1.06 970	1.06 966	1.06 962	1.06 958	1.06 954	1.06 949	1.06 945	1.06 941
57'	1.06 937	1.06 933	1.06 929	1.06 925	1.06 920	1.06 916	1.06 912	1.06 908	1.06 904	1.06 900
58'	1.06 896	1.06 891	1.06 887	1.06 883	1.06 879	1.06 875	1.06 871	1.06 867	1.06 863	1.06 858
59'	1.06 854	1.06 850	1.06 846	1.06 842	1.06 838	1.06 834	1.06 829	1.06 825	1.06 821	1.06 817

K   K

34°		0.'0	0.'1	0.'2	0.'3	0.'4	0.'5	0.'6	0.'7	0.'8	0.'9	34°
	0'	1.06 813	1.06 809	1.06 805	1.06 801	1.06 796	1.06 792	1.06 788	1.06 784	1.06 780	1.06 776	
	1'	1.06 772	1.06 767	1.06 763	1.06 759	1.06 755	1.06 751	1.06 747	1.06 743	1.06 739	1.06 734	
	2'	1.06 730	1.06 726	1.06 722	1.06 718	1.06 714	1.06 710	1.06 706	1.06 701	1.06 697	1.06 693	
	3'	1.06 689	1.06 685	1.06 681	1.06 677	1.06 673	1.06 668	1.06 664	1.06 660	1.06 656	1.06 652	
	4'	1.06 648	1.06 644	1.06 640	1.06 635	1.06 631	1.06 627	1.06 623	1.06 619	1.06 615	1.06 611	
	5'	1.06 607	1.06 602	1.06 598	1.06 594	1.06 590	1.06 586	1.06 582	1.06 578	1.06 574	1.06 570	
	6'	1.06 565	1.06 561	1.06 557	1.06 553	1.06 549	1.06 545	1.06 541	1.06 537	1.06 532	1.06 528	
	7'	1.06 524	1.06 520	1.06 516	1.06 512	1.06 508	1.06 504	1.06 500	1.06 495	1.06 491	1.06 487	
	8'	1.06 483	1.06 479	1.06 475	1.06 471	1.06 467	1.06 462	1.06 458	1.06 454	1.06 450	1.06 446	
	9'	1.06 442	1.06 438	1.06 434	1.06 430	1.06 425	1.06 421	1.06 417	1.06 413	1.06 409	1.06 405	
	10'	1.06 401	1.06 397	1.06 393	1.06 388	1.06 384	1.06 380	1.06 376	1.06 372	1.06 368	1.06 364	
	11'	1.06 360	1.06 356	1.06 351	1.06 347	1.06 343	1.06 339	1.06 335	1.06 331	1.06 327	1.06 323	
	12'	1.06 319	1.06 315	1.06 310	1.06 306	1.06 302	1.06 298	1.06 294	1.06 290	1.06 286	1.06 282	
	13'	1.06 278	1.06 273	1.06 269	1.06 265	1.06 261	1.06 257	1.06 253	1.06 249	1.06 245	1.06 241	
	14'	1.06 237	1.06 232	1.06 228	1.06 224	1.06 220	1.06 216	1.06 212	1.06 208	1.06 204	1.06 200	
	15'	1.06 196	1.06 191	1.06 187	1.06 183	1.06 179	1.06 175	1.06 171	1.06 167	1.06 163	1.06 159	
	16'	1.06 155	1.06 150	1.06 146	1.06 142	1.06 138	1.06 134	1.06 130	1.06 126	1.06 122	1.06 118	
	17'	1.06 114	1.06 109	1.06 105	1.06 101	1.06 097	1.06 093	1.06 089	1.06 085	1.06 081	1.06 077	
	18'	1.06 073	1.06 069	1.06 064	1.06 060	1.06 056	1.06 052	1.06 048	1.06 044	1.06 040	1.06 036	
	19'	1.06 032	1.06 028	1.06 024	1.06 019	1.06 015	1.06 011	1.06 007	1.06 003	1.05 999	1.05 995	
	20'	1.05 991	1.05 987	1.05 983	1.05 979	1.05 974	1.05 970	1.05 966	1.05 962	1.05 958	1.05 954	
	21'	1.05 950	1.05 946	1.05 942	1.05 938	1.05 934	1.05 929	1.05 925	1.05 921	1.05 917	1.05 913	
	22'	1.05 909	1.05 905	1.05 901	1.05 897	1.05 893	1.05 889	1.05 885	1.05 880	1.05 876	1.05 872	
	23'	1.05 868	1.05 864	1.05 860	1.05 856	1.05 852	1.05 848	1.05 844	1.05 840	1.05 836	1.05 831	
	24'	1.05 827	1.05 823	1.05 819	1.05 815	1.05 811	1.05 807	1.05 803	1.05 799	1.05 795	1.05 791	
	25'	1.05 787	1.05 782	1.05 778	1.05 774	1.05 770	1.05 766	1.05 762	1.05 758	1.05 754	1.05 750	
	26'	1.05 746	1.05 742	1.05 738	1.05 734	1.05 729	1.05 725	1.05 721	1.05 717	1.05 713	1.05 709	
	27'	1.05 705	1.05 701	1.05 697	1.05 693	1.05 689	1.05 685	1.05 681	1.05 677	1.05 672	1.05 668	
	28'	1.05 664	1.05 660	1.05 656	1.05 652	1.05 648	1.05 644	1.05 640	1.05 636	1.05 632	1.05 628	
	29'	1.05 624	1.05 620	1.05 615	1.05 611	1.05 607	1.05 603	1.05 599	1.05 595	1.05 591	1.05 587	
	30'	1.05 583	1.05 579	1.05 575	1.05 571	1.05 567	1.05 563	1.05 558	1.05 554	1.05 550	1.05 546	
	31'	1.05 542	1.05 538	1.05 534	1.05 530	1.05 526	1.05 522	1.05 518	1.05 514	1.05 510	1.05 506	
	32'	1.05 502	1.05 497	1.05 493	1.05 489	1.05 485	1.05 481	1.05 477	1.05 473	1.05 469	1.05 465	
	33'	1.05 461	1.05 457	1.05 453	1.05 449	1.05 445	1.05 441	1.05 437	1.05 432	1.05 428	1.05 424	
	34'	1.05 420	1.05 416	1.05 412	1.05 408	1.05 404	1.05 400	1.05 396	1.05 392	1.05 388	1.05 384	
	35'	1.05 380	1.05 376	1.05 372	1.05 368	1.05 363	1.05 359	1.05 355	1.05 351	1.05 347	1.05 343	
	36'	1.05 339	1.05 335	1.05 331	1.05 327	1.05 323	1.05 319	1.05 315	1.05 311	1.05 307	1.05 303	
	37'	1.05 299	1.05 295	1.05 290	1.05 286	1.05 282	1.05 278	1.05 274	1.05 270	1.05 266	1.05 262	
	38'	1.05 258	1.05 254	1.05 250	1.05 246	1.05 242	1.05 238	1.05 234	1.05 230	1.05 226	1.05 222	
	39'	1.05 218	1.05 214	1.05 209	1.05 205	1.05 201	1.05 197	1.05 193	1.05 189	1.05 185	1.05 181	
	40'	1.05 177	1.05 173	1.05 169	1.05 165	1.05 161	1.05 157	1.05 153	1.05 149	1.05 145	1.05 141	
	41'	1.05 137	1.05 133	1.05 129	1.05 124	1.05 120	1.05 116	1.05 112	1.05 108	1.05 104	1.05 100	
	42'	1.05 096	1.05 092	1.05 088	1.05 084	1.05 080	1.05 076	1.05 072	1.05 068	1.05 064	1.05 060	
	43'	1.05 056	1.05 052	1.05 048	1.05 044	1.05 040	1.05 036	1.05 031	1.05 027	1.05 023	1.05 019	
	44'	1.05 015	1.05 011	1.05 007	1.05 003	1.04 999	1.04 995	1.04 991	1.04 987	1.04 983	1.04 979	
	45'	1.04 975	1.04 971	1.04 967	1.04 963	1.04 959	1.04 955	1.04 951	1.04 947	1.04 943	1.04 939	
	46'	1.04 935	1.04 931	1.04 927	1.04 922	1.04 918	1.04 914	1.04 910	1.04 906	1.04 902	1.04 898	
	47'	1.04 894	1.04 890	1.04 886	1.04 882	1.04 878	1.04 874	1.04 870	1.04 866	1.04 862	1.04 858	
	48'	1.04 854	1.04 850	1.04 846	1.04 842	1.04 838	1.04 834	1.04 830	1.04 826	1.04 822	1.04 818	
	49'	1.04 814	1.04 810	1.04 806	1.04 802	1.04 797	1.04 793	1.04 789	1.04 785	1.04 781	1.04 777	
	50'	1.04 773	1.04 769	1.04 765	1.04 761	1.04 757	1.04 753	1.04 749	1.04 745	1.04 741	1.04 737	
	51'	1.04 733	1.04 729	1.04 725	1.04 721	1.04 717	1.04 713	1.04 709	1.04 705	1.04 701	1.04 697	
	52'	1.04 693	1.04 689	1.04 685	1.04 681	1.04 677	1.04 673	1.04 669	1.04 665	1.04 661	1.04 657	
	53'	1.04 653	1.04 649	1.04 645	1.04 641	1.04 637	1.04 633	1.04 628	1.04 624	1.04 620	1.04 616	
	54'	1.04 612	1.04 608	1.04 604	1.04 600	1.04 596	1.04 592	1.04 588	1.04 584	1.04 580	1.04 576	
	55'	1.04 572	1.04 568	1.04 564	1.04 560	1.04 556	1.04 552	1.04 548	1.04 544	1.04 540	1.04 536	
	56'	1.04 532	1.04 528	1.04 524	1.04 520	1.04 516	1.04 512	1.04 508	1.04 504	1.04 500	1.04 496	
	57'	1.04 492	1.04 488	1.04 484	1.04 480	1.04 476	1.04 472	1.04 468	1.04 464	1.04 460	1.04 456	
	58'	1.04 452	1.04 448	1.04 444	1.04 440	1.04 436	1.04 432	1.04 428	1.04 424	1.04 420	1.04 416	
	59'	1.04 412	1.04 408	1.04 404	1.04 400	1.04 396	1.04 392	1.04 388	1.04 384	1.04 380	1.04 376	

K   K

35°	0.'0	0.'1	0.'2	0.'3	0.'4	0.'5	0.'6	0.'7	0.'8	0.'9	35°
0'	1.04 372	1.04 368	1.04 364	1.04 360	1.04 356	1.04 352	1.04 348	1.04 344	1.04 340	1.04 336	
1'	1.04 332	1.04 328	1.04 324	1.04 320	1.04 316	1.04 312	1.04 308	1.04 304	1.04 300	1.04 296	
2'	1.04 292	1.04 288	1.04 284	1.04 280	1.04 276	1.04 272	1.04 268	1.04 264	1.04 260	1.04 256	
3'	1.04 252	1.04 248	1.04 244	1.04 240	1.04 236	1.04 232	1.04 228	1.04 224	1.04 220	1.04 216	
4'	1.04 212	1.04 208	1.04 204	1.04 200	1.04 196	1.04 192	1.04 188	1.04 184	1.04 180	1.04 176	
5'	1.04 172	1.04 168	1.04 164	1.04 160	1.04 156	1.04 152	1.04 148	1.04 144	1.04 140	1.04 136	
6'	1.04 132	1.04 128	1.04 124	1.04 120	1.04 116	1.04 112	1.04 108	1.04 104	1.04 100	1.04 096	
7'	1.04 092	1.04 088	1.04 084	1.04 080	1.04 076	1.04 072	1.04 068	1.04 064	1.04 060	1.04 056	
8'	1.04 052	1.04 048	1.04 044	1.04 040	1.04 036	1.04 032	1.04 028	1.04 024	1.04 020	1.04 016	
9'	1.04 012	1.04 008	1.04 004	1.04 000	1.03 996	1.03 992	1.03 988	1.03 984	1.03 980	1.03 976	
10'	1.03 972	1.03 968	1.03 964	1.03 960	1.03 956	1.03 952	1.03 948	1.03 944	1.03 940	1.03 936	
11'	1.03 932	1.03 928	1.03 924	1.03 920	1.03 916	1.03 912	1.03 908	1.03 904	1.03 900	1.03 896	
12'	1.03 892	1.03 888	1.03 884	1.03 880	1.03 876	1.03 872	1.03 868	1.03 864	1.03 860	1.03 856	
13'	1.03 852	1.03 848	1.03 845	1.03 841	1.03 837	1.03 833	1.03 829	1.03 825	1.03 821	1.03 817	
14'	1.03 813	1.03 809	1.03 805	1.03 801	1.03 797	1.03 793	1.03 789	1.03 785	1.03 781	1.03 777	
15'	1.03 773	1.03 769	1.03 765	1.03 761	1.03 757	1.03 753	1.03 749	1.03 745	1.03 741	1.03 737	
16'	1.03 733	1.03 729	1.03 725	1.03 721	1.03 717	1.03 713	1.03 709	1.03 705	1.03 701	1.03 697	
17'	1.03 693	1.03 689	1.03 685	1.03 682	1.03 678	1.03 674	1.03 670	1.03 666	1.03 662	1.03 658	
18'	1.03 654	1.03 650	1.03 646	1.03 642	1.03 638	1.03 634	1.03 630	1.03 626	1.03 622	1.03 618	
19'	1.03 614	1.03 610	1.03 606	1.03 602	1.03 598	1.03 594	1.03 590	1.03 586	1.03 582	1.03 578	
20'	1.03 574	1.03 570	1.03 566	1.03 562	1.03 558	1.03 555	1.03 551	1.03 547	1.03 543	1.03 539	
21'	1.03 535	1.03 531	1.03 527	1.03 523	1.03 519	1.03 515	1.03 511	1.03 507	1.03 503	1.03 499	
22'	1.03 495	1.03 491	1.03 487	1.03 483	1.03 479	1.03 475	1.03 471	1.03 467	1.03 463	1.03 459	
23'	1.03 455	1.03 451	1.03 448	1.03 444	1.03 440	1.03 436	1.03 432	1.03 428	1.03 424	1.03 420	
24'	1.03 416	1.03 412	1.03 408	1.03 404	1.03 400	1.03 396	1.03 392	1.03 388	1.03 384	1.03 380	
25'	1.03 376	1.03 372	1.03 368	1.03 364	1.03 360	1.03 356	1.03 353	1.03 349	1.03 345	1.03 341	
26'	1.03 337	1.03 333	1.03 329	1.03 325	1.03 321	1.03 317	1.03 313	1.03 309	1.03 305	1.03 301	
27'	1.03 297	1.03 293	1.03 289	1.03 285	1.03 281	1.03 277	1.03 273	1.03 270	1.03 266	1.03 262	
28'	1.03 258	1.03 254	1.03 250	1.03 246	1.03 242	1.03 238	1.03 234	1.03 230	1.03 226	1.03 222	
29'	1.03 218	1.03 214	1.03 210	1.03 206	1.03 202	1.03 198	1.03 194	1.03 191	1.03 187	1.03 183	
30'	1.03 179	1.03 175	1.03 171	1.03 167	1.03 163	1.03 159	1.03 155	1.03 151	1.03 147	1.03 143	
31'	1.03 139	1.03 135	1.03 131	1.03 127	1.03 123	1.03 120	1.03 116	1.03 112	1.03 108	1.03 104	
32'	1.03 100	1.03 096	1.03 092	1.03 088	1.03 084	1.03 080	1.03 076	1.03 072	1.03 068	1.03 064	
33'	1.03 060	1.03 056	1.03 052	1.03 049	1.03 045	1.03 041	1.03 037	1.03 033	1.03 029	1.03 025	
34'	1.03 021	1.03 017	1.03 013	1.03 009	1.03 005	1.03 001	1.02 997	1.02 993	1.02 989	1.02 986	
35'	1.02 982	1.02 978	1.02 974	1.02 970	1.02 966	1.02 962	1.02 958	1.02 954	1.02 950	1.02 946	
36'	1.02 942	1.02 938	1.02 934	1.02 930	1.02 927	1.02 923	1.02 919	1.02 915	1.02 911	1.02 907	
37'	1.02 903	1.02 899	1.02 895	1.02 891	1.02 887	1.02 883	1.02 879	1.02 875	1.02 871	1.02 868	
38'	1.02 864	1.02 860	1.02 856	1.02 852	1.02 848	1.02 844	1.02 840	1.02 836	1.02 832	1.02 828	
39'	1.02 824	1.02 820	1.02 816	1.02 813	1.02 809	1.02 805	1.02 801	1.02 797	1.02 793	1.02 789	
40'	1.02 785	1.02 781	1.02 777	1.02 773	1.02 769	1.02 765	1.02 761	1.02 758	1.02 754	1.02 750	
41'	1.02 746	1.02 742	1.02 738	1.02 734	1.02 730	1.02 726	1.02 722	1.02 718	1.02 714	1.02 710	
42'	1.02 707	1.02 703	1.02 699	1.02 695	1.02 691	1.02 687	1.02 683	1.02 679	1.02 675	1.02 671	
43'	1.02 667	1.02 663	1.02 659	1.02 656	1.02 652	1.02 648	1.02 644	1.02 640	1.02 636	1.02 632	
44'	1.02 628	1.02 624	1.02 620	1.02 616	1.02 612	1.02 609	1.02 605	1.02 601	1.02 597	1.02 593	
45'	1.02 589	1.02 585	1.02 581	1.02 577	1.02 573	1.02 569	1.02 565	1.02 561	1.02 558	1.02 554	
46'	1.02 550	1.02 546	1.02 542	1.02 538	1.02 534	1.02 530	1.02 526	1.02 522	1.02 518	1.02 515	
47'	1.02 511	1.02 507	1.02 503	1.02 499	1.02 495	1.02 491	1.02 487	1.02 483	1.02 479	1.02 475	
48'	1.02 471	1.02 468	1.02 464	1.02 460	1.02 456	1.02 452	1.02 448	1.02 444	1.02 440	1.02 436	
49'	1.02 432	1.02 428	1.02 425	1.02 421	1.02 417	1.02 413	1.02 409	1.02 405	1.02 401	1.02 397	
50'	1.02 393	1.02 389	1.02 385	1.02 382	1.02 378	1.02 374	1.02 370	1.02 366	1.02 362	1.02 358	
51'	1.02 354	1.02 350	1.02 346	1.02 343	1.02 339	1.02 335	1.02 331	1.02 327	1.02 323	1.02 319	
52'	1.02 315	1.02 311	1.02 307	1.02 303	1.02 300	1.02 296	1.02 292	1.02 288	1.02 284	1.02 280	
53'	1.02 276	1.02 272	1.02 268	1.02 264	1.02 261	1.02 257	1.02 253	1.02 249	1.02 245	1.02 241	
54'	1.02 237	1.02 233	1.02 229	1.02 225	1.02 222	1.02 218	1.02 214	1.02 210	1.02 206	1.02 202	
55'	1.02 198	1.02 194	1.02 190	1.02 186	1.02 183	1.02 179	1.02 175	1.02 171	1.02 167	1.02 163	
56'	1.02 159	1.02 155	1.02 151	1.02 148	1.02 144	1.02 140	1.02 136	1.02 132	1.02 128	1.02 124	
57'	1.02 120	1.02 116	1.02 112	1.02 109	1.02 105	1.02 101	1.02 097	1.02 093	1.02 089	1.02 085	
58'	1.02 081	1.02 077	1.02 074	1.02 070	1.02 066	1.02 062	1.02 058	1.02 054	1.02 050	1.02 046	
59'	1.02 042	1.02 039	1.02 035	1.02 031	1.02 027	1.02 023	1.02 019	1.02 015	1.02 011	1.02 007	

K   **K**

	0.'0	0.'1	0.'2	0.'3	0.'4	0.'5	0.'6	0.'7	0.'8	0.'9	
36° 0'	1.02 004	1.02 000	1.01 996	1.01 992	1.01 988	1.01 984	1.01 980	1.01 976	1.01 972	1.01 969	**36°**
1'	1.01 965	1.01 961	1.01 957	1.01 953	1.01 949	1.01 945	1.01 941	1.01 937	1.01 934	1.01 930	
2'	1.01 926	1.01 922	1.01 918	1.01 914	1.01 910	1.01 906	1.01 903	1.01 899	1.01 895	1.01 891	
3'	1.01 887	1.01 883	1.01 879	1.01 875	1.01 871	1.01 868	1.01 864	1.01 860	1.01 856	1.01 852	
4'	1.01 848	1.01 844	1.01 840	1.01 837	1.01 833	1.01 829	1.01 825	1.01 821	1.01 817	1.01 813	
5'	1.01 809	1.01 805	1.01 802	1.01 798	1.01 794	1.01 790	1.01 786	1.01 782	1.01 778	1.01 774	
6'	1.01 771	1.01 767	1.01 763	1.01 759	1.01 755	1.01 751	1.01 747	1.01 743	1.01 740	1.01 736	
7'	1.01 732	1.01 728	1.01 724	1.01 720	1.01 716	1.01 712	1.01 709	1.01 705	1.01 701	1.01 697	
8'	1.01 693	1.01 689	1.01 685	1.01 681	1.01 678	1.01 674	1.01 670	1.01 666	1.01 662	1.01 658	
9'	1.01 654	1.01 651	1.01 647	1.01 643	1.01 639	1.01 635	1.01 631	1.01 627	1.01 623	1.01 620	
10'	1.01 616	1.01 612	1.01 608	1.01 604	1.01 600	1.01 596	1.01 592	1.01 589	1.01 585	1.01 581	
11'	1.01 577	1.01 573	1.01 569	1.01 565	1.01 562	1.01 558	1.01 554	1.01 550	1.01 546	1.01 542	
12'	1.01 538	1.01 534	1.01 531	1.01 527	1.01 523	1.01 519	1.01 515	1.01 511	1.01 507	1.01 504	
13'	1.01 500	1.01 496	1.01 492	1.01 488	1.01 484	1.01 480	1.01 477	1.01 473	1.01 469	1.01 465	
14'	1.01 461	1.01 457	1.01 453	1.01 449	1.01 446	1.01 442	1.01 438	1.01 434	1.01 430	1.01 426	
15'	1.01 422	1.01 419	1.01 415	1.01 411	1.01 407	1.01 403	1.01 399	1.01 395	1.01 392	1.01 388	
16'	1.01 384	1.01 380	1.01 376	1.01 372	1.01 368	1.01 365	1.01 361	1.01 357	1.01 353	1.01 349	
17'	1.01 345	1.01 341	1.01 338	1.01 334	1.01 330	1.01 326	1.01 322	1.01 318	1.01 314	1.01 311	
18'	1.01 307	1.01 303	1.01 299	1.01 295	1.01 291	1.01 288	1.01 284	1.01 280	1.01 276	1.01 272	
19'	1.01 268	1.01 264	1.01 261	1.01 257	1.01 253	1.01 249	1.01 245	1.01 241	1.01 237	1.01 234	
20'	1.01 230	1.01 226	1.01 222	1.01 218	1.01 214	1.01 210	1.01 207	1.01 203	1.01 199	1.01 195	
21'	1.01 191	1.01 187	1.01 184	1.01 180	1.01 176	1.01 172	1.01 168	1.01 164	1.01 160	1.01 157	
22'	1.01 153	1.01 149	1.01 145	1.01 141	1.01 137	1.01 134	1.01 130	1.01 126	1.01 122	1.01 118	
23'	1.01 114	1.01 110	1.01 107	1.01 103	1.01 099	1.01 095	1.01 091	1.01 087	1.01 084	1.01 080	
24'	1.01 076	1.01 072	1.01 068	1.01 064	1.01 061	1.01 057	1.01 053	1.01 049	1.01 045	1.01 041	
25'	1.01 037	1.01 034	1.01 030	1.01 026	1.01 022	1.01 018	1.01 014	1.01 011	1.01 007	1.01 003	
26'	1.00 999	1.00 995	1.00 991	1.00 988	1.00 984	1.00 980	1.00 976	1.00 972	1.00 968	1.00 965	
27'	1.00 961	1.00 957	1.00 953	1.00 949	1.00 945	1.00 942	1.00 938	1.00 934	1.00 930	1.00 926	
28'	1.00 922	1.00 919	1.00 915	1.00 911	1.00 907	1.00 903	1.00 899	1.00 896	1.00 892	1.00 888	
29'	1.00 884	1.00 880	1.00 876	1.00 873	1.00 869	1.00 865	1.00 861	1.00 857	1.00 853	1.00 850	
30'	1.00 846	1.00 842	1.00 838	1.00 834	1.00 830	1.00 827	1.00 823	1.00 819	1.00 815	1.00 811	
31'	1.00 807	1.00 804	1.00 800	1.00 796	1.00 792	1.00 788	1.00 784	1.00 781	1.00 777	1.00 773	
32'	1.00 769	1.00 765	1.00 761	1.00 758	1.00 754	1.00 750	1.00 746	1.00 742	1.00 738	1.00 735	
33'	1.00 731	1.00 727	1.00 723	1.00 719	1.00 716	1.00 712	1.00 708	1.00 704	1.00 700	1.00 696	
34'	1.00 693	1.00 689	1.00 685	1.00 681	1.00 677	1.00 673	1.00 670	1.00 666	1.00 662	1.00 658	
35'	1.00 654	1.00 651	1.00 647	1.00 643	1.00 639	1.00 635	1.00 631	1.00 628	1.00 624	1.00 620	
36'	1.00 616	1.00 612	1.00 609	1.00 605	1.00 601	1.00 597	1.00 593	1.00 589	1.00 586	1.00 582	
37'	1.00 578	1.00 574	1.00 570	1.00 567	1.00 563	1.00 559	1.00 555	1.00 551	1.00 547	1.00 544	
38'	1.00 540	1.00 536	1.00 532	1.00 528	1.00 525	1.00 521	1.00 517	1.00 513	1.00 509	1.00 505	
39'	1.00 502	1.00 498	1.00 494	1.00 490	1.00 486	1.00 483	1.00 479	1.00 475	1.00 471	1.00 467	
40'	1.00 464	1.00 460	1.00 456	1.00 452	1.00 448	1.00 444	1.00 441	1.00 437	1.00 433	1.00 429	
41'	1.00 425	1.00 422	1.00 418	1.00 414	1.00 410	1.00 406	1.00 403	1.00 399	1.00 395	1.00 391	
42'	1.00 387	1.00 383	1.00 380	1.00 376	1.00 372	1.00 368	1.00 364	1.00 361	1.00 357	1.00 353	
43'	1.00 349	1.00 345	1.00 342	1.00 338	1.00 334	1.00 330	1.00 326	1.00 323	1.00 319	1.00 315	
44'	1.00 311	1.00 307	1.00 304	1.00 300	1.00 296	1.00 292	1.00 288	1.00 285	1.00 281	1.00 277	
45'	1.00 273	1.00 269	1.00 266	1.00 262	1.00 258	1.00 254	1.00 250	1.00 247	1.00 243	1.00 239	
46'	1.00 235	1.00 231	1.00 227	1.00 224	1.00 220	1.00 216	1.00 212	1.00 208	1.00 205	1.00 201	
47'	1.00 197	1.00 193	1.00 189	1.00 186	1.00 182	1.00 178	1.00 174	1.00 171	1.00 167	1.00 163	
48'	1.00 159	1.00 155	1.00 152	1.00 148	1.00 144	1.00 140	1.00 136	1.00 133	1.00 129	1.00 125	
49'	1.00 121	1.00 117	1.00 114	1.00 110	1.00 106	1.00 102	1.00 098	1.00 095	1.00 091	1.00 087	
50'	1.00 083	1.00 079	1.00 076	1.00 072	1.00 068	1.00 064	1.00 060	1.00 057	1.00 053	1.00 049	
51'	1.00 045	1.00 041	1.00 038	1.00 034	1.00 030	1.00 026	1.00 023	1.00 019	1.00 015	1.00 011	
52'	1.00 007	1.00 004	1.00 000	0.99 996	0.99 992	0.99 988	0.99 985	0.99 981	0.99 977	0.99 973	
53'	0.99 969	0.99 966	0.99 962	0.99 958	0.99 954	0.99 951	0.99 947	0.99 943	0.99 939	0.99 935	
54'	0.99 932	0.99 928	0.99 924	0.99 920	0.99 916	0.99 913	0.99 909	0.99 905	0.99 901	0.99 898	
55'	0.99 894	0.99 890	0.99 886	0.99 882	0.99 879	0.99 875	0.99 871	0.99 867	0.99 863	0.99 860	
56'	0.99 856	0.99 852	0.99 848	0.99 845	0.99 841	0.99 837	0.99 833	0.99 829	0.99 826	0.99 822	
57'	0.99 818	0.99 814	0.99 811	0.99 807	0.99 803	0.99 799	0.99 795	0.99 792	0.99 788	0.99 784	
58'	0.99 780	0.99 776	0.99 773	0.99 769	0.99 765	0.99 761	0.99 758	0.99 754	0.99 750	0.99 746	
59'	0.99 742	0.99 739	0.99 735	0.99 731	0.99 727	0.99 724	0.99 720	0.99 716	0.99 712	0.99 708	

K 37°

37°	0.'0	0.'1	0.'2	0.'3	0.'4	0.'5	0.'6	0.'7	0.'8	0.'9
0'	0.99 705	0.99 701	0.99 697	0.99 693	0.99 690	0.99 686	0.99 682	0.99 678	0.99 675	0.99 671
1'	0.99 667	0.99 663	0.99 659	0.99 656	0.99 652	0.99 648	0.99 644	0.99 641	0.99 637	0.99 633
2'	0.99 629	0.99 625	0.99 622	0.99 618	0.99 614	0.99 610	0.99 607	0.99 603	0.99 599	0.99 595
3'	0.99 592	0.99 588	0.99 584	0.99 580	0.99 576	0.99 573	0.99 569	0.99 565	0.99 561	0.99 558
4'	0.99 554	0.99 550	0.99 546	0.99 543	0.99 539	0.99 535	0.99 531	0.99 527	0.99 524	0.99 520
5'	0.99 516	0.99 512	0.99 509	0.99 505	0.99 501	0.99 497	0.99 494	0.99 490	0.99 486	0.99 482
6'	0.99 479	0.99 475	0.99 471	0.99 467	0.99 463	0.99 460	0.99 456	0.99 452	0.99 448	0.99 445
7'	0.99 441	0.99 437	0.99 433	0.99 430	0.99 426	0.99 422	0.99 418	0.99 415	0.99 411	0.99 407
8'	0.99 403	0.99 399	0.99 396	0.99 392	0.99 388	0.99 384	0.99 381	0.99 377	0.99 373	0.99 369
9'	0.99 366	0.99 362	0.99 358	0.99 354	0.99 351	0.99 347	0.99 343	0.99 339	0.99 336	0.99 332
10'	0.99 328	0.99 324	0.99 321	0.99 317	0.99 313	0.99 309	0.99 306	0.99 302	0.99 298	0.99 294
11'	0.99 290	0.99 287	0.99 283	0.99 279	0.99 275	0.99 272	0.99 268	0.99 264	0.99 260	0.99 257
12'	0.99 253	0.99 249	0.99 245	0.99 242	0.99 238	0.99 234	0.99 230	0.99 227	0.99 223	0.99 219
13'	0.99 215	0.99 212	0.99 208	0.99 204	0.99 200	0.99 197	0.99 193	0.99 189	0.99 185	0.99 182
14'	0.99 178	0.99 174	0.99 170	0.99 167	0.99 163	0.99 159	0.99 155	0.99 152	0.99 148	0.99 144
15'	0.99 140	0.99 137	0.99 133	0.99 129	0.99 125	0.99 122	0.99 118	0.99 114	0.99 110	0.99 107
16'	0.99 103	0.99 099	0.99 095	0.99 092	0.99 088	0.99 084	0.99 080	0.99 077	0.99 073	0.99 069
17'	0.99 065	0.99 062	0.99 058	0.99 054	0.99 050	0.99 047	0.99 043	0.99 039	0.99 036	0.99 032
18'	0.99 028	0.99 024	0.99 021	0.99 017	0.99 013	0.99 009	0.99 006	0.99 002	0.98 998	0.98 994
19'	0.98 991	0.98 987	0.98 983	0.98 979	0.98 976	0.98 972	0.98 968	0.98 964	0.98 961	0.98 957
20'	0.98 953	0.98 949	0.98 946	0.98 942	0.98 938	0.98 935	0.98 931	0.98 927	0.98 923	0.98 920
21'	0.98 916	0.98 912	0.98 908	0.98 905	0.98 901	0.98 897	0.98 893	0.98 890	0.98 886	0.98 882
22'	0.98 878	0.98 875	0.98 871	0.98 867	0.98 864	0.98 860	0.98 856	0.98 852	0.98 849	0.98 845
23'	0.98 841	0.98 837	0.98 834	0.98 830	0.98 826	0.98 822	0.98 819	0.98 815	0.98 811	0.98 808
24'	0.98 804	0.98 800	0.98 796	0.98 793	0.98 789	0.98 785	0.98 781	0.98 778	0.98 774	0.98 770
25'	0.98 766	0.98 763	0.98 759	0.98 755	0.98 752	0.98 748	0.98 744	0.98 740	0.98 737	0.98 733
26'	0.98 729	0.98 725	0.98 722	0.98 718	0.98 714	0.98 711	0.98 707	0.98 703	0.98 699	0.98 696
27'	0.98 692	0.98 688	0.98 684	0.98 681	0.98 677	0.98 673	0.98 670	0.98 666	0.98 662	0.98 658
28'	0.98 655	0.98 651	0.98 647	0.98 643	0.98 640	0.98 636	0.98 632	0.98 629	0.98 625	0.98 621
29'	0.98 617	0.98 614	0.98 610	0.98 606	0.98 602	0.98 599	0.98 595	0.98 591	0.98 588	0.98 584
30'	0.98 580	0.98 576	0.98 573	0.98 569	0.98 565	0.98 562	0.98 558	0.98 554	0.98 550	0.98 547
31'	0.98 543	0.98 539	0.98 536	0.98 532	0.98 528	0.98 524	0.98 521	0.98 517	0.98 513	0.98 509
32'	0.98 506	0.98 502	0.98 498	0.98 495	0.98 491	0.98 487	0.98 483	0.98 480	0.98 476	0.98 472
33'	0.98 469	0.98 465	0.98 461	0.98 457	0.98 454	0.98 450	0.98 446	0.98 443	0.98 439	0.98 435
34'	0.98 431	0.98 428	0.98 424	0.98 420	0.98 417	0.98 413	0.98 409	0.98 405	0.98 402	0.98 398
35'	0.98 394	0.98 391	0.98 387	0.98 383	0.98 379	0.98 376	0.98 372	0.98 368	0.98 365	0.98 361
36'	0.98 357	0.98 353	0.98 350	0.98 346	0.98 342	0.98 339	0.98 335	0.98 331	0.98 328	0.98 324
37'	0.98 320	0.98 316	0.98 313	0.98 309	0.98 305	0.98 302	0.98 298	0.98 294	0.98 290	0.98 287
38'	0.98 283	0.98 279	0.98 276	0.98 272	0.98 268	0.98 264	0.98 261	0.98 257	0.98 253	0.98 250
39'	0.98 246	0.98 242	0.98 239	0.98 235	0.98 231	0.98 227	0.98 224	0.98 220	0.98 216	0.98 213
40'	0.98 209	0.98 205	0.98 201	0.98 198	0.98 194	0.98 190	0.98 187	0.98 183	0.98 179	0.98 176
41'	0.98 172	0.98 168	0.98 164	0.98 161	0.98 157	0.98 153	0.98 150	0.98 146	0.98 142	0.98 139
42'	0.98 135	0.98 131	0.98 127	0.98 124	0.98 120	0.98 116	0.98 113	0.98 109	0.98 105	0.98 102
43'	0.98 098	0.98 094	0.98 090	0.98 087	0.98 083	0.98 079	0.98 076	0.98 072	0.98 068	0.98 065
44'	0.98 061	0.98 057	0.98 053	0.98 050	0.98 046	0.98 042	0.98 039	0.98 035	0.98 031	0.98 028
45'	0.98 024	0.98 020	0.98 017	0.98 013	0.98 009	0.98 005	0.98 002	0.97 998	0.97 994	0.97 991
46'	0.97 987	0.97 983	0.97 980	0.97 976	0.97 972	0.97 969	0.97 965	0.97 961	0.97 957	0.97 954
47'	0.97 950	0.97 946	0.97 943	0.97 939	0.97 935	0.97 932	0.97 928	0.97 924	0.97 921	0.97 917
48'	0.97 913	0.97 909	0.97 906	0.97 902	0.97 898	0.97 895	0.97 891	0.97 887	0.97 884	0.97 880
49'	0.97 876	0.97 873	0.97 869	0.97 865	0.97 861	0.97 858	0.97 854	0.97 850	0.97 847	0.97 843
50'	0.97 839	0.97 836	0.97 832	0.97 828	0.97 825	0.97 821	0.97 817	0.97 814	0.97 810	0.97 806
51'	0.97 803	0.97 799	0.97 795	0.97 791	0.97 788	0.97 784	0.97 780	0.97 777	0.97 773	0.97 769
52'	0.97 766	0.97 762	0.97 758	0.97 755	0.97 751	0.97 747	0.97 744	0.97 740	0.97 736	0.97 733
53'	0.97 729	0.97 725	0.97 722	0.97 718	0.97 714	0.97 710	0.97 707	0.97 703	0.97 699	0.97 696
54'	0.97 692	0.97 688	0.97 685	0.97 681	0.97 677	0.97 674	0.97 670	0.97 666	0.97 663	0.97 659
55'	0.97 655	0.97 652	0.97 648	0.97 644	0.97 641	0.97 637	0.97 633	0.97 630	0.97 626	0.97 622
56'	0.97 619	0.97 615	0.97 611	0.97 607	0.97 604	0.97 600	0.97 596	0.97 593	0.97 589	0.97 585
57'	0.97 582	0.97 578	0.97 574	0.97 571	0.97 567	0.97 563	0.97 560	0.97 556	0.97 552	0.97 549
58'	0.97 545	0.97 541	0.97 538	0.97 534	0.97 530	0.97 527	0.97 523	0.97 519	0.97 516	0.97 512
59'	0.97 508	0.97 505	0.97 501	0.97 497	0.97 494	0.97 490	0.97 486	0.97 483	0.97 479	0.97 475

K 38°

	0.'0	0.'1	0.'2	0.'3	0.'4	0.'5	0.'6	0.'7	0.'8	0.'9
0'	0.97 472	0.97 468	0.97 464	0.97 461	0.97 457	0.97 453	0.97 450	0.97 446	0.97 442	0.97 439
1'	0.97 435	0.97 431	0.97 428	0.97 424	0.97 420	0.97 417	0.97 413	0.97 409	0.97 406	0.97 402
2'	0.97 398	0.97 395	0.97 391	0.97 387	0.97 384	0.97 380	0.97 376	0.97 373	0.97 369	0.97 365
3'	0.97 362	0.97 358	0.97 354	0.97 351	0.97 347	0.97 343	0.97 340	0.97 336	0.97 332	0.97 329
4'	0.97 325	0.97 321	0.97 318	0.97 314	0.97 310	0.97 307	0.97 303	0.97 299	0.97 296	0.97 292
5'	0.97 288	0.97 285	0.97 281	0.97 277	0.97 274	0.97 270	0.97 266	0.97 263	0.97 259	0.97 255
6'	0.97 252	0.97 248	0.97 244	0.97 241	0.97 237	0.97 234	0.97 230	0.97 226	0.97 223	0.97 219
7'	0.97 215	0.97 212	0.97 208	0.97 204	0.97 201	0.97 197	0.97 193	0.97 190	0.97 186	0.97 182
8'	0.97 179	0.97 175	0.97 171	0.97 168	0.97 164	0.97 160	0.97 157	0.97 153	0.97 149	0.97 146
9'	0.97 142	0.97 138	0.97 135	0.97 131	0.97 128	0.97 124	0.97 120	0.97 117	0.97 113	0.97 109
10'	0.97 106	0.97 102	0.97 098	0.97 095	0.97 091	0.97 087	0.97 084	0.97 080	0.97 076	0.97 073
11'	0.97 069	0.97 065	0.97 062	0.97 058	0.97 054	0.97 051	0.97 047	0.97 044	0.97 040	0.97 036
12'	0.97 033	0.97 029	0.97 025	0.97 022	0.97 018	0.97 014	0.97 011	0.97 007	0.97 003	0.97 000
13'	0.96 996	0.96 992	0.96 989	0.96 985	0.96 982	0.96 978	0.96 974	0.96 971	0.96 967	0.96 963
14'	0.96 960	0.96 956	0.96 952	0.96 949	0.96 945	0.96 941	0.96 938	0.96 934	0.96 931	0.96 927
15'	0.96 923	0.96 920	0.96 916	0.96 912	0.96 909	0.96 905	0.96 901	0.96 898	0.96 894	0.96 890
16'	0.96 887	0.96 883	0.96 880	0.96 876	0.96 872	0.96 869	0.96 865	0.96 861	0.96 858	0.96 854
17'	0.96 850	0.96 847	0.96 843	0.96 839	0.96 836	0.96 832	0.96 829	0.96 825	0.96 821	0.96 818
18'	0.96 814	0.96 810	0.96 807	0.96 803	0.96 799	0.96 796	0.96 792	0.96 789	0.96 785	0.96 781
19'	0.96 778	0.96 774	0.96 770	0.96 767	0.96 763	0.96 759	0.96 756	0.96 752	0.96 749	0.96 745
20'	0.96 741	0.96 738	0.96 734	0.96 730	0.96 727	0.96 723	0.96 719	0.96 716	0.96 712	0.96 709
21'	0.96 705	0.96 701	0.96 698	0.96 694	0.96 690	0.96 687	0.96 683	0.96 680	0.96 676	0.96 672
22'	0.96 669	0.96 665	0.96 661	0.96 658	0.96 654	0.96 650	0.96 647	0.96 643	0.96 640	0.96 636
23'	0.96 632	0.96 629	0.96 625	0.96 621	0.96 618	0.96 614	0.96 611	0.96 607	0.96 603	0.96 600
24'	0.96 596	0.96 592	0.96 589	0.96 585	0.96 582	0.96 578	0.96 574	0.96 571	0.96 567	0.96 563
25'	0.96 560	0.96 556	0.96 553	0.96 549	0.96 545	0.96 542	0.96 538	0.96 534	0.96 531	0.96 527
26'	0.96 524	0.96 520	0.96 516	0.96 513	0.96 509	0.96 505	0.96 502	0.96 498	0.96 495	0.96 491
27'	0.96 487	0.96 484	0.96 480	0.96 476	0.96 473	0.96 469	0.96 466	0.96 462	0.96 458	0.96 455
28'	0.96 451	0.96 447	0.96 444	0.96 440	0.96 437	0.96 433	0.96 429	0.96 426	0.96 422	0.96 418
29'	0.96 415	0.96 411	0.96 408	0.96 404	0.96 400	0.96 397	0.96 393	0.96 390	0.96 386	0.96 382
30'	0.96 379	0.96 375	0.96 371	0.96 368	0.96 364	0.96 361	0.96 357	0.96 353	0.96 350	0.96 346
31'	0.96 343	0.96 339	0.96 335	0.96 332	0.96 328	0.96 324	0.96 321	0.96 317	0.96 314	0.96 310
32'	0.96 306	0.96 303	0.96 299	0.96 296	0.96 292	0.96 288	0.96 285	0.96 281	0.96 277	0.96 274
33'	0.96 270	0.96 267	0.96 263	0.96 259	0.96 256	0.96 252	0.96 249	0.96 245	0.96 241	0.96 238
34'	0.96 234	0.96 230	0.96 227	0.96 223	0.96 220	0.96 216	0.96 212	0.96 209	0.96 205	0.96 202
35'	0.96 198	0.96 194	0.96 191	0.96 187	0.96 184	0.96 180	0.96 176	0.96 173	0.96 169	0.96 166
36'	0.96 162	0.96 158	0.96 155	0.96 151	0.96 147	0.96 144	0.96 140	0.96 137	0.96 133	0.96 129
37'	0.96 126	0.96 122	0.96 119	0.96 115	0.96 111	0.96 108	0.96 104	0.96 101	0.96 097	0.96 093
38'	0.96 090	0.96 086	0.96 083	0.96 079	0.96 075	0.96 072	0.96 068	0.96 065	0.96 061	0.96 057
39'	0.96 054	0.96 050	0.96 047	0.96 043	0.96 039	0.96 036	0.96 032	0.96 029	0.96 025	0.96 021
40'	0.96 018	0.96 014	0.96 011	0.96 007	0.96 003	0.96 000	0.95 996	0.95 993	0.95 989	0.95 985
41'	0.95 982	0.95 978	0.95 975	0.95 971	0.95 967	0.95 964	0.95 960	0.95 957	0.95 953	0.95 949
42'	0.95 946	0.95 942	0.95 939	0.95 935	0.95 931	0.95 928	0.95 924	0.95 921	0.95 917	0.95 913
43'	0.95 910	0.95 906	0.95 903	0.95 899	0.95 895	0.95 892	0.95 888	0.95 885	0.95 881	0.95 877
44'	0.95 874	0.95 870	0.95 867	0.95 863	0.95 859	0.95 856	0.95 852	0.95 849	0.95 845	0.95 842
45'	0.95 838	0.95 834	0.95 831	0.95 827	0.95 824	0.95 820	0.95 816	0.95 813	0.95 809	0.95 806
46'	0.95 802	0.95 798	0.95 795	0.95 791	0.95 788	0.95 784	0.95 780	0.95 777	0.95 773	0.95 770
47'	0.95 766	0.95 763	0.95 759	0.95 755	0.95 752	0.95 748	0.95 745	0.95 741	0.95 737	0.95 734
48'	0.95 730	0.95 727	0.95 723	0.95 719	0.95 716	0.95 712	0.95 709	0.95 705	0.95 702	0.95 698
49'	0.95 694	0.95 691	0.95 687	0.95 684	0.95 680	0.95 676	0.95 673	0.95 669	0.95 666	0.95 662
50'	0.95 659	0.95 655	0.95 651	0.95 648	0.95 644	0.95 641	0.95 637	0.95 633	0.95 630	0.95 626
51'	0.95 623	0.95 619	0.95 616	0.95 612	0.95 608	0.95 605	0.95 601	0.95 598	0.95 594	0.95 590
52'	0.95 587	0.95 583	0.95 580	0.95 576	0.95 573	0.95 569	0.95 565	0.95 562	0.95 558	0.95 555
53'	0.95 551	0.95 547	0.95 544	0.95 540	0.95 537	0.95 533	0.95 530	0.95 526	0.95 522	0.95 519
54'	0.95 515	0.95 512	0.95 508	0.95 505	0.95 501	0.95 497	0.95 494	0.95 490	0.95 487	0.95 483
55'	0.95 480	0.95 476	0.95 472	0.95 469	0.95 465	0.95 462	0.95 458	0.95 455	0.95 451	0.95 447
56'	0.95 444	0.95 440	0.95 437	0.95 433	0.95 429	0.95 426	0.95 422	0.95 419	0.95 415	0.95 412
57'	0.95 408	0.95 404	0.95 401	0.95 397	0.95 394	0.95 390	0.95 387	0.95 383	0.95 379	0.95 376
58'	0.95 372	0.95 369	0.95 365	0.95 362	0.95 358	0.95 354	0.95 351	0.95 347	0.95 344	0.95 340
59'	0.95 337	0.95 333	0.95 329	0.95 326	0.95 322	0.95 319	0.95 315	0.95 312	0.95 308	0.95 305

K   **K**

39°	0.'0	0.'1	0.'2	0.'3	0.'4	0.'5	0.'6	0.'7	0.'8	0.'9	39°
0'	0.95 301	0.95 297	0.95 294	0.95 290	0.95 287	0.95 283	0.95 280	0.95 276	0.95 272	0.95 269	
1'	0.95 265	0.95 262	0.95 258	0.95 255	0.95 251	0.95 247	0.95 244	0.95 240	0.95 237	0.95 233	
2'	0.95 230	0.95 226	0.95 223	0.95 219	0.95 215	0.95 212	0.95 208	0.95 205	0.95 201	0.95 198	
3'	0.95 194	0.95 190	0.95 187	0.95 183	0.95 180	0.95 176	0.95 173	0.95 169	0.95 166	0.95 162	
4'	0.95 158	0.95 155	0.95 151	0.95 148	0.95 144	0.95 141	0.95 137	0.95 133	0.95 130	0.95 126	
5'	0.95 123	0.95 119	0.95 116	0.95 112	0.95 109	0.95 105	0.95 101	0.95 098	0.95 094	0.95 091	
6'	0.95 087	0.95 084	0.95 080	0.95 077	0.95 073	0.95 069	0.95 066	0.95 062	0.95 059	0.95 055	
7'	0.95 052	0.95 048	0.95 045	0.95 041	0.95 037	0.95 034	0.95 030	0.95 027	0.95 023	0.95 020	
8'	0.95 016	0.95 013	0.95 009	0.95 005	0.95 002	0.94 998	0.94 995	0.94 991	0.94 988	0.94 984	
9'	0.94 981	0.94 977	0.94 973	0.94 970	0.94 966	0.94 963	0.94 959	0.94 956	0.94 952	0.94 949	
10'	0.94 945	0.94 941	0.94 938	0.94 934	0.94 931	0.94 927	0.94 924	0.94 920	0.94 917	0.94 913	
11'	0.94 910	0.94 906	0.94 902	0.94 899	0.94 895	0.94 892	0.94 888	0.94 885	0.94 881	0.94 878	
12'	0.94 874	0.94 870	0.94 867	0.94 863	0.94 860	0.94 856	0.94 853	0.94 849	0.94 846	0.94 842	
13'	0.94 839	0.94 835	0.94 831	0.94 828	0.94 824	0.94 821	0.94 817	0.94 814	0.94 810	0.94 807	
14'	0.94 803	0.94 800	0.94 796	0.94 792	0.94 789	0.94 785	0.94 782	0.94 778	0.94 775	0.94 771	
15'	0.94 768	0.94 764	0.94 761	0.94 757	0.94 754	0.94 750	0.94 746	0.94 743	0.94 739	0.94 736	
16'	0.94 732	0.94 729	0.94 725	0.94 722	0.94 718	0.94 715	0.94 711	0.94 707	0.94 704	0.94 700	
17'	0.94 697	0.94 693	0.94 690	0.94 686	0.94 683	0.94 679	0.94 676	0.94 672	0.94 669	0.94 665	
18'	0.94 661	0.94 658	0.94 654	0.94 651	0.94 647	0.94 644	0.94 640	0.94 637	0.94 633	0.94 630	
19'	0.94 626	0.94 623	0.94 619	0.94 615	0.94 612	0.94 608	0.94 605	0.94 601	0.94 598	0.94 594	
20'	0.94 591	0.94 587	0.94 584	0.94 580	0.94 577	0.94 573	0.94 570	0.94 566	0.94 562	0.94 559	
21'	0.94 555	0.94 552	0.94 548	0.94 545	0.94 541	0.94 538	0.94 534	0.94 531	0.94 527	0.94 524	
22'	0.94 520	0.94 517	0.94 513	0.94 509	0.94 506	0.94 502	0.94 499	0.94 495	0.94 492	0.94 488	
23'	0.94 485	0.94 481	0.94 478	0.94 474	0.94 471	0.94 467	0.94 464	0.94 460	0.94 457	0.94 453	
24'	0.94 449	0.94 446	0.94 442	0.94 439	0.94 435	0.94 432	0.94 428	0.94 425	0.94 421	0.94 418	
25'	0.94 414	0.94 411	0.94 407	0.94 404	0.94 400	0.94 397	0.94 393	0.94 390	0.94 386	0.94 382	
26'	0.94 379	0.94 375	0.94 372	0.94 368	0.94 365	0.94 361	0.94 358	0.94 354	0.94 351	0.94 347	
27'	0.94 344	0.94 340	0.94 337	0.94 333	0.94 330	0.94 326	0.94 323	0.94 319	0.94 316	0.94 312	
28'	0.94 308	0.94 305	0.94 301	0.94 298	0.94 294	0.94 291	0.94 287	0.94 284	0.94 280	0.94 277	
29'	0.94 273	0.94 270	0.94 266	0.94 263	0.94 259	0.94 256	0.94 252	0.94 249	0.94 245	0.94 242	
30'	0.94 238	0.94 235	0.94 231	0.94 228	0.94 224	0.94 220	0.94 217	0.94 213	0.94 210	0.94 206	
31'	0.94 203	0.94 199	0.94 196	0.94 192	0.94 189	0.94 185	0.94 182	0.94 178	0.94 175	0.94 171	
32'	0.94 168	0.94 164	0.94 161	0.94 157	0.94 154	0.94 150	0.94 147	0.94 143	0.94 140	0.94 136	
33'	0.94 133	0.94 129	0.94 126	0.94 122	0.94 119	0.94 115	0.94 111	0.94 108	0.94 104	0.94 101	
34'	0.94 097	0.94 094	0.94 090	0.94 087	0.94 083	0.94 080	0.94 076	0.94 073	0.94 069	0.94 066	
35'	0.94 062	0.94 059	0.94 055	0.94 052	0.94 048	0.94 045	0.94 041	0.94 038	0.94 034	0.94 031	
36'	0.94 027	0.94 024	0.94 020	0.94 017	0.94 013	0.94 010	0.94 006	0.94 003	0.93 999	0.93 996	
37'	0.93 992	0.93 989	0.93 985	0.93 982	0.93 978	0.93 975	0.93 971	0.93 968	0.93 964	0.93 961	
38'	0.93 957	0.93 954	0.93 950	0.93 947	0.93 943	0.93 940	0.93 936	0.93 933	0.93 929	0.93 926	
39'	0.93 922	0.93 919	0.93 915	0.93 912	0.93 908	0.93 905	0.93 901	0.93 898	0.93 894	0.93 891	
40'	0.93 887	0.93 884	0.93 880	0.93 876	0.93 873	0.93 869	0.93 866	0.93 862	0.93 859	0.93 855	
41'	0.93 852	0.93 848	0.93 845	0.93 841	0.93 838	0.93 834	0.93 831	0.93 827	0.93 824	0.93 820	
42'	0.93 817	0.93 813	0.93 810	0.93 806	0.93 803	0.93 799	0.93 796	0.93 792	0.93 789	0.93 785	
43'	0.93 782	0.93 779	0.93 775	0.93 772	0.93 768	0.93 765	0.93 761	0.93 758	0.93 754	0.93 751	
44'	0.93 747	0.93 744	0.93 740	0.93 737	0.93 733	0.93 730	0.93 726	0.93 723	0.93 719	0.93 716	
45'	0.93 712	0.93 709	0.93 705	0.93 702	0.93 698	0.93 695	0.93 691	0.93 688	0.93 684	0.93 681	
46'	0.93 677	0.93 674	0.93 670	0.93 667	0.93 663	0.93 660	0.93 656	0.93 653	0.93 649	0.93 646	
47'	0.93 642	0.93 639	0.93 635	0.93 632	0.93 628	0.93 625	0.93 621	0.93 618	0.93 614	0.93 611	
48'	0.93 607	0.93 604	0.93 600	0.93 597	0.93 593	0.93 590	0.93 586	0.93 583	0.93 579	0.93 576	
49'	0.93 572	0.93 569	0.93 565	0.93 562	0.93 558	0.93 555	0.93 551	0.93 548	0.93 545	0.93 541	
50'	0.93 538	0.93 534	0.93 531	0.93 527	0.93 524	0.93 520	0.93 517	0.93 513	0.93 510	0.93 506	
51'	0.93 503	0.93 499	0.93 496	0.93 492	0.93 489	0.93 485	0.93 482	0.93 478	0.93 475	0.93 471	
52'	0.93 468	0.93 464	0.93 461	0.93 457	0.93 454	0.93 450	0.93 447	0.93 443	0.93 440	0.93 436	
53'	0.93 433	0.93 430	0.93 426	0.93 423	0.93 419	0.93 416	0.93 412	0.93 409	0.93 405	0.93 402	
54'	0.93 398	0.93 395	0.93 391	0.93 388	0.93 384	0.93 381	0.93 377	0.93 374	0.93 370	0.93 367	
55'	0.93 363	0.93 360	0.93 356	0.93 353	0.93 349	0.93 346	0.93 343	0.93 339	0.93 336	0.93 332	
56'	0.93 329	0.93 325	0.93 322	0.93 318	0.93 315	0.93 311	0.93 308	0.93 304	0.93 301	0.93 297	
57'	0.93 294	0.93 290	0.93 287	0.93 283	0.93 280	0.93 276	0.93 273	0.93 270	0.93 266	0.93 263	
58'	0.93 259	0.93 256	0.93 252	0.93 249	0.93 245	0.93 242	0.93 238	0.93 235	0.93 231	0.93 228	
59'	0.93 224	0.93 221	0.93 217	0.93 214	0.93 210	0.93 207	0.93 204	0.93 200	0.93 197	0.93 193	

K

	0.'0	0.'1	0.'2	0.'3	0.'4	0.'5	0.'6	0.'7	0.'8	0.'9
40° 0'	0.93 190	0.93 186	0.93 183	0.93 179	0.93 176	0.93 172	0.93 169	0.93 165	0.93 162	0.93 158
1'	0.93 155	0.93 151	0.93 148	0.93 145	0.93 141	0.93 138	0.93 134	0.93 131	0.93 127	0.93 124
2'	0.93 120	0.93 117	0.93 113	0.93 110	0.93 106	0.93 103	0.93 099	0.93 096	0.93 093	0.93 089
3'	0.93 086	0.93 082	0.93 079	0.93 075	0.93 072	0.93 068	0.93 065	0.93 061	0.93 058	0.93 054
4'	0.93 051	0.93 047	0.93 044	0.93 041	0.93 037	0.93 034	0.93 030	0.93 027	0.93 023	0.93 020
5'	0.93 016	0.93 013	0.93 009	0.93 006	0.93 002	0.92 999	0.92 996	0.92 992	0.92 989	0.92 985
6'	0.92 982	0.92 978	0.92 975	0.92 971	0.92 968	0.92 964	0.92 961	0.92 957	0.92 954	0.92 951
7'	0.92 947	0.92 944	0.92 940	0.92 937	0.92 933	0.92 930	0.92 926	0.92 923	0.92 919	0.92 916
8'	0.92 912	0.92 909	0.92 906	0.92 902	0.92 899	0.92 895	0.92 892	0.92 888	0.92 885	0.92 881
9'	0.92 878	0.92 874	0.92 871	0.92 868	0.92 864	0.92 861	0.92 857	0.92 854	0.92 850	0.92 847
10'	0.92 843	0.92 840	0.92 836	0.92 833	0.92 830	0.92 826	0.92 823	0.92 819	0.92 816	0.92 812
11'	0.92 809	0.92 805	0.92 802	0.92 798	0.92 795	0.92 792	0.92 788	0.92 785	0.92 781	0.92 778
12'	0.92 774	0.92 771	0.92 767	0.92 764	0.92 760	0.92 757	0.92 754	0.92 750	0.92 747	0.92 743
13'	0.92 740	0.92 736	0.92 733	0.92 729	0.92 726	0.92 723	0.92 719	0.92 716	0.92 712	0.92 709
14'	0.92 705	0.92 702	0.92 698	0.92 695	0.92 691	0.92 688	0.92 685	0.92 681	0.92 678	0.92 674
15'	0.92 671	0.92 667	0.92 664	0.92 660	0.92 657	0.92 654	0.92 650	0.92 647	0.92 643	0.92 640
16'	0.92 636	0.92 633	0.92 629	0.92 626	0.92 623	0.92 619	0.92 616	0.92 612	0.92 609	0.92 605
17'	0.92 602	0.92 598	0.92 595	0.92 592	0.92 588	0.92 585	0.92 581	0.92 578	0.92 574	0.92 571
18'	0.92 567	0.92 564	0.92 561	0.92 557	0.92 554	0.92 550	0.92 547	0.92 543	0.92 540	0.92 536
19'	0.92 533	0.92 530	0.92 526	0.92 523	0.92 519	0.92 516	0.92 512	0.92 509	0.92 505	0.92 502
20'	0.92 499	0.92 495	0.92 492	0.92 488	0.92 485	0.92 481	0.92 478	0.92 475	0.92 471	0.92 468
21'	0.92 464	0.92 461	0.92 457	0.92 454	0.92 450	0.92 447	0.92 444	0.92 440	0.92 437	0.92 433
22'	0.92 430	0.92 426	0.92 423	0.92 420	0.92 416	0.92 413	0.92 409	0.92 406	0.92 402	0.92 399
23'	0.92 395	0.92 392	0.92 389	0.92 385	0.92 382	0.92 378	0.92 375	0.92 371	0.92 368	0.92 365
24'	0.92 361	0.92 358	0.92 354	0.92 351	0.92 347	0.92 344	0.92 341	0.92 337	0.92 334	0.92 330
25'	0.92 327	0.92 323	0.92 320	0.92 317	0.92 313	0.92 310	0.92 306	0.92 303	0.92 299	0.92 296
26'	0.92 292	0.92 289	0.92 286	0.92 282	0.92 279	0.92 275	0.92 272	0.92 268	0.92 265	0.92 262
27'	0.92 258	0.92 255	0.92 251	0.92 248	0.92 244	0.92 241	0.92 238	0.92 234	0.92 231	0.92 227
28'	0.92 224	0.92 220	0.92 217	0.92 214	0.92 210	0.92 207	0.92 203	0.92 200	0.92 197	0.92 193
29'	0.92 190	0.92 186	0.92 183	0.92 179	0.92 176	0.92 173	0.92 169	0.92 166	0.92 162	0.92 159
30'	0.92 155	0.92 152	0.92 149	0.92 145	0.92 142	0.92 138	0.92 135	0.92 131	0.92 128	0.92 125
31'	0.92 121	0.92 118	0.92 114	0.92 111	0.92 107	0.92 104	0.92 101	0.92 097	0.92 094	0.92 090
32'	0.92 087	0.92 084	0.92 080	0.92 077	0.92 073	0.92 070	0.92 066	0.92 063	0.92 060	0.92 056
33'	0.92 053	0.92 049	0.92 046	0.92 042	0.92 039	0.92 036	0.92 032	0.92 029	0.92 025	0.92 022
34'	0.92 019	0.92 015	0.92 012	0.92 008	0.92 005	0.92 001	0.91 998	0.91 995	0.91 991	0.91 988
35'	0.91 984	0.91 981	0.91 978	0.91 974	0.91 971	0.91 967	0.91 964	0.91 960	0.91 957	0.91 954
36'	0.91 950	0.91 947	0.91 943	0.91 940	0.91 937	0.91 933	0.91 930	0.91 926	0.91 923	0.91 919
37'	0.91 916	0.91 913	0.91 909	0.91 906	0.91 902	0.91 899	0.91 896	0.91 892	0.91 889	0.91 885
38'	0.91 882	0.91 879	0.91 875	0.91 872	0.91 868	0.91 865	0.91 861	0.91 858	0.91 855	0.91 851
39'	0.91 848	0.91 844	0.91 841	0.91 838	0.91 834	0.91 831	0.91 827	0.91 824	0.91 821	0.91 817
40'	0.91 814	0.91 810	0.91 807	0.91 804	0.91 800	0.91 797	0.91 793	0.91 790	0.91 786	0.91 783
41'	0.91 780	0.91 776	0.91 773	0.91 769	0.91 766	0.91 763	0.91 759	0.91 756	0.91 752	0.91 749
42'	0.91 746	0.91 742	0.91 739	0.91 735	0.91 732	0.91 729	0.91 725	0.91 722	0.91 718	0.91 715
43'	0.91 712	0.91 708	0.91 705	0.91 701	0.91 698	0.91 695	0.91 691	0.91 688	0.91 684	0.91 681
44'	0.91 677	0.91 674	0.91 671	0.91 667	0.91 664	0.91 660	0.91 657	0.91 654	0.91 650	0.91 647
45'	0.91 643	0.91 640	0.91 637	0.91 633	0.91 630	0.91 626	0.91 623	0.91 620	0.91 616	0.91 613
46'	0.91 609	0.91 606	0.91 603	0.91 599	0.91 596	0.91 592	0.91 589	0.91 586	0.91 582	0.91 579
47'	0.91 575	0.91 572	0.91 569	0.91 565	0.91 562	0.91 558	0.91 555	0.91 552	0.91 548	0.91 545
48'	0.91 541	0.91 538	0.91 535	0.91 531	0.91 528	0.91 525	0.91 521	0.91 518	0.91 514	0.91 511
49'	0.91 508	0.91 504	0.91 501	0.91 497	0.91 494	0.91 491	0.91 487	0.91 484	0.91 480	0.91 477
50'	0.91 474	0.91 470	0.91 467	0.91 463	0.91 460	0.91 457	0.91 453	0.91 450	0.91 446	0.91 443
51'	0.91 440	0.91 436	0.91 433	0.91 429	0.91 426	0.91 423	0.91 419	0.91 416	0.91 413	0.91 409
52'	0.91 406	0.91 402	0.91 399	0.91 396	0.91 392	0.91 389	0.91 385	0.91 382	0.91 379	0.91 375
53'	0.91 372	0.91 368	0.91 365	0.91 362	0.91 358	0.91 355	0.91 351	0.91 348	0.91 345	0.91 341
54'	0.91 338	0.91 335	0.91 331	0.91 328	0.91 324	0.91 321	0.91 318	0.91 314	0.91 311	0.91 307
55'	0.91 304	0.91 301	0.91 297	0.91 294	0.91 291	0.91 287	0.91 284	0.91 280	0.91 277	0.91 274
56'	0.91 270	0.91 267	0.91 263	0.91 260	0.91 257	0.91 253	0.91 250	0.91 247	0.91 243	0.91 240
57'	0.91 236	0.91 233	0.91 230	0.91 226	0.91 223	0.91 219	0.91 216	0.91 213	0.91 209	0.91 206
58'	0.91 203	0.91 199	0.91 196	0.91 192	0.91 189	0.91 186	0.91 182	0.91 179	0.91 175	0.91 172
59'	0.91 169	0.91 165	0.91 162	0.91 159	0.91 155	0.91 152	0.91 148	0.91 145	0.91 142	0.91 138

K 41°

	0.'0	0.'1	0.'2	0.'3	0.'4	0.'5	0.'6	0.'7	0.'8	0.'9
0'	0.91 135	0.91 132	0.91 128	0.91 125	0.91 121	0.91 118	0.91 115	0.91 111	0.91 108	0.91 105
1'	0.91 101	0.91 098	0.91 094	0.91 091	0.91 088	0.91 084	0.91 081	0.91 078	0.91 074	0.91 071
2'	0.91 067	0.91 064	0.91 061	0.91 057	0.91 054	0.91 051	0.91 047	0.91 044	0.91 040	0.91 037
3'	0.91 034	0.91 030	0.91 027	0.91 024	0.91 020	0.91 017	0.91 013	0.91 010	0.91 007	0.91 003
4'	0.91 000	0.90 997	0.90 993	0.90 990	0.90 986	0.90 983	0.90 980	0.90 976	0.90 973	0.90 970
5'	0.90 966	0.90 963	0.90 959	0.90 956	0.90 953	0.90 949	0.90 946	0.90 943	0.90 939	0.90 936
6'	0.90 932	0.90 929	0.90 926	0.90 922	0.90 919	0.90 916	0.90 912	0.90 909	0.90 906	0.90 902
7'	0.90 899	0.90 895	0.90 892	0.90 889	0.90 885	0.90 882	0.90 879	0.90 875	0.90 872	0.90 868
8'	0.90 865	0.90 862	0.90 858	0.90 855	0.90 852	0.90 848	0.90 845	0.90 842	0.90 838	0.90 835
9'	0.90 831	0.90 828	0.90 825	0.90 821	0.90 818	0.90 815	0.90 811	0.90 808	0.90 805	0.90 801
10'	0.90 798	0.90 794	0.90 791	0.90 788	0.90 784	0.90 781	0.90 778	0.90 774	0.90 771	0.90 768
11'	0.90 764	0.90 761	0.90 757	0.90 754	0.90 751	0.90 747	0.90 744	0.90 741	0.90 737	0.90 734
12'	0.90 731	0.90 727	0.90 724	0.90 720	0.90 717	0.90 714	0.90 710	0.90 707	0.90 704	0.90 700
13'	0.90 697	0.90 694	0.90 690	0.90 687	0.90 684	0.90 680	0.90 677	0.90 673	0.90 670	0.90 667
14'	0.90 663	0.90 660	0.90 657	0.90 653	0.90 650	0.90 647	0.90 643	0.90 640	0.90 637	0.90 633
15'	0.90 630	0.90 626	0.90 623	0.90 620	0.90 616	0.90 613	0.90 610	0.90 606	0.90 603	0.90 600
16'	0.90 596	0.90 593	0.90 590	0.90 586	0.90 583	0.90 579	0.90 576	0.90 573	0.90 569	0.90 566
17'	0.90 563	0.90 559	0.90 556	0.90 553	0.90 549	0.90 546	0.90 543	0.90 539	0.90 536	0.90 533
18'	0.90 529	0.90 526	0.90 522	0.90 519	0.90 516	0.90 512	0.90 509	0.90 506	0.90 502	0.90 499
19'	0.90 496	0.90 492	0.90 489	0.90 486	0.90 482	0.90 479	0.90 476	0.90 472	0.90 469	0.90 465
20'	0.90 462	0.90 459	0.90 455	0.90 452	0.90 449	0.90 445	0.90 442	0.90 439	0.90 435	0.90 432
21'	0.90 429	0.90 425	0.90 422	0.90 419	0.90 415	0.90 412	0.90 409	0.90 405	0.90 402	0.90 399
22'	0.90 395	0.90 392	0.90 389	0.90 385	0.90 382	0.90 378	0.90 375	0.90 372	0.90 368	0.90 365
23'	0.90 362	0.90 358	0.90 355	0.90 352	0.90 348	0.90 345	0.90 342	0.90 338	0.90 335	0.90 332
24'	0.90 328	0.90 325	0.90 322	0.90 318	0.90 315	0.90 312	0.90 308	0.90 305	0.90 302	0.90 298
25'	0.90 295	0.90 292	0.90 288	0.90 285	0.90 282	0.90 278	0.90 275	0.90 271	0.90 268	0.90 265
26'	0.90 261	0.90 258	0.90 255	0.90 251	0.90 248	0.90 245	0.90 241	0.90 238	0.90 235	0.90 231
27'	0.90 228	0.90 225	0.90 221	0.90 218	0.90 215	0.90 211	0.90 208	0.90 205	0.90 201	0.90 198
28'	0.90 195	0.90 191	0.90 188	0.90 185	0.90 181	0.90 178	0.90 175	0.90 171	0.90 168	0.90 165
29'	0.90 161	0.90 158	0.90 155	0.90 151	0.90 148	0.90 145	0.90 141	0.90 138	0.90 135	0.90 131
30'	0.90 128	0.90 125	0.90 121	0.90 118	0.90 115	0.90 111	0.90 108	0.90 105	0.90 101	0.90 098
31'	0.90 095	0.90 091	0.90 088	0.90 085	0.90 081	0.90 078	0.90 075	0.90 071	0.90 068	0.90 065
32'	0.90 061	0.90 058	0.90 055	0.90 051	0.90 048	0.90 045	0.90 041	0.90 038	0.90 035	0.90 031
33'	0.90 028	0.90 025	0.90 021	0.90 018	0.90 015	0.90 011	0.90 008	0.90 005	0.90 001	0.89 998
34'	0.89 995	0.89 991	0.89 988	0.89 985	0.89 981	0.89 978	0.89 975	0.89 971	0.89 968	0.89 965
35'	0.89 961	0.89 958	0.89 955	0.89 951	0.89 948	0.89 945	0.89 941	0.89 938	0.89 935	0.89 931
36'	0.89 928	0.89 925	0.89 922	0.89 918	0.89 915	0.89 912	0.89 908	0.89 905	0.89 902	0.89 898
37'	0.89 895	0.89 892	0.89 888	0.89 885	0.89 882	0.89 878	0.89 875	0.89 872	0.89 868	0.89 865
38'	0.89 862	0.89 858	0.89 855	0.89 852	0.89 848	0.89 845	0.89 842	0.89 838	0.89 835	0.89 832
39'	0.89 828	0.89 825	0.89 822	0.89 818	0.89 815	0.89 812	0.89 809	0.89 805	0.89 802	0.89 799
40'	0.89 795	0.89 792	0.89 789	0.89 785	0.89 782	0.89 779	0.89 775	0.89 772	0.89 769	0.89 765
41'	0.89 762	0.89 759	0.89 755	0.89 752	0.89 749	0.89 745	0.89 742	0.89 739	0.89 736	0.89 732
42'	0.89 729	0.89 726	0.89 722	0.89 719	0.89 716	0.89 712	0.89 709	0.89 706	0.89 702	0.89 699
43'	0.89 696	0.89 692	0.89 689	0.89 686	0.89 682	0.89 679	0.89 676	0.89 673	0.89 669	0.89 666
44'	0.89 663	0.89 659	0.89 656	0.89 653	0.89 649	0.89 646	0.89 643	0.89 639	0.89 636	0.89 633
45'	0.89 629	0.89 626	0.89 623	0.89 620	0.89 616	0.89 613	0.89 610	0.89 606	0.89 603	0.89 600
46'	0.89 596	0.89 593	0.89 590	0.89 586	0.89 583	0.89 580	0.89 576	0.89 573	0.89 570	0.89 567
47'	0.89 563	0.89 560	0.89 557	0.89 553	0.89 550	0.89 547	0.89 543	0.89 540	0.89 537	0.89 533
48'	0.89 530	0.89 527	0.89 524	0.89 520	0.89 517	0.89 514	0.89 510	0.89 507	0.89 504	0.89 500
49'	0.89 497	0.89 494	0.89 490	0.89 487	0.89 484	0.89 481	0.89 477	0.89 474	0.89 471	0.89 467
50'	0.89 464	0.89 461	0.89 457	0.89 454	0.89 451	0.89 447	0.89 444	0.89 441	0.89 438	0.89 434
51'	0.89 431	0.89 428	0.89 424	0.89 421	0.89 418	0.89 414	0.89 411	0.89 408	0.89 405	0.89 401
52'	0.89 398	0.89 395	0.89 391	0.89 388	0.89 385	0.89 381	0.89 378	0.89 375	0.89 371	0.89 368
53'	0.89 365	0.89 362	0.89 358	0.89 355	0.89 352	0.89 348	0.89 345	0.89 342	0.89 338	0.89 335
54'	0.89 332	0.89 329	0.89 325	0.89 322	0.89 319	0.89 315	0.89 312	0.89 309	0.89 305	0.89 302
55'	0.89 299	0.89 296	0.89 292	0.89 289	0.89 286	0.89 282	0.89 279	0.89 276	0.89 273	0.89 269
56'	0.89 266	0.89 263	0.89 259	0.89 256	0.89 253	0.89 249	0.89 246	0.89 243	0.89 240	0.89 236
57'	0.89 233	0.89 230	0.89 226	0.89 223	0.89 220	0.89 216	0.89 213	0.89 210	0.89 207	0.89 203
58'	0.89 200	0.89 197	0.89 193	0.89 190	0.89 187	0.89 184	0.89 180	0.89 177	0.89 174	0.89 170
59'	0.89 167	0.89 164	0.89 161	0.89 157	0.89 154	0.89 151	0.89 147	0.89 144	0.89 141	0.89 137

K 41°

K   K

42°		0.'0	0.'1	0.'2	0.'3	0.'4	0.'5	0.'6	0.'7	0.'8	0.'9	42°
	0'	0.89 134	0.89 131	0.89 128	0.89 124	0.89 121	0.89 118	0.89 114	0.89 111	0.89 108	0.89 105	
	1'	0.89 101	0.89 098	0.89 095	0.89 091	0.89 088	0.89 085	0.89 082	0.89 078	0.89 075	0.89 072	
	2'	0.89 068	0.89 065	0.89 062	0.89 059	0.89 055	0.89 052	0.89 049	0.89 045	0.89 042	0.89 039	
	3'	0.89 036	0.89 032	0.89 029	0.89 026	0.89 022	0.89 019	0.89 016	0.89 012	0.89 009	0.89 006	
	4'	0.89 003	0.88 999	0.88 996	0.88 993	0.88 990	0.88 986	0.88 983	0.88 980	0.88 976	0.88 973	
	5'	0.88 970	0.88 967	0.88 963	0.88 960	0.88 957	0.88 953	0.88 950	0.88 947	0.88 944	0.88 940	
	6'	0.88 937	0.88 934	0.88 930	0.88 927	0.88 924	0.88 921	0.88 917	0.88 914	0.88 911	0.88 907	
	7'	0.88 904	0.88 901	0.88 898	0.88 894	0.88 891	0.88 888	0.88 884	0.88 881	0.88 878	0.88 875	
	8'	0.88 871	0.88 868	0.88 865	0.88 862	0.88 858	0.88 855	0.88 852	0.88 848	0.88 845	0.88 842	
	9'	0.88 839	0.88 835	0.88 832	0.88 829	0.88 825	0.88 822	0.88 819	0.88 816	0.88 812	0.88 809	
	10'	0.88 806	0.88 803	0.88 799	0.88 796	0.88 793	0.88 789	0.88 786	0.88 783	0.88 780	0.88 776	
	11'	0.88 773	0.88 770	0.88 766	0.88 763	0.88 760	0.88 757	0.88 753	0.88 750	0.88 747	0.88 744	
	12'	0.88 740	0.88 737	0.88 734	0.88 730	0.88 727	0.88 724	0.88 721	0.88 717	0.88 714	0.88 711	
	13'	0.88 708	0.88 704	0.88 701	0.88 698	0.88 694	0.88 691	0.88 688	0.88 685	0.88 681	0.88 678	
	14'	0.88 675	0.88 672	0.88 668	0.88 665	0.88 662	0.88 658	0.88 655	0.88 652	0.88 649	0.88 645	
	15'	0.88 642	0.88 639	0.88 636	0.88 632	0.88 629	0.88 626	0.88 622	0.88 619	0.88 616	0.88 613	
	16'	0.88 609	0.88 606	0.88 603	0.88 600	0.88 596	0.88 593	0.88 590	0.88 587	0.88 583	0.88 580	
	17'	0.88 577	0.88 573	0.88 570	0.88 567	0.88 564	0.88 560	0.88 557	0.88 554	0.88 551	0.88 547	
	18'	0.88 544	0.88 541	0.88 538	0.88 534	0.88 531	0.88 528	0.88 524	0.88 521	0.88 518	0.88 515	
	19'	0.88 511	0.88 508	0.88 505	0.88 502	0.88 498	0.88 495	0.88 492	0.88 489	0.88 485	0.88 482	
	20'	0.88 479	0.88 476	0.88 472	0.88 469	0.88 466	0.88 462	0.88 459	0.88 456	0.88 453	0.88 449	
	21'	0.88 446	0.88 443	0.88 440	0.88 436	0.88 433	0.88 430	0.88 427	0.88 423	0.88 420	0.88 417	
	22'	0.88 414	0.88 410	0.88 407	0.88 404	0.88 401	0.88 397	0.88 394	0.88 391	0.88 388	0.88 384	
	23'	0.88 381	0.88 378	0.88 374	0.88 371	0.88 368	0.88 365	0.88 361	0.88 358	0.88 355	0.88 352	
	24'	0.88 348	0.88 345	0.88 342	0.88 339	0.88 335	0.88 332	0.88 329	0.88 326	0.88 322	0.88 319	
	25'	0.88 316	0.88 313	0.88 309	0.88 306	0.88 303	0.88 300	0.88 296	0.88 293	0.88 290	0.88 287	
	26'	0.88 283	0.88 280	0.88 277	0.88 274	0.88 270	0.88 267	0.88 264	0.88 261	0.88 257	0.88 254	
	27'	0.88 251	0.88 248	0.88 244	0.88 241	0.88 238	0.88 235	0.88 231	0.88 228	0.88 225	0.88 221	
	28'	0.88 218	0.88 215	0.88 212	0.88 208	0.88 205	0.88 202	0.88 199	0.88 195	0.88 192	0.88 189	
	29'	0.88 186	0.88 182	0.88 179	0.88 176	0.88 173	0.88 169	0.88 166	0.88 163	0.88 160	0.88 156	
	30'	0.88 153	0.88 150	0.88 147	0.88 144	0.88 140	0.88 137	0.88 134	0.88 131	0.88 127	0.88 124	
	31'	0.88 121	0.88 118	0.88 114	0.88 111	0.88 108	0.88 105	0.88 101	0.88 098	0.88 095	0.88 092	
	32'	0.88 088	0.88 085	0.88 082	0.88 079	0.88 075	0.88 072	0.88 069	0.88 066	0.88 062	0.88 059	
	33'	0.88 056	0.88 053	0.88 049	0.88 046	0.88 043	0.88 040	0.88 036	0.88 033	0.88 030	0.88 027	
	34'	0.88 023	0.88 020	0.88 017	0.88 014	0.88 010	0.88 007	0.88 004	0.88 001	0.87 997	0.87 994	
	35'	0.87 991	0.87 988	0.87 985	0.87 981	0.87 978	0.87 975	0.87 972	0.87 968	0.87 965	0.87 962	
	36'	0.87 959	0.87 955	0.87 952	0.87 949	0.87 946	0.87 942	0.87 939	0.87 936	0.87 933	0.87 929	
	37'	0.87 926	0.87 923	0.87 920	0.87 916	0.87 913	0.87 910	0.87 907	0.87 904	0.87 900	0.87 897	
	38'	0.87 894	0.87 891	0.87 887	0.87 884	0.87 881	0.87 878	0.87 874	0.87 871	0.87 868	0.87 865	
	39'	0.87 861	0.87 858	0.87 855	0.87 852	0.87 848	0.87 845	0.87 842	0.87 839	0.87 836	0.87 832	
	40'	0.87 829	0.87 826	0.87 823	0.87 819	0.87 816	0.87 813	0.87 810	0.87 806	0.87 803	0.87 800	
	41'	0.87 797	0.87 794	0.87 790	0.87 787	0.87 784	0.87 781	0.87 777	0.87 774	0.87 771	0.87 768	
	42'	0.87 764	0.87 761	0.87 758	0.87 755	0.87 751	0.87 748	0.87 745	0.87 742	0.87 739	0.87 735	
	43'	0.87 732	0.87 729	0.87 726	0.87 722	0.87 719	0.87 716	0.87 713	0.87 709	0.87 706	0.87 703	
	44'	0.87 700	0.87 697	0.87 693	0.87 690	0.87 687	0.87 684	0.87 680	0.87 677	0.87 674	0.87 671	
	45'	0.87 668	0.87 664	0.87 661	0.87 658	0.87 655	0.87 651	0.87 648	0.87 645	0.87 642	0.87 638	
	46'	0.87 635	0.87 632	0.87 629	0.87 626	0.87 622	0.87 619	0.87 616	0.87 613	0.87 609	0.87 606	
	47'	0.87 603	0.87 600	0.87 597	0.87 593	0.87 590	0.87 587	0.87 584	0.87 580	0.87 577	0.87 574	
	48'	0.87 571	0.87 568	0.87 564	0.87 561	0.87 558	0.87 555	0.87 551	0.87 548	0.87 545	0.87 542	
	49'	0.87 539	0.87 535	0.87 532	0.87 529	0.87 526	0.87 522	0.87 519	0.87 516	0.87 513	0.87 510	
	50'	0.87 506	0.87 503	0.87 500	0.87 497	0.87 493	0.87 490	0.87 487	0.87 484	0.87 481	0.87 477	
	51'	0.87 474	0.87 471	0.87 468	0.87 464	0.87 461	0.87 458	0.87 455	0.87 452	0.87 448	0.87 445	
	52'	0.87 442	0.87 439	0.87 435	0.87 432	0.87 429	0.87 426	0.87 423	0.87 419	0.87 416	0.87 413	
	53'	0.87 410	0.87 407	0.87 403	0.87 400	0.87 397	0.87 394	0.87 390	0.87 387	0.87 384	0.87 381	
	54'	0.87 378	0.87 374	0.87 371	0.87 368	0.87 365	0.87 362	0.87 358	0.87 355	0.87 352	0.87 349	
	55'	0.87 345	0.87 342	0.87 339	0.87 336	0.87 333	0.87 329	0.87 326	0.87 323	0.87 320	0.87 317	
	56'	0.87 313	0.87 310	0.87 307	0.87 304	0.87 300	0.87 297	0.87 294	0.87 291	0.87 288	0.87 284	
	57'	0.87 281	0.87 278	0.87 275	0.87 272	0.87 268	0.87 265	0.87 262	0.87 259	0.87 256	0.87 252	
	58'	0.87 249	0.87 246	0.87 243	0.87 239	0.87 236	0.87 233	0.87 230	0.87 227	0.87 223	0.87 220	
	59'	0.87 217	0.87 214	0.87 211	0.87 207	0.87 204	0.87 201	0.87 198	0.87 195	0.87 191	0.87 188	

K   K

43°   43°

	0.'0	0.'1	0.'2	0.'3	0.'4	0.'5	0.'6	0.'7	0.'8	0.'9
0'	0.87 185	0.87 182	0.87 178	0.87 175	0.87 172	0.87 169	0.87 166	0.87 162	0.87 159	0.87 156
1'	0.87 153	0.87 150	0.87 146	0.87 143	0.87 140	0.87 137	0.87 134	0.87 130	0.87 127	0.87 124
2'	0.87 121	0.87 118	0.87 114	0.87 111	0.87 108	0.87 105	0.87 102	0.87 098	0.87 095	0.87 092
3'	0.87 089	0.87 086	0.87 082	0.87 079	0.87 076	0.87 073	0.87 070	0.87 066	0.87 063	0.87 060
4'	0.87 057	0.87 054	0.87 050	0.87 047	0.87 044	0.87 041	0.87 038	0.87 034	0.87 031	0.87 028
5'	0.87 025	0.87 022	0.87 018	0.87 015	0.87 012	0.87 009	0.87 006	0.87 002	0.86 999	0.86 996
6'	0.86 993	0.86 990	0.86 986	0.86 983	0.86 980	0.86 977	0.86 974	0.86 970	0.86 967	0.86 964
7'	0.86 961	0.86 958	0.86 954	0.86 951	0.86 948	0.86 945	0.86 942	0.86 938	0.86 935	0.86 932
8'	0.86 929	0.86 926	0.86 922	0.86 919	0.86 916	0.86 913	0.86 910	0.86 906	0.86 903	0.86 900
9'	0.86 897	0.86 894	0.86 890	0.86 887	0.86 884	0.86 881	0.86 878	0.86 874	0.86 871	0.86 868
10'	0.86 865	0.86 862	0.86 858	0.86 855	0.86 852	0.86 849	0.86 846	0.86 843	0.86 839	0.86 836
11'	0.86 833	0.86 830	0.86 827	0.86 823	0.86 820	0.86 817	0.86 814	0.86 811	0.86 807	0.86 804
12'	0.86 801	0.86 798	0.86 795	0.86 791	0.86 788	0.86 785	0.86 782	0.86 779	0.86 776	0.86 772
13'	0.86 769	0.86 766	0.86 763	0.86 760	0.86 756	0.86 753	0.86 750	0.86 747	0.86 744	0.86 740
14'	0.86 737	0.86 734	0.86 731	0.86 728	0.86 725	0.86 721	0.86 718	0.86 715	0.86 712	0.86 709
15'	0.86 705	0.86 702	0.86 699	0.86 696	0.86 693	0.86 689	0.86 686	0.86 683	0.86 680	0.86 677
16'	0.86 674	0.86 670	0.86 667	0.86 664	0.86 661	0.86 658	0.86 654	0.86 651	0.86 648	0.86 645
17'	0.86 642	0.86 638	0.86 635	0.86 632	0.86 629	0.86 626	0.86 623	0.86 619	0.86 616	0.86 613
18'	0.86 610	0.86 607	0.86 603	0.86 600	0.86 597	0.86 594	0.86 591	0.86 588	0.86 584	0.86 581
19'	0.86 578	0.86 575	0.86 572	0.86 568	0.86 565	0.86 562	0.86 559	0.86 556	0.86 553	0.86 549
20'	0.86 546	0.86 543	0.86 540	0.86 537	0.86 533	0.86 530	0.86 527	0.86 524	0.86 521	0.86 518
21'	0.86 514	0.86 511	0.86 508	0.86 505	0.86 502	0.86 499	0.86 495	0.86 492	0.86 489	0.86 486
22'	0.86 483	0.86 479	0.86 476	0.86 473	0.86 470	0.86 467	0.86 464	0.86 460	0.86 457	0.86 454
23'	0.86 451	0.86 448	0.86 445	0.86 441	0.86 438	0.86 435	0.86 432	0.86 429	0.86 425	0.86 422
24'	0.86 419	0.86 416	0.86 413	0.86 410	0.86 406	0.86 403	0.86 400	0.86 397	0.86 394	0.86 391
25'	0.86 387	0.86 384	0.86 381	0.86 378	0.86 375	0.86 372	0.86 368	0.86 365	0.86 362	0.86 359
26'	0.86 356	0.86 352	0.86 349	0.86 346	0.86 343	0.86 340	0.86 337	0.86 333	0.86 330	0.86 327
27'	0.86 324	0.86 321	0.86 318	0.86 314	0.86 311	0.86 308	0.86 305	0.86 302	0.86 299	0.86 295
28'	0.86 292	0.86 289	0.86 286	0.86 283	0.86 280	0.86 276	0.86 273	0.86 270	0.86 267	0.86 264
29'	0.86 261	0.86 257	0.86 254	0.86 251	0.86 248	0.86 245	0.86 242	0.86 238	0.86 235	0.86 232
30'	0.86 229	0.86 226	0.86 223	0.86 219	0.86 216	0.86 213	0.86 210	0.86 207	0.86 204	0.86 200
31'	0.86 197	0.86 194	0.86 191	0.86 188	0.86 185	0.86 181	0.86 178	0.86 175	0.86 172	0.86 169
32'	0.86 166	0.86 162	0.86 159	0.86 156	0.86 153	0.86 150	0.86 147	0.86 143	0.86 140	0.86 137
33'	0.86 134	0.86 131	0.86 128	0.86 124	0.86 121	0.86 118	0.86 115	0.86 112	0.86 109	0.86 106
34'	0.86 102	0.86 099	0.86 096	0.86 093	0.86 090	0.86 087	0.86 083	0.86 080	0.86 077	0.86 074
35'	0.86 071	0.86 068	0.86 064	0.86 061	0.86 058	0.86 055	0.86 052	0.86 049	0.86 045	0.86 042
36'	0.86 039	0.86 036	0.86 033	0.86 030	0.86 027	0.86 023	0.86 020	0.86 017	0.86 014	0.86 011
37'	0.86 008	0.86 004	0.86 001	0.85 998	0.85 995	0.85 992	0.85 989	0.85 985	0.85 982	0.85 979
38'	0.85 976	0.85 973	0.85 970	0.85 967	0.85 963	0.85 960	0.85 957	0.85 954	0.85 951	0.85 948
39'	0.85 944	0.85 941	0.85 938	0.85 935	0.85 932	0.85 929	0.85 926	0.85 922	0.85 919	0.85 916
40'	0.85 913	0.85 910	0.85 907	0.85 903	0.85 900	0.85 897	0.85 894	0.85 891	0.85 888	0.85 885
41'	0.85 881	0.85 878	0.85 875	0.85 872	0.85 869	0.85 866	0.85 862	0.85 859	0.85 856	0.85 853
42'	0.85 850	0.85 847	0.85 844	0.85 840	0.85 837	0.85 834	0.85 831	0.85 828	0.85 825	0.85 822
43'	0.85 818	0.85 815	0.85 812	0.85 809	0.85 806	0.85 803	0.85 799	0.85 796	0.85 793	0.85 790
44'	0.85 787	0.85 784	0.85 781	0.85 777	0.85 774	0.85 771	0.85 768	0.85 765	0.85 762	0.85 759
45'	0.85 755	0.85 752	0.85 749	0.85 746	0.85 743	0.85 740	0.85 737	0.85 733	0.85 730	0.85 727
46'	0.85 724	0.85 721	0.85 718	0.85 715	0.85 711	0.85 708	0.85 705	0.85 702	0.85 699	0.85 696
47'	0.85 693	0.85 689	0.85 686	0.85 683	0.85 680	0.85 677	0.85 674	0.85 671	0.85 667	0.85 664
48'	0.85 661	0.85 658	0.85 655	0.85 652	0.85 649	0.85 645	0.85 642	0.85 639	0.85 636	0.85 633
49'	0.85 630	0.85 627	0.85 623	0.85 620	0.85 617	0.85 614	0.85 611	0.85 608	0.85 605	0.85 601
50'	0.85 598	0.85 595	0.85 592	0.85 589	0.85 586	0.85 583	0.85 579	0.85 576	0.85 573	0.85 570
51'	0.85 567	0.85 564	0.85 561	0.85 557	0.85 554	0.85 551	0.85 548	0.85 545	0.85 542	0.85 539
52'	0.85 535	0.85 532	0.85 529	0.85 526	0.85 523	0.85 520	0.85 517	0.85 514	0.85 510	0.85 507
53'	0.85 504	0.85 501	0.85 498	0.85 495	0.85 492	0.85 488	0.85 485	0.85 482	0.85 479	0.85 476
54'	0.85 473	0.85 470	0.85 466	0.85 463	0.85 460	0.85 457	0.85 454	0.85 451	0.85 448	0.85 445
55'	0.85 441	0.85 438	0.85 435	0.85 432	0.85 429	0.85 426	0.85 423	0.85 419	0.85 416	0.85 413
56'	0.85 410	0.85 407	0.85 404	0.85 401	0.85 398	0.85 394	0.85 391	0.85 388	0.85 385	0.85 382
57'	0.85 379	0.85 376	0.85 373	0.85 369	0.85 366	0.85 363	0.85 360	0.85 357	0.85 354	0.85 351
58'	0.85 347	0.85 344	0.85 341	0.85 338	0.85 335	0.85 332	0.85 329	0.85 326	0.85 322	0.85 319
59'	0.85 316	0.85 313	0.85 310	0.85 307	0.85 304	0.85 301	0.85 297	0.85 294	0.85 291	0.85 288

K

44°

	0.'0	0.'1	0.'2	0.'3	0.'4	0.'5	0.'6	0.'7	0.'8	0.'9
0'	0.85 285	0.85 282	0.85 279	0.85 276	0.85 272	0.85 269	0.85 266	0.85 263	0.85 260	0.85 257
1'	0.85 254	0.85 251	0.85 247	0.85 244	0.85 241	0.85 238	0.85 235	0.85 232	0.85 229	0.85 226
2'	0.85 222	0.85 219	0.85 216	0.85 213	0.85 210	0.85 207	0.85 204	0.85 201	0.85 197	0.85 194
3'	0.85 191	0.85 188	0.85 185	0.85 182	0.85 179	0.85 176	0.85 172	0.85 169	0.85 166	0.85 163
4'	0.85 160	0.85 157	0.85 154	0.85 151	0.85 147	0.85 144	0.85 141	0.85 138	0.85 135	0.85 132
5'	0.85 129	0.85 126	0.85 122	0.85 119	0.85 116	0.85 113	0.85 110	0.85 107	0.85 104	0.85 101
6'	0.85 098	0.85 094	0.85 091	0.85 088	0.85 085	0.85 082	0.85 079	0.85 076	0.85 073	0.85 069
7'	0.85 066	0.85 063	0.85 060	0.85 057	0.85 054	0.85 051	0.85 048	0.85 045	0.85 041	0.85 038
8'	0.85 035	0.85 032	0.85 029	0.85 026	0.85 023	0.85 020	0.85 016	0.85 013	0.85 010	0.85 007
9'	0.85 004	0.85 001	0.84 998	0.84 995	0.84 992	0.84 988	0.84 985	0.84 982	0.84 979	0.84 976
10'	0.84 973	0.84 970	0.84 967	0.84 964	0.84 960	0.84 957	0.84 954	0.84 951	0.84 948	0.84 945
11'	0.84 942	0.84 939	0.84 936	0.84 932	0.84 929	0.84 926	0.84 923	0.84 920	0.84 917	0.84 914
12'	0.84 911	0.84 908	0.84 904	0.84 901	0.84 898	0.84 895	0.84 892	0.84 889	0.84 886	0.84 883
13'	0.84 880	0.84 876	0.84 873	0.84 870	0.84 867	0.84 864	0.84 861	0.84 858	0.84 855	0.84 852
14'	0.84 848	0.84 845	0.84 842	0.84 839	0.84 836	0.84 833	0.84 830	0.84 827	0.84 824	0.84 820
15'	0.84 817	0.84 814	0.84 811	0.84 808	0.84 805	0.84 802	0.84 799	0.84 796	0.84 793	0.84 789
16'	0.84 786	0.84 783	0.84 780	0.84 777	0.84 774	0.84 771	0.84 768	0.84 765	0.84 761	0.84 758
17'	0.84 755	0.84 752	0.84 749	0.84 746	0.84 743	0.84 740	0.84 737	0.84 734	0.84 730	0.84 727
18'	0.84 724	0.84 721	0.84 718	0.84 715	0.84 712	0.84 709	0.84 706	0.84 702	0.84 699	0.84 696
19'	0.84 693	0.84 690	0.84 687	0.84 684	0.84 681	0.84 678	0.84 675	0.84 671	0.84 668	0.84 665
20'	0.84 662	0.84 659	0.84 656	0.84 653	0.84 650	0.84 647	0.84 644	0.84 640	0.84 637	0.84 634
21'	0.84 631	0.84 628	0.84 625	0.84 622	0.84 619	0.84 616	0.84 613	0.84 609	0.84 606	0.84 603
22'	0.84 600	0.84 597	0.84 594	0.84 591	0.84 588	0.84 585	0.84 582	0.84 578	0.84 575	0.84 572
23'	0.84 569	0.84 566	0.84 563	0.84 560	0.84 557	0.84 554	0.84 551	0.84 548	0.84 544	0.84 541
24'	0.84 538	0.84 535	0.84 532	0.84 529	0.84 526	0.84 523	0.84 520	0.84 517	0.84 513	0.84 510
25'	0.84 507	0.84 504	0.84 501	0.84 498	0.84 495	0.84 492	0.84 489	0.84 486	0.84 483	0.84 479
26'	0.84 476	0.84 473	0.84 470	0.84 467	0.84 464	0.84 461	0.84 458	0.84 455	0.84 452	0.84 449
27'	0.84 445	0.84 442	0.84 439	0.84 436	0.84 433	0.84 430	0.84 427	0.84 424	0.84 421	0.84 418
28'	0.84 415	0.84 411	0.84 408	0.84 405	0.84 402	0.84 399	0.84 396	0.84 393	0.84 390	0.84 387
29'	0.84 384	0.84 381	0.84 377	0.84 374	0.84 371	0.84 368	0.84 365	0.84 362	0.84 359	0.84 356
30'	0.84 353	0.84 350	0.84 347	0.84 343	0.84 340	0.84 337	0.84 334	0.84 331	0.84 328	0.84 325
31'	0.84 322	0.84 319	0.84 316	0.84 313	0.84 310	0.84 306	0.84 303	0.84 300	0.84 297	0.84 294
32'	0.84 291	0.84 288	0.84 285	0.84 282	0.84 279	0.84 276	0.84 272	0.84 269	0.84 266	0.84 263
33'	0.84 260	0.84 257	0.84 254	0.84 251	0.84 248	0.84 245	0.84 242	0.84 239	0.84 235	0.84 232
34'	0.84 229	0.84 226	0.84 223	0.84 220	0.84 217	0.84 214	0.84 211	0.84 208	0.84 205	0.84 202
35'	0.84 198	0.84 195	0.84 192	0.84 189	0.84 186	0.84 183	0.84 180	0.84 177	0.84 174	0.84 171
36'	0.84 168	0.84 165	0.84 162	0.84 158	0.84 155	0.84 152	0.84 149	0.84 146	0.84 143	0.84 140
37'	0.84 137	0.84 134	0.84 131	0.84 128	0.84 125	0.84 121	0.84 118	0.84 115	0.84 112	0.84 109
38'	0.84 106	0.84 103	0.84 100	0.84 097	0.84 094	0.84 091	0.84 088	0.84 085	0.84 081	0.84 078
39'	0.84 075	0.84 072	0.84 069	0.84 066	0.84 063	0.84 060	0.84 057	0.84 054	0.84 051	0.84 048
40'	0.84 045	0.84 041	0.84 038	0.84 035	0.84 032	0.84 029	0.84 026	0.84 023	0.84 020	0.84 017
41'	0.84 014	0.84 011	0.84 008	0.84 005	0.84 002	0.83 998	0.83 995	0.83 992	0.83 989	0.83 986
42'	0.83 983	0.83 980	0.83 977	0.83 974	0.83 971	0.83 968	0.83 965	0.83 962	0.83 959	0.83 955
43'	0.83 952	0.83 949	0.83 946	0.83 943	0.83 940	0.83 937	0.83 934	0.83 931	0.83 928	0.83 925
44'	0.83 922	0.83 919	0.83 916	0.83 912	0.83 909	0.83 906	0.83 903	0.83 900	0.83 897	0.83 894
45'	0.83 891	0.83 888	0.83 885	0.83 882	0.83 879	0.83 876	0.83 873	0.83 869	0.83 866	0.83 863
46'	0.83 860	0.83 857	0.83 854	0.83 851	0.83 848	0.83 845	0.83 842	0.83 839	0.83 836	0.83 833
47'	0.83 830	0.83 827	0.83 823	0.83 820	0.83 817	0.83 814	0.83 811	0.83 808	0.83 805	0.83 802
48'	0.83 799	0.83 796	0.83 793	0.83 790	0.83 787	0.83 784	0.83 781	0.83 778	0.83 774	0.83 771
49'	0.83 768	0.83 765	0.83 762	0.83 759	0.83 756	0.83 753	0.83 750	0.83 747	0.83 744	0.83 741
50'	0.83 738	0.83 735	0.83 732	0.83 729	0.83 725	0.83 722	0.83 719	0.83 716	0.83 713	0.83 710
51'	0.83 707	0.83 704	0.83 701	0.83 698	0.83 695	0.83 692	0.83 689	0.83 686	0.83 683	0.83 680
52'	0.83 676	0.83 673	0.83 670	0.83 667	0.83 664	0.83 661	0.83 658	0.83 655	0.83 652	0.83 649
53'	0.83 646	0.83 643	0.83 640	0.83 637	0.83 634	0.83 631	0.83 628	0.83 624	0.83 621	0.83 618
54'	0.83 615	0.83 612	0.83 609	0.83 606	0.83 603	0.83 600	0.83 597	0.83 594	0.83 591	0.83 588
55'	0.83 585	0.83 582	0.83 579	0.83 576	0.83 572	0.83 569	0.83 566	0.83 563	0.83 560	0.83 557
56'	0.83 554	0.83 551	0.83 548	0.83 545	0.83 542	0.83 539	0.83 536	0.83 533	0.83 530	0.83 527
57'	0.83 524	0.83 521	0.83 518	0.83 514	0.83 511	0.83 508	0.83 505	0.83 502	0.83 499	0.83 496
58'	0.83 493	0.83 490	0.83 487	0.83 484	0.83 481	0.83 478	0.83 475	0.83 472	0.83 469	0.83 466
59'	0.83 463	0.83 460	0.83 456	0.83 453	0.83 450	0.83 447	0.83 444	0.83 441	0.83 438	0.83 435

45°

	0.'0	0.'1	0.'2	0.'3	0.'4	0.'5	0.'6	0.'7	0.'8	0.'9
0'	0.83 432	0.83 429	0.83 426	0.83 423	0.83 420	0.83 417	0.83 414	0.83 411	0.83 408	0.83 405
1'	0.83 402	0.83 399	0.83 395	0.83 392	0.83 389	0.83 386	0.83 383	0.83 380	0.83 377	0.83 374
2'	0.83 371	0.83 368	0.83 365	0.83 362	0.83 359	0.83 356	0.83 353	0.83 350	0.83 347	0.83 344
3'	0.83 341	0.83 338	0.83 335	0.83 331	0.83 328	0.83 325	0.83 322	0.83 319	0.83 316	0.83 313
4'	0.83 310	0.83 307	0.83 304	0.83 301	0.83 298	0.83 295	0.83 292	0.83 289	0.83 286	0.83 283
5'	0.83 280	0.83 277	0.83 274	0.83 271	0.83 268	0.83 265	0.83 261	0.83 258	0.83 255	0.83 252
6'	0.83 249	0.83 246	0.83 243	0.83 240	0.83 237	0.83 234	0.83 231	0.83 228	0.83 225	0.83 222
7'	0.83 219	0.83 216	0.83 213	0.83 210	0.83 207	0.83 204	0.83 201	0.83 198	0.83 195	0.83 192
8'	0.83 188	0.83 185	0.83 182	0.83 179	0.83 176	0.83 173	0.83 170	0.83 167	0.83 164	0.83 161
9'	0.83 158	0.83 155	0.83 152	0.83 149	0.83 146	0.83 143	0.83 140	0.83 137	0.83 134	0.83 131
10'	0.83 128	0.83 125	0.83 122	0.83 119	0.83 116	0.83 113	0.83 109	0.83 106	0.83 103	0.83 100
11'	0.83 097	0.83 094	0.83 091	0.83 088	0.83 085	0.83 082	0.83 079	0.83 076	0.83 073	0.83 070
12'	0.83 067	0.83 064	0.83 061	0.83 058	0.83 055	0.83 052	0.83 049	0.83 046	0.83 043	0.83 040
13'	0.83 037	0.83 034	0.83 031	0.83 028	0.83 025	0.83 021	0.83 018	0.83 015	0.83 012	0.83 009
14'	0.83 006	0.83 003	0.83 000	0.82 997	0.82 994	0.82 991	0.82 988	0.82 985	0.82 982	0.82 979
15'	0.82 976	0.82 973	0.82 970	0.82 967	0.82 964	0.82 961	0.82 958	0.82 955	0.82 952	0.82 949
16'	0.82 946	0.82 943	0.82 940	0.82 937	0.82 934	0.82 931	0.82 928	0.82 924	0.82 921	0.82 918
17'	0.82 915	0.82 912	0.82 909	0.82 906	0.82 903	0.82 900	0.82 897	0.82 894	0.82 891	0.82 888
18'	0.82 885	0.82 882	0.82 879	0.82 876	0.82 873	0.82 870	0.82 867	0.82 864	0.82 861	0.82 858
19'	0.82 855	0.82 852	0.82 849	0.82 846	0.82 843	0.82 840	0.82 837	0.82 834	0.82 831	0.82 828
20'	0.82 825	0.82 822	0.82 819	0.82 816	0.82 812	0.82 809	0.82 806	0.82 803	0.82 800	0.82 797
21'	0.82 794	0.82 791	0.82 788	0.82 785	0.82 782	0.82 779	0.82 776	0.82 773	0.82 770	0.82 767
22'	0.82 764	0.82 761	0.82 758	0.82 755	0.82 752	0.82 749	0.82 746	0.82 743	0.82 740	0.82 737
23'	0.82 734	0.82 731	0.82 728	0.82 725	0.82 722	0.82 719	0.82 716	0.82 713	0.82 710	0.82 707
24'	0.82 704	0.82 701	0.82 698	0.82 695	0.82 692	0.82 689	0.82 686	0.82 683	0.82 680	0.82 677
25'	0.82 673	0.82 670	0.82 667	0.82 664	0.82 661	0.82 658	0.82 655	0.82 652	0.82 649	0.82 646
26'	0.82 643	0.82 640	0.82 637	0.82 634	0.82 631	0.82 628	0.82 625	0.82 622	0.82 619	0.82 616
27'	0.82 613	0.82 610	0.82 607	0.82 604	0.82 601	0.82 598	0.82 595	0.82 592	0.82 589	0.82 586
28'	0.82 583	0.82 580	0.82 577	0.82 574	0.82 571	0.82 568	0.82 565	0.82 562	0.82 559	0.82 556
29'	0.82 553	0.82 550	0.82 547	0.82 544	0.82 541	0.82 538	0.82 535	0.82 532	0.82 529	0.82 526
30'	0.82 523	0.82 520	0.82 517	0.82 514	0.82 511	0.82 508	0.82 505	0.82 502	0.82 499	0.82 496
31'	0.82 493	0.82 490	0.82 487	0.82 484	0.82 481	0.82 478	0.82 475	0.82 472	0.82 468	0.82 465
32'	0.82 462	0.82 459	0.82 456	0.82 453	0.82 450	0.82 447	0.82 444	0.82 441	0.82 438	0.82 435
33'	0.82 432	0.82 429	0.82 426	0.82 423	0.82 420	0.82 417	0.82 414	0.82 411	0.82 408	0.82 405
34'	0.82 402	0.82 399	0.82 396	0.82 393	0.82 390	0.82 387	0.82 384	0.82 381	0.82 378	0.82 375
35'	0.82 372	0.82 369	0.82 366	0.82 363	0.82 360	0.82 357	0.82 354	0.82 351	0.82 348	0.82 345
36'	0.82 342	0.82 339	0.82 336	0.82 333	0.82 330	0.82 327	0.82 324	0.82 321	0.82 318	0.82 315
37'	0.82 312	0.82 309	0.82 306	0.82 303	0.82 300	0.82 297	0.82 294	0.82 291	0.82 288	0.82 285
38'	0.82 282	0.82 279	0.82 276	0.82 273	0.82 270	0.82 267	0.82 264	0.82 261	0.82 258	0.82 255
39'	0.82 252	0.82 249	0.82 246	0.82 243	0.82 240	0.82 237	0.82 234	0.82 231	0.82 228	0.82 225
40'	0.82 222	0.82 219	0.82 216	0.82 213	0.82 210	0.82 207	0.82 204	0.82 201	0.82 198	0.82 195
41'	0.82 192	0.82 189	0.82 186	0.82 183	0.82 180	0.82 177	0.82 174	0.82 171	0.82 168	0.82 165
42'	0.82 162	0.82 159	0.82 156	0.82 153	0.82 150	0.82 147	0.82 144	0.82 141	0.82 138	0.82 135
43'	0.82 132	0.82 129	0.82 126	0.82 123	0.82 120	0.82 117	0.82 114	0.82 111	0.82 108	0.82 105
44'	0.82 102	0.82 099	0.82 096	0.82 093	0.82 090	0.82 087	0.82 084	0.82 081	0.82 078	0.82 075
45'	0.82 072	0.82 069	0.82 066	0.82 063	0.82 060	0.82 057	0.82 054	0.82 051	0.82 048	0.82 045
46'	0.82 042	0.82 039	0.82 036	0.82 033	0.82 030	0.82 027	0.82 024	0.82 021	0.82 018	0.82 015
47'	0.82 012	0.82 009	0.82 006	0.82 003	0.82 000	0.81 997	0.81 994	0.81 991	0.81 988	0.81 985
48'	0.81 982	0.81 979	0.81 976	0.81 973	0.81 970	0.81 967	0.81 964	0.81 961	0.81 958	0.81 955
49'	0.81 953	0.81 950	0.81 947	0.81 944	0.81 941	0.81 938	0.81 935	0.81 932	0.81 929	0.81 926
50'	0.81 923	0.81 920	0.81 917	0.81 914	0.81 911	0.81 908	0.81 905	0.81 902	0.81 899	0.81 896
51'	0.81 893	0.81 890	0.81 887	0.81 884	0.81 881	0.81 878	0.81 875	0.81 872	0.81 869	0.81 866
52'	0.81 863	0.81 860	0.81 857	0.81 854	0.81 851	0.81 848	0.81 845	0.81 842	0.81 839	0.81 836
53'	0.81 833	0.81 830	0.81 827	0.81 824	0.81 821	0.81 818	0.81 815	0.81 812	0.81 809	0.81 806
54'	0.81 803	0.81 800	0.81 797	0.81 794	0.81 791	0.81 788	0.81 785	0.81 782	0.81 779	0.81 776
55'	0.81 773	0.81 770	0.81 767	0.81 764	0.81 761	0.81 758	0.81 755	0.81 752	0.81 750	0.81 747
56'	0.81 744	0.81 741	0.81 738	0.81 735	0.81 732	0.81 729	0.81 726	0.81 723	0.81 720	0.81 717
57'	0.81 714	0.81 711	0.81 708	0.81 705	0.81 702	0.81 699	0.81 696	0.81 693	0.81 690	0.81 687
58'	0.81 684	0.81 681	0.81 678	0.81 675	0.81 672	0.81 669	0.81 666	0.81 663	0.81 660	0.81 657
59'	0.81 654	0.81 651	0.81 648	0.81 645	0.81 642	0.81 639	0.81 636	0.81 633	0.81 630	0.81 627

K   K

	0.'0	0.'1	0.'2	0.'3	0.'4	0.'5	0.'6	0.'7	0.'8	0.'9
46° 0'	0.81 624	0.81 621	0.81 618	0.81 615	0.81 612	0.81 610	0.81 607	0.81 604	0.81 601	0.81 598
1'	0.81 595	0.81 592	0.81 589	0.81 586	0.81 583	0.81 580	0.81 577	0.81 574	0.81 571	0.81 568
2'	0.81 565	0.81 562	0.81 559	0.81 556	0.81 553	0.81 550	0.81 547	0.81 544	0.81 541	0.81 538
3'	0.81 535	0.81 532	0.81 529	0.81 526	0.81 523	0.81 520	0.81 517	0.81 514	0.81 511	0.81 508
4'	0.81 505	0.81 502	0.81 500	0.81 497	0.81 494	0.81 491	0.81 488	0.81 485	0.81 482	0.81 479
5'	0.81 476	0.81 473	0.81 470	0.81 467	0.81 464	0.81 461	0.81 458	0.81 455	0.81 452	0.81 449
6'	0.81 446	0.81 443	0.81 440	0.81 437	0.81 434	0.81 431	0.81 428	0.81 425	0.81 422	0.81 419
7'	0.81 416	0.81 413	0.81 410	0.81 407	0.81 404	0.81 402	0.81 399	0.81 396	0.81 393	0.81 390
8'	0.81 387	0.81 384	0.81 381	0.81 378	0.81 375	0.81 372	0.81 369	0.81 366	0.81 363	0.81 360
9'	0.81 357	0.81 354	0.81 351	0.81 348	0.81 345	0.81 342	0.81 339	0.81 336	0.81 333	0.81 330
10'	0.81 327	0.81 324	0.81 321	0.81 318	0.81 316	0.81 313	0.81 310	0.81 307	0.81 304	0.81 301
11'	0.81 298	0.81 295	0.81 292	0.81 289	0.81 286	0.81 283	0.81 280	0.81 277	0.81 274	0.81 271
12'	0.81 268	0.81 265	0.81 262	0.81 259	0.81 256	0.81 253	0.81 250	0.81 247	0.81 244	0.81 241
13'	0.81 239	0.81 236	0.81 233	0.81 230	0.81 227	0.81 224	0.81 221	0.81 218	0.81 215	0.81 212
14'	0.81 209	0.81 206	0.81 203	0.81 200	0.81 197	0.81 194	0.81 191	0.81 188	0.81 185	0.81 182
15'	0.81 179	0.81 176	0.81 173	0.81 170	0.81 167	0.81 165	0.81 162	0.81 159	0.81 156	0.81 153
16'	0.81 150	0.81 147	0.81 144	0.81 141	0.81 138	0.81 135	0.81 132	0.81 129	0.81 126	0.81 123
17'	0.81 120	0.81 117	0.81 114	0.81 111	0.81 108	0.81 105	0.81 102	0.81 099	0.81 097	0.81 094
18'	0.81 091	0.81 088	0.81 085	0.81 082	0.81 079	0.81 076	0.81 073	0.81 070	0.81 067	0.81 064
19'	0.81 061	0.81 058	0.81 055	0.81 052	0.81 049	0.81 046	0.81 043	0.81 040	0.81 037	0.81 035
20'	0.81 032	0.81 029	0.81 026	0.81 023	0.81 020	0.81 017	0.81 014	0.81 011	0.81 008	0.81 005
21'	0.81 002	0.80 999	0.80 996	0.80 993	0.80 990	0.80 987	0.80 984	0.80 981	0.80 978	0.80 975
22'	0.80 973	0.80 970	0.80 967	0.80 964	0.80 961	0.80 958	0.80 955	0.80 952	0.80 949	0.80 946
23'	0.80 943	0.80 940	0.80 937	0.80 934	0.80 931	0.80 928	0.80 925	0.80 922	0.80 919	0.80 917
24'	0.80 914	0.80 911	0.80 908	0.80 905	0.80 902	0.80 899	0.80 896	0.80 893	0.80 890	0.80 887
25'	0.80 884	0.80 881	0.80 878	0.80 875	0.80 872	0.80 869	0.80 866	0.80 863	0.80 861	0.80 858
26'	0.80 855	0.80 852	0.80 849	0.80 846	0.80 843	0.80 840	0.80 837	0.80 834	0.80 831	0.80 828
27'	0.80 825	0.80 822	0.80 819	0.80 816	0.80 813	0.80 810	0.80 808	0.80 805	0.80 802	0.80 799
28'	0.80 796	0.80 793	0.80 790	0.80 787	0.80 784	0.80 781	0.80 778	0.80 775	0.80 772	0.80 769
29'	0.80 766	0.80 763	0.80 760	0.80 758	0.80 755	0.80 752	0.80 749	0.80 746	0.80 743	0.80 740
30'	0.80 737	0.80 734	0.80 731	0.80 728	0.80 725	0.80 722	0.80 719	0.80 716	0.80 713	0.80 710
31'	0.80 708	0.80 705	0.80 702	0.80 699	0.80 696	0.80 693	0.80 690	0.80 687	0.80 684	0.80 681
32'	0.80 678	0.80 675	0.80 672	0.80 669	0.80 666	0.80 663	0.80 661	0.80 658	0.80 655	0.80 652
33'	0.80 649	0.80 646	0.80 643	0.80 640	0.80 637	0.80 634	0.80 631	0.80 628	0.80 625	0.80 622
34'	0.80 619	0.80 616	0.80 614	0.80 611	0.80 608	0.80 605	0.80 602	0.80 599	0.80 596	0.80 593
35'	0.80 590	0.80 587	0.80 584	0.80 581	0.80 578	0.80 575	0.80 572	0.80 570	0.80 567	0.80 564
36'	0.80 561	0.80 558	0.80 555	0.80 552	0.80 549	0.80 546	0.80 543	0.80 540	0.80 537	0.80 534
37'	0.80 531	0.80 528	0.80 526	0.80 523	0.80 520	0.80 517	0.80 514	0.80 511	0.80 508	0.80 505
38'	0.80 502	0.80 499	0.80 496	0.80 493	0.80 490	0.80 487	0.80 484	0.80 482	0.80 479	0.80 476
39'	0.80 473	0.80 470	0.80 467	0.80 464	0.80 461	0.80 458	0.80 455	0.80 452	0.80 449	0.80 446
40'	0.80 443	0.80 441	0.80 438	0.80 435	0.80 432	0.80 429	0.80 426	0.80 423	0.80 420	0.80 417
41'	0.80 414	0.80 411	0.80 408	0.80 405	0.80 402	0.80 400	0.80 397	0.80 394	0.80 391	0.80 388
42'	0.80 385	0.80 382	0.80 379	0.80 376	0.80 373	0.80 370	0.80 367	0.80 364	0.80 362	0.80 359
43'	0.80 356	0.80 353	0.80 350	0.80 347	0.80 344	0.80 341	0.80 338	0.80 335	0.80 332	0.80 329
44'	0.80 326	0.80 323	0.80 321	0.80 318	0.80 315	0.80 312	0.80 309	0.80 306	0.80 303	0.80 300
45'	0.80 297	0.80 294	0.80 291	0.80 288	0.80 285	0.80 283	0.80 280	0.80 277	0.80 274	0.80 271
46'	0.80 268	0.80 265	0.80 262	0.80 259	0.80 256	0.80 253	0.80 250	0.80 248	0.80 245	0.80 242
47'	0.80 239	0.80 236	0.80 233	0.80 230	0.80 227	0.80 224	0.80 221	0.80 218	0.80 215	0.80 212
48'	0.80 210	0.80 207	0.80 204	0.80 201	0.80 198	0.80 195	0.80 192	0.80 189	0.80 186	0.80 183
49'	0.80 180	0.80 177	0.80 175	0.80 172	0.80 169	0.80 166	0.80 163	0.80 160	0.80 157	0.80 154
50'	0.80 151	0.80 148	0.80 145	0.80 142	0.80 140	0.80 137	0.80 134	0.80 131	0.80 128	0.80 125
51'	0.80 122	0.80 119	0.80 116	0.80 113	0.80 110	0.80 107	0.80 105	0.80 102	0.80 099	0.80 096
52'	0.80 093	0.80 090	0.80 087	0.80 084	0.80 081	0.80 078	0.80 075	0.80 072	0.80 070	0.80 067
53'	0.80 064	0.80 061	0.80 058	0.80 055	0.80 052	0.80 049	0.80 046	0.80 043	0.80 040	0.80 038
54'	0.80 035	0.80 032	0.80 029	0.80 026	0.80 023	0.80 020	0.80 017	0.80 014	0.80 011	0.80 008
55'	0.80 005	0.80 003	0.80 000	0.79 997	0.79 994	0.79 991	0.79 988	0.79 985	0.79 982	0.79 979
56'	0.79 976	0.79 973	0.79 971	0.79 968	0.79 965	0.79 962	0.79 959	0.79 956	0.79 953	0.79 950
57'	0.79 947	0.79 944	0.79 941	0.79 939	0.79 936	0.79 933	0.79 930	0.79 927	0.79 924	0.79 921
58'	0.79 918	0.79 915	0.79 912	0.79 909	0.79 907	0.79 904	0.79 901	0.79 898	0.79 895	0.79 892
59'	0.79 889	0.79 886	0.79 883	0.79 880	0.79 877	0.79 875	0.79 872	0.79 869	0.79 866	0.79 863

K   K

47°		0.'0	0.'1	0.'2	0.'3	0.'4	0.'5	0.'6	0.'7	0.'8	0.'9	47°
	0'	0.79 860	0.79 857	0.79 854	0.79 851	0.79 848	0.79 846	0.79 843	0.79 840	0.79 837	0.79 834	
	1'	0.79 831	0.79 828	0.79 825	0.79 822	0.79 819	0.79 816	0.79 814	0.79 811	0.79 808	0.79 805	
	2'	0.79 802	0.79 799	0.79 796	0.79 793	0.79 790	0.79 787	0.79 785	0.79 782	0.79 779	0.79 776	
	3'	0.79 773	0.79 770	0.79 767	0.79 764	0.79 761	0.79 758	0.79 756	0.79 753	0.79 750	0.79 747	
	4'	0.79 744	0.79 741	0.79 738	0.79 735	0.79 732	0.79 729	0.79 727	0.79 724	0.79 721	0.79 718	
	5'	0.79 715	0.79 712	0.79 709	0.79 706	0.79 703	0.79 700	0.79 698	0.79 695	0.79 692	0.79 689	
	6'	0.79 686	0.79 683	0.79 680	0.79 677	0.79 674	0.79 671	0.79 669	0.79 666	0.79 663	0.79 660	
	7'	0.79 657	0.79 654	0.79 651	0.79 648	0.79 645	0.79 642	0.79 640	0.79 637	0.79 634	0.79 631	
	8'	0.79 628	0.79 625	0.79 622	0.79 619	0.79 616	0.79 614	0.79 611	0.79 608	0.79 605	0.79 602	
	9'	0.79 599	0.79 596	0.79 593	0.79 590	0.79 587	0.79 585	0.79 582	0.79 579	0.79 576	0.79 573	
	10'	0.79 570	0.79 567	0.79 564	0.79 561	0.79 559	0.79 556	0.79 553	0.79 550	0.79 547	0.79 544	
	11'	0.79 541	0.79 538	0.79 535	0.79 532	0.79 530	0.79 527	0.79 524	0.79 521	0.79 518	0.79 515	
	12'	0.79 512	0.79 509	0.79 506	0.79 504	0.79 501	0.79 498	0.79 495	0.79 492	0.79 489	0.79 486	
	13'	0.79 483	0.79 480	0.79 478	0.79 475	0.79 472	0.79 469	0.79 466	0.79 463	0.79 460	0.79 457	
	14'	0.79 454	0.79 452	0.79 449	0.79 446	0.79 443	0.79 440	0.79 437	0.79 434	0.79 431	0.79 428	
	15'	0.79 426	0.79 423	0.79 420	0.79 417	0.79 414	0.79 411	0.79 408	0.79 405	0.79 402	0.79 400	
	16'	0.79 397	0.79 394	0.79 391	0.79 388	0.79 385	0.79 382	0.79 379	0.79 376	0.79 374	0.79 371	
	17'	0.79 368	0.79 365	0.79 362	0.79 359	0.79 356	0.79 353	0.79 350	0.79 348	0.79 345	0.79 342	
	18'	0.79 339	0.79 336	0.79 333	0.79 330	0.79 327	0.79 325	0.79 322	0.79 319	0.79 316	0.79 313	
	19'	0.79 310	0.79 307	0.79 304	0.79 301	0.79 299	0.79 296	0.79 293	0.79 290	0.79 287	0.79 284	
	20'	0.79 281	0.79 278	0.79 276	0.79 273	0.79 270	0.79 267	0.79 264	0.79 261	0.79 258	0.79 255	
	21'	0.79 252	0.79 250	0.79 247	0.79 244	0.79 241	0.79 238	0.79 235	0.79 232	0.79 229	0.79 227	
	22'	0.79 224	0.79 221	0.79 218	0.79 215	0.79 212	0.79 209	0.79 206	0.79 203	0.79 201	0.79 198	
	23'	0.79 195	0.79 192	0.79 189	0.79 186	0.79 183	0.79 180	0.79 178	0.79 175	0.79 172	0.79 169	
	24'	0.79 166	0.79 163	0.79 160	0.79 157	0.79 155	0.79 152	0.79 149	0.79 146	0.79 143	0.79 140	
	25'	0.79 137	0.79 134	0.79 132	0.79 129	0.79 126	0.79 123	0.79 120	0.79 117	0.79 114	0.79 111	
	26'	0.79 109	0.79 106	0.79 103	0.79 100	0.79 097	0.79 094	0.79 091	0.79 088	0.79 086	0.79 083	
	27'	0.79 080	0.79 077	0.79 074	0.79 071	0.79 068	0.79 065	0.79 063	0.79 060	0.79 057	0.79 054	
	28'	0.79 051	0.79 048	0.79 045	0.79 042	0.79 040	0.79 037	0.79 034	0.79 031	0.79 028	0.79 025	
	29'	0.79 022	0.79 019	0.79 017	0.79 014	0.79 011	0.79 008	0.79 005	0.79 002	0.78 999	0.78 996	
	30'	0.78 994	0.78 991	0.78 988	0.78 985	0.78 982	0.78 979	0.78 976	0.78 974	0.78 971	0.78 968	
	31'	0.78 965	0.78 962	0.78 959	0.78 956	0.78 953	0.78 951	0.78 948	0.78 945	0.78 942	0.78 939	
	32'	0.78 936	0.78 933	0.78 930	0.78 928	0.78 925	0.78 922	0.78 919	0.78 916	0.78 913	0.78 910	
	33'	0.78 908	0.78 905	0.78 902	0.78 899	0.78 896	0.78 893	0.78 890	0.78 887	0.78 885	0.78 882	
	34'	0.78 879	0.78 876	0.78 873	0.78 870	0.78 867	0.78 865	0.78 862	0.78 859	0.78 856	0.78 853	
	35'	0.78 850	0.78 847	0.78 844	0.78 842	0.78 839	0.78 836	0.78 833	0.78 830	0.78 827	0.78 824	
	36'	0.78 822	0.78 819	0.78 816	0.78 813	0.78 810	0.78 807	0.78 804	0.78 801	0.78 799	0.78 796	
	37'	0.78 793	0.78 790	0.78 787	0.78 784	0.78 781	0.78 779	0.78 776	0.78 773	0.78 770	0.78 767	
	38'	0.78 764	0.78 761	0.78 759	0.78 756	0.78 753	0.78 750	0.78 747	0.78 744	0.78 741	0.78 739	
	39'	0.78 736	0.78 733	0.78 730	0.78 727	0.78 724	0.78 721	0.78 718	0.78 716	0.78 713	0.78 710	
	40'	0.78 707	0.78 704	0.78 701	0.78 698	0.78 696	0.78 693	0.78 690	0.78 687	0.78 684	0.78 681	
	41'	0.78 678	0.78 676	0.78 673	0.78 670	0.78 667	0.78 664	0.78 661	0.78 658	0.78 656	0.78 653	
	42'	0.78 650	0.78 647	0.78 644	0.78 641	0.78 638	0.78 636	0.78 633	0.78 630	0.78 627	0.78 624	
	43'	0.78 621	0.78 618	0.78 616	0.78 613	0.78 610	0.78 607	0.78 604	0.78 601	0.78 598	0.78 596	
	44'	0.78 593	0.78 590	0.78 587	0.78 584	0.78 581	0.78 578	0.78 576	0.78 573	0.78 570	0.78 567	
	45'	0.78 564	0.78 561	0.78 559	0.78 556	0.78 553	0.78 550	0.78 547	0.78 544	0.78 541	0.78 539	
	46'	0.78 536	0.78 533	0.78 530	0.78 527	0.78 524	0.78 521	0.78 519	0.78 516	0.78 513	0.78 510	
	47'	0.78 507	0.78 504	0.78 501	0.78 499	0.78 496	0.78 493	0.78 490	0.78 487	0.78 484	0.78 481	
	48'	0.78 479	0.78 476	0.78 473	0.78 470	0.78 467	0.78 464	0.78 462	0.78 459	0.78 456	0.78 453	
	49'	0.78 450	0.78 447	0.78 444	0.78 442	0.78 439	0.78 436	0.78 433	0.78 430	0.78 427	0.78 424	
	50'	0.78 422	0.78 419	0.78 416	0.78 413	0.78 410	0.78 407	0.78 405	0.78 402	0.78 399	0.78 396	
	51'	0.78 393	0.78 390	0.78 387	0.78 385	0.78 382	0.78 379	0.78 376	0.78 373	0.78 370	0.78 368	
	52'	0.78 365	0.78 362	0.78 359	0.78 356	0.78 353	0.78 350	0.78 348	0.78 345	0.78 342	0.78 339	
	53'	0.78 336	0.78 333	0.78 331	0.78 328	0.78 325	0.78 322	0.78 319	0.78 316	0.78 313	0.78 311	
	54'	0.78 308	0.78 305	0.78 302	0.78 299	0.78 296	0.78 294	0.78 291	0.78 288	0.78 285	0.78 282	
	55'	0.78 279	0.78 277	0.78 274	0.78 271	0.78 268	0.78 265	0.78 262	0.78 259	0.78 257	0.78 254	
	56'	0.78 251	0.78 248	0.78 245	0.78 242	0.78 240	0.78 237	0.78 234	0.78 231	0.78 228	0.78 225	
	57'	0.78 223	0.78 220	0.78 217	0.78 214	0.78 211	0.78 208	0.78 205	0.78 203	0.78 200	0.78 197	
	58'	0.78 194	0.78 191	0.78 188	0.78 186	0.78 183	0.78 180	0.78 177	0.78 174	0.78 171	0.78 169	
	59'	0.78 166	0.78 163	0.78 160	0.78 157	0.78 154	0.78 152	0.78 149	0.78 146	0.78 143	0.78 140	

K   K

	0.'0	0.'1	0.'2	0.'3	0.'4	0.'5	0.'6	0.'7	0.'8	0.'9
48° 0'	0.78 137	0.78 135	0.78 132	0.78 129	0.78 126	0.78 123	0.78 120	0.78 117	0.78 115	0.78 112
1'	0.78 109	0.78 106	0.78 103	0.78 100	0.78 098	0.78 095	0.78 092	0.78 089	0.78 086	0.78 083
2'	0.78 081	0.78 078	0.78 075	0.78 072	0.78 069	0.78 066	0.78 064	0.78 061	0.78 058	0.78 055
3'	0.78 052	0.78 049	0.78 047	0.78 044	0.78 041	0.78 038	0.78 035	0.78 032	0.78 030	0.78 027
4'	0.78 024	0.78 021	0.78 018	0.78 015	0.78 013	0.78 010	0.78 007	0.78 004	0.78 001	0.77 998
5'	0.77 996	0.77 993	0.77 990	0.77 987	0.77 984	0.77 981	0.77 979	0.77 976	0.77 973	0.77 970
6'	0.77 967	0.77 964	0.77 962	0.77 959	0.77 956	0.77 953	0.77 950	0.77 947	0.77 945	0.77 942
7'	0.77 939	0.77 936	0.77 933	0.77 931	0.77 928	0.77 925	0.77 922	0.77 919	0.77 916	0.77 914
8'	0.77 911	0.77 908	0.77 905	0.77 902	0.77 899	0.77 897	0.77 894	0.77 891	0.77 888	0.77 885
9'	0.77 882	0.77 880	0.77 877	0.77 874	0.77 871	0.77 868	0.77 865	0.77 863	0.77 860	0.77 857
10'	0.77 854	0.77 851	0.77 848	0.77 846	0.77 843	0.77 840	0.77 837	0.77 834	0.77 832	0.77 829
11'	0.77 826	0.77 823	0.77 820	0.77 817	0.77 815	0.77 812	0.77 809	0.77 806	0.77 803	0.77 800
12'	0.77 798	0.77 795	0.77 792	0.77 789	0.77 786	0.77 784	0.77 781	0.77 778	0.77 775	0.77 772
13'	0.77 769	0.77 767	0.77 764	0.77 761	0.77 758	0.77 755	0.77 752	0.77 750	0.77 747	0.77 744
14'	0.77 741	0.77 738	0.77 736	0.77 733	0.77 730	0.77 727	0.77 724	0.77 721	0.77 719	0.77 716
15'	0.77 713	0.77 710	0.77 707	0.77 705	0.77 702	0.77 699	0.77 696	0.77 693	0.77 690	0.77 688
16'	0.77 685	0.77 682	0.77 679	0.77 676	0.77 673	0.77 671	0.77 668	0.77 665	0.77 662	0.77 659
17'	0.77 657	0.77 654	0.77 651	0.77 648	0.77 645	0.77 642	0.77 640	0.77 637	0.77 634	0.77 631
18'	0.77 628	0.77 626	0.77 623	0.77 620	0.77 617	0.77 614	0.77 611	0.77 609	0.77 606	0.77 603
19'	0.77 600	0.77 597	0.77 595	0.77 592	0.77 589	0.77 586	0.77 583	0.77 581	0.77 578	0.77 575
20'	0.77 572	0.77 569	0.77 566	0.77 564	0.77 561	0.77 558	0.77 555	0.77 552	0.77 550	0.77 547
21'	0.77 544	0.77 541	0.77 538	0.77 535	0.77 533	0.77 530	0.77 527	0.77 524	0.77 521	0.77 519
22'	0.77 516	0.77 513	0.77 510	0.77 507	0.77 505	0.77 502	0.77 499	0.77 496	0.77 493	0.77 490
23'	0.77 488	0.77 485	0.77 482	0.77 479	0.77 476	0.77 474	0.77 471	0.77 468	0.77 465	0.77 462
24'	0.77 460	0.77 457	0.77 454	0.77 451	0.77 448	0.77 445	0.77 443	0.77 440	0.77 437	0.77 434
25'	0.77 431	0.77 429	0.77 426	0.77 423	0.77 420	0.77 417	0.77 415	0.77 412	0.77 409	0.77 406
26'	0.77 403	0.77 401	0.77 398	0.77 395	0.77 392	0.77 389	0.77 386	0.77 384	0.77 381	0.77 378
27'	0.77 375	0.77 372	0.77 370	0.77 367	0.77 364	0.77 361	0.77 358	0.77 356	0.77 353	0.77 350
28'	0.77 347	0.77 344	0.77 342	0.77 339	0.77 336	0.77 333	0.77 330	0.77 328	0.77 325	0.77 322
29'	0.77 319	0.77 316	0.77 314	0.77 311	0.77 308	0.77 305	0.77 302	0.77 299	0.77 297	0.77 294
30'	0.77 291	0.77 288	0.77 285	0.77 283	0.77 280	0.77 277	0.77 274	0.77 271	0.77 269	0.77 266
31'	0.77 263	0.77 260	0.77 257	0.77 255	0.77 252	0.77 249	0.77 246	0.77 243	0.77 241	0.77 238
32'	0.77 235	0.77 232	0.77 229	0.77 227	0.77 224	0.77 221	0.77 218	0.77 215	0.77 213	0.77 210
33'	0.77 207	0.77 204	0.77 201	0.77 199	0.77 196	0.77 193	0.77 190	0.77 187	0.77 185	0.77 182
34'	0.77 179	0.77 176	0.77 173	0.77 171	0.77 168	0.77 165	0.77 162	0.77 159	0.77 157	0.77 154
35'	0.77 151	0.77 148	0.77 145	0.77 143	0.77 140	0.77 137	0.77 134	0.77 131	0.77 129	0.77 126
36'	0.77 123	0.77 120	0.77 117	0.77 115	0.77 112	0.77 109	0.77 106	0.77 103	0.77 101	0.77 098
37'	0.77 095	0.77 092	0.77 089	0.77 087	0.77 084	0.77 081	0.77 078	0.77 075	0.77 073	0.77 070
38'	0.77 067	0.77 064	0.77 061	0.77 059	0.77 056	0.77 053	0.77 050	0.77 047	0.77 045	0.77 042
39'	0.77 039	0.77 036	0.77 034	0.77 031	0.77 028	0.77 025	0.77 022	0.77 020	0.77 017	0.77 014
40'	0.77 011	0.77 008	0.77 006	0.77 003	0.77 000	0.76 997	0.76 994	0.76 992	0.76 989	0.76 986
41'	0.76 983	0.76 980	0.76 978	0.76 975	0.76 972	0.76 969	0.76 966	0.76 964	0.76 961	0.76 958
42'	0.76 955	0.76 953	0.76 950	0.76 947	0.76 944	0.76 941	0.76 939	0.76 936	0.76 933	0.76 930
43'	0.76 927	0.76 925	0.76 922	0.76 919	0.76 916	0.76 913	0.76 911	0.76 908	0.76 905	0.76 902
44'	0.76 900	0.76 897	0.76 894	0.76 891	0.76 888	0.76 886	0.76 883	0.76 880	0.76 877	0.76 874
45'	0.76 872	0.76 869	0.76 866	0.76 863	0.76 860	0.76 858	0.76 855	0.76 852	0.76 849	0.76 847
46'	0.76 844	0.76 841	0.76 838	0.76 835	0.76 833	0.76 830	0.76 827	0.76 824	0.76 821	0.76 819
47'	0.76 816	0.76 813	0.76 810	0.76 808	0.76 805	0.76 802	0.76 799	0.76 796	0.76 794	0.76 791
48'	0.76 788	0.76 785	0.76 782	0.76 780	0.76 777	0.76 774	0.76 771	0.76 769	0.76 766	0.76 763
49'	0.76 760	0.76 757	0.76 755	0.76 752	0.76 749	0.76 746	0.76 743	0.76 741	0.76 738	0.76 735
50'	0.76 732	0.76 730	0.76 727	0.76 724	0.76 721	0.76 718	0.76 716	0.76 713	0.76 710	0.76 707
51'	0.76 705	0.76 702	0.76 699	0.76 696	0.76 693	0.76 691	0.76 688	0.76 685	0.76 682	0.76 679
52'	0.76 677	0.76 674	0.76 671	0.76 668	0.76 666	0.76 663	0.76 660	0.76 657	0.76 654	0.76 652
53'	0.76 649	0.76 646	0.76 643	0.76 641	0.76 638	0.76 635	0.76 632	0.76 629	0.76 627	0.76 624
54'	0.76 621	0.76 618	0.76 616	0.76 613	0.76 610	0.76 607	0.76 604	0.76 602	0.76 599	0.76 596
55'	0.76 593	0.76 591	0.76 588	0.76 585	0.76 582	0.76 579	0.76 577	0.76 574	0.76 571	0.76 568
56'	0.76 566	0.76 563	0.76 560	0.76 557	0.76 554	0.76 552	0.76 549	0.76 546	0.76 543	0.76 541
57'	0.76 538	0.76 535	0.76 532	0.76 529	0.76 527	0.76 524	0.76 521	0.76 518	0.76 516	0.76 513
58'	0.76 510	0.76 507	0.76 505	0.76 502	0.76 499	0.76 496	0.76 493	0.76 491	0.76 488	0.76 485
59'	0.76 482	0.76 480	0.76 477	0.76 474	0.76 471	0.76 468	0.76 466	0.76 463	0.76 460	0.76 457

49°

	0.'0	0.'1	0.'2	0.'3	0.'4	0.'5	0.'6	0.'7	0.'8	0.'9
0'	0.76 455	0.76 452	0.76 449	0.76 446	0.76 444	0.76 441	0.76 438	0.76 435	0.76 432	0.76 430
1'	0.76 427	0.76 424	0.76 421	0.76 419	0.76 416	0.76 413	0.76 410	0.76 407	0.76 405	0.76 402
2'	0.76 399	0.76 396	0.76 394	0.76 391	0.76 388	0.76 385	0.76 383	0.76 380	0.76 377	0.76 374
3'	0.76 371	0.76 369	0.76 366	0.76 363	0.76 360	0.76 358	0.76 355	0.76 352	0.76 349	0.76 347
4'	0.76 344	0.76 341	0.76 338	0.76 336	0.76 333	0.76 330	0.76 327	0.76 324	0.76 322	0.76 319
5'	0.76 316	0.76 313	0.76 311	0.76 308	0.76 305	0.76 302	0.76 300	0.76 297	0.76 294	0.76 291
6'	0.76 288	0.76 286	0.76 283	0.76 280	0.76 277	0.76 275	0.76 272	0.76 269	0.76 266	0.76 264
7'	0.76 261	0.76 258	0.76 255	0.76 253	0.76 250	0.76 247	0.76 244	0.76 241	0.76 239	0.76 236
8'	0.76 233	0.76 230	0.76 228	0.76 225	0.76 222	0.76 219	0.76 217	0.76 214	0.76 211	0.76 208
9'	0.76 206	0.76 203	0.76 200	0.76 197	0.76 195	0.76 192	0.76 189	0.76 186	0.76 183	0.76 181
10'	0.76 178	0.76 175	0.76 172	0.76 170	0.76 167	0.76 164	0.76 161	0.76 159	0.76 156	0.76 153
11'	0.76 150	0.76 148	0.76 145	0.76 142	0.76 139	0.76 137	0.76 134	0.76 131	0.76 128	0.76 125
12'	0.76 123	0.76 120	0.76 117	0.76 114	0.76 112	0.76 109	0.76 106	0.76 103	0.76 101	0.76 098
13'	0.76 095	0.76 092	0.76 090	0.76 087	0.76 084	0.76 081	0.76 079	0.76 076	0.76 073	0.76 070
14'	0.76 068	0.76 065	0.76 062	0.76 059	0.76 057	0.76 054	0.76 051	0.76 048	0.76 046	0.76 043
15'	0.76 040	0.76 037	0.76 034	0.76 032	0.76 029	0.76 026	0.76 023	0.76 021	0.76 018	0.76 015
16'	0.76 012	0.76 010	0.76 007	0.76 004	0.76 001	0.75 999	0.75 996	0.75 993	0.75 990	0.75 988
17'	0.75 985	0.75 982	0.75 979	0.75 977	0.75 974	0.75 971	0.75 968	0.75 966	0.75 963	0.75 960
18'	0.75 957	0.75 955	0.75 952	0.75 949	0.75 946	0.75 944	0.75 941	0.75 938	0.75 935	0.75 933
19'	0.75 930	0.75 927	0.75 924	0.75 922	0.75 919	0.75 916	0.75 913	0.75 911	0.75 908	0.75 905
20'	0.75 902	0.75 900	0.75 897	0.75 894	0.75 891	0.75 889	0.75 886	0.75 883	0.75 880	0.75 878
21'	0.75 875	0.75 872	0.75 869	0.75 867	0.75 864	0.75 861	0.75 858	0.75 856	0.75 853	0.75 850
22'	0.75 847	0.75 845	0.75 842	0.75 839	0.75 836	0.75 834	0.75 831	0.75 828	0.75 825	0.75 823
23'	0.75 820	0.75 817	0.75 814	0.75 812	0.75 809	0.75 806	0.75 803	0.75 801	0.75 798	0.75 795
24'	0.75 792	0.75 790	0.75 787	0.75 784	0.75 781	0.75 779	0.75 776	0.75 773	0.75 770	0.75 768
25'	0.75 765	0.75 762	0.75 759	0.75 757	0.75 754	0.75 751	0.75 748	0.75 746	0.75 743	0.75 740
26'	0.75 737	0.75 735	0.75 732	0.75 729	0.75 726	0.75 724	0.75 721	0.75 718	0.75 716	0.75 713
27'	0.75 710	0.75 707	0.75 705	0.75 702	0.75 699	0.75 696	0.75 694	0.75 691	0.75 688	0.75 685
28'	0.75 683	0.75 680	0.75 677	0.75 674	0.75 672	0.75 669	0.75 666	0.75 663	0.75 661	0.75 658
29'	0.75 655	0.75 652	0.75 650	0.75 647	0.75 644	0.75 641	0.75 639	0.75 636	0.75 633	0.75 631
30'	0.75 628	0.75 625	0.75 622	0.75 620	0.75 617	0.75 614	0.75 611	0.75 609	0.75 606	0.75 603
31'	0.75 600	0.75 598	0.75 595	0.75 592	0.75 589	0.75 587	0.75 584	0.75 581	0.75 578	0.75 576
32'	0.75 573	0.75 570	0.75 567	0.75 565	0.75 562	0.75 559	0.75 557	0.75 554	0.75 551	0.75 548
33'	0.75 546	0.75 543	0.75 540	0.75 537	0.75 535	0.75 532	0.75 529	0.75 526	0.75 524	0.75 521
34'	0.75 518	0.75 515	0.75 513	0.75 510	0.75 507	0.75 505	0.75 502	0.75 499	0.75 496	0.75 494
35'	0.75 491	0.75 488	0.75 485	0.75 483	0.75 480	0.75 477	0.75 474	0.75 472	0.75 469	0.75 466
36'	0.75 464	0.75 461	0.75 458	0.75 455	0.75 453	0.75 450	0.75 447	0.75 444	0.75 442	0.75 439
37'	0.75 436	0.75 433	0.75 431	0.75 428	0.75 425	0.75 423	0.75 420	0.75 417	0.75 414	0.75 412
38'	0.75 409	0.75 406	0.75 403	0.75 401	0.75 398	0.75 395	0.75 392	0.75 390	0.75 387	0.75 384
39'	0.75 382	0.75 379	0.75 376	0.75 373	0.75 371	0.75 368	0.75 365	0.75 362	0.75 360	0.75 357
40'	0.75 354	0.75 352	0.75 349	0.75 346	0.75 343	0.75 341	0.75 338	0.75 335	0.75 332	0.75 330
41'	0.75 327	0.75 324	0.75 321	0.75 319	0.75 316	0.75 313	0.75 311	0.75 308	0.75 305	0.75 302
42'	0.75 300	0.75 297	0.75 294	0.75 291	0.75 289	0.75 286	0.75 283	0.75 281	0.75 278	0.75 275
43'	0.75 272	0.75 270	0.75 267	0.75 264	0.75 261	0.75 259	0.75 256	0.75 253	0.75 251	0.75 248
44'	0.75 245	0.75 242	0.75 240	0.75 237	0.75 234	0.75 232	0.75 229	0.75 226	0.75 223	0.75 221
45'	0.75 218	0.75 215	0.75 212	0.75 210	0.75 207	0.75 204	0.75 202	0.75 199	0.75 196	0.75 193
46'	0.75 191	0.75 188	0.75 185	0.75 182	0.75 180	0.75 177	0.75 174	0.75 172	0.75 169	0.75 166
47'	0.75 163	0.75 161	0.75 158	0.75 155	0.75 153	0.75 150	0.75 147	0.75 144	0.75 142	0.75 139
48'	0.75 136	0.75 133	0.75 131	0.75 128	0.75 125	0.75 123	0.75 120	0.75 117	0.75 114	0.75 112
49'	0.75 109	0.75 106	0.75 104	0.75 101	0.75 098	0.75 095	0.75 093	0.75 090	0.75 087	0.75 085
50'	0.75 082	0.75 079	0.75 076	0.75 074	0.75 071	0.75 068	0.75 065	0.75 063	0.75 060	0.75 057
51'	0.75 055	0.75 052	0.75 049	0.75 046	0.75 044	0.75 041	0.75 038	0.75 036	0.75 033	0.75 030
52'	0.75 027	0.75 025	0.75 022	0.75 019	0.75 017	0.75 014	0.75 011	0.75 008	0.75 006	0.75 003
53'	0.75 000	0.74 998	0.74 995	0.74 992	0.74 989	0.74 987	0.74 984	0.74 981	0.74 979	0.74 976
54'	0.74 973	0.74 970	0.74 968	0.74 965	0.74 962	0.74 960	0.74 957	0.74 954	0.74 951	0.74 949
55'	0.74 946	0.74 943	0.74 941	0.74 938	0.74 935	0.74 932	0.74 930	0.74 927	0.74 924	0.74 922
56'	0.74 919	0.74 916	0.74 913	0.74 911	0.74 908	0.74 905	0.74 903	0.74 900	0.74 897	0.74 894
57'	0.74 892	0.74 889	0.74 886	0.74 884	0.74 881	0.74 878	0.74 875	0.74 873	0.74 870	0.74 867
58'	0.74 865	0.74 862	0.74 859	0.74 856	0.74 854	0.74 851	0.74 848	0.74 846	0.74 843	0.74 840
59'	0.74 837	0.74 835	0.74 832	0.74 829	0.74 827	0.74 824	0.74 821	0.74 818	0.74 816	0.74 813

K   **K**

50°		0.'0	0.'1	0.'2	0.'3	0.'4	0.'5	0.'6	0.'7	0.'8	0.'9	50°
	0'	0.74 810	0.74 808	0.74 805	0.74 802	0.74 800	0.74 797	0.74 794	0.74 791	0.74 789	0.74 786	
	1'	0.74 783	0.74 781	0.74 778	0.74 775	0.74 772	0.74 770	0.74 767	0.74 764	0.74 762	0.74 759	
	2'	0.74 756	0.74 753	0.74 751	0.74 748	0.74 745	0.74 743	0.74 740	0.74 737	0.74 735	0.74 732	
	3'	0.74 729	0.74 726	0.74 724	0.74 721	0.74 718	0.74 716	0.74 713	0.74 710	0.74 707	0.74 705	
	4'	0.74 702	0.74 699	0.74 697	0.74 694	0.74 691	0.74 689	0.74 686	0.74 683	0.74 680	0.74 678	
	5'	0.74 675	0.74 672	0.74 670	0.74 667	0.74 664	0.74 661	0.74 659	0.74 656	0.74 653	0.74 651	
	6'	0.74 648	0.74 645	0.74 643	0.74 640	0.74 637	0.74 634	0.74 632	0.74 629	0.74 626	0.74 624	
	7'	0.74 621	0.74 618	0.74 616	0.74 613	0.74 610	0.74 607	0.74 605	0.74 602	0.74 599	0.74 597	
	8'	0.74 594	0.74 591	0.74 589	0.74 586	0.74 583	0.74 580	0.74 578	0.74 575	0.74 572	0.74 570	
	9'	0.74 567	0.74 564	0.74 562	0.74 559	0.74 556	0.74 553	0.74 551	0.74 548	0.74 545	0.74 543	
	10'	0.74 540	0.74 537	0.74 535	0.74 532	0.74 529	0.74 526	0.74 524	0.74 521	0.74 518	0.74 516	
	11'	0.74 513	0.74 510	0.74 508	0.74 505	0.74 502	0.74 499	0.74 497	0.74 494	0.74 491	0.74 489	
	12'	0.74 486	0.74 483	0.74 481	0.74 478	0.74 475	0.74 473	0.74 470	0.74 467	0.74 464	0.74 462	
	13'	0.74 459	0.74 456	0.74 454	0.74 451	0.74 448	0.74 446	0.74 443	0.74 440	0.74 437	0.74 435	
	14'	0.74 432	0.74 429	0.74 427	0.74 424	0.74 421	0.74 419	0.74 416	0.74 413	0.74 411	0.74 408	
	15'	0.74 405	0.74 402	0.74 400	0.74 397	0.74 394	0.74 392	0.74 389	0.74 386	0.74 384	0.74 381	
	16'	0.74 378	0.74 375	0.74 373	0.74 370	0.74 367	0.74 365	0.74 362	0.74 359	0.74 357	0.74 354	
	17'	0.74 351	0.74 349	0.74 346	0.74 343	0.74 341	0.74 338	0.74 335	0.74 332	0.74 330	0.74 327	
	18'	0.74 324	0.74 322	0.74 319	0.74 316	0.74 314	0.74 311	0.74 308	0.74 306	0.74 303	0.74 300	
	19'	0.74 297	0.74 295	0.74 292	0.74 289	0.74 287	0.74 284	0.74 281	0.74 279	0.74 276	0.74 273	
	20'	0.74 271	0.74 268	0.74 265	0.74 262	0.74 260	0.74 257	0.74 254	0.74 252	0.74 249	0.74 246	
	21'	0.74 244	0.74 241	0.74 238	0.74 236	0.74 233	0.74 230	0.74 228	0.74 225	0.74 222	0.74 219	
	22'	0.74 217	0.74 214	0.74 211	0.74 209	0.74 206	0.74 203	0.74 201	0.74 198	0.74 195	0.74 193	
	23'	0.74 190	0.74 187	0.74 185	0.74 182	0.74 179	0.74 177	0.74 174	0.74 171	0.74 168	0.74 166	
	24'	0.74 163	0.74 160	0.74 158	0.74 155	0.74 152	0.74 150	0.74 147	0.74 144	0.74 142	0.74 139	
	25'	0.74 136	0.74 134	0.74 131	0.74 128	0.74 126	0.74 123	0.74 120	0.74 117	0.74 115	0.74 112	
	26'	0.74 109	0.74 107	0.74 104	0.74 101	0.74 099	0.74 096	0.74 093	0.74 091	0.74 088	0.74 085	
	27'	0.74 083	0.74 080	0.74 077	0.74 075	0.74 072	0.74 069	0.74 067	0.74 064	0.74 061	0.74 058	
	28'	0.74 056	0.74 053	0.74 050	0.74 048	0.74 045	0.74 042	0.74 040	0.74 037	0.74 034	0.74 032	
	29'	0.74 029	0.74 026	0.74 024	0.74 021	0.74 018	0.74 016	0.74 013	0.74 010	0.74 008	0.74 005	
	30'	0.74 002	0.74 000	0.73 997	0.73 994	0.73 991	0.73 989	0.73 986	0.73 983	0.73 981	0.73 978	
	31'	0.73 975	0.73 973	0.73 970	0.73 967	0.73 965	0.73 962	0.73 959	0.73 957	0.73 954	0.73 951	
	32'	0.73 949	0.73 946	0.73 943	0.73 941	0.73 938	0.73 935	0.73 933	0.73 930	0.73 927	0.73 925	
	33'	0.73 922	0.73 919	0.73 917	0.73 914	0.73 911	0.73 909	0.73 906	0.73 903	0.73 900	0.73 898	
	34'	0.73 895	0.73 892	0.73 890	0.73 887	0.73 884	0.73 882	0.73 879	0.73 876	0.73 874	0.73 871	
	35'	0.73 868	0.73 866	0.73 863	0.73 860	0.73 858	0.73 855	0.73 852	0.73 850	0.73 847	0.73 844	
	36'	0.73 842	0.73 839	0.73 836	0.73 834	0.73 831	0.73 828	0.73 826	0.73 823	0.73 820	0.73 818	
	37'	0.73 815	0.73 812	0.73 810	0.73 807	0.73 804	0.73 802	0.73 799	0.73 796	0.73 794	0.73 791	
	38'	0.73 788	0.73 786	0.73 783	0.73 780	0.73 778	0.73 775	0.73 772	0.73 770	0.73 767	0.73 764	
	39'	0.73 762	0.73 759	0.73 756	0.73 754	0.73 751	0.73 748	0.73 746	0.73 743	0.73 740	0.73 738	
	40'	0.73 735	0.73 732	0.73 730	0.73 727	0.73 724	0.73 721	0.73 719	0.73 716	0.73 713	0.73 711	
	41'	0.73 708	0.73 705	0.73 703	0.73 700	0.73 697	0.73 695	0.73 692	0.73 689	0.73 687	0.73 684	
	42'	0.73 681	0.73 679	0.73 676	0.73 673	0.73 671	0.73 668	0.73 665	0.73 663	0.73 660	0.73 657	
	43'	0.73 655	0.73 652	0.73 649	0.73 647	0.73 644	0.73 642	0.73 639	0.73 636	0.73 634	0.73 631	
	44'	0.73 628	0.73 626	0.73 623	0.73 620	0.73 618	0.73 615	0.73 612	0.73 610	0.73 607	0.73 604	
	45'	0.73 602	0.73 599	0.73 596	0.73 594	0.73 591	0.73 588	0.73 586	0.73 583	0.73 580	0.73 578	
	46'	0.73 575	0.73 572	0.73 570	0.73 567	0.73 564	0.73 562	0.73 559	0.73 556	0.73 554	0.73 551	
	47'	0.73 548	0.73 546	0.73 543	0.73 540	0.73 538	0.73 535	0.73 532	0.73 530	0.73 527	0.73 524	
	48'	0.73 522	0.73 519	0.73 516	0.73 514	0.73 511	0.73 508	0.73 506	0.73 503	0.73 500	0.73 498	
	49'	0.73 495	0.73 492	0.73 490	0.73 487	0.73 484	0.73 482	0.73 479	0.73 476	0.73 474	0.73 471	
	50'	0.73 468	0.73 466	0.73 463	0.73 461	0.73 458	0.73 455	0.73 453	0.73 450	0.73 447	0.73 445	
	51'	0.73 442	0.73 439	0.73 437	0.73 434	0.73 431	0.73 429	0.73 426	0.73 423	0.73 421	0.73 418	
	52'	0.73 415	0.73 413	0.73 410	0.73 407	0.73 405	0.73 402	0.73 399	0.73 397	0.73 394	0.73 391	
	53'	0.73 389	0.73 386	0.73 383	0.73 381	0.73 378	0.73 375	0.73 373	0.73 370	0.73 368	0.73 365	
	54'	0.73 362	0.73 360	0.73 357	0.73 354	0.73 352	0.73 349	0.73 346	0.73 344	0.73 341	0.73 338	
	55'	0.73 336	0.73 333	0.73 330	0.73 328	0.73 325	0.73 322	0.73 320	0.73 317	0.73 314	0.73 312	
	56'	0.73 309	0.73 307	0.73 304	0.73 301	0.73 299	0.73 296	0.73 293	0.73 291	0.73 288	0.73 285	
	57'	0.73 283	0.73 280	0.73 277	0.73 275	0.73 272	0.73 269	0.73 267	0.73 264	0.73 261	0.73 259	
	58'	0.73 256	0.73 253	0.73 251	0.73 248	0.73 246	0.73 243	0.73 240	0.73 238	0.73 235	0.73 232	
	59'	0.73 230	0.73 227	0.73 224	0.73 222	0.73 219	0.73 216	0.73 214	0.73 211	0.73 208	0.73 206	

K K

51°

	0.'0	0.'1	0.'2	0.'3	0.'4	0.'5	0.'6	0.'7	0.'8	0.'9
0'	0.73 203	0.73 200	0.73 198	0.73 195	0.73 193	0.73 190	0.73 187	0.73 185	0.73 182	0.73 179
1'	0.73 177	0.73 174	0.73 171	0.73 169	0.73 166	0.73 163	0.73 161	0.73 158	0.73 155	0.73 153
2'	0.73 150	0.73 148	0.73 145	0.73 142	0.73 140	0.73 137	0.73 134	0.73 132	0.73 129	0.73 126
3'	0.73 124	0.73 121	0.73 118	0.73 116	0.73 113	0.73 110	0.73 108	0.73 105	0.73 103	0.73 100
4'	0.73 097	0.73 095	0.73 092	0.73 089	0.73 087	0.73 084	0.73 081	0.73 079	0.73 076	0.73 073
5'	0.73 071	0.73 068	0.73 066	0.73 063	0.73 060	0.73 058	0.73 055	0.73 052	0.73 050	0.73 047
6'	0.73 044	0.73 042	0.73 039	0.73 036	0.73 034	0.73 031	0.73 029	0.73 026	0.73 023	0.73 021
7'	0.73 018	0.73 015	0.73 013	0.73 010	0.73 007	0.73 005	0.73 002	0.73 000	0.72 997	0.72 994
8'	0.72 992	0.72 989	0.72 986	0.72 984	0.72 981	0.72 978	0.72 976	0.72 973	0.72 970	0.72 968
9'	0.72 965	0.72 963	0.72 960	0.72 957	0.72 955	0.72 952	0.72 949	0.72 947	0.72 944	0.72 941
10'	0.72 939	0.72 936	0.72 933	0.72 931	0.72 928	0.72 926	0.72 923	0.72 920	0.72 918	0.72 915
11'	0.72 912	0.72 910	0.72 907	0.72 904	0.72 902	0.72 899	0.72 897	0.72 894	0.72 891	0.72 889
12'	0.72 886	0.72 883	0.72 881	0.72 878	0.72 875	0.72 873	0.72 870	0.72 868	0.72 865	0.72 862
13'	0.72 860	0.72 857	0.72 854	0.72 852	0.72 849	0.72 846	0.72 844	0.72 841	0.72 839	0.72 836
14'	0.72 833	0.72 831	0.72 828	0.72 825	0.72 823	0.72 820	0.72 817	0.72 815	0.72 812	0.72 810
15'	0.72 807	0.72 804	0.72 802	0.72 799	0.72 796	0.72 794	0.72 791	0.72 789	0.72 786	0.72 783
16'	0.72 781	0.72 778	0.72 775	0.72 773	0.72 770	0.72 767	0.72 765	0.72 762	0.72 760	0.72 757
17'	0.72 754	0.72 752	0.72 749	0.72 746	0.72 744	0.72 741	0.72 739	0.72 736	0.72 733	0.72 731
18'	0.72 728	0.72 725	0.72 723	0.72 720	0.72 717	0.72 715	0.72 712	0.72 710	0.72 707	0.72 704
19'	0.72 702	0.72 699	0.72 696	0.72 694	0.72 691	0.72 689	0.72 686	0.72 683	0.72 681	0.72 678
20'	0.72 675	0.72 673	0.72 670	0.72 668	0.72 665	0.72 662	0.72 660	0.72 657	0.72 654	0.72 652
21'	0.72 649	0.72 646	0.72 644	0.72 641	0.72 639	0.72 636	0.72 633	0.72 631	0.72 628	0.72 625
22'	0.72 623	0.72 620	0.72 618	0.72 615	0.72 612	0.72 610	0.72 607	0.72 604	0.72 602	0.72 599
23'	0.72 597	0.72 594	0.72 591	0.72 589	0.72 586	0.72 583	0.72 581	0.72 578	0.72 576	0.72 573
24'	0.72 570	0.72 568	0.72 565	0.72 562	0.72 560	0.72 557	0.72 555	0.72 552	0.72 549	0.72 547
25'	0.72 544	0.72 541	0.72 539	0.72 536	0.72 534	0.72 531	0.72 528	0.72 526	0.72 523	0.72 520
26'	0.72 518	0.72 515	0.72 513	0.72 510	0.72 507	0.72 505	0.72 502	0.72 499	0.72 497	0.72 494
27'	0.72 492	0.72 489	0.72 486	0.72 484	0.72 481	0.72 478	0.72 476	0.72 473	0.72 471	0.72 468
28'	0.72 465	0.72 463	0.72 460	0.72 458	0.72 455	0.72 452	0.72 450	0.72 447	0.72 444	0.72 442
29'	0.72 439	0.72 437	0.72 434	0.72 431	0.72 429	0.72 426	0.72 423	0.72 421	0.72 418	0.72 416
30'	0.72 413	0.72 410	0.72 408	0.72 405	0.72 403	0.72 400	0.72 397	0.72 395	0.72 392	0.72 389
31'	0.72 387	0.72 384	0.72 382	0.72 379	0.72 376	0.72 374	0.72 371	0.72 368	0.72 366	0.72 363
32'	0.72 361	0.72 358	0.72 355	0.72 353	0.72 350	0.72 348	0.72 345	0.72 342	0.72 340	0.72 337
33'	0.72 334	0.72 332	0.72 329	0.72 327	0.72 324	0.72 321	0.72 319	0.72 316	0.72 314	0.72 311
34'	0.72 308	0.72 306	0.72 303	0.72 300	0.72 298	0.72 295	0.72 293	0.72 290	0.72 287	0.72 285
35'	0.72 282	0.72 280	0.72 277	0.72 274	0.72 272	0.72 269	0.72 266	0.72 264	0.72 261	0.72 259
36'	0.72 256	0.72 253	0.72 251	0.72 248	0.72 246	0.72 243	0.72 240	0.72 238	0.72 235	0.72 233
37'	0.72 230	0.72 227	0.72 225	0.72 222	0.72 219	0.72 217	0.72 214	0.72 212	0.72 209	0.72 206
38'	0.72 204	0.72 201	0.72 199	0.72 196	0.72 193	0.72 191	0.72 188	0.72 185	0.72 183	0.72 180
39'	0.72 178	0.72 175	0.72 172	0.72 170	0.72 167	0.72 165	0.72 162	0.72 159	0.72 157	0.72 154
40'	0.72 152	0.72 149	0.72 146	0.72 144	0.72 141	0.72 139	0.72 136	0.72 133	0.72 131	0.72 128
41'	0.72 125	0.72 123	0.72 120	0.72 118	0.72 115	0.72 112	0.72 110	0.72 107	0.72 105	0.72 102
42'	0.72 099	0.72 097	0.72 094	0.72 092	0.72 089	0.72 086	0.72 084	0.72 081	0.72 079	0.72 076
43'	0.72 073	0.72 071	0.72 068	0.72 066	0.72 063	0.72 060	0.72 058	0.72 055	0.72 052	0.72 050
44'	0.72 047	0.72 045	0.72 042	0.72 039	0.72 037	0.72 034	0.72 032	0.72 029	0.72 026	0.72 024
45'	0.72 021	0.72 019	0.72 016	0.72 013	0.72 011	0.72 008	0.72 006	0.72 003	0.72 000	0.71 998
46'	0.71 995	0.71 993	0.71 990	0.71 987	0.71 985	0.71 982	0.71 980	0.71 977	0.71 974	0.71 972
47'	0.71 969	0.71 967	0.71 964	0.71 961	0.71 959	0.71 956	0.71 954	0.71 951	0.71 948	0.71 946
48'	0.71 943	0.71 941	0.71 938	0.71 935	0.71 933	0.71 930	0.71 928	0.71 925	0.71 922	0.71 920
49'	0.71 917	0.71 915	0.71 912	0.71 909	0.71 907	0.71 904	0.71 902	0.71 899	0.71 896	0.71 894
50'	0.71 891	0.71 889	0.71 886	0.71 883	0.71 881	0.71 878	0.71 876	0.71 873	0.71 870	0.71 868
51'	0.71 865	0.71 863	0.71 860	0.71 857	0.71 855	0.71 852	0.71 850	0.71 847	0.71 844	0.71 842
52'	0.71 839	0.71 837	0.71 834	0.71 831	0.71 829	0.71 826	0.71 824	0.71 821	0.71 818	0.71 816
53'	0.71 813	0.71 811	0.71 808	0.71 805	0.71 803	0.71 800	0.71 798	0.71 795	0.71 792	0.71 790
54'	0.71 787	0.71 785	0.71 782	0.71 779	0.71 777	0.71 774	0.71 772	0.71 769	0.71 766	0.71 764
55'	0.71 761	0.71 759	0.71 756	0.71 753	0.71 751	0.71 748	0.71 746	0.71 743	0.71 740	0.71 738
56'	0.71 735	0.71 733	0.71 730	0.71 728	0.71 725	0.71 722	0.71 720	0.71 717	0.71 715	0.71 712
57'	0.71 709	0.71 707	0.71 704	0.71 702	0.71 699	0.71 696	0.71 694	0.71 691	0.71 689	0.71 686
58'	0.71 683	0.71 681	0.71 678	0.71 676	0.71 673	0.71 670	0.71 668	0.71 665	0.71 663	0.71 660
59'	0.71 658	0.71 655	0.71 652	0.71 650	0.71 647	0.71 645	0.71 642	0.71 639	0.71 637	0.71 634

51°

K

52°

	0.'0	0.'1	0.'2	0.'3	0.'4	0.'5	0.'6	0.'7	0.'8	0.'9
0'	0.71 632	0.71 629	0.71 626	0.71 624	0.71 621	0.71 619	0.71 616	0.71 613	0.71 611	0.71 608
1'	0.71 606	0.71 603	0.71 601	0.71 598	0.71 595	0.71 593	0.71 590	0.71 588	0.71 585	0.71 582
2'	0.71 580	0.71 577	0.71 575	0.71 572	0.71 569	0.71 567	0.71 564	0.71 562	0.71 559	0.71 557
3'	0.71 554	0.71 551	0.71 549	0.71 546	0.71 544	0.71 541	0.71 538	0.71 536	0.71 533	0.71 531
4'	0.71 528	0.71 525	0.71 523	0.71 520	0.71 518	0.71 515	0.71 513	0.71 510	0.71 507	0.71 505
5'	0.71 502	0.71 500	0.71 497	0.71 494	0.71 492	0.71 489	0.71 487	0.71 484	0.71 482	0.71 479
6'	0.71 476	0.71 474	0.71 471	0.71 469	0.71 466	0.71 463	0.71 461	0.71 458	0.71 456	0.71 453
7'	0.71 451	0.71 448	0.71 445	0.71 443	0.71 440	0.71 438	0.71 435	0.71 432	0.71 430	0.71 427
8'	0.71 425	0.71 422	0.71 420	0.71 417	0.71 414	0.71 412	0.71 409	0.71 407	0.71 404	0.71 401
9'	0.71 399	0.71 396	0.71 394	0.71 391	0.71 389	0.71 386	0.71 383	0.71 381	0.71 378	0.71 376
10'	0.71 373	0.71 370	0.71 368	0.71 365	0.71 363	0.71 360	0.71 358	0.71 355	0.71 352	0.71 350
11'	0.71 347	0.71 345	0.71 342	0.71 340	0.71 337	0.71 334	0.71 332	0.71 329	0.71 327	0.71 324
12'	0.71 321	0.71 319	0.71 316	0.71 314	0.71 311	0.71 309	0.71 306	0.71 303	0.71 301	0.71 298
13'	0.71 296	0.71 293	0.71 291	0.71 288	0.71 285	0.71 283	0.71 280	0.71 278	0.71 275	0.71 272
14'	0.71 270	0.71 267	0.71 265	0.71 262	0.71 260	0.71 257	0.71 254	0.71 252	0.71 249	0.71 247
15'	0.71 244	0.71 242	0.71 239	0.71 236	0.71 234	0.71 231	0.71 229	0.71 226	0.71 224	0.71 221
16'	0.71 218	0.71 216	0.71 213	0.71 211	0.71 208	0.71 206	0.71 203	0.71 200	0.71 198	0.71 195
17'	0.71 193	0.71 190	0.71 188	0.71 185	0.71 182	0.71 180	0.71 177	0.71 175	0.71 172	0.71 169
18'	0.71 167	0.71 164	0.71 162	0.71 159	0.71 157	0.71 154	0.71 151	0.71 149	0.71 146	0.71 144
19'	0.71 141	0.71 139	0.71 136	0.71 133	0.71 131	0.71 128	0.71 126	0.71 123	0.71 121	0.71 118
20'	0.71 115	0.71 113	0.71 110	0.71 108	0.71 105	0.71 103	0.71 100	0.71 097	0.71 095	0.71 092
21'	0.71 090	0.71 087	0.71 085	0.71 082	0.71 079	0.71 077	0.71 074	0.71 072	0.71 069	0.71 067
22'	0.71 064	0.71 062	0.71 059	0.71 056	0.71 054	0.71 051	0.71 049	0.71 046	0.71 044	0.71 041
23'	0.71 038	0.71 036	0.71 033	0.71 031	0.71 028	0.71 026	0.71 023	0.71 020	0.71 018	0.71 015
24'	0.71 013	0.71 010	0.71 008	0.71 005	0.71 002	0.71 000	0.70 997	0.70 995	0.70 992	0.70 990
25'	0.70 987	0.70 984	0.70 982	0.70 979	0.70 977	0.70 974	0.70 972	0.70 969	0.70 967	0.70 964
26'	0.70 961	0.70 959	0.70 956	0.70 954	0.70 951	0.70 949	0.70 946	0.70 943	0.70 941	0.70 938
27'	0.70 936	0.70 933	0.70 931	0.70 928	0.70 925	0.70 923	0.70 920	0.70 918	0.70 915	0.70 913
28'	0.70 910	0.70 908	0.70 905	0.70 902	0.70 900	0.70 897	0.70 895	0.70 892	0.70 890	0.70 887
29'	0.70 884	0.70 882	0.70 879	0.70 877	0.70 874	0.70 872	0.70 869	0.70 867	0.70 864	0.70 861
30'	0.70 859	0.70 856	0.70 854	0.70 851	0.70 849	0.70 846	0.70 843	0.70 841	0.70 838	0.70 836
31'	0.70 833	0.70 831	0.70 828	0.70 826	0.70 823	0.70 820	0.70 818	0.70 815	0.70 813	0.70 810
32'	0.70 808	0.70 805	0.70 802	0.70 800	0.70 797	0.70 795	0.70 792	0.70 790	0.70 787	0.70 785
33'	0.70 782	0.70 779	0.70 777	0.70 774	0.70 772	0.70 769	0.70 767	0.70 764	0.70 762	0.70 759
34'	0.70 756	0.70 754	0.70 751	0.70 749	0.70 746	0.70 744	0.70 741	0.70 739	0.70 736	0.70 733
35'	0.70 731	0.70 728	0.70 726	0.70 723	0.70 721	0.70 718	0.70 716	0.70 713	0.70 710	0.70 708
36'	0.70 705	0.70 703	0.70 700	0.70 698	0.70 695	0.70 693	0.70 690	0.70 687	0.70 685	0.70 682
37'	0.70 680	0.70 677	0.70 675	0.70 672	0.70 670	0.70 667	0.70 664	0.70 662	0.70 659	0.70 657
38'	0.70 654	0.70 652	0.70 649	0.70 647	0.70 644	0.70 641	0.70 639	0.70 636	0.70 634	0.70 631
39'	0.70 629	0.70 626	0.70 624	0.70 621	0.70 618	0.70 616	0.70 613	0.70 611	0.70 608	0.70 606
40'	0.70 603	0.70 601	0.70 598	0.70 595	0.70 593	0.70 590	0.70 588	0.70 585	0.70 583	0.70 580
41'	0.70 578	0.70 575	0.70 573	0.70 570	0.70 567	0.70 565	0.70 562	0.70 560	0.70 557	0.70 555
42'	0.70 552	0.70 550	0.70 547	0.70 544	0.70 542	0.70 539	0.70 537	0.70 534	0.70 532	0.70 529
43'	0.70 527	0.70 524	0.70 521	0.70 519	0.70 516	0.70 514	0.70 511	0.70 509	0.70 506	0.70 504
44'	0.70 501	0.70 499	0.70 496	0.70 493	0.70 491	0.70 488	0.70 486	0.70 483	0.70 481	0.70 478
45'	0.70 476	0.70 473	0.70 471	0.70 468	0.70 465	0.70 463	0.70 460	0.70 458	0.70 455	0.70 453
46'	0.70 450	0.70 448	0.70 445	0.70 443	0.70 440	0.70 437	0.70 435	0.70 432	0.70 430	0.70 427
47'	0.70 425	0.70 422	0.70 420	0.70 417	0.70 415	0.70 412	0.70 409	0.70 407	0.70 404	0.70 402
48'	0.70 399	0.70 397	0.70 394	0.70 392	0.70 389	0.70 387	0.70 384	0.70 381	0.70 379	0.70 376
49'	0.70 374	0.70 371	0.70 369	0.70 366	0.70 364	0.70 361	0.70 359	0.70 356	0.70 353	0.70 351
50'	0.70 348	0.70 346	0.70 343	0.70 341	0.70 338	0.70 336	0.70 333	0.70 331	0.70 328	0.70 325
51'	0.70 323	0.70 320	0.70 318	0.70 315	0.70 313	0.70 310	0.70 308	0.70 305	0.70 303	0.70 300
52'	0.70 298	0.70 295	0.70 292	0.70 290	0.70 287	0.70 285	0.70 282	0.70 280	0.70 277	0.70 275
53'	0.70 272	0.70 270	0.70 267	0.70 264	0.70 262	0.70 259	0.70 257	0.70 254	0.70 252	0.70 249
54'	0.70 247	0.70 244	0.70 242	0.70 239	0.70 237	0.70 234	0.70 231	0.70 229	0.70 226	0.70 224
55'	0.70 221	0.70 219	0.70 216	0.70 214	0.70 211	0.70 209	0.70 206	0.70 204	0.70 201	0.70 198
56'	0.70 196	0.70 193	0.70 191	0.70 188	0.70 186	0.70 183	0.70 181	0.70 178	0.70 176	0.70 173
57'	0.70 171	0.70 168	0.70 165	0.70 163	0.70 160	0.70 158	0.70 155	0.70 153	0.70 150	0.70 148
58'	0.70 145	0.70 143	0.70 140	0.70 138	0.70 135	0.70 133	0.70 130	0.70 127	0.70 125	0.70 122
59'	0.70 120	0.70 117	0.70 115	0.70 112	0.70 110	0.70 107	0.70 105	0.70 102	0.70 100	0.70 097

K   K

53°   53°

	0.'0	0.'1	0.'2	0.'3	0.'4	0.'5	0.'6	0.'7	0.'8	0.'9
0'	0.70 095	0.70 092	0.70 089	0.70 087	0.70 084	0.70 082	0.70 079	0.70 077	0.70 074	0.70 072
1'	0.70 069	0.70 067	0.70 064	0.70 062	0.70 059	0.70 057	0.70 054	0.70 051	0.70 049	0.70 046
2'	0.70 044	0.70 041	0.70 039	0.70 036	0.70 034	0.70 031	0.70 029	0.70 026	0.70 024	0.70 021
3'	0.70 019	0.70 016	0.70 013	0.70 011	0.70 008	0.70 006	0.70 003	0.70 001	0.69 998	0.69 996
4'	0.69 993	0.69 991	0.69 988	0.69 986	0.69 983	0.69 981	0.69 978	0.69 976	0.69 973	0.69 970
5'	0.69 968	0.69 965	0.69 963	0.69 960	0.69 958	0.69 955	0.69 953	0.69 950	0.69 948	0.69 945
6'	0.69 943	0.69 940	0.69 938	0.69 935	0.69 933	0.69 930	0.69 927	0.69 925	0.69 922	0.69 920
7'	0.69 917	0.69 915	0.69 912	0.69 910	0.69 907	0.69 905	0.69 902	0.69 900	0.69 897	0.69 895
8'	0.69 892	0.69 890	0.69 887	0.69 885	0.69 882	0.69 879	0.69 877	0.69 874	0.69 872	0.69 869
9'	0.69 867	0.69 864	0.69 862	0.69 859	0.69 857	0.69 854	0.69 852	0.69 849	0.69 847	0.69 844
10'	0.69 842	0.69 839	0.69 837	0.69 834	0.69 831	0.69 829	0.69 826	0.69 824	0.69 821	0.69 819
11'	0.69 816	0.69 814	0.69 811	0.69 809	0.69 806	0.69 804	0.69 801	0.69 799	0.69 796	0.69 794
12'	0.69 791	0.69 789	0.69 786	0.69 784	0.69 781	0.69 779	0.69 776	0.69 773	0.69 771	0.69 768
13'	0.69 766	0.69 763	0.69 761	0.69 758	0.69 756	0.69 753	0.69 751	0.69 748	0.69 746	0.69 743
14'	0.69 741	0.69 738	0.69 736	0.69 733	0.69 731	0.69 728	0.69 726	0.69 723	0.69 721	0.69 718
15'	0.69 715	0.69 713	0.69 710	0.69 708	0.69 705	0.69 703	0.69 700	0.69 698	0.69 695	0.69 693
16'	0.69 690	0.69 688	0.69 685	0.69 683	0.69 680	0.69 678	0.69 675	0.69 673	0.69 670	0.69 668
17'	0.69 665	0.69 663	0.69 660	0.69 658	0.69 655	0.69 653	0.69 650	0.69 647	0.69 645	0.69 642
18'	0.69 640	0.69 637	0.69 635	0.69 632	0.69 630	0.69 627	0.69 625	0.69 622	0.69 620	0.69 617
19'	0.69 615	0.69 612	0.69 610	0.69 607	0.69 605	0.69 602	0.69 600	0.69 597	0.69 595	0.69 592
20'	0.69 590	0.69 587	0.69 585	0.69 582	0.69 580	0.69 577	0.69 574	0.69 572	0.69 569	0.69 567
21'	0.69 564	0.69 562	0.69 559	0.69 557	0.69 554	0.69 552	0.69 549	0.69 547	0.69 544	0.69 542
22'	0.69 539	0.69 537	0.69 534	0.69 532	0.69 529	0.69 527	0.69 524	0.69 522	0.69 519	0.69 517
23'	0.69 514	0.69 512	0.69 509	0.69 507	0.69 504	0.69 502	0.69 499	0.69 497	0.69 494	0.69 492
24'	0.69 489	0.69 487	0.69 484	0.69 482	0.69 479	0.69 476	0.69 474	0.69 471	0.69 469	0.69 466
25'	0.69 464	0.69 461	0.69 459	0.69 456	0.69 454	0.69 451	0.69 449	0.69 446	0.69 444	0.69 441
26'	0.69 439	0.69 436	0.69 434	0.69 431	0.69 429	0.69 426	0.69 424	0.69 421	0.69 419	0.69 416
27'	0.69 414	0.69 411	0.69 409	0.69 406	0.69 404	0.69 401	0.69 399	0.69 396	0.69 394	0.69 391
28'	0.69 389	0.69 386	0.69 384	0.69 381	0.69 379	0.69 376	0.69 374	0.69 371	0.69 369	0.69 366
29'	0.69 364	0.69 361	0.69 359	0.69 356	0.69 354	0.69 351	0.69 349	0.69 346	0.69 344	0.69 341
30'	0.69 338	0.69 336	0.69 333	0.69 331	0.69 328	0.69 326	0.69 323	0.69 321	0.69 318	0.69 316
31'	0.69 313	0.69 311	0.69 308	0.69 306	0.69 303	0.69 301	0.69 298	0.69 296	0.69 293	0.69 291
32'	0.69 288	0.69 286	0.69 283	0.69 281	0.69 278	0.69 276	0.69 273	0.69 271	0.69 268	0.69 266
33'	0.69 263	0.69 261	0.69 258	0.69 256	0.69 253	0.69 251	0.69 248	0.69 246	0.69 243	0.69 241
34'	0.69 238	0.69 236	0.69 233	0.69 231	0.69 228	0.69 226	0.69 223	0.69 221	0.69 218	0.69 216
35'	0.69 213	0.69 211	0.69 208	0.69 206	0.69 203	0.69 201	0.69 198	0.69 196	0.69 193	0.69 191
36'	0.69 188	0.69 186	0.69 183	0.69 181	0.69 178	0.69 176	0.69 173	0.69 171	0.69 168	0.69 166
37'	0.69 163	0.69 161	0.69 158	0.69 156	0.69 153	0.69 151	0.69 148	0.69 146	0.69 143	0.69 141
38'	0.69 138	0.69 136	0.69 133	0.69 131	0.69 128	0.69 126	0.69 123	0.69 121	0.69 118	0.69 116
39'	0.69 113	0.69 111	0.69 108	0.69 106	0.69 103	0.69 101	0.69 098	0.69 096	0.69 093	0.69 091
40'	0.69 088	0.69 086	0.69 083	0.69 081	0.69 078	0.69 076	0.69 073	0.69 071	0.69 068	0.69 066
41'	0.69 063	0.69 061	0.69 058	0.69 056	0.69 053	0.69 051	0.69 048	0.69 046	0.69 043	0.69 041
42'	0.69 038	0.69 036	0.69 033	0.69 031	0.69 028	0.69 026	0.69 023	0.69 021	0.69 018	0.69 016
43'	0.69 013	0.69 011	0.69 008	0.69 006	0.69 003	0.69 001	0.68 998	0.68 996	0.68 993	0.68 991
44'	0.68 988	0.68 986	0.68 984	0.68 981	0.68 979	0.68 976	0.68 974	0.68 971	0.68 969	0.68 966
45'	0.68 964	0.68 961	0.68 959	0.68 956	0.68 954	0.68 951	0.68 949	0.68 946	0.68 944	0.68 941
46'	0.68 939	0.68 936	0.68 934	0.68 931	0.68 929	0.68 926	0.68 924	0.68 921	0.68 919	0.68 916
47'	0.68 914	0.68 911	0.68 909	0.68 906	0.68 904	0.68 901	0.68 899	0.68 896	0.68 894	0.68 891
48'	0.68 889	0.68 886	0.68 884	0.68 881	0.68 879	0.68 876	0.68 874	0.68 871	0.68 869	0.68 866
49'	0.68 864	0.68 861	0.68 859	0.68 856	0.68 854	0.68 851	0.68 849	0.68 846	0.68 844	0.68 842
50'	0.68 839	0.68 837	0.68 834	0.68 832	0.68 829	0.68 827	0.68 824	0.68 822	0.68 819	0.68 817
51'	0.68 814	0.68 812	0.68 809	0.68 807	0.68 804	0.68 802	0.68 799	0.68 797	0.68 794	0.68 792
52'	0.68 789	0.68 787	0.68 784	0.68 782	0.68 779	0.68 777	0.68 774	0.68 772	0.68 769	0.68 767
53'	0.68 764	0.68 762	0.68 759	0.68 757	0.68 754	0.68 752	0.68 750	0.68 747	0.68 745	0.68 742
54'	0.68 740	0.68 737	0.68 735	0.68 732	0.68 730	0.68 727	0.68 725	0.68 722	0.68 720	0.68 717
55'	0.68 715	0.68 712	0.68 710	0.68 707	0.68 705	0.68 702	0.68 700	0.68 697	0.68 695	0.68 692
56'	0.68 690	0.68 687	0.68 685	0.68 682	0.68 680	0.68 677	0.68 675	0.68 673	0.68 670	0.68 668
57'	0.68 665	0.68 663	0.68 660	0.68 658	0.68 655	0.68 653	0.68 650	0.68 648	0.68 645	0.68 643
58'	0.68 640	0.68 638	0.68 635	0.68 633	0.68 630	0.68 628	0.68 625	0.68 623	0.68 620	0.68 618
59'	0.68 615	0.68 613	0.68 610	0.68 608	0.68 606	0.68 603	0.68 601	0.68 598	0.68 596	0.68 593

K   54°   54°

	0.'0	0.'1	0.'2	0.'3	0.'4	0.'5	0.'6	0.'7	0.'8	0.'9
0'	0.68 591	0.68 588	0.68 586	0.68 583	0.68 581	0.68 578	0.68 576	0.68 573	0.68 571	0.68 568
1'	0.68 566	0.68 563	0.68 561	0.68 558	0.68 556	0.68 553	0.68 551	0.68 549	0.68 546	0.68 544
2'	0.68 541	0.68 539	0.68 536	0.68 534	0.68 531	0.68 529	0.68 526	0.68 524	0.68 521	0.68 519
3'	0.68 516	0.68 514	0.68 511	0.68 509	0.68 506	0.68 504	0.68 501	0.68 499	0.68 496	0.68 494
4'	0.68 492	0.68 489	0.68 487	0.68 484	0.68 482	0.68 479	0.68 477	0.68 474	0.68 472	0.68 469
5'	0.68 467	0.68 464	0.68 462	0.68 459	0.68 457	0.68 454	0.68 452	0.68 449	0.68 447	0.68 445
6'	0.68 442	0.68 440	0.68 437	0.68 435	0.68 432	0.68 430	0.68 427	0.68 425	0.68 422	0.68 420
7'	0.68 417	0.68 415	0.68 412	0.68 410	0.68 407	0.68 405	0.68 402	0.68 400	0.68 398	0.68 395
8'	0.68 393	0.68 390	0.68 388	0.68 385	0.68 383	0.68 380	0.68 378	0.68 375	0.68 373	0.68 370
9'	0.68 368	0.68 365	0.68 363	0.68 360	0.68 358	0.68 356	0.68 353	0.68 351	0.68 348	0.68 346
10'	0.68 343	0.68 341	0.68 338	0.68 336	0.68 333	0.68 331	0.68 328	0.68 326	0.68 323	0.68 321
11'	0.68 318	0.68 316	0.68 314	0.68 311	0.68 309	0.68 306	0.68 304	0.68 301	0.68 299	0.68 296
12'	0.68 294	0.68 291	0.68 289	0.68 286	0.68 284	0.68 281	0.68 279	0.68 276	0.68 274	0.68 272
13'	0.68 269	0.68 267	0.68 264	0.68 262	0.68 259	0.68 257	0.68 254	0.68 252	0.68 249	0.68 247
14'	0.68 244	0.68 242	0.68 239	0.68 237	0.68 235	0.68 232	0.68 230	0.68 227	0.68 225	0.68 222
15'	0.68 220	0.68 217	0.68 215	0.68 212	0.68 210	0.68 207	0.68 205	0.68 202	0.68 200	0.68 198
16'	0.68 195	0.68 193	0.68 190	0.68 188	0.68 185	0.68 183	0.68 180	0.68 178	0.68 175	0.68 173
17'	0.68 170	0.68 168	0.68 166	0.68 163	0.68 161	0.68 158	0.68 156	0.68 153	0.68 151	0.68 148
18'	0.68 146	0.68 143	0.68 141	0.68 138	0.68 136	0.68 133	0.68 131	0.68 129	0.68 126	0.68 124
19'	0.68 121	0.68 119	0.68 116	0.68 114	0.68 111	0.68 109	0.68 106	0.68 104	0.68 101	0.68 099
20'	0.68 097	0.68 094	0.68 092	0.68 089	0.68 087	0.68 084	0.68 082	0.68 079	0.68 077	0.68 074
21'	0.68 072	0.68 069	0.68 067	0.68 065	0.68 062	0.68 060	0.68 057	0.68 055	0.68 052	0.68 050
22'	0.68 047	0.68 045	0.68 042	0.68 040	0.68 037	0.68 035	0.68 033	0.68 030	0.68 028	0.68 025
23'	0.68 023	0.68 020	0.68 018	0.68 015	0.68 013	0.68 010	0.68 008	0.68 006	0.68 003	0.68 001
24'	0.67 998	0.67 996	0.67 993	0.67 991	0.67 988	0.67 986	0.67 983	0.67 981	0.67 978	0.67 976
25'	0.67 974	0.67 971	0.67 969	0.67 966	0.67 964	0.67 961	0.67 959	0.67 956	0.67 954	0.67 951
26'	0.67 949	0.67 947	0.67 944	0.67 942	0.67 939	0.67 937	0.67 934	0.67 932	0.67 929	0.67 927
27'	0.67 924	0.67 922	0.67 920	0.67 917	0.67 915	0.67 912	0.67 910	0.67 907	0.67 905	0.67 902
28'	0.67 900	0.67 897	0.67 895	0.67 893	0.67 890	0.67 888	0.67 885	0.67 883	0.67 880	0.67 878
29'	0.67 875	0.67 873	0.67 870	0.67 868	0.67 866	0.67 863	0.67 861	0.67 858	0.67 856	0.67 853
30'	0.67 851	0.67 848	0.67 846	0.67 843	0.67 841	0.67 839	0.67 836	0.67 834	0.67 831	0.67 829
31'	0.67 826	0.67 824	0.67 821	0.67 819	0.67 816	0.67 814	0.67 812	0.67 809	0.67 807	0.67 804
32'	0.67 802	0.67 799	0.67 797	0.67 794	0.67 792	0.67 790	0.67 787	0.67 785	0.67 782	0.67 780
33'	0.67 777	0.67 775	0.67 772	0.67 770	0.67 767	0.67 765	0.67 763	0.67 760	0.67 758	0.67 755
34'	0.67 753	0.67 750	0.67 748	0.67 745	0.67 743	0.67 741	0.67 738	0.67 736	0.67 733	0.67 731
35'	0.67 728	0.67 726	0.67 723	0.67 721	0.67 718	0.67 716	0.67 714	0.67 711	0.67 709	0.67 706
36'	0.67 704	0.67 701	0.67 699	0.67 696	0.67 694	0.67 692	0.67 689	0.67 687	0.67 684	0.67 682
37'	0.67 679	0.67 677	0.67 674	0.67 672	0.67 670	0.67 667	0.67 665	0.67 662	0.67 660	0.67 657
38'	0.67 655	0.67 652	0.67 650	0.67 648	0.67 645	0.67 643	0.67 640	0.67 638	0.67 635	0.67 633
39'	0.67 630	0.67 628	0.67 626	0.67 623	0.67 621	0.67 618	0.67 616	0.67 613	0.67 611	0.67 608
40'	0.67 606	0.67 604	0.67 601	0.67 599	0.67 596	0.67 594	0.67 591	0.67 589	0.67 586	0.67 584
41'	0.67 582	0.67 579	0.67 577	0.67 574	0.67 572	0.67 569	0.67 567	0.67 564	0.67 562	0.67 560
42'	0.67 557	0.67 555	0.67 552	0.67 550	0.67 547	0.67 545	0.67 542	0.67 540	0.67 538	0.67 535
43'	0.67 533	0.67 530	0.67 528	0.67 525	0.67 523	0.67 520	0.67 518	0.67 516	0.67 513	0.67 511
44'	0.67 508	0.67 506	0.67 503	0.67 501	0.67 499	0.67 496	0.67 494	0.67 491	0.67 489	0.67 486
45'	0.67 484	0.67 481	0.67 479	0.67 477	0.67 474	0.67 472	0.67 469	0.67 467	0.67 464	0.67 462
46'	0.67 459	0.67 457	0.67 455	0.67 452	0.67 450	0.67 447	0.67 445	0.67 442	0.67 440	0.67 438
47'	0.67 435	0.67 433	0.67 430	0.67 428	0.67 425	0.67 423	0.67 420	0.67 418	0.67 416	0.67 413
48'	0.67 411	0.67 408	0.67 406	0.67 403	0.67 401	0.67 399	0.67 396	0.67 394	0.67 391	0.67 389
49'	0.67 386	0.67 384	0.67 381	0.67 379	0.67 377	0.67 374	0.67 372	0.67 369	0.67 367	0.67 364
50'	0.67 362	0.67 360	0.67 357	0.67 355	0.67 352	0.67 350	0.67 347	0.67 345	0.67 343	0.67 340
51'	0.67 338	0.67 335	0.67 333	0.67 330	0.67 328	0.67 325	0.67 323	0.67 321	0.67 318	0.67 316
52'	0.67 313	0.67 311	0.67 308	0.67 306	0.67 304	0.67 301	0.67 299	0.67 296	0.67 294	0.67 291
53'	0.67 289	0.67 287	0.67 284	0.67 282	0.67 279	0.67 277	0.67 274	0.67 272	0.67 270	0.67 267
54'	0.67 265	0.67 262	0.67 260	0.67 257	0.67 255	0.67 252	0.67 250	0.67 248	0.67 245	0.67 243
55'	0.67 240	0.67 238	0.67 235	0.67 233	0.67 231	0.67 228	0.67 226	0.67 223	0.67 221	0.67 218
56'	0.67 216	0.67 214	0.67 211	0.67 209	0.67 206	0.67 204	0.67 201	0.67 199	0.67 197	0.67 194
57'	0.67 192	0.67 189	0.67 187	0.67 184	0.67 182	0.67 180	0.67 177	0.67 175	0.67 172	0.67 170
58'	0.67 167	0.67 165	0.67 163	0.67 160	0.67 158	0.67 155	0.67 153	0.67 150	0.67 148	0.67 146
59'	0.67 143	0.67 141	0.67 138	0.67 136	0.67 133	0.67 131	0.67 129	0.67 126	0.67 124	0.67 121

K 55°

	0.'0	0.'1	0.'2	0.'3	0.'4	0.'5	0.'6	0.'7	0.'8	0.'9
0'	0.67 119	0.67 116	0.67 114	0.67 112	0.67 109	0.67 107	0.67 104	0.67 102	0.67 099	0.67 097
1'	0.67 095	0.67 092	0.67 090	0.67 087	0.67 085	0.67 082	0.67 080	0.67 078	0.67 075	0.67 073
2'	0.67 070	0.67 068	0.67 066	0.67 063	0.67 061	0.67 058	0.67 056	0.67 053	0.67 051	0.67 049
3'	0.67 046	0.67 044	0.67 041	0.67 039	0.67 036	0.67 034	0.67 032	0.67 029	0.67 027	0.67 024
4'	0.67 022	0.67 019	0.67 017	0.67 015	0.67 012	0.67 010	0.67 007	0.67 005	0.67 002	0.67 000
5'	0.66 998	0.66 995	0.66 993	0.66 990	0.66 988	0.66 986	0.66 983	0.66 981	0.66 978	0.66 976
6'	0.66 973	0.66 971	0.66 969	0.66 966	0.66 964	0.66 961	0.66 959	0.66 956	0.66 954	0.66 952
7'	0.66 949	0.66 947	0.66 944	0.66 942	0.66 940	0.66 937	0.66 935	0.66 932	0.66 930	0.66 927
8'	0.66 925	0.66 923	0.66 920	0.66 918	0.66 915	0.66 913	0.66 910	0.66 908	0.66 906	0.66 903
9'	0.66 901	0.66 898	0.66 896	0.66 894	0.66 891	0.66 889	0.66 886	0.66 884	0.66 881	0.66 879
10'	0.66 877	0.66 874	0.66 872	0.66 869	0.66 867	0.66 865	0.66 862	0.66 860	0.66 857	0.66 855
11'	0.66 852	0.66 850	0.66 848	0.66 845	0.66 843	0.66 840	0.66 838	0.66 836	0.66 833	0.66 831
12'	0.66 828	0.66 826	0.66 823	0.66 821	0.66 819	0.66 816	0.66 814	0.66 811	0.66 809	0.66 807
13'	0.66 804	0.66 802	0.66 799	0.66 797	0.66 794	0.66 792	0.66 790	0.66 787	0.66 785	0.66 782
14'	0.66 780	0.66 778	0.66 775	0.66 773	0.66 770	0.66 768	0.66 765	0.66 763	0.66 761	0.66 758
15'	0.66 756	0.66 753	0.66 751	0.66 749	0.66 746	0.66 744	0.66 741	0.66 739	0.66 737	0.66 734
16'	0.66 732	0.66 729	0.66 727	0.66 724	0.66 722	0.66 720	0.66 717	0.66 715	0.66 712	0.66 710
17'	0.66 708	0.66 705	0.66 703	0.66 700	0.66 698	0.66 696	0.66 693	0.66 691	0.66 688	0.66 686
18'	0.66 683	0.66 681	0.66 679	0.66 676	0.66 674	0.66 671	0.66 669	0.66 667	0.66 664	0.66 662
19'	0.66 659	0.66 657	0.66 655	0.66 652	0.66 650	0.66 647	0.66 645	0.66 642	0.66 640	0.66 638
20'	0.66 635	0.66 633	0.66 630	0.66 628	0.66 626	0.66 623	0.66 621	0.66 618	0.66 616	0.66 614
21'	0.66 611	0.66 609	0.66 606	0.66 604	0.66 602	0.66 599	0.66 597	0.66 594	0.66 592	0.66 589
22'	0.66 587	0.66 585	0.66 582	0.66 580	0.66 577	0.66 575	0.66 573	0.66 570	0.66 568	0.66 565
23'	0.66 563	0.66 561	0.66 558	0.66 556	0.66 553	0.66 551	0.66 549	0.66 546	0.66 544	0.66 541
24'	0.66 539	0.66 537	0.66 534	0.66 532	0.66 529	0.66 527	0.66 524	0.66 522	0.66 520	0.66 517
25'	0.66 515	0.66 512	0.66 510	0.66 508	0.66 505	0.66 503	0.66 500	0.66 498	0.66 496	0.66 493
26'	0.66 491	0.66 488	0.66 486	0.66 484	0.66 481	0.66 479	0.66 476	0.66 474	0.66 472	0.66 469
27'	0.66 467	0.66 464	0.66 462	0.66 460	0.66 457	0.66 455	0.66 452	0.66 450	0.66 448	0.66 445
28'	0.66 443	0.66 440	0.66 438	0.66 436	0.66 433	0.66 431	0.66 428	0.66 426	0.66 424	0.66 421
29'	0.66 419	0.66 416	0.66 414	0.66 412	0.66 409	0.66 407	0.66 404	0.66 402	0.66 399	0.66 397
30'	0.66 395	0.66 392	0.66 390	0.66 387	0.66 385	0.66 383	0.66 380	0.66 378	0.66 375	0.66 373
31'	0.66 371	0.66 368	0.66 366	0.66 363	0.66 361	0.66 359	0.66 356	0.66 354	0.66 351	0.66 349
32'	0.66 347	0.66 344	0.66 342	0.66 339	0.66 337	0.66 335	0.66 332	0.66 330	0.66 327	0.66 325
33'	0.66 323	0.66 320	0.66 318	0.66 316	0.66 313	0.66 311	0.66 308	0.66 306	0.66 304	0.66 301
34'	0.66 299	0.66 296	0.66 294	0.66 292	0.66 289	0.66 287	0.66 284	0.66 282	0.66 280	0.66 277
35'	0.66 275	0.66 272	0.66 270	0.66 268	0.66 265	0.66 263	0.66 260	0.66 258	0.66 256	0.66 253
36'	0.66 251	0.66 248	0.66 246	0.66 244	0.66 241	0.66 239	0.66 236	0.66 234	0.66 232	0.66 229
37'	0.66 227	0.66 224	0.66 222	0.66 220	0.66 217	0.66 215	0.66 212	0.66 210	0.66 208	0.66 205
38'	0.66 203	0.66 200	0.66 198	0.66 196	0.66 193	0.66 191	0.66 189	0.66 186	0.66 184	0.66 181
39'	0.66 179	0.66 177	0.66 174	0.66 172	0.66 169	0.66 167	0.66 165	0.66 162	0.66 160	0.66 157
40'	0.66 155	0.66 153	0.66 150	0.66 148	0.66 145	0.66 143	0.66 141	0.66 138	0.66 136	0.66 133
41'	0.66 131	0.66 129	0.66 126	0.66 124	0.66 122	0.66 119	0.66 117	0.66 114	0.66 112	0.66 110
42'	0.66 107	0.66 105	0.66 102	0.66 100	0.66 098	0.66 095	0.66 093	0.66 090	0.66 088	0.66 086
43'	0.66 083	0.66 081	0.66 078	0.66 076	0.66 074	0.66 071	0.66 069	0.66 067	0.66 064	0.66 062
44'	0.66 059	0.66 057	0.66 055	0.66 052	0.66 050	0.66 047	0.66 045	0.66 043	0.66 040	0.66 038
45'	0.66 035	0.66 033	0.66 031	0.66 028	0.66 026	0.66 024	0.66 021	0.66 019	0.66 016	0.66 014
46'	0.66 012	0.66 009	0.66 007	0.66 004	0.66 002	0.66 000	0.65 997	0.65 995	0.65 992	0.65 990
47'	0.65 988	0.65 985	0.65 983	0.65 981	0.65 978	0.65 976	0.65 973	0.65 971	0.65 969	0.65 966
48'	0.65 964	0.65 961	0.65 959	0.65 957	0.65 954	0.65 952	0.65 950	0.65 947	0.65 945	0.65 942
49'	0.65 940	0.65 938	0.65 935	0.65 933	0.65 930	0.65 928	0.65 926	0.65 923	0.65 921	0.65 919
50'	0.65 916	0.65 914	0.65 911	0.65 909	0.65 907	0.65 904	0.65 902	0.65 899	0.65 897	0.65 895
51'	0.65 892	0.65 890	0.65 888	0.65 885	0.65 883	0.65 880	0.65 878	0.65 876	0.65 873	0.65 871
52'	0.65 868	0.65 866	0.65 864	0.65 861	0.65 859	0.65 857	0.65 854	0.65 852	0.65 849	0.65 847
53'	0.65 845	0.65 842	0.65 840	0.65 838	0.65 835	0.65 833	0.65 830	0.65 828	0.65 826	0.65 823
54'	0.65 821	0.65 818	0.65 816	0.65 814	0.65 811	0.65 809	0.65 807	0.65 804	0.65 802	0.65 799
55'	0.65 797	0.65 795	0.65 792	0.65 790	0.65 788	0.65 785	0.65 783	0.65 780	0.65 778	0.65 776
56'	0.65 773	0.65 771	0.65 768	0.65 766	0.65 764	0.65 761	0.65 759	0.65 757	0.65 754	0.65 752
57'	0.65 749	0.65 747	0.65 745	0.65 742	0.65 740	0.65 738	0.65 735	0.65 733	0.65 730	0.65 728
58'	0.65 726	0.65 723	0.65 721	0.65 719	0.65 716	0.65 714	0.65 711	0.65 709	0.65 707	0.65 704
59'	0.65 702	0.65 700	0.65 697	0.65 695	0.65 692	0.65 690	0.65 688	0.65 685	0.65 683	0.65 681

K   K

		0.'0	0.'1	0.'2	0.'3	0.'4	0.'5	0.'6	0.'7	0.'8	0.'9	
56°	0'	0.65 678	0.65 676	0.65 673	0.65 671	0.65 669	0.65 666	0.65 664	0.65 662	0.65 659	0.65 657	**56°**
	1'	0.65 654	0.65 652	0.65 650	0.65 647	0.65 645	0.65 643	0.65 640	0.65 638	0.65 635	0.65 633	
	2'	0.65 631	0.65 628	0.65 626	0.65 624	0.65 621	0.65 619	0.65 616	0.65 614	0.65 612	0.65 609	
	3'	0.65 607	0.65 605	0.65 602	0.65 600	0.65 597	0.65 595	0.65 593	0.65 590	0.65 588	0.65 586	
	4'	0.65 583	0.65 581	0.65 578	0.65 576	0.65 574	0.65 571	0.65 569	0.65 567	0.65 564	0.65 562	
	5'	0.65 559	0.65 557	0.65 555	0.65 552	0.65 550	0.65 548	0.65 545	0.65 543	0.65 540	0.65 538	
	6'	0.65 536	0.65 533	0.65 531	0.65 529	0.65 526	0.65 524	0.65 522	0.65 519	0.65 517	0.65 514	
	7'	0.65 512	0.65 510	0.65 507	0.65 505	0.65 503	0.65 500	0.65 498	0.65 495	0.65 493	0.65 491	
	8'	0.65 488	0.65 486	0.65 484	0.65 481	0.65 479	0.65 476	0.65 474	0.65 472	0.65 469	0.65 467	
	9'	0.65 465	0.65 462	0.65 460	0.65 458	0.65 455	0.65 453	0.65 450	0.65 448	0.65 446	0.65 443	
	10'	0.65 441	0.65 439	0.65 436	0.65 434	0.65 431	0.65 429	0.65 427	0.65 424	0.65 422	0.65 420	
	11'	0.65 417	0.65 415	0.65 413	0.65 410	0.65 408	0.65 405	0.65 403	0.65 401	0.65 398	0.65 396	
	12'	0.65 394	0.65 391	0.65 389	0.65 387	0.65 384	0.65 382	0.65 379	0.65 377	0.65 375	0.65 372	
	13'	0.65 370	0.65 368	0.65 365	0.65 363	0.65 361	0.65 358	0.65 356	0.65 353	0.65 351	0.65 349	
	14'	0.65 346	0.65 344	0.65 342	0.65 339	0.65 337	0.65 335	0.65 332	0.65 330	0.65 327	0.65 325	
	15'	0.65 323	0.65 320	0.65 318	0.65 316	0.65 313	0.65 311	0.65 309	0.65 306	0.65 304	0.65 301	
	16'	0.65 299	0.65 297	0.65 294	0.65 292	0.65 290	0.65 287	0.65 285	0.65 283	0.65 280	0.65 278	
	17'	0.65 275	0.65 273	0.65 271	0.65 268	0.65 266	0.65 264	0.65 261	0.65 259	0.65 257	0.65 254	
	18'	0.65 252	0.65 249	0.65 247	0.65 245	0.65 242	0.65 240	0.65 238	0.65 235	0.65 233	0.65 231	
	19'	0.65 228	0.65 226	0.65 223	0.65 221	0.65 219	0.65 216	0.65 214	0.65 212	0.65 209	0.65 207	
	20'	0.65 205	0.65 202	0.65 200	0.65 198	0.65 195	0.65 193	0.65 190	0.65 188	0.65 186	0.65 183	
	21'	0.65 181	0.65 179	0.65 176	0.65 174	0.65 172	0.65 169	0.65 167	0.65 165	0.65 162	0.65 160	
	22'	0.65 157	0.65 155	0.65 153	0.65 150	0.65 148	0.65 146	0.65 143	0.65 141	0.65 139	0.65 136	
	23'	0.65 134	0.65 132	0.65 129	0.65 127	0.65 124	0.65 122	0.65 120	0.65 117	0.65 115	0.65 113	
	24'	0.65 110	0.65 108	0.65 106	0.65 103	0.65 101	0.65 099	0.65 096	0.65 094	0.65 091	0.65 089	
	25'	0.65 087	0.65 084	0.65 082	0.65 080	0.65 077	0.65 075	0.65 073	0.65 070	0.65 068	0.65 066	
	26'	0.65 063	0.65 061	0.65 058	0.65 056	0.65 054	0.65 051	0.65 049	0.65 047	0.65 044	0.65 042	
	27'	0.65 040	0.65 037	0.65 035	0.65 033	0.65 030	0.65 028	0.65 026	0.65 023	0.65 021	0.65 018	
	28'	0.65 016	0.65 014	0.65 011	0.65 009	0.65 007	0.65 004	0.65 002	0.65 000	0.64 997	0.64 995	
	29'	0.64 993	0.64 990	0.64 988	0.64 986	0.64 983	0.64 981	0.64 978	0.64 976	0.64 974	0.64 971	
	30'	0.64 969	0.64 967	0.64 964	0.64 962	0.64 960	0.64 957	0.64 955	0.64 953	0.64 950	0.64 948	
	31'	0.64 946	0.64 943	0.64 941	0.64 939	0.64 936	0.64 934	0.64 931	0.64 929	0.64 927	0.64 924	
	32'	0.64 922	0.64 920	0.64 917	0.64 915	0.64 913	0.64 910	0.64 908	0.64 906	0.64 903	0.64 901	
	33'	0.64 899	0.64 896	0.64 894	0.64 892	0.64 889	0.64 887	0.64 885	0.64 882	0.64 880	0.64 877	
	34'	0.64 875	0.64 873	0.64 870	0.64 868	0.64 866	0.64 863	0.64 861	0.64 859	0.64 856	0.64 854	
	35'	0.64 852	0.64 849	0.64 847	0.64 845	0.64 842	0.64 840	0.64 838	0.64 835	0.64 833	0.64 831	
	36'	0.64 828	0.64 826	0.64 823	0.64 821	0.64 819	0.64 816	0.64 814	0.64 812	0.64 809	0.64 807	
	37'	0.64 805	0.64 802	0.64 800	0.64 798	0.64 795	0.64 793	0.64 791	0.64 788	0.64 786	0.64 784	
	38'	0.64 781	0.64 779	0.64 777	0.64 774	0.64 772	0.64 770	0.64 767	0.64 765	0.64 763	0.64 760	
	39'	0.64 758	0.64 755	0.64 753	0.64 751	0.64 748	0.64 746	0.64 744	0.64 741	0.64 739	0.64 737	
	40'	0.64 734	0.64 732	0.64 730	0.64 727	0.64 725	0.64 723	0.64 720	0.64 718	0.64 716	0.64 713	
	41'	0.64 711	0.64 709	0.64 706	0.64 704	0.64 702	0.64 699	0.64 697	0.64 695	0.64 692	0.64 690	
	42'	0.64 688	0.64 685	0.64 683	0.64 681	0.64 678	0.64 676	0.64 673	0.64 671	0.64 669	0.64 666	
	43'	0.64 664	0.64 662	0.64 659	0.64 657	0.64 655	0.64 652	0.64 650	0.64 648	0.64 645	0.64 643	
	44'	0.64 641	0.64 638	0.64 636	0.64 634	0.64 631	0.64 629	0.64 627	0.64 624	0.64 622	0.64 620	
	45'	0.64 617	0.64 615	0.64 613	0.64 610	0.64 608	0.64 606	0.64 603	0.64 601	0.64 599	0.64 596	
	46'	0.64 594	0.64 592	0.64 589	0.64 587	0.64 585	0.64 582	0.64 580	0.64 578	0.64 575	0.64 573	
	47'	0.64 571	0.64 568	0.64 566	0.64 564	0.64 561	0.64 559	0.64 557	0.64 554	0.64 552	0.64 550	
	48'	0.64 547	0.64 545	0.64 543	0.64 540	0.64 538	0.64 536	0.64 533	0.64 531	0.64 529	0.64 526	
	49'	0.64 524	0.64 522	0.64 519	0.64 517	0.64 515	0.64 512	0.64 510	0.64 508	0.64 505	0.64 503	
	50'	0.64 500	0.64 498	0.64 496	0.64 493	0.64 491	0.64 489	0.64 486	0.64 484	0.64 482	0.64 479	
	51'	0.64 477	0.64 475	0.64 472	0.64 470	0.64 468	0.64 465	0.64 463	0.64 461	0.64 458	0.64 456	
	52'	0.64 454	0.64 451	0.64 449	0.64 447	0.64 444	0.64 442	0.64 440	0.64 437	0.64 435	0.64 433	
	53'	0.64 430	0.64 428	0.64 426	0.64 423	0.64 421	0.64 419	0.64 416	0.64 414	0.64 412	0.64 410	
	54'	0.64 407	0.64 405	0.64 403	0.64 400	0.64 398	0.64 396	0.64 393	0.64 391	0.64 389	0.64 386	
	55'	0.64 384	0.64 382	0.64 379	0.64 377	0.64 375	0.64 372	0.64 370	0.64 368	0.64 365	0.64 363	
	56'	0.64 361	0.64 358	0.64 356	0.64 354	0.64 351	0.64 349	0.64 347	0.64 344	0.64 342	0.64 340	
	57'	0.64 337	0.64 335	0.64 333	0.64 330	0.64 328	0.64 326	0.64 323	0.64 321	0.64 319	0.64 316	
	58'	0.64 314	0.64 312	0.64 309	0.64 307	0.64 305	0.64 302	0.64 300	0.64 298	0.64 295	0.64 293	
	59'	0.64 291	0.64 288	0.64 286	0.64 284	0.64 281	0.64 279	0.64 277	0.64 274	0.64 272	0.64 270	

K   K

57°

	0.'0	0.'1	0.'2	0.'3	0.'4	0.'5	0.'6	0.'7	0.'8	0.'9
0'	0.64 267	0.64 265	0.64 263	0.64 260	0.64 258	0.64 256	0.64 253	0.64 251	0.64 249	0.64 246
1'	0.64 244	0.64 242	0.64 240	0.64 237	0.64 235	0.64 233	0.64 230	0.64 228	0.64 226	0.64 223
2'	0.64 221	0.64 219	0.64 216	0.64 214	0.64 212	0.64 209	0.64 207	0.64 205	0.64 202	0.64 200
3'	0.64 198	0.64 195	0.64 193	0.64 191	0.64 188	0.64 186	0.64 184	0.64 181	0.64 179	0.64 177
4'	0.64 174	0.64 172	0.64 170	0.64 167	0.64 165	0.64 163	0.64 160	0.64 158	0.64 156	0.64 154
5'	0.64 151	0.64 149	0.64 147	0.64 144	0.64 142	0.64 140	0.64 137	0.64 135	0.64 133	0.64 130
6'	0.64 128	0.64 126	0.64 123	0.64 121	0.64 119	0.64 116	0.64 114	0.64 112	0.64 109	0.64 107
7'	0.64 105	0.64 102	0.64 100	0.64 098	0.64 095	0.64 093	0.64 091	0.64 089	0.64 086	0.64 084
8'	0.64 082	0.64 079	0.64 077	0.64 075	0.64 072	0.64 070	0.64 068	0.64 065	0.64 063	0.64 061
9'	0.64 058	0.64 056	0.64 054	0.64 051	0.64 049	0.64 047	0.64 044	0.64 042	0.64 040	0.64 037
10'	0.64 035	0.64 033	0.64 031	0.64 028	0.64 026	0.64 024	0.64 021	0.64 019	0.64 017	0.64 014
11'	0.64 012	0.64 010	0.64 007	0.64 005	0.64 003	0.64 000	0.63 998	0.63 996	0.63 993	0.63 991
12'	0.63 989	0.63 986	0.63 984	0.63 982	0.63 980	0.63 977	0.63 975	0.63 973	0.63 970	0.63 968
13'	0.63 966	0.63 963	0.63 961	0.63 959	0.63 956	0.63 954	0.63 952	0.63 949	0.63 947	0.63 945
14'	0.63 942	0.63 940	0.63 938	0.63 936	0.63 933	0.63 931	0.63 929	0.63 926	0.63 924	0.63 922
15'	0.63 919	0.63 917	0.63 915	0.63 912	0.63 910	0.63 908	0.63 905	0.63 903	0.63 901	0.63 898
16'	0.63 896	0.63 894	0.63 892	0.63 889	0.63 887	0.63 885	0.63 882	0.63 880	0.63 878	0.63 875
17'	0.63 873	0.63 871	0.63 868	0.63 866	0.63 864	0.63 861	0.63 859	0.63 857	0.63 855	0.63 852
18'	0.63 850	0.63 848	0.63 845	0.63 843	0.63 841	0.63 838	0.63 836	0.63 834	0.63 831	0.63 829
19'	0.63 827	0.63 824	0.63 822	0.63 820	0.63 818	0.63 815	0.63 813	0.63 811	0.63 808	0.63 806
20'	0.63 804	0.63 801	0.63 799	0.63 797	0.63 794	0.63 792	0.63 790	0.63 788	0.63 785	0.63 783
21'	0.63 781	0.63 778	0.63 776	0.63 774	0.63 771	0.63 769	0.63 767	0.63 764	0.63 762	0.63 760
22'	0.63 757	0.63 755	0.63 753	0.63 751	0.63 748	0.63 746	0.63 744	0.63 741	0.63 739	0.63 737
23'	0.63 734	0.63 732	0.63 730	0.63 727	0.63 725	0.63 723	0.63 721	0.63 718	0.63 716	0.63 714
24'	0.63 711	0.63 709	0.63 707	0.63 704	0.63 702	0.63 700	0.63 697	0.63 695	0.63 693	0.63 691
25'	0.63 688	0.63 686	0.63 684	0.63 681	0.63 679	0.63 677	0.63 674	0.63 672	0.63 670	0.63 667
26'	0.63 665	0.63 663	0.63 661	0.63 658	0.63 656	0.63 654	0.63 651	0.63 649	0.63 647	0.63 644
27'	0.63 642	0.63 640	0.63 638	0.63 635	0.63 633	0.63 631	0.63 628	0.63 626	0.63 624	0.63 621
28'	0.63 619	0.63 617	0.63 614	0.63 612	0.63 610	0.63 608	0.63 605	0.63 603	0.63 601	0.63 598
29'	0.63 596	0.63 594	0.63 591	0.63 589	0.63 587	0.63 585	0.63 582	0.63 580	0.63 578	0.63 575
30'	0.63 573	0.63 571	0.63 568	0.63 566	0.63 564	0.63 562	0.63 559	0.63 557	0.63 555	0.63 552
31'	0.63 550	0.63 548	0.63 545	0.63 543	0.63 541	0.63 538	0.63 536	0.63 534	0.63 532	0.63 529
32'	0.63 527	0.63 525	0.63 522	0.63 520	0.63 518	0.63 515	0.63 513	0.63 511	0.63 509	0.63 506
33'	0.63 504	0.63 502	0.63 499	0.63 497	0.63 495	0.63 492	0.63 490	0.63 488	0.63 486	0.63 483
34'	0.63 481	0.63 479	0.63 476	0.63 474	0.63 472	0.63 469	0.63 467	0.63 465	0.63 463	0.63 460
35'	0.63 458	0.63 456	0.63 453	0.63 451	0.63 449	0.63 446	0.63 444	0.63 442	0.63 440	0.63 437
36'	0.63 435	0.63 433	0.63 430	0.63 428	0.63 426	0.63 424	0.63 421	0.63 419	0.63 417	0.63 414
37'	0.63 412	0.63 410	0.63 407	0.63 405	0.63 403	0.63 401	0.63 398	0.63 396	0.63 394	0.63 391
38'	0.63 389	0.63 387	0.63 384	0.63 382	0.63 380	0.63 378	0.63 375	0.63 373	0.63 371	0.63 368
39'	0.63 366	0.63 364	0.63 361	0.63 359	0.63 357	0.63 355	0.63 352	0.63 350	0.63 348	0.63 345
40'	0.63 343	0.63 341	0.63 339	0.63 336	0.63 334	0.63 332	0.63 329	0.63 327	0.63 325	0.63 322
41'	0.63 320	0.63 318	0.63 316	0.63 313	0.63 311	0.63 309	0.63 306	0.63 304	0.63 302	0.63 300
42'	0.63 297	0.63 295	0.63 293	0.63 290	0.63 288	0.63 286	0.63 284	0.63 281	0.63 279	0.63 277
43'	0.63 274	0.63 272	0.63 270	0.63 267	0.63 265	0.63 263	0.63 261	0.63 258	0.63 256	0.63 254
44'	0.63 251	0.63 249	0.63 247	0.63 245	0.63 242	0.63 240	0.63 238	0.63 235	0.63 233	0.63 231
45'	0.63 228	0.63 226	0.63 224	0.63 222	0.63 219	0.63 217	0.63 215	0.63 212	0.63 210	0.63 208
46'	0.63 206	0.63 203	0.63 201	0.63 199	0.63 196	0.63 194	0.63 192	0.63 190	0.63 187	0.63 185
47'	0.63 183	0.63 180	0.63 178	0.63 176	0.63 174	0.63 171	0.63 169	0.63 167	0.63 164	0.63 162
48'	0.63 160	0.63 158	0.63 155	0.63 153	0.63 151	0.63 148	0.63 146	0.63 144	0.63 142	0.63 139
49'	0.63 137	0.63 135	0.63 132	0.63 130	0.63 128	0.63 125	0.63 123	0.63 121	0.63 119	0.63 116
50'	0.63 114	0.63 112	0.63 109	0.63 107	0.63 105	0.63 103	0.63 100	0.63 098	0.63 096	0.63 093
51'	0.63 091	0.63 089	0.63 087	0.63 084	0.63 082	0.63 080	0.63 077	0.63 075	0.63 073	0.63 071
52'	0.63 068	0.63 066	0.63 064	0.63 061	0.63 059	0.63 057	0.63 055	0.63 052	0.63 050	0.63 048
53'	0.63 045	0.63 043	0.63 041	0.63 039	0.63 036	0.63 034	0.63 032	0.63 029	0.63 027	0.63 025
54'	0.63 023	0.63 020	0.63 018	0.63 016	0.63 014	0.63 011	0.63 009	0.63 007	0.63 004	0.63 002
55'	0.63 000	0.62 998	0.62 995	0.62 993	0.62 991	0.62 988	0.62 986	0.62 984	0.62 982	0.62 979
56'	0.62 977	0.62 975	0.62 972	0.62 970	0.62 968	0.62 966	0.62 963	0.62 961	0.62 959	0.62 956
57'	0.62 954	0.62 952	0.62 950	0.62 947	0.62 945	0.62 943	0.62 940	0.62 938	0.62 936	0.62 934
58'	0.62 931	0.62 929	0.62 927	0.62 925	0.62 922	0.62 920	0.62 918	0.62 915	0.62 913	0.62 911
59'	0.62 909	0.62 906	0.62 904	0.62 902	0.62 899	0.62 897	0.62 895	0.62 893	0.62 890	0.62 888

57°

K   K

58°   58°

	0.'0	0.'1	0.'2	0.'3	0.'4	0.'5	0.'6	0.'7	0.'8	0.'9
0'	0.62 886	0.62 883	0.62 881	0.62 879	0.62 877	0.62 874	0.62 872	0.62 870	0.62 868	0.62 865
1'	0.62 863	0.62 861	0.62 858	0.62 856	0.62 854	0.62 852	0.62 849	0.62 847	0.62 845	0.62 842
2'	0.62 840	0.62 838	0.62 836	0.62 833	0.62 831	0.62 829	0.62 827	0.62 824	0.62 822	0.62 820
3'	0.62 817	0.62 815	0.62 813	0.62 811	0.62 808	0.62 806	0.62 804	0.62 801	0.62 799	0.62 797
4'	0.62 795	0.62 792	0.62 790	0.62 788	0.62 786	0.62 783	0.62 781	0.62 779	0.62 776	0.62 774
5'	0.62 772	0.62 770	0.62 767	0.62 765	0.62 763	0.62 761	0.62 758	0.62 756	0.62 754	0.62 751
6'	0.62 749	0.62 747	0.62 745	0.62 742	0.62 740	0.62 738	0.62 736	0.62 733	0.62 731	0.62 729
7'	0.62 726	0.62 724	0.62 722	0.62 720	0.62 717	0.62 715	0.62 713	0.62 710	0.62 708	0.62 706
8'	0.62 704	0.62 701	0.62 699	0.62 697	0.62 695	0.62 692	0.62 690	0.62 688	0.62 685	0.62 683
9'	0.62 681	0.62 679	0.62 676	0.62 674	0.62 672	0.62 670	0.62 667	0.62 665	0.62 663	0.62 661
10'	0.62 658	0.62 656	0.62 654	0.62 651	0.62 649	0.62 647	0.62 645	0.62 642	0.62 640	0.62 638
11'	0.62 636	0.62 633	0.62 631	0.62 629	0.62 626	0.62 624	0.62 622	0.62 620	0.62 617	0.62 615
12'	0.62 613	0.62 611	0.62 608	0.62 606	0.62 604	0.62 601	0.62 599	0.62 597	0.62 595	0.62 592
13'	0.62 590	0.62 588	0.62 586	0.62 583	0.62 581	0.62 579	0.62 577	0.62 574	0.62 572	0.62 570
14'	0.62 567	0.62 565	0.62 563	0.62 561	0.62 558	0.62 556	0.62 554	0.62 552	0.62 549	0.62 547
15'	0.62 545	0.62 543	0.62 540	0.62 538	0.62 536	0.62 533	0.62 531	0.62 529	0.62 527	0.62 524
16'	0.62 522	0.62 520	0.62 518	0.62 515	0.62 513	0.62 511	0.62 509	0.62 506	0.62 504	0.62 502
17'	0.62 499	0.62 497	0.62 495	0.62 493	0.62 490	0.62 488	0.62 486	0.62 484	0.62 481	0.62 479
18'	0.62 477	0.62 475	0.62 472	0.62 470	0.62 468	0.62 465	0.62 463	0.62 461	0.62 459	0.62 456
19'	0.62 454	0.62 452	0.62 450	0.62 447	0.62 445	0.62 443	0.62 441	0.62 438	0.62 436	0.62 434
20'	0.62 431	0.62 429	0.62 427	0.62 425	0.62 422	0.62 420	0.62 418	0.62 416	0.62 413	0.62 411
21'	0.62 409	0.62 407	0.62 404	0.62 402	0.62 400	0.62 398	0.62 395	0.62 393	0.62 391	0.62 389
22'	0.62 386	0.62 384	0.62 382	0.62 379	0.62 377	0.62 375	0.62 373	0.62 370	0.62 368	0.62 366
23'	0.62 364	0.62 361	0.62 359	0.62 357	0.62 355	0.62 352	0.62 350	0.62 348	0.62 346	0.62 343
24'	0.62 341	0.62 339	0.62 336	0.62 334	0.62 332	0.62 330	0.62 327	0.62 325	0.62 323	0.62 321
25'	0.62 318	0.62 316	0.62 314	0.62 312	0.62 309	0.62 307	0.62 305	0.62 303	0.62 300	0.62 298
26'	0.62 296	0.62 294	0.62 291	0.62 289	0.62 287	0.62 285	0.62 282	0.62 280	0.62 278	0.62 275
27'	0.62 273	0.62 271	0.62 269	0.62 266	0.62 264	0.62 262	0.62 260	0.62 257	0.62 255	0.62 253
28'	0.62 251	0.62 248	0.62 246	0.62 244	0.62 242	0.62 239	0.62 237	0.62 235	0.62 233	0.62 230
29'	0.62 228	0.62 226	0.62 224	0.62 221	0.62 219	0.62 217	0.62 215	0.62 212	0.62 210	0.62 208
30'	0.62 206	0.62 203	0.62 201	0.62 199	0.62 197	0.62 194	0.62 192	0.62 190	0.62 187	0.62 185
31'	0.62 183	0.62 181	0.62 178	0.62 176	0.62 174	0.62 172	0.62 169	0.62 167	0.62 165	0.62 163
32'	0.62 160	0.62 158	0.62 156	0.62 154	0.62 151	0.62 149	0.62 147	0.62 145	0.62 142	0.62 140
33'	0.62 138	0.62 136	0.62 133	0.62 131	0.62 129	0.62 127	0.62 124	0.62 122	0.62 120	0.62 118
34'	0.62 115	0.62 113	0.62 111	0.62 109	0.62 106	0.62 104	0.62 102	0.62 100	0.62 097	0.62 095
35'	0.62 093	0.62 091	0.62 088	0.62 086	0.62 084	0.62 082	0.62 079	0.62 077	0.62 075	0.62 073
36'	0.62 070	0.62 068	0.62 066	0.62 064	0.62 061	0.62 059	0.62 057	0.62 055	0.62 052	0.62 050
37'	0.62 048	0.62 046	0.62 043	0.62 041	0.62 039	0.62 037	0.62 034	0.62 032	0.62 030	0.62 028
38'	0.62 025	0.62 023	0.62 021	0.62 019	0.62 016	0.62 014	0.62 012	0.62 010	0.62 007	0.62 005
39'	0.62 003	0.62 001	0.61 998	0.61 996	0.61 994	0.61 992	0.61 989	0.61 987	0.61 985	0.61 983
40'	0.61 980	0.61 978	0.61 976	0.61 974	0.61 971	0.61 969	0.61 967	0.61 965	0.61 962	0.61 960
41'	0.61 958	0.61 956	0.61 953	0.61 951	0.61 949	0.61 947	0.61 944	0.61 942	0.61 940	0.61 938
42'	0.61 935	0.61 933	0.61 931	0.61 929	0.61 926	0.61 924	0.61 922	0.61 920	0.61 917	0.61 915
43'	0.61 913	0.61 911	0.61 908	0.61 906	0.61 904	0.61 902	0.61 899	0.61 897	0.61 895	0.61 893
44'	0.61 890	0.61 888	0.61 886	0.61 884	0.61 881	0.61 879	0.61 877	0.61 875	0.61 873	0.61 870
45'	0.61 868	0.61 866	0.61 864	0.61 861	0.61 859	0.61 857	0.61 855	0.61 852	0.61 850	0.61 848
46'	0.61 846	0.61 843	0.61 841	0.61 839	0.61 837	0.61 834	0.61 832	0.61 830	0.61 828	0.61 825
47'	0.61 823	0.61 821	0.61 819	0.61 816	0.61 814	0.61 812	0.61 810	0.61 807	0.61 805	0.61 803
48'	0.61 801	0.61 798	0.61 796	0.61 794	0.61 792	0.61 790	0.61 787	0.61 785	0.61 783	0.61 781
49'	0.61 778	0.61 776	0.61 774	0.61 772	0.61 769	0.61 767	0.61 765	0.61 763	0.61 760	0.61 758
50'	0.61 756	0.61 754	0.61 751	0.61 749	0.61 747	0.61 745	0.61 742	0.61 740	0.61 738	0.61 736
51'	0.61 734	0.61 731	0.61 729	0.61 727	0.61 725	0.61 722	0.61 720	0.61 718	0.61 716	0.61 713
52'	0.61 711	0.61 709	0.61 707	0.61 704	0.61 702	0.61 700	0.61 698	0.61 695	0.61 693	0.61 691
53'	0.61 689	0.61 686	0.61 684	0.61 682	0.61 680	0.61 678	0.61 675	0.61 673	0.61 671	0.61 669
54'	0.61 666	0.61 664	0.61 662	0.61 660	0.61 657	0.61 655	0.61 653	0.61 651	0.61 648	0.61 646
55'	0.61 644	0.61 642	0.61 640	0.61 637	0.61 635	0.61 633	0.61 631	0.61 628	0.61 626	0.61 624
56'	0.61 622	0.61 619	0.61 617	0.61 615	0.61 613	0.61 610	0.61 608	0.61 606	0.61 604	0.61 601
57'	0.61 599	0.61 597	0.61 595	0.61 593	0.61 590	0.61 588	0.61 586	0.61 584	0.61 581	0.61 579
58'	0.61 577	0.61 575	0.61 572	0.61 570	0.61 568	0.61 566	0.61 564	0.61 561	0.61 559	0.61 557
59'	0.61 555	0.61 552	0.61 550	0.61 548	0.61 546	0.61 543	0.61 541	0.61 539	0.61 537	0.61 534

K

59°

	0.'0	0.'1	0.'2	0.'3	0.'4	0.'5	0.'6	0.'7	0.'8	0.'9
0'	0.61 532	0.61 530	0.61 528	0.61 526	0.61 523	0.61 521	0.61 519	0.61 517	0.61 514	0.61 512
1'	0.61 510	0.61 508	0.61 505	0.61 503	0.61 501	0.61 499	0.61 497	0.61 494	0.61 492	0.61 490
2'	0.61 488	0.61 485	0.61 483	0.61 481	0.61 479	0.61 476	0.61 474	0.61 472	0.61 470	0.61 468
3'	0.61 465	0.61 463	0.61 461	0.61 459	0.61 456	0.61 454	0.61 452	0.61 450	0.61 447	0.61 445
4'	0.61 443	0.61 441	0.61 439	0.61 436	0.61 434	0.61 432	0.61 430	0.61 427	0.61 425	0.61 423
5'	0.61 421	0.61 418	0.61 416	0.61 414	0.61 412	0.61 410	0.61 407	0.61 405	0.61 403	0.61 401
6'	0.61 398	0.61 396	0.61 394	0.61 392	0.61 389	0.61 387	0.61 385	0.61 383	0.61 381	0.61 378
7'	0.61 376	0.61 374	0.61 372	0.61 369	0.61 367	0.61 365	0.61 363	0.61 361	0.61 358	0.61 356
8'	0.61 354	0.61 352	0.61 349	0.61 347	0.61 345	0.61 343	0.61 340	0.61 338	0.61 336	0.61 334
9'	0.61 332	0.61 329	0.61 327	0.61 325	0.61 323	0.61 320	0.61 318	0.61 316	0.61 314	0.61 312
10'	0.61 309	0.61 307	0.61 305	0.61 303	0.61 300	0.61 298	0.61 296	0.61 294	0.61 292	0.61 289
11'	0.61 287	0.61 285	0.61 283	0.61 280	0.61 278	0.61 276	0.61 274	0.61 272	0.61 269	0.61 267
12'	0.61 265	0.61 263	0.61 260	0.61 258	0.61 256	0.61 254	0.61 251	0.61 249	0.61 247	0.61 245
13'	0.61 243	0.61 240	0.61 238	0.61 236	0.61 234	0.61 231	0.61 229	0.61 227	0.61 225	0.61 223
14'	0.61 220	0.61 218	0.61 216	0.61 214	0.61 211	0.61 209	0.61 207	0.61 205	0.61 203	0.61 200
15'	0.61 198	0.61 196	0.61 194	0.61 191	0.61 189	0.61 187	0.61 185	0.61 183	0.61 180	0.61 178
16'	0.61 176	0.61 174	0.61 171	0.61 169	0.61 167	0.61 165	0.61 163	0.61 160	0.61 158	0.61 156
17'	0.61 154	0.61 152	0.61 149	0.61 147	0.61 145	0.61 143	0.61 140	0.61 138	0.61 136	0.61 134
18'	0.61 132	0.61 129	0.61 127	0.61 125	0.61 123	0.61 120	0.61 118	0.61 116	0.61 114	0.61 112
19'	0.61 109	0.61 107	0.61 105	0.61 103	0.61 100	0.61 098	0.61 096	0.61 094	0.61 092	0.61 089
20'	0.61 087	0.61 085	0.61 083	0.61 081	0.61 078	0.61 076	0.61 074	0.61 072	0.61 069	0.61 067
21'	0.61 065	0.61 063	0.61 061	0.61 058	0.61 056	0.61 054	0.61 052	0.61 049	0.61 047	0.61 045
22'	0.61 043	0.61 041	0.61 038	0.61 036	0.61 034	0.61 032	0.61 030	0.61 027	0.61 025	0.61 023
23'	0.61 021	0.61 018	0.61 016	0.61 014	0.61 012	0.61 010	0.61 007	0.61 005	0.61 003	0.61 001
24'	0.60 999	0.60 996	0.60 994	0.60 992	0.60 990	0.60 987	0.60 985	0.60 983	0.60 981	0.60 979
25'	0.60 976	0.60 974	0.60 972	0.60 970	0.60 968	0.60 965	0.60 963	0.60 961	0.60 959	0.60 956
26'	0.60 954	0.60 952	0.60 950	0.60 948	0.60 945	0.60 943	0.60 941	0.60 939	0.60 937	0.60 934
27'	0.60 932	0.60 930	0.60 928	0.60 925	0.60 923	0.60 921	0.60 919	0.60 917	0.60 914	0.60 912
28'	0.60 910	0.60 908	0.60 906	0.60 903	0.60 901	0.60 899	0.60 897	0.60 894	0.60 892	0.60 890
29'	0.60 888	0.60 886	0.60 883	0.60 881	0.60 879	0.60 877	0.60 875	0.60 872	0.60 870	0.60 868
30'	0.60 866	0.60 864	0.60 861	0.60 859	0.60 857	0.60 855	0.60 852	0.60 850	0.60 848	0.60 846
31'	0.60 844	0.60 841	0.60 839	0.60 837	0.60 835	0.60 833	0.60 830	0.60 828	0.60 826	0.60 824
32'	0.60 822	0.60 819	0.60 817	0.60 815	0.60 813	0.60 811	0.60 808	0.60 806	0.60 804	0.60 802
33'	0.60 799	0.60 797	0.60 795	0.60 793	0.60 791	0.60 788	0.60 786	0.60 784	0.60 782	0.60 780
34'	0.60 777	0.60 775	0.60 773	0.60 771	0.60 769	0.60 766	0.60 764	0.60 762	0.60 760	0.60 758
35'	0.60 755	0.60 753	0.60 751	0.60 749	0.60 747	0.60 744	0.60 742	0.60 740	0.60 738	0.60 735
36'	0.60 733	0.60 731	0.60 729	0.60 727	0.60 724	0.60 722	0.60 720	0.60 718	0.60 716	0.60 713
37'	0.60 711	0.60 709	0.60 707	0.60 705	0.60 702	0.60 700	0.60 698	0.60 696	0.60 694	0.60 691
38'	0.60 689	0.60 687	0.60 685	0.60 683	0.60 680	0.60 678	0.60 676	0.60 674	0.60 672	0.60 669
39'	0.60 667	0.60 665	0.60 663	0.60 661	0.60 658	0.60 656	0.60 654	0.60 652	0.60 650	0.60 647
40'	0.60 645	0.60 643	0.60 641	0.60 638	0.60 636	0.60 634	0.60 632	0.60 630	0.60 627	0.60 625
41'	0.60 623	0.60 621	0.60 619	0.60 616	0.60 614	0.60 612	0.60 610	0.60 608	0.60 605	0.60 603
42'	0.60 601	0.60 599	0.60 597	0.60 594	0.60 592	0.60 590	0.60 588	0.60 586	0.60 583	0.60 581
43'	0.60 579	0.60 577	0.60 575	0.60 572	0.60 570	0.60 568	0.60 566	0.60 564	0.60 561	0.60 559
44'	0.60 557	0.60 555	0.60 553	0.60 550	0.60 548	0.60 546	0.60 544	0.60 542	0.60 539	0.60 537
45'	0.60 535	0.60 533	0.60 531	0.60 528	0.60 526	0.60 524	0.60 522	0.60 520	0.60 517	0.60 515
46'	0.60 513	0.60 511	0.60 509	0.60 506	0.60 504	0.60 502	0.60 500	0.60 498	0.60 495	0.60 493
47'	0.60 491	0.60 489	0.60 487	0.60 484	0.60 482	0.60 480	0.60 478	0.60 476	0.60 473	0.60 471
48'	0.60 469	0.60 467	0.60 465	0.60 463	0.60 460	0.60 458	0.60 456	0.60 454	0.60 452	0.60 449
49'	0.60 447	0.60 445	0.60 443	0.60 441	0.60 438	0.60 436	0.60 434	0.60 432	0.60 430	0.60 427
50'	0.60 425	0.60 423	0.60 421	0.60 419	0.60 416	0.60 414	0.60 412	0.60 410	0.60 408	0.60 405
51'	0.60 403	0.60 401	0.60 399	0.60 397	0.60 394	0.60 392	0.60 390	0.60 388	0.60 386	0.60 383
52'	0.60 381	0.60 379	0.60 377	0.60 375	0.60 373	0.60 370	0.60 368	0.60 366	0.60 364	0.60 362
53'	0.60 359	0.60 357	0.60 355	0.60 353	0.60 351	0.60 348	0.60 346	0.60 344	0.60 342	0.60 340
54'	0.60 337	0.60 335	0.60 333	0.60 331	0.60 329	0.60 326	0.60 324	0.60 322	0.60 320	0.60 318
55'	0.60 315	0.60 313	0.60 311	0.60 309	0.60 307	0.60 305	0.60 302	0.60 300	0.60 298	0.60 296
56'	0.60 294	0.60 291	0.60 289	0.60 287	0.60 285	0.60 283	0.60 280	0.60 278	0.60 276	0.60 274
57'	0.60 272	0.60 269	0.60 267	0.60 265	0.60 263	0.60 261	0.60 259	0.60 256	0.60 254	0.60 252
58'	0.60 250	0.60 248	0.60 245	0.60 243	0.60 241	0.60 239	0.60 237	0.60 234	0.60 232	0.60 230
59'	0.60 228	0.60 226	0.60 224	0.60 221	0.60 219	0.60 217	0.60 215	0.60 213	0.60 210	0.60 208

59°

K

K 60°

	0.'0	0.'1	0.'2	0.'3	0.'4	0.'5	0.'6	0.'7	0.'8	0.'9
0'	0.60 206	0.60 204	0.60 202	0.60 199	0.60 197	0.60 195	0.60 193	0.60 191	0.60 188	0.60 186
1'	0.60 184	0.60 182	0.60 180	0.60 178	0.60 175	0.60 173	0.60 171	0.60 169	0.60 167	0.60 164
2'	0.60 162	0.60 160	0.60 158	0.60 156	0.60 154	0.60 151	0.60 149	0.60 147	0.60 145	0.60 143
3'	0.60 140	0.60 138	0.60 136	0.60 134	0.60 132	0.60 129	0.60 127	0.60 125	0.60 123	0.60 121
4'	0.60 119	0.60 116	0.60 114	0.60 112	0.60 110	0.60 108	0.60 105	0.60 103	0.60 101	0.60 099
5'	0.60 097	0.60 095	0.60 092	0.60 090	0.60 088	0.60 086	0.60 084	0.60 081	0.60 079	0.60 077
6'	0.60 075	0.60 073	0.60 070	0.60 068	0.60 066	0.60 064	0.60 062	0.60 060	0.60 057	0.60 055
7'	0.60 053	0.60 051	0.60 049	0.60 046	0.60 044	0.60 042	0.60 040	0.60 038	0.60 036	0.60 033
8'	0.60 031	0.60 029	0.60 027	0.60 025	0.60 022	0.60 020	0.60 018	0.60 016	0.60 014	0.60 012
9'	0.60 009	0.60 007	0.60 005	0.60 003	0.60 001	0.59 998	0.59 996	0.59 994	0.59 992	0.59 990
10'	0.59 988	0.59 985	0.59 983	0.59 981	0.59 979	0.59 977	0.59 974	0.59 972	0.59 970	0.59 968
11'	0.59 966	0.59 964	0.59 961	0.59 959	0.59 957	0.59 955	0.59 953	0.59 950	0.59 948	0.59 946
12'	0.59 944	0.59 942	0.59 940	0.59 937	0.59 935	0.59 933	0.59 931	0.59 929	0.59 927	0.59 924
13'	0.59 922	0.59 920	0.59 918	0.59 916	0.59 913	0.59 911	0.59 909	0.59 907	0.59 905	0.59 903
14'	0.59 900	0.59 898	0.59 896	0.59 894	0.59 892	0.59 889	0.59 887	0.59 885	0.59 883	0.59 881
15'	0.59 879	0.59 876	0.59 874	0.59 872	0.59 870	0.59 868	0.59 866	0.59 863	0.59 861	0.59 859
16'	0.59 857	0.59 855	0.59 852	0.59 850	0.59 848	0.59 846	0.59 844	0.59 842	0.59 839	0.59 837
17'	0.59 835	0.59 833	0.59 831	0.59 829	0.59 826	0.59 824	0.59 822	0.59 820	0.59 818	0.59 815
18'	0.59 813	0.59 811	0.59 809	0.59 807	0.59 805	0.59 802	0.59 800	0.59 798	0.59 796	0.59 794
19'	0.59 792	0.59 789	0.59 787	0.59 785	0.59 783	0.59 781	0.59 779	0.59 776	0.59 774	0.59 772
20'	0.59 770	0.59 768	0.59 765	0.59 763	0.59 761	0.59 759	0.59 757	0.59 755	0.59 752	0.59 750
21'	0.59 748	0.59 746	0.59 744	0.59 742	0.59 739	0.59 737	0.59 735	0.59 733	0.59 731	0.59 729
22'	0.59 726	0.59 724	0.59 722	0.59 720	0.59 718	0.59 716	0.59 713	0.59 711	0.59 709	0.59 707
23'	0.59 705	0.59 702	0.59 700	0.59 698	0.59 696	0.59 694	0.59 692	0.59 689	0.59 687	0.59 685
24'	0.59 683	0.59 681	0.59 679	0.59 676	0.59 674	0.59 672	0.59 670	0.59 668	0.59 666	0.59 663
25'	0.59 661	0.59 659	0.59 657	0.59 655	0.59 653	0.59 650	0.59 648	0.59 646	0.59 644	0.59 642
26'	0.59 640	0.59 637	0.59 635	0.59 633	0.59 631	0.59 629	0.59 627	0.59 624	0.59 622	0.59 620
27'	0.59 618	0.59 616	0.59 614	0.59 611	0.59 609	0.59 607	0.59 605	0.59 603	0.59 601	0.59 598
28'	0.59 596	0.59 594	0.59 592	0.59 590	0.59 588	0.59 585	0.59 583	0.59 581	0.59 579	0.59 577
29'	0.59 575	0.59 572	0.59 570	0.59 568	0.59 566	0.59 564	0.59 562	0.59 559	0.59 557	0.59 555
30'	0.59 553	0.59 551	0.59 549	0.59 546	0.59 544	0.59 542	0.59 540	0.59 538	0.59 536	0.59 533
31'	0.59 531	0.59 529	0.59 527	0.59 525	0.59 523	0.59 520	0.59 518	0.59 516	0.59 514	0.59 512
32'	0.59 510	0.59 507	0.59 505	0.59 503	0.59 501	0.59 499	0.59 497	0.59 494	0.59 492	0.59 490
33'	0.59 488	0.59 486	0.59 484	0.59 481	0.59 479	0.59 477	0.59 475	0.59 473	0.59 471	0.59 468
34'	0.59 466	0.59 464	0.59 462	0.59 460	0.59 458	0.59 455	0.59 453	0.59 451	0.59 449	0.59 447
35'	0.59 445	0.59 442	0.59 440	0.59 438	0.59 436	0.59 434	0.59 432	0.59 429	0.59 427	0.59 425
36'	0.59 423	0.59 421	0.59 419	0.59 417	0.59 414	0.59 412	0.59 410	0.59 408	0.59 406	0.59 404
37'	0.59 401	0.59 399	0.59 397	0.59 395	0.59 393	0.59 391	0.59 388	0.59 386	0.59 384	0.59 382
38'	0.59 380	0.59 378	0.59 375	0.59 373	0.59 371	0.59 369	0.59 367	0.59 365	0.59 363	0.59 360
39'	0.59 358	0.59 356	0.59 354	0.59 352	0.59 350	0.59 347	0.59 345	0.59 343	0.59 341	0.59 339
40'	0.59 337	0.59 334	0.59 332	0.59 330	0.59 328	0.59 326	0.59 324	0.59 321	0.59 319	0.59 317
41'	0.59 315	0.59 313	0.59 311	0.59 309	0.59 306	0.59 304	0.59 302	0.59 300	0.59 298	0.59 296
42'	0.59 293	0.59 291	0.59 289	0.59 287	0.59 285	0.59 283	0.59 280	0.59 278	0.59 276	0.59 274
43'	0.59 272	0.59 270	0.59 268	0.59 265	0.59 263	0.59 261	0.59 259	0.59 257	0.59 255	0.59 252
44'	0.59 250	0.59 248	0.59 246	0.59 244	0.59 242	0.59 240	0.59 237	0.59 235	0.59 233	0.59 231
45'	0.59 229	0.59 227	0.59 224	0.59 222	0.59 220	0.59 218	0.59 216	0.59 214	0.59 211	0.59 209
46'	0.59 207	0.59 205	0.59 203	0.59 201	0.59 199	0.59 196	0.59 194	0.59 192	0.59 190	0.59 188
47'	0.59 186	0.59 183	0.59 181	0.59 179	0.59 177	0.59 175	0.59 173	0.59 171	0.59 168	0.59 166
48'	0.59 164	0.59 162	0.59 160	0.59 158	0.59 155	0.59 153	0.59 151	0.59 149	0.59 147	0.59 145
49'	0.59 143	0.59 140	0.59 138	0.59 136	0.59 134	0.59 132	0.59 130	0.59 128	0.59 125	0.59 123
50'	0.59 121	0.59 119	0.59 117	0.59 115	0.59 112	0.59 110	0.59 108	0.59 106	0.59 104	0.59 102
51'	0.59 100	0.59 097	0.59 095	0.59 093	0.59 091	0.59 089	0.59 087	0.59 084	0.59 082	0.59 080
52'	0.59 078	0.59 076	0.59 074	0.59 072	0.59 069	0.59 067	0.59 065	0.59 063	0.59 061	0.59 059
53'	0.59 057	0.59 054	0.59 052	0.59 050	0.59 048	0.59 046	0.59 044	0.59 041	0.59 039	0.59 037
54'	0.59 035	0.59 033	0.59 031	0.59 029	0.59 026	0.59 024	0.59 022	0.59 020	0.59 018	0.59 016
55'	0.59 014	0.59 011	0.59 009	0.59 007	0.59 005	0.59 003	0.59 001	0.58 999	0.58 996	0.58 994
56'	0.58 992	0.58 990	0.58 988	0.58 986	0.58 983	0.58 981	0.58 979	0.58 977	0.58 975	0.58 973
57'	0.58 971	0.58 968	0.58 966	0.58 964	0.58 962	0.58 960	0.58 958	0.58 956	0.58 953	0.58 951
58'	0.58 949	0.58 947	0.58 945	0.58 943	0.58 941	0.58 938	0.58 936	0.58 934	0.58 932	0.58 930
59'	0.58 928	0.58 926	0.58 923	0.58 921	0.58 919	0.58 917	0.58 915	0.58 913	0.58 911	0.58 908

K   K

61°		0.'0	0.'1	0.'2	0.'3	0.'4	0.'5	0.'6	0.'7	0.'8	0.'9	61°
	0'	0.58 906	0.58 904	0.58 902	0.58 900	0.58 898	0.58 896	0.58 893	0.58 891	0.58 889	0.58 887	
	1'	0.58 885	0.58 883	0.58 880	0.58 878	0.58 876	0.58 874	0.58 872	0.58 870	0.58 868	0.58 865	
	2'	0.58 863	0.58 861	0.58 859	0.58 857	0.58 855	0.58 853	0.58 850	0.58 848	0.58 846	0.58 844	
	3'	0.58 842	0.58 840	0.58 838	0.58 835	0.58 833	0.58 831	0.58 829	0.58 827	0.58 825	0.58 823	
	4'	0.58 820	0.58 818	0.58 816	0.58 814	0.58 812	0.58 810	0.58 808	0.58 806	0.58 803	0.58 801	
	5'	0.58 799	0.58 797	0.58 795	0.58 793	0.58 791	0.58 788	0.58 786	0.58 784	0.58 782	0.58 780	
	6'	0.58 778	0.58 776	0.58 773	0.58 771	0.58 769	0.58 767	0.58 765	0.58 763	0.58 761	0.58 758	
	7'	0.58 756	0.58 754	0.58 752	0.58 750	0.58 748	0.58 746	0.58 743	0.58 741	0.58 739	0.58 737	
	8'	0.58 735	0.58 733	0.58 731	0.58 728	0.58 726	0.58 724	0.58 722	0.58 720	0.58 718	0.58 716	
	9'	0.58 713	0.58 711	0.58 709	0.58 707	0.58 705	0.58 703	0.58 701	0.58 699	0.58 696	0.58 694	
	10'	0.58 692	0.58 690	0.58 688	0.58 686	0.58 684	0.58 681	0.58 679	0.58 677	0.58 675	0.58 673	
	11'	0.58 671	0.58 669	0.58 666	0.58 664	0.58 662	0.58 660	0.58 658	0.58 656	0.58 654	0.58 652	
	12'	0.58 649	0.58 647	0.58 645	0.58 643	0.58 641	0.58 639	0.58 637	0.58 634	0.58 632	0.58 630	
	13'	0.58 628	0.58 626	0.58 624	0.58 622	0.58 619	0.58 617	0.58 615	0.58 613	0.58 611	0.58 609	
	14'	0.58 607	0.58 605	0.58 602	0.58 600	0.58 598	0.58 596	0.58 594	0.58 592	0.58 590	0.58 587	
	15'	0.58 585	0.58 583	0.58 581	0.58 579	0.58 577	0.58 575	0.58 573	0.58 570	0.58 568	0.58 566	
	16'	0.58 564	0.58 562	0.58 560	0.58 558	0.58 555	0.58 553	0.58 551	0.58 549	0.58 547	0.58 545	
	17'	0.58 543	0.58 541	0.58 538	0.58 536	0.58 534	0.58 532	0.58 530	0.58 528	0.58 526	0.58 523	
	18'	0.58 521	0.58 519	0.58 517	0.58 515	0.58 513	0.58 511	0.58 509	0.58 506	0.58 504	0.58 502	
	19'	0.58 500	0.58 498	0.58 496	0.58 494	0.58 491	0.58 489	0.58 487	0.58 485	0.58 483	0.58 481	
	20'	0.58 479	0.58 477	0.58 474	0.58 472	0.58 470	0.58 468	0.58 466	0.58 464	0.58 462	0.58 460	
	21'	0.58 457	0.58 455	0.58 453	0.58 451	0.58 449	0.58 447	0.58 445	0.58 443	0.58 440	0.58 438	
	22'	0.58 436	0.58 434	0.58 432	0.58 430	0.58 428	0.58 425	0.58 423	0.58 421	0.58 419	0.58 417	
	23'	0.58 415	0.58 413	0.58 411	0.58 408	0.58 406	0.58 404	0.58 402	0.58 400	0.58 398	0.58 396	
	24'	0.58 394	0.58 391	0.58 389	0.58 387	0.58 385	0.58 383	0.58 381	0.58 379	0.58 377	0.58 374	
	25'	0.58 372	0.58 370	0.58 368	0.58 366	0.58 364	0.58 362	0.58 360	0.58 357	0.58 355	0.58 353	
	26'	0.58 351	0.58 349	0.58 347	0.58 345	0.58 343	0.58 340	0.58 338	0.58 336	0.58 334	0.58 332	
	27'	0.58 330	0.58 328	0.58 325	0.58 323	0.58 321	0.58 319	0.58 317	0.58 315	0.58 313	0.58 311	
	28'	0.58 308	0.58 306	0.58 304	0.58 302	0.58 300	0.58 298	0.58 296	0.58 294	0.58 292	0.58 289	
	29'	0.58 287	0.58 285	0.58 283	0.58 281	0.58 279	0.58 277	0.58 275	0.58 272	0.58 270	0.58 268	
	30'	0.58 266	0.58 264	0.58 262	0.58 260	0.58 258	0.58 255	0.58 253	0.58 251	0.58 249	0.58 247	
	31'	0.58 245	0.58 243	0.58 241	0.58 238	0.58 236	0.58 234	0.58 232	0.58 230	0.58 228	0.58 226	
	32'	0.58 224	0.58 221	0.58 219	0.58 217	0.58 215	0.58 213	0.58 211	0.58 209	0.58 207	0.58 204	
	33'	0.58 202	0.58 200	0.58 198	0.58 196	0.58 194	0.58 192	0.58 190	0.58 187	0.58 185	0.58 183	
	34'	0.58 181	0.58 179	0.58 177	0.58 175	0.58 173	0.58 171	0.58 168	0.58 166	0.58 164	0.58 162	
	35'	0.58 160	0.58 158	0.58 156	0.58 154	0.58 151	0.58 149	0.58 147	0.58 145	0.58 143	0.58 141	
	36'	0.58 139	0.58 137	0.58 134	0.58 132	0.58 130	0.58 128	0.58 126	0.58 124	0.58 122	0.58 120	
	37'	0.58 118	0.58 115	0.58 113	0.58 111	0.58 109	0.58 107	0.58 105	0.58 103	0.58 101	0.58 098	
	38'	0.58 096	0.58 094	0.58 092	0.58 090	0.58 088	0.58 086	0.58 084	0.58 082	0.58 079	0.58 077	
	39'	0.58 075	0.58 073	0.58 071	0.58 069	0.58 067	0.58 065	0.58 062	0.58 060	0.58 058	0.58 056	
	40'	0.58 054	0.58 052	0.58 050	0.58 048	0.58 046	0.58 043	0.58 041	0.58 039	0.58 037	0.58 035	
	41'	0.58 033	0.58 031	0.58 029	0.58 027	0.58 024	0.58 022	0.58 020	0.58 018	0.58 016	0.58 014	
	42'	0.58 012	0.58 010	0.58 007	0.58 005	0.58 003	0.58 001	0.57 999	0.57 997	0.57 995	0.57 993	
	43'	0.57 991	0.57 988	0.57 986	0.57 984	0.57 982	0.57 980	0.57 978	0.57 976	0.57 974	0.57 972	
	44'	0.57 969	0.57 967	0.57 965	0.57 963	0.57 961	0.57 959	0.57 957	0.57 955	0.57 953	0.57 950	
	45'	0.57 948	0.57 946	0.57 944	0.57 942	0.57 940	0.57 938	0.57 936	0.57 934	0.57 931	0.57 929	
	46'	0.57 927	0.57 925	0.57 923	0.57 921	0.57 919	0.57 917	0.57 914	0.57 912	0.57 910	0.57 908	
	47'	0.57 906	0.57 904	0.57 902	0.57 900	0.57 898	0.57 895	0.57 893	0.57 891	0.57 889	0.57 887	
	48'	0.57 885	0.57 883	0.57 881	0.57 879	0.57 876	0.57 874	0.57 872	0.57 870	0.57 868	0.57 866	
	49'	0.57 864	0.57 862	0.57 860	0.57 857	0.57 855	0.57 853	0.57 851	0.57 849	0.57 847	0.57 845	
	50'	0.57 843	0.57 841	0.57 839	0.57 836	0.57 834	0.57 832	0.57 830	0.57 828	0.57 826	0.57 824	
	51'	0.57 822	0.57 820	0.57 817	0.57 815	0.57 813	0.57 811	0.57 809	0.57 807	0.57 805	0.57 803	
	52'	0.57 801	0.57 798	0.57 796	0.57 794	0.57 792	0.57 790	0.57 788	0.57 786	0.57 784	0.57 782	
	53'	0.57 779	0.57 777	0.57 775	0.57 773	0.57 771	0.57 769	0.57 767	0.57 765	0.57 763	0.57 761	
	54'	0.57 758	0.57 756	0.57 754	0.57 752	0.57 750	0.57 748	0.57 746	0.57 744	0.57 742	0.57 739	
	55'	0.57 737	0.57 735	0.57 733	0.57 731	0.57 729	0.57 727	0.57 725	0.57 723	0.57 720	0.57 718	
	56'	0.57 716	0.57 714	0.57 712	0.57 710	0.57 708	0.57 706	0.57 704	0.57 702	0.57 699	0.57 697	
	57'	0.57 695	0.57 693	0.57 691	0.57 689	0.57 687	0.57 685	0.57 683	0.57 681	0.57 678	0.57 676	
	58'	0.57 674	0.57 672	0.57 670	0.57 668	0.57 666	0.57 664	0.57 662	0.57 659	0.57 657	0.57 655	
	59'	0.57 653	0.57 651	0.57 649	0.57 647	0.57 645	0.57 643	0.57 641	0.57 638	0.57 636	0.57 634	

K

62°

	0.'0	0.'1	0.'2	0.'3	0.'4	0.'5	0.'6	0.'7	0.'8	0.'9
0'	0.57 632	0.57 630	0.57 628	0.57 626	0.57 624	0.57 622	0.57 620	0.57 617	0.57 615	0.57 613
1'	0.57 611	0.57 609	0.57 607	0.57 605	0.57 603	0.57 601	0.57 599	0.57 596	0.57 594	0.57 592
2'	0.57 590	0.57 588	0.57 586	0.57 584	0.57 582	0.57 580	0.57 577	0.57 575	0.57 573	0.57 571
3'	0.57 569	0.57 567	0.57 565	0.57 563	0.57 561	0.57 559	0.57 556	0.57 554	0.57 552	0.57 550
4'	0.57 548	0.57 546	0.57 544	0.57 542	0.57 540	0.57 538	0.57 535	0.57 533	0.57 531	0.57 529
5'	0.57 527	0.57 525	0.57 523	0.57 521	0.57 519	0.57 517	0.57 515	0.57 512	0.57 510	0.57 508
6'	0.57 506	0.57 504	0.57 502	0.57 500	0.57 498	0.57 496	0.57 494	0.57 491	0.57 489	0.57 487
7'	0.57 485	0.57 483	0.57 481	0.57 479	0.57 477	0.57 475	0.57 473	0.57 470	0.57 468	0.57 466
8'	0.57 464	0.57 462	0.57 460	0.57 458	0.57 456	0.57 454	0.57 452	0.57 449	0.57 447	0.57 445
9'	0.57 443	0.57 441	0.57 439	0.57 437	0.57 435	0.57 433	0.57 431	0.57 429	0.57 426	0.57 424
10'	0.57 422	0.57 420	0.57 418	0.57 416	0.57 414	0.57 412	0.57 410	0.57 408	0.57 405	0.57 403
11'	0.57 401	0.57 399	0.57 397	0.57 395	0.57 393	0.57 391	0.57 389	0.57 387	0.57 385	0.57 382
12'	0.57 380	0.57 378	0.57 376	0.57 374	0.57 372	0.57 370	0.57 368	0.57 366	0.57 364	0.57 361
13'	0.57 359	0.57 357	0.57 355	0.57 353	0.57 351	0.57 349	0.57 347	0.57 345	0.57 343	0.57 341
14'	0.57 338	0.57 336	0.57 334	0.57 332	0.57 330	0.57 328	0.57 326	0.57 324	0.57 322	0.57 320
15'	0.57 318	0.57 315	0.57 313	0.57 311	0.57 309	0.57 307	0.57 305	0.57 303	0.57 301	0.57 299
16'	0.57 297	0.57 295	0.57 292	0.57 290	0.57 288	0.57 286	0.57 284	0.57 282	0.57 280	0.57 278
17'	0.57 276	0.57 274	0.57 272	0.57 269	0.57 267	0.57 265	0.57 263	0.57 261	0.57 259	0.57 257
18'	0.57 255	0.57 253	0.57 251	0.57 249	0.57 246	0.57 244	0.57 242	0.57 240	0.57 238	0.57 236
19'	0.57 234	0.57 232	0.57 230	0.57 228	0.57 226	0.57 223	0.57 221	0.57 219	0.57 217	0.57 215
20'	0.57 213	0.57 211	0.57 209	0.57 207	0.57 205	0.57 203	0.57 200	0.57 198	0.57 196	0.57 194
21'	0.57 192	0.57 190	0.57 188	0.57 186	0.57 184	0.57 182	0.57 180	0.57 178	0.57 175	0.57 173
22'	0.57 171	0.57 169	0.57 167	0.57 165	0.57 163	0.57 161	0.57 159	0.57 157	0.57 155	0.57 152
23'	0.57 150	0.57 148	0.57 146	0.57 144	0.57 142	0.57 140	0.57 138	0.57 136	0.57 134	0.57 132
24'	0.57 130	0.57 127	0.57 125	0.57 123	0.57 121	0.57 119	0.57 117	0.57 115	0.57 113	0.57 111
25'	0.57 109	0.57 107	0.57 104	0.57 102	0.57 100	0.57 098	0.57 096	0.57 094	0.57 092	0.57 090
26'	0.57 088	0.57 086	0.57 084	0.57 082	0.57 079	0.57 077	0.57 075	0.57 073	0.57 071	0.57 069
27'	0.57 067	0.57 065	0.57 063	0.57 061	0.57 059	0.57 057	0.57 054	0.57 052	0.57 050	0.57 048
28'	0.57 046	0.57 044	0.57 042	0.57 040	0.57 038	0.57 036	0.57 034	0.57 032	0.57 029	0.57 027
29'	0.57 025	0.57 023	0.57 021	0.57 019	0.57 017	0.57 015	0.57 013	0.57 011	0.57 009	0.57 007
30'	0.57 004	0.57 002	0.57 000	0.56 998	0.56 996	0.56 994	0.56 992	0.56 990	0.56 988	0.56 986
31'	0.56 984	0.56 982	0.56 980	0.56 977	0.56 975	0.56 973	0.56 971	0.56 969	0.56 967	0.56 965
32'	0.56 963	0.56 961	0.56 959	0.56 957	0.56 955	0.56 952	0.56 950	0.56 948	0.56 946	0.56 944
33'	0.56 942	0.56 940	0.56 938	0.56 936	0.56 934	0.56 932	0.56 930	0.56 928	0.56 925	0.56 923
34'	0.56 921	0.56 919	0.56 917	0.56 915	0.56 913	0.56 911	0.56 909	0.56 907	0.56 905	0.56 903
35'	0.56 900	0.56 898	0.56 896	0.56 894	0.56 892	0.56 890	0.56 888	0.56 886	0.56 884	0.56 882
36'	0.56 880	0.56 878	0.56 876	0.56 873	0.56 871	0.56 869	0.56 867	0.56 865	0.56 863	0.56 861
37'	0.56 859	0.56 857	0.56 855	0.56 853	0.56 851	0.56 849	0.56 846	0.56 844	0.56 842	0.56 840
38'	0.56 838	0.56 836	0.56 834	0.56 832	0.56 830	0.56 828	0.56 826	0.56 824	0.56 822	0.56 819
39'	0.56 817	0.56 815	0.56 813	0.56 811	0.56 809	0.56 807	0.56 805	0.56 803	0.56 801	0.56 799
40'	0.56 797	0.56 795	0.56 792	0.56 790	0.56 788	0.56 786	0.56 784	0.56 782	0.56 780	0.56 778
41'	0.56 776	0.56 774	0.56 772	0.56 770	0.56 768	0.56 766	0.56 763	0.56 761	0.56 759	0.56 757
42'	0.56 755	0.56 753	0.56 751	0.56 749	0.56 747	0.56 745	0.56 743	0.56 741	0.56 739	0.56 736
43'	0.56 734	0.56 732	0.56 730	0.56 728	0.56 726	0.56 724	0.56 722	0.56 720	0.56 718	0.56 716
44'	0.56 714	0.56 712	0.56 710	0.56 707	0.56 705	0.56 703	0.56 701	0.56 699	0.56 697	0.56 695
45'	0.56 693	0.56 691	0.56 689	0.56 687	0.56 685	0.56 683	0.56 681	0.56 678	0.56 676	0.56 674
46'	0.56 672	0.56 670	0.56 668	0.56 666	0.56 664	0.56 662	0.56 660	0.56 658	0.56 656	0.56 654
47'	0.56 652	0.56 649	0.56 647	0.56 645	0.56 643	0.56 641	0.56 639	0.56 637	0.56 635	0.56 633
48'	0.56 631	0.56 629	0.56 627	0.56 625	0.56 623	0.56 621	0.56 618	0.56 616	0.56 614	0.56 612
49'	0.56 610	0.56 608	0.56 606	0.56 604	0.56 602	0.56 600	0.56 598	0.56 596	0.56 594	0.56 592
50'	0.56 589	0.56 587	0.56 585	0.56 583	0.56 581	0.56 579	0.56 577	0.56 575	0.56 573	0.56 571
51'	0.56 569	0.56 567	0.56 565	0.56 563	0.56 561	0.56 558	0.56 556	0.56 554	0.56 552	0.56 550
52'	0.56 548	0.56 546	0.56 544	0.56 542	0.56 540	0.56 538	0.56 536	0.56 534	0.56 532	0.56 530
53'	0.56 527	0.56 525	0.56 523	0.56 521	0.56 519	0.56 517	0.56 515	0.56 513	0.56 511	0.56 509
54'	0.56 507	0.56 505	0.56 503	0.56 501	0.56 499	0.56 496	0.56 494	0.56 492	0.56 490	0.56 488
55'	0.56 486	0.56 484	0.56 482	0.56 480	0.56 478	0.56 476	0.56 474	0.56 472	0.56 470	0.56 468
56'	0.56 465	0.56 463	0.56 461	0.56 459	0.56 457	0.56 455	0.56 453	0.56 451	0.56 449	0.56 447
57'	0.56 445	0.56 443	0.56 441	0.56 439	0.56 437	0.56 435	0.56 432	0.56 430	0.56 428	0.56 426
58'	0.56 424	0.56 422	0.56 420	0.56 418	0.56 416	0.56 414	0.56 412	0.56 410	0.56 408	0.56 406
59'	0.56 404	0.56 402	0.56 399	0.56 397	0.56 395	0.56 393	0.56 391	0.56 389	0.56 387	0.56 385

K 63°

	0.'0	0.'1	0.'2	0.'3	0.'4	0.'5	0.'6	0.'7	0.'8	0.'9
0'	0.56 383	0.56 381	0.56 379	0.56 377	0.56 375	0.56 373	0.56 371	0.56 369	0.56 366	0.56 364
1'	0.56 362	0.56 360	0.56 358	0.56 356	0.56 354	0.56 352	0.56 350	0.56 348	0.56 346	0.56 344
2'	0.56 342	0.56 340	0.56 338	0.56 336	0.56 334	0.56 331	0.56 329	0.56 327	0.56 325	0.56 323
3'	0.56 321	0.56 319	0.56 317	0.56 315	0.56 313	0.56 311	0.56 309	0.56 307	0.56 305	0.56 303
4'	0.56 301	0.56 299	0.56 296	0.56 294	0.56 292	0.56 290	0.56 288	0.56 286	0.56 284	0.56 282
5'	0.56 280	0.56 278	0.56 276	0.56 274	0.56 272	0.56 270	0.56 268	0.56 266	0.56 264	0.56 261
6'	0.56 259	0.56 257	0.56 255	0.56 253	0.56 251	0.56 249	0.56 247	0.56 245	0.56 243	0.56 241
7'	0.56 239	0.56 237	0.56 235	0.56 233	0.56 231	0.56 229	0.56 226	0.56 224	0.56 222	0.56 220
8'	0.56 218	0.56 216	0.56 214	0.56 212	0.56 210	0.56 208	0.56 206	0.56 204	0.56 202	0.56 200
9'	0.56 198	0.56 196	0.56 194	0.56 192	0.56 189	0.56 187	0.56 185	0.56 183	0.56 181	0.56 179
10'	0.56 177	0.56 175	0.56 173	0.56 171	0.56 169	0.56 167	0.56 165	0.56 163	0.56 161	0.56 159
11'	0.56 157	0.56 155	0.56 153	0.56 150	0.56 148	0.56 146	0.56 144	0.56 142	0.56 140	0.56 138
12'	0.56 136	0.56 134	0.56 132	0.56 130	0.56 128	0.56 126	0.56 124	0.56 122	0.56 120	0.56 118
13'	0.56 116	0.56 113	0.56 111	0.56 109	0.56 107	0.56 105	0.56 103	0.56 101	0.56 099	0.56 097
14'	0.56 095	0.56 093	0.56 091	0.56 089	0.56 087	0.56 085	0.56 083	0.56 081	0.56 079	0.56 077
15'	0.56 075	0.56 072	0.56 070	0.56 068	0.56 066	0.56 064	0.56 062	0.56 060	0.56 058	0.56 056
16'	0.56 054	0.56 052	0.56 050	0.56 048	0.56 046	0.56 044	0.56 042	0.56 040	0.56 038	0.56 036
17'	0.56 033	0.56 031	0.56 029	0.56 027	0.56 025	0.56 023	0.56 021	0.56 019	0.56 017	0.56 015
18'	0.56 013	0.56 011	0.56 009	0.56 007	0.56 005	0.56 003	0.56 001	0.55 999	0.55 997	0.55 995
19'	0.55 992	0.55 990	0.55 988	0.55 986	0.55 984	0.55 982	0.55 980	0.55 978	0.55 976	0.55 974
20'	0.55 972	0.55 970	0.55 968	0.55 966	0.55 964	0.55 962	0.55 960	0.55 958	0.55 956	0.55 954
21'	0.55 952	0.55 949	0.55 947	0.55 945	0.55 943	0.55 941	0.55 939	0.55 937	0.55 935	0.55 933
22'	0.55 931	0.55 929	0.55 927	0.55 925	0.55 923	0.55 921	0.55 919	0.55 917	0.55 915	0.55 913
23'	0.55 911	0.55 909	0.55 907	0.55 904	0.55 902	0.55 900	0.55 898	0.55 896	0.55 894	0.55 892
24'	0.55 890	0.55 888	0.55 886	0.55 884	0.55 882	0.55 880	0.55 878	0.55 876	0.55 874	0.55 872
25'	0.55 870	0.55 868	0.55 866	0.55 864	0.55 862	0.55 859	0.55 857	0.55 855	0.55 853	0.55 851
26'	0.55 849	0.55 847	0.55 845	0.55 843	0.55 841	0.55 839	0.55 837	0.55 835	0.55 833	0.55 831
27'	0.55 829	0.55 827	0.55 825	0.55 823	0.55 821	0.55 819	0.55 817	0.55 815	0.55 812	0.55 810
28'	0.55 808	0.55 806	0.55 804	0.55 802	0.55 800	0.55 798	0.55 796	0.55 794	0.55 792	0.55 790
29'	0.55 788	0.55 786	0.55 784	0.55 782	0.55 780	0.55 778	0.55 776	0.55 774	0.55 772	0.55 770
30'	0.55 768	0.55 765	0.55 763	0.55 761	0.55 759	0.55 757	0.55 755	0.55 753	0.55 751	0.55 749
31'	0.55 747	0.55 745	0.55 743	0.55 741	0.55 739	0.55 737	0.55 735	0.55 733	0.55 731	0.55 729
32'	0.55 727	0.55 725	0.55 723	0.55 721	0.55 719	0.55 717	0.55 714	0.55 712	0.55 710	0.55 708
33'	0.55 706	0.55 704	0.55 702	0.55 700	0.55 698	0.55 696	0.55 694	0.55 692	0.55 690	0.55 688
34'	0.55 686	0.55 684	0.55 682	0.55 680	0.55 678	0.55 676	0.55 674	0.55 672	0.55 670	0.55 668
35'	0.55 666	0.55 664	0.55 661	0.55 659	0.55 657	0.55 655	0.55 653	0.55 651	0.55 649	0.55 647
36'	0.55 645	0.55 643	0.55 641	0.55 639	0.55 637	0.55 635	0.55 633	0.55 631	0.55 629	0.55 627
37'	0.55 625	0.55 623	0.55 621	0.55 619	0.55 617	0.55 615	0.55 613	0.55 611	0.55 608	0.55 606
38'	0.55 604	0.55 602	0.55 600	0.55 598	0.55 596	0.55 594	0.55 592	0.55 590	0.55 588	0.55 586
39'	0.55 584	0.55 582	0.55 580	0.55 578	0.55 576	0.55 574	0.55 572	0.55 570	0.55 568	0.55 566
40'	0.55 564	0.55 562	0.55 560	0.55 558	0.55 556	0.55 554	0.55 552	0.55 549	0.55 547	0.55 545
41'	0.55 543	0.55 541	0.55 539	0.55 537	0.55 535	0.55 533	0.55 531	0.55 529	0.55 527	0.55 525
42'	0.55 523	0.55 521	0.55 519	0.55 517	0.55 515	0.55 513	0.55 511	0.55 509	0.55 507	0.55 505
43'	0.55 503	0.55 501	0.55 499	0.55 497	0.55 495	0.55 493	0.55 491	0.55 488	0.55 486	0.55 484
44'	0.55 482	0.55 480	0.55 478	0.55 476	0.55 474	0.55 472	0.55 470	0.55 468	0.55 466	0.55 464
45'	0.55 462	0.55 460	0.55 458	0.55 456	0.55 454	0.55 452	0.55 450	0.55 448	0.55 446	0.55 444
46'	0.55 442	0.55 440	0.55 438	0.55 436	0.55 434	0.55 432	0.55 430	0.55 428	0.55 425	0.55 423
47'	0.55 421	0.55 419	0.55 417	0.55 415	0.55 413	0.55 411	0.55 409	0.55 407	0.55 405	0.55 403
48'	0.55 401	0.55 399	0.55 397	0.55 395	0.55 393	0.55 391	0.55 389	0.55 387	0.55 385	0.55 383
49'	0.55 381	0.55 379	0.55 377	0.55 375	0.55 373	0.55 371	0.55 369	0.55 367	0.55 365	0.55 363
50'	0.55 361	0.55 359	0.55 357	0.55 354	0.55 352	0.55 350	0.55 348	0.55 346	0.55 344	0.55 342
51'	0.55 340	0.55 338	0.55 336	0.55 334	0.55 332	0.55 330	0.55 328	0.55 326	0.55 324	0.55 322
52'	0.55 320	0.55 318	0.55 316	0.55 314	0.55 312	0.55 310	0.55 308	0.55 306	0.55 304	0.55 302
53'	0.55 300	0.55 298	0.55 296	0.55 294	0.55 292	0.55 290	0.55 288	0.55 286	0.55 284	0.55 282
54'	0.55 279	0.55 277	0.55 275	0.55 273	0.55 271	0.55 269	0.55 267	0.55 265	0.55 263	0.55 261
55'	0.55 259	0.55 257	0.55 255	0.55 253	0.55 251	0.55 249	0.55 247	0.55 245	0.55 243	0.55 241
56'	0.55 239	0.55 237	0.55 235	0.55 233	0.55 231	0.55 229	0.55 227	0.55 225	0.55 223	0.55 221
57'	0.55 219	0.55 217	0.55 215	0.55 213	0.55 211	0.55 209	0.55 207	0.55 205	0.55 203	0.55 201
58'	0.55 199	0.55 196	0.55 194	0.55 192	0.55 190	0.55 188	0.55 186	0.55 184	0.55 182	0.55 180
59'	0.55 178	0.55 176	0.55 174	0.55 172	0.55 170	0.55 168	0.55 166	0.55 164	0.55 162	0.55 160

K 64°

	0.'0	0.'1	0.'2	0.'3	0.'4	0.'5	0.'6	0.'7	0.'8	0.'9
0'	0.55 158	0.55 156	0.55 154	0.55 152	0.55 150	0.55 148	0.55 146	0.55 144	0.55 142	0.55 140
1'	0.55 138	0.55 136	0.55 134	0.55 132	0.55 130	0.55 128	0.55 126	0.55 124	0.55 122	0.55 120
2'	0.55 118	0.55 116	0.55 114	0.55 112	0.55 110	0.55 108	0.55 106	0.55 103	0.55 101	0.55 099
3'	0.55 097	0.55 095	0.55 093	0.55 091	0.55 089	0.55 087	0.55 085	0.55 083	0.55 081	0.55 079
4'	0.55 077	0.55 075	0.55 073	0.55 071	0.55 069	0.55 067	0.55 065	0.55 063	0.55 061	0.55 059
5'	0.55 057	0.55 055	0.55 053	0.55 051	0.55 049	0.55 047	0.55 045	0.55 043	0.55 041	0.55 039
6'	0.55 037	0.55 035	0.55 033	0.55 031	0.55 029	0.55 027	0.55 025	0.55 023	0.55 021	0.55 019
7'	0.55 017	0.55 015	0.55 013	0.55 011	0.55 009	0.55 007	0.55 005	0.55 003	0.55 001	0.54 999
8'	0.54 997	0.54 995	0.54 992	0.54 990	0.54 988	0.54 986	0.54 984	0.54 982	0.54 980	0.54 978
9'	0.54 976	0.54 974	0.54 972	0.54 970	0.54 968	0.54 966	0.54 964	0.54 962	0.54 960	0.54 958
10'	0.54 956	0.54 954	0.54 952	0.54 950	0.54 948	0.54 946	0.54 944	0.54 942	0.54 940	0.54 938
11'	0.54 936	0.54 934	0.54 932	0.54 930	0.54 928	0.54 926	0.54 924	0.54 922	0.54 920	0.54 918
12'	0.54 916	0.54 914	0.54 912	0.54 910	0.54 908	0.54 906	0.54 904	0.54 902	0.54 900	0.54 898
13'	0.54 896	0.54 894	0.54 892	0.54 890	0.54 888	0.54 886	0.54 884	0.54 882	0.54 880	0.54 878
14'	0.54 876	0.54 874	0.54 872	0.54 870	0.54 868	0.54 866	0.54 864	0.54 862	0.54 860	0.54 858
15'	0.54 856	0.54 854	0.54 852	0.54 849	0.54 847	0.54 845	0.54 843	0.54 841	0.54 839	0.54 837
16'	0.54 835	0.54 833	0.54 831	0.54 829	0.54 827	0.54 825	0.54 823	0.54 821	0.54 819	0.54 817
17'	0.54 815	0.54 813	0.54 811	0.54 809	0.54 807	0.54 805	0.54 803	0.54 801	0.54 799	0.54 797
18'	0.54 795	0.54 793	0.54 791	0.54 789	0.54 787	0.54 785	0.54 783	0.54 781	0.54 779	0.54 777
19'	0.54 775	0.54 773	0.54 771	0.54 769	0.54 767	0.54 765	0.54 763	0.54 761	0.54 759	0.54 757
20'	0.54 755	0.54 753	0.54 751	0.54 749	0.54 747	0.54 745	0.54 743	0.54 741	0.54 739	0.54 737
21'	0.54 735	0.54 733	0.54 731	0.54 729	0.54 727	0.54 725	0.54 723	0.54 721	0.54 719	0.54 717
22'	0.54 715	0.54 713	0.54 711	0.54 709	0.54 707	0.54 705	0.54 703	0.54 701	0.54 699	0.54 697
23'	0.54 695	0.54 693	0.54 691	0.54 689	0.54 687	0.54 685	0.54 683	0.54 681	0.54 679	0.54 677
24'	0.54 675	0.54 673	0.54 671	0.54 669	0.54 667	0.54 665	0.54 663	0.54 661	0.54 659	0.54 657
25'	0.54 655	0.54 653	0.54 651	0.54 649	0.54 647	0.54 645	0.54 643	0.54 641	0.54 639	0.54 637
26'	0.54 635	0.54 633	0.54 631	0.54 629	0.54 627	0.54 625	0.54 623	0.54 621	0.54 619	0.54 617
27'	0.54 615	0.54 613	0.54 611	0.54 609	0.54 607	0.54 605	0.54 603	0.54 601	0.54 599	0.54 597
28'	0.54 595	0.54 593	0.54 591	0.54 589	0.54 587	0.54 585	0.54 583	0.54 581	0.54 579	0.54 577
29'	0.54 574	0.54 572	0.54 570	0.54 568	0.54 566	0.54 564	0.54 562	0.54 560	0.54 558	0.54 556
30'	0.54 554	0.54 552	0.54 550	0.54 548	0.54 546	0.54 544	0.54 542	0.54 540	0.54 538	0.54 536
31'	0.54 534	0.54 532	0.54 530	0.54 528	0.54 526	0.54 524	0.54 522	0.54 520	0.54 518	0.54 516
32'	0.54 514	0.54 512	0.54 510	0.54 508	0.54 506	0.54 504	0.54 502	0.54 500	0.54 498	0.54 496
33'	0.54 494	0.54 492	0.54 490	0.54 488	0.54 486	0.54 484	0.54 482	0.54 480	0.54 478	0.54 476
34'	0.54 474	0.54 472	0.54 470	0.54 468	0.54 466	0.54 464	0.54 462	0.54 460	0.54 458	0.54 456
35'	0.54 454	0.54 452	0.54 450	0.54 448	0.54 446	0.54 444	0.54 442	0.54 440	0.54 438	0.54 436
36'	0.54 434	0.54 432	0.54 430	0.54 428	0.54 426	0.54 424	0.54 422	0.54 420	0.54 418	0.54 416
37'	0.54 414	0.54 412	0.54 410	0.54 408	0.54 406	0.54 404	0.54 402	0.54 400	0.54 398	0.54 396
38'	0.54 395	0.54 393	0.54 391	0.54 389	0.54 387	0.54 385	0.54 383	0.54 381	0.54 379	0.54 377
39'	0.54 375	0.54 373	0.54 371	0.54 369	0.54 367	0.54 365	0.54 363	0.54 361	0.54 359	0.54 357
40'	0.54 355	0.54 353	0.54 351	0.54 349	0.54 347	0.54 345	0.54 343	0.54 341	0.54 339	0.54 337
41'	0.54 335	0.54 333	0.54 331	0.54 329	0.54 327	0.54 325	0.54 323	0.54 321	0.54 319	0.54 317
42'	0.54 315	0.54 313	0.54 311	0.54 309	0.54 307	0.54 305	0.54 303	0.54 301	0.54 299	0.54 297
43'	0.54 295	0.54 293	0.54 291	0.54 289	0.54 287	0.54 285	0.54 283	0.54 281	0.54 279	0.54 277
44'	0.54 275	0.54 273	0.54 271	0.54 269	0.54 267	0.54 265	0.54 263	0.54 261	0.54 259	0.54 257
45'	0.54 255	0.54 253	0.54 251	0.54 249	0.54 247	0.54 245	0.54 243	0.54 241	0.54 239	0.54 237
46'	0.54 235	0.54 233	0.54 231	0.54 229	0.54 227	0.54 225	0.54 223	0.54 221	0.54 219	0.54 217
47'	0.54 215	0.54 213	0.54 211	0.54 209	0.54 207	0.54 205	0.54 203	0.54 201	0.54 199	0.54 197
48'	0.54 195	0.54 193	0.54 191	0.54 189	0.54 187	0.54 185	0.54 183	0.54 181	0.54 179	0.54 177
49'	0.54 175	0.54 173	0.54 171	0.54 169	0.54 167	0.54 165	0.54 163	0.54 161	0.54 159	0.54 157
50'	0.54 155	0.54 153	0.54 151	0.54 149	0.54 147	0.54 145	0.54 143	0.54 141	0.54 139	0.54 137
51'	0.54 135	0.54 133	0.54 131	0.54 129	0.54 127	0.54 125	0.54 123	0.54 122	0.54 120	0.54 118
52'	0.54 116	0.54 114	0.54 112	0.54 110	0.54 108	0.54 106	0.54 104	0.54 102	0.54 100	0.54 098
53'	0.54 096	0.54 094	0.54 092	0.54 090	0.54 088	0.54 086	0.54 084	0.54 082	0.54 080	0.54 078
54'	0.54 076	0.54 074	0.54 072	0.54 070	0.54 068	0.54 066	0.54 064	0.54 062	0.54 060	0.54 058
55'	0.54 056	0.54 054	0.54 052	0.54 050	0.54 048	0.54 046	0.54 044	0.54 042	0.54 040	0.54 038
56'	0.54 036	0.54 034	0.54 032	0.54 030	0.54 028	0.54 026	0.54 024	0.54 022	0.54 020	0.54 018
57'	0.54 016	0.54 014	0.54 012	0.54 010	0.54 008	0.54 006	0.54 004	0.54 002	0.54 000	0.53 998
58'	0.53 996	0.53 994	0.53 992	0.53 990	0.53 988	0.53 986	0.53 984	0.53 982	0.53 980	0.53 979
59'	0.53 977	0.53 975	0.53 973	0.53 971	0.53 969	0.53 967	0.53 965	0.53 963	0.53 961	0.53 959

K   K

	0.'0	0.'1	0.'2	0.'3	0.'4	0.'5	0.'6	0.'7	0.'8	0.'9	
65° 0'	0.53 957	0.53 955	0.53 953	0.53 951	0.53 949	0.53 947	0.53 945	0.53 943	0.53 941	0.53 939	**65°**
1'	0.53 937	0.53 935	0.53 933	0.53 931	0.53 929	0.53 927	0.53 925	0.53 923	0.53 921	0.53 919	
2'	0.53 917	0.53 915	0.53 913	0.53 911	0.53 909	0.53 907	0.53 905	0.53 903	0.53 901	0.53 899	
3'	0.53 897	0.53 895	0.53 893	0.53 891	0.53 889	0.53 887	0.53 885	0.53 883	0.53 881	0.53 879	
4'	0.53 877	0.53 875	0.53 873	0.53 871	0.53 870	0.53 868	0.53 866	0.53 864	0.53 862	0.53 860	
5'	0.53 858	0.53 856	0.53 854	0.53 852	0.53 850	0.53 848	0.53 846	0.53 844	0.53 842	0.53 840	
6'	0.53 838	0.53 836	0.53 834	0.53 832	0.53 830	0.53 828	0.53 826	0.53 824	0.53 822	0.53 820	
7'	0.53 818	0.53 816	0.53 814	0.53 812	0.53 810	0.53 808	0.53 806	0.53 804	0.53 802	0.53 800	
8'	0.53 798	0.53 796	0.53 794	0.53 792	0.53 790	0.53 788	0.53 786	0.53 784	0.53 782	0.53 780	
9'	0.53 778	0.53 777	0.53 775	0.53 773	0.53 771	0.53 769	0.53 767	0.53 765	0.53 763	0.53 761	
10'	0.53 759	0.53 757	0.53 755	0.53 753	0.53 751	0.53 749	0.53 747	0.53 745	0.53 743	0.53 741	
11'	0.53 739	0.53 737	0.53 735	0.53 733	0.53 731	0.53 729	0.53 727	0.53 725	0.53 723	0.53 721	
12'	0.53 719	0.53 717	0.53 715	0.53 713	0.53 711	0.53 709	0.53 707	0.53 705	0.53 703	0.53 701	
13'	0.53 699	0.53 697	0.53 695	0.53 694	0.53 692	0.53 690	0.53 688	0.53 686	0.53 684	0.53 682	
14'	0.53 680	0.53 678	0.53 676	0.53 674	0.53 672	0.53 670	0.53 668	0.53 666	0.53 664	0.53 662	
15'	0.53 660	0.53 658	0.53 656	0.53 654	0.53 652	0.53 650	0.53 648	0.53 646	0.53 644	0.53 642	
16'	0.53 640	0.53 638	0.53 636	0.53 634	0.53 632	0.53 630	0.53 628	0.53 626	0.53 624	0.53 622	
17'	0.53 621	0.53 619	0.53 617	0.53 615	0.53 613	0.53 611	0.53 609	0.53 607	0.53 605	0.53 603	
18'	0.53 601	0.53 599	0.53 597	0.53 595	0.53 593	0.53 591	0.53 589	0.53 587	0.53 585	0.53 583	
19'	0.53 581	0.53 579	0.53 577	0.53 575	0.53 573	0.53 571	0.53 569	0.53 567	0.53 565	0.53 563	
20'	0.53 561	0.53 559	0.53 557	0.53 555	0.53 553	0.53 552	0.53 550	0.53 548	0.53 546	0.53 544	
21'	0.53 542	0.53 540	0.53 538	0.53 536	0.53 534	0.53 532	0.53 530	0.53 528	0.53 526	0.53 524	
22'	0.53 522	0.53 520	0.53 518	0.53 516	0.53 514	0.53 512	0.53 510	0.53 508	0.53 506	0.53 504	
23'	0.53 502	0.53 500	0.53 498	0.53 496	0.53 494	0.53 492	0.53 490	0.53 489	0.53 487	0.53 485	
24'	0.53 483	0.53 481	0.53 479	0.53 477	0.53 475	0.53 473	0.53 471	0.53 469	0.53 467	0.53 465	
25'	0.53 463	0.53 461	0.53 459	0.53 457	0.53 455	0.53 453	0.53 451	0.53 449	0.53 447	0.53 445	
26'	0.53 443	0.53 441	0.53 439	0.53 437	0.53 435	0.53 433	0.53 431	0.53 429	0.53 428	0.53 426	
27'	0.53 424	0.53 422	0.53 420	0.53 418	0.53 416	0.53 414	0.53 412	0.53 410	0.53 408	0.53 406	
28'	0.53 404	0.53 402	0.53 400	0.53 398	0.53 396	0.53 394	0.53 392	0.53 390	0.53 388	0.53 386	
29'	0.53 384	0.53 382	0.53 380	0.53 378	0.53 376	0.53 374	0.53 373	0.53 371	0.53 369	0.53 367	
30'	0.53 365	0.53 363	0.53 361	0.53 359	0.53 357	0.53 355	0.53 353	0.53 351	0.53 349	0.53 347	
31'	0.53 345	0.53 343	0.53 341	0.53 339	0.53 337	0.53 335	0.53 333	0.53 331	0.53 329	0.53 327	
32'	0.53 325	0.53 323	0.53 321	0.53 319	0.53 318	0.53 316	0.53 314	0.53 312	0.53 310	0.53 308	
33'	0.53 306	0.53 304	0.53 302	0.53 300	0.53 298	0.53 296	0.53 294	0.53 292	0.53 290	0.53 288	
34'	0.53 286	0.53 284	0.53 282	0.53 280	0.53 278	0.53 276	0.53 274	0.53 272	0.53 270	0.53 268	
35'	0.53 267	0.53 265	0.53 263	0.53 261	0.53 259	0.53 257	0.53 255	0.53 253	0.53 251	0.53 249	
36'	0.53 247	0.53 245	0.53 243	0.53 241	0.53 239	0.53 237	0.53 235	0.53 233	0.53 231	0.53 229	
37'	0.53 227	0.53 225	0.53 223	0.53 221	0.53 219	0.53 218	0.53 216	0.53 214	0.53 212	0.53 210	
38'	0.53 208	0.53 206	0.53 204	0.53 202	0.53 200	0.53 198	0.53 196	0.53 194	0.53 192	0.53 190	
39'	0.53 188	0.53 186	0.53 184	0.53 182	0.53 180	0.53 178	0.53 176	0.53 174	0.53 172	0.53 171	
40'	0.53 169	0.53 167	0.53 165	0.53 163	0.53 161	0.53 159	0.53 157	0.53 155	0.53 153	0.53 151	
41'	0.53 149	0.53 147	0.53 145	0.53 143	0.53 141	0.53 139	0.53 137	0.53 135	0.53 133	0.53 131	
42'	0.53 129	0.53 127	0.53 125	0.53 124	0.53 122	0.53 120	0.53 118	0.53 116	0.53 114	0.53 112	
43'	0.53 110	0.53 108	0.53 106	0.53 104	0.53 102	0.53 100	0.53 098	0.53 096	0.53 094	0.53 092	
44'	0.53 090	0.53 088	0.53 086	0.53 084	0.53 082	0.53 080	0.53 079	0.53 077	0.53 075	0.53 073	
45'	0.53 071	0.53 069	0.53 067	0.53 065	0.53 063	0.53 061	0.53 059	0.53 057	0.53 055	0.53 053	
46'	0.53 051	0.53 049	0.53 047	0.53 045	0.53 043	0.53 041	0.53 039	0.53 038	0.53 036	0.53 034	
47'	0.53 032	0.53 030	0.53 028	0.53 026	0.53 024	0.53 022	0.53 020	0.53 018	0.53 016	0.53 014	
48'	0.53 012	0.53 010	0.53 008	0.53 006	0.53 004	0.53 002	0.53 000	0.52 998	0.52 997	0.52 995	
49'	0.52 993	0.52 991	0.52 989	0.52 987	0.52 985	0.52 983	0.52 981	0.52 979	0.52 977	0.52 975	
50'	0.52 973	0.52 971	0.52 969	0.52 967	0.52 965	0.52 963	0.52 961	0.52 959	0.52 957	0.52 956	
51'	0.52 954	0.52 952	0.52 950	0.52 948	0.52 946	0.52 944	0.52 942	0.52 940	0.52 938	0.52 936	
52'	0.52 934	0.52 932	0.52 930	0.52 928	0.52 926	0.52 924	0.52 922	0.52 920	0.52 918	0.52 917	
53'	0.52 915	0.52 913	0.52 911	0.52 909	0.52 907	0.52 905	0.52 903	0.52 901	0.52 899	0.52 897	
54'	0.52 895	0.52 893	0.52 891	0.52 889	0.52 887	0.52 885	0.52 883	0.52 881	0.52 879	0.52 878	
55'	0.52 876	0.52 874	0.52 872	0.52 870	0.52 868	0.52 866	0.52 864	0.52 862	0.52 860	0.52 858	
56'	0.52 856	0.52 854	0.52 852	0.52 850	0.52 848	0.52 846	0.52 844	0.52 842	0.52 841	0.52 839	
57'	0.52 837	0.52 835	0.52 833	0.52 831	0.52 829	0.52 827	0.52 825	0.52 823	0.52 821	0.52 819	
58'	0.52 817	0.52 815	0.52 813	0.52 811	0.52 809	0.52 807	0.52 805	0.52 804	0.52 802	0.52 800	
59'	0.52 798	0.52 796	0.52 794	0.52 792	0.52 790	0.52 788	0.52 786	0.52 784	0.52 782	0.52 780	

K   K

66°   **66°**

	0.'0	0.'1	0.'2	0.'3	0.'4	0.'5	0.'6	0.'7	0.'8	0.'9
0'	0.52 778	0.52 776	0.52 774	0.52 772	0.52 770	0.52 769	0.52 767	0.52 765	0.52 763	0.52 761
1'	0.52 759	0.52 757	0.52 755	0.52 753	0.52 751	0.52 749	0.52 747	0.52 745	0.52 743	0.52 741
2'	0.52 739	0.52 737	0.52 735	0.52 734	0.52 732	0.52 730	0.52 728	0.52 726	0.52 724	0.52 722
3'	0.52 720	0.52 718	0.52 716	0.52 714	0.52 712	0.52 710	0.52 708	0.52 706	0.52 704	0.52 702
4'	0.52 700	0.52 699	0.52 697	0.52 695	0.52 693	0.52 691	0.52 689	0.52 687	0.52 685	0.52 683
5'	0.52 681	0.52 679	0.52 677	0.52 675	0.52 673	0.52 671	0.52 669	0.52 667	0.52 666	0.52 664
6'	0.52 662	0.52 660	0.52 658	0.52 656	0.52 654	0.52 652	0.52 650	0.52 648	0.52 646	0.52 644
7'	0.52 642	0.52 640	0.52 638	0.52 636	0.52 634	0.52 633	0.52 631	0.52 629	0.52 627	0.52 625
8'	0.52 623	0.52 621	0.52 619	0.52 617	0.52 615	0.52 613	0.52 611	0.52 609	0.52 607	0.52 605
9'	0.52 603	0.52 601	0.52 600	0.52 598	0.52 596	0.52 594	0.52 592	0.52 590	0.52 588	0.52 586
10'	0.52 584	0.52 582	0.52 580	0.52 578	0.52 576	0.52 574	0.52 572	0.52 570	0.52 569	0.52 567
11'	0.52 565	0.52 563	0.52 561	0.52 559	0.52 557	0.52 555	0.52 553	0.52 551	0.52 549	0.52 547
12'	0.52 545	0.52 543	0.52 541	0.52 539	0.52 538	0.52 536	0.52 534	0.52 532	0.52 530	0.52 528
13'	0.52 526	0.52 524	0.52 522	0.52 520	0.52 518	0.52 516	0.52 514	0.52 512	0.52 510	0.52 508
14'	0.52 507	0.52 505	0.52 503	0.52 501	0.52 499	0.52 497	0.52 495	0.52 493	0.52 491	0.52 489
15'	0.52 487	0.52 485	0.52 483	0.52 481	0.52 479	0.52 477	0.52 476	0.52 474	0.52 472	0.52 470
16'	0.52 468	0.52 466	0.52 464	0.52 462	0.52 460	0.52 458	0.52 456	0.52 454	0.52 452	0.52 450
17'	0.52 448	0.52 446	0.52 445	0.52 443	0.52 441	0.52 439	0.52 437	0.52 435	0.52 433	0.52 431
18'	0.52 429	0.52 427	0.52 425	0.52 423	0.52 421	0.52 419	0.52 417	0.52 416	0.52 414	0.52 412
19'	0.52 410	0.52 408	0.52 406	0.52 404	0.52 402	0.52 400	0.52 398	0.52 396	0.52 394	0.52 392
20'	0.52 390	0.52 388	0.52 387	0.52 385	0.52 383	0.52 381	0.52 379	0.52 377	0.52 375	0.52 373
21'	0.52 371	0.52 369	0.52 367	0.52 365	0.52 363	0.52 361	0.52 359	0.52 358	0.52 356	0.52 354
22'	0.52 352	0.52 350	0.52 348	0.52 346	0.52 344	0.52 342	0.52 340	0.52 338	0.52 336	0.52 334
23'	0.52 332	0.52 331	0.52 329	0.52 327	0.52 325	0.52 323	0.52 321	0.52 319	0.52 317	0.52 315
24'	0.52 313	0.52 311	0.52 309	0.52 307	0.52 305	0.52 303	0.52 302	0.52 300	0.52 298	0.52 296
25'	0.52 294	0.52 292	0.52 290	0.52 288	0.52 286	0.52 284	0.52 282	0.52 280	0.52 278	0.52 276
26'	0.52 275	0.52 273	0.52 271	0.52 269	0.52 267	0.52 265	0.52 263	0.52 261	0.52 259	0.52 257
27'	0.52 255	0.52 253	0.52 251	0.52 249	0.52 248	0.52 246	0.52 244	0.52 242	0.52 240	0.52 238
28'	0.52 236	0.52 234	0.52 232	0.52 230	0.52 228	0.52 226	0.52 224	0.52 222	0.52 221	0.52 219
29'	0.52 217	0.52 215	0.52 213	0.52 211	0.52 209	0.52 207	0.52 205	0.52 203	0.52 201	0.52 199
30'	0.52 197	0.52 195	0.52 194	0.52 192	0.52 190	0.52 188	0.52 186	0.52 184	0.52 182	0.52 180
31'	0.52 178	0.52 176	0.52 174	0.52 172	0.52 170	0.52 169	0.52 167	0.52 165	0.52 163	0.52 161
32'	0.52 159	0.52 157	0.52 155	0.52 153	0.52 151	0.52 149	0.52 147	0.52 145	0.52 143	0.52 142
33'	0.52 140	0.52 138	0.52 136	0.52 134	0.52 132	0.52 130	0.52 128	0.52 126	0.52 124	0.52 122
34'	0.52 120	0.52 118	0.52 117	0.52 115	0.52 113	0.52 111	0.52 109	0.52 107	0.52 105	0.52 103
35'	0.52 101	0.52 099	0.52 097	0.52 095	0.52 093	0.52 092	0.52 090	0.52 088	0.52 086	0.52 084
36'	0.52 082	0.52 080	0.52 078	0.52 076	0.52 074	0.52 072	0.52 070	0.52 068	0.52 067	0.52 065
37'	0.52 063	0.52 061	0.52 059	0.52 057	0.52 055	0.52 053	0.52 051	0.52 049	0.52 047	0.52 045
38'	0.52 043	0.52 042	0.52 040	0.52 038	0.52 036	0.52 034	0.52 032	0.52 030	0.52 028	0.52 026
39'	0.52 024	0.52 022	0.52 020	0.52 018	0.52 017	0.52 015	0.52 013	0.52 011	0.52 009	0.52 007
40'	0.52 005	0.52 003	0.52 001	0.51 999	0.51 997	0.51 995	0.51 994	0.51 992	0.51 990	0.51 988
41'	0.51 986	0.51 984	0.51 982	0.51 980	0.51 978	0.51 976	0.51 974	0.51 972	0.51 970	0.51 969
42'	0.51 967	0.51 965	0.51 963	0.51 961	0.51 959	0.51 957	0.51 955	0.51 953	0.51 951	0.51 949
43'	0.51 947	0.51 946	0.51 944	0.51 942	0.51 940	0.51 938	0.51 936	0.51 934	0.51 932	0.51 930
44'	0.51 928	0.51 926	0.51 924	0.51 923	0.51 921	0.51 919	0.51 917	0.51 915	0.51 913	0.51 911
45'	0.51 909	0.51 907	0.51 905	0.51 903	0.51 901	0.51 899	0.51 898	0.51 896	0.51 894	0.51 892
46'	0.51 890	0.51 888	0.51 886	0.51 884	0.51 882	0.51 880	0.51 878	0.51 876	0.51 875	0.51 873
47'	0.51 871	0.51 869	0.51 867	0.51 865	0.51 863	0.51 861	0.51 859	0.51 857	0.51 855	0.51 853
48'	0.51 852	0.51 850	0.51 848	0.51 846	0.51 844	0.51 842	0.51 840	0.51 838	0.51 836	0.51 834
49'	0.51 832	0.51 831	0.51 829	0.51 827	0.51 825	0.51 823	0.51 821	0.51 819	0.51 817	0.51 815
50'	0.51 813	0.51 811	0.51 809	0.51 808	0.51 806	0.51 804	0.51 802	0.51 800	0.51 798	0.51 796
51'	0.51 794	0.51 792	0.51 790	0.51 788	0.51 786	0.51 785	0.51 783	0.51 781	0.51 779	0.51 777
52'	0.51 775	0.51 773	0.51 771	0.51 769	0.51 767	0.51 765	0.51 764	0.51 762	0.51 760	0.51 758
53'	0.51 756	0.51 754	0.51 752	0.51 750	0.51 748	0.51 746	0.51 744	0.51 742	0.51 741	0.51 739
54'	0.51 737	0.51 735	0.51 733	0.51 731	0.51 729	0.51 727	0.51 725	0.51 723	0.51 721	0.51 720
55'	0.51 718	0.51 716	0.51 714	0.51 712	0.51 710	0.51 708	0.51 706	0.51 704	0.51 702	0.51 700
56'	0.51 698	0.51 697	0.51 695	0.51 693	0.51 691	0.51 689	0.51 687	0.51 685	0.51 683	0.51 681
57'	0.51 679	0.51 677	0.51 676	0.51 674	0.51 672	0.51 670	0.51 668	0.51 666	0.51 664	0.51 662
58'	0.51 660	0.51 658	0.51 656	0.51 655	0.51 653	0.51 651	0.51 649	0.51 647	0.51 645	0.51 643
59'	0.51 641	0.51 639	0.51 637	0.51 635	0.51 634	0.51 632	0.51 630	0.51 628	0.51 626	0.51 624

K

67°	0.'0	0.'1	0.'2	0.'3	0.'4	0.'5	0.'6	0.'7	0.'8	0.'9
0'	0.51 622	0.51 620	0.51 618	0.51 616	0.51 614	0.51 613	0.51 611	0.51 609	0.51 607	0.51 605
1'	0.51 603	0.51 601	0.51 599	0.51 597	0.51 595	0.51 593	0.51 592	0.51 590	0.51 588	0.51 586
2'	0.51 584	0.51 582	0.51 580	0.51 578	0.51 576	0.51 574	0.51 572	0.51 571	0.51 569	0.51 567
3'	0.51 565	0.51 563	0.51 561	0.51 559	0.51 557	0.51 555	0.51 553	0.51 552	0.51 550	0.51 548
4'	0.51 546	0.51 544	0.51 542	0.51 540	0.51 538	0.51 536	0.51 534	0.51 532	0.51 531	0.51 529
5'	0.51 527	0.51 525	0.51 523	0.51 521	0.51 519	0.51 517	0.51 515	0.51 513	0.51 511	0.51 510
6'	0.51 508	0.51 506	0.51 504	0.51 502	0.51 500	0.51 498	0.51 496	0.51 494	0.51 492	0.51 491
7'	0.51 489	0.51 487	0.51 485	0.51 483	0.51 481	0.51 479	0.51 477	0.51 475	0.51 473	0.51 472
8'	0.51 470	0.51 468	0.51 466	0.51 464	0.51 462	0.51 460	0.51 458	0.51 456	0.51 454	0.51 452
9'	0.51 451	0.51 449	0.51 447	0.51 445	0.51 443	0.51 441	0.51 439	0.51 437	0.51 435	0.51 433
10'	0.51 432	0.51 430	0.51 428	0.51 426	0.51 424	0.51 422	0.51 420	0.51 418	0.51 416	0.51 414
11'	0.51 413	0.51 411	0.51 409	0.51 407	0.51 405	0.51 403	0.51 401	0.51 399	0.51 397	0.51 395
12'	0.51 393	0.51 392	0.51 390	0.51 388	0.51 386	0.51 384	0.51 382	0.51 380	0.51 378	0.51 376
13'	0.51 374	0.51 373	0.51 371	0.51 369	0.51 367	0.51 365	0.51 363	0.51 361	0.51 359	0.51 357
14'	0.51 355	0.51 354	0.51 352	0.51 350	0.51 348	0.51 346	0.51 344	0.51 342	0.51 340	0.51 338
15'	0.51 336	0.51 335	0.51 333	0.51 331	0.51 329	0.51 327	0.51 325	0.51 323	0.51 321	0.51 319
16'	0.51 317	0.51 316	0.51 314	0.51 312	0.51 310	0.51 308	0.51 306	0.51 304	0.51 302	0.51 300
17'	0.51 298	0.51 297	0.51 295	0.51 293	0.51 291	0.51 289	0.51 287	0.51 285	0.51 283	0.51 281
18'	0.51 280	0.51 278	0.51 276	0.51 274	0.51 272	0.51 270	0.51 268	0.51 266	0.51 264	0.51 262
19'	0.51 261	0.51 259	0.51 257	0.51 255	0.51 253	0.51 251	0.51 249	0.51 247	0.51 245	0.51 243
20'	0.51 242	0.51 240	0.51 238	0.51 236	0.51 234	0.51 232	0.51 230	0.51 228	0.51 226	0.51 225
21'	0.51 223	0.51 221	0.51 219	0.51 217	0.51 215	0.51 213	0.51 211	0.51 209	0.51 207	0.51 206
22'	0.51 204	0.51 202	0.51 200	0.51 198	0.51 196	0.51 194	0.51 192	0.51 190	0.51 188	0.51 187
23'	0.51 185	0.51 183	0.51 181	0.51 179	0.51 177	0.51 175	0.51 173	0.51 171	0.51 170	0.51 168
24'	0.51 166	0.51 164	0.51 162	0.51 160	0.51 158	0.51 156	0.51 154	0.51 152	0.51 151	0.51 149
25'	0.51 147	0.51 145	0.51 143	0.51 141	0.51 139	0.51 137	0.51 135	0.51 134	0.51 132	0.51 130
26'	0.51 128	0.51 126	0.51 124	0.51 122	0.51 120	0.51 118	0.51 117	0.51 115	0.51 113	0.51 111
27'	0.51 109	0.51 107	0.51 105	0.51 103	0.51 101	0.51 099	0.51 098	0.51 096	0.51 094	0.51 092
28'	0.51 090	0.51 088	0.51 086	0.51 084	0.51 082	0.51 081	0.51 079	0.51 077	0.51 075	0.51 073
29'	0.51 071	0.51 069	0.51 067	0.51 065	0.51 064	0.51 062	0.51 060	0.51 058	0.51 056	0.51 054
30'	0.51 052	0.51 050	0.51 048	0.51 047	0.51 045	0.51 043	0.51 041	0.51 039	0.51 037	0.51 035
31'	0.51 033	0.51 031	0.51 030	0.51 028	0.51 026	0.51 024	0.51 022	0.51 020	0.51 018	0.51 016
32'	0.51 014	0.51 013	0.51 011	0.51 009	0.51 007	0.51 005	0.51 003	0.51 001	0.50 999	0.50 997
33'	0.50 996	0.50 994	0.50 992	0.50 990	0.50 988	0.50 986	0.50 984	0.50 982	0.50 980	0.50 979
34'	0.50 977	0.50 975	0.50 973	0.50 971	0.50 969	0.50 967	0.50 965	0.50 963	0.50 962	0.50 960
35'	0.50 958	0.50 956	0.50 954	0.50 952	0.50 950	0.50 948	0.50 946	0.50 945	0.50 943	0.50 941
36'	0.50 939	0.50 937	0.50 935	0.50 933	0.50 931	0.50 929	0.50 928	0.50 926	0.50 924	0.50 922
37'	0.50 920	0.50 918	0.50 916	0.50 914	0.50 912	0.50 911	0.50 909	0.50 907	0.50 905	0.50 903
38'	0.50 901	0.50 899	0.50 897	0.50 895	0.50 894	0.50 892	0.50 890	0.50 888	0.50 886	0.50 884
39'	0.50 882	0.50 880	0.50 879	0.50 877	0.50 875	0.50 873	0.50 871	0.50 869	0.50 867	0.50 865
40'	0.50 863	0.50 862	0.50 860	0.50 858	0.50 856	0.50 854	0.50 852	0.50 850	0.50 848	0.50 846
41'	0.50 845	0.50 843	0.50 841	0.50 839	0.50 837	0.50 835	0.50 833	0.50 831	0.50 830	0.50 828
42'	0.50 826	0.50 824	0.50 822	0.50 820	0.50 818	0.50 816	0.50 814	0.50 813	0.50 811	0.50 809
43'	0.50 807	0.50 805	0.50 803	0.50 801	0.50 799	0.50 798	0.50 796	0.50 794	0.50 792	0.50 790
44'	0.50 788	0.50 786	0.50 784	0.50 782	0.50 781	0.50 779	0.50 777	0.50 775	0.50 773	0.50 771
45'	0.50 769	0.50 767	0.50 766	0.50 764	0.50 762	0.50 760	0.50 758	0.50 756	0.50 754	0.50 752
46'	0.50 750	0.50 749	0.50 747	0.50 745	0.50 743	0.50 741	0.50 739	0.50 737	0.50 735	0.50 734
47'	0.50 732	0.50 730	0.50 728	0.50 726	0.50 724	0.50 722	0.50 720	0.50 718	0.50 717	0.50 715
48'	0.50 713	0.50 711	0.50 709	0.50 707	0.50 705	0.50 703	0.50 702	0.50 700	0.50 698	0.50 696
49'	0.50 694	0.50 692	0.50 690	0.50 688	0.50 687	0.50 685	0.50 683	0.50 681	0.50 679	0.50 677
50'	0.50 675	0.50 673	0.50 672	0.50 670	0.50 668	0.50 666	0.50 664	0.50 662	0.50 660	0.50 658
51'	0.50 656	0.50 655	0.50 653	0.50 651	0.50 649	0.50 647	0.50 645	0.50 643	0.50 641	0.50 640
52'	0.50 638	0.50 636	0.50 634	0.50 632	0.50 630	0.50 628	0.50 626	0.50 625	0.50 623	0.50 621
53'	0.50 619	0.50 617	0.50 615	0.50 613	0.50 611	0.50 610	0.50 608	0.50 606	0.50 604	0.50 602
54'	0.50 600	0.50 598	0.50 596	0.50 595	0.50 593	0.50 591	0.50 589	0.50 587	0.50 585	0.50 583
55'	0.50 581	0.50 580	0.50 578	0.50 576	0.50 574	0.50 572	0.50 570	0.50 568	0.50 566	0.50 565
56'	0.50 563	0.50 561	0.50 559	0.50 557	0.50 555	0.50 553	0.50 551	0.50 550	0.50 548	0.50 546
57'	0.50 544	0.50 542	0.50 540	0.50 538	0.50 536	0.50 535	0.50 533	0.50 531	0.50 529	0.50 527
58'	0.50 525	0.50 523	0.50 521	0.50 520	0.50 518	0.50 516	0.50 514	0.50 512	0.50 510	0.50 508
59'	0.50 506	0.50 505	0.50 503	0.50 501	0.50 499	0.50 497	0.50 495	0.50 493	0.50 491	0.50 490

K   K

68°

	0.′0	0.′1	0.′2	0.′3	0.′4	0.′5	0.′6	0.′7	0.′8	0.′9
0′	0.50 488	0.50 486	0.50 484	0.50 482	0.50 480	0.50 478	0.50 476	0.50 475	0.50 473	0.50 471
1′	0.50 469	0.50 467	0.50 465	0.50 463	0.50 461	0.50 460	0.50 458	0.50 456	0.50 454	0.50 452
2′	0.50 450	0.50 448	0.50 446	0.50 445	0.50 443	0.50 441	0.50 439	0.50 437	0.50 435	0.50 433
3′	0.50 432	0.50 430	0.50 428	0.50 426	0.50 424	0.50 422	0.50 420	0.50 418	0.50 417	0.50 415
4′	0.50 413	0.50 411	0.50 409	0.50 407	0.50 405	0.50 403	0.50 402	0.50 400	0.50 398	0.50 396
5′	0.50 394	0.50 392	0.50 390	0.50 388	0.50 387	0.50 385	0.50 383	0.50 381	0.50 379	0.50 377
6′	0.50 375	0.50 374	0.50 372	0.50 370	0.50 368	0.50 366	0.50 364	0.50 362	0.50 360	0.50 359
7′	0.50 357	0.50 355	0.50 353	0.50 351	0.50 349	0.50 347	0.50 345	0.50 344	0.50 342	0.50 340
8′	0.50 338	0.50 336	0.50 334	0.50 332	0.50 331	0.50 329	0.50 327	0.50 325	0.50 323	0.50 321
9′	0.50 319	0.50 317	0.50 316	0.50 314	0.50 312	0.50 310	0.50 308	0.50 306	0.50 304	0.50 303
10′	0.50 301	0.50 299	0.50 297	0.50 295	0.50 293	0.50 291	0.50 289	0.50 288	0.50 286	0.50 284
11′	0.50 282	0.50 280	0.50 278	0.50 276	0.50 275	0.50 273	0.50 271	0.50 269	0.50 267	0.50 265
12′	0.50 263	0.50 261	0.50 260	0.50 258	0.50 256	0.50 254	0.50 252	0.50 250	0.50 248	0.50 247
13′	0.50 245	0.50 243	0.50 241	0.50 239	0.50 237	0.50 235	0.50 233	0.50 232	0.50 230	0.50 228
14′	0.50 226	0.50 224	0.50 222	0.50 220	0.50 219	0.50 217	0.50 215	0.50 213	0.50 211	0.50 209
15′	0.50 207	0.50 206	0.50 204	0.50 202	0.50 200	0.50 198	0.50 196	0.50 194	0.50 192	0.50 191
16′	0.50 189	0.50 187	0.50 185	0.50 183	0.50 181	0.50 179	0.50 178	0.50 176	0.50 174	0.50 172
17′	0.50 170	0.50 168	0.50 166	0.50 165	0.50 163	0.50 161	0.50 159	0.50 157	0.50 155	0.50 153
18′	0.50 151	0.50 150	0.50 148	0.50 146	0.50 144	0.50 142	0.50 140	0.50 138	0.50 137	0.50 135
19′	0.50 133	0.50 131	0.50 129	0.50 127	0.50 125	0.50 124	0.50 122	0.50 120	0.50 118	0.50 116
20′	0.50 114	0.50 112	0.50 111	0.50 109	0.50 107	0.50 105	0.50 103	0.50 101	0.50 099	0.50 098
21′	0.50 096	0.50 094	0.50 092	0.50 090	0.50 088	0.50 086	0.50 084	0.50 083	0.50 081	0.50 079
22′	0.50 077	0.50 075	0.50 073	0.50 071	0.50 070	0.50 068	0.50 066	0.50 064	0.50 062	0.50 060
23′	0.50 058	0.50 057	0.50 055	0.50 053	0.50 051	0.50 049	0.50 047	0.50 045	0.50 044	0.50 042
24′	0.50 040	0.50 038	0.50 036	0.50 034	0.50 032	0.50 031	0.50 029	0.50 027	0.50 025	0.50 023
25′	0.50 021	0.50 019	0.50 018	0.50 016	0.50 014	0.50 012	0.50 010	0.50 008	0.50 006	0.50 005
26′	0.50 003	0.50 001	0.49 999	0.49 997	0.49 995	0.49 993	0.49 992	0.49 990	0.49 988	0.49 986
27′	0.49 984	0.49 982	0.49 980	0.49 979	0.49 977	0.49 975	0.49 973	0.49 971	0.49 969	0.49 967
28′	0.49 966	0.49 964	0.49 962	0.49 960	0.49 958	0.49 956	0.49 954	0.49 953	0.49 951	0.49 949
29′	0.49 947	0.49 945	0.49 943	0.49 941	0.49 940	0.49 938	0.49 936	0.49 934	0.49 932	0.49 930
30′	0.49 928	0.49 927	0.49 925	0.49 923	0.49 921	0.49 919	0.49 917	0.49 915	0.49 914	0.49 912
31′	0.49 910	0.49 908	0.49 906	0.49 904	0.49 902	0.49 901	0.49 899	0.49 897	0.49 895	0.49 893
32′	0.49 891	0.49 889	0.49 888	0.49 886	0.49 884	0.49 882	0.49 880	0.49 878	0.49 876	0.49 875
33′	0.49 873	0.49 871	0.49 869	0.49 867	0.49 865	0.49 864	0.49 862	0.49 860	0.49 858	0.49 856
34′	0.49 854	0.49 852	0.49 851	0.49 849	0.49 847	0.49 845	0.49 843	0.49 841	0.49 839	0.49 838
35′	0.49 836	0.49 834	0.49 832	0.49 830	0.49 828	0.49 826	0.49 825	0.49 823	0.49 821	0.49 819
36′	0.49 817	0.49 815	0.49 813	0.49 812	0.49 810	0.49 808	0.49 806	0.49 804	0.49 802	0.49 801
37′	0.49 799	0.49 797	0.49 795	0.49 793	0.49 791	0.49 789	0.49 788	0.49 786	0.49 784	0.49 782
38′	0.49 780	0.49 778	0.49 776	0.49 775	0.49 773	0.49 771	0.49 769	0.49 767	0.49 765	0.49 764
39′	0.49 762	0.49 760	0.49 758	0.49 756	0.49 754	0.49 752	0.49 751	0.49 749	0.49 747	0.49 745
40′	0.49 743	0.49 741	0.49 739	0.49 738	0.49 736	0.49 734	0.49 732	0.49 730	0.49 728	0.49 727
41′	0.49 725	0.49 723	0.49 721	0.49 719	0.49 717	0.49 715	0.49 714	0.49 712	0.49 710	0.49 708
42′	0.49 706	0.49 704	0.49 702	0.49 701	0.49 699	0.49 697	0.49 695	0.49 693	0.49 691	0.49 690
43′	0.49 688	0.49 686	0.49 684	0.49 682	0.49 680	0.49 678	0.49 677	0.49 675	0.49 673	0.49 671
44′	0.49 669	0.49 667	0.49 666	0.49 664	0.49 662	0.49 660	0.49 658	0.49 656	0.49 654	0.49 653
45′	0.49 651	0.49 649	0.49 647	0.49 645	0.49 643	0.49 642	0.49 640	0.49 638	0.49 636	0.49 634
46′	0.49 632	0.49 630	0.49 629	0.49 627	0.49 625	0.49 623	0.49 621	0.49 619	0.49 618	0.49 616
47′	0.49 614	0.49 612	0.49 610	0.49 608	0.49 606	0.49 605	0.49 603	0.49 601	0.49 599	0.49 597
48′	0.49 595	0.49 594	0.49 592	0.49 590	0.49 588	0.49 586	0.49 584	0.49 582	0.49 581	0.49 579
49′	0.49 577	0.49 575	0.49 573	0.49 571	0.49 570	0.49 568	0.49 566	0.49 564	0.49 562	0.49 560
50′	0.49 558	0.49 557	0.49 555	0.49 553	0.49 551	0.49 549	0.49 547	0.49 546	0.49 544	0.49 542
51′	0.49 540	0.49 538	0.49 536	0.49 535	0.49 533	0.49 531	0.49 529	0.49 527	0.49 525	0.49 523
52′	0.49 522	0.49 520	0.49 518	0.49 516	0.49 514	0.49 512	0.49 511	0.49 509	0.49 507	0.49 505
53′	0.49 503	0.49 501	0.49 500	0.49 498	0.49 496	0.49 494	0.49 492	0.49 490	0.49 488	0.49 487
54′	0.49 485	0.49 483	0.49 481	0.49 479	0.49 477	0.49 476	0.49 474	0.49 472	0.49 470	0.49 468
55′	0.49 466	0.49 465	0.49 463	0.49 461	0.49 459	0.49 457	0.49 455	0.49 453	0.49 452	0.49 450
56′	0.49 448	0.49 446	0.49 444	0.49 442	0.49 441	0.49 439	0.49 437	0.49 435	0.49 433	0.49 431
57′	0.49 430	0.49 428	0.49 426	0.49 424	0.49 422	0.49 420	0.49 419	0.49 417	0.49 415	0.49 413
58′	0.49 411	0.49 409	0.49 407	0.49 406	0.49 404	0.49 402	0.49 400	0.49 398	0.49 396	0.49 395
59′	0.49 393	0.49 391	0.49 389	0.49 387	0.49 385	0.49 384	0.49 382	0.49 380	0.49 378	0.49 376

68°

K K

69°

'	0.'0	0.'1	0.'2	0.'3	0.'4	0.'5	0.'6	0.'7	0.'8	0.'9
0'	0.49 374	0.49 373	0.49 371	0.49 369	0.49 367	0.49 365	0.49 363	0.49 362	0.49 360	0.49 358
1'	0.49 356	0.49 354	0.49 352	0.49 351	0.49 349	0.49 347	0.49 345	0.49 343	0.49 341	0.49 339
2'	0.49 338	0.49 336	0.49 334	0.49 332	0.49 330	0.49 328	0.49 327	0.49 325	0.49 323	0.49 321
3'	0.49 319	0.49 317	0.49 316	0.49 314	0.49 312	0.49 310	0.49 308	0.49 306	0.49 305	0.49 303
4'	0.49 301	0.49 299	0.49 297	0.49 295	0.49 294	0.49 292	0.49 290	0.49 288	0.49 286	0.49 284
5'	0.49 283	0.49 281	0.49 279	0.49 277	0.49 275	0.49 273	0.49 272	0.49 270	0.49 268	0.49 266
6'	0.49 264	0.49 262	0.49 261	0.49 259	0.49 257	0.49 255	0.49 253	0.49 251	0.49 250	0.49 248
7'	0.49 246	0.49 244	0.49 242	0.49 240	0.49 239	0.49 237	0.49 235	0.49 233	0.49 231	0.49 229
8'	0.49 228	0.49 226	0.49 224	0.49 222	0.49 220	0.49 218	0.49 217	0.49 215	0.49 213	0.49 211
9'	0.49 209	0.49 207	0.49 206	0.49 204	0.49 202	0.49 200	0.49 198	0.49 196	0.49 195	0.49 193
10'	0.49 191	0.49 189	0.49 187	0.49 185	0.49 184	0.49 182	0.49 180	0.49 178	0.49 176	0.49 174
11'	0.49 173	0.49 171	0.49 169	0.49 167	0.49 165	0.49 163	0.49 162	0.49 160	0.49 158	0.49 156
12'	0.49 154	0.49 152	0.49 151	0.49 149	0.49 147	0.49 145	0.49 143	0.49 141	0.49 140	0.49 138
13'	0.49 136	0.49 134	0.49 132	0.49 130	0.49 129	0.49 127	0.49 125	0.49 123	0.49 121	0.49 119
14'	0.49 118	0.49 116	0.49 114	0.49 112	0.49 110	0.49 108	0.49 107	0.49 105	0.49 103	0.49 101
15'	0.49 099	0.49 097	0.49 096	0.49 094	0.49 092	0.49 090	0.49 088	0.49 087	0.49 085	0.49 083
16'	0.49 081	0.49 079	0.49 077	0.49 076	0.49 074	0.49 072	0.49 070	0.49 068	0.49 066	0.49 065
17'	0.49 063	0.49 061	0.49 059	0.49 057	0.49 055	0.49 054	0.49 052	0.49 050	0.49 048	0.49 046
18'	0.49 044	0.49 043	0.49 041	0.49 039	0.49 037	0.49 035	0.49 033	0.49 032	0.49 030	0.49 028
19'	0.49 026	0.49 024	0.49 023	0.49 021	0.49 019	0.49 017	0.49 015	0.49 013	0.49 012	0.49 010
20'	0.49 008	0.49 006	0.49 004	0.49 002	0.49 001	0.48 999	0.48 997	0.48 995	0.48 993	0.48 991
21'	0.48 990	0.48 988	0.48 986	0.48 984	0.48 982	0.48 981	0.48 979	0.48 977	0.48 975	0.48 973
22'	0.48 971	0.48 970	0.48 968	0.48 966	0.48 964	0.48 962	0.48 960	0.48 959	0.48 957	0.48 955
23'	0.48 953	0.48 951	0.48 949	0.48 948	0.48 946	0.48 944	0.48 942	0.48 940	0.48 939	0.48 937
24'	0.48 935	0.48 933	0.48 931	0.48 929	0.48 928	0.48 926	0.48 924	0.48 922	0.48 920	0.48 918
25'	0.48 917	0.48 915	0.48 913	0.48 911	0.48 909	0.48 908	0.48 906	0.48 904	0.48 902	0.48 900
26'	0.48 898	0.48 897	0.48 895	0.48 893	0.48 891	0.48 889	0.48 887	0.48 886	0.48 884	0.48 882
27'	0.48 880	0.48 878	0.48 877	0.48 875	0.48 873	0.48 871	0.48 869	0.48 867	0.48 866	0.48 864
28'	0.48 862	0.48 860	0.48 858	0.48 856	0.48 855	0.48 853	0.48 851	0.48 849	0.48 847	0.48 846
29'	0.48 844	0.48 842	0.48 840	0.48 838	0.48 836	0.48 835	0.48 833	0.48 831	0.48 829	0.48 827
30'	0.48 826	0.48 824	0.48 822	0.48 820	0.48 818	0.48 816	0.48 815	0.48 813	0.48 811	0.48 809
31'	0.48 807	0.48 805	0.48 804	0.48 802	0.48 800	0.48 798	0.48 796	0.48 795	0.48 793	0.48 791
32'	0.48 789	0.48 787	0.48 785	0.48 784	0.48 782	0.48 780	0.48 778	0.48 776	0.48 775	0.48 773
33'	0.48 771	0.48 769	0.48 767	0.48 765	0.48 764	0.48 762	0.48 760	0.48 758	0.48 756	0.48 755
34'	0.48 753	0.48 751	0.48 749	0.48 747	0.48 745	0.48 744	0.48 742	0.48 740	0.48 738	0.48 736
35'	0.48 735	0.48 733	0.48 731	0.48 729	0.48 727	0.48 725	0.48 724	0.48 722	0.48 720	0.48 718
36'	0.48 716	0.48 715	0.48 713	0.48 711	0.48 709	0.48 707	0.48 705	0.48 704	0.48 702	0.48 700
37'	0.48 698	0.48 696	0.48 695	0.48 693	0.48 691	0.48 689	0.48 687	0.48 685	0.48 684	0.48 682
38'	0.48 680	0.48 678	0.48 676	0.48 675	0.48 673	0.48 671	0.48 669	0.48 667	0.48 665	0.48 664
39'	0.48 662	0.48 660	0.48 658	0.48 656	0.48 655	0.48 653	0.48 651	0.48 649	0.48 647	0.48 646
40'	0.48 644	0.48 642	0.48 640	0.48 638	0.48 636	0.48 635	0.48 633	0.48 631	0.48 629	0.48 627
41'	0.48 626	0.48 624	0.48 622	0.48 620	0.48 618	0.48 616	0.48 615	0.48 613	0.48 611	0.48 609
42'	0.48 607	0.48 606	0.48 604	0.48 602	0.48 600	0.48 598	0.48 597	0.48 595	0.48 593	0.48 591
43'	0.48 589	0.48 587	0.48 586	0.48 584	0.48 582	0.48 580	0.48 578	0.48 577	0.48 575	0.48 573
44'	0.48 571	0.48 569	0.48 568	0.48 566	0.48 564	0.48 562	0.48 560	0.48 558	0.48 557	0.48 555
45'	0.48 553	0.48 551	0.48 549	0.48 548	0.48 546	0.48 544	0.48 542	0.48 540	0.48 538	0.48 537
46'	0.48 535	0.48 533	0.48 531	0.48 529	0.48 528	0.48 526	0.48 524	0.48 522	0.48 520	0.48 519
47'	0.48 517	0.48 515	0.48 513	0.48 511	0.48 510	0.48 508	0.48 506	0.48 504	0.48 502	0.48 500
48'	0.48 499	0.48 497	0.48 495	0.48 493	0.48 491	0.48 490	0.48 488	0.48 486	0.48 484	0.48 482
49'	0.48 481	0.48 479	0.48 477	0.48 475	0.48 473	0.48 471	0.48 470	0.48 468	0.48 466	0.48 464
50'	0.48 462	0.48 461	0.48 459	0.48 457	0.48 455	0.48 453	0.48 452	0.48 450	0.48 448	0.48 446
51'	0.48 444	0.48 443	0.48 441	0.48 439	0.48 437	0.48 435	0.48 433	0.48 432	0.48 430	0.48 428
52'	0.48 426	0.48 424	0.48 423	0.48 421	0.48 419	0.48 417	0.48 415	0.48 414	0.48 412	0.48 410
53'	0.48 408	0.48 406	0.48 405	0.48 403	0.48 401	0.48 399	0.48 397	0.48 396	0.48 394	0.48 392
54'	0.48 390	0.48 388	0.48 386	0.48 385	0.48 383	0.48 381	0.48 379	0.48 377	0.48 376	0.48 374
55'	0.48 372	0.48 370	0.48 368	0.48 367	0.48 365	0.48 363	0.48 361	0.48 359	0.48 358	0.48 356
56'	0.48 354	0.48 352	0.48 350	0.48 349	0.48 347	0.48 345	0.48 343	0.48 341	0.48 340	0.48 338
57'	0.48 336	0.48 334	0.48 332	0.48 330	0.48 329	0.48 327	0.48 325	0.48 323	0.48 321	0.48 320
58'	0.48 318	0.48 316	0.48 314	0.48 312	0.48 311	0.48 309	0.48 307	0.48 305	0.48 303	0.48 302
59'	0.48 300	0.48 298	0.48 296	0.48 294	0.48 293	0.48 291	0.48 289	0.48 287	0.48 285	0.48 284

K   70°   70° K

	0.'0	0.'1	0.'2	0.'3	0.'4	0.'5	0.'6	0.'7	0.'8	0.'9
0'	0.48 282	0.48 280	0.48 278	0.48 276	0.48 275	0.48 273	0.48 271	0.48 269	0.48 267	0.48 266
1'	0.48 264	0.48 262	0.48 260	0.48 258	0.48 256	0.48 255	0.48 253	0.48 251	0.48 249	0.48 247
2'	0.48 246	0.48 244	0.48 242	0.48 240	0.48 238	0.48 237	0.48 235	0.48 233	0.48 231	0.48 229
3'	0.48 228	0.48 226	0.48 224	0.48 222	0.48 220	0.48 219	0.48 217	0.48 215	0.48 213	0.48 211
4'	0.48 210	0.48 208	0.48 206	0.48 204	0.48 202	0.48 201	0.48 199	0.48 197	0.48 195	0.48 193
5'	0.48 192	0.48 190	0.48 188	0.48 186	0.48 184	0.48 183	0.48 181	0.48 179	0.48 177	0.48 175
6'	0.48 174	0.48 172	0.48 170	0.48 168	0.48 166	0.48 165	0.48 163	0.48 161	0.48 159	0.48 157
7'	0.48 156	0.48 154	0.48 152	0.48 150	0.48 148	0.48 147	0.48 145	0.48 143	0.48 141	0.48 139
8'	0.48 138	0.48 136	0.48 134	0.48 132	0.48 130	0.48 129	0.48 127	0.48 125	0.48 123	0.48 121
9'	0.48 120	0.48 118	0.48 116	0.48 114	0.48 112	0.48 111	0.48 109	0.48 107	0.48 105	0.48 103
10'	0.48 102	0.48 100	0.48 098	0.48 096	0.48 094	0.48 093	0.48 091	0.48 089	0.48 087	0.48 085
11'	0.48 084	0.48 082	0.48 080	0.48 078	0.48 076	0.48 075	0.48 073	0.48 071	0.48 069	0.48 067
12'	0.48 066	0.48 064	0.48 062	0.48 060	0.48 058	0.48 057	0.48 055	0.48 053	0.48 051	0.48 049
13'	0.48 048	0.48 046	0.48 044	0.48 042	0.48 040	0.48 039	0.48 037	0.48 035	0.48 033	0.48 031
14'	0.48 030	0.48 028	0.48 026	0.48 024	0.48 023	0.48 021	0.48 019	0.48 017	0.48 015	0.48 014
15'	0.48 012	0.48 010	0.48 008	0.48 006	0.48 005	0.48 003	0.48 001	0.47 999	0.47 997	0.47 996
16'	0.47 994	0.47 992	0.47 990	0.47 988	0.47 987	0.47 985	0.47 983	0.47 981	0.47 979	0.47 978
17'	0.47 976	0.47 974	0.47 972	0.47 970	0.47 969	0.47 967	0.47 965	0.47 963	0.47 961	0.47 960
18'	0.47 958	0.47 956	0.47 954	0.47 953	0.47 951	0.47 949	0.47 947	0.47 945	0.47 944	0.47 942
19'	0.47 940	0.47 938	0.47 936	0.47 935	0.47 933	0.47 931	0.47 929	0.47 927	0.47 926	0.47 924
20'	0.47 922	0.47 920	0.47 918	0.47 917	0.47 915	0.47 913	0.47 911	0.47 909	0.47 908	0.47 906
21'	0.47 904	0.47 902	0.47 901	0.47 899	0.47 897	0.47 895	0.47 893	0.47 892	0.47 890	0.47 888
22'	0.47 886	0.47 884	0.47 883	0.47 881	0.47 879	0.47 877	0.47 875	0.47 874	0.47 872	0.47 870
23'	0.47 868	0.47 866	0.47 865	0.47 863	0.47 861	0.47 859	0.47 857	0.47 856	0.47 854	0.47 852
24'	0.47 850	0.47 849	0.47 847	0.47 845	0.47 843	0.47 841	0.47 840	0.47 838	0.47 836	0.47 834
25'	0.47 832	0.47 831	0.47 829	0.47 827	0.47 825	0.47 823	0.47 822	0.47 820	0.47 818	0.47 816
26'	0.47 815	0.47 813	0.47 811	0.47 809	0.47 807	0.47 806	0.47 804	0.47 802	0.47 800	0.47 798
27'	0.47 797	0.47 795	0.47 793	0.47 791	0.47 789	0.47 788	0.47 786	0.47 784	0.47 782	0.47 781
28'	0.47 779	0.47 777	0.47 775	0.47 773	0.47 772	0.47 770	0.47 768	0.47 766	0.47 764	0.47 763
29'	0.47 761	0.47 759	0.47 757	0.47 755	0.47 754	0.47 752	0.47 750	0.47 748	0.47 747	0.47 745
30'	0.47 743	0.47 741	0.47 739	0.47 738	0.47 736	0.47 734	0.47 732	0.47 730	0.47 729	0.47 727
31'	0.47 725	0.47 723	0.47 722	0.47 720	0.47 718	0.47 716	0.47 714	0.47 713	0.47 711	0.47 709
32'	0.47 707	0.47 705	0.47 704	0.47 702	0.47 700	0.47 698	0.47 697	0.47 695	0.47 693	0.47 691
33'	0.47 689	0.47 688	0.47 686	0.47 684	0.47 682	0.47 680	0.47 679	0.47 677	0.47 675	0.47 673
34'	0.47 672	0.47 670	0.47 668	0.47 666	0.47 664	0.47 663	0.47 661	0.47 659	0.47 657	0.47 655
35'	0.47 654	0.47 652	0.47 650	0.47 648	0.47 647	0.47 645	0.47 643	0.47 641	0.47 639	0.47 638
36'	0.47 636	0.47 634	0.47 632	0.47 630	0.47 629	0.47 627	0.47 625	0.47 623	0.47 622	0.47 620
37'	0.47 618	0.47 616	0.47 614	0.47 613	0.47 611	0.47 609	0.47 607	0.47 606	0.47 604	0.47 602
38'	0.47 600	0.47 598	0.47 597	0.47 595	0.47 593	0.47 591	0.47 589	0.47 588	0.47 586	0.47 584
39'	0.47 582	0.47 581	0.47 579	0.47 577	0.47 575	0.47 573	0.47 572	0.47 570	0.47 568	0.47 566
40'	0.47 565	0.47 563	0.47 561	0.47 559	0.47 557	0.47 556	0.47 554	0.47 552	0.47 550	0.47 548
41'	0.47 547	0.47 545	0.47 543	0.47 541	0.47 540	0.47 538	0.47 536	0.47 534	0.47 532	0.47 531
42'	0.47 529	0.47 527	0.47 525	0.47 524	0.47 522	0.47 520	0.47 518	0.47 516	0.47 515	0.47 513
43'	0.47 511	0.47 509	0.47 508	0.47 506	0.47 504	0.47 502	0.47 500	0.47 499	0.47 497	0.47 495
44'	0.47 493	0.47 491	0.47 490	0.47 488	0.47 486	0.47 484	0.47 483	0.47 481	0.47 479	0.47 477
45'	0.47 475	0.47 474	0.47 472	0.47 470	0.47 468	0.47 467	0.47 465	0.47 463	0.47 461	0.47 459
46'	0.47 458	0.47 456	0.47 454	0.47 452	0.47 451	0.47 449	0.47 447	0.47 445	0.47 443	0.47 442
47'	0.47 440	0.47 438	0.47 436	0.47 435	0.47 433	0.47 431	0.47 429	0.47 427	0.47 426	0.47 424
48'	0.47 422	0.47 420	0.47 419	0.47 417	0.47 415	0.47 413	0.47 411	0.47 410	0.47 408	0.47 406
49'	0.47 404	0.47 403	0.47 401	0.47 399	0.47 397	0.47 395	0.47 394	0.47 392	0.47 390	0.47 388
50'	0.47 387	0.47 385	0.47 383	0.47 381	0.47 379	0.47 378	0.47 376	0.47 374	0.47 372	0.47 371
51'	0.47 369	0.47 367	0.47 365	0.47 363	0.47 362	0.47 360	0.47 358	0.47 356	0.47 355	0.47 353
52'	0.47 351	0.47 349	0.47 348	0.47 346	0.47 344	0.47 342	0.47 340	0.47 339	0.47 337	0.47 335
53'	0.47 333	0.47 332	0.47 330	0.47 328	0.47 326	0.47 324	0.47 323	0.47 321	0.47 319	0.47 317
54'	0.47 316	0.47 314	0.47 312	0.47 310	0.47 308	0.47 307	0.47 305	0.47 303	0.47 301	0.47 300
55'	0.47 298	0.47 296	0.47 294	0.47 292	0.47 291	0.47 289	0.47 287	0.47 285	0.47 284	0.47 282
56'	0.47 280	0.47 278	0.47 277	0.47 275	0.47 273	0.47 271	0.47 269	0.47 268	0.47 266	0.47 264
57'	0.47 262	0.47 261	0.47 259	0.47 257	0.47 255	0.47 253	0.47 252	0.47 250	0.47 248	0.47 246
58'	0.47 245	0.47 243	0.47 241	0.47 239	0.47 238	0.47 236	0.47 234	0.47 232	0.47 230	0.47 229
59'	0.47 227	0.47 225	0.47 223	0.47 222	0.47 220	0.47 218	0.47 216	0.47 215	0.47 213	0.47 211

K   K

71°	0.'0	0.'1	0.'2	0.'3	0.'4	0.'5	0.'6	0.'7	0.'8	0.'9
0'	0.47 209	0.47 207	0.47 206	0.47 204	0.47 202	0.47 200	0.47 199	0.47 197	0.47 195	0.47 193
1'	0.47 191	0.47 190	0.47 188	0.47 186	0.47 184	0.47 183	0.47 181	0.47 179	0.47 177	0.47 176
2'	0.47 174	0.47 172	0.47 170	0.47 168	0.47 167	0.47 165	0.47 163	0.47 161	0.47 160	0.47 158
3'	0.47 156	0.47 154	0.47 153	0.47 151	0.47 149	0.47 147	0.47 145	0.47 144	0.47 142	0.47 140
4'	0.47 138	0.47 137	0.47 135	0.47 133	0.47 131	0.47 130	0.47 128	0.47 126	0.47 124	0.47 122
5'	0.47 121	0.47 119	0.47 117	0.47 115	0.47 114	0.47 112	0.47 110	0.47 108	0.47 107	0.47 105
6'	0.47 103	0.47 101	0.47 099	0.47 098	0.47 096	0.47 094	0.47 092	0.47 091	0.47 089	0.47 087
7'	0.47 085	0.47 084	0.47 082	0.47 080	0.47 078	0.47 077	0.47 075	0.47 073	0.47 071	0.47 069
8'	0.47 068	0.47 066	0.47 064	0.47 062	0.47 061	0.47 059	0.47 057	0.47 055	0.47 054	0.47 052
9'	0.47 050	0.47 048	0.47 046	0.47 045	0.47 043	0.47 041	0.47 039	0.47 038	0.47 036	0.47 034
10'	0.47 032	0.47 031	0.47 029	0.47 027	0.47 025	0.47 024	0.47 022	0.47 020	0.47 018	0.47 016
11'	0.47 015	0.47 013	0.47 011	0.47 009	0.47 008	0.47 006	0.47 004	0.47 002	0.47 001	0.46 999
12'	0.46 997	0.46 995	0.46 994	0.46 992	0.46 990	0.46 988	0.46 986	0.46 985	0.46 983	0.46 981
13'	0.46 979	0.46 978	0.46 976	0.46 974	0.46 972	0.46 971	0.46 969	0.46 967	0.46 965	0.46 964
14'	0.46 962	0.46 960	0.46 958	0.46 956	0.46 955	0.46 953	0.46 951	0.46 949	0.46 948	0.46 946
15'	0.46 944	0.46 942	0.46 941	0.46 939	0.46 937	0.46 935	0.46 934	0.46 932	0.46 930	0.46 928
16'	0.46 927	0.46 925	0.46 923	0.46 921	0.46 919	0.46 918	0.46 916	0.46 914	0.46 912	0.46 911
17'	0.46 909	0.46 907	0.46 905	0.46 904	0.46 902	0.46 900	0.46 898	0.46 897	0.46 895	0.46 893
18'	0.46 891	0.46 890	0.46 888	0.46 886	0.46 884	0.46 882	0.46 881	0.46 879	0.46 877	0.46 875
19'	0.46 874	0.46 872	0.46 870	0.46 868	0.46 867	0.46 865	0.46 863	0.46 861	0.46 860	0.46 858
20'	0.46 856	0.46 854	0.46 853	0.46 851	0.46 849	0.46 847	0.46 845	0.46 844	0.46 842	0.46 840
21'	0.46 838	0.46 837	0.46 835	0.46 833	0.46 831	0.46 830	0.46 828	0.46 826	0.46 824	0.46 823
22'	0.46 821	0.46 819	0.46 817	0.46 816	0.46 814	0.46 812	0.46 810	0.46 809	0.46 807	0.46 805
23'	0.46 803	0.46 802	0.46 800	0.46 798	0.46 796	0.46 794	0.46 793	0.46 791	0.46 789	0.46 787
24'	0.46 786	0.46 784	0.46 782	0.46 780	0.46 779	0.46 777	0.46 775	0.46 773	0.46 772	0.46 770
25'	0.46 768	0.46 766	0.46 765	0.46 763	0.46 761	0.46 759	0.46 758	0.46 756	0.46 754	0.46 752
26'	0.46 751	0.46 749	0.46 747	0.46 745	0.46 744	0.46 742	0.46 740	0.46 738	0.46 736	0.46 735
27'	0.46 733	0.46 731	0.46 729	0.46 728	0.46 726	0.46 724	0.46 722	0.46 721	0.46 719	0.46 717
28'	0.46 715	0.46 714	0.46 712	0.46 710	0.46 708	0.46 707	0.46 705	0.46 703	0.46 701	0.46 700
29'	0.46 698	0.46 696	0.46 694	0.46 693	0.46 691	0.46 689	0.46 687	0.46 686	0.46 684	0.46 682
30'	0.46 680	0.46 679	0.46 677	0.46 675	0.46 673	0.46 672	0.46 670	0.46 668	0.46 666	0.46 665
31'	0.46 663	0.46 661	0.46 659	0.46 657	0.46 656	0.46 654	0.46 652	0.46 650	0.46 649	0.46 647
32'	0.46 645	0.46 643	0.46 642	0.46 640	0.46 638	0.46 636	0.46 635	0.46 633	0.46 631	0.46 629
33'	0.46 628	0.46 626	0.46 624	0.46 622	0.46 621	0.46 619	0.46 617	0.46 615	0.46 614	0.46 612
34'	0.46 610	0.46 608	0.46 607	0.46 605	0.46 603	0.46 601	0.46 600	0.46 598	0.46 596	0.46 594
35'	0.46 593	0.46 591	0.46 589	0.46 587	0.46 586	0.46 584	0.46 582	0.46 580	0.46 579	0.46 577
36'	0.46 575	0.46 573	0.46 572	0.46 570	0.46 568	0.46 566	0.46 565	0.46 563	0.46 561	0.46 559
37'	0.46 558	0.46 556	0.46 554	0.46 552	0.46 551	0.46 549	0.46 547	0.46 545	0.46 544	0.46 542
38'	0.46 540	0.46 538	0.46 537	0.46 535	0.46 533	0.46 531	0.46 530	0.46 528	0.46 526	0.46 524
39'	0.46 523	0.46 521	0.46 519	0.46 517	0.46 516	0.46 514	0.46 512	0.46 510	0.46 509	0.46 507
40'	0.46 505	0.46 503	0.46 502	0.46 500	0.46 498	0.46 496	0.46 495	0.46 493	0.46 491	0.46 489
41'	0.46 488	0.46 486	0.46 484	0.46 482	0.46 481	0.46 479	0.46 477	0.46 475	0.46 474	0.46 472
42'	0.46 470	0.46 468	0.46 467	0.46 465	0.46 463	0.46 461	0.46 460	0.46 458	0.46 456	0.46 454
43'	0.46 453	0.46 451	0.46 449	0.46 447	0.46 446	0.46 444	0.46 442	0.46 440	0.46 439	0.46 437
44'	0.46 435	0.46 433	0.46 432	0.46 430	0.46 428	0.46 426	0.46 425	0.46 423	0.46 421	0.46 419
45'	0.46 418	0.46 416	0.46 414	0.46 412	0.46 411	0.46 409	0.46 407	0.46 405	0.46 404	0.46 402
46'	0.46 400	0.46 398	0.46 397	0.46 395	0.46 393	0.46 391	0.46 390	0.46 388	0.46 386	0.46 385
47'	0.46 383	0.46 381	0.46 379	0.46 378	0.46 376	0.46 374	0.46 372	0.46 371	0.46 369	0.46 367
48'	0.46 365	0.46 364	0.46 362	0.46 360	0.46 358	0.46 357	0.46 355	0.46 353	0.46 351	0.46 350
49'	0.46 348	0.46 346	0.46 344	0.46 343	0.46 341	0.46 339	0.46 337	0.46 336	0.46 334	0.46 332
50'	0.46 330	0.46 329	0.46 327	0.46 325	0.46 323	0.46 322	0.46 320	0.46 318	0.46 316	0.46 315
51'	0.46 313	0.46 311	0.46 309	0.46 308	0.46 306	0.46 304	0.46 303	0.46 301	0.46 299	0.46 297
52'	0.46 296	0.46 294	0.46 292	0.46 290	0.46 289	0.46 287	0.46 285	0.46 283	0.46 282	0.46 280
53'	0.46 278	0.46 276	0.46 275	0.46 273	0.46 271	0.46 269	0.46 268	0.46 266	0.46 264	0.46 262
54'	0.46 261	0.46 259	0.46 257	0.46 255	0.46 254	0.46 252	0.46 250	0.46 248	0.46 247	0.46 245
55'	0.46 243	0.46 242	0.46 240	0.46 238	0.46 236	0.46 235	0.46 233	0.46 231	0.46 229	0.46 228
56'	0.46 226	0.46 224	0.46 222	0.46 221	0.46 219	0.46 217	0.46 215	0.46 214	0.46 212	0.46 210
57'	0.46 208	0.46 207	0.46 205	0.46 203	0.46 201	0.46 200	0.46 198	0.46 196	0.46 195	0.46 193
58'	0.46 191	0.46 189	0.46 188	0.46 186	0.46 184	0.46 182	0.46 181	0.46 179	0.46 177	0.46 175
59'	0.46 174	0.46 172	0.46 170	0.46 168	0.46 167	0.46 165	0.46 163	0.46 161	0.46 160	0.46 158

K 72°

	0.'0	0.'1	0.'2	0.'3	0.'4	0.'5	0.'6	0.'7	0.'8	0.'9
0'	0.46 156	0.46 155	0.46 153	0.46 151	0.46 149	0.46 148	0.46 146	0.46 144	0.46 142	0.46 141
1'	0.46 139	0.46 137	0.46 135	0.46 134	0.46 132	0.46 130	0.46 128	0.46 127	0.46 125	0.46 123
2'	0.46 121	0.46 120	0.46 118	0.46 116	0.46 115	0.46 113	0.46 111	0.46 109	0.46 108	0.46 106
3'	0.46 104	0.46 102	0.46 101	0.46 099	0.46 097	0.46 095	0.46 094	0.46 092	0.46 090	0.46 088
4'	0.46 087	0.46 085	0.46 083	0.46 082	0.46 080	0.46 078	0.46 076	0.46 075	0.46 073	0.46 071
5'	0.46 069	0.46 068	0.46 066	0.46 064	0.46 062	0.46 061	0.46 059	0.46 057	0.46 056	0.46 054
6'	0.46 052	0.46 050	0.46 049	0.46 047	0.46 045	0.46 043	0.46 042	0.46 040	0.46 038	0.46 036
7'	0.46 035	0.46 033	0.46 031	0.46 029	0.46 028	0.46 026	0.46 024	0.46 023	0.46 021	0.46 019
8'	0.46 017	0.46 016	0.46 014	0.46 012	0.46 010	0.46 009	0.46 007	0.46 005	0.46 003	0.46 002
9'	0.46 000	0.45 998	0.45 997	0.45 995	0.45 993	0.45 991	0.45 990	0.45 988	0.45 986	0.45 984
10'	0.45 983	0.45 981	0.45 979	0.45 977	0.45 976	0.45 974	0.45 972	0.45 971	0.45 969	0.45 967
11'	0.45 965	0.45 964	0.45 962	0.45 960	0.45 958	0.45 957	0.45 955	0.45 953	0.45 951	0.45 950
12'	0.45 948	0.45 946	0.45 945	0.45 943	0.45 941	0.45 939	0.45 938	0.45 936	0.45 934	0.45 932
13'	0.45 931	0.45 929	0.45 927	0.45 925	0.45 924	0.45 922	0.45 920	0.45 919	0.45 917	0.45 915
14'	0.45 913	0.45 912	0.45 910	0.45 908	0.45 906	0.45 905	0.45 903	0.45 901	0.45 900	0.45 898
15'	0.45 896	0.45 894	0.45 893	0.45 891	0.45 889	0.45 887	0.45 886	0.45 884	0.45 882	0.45 880
16'	0.45 879	0.45 877	0.45 875	0.45 874	0.45 872	0.45 870	0.45 868	0.45 867	0.45 865	0.45 863
17'	0.45 861	0.45 860	0.45 858	0.45 856	0.45 855	0.45 853	0.45 851	0.45 849	0.45 848	0.45 846
18'	0.45 844	0.45 842	0.45 841	0.45 839	0.45 837	0.45 835	0.45 834	0.45 832	0.45 830	0.45 829
19'	0.45 827	0.45 825	0.45 823	0.45 822	0.45 820	0.45 818	0.45 816	0.45 815	0.45 813	0.45 811
20'	0.45 810	0.45 808	0.45 806	0.45 804	0.45 803	0.45 801	0.45 799	0.45 797	0.45 796	0.45 794
21'	0.45 792	0.45 791	0.45 789	0.45 787	0.45 785	0.45 784	0.45 782	0.45 780	0.45 778	0.45 777
22'	0.45 775	0.45 773	0.45 772	0.45 770	0.45 768	0.45 766	0.45 765	0.45 763	0.45 761	0.45 759
23'	0.45 758	0.45 756	0.45 754	0.45 753	0.45 751	0.45 749	0.45 747	0.45 746	0.45 744	0.45 742
24'	0.45 740	0.45 739	0.45 737	0.45 735	0.45 734	0.45 732	0.45 730	0.45 728	0.45 727	0.45 725
25'	0.45 723	0.45 721	0.45 720	0.45 718	0.45 716	0.45 715	0.45 713	0.45 711	0.45 709	0.45 708
26'	0.45 706	0.45 704	0.45 703	0.45 701	0.45 699	0.45 697	0.45 696	0.45 694	0.45 692	0.45 690
27'	0.45 689	0.45 687	0.45 685	0.45 684	0.45 682	0.45 680	0.45 678	0.45 677	0.45 675	0.45 673
28'	0.45 671	0.45 670	0.45 668	0.45 666	0.45 665	0.45 663	0.45 661	0.45 659	0.45 658	0.45 656
29'	0.45 654	0.45 653	0.45 651	0.45 649	0.45 647	0.45 646	0.45 644	0.45 642	0.45 640	0.45 639
30'	0.45 637	0.45 635	0.45 634	0.45 632	0.45 630	0.45 628	0.45 627	0.45 625	0.45 623	0.45 622
31'	0.45 620	0.45 618	0.45 616	0.45 615	0.45 613	0.45 611	0.45 609	0.45 608	0.45 606	0.45 604
32'	0.45 603	0.45 601	0.45 599	0.45 597	0.45 596	0.45 594	0.45 592	0.45 591	0.45 589	0.45 587
33'	0.45 585	0.45 584	0.45 582	0.45 580	0.45 578	0.45 577	0.45 575	0.45 573	0.45 572	0.45 570
34'	0.45 568	0.45 566	0.45 565	0.45 563	0.45 561	0.45 560	0.45 558	0.45 556	0.45 554	0.45 553
35'	0.45 551	0.45 549	0.45 547	0.45 546	0.45 544	0.45 542	0.45 541	0.45 539	0.45 537	0.45 535
36'	0.45 534	0.45 532	0.45 530	0.45 529	0.45 527	0.45 525	0.45 523	0.45 522	0.45 520	0.45 518
37'	0.45 517	0.45 515	0.45 513	0.45 511	0.45 510	0.45 508	0.45 506	0.45 504	0.45 503	0.45 501
38'	0.45 499	0.45 498	0.45 496	0.45 494	0.45 492	0.45 491	0.45 489	0.45 487	0.45 486	0.45 484
39'	0.45 482	0.45 480	0.45 479	0.45 477	0.45 475	0.45 474	0.45 472	0.45 470	0.45 468	0.45 467
40'	0.45 465	0.45 463	0.45 462	0.45 460	0.45 458	0.45 456	0.45 455	0.45 453	0.45 451	0.45 450
41'	0.45 448	0.45 446	0.45 444	0.45 443	0.45 441	0.45 439	0.45 437	0.45 436	0.45 434	0.45 432
42'	0.45 431	0.45 429	0.45 427	0.45 425	0.45 424	0.45 422	0.45 420	0.45 419	0.45 417	0.45 415
43'	0.45 413	0.45 412	0.45 410	0.45 408	0.45 407	0.45 405	0.45 403	0.45 401	0.45 400	0.45 398
44'	0.45 396	0.45 395	0.45 393	0.45 391	0.45 389	0.45 388	0.45 386	0.45 384	0.45 383	0.45 381
45'	0.45 379	0.45 377	0.45 376	0.45 374	0.45 372	0.45 371	0.45 369	0.45 367	0.45 365	0.45 364
46'	0.45 362	0.45 360	0.45 359	0.45 357	0.45 355	0.45 353	0.45 352	0.45 350	0.45 348	0.45 347
47'	0.45 345	0.45 343	0.45 341	0.45 340	0.45 338	0.45 336	0.45 335	0.45 333	0.45 331	0.45 329
48'	0.45 328	0.45 326	0.45 324	0.45 323	0.45 321	0.45 319	0.45 317	0.45 316	0.45 314	0.45 312
49'	0.45 311	0.45 309	0.45 307	0.45 305	0.45 304	0.45 302	0.45 300	0.45 299	0.45 297	0.45 295
50'	0.45 293	0.45 292	0.45 290	0.45 288	0.45 287	0.45 285	0.45 283	0.45 281	0.45 280	0.45 278
51'	0.45 276	0.45 275	0.45 273	0.45 271	0.45 269	0.45 268	0.45 266	0.45 264	0.45 263	0.45 261
52'	0.45 259	0.45 258	0.45 256	0.45 254	0.45 252	0.45 251	0.45 249	0.45 247	0.45 246	0.45 244
53'	0.45 242	0.45 240	0.45 239	0.45 237	0.45 235	0.45 234	0.45 232	0.45 230	0.45 228	0.45 227
54'	0.45 225	0.45 223	0.45 222	0.45 220	0.45 218	0.45 216	0.45 215	0.45 213	0.45 211	0.45 210
55'	0.45 208	0.45 206	0.45 204	0.45 203	0.45 201	0.45 199	0.45 198	0.45 196	0.45 194	0.45 193
56'	0.45 191	0.45 189	0.45 187	0.45 186	0.45 184	0.45 182	0.45 181	0.45 179	0.45 177	0.45 175
57'	0.45 174	0.45 172	0.45 170	0.45 169	0.45 167	0.45 165	0.45 163	0.45 162	0.45 160	0.45 158
58'	0.45 157	0.45 155	0.45 153	0.45 152	0.45 150	0.45 148	0.45 146	0.45 145	0.45 143	0.45 141
59'	0.45 140	0.45 138	0.45 136	0.45 134	0.45 133	0.45 131	0.45 129	0.45 128	0.45 126	0.45 124

K   K

73°   73°

	0.'0	0.'1	0.'2	0.'3	0.'4	0.'5	0.'6	0.'7	0.'8	0.'9
0'	0.45 122	0.45 121	0.45 119	0.45 117	0.45 116	0.45 114	0.45 112	0.45 111	0.45 109	0.45 107
1'	0.45 105	0.45 104	0.45 102	0.45 100	0.45 099	0.45 097	0.45 095	0.45 093	0.45 092	0.45 090
2'	0.45 088	0.45 087	0.45 085	0.45 083	0.45 082	0.45 080	0.45 078	0.45 076	0.45 075	0.45 073
3'	0.45 071	0.45 070	0.45 068	0.45 066	0.45 064	0.45 063	0.45 061	0.45 059	0.45 058	0.45 056
4'	0.45 054	0.45 053	0.45 051	0.45 049	0.45 047	0.45 046	0.45 044	0.45 042	0.45 041	0.45 039
5'	0.45 037	0.45 035	0.45 034	0.45 032	0.45 030	0.45 029	0.45 027	0.45 025	0.45 024	0.45 022
6'	0.45 020	0.45 018	0.45 017	0.45 015	0.45 013	0.45 012	0.45 010	0.45 008	0.45 007	0.45 005
7'	0.45 003	0.45 001	0.45 000	0.44 998	0.44 996	0.44 995	0.44 993	0.44 991	0.44 989	0.44 988
8'	0.44 986	0.44 984	0.44 983	0.44 981	0.44 979	0.44 978	0.44 976	0.44 974	0.44 972	0.44 971
9'	0.44 969	0.44 967	0.44 966	0.44 964	0.44 962	0.44 961	0.44 959	0.44 957	0.44 955	0.44 954
10'	0.44 952	0.44 950	0.44 949	0.44 947	0.44 945	0.44 944	0.44 942	0.44 940	0.44 938	0.44 937
11'	0.44 935	0.44 933	0.44 932	0.44 930	0.44 928	0.44 926	0.44 925	0.44 923	0.44 921	0.44 920
12'	0.44 918	0.44 916	0.44 915	0.44 913	0.44 911	0.44 909	0.44 908	0.44 906	0.44 904	0.44 903
13'	0.44 901	0.44 899	0.44 898	0.44 896	0.44 894	0.44 892	0.44 891	0.44 889	0.44 887	0.44 886
14'	0.44 884	0.44 882	0.44 881	0.44 879	0.44 877	0.44 875	0.44 874	0.44 872	0.44 870	0.44 869
15'	0.44 867	0.44 865	0.44 864	0.44 862	0.44 860	0.44 858	0.44 857	0.44 855	0.44 853	0.44 852
16'	0.44 850	0.44 848	0.44 847	0.44 845	0.44 843	0.44 841	0.44 840	0.44 838	0.44 836	0.44 835
17'	0.44 833	0.44 831	0.44 830	0.44 828	0.44 826	0.44 825	0.44 823	0.44 821	0.44 819	0.44 818
18'	0.44 816	0.44 814	0.44 813	0.44 811	0.44 809	0.44 808	0.44 806	0.44 804	0.44 802	0.44 801
19'	0.44 799	0.44 797	0.44 796	0.44 794	0.44 792	0.44 791	0.44 789	0.44 787	0.44 785	0.44 784
20'	0.44 782	0.44 780	0.44 779	0.44 777	0.44 775	0.44 774	0.44 772	0.44 770	0.44 768	0.44 767
21'	0.44 765	0.44 763	0.44 762	0.44 760	0.44 758	0.44 757	0.44 755	0.44 753	0.44 752	0.44 750
22'	0.44 748	0.44 746	0.44 745	0.44 743	0.44 741	0.44 740	0.44 738	0.44 736	0.44 735	0.44 733
23'	0.44 731	0.44 729	0.44 728	0.44 726	0.44 724	0.44 723	0.44 721	0.44 719	0.44 718	0.44 716
24'	0.44 714	0.44 713	0.44 711	0.44 709	0.44 707	0.44 706	0.44 704	0.44 702	0.44 701	0.44 699
25'	0.44 697	0.44 696	0.44 694	0.44 692	0.44 691	0.44 689	0.44 687	0.44 685	0.44 684	0.44 682
26'	0.44 680	0.44 679	0.44 677	0.44 675	0.44 674	0.44 672	0.44 670	0.44 668	0.44 667	0.44 665
27'	0.44 663	0.44 662	0.44 660	0.44 658	0.44 657	0.44 655	0.44 653	0.44 652	0.44 650	0.44 648
28'	0.44 646	0.44 645	0.44 643	0.44 641	0.44 640	0.44 638	0.44 636	0.44 635	0.44 633	0.44 631
29'	0.44 630	0.44 628	0.44 626	0.44 624	0.44 623	0.44 621	0.44 619	0.44 618	0.44 616	0.44 614
30'	0.44 613	0.44 611	0.44 609	0.44 608	0.44 606	0.44 604	0.44 602	0.44 601	0.44 599	0.44 597
31'	0.44 596	0.44 594	0.44 592	0.44 591	0.44 589	0.44 587	0.44 586	0.44 584	0.44 582	0.44 580
32'	0.44 579	0.44 577	0.44 575	0.44 574	0.44 572	0.44 570	0.44 569	0.44 567	0.44 565	0.44 564
33'	0.44 562	0.44 560	0.44 559	0.44 557	0.44 555	0.44 553	0.44 552	0.44 550	0.44 548	0.44 547
34'	0.44 545	0.44 543	0.44 542	0.44 540	0.44 538	0.44 537	0.44 535	0.44 533	0.44 531	0.44 530
35'	0.44 528	0.44 526	0.44 525	0.44 523	0.44 521	0.44 520	0.44 518	0.44 516	0.44 515	0.44 513
36'	0.44 511	0.44 510	0.44 508	0.44 506	0.44 504	0.44 503	0.44 501	0.44 499	0.44 498	0.44 496
37'	0.44 494	0.44 493	0.44 491	0.44 489	0.44 488	0.44 486	0.44 484	0.44 483	0.44 481	0.44 479
38'	0.44 477	0.44 476	0.44 474	0.44 472	0.44 471	0.44 469	0.44 467	0.44 466	0.44 464	0.44 462
39'	0.44 461	0.44 459	0.44 457	0.44 456	0.44 454	0.44 452	0.44 450	0.44 449	0.44 447	0.44 445
40'	0.44 444	0.44 442	0.44 440	0.44 439	0.44 437	0.44 435	0.44 434	0.44 432	0.44 430	0.44 429
41'	0.44 427	0.44 425	0.44 423	0.44 422	0.44 420	0.44 418	0.44 417	0.44 415	0.44 413	0.44 412
42'	0.44 410	0.44 408	0.44 407	0.44 405	0.44 403	0.44 402	0.44 400	0.44 398	0.44 397	0.44 395
43'	0.44 393	0.44 391	0.44 390	0.44 388	0.44 386	0.44 385	0.44 383	0.44 381	0.44 380	0.44 378
44'	0.44 376	0.44 375	0.44 373	0.44 371	0.44 370	0.44 368	0.44 366	0.44 364	0.44 363	0.44 361
45'	0.44 359	0.44 358	0.44 356	0.44 354	0.44 353	0.44 351	0.44 349	0.44 348	0.44 346	0.44 344
46'	0.44 343	0.44 341	0.44 339	0.44 338	0.44 336	0.44 334	0.44 332	0.44 331	0.44 329	0.44 327
47'	0.44 326	0.44 324	0.44 322	0.44 321	0.44 319	0.44 317	0.44 316	0.44 314	0.44 312	0.44 311
48'	0.44 309	0.44 307	0.44 306	0.44 304	0.44 302	0.44 301	0.44 299	0.44 297	0.44 295	0.44 294
49'	0.44 292	0.44 290	0.44 289	0.44 287	0.44 285	0.44 284	0.44 282	0.44 280	0.44 279	0.44 277
50'	0.44 275	0.44 274	0.44 272	0.44 270	0.44 269	0.44 267	0.44 265	0.44 264	0.44 262	0.44 260
51'	0.44 258	0.44 257	0.44 255	0.44 253	0.44 252	0.44 250	0.44 248	0.44 247	0.44 245	0.44 243
52'	0.44 242	0.44 240	0.44 238	0.44 237	0.44 235	0.44 233	0.44 232	0.44 230	0.44 228	0.44 227
53'	0.44 225	0.44 223	0.44 222	0.44 220	0.44 218	0.44 216	0.44 215	0.44 213	0.44 211	0.44 210
54'	0.44 208	0.44 206	0.44 205	0.44 203	0.44 201	0.44 200	0.44 198	0.44 196	0.44 195	0.44 193
55'	0.44 191	0.44 190	0.44 188	0.44 186	0.44 185	0.44 183	0.44 181	0.44 180	0.44 178	0.44 176
56'	0.44 174	0.44 173	0.44 171	0.44 169	0.44 168	0.44 166	0.44 164	0.44 163	0.44 161	0.44 159
57'	0.44 158	0.44 156	0.44 154	0.44 153	0.44 151	0.44 149	0.44 148	0.44 146	0.44 144	0.44 143
58'	0.44 141	0.44 139	0.44 138	0.44 136	0.44 134	0.44 133	0.44 131	0.44 129	0.44 128	0.44 126
59'	0.44 124	0.44 122	0.44 121	0.44 119	0.44 117	0.44 116	0.44 114	0.44 112	0.44 111	0.44 109

K 74°

	0.'0	0.'1	0.'2	0.'3	0.'4	0.'5	0.'6	0.'7	0.'8	0.'9
0'	0.44 107	0.44 106	0.44 104	0.44 102	0.44 101	0.44 099	0.44 097	0.44 096	0.44 094	0.44 092
1'	0.44 091	0.44 089	0.44 087	0.44 086	0.44 084	0.44 082	0.44 081	0.44 079	0.44 077	0.44 076
2'	0.44 074	0.44 072	0.44 071	0.44 069	0.44 067	0.44 065	0.44 064	0.44 062	0.44 060	0.44 059
3'	0.44 057	0.44 055	0.44 054	0.44 052	0.44 050	0.44 049	0.44 047	0.44 045	0.44 044	0.44 042
4'	0.44 040	0.44 039	0.44 037	0.44 035	0.44 034	0.44 032	0.44 030	0.44 029	0.44 027	0.44 025
5'	0.44 024	0.44 022	0.44 020	0.44 019	0.44 017	0.44 015	0.44 014	0.44 012	0.44 010	0.44 009
6'	0.44 007	0.44 005	0.44 004	0.44 002	0.44 000	0.43 999	0.43 997	0.43 995	0.43 994	0.43 992
7'	0.43 990	0.43 988	0.43 987	0.43 985	0.43 983	0.43 982	0.43 980	0.43 978	0.43 977	0.43 975
8'	0.43 973	0.43 972	0.43 970	0.43 968	0.43 967	0.43 965	0.43 963	0.43 962	0.43 960	0.43 958
9'	0.43 957	0.43 955	0.43 953	0.43 952	0.43 950	0.43 948	0.43 947	0.43 945	0.43 943	0.43 942
10'	0.43 940	0.43 938	0.43 937	0.43 935	0.43 933	0.43 932	0.43 930	0.43 928	0.43 927	0.43 925
11'	0.43 923	0.43 922	0.43 920	0.43 918	0.43 917	0.43 915	0.43 913	0.43 912	0.43 910	0.43 908
12'	0.43 907	0.43 905	0.43 903	0.43 902	0.43 900	0.43 898	0.43 897	0.43 895	0.43 893	0.43 892
13'	0.43 890	0.43 888	0.43 887	0.43 885	0.43 883	0.43 882	0.43 880	0.43 878	0.43 877	0.43 875
14'	0.43 873	0.43 872	0.43 870	0.43 868	0.43 867	0.43 865	0.43 863	0.43 862	0.43 860	0.43 858
15'	0.43 856	0.43 855	0.43 853	0.43 851	0.43 850	0.43 848	0.43 846	0.43 845	0.43 843	0.43 841
16'	0.43 840	0.43 838	0.43 836	0.43 835	0.43 833	0.43 831	0.43 830	0.43 828	0.43 826	0.43 825
17'	0.43 823	0.43 821	0.43 820	0.43 818	0.43 816	0.43 815	0.43 813	0.43 811	0.43 810	0.43 808
18'	0.43 806	0.43 805	0.43 803	0.43 801	0.43 800	0.43 798	0.43 796	0.43 795	0.43 793	0.43 791
19'	0.43 790	0.43 788	0.43 786	0.43 785	0.43 783	0.43 781	0.43 780	0.43 778	0.43 776	0.43 775
20'	0.43 773	0.43 771	0.43 770	0.43 768	0.43 766	0.43 765	0.43 763	0.43 761	0.43 760	0.43 758
21'	0.43 756	0.43 755	0.43 753	0.43 751	0.43 750	0.43 748	0.43 746	0.43 745	0.43 743	0.43 741
22'	0.43 740	0.43 738	0.43 736	0.43 735	0.43 733	0.43 731	0.43 730	0.43 728	0.43 726	0.43 725
23'	0.43 723	0.43 721	0.43 720	0.43 718	0.43 716	0.43 715	0.43 713	0.43 711	0.43 710	0.43 708
24'	0.43 706	0.43 705	0.43 703	0.43 702	0.43 700	0.43 698	0.43 697	0.43 695	0.43 693	0.43 692
25'	0.43 690	0.43 688	0.43 687	0.43 685	0.43 683	0.43 682	0.43 680	0.43 678	0.43 677	0.43 675
26'	0.43 673	0.43 672	0.43 670	0.43 668	0.43 667	0.43 665	0.43 663	0.43 662	0.43 660	0.43 658
27'	0.43 657	0.43 655	0.43 653	0.43 652	0.43 650	0.43 648	0.43 647	0.43 645	0.43 643	0.43 642
28'	0.43 640	0.43 638	0.43 637	0.43 635	0.43 633	0.43 632	0.43 630	0.43 628	0.43 627	0.43 625
29'	0.43 623	0.43 622	0.43 620	0.43 618	0.43 617	0.43 615	0.43 613	0.43 612	0.43 610	0.43 608
30'	0.43 607	0.43 605	0.43 603	0.43 602	0.43 600	0.43 598	0.43 597	0.43 595	0.43 593	0.43 592
31'	0.43 590	0.43 588	0.43 587	0.43 585	0.43 583	0.43 582	0.43 580	0.43 578	0.43 577	0.43 575
32'	0.43 574	0.43 572	0.43 570	0.43 569	0.43 567	0.43 565	0.43 564	0.43 562	0.43 560	0.43 559
33'	0.43 557	0.43 555	0.43 554	0.43 552	0.43 550	0.43 549	0.43 547	0.43 545	0.43 544	0.43 542
34'	0.43 540	0.43 539	0.43 537	0.43 535	0.43 534	0.43 532	0.43 530	0.43 529	0.43 527	0.43 525
35'	0.43 524	0.43 522	0.43 520	0.43 519	0.43 517	0.43 515	0.43 514	0.43 512	0.43 510	0.43 509
36'	0.43 507	0.43 505	0.43 504	0.43 502	0.43 501	0.43 499	0.43 497	0.43 496	0.43 494	0.43 492
37'	0.43 491	0.43 489	0.43 487	0.43 486	0.43 484	0.43 482	0.43 481	0.43 479	0.43 477	0.43 476
38'	0.43 474	0.43 472	0.43 471	0.43 469	0.43 467	0.43 466	0.43 464	0.43 462	0.43 461	0.43 459
39'	0.43 457	0.43 456	0.43 454	0.43 452	0.43 451	0.43 449	0.43 447	0.43 446	0.43 444	0.43 443
40'	0.43 441	0.43 439	0.43 438	0.43 436	0.43 434	0.43 433	0.43 431	0.43 429	0.43 428	0.43 426
41'	0.43 424	0.43 423	0.43 421	0.43 419	0.43 418	0.43 416	0.43 414	0.43 413	0.43 411	0.43 409
42'	0.43 408	0.43 406	0.43 404	0.43 403	0.43 401	0.43 399	0.43 398	0.43 396	0.43 394	0.43 393
43'	0.43 391	0.43 390	0.43 388	0.43 386	0.43 385	0.43 383	0.43 381	0.43 380	0.43 378	0.43 376
44'	0.43 375	0.43 373	0.43 371	0.43 370	0.43 368	0.43 366	0.43 365	0.43 363	0.43 361	0.43 360
45'	0.43 358	0.43 356	0.43 355	0.43 353	0.43 351	0.43 350	0.43 348	0.43 347	0.43 345	0.43 343
46'	0.43 342	0.43 340	0.43 338	0.43 337	0.43 335	0.43 333	0.43 332	0.43 330	0.43 328	0.43 327
47'	0.43 325	0.43 323	0.43 322	0.43 320	0.43 318	0.43 317	0.43 315	0.43 313	0.43 312	0.43 310
48'	0.43 308	0.43 307	0.43 305	0.43 304	0.43 302	0.43 300	0.43 299	0.43 297	0.43 295	0.43 294
49'	0.43 292	0.43 290	0.43 289	0.43 287	0.43 285	0.43 284	0.43 282	0.43 280	0.43 279	0.43 277
50'	0.43 275	0.43 274	0.43 272	0.43 271	0.43 269	0.43 267	0.43 266	0.43 264	0.43 262	0.43 261
51'	0.43 259	0.43 257	0.43 256	0.43 254	0.43 252	0.43 251	0.43 249	0.43 247	0.43 246	0.43 244
52'	0.43 242	0.43 241	0.43 239	0.43 237	0.43 236	0.43 234	0.43 233	0.43 231	0.43 229	0.43 228
53'	0.43 226	0.43 224	0.43 223	0.43 221	0.43 219	0.43 218	0.43 216	0.43 214	0.43 213	0.43 211
54'	0.43 209	0.43 208	0.43 206	0.43 204	0.43 203	0.43 201	0.43 200	0.43 198	0.43 196	0.43 195
55'	0.43 193	0.43 191	0.43 190	0.43 188	0.43 186	0.43 185	0.43 183	0.43 181	0.43 180	0.43 178
56'	0.43 176	0.43 175	0.43 173	0.43 172	0.43 170	0.43 168	0.43 167	0.43 165	0.43 163	0.43 162
57'	0.43 160	0.43 158	0.43 157	0.43 155	0.43 153	0.43 152	0.43 150	0.43 148	0.43 147	0.43 145
58'	0.43 144	0.43 142	0.43 140	0.43 139	0.43 137	0.43 135	0.43 134	0.43 132	0.43 130	0.43 129
59'	0.43 127	0.43 125	0.43 124	0.43 122	0.43 120	0.43 119	0.43 117	0.43 116	0.43 114	0.43 112

K   K

75°

	0.'0	0.'1	0.'2	0.'3	0.'4	0.'5	0.'6	0.'7	0.'8	0.'9
0'	0.43 111	0.43 109	0.43 107	0.43 106	0.43 104	0.43 102	0.43 101	0.43 099	0.43 097	0.43 096
1'	0.43 094	0.43 092	0.43 091	0.43 089	0.43 088	0.43 086	0.43 084	0.43 083	0.43 081	0.43 079
2'	0.43 078	0.43 076	0.43 074	0.43 073	0.43 071	0.43 069	0.43 068	0.43 066	0.43 064	0.43 063
3'	0.43 061	0.43 060	0.43 058	0.43 056	0.43 055	0.43 053	0.43 051	0.43 050	0.43 048	0.43 046
4'	0.43 045	0.43 043	0.43 041	0.43 040	0.43 038	0.43 037	0.43 035	0.43 033	0.43 032	0.43 030
5'	0.43 028	0.43 027	0.43 025	0.43 023	0.43 022	0.43 020	0.43 018	0.43 017	0.43 015	0.43 014
6'	0.43 012	0.43 010	0.43 009	0.43 007	0.43 005	0.43 004	0.43 002	0.43 000	0.42 999	0.42 997
7'	0.42 995	0.42 994	0.42 992	0.42 991	0.42 989	0.42 987	0.42 986	0.42 984	0.42 982	0.42 981
8'	0.42 979	0.42 977	0.42 976	0.42 974	0.42 972	0.42 971	0.42 969	0.42 968	0.42 966	0.42 964
9'	0.42 963	0.42 961	0.42 959	0.42 958	0.42 956	0.42 954	0.42 953	0.42 951	0.42 949	0.42 948
10'	0.42 946	0.42 945	0.42 943	0.42 941	0.42 940	0.42 938	0.42 936	0.42 935	0.42 933	0.42 931
11'	0.42 930	0.42 928	0.42 926	0.42 925	0.42 923	0.42 922	0.42 920	0.42 918	0.42 917	0.42 915
12'	0.42 913	0.42 912	0.42 910	0.42 908	0.42 907	0.42 905	0.42 904	0.42 902	0.42 900	0.42 899
13'	0.42 897	0.42 895	0.42 894	0.42 892	0.42 890	0.42 889	0.42 887	0.42 885	0.42 884	0.42 882
14'	0.42 881	0.42 879	0.42 877	0.42 876	0.42 874	0.42 872	0.42 871	0.42 869	0.42 867	0.42 866
15'	0.42 864	0.42 863	0.42 861	0.42 859	0.42 858	0.42 856	0.42 854	0.42 853	0.42 851	0.42 849
16'	0.42 848	0.42 846	0.42 845	0.42 843	0.42 841	0.42 840	0.42 838	0.42 836	0.42 835	0.42 833
17'	0.42 831	0.42 830	0.42 828	0.42 826	0.42 825	0.42 823	0.42 822	0.42 820	0.42 818	0.42 817
18'	0.42 815	0.42 813	0.42 812	0.42 810	0.42 808	0.42 807	0.42 805	0.42 804	0.42 802	0.42 800
19'	0.42 799	0.42 797	0.42 795	0.42 794	0.42 792	0.42 790	0.42 789	0.42 787	0.42 786	0.42 784
20'	0.42 782	0.42 781	0.42 779	0.42 777	0.42 776	0.42 774	0.42 772	0.42 771	0.42 769	0.42 768
21'	0.42 766	0.42 764	0.42 763	0.42 761	0.42 759	0.42 758	0.42 756	0.42 754	0.42 753	0.42 751
22'	0.42 750	0.42 748	0.42 746	0.42 745	0.42 743	0.42 741	0.42 740	0.42 738	0.42 736	0.42 735
23'	0.42 733	0.42 732	0.42 730	0.42 728	0.42 727	0.42 725	0.42 723	0.42 722	0.42 720	0.42 719
24'	0.42 717	0.42 715	0.42 714	0.42 712	0.42 710	0.42 709	0.42 707	0.42 705	0.42 704	0.42 702
25'	0.42 701	0.42 699	0.42 697	0.42 696	0.42 694	0.42 692	0.42 691	0.42 689	0.42 687	0.42 686
26'	0.42 684	0.42 683	0.42 681	0.42 679	0.42 678	0.42 676	0.42 674	0.42 673	0.42 671	0.42 669
27'	0.42 668	0.42 666	0.42 665	0.42 663	0.42 661	0.42 660	0.42 658	0.42 656	0.42 655	0.42 653
28'	0.42 652	0.42 650	0.42 648	0.42 647	0.42 645	0.42 643	0.42 642	0.42 640	0.42 638	0.42 637
29'	0.42 635	0.42 634	0.42 632	0.42 630	0.42 629	0.42 627	0.42 625	0.42 624	0.42 622	0.42 621
30'	0.42 619	0.42 617	0.42 616	0.42 614	0.42 612	0.42 611	0.42 609	0.42 607	0.42 606	0.42 604
31'	0.42 603	0.42 601	0.42 599	0.42 598	0.42 596	0.42 594	0.42 593	0.42 591	0.42 590	0.42 588
32'	0.42 586	0.42 585	0.42 583	0.42 581	0.42 580	0.42 578	0.42 576	0.42 575	0.42 573	0.42 572
33'	0.42 570	0.42 568	0.42 567	0.42 565	0.42 563	0.42 562	0.42 560	0.42 559	0.42 557	0.42 555
34'	0.42 554	0.42 552	0.42 550	0.42 549	0.42 547	0.42 546	0.42 544	0.42 542	0.42 541	0.42 539
35'	0.42 537	0.42 536	0.42 534	0.42 532	0.42 531	0.42 529	0.42 528	0.42 526	0.42 524	0.42 523
36'	0.42 521	0.42 519	0.42 518	0.42 516	0.42 515	0.42 513	0.42 511	0.42 510	0.42 508	0.42 506
37'	0.42 505	0.42 503	0.42 502	0.42 500	0.42 498	0.42 497	0.42 495	0.42 493	0.42 492	0.42 490
38'	0.42 489	0.42 487	0.42 485	0.42 484	0.42 482	0.42 480	0.42 479	0.42 477	0.42 475	0.42 474
39'	0.42 472	0.42 471	0.42 469	0.42 467	0.42 466	0.42 464	0.42 462	0.42 461	0.42 459	0.42 458
40'	0.42 456	0.42 454	0.42 453	0.42 451	0.42 449	0.42 448	0.42 446	0.42 445	0.42 443	0.42 441
41'	0.42 440	0.42 438	0.42 436	0.42 435	0.42 433	0.42 432	0.42 430	0.42 428	0.42 427	0.42 425
42'	0.42 423	0.42 422	0.42 420	0.42 419	0.42 417	0.42 415	0.42 414	0.42 412	0.42 410	0.42 409
43'	0.42 407	0.42 406	0.42 404	0.42 402	0.42 401	0.42 399	0.42 397	0.42 396	0.42 394	0.42 393
44'	0.42 391	0.42 389	0.42 388	0.42 386	0.42 384	0.42 383	0.42 381	0.42 380	0.42 378	0.42 376
45'	0.42 375	0.42 373	0.42 371	0.42 370	0.42 368	0.42 367	0.42 365	0.42 363	0.42 362	0.42 360
46'	0.42 358	0.42 357	0.42 355	0.42 354	0.42 352	0.42 350	0.42 349	0.42 347	0.42 345	0.42 344
47'	0.42 342	0.42 341	0.42 339	0.42 337	0.42 336	0.42 334	0.42 332	0.42 331	0.42 329	0.42 328
48'	0.42 326	0.42 324	0.42 323	0.42 321	0.42 319	0.42 318	0.42 316	0.42 315	0.42 313	0.42 311
49'	0.42 310	0.42 308	0.42 307	0.42 305	0.42 303	0.42 302	0.42 300	0.42 298	0.42 297	0.42 295
50'	0.42 294	0.42 292	0.42 290	0.42 289	0.42 287	0.42 285	0.42 284	0.42 282	0.42 281	0.42 279
51'	0.42 277	0.42 276	0.42 274	0.42 272	0.42 271	0.42 269	0.42 268	0.42 266	0.42 264	0.42 263
52'	0.42 261	0.42 259	0.42 258	0.42 256	0.42 255	0.42 253	0.42 251	0.42 250	0.42 248	0.42 247
53'	0.42 245	0.42 243	0.42 242	0.42 240	0.42 238	0.42 237	0.42 235	0.42 234	0.42 232	0.42 230
54'	0.42 229	0.42 227	0.42 225	0.42 224	0.42 222	0.42 221	0.42 219	0.42 217	0.42 216	0.42 214
55'	0.42 213	0.42 211	0.42 209	0.42 208	0.42 206	0.42 204	0.42 203	0.42 201	0.42 200	0.42 198
56'	0.42 196	0.42 195	0.42 193	0.42 191	0.42 190	0.42 188	0.42 187	0.42 185	0.42 183	0.42 182
57'	0.42 180	0.42 179	0.42 177	0.42 175	0.42 174	0.42 172	0.42 170	0.42 169	0.42 167	0.42 166
58'	0.42 164	0.42 162	0.42 161	0.42 159	0.42 157	0.42 156	0.42 154	0.42 153	0.42 151	0.42 149
59'	0.42 148	0.42 146	0.42 145	0.42 143	0.42 141	0.42 140	0.42 138	0.42 136	0.42 135	0.42 133

75°

K

76°

	0.'0	0.'1	0.'2	0.'3	0.'4	0.'5	0.'6	0.'7	0.'8	0.'9
0'	0.42 132	0.42 130	0.42 128	0.42 127	0.42 125	0.42 124	0.42 122	0.42 120	0.42 119	0.42 117
1'	0.42 115	0.42 114	0.42 112	0.42 111	0.42 109	0.42 107	0.42 106	0.42 104	0.42 103	0.42 101
2'	0.42 099	0.42 098	0.42 096	0.42 094	0.42 093	0.42 091	0.42 090	0.42 088	0.42 086	0.42 085
3'	0.42 083	0.42 082	0.42 080	0.42 078	0.42 077	0.42 075	0.42 073	0.42 072	0.42 070	0.42 069
4'	0.42 067	0.42 065	0.42 064	0.42 062	0.42 061	0.42 059	0.42 057	0.42 056	0.42 054	0.42 052
5'	0.42 051	0.42 049	0.42 048	0.42 046	0.42 044	0.42 043	0.42 041	0.42 040	0.42 038	0.42 036
6'	0.42 035	0.42 033	0.42 031	0.42 030	0.42 028	0.42 027	0.42 025	0.42 023	0.42 022	0.42 020
7'	0.42 019	0.42 017	0.42 015	0.42 014	0.42 012	0.42 010	0.42 009	0.42 007	0.42 006	0.42 004
8'	0.42 002	0.42 001	0.41 999	0.41 998	0.41 996	0.41 994	0.41 993	0.41 991	0.41 989	0.41 988
9'	0.41 986	0.41 985	0.41 983	0.41 981	0.41 980	0.41 978	0.41 977	0.41 975	0.41 973	0.41 972
10'	0.41 970	0.41 969	0.41 967	0.41 965	0.41 964	0.41 962	0.41 960	0.41 959	0.41 957	0.41 956
11'	0.41 954	0.41 952	0.41 951	0.41 949	0.41 948	0.41 946	0.41 944	0.41 943	0.41 941	0.41 940
12'	0.41 938	0.41 936	0.41 935	0.41 933	0.41 931	0.41 930	0.41 928	0.41 927	0.41 925	0.41 923
13'	0.41 922	0.41 920	0.41 919	0.41 917	0.41 915	0.41 914	0.41 912	0.41 911	0.41 909	0.41 907
14'	0.41 906	0.41 904	0.41 902	0.41 901	0.41 899	0.41 898	0.41 896	0.41 894	0.41 893	0.41 891
15'	0.41 890	0.41 888	0.41 886	0.41 885	0.41 883	0.41 882	0.41 880	0.41 878	0.41 877	0.41 875
16'	0.41 874	0.41 872	0.41 870	0.41 869	0.41 867	0.41 865	0.41 864	0.41 862	0.41 861	0.41 859
17'	0.41 857	0.41 856	0.41 854	0.41 853	0.41 851	0.41 849	0.41 848	0.41 846	0.41 845	0.41 843
18'	0.41 841	0.41 840	0.41 838	0.41 837	0.41 835	0.41 833	0.41 832	0.41 830	0.41 828	0.41 827
19'	0.41 825	0.41 824	0.41 822	0.41 820	0.41 819	0.41 817	0.41 816	0.41 814	0.41 812	0.41 811
20'	0.41 809	0.41 808	0.41 806	0.41 804	0.41 803	0.41 801	0.41 800	0.41 798	0.41 796	0.41 795
21'	0.41 793	0.41 792	0.41 790	0.41 788	0.41 787	0.41 785	0.41 783	0.41 782	0.41 780	0.41 779
22'	0.41 777	0.41 775	0.41 774	0.41 772	0.41 771	0.41 769	0.41 767	0.41 766	0.41 764	0.41 763
23'	0.41 761	0.41 759	0.41 758	0.41 756	0.41 755	0.41 753	0.41 751	0.41 750	0.41 748	0.41 747
24'	0.41 745	0.41 743	0.41 742	0.41 740	0.41 739	0.41 737	0.41 735	0.41 734	0.41 732	0.41 730
25'	0.41 729	0.41 727	0.41 726	0.41 724	0.41 722	0.41 721	0.41 719	0.41 718	0.41 716	0.41 714
26'	0.41 713	0.41 711	0.41 710	0.41 708	0.41 706	0.41 705	0.41 703	0.41 702	0.41 700	0.41 698
27'	0.41 697	0.41 695	0.41 694	0.41 692	0.41 690	0.41 689	0.41 687	0.41 686	0.41 684	0.41 682
28'	0.41 681	0.41 679	0.41 678	0.41 676	0.41 674	0.41 673	0.41 671	0.41 670	0.41 668	0.41 666
29'	0.41 665	0.41 663	0.41 662	0.41 660	0.41 658	0.41 657	0.41 655	0.41 653	0.41 652	0.41 650
30'	0.41 649	0.41 647	0.41 645	0.41 644	0.41 642	0.41 641	0.41 639	0.41 637	0.41 636	0.41 634
31'	0.41 633	0.41 631	0.41 629	0.41 628	0.41 626	0.41 625	0.41 623	0.41 621	0.41 620	0.41 618
32'	0.41 617	0.41 615	0.41 613	0.41 612	0.41 610	0.41 609	0.41 607	0.41 605	0.41 604	0.41 602
33'	0.41 601	0.41 599	0.41 597	0.41 596	0.41 594	0.41 593	0.41 591	0.41 589	0.41 588	0.41 586
34'	0.41 585	0.41 583	0.41 581	0.41 580	0.41 578	0.41 577	0.41 575	0.41 573	0.41 572	0.41 570
35'	0.41 569	0.41 567	0.41 565	0.41 564	0.41 562	0.41 561	0.41 559	0.41 557	0.41 556	0.41 554
36'	0.41 553	0.41 551	0.41 549	0.41 548	0.41 546	0.41 545	0.41 543	0.41 541	0.41 540	0.41 538
37'	0.41 537	0.41 535	0.41 533	0.41 532	0.41 530	0.41 529	0.41 527	0.41 525	0.41 524	0.41 522
38'	0.41 521	0.41 519	0.41 517	0.41 516	0.41 514	0.41 513	0.41 511	0.41 509	0.41 508	0.41 506
39'	0.41 505	0.41 503	0.41 501	0.41 500	0.41 498	0.41 497	0.41 495	0.41 493	0.41 492	0.41 490
40'	0.41 489	0.41 487	0.41 485	0.41 484	0.41 482	0.41 481	0.41 479	0.41 477	0.41 476	0.41 474
41'	0.41 473	0.41 471	0.41 470	0.41 468	0.41 466	0.41 465	0.41 463	0.41 462	0.41 460	0.41 458
42'	0.41 457	0.41 455	0.41 454	0.41 452	0.41 450	0.41 449	0.41 447	0.41 446	0.41 444	0.41 442
43'	0.41 441	0.41 439	0.41 438	0.41 436	0.41 434	0.41 433	0.41 431	0.41 430	0.41 428	0.41 426
44'	0.41 425	0.41 423	0.41 422	0.41 420	0.41 418	0.41 417	0.41 415	0.41 414	0.41 412	0.41 410
45'	0.41 409	0.41 407	0.41 406	0.41 404	0.41 402	0.41 401	0.41 399	0.41 398	0.41 396	0.41 394
46'	0.41 393	0.41 391	0.41 390	0.41 388	0.41 387	0.41 385	0.41 383	0.41 382	0.41 380	0.41 379
47'	0.41 377	0.41 375	0.41 374	0.41 372	0.41 371	0.41 369	0.41 367	0.41 366	0.41 364	0.41 363
48'	0.41 361	0.41 359	0.41 358	0.41 356	0.41 355	0.41 353	0.41 351	0.41 350	0.41 348	0.41 347
49'	0.41 345	0.41 343	0.41 342	0.41 340	0.41 339	0.41 337	0.41 336	0.41 334	0.41 332	0.41 331
50'	0.41 329	0.41 328	0.41 326	0.41 324	0.41 323	0.41 321	0.41 320	0.41 318	0.41 316	0.41 315
51'	0.41 313	0.41 312	0.41 310	0.41 308	0.41 307	0.41 305	0.41 304	0.41 302	0.41 300	0.41 299
52'	0.41 297	0.41 296	0.41 294	0.41 293	0.41 291	0.41 289	0.41 288	0.41 286	0.41 285	0.41 283
53'	0.41 281	0.41 280	0.41 278	0.41 277	0.41 275	0.41 273	0.41 272	0.41 270	0.41 269	0.41 267
54'	0.41 265	0.41 264	0.41 262	0.41 261	0.41 259	0.41 258	0.41 256	0.41 254	0.41 253	0.41 251
55'	0.41 250	0.41 248	0.41 246	0.41 245	0.41 243	0.41 242	0.41 240	0.41 238	0.41 237	0.41 235
56'	0.41 234	0.41 232	0.41 230	0.41 229	0.41 227	0.41 226	0.41 224	0.41 223	0.41 221	0.41 219
57'	0.41 218	0.41 216	0.41 215	0.41 213	0.41 211	0.41 210	0.41 208	0.41 207	0.41 205	0.41 203
58'	0.41 202	0.41 200	0.41 199	0.41 197	0.41 196	0.41 194	0.41 192	0.41 191	0.41 189	0.41 188
59'	0.41 186	0.41 184	0.41 183	0.41 181	0.41 180	0.41 178	0.41 176	0.41 175	0.41 173	0.41 172

K							K

77°

	0.'0	0.'1	0.'2	0.'3	0.'4	0.'5	0.'6	0.'7	0.'8	0.'9
0'	0.41 170	0.41 168	0.41 167	0.41 165	0.41 164	0.41 162	0.41 161	0.41 159	0.41 157	0.41 156
1'	0.41 154	0.41 153	0.41 151	0.41 149	0.41 148	0.41 146	0.41 145	0.41 143	0.41 142	0.41 140
2'	0.41 138	0.41 137	0.41 135	0.41 134	0.41 132	0.41 130	0.41 129	0.41 127	0.41 126	0.41 124
3'	0.41 122	0.41 121	0.41 119	0.41 118	0.41 116	0.41 115	0.41 113	0.41 111	0.41 110	0.41 108
4'	0.41 107	0.41 105	0.41 103	0.41 102	0.41 100	0.41 099	0.41 097	0.41 095	0.41 094	0.41 092
5'	0.41 091	0.41 089	0.41 088	0.41 086	0.41 084	0.41 083	0.41 081	0.41 080	0.41 078	0.41 076
6'	0.41 075	0.41 073	0.41 072	0.41 070	0.41 069	0.41 067	0.41 065	0.41 064	0.41 062	0.41 061
7'	0.41 059	0.41 057	0.41 056	0.41 054	0.41 053	0.41 051	0.41 050	0.41 048	0.41 046	0.41 045
8'	0.41 043	0.41 042	0.41 040	0.41 038	0.41 037	0.41 035	0.41 034	0.41 032	0.41 031	0.41 029
9'	0.41 027	0.41 026	0.41 024	0.41 023	0.41 021	0.41 019	0.41 018	0.41 016	0.41 015	0.41 013
10'	0.41 012	0.41 010	0.41 008	0.41 007	0.41 005	0.41 004	0.41 002	0.41 000	0.40 999	0.40 997
11'	0.40 996	0.40 994	0.40 993	0.40 991	0.40 989	0.40 988	0.40 986	0.40 985	0.40 983	0.40 981
12'	0.40 980	0.40 978	0.40 977	0.40 975	0.40 974	0.40 972	0.40 970	0.40 969	0.40 967	0.40 966
13'	0.40 964	0.40 962	0.40 961	0.40 959	0.40 958	0.40 956	0.40 955	0.40 953	0.40 951	0.40 950
14'	0.40 948	0.40 947	0.40 945	0.40 943	0.40 942	0.40 940	0.40 939	0.40 937	0.40 936	0.40 934
15'	0.40 932	0.40 931	0.40 929	0.40 928	0.40 926	0.40 924	0.40 923	0.40 921	0.40 920	0.40 918
16'	0.40 917	0.40 915	0.40 913	0.40 912	0.40 910	0.40 909	0.40 907	0.40 906	0.40 904	0.40 902
17'	0.40 901	0.40 899	0.40 898	0.40 896	0.40 894	0.40 893	0.40 891	0.40 890	0.40 888	0.40 887
18'	0.40 885	0.40 883	0.40 882	0.40 880	0.40 879	0.40 877	0.40 875	0.40 874	0.40 872	0.40 871
19'	0.40 869	0.40 868	0.40 866	0.40 864	0.40 863	0.40 861	0.40 860	0.40 858	0.40 857	0.40 855
20'	0.40 853	0.40 852	0.40 850	0.40 849	0.40 847	0.40 845	0.40 844	0.40 842	0.40 841	0.40 839
21'	0.40 838	0.40 836	0.40 834	0.40 833	0.40 831	0.40 830	0.40 828	0.40 827	0.40 825	0.40 823
22'	0.40 822	0.40 820	0.40 819	0.40 817	0.40 816	0.40 814	0.40 812	0.40 811	0.40 809	0.40 808
23'	0.40 806	0.40 804	0.40 803	0.40 801	0.40 800	0.40 798	0.40 797	0.40 795	0.40 793	0.40 792
24'	0.40 790	0.40 789	0.40 787	0.40 786	0.40 784	0.40 782	0.40 781	0.40 779	0.40 778	0.40 776
25'	0.40 775	0.40 773	0.40 771	0.40 770	0.40 768	0.40 767	0.40 765	0.40 763	0.40 762	0.40 760
26'	0.40 759	0.40 757	0.40 756	0.40 754	0.40 752	0.40 751	0.40 749	0.40 748	0.40 746	0.40 745
27'	0.40 743	0.40 741	0.40 740	0.40 738	0.40 737	0.40 735	0.40 734	0.40 732	0.40 730	0.40 729
28'	0.40 727	0.40 726	0.40 724	0.40 723	0.40 721	0.40 719	0.40 718	0.40 716	0.40 715	0.40 713
29'	0.40 711	0.40 710	0.40 708	0.40 707	0.40 705	0.40 704	0.40 702	0.40 700	0.40 699	0.40 697
30'	0.40 696	0.40 694	0.40 693	0.40 691	0.40 689	0.40 688	0.40 686	0.40 685	0.40 683	0.40 682
31'	0.40 680	0.40 678	0.40 677	0.40 675	0.40 674	0.40 672	0.40 671	0.40 669	0.40 667	0.40 666
32'	0.40 664	0.40 663	0.40 661	0.40 660	0.40 658	0.40 656	0.40 655	0.40 653	0.40 652	0.40 650
33'	0.40 649	0.40 647	0.40 645	0.40 644	0.40 642	0.40 641	0.40 639	0.40 638	0.40 636	0.40 634
34'	0.40 633	0.40 631	0.40 630	0.40 628	0.40 627	0.40 625	0.40 623	0.40 622	0.40 620	0.40 619
35'	0.40 617	0.40 616	0.40 614	0.40 612	0.40 611	0.40 609	0.40 608	0.40 606	0.40 605	0.40 603
36'	0.40 601	0.40 600	0.40 598	0.40 597	0.40 595	0.40 594	0.40 592	0.40 590	0.40 589	0.40 587
37'	0.40 586	0.40 584	0.40 583	0.40 581	0.40 579	0.40 578	0.40 576	0.40 575	0.40 573	0.40 572
38'	0.40 570	0.40 568	0.40 567	0.40 565	0.40 564	0.40 562	0.40 561	0.40 559	0.40 557	0.40 556
39'	0.40 554	0.40 553	0.40 551	0.40 550	0.40 548	0.40 546	0.40 545	0.40 543	0.40 542	0.40 540
40'	0.40 539	0.40 537	0.40 535	0.40 534	0.40 532	0.40 531	0.40 529	0.40 528	0.40 526	0.40 524
41'	0.40 523	0.40 521	0.40 520	0.40 518	0.40 517	0.40 515	0.40 513	0.40 512	0.40 510	0.40 509
42'	0.40 507	0.40 506	0.40 504	0.40 502	0.40 501	0.40 499	0.40 498	0.40 496	0.40 495	0.40 493
43'	0.40 492	0.40 490	0.40 488	0.40 487	0.40 485	0.40 484	0.40 482	0.40 481	0.40 479	0.40 477
44'	0.40 476	0.40 474	0.40 473	0.40 471	0.40 470	0.40 468	0.40 466	0.40 465	0.40 463	0.40 462
45'	0.40 460	0.40 459	0.40 457	0.40 455	0.40 454	0.40 452	0.40 451	0.40 449	0.40 448	0.40 446
46'	0.40 445	0.40 443	0.40 441	0.40 440	0.40 438	0.40 437	0.40 435	0.40 434	0.40 432	0.40 430
47'	0.40 429	0.40 427	0.40 426	0.40 424	0.40 423	0.40 421	0.40 419	0.40 418	0.40 416	0.40 415
48'	0.40 413	0.40 412	0.40 410	0.40 408	0.40 407	0.40 405	0.40 404	0.40 402	0.40 401	0.40 399
49'	0.40 398	0.40 396	0.40 394	0.40 393	0.40 391	0.40 390	0.40 388	0.40 387	0.40 385	0.40 383
50'	0.40 382	0.40 380	0.40 379	0.40 377	0.40 376	0.40 374	0.40 372	0.40 371	0.40 369	0.40 368
51'	0.40 366	0.40 365	0.40 363	0.40 362	0.40 360	0.40 358	0.40 357	0.40 355	0.40 354	0.40 352
52'	0.40 351	0.40 349	0.40 347	0.40 346	0.40 344	0.40 343	0.40 341	0.40 340	0.40 338	0.40 337
53'	0.40 335	0.40 333	0.40 332	0.40 330	0.40 329	0.40 327	0.40 326	0.40 324	0.40 322	0.40 321
54'	0.40 319	0.40 318	0.40 316	0.40 315	0.40 313	0.40 312	0.40 310	0.40 308	0.40 307	0.40 305
55'	0.40 304	0.40 302	0.40 301	0.40 299	0.40 297	0.40 296	0.40 294	0.40 293	0.40 291	0.40 290
56'	0.40 288	0.40 287	0.40 285	0.40 283	0.40 282	0.40 280	0.40 279	0.40 277	0.40 276	0.40 274
57'	0.40 272	0.40 271	0.40 269	0.40 268	0.40 266	0.40 265	0.40 263	0.40 262	0.40 260	0.40 258
58'	0.40 257	0.40 255	0.40 254	0.40 252	0.40 251	0.40 249	0.40 247	0.40 246	0.40 244	0.40 243
59'	0.40 241	0.40 240	0.40 238	0.40 237	0.40 235	0.40 233	0.40 232	0.40 230	0.40 229	0.40 227

77°

K   K

78°

	0.'0	0.'1	0.'2	0.'3	0.'4	0.'5	0.'6	0.'7	0.'8	0.'9
0'	0.40 226	0.40 224	0.40 223	0.40 221	0.40 219	0.40 218	0.40 216	0.40 215	0.40 213	0.40 212
1'	0.40 210	0.40 208	0.40 207	0.40 205	0.40 204	0.40 202	0.40 201	0.40 199	0.40 198	0.40 196
2'	0.40 194	0.40 193	0.40 191	0.40 190	0.40 188	0.40 187	0.40 185	0.40 184	0.40 182	0.40 180
3'	0.40 179	0.40 177	0.40 176	0.40 174	0.40 173	0.40 171	0.40 170	0.40 168	0.40 166	0.40 165
4'	0.40 163	0.40 162	0.40 160	0.40 159	0.40 157	0.40 155	0.40 154	0.40 152	0.40 151	0.40 149
5'	0.40 148	0.40 146	0.40 145	0.40 143	0.40 141	0.40 140	0.40 138	0.40 137	0.40 135	0.40 134
6'	0.40 132	0.40 131	0.40 129	0.40 127	0.40 126	0.40 124	0.40 123	0.40 121	0.40 120	0.40 118
7'	0.40 117	0.40 115	0.40 113	0.40 112	0.40 110	0.40 109	0.40 107	0.40 106	0.40 104	0.40 103
8'	0.40 101	0.40 099	0.40 098	0.40 096	0.40 095	0.40 093	0.40 092	0.40 090	0.40 089	0.40 087
9'	0.40 085	0.40 084	0.40 082	0.40 081	0.40 079	0.40 078	0.40 076	0.40 075	0.40 073	0.40 071
10'	0.40 070	0.40 068	0.40 067	0.40 065	0.40 064	0.40 062	0.40 061	0.40 059	0.40 057	0.40 056
11'	0.40 054	0.40 053	0.40 051	0.40 050	0.40 048	0.40 047	0.40 045	0.40 043	0.40 042	0.40 040
12'	0.40 039	0.40 037	0.40 036	0.40 034	0.40 033	0.40 031	0.40 029	0.40 028	0.40 026	0.40 025
13'	0.40 023	0.40 022	0.40 020	0.40 019	0.40 017	0.40 015	0.40 014	0.40 012	0.40 011	0.40 009
14'	0.40 008	0.40 006	0.40 005	0.40 003	0.40 001	0.40 000	0.39 998	0.39 997	0.39 995	0.39 994
15'	0.39 992	0.39 991	0.39 989	0.39 987	0.39 986	0.39 984	0.39 983	0.39 981	0.39 980	0.39 978
16'	0.39 977	0.39 975	0.39 974	0.39 972	0.39 970	0.39 969	0.39 967	0.39 966	0.39 964	0.39 963
17'	0.39 961	0.39 960	0.39 958	0.39 956	0.39 955	0.39 953	0.39 952	0.39 950	0.39 949	0.39 947
18'	0.39 946	0.39 944	0.39 942	0.39 941	0.39 939	0.39 938	0.39 936	0.39 935	0.39 933	0.39 932
19'	0.39 930	0.39 929	0.39 927	0.39 925	0.39 924	0.39 922	0.39 921	0.39 919	0.39 918	0.39 916
20'	0.39 915	0.39 913	0.39 911	0.39 910	0.39 908	0.39 907	0.39 905	0.39 904	0.39 902	0.39 901
21'	0.39 899	0.39 897	0.39 896	0.39 894	0.39 893	0.39 891	0.39 890	0.39 888	0.39 887	0.39 885
22'	0.39 884	0.39 882	0.39 880	0.39 879	0.39 877	0.39 876	0.39 874	0.39 873	0.39 871	0.39 870
23'	0.39 868	0.39 866	0.39 865	0.39 863	0.39 862	0.39 860	0.39 859	0.39 857	0.39 856	0.39 854
24'	0.39 853	0.39 851	0.39 849	0.39 848	0.39 846	0.39 845	0.39 843	0.39 842	0.39 840	0.39 839
25'	0.39 837	0.39 836	0.39 834	0.39 832	0.39 831	0.39 829	0.39 828	0.39 826	0.39 825	0.39 823
26'	0.39 822	0.39 820	0.39 818	0.39 817	0.39 815	0.39 814	0.39 812	0.39 811	0.39 809	0.39 808
27'	0.39 806	0.39 805	0.39 803	0.39 801	0.39 800	0.39 798	0.39 797	0.39 795	0.39 794	0.39 792
28'	0.39 791	0.39 789	0.39 788	0.39 786	0.39 784	0.39 783	0.39 781	0.39 780	0.39 778	0.39 777
29'	0.39 775	0.39 774	0.39 772	0.39 771	0.39 769	0.39 767	0.39 766	0.39 764	0.39 763	0.39 761
30'	0.39 760	0.39 758	0.39 757	0.39 755	0.39 754	0.39 752	0.39 750	0.39 749	0.39 747	0.39 746
31'	0.39 744	0.39 743	0.39 741	0.39 740	0.39 738	0.39 737	0.39 735	0.39 733	0.39 732	0.39 730
32'	0.39 729	0.39 727	0.39 726	0.39 724	0.39 723	0.39 721	0.39 720	0.39 718	0.39 716	0.39 715
33'	0.39 713	0.39 712	0.39 710	0.39 709	0.39 707	0.39 706	0.39 704	0.39 703	0.39 701	0.39 699
34'	0.39 698	0.39 696	0.39 695	0.39 693	0.39 692	0.39 690	0.39 689	0.39 687	0.39 686	0.39 684
35'	0.39 682	0.39 681	0.39 679	0.39 678	0.39 676	0.39 675	0.39 673	0.39 672	0.39 670	0.39 669
36'	0.39 667	0.39 665	0.39 664	0.39 662	0.39 661	0.39 659	0.39 658	0.39 656	0.39 655	0.39 653
37'	0.39 652	0.39 650	0.39 648	0.39 647	0.39 645	0.39 644	0.39 642	0.39 641	0.39 639	0.39 638
38'	0.39 636	0.39 635	0.39 633	0.39 632	0.39 630	0.39 628	0.39 627	0.39 625	0.39 624	0.39 622
39'	0.39 621	0.39 619	0.39 618	0.39 616	0.39 615	0.39 613	0.39 611	0.39 610	0.39 608	0.39 607
40'	0.39 605	0.39 604	0.39 602	0.39 601	0.39 599	0.39 598	0.39 596	0.39 595	0.39 593	0.39 591
41'	0.39 590	0.39 588	0.39 587	0.39 585	0.39 584	0.39 582	0.39 581	0.39 579	0.39 578	0.39 576
42'	0.39 574	0.39 573	0.39 571	0.39 570	0.39 568	0.39 567	0.39 565	0.39 564	0.39 562	0.39 561
43'	0.39 559	0.39 558	0.39 556	0.39 554	0.39 553	0.39 551	0.39 550	0.39 548	0.39 547	0.39 545
44'	0.39 544	0.39 542	0.39 541	0.39 539	0.39 538	0.39 536	0.39 534	0.39 533	0.39 531	0.39 530
45'	0.39 528	0.39 527	0.39 525	0.39 524	0.39 522	0.39 521	0.39 519	0.39 518	0.39 516	0.39 514
46'	0.39 513	0.39 511	0.39 510	0.39 508	0.39 507	0.39 505	0.39 504	0.39 502	0.39 501	0.39 499
47'	0.39 498	0.39 496	0.39 494	0.39 493	0.39 491	0.39 490	0.39 488	0.39 487	0.39 485	0.39 484
48'	0.39 482	0.39 481	0.39 479	0.39 478	0.39 476	0.39 474	0.39 473	0.39 471	0.39 470	0.39 468
49'	0.39 467	0.39 465	0.39 464	0.39 462	0.39 461	0.39 459	0.39 458	0.39 456	0.39 454	0.39 453
50'	0.39 451	0.39 450	0.39 448	0.39 447	0.39 445	0.39 444	0.39 442	0.39 441	0.39 439	0.39 438
51'	0.39 436	0.39 434	0.39 433	0.39 431	0.39 430	0.39 428	0.39 427	0.39 425	0.39 424	0.39 422
52'	0.39 421	0.39 419	0.39 418	0.39 416	0.39 414	0.39 413	0.39 411	0.39 410	0.39 408	0.39 407
53'	0.39 405	0.39 404	0.39 402	0.39 401	0.39 399	0.39 398	0.39 396	0.39 395	0.39 393	0.39 391
54'	0.39 390	0.39 388	0.39 387	0.39 385	0.39 384	0.39 382	0.39 381	0.39 379	0.39 378	0.39 376
55'	0.39 375	0.39 373	0.39 372	0.39 370	0.39 368	0.39 367	0.39 365	0.39 364	0.39 362	0.39 361
56'	0.39 359	0.39 358	0.39 356	0.39 355	0.39 353	0.39 352	0.39 350	0.39 348	0.39 347	0.39 345
57'	0.39 344	0.39 342	0.39 341	0.39 339	0.39 338	0.39 336	0.39 335	0.39 333	0.39 332	0.39 330
58'	0.39 329	0.39 327	0.39 325	0.39 324	0.39 322	0.39 321	0.39 319	0.39 318	0.39 316	0.39 315
59'	0.39 313	0.39 312	0.39 310	0.39 309	0.39 307	0.39 306	0.39 304	0.39 302	0.39 301	0.39 299

78°

K

79°		0.'0	0.'1	0.'2	0.'3	0.'4	0.'5	0.'6	0.'7	0.'8	0.'9	79°
	0'	0.39 298	0.39 296	0.39 295	0.39 293	0.39 292	0.39 290	0.39 289	0.39 287	0.39 286	0.39 284	
	1'	0.39 283	0.39 281	0.39 280	0.39 278	0.39 276	0.39 275	0.39 273	0.39 272	0.39 270	0.39 269	
	2'	0.39 267	0.39 266	0.39 264	0.39 263	0.39 261	0.39 260	0.39 258	0.39 257	0.39 255	0.39 253	
	3'	0.39 252	0.39 250	0.39 249	0.39 247	0.39 246	0.39 244	0.39 243	0.39 241	0.39 240	0.39 238	
	4'	0.39 237	0.39 235	0.39 234	0.39 232	0.39 231	0.39 229	0.39 227	0.39 226	0.39 224	0.39 223	
	5'	0.39 221	0.39 220	0.39 218	0.39 217	0.39 215	0.39 214	0.39 212	0.39 211	0.39 209	0.39 208	
	6'	0.39 206	0.39 204	0.39 203	0.39 201	0.39 200	0.39 198	0.39 197	0.39 195	0.39 194	0.39 192	
	7'	0.39 191	0.39 189	0.39 188	0.39 186	0.39 185	0.39 183	0.39 182	0.39 180	0.39 178	0.39 177	
	8'	0.39 175	0.39 174	0.39 172	0.39 171	0.39 169	0.39 168	0.39 166	0.39 165	0.39 163	0.39 162	
	9'	0.39 160	0.39 159	0.39 157	0.39 156	0.39 154	0.39 153	0.39 151	0.39 149	0.39 148	0.39 146	
	10'	0.39 145	0.39 143	0.39 142	0.39 140	0.39 139	0.39 137	0.39 136	0.39 134	0.39 133	0.39 131	
	11'	0.39 130	0.39 128	0.39 127	0.39 125	0.39 123	0.39 122	0.39 120	0.39 119	0.39 117	0.39 116	
	12'	0.39 114	0.39 113	0.39 111	0.39 110	0.39 108	0.39 107	0.39 105	0.39 104	0.39 102	0.39 101	
	13'	0.39 099	0.39 098	0.39 096	0.39 094	0.39 093	0.39 091	0.39 090	0.39 088	0.39 087	0.39 085	
	14'	0.39 084	0.39 082	0.39 081	0.39 079	0.39 078	0.39 076	0.39 075	0.39 073	0.39 072	0.39 070	
	15'	0.39 069	0.39 067	0.39 065	0.39 064	0.39 062	0.39 061	0.39 059	0.39 058	0.39 056	0.39 055	
	16'	0.39 053	0.39 052	0.39 050	0.39 049	0.39 047	0.39 046	0.39 044	0.39 043	0.39 041	0.39 040	
	17'	0.39 038	0.39 036	0.39 035	0.39 033	0.39 032	0.39 030	0.39 029	0.39 027	0.39 026	0.39 024	
	18'	0.39 023	0.39 021	0.39 020	0.39 018	0.39 017	0.39 015	0.39 014	0.39 012	0.39 011	0.39 009	
	19'	0.39 008	0.39 006	0.39 004	0.39 003	0.39 001	0.39 000	0.38 998	0.38 997	0.38 995	0.38 994	
	20'	0.38 992	0.38 991	0.38 989	0.38 988	0.38 986	0.38 985	0.38 983	0.38 982	0.38 980	0.38 979	
	21'	0.38 977	0.38 976	0.38 974	0.38 972	0.38 971	0.38 969	0.38 968	0.38 966	0.38 965	0.38 963	
	22'	0.38 962	0.38 960	0.38 959	0.38 957	0.38 956	0.38 954	0.38 953	0.38 951	0.38 950	0.38 948	
	23'	0.38 947	0.38 945	0.38 944	0.38 942	0.38 941	0.38 939	0.38 937	0.38 936	0.38 934	0.38 933	
	24'	0.38 931	0.38 930	0.38 928	0.38 927	0.38 925	0.38 924	0.38 922	0.38 921	0.38 919	0.38 918	
	25'	0.38 916	0.38 915	0.38 913	0.38 912	0.38 910	0.38 909	0.38 907	0.38 906	0.38 904	0.38 902	
	26'	0.38 901	0.38 899	0.38 898	0.38 896	0.38 895	0.38 893	0.38 892	0.38 890	0.38 889	0.38 887	
	27'	0.38 886	0.38 884	0.38 883	0.38 881	0.38 880	0.38 878	0.38 877	0.38 875	0.38 874	0.38 872	
	28'	0.38 871	0.38 869	0.38 868	0.38 866	0.38 864	0.38 863	0.38 861	0.38 860	0.38 858	0.38 857	
	29'	0.38 855	0.38 854	0.38 852	0.38 851	0.38 849	0.38 848	0.38 846	0.38 845	0.38 843	0.38 842	
	30'	0.38 840	0.38 839	0.38 837	0.38 836	0.38 834	0.38 833	0.38 831	0.38 830	0.38 828	0.38 827	
	31'	0.38 825	0.38 823	0.38 822	0.38 820	0.38 819	0.38 817	0.38 816	0.38 814	0.38 813	0.38 811	
	32'	0.38 810	0.38 808	0.38 807	0.38 805	0.38 804	0.38 802	0.38 801	0.38 799	0.38 798	0.38 796	
	33'	0.38 795	0.38 793	0.38 792	0.38 790	0.38 789	0.38 787	0.38 786	0.38 784	0.38 782	0.38 781	
	34'	0.38 779	0.38 778	0.38 776	0.38 775	0.38 773	0.38 772	0.38 770	0.38 769	0.38 767	0.38 766	
	35'	0.38 764	0.38 763	0.38 761	0.38 760	0.38 758	0.38 757	0.38 755	0.38 754	0.38 752	0.38 751	
	36'	0.38 749	0.38 748	0.38 746	0.38 745	0.38 743	0.38 742	0.38 740	0.38 739	0.38 737	0.38 735	
	37'	0.38 734	0.38 732	0.38 731	0.38 729	0.38 728	0.38 726	0.38 725	0.38 723	0.38 722	0.38 720	
	38'	0.38 719	0.38 717	0.38 716	0.38 714	0.38 713	0.38 711	0.38 710	0.38 708	0.38 707	0.38 705	
	39'	0.38 704	0.38 702	0.38 701	0.38 699	0.38 698	0.38 696	0.38 695	0.38 693	0.38 692	0.38 690	
	40'	0.38 689	0.38 687	0.38 685	0.38 684	0.38 682	0.38 681	0.38 679	0.38 678	0.38 676	0.38 675	
	41'	0.38 673	0.38 672	0.38 670	0.38 669	0.38 667	0.38 666	0.38 664	0.38 663	0.38 661	0.38 660	
	42'	0.38 658	0.38 657	0.38 655	0.38 654	0.38 652	0.38 651	0.38 649	0.38 648	0.38 646	0.38 645	
	43'	0.38 643	0.38 642	0.38 640	0.38 639	0.38 637	0.38 636	0.38 634	0.38 632	0.38 631	0.38 629	
	44'	0.38 628	0.38 626	0.38 625	0.38 623	0.38 622	0.38 620	0.38 619	0.38 617	0.38 616	0.38 614	
	45'	0.38 613	0.38 611	0.38 610	0.38 608	0.38 607	0.38 605	0.38 604	0.38 602	0.38 601	0.38 599	
	46'	0.38 598	0.38 596	0.38 595	0.38 593	0.38 592	0.38 590	0.38 589	0.38 587	0.38 586	0.38 584	
	47'	0.38 583	0.38 581	0.38 580	0.38 578	0.38 577	0.38 575	0.38 574	0.38 572	0.38 571	0.38 569	
	48'	0.38 567	0.38 566	0.38 564	0.38 563	0.38 561	0.38 560	0.38 558	0.38 557	0.38 555	0.38 554	
	49'	0.38 552	0.38 551	0.38 549	0.38 548	0.38 546	0.38 545	0.38 543	0.38 542	0.38 540	0.38 539	
	50'	0.38 537	0.38 536	0.38 534	0.38 533	0.38 531	0.38 530	0.38 528	0.38 527	0.38 525	0.38 524	
	51'	0.38 522	0.38 521	0.38 519	0.38 518	0.38 516	0.38 515	0.38 513	0.38 512	0.38 510	0.38 509	
	52'	0.38 507	0.38 506	0.38 504	0.38 503	0.38 501	0.38 500	0.38 498	0.38 497	0.38 495	0.38 494	
	53'	0.38 492	0.38 490	0.38 489	0.38 487	0.38 486	0.38 484	0.38 483	0.38 481	0.38 480	0.38 478	
	54'	0.38 477	0.38 475	0.38 474	0.38 472	0.38 471	0.38 469	0.38 468	0.38 466	0.38 465	0.38 463	
	55'	0.38 462	0.38 460	0.38 459	0.38 457	0.38 456	0.38 454	0.38 453	0.38 451	0.38 450	0.38 448	
	56'	0.38 447	0.38 445	0.38 444	0.38 442	0.38 441	0.38 439	0.38 438	0.38 436	0.38 435	0.38 433	
	57'	0.38 432	0.38 430	0.38 429	0.38 427	0.38 426	0.38 424	0.38 423	0.38 421	0.38 420	0.38 418	
	58'	0.38 417	0.38 415	0.38 414	0.38 412	0.38 411	0.38 409	0.38 408	0.38 406	0.38 405	0.38 403	
	59'	0.38 402	0.38 400	0.38 399	0.38 397	0.38 396	0.38 394	0.38 393	0.38 391	0.38 390	0.38 388	

K

	0.'0	0.'1	0.'2	0.'3	0.'4	0.'5	0.'6	0.'7	0.'8	0.'9
80° 0'	0.38 387	0.38 385	0.38 383	0.38 382	0.38 380	0.38 379	0.38 377	0.38 376	0.38 374	0.38 373
1'	0.38 371	0.38 370	0.38 368	0.38 367	0.38 365	0.38 364	0.38 362	0.38 361	0.38 359	0.38 358
2'	0.38 356	0.38 355	0.38 353	0.38 352	0.38 350	0.38 349	0.38 347	0.38 346	0.38 344	0.38 343
3'	0.38 341	0.38 340	0.38 338	0.38 337	0.38 335	0.38 334	0.38 332	0.38 331	0.38 329	0.38 328
4'	0.38 326	0.38 325	0.38 323	0.38 322	0.38 320	0.38 319	0.38 317	0.38 316	0.38 314	0.38 313
5'	0.38 311	0.38 310	0.38 308	0.38 307	0.38 305	0.38 304	0.38 302	0.38 301	0.38 299	0.38 298
6'	0.38 296	0.38 295	0.38 293	0.38 292	0.38 290	0.38 289	0.38 287	0.38 286	0.38 284	0.38 283
7'	0.38 281	0.38 280	0.38 278	0.38 277	0.38 275	0.38 274	0.38 272	0.38 271	0.38 269	0.38 268
8'	0.38 266	0.38 265	0.38 263	0.38 262	0.38 260	0.38 259	0.38 257	0.38 256	0.38 254	0.38 253
9'	0.38 251	0.38 250	0.38 248	0.38 247	0.38 245	0.38 244	0.38 242	0.38 241	0.38 239	0.38 238
10'	0.38 236	0.38 235	0.38 233	0.38 232	0.38 230	0.38 229	0.38 227	0.38 226	0.38 224	0.38 223
11'	0.38 221	0.38 220	0.38 218	0.38 217	0.38 215	0.38 214	0.38 212	0.38 211	0.38 209	0.38 208
12'	0.38 206	0.38 205	0.38 203	0.38 202	0.38 200	0.38 199	0.38 197	0.38 196	0.38 194	0.38 193
13'	0.38 191	0.38 190	0.38 188	0.38 187	0.38 185	0.38 184	0.38 182	0.38 181	0.38 179	0.38 178
14'	0.38 176	0.38 175	0.38 173	0.38 172	0.38 170	0.38 169	0.38 167	0.38 166	0.38 164	0.38 163
15'	0.38 161	0.38 160	0.38 158	0.38 157	0.38 155	0.38 154	0.38 152	0.38 151	0.38 149	0.38 148
16'	0.38 146	0.38 145	0.38 143	0.38 142	0.38 140	0.38 139	0.38 137	0.38 136	0.38 134	0.38 133
17'	0.38 131	0.38 130	0.38 128	0.38 127	0.38 125	0.38 124	0.38 122	0.38 121	0.38 119	0.38 118
18'	0.38 116	0.38 115	0.38 113	0.38 112	0.38 110	0.38 109	0.38 107	0.38 106	0.38 104	0.38 103
19'	0.38 101	0.38 100	0.38 098	0.38 097	0.38 095	0.38 094	0.38 092	0.38 091	0.38 089	0.38 088
20'	0.38 086	0.38 085	0.38 083	0.38 082	0.38 080	0.38 079	0.38 077	0.38 076	0.38 074	0.38 073
21'	0.38 071	0.38 070	0.38 068	0.38 067	0.38 065	0.38 064	0.38 062	0.38 061	0.38 059	0.38 058
22'	0.38 056	0.38 055	0.38 053	0.38 052	0.38 050	0.38 049	0.38 047	0.38 046	0.38 044	0.38 043
23'	0.38 041	0.38 040	0.38 038	0.38 037	0.38 035	0.38 034	0.38 032	0.38 031	0.38 029	0.38 028
24'	0.38 026	0.38 025	0.38 023	0.38 022	0.38 020	0.38 019	0.38 017	0.38 016	0.38 014	0.38 013
25'	0.38 011	0.38 010	0.38 009	0.38 007	0.38 006	0.38 004	0.38 003	0.38 001	0.38 000	0.37 998
26'	0.37 997	0.37 995	0.37 994	0.37 992	0.37 991	0.37 989	0.37 988	0.37 986	0.37 985	0.37 983
27'	0.37 982	0.37 980	0.37 979	0.37 977	0.37 976	0.37 974	0.37 973	0.37 971	0.37 970	0.37 968
28'	0.37 967	0.37 965	0.37 964	0.37 962	0.37 961	0.37 959	0.37 958	0.37 956	0.37 955	0.37 953
29'	0.37 952	0.37 950	0.37 949	0.37 947	0.37 946	0.37 944	0.37 943	0.37 941	0.37 940	0.37 938
30'	0.37 937	0.37 935	0.37 934	0.37 932	0.37 931	0.37 929	0.37 928	0.37 926	0.37 925	0.37 923
31'	0.37 922	0.37 920	0.37 919	0.37 917	0.37 916	0.37 914	0.37 913	0.37 911	0.37 910	0.37 908
32'	0.37 907	0.37 905	0.37 904	0.37 903	0.37 901	0.37 900	0.37 898	0.37 897	0.37 895	0.37 894
33'	0.37 892	0.37 891	0.37 889	0.37 888	0.37 886	0.37 885	0.37 883	0.37 882	0.37 880	0.37 879
34'	0.37 877	0.37 876	0.37 874	0.37 873	0.37 871	0.37 870	0.37 868	0.37 867	0.37 865	0.37 864
35'	0.37 862	0.37 861	0.37 859	0.37 858	0.37 856	0.37 855	0.37 853	0.37 852	0.37 850	0.37 849
36'	0.37 847	0.37 846	0.37 844	0.37 843	0.37 841	0.37 840	0.37 838	0.37 837	0.37 835	0.37 834
37'	0.37 832	0.37 831	0.37 829	0.37 828	0.37 827	0.37 825	0.37 824	0.37 822	0.37 821	0.37 819
38'	0.37 818	0.37 816	0.37 815	0.37 813	0.37 812	0.37 810	0.37 809	0.37 807	0.37 806	0.37 804
39'	0.37 803	0.37 801	0.37 800	0.37 798	0.37 797	0.37 795	0.37 794	0.37 792	0.37 791	0.37 789
40'	0.37 788	0.37 786	0.37 785	0.37 783	0.37 782	0.37 780	0.37 779	0.37 777	0.37 776	0.37 774
41'	0.37 773	0.37 771	0.37 770	0.37 768	0.37 767	0.37 766	0.37 764	0.37 763	0.37 761	0.37 760
42'	0.37 758	0.37 757	0.37 755	0.37 754	0.37 752	0.37 751	0.37 749	0.37 748	0.37 746	0.37 745
43'	0.37 743	0.37 742	0.37 740	0.37 739	0.37 737	0.37 736	0.37 734	0.37 733	0.37 731	0.37 730
44'	0.37 728	0.37 727	0.37 725	0.37 724	0.37 722	0.37 721	0.37 719	0.37 718	0.37 716	0.37 715
45'	0.37 713	0.37 712	0.37 711	0.37 709	0.37 708	0.37 706	0.37 705	0.37 703	0.37 702	0.37 700
46'	0.37 699	0.37 697	0.37 696	0.37 694	0.37 693	0.37 691	0.37 690	0.37 688	0.37 687	0.37 685
47'	0.37 684	0.37 682	0.37 681	0.37 679	0.37 678	0.37 676	0.37 675	0.37 673	0.37 672	0.37 670
48'	0.37 669	0.37 667	0.37 666	0.37 664	0.37 663	0.37 662	0.37 660	0.37 659	0.37 657	0.37 656
49'	0.37 654	0.37 653	0.37 651	0.37 650	0.37 648	0.37 647	0.37 645	0.37 644	0.37 642	0.37 641
50'	0.37 639	0.37 638	0.37 636	0.37 635	0.37 633	0.37 632	0.37 630	0.37 629	0.37 627	0.37 626
51'	0.37 624	0.37 623	0.37 621	0.37 620	0.37 618	0.37 617	0.37 616	0.37 614	0.37 613	0.37 611
52'	0.37 610	0.37 608	0.37 607	0.37 605	0.37 604	0.37 602	0.37 601	0.37 599	0.37 598	0.37 596
53'	0.37 595	0.37 593	0.37 592	0.37 590	0.37 589	0.37 587	0.37 586	0.37 584	0.37 583	0.37 581
54'	0.37 580	0.37 578	0.37 577	0.37 575	0.37 574	0.37 573	0.37 571	0.37 570	0.37 568	0.37 567
55'	0.37 565	0.37 564	0.37 562	0.37 561	0.37 559	0.37 558	0.37 556	0.37 555	0.37 553	0.37 552
56'	0.37 550	0.37 549	0.37 547	0.37 546	0.37 544	0.37 543	0.37 541	0.37 540	0.37 538	0.37 537
57'	0.37 536	0.37 534	0.37 533	0.37 531	0.37 530	0.37 528	0.37 527	0.37 525	0.37 524	0.37 522
58'	0.37 521	0.37 519	0.37 518	0.37 516	0.37 515	0.37 513	0.37 512	0.37 510	0.37 509	0.37 507
59'	0.37 506	0.37 504	0.37 503	0.37 501	0.37 500	0.37 499	0.37 497	0.37 496	0.37 494	0.37 493

81°

	0.'0	0.'1	0.'2	0.'3	0.'4	0.'5	0.'6	0.'7	0.'8	0.'9
0'	0.37 491	0.37 490	0.37 488	0.37 487	0.37 485	0.37 484	0.37 482	0.37 481	0.37 479	0.37 478
1'	0.37 476	0.37 475	0.37 473	0.37 472	0.37 470	0.37 469	0.37 467	0.37 466	0.37 464	0.37 463
2'	0.37 462	0.37 460	0.37 459	0.37 457	0.37 456	0.37 454	0.37 453	0.37 451	0.37 450	0.37 448
3'	0.37 447	0.37 445	0.37 444	0.37 442	0.37 441	0.37 439	0.37 438	0.37 436	0.37 435	0.37 433
4'	0.37 432	0.37 431	0.37 429	0.37 428	0.37 426	0.37 425	0.37 423	0.37 422	0.37 420	0.37 419
5'	0.37 417	0.37 416	0.37 414	0.37 413	0.37 411	0.37 410	0.37 408	0.37 407	0.37 405	0.37 404
6'	0.37 402	0.37 401	0.37 399	0.37 398	0.37 397	0.37 395	0.37 394	0.37 392	0.37 391	0.37 389
7'	0.37 388	0.37 386	0.37 385	0.37 383	0.37 382	0.37 380	0.37 379	0.37 377	0.37 376	0.37 374
8'	0.37 373	0.37 371	0.37 370	0.37 368	0.37 367	0.37 366	0.37 364	0.37 363	0.37 361	0.37 360
9'	0.37 358	0.37 357	0.37 355	0.37 354	0.37 352	0.37 351	0.37 349	0.37 348	0.37 346	0.37 345
10'	0.37 343	0.37 342	0.37 340	0.37 339	0.37 338	0.37 336	0.37 335	0.37 333	0.37 332	0.37 330
11'	0.37 329	0.37 327	0.37 326	0.37 324	0.37 323	0.37 321	0.37 320	0.37 318	0.37 317	0.37 315
12'	0.37 314	0.37 312	0.37 311	0.37 310	0.37 308	0.37 307	0.37 305	0.37 304	0.37 302	0.37 301
13'	0.37 299	0.37 298	0.37 296	0.37 295	0.37 293	0.37 292	0.37 290	0.37 289	0.37 287	0.37 286
14'	0.37 284	0.37 283	0.37 282	0.37 280	0.37 279	0.37 277	0.37 276	0.37 274	0.37 273	0.37 271
15'	0.37 270	0.37 268	0.37 267	0.37 265	0.37 264	0.37 262	0.37 261	0.37 259	0.37 258	0.37 256
16'	0.37 255	0.37 254	0.37 252	0.37 251	0.37 249	0.37 248	0.37 246	0.37 245	0.37 243	0.37 242
17'	0.37 240	0.37 239	0.37 237	0.37 236	0.37 234	0.37 233	0.37 231	0.37 230	0.37 229	0.37 227
18'	0.37 226	0.37 224	0.37 223	0.37 221	0.37 220	0.37 218	0.37 217	0.37 215	0.37 214	0.37 212
19'	0.37 211	0.37 209	0.37 208	0.37 206	0.37 205	0.37 204	0.37 202	0.37 201	0.37 199	0.37 198
20'	0.37 196	0.37 195	0.37 193	0.37 192	0.37 190	0.37 189	0.37 187	0.37 186	0.37 184	0.37 183
21'	0.37 181	0.37 180	0.37 179	0.37 177	0.37 176	0.37 174	0.37 173	0.37 171	0.37 170	0.37 168
22'	0.37 167	0.37 165	0.37 164	0.37 162	0.37 161	0.37 159	0.37 158	0.37 156	0.37 155	0.37 154
23'	0.37 152	0.37 151	0.37 149	0.37 148	0.37 146	0.37 145	0.37 143	0.37 142	0.37 140	0.37 139
24'	0.37 137	0.37 136	0.37 134	0.37 133	0.37 131	0.37 130	0.37 129	0.37 127	0.37 126	0.37 124
25'	0.37 123	0.37 121	0.37 120	0.37 118	0.37 117	0.37 115	0.37 114	0.37 112	0.37 111	0.37 109
26'	0.37 108	0.37 107	0.37 105	0.37 104	0.37 102	0.37 101	0.37 099	0.37 098	0.37 096	0.37 095
27'	0.37 093	0.37 092	0.37 090	0.37 089	0.37 087	0.37 086	0.37 085	0.37 083	0.37 082	0.37 080
28'	0.37 079	0.37 077	0.37 076	0.37 074	0.37 073	0.37 071	0.37 070	0.37 068	0.37 067	0.37 065
29'	0.37 064	0.37 063	0.37 061	0.37 060	0.37 058	0.37 057	0.37 055	0.37 054	0.37 052	0.37 051
30'	0.37 049	0.37 048	0.37 047	0.37 045	0.37 043	0.37 042	0.37 041	0.37 039	0.37 038	0.37 036
31'	0.37 035	0.37 033	0.37 032	0.37 030	0.37 029	0.37 027	0.37 026	0.37 024	0.37 023	0.37 021
32'	0.37 020	0.37 019	0.37 017	0.37 016	0.37 014	0.37 013	0.37 011	0.37 010	0.37 008	0.37 007
33'	0.37 005	0.37 004	0.37 002	0.37 001	0.37 000	0.36 998	0.36 997	0.36 995	0.36 994	0.36 992
34'	0.36 991	0.36 989	0.36 988	0.36 986	0.36 985	0.36 983	0.36 982	0.36 980	0.36 979	0.36 978
35'	0.36 976	0.36 975	0.36 973	0.36 972	0.36 970	0.36 969	0.36 967	0.36 966	0.36 964	0.36 963
36'	0.36 961	0.36 960	0.36 959	0.36 957	0.36 956	0.36 954	0.36 953	0.36 951	0.36 950	0.36 948
37'	0.36 947	0.36 945	0.36 944	0.36 942	0.36 941	0.36 939	0.36 938	0.36 937	0.36 935	0.36 934
38'	0.36 932	0.36 931	0.36 929	0.36 928	0.36 926	0.36 925	0.36 923	0.36 922	0.36 920	0.36 919
39'	0.36 918	0.36 916	0.36 915	0.36 913	0.36 912	0.36 910	0.36 909	0.36 907	0.36 906	0.36 904
40'	0.36 903	0.36 901	0.36 900	0.36 899	0.36 897	0.36 896	0.36 894	0.36 893	0.36 891	0.36 890
41'	0.36 888	0.36 887	0.36 885	0.36 884	0.36 882	0.36 881	0.36 880	0.36 878	0.36 877	0.36 875
42'	0.36 874	0.36 872	0.36 871	0.36 869	0.36 868	0.36 866	0.36 865	0.36 863	0.36 862	0.36 861
43'	0.36 859	0.36 858	0.36 856	0.36 855	0.36 853	0.36 852	0.36 850	0.36 849	0.36 847	0.36 846
44'	0.36 844	0.36 843	0.36 842	0.36 840	0.36 839	0.36 837	0.36 836	0.36 834	0.36 833	0.36 831
45'	0.36 830	0.36 828	0.36 827	0.36 826	0.36 824	0.36 823	0.36 821	0.36 820	0.36 818	0.36 817
46'	0.36 815	0.36 814	0.36 812	0.36 811	0.36 809	0.36 808	0.36 807	0.36 805	0.36 804	0.36 802
47'	0.36 801	0.36 799	0.36 798	0.36 796	0.36 795	0.36 793	0.36 792	0.36 790	0.36 789	0.36 788
48'	0.36 786	0.36 785	0.36 783	0.36 782	0.36 780	0.36 779	0.36 777	0.36 776	0.36 774	0.36 773
49'	0.36 772	0.36 770	0.36 769	0.36 767	0.36 766	0.36 764	0.36 763	0.36 761	0.36 760	0.36 758
50'	0.36 757	0.36 756	0.36 754	0.36 753	0.36 751	0.36 750	0.36 748	0.36 747	0.36 745	0.36 744
51'	0.36 742	0.36 741	0.36 739	0.36 738	0.36 737	0.36 735	0.36 734	0.36 732	0.36 731	0.36 729
52'	0.36 728	0.36 726	0.36 725	0.36 723	0.36 722	0.36 721	0.36 719	0.36 718	0.36 716	0.36 715
53'	0.36 713	0.36 712	0.36 710	0.36 709	0.36 707	0.36 706	0.36 705	0.36 703	0.36 702	0.36 700
54'	0.36 699	0.36 697	0.36 696	0.36 694	0.36 693	0.36 691	0.36 690	0.36 689	0.36 687	0.36 686
55'	0.36 684	0.36 683	0.36 681	0.36 680	0.36 678	0.36 677	0.36 675	0.36 674	0.36 672	0.36 671
56'	0.36 670	0.36 668	0.36 667	0.36 665	0.36 664	0.36 662	0.36 661	0.36 659	0.36 658	0.36 656
57'	0.36 655	0.36 654	0.36 652	0.36 651	0.36 649	0.36 648	0.36 646	0.36 645	0.36 643	0.36 642
58'	0.36 640	0.36 639	0.36 638	0.36 636	0.36 635	0.36 633	0.36 632	0.36 630	0.36 629	0.36 627
59'	0.36 626	0.36 624	0.36 623	0.36 622	0.36 620	0.36 619	0.36 617	0.36 616	0.36 614	0.36 613

K 82°   82° K

	0.'0	0.'1	0.'2	0.'3	0.'4	0.'5	0.'6	0.'7	0.'8	0.'9
0'	0.36 611	0.36 610	0.36 609	0.36 607	0.36 606	0.36 604	0.36 603	0.36 601	0.36 600	0.36 598
1'	0.36 597	0.36 595	0.36 594	0.36 593	0.36 591	0.36 590	0.36 588	0.36 587	0.36 585	0.36 584
2'	0.36 582	0.36 581	0.36 579	0.36 578	0.36 577	0.36 575	0.36 574	0.36 572	0.36 571	0.36 569
3'	0.36 568	0.36 566	0.36 565	0.36 563	0.36 562	0.36 561	0.36 559	0.36 558	0.36 556	0.36 555
4'	0.36 553	0.36 552	0.36 550	0.36 549	0.36 548	0.36 546	0.36 545	0.36 543	0.36 542	0.36 540
5'	0.36 539	0.36 537	0.36 536	0.36 534	0.36 533	0.36 532	0.36 530	0.36 529	0.36 527	0.36 526
6'	0.36 524	0.36 523	0.36 521	0.36 520	0.36 518	0.36 517	0.36 516	0.36 514	0.36 513	0.36 511
7'	0.36 510	0.36 508	0.36 507	0.36 505	0.36 504	0.36 503	0.36 501	0.36 500	0.36 498	0.36 497
8'	0.36 495	0.36 494	0.36 492	0.36 491	0.36 489	0.36 488	0.36 487	0.36 485	0.36 484	0.36 482
9'	0.36 481	0.36 479	0.36 478	0.36 476	0.36 475	0.36 474	0.36 472	0.36 471	0.36 469	0.36 468
10'	0.36 466	0.36 465	0.36 463	0.36 462	0.36 461	0.36 459	0.36 458	0.36 456	0.36 455	0.36 453
11'	0.36 452	0.36 450	0.36 449	0.36 447	0.36 446	0.36 445	0.36 443	0.36 442	0.36 440	0.36 439
12'	0.36 437	0.36 436	0.36 434	0.36 433	0.36 432	0.36 430	0.36 429	0.36 427	0.36 426	0.36 424
13'	0.36 423	0.36 421	0.36 420	0.36 419	0.36 417	0.36 416	0.36 414	0.36 413	0.36 411	0.36 410
14'	0.36 408	0.36 407	0.36 405	0.36 404	0.36 403	0.36 401	0.36 400	0.36 398	0.36 397	0.36 395
15'	0.36 394	0.36 392	0.36 391	0.36 390	0.36 388	0.36 387	0.36 385	0.36 384	0.36 382	0.36 381
16'	0.36 379	0.36 378	0.36 377	0.36 375	0.36 374	0.36 372	0.36 371	0.36 369	0.36 368	0.36 366
17'	0.36 365	0.36 364	0.36 362	0.36 361	0.36 359	0.36 358	0.36 356	0.36 355	0.36 353	0.36 352
18'	0.36 351	0.36 349	0.36 348	0.36 346	0.36 345	0.36 343	0.36 342	0.36 340	0.36 339	0.36 338
19'	0.36 336	0.36 335	0.36 333	0.36 332	0.36 330	0.36 329	0.36 327	0.36 326	0.36 325	0.36 323
20'	0.36 322	0.36 320	0.36 319	0.36 317	0.36 316	0.36 314	0.36 313	0.36 312	0.36 310	0.36 309
21'	0.36 307	0.36 306	0.36 304	0.36 303	0.36 301	0.36 300	0.36 299	0.36 297	0.36 296	0.36 294
22'	0.36 293	0.36 291	0.36 290	0.36 288	0.36 287	0.36 286	0.36 284	0.36 283	0.36 281	0.36 280
23'	0.36 278	0.36 277	0.36 275	0.36 274	0.36 273	0.36 271	0.36 270	0.36 268	0.36 267	0.36 265
24'	0.36 264	0.36 262	0.36 261	0.36 260	0.36 258	0.36 257	0.36 255	0.36 254	0.36 252	0.36 251
25'	0.36 249	0.36 248	0.36 247	0.36 245	0.36 244	0.36 242	0.36 241	0.36 239	0.36 238	0.36 236
26'	0.36 235	0.36 234	0.36 232	0.36 231	0.36 229	0.36 228	0.36 226	0.36 225	0.36 223	0.36 222
27'	0.36 221	0.36 219	0.36 218	0.36 216	0.36 215	0.36 213	0.36 212	0.36 210	0.36 209	0.36 208
28'	0.36 206	0.36 205	0.36 203	0.36 202	0.36 200	0.36 199	0.36 198	0.36 196	0.36 195	0.36 193
29'	0.36 192	0.36 190	0.36 189	0.36 187	0.36 186	0.36 185	0.36 183	0.36 182	0.36 180	0.36 179
30'	0.36 177	0.36 176	0.36 174	0.36 173	0.36 172	0.36 170	0.36 169	0.36 167	0.36 166	0.36 164
31'	0.36 163	0.36 162	0.36 160	0.36 159	0.36 157	0.36 156	0.36 154	0.36 153	0.36 151	0.36 150
32'	0.36 149	0.36 147	0.36 146	0.36 144	0.36 143	0.36 141	0.36 140	0.36 138	0.36 137	0.36 136
33'	0.36 134	0.36 133	0.36 131	0.36 130	0.36 128	0.36 127	0.36 126	0.36 124	0.36 123	0.36 121
34'	0.36 120	0.36 118	0.36 117	0.36 115	0.36 114	0.36 113	0.36 111	0.36 110	0.36 108	0.36 107
35'	0.36 105	0.36 104	0.36 102	0.36 101	0.36 100	0.36 098	0.36 097	0.36 095	0.36 094	0.36 092
36'	0.36 091	0.36 090	0.36 088	0.36 087	0.36 085	0.36 084	0.36 082	0.36 081	0.36 079	0.36 078
37'	0.36 077	0.36 075	0.36 074	0.36 072	0.36 071	0.36 069	0.36 068	0.36 067	0.36 065	0.36 064
38'	0.36 062	0.36 061	0.36 059	0.36 058	0.36 056	0.36 055	0.36 054	0.36 052	0.36 051	0.36 049
39'	0.36 048	0.36 046	0.36 045	0.36 044	0.36 042	0.36 041	0.36 039	0.36 038	0.36 036	0.36 035
40'	0.36 034	0.36 032	0.36 031	0.36 029	0.36 028	0.36 026	0.36 025	0.36 023	0.36 022	0.36 021
41'	0.36 019	0.36 018	0.36 016	0.36 015	0.36 013	0.36 012	0.36 011	0.36 009	0.36 008	0.36 006
42'	0.36 005	0.36 003	0.36 002	0.36 000	0.35 999	0.35 998	0.35 996	0.35 995	0.35 993	0.35 992
43'	0.35 990	0.35 989	0.35 988	0.35 986	0.35 985	0.35 983	0.35 982	0.35 980	0.35 979	0.35 978
44'	0.35 976	0.35 975	0.35 973	0.35 972	0.35 970	0.35 969	0.35 967	0.35 966	0.35 965	0.35 963
45'	0.35 962	0.35 960	0.35 959	0.35 957	0.35 956	0.35 955	0.35 953	0.35 952	0.35 950	0.35 949
46'	0.35 947	0.35 946	0.35 945	0.35 943	0.35 942	0.35 940	0.35 939	0.35 937	0.35 936	0.35 935
47'	0.35 933	0.35 932	0.35 930	0.35 929	0.35 927	0.35 926	0.35 924	0.35 923	0.35 922	0.35 920
48'	0.35 919	0.35 917	0.35 916	0.35 914	0.35 913	0.35 912	0.35 910	0.35 909	0.35 907	0.35 906
49'	0.35 904	0.35 903	0.35 902	0.35 900	0.35 899	0.35 897	0.35 896	0.35 894	0.35 893	0.35 892
50'	0.35 890	0.35 889	0.35 887	0.35 886	0.35 884	0.35 883	0.35 881	0.35 880	0.35 879	0.35 877
51'	0.35 876	0.35 874	0.35 873	0.35 871	0.35 870	0.35 869	0.35 867	0.35 866	0.35 864	0.35 863
52'	0.35 861	0.35 860	0.35 859	0.35 857	0.35 856	0.35 854	0.35 853	0.35 851	0.35 850	0.35 849
53'	0.35 847	0.35 846	0.35 844	0.35 843	0.35 841	0.35 840	0.35 839	0.35 837	0.35 836	0.35 834
54'	0.35 833	0.35 831	0.35 830	0.35 829	0.35 827	0.35 826	0.35 824	0.35 823	0.35 821	0.35 820
55'	0.35 819	0.35 817	0.35 816	0.35 814	0.35 813	0.35 811	0.35 810	0.35 809	0.35 807	0.35 806
56'	0.35 804	0.35 803	0.35 801	0.35 800	0.35 799	0.35 797	0.35 796	0.35 794	0.35 793	0.35 791
57'	0.35 790	0.35 789	0.35 787	0.35 786	0.35 784	0.35 783	0.35 781	0.35 780	0.35 779	0.35 777
58'	0.35 776	0.35 774	0.35 773	0.35 771	0.35 770	0.35 769	0.35 767	0.35 766	0.35 764	0.35 763
59'	0.35 761	0.35 760	0.35 759	0.35 757	0.35 756	0.35 754	0.35 753	0.35 751	0.35 750	0.35 749

83°

	0.'0	0.'1	0.'2	0.'3	0.'4	0.'5	0.'6	0.'7	0.'8	0.'9
0'	0.35 747	0.35 746	0.35 744	0.35 743	0.35 741	0.35 740	0.35 739	0.35 737	0.35 736	0.35 734
1'	0.35 733	0.35 731	0.35 730	0.35 729	0.35 727	0.35 726	0.35 724	0.35 723	0.35 721	0.35 720
2'	0.35 719	0.35 717	0.35 716	0.35 714	0.35 713	0.35 711	0.35 710	0.35 709	0.35 707	0.35 706
3'	0.35 704	0.35 703	0.35 701	0.35 700	0.35 699	0.35 697	0.35 696	0.35 694	0.35 693	0.35 691
4'	0.35 690	0.35 689	0.35 687	0.35 686	0.35 684	0.35 683	0.35 681	0.35 680	0.35 679	0.35 677
5'	0.35 676	0.35 674	0.35 673	0.35 671	0.35 670	0.35 669	0.35 667	0.35 666	0.35 664	0.35 663
6'	0.35 661	0.35 660	0.35 659	0.35 657	0.35 656	0.35 654	0.35 653	0.35 652	0.35 650	0.35 649
7'	0.35 647	0.35 646	0.35 644	0.35 643	0.35 642	0.35 640	0.35 639	0.35 637	0.35 636	0.35 634
8'	0.35 633	0.35 632	0.35 630	0.35 629	0.35 627	0.35 626	0.35 624	0.35 623	0.35 622	0.35 620
9'	0.35 619	0.35 617	0.35 616	0.35 614	0.35 613	0.35 612	0.35 610	0.35 609	0.35 607	0.35 606
10'	0.35 605	0.35 603	0.35 602	0.35 600	0.35 599	0.35 597	0.35 596	0.35 595	0.35 593	0.35 592
11'	0.35 590	0.35 589	0.35 587	0.35 586	0.35 585	0.35 583	0.35 582	0.35 580	0.35 579	0.35 577
12'	0.35 576	0.35 575	0.35 573	0.35 572	0.35 570	0.35 569	0.35 568	0.35 566	0.35 565	0.35 563
13'	0.35 562	0.35 560	0.35 559	0.35 558	0.35 556	0.35 555	0.35 553	0.35 552	0.35 550	0.35 549
14'	0.35 548	0.35 546	0.35 545	0.35 543	0.35 542	0.35 540	0.35 539	0.35 538	0.35 536	0.35 535
15'	0.35 533	0.35 532	0.35 531	0.35 529	0.35 528	0.35 526	0.35 525	0.35 523	0.35 522	0.35 521
16'	0.35 519	0.35 518	0.35 516	0.35 515	0.35 513	0.35 512	0.35 511	0.35 509	0.35 508	0.35 506
17'	0.35 505	0.35 504	0.35 502	0.35 501	0.35 499	0.35 498	0.35 496	0.35 495	0.35 494	0.35 492
18'	0.35 491	0.35 489	0.35 488	0.35 486	0.35 485	0.35 484	0.35 482	0.35 481	0.35 479	0.35 478
19'	0.35 477	0.35 475	0.35 474	0.35 472	0.35 471	0.35 469	0.35 468	0.35 467	0.35 465	0.35 464
20'	0.35 462	0.35 461	0.35 459	0.35 458	0.35 457	0.35 455	0.35 454	0.35 452	0.35 451	0.35 450
21'	0.35 448	0.35 447	0.35 445	0.35 444	0.35 442	0.35 441	0.35 440	0.35 438	0.35 437	0.35 435
22'	0.35 434	0.35 433	0.35 431	0.35 430	0.35 428	0.35 427	0.35 425	0.35 424	0.35 423	0.35 421
23'	0.35 420	0.35 418	0.35 417	0.35 416	0.35 414	0.35 413	0.35 411	0.35 410	0.35 408	0.35 407
24'	0.35 406	0.35 404	0.35 403	0.35 401	0.35 400	0.35 398	0.35 397	0.35 396	0.35 394	0.35 393
25'	0.35 391	0.35 390	0.35 389	0.35 387	0.35 386	0.35 384	0.35 383	0.35 381	0.35 380	0.35 379
26'	0.35 377	0.35 376	0.35 374	0.35 373	0.35 372	0.35 370	0.35 369	0.35 367	0.35 366	0.35 364
27'	0.35 363	0.35 362	0.35 360	0.35 359	0.35 357	0.35 356	0.35 355	0.35 353	0.35 352	0.35 350
28'	0.35 349	0.35 347	0.35 346	0.35 345	0.35 343	0.35 342	0.35 340	0.35 339	0.35 338	0.35 336
29'	0.35 335	0.35 333	0.35 332	0.35 330	0.35 329	0.35 328	0.35 326	0.35 325	0.35 323	0.35 322
30'	0.35 321	0.35 319	0.35 318	0.35 316	0.35 315	0.35 314	0.35 312	0.35 311	0.35 309	0.35 308
31'	0.35 306	0.35 305	0.35 304	0.35 302	0.35 301	0.35 299	0.35 298	0.35 297	0.35 295	0.35 294
32'	0.35 292	0.35 291	0.35 289	0.35 288	0.35 287	0.35 285	0.35 284	0.35 282	0.35 281	0.35 280
33'	0.35 278	0.35 277	0.35 275	0.35 274	0.35 272	0.35 271	0.35 270	0.35 268	0.35 267	0.35 265
34'	0.35 264	0.35 263	0.35 261	0.35 260	0.35 258	0.35 257	0.35 256	0.35 254	0.35 253	0.35 251
35'	0.35 250	0.35 248	0.35 247	0.35 246	0.35 244	0.35 243	0.35 241	0.35 240	0.35 239	0.35 237
36'	0.35 236	0.35 234	0.35 233	0.35 231	0.35 230	0.35 229	0.35 227	0.35 226	0.35 224	0.35 223
37'	0.35 222	0.35 220	0.35 219	0.35 217	0.35 216	0.35 215	0.35 213	0.35 212	0.35 210	0.35 209
38'	0.35 207	0.35 206	0.35 205	0.35 203	0.35 202	0.35 200	0.35 199	0.35 198	0.35 196	0.35 195
39'	0.35 193	0.35 192	0.35 191	0.35 189	0.35 188	0.35 186	0.35 185	0.35 183	0.35 182	0.35 181
40'	0.35 179	0.35 178	0.35 176	0.35 175	0.35 174	0.35 172	0.35 171	0.35 169	0.35 168	0.35 167
41'	0.35 165	0.35 164	0.35 162	0.35 161	0.35 159	0.35 158	0.35 157	0.35 155	0.35 154	0.35 152
42'	0.35 151	0.35 150	0.35 148	0.35 147	0.35 145	0.35 144	0.35 143	0.35 141	0.35 140	0.35 138
43'	0.35 137	0.35 136	0.35 134	0.35 133	0.35 131	0.35 130	0.35 128	0.35 127	0.35 126	0.35 124
44'	0.35 123	0.35 121	0.35 120	0.35 119	0.35 117	0.35 116	0.35 114	0.35 113	0.35 112	0.35 110
45'	0.35 109	0.35 107	0.35 106	0.35 105	0.35 103	0.35 102	0.35 100	0.35 099	0.35 097	0.35 096
46'	0.35 095	0.35 093	0.35 092	0.35 090	0.35 089	0.35 088	0.35 086	0.35 085	0.35 083	0.35 082
47'	0.35 081	0.35 079	0.35 078	0.35 076	0.35 075	0.35 074	0.35 072	0.35 071	0.35 069	0.35 068
48'	0.35 066	0.35 065	0.35 064	0.35 062	0.35 061	0.35 059	0.35 058	0.35 057	0.35 055	0.35 054
49'	0.35 052	0.35 051	0.35 050	0.35 048	0.35 047	0.35 045	0.35 044	0.35 043	0.35 041	0.35 040
50'	0.35 038	0.35 037	0.35 036	0.35 034	0.35 033	0.35 031	0.35 030	0.35 028	0.35 027	0.35 026
51'	0.35 024	0.35 023	0.35 021	0.35 020	0.35 019	0.35 017	0.35 016	0.35 014	0.35 013	0.35 012
52'	0.35 010	0.35 009	0.35 007	0.35 006	0.35 005	0.35 003	0.35 002	0.35 000	0.34 999	0.34 998
53'	0.34 996	0.34 995	0.34 993	0.34 992	0.34 991	0.34 989	0.34 988	0.34 986	0.34 985	0.34 983
54'	0.34 982	0.34 981	0.34 979	0.34 978	0.34 976	0.34 975	0.34 974	0.34 972	0.34 971	0.34 969
55'	0.34 968	0.34 967	0.34 965	0.34 964	0.34 962	0.34 961	0.34 960	0.34 958	0.34 957	0.34 955
56'	0.34 954	0.34 953	0.34 951	0.34 950	0.34 948	0.34 947	0.34 946	0.34 944	0.34 943	0.34 941
57'	0.34 940	0.34 939	0.34 937	0.34 936	0.34 934	0.34 933	0.34 932	0.34 930	0.34 929	0.34 927
58'	0.34 926	0.34 924	0.34 923	0.34 922	0.34 920	0.34 919	0.34 917	0.34 916	0.34 915	0.34 913
59'	0.34 912	0.34 910	0.34 909	0.34 908	0.34 906	0.34 905	0.34 903	0.34 902	0.34 901	0.34 899

K 84°

	0.'0	0.'1	0.'2	0.'3	0.'4	0.'5	0.'6	0.'7	0.'8	0.'9
0'	0.34 898	0.34 896	0.34 895	0.34 894	0.34 892	0.34 891	0.34 889	0.34 888	0.34 887	0.34 885
1'	0.34 884	0.34 882	0.34 881	0.34 880	0.34 878	0.34 877	0.34 875	0.34 874	0.34 873	0.34 871
2'	0.34 870	0.34 868	0.34 867	0.34 866	0.34 864	0.34 863	0.34 861	0.34 860	0.34 859	0.34 857
3'	0.34 856	0.34 854	0.34 853	0.34 852	0.34 850	0.34 849	0.34 847	0.34 846	0.34 845	0.34 843
4'	0.34 842	0.34 840	0.34 839	0.34 838	0.34 836	0.34 835	0.34 833	0.34 832	0.34 831	0.34 829
5'	0.34 828	0.34 826	0.34 825	0.34 824	0.34 822	0.34 821	0.34 819	0.34 818	0.34 817	0.34 815
6'	0.34 814	0.34 812	0.34 811	0.34 810	0.34 808	0.34 807	0.34 805	0.34 804	0.34 803	0.34 801
7'	0.34 800	0.34 798	0.34 797	0.34 796	0.34 794	0.34 793	0.34 791	0.34 790	0.34 789	0.34 787
8'	0.34 786	0.34 784	0.34 783	0.34 782	0.34 780	0.34 779	0.34 777	0.34 776	0.34 775	0.34 773
9'	0.34 772	0.34 770	0.34 769	0.34 768	0.34 766	0.34 765	0.34 763	0.34 762	0.34 761	0.34 759
10'	0.34 758	0.34 756	0.34 755	0.34 754	0.34 752	0.34 751	0.34 749	0.34 748	0.34 747	0.34 745
11'	0.34 744	0.34 742	0.34 741	0.34 740	0.34 738	0.34 737	0.34 735	0.34 734	0.34 733	0.34 731
12'	0.34 730	0.34 728	0.34 727	0.34 726	0.34 724	0.34 723	0.34 721	0.34 720	0.34 719	0.34 717
13'	0.34 716	0.34 714	0.34 713	0.34 712	0.34 710	0.34 709	0.34 707	0.34 706	0.34 705	0.34 703
14'	0.34 702	0.34 700	0.34 699	0.34 698	0.34 696	0.34 695	0.34 693	0.34 692	0.34 691	0.34 689
15'	0.34 688	0.34 686	0.34 685	0.34 684	0.34 682	0.34 681	0.34 679	0.34 678	0.34 677	0.34 675
16'	0.34 674	0.34 672	0.34 671	0.34 670	0.34 668	0.34 667	0.34 665	0.34 664	0.34 663	0.34 661
17'	0.34 660	0.34 658	0.34 657	0.34 656	0.34 654	0.34 653	0.34 652	0.34 650	0.34 649	0.34 647
18'	0.34 646	0.34 645	0.34 643	0.34 642	0.34 640	0.34 639	0.34 638	0.34 636	0.34 635	0.34 633
19'	0.34 632	0.34 631	0.34 629	0.34 628	0.34 626	0.34 625	0.34 624	0.34 622	0.34 621	0.34 619
20'	0.34 618	0.34 617	0.34 615	0.34 614	0.34 612	0.34 611	0.34 610	0.34 608	0.34 607	0.34 605
21'	0.34 604	0.34 603	0.34 601	0.34 600	0.34 599	0.34 597	0.34 596	0.34 594	0.34 593	0.34 592
22'	0.34 590	0.34 589	0.34 587	0.34 586	0.34 585	0.34 583	0.34 582	0.34 580	0.34 579	0.34 578
23'	0.34 576	0.34 575	0.34 573	0.34 572	0.34 571	0.34 569	0.34 568	0.34 566	0.34 565	0.34 564
24'	0.34 562	0.34 561	0.34 559	0.34 558	0.34 557	0.34 555	0.34 554	0.34 553	0.34 551	0.34 550
25'	0.34 548	0.34 547	0.34 546	0.34 544	0.34 543	0.34 541	0.34 540	0.34 539	0.34 537	0.34 536
26'	0.34 534	0.34 533	0.34 532	0.34 530	0.34 529	0.34 527	0.34 526	0.34 525	0.34 523	0.34 522
27'	0.34 520	0.34 519	0.34 518	0.34 516	0.34 515	0.34 514	0.34 512	0.34 511	0.34 509	0.34 508
28'	0.34 507	0.34 505	0.34 504	0.34 502	0.34 501	0.34 500	0.34 498	0.34 497	0.34 495	0.34 494
29'	0.34 493	0.34 491	0.34 490	0.34 488	0.34 487	0.34 486	0.34 484	0.34 483	0.34 482	0.34 480
30'	0.34 479	0.34 477	0.34 476	0.34 475	0.34 473	0.34 472	0.34 470	0.34 469	0.34 468	0.34 466
31'	0.34 465	0.34 463	0.34 462	0.34 461	0.34 459	0.34 458	0.34 456	0.34 455	0.34 454	0.34 452
32'	0.34 451	0.34 450	0.34 448	0.34 447	0.34 445	0.34 444	0.34 443	0.34 441	0.34 440	0.34 438
33'	0.34 437	0.34 436	0.34 434	0.34 433	0.34 431	0.34 430	0.34 429	0.34 427	0.34 426	0.34 425
34'	0.34 423	0.34 422	0.34 420	0.34 419	0.34 418	0.34 416	0.34 415	0.34 413	0.34 412	0.34 411
35'	0.34 409	0.34 408	0.34 406	0.34 405	0.34 404	0.34 402	0.34 401	0.34 400	0.34 398	0.34 397
36'	0.34 395	0.34 394	0.34 393	0.34 391	0.34 390	0.34 388	0.34 387	0.34 386	0.34 384	0.34 383
37'	0.34 381	0.34 380	0.34 379	0.34 377	0.34 376	0.34 375	0.34 373	0.34 372	0.34 370	0.34 369
38'	0.34 368	0.34 366	0.34 365	0.34 363	0.34 362	0.34 361	0.34 359	0.34 358	0.34 357	0.34 355
39'	0.34 354	0.34 352	0.34 351	0.34 350	0.34 348	0.34 347	0.34 345	0.34 344	0.34 343	0.34 341
40'	0.34 340	0.34 338	0.34 337	0.34 336	0.34 334	0.34 333	0.34 332	0.34 330	0.34 329	0.34 327
41'	0.34 326	0.34 325	0.34 323	0.34 322	0.34 320	0.34 319	0.34 318	0.34 316	0.34 315	0.34 314
42'	0.34 312	0.34 311	0.34 309	0.34 308	0.34 307	0.34 305	0.34 304	0.34 302	0.34 301	0.34 300
43'	0.34 298	0.34 297	0.34 296	0.34 294	0.34 293	0.34 291	0.34 290	0.34 289	0.34 287	0.34 286
44'	0.34 284	0.34 283	0.34 282	0.34 280	0.34 279	0.34 278	0.34 276	0.34 275	0.34 273	0.34 272
45'	0.34 271	0.34 269	0.34 268	0.34 266	0.34 265	0.34 264	0.34 262	0.34 261	0.34 260	0.34 258
46'	0.34 257	0.34 255	0.34 254	0.34 253	0.34 251	0.34 250	0.34 248	0.34 247	0.34 246	0.34 244
47'	0.34 243	0.34 242	0.34 240	0.34 239	0.34 237	0.34 236	0.34 235	0.34 233	0.34 232	0.34 230
48'	0.34 229	0.34 228	0.34 226	0.34 225	0.34 224	0.34 222	0.34 221	0.34 219	0.34 218	0.34 217
49'	0.34 215	0.34 214	0.34 212	0.34 211	0.34 210	0.34 208	0.34 207	0.34 206	0.34 204	0.34 203
50'	0.34 201	0.34 200	0.34 199	0.34 197	0.34 196	0.34 194	0.34 193	0.34 192	0.34 190	0.34 189
51'	0.34 188	0.34 186	0.34 185	0.34 183	0.34 182	0.34 181	0.34 179	0.34 178	0.34 177	0.34 175
52'	0.34 174	0.34 172	0.34 171	0.34 170	0.34 168	0.34 167	0.34 165	0.34 164	0.34 163	0.34 161
53'	0.34 160	0.34 159	0.34 157	0.34 156	0.34 154	0.34 153	0.34 152	0.34 150	0.34 149	0.34 148
54'	0.34 146	0.34 145	0.34 143	0.34 142	0.34 141	0.34 139	0.34 138	0.34 136	0.34 135	0.34 134
55'	0.34 132	0.34 131	0.34 130	0.34 128	0.34 127	0.34 125	0.34 124	0.34 123	0.34 121	0.34 120
56'	0.34 119	0.34 117	0.34 116	0.34 114	0.34 113	0.34 112	0.34 110	0.34 109	0.34 107	0.34 106
57'	0.34 105	0.34 103	0.34 102	0.34 101	0.34 099	0.34 098	0.34 096	0.34 095	0.34 094	0.34 092
58'	0.34 091	0.34 090	0.34 088	0.34 087	0.34 085	0.34 084	0.34 083	0.34 081	0.34 080	0.34 078
59'	0.34 077	0.34 076	0.34 074	0.34 073	0.34 072	0.34 070	0.34 069	0.34 067	0.34 066	0.34 065

K K

85°　　　　　　　　　　　　　　　　　　　　　　　　　　　　　　　　**85°**

	0.'0	0.'1	0.'2	0.'3	0.'4	0.'5	0.'6	0.'7	0.'8	0.'9
0'	0.34 063	0.34 062	0.34 061	0.34 059	0.34 058	0.34 056	0.34 055	0.34 054	0.34 052	0.34 051
1'	0.34 050	0.34 048	0.34 047	0.34 045	0.34 044	0.34 043	0.34 041	0.34 040	0.34 039	0.34 037
2'	0.34 036	0.34 034	0.34 033	0.34 032	0.34 030	0.34 029	0.34 027	0.34 026	0.34 025	0.34 023
3'	0.34 022	0.34 021	0.34 019	0.34 018	0.34 016	0.34 015	0.34 014	0.34 012	0.34 011	0.34 010
4'	0.34 008	0.34 007	0.34 005	0.34 004	0.34 003	0.34 001	0.34 000	0.33 999	0.33 997	0.33 996
5'	0.33 994	0.33 993	0.33 992	0.33 990	0.33 989	0.33 988	0.33 986	0.33 985	0.33 983	0.33 982
6'	0.33 981	0.33 979	0.33 978	0.33 977	0.33 975	0.33 974	0.33 972	0.33 971	0.33 970	0.33 968
7'	0.33 967	0.33 966	0.33 964	0.33 963	0.33 961	0.33 960	0.33 959	0.33 957	0.33 956	0.33 955
8'	0.33 953	0.33 952	0.33 950	0.33 949	0.33 948	0.33 946	0.33 945	0.33 944	0.33 942	0.33 941
9'	0.33 939	0.33 938	0.33 937	0.33 935	0.33 934	0.33 933	0.33 931	0.33 930	0.33 928	0.33 927
10'	0.33 926	0.33 924	0.33 923	0.33 922	0.33 920	0.33 919	0.33 917	0.33 916	0.33 915	0.33 913
11'	0.33 912	0.33 911	0.33 909	0.33 908	0.33 906	0.33 905	0.33 904	0.33 902	0.33 901	0.33 900
12'	0.33 898	0.33 897	0.33 895	0.33 894	0.33 893	0.33 891	0.33 890	0.33 889	0.33 887	0.33 886
13'	0.33 884	0.33 883	0.33 882	0.33 880	0.33 879	0.33 878	0.33 876	0.33 875	0.33 873	0.33 872
14'	0.33 871	0.33 869	0.33 868	0.33 867	0.33 865	0.33 864	0.33 862	0.33 861	0.33 860	0.33 858
15'	0.33 857	0.33 856	0.33 854	0.33 853	0.33 851	0.33 850	0.33 849	0.33 847	0.33 846	0.33 845
16'	0.33 843	0.33 842	0.33 841	0.33 839	0.33 838	0.33 836	0.33 835	0.33 834	0.33 832	0.33 831
17'	0.33 830	0.33 828	0.33 827	0.33 825	0.33 824	0.33 823	0.33 821	0.33 820	0.33 819	0.33 817
18'	0.33 816	0.33 814	0.33 813	0.33 812	0.33 810	0.33 809	0.33 808	0.33 806	0.33 805	0.33 803
19'	0.33 802	0.33 801	0.33 799	0.33 798	0.33 797	0.33 795	0.33 794	0.33 793	0.33 791	0.33 790
20'	0.33 788	0.33 787	0.33 786	0.33 784	0.33 783	0.33 782	0.33 780	0.33 779	0.33 777	0.33 776
21'	0.33 775	0.33 773	0.33 772	0.33 771	0.33 769	0.33 768	0.33 766	0.33 765	0.33 764	0.33 762
22'	0.33 761	0.33 760	0.33 758	0.33 757	0.33 756	0.33 754	0.33 753	0.33 751	0.33 750	0.33 749
23'	0.33 747	0.33 746	0.33 745	0.33 743	0.33 742	0.33 740	0.33 739	0.33 738	0.33 736	0.33 735
24'	0.33 734	0.33 732	0.33 731	0.33 730	0.33 728	0.33 727	0.33 725	0.33 724	0.33 723	0.33 721
25'	0.33 720	0.33 719	0.33 717	0.33 716	0.33 714	0.33 713	0.33 712	0.33 710	0.33 709	0.33 708
26'	0.33 706	0.33 705	0.33 703	0.33 702	0.33 701	0.33 699	0.33 698	0.33 697	0.33 695	0.33 694
27'	0.33 693	0.33 691	0.33 690	0.33 688	0.33 687	0.33 686	0.33 684	0.33 683	0.33 682	0.33 680
28'	0.33 679	0.33 678	0.33 676	0.33 675	0.33 673	0.33 672	0.33 671	0.33 669	0.33 668	0.33 667
29'	0.33 665	0.33 664	0.33 662	0.33 661	0.33 660	0.33 658	0.33 657	0.33 656	0.33 654	0.33 653
30'	0.33 652	0.33 650	0.33 649	0.33 647	0.33 646	0.33 645	0.33 643	0.33 642	0.33 641	0.33 639
31'	0.33 638	0.33 637	0.33 635	0.33 634	0.33 632	0.33 631	0.33 630	0.33 628	0.33 627	0.33 626
32'	0.33 624	0.33 623	0.33 621	0.33 620	0.33 619	0.33 617	0.33 616	0.33 615	0.33 613	0.33 612
33'	0.33 611	0.33 609	0.33 608	0.33 606	0.33 605	0.33 604	0.33 602	0.33 601	0.33 600	0.33 598
34'	0.33 597	0.33 596	0.33 594	0.33 593	0.33 591	0.33 590	0.33 589	0.33 587	0.33 586	0.33 585
35'	0.33 583	0.33 582	0.33 581	0.33 579	0.33 578	0.33 576	0.33 575	0.33 574	0.33 572	0.33 571
36'	0.33 570	0.33 568	0.33 567	0.33 566	0.33 564	0.33 563	0.33 561	0.33 560	0.33 559	0.33 557
37'	0.33 556	0.33 555	0.33 553	0.33 552	0.33 551	0.33 549	0.33 548	0.33 546	0.33 545	0.33 544
38'	0.33 542	0.33 541	0.33 540	0.33 538	0.33 537	0.33 536	0.33 534	0.33 533	0.33 531	0.33 530
39'	0.33 529	0.33 527	0.33 526	0.33 525	0.33 523	0.33 522	0.33 521	0.33 519	0.33 518	0.33 516
40'	0.33 515	0.33 514	0.33 512	0.33 511	0.33 510	0.33 508	0.33 507	0.33 506	0.33 504	0.33 503
41'	0.33 501	0.33 500	0.33 499	0.33 497	0.33 496	0.33 495	0.33 493	0.33 492	0.33 491	0.33 489
42'	0.33 488	0.33 486	0.33 485	0.33 484	0.33 482	0.33 481	0.33 480	0.33 478	0.33 477	0.33 476
43'	0.33 474	0.33 473	0.33 471	0.33 470	0.33 469	0.33 467	0.33 466	0.33 465	0.33 463	0.33 462
44'	0.33 461	0.33 459	0.33 458	0.33 457	0.33 455	0.33 454	0.33 452	0.33 451	0.33 450	0.33 448
45'	0.33 447	0.33 446	0.33 444	0.33 443	0.33 442	0.33 440	0.33 439	0.33 437	0.33 436	0.33 435
46'	0.33 433	0.33 432	0.33 431	0.33 429	0.33 428	0.33 427	0.33 425	0.33 424	0.33 423	0.33 421
47'	0.33 420	0.33 418	0.33 417	0.33 416	0.33 414	0.33 413	0.33 412	0.33 410	0.33 409	0.33 408
48'	0.33 406	0.33 405	0.33 403	0.33 402	0.33 401	0.33 399	0.33 398	0.33 397	0.33 395	0.33 394
49'	0.33 393	0.33 391	0.33 390	0.33 389	0.33 387	0.33 386	0.33 384	0.33 383	0.33 382	0.33 380
50'	0.33 379	0.33 378	0.33 376	0.33 375	0.33 374	0.33 372	0.33 371	0.33 369	0.33 368	0.33 367
51'	0.33 365	0.33 364	0.33 363	0.33 361	0.33 360	0.33 359	0.33 357	0.33 356	0.33 355	0.33 353
52'	0.33 352	0.33 350	0.33 349	0.33 348	0.33 346	0.33 345	0.33 344	0.33 342	0.33 341	0.33 340
53'	0.33 338	0.33 337	0.33 336	0.33 334	0.33 333	0.33 331	0.33 330	0.33 329	0.33 327	0.33 326
54'	0.33 325	0.33 323	0.33 322	0.33 321	0.33 319	0.33 318	0.33 317	0.33 315	0.33 314	0.33 312
55'	0.33 311	0.33 310	0.33 308	0.33 307	0.33 306	0.33 304	0.33 303	0.33 302	0.33 300	0.33 299
56'	0.33 298	0.33 296	0.33 295	0.33 293	0.33 292	0.33 291	0.33 289	0.33 288	0.33 287	0.33 285
57'	0.33 284	0.33 283	0.33 281	0.33 280	0.33 279	0.33 277	0.33 276	0.33 275	0.33 273	0.33 272
58'	0.33 270	0.33 269	0.33 268	0.33 266	0.33 265	0.33 264	0.33 262	0.33 261	0.33 260	0.33 258
59'	0.33 257	0.33 256	0.33 254	0.33 253	0.33 251	0.33 250	0.33 249	0.33 247	0.33 246	0.33 245

86°

	0.'0	0.'1	0.'2	0.'3	0.'4	0.'5	0.'6	0.'7	0.'8	0.'9
0'	0.33 243	0.33 242	0.33 241	0.33 239	0.33 238	0.33 237	0.33 235	0.33 234	0.33 232	0.33 231
1'	0.33 230	0.33 228	0.33 227	0.33 226	0.33 224	0.33 223	0.33 222	0.33 220	0.33 219	0.33 218
2'	0.33 216	0.33 215	0.33 214	0.33 212	0.33 211	0.33 209	0.33 208	0.33 207	0.33 205	0.33 204
3'	0.33 203	0.33 201	0.33 200	0.33 199	0.33 197	0.33 196	0.33 195	0.33 193	0.33 192	0.33 191
4'	0.33 189	0.33 188	0.33 186	0.33 185	0.33 184	0.33 182	0.33 181	0.33 180	0.33 178	0.33 177
5'	0.33 176	0.33 174	0.33 173	0.33 172	0.33 170	0.33 169	0.33 168	0.33 166	0.33 165	0.33 163
6'	0.33 162	0.33 161	0.33 159	0.33 158	0.33 157	0.33 155	0.33 154	0.33 153	0.33 151	0.33 150
7'	0.33 149	0.33 147	0.33 146	0.33 145	0.33 143	0.33 142	0.33 140	0.33 139	0.33 138	0.33 136
8'	0.33 135	0.33 134	0.33 132	0.33 131	0.33 130	0.33 128	0.33 127	0.33 126	0.33 124	0.33 123
9'	0.33 122	0.33 120	0.33 119	0.33 118	0.33 116	0.33 115	0.33 113	0.33 112	0.33 111	0.33 109
10'	0.33 108	0.33 107	0.33 105	0.33 104	0.33 103	0.33 101	0.33 100	0.33 099	0.33 097	0.33 096
11'	0.33 095	0.33 093	0.33 092	0.33 091	0.33 089	0.33 088	0.33 086	0.33 085	0.33 084	0.33 082
12'	0.33 081	0.33 080	0.33 078	0.33 077	0.33 076	0.33 074	0.33 073	0.33 072	0.33 070	0.33 069
13'	0.33 068	0.33 066	0.33 065	0.33 064	0.33 062	0.33 061	0.33 059	0.33 058	0.33 057	0.33 055
14'	0.33 054	0.33 053	0.33 051	0.33 050	0.33 049	0.33 047	0.33 046	0.33 045	0.33 043	0.33 042
15'	0.33 041	0.33 039	0.33 038	0.33 037	0.33 035	0.33 034	0.33 032	0.33 031	0.33 030	0.33 028
16'	0.33 027	0.33 026	0.33 024	0.33 023	0.33 022	0.33 020	0.33 019	0.33 018	0.33 016	0.33 015
17'	0.33 014	0.33 012	0.33 011	0.33 010	0.33 008	0.33 007	0.33 006	0.33 004	0.33 003	0.33 001
18'	0.33 000	0.32 999	0.32 997	0.32 996	0.32 995	0.32 993	0.32 992	0.32 991	0.32 989	0.32 988
19'	0.32 987	0.32 985	0.32 984	0.32 983	0.32 981	0.32 980	0.32 979	0.32 977	0.32 976	0.32 975
20'	0.32 973	0.32 972	0.32 970	0.32 969	0.32 968	0.32 966	0.32 965	0.32 964	0.32 962	0.32 961
21'	0.32 960	0.32 958	0.32 957	0.32 956	0.32 954	0.32 953	0.32 952	0.32 950	0.32 949	0.32 948
22'	0.32 946	0.32 945	0.32 944	0.32 942	0.32 941	0.32 940	0.32 938	0.32 937	0.32 935	0.32 934
23'	0.32 933	0.32 931	0.32 930	0.32 929	0.32 927	0.32 926	0.32 925	0.32 923	0.32 922	0.32 921
24'	0.32 919	0.32 918	0.32 917	0.32 915	0.32 914	0.32 913	0.32 911	0.32 910	0.32 909	0.32 907
25'	0.32 906	0.32 905	0.32 903	0.32 902	0.32 901	0.32 899	0.32 898	0.32 896	0.32 895	0.32 894
26'	0.32 892	0.32 891	0.32 890	0.32 888	0.32 887	0.32 886	0.32 884	0.32 883	0.32 882	0.32 880
27'	0.32 879	0.32 878	0.32 876	0.32 875	0.32 874	0.32 872	0.32 871	0.32 870	0.32 868	0.32 867
28'	0.32 866	0.32 864	0.32 863	0.32 862	0.32 860	0.32 859	0.32 857	0.32 856	0.32 855	0.32 853
29'	0.32 852	0.32 851	0.32 849	0.32 848	0.32 847	0.32 845	0.32 844	0.32 843	0.32 841	0.32 840
30'	0.32 839	0.32 837	0.32 836	0.32 835	0.32 833	0.32 832	0.32 831	0.32 829	0.32 828	0.32 827
31'	0.32 825	0.32 824	0.32 823	0.32 821	0.32 820	0.32 819	0.32 817	0.32 816	0.32 815	0.32 813
32'	0.32 812	0.32 810	0.32 809	0.32 808	0.32 806	0.32 805	0.32 804	0.32 802	0.32 801	0.32 800
33'	0.32 798	0.32 797	0.32 796	0.32 794	0.32 793	0.32 792	0.32 790	0.32 789	0.32 788	0.32 786
34'	0.32 785	0.32 784	0.32 782	0.32 781	0.32 780	0.32 778	0.32 777	0.32 776	0.32 774	0.32 773
35'	0.32 772	0.32 770	0.32 769	0.32 768	0.32 766	0.32 765	0.32 764	0.32 762	0.32 761	0.32 760
36'	0.32 758	0.32 757	0.32 755	0.32 754	0.32 753	0.32 751	0.32 750	0.32 749	0.32 747	0.32 746
37'	0.32 745	0.32 743	0.32 742	0.32 741	0.32 739	0.32 738	0.32 737	0.32 735	0.32 734	0.32 733
38'	0.32 731	0.32 730	0.32 729	0.32 727	0.32 726	0.32 725	0.32 723	0.32 722	0.32 721	0.32 719
39'	0.32 718	0.32 717	0.32 715	0.32 714	0.32 713	0.32 711	0.32 710	0.32 709	0.32 707	0.32 706
40'	0.32 705	0.32 703	0.32 702	0.32 701	0.32 699	0.32 698	0.32 697	0.32 695	0.32 694	0.32 693
41'	0.32 691	0.32 690	0.32 689	0.32 687	0.32 686	0.32 685	0.32 683	0.32 682	0.32 680	0.32 679
42'	0.32 678	0.32 676	0.32 675	0.32 674	0.32 672	0.32 671	0.32 670	0.32 668	0.32 667	0.32 666
43'	0.32 664	0.32 663	0.32 662	0.32 660	0.32 659	0.32 658	0.32 656	0.32 655	0.32 654	0.32 652
44'	0.32 651	0.32 650	0.32 648	0.32 647	0.32 646	0.32 644	0.32 643	0.32 642	0.32 640	0.32 639
45'	0.32 638	0.32 636	0.32 635	0.32 634	0.32 632	0.32 631	0.32 630	0.32 628	0.32 627	0.32 626
46'	0.32 624	0.32 623	0.32 622	0.32 620	0.32 619	0.32 618	0.32 616	0.32 615	0.32 614	0.32 612
47'	0.32 611	0.32 610	0.32 608	0.32 607	0.32 606	0.32 604	0.32 603	0.32 602	0.32 600	0.32 599
48'	0.32 598	0.32 596	0.32 595	0.32 594	0.32 592	0.32 591	0.32 590	0.32 588	0.32 587	0.32 586
49'	0.32 584	0.32 583	0.32 582	0.32 580	0.32 579	0.32 578	0.32 576	0.32 575	0.32 574	0.32 572
50'	0.32 571	0.32 570	0.32 568	0.32 567	0.32 566	0.32 564	0.32 563	0.32 562	0.32 560	0.32 559
51'	0.32 558	0.32 556	0.32 555	0.32 554	0.32 552	0.32 551	0.32 550	0.32 548	0.32 547	0.32 546
52'	0.32 544	0.32 543	0.32 542	0.32 540	0.32 539	0.32 538	0.32 536	0.32 535	0.32 534	0.32 532
53'	0.32 531	0.32 530	0.32 528	0.32 527	0.32 526	0.32 524	0.32 523	0.32 522	0.32 520	0.32 519
54'	0.32 518	0.32 516	0.32 515	0.32 514	0.32 512	0.32 511	0.32 510	0.32 508	0.32 507	0.32 506
55'	0.32 504	0.32 503	0.32 502	0.32 500	0.32 499	0.32 498	0.32 496	0.32 495	0.32 494	0.32 492
56'	0.32 491	0.32 490	0.32 488	0.32 487	0.32 486	0.32 484	0.32 483	0.32 482	0.32 480	0.32 479
57'	0.32 478	0.32 476	0.32 475	0.32 474	0.32 472	0.32 471	0.32 470	0.32 468	0.32 467	0.32 466
58'	0.32 464	0.32 463	0.32 462	0.32 460	0.32 459	0.32 458	0.32 456	0.32 455	0.32 454	0.32 452
59'	0.32 451	0.32 450	0.32 448	0.32 447	0.32 446	0.32 444	0.32 443	0.32 442	0.32 440	0.32 439

K — 87°

	0.'0	0.'1	0.'2	0.'3	0.'4	0.'5	0.'6	0.'7	0.'8	0.'9
0'	0.32 438	0.32 436	0.32 435	0.32 434	0.32 432	0.32 431	0.32 430	0.32 428	0.32 427	0.32 426
1'	0.32 424	0.32 423	0.32 422	0.32 420	0.32 419	0.32 418	0.32 416	0.32 415	0.32 414	0.32 412
2'	0.32 411	0.32 410	0.32 408	0.32 407	0.32 406	0.32 404	0.32 403	0.32 402	0.32 400	0.32 399
3'	0.32 398	0.32 396	0.32 395	0.32 394	0.32 392	0.32 391	0.32 390	0.32 388	0.32 387	0.32 386
4'	0.32 384	0.32 383	0.32 382	0.32 380	0.32 379	0.32 378	0.32 376	0.32 375	0.32 374	0.32 372
5'	0.32 371	0.32 370	0.32 368	0.32 367	0.32 366	0.32 364	0.32 363	0.32 362	0.32 360	0.32 359
6'	0.32 358	0.32 356	0.32 355	0.32 354	0.32 352	0.32 351	0.32 350	0.32 348	0.32 347	0.32 346
7'	0.32 344	0.32 343	0.32 342	0.32 340	0.32 339	0.32 338	0.32 336	0.32 335	0.32 334	0.32 333
8'	0.32 331	0.32 330	0.32 329	0.32 327	0.32 326	0.32 325	0.32 323	0.32 322	0.32 321	0.32 319
9'	0.32 318	0.32 317	0.32 315	0.32 314	0.32 313	0.32 311	0.32 310	0.32 309	0.32 307	0.32 306
10'	0.32 305	0.32 303	0.32 302	0.32 301	0.32 299	0.32 298	0.32 297	0.32 295	0.32 294	0.32 293
11'	0.32 291	0.32 290	0.32 289	0.32 287	0.32 286	0.32 285	0.32 283	0.32 282	0.32 281	0.32 279
12'	0.32 278	0.32 277	0.32 275	0.32 274	0.32 273	0.32 271	0.32 270	0.32 269	0.32 267	0.32 266
13'	0.32 265	0.32 263	0.32 262	0.32 261	0.32 260	0.32 258	0.32 257	0.32 256	0.32 254	0.32 253
14'	0.32 252	0.32 250	0.32 249	0.32 248	0.32 246	0.32 245	0.32 244	0.32 242	0.32 241	0.32 240
15'	0.32 238	0.32 237	0.32 236	0.32 234	0.32 233	0.32 232	0.32 230	0.32 229	0.32 228	0.32 226
16'	0.32 225	0.32 224	0.32 222	0.32 221	0.32 220	0.32 218	0.32 217	0.32 216	0.32 214	0.32 213
17'	0.32 212	0.32 210	0.32 209	0.32 208	0.32 207	0.32 205	0.32 204	0.32 203	0.32 201	0.32 200
18'	0.32 199	0.32 197	0.32 196	0.32 195	0.32 193	0.32 192	0.32 191	0.32 189	0.32 188	0.32 187
19'	0.32 185	0.32 184	0.32 183	0.32 181	0.32 180	0.32 179	0.32 177	0.32 176	0.32 175	0.32 173
20'	0.32 172	0.32 171	0.32 169	0.32 168	0.32 167	0.32 165	0.32 164	0.32 163	0.32 161	0.32 160
21'	0.32 159	0.32 158	0.32 156	0.32 155	0.32 154	0.32 152	0.32 151	0.32 150	0.32 148	0.32 147
22'	0.32 146	0.32 144	0.32 143	0.32 142	0.32 140	0.32 139	0.32 138	0.32 136	0.32 135	0.32 134
23'	0.32 132	0.32 131	0.32 130	0.32 128	0.32 127	0.32 126	0.32 124	0.32 123	0.32 122	0.32 120
24'	0.32 119	0.32 118	0.32 117	0.32 115	0.32 114	0.32 113	0.32 111	0.32 110	0.32 109	0.32 107
25'	0.32 106	0.32 105	0.32 103	0.32 102	0.32 101	0.32 099	0.32 098	0.32 097	0.32 095	0.32 094
26'	0.32 093	0.32 091	0.32 090	0.32 089	0.32 087	0.32 086	0.32 085	0.32 083	0.32 082	0.32 081
27'	0.32 080	0.32 078	0.32 077	0.32 076	0.32 074	0.32 073	0.32 072	0.32 070	0.32 069	0.32 068
28'	0.32 066	0.32 065	0.32 064	0.32 062	0.32 061	0.32 060	0.32 058	0.32 057	0.32 056	0.32 054
29'	0.32 053	0.32 052	0.32 050	0.32 049	0.32 048	0.32 047	0.32 045	0.32 044	0.32 043	0.32 041
30'	0.32 040	0.32 039	0.32 037	0.32 036	0.32 035	0.32 033	0.32 032	0.32 031	0.32 029	0.32 028
31'	0.32 027	0.32 025	0.32 024	0.32 023	0.32 021	0.32 020	0.32 019	0.32 017	0.32 016	0.32 015
32'	0.32 014	0.32 012	0.32 011	0.32 010	0.32 008	0.32 007	0.32 006	0.32 004	0.32 003	0.32 002
33'	0.32 000	0.31 999	0.31 998	0.31 996	0.31 995	0.31 994	0.31 992	0.31 991	0.31 990	0.31 988
34'	0.31 987	0.31 986	0.31 985	0.31 983	0.31 982	0.31 981	0.31 979	0.31 978	0.31 977	0.31 975
35'	0.31 974	0.31 973	0.31 971	0.31 970	0.31 969	0.31 967	0.31 966	0.31 965	0.31 963	0.31 962
36'	0.31 961	0.31 959	0.31 958	0.31 957	0.31 956	0.31 954	0.31 953	0.31 952	0.31 950	0.31 949
37'	0.31 948	0.31 946	0.31 945	0.31 944	0.31 942	0.31 941	0.31 940	0.31 938	0.31 937	0.31 936
38'	0.31 934	0.31 933	0.31 932	0.31 931	0.31 929	0.31 928	0.31 927	0.31 925	0.31 924	0.31 923
39'	0.31 921	0.31 920	0.31 919	0.31 917	0.31 916	0.31 915	0.31 913	0.31 912	0.31 911	0.31 909
40'	0.31 908	0.31 907	0.31 906	0.31 904	0.31 903	0.31 902	0.31 900	0.31 899	0.31 898	0.31 896
41'	0.31 895	0.31 894	0.31 892	0.31 891	0.31 890	0.31 888	0.31 887	0.31 886	0.31 884	0.31 883
42'	0.31 882	0.31 881	0.31 879	0.31 878	0.31 877	0.31 875	0.31 874	0.31 873	0.31 871	0.31 870
43'	0.31 869	0.31 867	0.31 866	0.31 865	0.31 863	0.31 862	0.31 861	0.31 859	0.31 858	0.31 857
44'	0.31 856	0.31 854	0.31 853	0.31 852	0.31 850	0.31 849	0.31 848	0.31 846	0.31 845	0.31 844
45'	0.31 842	0.31 841	0.31 840	0.31 838	0.31 837	0.31 836	0.31 835	0.31 833	0.31 832	0.31 831
46'	0.31 829	0.31 828	0.31 827	0.31 825	0.31 824	0.31 823	0.31 821	0.31 820	0.31 819	0.31 817
47'	0.31 816	0.31 815	0.31 814	0.31 812	0.31 811	0.31 810	0.31 808	0.31 807	0.31 806	0.31 804
48'	0.31 803	0.31 802	0.31 800	0.31 799	0.31 798	0.31 796	0.31 795	0.31 794	0.31 793	0.31 791
49'	0.31 790	0.31 789	0.31 787	0.31 786	0.31 785	0.31 783	0.31 782	0.31 781	0.31 779	0.31 778
50'	0.31 777	0.31 775	0.31 774	0.31 773	0.31 772	0.31 770	0.31 769	0.31 768	0.31 766	0.31 765
51'	0.31 764	0.31 762	0.31 761	0.31 760	0.31 758	0.31 757	0.31 756	0.31 754	0.31 753	0.31 752
52'	0.31 751	0.31 749	0.31 748	0.31 747	0.31 745	0.31 744	0.31 743	0.31 741	0.31 740	0.31 739
53'	0.31 737	0.31 736	0.31 735	0.31 733	0.31 732	0.31 731	0.31 730	0.31 728	0.31 727	0.31 726
54'	0.31 724	0.31 723	0.31 722	0.31 720	0.31 719	0.31 718	0.31 716	0.31 715	0.31 714	0.31 713
55'	0.31 711	0.31 710	0.31 709	0.31 707	0.31 706	0.31 705	0.31 703	0.31 702	0.31 701	0.31 699
56'	0.31 698	0.31 697	0.31 695	0.31 694	0.31 693	0.31 692	0.31 690	0.31 689	0.31 688	0.31 686
57'	0.31 685	0.31 684	0.31 682	0.31 681	0.31 680	0.31 678	0.31 677	0.31 676	0.31 675	0.31 673
58'	0.31 672	0.31 671	0.31 669	0.31 668	0.31 667	0.31 665	0.31 664	0.31 663	0.31 661	0.31 660
59'	0.31 659	0.31 658	0.31 656	0.31 655	0.31 654	0.31 652	0.31 651	0.31 650	0.31 648	0.31 647

K   K

88°

	0.'0	0.'1	0.'2	0.'3	0.'4	0.'5	0.'6	0.'7	0.'8	0.'9
0'	0.31 646	0.31 644	0.31 643	0.31 642	0.31 641	0.31 639	0.31 638	0.31 637	0.31 635	0.31 634
1'	0.31 633	0.31 631	0.31 630	0.31 629	0.31 627	0.31 626	0.31 625	0.31 624	0.31 622	0.31 621
2'	0.31 620	0.31 618	0.31 617	0.31 616	0.31 614	0.31 613	0.31 612	0.31 610	0.31 609	0.31 608
3'	0.31 607	0.31 605	0.31 604	0.31 603	0.31 601	0.31 600	0.31 599	0.31 597	0.31 596	0.31 595
4'	0.31 593	0.31 592	0.31 591	0.31 590	0.31 588	0.31 587	0.31 586	0.31 584	0.31 583	0.31 582
5'	0.31 580	0.31 579	0.31 578	0.31 576	0.31 575	0.31 574	0.31 573	0.31 571	0.31 570	0.31 569
6'	0.31 567	0.31 566	0.31 565	0.31 563	0.31 562	0.31 561	0.31 559	0.31 558	0.31 557	0.31 556
7'	0.31 554	0.31 553	0.31 552	0.31 550	0.31 549	0.31 548	0.31 546	0.31 545	0.31 544	0.31 543
8'	0.31 541	0.31 540	0.31 539	0.31 537	0.31 536	0.31 535	0.31 533	0.31 532	0.31 531	0.31 529
9'	0.31 528	0.31 527	0.31 526	0.31 524	0.31 523	0.31 522	0.31 520	0.31 519	0.31 518	0.31 516
10'	0.31 515	0.31 514	0.31 513	0.31 511	0.31 510	0.31 509	0.31 507	0.31 506	0.31 505	0.31 503
11'	0.31 502	0.31 501	0.31 499	0.31 498	0.31 497	0.31 496	0.31 494	0.31 493	0.31 492	0.31 490
12'	0.31 489	0.31 488	0.31 486	0.31 485	0.31 484	0.31 483	0.31 481	0.31 480	0.31 479	0.31 477
13'	0.31 476	0.31 475	0.31 473	0.31 472	0.31 471	0.31 469	0.31 468	0.31 467	0.31 466	0.31 464
14'	0.31 463	0.31 462	0.31 460	0.31 459	0.31 458	0.31 456	0.31 455	0.31 454	0.31 453	0.31 451
15'	0.31 450	0.31 449	0.31 447	0.31 446	0.31 445	0.31 443	0.31 442	0.31 441	0.31 440	0.31 438
16'	0.31 437	0.31 436	0.31 434	0.31 433	0.31 432	0.31 430	0.31 429	0.31 428	0.31 427	0.31 425
17'	0.31 424	0.31 423	0.31 421	0.31 420	0.31 419	0.31 417	0.31 416	0.31 415	0.31 413	0.31 412
18'	0.31 411	0.31 410	0.31 408	0.31 407	0.31 406	0.31 404	0.31 403	0.31 402	0.31 400	0.31 399
19'	0.31 398	0.31 397	0.31 395	0.31 394	0.31 393	0.31 391	0.31 390	0.31 389	0.31 387	0.31 386
20'	0.31 385	0.31 384	0.31 382	0.31 381	0.31 380	0.31 378	0.31 377	0.31 376	0.31 374	0.31 373
21'	0.31 372	0.31 371	0.31 369	0.31 368	0.31 367	0.31 365	0.31 364	0.31 363	0.31 361	0.31 360
22'	0.31 359	0.31 358	0.31 356	0.31 355	0.31 354	0.31 352	0.31 351	0.31 350	0.31 348	0.31 347
23'	0.31 346	0.31 345	0.31 343	0.31 342	0.31 341	0.31 339	0.31 338	0.31 337	0.31 335	0.31 334
24'	0.31 333	0.31 332	0.31 330	0.31 329	0.31 328	0.31 326	0.31 325	0.31 324	0.31 322	0.31 321
25'	0.31 320	0.31 319	0.31 317	0.31 316	0.31 315	0.31 313	0.31 312	0.31 311	0.31 309	0.31 308
26'	0.31 307	0.31 306	0.31 304	0.31 303	0.31 302	0.31 300	0.31 299	0.31 298	0.31 297	0.31 295
27'	0.31 294	0.31 293	0.31 291	0.31 290	0.31 289	0.31 287	0.31 286	0.31 285	0.31 284	0.31 282
28'	0.31 281	0.31 280	0.31 278	0.31 277	0.31 276	0.31 274	0.31 273	0.31 272	0.31 271	0.31 269
29'	0.31 268	0.31 267	0.31 265	0.31 264	0.31 263	0.31 261	0.31 260	0.31 259	0.31 258	0.31 256
30'	0.31 255	0.31 254	0.31 252	0.31 251	0.31 250	0.31 249	0.31 247	0.31 246	0.31 245	0.31 243
31'	0.31 242	0.31 241	0.31 239	0.31 238	0.31 237	0.31 236	0.31 234	0.31 233	0.31 232	0.31 230
32'	0.31 229	0.31 228	0.31 226	0.31 225	0.31 224	0.31 223	0.31 221	0.31 220	0.31 219	0.31 217
33'	0.31 216	0.31 215	0.31 214	0.31 212	0.31 211	0.31 210	0.31 208	0.31 207	0.31 206	0.31 204
34'	0.31 203	0.31 202	0.31 201	0.31 199	0.31 198	0.31 197	0.31 195	0.31 194	0.31 193	0.31 191
35'	0.31 190	0.31 189	0.31 188	0.31 186	0.31 185	0.31 184	0.31 182	0.31 181	0.31 180	0.31 179
36'	0.31 177	0.31 176	0.31 175	0.31 173	0.31 172	0.31 171	0.31 169	0.31 168	0.31 167	0.31 166
37'	0.31 164	0.31 163	0.31 162	0.31 160	0.31 159	0.31 158	0.31 157	0.31 155	0.31 154	0.31 153
38'	0.31 151	0.31 150	0.31 149	0.31 147	0.31 146	0.31 145	0.31 144	0.31 142	0.31 141	0.31 140
39'	0.31 138	0.31 137	0.31 136	0.31 135	0.31 133	0.31 132	0.31 131	0.31 129	0.31 128	0.31 127
40'	0.31 126	0.31 124	0.31 123	0.31 122	0.31 120	0.31 119	0.31 118	0.31 116	0.31 115	0.31 114
41'	0.31 113	0.31 111	0.31 110	0.31 109	0.31 107	0.31 106	0.31 105	0.31 104	0.31 102	0.31 101
42'	0.31 100	0.31 098	0.31 097	0.31 096	0.31 094	0.31 093	0.31 092	0.31 091	0.31 089	0.31 088
43'	0.31 087	0.31 085	0.31 084	0.31 083	0.31 082	0.31 080	0.31 079	0.31 078	0.31 076	0.31 075
44'	0.31 074	0.31 073	0.31 071	0.31 070	0.31 069	0.31 067	0.31 066	0.31 065	0.31 063	0.31 062
45'	0.31 061	0.31 060	0.31 058	0.31 057	0.31 056	0.31 054	0.31 053	0.31 052	0.31 051	0.31 049
46'	0.31 048	0.31 047	0.31 045	0.31 044	0.31 043	0.31 042	0.31 040	0.31 039	0.31 038	0.31 036
47'	0.31 035	0.31 034	0.31 032	0.31 031	0.31 030	0.31 029	0.31 027	0.31 026	0.31 025	0.31 023
48'	0.31 022	0.31 021	0.31 020	0.31 018	0.31 017	0.31 016	0.31 014	0.31 013	0.31 012	0.31 011
49'	0.31 009	0.31 008	0.31 007	0.31 005	0.31 004	0.31 003	0.31 002	0.31 000	0.30 999	0.30 998
50'	0.30 996	0.30 995	0.30 994	0.30 993	0.30 991	0.30 990	0.30 989	0.30 987	0.30 986	0.30 985
51'	0.30 983	0.30 982	0.30 981	0.30 980	0.30 978	0.30 977	0.30 976	0.30 974	0.30 973	0.30 972
52'	0.30 971	0.30 969	0.30 968	0.30 967	0.30 965	0.30 964	0.30 963	0.30 962	0.30 960	0.30 959
53'	0.30 958	0.30 956	0.30 955	0.30 954	0.30 953	0.30 951	0.30 950	0.30 949	0.30 947	0.30 946
54'	0.30 945	0.30 944	0.30 942	0.30 941	0.30 940	0.30 938	0.30 937	0.30 936	0.30 935	0.30 933
55'	0.30 932	0.30 931	0.30 929	0.30 928	0.30 927	0.30 926	0.30 924	0.30 923	0.30 922	0.30 920
56'	0.30 919	0.30 918	0.30 917	0.30 915	0.30 914	0.30 913	0.30 911	0.30 910	0.30 909	0.30 908
57'	0.30 906	0.30 905	0.30 904	0.30 902	0.30 901	0.30 900	0.30 899	0.30 897	0.30 896	0.30 895
58'	0.30 893	0.30 892	0.30 891	0.30 889	0.30 888	0.30 887	0.30 886	0.30 884	0.30 883	0.30 882
59'	0.30 880	0.30 879	0.30 878	0.30 877	0.30 875	0.30 874	0.30 873	0.30 871	0.30 870	0.30 869

K

89°

	0.'0	0.'1	0.'2	0.'3	0.'4	0.'5	0.'6	0.'7	0.'8	0.'9
0'	0.30 868	0.30 866	0.30 865	0.30 864	0.30 862	0.30 861	0.30 860	0.30 859	0.30 857	0.30 856
1'	0.30 855	0.30 854	0.30 852	0.30 851	0.30 850	0.30 848	0.30 847	0.30 846	0.30 845	0.30 843
2'	0.30 842	0.30 841	0.30 839	0.30 838	0.30 837	0.30 836	0.30 834	0.30 833	0.30 832	0.30 830
3'	0.30 829	0.30 828	0.30 827	0.30 825	0.30 824	0.30 823	0.30 821	0.30 820	0.30 819	0.30 818
4'	0.30 816	0.30 815	0.30 814	0.30 812	0.30 811	0.30 810	0.30 809	0.30 807	0.30 806	0.30 805
5'	0.30 803	0.30 802	0.30 801	0.30 800	0.30 798	0.30 797	0.30 796	0.30 794	0.30 793	0.30 792
6'	0.30 791	0.30 789	0.30 788	0.30 787	0.30 785	0.30 784	0.30 783	0.30 782	0.30 780	0.30 779
7'	0.30 778	0.30 776	0.30 775	0.30 774	0.30 773	0.30 771	0.30 770	0.30 769	0.30 767	0.30 766
8'	0.30 765	0.30 764	0.30 762	0.30 761	0.30 760	0.30 759	0.30 757	0.30 756	0.30 755	0.30 753
9'	0.30 752	0.30 751	0.30 750	0.30 748	0.30 747	0.30 746	0.30 744	0.30 743	0.30 742	0.30 741
10'	0.30 739	0.30 738	0.30 737	0.30 735	0.30 734	0.30 733	0.30 732	0.30 730	0.30 729	0.30 728
11'	0.30 726	0.30 725	0.30 724	0.30 723	0.30 721	0.30 720	0.30 719	0.30 717	0.30 716	0.30 715
12'	0.30 714	0.30 712	0.30 711	0.30 710	0.30 709	0.30 707	0.30 706	0.30 705	0.30 703	0.30 702
13'	0.30 701	0.30 700	0.30 698	0.30 697	0.30 696	0.30 694	0.30 693	0.30 692	0.30 691	0.30 689
14'	0.30 688	0.30 687	0.30 685	0.30 684	0.30 683	0.30 682	0.30 680	0.30 679	0.30 678	0.30 677
15'	0.30 675	0.30 674	0.30 673	0.30 671	0.30 670	0.30 669	0.30 668	0.30 666	0.30 665	0.30 664
16'	0.30 662	0.30 661	0.30 660	0.30 659	0.30 657	0.30 656	0.30 655	0.30 653	0.30 652	0.30 651
17'	0.30 650	0.30 648	0.30 647	0.30 646	0.30 645	0.30 643	0.30 642	0.30 641	0.30 639	0.30 638
18'	0.30 637	0.30 636	0.30 634	0.30 633	0.30 632	0.30 630	0.30 629	0.30 628	0.30 627	0.30 625
19'	0.30 624	0.30 623	0.30 622	0.30 620	0.30 619	0.30 618	0.30 616	0.30 615	0.30 614	0.30 613
20'	0.30 611	0.30 610	0.30 609	0.30 607	0.30 606	0.30 605	0.30 604	0.30 602	0.30 601	0.30 600
21'	0.30 598	0.30 597	0.30 596	0.30 595	0.30 593	0.30 592	0.30 591	0.30 590	0.30 588	0.30 587
22'	0.30 586	0.30 584	0.30 583	0.30 582	0.30 581	0.30 579	0.30 578	0.30 577	0.30 576	0.30 574
23'	0.30 573	0.30 572	0.30 570	0.30 569	0.30 568	0.30 567	0.30 565	0.30 564	0.30 563	0.30 561
24'	0.30 560	0.30 559	0.30 558	0.30 556	0.30 555	0.30 554	0.30 553	0.30 551	0.30 550	0.30 549
25'	0.30 547	0.30 546	0.30 545	0.30 544	0.30 542	0.30 541	0.30 540	0.30 538	0.30 537	0.30 536
26'	0.30 535	0.30 533	0.30 532	0.30 531	0.30 530	0.30 528	0.30 527	0.30 526	0.30 524	0.30 523
27'	0.30 522	0.30 521	0.30 519	0.30 518	0.30 517	0.30 516	0.30 514	0.30 513	0.30 512	0.30 510
28'	0.30 509	0.30 508	0.30 507	0.30 505	0.30 504	0.30 503	0.30 501	0.30 500	0.30 499	0.30 498
29'	0.30 496	0.30 495	0.30 494	0.30 493	0.30 491	0.30 490	0.30 489	0.30 487	0.30 486	0.30 485
30'	0.30 484	0.30 482	0.30 481	0.30 480	0.30 479	0.30 477	0.30 476	0.30 475	0.30 473	0.30 472
31'	0.30 471	0.30 470	0.30 468	0.30 467	0.30 466	0.30 465	0.30 463	0.30 462	0.30 461	0.30 459
32'	0.30 458	0.30 457	0.30 456	0.30 454	0.30 453	0.30 452	0.30 451	0.30 449	0.30 448	0.30 447
33'	0.30 445	0.30 444	0.30 443	0.30 442	0.30 440	0.30 439	0.30 438	0.30 437	0.30 435	0.30 434
34'	0.30 433	0.30 431	0.30 430	0.30 429	0.30 428	0.30 426	0.30 425	0.30 424	0.30 423	0.30 421
35'	0.30 420	0.30 419	0.30 417	0.30 416	0.30 415	0.30 414	0.30 412	0.30 411	0.30 410	0.30 409
36'	0.30 407	0.30 406	0.30 405	0.30 403	0.30 402	0.30 401	0.30 400	0.30 398	0.30 397	0.30 396
37'	0.30 395	0.30 393	0.30 392	0.30 391	0.30 389	0.30 388	0.30 387	0.30 386	0.30 384	0.30 383
38'	0.30 382	0.30 381	0.30 379	0.30 378	0.30 377	0.30 375	0.30 374	0.30 373	0.30 372	0.30 370
39'	0.30 369	0.30 368	0.30 367	0.30 365	0.30 364	0.30 363	0.30 361	0.30 360	0.30 359	0.30 358
40'	0.30 356	0.30 355	0.30 354	0.30 353	0.30 351	0.30 350	0.30 349	0.30 348	0.30 346	0.30 345
41'	0.30 344	0.30 342	0.30 341	0.30 340	0.30 339	0.30 337	0.30 336	0.30 335	0.30 334	0.30 332
42'	0.30 331	0.30 330	0.30 328	0.30 327	0.30 326	0.30 325	0.30 323	0.30 322	0.30 321	0.30 320
43'	0.30 318	0.30 317	0.30 316	0.30 314	0.30 313	0.30 312	0.30 311	0.30 309	0.30 308	0.30 307
44'	0.30 306	0.30 304	0.30 303	0.30 302	0.30 301	0.30 299	0.30 298	0.30 297	0.30 295	0.30 294
45'	0.30 293	0.30 292	0.30 290	0.30 289	0.30 288	0.30 287	0.30 285	0.30 284	0.30 283	0.30 281
46'	0.30 280	0.30 279	0.30 278	0.30 276	0.30 275	0.30 274	0.30 273	0.30 271	0.30 270	0.30 269
47'	0.30 268	0.30 266	0.30 265	0.30 264	0.30 262	0.30 261	0.30 260	0.30 259	0.30 257	0.30 256
48'	0.30 255	0.30 254	0.30 252	0.30 251	0.30 250	0.30 249	0.30 247	0.30 246	0.30 245	0.30 243
49'	0.30 242	0.30 241	0.30 240	0.30 238	0.30 237	0.30 236	0.30 235	0.30 233	0.30 232	0.30 231
50'	0.30 230	0.30 228	0.30 227	0.30 226	0.30 224	0.30 223	0.30 222	0.30 221	0.30 219	0.30 218
51'	0.30 217	0.30 216	0.30 214	0.30 213	0.30 212	0.30 211	0.30 209	0.30 208	0.30 207	0.30 205
52'	0.30 204	0.30 203	0.30 202	0.30 200	0.30 199	0.30 198	0.30 197	0.30 195	0.30 194	0.30 193
53'	0.30 192	0.30 190	0.30 189	0.30 188	0.30 186	0.30 185	0.30 184	0.30 183	0.30 181	0.30 180
54'	0.30 179	0.30 178	0.30 176	0.30 175	0.30 174	0.30 173	0.30 171	0.30 170	0.30 169	0.30 167
55'	0.30 166	0.30 165	0.30 164	0.30 162	0.30 161	0.30 160	0.30 159	0.30 157	0.30 156	0.30 155
56'	0.30 154	0.30 152	0.30 151	0.30 150	0.30 149	0.30 147	0.30 146	0.30 145	0.30 143	0.30 142
57'	0.30 141	0.30 140	0.30 138	0.30 137	0.30 136	0.30 135	0.30 133	0.30 132	0.30 131	0.30 130
58'	0.30 128	0.30 127	0.30 126	0.30 124	0.30 123	0.30 122	0.30 121	0.30 119	0.30 118	0.30 117
59'	0.30 116	0.30 114	0.30 113	0.30 112	0.30 111	0.30 109	0.30 108	0.30 107	0.30 106	0.30 104

K   **K**

90°		0.'0	0.'1	0.'2	0.'3	0.'4	0.'5	0.'6	0.'7	0.'8	0.'9	**90°**
	0'	0.30 103	0.30 102	0.30 100	0.30 099	0.30 098	0.30 097	0.30 095	0.30 094	0.30 093	0.30 092	
	1'	0.30 090	0.30 089	0.30 088	0.30 087	0.30 085	0.30 084	0.30 083	0.30 082	0.30 080	0.30 079	
	2'	0.30 078	0.30 076	0.30 075	0.30 074	0.30 073	0.30 071	0.30 070	0.30 069	0.30 068	0.30 066	
	3'	0.30 065	0.30 064	0.30 063	0.30 061	0.30 060	0.30 059	0.30 058	0.30 056	0.30 055	0.30 054	
	4'	0.30 052	0.30 051	0.30 050	0.30 049	0.30 047	0.30 046	0.30 045	0.30 044	0.30 042	0.30 041	
	5'	0.30 040	0.30 039	0.30 037	0.30 036	0.30 035	0.30 034	0.30 032	0.30 031	0.30 030	0.30 029	
	6'	0.30 027	0.30 026	0.30 025	0.30 023	0.30 022	0.30 021	0.30 020	0.30 018	0.30 017	0.30 016	
	7'	0.30 015	0.30 013	0.30 012	0.30 011	0.30 010	0.30 008	0.30 007	0.30 006	0.30 005	0.30 003	
	8'	0.30 002	0.30 001	0.30 000	0.29 998	0.29 997	0.29 996	0.29 994	0.29 993	0.29 992	0.29 991	
	9'	0.29 989	0.29 988	0.29 987	0.29 986	0.29 984	0.29 983	0.29 982	0.29 981	0.29 979	0.29 978	
	10'	0.29 977	0.29 976	0.29 974	0.29 973	0.29 972	0.29 971	0.29 969	0.29 968	0.29 967	0.29 966	
	11'	0.29 964	0.29 963	0.29 962	0.29 960	0.29 959	0.29 958	0.29 957	0.29 955	0.29 954	0.29 953	
	12'	0.29 952	0.29 950	0.29 949	0.29 948	0.29 947	0.29 945	0.29 944	0.29 943	0.29 942	0.29 940	
	13'	0.29 939	0.29 938	0.29 937	0.29 935	0.29 934	0.29 933	0.29 932	0.29 930	0.29 929	0.29 928	
	14'	0.29 926	0.29 925	0.29 924	0.29 923	0.29 921	0.29 920	0.29 919	0.29 918	0.29 916	0.29 915	
	15'	0.29 914	0.29 913	0.29 911	0.29 910	0.29 909	0.29 908	0.29 906	0.29 905	0.29 904	0.29 903	
	16'	0.29 901	0.29 900	0.29 899	0.29 898	0.29 896	0.29 895	0.29 894	0.29 893	0.29 891	0.29 890	
	17'	0.29 889	0.29 888	0.29 886	0.29 885	0.29 884	0.29 882	0.29 881	0.29 880	0.29 879	0.29 877	
	18'	0.29 876	0.29 875	0.29 874	0.29 872	0.29 871	0.29 870	0.29 869	0.29 867	0.29 866	0.29 865	
	19'	0.29 864	0.29 862	0.29 861	0.29 860	0.29 859	0.29 857	0.29 856	0.29 855	0.29 854	0.29 852	
	20'	0.29 851	0.29 850	0.29 849	0.29 847	0.29 846	0.29 845	0.29 844	0.29 842	0.29 841	0.29 840	
	21'	0.29 839	0.29 837	0.29 836	0.29 835	0.29 833	0.29 832	0.29 831	0.29 830	0.29 828	0.29 827	
	22'	0.29 826	0.29 825	0.29 823	0.29 822	0.29 821	0.29 820	0.29 818	0.29 817	0.29 816	0.29 815	
	23'	0.29 813	0.29 812	0.29 811	0.29 810	0.29 808	0.29 807	0.29 806	0.29 805	0.29 803	0.29 802	
	24'	0.29 801	0.29 800	0.29 798	0.29 797	0.29 796	0.29 795	0.29 793	0.29 792	0.29 791	0.29 790	
	25'	0.29 788	0.29 787	0.29 786	0.29 785	0.29 783	0.29 782	0.29 781	0.29 780	0.29 778	0.29 777	
	26'	0.29 776	0.29 775	0.29 773	0.29 772	0.29 771	0.29 770	0.29 768	0.29 767	0.29 766	0.29 764	
	27'	0.29 763	0.29 762	0.29 761	0.29 759	0.29 758	0.29 757	0.29 756	0.29 754	0.29 753	0.29 752	
	28'	0.29 751	0.29 749	0.29 748	0.29 747	0.29 746	0.29 744	0.29 743	0.29 742	0.29 741	0.29 739	
	29'	0.29 738	0.29 737	0.29 736	0.29 734	0.29 733	0.29 732	0.29 731	0.29 729	0.29 728	0.29 727	
	30'	0.29 726	0.29 724	0.29 723	0.29 722	0.29 721	0.29 719	0.29 718	0.29 717	0.29 716	0.29 714	
	31'	0.29 713	0.29 712	0.29 711	0.29 709	0.29 708	0.29 707	0.29 706	0.29 704	0.29 703	0.29 702	
	32'	0.29 701	0.29 699	0.29 698	0.29 697	0.29 696	0.29 694	0.29 693	0.29 692	0.29 691	0.29 689	
	33'	0.29 688	0.29 687	0.29 686	0.29 684	0.29 683	0.29 682	0.29 681	0.29 679	0.29 678	0.29 677	
	34'	0.29 676	0.29 674	0.29 673	0.29 672	0.29 671	0.29 669	0.29 668	0.29 667	0.29 666	0.29 664	
	35'	0.29 663	0.29 662	0.29 661	0.29 659	0.29 658	0.29 657	0.29 656	0.29 654	0.29 653	0.29 652	
	36'	0.29 651	0.29 649	0.29 648	0.29 647	0.29 646	0.29 644	0.29 643	0.29 642	0.29 641	0.29 639	
	37'	0.29 638	0.29 637	0.29 636	0.29 634	0.29 633	0.29 632	0.29 631	0.29 629	0.29 628	0.29 627	
	38'	0.29 626	0.29 624	0.29 623	0.29 622	0.29 621	0.29 619	0.29 618	0.29 617	0.29 616	0.29 614	
	39'	0.29 613	0.29 612	0.29 611	0.29 609	0.29 608	0.29 607	0.29 606	0.29 604	0.29 603	0.29 602	
	40'	0.29 601	0.29 599	0.29 598	0.29 597	0.29 596	0.29 594	0.29 593	0.29 592	0.29 591	0.29 589	
	41'	0.29 588	0.29 587	0.29 586	0.29 584	0.29 583	0.29 582	0.29 581	0.29 579	0.29 578	0.29 577	
	42'	0.29 576	0.29 574	0.29 573	0.29 572	0.29 571	0.29 569	0.29 568	0.29 567	0.29 566	0.29 564	
	43'	0.29 563	0.29 562	0.29 561	0.29 559	0.29 558	0.29 557	0.29 556	0.29 554	0.29 553	0.29 552	
	44'	0.29 551	0.29 549	0.29 548	0.29 547	0.29 546	0.29 544	0.29 543	0.29 542	0.29 541	0.29 539	
	45'	0.29 538	0.29 537	0.29 536	0.29 534	0.29 533	0.29 532	0.29 531	0.29 529	0.29 528	0.29 527	
	46'	0.29 526	0.29 525	0.29 523	0.29 522	0.29 521	0.29 520	0.29 518	0.29 517	0.29 516	0.29 515	
	47'	0.29 513	0.29 512	0.29 511	0.29 510	0.29 508	0.29 507	0.29 506	0.29 505	0.29 503	0.29 502	
	48'	0.29 501	0.29 500	0.29 498	0.29 497	0.29 496	0.29 495	0.29 493	0.29 492	0.29 491	0.29 490	
	49'	0.29 488	0.29 487	0.29 486	0.29 485	0.29 483	0.29 482	0.29 481	0.29 480	0.29 478	0.29 477	
	50'	0.29 476	0.29 475	0.29 473	0.29 472	0.29 471	0.29 470	0.29 468	0.29 467	0.29 466	0.29 465	
	51'	0.29 463	0.29 462	0.29 461	0.29 460	0.29 458	0.29 457	0.29 456	0.29 455	0.29 454	0.29 452	
	52'	0.29 451	0.29 450	0.29 449	0.29 447	0.29 446	0.29 445	0.29 444	0.29 442	0.29 441	0.29 440	
	53'	0.29 439	0.29 437	0.29 436	0.29 435	0.29 434	0.29 432	0.29 431	0.29 430	0.29 429	0.29 427	
	54'	0.29 426	0.29 425	0.29 424	0.29 422	0.29 421	0.29 420	0.29 419	0.29 417	0.29 416	0.29 415	
	55'	0.29 414	0.29 412	0.29 411	0.29 410	0.29 409	0.29 407	0.29 406	0.29 405	0.29 404	0.29 403	
	56'	0.29 401	0.29 400	0.29 399	0.29 398	0.29 396	0.29 395	0.29 394	0.29 393	0.29 391	0.29 390	
	57'	0.29 389	0.29 388	0.29 386	0.29 385	0.29 384	0.29 383	0.29 381	0.29 380	0.29 379	0.29 378	
	58'	0.29 376	0.29 375	0.29 374	0.29 373	0.29 371	0.29 370	0.29 369	0.29 368	0.29 366	0.29 365	
	59'	0.29 364	0.29 363	0.29 362	0.29 360	0.29 359	0.29 358	0.29 357	0.29 355	0.29 354	0.29 353	

91°

	0.'0	0.'1	0.'2	0.'3	0.'4	0.'5	0.'6	0.'7	0.'8	0.'9
0'	0.29 352	0.29 350	0.29 349	0.29 348	0.29 347	0.29 345	0.29 344	0.29 343	0.29 342	0.29 340
1'	0.29 339	0.29 338	0.29 337	0.29 335	0.29 334	0.29 333	0.29 332	0.29 330	0.29 329	0.29 328
2'	0.29 327	0.29 326	0.29 324	0.29 323	0.29 322	0.29 321	0.29 319	0.29 318	0.29 317	0.29 316
3'	0.29 314	0.29 313	0.29 312	0.29 311	0.29 309	0.29 308	0.29 307	0.29 306	0.29 304	0.29 303
4'	0.29 302	0.29 301	0.29 299	0.29 298	0.29 297	0.29 296	0.29 295	0.29 293	0.29 292	0.29 291
5'	0.29 290	0.29 288	0.29 287	0.29 286	0.29 285	0.29 283	0.29 282	0.29 281	0.29 280	0.29 278
6'	0.29 277	0.29 276	0.29 275	0.29 273	0.29 272	0.29 271	0.29 270	0.29 268	0.29 267	0.29 266
7'	0.29 265	0.29 264	0.29 262	0.29 261	0.29 260	0.29 259	0.29 257	0.29 256	0.29 255	0.29 254
8'	0.29 252	0.29 251	0.29 250	0.29 249	0.29 247	0.29 246	0.29 245	0.29 244	0.29 242	0.29 241
9'	0.29 240	0.29 239	0.29 238	0.29 236	0.29 235	0.29 234	0.29 233	0.29 231	0.29 230	0.29 229
10'	0.29 228	0.29 226	0.29 225	0.29 224	0.29 223	0.29 221	0.29 220	0.29 219	0.29 218	0.29 216
11'	0.29 215	0.29 214	0.29 213	0.29 212	0.29 210	0.29 209	0.29 208	0.29 207	0.29 205	0.29 204
12'	0.29 203	0.29 202	0.29 200	0.29 199	0.29 198	0.29 197	0.29 195	0.29 194	0.29 193	0.29 192
13'	0.29 191	0.29 189	0.29 188	0.29 187	0.29 186	0.29 184	0.29 183	0.29 182	0.29 181	0.29 179
14'	0.29 178	0.29 177	0.29 176	0.29 174	0.29 173	0.29 172	0.29 171	0.29 169	0.29 168	0.29 167
15'	0.29 166	0.29 165	0.29 163	0.29 162	0.29 161	0.29 160	0.29 158	0.29 157	0.29 156	0.29 155
16'	0.29 153	0.29 152	0.29 151	0.29 150	0.29 148	0.29 147	0.29 146	0.29 145	0.29 144	0.29 142
17'	0.29 141	0.29 140	0.29 139	0.29 137	0.29 136	0.29 135	0.29 134	0.29 132	0.29 131	0.29 130
18'	0.29 129	0.29 127	0.29 126	0.29 125	0.29 124	0.29 123	0.29 121	0.29 120	0.29 119	0.29 118
19'	0.29 116	0.29 115	0.29 114	0.29 113	0.29 111	0.29 110	0.29 109	0.29 108	0.29 106	0.29 105
20'	0.29 104	0.29 103	0.29 102	0.29 100	0.29 099	0.29 098	0.29 097	0.29 095	0.29 094	0.29 093
21'	0.29 092	0.29 090	0.29 089	0.29 088	0.29 087	0.29 086	0.29 084	0.29 083	0.29 082	0.29 081
22'	0.29 079	0.29 078	0.29 077	0.29 076	0.29 074	0.29 073	0.29 072	0.29 071	0.29 069	0.29 068
23'	0.29 067	0.29 066	0.29 065	0.29 063	0.29 062	0.29 061	0.29 060	0.29 058	0.29 057	0.29 056
24'	0.29 055	0.29 053	0.29 052	0.29 051	0.29 050	0.29 049	0.29 047	0.29 046	0.29 045	0.29 044
25'	0.29 042	0.29 041	0.29 040	0.29 039	0.29 037	0.29 036	0.29 035	0.29 034	0.29 032	0.29 031
26'	0.29 030	0.29 029	0.29 028	0.29 026	0.29 025	0.29 024	0.29 023	0.29 021	0.29 020	0.29 019
27'	0.29 018	0.29 016	0.29 015	0.29 014	0.29 013	0.29 012	0.29 010	0.29 009	0.29 008	0.29 007
28'	0.29 005	0.29 004	0.29 003	0.29 002	0.29 000	0.28 999	0.28 998	0.28 997	0.28 996	0.28 994
29'	0.28 993	0.28 992	0.28 991	0.28 989	0.28 988	0.28 987	0.28 986	0.28 984	0.28 983	0.28 982
30'	0.28 981	0.28 980	0.28 978	0.28 977	0.28 976	0.28 975	0.28 973	0.28 972	0.28 971	0.28 970
31'	0.28 968	0.28 967	0.28 966	0.28 965	0.28 964	0.28 962	0.28 961	0.28 960	0.28 959	0.28 957
32'	0.28 956	0.28 955	0.28 954	0.28 952	0.28 951	0.28 950	0.28 949	0.28 948	0.28 946	0.28 945
33'	0.28 944	0.28 943	0.28 941	0.28 940	0.28 939	0.28 938	0.28 936	0.28 935	0.28 934	0.28 933
34'	0.28 932	0.28 930	0.28 929	0.28 928	0.28 927	0.28 925	0.28 924	0.28 923	0.28 922	0.28 921
35'	0.28 919	0.28 918	0.28 917	0.28 916	0.28 914	0.28 913	0.28 912	0.28 911	0.28 909	0.28 908
36'	0.28 907	0.28 906	0.28 905	0.28 903	0.28 902	0.28 901	0.28 900	0.28 898	0.28 897	0.28 896
37'	0.28 895	0.28 893	0.28 892	0.28 891	0.28 890	0.28 889	0.28 887	0.28 886	0.28 885	0.28 884
38'	0.28 882	0.28 881	0.28 880	0.28 879	0.28 878	0.28 876	0.28 875	0.28 874	0.28 873	0.28 871
39'	0.28 870	0.28 869	0.28 868	0.28 866	0.28 865	0.28 864	0.28 863	0.28 862	0.28 860	0.28 859
40'	0.28 858	0.28 857	0.28 855	0.28 854	0.28 853	0.28 852	0.28 851	0.28 849	0.28 848	0.28 847
41'	0.28 846	0.28 844	0.28 843	0.28 842	0.28 841	0.28 839	0.28 838	0.28 837	0.28 836	0.28 835
42'	0.28 833	0.28 832	0.28 831	0.28 830	0.28 828	0.28 827	0.28 826	0.28 825	0.28 824	0.28 822
43'	0.28 821	0.28 820	0.28 819	0.28 817	0.28 816	0.28 815	0.28 814	0.28 813	0.28 811	0.28 810
44'	0.28 809	0.28 808	0.28 806	0.28 805	0.28 804	0.28 803	0.28 801	0.28 800	0.28 799	0.28 798
45'	0.28 797	0.28 795	0.28 794	0.28 793	0.28 792	0.28 790	0.28 789	0.28 788	0.28 787	0.28 786
46'	0.28 784	0.28 783	0.28 782	0.28 781	0.28 779	0.28 778	0.28 777	0.28 776	0.28 775	0.28 773
47'	0.28 772	0.28 771	0.28 770	0.28 768	0.28 767	0.28 766	0.28 765	0.28 764	0.28 762	0.28 761
48'	0.28 760	0.28 759	0.28 757	0.28 756	0.28 755	0.28 754	0.28 752	0.28 751	0.28 750	0.28 749
49'	0.28 748	0.28 746	0.28 745	0.28 744	0.28 743	0.28 741	0.28 740	0.28 739	0.28 738	0.28 737
50'	0.28 735	0.28 734	0.28 733	0.28 732	0.28 730	0.28 729	0.28 728	0.28 727	0.28 726	0.28 724
51'	0.28 723	0.28 722	0.28 721	0.28 719	0.28 718	0.28 717	0.28 716	0.28 715	0.28 713	0.28 712
52'	0.28 711	0.28 710	0.28 708	0.28 707	0.28 706	0.28 705	0.28 704	0.28 702	0.28 701	0.28 700
53'	0.28 699	0.28 697	0.28 696	0.28 695	0.28 694	0.28 693	0.28 691	0.28 690	0.28 689	0.28 688
54'	0.28 686	0.28 685	0.28 684	0.28 683	0.28 682	0.28 680	0.28 679	0.28 678	0.28 677	0.28 675
55'	0.28 674	0.28 673	0.28 672	0.28 671	0.28 669	0.28 668	0.28 667	0.28 666	0.28 664	0.28 663
56'	0.28 662	0.28 661	0.28 660	0.28 658	0.28 657	0.28 656	0.28 655	0.28 653	0.28 652	0.28 651
57'	0.28 650	0.28 649	0.28 647	0.28 646	0.28 645	0.28 644	0.28 642	0.28 641	0.28 640	0.28 639
58'	0.28 638	0.28 636	0.28 635	0.28 634	0.28 633	0.28 631	0.28 630	0.28 629	0.28 628	0.28 627
59'	0.28 625	0.28 624	0.28 623	0.28 622	0.28 621	0.28 619	0.28 618	0.28 617	0.28 616	0.28 614

K   K

	0.'0	0.'1	0.'2	0.'3	0.'4	0.'5	0.'6	0.'7	0.'8	0.'9
92° 0'	0.28 613	0.28 612	0.28 611	0.28 610	0.28 608	0.28 607	0.28 606	0.28 605	0.28 603	0.28 602
1'	0.28 601	0.28 600	0.28 599	0.28 597	0.28 596	0.28 595	0.28 594	0.28 592	0.28 591	0.28 590
2'	0.28 589	0.28 588	0.28 586	0.28 585	0.28 584	0.28 583	0.28 581	0.28 580	0.28 579	0.28 578
3'	0.28 577	0.28 575	0.28 574	0.28 573	0.28 572	0.28 571	0.28 569	0.28 568	0.28 567	0.28 566
4'	0.28 564	0.28 563	0.28 562	0.28 561	0.28 560	0.28 558	0.28 557	0.28 556	0.28 555	0.28 553
5'	0.28 552	0.28 551	0.28 550	0.28 549	0.28 547	0.28 546	0.28 545	0.28 544	0.28 542	0.28 541
6'	0.28 540	0.28 539	0.28 538	0.28 536	0.28 535	0.28 534	0.28 533	0.28 532	0.28 530	0.28 529
7'	0.28 528	0.28 527	0.28 525	0.28 524	0.28 523	0.28 522	0.28 521	0.28 519	0.28 518	0.28 517
8'	0.28 516	0.28 514	0.28 513	0.28 512	0.28 511	0.28 510	0.28 508	0.28 507	0.28 506	0.28 505
9'	0.28 504	0.28 502	0.28 501	0.28 500	0.28 499	0.28 497	0.28 496	0.28 495	0.28 494	0.28 493
10'	0.28 491	0.28 490	0.28 489	0.28 488	0.28 486	0.28 485	0.28 484	0.28 483	0.28 482	0.28 480
11'	0.28 479	0.28 478	0.28 477	0.28 476	0.28 474	0.28 473	0.28 472	0.28 471	0.28 469	0.28 468
12'	0.28 467	0.28 466	0.28 465	0.28 463	0.28 462	0.28 461	0.28 460	0.28 459	0.28 457	0.28 456
13'	0.28 455	0.28 454	0.28 452	0.28 451	0.28 450	0.28 449	0.28 448	0.28 446	0.28 445	0.28 444
14'	0.28 443	0.28 442	0.28 440	0.28 439	0.28 438	0.28 437	0.28 435	0.28 434	0.28 433	0.28 432
15'	0.28 431	0.28 429	0.28 428	0.28 427	0.28 426	0.28 425	0.28 423	0.28 422	0.28 421	0.28 420
16'	0.28 418	0.28 417	0.28 416	0.28 415	0.28 414	0.28 412	0.28 411	0.28 410	0.28 409	0.28 408
17'	0.28 406	0.28 405	0.28 404	0.28 403	0.28 401	0.28 400	0.28 399	0.28 398	0.28 397	0.28 395
18'	0.28 394	0.28 393	0.28 392	0.28 391	0.28 389	0.28 388	0.28 387	0.28 386	0.28 384	0.28 383
19'	0.28 382	0.28 381	0.28 380	0.28 378	0.28 377	0.28 376	0.28 375	0.28 374	0.28 372	0.28 371
20'	0.28 370	0.28 369	0.28 367	0.28 366	0.28 365	0.28 364	0.28 363	0.28 361	0.28 360	0.28 359
21'	0.28 358	0.28 357	0.28 355	0.28 354	0.28 353	0.28 352	0.28 350	0.28 349	0.28 348	0.28 347
22'	0.28 346	0.28 344	0.28 343	0.28 342	0.28 341	0.28 340	0.28 338	0.28 337	0.28 336	0.28 335
23'	0.28 334	0.28 332	0.28 331	0.28 330	0.28 329	0.28 327	0.28 326	0.28 325	0.28 324	0.28 323
24'	0.28 321	0.28 320	0.28 319	0.28 318	0.28 317	0.28 315	0.28 314	0.28 313	0.28 312	0.28 311
25'	0.28 309	0.28 308	0.28 307	0.28 306	0.28 304	0.28 303	0.28 302	0.28 301	0.28 300	0.28 298
26'	0.28 297	0.28 296	0.28 295	0.28 294	0.28 292	0.28 291	0.28 290	0.28 289	0.28 288	0.28 286
27'	0.28 285	0.28 284	0.28 283	0.28 281	0.28 280	0.28 279	0.28 278	0.28 277	0.28 275	0.28 274
28'	0.28 273	0.28 272	0.28 271	0.28 269	0.28 268	0.28 267	0.28 266	0.28 265	0.28 263	0.28 262
29'	0.28 261	0.28 260	0.28 258	0.28 257	0.28 256	0.28 255	0.28 254	0.28 252	0.28 251	0.28 250
30'	0.28 249	0.28 248	0.28 246	0.28 245	0.28 244	0.28 243	0.28 242	0.28 240	0.28 239	0.28 238
31'	0.28 237	0.28 235	0.28 234	0.28 233	0.28 232	0.28 231	0.28 229	0.28 228	0.28 227	0.28 226
32'	0.28 225	0.28 223	0.28 222	0.28 221	0.28 220	0.28 219	0.28 217	0.28 216	0.28 215	0.28 214
33'	0.28 213	0.28 211	0.28 210	0.28 209	0.28 208	0.28 206	0.28 205	0.28 204	0.28 203	0.28 202
34'	0.28 200	0.28 199	0.28 198	0.28 197	0.28 196	0.28 194	0.28 193	0.28 192	0.28 191	0.28 190
35'	0.28 188	0.28 187	0.28 186	0.28 185	0.28 184	0.28 182	0.28 181	0.28 180	0.28 179	0.28 177
36'	0.28 176	0.28 175	0.28 174	0.28 173	0.28 171	0.28 170	0.28 169	0.28 168	0.28 167	0.28 165
37'	0.28 164	0.28 163	0.28 162	0.28 161	0.28 159	0.28 158	0.28 157	0.28 156	0.28 155	0.28 153
38'	0.28 152	0.28 151	0.28 150	0.28 149	0.28 147	0.28 146	0.28 145	0.28 144	0.28 142	0.28 141
39'	0.28 140	0.28 139	0.28 138	0.28 136	0.28 135	0.28 134	0.28 133	0.28 132	0.28 130	0.28 129
40'	0.28 128	0.28 127	0.28 126	0.28 124	0.28 123	0.28 122	0.28 121	0.28 120	0.28 118	0.28 117
41'	0.28 116	0.28 115	0.28 114	0.28 112	0.28 111	0.28 110	0.28 108	0.28 108	0.28 106	0.28 105
42'	0.28 104	0.28 103	0.28 102	0.28 100	0.28 099	0.28 098	0.28 097	0.28 095	0.28 094	0.28 093
43'	0.28 092	0.28 091	0.28 089	0.28 088	0.28 087	0.28 086	0.28 085	0.28 083	0.28 082	0.28 081
44'	0.28 080	0.28 079	0.28 077	0.28 076	0.28 075	0.28 074	0.28 073	0.28 071	0.28 070	0.28 069
45'	0.28 068	0.28 067	0.28 065	0.28 064	0.28 063	0.28 062	0.28 061	0.28 059	0.28 058	0.28 057
46'	0.28 056	0.28 055	0.28 053	0.28 052	0.28 051	0.28 050	0.28 049	0.28 047	0.28 046	0.28 045
47'	0.28 044	0.28 042	0.28 041	0.28 040	0.28 039	0.28 038	0.28 036	0.28 035	0.28 034	0.28 033
48'	0.28 032	0.28 030	0.28 029	0.28 028	0.28 027	0.28 026	0.28 024	0.28 023	0.28 022	0.28 021
49'	0.28 020	0.28 018	0.28 017	0.28 016	0.28 015	0.28 014	0.28 012	0.28 011	0.28 010	0.28 009
50'	0.28 008	0.28 006	0.28 005	0.28 004	0.28 003	0.28 002	0.28 000	0.27 999	0.27 998	0.27 997
51'	0.27 996	0.27 994	0.27 993	0.27 992	0.27 991	0.27 990	0.27 988	0.27 987	0.27 986	0.27 985
52'	0.27 984	0.27 982	0.27 981	0.27 980	0.27 979	0.27 978	0.27 976	0.27 975	0.27 974	0.27 973
53'	0.27 972	0.27 970	0.27 969	0.27 968	0.27 967	0.27 966	0.27 964	0.27 963	0.27 962	0.27 961
54'	0.27 960	0.27 958	0.27 957	0.27 956	0.27 955	0.27 954	0.27 952	0.27 951	0.27 950	0.27 949
55'	0.27 948	0.27 946	0.27 945	0.27 944	0.27 943	0.27 942	0.27 940	0.27 939	0.27 938	0.27 937
56'	0.27 936	0.27 934	0.27 933	0.27 932	0.27 931	0.27 930	0.27 928	0.27 927	0.27 926	0.27 925
57'	0.27 924	0.27 922	0.27 921	0.27 920	0.27 919	0.27 918	0.27 916	0.27 915	0.27 914	0.27 913
58'	0.27 912	0.27 910	0.27 909	0.27 908	0.27 907	0.27 906	0.27 904	0.27 903	0.27 902	0.27 901
59'	0.27 900	0.27 898	0.27 897	0.27 896	0.27 895	0.27 894	0.27 892	0.27 891	0.27 890	0.27 889

K 93°

	0.'0	0.'1	0.'2	0.'3	0.'4	0.'5	0.'6	0.'7	0.'8	0.'9
0'	0.27 888	0.27 886	0.27 885	0.27 884	0.27 883	0.27 882	0.27 880	0.27 879	0.27 878	0.27 877
1'	0.27 876	0.27 874	0.27 873	0.27 872	0.27 871	0.27 870	0.27 868	0.27 867	0.27 866	0.27 865
2'	0.27 864	0.27 862	0.27 861	0.27 860	0.27 859	0.27 858	0.27 856	0.27 855	0.27 854	0.27 853
3'	0.27 852	0.27 850	0.27 849	0.27 848	0.27 847	0.27 846	0.27 844	0.27 843	0.27 842	0.27 841
4'	0.27 840	0.27 838	0.27 837	0.27 836	0.27 835	0.27 834	0.27 832	0.27 831	0.27 830	0.27 829
5'	0.27 828	0.27 826	0.27 825	0.27 824	0.27 823	0.27 822	0.27 820	0.27 819	0.27 818	0.27 817
6'	0.27 816	0.27 814	0.27 813	0.27 812	0.27 811	0.27 810	0.27 809	0.27 807	0.27 806	0.27 805
7'	0.27 804	0.27 803	0.27 801	0.27 800	0.27 799	0.27 798	0.27 797	0.27 795	0.27 794	0.27 793
8'	0.27 792	0.27 791	0.27 789	0.27 788	0.27 787	0.27 786	0.27 785	0.27 783	0.27 782	0.27 781
9'	0.27 780	0.27 779	0.27 777	0.27 776	0.27 775	0.27 774	0.27 773	0.27 771	0.27 770	0.27 769
10'	0.27 768	0.27 767	0.27 765	0.27 764	0.27 763	0.27 762	0.27 761	0.27 759	0.27 758	0.27 757
11'	0.27 756	0.27 755	0.27 754	0.27 752	0.27 751	0.27 750	0.27 749	0.27 748	0.27 746	0.27 745
12'	0.27 744	0.27 743	0.27 742	0.27 740	0.27 739	0.27 738	0.27 737	0.27 736	0.27 734	0.27 733
13'	0.27 732	0.27 731	0.27 730	0.27 728	0.27 727	0.27 726	0.27 725	0.27 724	0.27 722	0.27 721
14'	0.27 720	0.27 719	0.27 718	0.27 716	0.27 715	0.27 714	0.27 713	0.27 712	0.27 711	0.27 709
15'	0.27 708	0.27 707	0.27 706	0.27 705	0.27 703	0.27 702	0.27 701	0.27 700	0.27 699	0.27 697
16'	0.27 696	0.27 695	0.27 694	0.27 693	0.27 691	0.27 690	0.27 689	0.27 688	0.27 687	0.27 685
17'	0.27 684	0.27 683	0.27 682	0.27 681	0.27 679	0.27 678	0.27 677	0.27 676	0.27 675	0.27 674
18'	0.27 672	0.27 671	0.27 670	0.27 669	0.27 668	0.27 666	0.27 665	0.27 664	0.27 663	0.27 662
19'	0.27 660	0.27 659	0.27 658	0.27 657	0.27 656	0.27 654	0.27 653	0.27 652	0.27 651	0.27 650
20'	0.27 648	0.27 647	0.27 646	0.27 645	0.27 644	0.27 643	0.27 641	0.27 640	0.27 639	0.27 638
21'	0.27 637	0.27 635	0.27 634	0.27 633	0.27 632	0.27 631	0.27 629	0.27 628	0.27 627	0.27 626
22'	0.27 625	0.27 623	0.27 622	0.27 621	0.27 620	0.27 619	0.27 618	0.27 616	0.27 615	0.27 614
23'	0.27 613	0.27 612	0.27 610	0.27 609	0.27 608	0.27 607	0.27 606	0.27 604	0.27 603	0.27 602
24'	0.27 601	0.27 600	0.27 598	0.27 597	0.27 596	0.27 595	0.27 594	0.27 593	0.27 591	0.27 590
25'	0.27 589	0.27 588	0.27 587	0.27 585	0.27 584	0.27 583	0.27 582	0.27 581	0.27 579	0.27 578
26'	0.27 577	0.27 576	0.27 575	0.27 573	0.27 572	0.27 571	0.27 570	0.27 569	0.27 568	0.27 566
27'	0.27 565	0.27 564	0.27 563	0.27 562	0.27 560	0.27 559	0.27 558	0.27 557	0.27 556	0.27 554
28'	0.27 553	0.27 552	0.27 551	0.27 550	0.27 548	0.27 547	0.27 546	0.27 545	0.27 544	0.27 543
29'	0.27 541	0.27 540	0.27 539	0.27 538	0.27 537	0.27 535	0.27 534	0.27 533	0.27 532	0.27 531
30'	0.27 529	0.27 528	0.27 527	0.27 526	0.27 525	0.27 524	0.27 522	0.27 521	0.27 520	0.27 519
31'	0.27 518	0.27 516	0.27 515	0.27 514	0.27 513	0.27 512	0.27 510	0.27 509	0.27 508	0.27 507
32'	0.27 506	0.27 505	0.27 503	0.27 502	0.27 501	0.27 500	0.27 499	0.27 497	0.27 496	0.27 495
33'	0.27 494	0.27 493	0.27 491	0.27 490	0.27 489	0.27 488	0.27 487	0.27 486	0.27 484	0.27 483
34'	0.27 482	0.27 481	0.27 480	0.27 478	0.27 477	0.27 476	0.27 475	0.27 474	0.27 472	0.27 471
35'	0.27 470	0.27 469	0.27 468	0.27 467	0.27 465	0.27 464	0.27 463	0.27 462	0.27 461	0.27 459
36'	0.27 458	0.27 457	0.27 456	0.27 455	0.27 453	0.27 452	0.27 451	0.27 450	0.27 449	0.27 448
37'	0.27 446	0.27 445	0.27 444	0.27 443	0.27 442	0.27 440	0.27 439	0.27 438	0.27 437	0.27 436
38'	0.27 435	0.27 433	0.27 432	0.27 431	0.27 430	0.27 429	0.27 427	0.27 426	0.27 425	0.27 424
39'	0.27 423	0.27 421	0.27 420	0.27 419	0.27 418	0.27 417	0.27 416	0.27 414	0.27 413	0.27 412
40'	0.27 411	0.27 410	0.27 408	0.27 407	0.27 406	0.27 405	0.27 404	0.27 403	0.27 401	0.27 400
41'	0.27 399	0.27 398	0.27 397	0.27 395	0.27 394	0.27 393	0.27 392	0.27 391	0.27 389	0.27 388
42'	0.27 387	0.27 386	0.27 385	0.27 384	0.27 382	0.27 381	0.27 380	0.27 379	0.27 378	0.27 376
43'	0.27 375	0.27 374	0.27 373	0.27 372	0.27 371	0.27 369	0.27 368	0.27 367	0.27 366	0.27 365
44'	0.27 363	0.27 362	0.27 361	0.27 360	0.27 359	0.27 358	0.27 356	0.27 355	0.27 354	0.27 353
45'	0.27 352	0.27 350	0.27 349	0.27 348	0.27 347	0.27 346	0.27 345	0.27 343	0.27 342	0.27 341
46'	0.27 340	0.27 339	0.27 337	0.27 336	0.27 335	0.27 334	0.27 333	0.27 331	0.27 330	0.27 329
47'	0.27 328	0.27 327	0.27 326	0.27 324	0.27 323	0.27 322	0.27 321	0.27 320	0.27 318	0.27 317
48'	0.27 316	0.27 315	0.27 314	0.27 313	0.27 311	0.27 310	0.27 309	0.27 308	0.27 307	0.27 305
49'	0.27 304	0.27 303	0.27 302	0.27 301	0.27 300	0.27 298	0.27 297	0.27 296	0.27 295	0.27 294
50'	0.27 292	0.27 291	0.27 290	0.27 289	0.27 288	0.27 287	0.27 285	0.27 284	0.27 283	0.27 282
51'	0.27 281	0.27 279	0.27 278	0.27 277	0.27 276	0.27 275	0.27 274	0.27 272	0.27 271	0.27 270
52'	0.27 269	0.27 268	0.27 267	0.27 265	0.27 264	0.27 263	0.27 262	0.27 261	0.27 259	0.27 258
53'	0.27 257	0.27 256	0.27 255	0.27 254	0.27 252	0.27 251	0.27 250	0.27 249	0.27 248	0.27 246
54'	0.27 245	0.27 244	0.27 243	0.27 242	0.27 241	0.27 239	0.27 238	0.27 237	0.27 236	0.27 235
55'	0.27 233	0.27 232	0.27 231	0.27 230	0.27 229	0.27 228	0.27 226	0.27 225	0.27 224	0.27 223
56'	0.27 222	0.27 220	0.27 219	0.27 218	0.27 217	0.27 216	0.27 215	0.27 213	0.27 212	0.27 211
57'	0.27 210	0.27 209	0.27 208	0.27 206	0.27 205	0.27 204	0.27 203	0.27 202	0.27 200	0.27 199
58'	0.27 198	0.27 197	0.27 196	0.27 195	0.27 193	0.27 192	0.27 191	0.27 190	0.27 189	0.27 187
59'	0.27 186	0.27 185	0.27 184	0.27 183	0.27 182	0.27 180	0.27 179	0.27 178	0.27 177	0.27 176

94°

	0.'0	0.'1	0.'2	0.'3	0.'4	0.'5	0.'6	0.'7	0.'8	0.'9
0'	0.27 175	0.27 173	0.27 172	0.27 171	0.27 170	0.27 169	0.27 167	0.27 166	0.27 165	0.27 164
1'	0.27 163	0.27 162	0.27 160	0.27 159	0.27 158	0.27 157	0.27 156	0.27 154	0.27 153	0.27 152
2'	0.27 151	0.27 150	0.27 149	0.27 147	0.27 146	0.27 145	0.27 144	0.27 143	0.27 142	0.27 140
3'	0.27 139	0.27 138	0.27 137	0.27 136	0.27 134	0.27 133	0.27 132	0.27 131	0.27 130	0.27 129
4'	0.27 127	0.27 126	0.27 125	0.27 124	0.27 123	0.27 122	0.27 120	0.27 119	0.27 118	0.27 117
5'	0.27 116	0.27 114	0.27 113	0.27 112	0.27 111	0.27 110	0.27 109	0.27 107	0.27 106	0.27 105
6'	0.27 104	0.27 103	0.27 102	0.27 100	0.27 099	0.27 098	0.27 097	0.27 096	0.27 094	0.27 093
7'	0.27 092	0.27 091	0.27 090	0.27 089	0.27 087	0.27 086	0.27 085	0.27 084	0.27 083	0.27 082
8'	0.27 080	0.27 079	0.27 078	0.27 077	0.27 076	0.27 074	0.27 073	0.27 072	0.27 071	0.27 070
9'	0.27 069	0.27 067	0.27 066	0.27 065	0.27 064	0.27 063	0.27 062	0.27 060	0.27 059	0.27 058
10'	0.27 057	0.27 056	0.27 055	0.27 053	0.27 052	0.27 051	0.27 050	0.27 049	0.27 047	0.27 046
11'	0.27 045	0.27 044	0.27 043	0.27 042	0.27 040	0.27 039	0.27 038	0.27 037	0.27 036	0.27 035
12'	0.27 033	0.27 032	0.27 031	0.27 030	0.27 029	0.27 028	0.27 026	0.27 025	0.27 024	0.27 023
13'	0.27 022	0.27 020	0.27 019	0.27 018	0.27 017	0.27 016	0.27 015	0.27 013	0.27 012	0.27 011
14'	0.27 010	0.27 009	0.27 008	0.27 006	0.27 005	0.27 004	0.27 003	0.27 002	0.27 001	0.26 999
15'	0.26 998	0.26 997	0.26 996	0.26 995	0.26 993	0.26 992	0.26 991	0.26 990	0.26 989	0.26 988
16'	0.26 986	0.26 985	0.26 984	0.26 983	0.26 982	0.26 981	0.26 979	0.26 978	0.26 977	0.26 976
17'	0.26 975	0.26 974	0.26 972	0.26 971	0.26 970	0.26 969	0.26 968	0.26 967	0.26 965	0.26 964
18'	0.26 963	0.26 962	0.26 961	0.26 959	0.26 958	0.26 957	0.26 956	0.26 955	0.26 954	0.26 952
19'	0.26 951	0.26 950	0.26 949	0.26 948	0.26 947	0.26 945	0.26 944	0.26 943	0.26 942	0.26 941
20'	0.26 940	0.26 938	0.26 937	0.26 936	0.26 935	0.26 934	0.26 933	0.26 931	0.26 930	0.26 929
21'	0.26 928	0.26 927	0.26 926	0.26 924	0.26 923	0.26 922	0.26 921	0.26 920	0.26 919	0.26 917
22'	0.26 916	0.26 915	0.26 914	0.26 913	0.26 911	0.26 910	0.26 909	0.26 908	0.26 907	0.26 906
23'	0.26 904	0.26 903	0.26 902	0.26 901	0.26 900	0.26 899	0.26 897	0.26 896	0.26 895	0.26 894
24'	0.26 893	0.26 892	0.26 890	0.26 889	0.26 888	0.26 887	0.26 886	0.26 885	0.26 883	0.26 882
25'	0.26 881	0.26 880	0.26 879	0.26 878	0.26 876	0.26 875	0.26 874	0.26 873	0.26 872	0.26 871
26'	0.26 869	0.26 868	0.26 867	0.26 866	0.26 865	0.26 864	0.26 862	0.26 861	0.26 860	0.26 859
27'	0.26 858	0.26 857	0.26 855	0.26 854	0.26 853	0.26 852	0.26 851	0.26 850	0.26 848	0.26 847
28'	0.26 846	0.26 845	0.26 844	0.26 842	0.26 841	0.26 840	0.26 839	0.26 838	0.26 837	0.26 835
29'	0.26 834	0.26 833	0.26 832	0.26 831	0.26 830	0.26 828	0.26 827	0.26 826	0.26 825	0.26 824
30'	0.26 823	0.26 821	0.26 820	0.26 819	0.26 818	0.26 817	0.26 816	0.26 814	0.26 813	0.26 812
31'	0.26 811	0.26 810	0.26 809	0.26 807	0.26 806	0.26 805	0.26 804	0.26 803	0.26 802	0.26 800
32'	0.26 799	0.26 798	0.26 797	0.26 796	0.26 795	0.26 793	0.26 792	0.26 791	0.26 790	0.26 789
33'	0.26 788	0.26 786	0.26 785	0.26 784	0.26 783	0.26 782	0.26 781	0.26 779	0.26 778	0.26 777
34'	0.26 776	0.26 775	0.26 774	0.26 772	0.26 771	0.26 770	0.26 769	0.26 768	0.26 767	0.26 765
35'	0.26 764	0.26 763	0.26 762	0.26 761	0.26 760	0.26 758	0.26 757	0.26 756	0.26 755	0.26 754
36'	0.26 753	0.26 751	0.26 750	0.26 749	0.26 748	0.26 747	0.26 746	0.26 744	0.26 743	0.26 742
37'	0.26 741	0.26 740	0.26 739	0.26 737	0.26 736	0.26 735	0.26 734	0.26 733	0.26 732	0.26 730
38'	0.26 729	0.26 728	0.26 727	0.26 726	0.26 725	0.26 723	0.26 722	0.26 721	0.26 720	0.26 719
39'	0.26 718	0.26 717	0.26 715	0.26 714	0.26 713	0.26 712	0.26 711	0.26 710	0.26 708	0.26 707
40'	0.26 706	0.26 705	0.26 704	0.26 703	0.26 701	0.26 700	0.26 699	0.26 698	0.26 697	0.26 696
41'	0.26 694	0.26 693	0.26 692	0.26 691	0.26 690	0.26 689	0.26 687	0.26 686	0.26 685	0.26 684
42'	0.26 683	0.26 682	0.26 680	0.26 679	0.26 678	0.26 677	0.26 676	0.26 675	0.26 673	0.26 672
43'	0.26 671	0.26 670	0.26 669	0.26 668	0.26 666	0.26 665	0.26 664	0.26 663	0.26 662	0.26 661
44'	0.26 659	0.26 658	0.26 657	0.26 656	0.26 655	0.26 654	0.26 652	0.26 651	0.26 650	0.26 649
45'	0.26 648	0.26 647	0.26 646	0.26 644	0.26 643	0.26 642	0.26 641	0.26 640	0.26 639	0.26 637
46'	0.26 636	0.26 635	0.26 634	0.26 633	0.26 632	0.26 630	0.26 629	0.26 628	0.26 627	0.26 626
47'	0.26 625	0.26 623	0.26 622	0.26 621	0.26 620	0.26 619	0.26 618	0.26 616	0.26 615	0.26 614
48'	0.26 613	0.26 612	0.26 611	0.26 609	0.26 608	0.26 607	0.26 606	0.26 605	0.26 604	0.26 603
49'	0.26 601	0.26 600	0.26 599	0.26 598	0.26 597	0.26 596	0.26 594	0.26 593	0.26 592	0.26 591
50'	0.26 590	0.26 589	0.26 587	0.26 586	0.26 585	0.26 584	0.26 583	0.26 582	0.26 580	0.26 579
51'	0.26 578	0.26 577	0.26 576	0.26 575	0.26 574	0.26 572	0.26 571	0.26 570	0.26 569	0.26 568
52'	0.26 567	0.26 565	0.26 564	0.26 563	0.26 562	0.26 561	0.26 560	0.26 558	0.26 557	0.26 556
53'	0.26 555	0.26 554	0.26 553	0.26 551	0.26 550	0.26 549	0.26 548	0.26 547	0.26 546	0.26 545
54'	0.26 543	0.26 542	0.26 541	0.26 540	0.26 539	0.26 538	0.26 536	0.26 535	0.26 534	0.26 533
55'	0.26 532	0.26 531	0.26 529	0.26 528	0.26 527	0.26 526	0.26 525	0.26 524	0.26 522	0.26 521
56'	0.26 520	0.26 519	0.26 518	0.26 517	0.26 516	0.26 514	0.26 513	0.26 512	0.26 511	0.26 510
57'	0.26 509	0.26 507	0.26 506	0.26 505	0.26 504	0.26 503	0.26 502	0.26 500	0.26 499	0.26 498
58'	0.26 497	0.26 496	0.26 495	0.26 494	0.26 492	0.26 491	0.26 490	0.26 489	0.26 488	0.26 487
59'	0.26 485	0.26 484	0.26 483	0.26 482	0.26 481	0.26 480	0.26 478	0.26 477	0.26 476	0.26 475

95°

	0.'0	0.'1	0.'2	0.'3	0.'4	0.'5	0.'6	0.'7	0.'8	0.'9
0'	0.26 474	0.26 473	0.26 472	0.26 470	0.26 469	0.26 468	0.26 467	0.26 466	0.26 465	0.26 463
1'	0.26 462	0.26 461	0.26 460	0.26 459	0.26 458	0.26 456	0.26 455	0.26 454	0.26 453	0.26 452
2'	0.26 451	0.26 450	0.26 448	0.26 447	0.26 446	0.26 445	0.26 444	0.26 443	0.26 441	0.26 440
3'	0.26 439	0.26 438	0.26 437	0.26 436	0.26 434	0.26 433	0.26 432	0.26 431	0.26 430	0.26 429
4'	0.26 428	0.26 426	0.26 425	0.26 424	0.26 423	0.26 422	0.26 421	0.26 419	0.26 418	0.26 417
5'	0.26 416	0.26 415	0.26 414	0.26 413	0.26 411	0.26 410	0.26 409	0.26 408	0.26 407	0.26 406
6'	0.26 404	0.26 403	0.26 402	0.26 401	0.26 400	0.26 399	0.26 397	0.26 396	0.26 395	0.26 394
7'	0.26 393	0.26 392	0.26 391	0.26 389	0.26 388	0.26 387	0.26 386	0.26 385	0.26 384	0.26 382
8'	0.26 381	0.26 380	0.26 379	0.26 378	0.26 377	0.26 376	0.26 374	0.26 373	0.26 372	0.26 371
9'	0.26 370	0.26 369	0.26 367	0.26 366	0.26 365	0.26 364	0.26 363	0.26 362	0.26 361	0.26 359
10'	0.26 358	0.26 357	0.26 356	0.26 355	0.26 354	0.26 352	0.26 351	0.26 350	0.26 349	0.26 348
11'	0.26 347	0.26 346	0.26 344	0.26 343	0.26 342	0.26 341	0.26 340	0.26 339	0.26 337	0.26 336
12'	0.26 335	0.26 334	0.26 333	0.26 332	0.26 331	0.26 329	0.26 328	0.26 327	0.26 326	0.26 325
13'	0.26 324	0.26 322	0.26 321	0.26 320	0.26 319	0.26 318	0.26 317	0.26 316	0.26 314	0.26 313
14'	0.26 312	0.26 311	0.26 310	0.26 309	0.26 307	0.26 306	0.26 305	0.26 304	0.26 303	0.26 302
15'	0.26 301	0.26 299	0.26 298	0.26 297	0.26 296	0.26 295	0.26 294	0.26 292	0.26 291	0.26 290
16'	0.26 289	0.26 288	0.26 287	0.26 286	0.26 284	0.26 283	0.26 282	0.26 281	0.26 280	0.26 279
17'	0.26 278	0.26 276	0.26 275	0.26 274	0.26 273	0.26 272	0.26 271	0.26 269	0.26 268	0.26 267
18'	0.26 266	0.26 265	0.26 264	0.26 263	0.26 261	0.26 260	0.26 259	0.26 258	0.26 257	0.26 256
19'	0.26 254	0.26 253	0.26 252	0.26 251	0.26 250	0.26 249	0.26 248	0.26 246	0.26 245	0.26 244
20'	0.26 243	0.26 242	0.26 241	0.26 240	0.26 238	0.26 237	0.26 236	0.26 235	0.26 234	0.26 233
21'	0.26 231	0.26 230	0.26 229	0.26 228	0.26 227	0.26 226	0.26 225	0.26 223	0.26 222	0.26 221
22'	0.26 220	0.26 219	0.26 218	0.26 217	0.26 215	0.26 214	0.26 213	0.26 212	0.26 211	0.26 210
23'	0.26 208	0.26 207	0.26 206	0.26 205	0.26 204	0.26 203	0.26 202	0.26 200	0.26 199	0.26 198
24'	0.26 197	0.26 196	0.26 195	0.26 194	0.26 192	0.26 191	0.26 190	0.26 189	0.26 188	0.26 187
25'	0.26 185	0.26 184	0.26 183	0.26 182	0.26 181	0.26 180	0.26 179	0.26 177	0.26 176	0.26 175
26'	0.26 174	0.26 173	0.26 172	0.26 171	0.26 169	0.26 168	0.26 167	0.26 166	0.26 165	0.26 164
27'	0.26 162	0.26 161	0.26 160	0.26 159	0.26 158	0.26 157	0.26 156	0.26 154	0.26 153	0.26 152
28'	0.26 151	0.26 150	0.26 149	0.26 148	0.26 146	0.26 145	0.26 144	0.26 143	0.26 142	0.26 141
29'	0.26 140	0.26 138	0.26 137	0.26 136	0.26 135	0.26 134	0.26 133	0.26 131	0.26 130	0.26 129
30'	0.26 128	0.26 127	0.26 126	0.26 125	0.26 123	0.26 122	0.26 121	0.26 120	0.26 119	0.26 118
31'	0.26 117	0.26 115	0.26 114	0.26 113	0.26 112	0.26 111	0.26 110	0.26 109	0.26 107	0.26 106
32'	0.26 105	0.26 104	0.26 103	0.26 102	0.26 101	0.26 099	0.26 098	0.26 097	0.26 096	0.26 095
33'	0.26 094	0.26 092	0.26 091	0.26 090	0.26 089	0.26 088	0.26 087	0.26 086	0.26 084	0.26 083
34'	0.26 082	0.26 081	0.26 080	0.26 079	0.26 078	0.26 076	0.26 075	0.26 074	0.26 073	0.26 072
35'	0.26 071	0.26 070	0.26 068	0.26 067	0.26 066	0.26 065	0.26 064	0.26 063	0.26 062	0.26 060
36'	0.26 059	0.26 058	0.26 057	0.26 056	0.26 055	0.26 054	0.26 052	0.26 051	0.26 050	0.26 049
37'	0.26 048	0.26 047	0.26 046	0.26 044	0.26 043	0.26 042	0.26 041	0.26 040	0.26 039	0.26 038
38'	0.26 036	0.26 035	0.26 034	0.26 033	0.26 032	0.26 031	0.26 029	0.26 028	0.26 027	0.26 026
39'	0.26 025	0.26 024	0.26 023	0.26 021	0.26 020	0.26 019	0.26 018	0.26 017	0.26 016	0.26 015
40'	0.26 013	0.26 012	0.26 011	0.26 010	0.26 009	0.26 008	0.26 007	0.26 005	0.26 004	0.26 003
41'	0.26 002	0.26 001	0.26 000	0.25 999	0.25 997	0.25 996	0.25 995	0.25 994	0.25 993	0.25 992
42'	0.25 991	0.25 989	0.25 988	0.25 987	0.25 986	0.25 985	0.25 984	0.25 983	0.25 981	0.25 980
43'	0.25 979	0.25 978	0.25 977	0.25 976	0.25 975	0.25 973	0.25 972	0.25 971	0.25 970	0.25 969
44'	0.25 968	0.25 967	0.25 965	0.25 964	0.25 963	0.25 962	0.25 961	0.25 960	0.25 959	0.25 957
45'	0.25 956	0.25 955	0.25 954	0.25 953	0.25 952	0.25 951	0.25 949	0.25 948	0.25 947	0.25 946
46'	0.25 945	0.25 944	0.25 943	0.25 941	0.25 940	0.25 939	0.25 938	0.25 937	0.25 936	0.25 935
47'	0.25 933	0.25 932	0.25 931	0.25 930	0.25 929	0.25 928	0.25 927	0.25 925	0.25 924	0.25 923
48'	0.25 922	0.25 921	0.25 920	0.25 919	0.25 917	0.25 916	0.25 915	0.25 914	0.25 913	0.25 912
49'	0.25 911	0.25 909	0.25 908	0.25 907	0.25 906	0.25 905	0.25 904	0.25 903	0.25 902	0.25 900
50'	0.25 899	0.25 898	0.25 897	0.25 896	0.25 895	0.25 894	0.25 892	0.25 891	0.25 890	0.25 889
51'	0.25 888	0.25 887	0.25 886	0.25 884	0.25 883	0.25 882	0.25 881	0.25 880	0.25 879	0.25 878
52'	0.25 876	0.25 875	0.25 874	0.25 873	0.25 872	0.25 871	0.25 870	0.25 868	0.25 867	0.25 866
53'	0.25 865	0.25 864	0.25 863	0.25 862	0.25 860	0.25 859	0.25 858	0.25 857	0.25 856	0.25 855
54'	0.25 854	0.25 852	0.25 851	0.25 850	0.25 849	0.25 848	0.25 847	0.25 846	0.25 845	0.25 843
55'	0.25 842	0.25 841	0.25 840	0.25 839	0.25 838	0.25 837	0.25 835	0.25 834	0.25 833	0.25 832
56'	0.25 831	0.25 830	0.25 829	0.25 827	0.25 826	0.25 825	0.25 824	0.25 823	0.25 822	0.25 821
57'	0.25 819	0.25 818	0.25 817	0.25 816	0.25 815	0.25 814	0.25 813	0.25 811	0.25 810	0.25 809
58'	0.25 808	0.25 807	0.25 806	0.25 805	0.25 804	0.25 802	0.25 801	0.25 800	0.25 799	0.25 798
59'	0.25 797	0.25 796	0.25 794	0.25 793	0.25 792	0.25 791	0.25 790	0.25 789	0.25 788	0.25 786

K   K

96°

	0.'0	0.'1	0.'2	0.'3	0.'4	0.'5	0.'6	0.'7	0.'8	0.'9
0'	0.25 785	0.25 784	0.25 783	0.25 782	0.25 781	0.25 780	0.25 778	0.25 777	0.25 776	0.25 775
1'	0.25 774	0.25 773	0.25 772	0.25 771	0.25 769	0.25 768	0.25 767	0.25 766	0.25 765	0.25 764
2'	0.25 763	0.25 761	0.25 760	0.25 759	0.25 758	0.25 757	0.25 756	0.25 755	0.25 753	0.25 752
3'	0.25 751	0.25 750	0.25 749	0.25 748	0.25 747	0.25 746	0.25 744	0.25 743	0.25 742	0.25 741
4'	0.25 740	0.25 739	0.25 738	0.25 736	0.25 735	0.25 734	0.25 733	0.25 732	0.25 731	0.25 730
5'	0.25 728	0.25 727	0.25 726	0.25 725	0.25 724	0.25 723	0.25 722	0.25 721	0.25 719	0.25 718
6'	0.25 717	0.25 716	0.25 715	0.25 714	0.25 713	0.25 711	0.25 710	0.25 709	0.25 708	0.25 707
7'	0.25 706	0.25 705	0.25 703	0.25 702	0.25 701	0.25 700	0.25 699	0.25 698	0.25 697	0.25 696
8'	0.25 694	0.25 693	0.25 692	0.25 691	0.25 690	0.25 689	0.25 688	0.25 686	0.25 685	0.25 684
9'	0.25 683	0.25 682	0.25 681	0.25 680	0.25 679	0.25 677	0.25 676	0.25 675	0.25 674	0.25 673
10'	0.25 672	0.25 671	0.25 669	0.25 668	0.25 667	0.25 666	0.25 665	0.25 664	0.25 663	0.25 662
11'	0.25 660	0.25 659	0.25 658	0.25 657	0.25 656	0.25 655	0.25 654	0.25 652	0.25 651	0.25 650
12'	0.25 649	0.25 648	0.25 647	0.25 646	0.25 645	0.25 643	0.25 642	0.25 641	0.25 640	0.25 639
13'	0.25 638	0.25 637	0.25 635	0.25 634	0.25 633	0.25 632	0.25 631	0.25 630	0.25 629	0.25 628
14'	0.25 626	0.25 625	0.25 624	0.25 623	0.25 622	0.25 621	0.25 620	0.25 618	0.25 617	0.25 616
15'	0.25 615	0.25 614	0.25 613	0.25 612	0.25 611	0.25 609	0.25 608	0.25 607	0.25 606	0.25 605
16'	0.25 604	0.25 603	0.25 601	0.25 600	0.25 599	0.25 598	0.25 597	0.25 596	0.25 595	0.25 594
17'	0.25 592	0.25 591	0.25 590	0.25 589	0.25 588	0.25 587	0.25 586	0.25 584	0.25 583	0.25 582
18'	0.25 581	0.25 580	0.25 579	0.25 578	0.25 577	0.25 575	0.25 574	0.25 573	0.25 572	0.25 571
19'	0.25 570	0.25 569	0.25 568	0.25 566	0.25 565	0.25 564	0.25 563	0.25 562	0.25 561	0.25 560
20'	0.25 558	0.25 557	0.25 556	0.25 555	0.25 554	0.25 553	0.25 552	0.25 551	0.25 549	0.25 548
21'	0.25 547	0.25 546	0.25 545	0.25 544	0.25 543	0.25 542	0.25 540	0.25 539	0.25 538	0.25 537
22'	0.25 536	0.25 535	0.25 534	0.25 532	0.25 531	0.25 530	0.25 529	0.25 528	0.25 527	0.25 526
23'	0.25 525	0.25 523	0.25 522	0.25 521	0.25 520	0.25 519	0.25 518	0.25 517	0.25 516	0.25 514
24'	0.25 513	0.25 512	0.25 511	0.25 510	0.25 509	0.25 508	0.25 506	0.25 505	0.25 504	0.25 503
25'	0.25 502	0.25 501	0.25 500	0.25 499	0.25 497	0.25 496	0.25 495	0.25 494	0.25 493	0.25 492
26'	0.25 491	0.25 490	0.25 488	0.25 487	0.25 486	0.25 485	0.25 484	0.25 483	0.25 482	0.25 481
27'	0.25 479	0.25 478	0.25 477	0.25 476	0.25 475	0.25 474	0.25 473	0.25 471	0.25 470	0.25 469
28'	0.25 468	0.25 467	0.25 466	0.25 465	0.25 464	0.25 462	0.25 461	0.25 460	0.25 459	0.25 458
29'	0.25 457	0.25 456	0.25 455	0.25 453	0.25 452	0.25 451	0.25 450	0.25 449	0.25 448	0.25 447
30'	0.25 446	0.25 444	0.25 443	0.25 442	0.25 441	0.25 440	0.25 439	0.25 438	0.25 437	0.25 435
31'	0.25 434	0.25 433	0.25 432	0.25 431	0.25 430	0.25 429	0.25 428	0.25 426	0.25 425	0.25 424
32'	0.25 423	0.25 422	0.25 420	0.25 421	0.25 419	0.25 417	0.25 416	0.25 415	0.25 414	0.25 413
33'	0.25 412	0.25 411	0.25 409	0.25 408	0.25 407	0.25 406	0.25 405	0.25 404	0.25 403	0.25 402
34'	0.25 400	0.25 399	0.25 398	0.25 397	0.25 396	0.25 395	0.25 394	0.25 393	0.25 391	0.25 390
35'	0.25 389	0.25 388	0.25 387	0.25 386	0.25 385	0.25 384	0.25 382	0.25 381	0.25 380	0.25 379
36'	0.25 378	0.25 377	0.25 376	0.25 375	0.25 373	0.25 372	0.25 371	0.25 370	0.25 369	0.25 368
37'	0.25 367	0.25 366	0.25 364	0.25 363	0.25 362	0.25 361	0.25 360	0.25 359	0.25 358	0.25 357
38'	0.25 355	0.25 354	0.25 353	0.25 352	0.25 351	0.25 350	0.25 349	0.25 348	0.25 346	0.25 345
39'	0.25 344	0.25 343	0.25 342	0.25 341	0.25 340	0.25 339	0.25 337	0.25 336	0.25 335	0.25 334
40'	0.25 333	0.25 332	0.25 331	0.25 330	0.25 328	0.25 327	0.25 326	0.25 325	0.25 324	0.25 323
41'	0.25 322	0.25 321	0.25 319	0.25 318	0.25 317	0.25 316	0.25 315	0.25 314	0.25 313	0.25 312
42'	0.25 310	0.25 309	0.25 308	0.25 307	0.25 306	0.25 305	0.25 304	0.25 303	0.25 301	0.25 300
43'	0.25 299	0.25 298	0.25 297	0.25 296	0.25 295	0.25 294	0.25 293	0.25 291	0.25 290	0.25 289
44'	0.25 288	0.25 287	0.25 286	0.25 285	0.25 284	0.25 282	0.25 281	0.25 280	0.25 279	0.25 278
45'	0.25 277	0.25 276	0.25 275	0.25 273	0.25 272	0.25 271	0.25 270	0.25 269	0.25 268	0.25 267
46'	0.25 266	0.25 264	0.25 263	0.25 262	0.25 261	0.25 260	0.25 259	0.25 258	0.25 257	0.25 255
47'	0.25 254	0.25 253	0.25 252	0.25 251	0.25 250	0.25 249	0.25 248	0.25 246	0.25 245	0.25 244
48'	0.25 243	0.25 242	0.25 241	0.25 240	0.25 239	0.25 238	0.25 236	0.25 235	0.25 234	0.25 233
49'	0.25 232	0.25 231	0.25 230	0.25 229	0.25 227	0.25 226	0.25 225	0.25 224	0.25 223	0.25 222
50'	0.25 221	0.25 220	0.25 218	0.25 217	0.25 216	0.25 215	0.25 214	0.25 213	0.25 212	0.25 211
51'	0.25 209	0.25 208	0.25 207	0.25 206	0.25 205	0.25 204	0.25 203	0.25 202	0.25 201	0.25 199
52'	0.25 198	0.25 197	0.25 196	0.25 195	0.25 194	0.25 193	0.25 192	0.25 190	0.25 189	0.25 188
53'	0.25 187	0.25 186	0.25 185	0.25 184	0.25 183	0.25 181	0.25 180	0.25 179	0.25 178	0.25 177
54'	0.25 176	0.25 175	0.25 174	0.25 173	0.25 171	0.25 170	0.25 169	0.25 168	0.25 167	0.25 166
55'	0.25 165	0.25 164	0.25 162	0.25 161	0.25 160	0.25 159	0.25 158	0.25 157	0.25 156	0.25 155
56'	0.25 154	0.25 152	0.25 151	0.25 150	0.25 149	0.25 148	0.25 147	0.25 146	0.25 145	0.25 143
57'	0.25 142	0.25 141	0.25 140	0.25 139	0.25 138	0.25 137	0.25 136	0.25 134	0.25 133	0.25 132
58'	0.25 131	0.25 130	0.25 129	0.25 128	0.25 127	0.25 126	0.25 124	0.25 123	0.25 122	0.25 121
59'	0.25 120	0.25 119	0.25 118	0.25 117	0.25 115	0.25 114	0.25 113	0.25 112	0.25 111	0.25 110

K **97°**

	0.'0	0.'1	0.'2	0.'3	0.'4	0.'5	0.'6	0.'7	0.'8	0.'9
0'	0.25 109	0.25 108	0.25 107	0.25 105	0.25 104	0.25 103	0.25 102	0.25 101	0.25 100	0.25 099
1'	0.25 098	0.25 096	0.25 095	0.25 094	0.25 093	0.25 092	0.25 091	0.25 090	0.25 089	0.25 088
2'	0.25 086	0.25 085	0.25 084	0.25 083	0.25 082	0.25 081	0.25 080	0.25 079	0.25 077	0.25 076
3'	0.25 075	0.25 074	0.25 073	0.25 072	0.25 071	0.25 070	0.25 069	0.25 067	0.25 066	0.25 065
4'	0.25 064	0.25 063	0.25 062	0.25 061	0.25 060	0.25 059	0.25 057	0.25 056	0.25 055	0.25 054
5'	0.25 053	0.25 052	0.25 051	0.25 050	0.25 048	0.25 047	0.25 046	0.25 045	0.25 044	0.25 043
6'	0.25 042	0.25 041	0.25 040	0.25 038	0.25 037	0.25 036	0.25 035	0.25 034	0.25 033	0.25 032
7'	0.25 031	0.25 029	0.25 028	0.25 027	0.25 026	0.25 025	0.25 024	0.25 023	0.25 022	0.25 021
8'	0.25 019	0.25 018	0.25 017	0.25 016	0.25 015	0.25 014	0.25 013	0.25 012	0.25 011	0.25 009
9'	0.25 008	0.25 007	0.25 006	0.25 005	0.25 004	0.25 003	0.25 002	0.25 001	0.24 999	0.24 998
10'	0.24 997	0.24 996	0.24 995	0.24 994	0.24 993	0.24 992	0.24 990	0.24 989	0.24 988	0.24 987
11'	0.24 986	0.24 985	0.24 984	0.24 983	0.24 982	0.24 980	0.24 979	0.24 978	0.24 977	0.24 976
12'	0.24 975	0.24 974	0.24 973	0.24 972	0.24 970	0.24 969	0.24 968	0.24 967	0.24 966	0.24 965
13'	0.24 964	0.24 963	0.24 962	0.24 960	0.24 959	0.24 958	0.24 957	0.24 956	0.24 955	0.24 954
14'	0.24 953	0.24 952	0.24 950	0.24 949	0.24 948	0.24 947	0.24 946	0.24 945	0.24 944	0.24 943
15'	0.24 941	0.24 940	0.24 939	0.24 938	0.24 937	0.24 936	0.24 935	0.24 934	0.24 933	0.24 931
16'	0.24 930	0.24 929	0.24 928	0.24 927	0.24 926	0.24 925	0.24 924	0.24 923	0.24 921	0.24 920
17'	0.24 919	0.24 918	0.24 917	0.24 916	0.24 915	0.24 914	0.24 913	0.24 911	0.24 910	0.24 909
18'	0.24 908	0.24 907	0.24 906	0.24 905	0.24 904	0.24 903	0.24 901	0.24 900	0.24 899	0.24 898
19'	0.24 897	0.24 896	0.24 895	0.24 894	0.24 893	0.24 891	0.24 890	0.24 889	0.24 888	0.24 887
20'	0.24 886	0.24 885	0.24 884	0.24 883	0.24 881	0.24 880	0.24 879	0.24 878	0.24 877	0.24 876
21'	0.24 875	0.24 874	0.24 873	0.24 871	0.24 870	0.24 869	0.24 868	0.24 867	0.24 866	0.24 865
22'	0.24 864	0.24 863	0.24 861	0.24 860	0.24 859	0.24 858	0.24 857	0.24 856	0.24 855	0.24 854
23'	0.24 853	0.24 851	0.24 850	0.24 849	0.24 848	0.24 847	0.24 846	0.24 845	0.24 844	0.24 843
24'	0.24 841	0.24 840	0.24 839	0.24 838	0.24 837	0.24 836	0.24 835	0.24 834	0.24 833	0.24 831
25'	0.24 830	0.24 829	0.24 828	0.24 827	0.24 826	0.24 825	0.24 824	0.24 823	0.24 821	0.24 820
26'	0.24 819	0.24 818	0.24 817	0.24 816	0.24 815	0.24 814	0.24 813	0.24 812	0.24 810	0.24 809
27'	0.24 808	0.24 807	0.24 806	0.24 805	0.24 804	0.24 803	0.24 802	0.24 800	0.24 799	0.24 798
28'	0.24 797	0.24 796	0.24 795	0.24 794	0.24 793	0.24 792	0.24 790	0.24 789	0.24 788	0.24 787
29'	0.24 786	0.24 785	0.24 784	0.24 783	0.24 782	0.24 780	0.24 779	0.24 778	0.24 777	0.24 776
30'	0.24 775	0.24 774	0.24 773	0.24 772	0.24 771	0.24 769	0.24 768	0.24 767	0.24 766	0.24 765
31'	0.24 764	0.24 763	0.24 762	0.24 761	0.24 759	0.24 758	0.24 757	0.24 756	0.24 755	0.24 754
32'	0.24 753	0.24 752	0.24 751	0.24 749	0.24 748	0.24 747	0.24 746	0.24 745	0.24 744	0.24 743
33'	0.24 742	0.24 741	0.24 740	0.24 738	0.24 737	0.24 736	0.24 735	0.24 734	0.24 733	0.24 732
34'	0.24 731	0.24 730	0.24 728	0.24 727	0.24 726	0.24 725	0.24 724	0.24 723	0.24 722	0.24 721
35'	0.24 720	0.24 718	0.24 717	0.24 716	0.24 715	0.24 714	0.24 713	0.24 712	0.24 711	0.24 710
36'	0.24 709	0.24 707	0.24 706	0.24 705	0.24 704	0.24 703	0.24 702	0.24 701	0.24 700	0.24 699
37'	0.24 697	0.24 696	0.24 695	0.24 694	0.24 693	0.24 692	0.24 691	0.24 690	0.24 689	0.24 688
38'	0.24 686	0.24 685	0.24 684	0.24 683	0.24 682	0.24 681	0.24 680	0.24 679	0.24 678	0.24 676
39'	0.24 675	0.24 674	0.24 673	0.24 672	0.24 671	0.24 670	0.24 669	0.24 668	0.24 667	0.24 665
40'	0.24 664	0.24 663	0.24 662	0.24 661	0.24 660	0.24 659	0.24 658	0.24 657	0.24 655	0.24 654
41'	0.24 653	0.24 652	0.24 651	0.24 650	0.24 649	0.24 648	0.24 647	0.24 646	0.24 644	0.24 643
42'	0.24 642	0.24 641	0.24 640	0.24 639	0.24 638	0.24 637	0.24 636	0.24 634	0.24 633	0.24 632
43'	0.24 631	0.24 630	0.24 629	0.24 628	0.24 627	0.24 626	0.24 625	0.24 623	0.24 622	0.24 621
44'	0.24 620	0.24 619	0.24 618	0.24 617	0.24 616	0.24 615	0.24 614	0.24 612	0.24 611	0.24 610
45'	0.24 609	0.24 608	0.24 607	0.24 606	0.24 605	0.24 604	0.24 603	0.24 601	0.24 600	0.24 599
46'	0.24 598	0.24 597	0.24 596	0.24 595	0.24 594	0.24 593	0.24 591	0.24 590	0.24 589	0.24 588
47'	0.24 587	0.24 586	0.24 585	0.24 584	0.24 583	0.24 582	0.24 580	0.24 579	0.24 578	0.24 577
48'	0.24 576	0.24 575	0.24 574	0.24 573	0.24 572	0.24 571	0.24 569	0.24 568	0.24 567	0.24 566
49'	0.24 565	0.24 564	0.24 563	0.24 562	0.24 561	0.24 560	0.24 558	0.24 557	0.24 556	0.24 555
50'	0.24 554	0.24 553	0.24 552	0.24 551	0.24 550	0.24 549	0.24 547	0.24 546	0.24 545	0.24 544
51'	0.24 543	0.24 542	0.24 541	0.24 540	0.24 539	0.24 537	0.24 536	0.24 535	0.24 534	0.24 533
52'	0.24 532	0.24 531	0.24 530	0.24 529	0.24 528	0.24 526	0.24 525	0.24 524	0.24 523	0.24 522
53'	0.24 521	0.24 520	0.24 519	0.24 518	0.24 517	0.24 515	0.24 514	0.24 513	0.24 512	0.24 511
54'	0.24 510	0.24 509	0.24 508	0.24 507	0.24 506	0.24 504	0.24 503	0.24 502	0.24 501	0.24 500
55'	0.24 499	0.24 498	0.24 497	0.24 496	0.24 495	0.24 493	0.24 492	0.24 491	0.24 490	0.24 489
56'	0.24 488	0.24 487	0.24 486	0.24 485	0.24 484	0.24 482	0.24 481	0.24 480	0.24 479	0.24 478
57'	0.24 477	0.24 476	0.24 475	0.24 474	0.24 473	0.24 471	0.24 470	0.24 469	0.24 468	0.24 467
58'	0.24 466	0.24 465	0.24 464	0.24 463	0.24 462	0.24 461	0.24 459	0.24 458	0.24 457	0.24 456
59'	0.24 455	0.24 454	0.24 453	0.24 452	0.24 451	0.24 450	0.24 448	0.24 447	0.24 446	0.24 445

K **97°**

K   K

98°		0.'0	0.'1	0.'2	0.'3	0.'4	0.'5	0.'6	0.'7	0.'8	0.'9	98°
	0'	0.24 444	0.24 443	0.24 442	0.24 441	0.24 440	0.24 439	0.24 437	0.24 436	0.24 435	0.24 434	
	1'	0.24 433	0.24 432	0.24 431	0.24 430	0.24 429	0.24 428	0.24 426	0.24 425	0.24 424	0.24 423	
	2'	0.24 422	0.24 421	0.24 420	0.24 419	0.24 418	0.24 417	0.24 415	0.24 414	0.24 413	0.24 412	
	3'	0.24 411	0.24 410	0.24 409	0.24 408	0.24 407	0.24 406	0.24 405	0.24 403	0.24 402	0.24 401	
	4'	0.24 400	0.24 399	0.24 398	0.24 397	0.24 396	0.24 395	0.24 394	0.24 392	0.24 391	0.24 390	
	5'	0.24 389	0.24 388	0.24 387	0.24 386	0.24 385	0.24 384	0.24 383	0.24 381	0.24 380	0.24 379	
	6'	0.24 378	0.24 377	0.24 376	0.24 375	0.24 374	0.24 373	0.24 372	0.24 371	0.24 369	0.24 368	
	7'	0.24 367	0.24 366	0.24 365	0.24 364	0.24 363	0.24 362	0.24 361	0.24 360	0.24 358	0.24 357	
	8'	0.24 356	0.24 355	0.24 354	0.24 353	0.24 352	0.24 351	0.24 350	0.24 349	0.24 348	0.24 346	
	9'	0.24 345	0.24 344	0.24 343	0.24 342	0.24 341	0.24 340	0.24 339	0.24 338	0.24 337	0.24 335	
	10'	0.24 334	0.24 333	0.24 332	0.24 331	0.24 330	0.24 329	0.24 328	0.24 327	0.24 326	0.24 325	
	11'	0.24 323	0.24 322	0.24 321	0.24 320	0.24 319	0.24 318	0.24 317	0.24 316	0.24 315	0.24 314	
	12'	0.24 312	0.24 311	0.24 310	0.24 309	0.24 308	0.24 307	0.24 306	0.24 305	0.24 304	0.24 303	
	13'	0.24 302	0.24 300	0.24 299	0.24 298	0.24 297	0.24 296	0.24 295	0.24 294	0.24 293	0.24 292	
	14'	0.24 291	0.24 290	0.24 288	0.24 287	0.24 286	0.24 285	0.24 284	0.24 283	0.24 282	0.24 281	
	15'	0.24 280	0.24 279	0.24 277	0.24 276	0.24 275	0.24 274	0.24 273	0.24 272	0.24 271	0.24 270	
	16'	0.24 269	0.24 268	0.24 267	0.24 265	0.24 264	0.24 263	0.24 262	0.24 261	0.24 260	0.24 259	
	17'	0.24 258	0.24 257	0.24 256	0.24 255	0.24 253	0.24 252	0.24 251	0.24 250	0.24 249	0.24 248	
	18'	0.24 247	0.24 246	0.24 245	0.24 244	0.24 243	0.24 241	0.24 240	0.24 239	0.24 238	0.24 237	
	19'	0.24 236	0.24 235	0.24 234	0.24 233	0.24 232	0.24 230	0.24 229	0.24 228	0.24 227	0.24 226	
	20'	0.24 225	0.24 224	0.24 223	0.24 222	0.24 221	0.24 220	0.24 218	0.24 217	0.24 216	0.24 215	
	21'	0.24 214	0.24 213	0.24 212	0.24 211	0.24 210	0.24 209	0.24 208	0.24 206	0.24 205	0.24 204	
	22'	0.24 203	0.24 202	0.24 201	0.24 200	0.24 199	0.24 198	0.24 197	0.24 196	0.24 194	0.24 193	
	23'	0.24 192	0.24 191	0.24 190	0.24 189	0.24 188	0.24 187	0.24 186	0.24 185	0.24 184	0.24 182	
	24'	0.24 181	0.24 180	0.24 179	0.24 178	0.24 177	0.24 176	0.24 175	0.24 174	0.24 173	0.24 172	
	25'	0.24 170	0.24 169	0.24 168	0.24 167	0.24 166	0.24 165	0.24 164	0.24 163	0.24 162	0.24 161	
	26'	0.24 160	0.24 158	0.24 157	0.24 156	0.24 155	0.24 154	0.24 153	0.24 152	0.24 151	0.24 150	
	27'	0.24 149	0.24 148	0.24 147	0.24 145	0.24 144	0.24 143	0.24 142	0.24 141	0.24 140	0.24 139	
	28'	0.24 138	0.24 137	0.24 136	0.24 135	0.24 133	0.24 132	0.24 131	0.24 130	0.24 129	0.24 128	
	29'	0.24 127	0.24 126	0.24 125	0.24 124	0.24 123	0.24 121	0.24 120	0.24 119	0.24 118	0.24 117	
	30'	0.24 116	0.24 115	0.24 114	0.24 113	0.24 112	0.24 111	0.24 109	0.24 108	0.24 107	0.24 106	
	31'	0.24 105	0.24 104	0.24 103	0.24 102	0.24 101	0.24 100	0.24 099	0.24 098	0.24 096	0.24 095	
	32'	0.24 094	0.24 093	0.24 092	0.24 091	0.24 090	0.24 089	0.24 088	0.24 087	0.24 086	0.24 084	
	33'	0.24 083	0.24 082	0.24 081	0.24 080	0.24 079	0.24 078	0.24 077	0.24 076	0.24 075	0.24 074	
	34'	0.24 073	0.24 071	0.24 070	0.24 069	0.24 068	0.24 067	0.24 066	0.24 065	0.24 064	0.24 063	
	35'	0.24 062	0.24 061	0.24 059	0.24 058	0.24 057	0.24 056	0.24 055	0.24 054	0.24 053	0.24 052	
	36'	0.24 051	0.24 050	0.24 049	0.24 048	0.24 046	0.24 045	0.24 044	0.24 043	0.24 042	0.24 041	
	37'	0.24 040	0.24 039	0.24 038	0.24 037	0.24 036	0.24 034	0.24 033	0.24 032	0.24 031	0.24 030	
	38'	0.24 029	0.24 028	0.24 027	0.24 026	0.24 025	0.24 024	0.24 023	0.24 021	0.24 020	0.24 019	
	39'	0.24 018	0.24 017	0.24 016	0.24 015	0.24 014	0.24 013	0.24 012	0.24 011	0.24 009	0.24 008	
	40'	0.24 007	0.24 006	0.24 005	0.24 004	0.24 003	0.24 002	0.24 001	0.24 000	0.23 999	0.23 998	
	41'	0.23 996	0.23 995	0.23 994	0.23 993	0.23 992	0.23 991	0.23 990	0.23 989	0.23 988	0.23 987	
	42'	0.23 986	0.23 985	0.23 983	0.23 982	0.23 981	0.23 980	0.23 979	0.23 978	0.23 977	0.23 976	
	43'	0.23 975	0.23 974	0.23 973	0.23 972	0.23 970	0.23 969	0.23 968	0.23 967	0.23 966	0.23 965	
	44'	0.23 964	0.23 963	0.23 962	0.23 961	0.23 960	0.23 959	0.23 957	0.23 956	0.23 955	0.23 954	
	45'	0.23 953	0.23 952	0.23 951	0.23 950	0.23 949	0.23 948	0.23 947	0.23 946	0.23 944	0.23 943	
	46'	0.23 942	0.23 941	0.23 940	0.23 939	0.23 938	0.23 937	0.23 936	0.23 935	0.23 934	0.23 933	
	47'	0.23 931	0.23 930	0.23 929	0.23 928	0.23 927	0.23 926	0.23 925	0.23 924	0.23 923	0.23 922	
	48'	0.23 921	0.23 920	0.23 918	0.23 917	0.23 916	0.23 915	0.23 914	0.23 913	0.23 912	0.23 911	
	49'	0.23 910	0.23 909	0.23 908	0.23 907	0.23 905	0.23 904	0.23 903	0.23 902	0.23 901	0.23 900	
	50'	0.23 899	0.23 898	0.23 897	0.23 896	0.23 895	0.23 894	0.23 892	0.23 891	0.23 890	0.23 889	
	51'	0.23 888	0.23 887	0.23 886	0.23 885	0.23 884	0.23 883	0.23 882	0.23 881	0.23 879	0.23 878	
	52'	0.23 877	0.23 876	0.23 875	0.23 874	0.23 873	0.23 872	0.23 871	0.23 870	0.23 869	0.23 868	
	53'	0.23 867	0.23 865	0.23 864	0.23 863	0.23 862	0.23 861	0.23 860	0.23 859	0.23 858	0.23 857	
	54'	0.23 856	0.23 855	0.23 854	0.23 852	0.23 851	0.23 850	0.23 849	0.23 848	0.23 847	0.23 846	
	55'	0.23 845	0.23 844	0.23 843	0.23 842	0.23 841	0.23 839	0.23 838	0.23 837	0.23 836	0.23 835	
	56'	0.23 834	0.23 833	0.23 832	0.23 831	0.23 830	0.23 829	0.23 828	0.23 827	0.23 825	0.23 824	
	57'	0.23 823	0.23 822	0.23 821	0.23 820	0.23 819	0.23 818	0.23 817	0.23 816	0.23 815	0.23 814	
	58'	0.23 812	0.23 811	0.23 810	0.23 809	0.23 808	0.23 807	0.23 806	0.23 805	0.23 804	0.23 803	
	59'	0.23 802	0.23 801	0.23 800	0.23 798	0.23 797	0.23 796	0.23 795	0.23 794	0.23 793	0.23 792	

K 99° K

	0.'0	0.'1	0.'2	0.'3	0.'4	0.'5	0.'6	0.'7	0.'8	0.'9
0'	0.23 791	0.23 790	0.23 789	0.23 788	0.23 787	0.23 786	0.23 784	0.23 783	0.23 782	0.23 781
1'	0.23 780	0.23 779	0.23 778	0.23 777	0.23 776	0.23 775	0.23 774	0.23 773	0.23 771	0.23 770
2'	0.23 769	0.23 768	0.23 767	0.23 766	0.23 765	0.23 764	0.23 763	0.23 762	0.23 761	0.23 760
3'	0.23 759	0.23 757	0.23 756	0.23 755	0.23 754	0.23 753	0.23 752	0.23 751	0.23 750	0.23 749
4'	0.23 748	0.23 747	0.23 746	0.23 745	0.23 743	0.23 742	0.23 741	0.23 740	0.23 739	0.23 738
5'	0.23 737	0.23 736	0.23 735	0.23 734	0.23 733	0.23 732	0.23 731	0.23 729	0.23 728	0.23 727
6'	0.23 726	0.23 725	0.23 724	0.23 723	0.23 722	0.23 721	0.23 720	0.23 719	0.23 718	0.23 717
7'	0.23 715	0.23 714	0.23 713	0.23 712	0.23 711	0.23 710	0.23 709	0.23 708	0.23 707	0.23 706
8'	0.23 705	0.23 704	0.23 703	0.23 701	0.23 700	0.23 699	0.23 698	0.23 697	0.23 696	0.23 695
9'	0.23 694	0.23 693	0.23 692	0.23 691	0.23 690	0.23 689	0.23 687	0.23 686	0.23 685	0.23 684
10'	0.23 683	0.23 682	0.23 681	0.23 680	0.23 679	0.23 678	0.23 677	0.23 676	0.23 675	0.23 673
11'	0.23 672	0.23 671	0.23 670	0.23 669	0.23 668	0.23 667	0.23 666	0.23 665	0.23 664	0.23 663
12'	0.23 662	0.23 661	0.23 659	0.23 658	0.23 657	0.23 656	0.23 655	0.23 654	0.23 653	0.23 652
13'	0.23 651	0.23 650	0.23 649	0.23 648	0.23 647	0.23 646	0.23 644	0.23 643	0.23 642	0.23 641
14'	0.23 640	0.23 639	0.23 638	0.23 637	0.23 636	0.23 635	0.23 634	0.23 633	0.23 632	0.23 630
15'	0.23 629	0.23 628	0.23 627	0.23 626	0.23 625	0.23 624	0.23 623	0.23 622	0.23 621	0.23 620
16'	0.23 619	0.23 618	0.23 617	0.23 615	0.23 614	0.23 613	0.23 612	0.23 611	0.23 610	0.23 609
17'	0.23 608	0.23 607	0.23 606	0.23 605	0.23 604	0.23 603	0.23 601	0.23 600	0.23 599	0.23 598
18'	0.23 597	0.23 596	0.23 595	0.23 594	0.23 593	0.23 592	0.23 591	0.23 590	0.23 589	0.23 588
19'	0.23 586	0.23 585	0.23 584	0.23 583	0.23 582	0.23 581	0.23 580	0.23 579	0.23 578	0.23 577
20'	0.23 576	0.23 575	0.23 574	0.23 573	0.23 571	0.23 570	0.23 569	0.23 568	0.23 567	0.23 566
21'	0.23 565	0.23 564	0.23 563	0.23 562	0.23 561	0.23 560	0.23 559	0.23 558	0.23 556	0.23 555
22'	0.23 554	0.23 553	0.23 552	0.23 551	0.23 550	0.23 549	0.23 548	0.23 547	0.23 546	0.23 545
23'	0.23 544	0.23 543	0.23 541	0.23 540	0.23 539	0.23 538	0.23 537	0.23 536	0.23 535	0.23 534
24'	0.23 533	0.23 532	0.23 531	0.23 530	0.23 529	0.23 528	0.23 526	0.23 525	0.23 524	0.23 523
25'	0.23 522	0.23 521	0.23 520	0.23 519	0.23 518	0.23 517	0.23 516	0.23 515	0.23 514	0.23 513
26'	0.23 511	0.23 510	0.23 509	0.23 508	0.23 507	0.23 506	0.23 505	0.23 504	0.23 503	0.23 502
27'	0.23 501	0.23 500	0.23 499	0.23 498	0.23 496	0.23 495	0.23 494	0.23 493	0.23 492	0.23 491
28'	0.23 490	0.23 489	0.23 488	0.23 487	0.23 486	0.23 485	0.23 484	0.23 483	0.23 481	0.23 480
29'	0.23 479	0.23 478	0.23 477	0.23 476	0.23 475	0.23 474	0.23 473	0.23 472	0.23 471	0.23 470
30'	0.23 469	0.23 468	0.23 466	0.23 465	0.23 464	0.23 463	0.23 462	0.23 461	0.23 460	0.23 459
31'	0.23 458	0.23 457	0.23 456	0.23 455	0.23 454	0.23 453	0.23 452	0.23 450	0.23 449	0.23 448
32'	0.23 447	0.23 446	0.23 445	0.23 444	0.23 443	0.23 442	0.23 441	0.23 440	0.23 439	0.23 438
33'	0.23 437	0.23 435	0.23 434	0.23 433	0.23 432	0.23 431	0.23 430	0.23 429	0.23 428	0.23 427
34'	0.23 426	0.23 425	0.23 424	0.23 423	0.23 422	0.23 421	0.23 419	0.23 418	0.23 417	0.23 416
35'	0.23 415	0.23 414	0.23 413	0.23 412	0.23 411	0.23 410	0.23 409	0.23 408	0.23 407	0.23 406
36'	0.23 405	0.23 403	0.23 402	0.23 401	0.23 400	0.23 399	0.23 398	0.23 397	0.23 396	0.23 395
37'	0.23 394	0.23 393	0.23 392	0.23 391	0.23 390	0.23 389	0.23 387	0.23 386	0.23 385	0.23 384
38'	0.23 383	0.23 382	0.23 381	0.23 380	0.23 379	0.23 378	0.23 377	0.23 376	0.23 375	0.23 374
39'	0.23 373	0.23 371	0.23 370	0.23 369	0.23 368	0.23 367	0.23 366	0.23 365	0.23 364	0.23 363
40'	0.23 362	0.23 361	0.23 360	0.23 359	0.23 358	0.23 357	0.23 355	0.23 354	0.23 353	0.23 352
41'	0.23 351	0.23 350	0.23 349	0.23 348	0.23 347	0.23 346	0.23 345	0.23 344	0.23 343	0.23 342
42'	0.23 341	0.23 339	0.23 338	0.23 337	0.23 336	0.23 335	0.23 334	0.23 333	0.23 332	0.23 331
43'	0.23 330	0.23 329	0.23 328	0.23 327	0.23 326	0.23 325	0.23 323	0.23 322	0.23 321	0.23 320
44'	0.23 319	0.23 318	0.23 317	0.23 316	0.23 315	0.23 314	0.23 313	0.23 312	0.23 311	0.23 310
45'	0.23 309	0.23 308	0.23 306	0.23 305	0.23 304	0.23 303	0.23 302	0.23 301	0.23 300	0.23 299
46'	0.23 298	0.23 297	0.23 296	0.23 295	0.23 294	0.23 293	0.23 292	0.23 290	0.23 289	0.23 288
47'	0.23 287	0.23 286	0.23 285	0.23 284	0.23 283	0.23 282	0.23 281	0.23 280	0.23 279	0.23 278
48'	0.23 277	0.23 276	0.23 275	0.23 273	0.23 272	0.23 271	0.23 270	0.23 269	0.23 268	0.23 267
49'	0.23 266	0.23 265	0.23 264	0.23 263	0.23 262	0.23 261	0.23 260	0.23 259	0.23 257	0.23 256
50'	0.23 255	0.23 254	0.23 253	0.23 252	0.23 251	0.23 250	0.23 249	0.23 248	0.23 247	0.23 246
51'	0.23 245	0.23 244	0.23 243	0.23 242	0.23 240	0.23 239	0.23 238	0.23 237	0.23 236	0.23 235
52'	0.23 234	0.23 233	0.23 232	0.23 231	0.23 230	0.23 229	0.23 228	0.23 227	0.23 226	0.23 225
53'	0.23 223	0.23 222	0.23 221	0.23 220	0.23 219	0.23 218	0.23 217	0.23 216	0.23 215	0.23 214
54'	0.23 213	0.23 212	0.23 211	0.23 210	0.23 209	0.23 208	0.23 206	0.23 205	0.23 204	0.23 203
55'	0.23 202	0.23 201	0.23 200	0.23 199	0.23 198	0.23 197	0.23 196	0.23 195	0.23 194	0.23 193
56'	0.23 192	0.23 191	0.23 190	0.23 188	0.23 187	0.23 186	0.23 185	0.23 184	0.23 183	0.23 182
57'	0.23 181	0.23 180	0.23 179	0.23 178	0.23 177	0.23 176	0.23 175	0.23 174	0.23 173	0.23 171
58'	0.23 170	0.23 169	0.23 168	0.23 167	0.23 166	0.23 165	0.23 164	0.23 163	0.23 162	0.23 161
59'	0.23 160	0.23 159	0.23 158	0.23 157	0.23 156	0.23 155	0.23 153	0.23 152	0.23 151	0.23 150

K

100°

	0.'0	0.'1	0.'2	0.'3	0.'4	0.'5	0.'6	0.'7	0.'8	0.'9
0'	0.23 149	0.23 148	0.23 147	0.23 146	0.23 145	0.23 144	0.23 143	0.23 142	0.23 141	0.23 140
1'	0.23 139	0.23 138	0.23 136	0.23 135	0.23 134	0.23 133	0.23 132	0.23 131	0.23 130	0.23 129
2'	0.23 128	0.23 127	0.23 126	0.23 125	0.23 124	0.23 123	0.23 122	0.23 121	0.23 120	0.23 118
3'	0.23 117	0.23 116	0.23 115	0.23 114	0.23 113	0.23 112	0.23 111	0.23 110	0.23 109	0.23 108
4'	0.23 107	0.23 106	0.23 105	0.23 104	0.23 103	0.23 102	0.23 100	0.23 099	0.23 098	0.23 097
5'	0.23 096	0.23 095	0.23 094	0.23 093	0.23 092	0.23 091	0.23 090	0.23 089	0.23 088	0.23 087
6'	0.23 086	0.23 085	0.23 084	0.23 082	0.23 081	0.23 080	0.23 079	0.23 078	0.23 077	0.23 076
7'	0.23 075	0.23 074	0.23 073	0.23 072	0.23 071	0.23 070	0.23 069	0.23 068	0.23 067	0.23 066
8'	0.23 065	0.23 063	0.23 062	0.23 061	0.23 060	0.23 059	0.23 058	0.23 057	0.23 056	0.23 055
9'	0.23 054	0.23 053	0.23 052	0.23 051	0.23 050	0.23 049	0.23 048	0.23 047	0.23 045	0.23 044
10'	0.23 043	0.23 042	0.23 041	0.23 040	0.23 039	0.23 038	0.23 037	0.23 036	0.23 035	0.23 034
11'	0.23 033	0.23 032	0.23 031	0.23 030	0.23 029	0.23 028	0.23 026	0.23 025	0.23 024	0.23 023
12'	0.23 022	0.23 021	0.23 020	0.23 019	0.23 018	0.23 017	0.23 016	0.23 015	0.23 014	0.23 013
13'	0.23 012	0.23 011	0.23 010	0.23 008	0.23 007	0.23 006	0.23 005	0.23 004	0.23 003	0.23 002
14'	0.23 001	0.23 000	0.22 999	0.22 998	0.22 997	0.22 996	0.22 995	0.22 994	0.22 993	0.22 992
15'	0.22 991	0.22 989	0.22 988	0.22 987	0.22 986	0.22 985	0.22 984	0.22 983	0.22 982	0.22 981
16'	0.22 980	0.22 979	0.22 978	0.22 977	0.22 976	0.22 975	0.22 974	0.22 973	0.22 972	0.22 971
17'	0.22 969	0.22 968	0.22 967	0.22 966	0.22 965	0.22 964	0.22 963	0.22 962	0.22 961	0.22 960
18'	0.22 959	0.22 958	0.22 957	0.22 956	0.22 955	0.22 954	0.22 953	0.22 952	0.22 950	0.22 949
19'	0.22 948	0.22 947	0.22 946	0.22 945	0.22 944	0.22 943	0.22 942	0.22 941	0.22 940	0.22 939
20'	0.22 938	0.22 937	0.22 936	0.22 935	0.22 934	0.22 933	0.22 932	0.22 930	0.22 929	0.22 928
21'	0.22 927	0.22 926	0.22 925	0.22 924	0.22 923	0.22 922	0.22 921	0.22 920	0.22 919	0.22 918
22'	0.22 917	0.22 916	0.22 915	0.22 914	0.22 913	0.22 911	0.22 910	0.22 909	0.22 908	0.22 907
23'	0.22 906	0.22 905	0.22 904	0.22 903	0.22 902	0.22 901	0.22 900	0.22 899	0.22 898	0.22 897
24'	0.22 896	0.22 895	0.22 894	0.22 893	0.22 891	0.22 890	0.22 889	0.22 888	0.22 887	0.22 886
25'	0.22 885	0.22 884	0.22 883	0.22 882	0.22 881	0.22 880	0.22 879	0.22 878	0.22 877	0.22 876
26'	0.22 875	0.22 874	0.22 873	0.22 871	0.22 870	0.22 869	0.22 868	0.22 867	0.22 866	0.22 865
27'	0.22 864	0.22 863	0.22 862	0.22 861	0.22 860	0.22 859	0.22 858	0.22 857	0.22 856	0.22 855
28'	0.22 854	0.22 853	0.22 852	0.22 850	0.22 849	0.22 848	0.22 847	0.22 846	0.22 845	0.22 844
29'	0.22 843	0.22 842	0.22 841	0.22 840	0.22 839	0.22 838	0.22 837	0.22 836	0.22 835	0.22 834
30'	0.22 833	0.22 832	0.22 830	0.22 829	0.22 828	0.22 827	0.22 826	0.22 825	0.22 824	0.22 823
31'	0.22 822	0.22 821	0.22 820	0.22 819	0.22 818	0.22 817	0.22 816	0.22 815	0.22 814	0.22 813
32'	0.22 812	0.22 811	0.22 809	0.22 808	0.22 807	0.22 806	0.22 805	0.22 804	0.22 803	0.22 802
33'	0.22 801	0.22 800	0.22 799	0.22 798	0.22 797	0.22 796	0.22 795	0.22 794	0.22 793	0.22 792
34'	0.22 791	0.22 790	0.22 788	0.22 787	0.22 786	0.22 785	0.22 784	0.22 783	0.22 782	0.22 781
35'	0.22 780	0.22 779	0.22 778	0.22 777	0.22 776	0.22 775	0.22 774	0.22 773	0.22 772	0.22 771
36'	0.22 770	0.22 769	0.22 768	0.22 766	0.22 765	0.22 764	0.22 763	0.22 762	0.22 761	0.22 760
37'	0.22 759	0.22 758	0.22 757	0.22 756	0.22 755	0.22 754	0.22 753	0.22 752	0.22 751	0.22 750
38'	0.22 749	0.22 748	0.22 747	0.22 745	0.22 744	0.22 743	0.22 742	0.22 741	0.22 740	0.22 739
39'	0.22 738	0.22 737	0.22 736	0.22 735	0.22 734	0.22 733	0.22 732	0.22 731	0.22 730	0.22 729
40'	0.22 728	0.22 727	0.22 726	0.22 725	0.22 723	0.22 722	0.22 721	0.22 720	0.22 719	0.22 718
41'	0.22 717	0.22 716	0.22 715	0.22 714	0.22 713	0.22 712	0.22 711	0.22 710	0.22 709	0.22 708
42'	0.22 707	0.22 706	0.22 705	0.22 704	0.22 703	0.22 702	0.22 700	0.22 699	0.22 698	0.22 697
43'	0.22 696	0.22 695	0.22 694	0.22 693	0.22 692	0.22 691	0.22 690	0.22 689	0.22 688	0.22 687
44'	0.22 686	0.22 685	0.22 684	0.22 683	0.22 682	0.22 681	0.22 680	0.22 678	0.22 677	0.22 676
45'	0.22 675	0.22 674	0.22 673	0.22 672	0.22 671	0.22 670	0.22 669	0.22 668	0.22 667	0.22 666
46'	0.22 665	0.22 664	0.22 663	0.22 662	0.22 661	0.22 660	0.22 659	0.22 658	0.22 657	0.22 655
47'	0.22 654	0.22 653	0.22 652	0.22 651	0.22 650	0.22 649	0.22 648	0.22 647	0.22 646	0.22 645
48'	0.22 644	0.22 643	0.22 642	0.22 641	0.22 640	0.22 639	0.22 638	0.22 637	0.22 636	0.22 635
49'	0.22 634	0.22 632	0.22 631	0.22 630	0.22 629	0.22 628	0.22 627	0.22 626	0.22 625	0.22 624
50'	0.22 623	0.22 622	0.22 621	0.22 620	0.22 619	0.22 618	0.22 617	0.22 616	0.22 615	0.22 614
51'	0.22 613	0.22 612	0.22 611	0.22 610	0.22 608	0.22 607	0.22 606	0.22 605	0.22 604	0.22 603
52'	0.22 602	0.22 601	0.22 600	0.22 599	0.22 598	0.22 597	0.22 596	0.22 595	0.22 594	0.22 593
53'	0.22 592	0.22 591	0.22 590	0.22 589	0.22 588	0.22 587	0.22 586	0.22 584	0.22 583	0.22 582
54'	0.22 581	0.22 580	0.22 579	0.22 578	0.22 577	0.22 576	0.22 575	0.22 574	0.22 573	0.22 572
55'	0.22 571	0.22 570	0.22 569	0.22 568	0.22 567	0.22 566	0.22 565	0.22 564	0.22 563	0.22 562
56'	0.22 560	0.22 559	0.22 558	0.22 557	0.22 556	0.22 555	0.22 554	0.22 553	0.22 552	0.22 551
57'	0.22 550	0.22 549	0.22 548	0.22 547	0.22 546	0.22 545	0.22 544	0.22 543	0.22 542	0.22 541
58'	0.22 540	0.22 539	0.22 538	0.22 536	0.22 535	0.22 534	0.22 533	0.22 532	0.22 531	0.22 530
59'	0.22 529	0.22 528	0.22 527	0.22 526	0.22 525	0.22 524	0.22 523	0.22 522	0.22 521	0.22 520

100° K

101°

	0.'0	0.'1	0.'2	0.'3	0.'4	0.'5	0.'6	0.'7	0.'8	0.'9
0'	0.22 519	0.22 518	0.22 517	0.22 516	0.22 515	0.22 514	0.22 513	0.22 511	0.22 510	0.22 509
1'	0.22 508	0.22 507	0.22 506	0.22 505	0.22 504	0.22 503	0.22 502	0.22 501	0.22 500	0.22 499
2'	0.22 498	0.22 497	0.22 496	0.22 495	0.22 494	0.22 493	0.22 492	0.22 491	0.22 490	0.22 489
3'	0.22 488	0.22 487	0.22 485	0.22 484	0.22 483	0.22 482	0.22 481	0.22 480	0.22 479	0.22 478
4'	0.22 477	0.22 476	0.22 475	0.22 474	0.22 473	0.22 472	0.22 471	0.22 470	0.22 469	0.22 468
5'	0.22 467	0.22 466	0.22 465	0.22 464	0.22 463	0.22 462	0.22 461	0.22 459	0.22 458	0.22 457
6'	0.22 456	0.22 455	0.22 454	0.22 453	0.22 452	0.22 451	0.22 450	0.22 449	0.22 448	0.22 447
7'	0.22 446	0.22 445	0.22 444	0.22 443	0.22 442	0.22 441	0.22 440	0.22 439	0.22 438	0.22 437
8'	0.22 436	0.22 435	0.22 433	0.22 432	0.22 431	0.22 430	0.22 429	0.22 428	0.22 427	0.22 426
9'	0.22 425	0.22 424	0.22 423	0.22 422	0.22 421	0.22 420	0.22 419	0.22 418	0.22 417	0.22 416
10'	0.22 415	0.22 414	0.22 413	0.22 412	0.22 411	0.22 410	0.22 409	0.22 408	0.22 406	0.22 405
11'	0.22 404	0.22 403	0.22 402	0.22 401	0.22 400	0.22 399	0.22 398	0.22 397	0.22 396	0.22 395
12'	0.22 394	0.22 393	0.22 392	0.22 391	0.22 390	0.22 389	0.22 388	0.22 387	0.22 386	0.22 385
13'	0.22 384	0.22 383	0.22 382	0.22 381	0.22 380	0.22 378	0.22 377	0.22 376	0.22 375	0.22 374
14'	0.22 373	0.22 372	0.22 371	0.22 370	0.22 369	0.22 368	0.22 367	0.22 366	0.22 365	0.22 364
15'	0.22 363	0.22 362	0.22 361	0.22 360	0.22 359	0.22 358	0.22 357	0.22 356	0.22 355	0.22 354
16'	0.22 353	0.22 352	0.22 350	0.22 349	0.22 348	0.22 347	0.22 346	0.22 345	0.22 344	0.22 343
17'	0.22 342	0.22 341	0.22 340	0.22 339	0.22 338	0.22 337	0.22 336	0.22 335	0.22 334	0.22 333
18'	0.22 332	0.22 331	0.22 330	0.22 329	0.22 328	0.22 327	0.22 326	0.22 325	0.22 324	0.22 323
19'	0.22 321	0.22 320	0.22 319	0.22 318	0.22 317	0.22 316	0.22 315	0.22 314	0.22 313	0.22 312
20'	0.22 311	0.22 310	0.22 309	0.22 308	0.22 307	0.22 306	0.22 305	0.22 304	0.22 303	0.22 302
21'	0.22 301	0.22 300	0.22 299	0.22 298	0.22 297	0.22 296	0.22 295	0.22 294	0.22 292	0.22 291
22'	0.22 290	0.22 289	0.22 288	0.22 287	0.22 286	0.22 285	0.22 284	0.22 283	0.22 282	0.22 281
23'	0.22 280	0.22 279	0.22 278	0.22 277	0.22 276	0.22 275	0.22 274	0.22 273	0.22 272	0.22 271
24'	0.22 270	0.22 269	0.22 268	0.22 267	0.22 266	0.22 265	0.22 264	0.22 263	0.22 261	0.22 260
25'	0.22 259	0.22 258	0.22 257	0.22 256	0.22 255	0.22 254	0.22 253	0.22 252	0.22 251	0.22 250
26'	0.22 249	0.22 248	0.22 247	0.22 246	0.22 245	0.22 244	0.22 243	0.22 242	0.22 241	0.22 240
27'	0.22 239	0.22 238	0.22 237	0.22 236	0.22 235	0.22 234	0.22 233	0.22 232	0.22 230	0.22 229
28'	0.22 228	0.22 227	0.22 226	0.22 225	0.22 224	0.22 223	0.22 222	0.22 221	0.22 220	0.22 219
29'	0.22 218	0.22 217	0.22 216	0.22 215	0.22 214	0.22 213	0.22 212	0.22 211	0.22 210	0.22 209
30'	0.22 208	0.22 207	0.22 206	0.22 205	0.22 204	0.22 203	0.22 202	0.22 201	0.22 199	0.22 198
31'	0.22 197	0.22 196	0.22 195	0.22 194	0.22 193	0.22 192	0.22 191	0.22 190	0.22 189	0.22 188
32'	0.22 187	0.22 186	0.22 185	0.22 184	0.22 183	0.22 182	0.22 181	0.22 180	0.22 179	0.22 178
33'	0.22 177	0.22 176	0.22 175	0.22 174	0.22 173	0.22 172	0.22 171	0.22 170	0.22 169	0.22 168
34'	0.22 166	0.22 165	0.22 164	0.22 163	0.22 162	0.22 161	0.22 160	0.22 159	0.22 158	0.22 157
35'	0.22 156	0.22 155	0.22 154	0.22 153	0.22 152	0.22 151	0.22 150	0.22 149	0.22 148	0.22 147
36'	0.22 146	0.22 145	0.22 144	0.22 143	0.22 142	0.22 141	0.22 140	0.22 139	0.22 138	0.22 137
37'	0.22 136	0.22 135	0.22 134	0.22 132	0.22 131	0.22 130	0.22 129	0.22 128	0.22 127	0.22 126
38'	0.22 125	0.22 124	0.22 123	0.22 122	0.22 121	0.22 120	0.22 119	0.22 118	0.22 117	0.22 116
39'	0.22 115	0.22 114	0.22 113	0.22 112	0.22 111	0.22 110	0.22 109	0.22 108	0.22 107	0.22 106
40'	0.22 105	0.22 104	0.22 103	0.22 102	0.22 101	0.22 100	0.22 099	0.22 097	0.22 096	0.22 095
41'	0.22 094	0.22 093	0.22 092	0.22 091	0.22 090	0.22 089	0.22 088	0.22 087	0.22 086	0.22 085
42'	0.22 084	0.22 083	0.22 082	0.22 081	0.22 080	0.22 079	0.22 078	0.22 077	0.22 076	0.22 075
43'	0.22 074	0.22 073	0.22 072	0.22 071	0.22 070	0.22 069	0.22 068	0.22 067	0.22 066	0.22 065
44'	0.22 064	0.22 063	0.22 061	0.22 060	0.22 059	0.22 058	0.22 057	0.22 056	0.22 055	0.22 054
45'	0.22 053	0.22 052	0.22 051	0.22 050	0.22 049	0.22 048	0.22 047	0.22 046	0.22 045	0.22 044
46'	0.22 043	0.22 042	0.22 041	0.22 040	0.22 039	0.22 038	0.22 037	0.22 036	0.22 035	0.22 034
47'	0.22 033	0.22 032	0.22 031	0.22 030	0.22 029	0.22 028	0.22 027	0.22 026	0.22 025	0.22 023
48'	0.22 022	0.22 021	0.22 020	0.22 019	0.22 018	0.22 017	0.22 016	0.22 015	0.22 014	0.22 013
49'	0.22 012	0.22 011	0.22 010	0.22 009	0.22 008	0.22 007	0.22 006	0.22 005	0.22 004	0.22 003
50'	0.22 002	0.22 001	0.22 000	0.21 999	0.21 998	0.21 997	0.21 996	0.21 995	0.21 994	0.21 993
51'	0.21 992	0.21 991	0.21 990	0.21 989	0.21 988	0.21 987	0.21 986	0.21 984	0.21 983	0.21 982
52'	0.21 981	0.21 980	0.21 979	0.21 978	0.21 977	0.21 976	0.21 975	0.21 974	0.21 973	0.21 972
53'	0.21 971	0.21 970	0.21 969	0.21 968	0.21 967	0.21 966	0.21 965	0.21 964	0.21 963	0.21 962
54'	0.21 961	0.21 960	0.21 959	0.21 958	0.21 957	0.21 956	0.21 955	0.21 954	0.21 953	0.21 952
55'	0.21 951	0.21 950	0.21 949	0.21 948	0.21 947	0.21 946	0.21 945	0.21 943	0.21 942	0.21 941
56'	0.21 940	0.21 939	0.21 938	0.21 937	0.21 936	0.21 935	0.21 934	0.21 933	0.21 932	0.21 931
57'	0.21 930	0.21 929	0.21 928	0.21 927	0.21 926	0.21 925	0.21 924	0.21 923	0.21 922	0.21 921
58'	0.21 920	0.21 919	0.21 918	0.21 917	0.21 916	0.21 915	0.21 914	0.21 913	0.21 912	0.21 911
59'	0.21 910	0.21 909	0.21 908	0.21 907	0.21 906	0.21 905	0.21 904	0.21 903	0.21 902	0.21 901

K   K

102°

	0.'0	0.'1	0.'2	0.'3	0.'4	0.'5	0.'6	0.'7	0.'8	0.'9
0'	0.21 899	0.21 898	0.21 897	0.21 896	0.21 895	0.21 894	0.21 893	0.21 892	0.21 891	0.21 890
1'	0.21 889	0.21 888	0.21 887	0.21 886	0.21 885	0.21 884	0.21 883	0.21 882	0.21 881	0.21 880
2'	0.21 879	0.21 878	0.21 877	0.21 876	0.21 875	0.21 874	0.21 873	0.21 872	0.21 871	0.21 870
3'	0.21 869	0.21 868	0.21 867	0.21 866	0.21 865	0.21 864	0.21 863	0.21 862	0.21 861	0.21 860
4'	0.21 859	0.21 858	0.21 857	0.21 856	0.21 854	0.21 853	0.21 852	0.21 851	0.21 850	0.21 849
5'	0.21 848	0.21 847	0.21 846	0.21 845	0.21 844	0.21 843	0.21 842	0.21 841	0.21 840	0.21 839
6'	0.21 838	0.21 837	0.21 836	0.21 835	0.21 834	0.21 833	0.21 832	0.21 831	0.21 830	0.21 829
7'	0.21 828	0.21 827	0.21 826	0.21 825	0.21 824	0.21 823	0.21 822	0.21 821	0.21 820	0.21 819
8'	0.21 818	0.21 817	0.21 816	0.21 815	0.21 814	0.21 813	0.21 812	0.21 811	0.21 810	0.21 809
9'	0.21 808	0.21 807	0.21 805	0.21 804	0.21 803	0.21 802	0.21 801	0.21 800	0.21 799	0.21 798
10'	0.21 797	0.21 796	0.21 795	0.21 794	0.21 793	0.21 792	0.21 791	0.21 790	0.21 789	0.21 788
11'	0.21 787	0.21 786	0.21 785	0.21 784	0.21 783	0.21 782	0.21 781	0.21 780	0.21 779	0.21 778
12'	0.21 777	0.21 776	0.21 775	0.21 774	0.21 773	0.21 772	0.21 771	0.21 770	0.21 769	0.21 768
13'	0.21 767	0.21 766	0.21 765	0.21 764	0.21 763	0.21 762	0.21 761	0.21 760	0.21 759	0.21 758
14'	0.21 757	0.21 756	0.21 755	0.21 754	0.21 752	0.21 751	0.21 750	0.21 749	0.21 748	0.21 747
15'	0.21 746	0.21 745	0.21 744	0.21 743	0.21 742	0.21 741	0.21 740	0.21 739	0.21 738	0.21 737
16'	0.21 736	0.21 735	0.21 734	0.21 733	0.21 732	0.21 731	0.21 730	0.21 729	0.21 728	0.21 727
17'	0.21 726	0.21 725	0.21 724	0.21 723	0.21 722	0.21 721	0.21 720	0.21 719	0.21 718	0.21 717
18'	0.21 716	0.21 715	0.21 714	0.21 713	0.21 712	0.21 711	0.21 710	0.21 709	0.21 708	0.21 707
19'	0.21 706	0.21 705	0.21 704	0.21 703	0.21 702	0.21 701	0.21 700	0.21 699	0.21 698	0.21 697
20'	0.21 695	0.21 694	0.21 693	0.21 692	0.21 691	0.21 690	0.21 689	0.21 688	0.21 687	0.21 686
21'	0.21 685	0.21 684	0.21 683	0.21 682	0.21 681	0.21 680	0.21 679	0.21 678	0.21 677	0.21 676
22'	0.21 675	0.21 674	0.21 673	0.21 672	0.21 671	0.21 670	0.21 669	0.21 668	0.21 667	0.21 666
23'	0.21 665	0.21 664	0.21 663	0.21 662	0.21 661	0.21 660	0.21 659	0.21 658	0.21 657	0.21 656
24'	0.21 655	0.21 654	0.21 653	0.21 652	0.21 651	0.21 650	0.21 649	0.21 648	0.21 647	0.21 646
25'	0.21 645	0.21 644	0.21 643	0.21 642	0.21 641	0.21 640	0.21 639	0.21 638	0.21 637	0.21 636
26'	0.21 635	0.21 634	0.21 632	0.21 631	0.21 630	0.21 629	0.21 628	0.21 627	0.21 626	0.21 625
27'	0.21 624	0.21 623	0.21 622	0.21 621	0.21 620	0.21 619	0.21 618	0.21 617	0.21 616	0.21 615
28'	0.21 614	0.21 613	0.21 612	0.21 611	0.21 610	0.21 609	0.21 608	0.21 607	0.21 606	0.21 605
29'	0.21 604	0.21 603	0.21 602	0.21 601	0.21 600	0.21 599	0.21 598	0.21 597	0.21 596	0.21 595
30'	0.21 594	0.21 593	0.21 592	0.21 591	0.21 590	0.21 589	0.21 588	0.21 587	0.21 586	0.21 585
31'	0.21 584	0.21 583	0.21 582	0.21 581	0.21 580	0.21 579	0.21 578	0.21 577	0.21 576	0.21 575
32'	0.21 574	0.21 573	0.21 572	0.21 571	0.21 570	0.21 569	0.21 568	0.21 567	0.21 566	0.21 565
33'	0.21 564	0.21 563	0.21 562	0.21 561	0.21 559	0.21 558	0.21 557	0.21 556	0.21 555	0.21 554
34'	0.21 553	0.21 552	0.21 551	0.21 550	0.21 549	0.21 548	0.21 547	0.21 546	0.21 545	0.21 544
35'	0.21 543	0.21 542	0.21 541	0.21 540	0.21 539	0.21 538	0.21 537	0.21 536	0.21 535	0.21 534
36'	0.21 533	0.21 532	0.21 531	0.21 530	0.21 529	0.21 528	0.21 527	0.21 526	0.21 525	0.21 524
37'	0.21 523	0.21 522	0.21 521	0.21 520	0.21 519	0.21 518	0.21 517	0.21 516	0.21 515	0.21 514
38'	0.21 513	0.21 512	0.21 511	0.21 510	0.21 509	0.21 508	0.21 507	0.21 506	0.21 505	0.21 504
39'	0.21 503	0.21 502	0.21 501	0.21 500	0.21 499	0.21 498	0.21 497	0.21 496	0.21 495	0.21 494
40'	0.21 493	0.21 492	0.21 491	0.21 490	0.21 489	0.21 488	0.21 487	0.21 486	0.21 485	0.21 484
41'	0.21 483	0.21 482	0.21 481	0.21 480	0.21 479	0.21 478	0.21 477	0.21 476	0.21 475	0.21 474
42'	0.21 472	0.21 471	0.21 470	0.21 469	0.21 468	0.21 467	0.21 466	0.21 465	0.21 464	0.21 463
43'	0.21 462	0.21 461	0.21 460	0.21 459	0.21 458	0.21 457	0.21 456	0.21 455	0.21 454	0.21 453
44'	0.21 452	0.21 451	0.21 450	0.21 449	0.21 448	0.21 447	0.21 446	0.21 445	0.21 444	0.21 443
45'	0.21 442	0.21 441	0.21 440	0.21 439	0.21 438	0.21 437	0.21 436	0.21 435	0.21 434	0.21 433
46'	0.21 432	0.21 431	0.21 430	0.21 429	0.21 428	0.21 427	0.21 426	0.21 425	0.21 424	0.21 423
47'	0.21 422	0.21 421	0.21 420	0.21 419	0.21 418	0.21 417	0.21 416	0.21 415	0.21 414	0.21 413
48'	0.21 412	0.21 411	0.21 410	0.21 409	0.21 408	0.21 407	0.21 406	0.21 405	0.21 404	0.21 403
49'	0.21 402	0.21 401	0.21 400	0.21 399	0.21 398	0.21 397	0.21 396	0.21 395	0.21 394	0.21 393
50'	0.21 392	0.21 391	0.21 390	0.21 389	0.21 388	0.21 387	0.21 386	0.21 385	0.21 384	0.21 383
51'	0.21 382	0.21 381	0.21 380	0.21 379	0.21 378	0.21 377	0.21 376	0.21 375	0.21 374	0.21 373
52'	0.21 372	0.21 371	0.21 370	0.21 369	0.21 368	0.21 367	0.21 366	0.21 365	0.21 364	0.21 363
53'	0.21 362	0.21 361	0.21 360	0.21 359	0.21 358	0.21 357	0.21 355	0.21 354	0.21 353	0.21 352
54'	0.21 351	0.21 350	0.21 349	0.21 348	0.21 347	0.21 346	0.21 345	0.21 344	0.21 343	0.21 342
55'	0.21 341	0.21 340	0.21 339	0.21 338	0.21 337	0.21 336	0.21 335	0.21 334	0.21 333	0.21 332
56'	0.21 331	0.21 330	0.21 329	0.21 328	0.21 327	0.21 326	0.21 325	0.21 324	0.21 323	0.21 322
57'	0.21 321	0.21 320	0.21 319	0.21 318	0.21 317	0.21 316	0.21 315	0.21 314	0.21 313	0.21 312
58'	0.21 311	0.21 310	0.21 309	0.21 308	0.21 307	0.21 306	0.21 305	0.21 304	0.21 303	0.21 302
59'	0.21 301	0.21 300	0.21 299	0.21 298	0.21 297	0.21 296	0.21 295	0.21 294	0.21 293	0.21 292

102°

K   K

103°		0.'0	0.'1	0.'2	0.'3	0.'4	0.'5	0.'6	0.'7	0.'8	0.'9	103°
	0'	0.21 291	0.21 290	0.21 289	0.21 288	0.21 287	0.21 286	0.21 285	0.21 284	0.21 283	0.21 282	
	1'	0.21 281	0.21 280	0.21 279	0.21 278	0.21 277	0.21 276	0.21 275	0.21 274	0.21 273	0.21 272	
	2'	0.21 271	0.21 270	0.21 269	0.21 268	0.21 267	0.21 266	0.21 265	0.21 264	0.21 263	0.21 262	
	3'	0.21 261	0.21 260	0.21 259	0.21 258	0.21 257	0.21 256	0.21 255	0.21 254	0.21 253	0.21 252	
	4'	0.21 251	0.21 250	0.21 249	0.21 248	0.21 247	0.21 246	0.21 245	0.21 244	0.21 243	0.21 242	
	5'	0.21 241	0.21 240	0.21 239	0.21 238	0.21 237	0.21 236	0.21 235	0.21 234	0.21 233	0.21 232	
	6'	0.21 231	0.21 230	0.21 229	0.21 228	0.21 227	0.21 226	0.21 225	0.21 224	0.21 223	0.21 222	
	7'	0.21 221	0.21 220	0.21 219	0.21 218	0.21 217	0.21 216	0.21 215	0.21 214	0.21 213	0.21 212	
	8'	0.21 211	0.21 210	0.21 209	0.21 208	0.21 207	0.21 206	0.21 205	0.21 204	0.21 203	0.21 202	
	9'	0.21 201	0.21 200	0.21 199	0.21 198	0.21 197	0.21 196	0.21 195	0.21 194	0.21 193	0.21 192	
	10'	0.21 191	0.21 190	0.21 189	0.21 188	0.21 187	0.21 186	0.21 185	0.21 184	0.21 183	0.21 182	
	11'	0.21 181	0.21 180	0.21 179	0.21 178	0.21 177	0.21 176	0.21 175	0.21 174	0.21 173	0.21 172	
	12'	0.21 171	0.21 170	0.21 169	0.21 168	0.21 167	0.21 166	0.21 165	0.21 164	0.21 163	0.21 162	
	13'	0.21 161	0.21 160	0.21 159	0.21 158	0.21 157	0.21 156	0.21 155	0.21 154	0.21 153	0.21 152	
	14'	0.21 151	0.21 150	0.21 149	0.21 148	0.21 147	0.21 146	0.21 145	0.21 144	0.21 143	0.21 142	
	15'	0.21 141	0.21 140	0.21 139	0.21 138	0.21 137	0.21 136	0.21 135	0.21 134	0.21 133	0.21 132	
	16'	0.21 131	0.21 130	0.21 129	0.21 128	0.21 127	0.21 126	0.21 125	0.21 124	0.21 123	0.21 122	
	17'	0.21 121	0.21 120	0.21 119	0.21 118	0.21 117	0.21 116	0.21 115	0.21 114	0.21 113	0.21 112	
	18'	0.21 111	0.21 110	0.21 109	0.21 108	0.21 107	0.21 106	0.21 105	0.21 104	0.21 103	0.21 102	
	19'	0.21 101	0.21 100	0.21 099	0.21 098	0.21 097	0.21 096	0.21 095	0.21 094	0.21 093	0.21 092	
	20'	0.21 091	0.21 090	0.21 089	0.21 088	0.21 087	0.21 086	0.21 085	0.21 084	0.21 083	0.21 082	
	21'	0.21 081	0.21 080	0.21 079	0.21 078	0.21 077	0.21 076	0.21 075	0.21 074	0.21 073	0.21 072	
	22'	0.21 071	0.21 070	0.21 069	0.21 068	0.21 067	0.21 066	0.21 065	0.21 064	0.21 063	0.21 062	
	23'	0.21 061	0.21 060	0.21 059	0.21 058	0.21 057	0.21 056	0.21 055	0.21 054	0.21 053	0.21 052	
	24'	0.21 051	0.21 050	0.21 049	0.21 048	0.21 047	0.21 046	0.21 045	0.21 044	0.21 043	0.21 042	
	25'	0.21 041	0.21 040	0.21 039	0.21 038	0.21 037	0.21 036	0.21 035	0.21 034	0.21 033	0.21 032	
	26'	0.21 031	0.21 030	0.21 029	0.21 028	0.21 027	0.21 026	0.21 025	0.21 024	0.21 023	0.21 022	
	27'	0.21 021	0.21 020	0.21 019	0.21 018	0.21 017	0.21 016	0.21 015	0.21 014	0.21 013	0.21 012	
	28'	0.21 011	0.21 010	0.21 009	0.21 008	0.21 007	0.21 006	0.21 005	0.21 004	0.21 003	0.21 002	
	29'	0.21 001	0.21 000	0.20 999	0.20 998	0.20 997	0.20 996	0.20 995	0.20 994	0.20 993	0.20 992	
	30'	0.20 991	0.20 990	0.20 989	0.20 988	0.20 987	0.20 986	0.20 985	0.20 984	0.20 983	0.20 982	
	31'	0.20 981	0.20 980	0.20 979	0.20 978	0.20 977	0.20 976	0.20 975	0.20 974	0.20 973	0.20 972	
	32'	0.20 971	0.20 970	0.20 969	0.20 968	0.20 967	0.20 966	0.20 965	0.20 964	0.20 963	0.20 962	
	33'	0.20 961	0.20 960	0.20 959	0.20 958	0.20 957	0.20 956	0.20 955	0.20 954	0.20 953	0.20 952	
	34'	0.20 951	0.20 950	0.20 949	0.20 948	0.20 947	0.20 946	0.20 945	0.20 944	0.20 943	0.20 942	
	35'	0.20 941	0.20 940	0.20 939	0.20 938	0.20 937	0.20 936	0.20 935	0.20 934	0.20 933	0.20 932	
	36'	0.20 931	0.20 930	0.20 929	0.20 928	0.20 927	0.20 926	0.20 925	0.20 924	0.20 923	0.20 922	
	37'	0.20 921	0.20 920	0.20 919	0.20 918	0.20 917	0.20 916	0.20 915	0.20 914	0.20 913	0.20 912	
	38'	0.20 911	0.20 910	0.20 909	0.20 908	0.20 907	0.20 906	0.20 905	0.20 904	0.20 903	0.20 902	
	39'	0.20 901	0.20 901	0.20 900	0.20 899	0.20 898	0.20 897	0.20 896	0.20 895	0.20 894	0.20 893	
	40'	0.20 892	0.20 891	0.20 890	0.20 889	0.20 888	0.20 887	0.20 886	0.20 885	0.20 884	0.20 883	
	41'	0.20 882	0.20 881	0.20 880	0.20 879	0.20 878	0.20 877	0.20 876	0.20 875	0.20 874	0.20 873	
	42'	0.20 872	0.20 871	0.20 870	0.20 869	0.20 868	0.20 867	0.20 866	0.20 865	0.20 864	0.20 863	
	43'	0.20 862	0.20 861	0.20 860	0.20 859	0.20 858	0.20 857	0.20 856	0.20 855	0.20 854	0.20 853	
	44'	0.20 852	0.20 851	0.20 850	0.20 849	0.20 848	0.20 847	0.20 846	0.20 845	0.20 844	0.20 843	
	45'	0.20 842	0.20 841	0.20 840	0.20 839	0.20 838	0.20 837	0.20 836	0.20 835	0.20 834	0.20 833	
	46'	0.20 832	0.20 831	0.20 830	0.20 829	0.20 828	0.20 827	0.20 826	0.20 825	0.20 824	0.20 823	
	47'	0.20 822	0.20 821	0.20 820	0.20 819	0.20 818	0.20 817	0.20 816	0.20 815	0.20 814	0.20 813	
	48'	0.20 812	0.20 811	0.20 810	0.20 809	0.20 808	0.20 807	0.20 806	0.20 805	0.20 804	0.20 803	
	49'	0.20 802	0.20 801	0.20 800	0.20 799	0.20 798	0.20 797	0.20 796	0.20 795	0.20 794	0.20 793	
	50'	0.20 792	0.20 791	0.20 790	0.20 789	0.20 788	0.20 787	0.20 786	0.20 785	0.20 785	0.20 784	
	51'	0.20 783	0.20 782	0.20 781	0.20 780	0.20 779	0.20 778	0.20 777	0.20 776	0.20 775	0.20 774	
	52'	0.20 773	0.20 772	0.20 771	0.20 770	0.20 769	0.20 768	0.20 767	0.20 766	0.20 765	0.20 764	
	53'	0.20 763	0.20 762	0.20 761	0.20 760	0.20 759	0.20 758	0.20 757	0.20 756	0.20 755	0.20 754	
	54'	0.20 753	0.20 752	0.20 751	0.20 750	0.20 749	0.20 748	0.20 747	0.20 746	0.20 745	0.20 744	
	55'	0.20 743	0.20 742	0.20 741	0.20 740	0.20 739	0.20 738	0.20 737	0.20 736	0.20 735	0.20 734	
	56'	0.20 733	0.20 732	0.20 731	0.20 730	0.20 729	0.20 728	0.20 727	0.20 726	0.20 725	0.20 724	
	57'	0.20 723	0.20 722	0.20 721	0.20 720	0.20 719	0.20 718	0.20 717	0.20 716	0.20 715	0.20 714	
	58'	0.20 713	0.20 712	0.20 711	0.20 710	0.20 709	0.20 708	0.20 707	0.20 706	0.20 705	0.20 704	
	59'	0.20 703	0.20 702	0.20 701	0.20 700	0.20 699	0.20 699	0.20 698	0.20 697	0.20 696	0.20 695	

K   K

104°

	0.'0	0.'2	0.'4	0.'6	0.'8
0'	0.20 694	0.20 692	0.20 690	0.20 688	0.20 686
1'	0.20 684	0.20 682	0.20 680	0.20 678	0.20 676
2'	0.20 674	0.20 672	0.20 670	0.20 668	0.20 666
3'	0.20 664	0.20 662	0.20 660	0.20 658	0.20 656
4'	0.20 654	0.20 652	0.20 650	0.20 648	0.20 646
5'	0.20 644	0.20 642	0.20 640	0.20 638	0.20 636
6'	0.20 634	0.20 632	0.20 630	0.20 628	0.20 627
7'	0.20 625	0.20 623	0.20 621	0.20 619	0.20 617
8'	0.20 615	0.20 613	0.20 611	0.20 609	0.20 607
9'	0.20 605	0.20 603	0.20 601	0.20 599	0.20 597
10'	0.20 595	0.20 593	0.20 591	0.20 589	0.20 587
11'	0.20 585	0.20 583	0.20 581	0.20 579	0.20 577
12'	0.20 575	0.20 573	0.20 571	0.20 569	0.20 567
13'	0.20 566	0.20 564	0.20 562	0.20 560	0.20 558
14'	0.20 556	0.20 554	0.20 552	0.20 550	0.20 548
15'	0.20 546	0.20 544	0.20 542	0.20 540	0.20 538
16'	0.20 536	0.20 534	0.20 532	0.20 530	0.20 528
17'	0.20 526	0.20 524	0.20 522	0.20 520	0.20 518
18'	0.20 516	0.20 514	0.20 512	0.20 510	0.20 509
19'	0.20 507	0.20 505	0.20 503	0.20 501	0.20 499
20'	0.20 497	0.20 495	0.20 493	0.20 491	0.20 489
21'	0.20 487	0.20 485	0.20 483	0.20 481	0.20 479
22'	0.20 477	0.20 475	0.20 473	0.20 471	0.20 469
23'	0.20 467	0.20 465	0.20 463	0.20 461	0.20 460
24'	0.20 458	0.20 456	0.20 454	0.20 452	0.20 450
25'	0.20 448	0.20 446	0.20 444	0.20 442	0.20 440
26'	0.20 438	0.20 436	0.20 434	0.20 432	0.20 430
27'	0.20 428	0.20 426	0.20 424	0.20 422	0.20 420
28'	0.20 418	0.20 416	0.20 414	0.20 412	0.20 411
29'	0.20 409	0.20 407	0.20 405	0.20 403	0.20 401
30'	0.20 399	0.20 397	0.20 395	0.20 393	0.20 391
31'	0.20 389	0.20 387	0.20 385	0.20 383	0.20 381
32'	0.20 379	0.20 377	0.20 375	0.20 373	0.20 371
33'	0.20 369	0.20 368	0.20 366	0.20 364	0.20 362
34'	0.20 360	0.20 358	0.20 356	0.20 354	0.20 352
35'	0.20 350	0.20 348	0.20 346	0.20 344	0.20 342
36'	0.20 340	0.20 338	0.20 336	0.20 334	0.20 332
37'	0.20 330	0.20 328	0.20 326	0.20 325	0.20 323
38'	0.20 321	0.20 319	0.20 317	0.20 315	0.20 313
39'	0.20 311	0.20 309	0.20 307	0.20 305	0.20 303
40'	0.20 301	0.20 299	0.20 297	0.20 295	0.20 293
41'	0.20 291	0.20 289	0.20 287	0.20 286	0.20 284
42'	0.20 282	0.20 280	0.20 278	0.20 276	0.20 274
43'	0.20 272	0.20 270	0.20 268	0.20 266	0.20 264
44'	0.20 262	0.20 260	0.20 258	0.20 256	0.20 254
45'	0.20 252	0.20 250	0.20 249	0.20 247	0.20 245
46'	0.20 243	0.20 241	0.20 239	0.20 237	0.20 235
47'	0.20 233	0.20 231	0.20 229	0.20 227	0.20 225
48'	0.20 223	0.20 221	0.20 219	0.20 217	0.20 215
49'	0.20 213	0.20 212	0.20 210	0.20 208	0.20 206
50'	0.20 204	0.20 202	0.20 200	0.20 198	0.20 196
51'	0.20 194	0.20 192	0.20 190	0.20 188	0.20 186
52'	0.20 184	0.20 182	0.20 180	0.20 178	0.20 177
53'	0.20 175	0.20 173	0.20 171	0.20 169	0.20 167
54'	0.20 165	0.20 163	0.20 161	0.20 159	0.20 157
55'	0.20 155	0.20 153	0.20 151	0.20 149	0.20 147
56'	0.20 145	0.20 144	0.20 142	0.20 140	0.20 138
57'	0.20 136	0.20 134	0.20 132	0.20 130	0.20 128
58'	0.20 126	0.20 124	0.20 122	0.20 120	0.20 118
59'	0.20 116	0.20 114	0.20 112	0.20 111	0.20 109

105°

	0.'0	0.'2	0.'4	0.'6	0.'8
0'	0.20 107	0.20 105	0.20 103	0.20 101	0.20 099
1'	0.20 097	0.20 095	0.20 093	0.20 091	0.20 089
2'	0.20 087	0.20 085	0.20 083	0.20 081	0.20 080
3'	0.20 078	0.20 076	0.20 074	0.20 072	0.20 070
4'	0.20 068	0.20 066	0.20 064	0.20 062	0.20 060
5'	0.20 058	0.20 056	0.20 054	0.20 052	0.20 050
6'	0.20 049	0.20 047	0.20 045	0.20 043	0.20 041
7'	0.20 039	0.20 037	0.20 035	0.20 033	0.20 031
8'	0.20 029	0.20 027	0.20 025	0.20 023	0.20 021
9'	0.20 020	0.20 018	0.20 016	0.20 014	0.20 012
10'	0.20 010	0.20 008	0.20 006	0.20 004	0.20 002
11'	0.20 000	0.19 998	0.19 996	0.19 994	0.19 992
12'	0.19 991	0.19 989	0.19 987	0.19 985	0.19 983
13'	0.19 981	0.19 979	0.19 977	0.19 975	0.19 973
14'	0.19 971	0.19 969	0.19 967	0.19 965	0.19 964
15'	0.19 962	0.19 960	0.19 958	0.19 956	0.19 954
16'	0.19 952	0.19 950	0.19 948	0.19 946	0.19 944
17'	0.19 942	0.19 940	0.19 938	0.19 937	0.19 935
18'	0.19 933	0.19 931	0.19 929	0.19 927	0.19 925
19'	0.19 923	0.19 921	0.19 919	0.19 917	0.19 915
20'	0.19 913	0.19 911	0.19 910	0.19 908	0.19 906
21'	0.19 904	0.19 902	0.19 900	0.19 898	0.19 896
22'	0.19 894	0.19 892	0.19 890	0.19 888	0.19 886
23'	0.19 884	0.19 883	0.19 881	0.19 879	0.19 877
24'	0.19 875	0.19 873	0.19 871	0.19 869	0.19 867
25'	0.19 865	0.19 863	0.19 861	0.19 859	0.19 858
26'	0.19 856	0.19 854	0.19 852	0.19 850	0.19 848
27'	0.19 846	0.19 844	0.19 842	0.19 840	0.19 838
28'	0.19 836	0.19 834	0.19 833	0.19 831	0.19 829
29'	0.19 827	0.19 825	0.19 823	0.19 821	0.19 819
30'	0.19 817	0.19 815	0.19 813	0.19 811	0.19 809
31'	0.19 808	0.19 806	0.19 804	0.19 802	0.19 800
32'	0.19 798	0.19 796	0.19 794	0.19 792	0.19 790
33'	0.19 788	0.19 786	0.19 785	0.19 783	0.19 781
34'	0.19 779	0.19 777	0.19 775	0.19 773	0.19 771
35'	0.19 769	0.19 767	0.19 765	0.19 763	0.19 761
36'	0.19 760	0.19 758	0.19 756	0.19 754	0.19 752
37'	0.19 750	0.19 748	0.19 746	0.19 744	0.19 742
38'	0.19 740	0.19 738	0.19 737	0.19 735	0.19 733
39'	0.19 731	0.19 729	0.19 727	0.19 725	0.19 723
40'	0.19 721	0.19 719	0.19 717	0.19 716	0.19 714
41'	0.19 712	0.19 710	0.19 708	0.19 706	0.19 704
42'	0.19 702	0.19 700	0.19 698	0.19 696	0.19 694
43'	0.19 693	0.19 691	0.19 689	0.19 687	0.19 685
44'	0.19 683	0.19 681	0.19 679	0.19 677	0.19 675
45'	0.19 673	0.19 671	0.19 670	0.19 668	0.19 666
46'	0.19 664	0.19 662	0.19 660	0.19 658	0.19 656
47'	0.19 654	0.19 652	0.19 650	0.19 649	0.19 647
48'	0.19 645	0.19 643	0.19 641	0.19 639	0.19 637
49'	0.19 635	0.19 633	0.19 631	0.19 629	0.19 628
50'	0.19 626	0.19 624	0.19 622	0.19 620	0.19 618
51'	0.19 616	0.19 614	0.19 612	0.19 610	0.19 608
52'	0.19 607	0.19 605	0.19 603	0.19 601	0.19 599
53'	0.19 597	0.19 595	0.19 593	0.19 591	0.19 589
54'	0.19 587	0.19 586	0.19 584	0.19 582	0.19 580
55'	0.19 578	0.19 576	0.19 574	0.19 572	0.19 570
56'	0.19 568	0.19 566	0.19 565	0.19 563	0.19 561
57'	0.19 559	0.19 557	0.19 555	0.19 553	0.19 551
58'	0.19 549	0.19 547	0.19 546	0.19 544	0.19 542
59'	0.19 540	0.19 538	0.19 536	0.19 534	0.19 532

106°

	0.'0	0.'2	0.'4	0.'6	0.'8
0'	0.19 530	0.19 528	0.19 526	0.19 525	0.19 523
1'	0.19 521	0.19 519	0.19 517	0.19 515	0.19 513
2'	0.19 511	0.19 509	0.19 507	0.19 506	0.19 504
3'	0.19 502	0.19 500	0.19 498	0.19 496	0.19 494
4'	0.19 492	0.19 490	0.19 488	0.19 487	0.19 485
5'	0.19 483	0.19 481	0.19 479	0.19 477	0.19 475
6'	0.19 473	0.19 471	0.19 469	0.19 468	0.19 466
7'	0.19 464	0.19 462	0.19 460	0.19 458	0.19 456
8'	0.19 454	0.19 452	0.19 450	0.19 449	0.19 447
9'	0.19 445	0.19 443	0.19 441	0.19 439	0.19 437
10'	0.19 435	0.19 433	0.19 431	0.19 430	0.19 428
11'	0.19 426	0.19 424	0.19 422	0.19 420	0.19 418
12'	0.19 416	0.19 414	0.19 412	0.19 411	0.19 409
13'	0.19 407	0.19 405	0.19 403	0.19 401	0.19 399
14'	0.19 397	0.19 395	0.19 393	0.19 392	0.19 390
15'	0.19 388	0.19 386	0.19 384	0.19 382	0.19 380
16'	0.19 378	0.19 376	0.19 375	0.19 373	0.19 371
17'	0.19 369	0.19 367	0.19 365	0.19 363	0.19 361
18'	0.19 359	0.19 357	0.19 356	0.19 354	0.19 352
19'	0.19 350	0.19 348	0.19 346	0.19 344	0.19 342
20'	0.19 340	0.19 339	0.19 337	0.19 335	0.19 333
21'	0.19 331	0.19 329	0.19 327	0.19 325	0.19 323
22'	0.19 322	0.19 320	0.19 318	0.19 316	0.19 314
23'	0.19 312	0.19 310	0.19 308	0.19 306	0.19 305
24'	0.19 303	0.19 301	0.19 299	0.19 297	0.19 295
25'	0.19 293	0.19 291	0.19 289	0.19 288	0.19 286
26'	0.19 284	0.19 282	0.19 280	0.19 278	0.19 276
27'	0.19 274	0.19 272	0.19 271	0.19 269	0.19 267
28'	0.19 265	0.19 263	0.19 261	0.19 259	0.19 257
29'	0.19 255	0.19 254	0.19 252	0.19 250	0.19 248
30'	0.19 246	0.19 244	0.19 242	0.19 240	0.19 238
31'	0.19 237	0.19 235	0.19 233	0.19 231	0.19 229
32'	0.19 227	0.19 225	0.19 223	0.19 221	0.19 220
33'	0.19 218	0.19 216	0.19 214	0.19 212	0.19 210
34'	0.19 208	0.19 206	0.19 204	0.19 203	0.19 201
35'	0.19 199	0.19 197	0.19 195	0.19 193	0.19 191
36'	0.19 189	0.19 188	0.19 186	0.19 184	0.19 182
37'	0.19 180	0.19 178	0.19 176	0.19 174	0.19 172
38'	0.19 171	0.19 169	0.19 167	0.19 165	0.19 163
39'	0.19 161	0.19 159	0.19 157	0.19 156	0.19 154
40'	0.19 152	0.19 150	0.19 148	0.19 146	0.19 144
41'	0.19 142	0.19 141	0.19 139	0.19 137	0.19 135
42'	0.19 133	0.19 131	0.19 129	0.19 127	0.19 125
43'	0.19 124	0.19 122	0.19 120	0.19 118	0.19 116
44'	0.19 114	0.19 112	0.19 110	0.19 109	0.19 107
45'	0.19 105	0.19 103	0.19 101	0.19 099	0.19 097
46'	0.19 095	0.19 094	0.19 092	0.19 090	0.19 088
47'	0.19 086	0.19 084	0.19 082	0.19 080	0.19 079
48'	0.19 077	0.19 075	0.19 073	0.19 071	0.19 069
49'	0.19 067	0.19 065	0.19 064	0.19 062	0.19 060
50'	0.19 058	0.19 056	0.19 054	0.19 052	0.19 050
51'	0.19 049	0.19 047	0.19 045	0.19 043	0.19 041
52'	0.19 039	0.19 037	0.19 035	0.19 034	0.19 032
53'	0.19 030	0.19 028	0.19 026	0.19 024	0.19 022
54'	0.19 020	0.19 019	0.19 017	0.19 015	0.19 013
55'	0.19 011	0.19 009	0.19 007	0.19 005	0.19 004
56'	0.19 002	0.19 000	0.18 998	0.18 996	0.18 994
57'	0.18 992	0.18 990	0.18 989	0.18 987	0.18 985
58'	0.18 983	0.18 981	0.18 979	0.18 977	0.18 975
59'	0.18 974	0.18 972	0.18 970	0.18 968	0.18 966

107°

	0.'0	0.'2	0.'4	0.'6	0.'8
0'	0.18 964	0.18 962	0.18 961	0.18 959	0.18 957
1'	0.18 955	0.18 953	0.18 951	0.18 949	0.18 947
2'	0.18 946	0.18 944	0.18 942	0.18 940	0.18 938
3'	0.18 936	0.18 934	0.18 932	0.18 931	0.18 929
4'	0.18 927	0.18 925	0.18 923	0.18 921	0.18 919
5'	0.18 918	0.18 916	0.18 914	0.18 912	0.18 910
6'	0.18 908	0.18 906	0.18 904	0.18 903	0.18 901
7'	0.18 899	0.18 897	0.18 895	0.18 893	0.18 891
8'	0.18 890	0.18 888	0.18 886	0.18 884	0.18 882
9'	0.18 880	0.18 878	0.18 877	0.18 875	0.18 873
10'	0.18 871	0.18 869	0.18 867	0.18 865	0.18 863
11'	0.18 862	0.18 860	0.18 858	0.18 856	0.18 854
12'	0.18 852	0.18 850	0.18 849	0.18 847	0.18 845
13'	0.18 843	0.18 841	0.18 839	0.18 837	0.18 836
14'	0.18 834	0.18 832	0.18 830	0.18 828	0.18 826
15'	0.18 824	0.18 822	0.18 821	0.18 819	0.18 817
16'	0.18 815	0.18 813	0.18 811	0.18 809	0.18 808
17'	0.18 806	0.18 804	0.18 802	0.18 800	0.18 798
18'	0.18 796	0.18 795	0.18 793	0.18 791	0.18 789
19'	0.18 787	0.18 785	0.18 783	0.18 782	0.18 780
20'	0.18 778	0.18 776	0.18 774	0.18 772	0.18 770
21'	0.18 769	0.18 767	0.18 765	0.18 763	0.18 761
22'	0.18 759	0.18 757	0.18 756	0.18 754	0.18 752
23'	0.18 750	0.18 748	0.18 746	0.18 744	0.18 743
24'	0.18 741	0.18 739	0.18 737	0.18 735	0.18 733
25'	0.18 731	0.18 730	0.18 728	0.18 726	0.18 724
26'	0.18 722	0.18 720	0.18 718	0.18 717	0.18 715
27'	0.18 713	0.18 711	0.18 709	0.18 707	0.18 705
28'	0.18 704	0.18 702	0.18 700	0.18 698	0.18 696
29'	0.18 694	0.18 693	0.18 691	0.18 689	0.18 687
30'	0.18 685	0.18 683	0.18 681	0.18 680	0.18 678
31'	0.18 676	0.18 674	0.18 672	0.18 670	0.18 668
32'	0.18 667	0.18 665	0.18 663	0.18 661	0.18 659
33'	0.18 657	0.18 655	0.18 654	0.18 652	0.18 650
34'	0.18 648	0.18 646	0.18 644	0.18 643	0.18 641
35'	0.18 639	0.18 637	0.18 635	0.18 633	0.18 631
36'	0.18 630	0.18 628	0.18 626	0.18 624	0.18 622
37'	0.18 620	0.18 618	0.18 617	0.18 615	0.18 613
38'	0.18 611	0.18 609	0.18 607	0.18 606	0.18 604
39'	0.18 602	0.18 600	0.18 598	0.18 596	0.18 594
40'	0.18 593	0.18 591	0.18 589	0.18 587	0.18 585
41'	0.18 583	0.18 582	0.18 580	0.18 578	0.18 576
42'	0.18 574	0.18 572	0.18 570	0.18 569	0.18 567
43'	0.18 565	0.18 563	0.18 561	0.18 559	0.18 558
44'	0.18 556	0.18 554	0.18 552	0.18 550	0.18 548
45'	0.18 546	0.18 545	0.18 543	0.18 541	0.18 539
46'	0.18 537	0.18 535	0.18 534	0.18 532	0.18 530
47'	0.18 528	0.18 526	0.18 524	0.18 523	0.18 521
48'	0.18 519	0.18 517	0.18 515	0.18 513	0.18 511
49'	0.18 510	0.18 508	0.18 506	0.18 504	0.18 502
50'	0.18 500	0.18 499	0.18 497	0.18 495	0.18 493
51'	0.18 491	0.18 489	0.18 488	0.18 486	0.18 484
52'	0.18 482	0.18 480	0.18 478	0.18 476	0.18 475
53'	0.18 473	0.18 471	0.18 469	0.18 467	0.18 465
54'	0.18 464	0.18 462	0.18 460	0.18 458	0.18 456
55'	0.18 454	0.18 453	0.18 451	0.18 449	0.18 447
56'	0.18 445	0.18 443	0.18 442	0.18 440	0.18 438
57'	0.18 436	0.18 434	0.18 432	0.18 431	0.18 429
58'	0.18 427	0.18 425	0.18 423	0.18 421	0.18 419
59'	0.18 418	0.18 416	0.18 414	0.18 412	0.18 410

K

108°

	0.'0	0.'2	0.'4	0.'6	0.'8
0'	0.18 408	0.18 407	0.18 405	0.18 403	0.18 401
1'	0.18 399	0.18 397	0.18 396	0.18 394	0.18 392
2'	0.18 390	0.18 388	0.18 386	0.18 385	0.18 383
3'	0.18 381	0.18 379	0.18 377	0.18 375	0.18 374
4'	0.18 372	0.18 370	0.18 368	0.18 366	0.18 364
5'	0.18 363	0.18 361	0.18 359	0.18 357	0.18 355
6'	0.18 353	0.18 352	0.18 350	0.18 348	0.18 346
7'	0.18 344	0.18 342	0.18 341	0.18 339	0.18 337
8'	0.18 335	0.18 333	0.18 331	0.18 330	0.18 328
9'	0.18 326	0.18 324	0.18 322	0.18 320	0.18 319
10'	0.18 317	0.18 315	0.18 313	0.18 311	0.18 310
11'	0.18 308	0.18 306	0.18 304	0.18 302	0.18 300
12'	0.18 299	0.18 297	0.18 295	0.18 293	0.18 291
13'	0.18 289	0.18 288	0.18 286	0.18 284	0.18 282
14'	0.18 280	0.18 278	0.18 277	0.18 275	0.18 273
15'	0.18 271	0.18 269	0.18 267	0.18 266	0.18 264
16'	0.18 262	0.18 260	0.18 258	0.18 256	0.18 255
17'	0.18 253	0.18 251	0.18 249	0.18 247	0.18 246
18'	0.18 244	0.18 242	0.18 240	0.18 238	0.18 236
19'	0.18 235	0.18 233	0.18 231	0.18 229	0.18 227
20'	0.18 225	0.18 224	0.18 222	0.18 220	0.18 218
21'	0.18 216	0.18 215	0.18 213	0.18 211	0.18 209
22'	0.18 207	0.18 205	0.18 204	0.18 202	0.18 200
23'	0.18 198	0.18 196	0.18 194	0.18 193	0.18 191
24'	0.18 189	0.18 187	0.18 185	0.18 184	0.18 182
25'	0.18 180	0.18 178	0.18 176	0.18 174	0.18 173
26'	0.18 171	0.18 169	0.18 167	0.18 165	0.18 163
27'	0.18 162	0.18 160	0.18 158	0.18 156	0.18 154
28'	0.18 153	0.18 151	0.18 149	0.18 147	0.18 145
29'	0.18 143	0.18 142	0.18 140	0.18 138	0.18 136
30'	0.18 134	0.18 133	0.18 131	0.18 129	0.18 127
31'	0.18 125	0.18 123	0.18 122	0.18 120	0.18 118
32'	0.18 116	0.18 114	0.18 113	0.18 111	0.18 109
33'	0.18 107	0.18 105	0.18 103	0.18 102	0.18 100
34'	0.18 098	0.18 096	0.18 094	0.18 093	0.18 091
35'	0.18 089	0.18 087	0.18 085	0.18 083	0.18 082
36'	0.18 080	0.18 078	0.18 076	0.18 074	0.18 073
37'	0.18 071	0.18 069	0.18 067	0.18 065	0.18 064
38'	0.18 062	0.18 060	0.18 058	0.18 056	0.18 054
39'	0.18 053	0.18 051	0.18 049	0.18 047	0.18 045
40'	0.18 044	0.18 042	0.18 040	0.18 038	0.18 036
41'	0.18 035	0.18 033	0.18 031	0.18 029	0.18 027
42'	0.18 025	0.18 024	0.18 022	0.18 020	0.18 018
43'	0.18 016	0.18 015	0.18 013	0.18 011	0.18 009
44'	0.18 007	0.18 006	0.18 004	0.18 002	0.18 000
45'	0.17 998	0.17 996	0.17 995	0.17 993	0.17 991
46'	0.17 989	0.17 987	0.17 986	0.17 984	0.17 982
47'	0.17 980	0.17 978	0.17 977	0.17 975	0.17 973
48'	0.17 971	0.17 969	0.17 968	0.17 966	0.17 964
49'	0.17 962	0.17 960	0.17 958	0.17 957	0.17 955
50'	0.17 953	0.17 951	0.17 949	0.17 948	0.17 946
51'	0.17 944	0.17 942	0.17 940	0.17 939	0.17 937
52'	0.17 935	0.17 933	0.17 931	0.17 930	0.17 928
53'	0.17 926	0.17 924	0.17 922	0.17 921	0.17 919
54'	0.17 917	0.17 915	0.17 913	0.17 911	0.17 910
55'	0.17 908	0.17 906	0.17 904	0.17 902	0.17 901
56'	0.17 899	0.17 897	0.17 895	0.17 893	0.17 892
57'	0.17 890	0.17 888	0.17 886	0.17 884	0.17 883
58'	0.17 881	0.17 879	0.17 877	0.17 875	0.17 874
59'	0.17 872	0.17 870	0.17 868	0.17 866	0.17 865

109°

	0.'0	0.'2	0.'4	0.'6	0.'8
0'	0.17 863	0.17 861	0.17 859	0.17 857	0.17 856
1'	0.17 854	0.17 852	0.17 850	0.17 848	0.17 847
2'	0.17 845	0.17 843	0.17 841	0.17 839	0.17 838
3'	0.17 836	0.17 834	0.17 832	0.17 830	0.17 829
4'	0.17 827	0.17 825	0.17 823	0.17 821	0.17 820
5'	0.17 818	0.17 816	0.17 814	0.17 812	0.17 811
6'	0.17 809	0.17 807	0.17 805	0.17 803	0.17 802
7'	0.17 800	0.17 798	0.17 796	0.17 794	0.17 793
8'	0.17 791	0.17 789	0.17 787	0.17 785	0.17 784
9'	0.17 782	0.17 780	0.17 778	0.17 776	0.17 775
10'	0.17 773	0.17 771	0.17 769	0.17 767	0.17 766
11'	0.17 764	0.17 762	0.17 760	0.17 758	0.17 757
12'	0.17 755	0.17 753	0.17 751	0.17 749	0.17 748
13'	0.17 746	0.17 744	0.17 742	0.17 740	0.17 739
14'	0.17 737	0.17 735	0.17 733	0.17 732	0.17 730
15'	0.17 728	0.17 726	0.17 724	0.17 723	0.17 721
16'	0.17 719	0.17 717	0.17 715	0.17 714	0.17 712
17'	0.17 710	0.17 708	0.17 706	0.17 705	0.17 703
18'	0.17 701	0.17 699	0.17 697	0.17 696	0.17 694
19'	0.17 692	0.17 690	0.17 688	0.17 687	0.17 685
20'	0.17 683	0.17 681	0.17 680	0.17 678	0.17 676
21'	0.17 674	0.17 672	0.17 671	0.17 669	0.17 667
22'	0.17 665	0.17 663	0.17 662	0.17 660	0.17 658
23'	0.17 656	0.17 654	0.17 653	0.17 651	0.17 649
24'	0.17 647	0.17 646	0.17 644	0.17 642	0.17 640
25'	0.17 638	0.17 637	0.17 635	0.17 633	0.17 631
26'	0.17 629	0.17 628	0.17 626	0.17 624	0.17 622
27'	0.17 621	0.17 619	0.17 617	0.17 615	0.17 613
28'	0.17 612	0.17 610	0.17 608	0.17 606	0.17 604
29'	0.17 603	0.17 601	0.17 599	0.17 597	0.17 595
30'	0.17 594	0.17 592	0.17 590	0.17 588	0.17 587
31'	0.17 585	0.17 583	0.17 581	0.17 579	0.17 578
32'	0.17 576	0.17 574	0.17 572	0.17 571	0.17 569
33'	0.17 567	0.17 565	0.17 563	0.17 562	0.17 560
34'	0.17 558	0.17 556	0.17 554	0.17 553	0.17 551
35'	0.17 549	0.17 547	0.17 546	0.17 544	0.17 542
36'	0.17 540	0.17 538	0.17 537	0.17 535	0.17 533
37'	0.17 531	0.17 529	0.17 528	0.17 526	0.17 524
38'	0.17 522	0.17 521	0.17 519	0.17 517	0.17 515
39'	0.17 513	0.17 512	0.17 510	0.17 508	0.17 506
40'	0.17 505	0.17 503	0.17 501	0.17 499	0.17 497
41'	0.17 496	0.17 494	0.17 492	0.17 490	0.17 489
42'	0.17 487	0.17 485	0.17 483	0.17 481	0.17 480
43'	0.17 478	0.17 476	0.17 474	0.17 473	0.17 471
44'	0.17 469	0.17 467	0.17 465	0.17 464	0.17 462
45'	0.17 460	0.17 458	0.17 457	0.17 455	0.17 453
46'	0.17 451	0.17 449	0.17 448	0.17 446	0.17 444
47'	0.17 442	0.17 441	0.17 439	0.17 437	0.17 435
48'	0.17 433	0.17 432	0.17 430	0.17 428	0.17 426
49'	0.17 425	0.17 423	0.17 421	0.17 419	0.17 417
50'	0.17 416	0.17 414	0.17 412	0.17 410	0.17 409
51'	0.17 407	0.17 405	0.17 403	0.17 401	0.17 400
52'	0.17 398	0.17 396	0.17 394	0.17 393	0.17 391
53'	0.17 389	0.17 387	0.17 386	0.17 384	0.17 382
54'	0.17 380	0.17 378	0.17 377	0.17 375	0.17 373
55'	0.17 371	0.17 370	0.17 368	0.17 366	0.17 364
56'	0.17 363	0.17 361	0.17 359	0.17 357	0.17 355
57'	0.17 354	0.17 352	0.17 350	0.17 348	0.17 347
58'	0.17 345	0.17 343	0.17 341	0.17 339	0.17 338
59'	0.17 336	0.17 334	0.17 332	0.17 331	0.17 329

110°

	0.'0	0.'2	0.'4	0.'6	0.'8
0'	0.17 327	0.17 325	0.17 324	0.17 322	0.17 320
1'	0.17 318	0.17 316	0.17 315	0.17 313	0.17 311
2'	0.17 309	0.17 308	0.17 306	0.17 304	0.17 302
3'	0.17 301	0.17 299	0.17 297	0.17 295	0.17 294
4'	0.17 292	0.17 290	0.17 288	0.17 286	0.17 285
5'	0.17 283	0.17 281	0.17 279	0.17 278	0.17 276
6'	0.17 274	0.17 272	0.17 271	0.17 269	0.17 267
7'	0.17 265	0.17 263	0.17 262	0.17 260	0.17 258
8'	0.17 256	0.17 255	0.17 253	0.17 251	0.17 249
9'	0.17 248	0.17 246	0.17 244	0.17 242	0.17 241
10'	0.17 239	0.17 237	0.17 235	0.17 233	0.17 232
11'	0.17 230	0.17 228	0.17 226	0.17 225	0.17 223
12'	0.17 221	0.17 219	0.17 218	0.17 216	0.17 214
13'	0.17 212	0.17 211	0.17 209	0.17 207	0.17 205
14'	0.17 204	0.17 202	0.17 200	0.17 198	0.17 196
15'	0.17 195	0.17 193	0.17 191	0.17 189	0.17 188
16'	0.17 186	0.17 184	0.17 182	0.17 181	0.17 179
17'	0.17 177	0.17 175	0.17 174	0.17 172	0.17 170
18'	0.17 168	0.17 167	0.17 165	0.17 163	0.17 161
19'	0.17 160	0.17 158	0.17 156	0.17 154	0.17 152
20'	0.17 151	0.17 149	0.17 147	0.17 145	0.17 144
21'	0.17 142	0.17 140	0.17 138	0.17 137	0.17 135
22'	0.17 133	0.17 131	0.17 130	0.17 128	0.17 126
23'	0.17 124	0.17 123	0.17 121	0.17 119	0.17 117
24'	0.17 116	0.17 114	0.17 112	0.17 110	0.17 109
25'	0.17 107	0.17 105	0.17 103	0.17 102	0.17 100
26'	0.17 098	0.17 096	0.17 095	0.17 093	0.17 091
27'	0.17 089	0.17 088	0.17 086	0.17 084	0.17 082
28'	0.17 080	0.17 079	0.17 077	0.17 075	0.17 073
29'	0.17 072	0.17 070	0.17 068	0.17 066	0.17 065
30'	0.17 063	0.17 061	0.17 059	0.17 058	0.17 056
31'	0.17 054	0.17 052	0.17 051	0.17 049	0.17 047
32'	0.17 045	0.17 044	0.17 042	0.17 040	0.17 038
33'	0.17 037	0.17 035	0.17 033	0.17 031	0.17 030
34'	0.17 028	0.17 026	0.17 024	0.17 023	0.17 021
35'	0.17 019	0.17 017	0.17 016	0.17 014	0.17 012
36'	0.17 010	0.17 009	0.17 007	0.17 005	0.17 003
37'	0.17 002	0.17 000	0.16 998	0.16 996	0.16 995
38'	0.16 993	0.16 991	0.16 989	0.16 988	0.16 986
39'	0.16 984	0.16 982	0.16 981	0.16 979	0.16 977
40'	0.16 975	0.16 974	0.16 972	0.16 970	0.16 968
41'	0.16 967	0.16 965	0.16 963	0.16 961	0.16 960
42'	0.16 958	0.16 956	0.16 954	0.16 953	0.16 951
43'	0.16 949	0.16 948	0.16 946	0.16 944	0.16 942
44'	0.16 941	0.16 939	0.16 937	0.16 935	0.16 934
45'	0.16 932	0.16 930	0.16 928	0.16 927	0.16 925
46'	0.16 923	0.16 921	0.16 920	0.16 918	0.16 916
47'	0.16 914	0.16 913	0.16 911	0.16 909	0.16 907
48'	0.16 906	0.16 904	0.16 902	0.16 900	0.16 899
49'	0.16 897	0.16 895	0.16 893	0.16 892	0.16 890
50'	0.16 888	0.16 886	0.16 885	0.16 883	0.16 881
51'	0.16 880	0.16 878	0.16 876	0.16 874	0.16 873
52'	0.16 871	0.16 869	0.16 867	0.16 866	0.16 864
53'	0.16 862	0.16 860	0.16 859	0.16 857	0.16 855
54'	0.16 853	0.16 852	0.16 850	0.16 848	0.16 846
55'	0.16 845	0.16 843	0.16 841	0.16 839	0.16 838
56'	0.16 836	0.16 834	0.16 833	0.16 831	0.16 829
57'	0.16 827	0.16 826	0.16 824	0.16 822	0.16 820
58'	0.16 819	0.16 817	0.16 815	0.16 813	0.16 812
59'	0.16 810	0.16 808	0.16 806	0.16 805	0.16 803

111°

	0.'0	0.'2	0.'4	0.'6	0.'8
0'	0.16 801	0.16 800	0.16 798	0.16 796	0.16 794
1'	0.16 793	0.16 791	0.16 789	0.16 787	0.16 786
2'	0.16 784	0.16 782	0.16 780	0.16 779	0.16 777
3'	0.16 775	0.16 773	0.16 772	0.16 770	0.16 768
4'	0.16 767	0.16 765	0.16 763	0.16 761	0.16 760
5'	0.16 758	0.16 756	0.16 754	0.16 753	0.16 751
6'	0.16 749	0.16 747	0.16 746	0.16 744	0.16 742
7'	0.16 741	0.16 739	0.16 737	0.16 735	0.16 734
8'	0.16 732	0.16 730	0.16 728	0.16 727	0.16 725
9'	0.16 723	0.16 721	0.16 720	0.16 718	0.16 716
10'	0.16 715	0.16 713	0.16 711	0.16 709	0.16 708
11'	0.16 706	0.16 704	0.16 702	0.16 701	0.16 699
12'	0.16 697	0.16 696	0.16 694	0.16 692	0.16 690
13'	0.16 689	0.16 687	0.16 685	0.16 683	0.16 682
14'	0.16 680	0.16 678	0.16 677	0.16 675	0.16 673
15'	0.16 671	0.16 670	0.16 668	0.16 666	0.16 664
16'	0.16 663	0.16 661	0.16 659	0.16 657	0.16 656
17'	0.16 654	0.16 652	0.16 651	0.16 649	0.16 647
18'	0.16 645	0.16 644	0.16 642	0.16 640	0.16 639
19'	0.16 637	0.16 635	0.16 633	0.16 632	0.16 630
20'	0.16 628	0.16 626	0.16 625	0.16 623	0.16 621
21'	0.16 620	0.16 618	0.16 616	0.16 614	0.16 613
22'	0.16 611	0.16 609	0.16 607	0.16 606	0.16 604
23'	0.16 602	0.16 601	0.16 599	0.16 597	0.16 595
24'	0.16 594	0.16 592	0.16 590	0.16 588	0.16 587
25'	0.16 585	0.16 583	0.16 582	0.16 580	0.16 578
26'	0.16 576	0.16 575	0.16 573	0.16 571	0.16 570
27'	0.16 568	0.16 566	0.16 564	0.16 563	0.16 561
28'	0.16 559	0.16 557	0.16 556	0.16 554	0.16 552
29'	0.16 551	0.16 549	0.16 547	0.16 545	0.16 544
30'	0.16 542	0.16 540	0.16 539	0.16 537	0.16 535
31'	0.16 533	0.16 532	0.16 530	0.16 528	0.16 527
32'	0.16 525	0.16 523	0.16 521	0.16 520	0.16 518
33'	0.16 516	0.16 514	0.16 513	0.16 511	0.16 509
34'	0.16 508	0.16 506	0.16 504	0.16 502	0.16 501
35'	0.16 499	0.16 497	0.16 496	0.16 494	0.16 492
36'	0.16 490	0.16 489	0.16 487	0.16 485	0.16 484
37'	0.16 482	0.16 480	0.16 478	0.16 477	0.16 475
38'	0.16 473	0.16 472	0.16 470	0.16 468	0.16 466
39'	0.16 465	0.16 463	0.16 461	0.16 460	0.16 458
40'	0.16 456	0.16 454	0.16 453	0.16 451	0.16 449
41'	0.16 448	0.16 446	0.16 444	0.16 442	0.16 441
42'	0.16 439	0.16 437	0.16 436	0.16 434	0.16 432
43'	0.16 430	0.16 429	0.16 427	0.16 425	0.16 424
44'	0.16 422	0.16 420	0.16 418	0.16 417	0.16 415
45'	0.16 413	0.16 412	0.16 410	0.16 408	0.16 406
46'	0.16 405	0.16 403	0.16 401	0.16 400	0.16 398
47'	0.16 396	0.16 394	0.16 393	0.16 391	0.16 389
48'	0.16 388	0.16 386	0.16 384	0.16 382	0.16 381
49'	0.16 379	0.16 377	0.16 376	0.16 374	0.16 372
50'	0.16 371	0.16 369	0.16 367	0.16 365	0.16 364
51'	0.16 362	0.16 360	0.16 359	0.16 357	0.16 355
52'	0.16 353	0.16 352	0.16 350	0.16 348	0.16 347
53'	0.16 345	0.16 343	0.16 341	0.16 340	0.16 338
54'	0.16 336	0.16 335	0.16 333	0.16 331	0.16 330
55'	0.16 328	0.16 326	0.16 324	0.16 323	0.16 321
56'	0.16 319	0.16 318	0.16 316	0.16 314	0.16 312
57'	0.16 311	0.16 309	0.16 307	0.16 306	0.16 304
58'	0.16 302	0.16 300	0.16 299	0.16 297	0.16 295
59'	0.16 294	0.16 292	0.16 290	0.16 289	0.16 287

K

112°

	0.'0	0.'2	0.'4	0.'6	0.'8
0'	0.16 285	0.16 283	0.16 282	0.16 280	0.16 278
1'	0.16 277	0.16 275	0.16 273	0.16 272	0.16 270
2'	0.16 268	0.16 266	0.16 265	0.16 263	0.16 261
3'	0.16 260	0.16 258	0.16 256	0.16 254	0.16 253
4'	0.16 251	0.16 249	0.16 248	0.16 246	0.16 244
5'	0.16 243	0.16 241	0.16 239	0.16 237	0.16 236
6'	0.16 234	0.16 232	0.16 231	0.16 229	0.16 227
7'	0.16 226	0.16 224	0.16 222	0.16 220	0.16 219
8'	0.16 217	0.16 215	0.16 214	0.16 212	0.16 210
9'	0.16 209	0.16 207	0.16 205	0.16 203	0.16 202
10'	0.16 200	0.16 198	0.16 197	0.16 195	0.16 193
11'	0.16 192	0.16 190	0.16 188	0.16 186	0.16 185
12'	0.16 183	0.16 181	0.16 180	0.16 178	0.16 176
13'	0.16 175	0.16 173	0.16 171	0.16 170	0.16 168
14'	0.16 166	0.16 164	0.16 163	0.16 161	0.16 159
15'	0.16 158	0.16 156	0.16 154	0.16 153	0.16 151
16'	0.16 149	0.16 147	0.16 146	0.16 144	0.16 142
17'	0.16 141	0.16 139	0.16 137	0.16 136	0.16 134
18'	0.16 132	0.16 131	0.16 129	0.16 127	0.16 125
19'	0.16 124	0.16 122	0.16 120	0.16 119	0.16 117
20'	0.16 115	0.16 114	0.16 112	0.16 110	0.16 108
21'	0.16 107	0.16 105	0.16 103	0.16 102	0.16 100
22'	0.16 098	0.16 097	0.16 095	0.16 093	0.16 092
23'	0.16 090	0.16 088	0.16 086	0.16 085	0.16 083
24'	0.16 081	0.16 080	0.16 078	0.16 076	0.16 075
25'	0.16 073	0.16 071	0.16 070	0.16 068	0.16 066
26'	0.16 065	0.16 063	0.16 061	0.16 059	0.16 058
27'	0.16 056	0.16 054	0.16 053	0.16 051	0.16 049
28'	0.16 048	0.16 046	0.16 044	0.16 043	0.16 041
29'	0.16 039	0.16 037	0.16 036	0.16 034	0.16 032
30'	0.16 031	0.16 029	0.16 027	0.16 026	0.16 024
31'	0.16 022	0.16 021	0.16 019	0.16 017	0.16 016
32'	0.16 014	0.16 012	0.16 010	0.16 009	0.16 007
33'	0.16 005	0.16 004	0.16 002	0.16 000	0.15 999
34'	0.15 997	0.15 995	0.15 994	0.15 992	0.15 990
35'	0.15 989	0.15 987	0.15 985	0.15 983	0.15 982
36'	0.15 980	0.15 978	0.15 977	0.15 975	0.15 973
37'	0.15 972	0.15 970	0.15 968	0.15 967	0.15 965
38'	0.15 963	0.15 962	0.15 960	0.15 958	0.15 957
39'	0.15 955	0.15 953	0.15 951	0.15 950	0.15 948
40'	0.15 946	0.15 945	0.15 943	0.15 941	0.15 940
41'	0.15 938	0.15 936	0.15 935	0.15 933	0.15 931
42'	0.15 930	0.15 928	0.15 926	0.15 925	0.15 923
43'	0.15 921	0.15 920	0.15 918	0.15 916	0.15 914
44'	0.15 913	0.15 911	0.15 909	0.15 908	0.15 906
45'	0.15 904	0.15 903	0.15 901	0.15 899	0.15 898
46'	0.15 896	0.15 894	0.15 893	0.15 891	0.15 889
47'	0.15 888	0.15 886	0.15 884	0.15 883	0.15 881
48'	0.15 879	0.15 878	0.15 876	0.15 874	0.15 872
49'	0.15 871	0.15 869	0.15 867	0.15 866	0.15 864
50'	0.15 862	0.15 861	0.15 859	0.15 857	0.15 856
51'	0.15 854	0.15 852	0.15 851	0.15 849	0.15 847
52'	0.15 846	0.15 844	0.15 842	0.15 841	0.15 839
53'	0.15 837	0.15 836	0.15 834	0.15 832	0.15 831
54'	0.15 829	0.15 827	0.15 826	0.15 824	0.15 822
55'	0.15 821	0.15 819	0.15 817	0.15 815	0.15 814
56'	0.15 812	0.15 810	0.15 809	0.15 807	0.15 805
57'	0.15 804	0.15 802	0.15 800	0.15 799	0.15 797
58'	0.15 795	0.15 794	0.15 792	0.15 790	0.15 789
59'	0.15 787	0.15 785	0.15 784	0.15 782	0.15 780

113°

	0.'0	0.'2	0.'4	0.'6	0.'8
0'	0.15 779	0.15 777	0.15 775	0.15 774	0.15 772
1'	0.15 770	0.15 769	0.15 767	0.15 765	0.15 764
2'	0.15 762	0.15 760	0.15 759	0.15 757	0.15 755
3'	0.15 754	0.15 752	0.15 750	0.15 749	0.15 747
4'	0.15 745	0.15 744	0.15 742	0.15 740	0.15 739
5'	0.15 737	0.15 735	0.15 734	0.15 732	0.15 730
6'	0.15 729	0.15 727	0.15 725	0.15 724	0.15 722
7'	0.15 720	0.15 719	0.15 717	0.15 715	0.15 714
8'	0.15 712	0.15 710	0.15 709	0.15 707	0.15 705
9'	0.15 704	0.15 702	0.15 700	0.15 699	0.15 697
10'	0.15 695	0.15 694	0.15 692	0.15 690	0.15 689
11'	0.15 687	0.15 685	0.15 684	0.15 682	0.15 680
12'	0.15 679	0.15 677	0.15 675	0.15 674	0.15 672
13'	0.15 670	0.15 669	0.15 667	0.15 665	0.15 664
14'	0.15 662	0.15 660	0.15 659	0.15 657	0.15 655
15'	0.15 654	0.15 652	0.15 650	0.15 649	0.15 647
16'	0.15 645	0.15 644	0.15 642	0.15 640	0.15 639
17'	0.15 637	0.15 635	0.15 634	0.15 632	0.15 630
18'	0.15 629	0.15 627	0.15 625	0.15 624	0.15 622
19'	0.15 620	0.15 619	0.15 617	0.15 615	0.15 614
20'	0.15 612	0.15 610	0.15 609	0.15 607	0.15 605
21'	0.15 604	0.15 602	0.15 600	0.15 599	0.15 597
22'	0.15 595	0.15 594	0.15 592	0.15 590	0.15 589
23'	0.15 587	0.15 585	0.15 584	0.15 582	0.15 580
24'	0.15 579	0.15 577	0.15 575	0.15 574	0.15 572
25'	0.15 570	0.15 569	0.15 567	0.15 565	0.15 564
26'	0.15 562	0.15 561	0.15 559	0.15 557	0.15 556
27'	0.15 554	0.15 552	0.15 551	0.15 549	0.15 547
28'	0.15 546	0.15 544	0.15 542	0.15 541	0.15 539
29'	0.15 537	0.15 536	0.15 534	0.15 532	0.15 531
30'	0.15 529	0.15 527	0.15 526	0.15 524	0.15 522
31'	0.15 521	0.15 519	0.15 517	0.15 516	0.15 514
32'	0.15 512	0.15 511	0.15 509	0.15 507	0.15 506
33'	0.15 504	0.15 503	0.15 501	0.15 499	0.15 498
34'	0.15 496	0.15 494	0.15 493	0.15 491	0.15 489
35'	0.15 488	0.15 486	0.15 484	0.15 483	0.15 481
36'	0.15 479	0.15 478	0.15 476	0.15 474	0.15 473
37'	0.15 471	0.15 469	0.15 468	0.15 466	0.15 464
38'	0.15 463	0.15 461	0.15 460	0.15 458	0.15 456
39'	0.15 455	0.15 453	0.15 451	0.15 450	0.15 448
40'	0.15 446	0.15 445	0.15 443	0.15 441	0.15 440
41'	0.15 438	0.15 436	0.15 435	0.15 433	0.15 431
42'	0.15 430	0.15 428	0.15 427	0.15 425	0.15 423
43'	0.15 422	0.15 420	0.15 418	0.15 417	0.15 415
44'	0.15 413	0.15 412	0.15 410	0.15 408	0.15 407
45'	0.15 405	0.15 403	0.15 402	0.15 400	0.15 398
46'	0.15 397	0.15 395	0.15 394	0.15 392	0.15 390
47'	0.15 389	0.15 387	0.15 385	0.15 384	0.15 382
48'	0.15 380	0.15 379	0.15 377	0.15 375	0.15 374
49'	0.15 372	0.15 370	0.15 369	0.15 367	0.15 366
50'	0.15 364	0.15 362	0.15 361	0.15 359	0.15 357
51'	0.15 356	0.15 354	0.15 352	0.15 351	0.15 349
52'	0.15 347	0.15 346	0.15 344	0.15 343	0.15 341
53'	0.15 339	0.15 338	0.15 336	0.15 334	0.15 333
54'	0.15 331	0.15 329	0.15 328	0.15 326	0.15 324
55'	0.15 323	0.15 321	0.15 319	0.15 318	0.15 316
56'	0.15 315	0.15 313	0.15 311	0.15 310	0.15 308
57'	0.15 306	0.15 305	0.15 303	0.15 301	0.15 300
58'	0.15 298	0.15 296	0.15 295	0.15 293	0.15 292
59'	0.15 290	0.15 288	0.15 287	0.15 285	0.15 283

114°

	0.'0	0.'2	0.'4	0.'6	0.'8
0'	0.15 282	0.15 280	0.15 278	0.15 277	0.15 275
1'	0.15 274	0.15 272	0.15 270	0.15 269	0.15 267
2'	0.15 265	0.15 264	0.15 262	0.15 260	0.15 259
3'	0.15 257	0.15 255	0.15 254	0.15 252	0.15 251
4'	0.15 249	0.15 247	0.15 246	0.15 244	0.15 242
5'	0.15 241	0.15 239	0.15 237	0.15 236	0.15 234
6'	0.15 233	0.15 231	0.15 229	0.15 228	0.15 226
7'	0.15 224	0.15 223	0.15 221	0.15 219	0.15 218
8'	0.15 216	0.15 215	0.15 213	0.15 211	0.15 210
9'	0.15 208	0.15 206	0.15 205	0.15 203	0.15 201
10'	0.15 200	0.15 198	0.15 197	0.15 195	0.15 193
11'	0.15 192	0.15 190	0.15 188	0.15 187	0.15 185
12'	0.15 183	0.15 182	0.15 180	0.15 179	0.15 177
13'	0.15 175	0.15 174	0.15 172	0.15 170	0.15 169
14'	0.15 167	0.15 165	0.15 164	0.15 162	0.15 161
15'	0.15 159	0.15 157	0.15 156	0.15 154	0.15 152
16'	0.15 151	0.15 149	0.15 148	0.15 146	0.15 144
17'	0.15 143	0.15 141	0.15 139	0.15 138	0.15 136
18'	0.15 134	0.15 133	0.15 131	0.15 130	0.15 128
19'	0.15 126	0.15 125	0.15 123	0.15 121	0.15 120
20'	0.15 118	0.15 117	0.15 115	0.15 113	0.15 112
21'	0.15 110	0.15 108	0.15 107	0.15 105	0.15 103
22'	0.15 102	0.15 100	0.15 099	0.15 097	0.15 095
23'	0.15 094	0.15 092	0.15 090	0.15 089	0.15 087
24'	0.15 086	0.15 084	0.15 082	0.15 081	0.15 079
25'	0.15 077	0.15 076	0.15 074	0.15 073	0.15 071
26'	0.15 069	0.15 068	0.15 066	0.15 064	0.15 063
27'	0.15 061	0.15 060	0.15 058	0.15 056	0.15 055
28'	0.15 053	0.15 051	0.15 050	0.15 048	0.15 047
29'	0.15 045	0.15 043	0.15 042	0.15 040	0.15 038
30'	0.15 037	0.15 035	0.15 034	0.15 032	0.15 030
31'	0.15 029	0.15 027	0.15 025	0.15 024	0.15 022
32'	0.15 021	0.15 019	0.15 017	0.15 016	0.15 014
33'	0.15 012	0.15 011	0.15 009	0.15 008	0.15 006
34'	0.15 004	0.15 003	0.15 001	0.14 999	0.14 998
35'	0.14 996	0.14 995	0.14 993	0.14 991	0.14 990
36'	0.14 988	0.14 986	0.14 985	0.14 983	0.14 982
37'	0.14 980	0.14 978	0.14 977	0.14 975	0.14 973
38'	0.14 972	0.14 970	0.14 969	0.14 967	0.14 965
39'	0.14 964	0.14 962	0.14 961	0.14 959	0.14 957
40'	0.14 956	0.14 954	0.14 952	0.14 951	0.14 949
41'	0.14 948	0.14 946	0.14 944	0.14 943	0.14 941
42'	0.14 939	0.14 938	0.14 936	0.14 935	0.14 933
43'	0.14 931	0.14 930	0.14 928	0.14 926	0.14 925
44'	0.14 923	0.14 922	0.14 920	0.14 918	0.14 917
45'	0.14 915	0.14 914	0.14 912	0.14 910	0.14 909
46'	0.14 907	0.14 905	0.14 904	0.14 902	0.14 901
47'	0.14 899	0.14 897	0.14 896	0.14 894	0.14 893
48'	0.14 891	0.14 889	0.14 888	0.14 886	0.14 884
49'	0.14 883	0.14 881	0.14 880	0.14 878	0.14 876
50'	0.14 875	0.14 873	0.14 872	0.14 870	0.14 868
51'	0.14 867	0.14 865	0.14 863	0.14 862	0.14 860
52'	0.14 859	0.14 857	0.14 855	0.14 854	0.14 852
53'	0.14 851	0.14 849	0.14 847	0.14 846	0.14 844
54'	0.14 842	0.14 841	0.14 839	0.14 838	0.14 836
55'	0.14 834	0.14 833	0.14 831	0.14 830	0.14 828
56'	0.14 826	0.14 825	0.14 823	0.14 822	0.14 820
57'	0.14 818	0.14 817	0.14 815	0.14 813	0.14 812
58'	0.14 810	0.14 809	0.14 807	0.14 805	0.14 804
59'	0.14 802	0.14 801	0.14 799	0.14 797	0.14 796

115°

	0.'0	0.'2	0.'4	0.'6	0.'8
0'	0.14 794	0.14 793	0.14 791	0.14 789	0.14 788
1'	0.14 786	0.14 785	0.14 783	0.14 781	0.14 780
2'	0.14 778	0.14 776	0.14 775	0.14 773	0.14 772
3'	0.14 770	0.14 768	0.14 767	0.14 765	0.14 764
4'	0.14 762	0.14 760	0.14 759	0.14 757	0.14 756
5'	0.14 754	0.14 752	0.14 751	0.14 749	0.14 748
6'	0.14 746	0.14 744	0.14 743	0.14 741	0.14 739
7'	0.14 738	0.14 736	0.14 735	0.14 733	0.14 731
8'	0.14 730	0.14 728	0.14 727	0.14 725	0.14 723
9'	0.14 722	0.14 720	0.14 719	0.14 717	0.14 715
10'	0.14 714	0.14 712	0.14 711	0.14 709	0.14 707
11'	0.14 706	0.14 704	0.14 703	0.14 701	0.14 699
12'	0.14 698	0.14 696	0.14 695	0.14 693	0.14 691
13'	0.14 690	0.14 688	0.14 687	0.14 685	0.14 683
14'	0.14 682	0.14 680	0.14 679	0.14 677	0.14 675
15'	0.14 674	0.14 672	0.14 671	0.14 669	0.14 667
16'	0.14 666	0.14 664	0.14 663	0.14 661	0.14 659
17'	0.14 658	0.14 656	0.14 655	0.14 653	0.14 651
18'	0.14 650	0.14 648	0.14 647	0.14 645	0.14 643
19'	0.14 642	0.14 640	0.14 639	0.14 637	0.14 635
20'	0.14 634	0.14 632	0.14 631	0.14 629	0.14 627
21'	0.14 626	0.14 624	0.14 623	0.14 621	0.14 619
22'	0.14 618	0.14 616	0.14 615	0.14 613	0.14 611
23'	0.14 610	0.14 608	0.14 607	0.14 605	0.14 603
24'	0.14 602	0.14 600	0.14 599	0.14 597	0.14 595
25'	0.14 594	0.14 592	0.14 591	0.14 589	0.14 587
26'	0.14 586	0.14 584	0.14 583	0.14 581	0.14 579
27'	0.14 578	0.14 576	0.14 575	0.14 573	0.14 571
28'	0.14 570	0.14 568	0.14 567	0.14 565	0.14 563
29'	0.14 562	0.14 560	0.14 559	0.14 557	0.14 555
30'	0.14 554	0.14 552	0.14 551	0.14 549	0.14 548
31'	0.14 546	0.14 544	0.14 543	0.14 541	0.14 540
32'	0.14 538	0.14 536	0.14 535	0.14 533	0.14 532
33'	0.14 530	0.14 528	0.14 527	0.14 525	0.14 524
34'	0.14 522	0.14 520	0.14 519	0.14 517	0.14 516
35'	0.14 514	0.14 512	0.14 511	0.14 509	0.14 508
36'	0.14 506	0.14 505	0.14 503	0.14 501	0.14 500
37'	0.14 498	0.14 497	0.14 495	0.14 493	0.14 492
38'	0.14 490	0.14 489	0.14 487	0.14 485	0.14 484
39'	0.14 482	0.14 481	0.14 479	0.14 477	0.14 476
40'	0.14 474	0.14 473	0.14 471	0.14 470	0.14 468
41'	0.14 466	0.14 465	0.14 463	0.14 462	0.14 460
42'	0.14 458	0.14 457	0.14 455	0.14 454	0.14 452
43'	0.14 450	0.14 449	0.14 447	0.14 446	0.14 444
44'	0.14 443	0.14 441	0.14 439	0.14 438	0.14 436
45'	0.14 435	0.14 433	0.14 431	0.14 430	0.14 428
46'	0.14 427	0.14 425	0.14 423	0.14 422	0.14 420
47'	0.14 419	0.14 417	0.14 416	0.14 414	0.14 412
48'	0.14 411	0.14 409	0.14 408	0.14 406	0.14 404
49'	0.14 403	0.14 401	0.14 400	0.14 398	0.14 397
50'	0.14 395	0.14 393	0.14 392	0.14 390	0.14 389
51'	0.14 387	0.14 385	0.14 384	0.14 382	0.14 381
52'	0.14 379	0.14 378	0.14 376	0.14 374	0.14 373
53'	0.14 371	0.14 370	0.14 368	0.14 366	0.14 365
54'	0.14 363	0.14 362	0.14 360	0.14 359	0.14 357
55'	0.14 355	0.14 354	0.14 352	0.14 351	0.14 349
56'	0.14 347	0.14 346	0.14 344	0.14 343	0.14 341
57'	0.14 340	0.14 338	0.14 336	0.14 335	0.14 333
58'	0.14 332	0.14 330	0.14 329	0.14 327	0.14 325
59'	0.14 324	0.14 322	0.14 321	0.14 319	0.14 317

K

116°

	0.'0	0.'2	0.'4	0.'6	0.'8
0'	0.14 316	0.14 314	0.14 313	0.14 311	0.14 310
1'	0.14 308	0.14 306	0.14 305	0.14 303	0.14 302
2'	0.14 300	0.14 299	0.14 297	0.14 295	0.14 294
3'	0.14 292	0.14 291	0.14 289	0.14 288	0.14 286
4'	0.14 284	0.14 283	0.14 281	0.14 280	0.14 278
5'	0.14 276	0.14 275	0.14 273	0.14 272	0.14 270
6'	0.14 269	0.14 267	0.14 265	0.14 264	0.14 262
7'	0.14 261	0.14 259	0.14 258	0.14 256	0.14 254
8'	0.14 253	0.14 251	0.14 250	0.14 248	0.14 247
9'	0.14 245	0.14 243	0.14 242	0.14 240	0.14 239
10'	0.14 237	0.14 236	0.14 234	0.14 232	0.14 231
11'	0.14 229	0.14 228	0.14 226	0.14 225	0.14 223
12'	0.14 221	0.14 220	0.14 218	0.14 217	0.14 215
13'	0.14 213	0.14 212	0.14 210	0.14 209	0.14 207
14'	0.14 206	0.14 204	0.14 202	0.14 201	0.14 199
15'	0.14 198	0.14 196	0.14 195	0.14 193	0.14 191
16'	0.14 190	0.14 188	0.14 187	0.14 185	0.14 184
17'	0.14 182	0.14 181	0.14 179	0.14 177	0.14 176
18'	0.14 174	0.14 173	0.14 171	0.14 170	0.14 168
19'	0.14 166	0.14 165	0.14 163	0.14 162	0.14 160
20'	0.14 159	0.14 157	0.14 155	0.14 154	0.14 152
21'	0.14 151	0.14 149	0.14 148	0.14 146	0.14 144
22'	0.14 143	0.14 141	0.14 140	0.14 138	0.14 137
23'	0.14 135	0.14 133	0.14 132	0.14 130	0.14 129
24'	0.14 127	0.14 126	0.14 124	0.14 122	0.14 121
25'	0.14 119	0.14 118	0.14 116	0.14 115	0.14 113
26'	0.14 112	0.14 110	0.14 108	0.14 107	0.14 105
27'	0.14 104	0.14 102	0.14 101	0.14 099	0.14 097
28'	0.14 096	0.14 094	0.14 093	0.14 091	0.14 090
29'	0.14 088	0.14 086	0.14 085	0.14 083	0.14 082
30'	0.14 080	0.14 079	0.14 077	0.14 076	0.14 074
31'	0.14 072	0.14 071	0.14 069	0.14 068	0.14 066
32'	0.14 065	0.14 063	0.14 061	0.14 060	0.14 058
33'	0.14 057	0.14 055	0.14 054	0.14 052	0.14 051
34'	0.14 049	0.14 047	0.14 046	0.14 044	0.14 043
35'	0.14 041	0.14 040	0.14 038	0.14 036	0.14 035
36'	0.14 033	0.14 032	0.14 030	0.14 029	0.14 027
37'	0.14 026	0.14 024	0.14 022	0.14 021	0.14 019
38'	0.14 018	0.14 016	0.14 015	0.14 013	0.14 012
39'	0.14 010	0.14 008	0.14 007	0.14 005	0.14 004
40'	0.14 002	0.14 001	0.13 999	0.13 998	0.13 996
41'	0.13 994	0.13 993	0.13 991	0.13 990	0.13 988
42'	0.13 987	0.13 985	0.13 983	0.13 982	0.13 980
43'	0.13 979	0.13 977	0.13 976	0.13 974	0.13 973
44'	0.13 971	0.13 969	0.13 968	0.13 966	0.13 965
45'	0.13 963	0.13 962	0.13 960	0.13 959	0.13 957
46'	0.13 955	0.13 954	0.13 952	0.13 951	0.13 949
47'	0.13 948	0.13 946	0.13 945	0.13 943	0.13 941
48'	0.13 940	0.13 938	0.13 937	0.13 935	0.13 934
49'	0.13 932	0.13 931	0.13 929	0.13 927	0.13 926
50'	0.13 924	0.13 923	0.13 921	0.13 920	0.13 918
51'	0.13 917	0.13 915	0.13 914	0.13 912	0.13 910
52'	0.13 909	0.13 907	0.13 906	0.13 904	0.13 903
53'	0.13 901	0.13 900	0.13 898	0.13 896	0.13 895
54'	0.13 893	0.13 892	0.13 890	0.13 889	0.13 887
55'	0.13 886	0.13 884	0.13 882	0.13 881	0.13 879
56'	0.13 878	0.13 876	0.13 875	0.13 873	0.13 872
57'	0.13 870	0.13 869	0.13 867	0.13 865	0.13 864
58'	0.13 862	0.13 861	0.13 859	0.13 858	0.13 856
59'	0.13 855	0.13 853	0.13 851	0.13 850	0.13 848

117°

	0.'0	0.'2	0.'4	0.'6	0.'8
0'	0.13 847	0.13 845	0.13 844	0.13 842	0.13 841
1'	0.13 839	0.13 838	0.13 836	0.13 834	0.13 833
2'	0.13 831	0.13 830	0.13 828	0.13 827	0.13 825
3'	0.13 824	0.13 822	0.13 821	0.13 819	0.13 817
4'	0.13 816	0.13 814	0.13 813	0.13 811	0.13 810
5'	0.13 808	0.13 807	0.13 805	0.13 804	0.13 802
6'	0.13 800	0.13 799	0.13 797	0.13 796	0.13 794
7'	0.13 793	0.13 791	0.13 790	0.13 788	0.13 787
8'	0.13 785	0.13 783	0.13 782	0.13 780	0.13 779
9'	0.13 777	0.13 776	0.13 774	0.13 773	0.13 771
10'	0.13 770	0.13 768	0.13 766	0.13 765	0.13 763
11'	0.13 762	0.13 760	0.13 759	0.13 757	0.13 756
12'	0.13 754	0.13 753	0.13 751	0.13 749	0.13 748
13'	0.13 746	0.13 745	0.13 743	0.13 742	0.13 740
14'	0.13 739	0.13 737	0.13 736	0.13 734	0.13 733
15'	0.13 731	0.13 729	0.13 728	0.13 726	0.13 725
16'	0.13 723	0.13 722	0.13 720	0.13 719	0.13 717
17'	0.13 716	0.13 714	0.13 713	0.13 711	0.13 709
18'	0.13 708	0.13 706	0.13 705	0.13 703	0.13 702
19'	0.13 700	0.13 699	0.13 697	0.13 696	0.13 694
20'	0.13 693	0.13 691	0.13 689	0.13 688	0.13 686
21'	0.13 685	0.13 683	0.13 682	0.13 680	0.13 679
22'	0.13 677	0.13 676	0.13 674	0.13 673	0.13 671
23'	0.13 669	0.13 668	0.13 666	0.13 665	0.13 663
24'	0.13 662	0.13 660	0.13 659	0.13 657	0.13 656
25'	0.13 654	0.13 653	0.13 651	0.13 649	0.13 648
26'	0.13 646	0.13 645	0.13 643	0.13 642	0.13 640
27'	0.13 639	0.13 637	0.13 636	0.13 634	0.13 633
28'	0.13 631	0.13 630	0.13 628	0.13 626	0.13 625
29'	0.13 623	0.13 622	0.13 620	0.13 619	0.13 617
30'	0.13 616	0.13 614	0.13 613	0.13 611	0.13 610
31'	0.13 608	0.13 607	0.13 605	0.13 603	0.13 602
32'	0.13 600	0.13 599	0.13 597	0.13 596	0.13 594
33'	0.13 593	0.13 591	0.13 590	0.13 588	0.13 587
34'	0.13 585	0.13 584	0.13 582	0.13 580	0.13 579
35'	0.13 577	0.13 576	0.13 574	0.13 573	0.13 571
36'	0.13 570	0.13 568	0.13 567	0.13 565	0.13 564
37'	0.13 562	0.13 561	0.13 559	0.13 558	0.13 556
38'	0.13 554	0.13 553	0.13 551	0.13 550	0.13 548
39'	0.13 547	0.13 545	0.13 544	0.13 542	0.13 541
40'	0.13 539	0.13 538	0.13 536	0.13 535	0.13 533
41'	0.13 532	0.13 530	0.13 529	0.13 527	0.13 525
42'	0.13 524	0.13 522	0.13 521	0.13 519	0.13 518
43'	0.13 516	0.13 515	0.13 513	0.13 512	0.13 510
44'	0.13 509	0.13 507	0.13 506	0.13 504	0.13 503
45'	0.13 501	0.13 499	0.13 498	0.13 496	0.13 495
46'	0.13 493	0.13 492	0.13 490	0.13 489	0.13 487
47'	0.13 486	0.13 484	0.13 483	0.13 481	0.13 480
48'	0.13 478	0.13 477	0.13 475	0.13 474	0.13 472
49'	0.13 471	0.13 469	0.13 467	0.13 466	0.13 464
50'	0.13 463	0.13 461	0.13 460	0.13 458	0.13 457
51'	0.13 455	0.13 454	0.13 452	0.13 451	0.13 449
52'	0.13 448	0.13 446	0.13 445	0.13 443	0.13 442
53'	0.13 440	0.13 439	0.13 437	0.13 436	0.13 434
54'	0.13 432	0.13 431	0.13 429	0.13 428	0.13 426
55'	0.13 425	0.13 423	0.13 422	0.13 420	0.13 419
56'	0.13 417	0.13 416	0.13 414	0.13 413	0.13 411
57'	0.13 410	0.13 408	0.13 407	0.13 405	0.13 404
58'	0.13 402	0.13 401	0.13 399	0.13 398	0.13 396
59'	0.13 394	0.13 393	0.13 391	0.13 390	0.13 388

118°

	0.'0	0.'2	0.'4	0.'6	0.'8
0'	0.13 387	0.13 385	0.13 384	0.13 382	0.13 381
1'	0.13 379	0.13 378	0.13 376	0.13 375	0.13 373
2'	0.13 372	0.13 370	0.13 369	0.13 367	0.13 366
3'	0.13 364	0.13 363	0.13 361	0.13 360	0.13 358
4'	0.13 357	0.13 355	0.13 354	0.13 352	0.13 350
5'	0.13 349	0.13 347	0.13 346	0.13 344	0.13 343
6'	0.13 341	0.13 340	0.13 338	0.13 337	0.13 335
7'	0.13 334	0.13 332	0.13 331	0.13 329	0.13 328
8'	0.13 326	0.13 325	0.13 323	0.13 322	0.13 320
9'	0.13 319	0.13 317	0.13 316	0.13 314	0.13 313
10'	0.13 311	0.13 310	0.13 308	0.13 307	0.13 305
11'	0.13 304	0.13 302	0.13 301	0.13 299	0.13 297
12'	0.13 296	0.13 294	0.13 293	0.13 291	0.13 290
13'	0.13 288	0.13 287	0.13 285	0.13 284	0.13 282
14'	0.13 281	0.13 279	0.13 278	0.13 276	0.13 275
15'	0.13 273	0.13 272	0.13 270	0.13 269	0.13 267
16'	0.13 266	0.13 264	0.13 263	0.13 261	0.13 260
17'	0.13 258	0.13 257	0.13 255	0.13 254	0.13 252
18'	0.13 251	0.13 249	0.13 248	0.13 246	0.13 245
19'	0.13 243	0.13 242	0.13 240	0.13 239	0.13 237
20'	0.13 236	0.13 234	0.13 233	0.13 231	0.13 230
21'	0.13 228	0.13 227	0.13 225	0.13 224	0.13 222
22'	0.13 220	0.13 219	0.13 217	0.13 216	0.13 214
23'	0.13 213	0.13 211	0.13 210	0.13 208	0.13 207
24'	0.13 205	0.13 204	0.13 202	0.13 201	0.13 199
25'	0.13 198	0.13 196	0.13 195	0.13 193	0.13 192
26'	0.13 190	0.13 189	0.13 187	0.13 186	0.13 184
27'	0.13 183	0.13 181	0.13 180	0.13 178	0.13 177
28'	0.13 175	0.13 174	0.13 172	0.13 171	0.13 169
29'	0.13 168	0.13 166	0.13 165	0.13 163	0.13 162
30'	0.13 160	0.13 159	0.13 157	0.13 156	0.13 154
31'	0.13 153	0.13 151	0.13 150	0.13 148	0.13 147
32'	0.13 145	0.13 144	0.13 142	0.13 141	0.13 139
33'	0.13 138	0.13 136	0.13 135	0.13 133	0.13 132
34'	0.13 130	0.13 129	0.13 127	0.13 126	0.13 124
35'	0.13 123	0.13 121	0.13 120	0.13 118	0.13 117
36'	0.13 115	0.13 114	0.13 112	0.13 111	0.13 109
37'	0.13 108	0.13 106	0.13 105	0.13 103	0.13 102
38'	0.13 100	0.13 099	0.13 097	0.13 096	0.13 094
39'	0.13 093	0.13 091	0.13 090	0.13 088	0.13 087
40'	0.13 085	0.13 084	0.13 082	0.13 081	0.13 079
41'	0.13 078	0.13 076	0.13 075	0.13 073	0.13 072
42'	0.13 070	0.13 069	0.13 067	0.13 066	0.13 064
43'	0.13 063	0.13 061	0.13 060	0.13 058	0.13 057
44'	0.13 055	0.13 054	0.13 052	0.13 051	0.13 049
45'	0.13 048	0.13 046	0.13 045	0.13 043	0.13 042
46'	0.13 040	0.13 039	0.13 037	0.13 036	0.13 034
47'	0.13 033	0.13 031	0.13 030	0.13 028	0.13 027
48'	0.13 025	0.13 024	0.13 022	0.13 021	0.13 019
49'	0.13 018	0.13 016	0.13 015	0.13 013	0.13 012
50'	0.13 010	0.13 009	0.13 007	0.13 006	0.13 004
51'	0.13 003	0.13 002	0.13 000	0.12 999	0.12 997
52'	0.12 996	0.12 994	0.12 993	0.12 991	0.12 990
53'	0.12 988	0.12 987	0.12 985	0.12 984	0.12 982
54'	0.12 981	0.12 979	0.12 978	0.12 976	0.12 975
55'	0.12 973	0.12 972	0.12 970	0.12 969	0.12 967
56'	0.12 966	0.12 964	0.12 963	0.12 961	0.12 960
57'	0.12 958	0.12 957	0.12 955	0.12 954	0.12 952
58'	0.12 951	0.12 949	0.12 948	0.12 946	0.12 945
59'	0.12 943	0.12 942	0.12 940	0.12 939	0.12 937

119°

	0.'0	0.'2	0.'4	0.'6	0.'8
0'	0.12 936	0.12 934	0.12 933	0.12 931	0.12 930
1'	0.12 928	0.12 927	0.12 926	0.12 924	0.12 923
2'	0.12 921	0.12 920	0.12 918	0.12 917	0.12 915
3'	0.12 914	0.12 912	0.12 911	0.12 909	0.12 908
4'	0.12 906	0.12 905	0.12 903	0.12 902	0.12 900
5'	0.12 899	0.12 897	0.12 896	0.12 894	0.12 893
6'	0.12 891	0.12 890	0.12 888	0.12 887	0.12 885
7'	0.12 884	0.12 882	0.12 881	0.12 879	0.12 878
8'	0.12 876	0.12 875	0.12 874	0.12 872	0.12 871
9'	0.12 869	0.12 868	0.12 866	0.12 865	0.12 863
10'	0.12 862	0.12 860	0.12 859	0.12 857	0.12 856
11'	0.12 854	0.12 853	0.12 851	0.12 850	0.12 848
12'	0.12 847	0.12 845	0.12 844	0.12 842	0.12 841
13'	0.12 839	0.12 838	0.12 836	0.12 835	0.12 833
14'	0.12 832	0.12 831	0.12 829	0.12 828	0.12 826
15'	0.12 825	0.12 823	0.12 822	0.12 820	0.12 819
16'	0.12 817	0.12 816	0.12 814	0.12 813	0.12 811
17'	0.12 810	0.12 808	0.12 807	0.12 805	0.12 804
18'	0.12 802	0.12 801	0.12 799	0.12 798	0.12 796
19'	0.12 795	0.12 794	0.12 792	0.12 791	0.12 789
20'	0.12 788	0.12 786	0.12 785	0.12 783	0.12 782
21'	0.12 780	0.12 779	0.12 777	0.12 776	0.12 774
22'	0.12 773	0.12 771	0.12 770	0.12 768	0.12 767
23'	0.12 765	0.12 764	0.12 762	0.12 761	0.12 760
24'	0.12 758	0.12 757	0.12 755	0.12 754	0.12 752
25'	0.12 751	0.12 749	0.12 748	0.12 746	0.12 745
26'	0.12 743	0.12 742	0.12 740	0.12 739	0.12 737
27'	0.12 736	0.12 734	0.12 733	0.12 731	0.12 730
28'	0.12 729	0.12 727	0.12 726	0.12 724	0.12 723
29'	0.12 721	0.12 720	0.12 718	0.12 717	0.12 715
30'	0.12 714	0.12 712	0.12 711	0.12 709	0.12 708
31'	0.12 706	0.12 705	0.12 703	0.12 702	0.12 701
32'	0.12 699	0.12 698	0.12 696	0.12 695	0.12 693
33'	0.12 692	0.12 690	0.12 689	0.12 687	0.12 686
34'	0.12 684	0.12 683	0.12 681	0.12 680	0.12 678
35'	0.12 677	0.12 676	0.12 674	0.12 673	0.12 671
36'	0.12 670	0.12 668	0.12 667	0.12 665	0.12 664
37'	0.12 662	0.12 661	0.12 659	0.12 658	0.12 656
38'	0.12 655	0.12 653	0.12 652	0.12 651	0.12 649
39'	0.12 648	0.12 646	0.12 645	0.12 643	0.12 642
40'	0.12 640	0.12 639	0.12 637	0.12 636	0.12 634
41'	0.12 633	0.12 631	0.12 630	0.12 628	0.12 627
42'	0.12 626	0.12 624	0.12 623	0.12 621	0.12 620
43'	0.12 618	0.12 617	0.12 615	0.12 614	0.12 612
44'	0.12 611	0.12 609	0.12 608	0.12 606	0.12 605
45'	0.12 604	0.12 602	0.12 601	0.12 599	0.12 598
46'	0.12 596	0.12 595	0.12 593	0.12 592	0.12 590
47'	0.12 589	0.12 587	0.12 586	0.12 585	0.12 583
48'	0.12 582	0.12 580	0.12 579	0.12 577	0.12 576
49'	0.12 574	0.12 573	0.12 571	0.12 570	0.12 568
50'	0.12 567	0.12 565	0.12 564	0.12 563	0.12 561
51'	0.12 560	0.12 558	0.12 557	0.12 555	0.12 554
52'	0.12 552	0.12 551	0.12 549	0.12 548	0.12 546
53'	0.12 545	0.12 544	0.12 542	0.12 541	0.12 539
54'	0.12 538	0.12 536	0.12 535	0.12 533	0.12 532
55'	0.12 530	0.12 529	0.12 527	0.12 526	0.12 525
56'	0.12 523	0.12 522	0.12 520	0.12 519	0.12 517
57'	0.12 516	0.12 514	0.12 513	0.12 511	0.12 510
58'	0.12 508	0.12 507	0.12 506	0.12 504	0.12 503
59'	0.12 501	0.12 500	0.12 498	0.12 497	0.12 495

120°

	0.'0	0.'2	0.'4	0.'6	0.'8
0'	0.12 494	0.12 492	0.12 491	0.12 489	0.12 488
1'	0.12 487	0.12 485	0.12 484	0.12 482	0.12 481
2'	0.12 479	0.12 478	0.12 476	0.12 475	0.12 473
3'	0.12 472	0.12 471	0.12 469	0.12 468	0.12 466
4'	0.12 465	0.12 463	0.12 462	0.12 460	0.12 459
5'	0.12 457	0.12 456	0.12 455	0.12 453	0.12 452
6'	0.12 450	0.12 449	0.12 447	0.12 446	0.12 444
7'	0.12 443	0.12 441	0.12 440	0.12 439	0.12 437
8'	0.12 436	0.12 434	0.12 433	0.12 431	0.12 430
9'	0.12 428	0.12 427	0.12 425	0.12 424	0.12 423
10'	0.12 421	0.12 420	0.12 418	0.12 417	0.12 415
11'	0.12 414	0.12 412	0.12 411	0.12 409	0.12 408
12'	0.12 407	0.12 405	0.12 404	0.12 402	0.12 401
13'	0.12 399	0.12 398	0.12 396	0.12 395	0.12 393
14'	0.12 392	0.12 391	0.12 389	0.12 388	0.12 386
15'	0.12 385	0.12 383	0.12 382	0.12 380	0.12 379
16'	0.12 377	0.12 376	0.12 375	0.12 373	0.12 372
17'	0.12 370	0.12 369	0.12 367	0.12 366	0.12 364
18'	0.12 363	0.12 362	0.12 360	0.12 359	0.12 357
19'	0.12 356	0.12 354	0.12 353	0.12 351	0.12 350
20'	0.12 348	0.12 347	0.12 346	0.12 344	0.12 343
21'	0.12 341	0.12 340	0.12 338	0.12 337	0.12 335
22'	0.12 334	0.12 333	0.12 331	0.12 330	0.12 328
23'	0.12 327	0.12 325	0.12 324	0.12 322	0.12 321
24'	0.12 320	0.12 318	0.12 317	0.12 315	0.12 314
25'	0.12 312	0.12 311	0.12 309	0.12 308	0.12 307
26'	0.12 305	0.12 304	0.12 302	0.12 301	0.12 299
27'	0.12 298	0.12 296	0.12 295	0.12 293	0.12 292
28'	0.12 291	0.12 289	0.12 288	0.12 286	0.12 285
29'	0.12 283	0.12 282	0.12 280	0.12 279	0.12 278
30'	0.12 276	0.12 275	0.12 273	0.12 272	0.12 270
31'	0.12 269	0.12 267	0.12 266	0.12 265	0.12 263
32'	0.12 262	0.12 260	0.12 259	0.12 257	0.12 256
33'	0.12 255	0.12 253	0.12 252	0.12 250	0.12 249
34'	0.12 247	0.12 246	0.12 244	0.12 243	0.12 242
35'	0.12 240	0.12 239	0.12 237	0.12 236	0.12 234
36'	0.12 233	0.12 231	0.12 230	0.12 229	0.12 227
37'	0.12 226	0.12 224	0.12 223	0.12 221	0.12 220
38'	0.12 218	0.12 217	0.12 216	0.12 214	0.12 213
39'	0.12 211	0.12 210	0.12 208	0.12 207	0.12 206
40'	0.12 204	0.12 203	0.12 201	0.12 200	0.12 198
41'	0.12 197	0.12 195	0.12 194	0.12 193	0.12 191
42'	0.12 190	0.12 188	0.12 187	0.12 185	0.12 184
43'	0.12 183	0.12 181	0.12 180	0.12 178	0.12 177
44'	0.12 175	0.12 174	0.12 172	0.12 171	0.12 170
45'	0.12 168	0.12 167	0.12 165	0.12 164	0.12 162
46'	0.12 161	0.12 160	0.12 158	0.12 157	0.12 155
47'	0.12 154	0.12 152	0.12 151	0.12 149	0.12 148
48'	0.12 147	0.12 145	0.12 144	0.12 142	0.12 141
49'	0.12 139	0.12 138	0.12 137	0.12 135	0.12 134
50'	0.12 132	0.12 131	0.12 129	0.12 128	0.12 127
51'	0.12 125	0.12 124	0.12 122	0.12 121	0.12 119
52'	0.12 118	0.12 116	0.12 115	0.12 114	0.12 112
53'	0.12 111	0.12 109	0.12 108	0.12 106	0.12 105
54'	0.12 104	0.12 102	0.12 101	0.12 099	0.12 098
55'	0.12 096	0.12 095	0.12 094	0.12 092	0.12 091
56'	0.12 089	0.12 088	0.12 086	0.12 085	0.12 084
57'	0.12 082	0.12 081	0.12 079	0.12 078	0.12 076
58'	0.12 075	0.12 074	0.12 072	0.12 071	0.12 069
59'	0.12 068	0.12 066	0.12 065	0.12 064	0.12 062

121°

	0.'0	0.'2	0.'4	0.'6	0.'8
0'	0.12 061	0.12 059	0.12 058	0.12 056	0.12 055
1'	0.12 053	0.12 052	0.12 051	0.12 049	0.12 048
2'	0.12 046	0.12 045	0.12 043	0.12 042	0.12 041
3'	0.12 039	0.12 038	0.12 036	0.12 035	0.12 034
4'	0.12 032	0.12 031	0.12 029	0.12 028	0.12 026
5'	0.12 025	0.12 024	0.12 022	0.12 021	0.12 019
6'	0.12 018	0.12 016	0.12 015	0.12 014	0.12 012
7'	0.12 011	0.12 009	0.12 008	0.12 006	0.12 005
8'	0.12 004	0.12 002	0.12 001	0.11 999	0.11 998
9'	0.11 996	0.11 995	0.11 994	0.11 992	0.11 991
10'	0.11 989	0.11 988	0.11 986	0.11 985	0.11 984
11'	0.11 982	0.11 981	0.11 979	0.11 978	0.11 976
12'	0.11 975	0.11 974	0.11 972	0.11 971	0.11 969
13'	0.11 968	0.11 967	0.11 965	0.11 964	0.11 962
14'	0.11 961	0.11 959	0.11 958	0.11 957	0.11 955
15'	0.11 954	0.11 952	0.11 951	0.11 949	0.11 948
16'	0.11 947	0.11 945	0.11 944	0.11 942	0.11 941
17'	0.11 939	0.11 938	0.11 937	0.11 935	0.11 934
18'	0.11 932	0.11 931	0.11 930	0.11 928	0.11 927
19'	0.11 925	0.11 924	0.11 922	0.11 921	0.11 920
20'	0.11 918	0.11 917	0.11 915	0.11 914	0.11 913
21'	0.11 911	0.11 910	0.11 908	0.11 907	0.11 905
22'	0.11 904	0.11 903	0.11 901	0.11 900	0.11 898
23'	0.11 897	0.11 895	0.11 894	0.11 893	0.11 891
24'	0.11 890	0.11 888	0.11 887	0.11 886	0.11 884
25'	0.11 883	0.11 881	0.11 880	0.11 878	0.11 877
26'	0.11 876	0.11 874	0.11 873	0.11 871	0.11 870
27'	0.11 869	0.11 867	0.11 866	0.11 864	0.11 863
28'	0.11 861	0.11 860	0.11 859	0.11 857	0.11 856
29'	0.11 854	0.11 853	0.11 852	0.11 850	0.11 849
30'	0.11 847	0.11 846	0.11 844	0.11 843	0.11 842
31'	0.11 840	0.11 839	0.11 837	0.11 836	0.11 835
32'	0.11 833	0.11 832	0.11 830	0.11 829	0.11 828
33'	0.11 826	0.11 825	0.11 823	0.11 822	0.11 820
34'	0.11 819	0.11 818	0.11 816	0.11 815	0.11 813
35'	0.11 812	0.11 811	0.11 809	0.11 808	0.11 806
36'	0.11 805	0.11 803	0.11 802	0.11 801	0.11 799
37'	0.11 798	0.11 796	0.11 795	0.11 794	0.11 792
38'	0.11 791	0.11 789	0.11 788	0.11 787	0.11 785
39'	0.11 784	0.11 782	0.11 781	0.11 780	0.11 778
40'	0.11 777	0.11 775	0.11 774	0.11 772	0.11 771
41'	0.11 770	0.11 768	0.11 767	0.11 765	0.11 764
42'	0.11 763	0.11 761	0.11 760	0.11 758	0.11 757
43'	0.11 756	0.11 754	0.11 753	0.11 751	0.11 750
44'	0.11 748	0.11 747	0.11 746	0.11 744	0.11 743
45'	0.11 741	0.11 740	0.11 739	0.11 737	0.11 736
46'	0.11 734	0.11 733	0.11 732	0.11 730	0.11 729
47'	0.11 727	0.11 726	0.11 725	0.11 723	0.11 722
48'	0.11 720	0.11 719	0.11 718	0.11 716	0.11 715
49'	0.11 713	0.11 712	0.11 711	0.11 709	0.11 708
50'	0.11 706	0.11 705	0.11 703	0.11 702	0.11 701
51'	0.11 699	0.11 698	0.11 696	0.11 695	0.11 694
52'	0.11 692	0.11 691	0.11 689	0.11 688	0.11 687
53'	0.11 685	0.11 684	0.11 682	0.11 681	0.11 680
54'	0.11 678	0.11 677	0.11 675	0.11 674	0.11 673
55'	0.11 671	0.11 670	0.11 668	0.11 667	0.11 666
56'	0.11 664	0.11 663	0.11 661	0.11 660	0.11 659
57'	0.11 657	0.11 656	0.11 654	0.11 653	0.11 652
58'	0.11 650	0.11 649	0.11 647	0.11 646	0.11 645
59'	0.11 643	0.11 642	0.11 640	0.11 639	0.11 638

122°

	0.'0	0.'2	0.'4	0.'6	0.'8
0'	0.11 636	0.11 635	0.11 633	0.11 632	0.11 631
1'	0.11 629	0.11 628	0.11 626	0.11 625	0.11 624
2'	0.11 622	0.11 621	0.11 619	0.11 618	0.11 617
3'	0.11 615	0.11 614	0.11 612	0.11 611	0.11 610
4'	0.11 608	0.11 607	0.11 605	0.11 604	0.11 603
5'	0.11 601	0.11 600	0.11 598	0.11 597	0.11 596
6'	0.11 594	0.11 593	0.11 591	0.11 590	0.11 589
7'	0.11 587	0.11 586	0.11 584	0.11 583	0.11 582
8'	0.11 580	0.11 579	0.11 577	0.11 576	0.11 575
9'	0.11 573	0.11 572	0.11 570	0.11 569	0.11 568
10'	0.11 566	0.11 565	0.11 563	0.11 562	0.11 561
11'	0.11 559	0.11 558	0.11 556	0.11 555	0.11 554
12'	0.11 552	0.11 551	0.11 549	0.11 548	0.11 547
13'	0.11 545	0.11 544	0.11 543	0.11 541	0.11 540
14'	0.11 538	0.11 537	0.11 536	0.11 534	0.11 533
15'	0.11 531	0.11 530	0.11 529	0.11 527	0.11 526
16'	0.11 524	0.11 523	0.11 522	0.11 520	0.11 519
17'	0.11 517	0.11 516	0.11 515	0.11 513	0.11 512
18'	0.11 510	0.11 509	0.11 508	0.11 506	0.11 505
19'	0.11 504	0.11 502	0.11 501	0.11 499	0.11 498
20'	0.11 497	0.11 495	0.11 494	0.11 492	0.11 491
21'	0.11 490	0.11 488	0.11 487	0.11 485	0.11 484
22'	0.11 483	0.11 481	0.11 480	0.11 479	0.11 477
23'	0.11 476	0.11 474	0.11 473	0.11 472	0.11 470
24'	0.11 469	0.11 467	0.11 466	0.11 465	0.11 463
25'	0.11 462	0.11 460	0.11 459	0.11 458	0.11 456
26'	0.11 455	0.11 454	0.11 452	0.11 451	0.11 449
27'	0.11 448	0.11 447	0.11 445	0.11 444	0.11 442
28'	0.11 441	0.11 440	0.11 438	0.11 437	0.11 435
29'	0.11 434	0.11 433	0.11 431	0.11 430	0.11 429
30'	0.11 427	0.11 426	0.11 424	0.11 423	0.11 422
31'	0.11 420	0.11 419	0.11 417	0.11 416	0.11 415
32'	0.11 413	0.11 412	0.11 411	0.11 409	0.11 408
33'	0.11 406	0.11 405	0.11 404	0.11 402	0.11 401
34'	0.11 399	0.11 398	0.11 397	0.11 395	0.11 394
35'	0.11 393	0.11 391	0.11 390	0.11 388	0.11 387
36'	0.11 386	0.11 384	0.11 383	0.11 381	0.11 380
37'	0.11 379	0.11 377	0.11 376	0.11 375	0.11 373
38'	0.11 372	0.11 370	0.11 369	0.11 368	0.11 366
39'	0.11 365	0.11 363	0.11 362	0.11 361	0.11 359
40'	0.11 358	0.11 357	0.11 355	0.11 354	0.11 352
41'	0.11 351	0.11 350	0.11 348	0.11 347	0.11 346
42'	0.11 344	0.11 343	0.11 341	0.11 340	0.11 339
43'	0.11 337	0.11 336	0.11 334	0.11 333	0.11 332
44'	0.11 330	0.11 329	0.11 328	0.11 326	0.11 325
45'	0.11 323	0.11 322	0.11 321	0.11 319	0.11 318
46'	0.11 317	0.11 315	0.11 314	0.11 312	0.11 311
47'	0.11 310	0.11 308	0.11 307	0.11 306	0.11 304
48'	0.11 303	0.11 301	0.11 300	0.11 299	0.11 297
49'	0.11 296	0.11 295	0.11 293	0.11 292	0.11 290
50'	0.11 289	0.11 288	0.11 286	0.11 285	0.11 284
51'	0.11 282	0.11 281	0.11 279	0.11 278	0.11 277
52'	0.11 275	0.11 274	0.11 272	0.11 271	0.11 270
53'	0.11 268	0.11 267	0.11 266	0.11 264	0.11 263
54'	0.11 261	0.11 260	0.11 259	0.11 257	0.11 256
55'	0.11 255	0.11 253	0.11 252	0.11 251	0.11 249
56'	0.11 248	0.11 246	0.11 245	0.11 244	0.11 242
57'	0.11 241	0.11 240	0.11 238	0.11 237	0.11 235
58'	0.11 234	0.11 233	0.11 231	0.11 230	0.11 229
59'	0.11 227	0.11 226	0.11 224	0.11 223	0.11 222

123°

	0.'0	0.'2	0.'4	0.'6	0.'8
0'	0.11 220	0.11 219	0.11 218	0.11 216	0.11 215
1'	0.11 213	0.11 212	0.11 211	0.11 209	0.11 208
2'	0.11 207	0.11 205	0.11 204	0.11 202	0.11 201
3'	0.11 200	0.11 198	0.11 197	0.11 196	0.11 194
4'	0.11 193	0.11 192	0.11 190	0.11 189	0.11 187
5'	0.11 186	0.11 185	0.11 183	0.11 182	0.11 181
6'	0.11 179	0.11 178	0.11 176	0.11 175	0.11 174
7'	0.11 172	0.11 171	0.11 170	0.11 168	0.11 167
8'	0.11 166	0.11 164	0.11 163	0.11 161	0.11 160
9'	0.11 159	0.11 157	0.11 156	0.11 155	0.11 153
10'	0.11 152	0.11 150	0.11 149	0.11 148	0.11 146
11'	0.11 145	0.11 144	0.11 142	0.11 141	0.11 140
12'	0.11 138	0.11 137	0.11 135	0.11 134	0.11 133
13'	0.11 131	0.11 130	0.11 129	0.11 127	0.11 126
14'	0.11 125	0.11 123	0.11 122	0.11 120	0.11 119
15'	0.11 118	0.11 116	0.11 115	0.11 114	0.11 112
16'	0.11 111	0.11 109	0.11 108	0.11 107	0.11 105
17'	0.11 104	0.11 103	0.11 101	0.11 100	0.11 099
18'	0.11 097	0.11 096	0.11 094	0.11 093	0.11 092
19'	0.11 090	0.11 089	0.11 088	0.11 086	0.11 085
20'	0.11 084	0.11 082	0.11 081	0.11 080	0.11 078
21'	0.11 077	0.11 075	0.11 074	0.11 073	0.11 071
22'	0.11 070	0.11 069	0.11 067	0.11 066	0.11 065
23'	0.11 063	0.11 062	0.11 060	0.11 059	0.11 058
24'	0.11 056	0.11 055	0.11 054	0.11 052	0.11 051
25'	0.11 050	0.11 048	0.11 047	0.11 045	0.11 044
26'	0.11 043	0.11 041	0.11 040	0.11 039	0.11 037
27'	0.11 036	0.11 035	0.11 033	0.11 032	0.11 031
28'	0.11 029	0.11 028	0.11 026	0.11 025	0.11 024
29'	0.11 022	0.11 021	0.11 020	0.11 018	0.11 017
30'	0.11 016	0.11 014	0.11 013	0.11 012	0.11 010
31'	0.11 009	0.11 007	0.11 006	0.11 005	0.11 003
32'	0.11 002	0.11 001	0.10 999	0.10 998	0.10 997
33'	0.10 995	0.10 994	0.10 993	0.10 991	0.10 990
34'	0.10 988	0.10 987	0.10 986	0.10 984	0.10 983
35'	0.10 982	0.10 980	0.10 979	0.10 978	0.10 976
36'	0.10 975	0.10 974	0.10 972	0.10 971	0.10 969
37'	0.10 968	0.10 967	0.10 965	0.10 964	0.10 963
38'	0.10 961	0.10 960	0.10 959	0.10 957	0.10 956
39'	0.10 955	0.10 953	0.10 952	0.10 951	0.10 949
40'	0.10 948	0.10 946	0.10 945	0.10 944	0.10 942
41'	0.10 941	0.10 940	0.10 938	0.10 937	0.10 936
42'	0.10 934	0.10 933	0.10 932	0.10 930	0.10 929
43'	0.10 928	0.10 926	0.10 925	0.10 923	0.10 922
44'	0.10 921	0.10 919	0.10 918	0.10 917	0.10 915
45'	0.10 914	0.10 913	0.10 911	0.10 910	0.10 909
46'	0.10 907	0.10 906	0.10 905	0.10 903	0.10 902
47'	0.10 901	0.10 899	0.10 898	0.10 896	0.10 895
48'	0.10 894	0.10 892	0.10 891	0.10 890	0.10 888
49'	0.10 887	0.10 886	0.10 884	0.10 883	0.10 882
50'	0.10 880	0.10 879	0.10 878	0.10 876	0.10 875
51'	0.10 874	0.10 872	0.10 871	0.10 870	0.10 868
52'	0.10 867	0.10 865	0.10 864	0.10 863	0.10 861
53'	0.10 860	0.10 859	0.10 857	0.10 856	0.10 855
54'	0.10 853	0.10 852	0.10 851	0.10 849	0.10 848
55'	0.10 847	0.10 845	0.10 844	0.10 843	0.10 841
56'	0.10 840	0.10 839	0.10 837	0.10 836	0.10 835
57'	0.10 833	0.10 832	0.10 830	0.10 829	0.10 828
58'	0.10 826	0.10 825	0.10 824	0.10 822	0.10 821
59'	0.10 820	0.10 818	0.10 817	0.10 816	0.10 814

K   K

124°

	0.'0	0.'2	0.'4	0.'6	0.'8
0'	0.10 813	0.10 812	0.10 810	0.10 809	0.10 808
1'	0.10 806	0.10 805	0.10 804	0.10 802	0.10 801
2'	0.10 800	0.10 798	0.10 797	0.10 796	0.10 794
3'	0.10 793	0.10 792	0.10 790	0.10 789	0.10 788
4'	0.10 786	0.10 785	0.10 783	0.10 782	0.10 781
5'	0.10 779	0.10 778	0.10 777	0.10 775	0.10 774
6'	0.10 773	0.10 771	0.10 770	0.10 769	0.10 767
7'	0.10 766	0.10 765	0.10 763	0.10 762	0.10 761
8'	0.10 759	0.10 758	0.10 757	0.10 755	0.10 754
9'	0.10 753	0.10 751	0.10 750	0.10 749	0.10 747
10'	0.10 746	0.10 745	0.10 743	0.10 742	0.10 741
11'	0.10 739	0.10 738	0.10 737	0.10 735	0.10 734
12'	0.10 733	0.10 731	0.10 730	0.10 729	0.10 727
13'	0.10 726	0.10 725	0.10 723	0.10 722	0.10 721
14'	0.10 719	0.10 718	0.10 717	0.10 715	0.10 714
15'	0.10 713	0.10 711	0.10 710	0.10 709	0.10 707
16'	0.10 706	0.10 705	0.10 703	0.10 702	0.10 700
17'	0.10 699	0.10 698	0.10 696	0.10 695	0.10 694
18'	0.10 692	0.10 691	0.10 690	0.10 688	0.10 687
19'	0.10 686	0.10 684	0.10 683	0.10 682	0.10 680
20'	0.10 679	0.10 678	0.10 676	0.10 675	0.10 674
21'	0.10 672	0.10 671	0.10 670	0.10 668	0.10 667
22'	0.10 666	0.10 664	0.10 663	0.10 662	0.10 660
23'	0.10 659	0.10 658	0.10 656	0.10 655	0.10 654
24'	0.10 652	0.10 651	0.10 650	0.10 648	0.10 647
25'	0.10 646	0.10 644	0.10 643	0.10 642	0.10 640
26'	0.10 639	0.10 638	0.10 637	0.10 635	0.10 634
27'	0.10 633	0.10 631	0.10 630	0.10 629	0.10 627
28'	0.10 626	0.10 625	0.10 623	0.10 622	0.10 621
29'	0.10 619	0.10 618	0.10 617	0.10 615	0.10 614
30'	0.10 613	0.10 611	0.10 610	0.10 609	0.10 607
31'	0.10 606	0.10 605	0.10 603	0.10 602	0.10 601
32'	0.10 599	0.10 598	0.10 597	0.10 595	0.10 594
33'	0.10 593	0.10 591	0.10 590	0.10 589	0.10 587
34'	0.10 586	0.10 585	0.10 583	0.10 582	0.10 581
35'	0.10 579	0.10 578	0.10 577	0.10 575	0.10 574
36'	0.10 573	0.10 571	0.10 570	0.10 569	0.10 567
37'	0.10 566	0.10 565	0.10 563	0.10 562	0.10 561
38'	0.10 559	0.10 558	0.10 557	0.10 555	0.10 554
39'	0.10 553	0.10 552	0.10 550	0.10 549	0.10 548
40'	0.10 546	0.10 545	0.10 544	0.10 542	0.10 541
41'	0.10 540	0.10 538	0.10 537	0.10 536	0.10 534
42'	0.10 533	0.10 532	0.10 530	0.10 529	0.10 528
43'	0.10 526	0.10 525	0.10 524	0.10 522	0.10 521
44'	0.10 520	0.10 518	0.10 517	0.10 516	0.10 514
45'	0.10 513	0.10 512	0.10 510	0.10 509	0.10 508
46'	0.10 507	0.10 505	0.10 504	0.10 503	0.10 501
47'	0.10 500	0.10 499	0.10 497	0.10 496	0.10 495
48'	0.10 493	0.10 492	0.10 491	0.10 489	0.10 488
49'	0.10 487	0.10 485	0.10 484	0.10 483	0.10 481
50'	0.10 480	0.10 479	0.10 477	0.10 476	0.10 475
51'	0.10 473	0.10 472	0.10 471	0.10 470	0.10 468
52'	0.10 467	0.10 466	0.10 464	0.10 463	0.10 462
53'	0.10 460	0.10 459	0.10 458	0.10 456	0.10 455
54'	0.10 454	0.10 452	0.10 451	0.10 450	0.10 448
55'	0.10 447	0.10 446	0.10 444	0.10 443	0.10 442
56'	0.10 441	0.10 439	0.10 438	0.10 437	0.10 435
57'	0.10 434	0.10 433	0.10 431	0.10 430	0.10 429
58'	0.10 427	0.10 426	0.10 425	0.10 423	0.10 422
59'	0.10 421	0.10 419	0.10 418	0.10 417	0.10 416

125°

	0.'0	0.'2	0.'4	0.'6	0.'8
0'	0.10 414	0.10 413	0.10 412	0.10 410	0.10 409
1'	0.10 408	0.10 406	0.10 405	0.10 404	0.10 402
2'	0.10 401	0.10 400	0.10 398	0.10 397	0.10 396
3'	0.10 394	0.10 393	0.10 392	0.10 391	0.10 389
4'	0.10 388	0.10 387	0.10 385	0.10 384	0.10 383
5'	0.10 381	0.10 380	0.10 379	0.10 377	0.10 376
6'	0.10 375	0.10 373	0.10 372	0.10 371	0.10 370
7'	0.10 368	0.10 367	0.10 366	0.10 364	0.10 363
8'	0.10 362	0.10 360	0.10 359	0.10 358	0.10 356
9'	0.10 355	0.10 354	0.10 353	0.10 351	0.10 350
10'	0.10 349	0.10 347	0.10 346	0.10 345	0.10 343
11'	0.10 342	0.10 341	0.10 339	0.10 338	0.10 337
12'	0.10 335	0.10 334	0.10 333	0.10 332	0.10 330
13'	0.10 329	0.10 328	0.10 326	0.10 325	0.10 324
14'	0.10 322	0.10 321	0.10 320	0.10 318	0.10 317
15'	0.10 316	0.10 315	0.10 313	0.10 312	0.10 311
16'	0.10 309	0.10 308	0.10 307	0.10 305	0.10 304
17'	0.10 303	0.10 301	0.10 300	0.10 299	0.10 298
18'	0.10 296	0.10 295	0.10 294	0.10 292	0.10 291
19'	0.10 290	0.10 288	0.10 287	0.10 286	0.10 284
20'	0.10 283	0.10 282	0.10 281	0.10 279	0.10 278
21'	0.10 277	0.10 275	0.10 274	0.10 273	0.10 271
22'	0.10 270	0.10 269	0.10 267	0.10 266	0.10 265
23'	0.10 264	0.10 262	0.10 261	0.10 260	0.10 258
24'	0.10 257	0.10 256	0.10 254	0.10 253	0.10 252
25'	0.10 251	0.10 249	0.10 248	0.10 247	0.10 245
26'	0.10 244	0.10 243	0.10 241	0.10 240	0.10 239
27'	0.10 238	0.10 236	0.10 235	0.10 234	0.10 232
28'	0.10 231	0.10 230	0.10 228	0.10 227	0.10 226
29'	0.10 224	0.10 223	0.10 222	0.10 221	0.10 219
30'	0.10 218	0.10 217	0.10 215	0.10 214	0.10 213
31'	0.10 211	0.10 210	0.10 209	0.10 208	0.10 206
32'	0.10 205	0.10 204	0.10 202	0.10 201	0.10 200
33'	0.10 198	0.10 197	0.10 196	0.10 195	0.10 193
34'	0.10 192	0.10 191	0.10 189	0.10 188	0.10 187
35'	0.10 185	0.10 184	0.10 183	0.10 182	0.10 180
36'	0.10 179	0.10 178	0.10 176	0.10 175	0.10 174
37'	0.10 172	0.10 171	0.10 170	0.10 169	0.10 167
38'	0.10 166	0.10 165	0.10 163	0.10 162	0.10 161
39'	0.10 160	0.10 158	0.10 157	0.10 156	0.10 154
40'	0.10 153	0.10 152	0.10 150	0.10 149	0.10 148
41'	0.10 147	0.10 145	0.10 144	0.10 143	0.10 141
42'	0.10 140	0.10 139	0.10 137	0.10 136	0.10 135
43'	0.10 134	0.10 132	0.10 131	0.10 130	0.10 128
44'	0.10 127	0.10 126	0.10 125	0.10 123	0.10 122
45'	0.10 121	0.10 119	0.10 118	0.10 117	0.10 115
46'	0.10 114	0.10 113	0.10 112	0.10 110	0.10 109
47'	0.10 108	0.10 106	0.10 105	0.10 104	0.10 103
48'	0.10 101	0.10 100	0.10 099	0.10 097	0.10 096
49'	0.10 095	0.10 093	0.10 092	0.10 091	0.10 090
50'	0.10 088	0.10 087	0.10 086	0.10 084	0.10 083
51'	0.10 082	0.10 081	0.10 079	0.10 078	0.10 077
52'	0.10 075	0.10 074	0.10 073	0.10 072	0.10 070
53'	0.10 069	0.10 068	0.10 066	0.10 065	0.10 064
54'	0.10 062	0.10 061	0.10 060	0.10 059	0.10 057
55'	0.10 056	0.10 055	0.10 053	0.10 052	0.10 051
56'	0.10 050	0.10 048	0.10 047	0.10 046	0.10 044
57'	0.10 043	0.10 042	0.10 041	0.10 039	0.10 038
58'	0.10 037	0.10 035	0.10 034	0.10 033	0.10 032
59'	0.10 030	0.10 029	0.10 028	0.10 026	0.10 025

126°

	0.'0	0.'2	0.'4	0.'6	0.'8
0'	0.10 024	0.10 023	0.10 021	0.10 020	0.10 019
1'	0.10 017	0.10 016	0.10 015	0.10 014	0.10 012
2'	0.10 011	0.10 010	0.10 008	0.10 007	0.10 006
3'	0.10 005	0.10 003	0.10 002	0.10 001	0.09 999
4'	0.09 998	0.09 997	0.09 996	0.09 994	0.09 993
5'	0.09 992	0.09 990	0.09 989	0.09 988	0.09 987
6'	0.09 985	0.09 984	0.09 983	0.09 981	0.09 980
7'	0.09 979	0.09 978	0.09 976	0.09 975	0.09 974
8'	0.09 972	0.09 971	0.09 970	0.09 969	0.09 967
9'	0.09 966	0.09 965	0.09 963	0.09 962	0.09 961
10'	0.09 960	0.09 958	0.09 957	0.09 956	0.09 954
11'	0.09 953	0.09 952	0.09 951	0.09 949	0.09 948
12'	0.09 947	0.09 945	0.09 944	0.09 943	0.09 942
13'	0.09 940	0.09 939	0.09 938	0.09 936	0.09 935
14'	0.09 934	0.09 933	0.09 931	0.09 930	0.09 929
15'	0.09 928	0.09 926	0.09 925	0.09 924	0.09 922
16'	0.09 921	0.09 920	0.09 919	0.09 917	0.09 916
17'	0.09 915	0.09 913	0.09 912	0.09 911	0.09 910
18'	0.09 908	0.09 907	0.09 906	0.09 904	0.09 903
19'	0.09 902	0.09 901	0.09 899	0.09 898	0.09 897
20'	0.09 896	0.09 894	0.09 893	0.09 892	0.09 890
21'	0.09 889	0.09 888	0.09 887	0.09 885	0.09 884
22'	0.09 883	0.09 881	0.09 880	0.09 879	0.09 878
23'	0.09 876	0.09 875	0.09 874	0.09 873	0.09 871
24'	0.09 870	0.09 869	0.09 867	0.09 866	0.09 865
25'	0.09 864	0.09 862	0.09 861	0.09 860	0.09 859
26'	0.09 857	0.09 856	0.09 855	0.09 853	0.09 852
27'	0.09 851	0.09 850	0.09 848	0.09 847	0.09 846
28'	0.09 844	0.09 843	0.09 842	0.09 841	0.09 839
29'	0.09 838	0.09 837	0.09 836	0.09 834	0.09 833
30'	0.09 832	0.09 830	0.09 829	0.09 828	0.09 827
31'	0.09 825	0.09 824	0.09 823	0.09 822	0.09 820
32'	0.09 819	0.09 818	0.09 816	0.09 815	0.09 814
33'	0.09 813	0.09 811	0.09 810	0.09 809	0.09 808
34'	0.09 806	0.09 805	0.09 804	0.09 802	0.09 801
35'	0.09 800	0.09 799	0.09 797	0.09 796	0.09 795
36'	0.09 794	0.09 792	0.09 791	0.09 790	0.09 789
37'	0.09 787	0.09 786	0.09 785	0.09 783	0.09 782
38'	0.09 781	0.09 780	0.09 778	0.09 777	0.09 776
39'	0.09 775	0.09 773	0.09 772	0.09 771	0.09 769
40'	0.09 768	0.09 767	0.09 766	0.09 764	0.09 763
41'	0.09 762	0.09 761	0.09 759	0.09 758	0.09 757
42'	0.09 756	0.09 754	0.09 753	0.09 752	0.09 750
43'	0.09 749	0.09 748	0.09 747	0.09 745	0.09 744
44'	0.09 743	0.09 742	0.09 740	0.09 739	0.09 738
45'	0.09 737	0.09 735	0.09 734	0.09 733	0.09 731
46'	0.09 730	0.09 729	0.09 728	0.09 726	0.09 725
47'	0.09 724	0.09 723	0.09 721	0.09 720	0.09 719
48'	0.09 718	0.09 716	0.09 715	0.09 714	0.09 712
49'	0.09 711	0.09 710	0.09 709	0.09 707	0.09 706
50'	0.09 705	0.09 704	0.09 702	0.09 701	0.09 700
51'	0.09 699	0.09 697	0.09 696	0.09 695	0.09 693
52'	0.09 692	0.09 691	0.09 690	0.09 688	0.09 687
53'	0.09 686	0.09 685	0.09 683	0.09 682	0.09 681
54'	0.09 680	0.09 678	0.09 677	0.09 676	0.09 675
55'	0.09 673	0.09 672	0.09 671	0.09 669	0.09 668
56'	0.09 667	0.09 666	0.09 664	0.09 663	0.09 662
57'	0.09 661	0.09 659	0.09 658	0.09 657	0.09 656
58'	0.09 654	0.09 653	0.09 652	0.09 651	0.09 649
59'	0.09 648	0.09 647	0.09 646	0.09 644	0.09 643

127°

	0.'0	0.'2	0.'4	0.'6	0.'8
0'	0.09 642	0.09 641	0.09 639	0.09 638	0.09 637
1'	0.09 635	0.09 634	0.09 633	0.09 632	0.09 630
2'	0.09 629	0.09 628	0.09 627	0.09 625	0.09 624
3'	0.09 623	0.09 622	0.09 620	0.09 619	0.09 618
4'	0.09 617	0.09 615	0.09 614	0.09 613	0.09 612
5'	0.09 610	0.09 609	0.09 608	0.09 607	0.09 605
6'	0.09 604	0.09 603	0.09 601	0.09 600	0.09 599
7'	0.09 598	0.09 596	0.09 595	0.09 594	0.09 593
8'	0.09 591	0.09 590	0.09 589	0.09 588	0.09 586
9'	0.09 585	0.09 584	0.09 583	0.09 581	0.09 580
10'	0.09 579	0.09 578	0.09 576	0.09 575	0.09 574
11'	0.09 573	0.09 571	0.09 570	0.09 569	0.09 568
12'	0.09 566	0.09 565	0.09 564	0.09 563	0.09 561
13'	0.09 560	0.09 559	0.09 558	0.09 556	0.09 555
14'	0.09 554	0.09 553	0.09 551	0.09 550	0.09 549
15'	0.09 548	0.09 546	0.09 545	0.09 544	0.09 543
16'	0.09 541	0.09 540	0.09 539	0.09 538	0.09 536
17'	0.09 535	0.09 534	0.09 533	0.09 531	0.09 530
18'	0.09 529	0.09 528	0.09 526	0.09 525	0.09 524
19'	0.09 523	0.09 521	0.09 520	0.09 519	0.09 517
20'	0.09 516	0.09 515	0.09 514	0.09 512	0.09 511
21'	0.09 510	0.09 509	0.09 507	0.09 506	0.09 505
22'	0.09 504	0.09 502	0.09 501	0.09 500	0.09 499
23'	0.09 498	0.09 496	0.09 495	0.09 494	0.09 493
24'	0.09 491	0.09 490	0.09 489	0.09 488	0.09 486
25'	0.09 485	0.09 484	0.09 483	0.09 481	0.09 480
26'	0.09 479	0.09 478	0.09 476	0.09 475	0.09 474
27'	0.09 473	0.09 471	0.09 470	0.09 469	0.09 468
28'	0.09 466	0.09 465	0.09 464	0.09 463	0.09 461
29'	0.09 460	0.09 459	0.09 458	0.09 456	0.09 455
30'	0.09 454	0.09 453	0.09 451	0.09 450	0.09 449
31'	0.09 448	0.09 446	0.09 445	0.09 444	0.09 443
32'	0.09 441	0.09 440	0.09 439	0.09 438	0.09 436
33'	0.09 435	0.09 434	0.09 433	0.09 431	0.09 430
34'	0.09 429	0.09 428	0.09 426	0.09 425	0.09 424
35'	0.09 423	0.09 421	0.09 420	0.09 419	0.09 418
36'	0.09 416	0.09 415	0.09 414	0.09 413	0.09 412
37'	0.09 410	0.09 409	0.09 408	0.09 407	0.09 405
38'	0.09 404	0.09 403	0.09 402	0.09 400	0.09 399
39'	0.09 398	0.09 397	0.09 395	0.09 394	0.09 393
40'	0.09 392	0.09 390	0.09 389	0.09 388	0.09 387
41'	0.09 385	0.09 384	0.09 383	0.09 382	0.09 380
42'	0.09 379	0.09 378	0.09 377	0.09 376	0.09 374
43'	0.09 373	0.09 372	0.09 371	0.09 369	0.09 368
44'	0.09 367	0.09 366	0.09 364	0.09 363	0.09 362
45'	0.09 361	0.09 359	0.09 358	0.09 357	0.09 356
46'	0.09 354	0.09 353	0.09 352	0.09 351	0.09 349
47'	0.09 348	0.09 347	0.09 346	0.09 345	0.09 343
48'	0.09 342	0.09 341	0.09 340	0.09 338	0.09 337
49'	0.09 336	0.09 335	0.09 333	0.09 332	0.09 331
50'	0.09 330	0.09 328	0.09 327	0.09 326	0.09 325
51'	0.09 324	0.09 322	0.09 321	0.09 320	0.09 319
52'	0.09 317	0.09 316	0.09 315	0.09 314	0.09 312
53'	0.09 311	0.09 310	0.09 309	0.09 307	0.09 306
54'	0.09 305	0.09 304	0.09 303	0.09 301	0.09 300
55'	0.09 299	0.09 298	0.09 296	0.09 295	0.09 294
56'	0.09 293	0.09 291	0.09 290	0.09 289	0.09 288
57'	0.09 286	0.09 285	0.09 284	0.09 283	0.09 282
58'	0.09 280	0.09 279	0.09 278	0.09 277	0.09 275
59'	0.09 274	0.09 273	0.09 272	0.09 270	0.09 269

K　　　　　　　　　　　　　　　　　　　　　　　　　　　　　　　　　　　　K

128°

	0.'0	0.'2	0.'4	0.'6	0.'8
0'	0.09 268	0.09 267	0.09 265	0.09 264	0.09 263
1'	0.09 262	0.09 261	0.09 259	0.09 258	0.09 257
2'	0.09 256	0.09 254	0.09 253	0.09 252	0.09 251
3'	0.09 249	0.09 248	0.09 247	0.09 246	0.09 245
4'	0.09 243	0.09 242	0.09 241	0.09 240	0.09 238
5'	0.09 237	0.09 236	0.09 235	0.09 233	0.09 232
6'	0.09 231	0.09 230	0.09 229	0.09 227	0.09 226
7'	0.09 225	0.09 224	0.09 222	0.09 221	0.09 220
8'	0.09 219	0.09 218	0.09 216	0.09 215	0.09 214
9'	0.09 213	0.09 211	0.09 210	0.09 209	0.09 208
10'	0.09 206	0.09 205	0.09 204	0.09 203	0.09 202
11'	0.09 200	0.09 199	0.09 198	0.09 197	0.09 195
12'	0.09 194	0.09 193	0.09 192	0.09 191	0.09 189
13'	0.09 188	0.09 187	0.09 186	0.09 184	0.09 183
14'	0.09 182	0.09 181	0.09 179	0.09 178	0.09 177
15'	0.09 176	0.09 175	0.09 173	0.09 172	0.09 171
16'	0.09 170	0.09 168	0.09 167	0.09 166	0.09 165
17'	0.09 164	0.09 162	0.09 161	0.09 160	0.09 159
18'	0.09 157	0.09 156	0.09 155	0.09 154	0.09 153
19'	0.09 151	0.09 150	0.09 149	0.09 148	0.09 146
20'	0.09 145	0.09 144	0.09 143	0.09 142	0.09 140
21'	0.09 139	0.09 138	0.09 137	0.09 135	0.09 134
22'	0.09 133	0.09 132	0.09 131	0.09 129	0.09 128
23'	0.09 127	0.09 126	0.09 124	0.09 123	0.09 122
24'	0.09 121	0.09 120	0.09 118	0.09 117	0.09 116
25'	0.09 115	0.09 113	0.09 112	0.09 111	0.09 110
26'	0.09 109	0.09 107	0.09 106	0.09 105	0.09 104
27'	0.09 102	0.09 101	0.09 100	0.09 099	0.09 098
28'	0.09 096	0.09 095	0.09 094	0.09 093	0.09 091
29'	0.09 090	0.09 089	0.09 088	0.09 087	0.09 085
30'	0.09 084	0.09 083	0.09 082	0.09 080	0.09 079
31'	0.09 078	0.09 077	0.09 076	0.09 074	0.09 073
32'	0.09 072	0.09 071	0.09 070	0.09 068	0.09 067
33'	0.09 066	0.09 065	0.09 063	0.09 062	0.09 061
34'	0.09 060	0.09 059	0.09 057	0.09 056	0.09 055
35'	0.09 054	0.09 052	0.09 051	0.09 050	0.09 049
36'	0.09 048	0.09 046	0.09 045	0.09 044	0.09 043
37'	0.09 042	0.09 040	0.09 039	0.09 038	0.09 037
38'	0.09 035	0.09 034	0.09 033	0.09 032	0.09 031
39'	0.09 029	0.09 028	0.09 027	0.09 026	0.09 025
40'	0.09 023	0.09 022	0.09 021	0.09 020	0.09 018
41'	0.09 017	0.09 016	0.09 015	0.09 014	0.09 012
42'	0.09 011	0.09 010	0.09 009	0.09 008	0.09 006
43'	0.09 005	0.09 004	0.09 003	0.09 001	0.09 000
44'	0.08 999	0.08 998	0.08 997	0.08 995	0.08 994
45'	0.08 993	0.08 992	0.08 991	0.08 989	0.08 988
46'	0.08 987	0.08 986	0.08 985	0.08 983	0.08 982
47'	0.08 981	0.08 980	0.08 978	0.08 977	0.08 976
48'	0.08 975	0.08 974	0.08 972	0.08 971	0.08 970
49'	0.08 969	0.08 968	0.08 966	0.08 965	0.08 964
50'	0.08 963	0.08 962	0.08 960	0.08 959	0.08 958
51'	0.08 957	0.08 955	0.08 954	0.08 953	0.08 952
52'	0.08 951	0.08 949	0.08 948	0.08 947	0.08 946
53'	0.08 945	0.08 943	0.08 942	0.08 941	0.08 940
54'	0.08 939	0.08 937	0.08 936	0.08 935	0.08 934
55'	0.08 933	0.08 931	0.08 930	0.08 929	0.08 928
56'	0.08 926	0.08 925	0.08 924	0.08 923	0.08 922
57'	0.08 920	0.08 919	0.08 918	0.08 917	0.08 916
58'	0.08 914	0.08 913	0.08 912	0.08 911	0.08 910
59'	0.08 908	0.08 907	0.08 906	0.08 905	0.08 904

129°

	0.'0	0.'2	0.'4	0.'6	0.'8
0'	0.08 902	0.08 901	0.08 900	0.08 899	0.08 898
1'	0.08 896	0.08 895	0.08 894	0.08 893	0.08 892
2'	0.08 890	0.08 889	0.08 888	0.08 887	0.08 885
3'	0.08 884	0.08 883	0.08 882	0.08 881	0.08 879
4'	0.08 878	0.08 877	0.08 876	0.08 875	0.08 873
5'	0.08 872	0.08 871	0.08 870	0.08 869	0.08 867
6'	0.08 866	0.08 865	0.08 864	0.08 863	0.08 861
7'	0.08 860	0.08 859	0.08 858	0.08 857	0.08 855
8'	0.08 854	0.08 853	0.08 852	0.08 851	0.08 849
9'	0.08 848	0.08 847	0.08 846	0.08 845	0.08 843
10'	0.08 842	0.08 841	0.08 840	0.08 839	0.08 837
11'	0.08 836	0.08 835	0.08 834	0.08 833	0.08 831
12'	0.08 830	0.08 829	0.08 828	0.08 827	0.08 825
13'	0.08 824	0.08 823	0.08 822	0.08 821	0.08 819
14'	0.08 818	0.08 817	0.08 816	0.08 815	0.08 813
15'	0.08 812	0.08 811	0.08 810	0.08 809	0.08 807
16'	0.08 806	0.08 805	0.08 804	0.08 803	0.08 801
17'	0.08 800	0.08 799	0.08 798	0.08 797	0.08 795
18'	0.08 794	0.08 793	0.08 792	0.08 791	0.08 789
19'	0.08 788	0.08 787	0.08 786	0.08 785	0.08 783
20'	0.08 782	0.08 781	0.08 780	0.08 779	0.08 778
21'	0.08 776	0.08 775	0.08 774	0.08 773	0.08 772
22'	0.08 770	0.08 769	0.08 768	0.08 767	0.08 766
23'	0.08 764	0.08 763	0.08 762	0.08 761	0.08 760
24'	0.08 758	0.08 757	0.08 756	0.08 755	0.08 754
25'	0.08 752	0.08 751	0.08 750	0.08 749	0.08 748
26'	0.08 746	0.08 745	0.08 744	0.08 743	0.08 742
27'	0.08 740	0.08 739	0.08 738	0.08 737	0.08 736
28'	0.08 735	0.08 733	0.08 732	0.08 731	0.08 730
29'	0.08 729	0.08 727	0.08 726	0.08 725	0.08 724
30'	0.08 723	0.08 721	0.08 720	0.08 719	0.08 718
31'	0.08 717	0.08 715	0.08 714	0.08 713	0.08 712
32'	0.08 711	0.08 709	0.08 708	0.08 707	0.08 706
33'	0.08 705	0.08 704	0.08 702	0.08 701	0.08 700
34'	0.08 699	0.08 698	0.08 696	0.08 695	0.08 694
35'	0.08 693	0.08 692	0.08 690	0.08 689	0.08 688
36'	0.08 687	0.08 686	0.08 685	0.08 683	0.08 682
37'	0.08 681	0.08 680	0.08 679	0.08 677	0.08 676
38'	0.08 675	0.08 674	0.08 673	0.08 671	0.08 670
39'	0.08 669	0.08 668	0.08 667	0.08 665	0.08 664
40'	0.08 663	0.08 662	0.08 661	0.08 660	0.08 658
41'	0.08 657	0.08 656	0.08 655	0.08 654	0.08 652
42'	0.08 651	0.08 650	0.08 649	0.08 648	0.08 647
43'	0.08 645	0.08 644	0.08 643	0.08 642	0.08 641
44'	0.08 639	0.08 638	0.08 637	0.08 636	0.08 635
45'	0.08 633	0.08 632	0.08 631	0.08 630	0.08 629
46'	0.08 628	0.08 626	0.08 625	0.08 624	0.08 623
47'	0.08 622	0.08 620	0.08 619	0.08 618	0.08 617
48'	0.08 616	0.08 615	0.08 613	0.08 612	0.08 611
49'	0.08 610	0.08 609	0.08 607	0.08 606	0.08 605
50'	0.08 604	0.08 603	0.08 602	0.08 600	0.08 599
51'	0.08 598	0.08 597	0.08 596	0.08 594	0.08 593
52'	0.08 592	0.08 591	0.08 590	0.08 589	0.08 587
53'	0.08 586	0.08 585	0.08 584	0.08 583	0.08 581
54'	0.08 580	0.08 579	0.08 578	0.08 577	0.08 576
55'	0.08 574	0.08 573	0.08 572	0.08 571	0.08 570
56'	0.08 568	0.08 567	0.08 566	0.08 565	0.08 564
57'	0.08 563	0.08 561	0.08 560	0.08 559	0.08 558
58'	0.08 557	0.08 555	0.08 554	0.08 553	0.08 552
59'	0.08 551	0.08 550	0.08 548	0.08 547	0.08 546

130°

c	0.'0	0.'2	0.'4	0.'6	0.'8
0'	0.08 545	0.08 544	0.08 543	0.08 541	0.08 540
1'	0.08 539	0.08 538	0.08 537	0.08 535	0.08 534
2'	0.08 533	0.08 532	0.08 531	0.08 530	0.08 528
3'	0.08 527	0.08 526	0.08 525	0.08 524	0.08 522
4'	0.08 521	0.08 520	0.08 519	0.08 518	0.08 517
5'	0.08 515	0.08 514	0.08 513	0.08 512	0.08 511
6'	0.08 510	0.08 508	0.08 507	0.08 506	0.08 505
7'	0.08 504	0.08 503	0.08 501	0.08 500	0.08 499
8'	0.08 498	0.08 497	0.08 495	0.08 494	0.08 493
9'	0.08 492	0.08 491	0.08 490	0.08 488	0.08 487
10'	0.08 486	0.08 485	0.08 484	0.08 483	0.08 481
11'	0.08 480	0.08 479	0.08 478	0.08 477	0.08 476
12'	0.08 474	0.08 473	0.08 472	0.08 471	0.08 470
13'	0.08 468	0.08 467	0.08 466	0.08 465	0.08 464
14'	0.08 463	0.08 461	0.08 460	0.08 459	0.08 458
15'	0.08 457	0.08 456	0.08 454	0.08 453	0.08 452
16'	0.08 451	0.08 450	0.08 449	0.08 447	0.08 446
17'	0.08 445	0.08 444	0.08 443	0.08 442	0.08 440
18'	0.08 439	0.08 438	0.08 437	0.08 436	0.08 435
19'	0.08 433	0.08 432	0.08 431	0.08 430	0.08 429
20'	0.08 427	0.08 426	0.08 425	0.08 424	0.08 423
21'	0.08 422	0.08 420	0.08 419	0.08 418	0.08 417
22'	0.08 416	0.08 415	0.08 413	0.08 412	0.08 411
23'	0.08 410	0.08 409	0.08 408	0.08 406	0.08 405
24'	0.08 404	0.08 403	0.08 402	0.08 401	0.08 399
25'	0.08 398	0.08 397	0.08 396	0.08 395	0.08 394
26'	0.08 392	0.08 391	0.08 390	0.08 389	0.08 388
27'	0.08 387	0.08 385	0.08 384	0.08 383	0.08 382
28'	0.08 381	0.08 380	0.08 378	0.08 377	0.08 376
29'	0.08 375	0.08 374	0.08 373	0.08 371	0.08 370
30'	0.08 369	0.08 368	0.08 367	0.08 366	0.08 364
31'	0.08 363	0.08 362	0.08 361	0.08 360	0.08 359
32'	0.08 357	0.08 356	0.08 355	0.08 354	0.08 353
33'	0.08 352	0.08 351	0.08 349	0.08 348	0.08 347
34'	0.08 346	0.08 345	0.08 344	0.08 342	0.08 341
35'	0.08 340	0.08 339	0.08 338	0.08 337	0.08 335
36'	0.08 334	0.08 333	0.08 332	0.08 331	0.08 330
37'	0.08 328	0.08 327	0.08 326	0.08 325	0.08 324
38'	0.08 323	0.08 321	0.08 320	0.08 319	0.08 318
39'	0.08 317	0.08 316	0.08 314	0.08 313	0.08 312
40'	0.08 311	0.08 310	0.08 309	0.08 308	0.08 306
41'	0.08 305	0.08 304	0.08 303	0.08 302	0.08 301
42'	0.08 299	0.08 298	0.08 297	0.08 296	0.08 295
43'	0.08 294	0.08 292	0.08 291	0.08 290	0.08 289
44'	0.08 288	0.08 287	0.08 286	0.08 284	0.08 283
45'	0.08 282	0.08 281	0.08 280	0.08 279	0.08 277
46'	0.08 276	0.08 275	0.08 274	0.08 273	0.08 272
47'	0.08 270	0.08 269	0.08 268	0.08 267	0.08 266
48'	0.08 265	0.08 264	0.08 262	0.08 261	0.08 260
49'	0.08 259	0.08 258	0.08 257	0.08 255	0.08 254
50'	0.08 253	0.08 252	0.08 251	0.08 250	0.08 248
51'	0.08 247	0.08 246	0.08 245	0.08 244	0.08 243
52'	0.08 242	0.08 240	0.08 239	0.08 238	0.08 237
53'	0.08 236	0.08 235	0.08 232	0.08 232	0.08 231
54'	0.08 230	0.08 229	0.08 228	0.08 227	0.08 225
55'	0.08 224	0.08 223	0.08 222	0.08 221	0.08 220
56'	0.08 218	0.08 217	0.08 216	0.08 215	0.08 214
57'	0.08 213	0.08 212	0.08 210	0.08 209	0.08 208
58'	0.08 207	0.08 206	0.08 205	0.08 203	0.08 202
59'	0.08 201	0.08 200	0.08 199	0.08 198	0.08 197

131°

	0.'0	0.'2	0.'4	0.'6	0.'8
0'	0.08 195	0.08 194	0.08 193	0.08 192	0.08 191
1'	0.08 190	0.08 189	0.08 187	0.08 186	0.08 185
2'	0.08 184	0.08 183	0.08 182	0.08 180	0.08 179
3'	0.08 178	0.08 177	0.08 176	0.08 175	0.08 174
4'	0.08 172	0.08 171	0.08 170	0.08 169	0.08 168
5'	0.08 167	0.08 166	0.08 164	0.08 163	0.08 162
6'	0.08 161	0.08 160	0.08 159	0.08 157	0.08 156
7'	0.08 155	0.08 154	0.08 153	0.08 152	0.08 151
8'	0.08 149	0.08 148	0.08 147	0.08 146	0.08 145
9'	0.08 144	0.08 143	0.08 141	0.08 140	0.08 139
10'	0.08 138	0.08 137	0.08 136	0.08 135	0.08 133
11'	0.08 132	0.08 131	0.08 130	0.08 129	0.08 128
12'	0.08 126	0.08 125	0.08 124	0.08 123	0.08 122
13'	0.08 121	0.08 120	0.08 118	0.08 117	0.08 116
14'	0.08 115	0.08 114	0.08 113	0.08 112	0.08 110
15'	0.08 109	0.08 108	0.08 107	0.08 106	0.08 105
16'	0.08 104	0.08 102	0.08 101	0.08 100	0.08 099
17'	0.08 098	0.08 097	0.08 096	0.08 094	0.08 093
18'	0.08 092	0.08 091	0.08 090	0.08 089	0.08 088
19'	0.08 086	0.08 085	0.08 084	0.08 083	0.08 082
20'	0.08 081	0.08 080	0.08 078	0.08 077	0.08 076
21'	0.08 075	0.08 074	0.08 073	0.08 072	0.08 070
22'	0.08 069	0.08 068	0.08 067	0.08 066	0.08 065
23'	0.08 064	0.08 062	0.08 061	0.08 060	0.08 059
24'	0.08 058	0.08 057	0.08 056	0.08 054	0.08 053
25'	0.08 052	0.08 051	0.08 050	0.08 049	0.08 048
26'	0.08 046	0.08 045	0.08 044	0.08 043	0.08 042
27'	0.08 041	0.08 040	0.08 039	0.08 037	0.08 036
28'	0.08 035	0.08 034	0.08 033	0.08 032	0.08 031
29'	0.08 029	0.08 028	0.08 027	0.08 026	0.08 025
30'	0.08 024	0.08 023	0.08 021	0.08 020	0.08 019
31'	0.08 018	0.08 017	0.08 016	0.08 015	0.08 013
32'	0.08 012	0.08 011	0.08 010	0.08 009	0.08 008
33'	0.08 007	0.08 005	0.08 004	0.08 003	0.08 002
34'	0.08 001	0.08 000	0.07 999	0.07 998	0.07 996
35'	0.07 995	0.07 994	0.07 993	0.07 992	0.07 991
36'	0.07 990	0.07 988	0.07 987	0.07 986	0.07 985
37'	0.07 984	0.07 983	0.07 982	0.07 981	0.07 979
38'	0.07 978	0.07 977	0.07 976	0.07 975	0.07 974
39'	0.07 973	0.07 971	0.07 970	0.07 969	0.07 968
40'	0.07 967	0.07 966	0.07 965	0.07 963	0.07 962
41'	0.07 961	0.07 960	0.07 959	0.07 958	0.07 957
42'	0.07 956	0.07 954	0.07 953	0.07 952	0.07 951
43'	0.07 950	0.07 949	0.07 948	0.07 947	0.07 945
44'	0.07 944	0.07 943	0.07 942	0.07 941	0.07 940
45'	0.07 939	0.07 937	0.07 936	0.07 935	0.07 934
46'	0.07 933	0.07 932	0.07 931	0.07 930	0.07 928
47'	0.07 927	0.07 926	0.07 925	0.07 924	0.07 923
48'	0.07 922	0.07 920	0.07 919	0.07 918	0.07 917
49'	0.07 916	0.07 915	0.07 914	0.07 913	0.07 911
50'	0.07 910	0.07 909	0.07 908	0.07 907	0.07 906
51'	0.07 905	0.07 904	0.07 902	0.07 901	0.07 900
52'	0.07 899	0.07 898	0.07 897	0.07 896	0.07 895
53'	0.07 893	0.07 892	0.07 891	0.07 890	0.07 889
54'	0.07 888	0.07 887	0.07 885	0.07 884	0.07 883
55'	0.07 882	0.07 881	0.07 880	0.07 879	0.07 878
56'	0.07 876	0.07 875	0.07 874	0.07 873	0.07 872
57'	0.07 871	0.07 870	0.07 869	0.07 867	0.07 866
58'	0.07 865	0.07 864	0.07 863	0.07 862	0.07 861
59'	0.07 860	0.07 858	0.07 857	0.07 856	0.07 855

132°

	0.'0	0.'2	0.'4	0.'6	0.'8
0'	0.07 854	0.07 853	0.07 852	0.07 851	0.07 849
1'	0.07 848	0.07 847	0.07 846	0.07 845	0.07 844
2'	0.07 843	0.07 842	0.07 840	0.07 839	0.07 838
3'	0.07 837	0.07 836	0.07 835	0.07 834	0.07 833
4'	0.07 831	0.07 830	0.07 829	0.07 828	0.07 827
5'	0.07 826	0.07 825	0.07 824	0.07 823	0.07 821
6'	0.07 820	0.07 819	0.07 818	0.07 817	0.07 816
7'	0.07 815	0.07 814	0.07 812	0.07 811	0.07 810
8'	0.07 809	0.07 808	0.07 807	0.07 806	0.07 805
9'	0.07 803	0.07 802	0.07 801	0.07 800	0.07 799
10'	0.07 798	0.07 797	0.07 796	0.07 794	0.07 793
11'	0.07 792	0.07 791	0.07 790	0.07 789	0.07 788
12'	0.07 787	0.07 786	0.07 784	0.07 783	0.07 782
13'	0.07 781	0.07 780	0.07 779	0.07 778	0.07 777
14'	0.07 775	0.07 774	0.07 773	0.07 772	0.07 771
15'	0.07 770	0.07 769	0.07 768	0.07 766	0.07 765
16'	0.07 764	0.07 763	0.07 762	0.07 761	0.07 760
17'	0.07 759	0.07 758	0.07 756	0.07 755	0.07 754
18'	0.07 753	0.07 752	0.07 751	0.07 750	0.07 749
19'	0.07 747	0.07 746	0.07 745	0.07 744	0.07 743
20'	0.07 742	0.07 741	0.07 740	0.07 739	0.07 737
21'	0.07 736	0.07 735	0.07 734	0.07 733	0.07 732
22'	0.07 731	0.07 730	0.07 729	0.07 727	0.07 726
23'	0.07 725	0.07 724	0.07 723	0.07 722	0.07 721
24'	0.07 720	0.07 718	0.07 717	0.07 716	0.07 715
25'	0.07 714	0.07 713	0.07 712	0.07 711	0.07 710
26'	0.07 708	0.07 707	0.07 706	0.07 705	0.07 704
27'	0.07 703	0.07 702	0.07 701	0.07 700	0.07 698
28'	0.07 697	0.07 696	0.07 695	0.07 694	0.07 693
29'	0.07 692	0.07 691	0.07 690	0.07 688	0.07 687
30'	0.07 686	0.07 685	0.07 684	0.07 683	0.07 682
31'	0.07 681	0.07 680	0.07 678	0.07 677	0.07 676
32'	0.07 675	0.07 674	0.07 673	0.07 672	0.07 671
33'	0.07 670	0.07 668	0.07 667	0.07 666	0.07 665
34'	0.07 664	0.07 663	0.07 662	0.07 661	0.07 660
35'	0.07 658	0.07 657	0.07 656	0.07 655	0.07 654
36'	0.07 653	0.07 652	0.07 651	0.07 650	0.07 648
37'	0.07 647	0.07 646	0.07 645	0.07 644	0.07 643
38'	0.07 642	0.07 641	0.07 640	0.07 638	0.07 637
39'	0.07 636	0.07 635	0.07 634	0.07 633	0.07 632
40'	0.07 631	0.07 630	0.07 629	0.07 627	0.07 626
41'	0.07 625	0.07 624	0.07 623	0.07 622	0.07 621
42'	0.07 620	0.07 619	0.07 617	0.07 616	0.07 615
43'	0.07 614	0.07 613	0.07 612	0.07 611	0.07 610
44'	0.07 609	0.07 608	0.07 606	0.07 605	0.07 604
45'	0.07 603	0.07 602	0.07 601	0.07 600	0.07 599
46'	0.07 598	0.07 596	0.07 595	0.07 594	0.07 593
47'	0.07 592	0.07 591	0.07 590	0.07 589	0.07 588
48'	0.07 587	0.07 585	0.07 584	0.07 583	0.07 582
49'	0.07 581	0.07 580	0.07 579	0.07 578	0.07 577
50'	0.07 575	0.07 574	0.07 573	0.07 572	0.07 571
51'	0.07 570	0.07 569	0.07 568	0.07 567	0.07 566
52'	0.07 564	0.07 563	0.07 562	0.07 561	0.07 560
53'	0.07 559	0.07 558	0.07 557	0.07 556	0.07 555
54'	0.07 553	0.07 552	0.07 551	0.07 550	0.07 549
55'	0.07 548	0.07 547	0.07 546	0.07 545	0.07 544
56'	0.07 542	0.07 541	0.07 540	0.07 539	0.07 538
57'	0.07 537	0.07 536	0.07 535	0.07 534	0.07 533
58'	0.07 531	0.07 530	0.07 529	0.07 528	0.07 527
59'	0.07 526	0.07 525	0.07 524	0.07 523	0.07 522

133°

	0.'0	0.'2	0.'4	0.'6	0.'8
0'	0.07 520	0.07 519	0.07 518	0.07 517	0.07 516
1'	0.07 515	0.07 514	0.07 513	0.07 512	0.07 511
2'	0.07 509	0.07 508	0.07 507	0.07 506	0.07 505
3'	0.07 504	0.07 503	0.07 502	0.07 501	0.07 500
4'	0.07 498	0.07 497	0.07 496	0.07 495	0.07 494
5'	0.07 493	0.07 492	0.07 491	0.07 490	0.07 489
6'	0.07 488	0.07 486	0.07 485	0.07 484	0.07 483
7'	0.07 482	0.07 481	0.07 480	0.07 479	0.07 478
8'	0.07 477	0.07 475	0.07 474	0.07 473	0.07 472
9'	0.07 471	0.07 470	0.07 469	0.07 468	0.07 467
10'	0.07 466	0.07 465	0.07 463	0.07 462	0.07 461
11'	0.07 460	0.07 459	0.07 458	0.07 457	0.07 456
12'	0.07 455	0.07 454	0.07 452	0.07 451	0.07 450
13'	0.07 449	0.07 448	0.07 447	0.07 446	0.07 445
14'	0.07 444	0.07 443	0.07 442	0.07 440	0.07 439
15'	0.07 438	0.07 437	0.07 436	0.07 435	0.07 434
16'	0.07 433	0.07 432	0.07 431	0.07 430	0.07 428
17'	0.07 427	0.07 426	0.07 425	0.07 424	0.07 423
18'	0.07 422	0.07 421	0.07 420	0.07 419	0.07 418
19'	0.07 416	0.07 415	0.07 414	0.07 413	0.07 412
20'	0.07 411	0.07 410	0.07 409	0.07 408	0.07 407
21'	0.07 406	0.07 404	0.07 403	0.07 402	0.07 401
22'	0.07 400	0.07 399	0.07 398	0.07 397	0.07 396
23'	0.07 395	0.07 394	0.07 393	0.07 391	0.07 390
24'	0.07 389	0.07 388	0.07 387	0.07 386	0.07 385
25'	0.07 384	0.07 383	0.07 382	0.07 381	0.07 379
26'	0.07 378	0.07 377	0.07 376	0.07 375	0.07 374
27'	0.07 373	0.07 372	0.07 371	0.07 370	0.07 369
28'	0.07 367	0.07 366	0.07 365	0.07 364	0.07 363
29'	0.07 362	0.07 361	0.07 360	0.07 359	0.07 358
30'	0.07 357	0.07 356	0.07 354	0.07 353	0.07 352
31'	0.07 351	0.07 350	0.07 349	0.07 348	0.07 347
32'	0.07 346	0.07 345	0.07 344	0.07 343	0.07 341
33'	0.07 340	0.07 339	0.07 338	0.07 337	0.07 336
34'	0.07 335	0.07 334	0.07 333	0.07 332	0.07 331
35'	0.07 330	0.07 328	0.07 327	0.07 326	0.07 325
36'	0.07 324	0.07 323	0.07 322	0.07 321	0.07 320
37'	0.07 319	0.07 318	0.07 317	0.07 315	0.07 314
38'	0.07 313	0.07 312	0.07 311	0.07 310	0.07 309
39'	0.07 308	0.07 307	0.07 306	0.07 305	0.07 304
40'	0.07 302	0.07 301	0.07 300	0.07 299	0.07 298
41'	0.07 297	0.07 296	0.07 295	0.07 294	0.07 293
42'	0.07 292	0.07 291	0.07 289	0.07 288	0.07 287
43'	0.07 286	0.07 285	0.07 284	0.07 283	0.07 282
44'	0.07 281	0.07 280	0.07 279	0.07 278	0.07 277
45'	0.07 275	0.07 274	0.07 273	0.07 272	0.07 271
46'	0.07 270	0.07 269	0.07 268	0.07 267	0.07 266
47'	0.07 265	0.07 264	0.07 263	0.07 261	0.07 260
48'	0.07 259	0.07 258	0.07 257	0.07 256	0.07 255
49'	0.07 254	0.07 253	0.07 252	0.07 251	0.07 250
50'	0.07 249	0.07 247	0.07 246	0.07 245	0.07 244
51'	0.07 243	0.07 242	0.07 241	0.07 240	0.07 239
52'	0.07 238	0.07 237	0.07 236	0.07 235	0.07 233
53'	0.07 232	0.07 231	0.07 230	0.07 229	0.07 228
54'	0.07 227	0.07 226	0.07 225	0.07 224	0.07 223
55'	0.07 222	0.07 221	0.07 219	0.07 218	0.07 217
56'	0.07 216	0.07 215	0.07 214	0.07 213	0.07 212
57'	0.07 211	0.07 210	0.07 209	0.07 208	0.07 207
58'	0.07 206	0.07 204	0.07 203	0.07 202	0.07 201
59'	0.07 200	0.07 199	0.07 198	0.07 197	0.07 196

K K

134°

	0.'0	0.'2	0.'4	0.'6	0.'8
0'	0.07 195	0.07 194	0.07 193	0.07 192	0.07 190
1'	0.07 189	0.07 188	0.07 187	0.07 186	0.07 185
2'	0.07 184	0.07 183	0.07 182	0.07 181	0.07 180
3'	0.07 179	0.07 178	0.07 177	0.07 175	0.07 174
4'	0.07 173	0.07 172	0.07 171	0.07 170	0.07 169
5'	0.07 168	0.07 167	0.07 166	0.07 165	0.07 164
6'	0.07 163	0.07 162	0.07 161	0.07 159	0.07 158
7'	0.07 157	0.07 156	0.07 155	0.07 154	0.07 153
8'	0.07 152	0.07 151	0.07 150	0.07 149	0.07 148
9'	0.07 147	0.07 146	0.07 144	0.07 143	0.07 142
10'	0.07 141	0.07 140	0.07 139	0.07 138	0.07 137
11'	0.07 136	0.07 135	0.07 134	0.07 133	0.07 132
12'	0.07 131	0.07 130	0.07 128	0.07 127	0.07 126
13'	0.07 125	0.07 124	0.07 123	0.07 122	0.07 121
14'	0.07 120	0.07 119	0.07 118	0.07 117	0.07 116
15'	0.07 115	0.07 114	0.07 112	0.07 111	0.07 110
16'	0.07 109	0.07 108	0.07 107	0.07 106	0.07 105
17'	0.07 104	0.07 103	0.07 102	0.07 101	0.07 100
18'	0.07 099	0.07 098	0.07 096	0.07 095	0.07 094
19'	0.07 093	0.07 092	0.07 091	0.07 090	0.07 089
20'	0.07 088	0.07 087	0.07 086	0.07 085	0.07 084
21'	0.07 083	0.07 082	0.07 081	0.07 079	0.07 078
22'	0.07 077	0.07 076	0.07 075	0.07 074	0.07 073
23'	0.07 072	0.07 071	0.07 070	0.07 069	0.07 068
24'	0.07 067	0.07 066	0.07 065	0.07 064	0.07 062
25'	0.07 061	0.07 060	0.07 059	0.07 058	0.07 057
26'	0.07 056	0.07 055	0.07 054	0.07 053	0.07 052
27'	0.07 051	0.07 050	0.07 049	0.07 048	0.07 047
28'	0.07 045	0.07 044	0.07 043	0.07 042	0.07 041
29'	0.07 040	0.07 039	0.07 038	0.07 037	0.07 036
30'	0.07 035	0.07 034	0.07 033	0.07 032	0.07 031
31'	0.07 030	0.07 029	0.07 027	0.07 026	0.07 025
32'	0.07 024	0.07 023	0.07 022	0.07 021	0.07 020
33'	0.07 019	0.07 018	0.07 017	0.07 016	0.07 015
34'	0.07 014	0.07 013	0.07 012	0.07 011	0.07 009
35'	0.07 008	0.07 007	0.07 006	0.07 005	0.07 004
36'	0.07 003	0.07 002	0.07 001	0.07 000	0.06 999
37'	0.06 998	0.06 997	0.06 996	0.06 995	0.06 994
38'	0.06 993	0.06 992	0.06 990	0.06 989	0.06 988
39'	0.06 987	0.06 986	0.06 985	0.06 984	0.06 983
40'	0.06 982	0.06 981	0.06 980	0.06 979	0.06 978
41'	0.06 977	0.06 976	0.06 975	0.06 974	0.06 973
42'	0.06 971	0.06 970	0.06 969	0.06 968	0.06 967
43'	0.06 966	0.06 965	0.06 964	0.06 963	0.06 962
44'	0.06 961	0.06 960	0.06 959	0.06 958	0.06 957
45'	0.06 956	0.06 955	0.06 954	0.06 953	0.06 951
46'	0.06 950	0.06 949	0.06 948	0.06 947	0.06 946
47'	0.06 945	0.06 944	0.06 943	0.06 942	0.06 941
48'	0.06 940	0.06 939	0.06 938	0.06 937	0.06 936
49'	0.06 935	0.06 934	0.06 933	0.06 931	0.06 930
50'	0.06 929	0.06 928	0.06 927	0.06 926	0.06 925
51'	0.06 924	0.06 923	0.06 922	0.06 921	0.06 920
52'	0.06 919	0.06 918	0.06 917	0.06 916	0.06 915
53'	0.06 914	0.06 913	0.06 912	0.06 910	0.06 909
54'	0.06 908	0.06 907	0.06 906	0.06 905	0.06 904
55'	0.06 903	0.06 902	0.06 901	0.06 900	0.06 899
56'	0.06 898	0.06 897	0.06 896	0.06 895	0.06 894
57'	0.06 893	0.06 892	0.06 891	0.06 889	0.06 888
58'	0.06 887	0.06 886	0.06 885	0.06 884	0.06 883
59'	0.06 882	0.06 881	0.06 880	0.06 879	0.06 878

135°

	0.'0	0.'2	0.'4	0.'6	0.'8
0'	0.06 877	0.06 876	0.06 875	0.06 874	0.06 873
1'	0.06 872	0.06 871	0.06 870	0.06 869	0.06 868
2'	0.06 866	0.06 865	0.06 864	0.06 863	0.06 862
3'	0.06 861	0.06 860	0.06 859	0.06 858	0.06 857
4'	0.06 856	0.06 855	0.06 854	0.06 853	0.06 852
5'	0.06 851	0.06 850	0.06 849	0.06 848	0.06 847
6'	0.06 846	0.06 845	0.06 843	0.06 842	0.06 841
7'	0.06 840	0.06 839	0.06 838	0.06 837	0.06 836
8'	0.06 835	0.06 834	0.06 833	0.06 832	0.06 831
9'	0.06 830	0.06 829	0.06 828	0.06 827	0.06 826
10'	0.06 825	0.06 824	0.06 823	0.06 822	0.06 821
11'	0.06 820	0.06 818	0.06 817	0.06 816	0.06 815
12'	0.06 814	0.06 813	0.06 812	0.06 811	0.06 810
13'	0.06 809	0.06 808	0.06 807	0.06 806	0.06 805
14'	0.06 804	0.06 803	0.06 802	0.06 801	0.06 800
15'	0.06 799	0.06 798	0.06 797	0.06 796	0.06 795
16'	0.06 793	0.06 792	0.06 791	0.06 790	0.06 789
17'	0.06 788	0.06 787	0.06 786	0.06 785	0.06 784
18'	0.06 783	0.06 782	0.06 781	0.06 780	0.06 779
19'	0.06 778	0.06 777	0.06 776	0.06 775	0.06 774
20'	0.06 773	0.06 772	0.06 771	0.06 770	0.06 769
21'	0.06 768	0.06 766	0.06 765	0.06 764	0.06 763
22'	0.06 762	0.06 761	0.06 760	0.06 759	0.06 758
23'	0.06 757	0.06 756	0.06 755	0.06 754	0.06 753
24'	0.06 752	0.06 751	0.06 750	0.06 749	0.06 748
25'	0.06 747	0.06 746	0.06 745	0.06 744	0.06 743
26'	0.06 742	0.06 741	0.06 740	0.06 738	0.06 737
27'	0.06 736	0.06 735	0.06 734	0.06 733	0.06 732
28'	0.06 731	0.06 730	0.06 729	0.06 728	0.06 727
29'	0.06 726	0.06 725	0.06 724	0.06 723	0.06 722
30'	0.06 721	0.06 720	0.06 719	0.06 718	0.06 717
31'	0.06 716	0.06 715	0.06 714	0.06 713	0.06 712
32'	0.06 711	0.06 710	0.06 709	0.06 707	0.06 706
33'	0.06 705	0.06 704	0.06 703	0.06 702	0.06 701
34'	0.06 700	0.06 699	0.06 698	0.06 697	0.06 696
35'	0.06 695	0.06 694	0.06 693	0.06 692	0.06 691
36'	0.06 690	0.06 689	0.06 688	0.06 687	0.06 686
37'	0.06 685	0.06 684	0.06 683	0.06 682	0.06 681
38'	0.06 680	0.06 679	0.06 678	0.06 677	0.06 676
39'	0.06 674	0.06 673	0.06 672	0.06 671	0.06 670
40'	0.06 669	0.06 668	0.06 667	0.06 666	0.06 665
41'	0.06 664	0.06 663	0.06 662	0.06 661	0.06 660
42'	0.06 659	0.06 658	0.06 657	0.06 656	0.06 655
43'	0.06 654	0.06 653	0.06 652	0.06 651	0.06 650
44'	0.06 649	0.06 648	0.06 647	0.06 646	0.06 645
45'	0.06 644	0.06 643	0.06 642	0.06 641	0.06 640
46'	0.06 638	0.06 637	0.06 636	0.06 635	0.06 634
47'	0.06 633	0.06 632	0.06 631	0.06 630	0.06 629
48'	0.06 628	0.06 627	0.06 626	0.06 625	0.06 624
49'	0.06 623	0.06 622	0.06 621	0.06 620	0.06 619
50'	0.06 618	0.06 617	0.06 616	0.06 615	0.06 614
51'	0.06 613	0.06 612	0.06 611	0.06 610	0.06 609
52'	0.06 608	0.06 607	0.06 606	0.06 605	0.06 604
53'	0.06 603	0.06 602	0.06 601	0.06 600	0.06 599
54'	0.06 597	0.06 596	0.06 595	0.06 594	0.06 593
55'	0.06 592	0.06 591	0.06 590	0.06 589	0.06 588
56'	0.06 587	0.06 586	0.06 585	0.06 584	0.06 583
57'	0.06 582	0.06 581	0.06 580	0.06 579	0.06 578
58'	0.06 577	0.06 576	0.06 575	0.06 574	0.06 573
59'	0.06 572	0.06 571	0.06 570	0.06 569	0.06 568

K

136°

	0.'0	0.'2	0.'4	0.'6	0.'8
0'	0.06 567	0.06 566	0.06 565	0.06 564	0.06 563
1'	0.06 562	0.06 561	0.06 560	0.06 559	0.06 558
2'	0.06 557	0.06 556	0.06 555	0.06 554	0.06 553
3'	0.06 552	0.06 551	0.06 549	0.06 548	0.06 547
4'	0.06 546	0.06 545	0.06 544	0.06 543	0.06 542
5'	0.06 541	0.06 540	0.06 539	0.06 538	0.06 537
6'	0.06 536	0.06 535	0.06 534	0.06 533	0.06 532
7'	0.06 531	0.06 530	0.06 529	0.06 528	0.06 527
8'	0.06 526	0.06 525	0.06 524	0.06 523	0.06 522
9'	0.06 521	0.06 520	0.06 519	0.06 518	0.06 517
10'	0.06 516	0.06 515	0.06 514	0.06 513	0.06 512
11'	0.06 511	0.06 510	0.06 509	0.06 508	0.06 507
12'	0.06 506	0.06 505	0.06 504	0.06 503	0.06 502
13'	0.06 501	0.06 500	0.06 499	0.06 498	0.06 497
14'	0.06 496	0.06 495	0.06 494	0.06 493	0.06 492
15'	0.06 491	0.06 489	0.06 488	0.06 487	0.06 486
16'	0.06 485	0.06 484	0.06 483	0.06 482	0.06 481
17'	0.06 480	0.06 479	0.06 478	0.06 477	0.06 476
18'	0.06 475	0.06 474	0.06 473	0.06 472	0.06 471
19'	0.06 470	0.06 469	0.06 468	0.06 467	0.06 466
20'	0.06 465	0.06 464	0.06 463	0.06 462	0.06 461
21'	0.06 460	0.06 459	0.06 458	0.06 457	0.06 456
22'	0.06 455	0.06 454	0.06 453	0.06 452	0.06 451
23'	0.06 450	0.06 449	0.06 448	0.06 447	0.06 446
24'	0.06 445	0.06 444	0.06 443	0.06 442	0.06 441
25'	0.06 440	0.06 439	0.06 438	0.06 437	0.06 436
26'	0.06 435	0.06 434	0.06 433	0.06 432	0.06 431
27'	0.06 430	0.06 429	0.06 428	0.06 427	0.06 426
28'	0.06 425	0.06 424	0.06 423	0.06 422	0.06 421
29'	0.06 420	0.06 419	0.06 418	0.06 417	0.06 416
30'	0.06 415	0.06 414	0.06 413	0.06 412	0.06 411
31'	0.06 410	0.06 409	0.06 408	0.06 407	0.06 406
32'	0.06 405	0.06 404	0.06 403	0.06 402	0.06 401
33'	0.06 400	0.06 399	0.06 398	0.06 397	0.06 396
34'	0.06 395	0.06 394	0.06 393	0.06 392	0.06 390
35'	0.06 389	0.06 388	0.06 387	0.06 386	0.06 385
36'	0.06 384	0.06 383	0.06 382	0.06 381	0.06 380
37'	0.06 379	0.06 378	0.06 377	0.06 376	0.06 375
38'	0.06 374	0.06 373	0.06 372	0.06 371	0.06 370
39'	0.06 369	0.06 368	0.06 367	0.06 366	0.06 365
40'	0.06 364	0.06 363	0.06 362	0.06 361	0.06 360
41'	0.06 359	0.06 358	0.06 357	0.06 356	0.06 355
42'	0.06 354	0.06 353	0.06 352	0.06 351	0.06 350
43'	0.06 349	0.06 348	0.06 347	0.06 346	0.06 345
44'	0.06 344	0.06 343	0.06 342	0.06 341	0.06 340
45'	0.06 339	0.06 338	0.06 337	0.06 336	0.06 335
46'	0.06 334	0.06 333	0.06 332	0.06 331	0.06 330
47'	0.06 329	0.06 328	0.06 327	0.06 326	0.06 325
48'	0.06 324	0.06 323	0.06 322	0.06 321	0.06 320
49'	0.06 319	0.06 318	0.06 317	0.06 316	0.06 315
50'	0.06 314	0.06 313	0.06 312	0.06 311	0.06 310
51'	0.06 309	0.06 308	0.06 307	0.06 306	0.06 305
52'	0.06 304	0.06 303	0.06 302	0.06 301	0.06 300
53'	0.06 299	0.06 298	0.06 297	0.06 296	0.06 295
54'	0.06 294	0.06 293	0.06 292	0.06 291	0.06 290
55'	0.06 289	0.06 288	0.06 287	0.06 286	0.06 285
56'	0.06 284	0.06 283	0.06 282	0.06 281	0.06 280
57'	0.06 279	0.06 278	0.06 277	0.06 276	0.06 275
58'	0.06 274	0.06 273	0.06 272	0.06 271	0.06 270
59'	0.06 269	0.06 268	0.06 267	0.06 266	0.06 265

137°

	0.'0	0.'2	0.'4	0.'6	0.'8
0'	0.06 264	0.06 263	0.06 262	0.06 261	0.06 260
1'	0.06 259	0.06 258	0.06 257	0.06 256	0.06 255
2'	0.06 254	0.06 253	0.06 252	0.06 251	0.06 250
3'	0.06 250	0.06 249	0.06 248	0.06 247	0.06 246
4'	0.06 245	0.06 244	0.06 243	0.06 242	0.06 241
5'	0.06 240	0.06 239	0.06 238	0.06 237	0.06 236
6'	0.06 235	0.06 234	0.06 233	0.06 232	0.06 231
7'	0.06 230	0.06 229	0.06 228	0.06 227	0.06 226
8'	0.06 225	0.06 224	0.06 223	0.06 222	0.06 221
9'	0.06 220	0.06 219	0.06 218	0.06 217	0.06 216
10'	0.06 215	0.06 214	0.06 213	0.06 212	0.06 211
11'	0.06 210	0.06 209	0.06 208	0.06 207	0.06 206
12'	0.06 205	0.06 204	0.06 203	0.06 202	0.06 201
13'	0.06 200	0.06 199	0.06 198	0.06 197	0.06 196
14'	0.06 195	0.06 194	0.06 193	0.06 192	0.06 191
15'	0.06 190	0.06 189	0.06 188	0.06 187	0.06 186
16'	0.06 185	0.06 184	0.06 183	0.06 182	0.06 181
17'	0.06 180	0.06 179	0.06 178	0.06 177	0.06 176
18'	0.06 175	0.06 174	0.06 173	0.06 172	0.06 171
19'	0.06 170	0.06 169	0.06 168	0.06 167	0.06 166
20'	0.06 165	0.06 164	0.06 163	0.06 162	0.06 161
21'	0.06 160	0.06 159	0.06 158	0.06 157	0.06 156
22'	0.06 155	0.06 154	0.06 153	0.06 152	0.06 152
23'	0.06 151	0.06 150	0.06 149	0.06 148	0.06 147
24'	0.06 146	0.06 145	0.06 144	0.06 143	0.06 142
25'	0.06 141	0.06 140	0.06 139	0.06 138	0.06 137
26'	0.06 136	0.06 135	0.06 134	0.06 133	0.06 132
27'	0.06 131	0.06 130	0.06 129	0.06 128	0.06 127
28'	0.06 126	0.06 125	0.06 124	0.06 123	0.06 122
29'	0.06 121	0.06 120	0.06 119	0.06 118	0.06 117
30'	0.06 116	0.06 115	0.06 114	0.06 113	0.06 112
31'	0.06 111	0.06 110	0.06 109	0.06 108	0.06 107
32'	0.06 106	0.06 105	0.06 104	0.06 103	0.06 102
33'	0.06 101	0.06 100	0.06 099	0.06 098	0.06 097
34'	0.06 096	0.06 095	0.06 094	0.06 094	0.06 093
35'	0.06 092	0.06 091	0.06 090	0.06 089	0.06 088
36'	0.06 087	0.06 086	0.06 085	0.06 084	0.06 083
37'	0.06 082	0.06 081	0.06 080	0.06 079	0.06 078
38'	0.06 077	0.06 076	0.06 075	0.06 074	0.06 073
39'	0.06 072	0.06 071	0.06 070	0.06 069	0.06 068
40'	0.06 067	0.06 066	0.06 065	0.06 064	0.06 063
41'	0.06 062	0.06 061	0.06 060	0.06 059	0.06 058
42'	0.06 057	0.06 056	0.06 055	0.06 054	0.06 053
43'	0.06 052	0.06 051	0.06 050	0.06 049	0.06 048
44'	0.06 048	0.06 047	0.06 046	0.06 045	0.06 044
45'	0.06 043	0.06 042	0.06 041	0.06 040	0.06 039
46'	0.06 038	0.06 037	0.06 036	0.06 035	0.06 034
47'	0.06 033	0.06 032	0.06 031	0.06 030	0.06 029
48'	0.06 028	0.06 027	0.06 026	0.06 025	0.06 024
49'	0.06 023	0.06 022	0.06 021	0.06 020	0.06 019
50'	0.06 018	0.06 017	0.06 016	0.06 015	0.06 014
51'	0.06 013	0.06 012	0.06 011	0.06 010	0.06 009
52'	0.06 009	0.06 008	0.06 007	0.06 006	0.06 005
53'	0.06 004	0.06 003	0.06 002	0.06 001	0.06 000
54'	0.05 999	0.05 998	0.05 997	0.05 996	0.05 995
55'	0.05 994	0.05 993	0.05 992	0.05 991	0.05 990
56'	0.05 989	0.05 988	0.05 987	0.05 986	0.05 985
57'	0.05 984	0.05 983	0.05 982	0.05 981	0.05 980
58'	0.05 979	0.05 978	0.05 977	0.05 976	0.05 975
59'	0.05 975	0.05 974	0.05 973	0.05 972	0.05 971

K

138°

	0.'0	0.'2	0.'4	0.'6	0.'8
0'	0.05 970	0.05 969	0.05 968	0.05 967	0.05 966
1'	0.05 965	0.05 964	0.05 963	0.05 962	0.05 961
2'	0.05 960	0.05 959	0.05 958	0.05 957	0.05 956
3'	0.05 955	0.05 954	0.05 953	0.05 952	0.05 951
4'	0.05 950	0.05 949	0.05 948	0.05 947	0.05 946
5'	0.05 945	0.05 944	0.05 943	0.05 943	0.05 942
6'	0.05 941	0.05 940	0.05 939	0.05 938	0.05 937
7'	0.05 936	0.05 935	0.05 934	0.05 933	0.05 932
8'	0.05 931	0.05 930	0.05 929	0.05 928	0.05 927
9'	0.05 926	0.05 925	0.05 924	0.05 923	0.05 922
10'	0.05 921	0.05 920	0.05 919	0.05 918	0.05 917
11'	0.05 916	0.05 915	0.05 915	0.05 914	0.05 913
12'	0.05 912	0.05 911	0.05 910	0.05 909	0.05 908
13'	0.05 907	0.05 906	0.05 905	0.05 904	0.05 903
14'	0.05 902	0.05 901	0.05 900	0.05 899	0.05 898
15'	0.05 897	0.05 896	0.05 895	0.05 894	0.05 893
16'	0.05 892	0.05 891	0.05 890	0.05 889	0.05 888
17'	0.05 888	0.05 887	0.05 886	0.05 885	0.05 884
18'	0.05 883	0.05 882	0.05 881	0.05 880	0.05 879
19'	0.05 878	0.05 877	0.05 876	0.05 875	0.05 874
20'	0.05 873	0.05 872	0.05 871	0.05 870	0.05 869
21'	0.05 868	0.05 867	0.05 866	0.05 865	0.05 864
22'	0.05 863	0.05 863	0.05 862	0.05 861	0.05 860
23'	0.05 859	0.05 858	0.05 857	0.05 856	0.05 855
24'	0.05 854	0.05 853	0.05 852	0.05 851	0.05 850
25'	0.05 849	0.05 848	0.05 847	0.05 846	0.05 845
26'	0.05 844	0.05 843	0.05 842	0.05 841	0.05 840
27'	0.05 839	0.05 839	0.05 838	0.05 837	0.05 836
28'	0.05 835	0.05 834	0.05 833	0.05 832	0.05 831
29'	0.05 830	0.05 829	0.05 828	0.05 827	0.05 826
30'	0.05 825	0.05 824	0.05 823	0.05 822	0.05 821
31'	0.05 820	0.05 819	0.05 818	0.05 817	0.05 817
32'	0.05 816	0.05 815	0.05 814	0.05 813	0.05 812
33'	0.05 811	0.05 810	0.05 809	0.05 808	0.05 807
34'	0.05 806	0.05 805	0.05 804	0.05 803	0.05 802
35'	0.05 801	0.05 800	0.05 799	0.05 798	0.05 797
36'	0.05 796	0.05 795	0.05 795	0.05 794	0.05 793
37'	0.05 792	0.05 791	0.05 790	0.05 789	0.05 788
38'	0.05 787	0.05 786	0.05 785	0.05 784	0.05 783
39'	0.05 782	0.05 781	0.05 780	0.05 779	0.05 778
40'	0.05 777	0.05 776	0.05 775	0.05 775	0.05 774
41'	0.05 773	0.05 772	0.05 771	0.05 770	0.05 769
42'	0.05 768	0.05 767	0.05 766	0.05 765	0.05 764
43'	0.05 763	0.05 762	0.05 761	0.05 760	0.05 759
44'	0.05 758	0.05 757	0.05 756	0.05 755	0.05 755
45'	0.05 754	0.05 753	0.05 752	0.05 751	0.05 750
46'	0.05 749	0.05 748	0.05 747	0.05 746	0.05 745
47'	0.05 744	0.05 743	0.05 742	0.05 741	0.05 740
48'	0.05 739	0.05 738	0.05 737	0.05 736	0.05 736
49'	0.05 735	0.05 734	0.05 733	0.05 732	0.05 731
50'	0.05 730	0.05 729	0.05 728	0.05 727	0.05 726
51'	0.05 725	0.05 724	0.05 723	0.05 722	0.05 721
52'	0.05 720	0.05 719	0.05 718	0.05 717	0.05 717
53'	0.05 716	0.05 715	0.05 714	0.05 713	0.05 712
54'	0.05 711	0.05 710	0.05 709	0.05 708	0.05 707
55'	0.05 706	0.05 705	0.05 704	0.05 703	0.05 702
56'	0.05 701	0.05 700	0.05 699	0.05 699	0.05 698
57'	0.05 697	0.05 696	0.05 695	0.05 694	0.05 693
58'	0.05 692	0.05 691	0.05 690	0.05 689	0.05 688
59'	0.05 687	0.05 686	0.05 685	0.05 684	0.05 683

139°

	0.'0	0.'2	0.'4	0.'6	0.'8
0'	0.05 682	0.05 682	0.05 681	0.05 680	0.05 679
1'	0.05 678	0.05 677	0.05 676	0.05 675	0.05 674
2'	0.05 673	0.05 672	0.05 671	0.05 670	0.05 669
3'	0.05 668	0.05 667	0.05 666	0.05 665	0.05 665
4'	0.05 664	0.05 663	0.05 662	0.05 661	0.05 660
5'	0.05 659	0.05 658	0.05 657	0.05 656	0.05 655
6'	0.05 654	0.05 653	0.05 652	0.05 651	0.05 650
7'	0.05 649	0.05 649	0.05 648	0.05 647	0.05 646
8'	0.05 645	0.05 644	0.05 643	0.05 642	0.05 641
9'	0.05 640	0.05 639	0.05 638	0.05 637	0.05 636
10'	0.05 635	0.05 634	0.05 633	0.05 633	0.05 632
11'	0.05 631	0.05 630	0.05 629	0.05 628	0.05 627
12'	0.05 626	0.05 625	0.05 624	0.05 623	0.05 622
13'	0.05 621	0.05 620	0.05 619	0.05 618	0.05 617
14'	0.05 617	0.05 616	0.05 615	0.05 614	0.05 613
15'	0.05 612	0.05 611	0.05 610	0.05 609	0.05 608
16'	0.05 607	0.05 606	0.05 605	0.05 604	0.05 603
17'	0.05 602	0.05 602	0.05 601	0.05 600	0.05 599
18'	0.05 598	0.05 597	0.05 596	0.05 595	0.05 594
19'	0.05 593	0.05 592	0.05 591	0.05 590	0.05 589
20'	0.05 588	0.05 587	0.05 587	0.05 586	0.05 585
21'	0.05 584	0.05 583	0.05 582	0.05 581	0.05 580
22'	0.05 579	0.05 578	0.05 577	0.05 576	0.05 575
23'	0.05 574	0.05 573	0.05 573	0.05 572	0.05 571
24'	0.05 570	0.05 569	0.05 568	0.05 567	0.05 566
25'	0.05 565	0.05 564	0.05 563	0.05 562	0.05 561
26'	0.05 560	0.05 559	0.05 559	0.05 558	0.05 557
27'	0.05 556	0.05 555	0.05 554	0.05 553	0.05 552
28'	0.05 551	0.05 550	0.05 549	0.05 548	0.05 547
29'	0.05 546	0.05 545	0.05 545	0.05 544	0.05 543
30'	0.05 542	0.05 541	0.05 540	0.05 539	0.05 538
31'	0.05 537	0.05 536	0.05 535	0.05 534	0.05 533
32'	0.05 532	0.05 531	0.05 531	0.05 530	0.05 529
33'	0.05 528	0.05 527	0.05 526	0.05 525	0.05 524
34'	0.05 523	0.05 522	0.05 521	0.05 520	0.05 519
35'	0.05 518	0.05 518	0.05 517	0.05 516	0.05 515
36'	0.05 514	0.05 513	0.05 512	0.05 511	0.05 510
37'	0.05 509	0.05 508	0.05 507	0.05 506	0.05 505
38'	0.05 504	0.05 504	0.05 503	0.05 502	0.05 501
39'	0.05 500	0.05 499	0.05 498	0.05 497	0.05 496
40'	0.05 495	0.05 494	0.05 493	0.05 492	0.05 492
41'	0.05 491	0.05 490	0.05 489	0.05 488	0.05 487
42'	0.05 486	0.05 485	0.05 484	0.05 483	0.05 482
43'	0.05 481	0.05 480	0.05 479	0.05 479	0.05 478
44'	0.05 477	0.05 476	0.05 475	0.05 474	0.05 473
45'	0.05 472	0.05 471	0.05 470	0.05 469	0.05 468
46'	0.05 467	0.05 466	0.05 466	0.05 465	0.05 464
47'	0.05 463	0.05 462	0.05 461	0.05 460	0.05 459
48'	0.05 458	0.05 457	0.05 456	0.05 455	0.05 454
49'	0.05 454	0.05 453	0.05 452	0.05 451	0.05 450
50'	0.05 449	0.05 448	0.05 447	0.05 446	0.05 445
51'	0.05 444	0.05 443	0.05 442	0.05 442	0.05 441
52'	0.05 440	0.05 439	0.05 438	0.05 437	0.05 436
53'	0.05 435	0.05 434	0.05 433	0.05 432	0.05 431
54'	0.05 430	0.05 430	0.05 429	0.05 428	0.05 427
55'	0.05 426	0.05 425	0.05 424	0.05 423	0.05 422
56'	0.05 421	0.05 420	0.05 419	0.05 418	0.05 418
57'	0.05 417	0.05 416	0.05 415	0.05 414	0.05 413
58'	0.05 412	0.05 411	0.05 410	0.05 409	0.05 408
59'	0.05 407	0.05 407	0.05 406	0.05 405	0.05 404

K   K

140°

	0.'0	0.'2	0.'4	0.'6	0.'8
0'	0.05 403	0.05 402	0.05 401	0.05 400	0.05 399
1'	0.05 398	0.05 397	0.05 396	0.05 395	0.05 395
2'	0.05 394	0.05 393	0.05 392	0.05 391	0.05 390
3'	0.05 389	0.05 388	0.05 387	0.05 386	0.05 385
4'	0.05 384	0.05 384	0.05 383	0.05 382	0.05 381
5'	0.05 380	0.05 379	0.05 378	0.05 377	0.05 376
6'	0.05 375	0.05 374	0.05 373	0.05 373	0.05 372
7'	0.05 371	0.05 370	0.05 369	0.05 368	0.05 367
8'	0.05 366	0.05 365	0.05 364	0.05 363	0.05 362
9'	0.05 362	0.05 361	0.05 360	0.05 359	0.05 358
10'	0.05 357	0.05 356	0.05 355	0.05 354	0.05 353
11'	0.05 352	0.05 351	0.05 351	0.05 350	0.05 349
12'	0.05 348	0.05 347	0.05 346	0.05 345	0.05 344
13'	0.05 343	0.05 342	0.05 341	0.05 340	0.05 340
14'	0.05 339	0.05 338	0.05 337	0.05 336	0.05 335
15'	0.05 334	0.05 333	0.05 332	0.05 331	0.05 330
16'	0.05 330	0.05 329	0.05 328	0.05 327	0.05 326
17'	0.05 325	0.05 324	0.05 323	0.05 322	0.05 321
18'	0.05 320	0.05 319	0.05 319	0.05 318	0.05 317
19'	0.05 316	0.05 315	0.05 314	0.05 313	0.05 312
20'	0.05 311	0.05 310	0.05 309	0.05 309	0.05 308
21'	0.05 307	0.05 306	0.05 305	0.05 304	0.05 303
22'	0.05 302	0.05 301	0.05 300	0.05 299	0.05 299
23'	0.05 298	0.05 297	0.05 296	0.05 295	0.05 294
24'	0.05 293	0.05 292	0.05 291	0.05 290	0.05 289
25'	0.05 289	0.05 288	0.05 287	0.05 286	0.05 285
26'	0.05 284	0.05 283	0.05 282	0.05 281	0.05 280
27'	0.05 279	0.05 279	0.05 278	0.05 277	0.05 276
28'	0.05 275	0.05 274	0.05 273	0.05 272	0.05 271
29'	0.05 270	0.05 269	0.05 269	0.05 268	0.05 267
30'	0.05 266	0.05 265	0.05 264	0.05 263	0.05 262
31'	0.05 261	0.05 260	0.05 259	0.05 259	0.05 258
32'	0.05 257	0.05 256	0.05 255	0.05 254	0.05 253
33'	0.05 252	0.05 251	0.05 250	0.05 250	0.05 249
34'	0.05 248	0.05 247	0.05 246	0.05 245	0.05 244
35'	0.05 243	0.05 242	0.05 241	0.05 240	0.05 240
36'	0.05 239	0.05 238	0.05 237	0.05 236	0.05 235
37'	0.05 234	0.05 233	0.05 232	0.05 231	0.05 231
38'	0.05 230	0.05 229	0.05 228	0.05 227	0.05 226
39'	0.05 225	0.05 224	0.05 223	0.05 222	0.05 221
40'	0.05 221	0.05 220	0.05 219	0.05 218	0.05 217
41'	0.05 216	0.05 215	0.05 214	0.05 213	0.05 212
42'	0.05 212	0.05 211	0.05 210	0.05 209	0.05 208
43'	0.05 207	0.05 206	0.05 205	0.05 204	0.05 203
44'	0.05 203	0.05 202	0.05 201	0.05 200	0.05 199
45'	0.05 198	0.05 197	0.05 196	0.05 195	0.05 194
46'	0.05 194	0.05 193	0.05 192	0.05 191	0.05 190
47'	0.05 189	0.05 188	0.05 187	0.05 186	0.05 185
48'	0.05 185	0.05 184	0.05 183	0.05 182	0.05 181
49'	0.05 180	0.05 179	0.05 178	0.05 177	0.05 176
50'	0.05 176	0.05 175	0.05 174	0.05 173	0.05 172
51'	0.05 171	0.05 170	0.05 169	0.05 168	0.05 167
52'	0.05 167	0.05 166	0.05 165	0.05 164	0.05 163
53'	0.05 162	0.05 161	0.05 160	0.05 159	0.05 158
54'	0.05 158	0.05 157	0.05 156	0.05 155	0.05 154
55'	0.05 153	0.05 152	0.05 151	0.05 150	0.05 149
56'	0.05 149	0.05 148	0.05 147	0.05 146	0.05 145
57'	0.05 144	0.05 143	0.05 142	0.05 141	0.05 141
58'	0.05 140	0.05 139	0.05 138	0.05 137	0.05 136
59'	0.05 135	0.05 134	0.05 133	0.05 132	0.05 132

141°

	0.'0	0.'2	0.'4	0.'6	0.'8
0'	0.05 131	0.05 130	0.05 129	0.05 128	0.05 127
1'	0.05 126	0.05 125	0.05 124	0.05 124	0.05 123
2'	0.05 122	0.05 121	0.05 120	0.05 119	0.05 118
3'	0.05 117	0.05 116	0.05 115	0.05 115	0.05 114
4'	0.05 113	0.05 112	0.05 111	0.05 110	0.05 109
5'	0.05 108	0.05 107	0.05 107	0.05 106	0.05 105
6'	0.05 104	0.05 103	0.05 102	0.05 101	0.05 100
7'	0.05 099	0.05 099	0.05 098	0.05 097	0.05 096
8'	0.05 095	0.05 094	0.05 093	0.05 092	0.05 091
9'	0.05 091	0.05 090	0.05 089	0.05 088	0.05 087
10'	0.05 086	0.05 085	0.05 084	0.05 083	0.05 082
11'	0.05 082	0.05 081	0.05 080	0.05 079	0.05 078
12'	0.05 077	0.05 076	0.05 075	0.05 074	0.05 074
13'	0.05 073	0.05 072	0.05 071	0.05 070	0.05 069
14'	0.05 068	0.05 067	0.05 066	0.05 066	0.05 065
15'	0.05 064	0.05 063	0.05 062	0.05 061	0.05 060
16'	0.05 059	0.05 058	0.05 058	0.05 057	0.05 056
17'	0.05 055	0.05 054	0.05 053	0.05 052	0.05 051
18'	0.05 050	0.05 050	0.05 049	0.05 048	0.05 047
19'	0.05 046	0.05 045	0.05 044	0.05 043	0.05 043
20'	0.05 042	0.05 041	0.05 040	0.05 039	0.05 038
21'	0.05 037	0.05 036	0.05 035	0.05 035	0.05 034
22'	0.05 033	0.05 032	0.05 031	0.05 030	0.05 029
23'	0.05 028	0.05 027	0.05 027	0.05 026	0.05 025
24'	0.05 024	0.05 023	0.05 022	0.05 021	0.05 020
25'	0.05 019	0.05 019	0.05 018	0.05 017	0.05 016
26'	0.05 015	0.05 014	0.05 013	0.05 012	0.05 012
27'	0.05 011	0.05 010	0.05 009	0.05 008	0.05 007
28'	0.05 006	0.05 005	0.05 004	0.05 004	0.05 003
29'	0.05 002	0.05 001	0.05 000	0.04 999	0.04 998
30'	0.04 997	0.04 997	0.04 996	0.04 995	0.04 994
31'	0.04 993	0.04 992	0.04 991	0.04 990	0.04 989
32'	0.04 989	0.04 988	0.04 987	0.04 986	0.04 985
33'	0.04 984	0.04 983	0.04 982	0.04 982	0.04 981
34'	0.04 980	0.04 979	0.04 978	0.04 977	0.04 976
35'	0.04 975	0.04 974	0.04 974	0.04 973	0.04 972
36'	0.04 971	0.04 970	0.04 969	0.04 968	0.04 967
37'	0.04 967	0.04 966	0.04 965	0.04 964	0.04 963
38'	0.04 962	0.04 961	0.04 960	0.04 960	0.04 959
39'	0.04 958	0.04 957	0.04 956	0.04 955	0.04 954
40'	0.04 953	0.04 953	0.04 952	0.04 951	0.04 950
41'	0.04 949	0.04 948	0.04 947	0.04 946	0.04 945
42'	0.04 945	0.04 944	0.04 943	0.04 942	0.04 941
43'	0.04 940	0.04 939	0.04 938	0.04 938	0.04 937
44'	0.04 936	0.04 935	0.04 934	0.04 933	0.04 932
45'	0.04 931	0.04 931	0.04 930	0.04 929	0.04 928
46'	0.04 927	0.04 926	0.04 925	0.04 924	0.04 924
47'	0.04 923	0.04 922	0.04 921	0.04 920	0.04 919
48'	0.04 918	0.04 917	0.04 917	0.04 916	0.04 915
49'	0.04 914	0.04 913	0.04 912	0.04 911	0.04 910
50'	0.04 910	0.04 909	0.04 908	0.04 907	0.04 906
51'	0.04 905	0.04 904	0.04 903	0.04 903	0.04 902
52'	0.04 901	0.04 900	0.04 899	0.04 898	0.04 897
53'	0.04 896	0.04 896	0.04 895	0.04 894	0.04 893
54'	0.04 892	0.04 891	0.04 890	0.04 890	0.04 889
55'	0.04 888	0.04 887	0.04 886	0.04 885	0.04 884
56'	0.04 883	0.04 883	0.04 882	0.04 881	0.04 880
57'	0.04 879	0.04 878	0.04 877	0.04 876	0.04 876
58'	0.04 875	0.04 874	0.04 873	0.04 872	0.04 871
59'	0.04 870	0.04 869	0.04 869	0.04 868	0.04 867

142°

	0.'0	0.'2	0.'4	0.'6	0.'8
0'	0.04 866	0.04 865	0.04 864	0.04 863	0.04 863
1'	0.04 862	0.04 861	0.04 860	0.04 859	0.04 858
2'	0.04 857	0.04 856	0.04 856	0.04 855	0.04 854
3'	0.04 853	0.04 852	0.04 851	0.04 850	0.04 849
4'	0.04 849	0.04 848	0.04 847	0.04 846	0.04 845
5'	0.04 844	0.04 843	0.04 843	0.04 842	0.04 841
6'	0.04 840	0.04 839	0.04 838	0.04 837	0.04 836
7'	0.04 836	0.04 835	0.04 834	0.04 833	0.04 832
8'	0.04 831	0.04 830	0.04 830	0.04 829	0.04 828
9'	0.04 827	0.04 826	0.04 825	0.04 824	0.04 823
10'	0.04 823	0.04 822	0.04 821	0.04 820	0.04 819
11'	0.04 818	0.04 817	0.04 817	0.04 816	0.04 815
12'	0.04 814	0.04 813	0.04 812	0.04 811	0.04 810
13'	0.04 810	0.04 809	0.04 808	0.04 807	0.04 806
14'	0.04 805	0.04 804	0.04 804	0.04 803	0.04 802
15'	0.04 801	0.04 800	0.04 799	0.04 798	0.04 798
16'	0.04 797	0.04 796	0.04 795	0.04 794	0.04 793
17'	0.04 792	0.04 791	0.04 791	0.04 790	0.04 789
18'	0.04 788	0.04 787	0.04 786	0.04 785	0.04 785
19'	0.04 784	0.04 783	0.04 782	0.04 781	0.04 780
20'	0.04 779	0.04 779	0.04 778	0.04 777	0.04 776
21'	0.04 775	0.04 774	0.04 773	0.04 773	0.04 772
22'	0.04 771	0.04 770	0.04 769	0.04 768	0.04 767
23'	0.04 766	0.04 766	0.04 765	0.04 764	0.04 763
24'	0.04 762	0.04 761	0.04 760	0.04 760	0.04 759
25'	0.04 758	0.04 757	0.04 756	0.04 755	0.04 754
26'	0.04 754	0.04 753	0.04 752	0.04 751	0.04 750
27'	0.04 749	0.04 748	0.04 748	0.04 747	0.04 746
28'	0.04 745	0.04 744	0.04 743	0.04 742	0.04 742
29'	0.04 741	0.04 740	0.04 739	0.04 738	0.04 737
30'	0.04 736	0.04 736	0.04 735	0.04 734	0.04 733
31'	0.04 732	0.04 731	0.04 730	0.04 730	0.04 729
32'	0.04 728	0.04 727	0.04 726	0.04 725	0.04 724
33'	0.04 724	0.04 723	0.04 722	0.04 721	0.04 720
34'	0.04 719	0.04 718	0.04 718	0.04 717	0.04 716
35'	0.04 715	0.04 714	0.04 713	0.04 712	0.04 712
36'	0.04 711	0.04 710	0.04 709	0.04 708	0.04 707
37'	0.04 706	0.04 706	0.04 705	0.04 704	0.04 703
38'	0.04 702	0.04 701	0.04 700	0.04 700	0.04 699
39'	0.04 698	0.04 697	0.04 696	0.04 695	0.04 694
40'	0.04 694	0.04 693	0.04 692	0.04 691	0.04 690
41'	0.04 689	0.04 689	0.04 688	0.04 687	0.04 686
42'	0.04 685	0.04 684	0.04 683	0.04 683	0.04 682
43'	0.04 681	0.04 680	0.04 679	0.04 678	0.04 677
44'	0.04 677	0.04 676	0.04 675	0.04 674	0.04 673
45'	0.04 672	0.04 671	0.04 671	0.04 670	0.04 669
46'	0.04 668	0.04 667	0.04 666	0.04 666	0.04 665
47'	0.04 664	0.04 663	0.04 662	0.04 661	0.04 660
48'	0.04 660	0.04 659	0.04 658	0.04 657	0.04 656
49'	0.04 655	0.04 654	0.04 654	0.04 653	0.04 652
50'	0.04 651	0.04 650	0.04 649	0.04 649	0.04 648
51'	0.04 647	0.04 646	0.04 645	0.04 644	0.04 643
52'	0.04 643	0.04 642	0.04 641	0.04 640	0.04 639
53'	0.04 638	0.04 637	0.04 637	0.04 636	0.04 635
54'	0.04 634	0.04 633	0.04 632	0.04 632	0.04 631
55'	0.04 630	0.04 629	0.04 628	0.04 627	0.04 626
56'	0.04 626	0.04 625	0.04 624	0.04 623	0.04 622
57'	0.04 621	0.04 621	0.04 620	0.04 619	0.04 618
58'	0.04 617	0.04 616	0.04 615	0.04 615	0.04 614
59'	0.04 613	0.04 612	0.04 611	0.04 610	0.04 610

143°

	0.'0	0.'2	0.'4	0.'6	0.'8
0'	0.04 609	0.04 608	0.04 607	0.04 606	0.04 605
1'	0.04 604	0.04 604	0.04 603	0.04 602	0.04 601
2'	0.04 600	0.04 599	0.04 599	0.04 598	0.04 597
3'	0.04 596	0.04 595	0.04 594	0.04 593	0.04 593
4'	0.04 592	0.04 591	0.04 590	0.04 589	0.04 588
5'	0.04 588	0.04 587	0.04 586	0.04 585	0.04 584
6'	0.04 583	0.04 583	0.04 582	0.04 581	0.04 580
7'	0.04 579	0.04 578	0.04 577	0.04 577	0.04 576
8'	0.04 575	0.04 574	0.04 573	0.04 572	0.04 572
9'	0.04 571	0.04 570	0.04 569	0.04 568	0.04 567
10'	0.04 567	0.04 566	0.04 565	0.04 564	0.04 563
11'	0.04 562	0.04 561	0.04 561	0.04 560	0.04 559
12'	0.04 558	0.04 557	0.04 556	0.04 556	0.04 555
13'	0.04 554	0.04 553	0.04 552	0.04 551	0.04 551
14'	0.04 550	0.04 549	0.04 548	0.04 547	0.04 546
15'	0.04 546	0.04 545	0.04 544	0.04 543	0.04 542
16'	0.04 541	0.04 540	0.04 540	0.04 539	0.04 538
17'	0.04 537	0.04 536	0.04 535	0.04 535	0.04 534
18'	0.04 533	0.04 532	0.04 531	0.04 530	0.04 530
19'	0.04 529	0.04 528	0.04 527	0.04 526	0.04 525
20'	0.04 525	0.04 524	0.04 523	0.04 522	0.04 521
21'	0.04 520	0.04 520	0.04 519	0.04 518	0.04 517
22'	0.04 516	0.04 515	0.04 515	0.04 514	0.04 513
23'	0.04 512	0.04 511	0.04 510	0.04 509	0.04 509
24'	0.04 508	0.04 507	0.04 506	0.04 505	0.04 504
25'	0.04 504	0.04 503	0.04 502	0.04 501	0.04 500
26'	0.04 499	0.04 499	0.04 498	0.04 497	0.04 496
27'	0.04 495	0.04 494	0.04 494	0.04 493	0.04 492
28'	0.04 491	0.04 490	0.04 489	0.04 489	0.04 488
29'	0.04 487	0.04 486	0.04 485	0.04 484	0.04 484
30'	0.04 483	0.04 482	0.04 481	0.04 480	0.04 479
31'	0.04 479	0.04 478	0.04 477	0.04 476	0.04 475
32'	0.04 474	0.04 474	0.04 473	0.04 472	0.04 471
33'	0.04 470	0.04 469	0.04 469	0.04 468	0.04 467
34'	0.04 466	0.04 465	0.04 464	0.04 464	0.04 463
35'	0.04 462	0.04 461	0.04 460	0.04 459	0.04 459
36'	0.04 458	0.04 457	0.04 456	0.04 455	0.04 455
37'	0.04 454	0.04 453	0.04 452	0.04 451	0.04 450
38'	0.04 450	0.04 449	0.04 448	0.04 447	0.04 446
39'	0.04 445	0.04 445	0.04 444	0.04 443	0.04 442
40'	0.04 441	0.04 440	0.04 440	0.04 439	0.04 438
41'	0.04 437	0.04 436	0.04 435	0.04 435	0.04 434
42'	0.04 433	0.04 432	0.04 431	0.04 430	0.04 430
43'	0.04 429	0.04 428	0.04 427	0.04 426	0.04 425
44'	0.04 425	0.04 424	0.04 423	0.04 422	0.04 421
45'	0.04 421	0.04 420	0.04 419	0.04 418	0.04 417
46'	0.04 416	0.04 416	0.04 415	0.04 414	0.04 413
47'	0.04 412	0.04 411	0.04 411	0.04 410	0.04 409
48'	0.04 408	0.04 407	0.04 406	0.04 406	0.04 405
49'	0.04 404	0.04 403	0.04 402	0.04 402	0.04 401
50'	0.04 400	0.04 399	0.04 398	0.04 397	0.04 397
51'	0.04 396	0.04 395	0.04 394	0.04 393	0.04 392
52'	0.04 392	0.04 391	0.04 390	0.04 389	0.04 388
53'	0.04 388	0.04 387	0.04 386	0.04 385	0.04 384
54'	0.04 383	0.04 383	0.04 382	0.04 381	0.04 380
55'	0.04 379	0.04 378	0.04 378	0.04 377	0.04 376
56'	0.04 375	0.04 374	0.04 374	0.04 373	0.04 372
57'	0.04 371	0.04 370	0.04 369	0.04 369	0.04 368
58'	0.04 367	0.04 366	0.04 365	0.04 364	0.04 364
59'	0.04 363	0.04 362	0.04 361	0.04 360	0.04 360

K K

144°

	0.'0	0.'2	0.'4	0.'6	0.'8
0'	0.04 359	0.04 358	0.04 357	0.04 356	0.04 355
1'	0.04 355	0.04 354	0.04 353	0.04 352	0.04 351
2'	0.04 351	0.04 350	0.04 349	0.04 348	0.04 347
3'	0.04 346	0.04 346	0.04 345	0.04 344	0.04 343
4'	0.04 342	0.04 342	0.04 341	0.04 340	0.04 339
5'	0.04 338	0.04 337	0.04 337	0.04 336	0.04 335
6'	0.04 334	0.04 333	0.04 333	0.04 332	0.04 331
7'	0.04 330	0.04 329	0.04 328	0.04 328	0.04 327
8'	0.04 326	0.04 325	0.04 324	0.04 324	0.04 323
9'	0.04 322	0.04 321	0.04 320	0.04 319	0.04 319
10'	0.04 318	0.04 317	0.04 316	0.04 315	0.04 315
11'	0.04 314	0.04 313	0.04 312	0.04 311	0.04 310
12'	0.04 310	0.04 309	0.04 308	0.04 307	0.04 306
13'	0.04 306	0.04 305	0.04 304	0.04 303	0.04 302
14'	0.04 301	0.04 301	0.04 300	0.04 299	0.04 298
15'	0.04 297	0.04 297	0.04 296	0.04 295	0.04 294
16'	0.04 293	0.04 293	0.04 292	0.04 291	0.04 290
17'	0.04 289	0.04 288	0.04 288	0.04 287	0.04 286
18'	0.04 285	0.04 284	0.04 284	0.04 283	0.04 282
19'	0.04 281	0.04 280	0.04 279	0.04 279	0.04 278
20'	0.04 277	0.04 276	0.04 275	0.04 275	0.04 274
21'	0.04 273	0.04 272	0.04 271	0.04 271	0.04 270
22'	0.04 269	0.04 268	0.04 267	0.04 266	0.04 266
23'	0.04 265	0.04 264	0.04 263	0.04 262	0.04 262
24'	0.04 261	0.04 260	0.04 259	0.04 258	0.04 258
25'	0.04 257	0.04 256	0.04 255	0.04 254	0.04 254
26'	0.04 253	0.04 252	0.04 251	0.04 250	0.04 249
27'	0.04 249	0.04 248	0.04 247	0.04 246	0.04 245
28'	0.04 245	0.04 244	0.04 243	0.04 242	0.04 241
29'	0.04 241	0.04 240	0.04 239	0.04 238	0.04 237
30'	0.04 237	0.04 236	0.04 235	0.04 234	0.04 233
31'	0.04 232	0.04 232	0.04 231	0.04 230	0.04 229
32'	0.04 228	0.04 228	0.04 227	0.04 226	0.04 225
33'	0.04 224	0.04 224	0.04 223	0.04 222	0.04 221
34'	0.04 220	0.04 220	0.04 219	0.04 218	0.04 217
35'	0.04 216	0.04 216	0.04 215	0.04 214	0.04 213
36'	0.04 212	0.04 211	0.04 211	0.04 210	0.04 209
37'	0.04 208	0.04 207	0.04 207	0.04 206	0.04 205
38'	0.04 204	0.04 203	0.04 203	0.04 202	0.04 201
39'	0.04 200	0.04 199	0.04 199	0.04 198	0.04 197
40'	0.04 196	0.04 195	0.04 195	0.04 194	0.04 193
41'	0.04 192	0.04 191	0.04 191	0.04 190	0.04 189
42'	0.04 188	0.04 187	0.04 187	0.04 186	0.04 185
43'	0.04 184	0.04 183	0.04 182	0.04 182	0.04 181
44'	0.04 180	0.04 179	0.04 178	0.04 178	0.04 177
45'	0.04 176	0.04 175	0.04 174	0.04 174	0.04 173
46'	0.04 172	0.04 171	0.04 170	0.04 170	0.04 169
47'	0.04 168	0.04 167	0.04 166	0.04 166	0.04 165
48'	0.04 164	0.04 163	0.04 162	0.04 162	0.04 161
49'	0.04 160	0.04 159	0.04 158	0.04 158	0.04 157
50'	0.04 156	0.04 155	0.04 154	0.04 154	0.04 153
51'	0.04 152	0.04 151	0.04 150	0.04 150	0.04 149
52'	0.04 148	0.04 147	0.04 146	0.04 146	0.04 145
53'	0.04 144	0.04 143	0.04 142	0.04 142	0.04 141
54'	0.04 140	0.04 139	0.04 138	0.04 138	0.04 137
55'	0.04 136	0.04 135	0.04 134	0.04 134	0.04 133
56'	0.04 132	0.04 131	0.04 130	0.04 130	0.04 129
57'	0.04 128	0.04 127	0.04 126	0.04 126	0.04 125
58'	0.04 124	0.04 123	0.04 122	0.04 122	0.04 121
59'	0.04 120	0.04 119	0.04 118	0.04 118	0.04 117

145°

	0.'0	0.'2	0.'4	0.'6	0.'8
0'	0.04 116	0.04 115	0.04 115	0.04 114	0.04 113
1'	0.04 112	0.04 111	0.04 111	0.04 110	0.04 109
2'	0.04 108	0.04 107	0.04 107	0.04 106	0.04 105
3'	0.04 104	0.04 103	0.04 103	0.04 102	0.04 101
4'	0.04 100	0.04 099	0.04 099	0.04 098	0.04 097
5'	0.04 096	0.04 095	0.04 095	0.04 094	0.04 093
6'	0.04 092	0.04 091	0.04 091	0.04 090	0.04 089
7'	0.04 088	0.04 087	0.04 087	0.04 086	0.04 085
8'	0.04 084	0.04 084	0.04 083	0.04 082	0.04 081
9'	0.04 080	0.04 080	0.04 079	0.04 078	0.04 077
10'	0.04 076	0.04 076	0.04 075	0.04 074	0.04 073
11'	0.04 072	0.04 072	0.04 071	0.04 070	0.04 069
12'	0.04 068	0.04 068	0.04 067	0.04 066	0.04 065
13'	0.04 064	0.04 064	0.04 063	0.04 062	0.04 061
14'	0.04 061	0.04 060	0.04 059	0.04 058	0.04 057
15'	0.04 057	0.04 056	0.04 055	0.04 054	0.04 053
16'	0.04 053	0.04 052	0.04 051	0.04 050	0.04 049
17'	0.04 049	0.04 048	0.04 047	0.04 046	0.04 046
18'	0.04 045	0.04 044	0.04 043	0.04 042	0.04 042
19'	0.04 041	0.04 040	0.04 039	0.04 038	0.04 038
20'	0.04 037	0.04 036	0.04 035	0.04 034	0.04 034
21'	0.04 033	0.04 032	0.04 031	0.04 031	0.04 030
22'	0.04 029	0.04 028	0.04 027	0.04 027	0.04 026
23'	0.04 025	0.04 024	0.04 023	0.04 023	0.04 022
24'	0.04 021	0.04 020	0.04 020	0.04 019	0.04 018
25'	0.04 017	0.04 016	0.04 016	0.04 015	0.04 014
26'	0.04 013	0.04 012	0.04 012	0.04 011	0.04 010
27'	0.04 009	0.04 009	0.04 008	0.04 007	0.04 006
28'	0.04 005	0.04 005	0.04 004	0.04 003	0.04 002
29'	0.04 001	0.04 001	0.04 000	0.03 999	0.03 998
30'	0.03 998	0.03 997	0.03 996	0.03 995	0.03 994
31'	0.03 994	0.03 993	0.03 992	0.03 991	0.03 990
32'	0.03 990	0.03 989	0.03 988	0.03 987	0.03 987
33'	0.03 986	0.03 985	0.03 984	0.03 983	0.03 983
34'	0.03 982	0.03 981	0.03 980	0.03 979	0.03 979
35'	0.03 978	0.03 977	0.03 976	0.03 976	0.03 975
36'	0.03 974	0.03 973	0.03 972	0.03 972	0.03 971
37'	0.03 970	0.03 969	0.03 969	0.03 968	0.03 967
38'	0.03 966	0.03 965	0.03 965	0.03 964	0.03 963
39'	0.03 962	0.03 962	0.03 961	0.03 960	0.03 959
40'	0.03 958	0.03 958	0.03 957	0.03 956	0.03 955
41'	0.03 954	0.03 954	0.03 953	0.03 952	0.03 951
42'	0.03 951	0.03 950	0.03 949	0.03 948	0.03 947
43'	0.03 947	0.03 946	0.03 945	0.03 944	0.03 944
44'	0.03 943	0.03 942	0.03 941	0.03 940	0.03 940
45'	0.03 939	0.03 938	0.03 937	0.03 937	0.03 936
46'	0.03 935	0.03 934	0.03 933	0.03 933	0.03 932
47'	0.03 931	0.03 930	0.03 930	0.03 929	0.03 928
48'	0.03 927	0.03 926	0.03 926	0.03 925	0.03 924
49'	0.03 923	0.03 923	0.03 922	0.03 921	0.03 920
50'	0.03 919	0.03 919	0.03 918	0.03 917	0.03 916
51'	0.03 916	0.03 915	0.03 914	0.03 913	0.03 912
52'	0.03 912	0.03 911	0.03 910	0.03 909	0.03 909
53'	0.03 908	0.03 907	0.03 906	0.03 905	0.03 905
54'	0.03 904	0.03 903	0.03 902	0.03 902	0.03 901
55'	0.03 900	0.03 899	0.03 899	0.03 898	0.03 897
56'	0.03 896	0.03 895	0.03 895	0.03 894	0.03 893
57'	0.03 892	0.03 892	0.03 891	0.03 890	0.03 889
58'	0.03 888	0.03 888	0.03 887	0.03 886	0.03 885
59'	0.03 885	0.03 884	0.03 883	0.03 882	0.03 882

146°

	0.'0	0.'2	0.'4	0.'6	0.'8
0'	0.03 881	0.03 880	0.03 879	0.03 878	0.03 878
1'	0.03 877	0.03 876	0.03 875	0.03 875	0.03 874
2'	0.03 873	0.03 872	0.03 871	0.03 871	0.03 870
3'	0.03 869	0.03 868	0.03 868	0.03 867	0.03 866
4'	0.03 865	0.03 865	0.03 864	0.03 863	0.03 862
5'	0.03 861	0.03 861	0.03 860	0.03 859	0.03 858
6'	0.03 858	0.03 857	0.03 856	0.03 855	0.03 855
7'	0.03 854	0.03 853	0.03 852	0.03 851	0.03 851
8'	0.03 850	0.03 849	0.03 848	0.03 848	0.03 847
9'	0.03 846	0.03 845	0.03 845	0.03 844	0.03 843
10'	0.03 842	0.03 841	0.03 841	0.03 840	0.03 839
11'	0.03 838	0.03 838	0.03 837	0.03 836	0.03 835
12'	0.03 835	0.03 834	0.03 833	0.03 832	0.03 831
13'	0.03 831	0.03 830	0.03 829	0.03 828	0.03 828
14'	0.03 827	0.03 826	0.03 825	0.03 825	0.03 824
15'	0.03 823	0.03 822	0.03 821	0.03 821	0.03 820
16'	0.03 819	0.03 818	0.03 818	0.03 817	0.03 816
17'	0.03 815	0.03 815	0.03 814	0.03 813	0.03 812
18'	0.03 812	0.03 811	0.03 810	0.03 809	0.03 808
19'	0.03 808	0.03 807	0.03 806	0.03 805	0.03 805
20'	0.03 804	0.03 803	0.03 802	0.03 802	0.03 801
21'	0.03 800	0.03 799	0.03 799	0.03 798	0.03 797
22'	0.03 796	0.03 795	0.03 795	0.03 794	0.03 793
23'	0.03 792	0.03 792	0.03 791	0.03 790	0.03 789
24'	0.03 789	0.03 788	0.03 787	0.03 786	0.03 786
25'	0.03 785	0.03 784	0.03 783	0.03 783	0.03 782
26'	0.03 781	0.03 780	0.03 779	0.03 779	0.03 778
27'	0.03 777	0.03 776	0.03 776	0.03 775	0.03 774
28'	0.03 773	0.03 773	0.03 772	0.03 771	0.03 770
29'	0.03 770	0.03 769	0.03 768	0.03 767	0.03 767
30'	0.03 766	0.03 765	0.03 764	0.03 763	0.03 763
31'	0.03 762	0.03 761	0.03 760	0.03 760	0.03 759
32'	0.03 758	0.03 757	0.03 757	0.03 756	0.03 755
33'	0.03 754	0.03 754	0.03 753	0.03 752	0.03 751
34'	0.03 751	0.03 750	0.03 749	0.03 748	0.03 748
35'	0.03 747	0.03 746	0.03 745	0.03 745	0.03 744
36'	0.03 743	0.03 742	0.03 741	0.03 741	0.03 740
37'	0.03 739	0.03 738	0.03 738	0.03 737	0.03 736
38'	0.03 735	0.03 735	0.03 734	0.03 733	0.03 732
39'	0.03 732	0.03 731	0.03 730	0.03 729	0.03 729
40'	0.03 728	0.03 727	0.03 726	0.03 726	0.03 725
41'	0.03 724	0.03 723	0.03 723	0.03 722	0.03 721
42'	0.03 720	0.03 720	0.03 719	0.03 718	0.03 717
43'	0.03 717	0.03 716	0.03 715	0.03 714	0.03 713
44'	0.03 713	0.03 712	0.03 711	0.03 710	0.03 710
45'	0.03 709	0.03 708	0.03 707	0.03 707	0.03 706
46'	0.03 705	0.03 704	0.03 704	0.03 703	0.03 702
47'	0.03 701	0.03 701	0.03 700	0.03 699	0.03 698
48'	0.03 698	0.03 697	0.03 696	0.03 695	0.03 695
49'	0.03 694	0.03 693	0.03 692	0.03 692	0.03 691
50'	0.03 690	0.03 689	0.03 689	0.03 688	0.03 687
51'	0.03 686	0.03 686	0.03 685	0.03 684	0.03 683
52'	0.03 683	0.03 682	0.03 681	0.03 680	0.03 680
53'	0.03 679	0.03 678	0.03 677	0.03 677	0.03 676
54'	0.03 675	0.03 674	0.03 674	0.03 673	0.03 672
55'	0.03 671	0.03 671	0.03 670	0.03 669	0.03 668
56'	0.03 668	0.03 667	0.03 666	0.03 665	0.03 665
57'	0.03 664	0.03 663	0.03 662	0.03 662	0.03 661
58'	0.03 660	0.03 659	0.03 659	0.03 658	0.03 657
59'	0.03 656	0.03 656	0.03 655	0.03 654	0.03 653

147°

	0.'0	0.'2	0.'4	0.'6	0.'8
0'	0.03 653	0.03 652	0.03 651	0.03 650	0.03 650
1'	0.03 649	0.03 648	0.03 647	0.03 647	0.03 646
2'	0.03 645	0.03 644	0.03 644	0.03 643	0.03 642
3'	0.03 641	0.03 641	0.03 640	0.03 639	0.03 638
4'	0.03 638	0.03 637	0.03 636	0.03 635	0.03 635
5'	0.03 634	0.03 633	0.03 632	0.03 632	0.03 631
6'	0.03 630	0.03 629	0.03 629	0.03 628	0.03 627
7'	0.03 626	0.03 626	0.03 625	0.03 624	0.03 623
8'	0.03 623	0.03 622	0.03 621	0.03 620	0.03 620
9'	0.03 619	0.03 618	0.03 618	0.03 617	0.03 616
10'	0.03 615	0.03 615	0.03 614	0.03 613	0.03 612
11'	0.03 612	0.03 611	0.03 610	0.03 609	0.03 609
12'	0.03 608	0.03 607	0.03 606	0.03 606	0.03 605
13'	0.03 604	0.03 603	0.03 603	0.03 602	0.03 601
14'	0.03 600	0.03 600	0.03 599	0.03 598	0.03 597
15'	0.03 597	0.03 596	0.03 595	0.03 594	0.03 594
16'	0.03 593	0.03 592	0.03 592	0.03 591	0.03 590
17'	0.03 589	0.03 589	0.03 588	0.03 587	0.03 586
18'	0.03 586	0.03 585	0.03 584	0.03 583	0.03 583
19'	0.03 582	0.03 581	0.03 580	0.03 580	0.03 579
20'	0.03 578	0.03 577	0.03 577	0.03 576	0.03 575
21'	0.03 574	0.03 574	0.03 573	0.03 572	0.03 572
22'	0.03 571	0.03 570	0.03 569	0.03 569	0.03 568
23'	0.03 567	0.03 566	0.03 566	0.03 565	0.03 564
24'	0.03 563	0.03 563	0.03 562	0.03 561	0.03 560
25'	0.03 560	0.03 559	0.03 558	0.03 557	0.03 557
26'	0.03 556	0.03 555	0.03 555	0.03 554	0.03 553
27'	0.03 552	0.03 552	0.03 551	0.03 550	0.03 549
28'	0.03 549	0.03 548	0.03 547	0.03 546	0.03 546
29'	0.03 545	0.03 544	0.03 543	0.03 543	0.03 542
30'	0.03 541	0.03 541	0.03 540	0.03 539	0.03 538
31'	0.03 538	0.03 537	0.03 536	0.03 535	0.03 535
32'	0.03 534	0.03 533	0.03 532	0.03 532	0.03 531
33'	0.03 530	0.03 529	0.03 529	0.03 528	0.03 527
34'	0.03 527	0.03 526	0.03 525	0.03 524	0.03 524
35'	0.03 523	0.03 522	0.03 521	0.03 521	0.03 520
36'	0.03 519	0.03 518	0.03 518	0.03 517	0.03 516
37'	0.03 516	0.03 515	0.03 514	0.03 513	0.03 513
38'	0.03 512	0.03 511	0.03 510	0.03 510	0.03 509
39'	0.03 508	0.03 507	0.03 507	0.03 506	0.03 505
40'	0.03 505	0.03 504	0.03 503	0.03 502	0.03 502
41'	0.03 501	0.03 500	0.03 499	0.03 499	0.03 498
42'	0.03 497	0.03 496	0.03 496	0.03 495	0.03 494
43'	0.03 494	0.03 493	0.03 492	0.03 491	0.03 491
44'	0.03 490	0.03 489	0.03 488	0.03 488	0.03 487
45'	0.03 486	0.03 486	0.03 485	0.03 484	0.03 483
46'	0.03 483	0.03 482	0.03 481	0.03 480	0.03 480
47'	0.03 479	0.03 478	0.03 477	0.03 477	0.03 476
48'	0.03 475	0.03 475	0.03 474	0.03 473	0.03 472
49'	0.03 472	0.03 471	0.03 470	0.03 469	0.03 469
50'	0.03 468	0.03 467	0.03 467	0.03 466	0.03 465
51'	0.03 464	0.03 464	0.03 463	0.03 462	0.03 461
52'	0.03 461	0.03 460	0.03 459	0.03 459	0.03 458
53'	0.03 457	0.03 456	0.03 456	0.03 455	0.03 454
54'	0.03 453	0.03 453	0.03 452	0.03 451	0.03 451
55'	0.03 450	0.03 449	0.03 448	0.03 448	0.03 447
56'	0.03 446	0.03 445	0.03 445	0.03 444	0.03 443
57'	0.03 443	0.03 442	0.03 441	0.03 440	0.03 440
58'	0.03 439	0.03 438	0.03 437	0.03 437	0.03 436
59'	0.03 435	0.03 435	0.03 434	0.03 433	0.03 432

K   K

148°

	0.'0	0.'2	0.'4	0.'6	0.'8
0'	0.03 432	0.03 431	0.03 430	0.03 429	0.03 429
1'	0.03 428	0.03 427	0.03 427	0.03 426	0.03 425
2'	0.03 424	0.03 424	0.03 423	0.03 422	0.03 422
3'	0.03 421	0.03 420	0.03 419	0.03 419	0.03 418
4'	0.03 417	0.03 416	0.03 416	0.03 415	0.03 414
5'	0.03 414	0.03 413	0.03 412	0.03 411	0.03 411
6'	0.03 410	0.03 409	0.03 409	0.03 408	0.03 407
7'	0.03 406	0.03 406	0.03 405	0.03 404	0.03 403
8'	0.03 403	0.03 402	0.03 401	0.03 401	0.03 400
9'	0.03 399	0.03 398	0.03 398	0.03 397	0.03 396
10'	0.03 396	0.03 395	0.03 394	0.03 393	0.03 393
11'	0.03 392	0.03 391	0.03 391	0.03 390	0.03 389
12'	0.03 388	0.03 388	0.03 387	0.03 386	0.03 385
13'	0.03 385	0.03 384	0.03 383	0.03 383	0.03 382
14'	0.03 381	0.03 380	0.03 380	0.03 379	0.03 378
15'	0.03 378	0.03 377	0.03 376	0.03 375	0.03 375
16'	0.03 374	0.03 373	0.03 373	0.03 372	0.03 371
17'	0.03 370	0.03 370	0.03 369	0.03 368	0.03 368
18'	0.03 367	0.03 366	0.03 365	0.03 365	0.03 364
19'	0.03 363	0.03 362	0.03 362	0.03 361	0.03 360
20'	0.03 360	0.03 359	0.03 358	0.03 357	0.03 357
21'	0.03 356	0.03 355	0.03 355	0.03 354	0.03 353
22'	0.03 352	0.03 352	0.03 351	0.03 350	0.03 350
23'	0.03 349	0.03 348	0.03 347	0.03 347	0.03 346
24'	0.03 345	0.03 345	0.03 344	0.03 343	0.03 342
25'	0.03 342	0.03 341	0.03 340	0.03 340	0.03 339
26'	0.03 338	0.03 337	0.03 337	0.03 336	0.03 335
27'	0.03 335	0.03 334	0.03 333	0.03 332	0.03 332
28'	0.03 331	0.03 330	0.03 330	0.03 329	0.03 328
29'	0.03 327	0.03 327	0.03 326	0.03 325	0.03 325
30'	0.03 324	0.03 323	0.03 322	0.03 322	0.03 321
31'	0.03 320	0.03 320	0.03 319	0.03 318	0.03 317
32'	0.03 317	0.03 316	0.03 315	0.03 315	0.03 314
33'	0.03 313	0.03 313	0.03 312	0.03 311	0.03 310
34'	0.03 310	0.03 309	0.03 308	0.03 308	0.03 307
35'	0.03 306	0.03 305	0.03 305	0.03 304	0.03 303
36'	0.03 303	0.03 302	0.03 301	0.03 300	0.03 300
37'	0.03 299	0.03 298	0.03 298	0.03 297	0.03 296
38'	0.03 295	0.03 295	0.03 294	0.03 293	0.03 293
39'	0.03 292	0.03 291	0.03 290	0.03 290	0.03 289
40'	0.03 288	0.03 288	0.03 287	0.03 286	0.03 286
41'	0.03 285	0.03 284	0.03 283	0.03 283	0.03 282
42'	0.03 281	0.03 281	0.03 280	0.03 279	0.03 278
43'	0.03 278	0.03 277	0.03 276	0.03 276	0.03 275
44'	0.03 274	0.03 273	0.03 273	0.03 272	0.03 271
45'	0.03 271	0.03 270	0.03 269	0.03 269	0.03 268
46'	0.03 267	0.03 266	0.03 266	0.03 265	0.03 264
47'	0.03 264	0.03 263	0.03 262	0.03 261	0.03 261
48'	0.03 260	0.03 259	0.03 259	0.03 258	0.03 257
49'	0.03 257	0.03 256	0.03 255	0.03 254	0.03 254
50'	0.03 253	0.03 252	0.03 252	0.03 251	0.03 250
51'	0.03 250	0.03 249	0.03 248	0.03 247	0.03 247
52'	0.03 246	0.03 245	0.03 245	0.03 244	0.03 243
53'	0.03 242	0.03 242	0.03 241	0.03 240	0.03 240
54'	0.03 239	0.03 238	0.03 238	0.03 237	0.03 236
55'	0.03 235	0.03 235	0.03 234	0.03 233	0.03 233
56'	0.03 232	0.03 231	0.03 231	0.03 230	0.03 229
57'	0.03 228	0.03 228	0.03 227	0.03 226	0.03 226
58'	0.03 225	0.03 224	0.03 224	0.03 223	0.03 222
59'	0.03 221	0.03 221	0.03 220	0.03 219	0.03 219

149°

	0.'0	0.'2	0.'4	0.'6	0.'8
0'	0.03 218	0.03 217	0.03 216	0.03 216	0.03 215
1'	0.03 214	0.03 214	0.03 213	0.03 212	0.03 212
2'	0.03 211	0.03 210	0.03 209	0.03 209	0.03 208
3'	0.03 207	0.03 207	0.03 206	0.03 205	0.03 205
4'	0.03 204	0.03 203	0.03 203	0.03 202	0.03 201
5'	0.03 200	0.03 200	0.03 199	0.03 198	0.03 198
6'	0.03 197	0.03 196	0.03 196	0.03 195	0.03 194
7'	0.03 193	0.03 193	0.03 192	0.03 191	0.03 191
8'	0.03 190	0.03 189	0.03 189	0.03 188	0.03 187
9'	0.03 186	0.03 186	0.03 185	0.03 184	0.03 184
10'	0.03 183	0.03 182	0.03 182	0.03 181	0.03 180
11'	0.03 179	0.03 179	0.03 178	0.03 177	0.03 177
12'	0.03 176	0.03 175	0.03 175	0.03 174	0.03 173
13'	0.03 173	0.03 172	0.03 171	0.03 170	0.03 170
14'	0.03 169	0.03 168	0.03 168	0.03 167	0.03 166
15'	0.03 166	0.03 165	0.03 164	0.03 163	0.03 163
16'	0.03 162	0.03 161	0.03 161	0.03 160	0.03 159
17'	0.03 159	0.03 158	0.03 157	0.03 157	0.03 156
18'	0.03 155	0.03 154	0.03 154	0.03 153	0.03 152
19'	0.03 152	0.03 151	0.03 150	0.03 150	0.03 149
20'	0.03 148	0.03 148	0.03 147	0.03 146	0.03 145
21'	0.03 145	0.03 144	0.03 143	0.03 143	0.03 142
22'	0.03 141	0.03 141	0.03 140	0.03 139	0.03 139
23'	0.03 138	0.03 137	0.03 136	0.03 136	0.03 135
24'	0.03 134	0.03 134	0.03 133	0.03 132	0.03 132
25'	0.03 131	0.03 130	0.03 130	0.03 129	0.03 128
26'	0.03 127	0.03 127	0.03 126	0.03 125	0.03 125
27'	0.03 124	0.03 123	0.03 123	0.03 122	0.03 121
28'	0.03 121	0.03 120	0.03 119	0.03 119	0.03 118
29'	0.03 117	0.03 116	0.03 116	0.03 115	0.03 114
30'	0.03 114	0.03 113	0.03 112	0.03 112	0.03 111
31'	0.03 110	0.03 110	0.03 109	0.03 108	0.03 107
32'	0.03 107	0.03 106	0.03 105	0.03 105	0.03 104
33'	0.03 103	0.03 103	0.03 102	0.03 101	0.03 101
34'	0.03 100	0.03 099	0.03 099	0.03 098	0.03 097
35'	0.03 096	0.03 096	0.03 095	0.03 094	0.03 094
36'	0.03 093	0.03 092	0.03 092	0.03 091	0.03 090
37'	0.03 090	0.03 089	0.03 088	0.03 088	0.03 087
38'	0.03 086	0.03 086	0.03 085	0.03 084	0.03 083
39'	0.03 083	0.03 082	0.03 081	0.03 081	0.03 080
40'	0.03 079	0.03 079	0.03 078	0.03 077	0.03 077
41'	0.03 076	0.03 075	0.03 075	0.03 074	0.03 073
42'	0.03 072	0.03 072	0.03 071	0.03 070	0.03 070
43'	0.03 069	0.03 068	0.03 068	0.03 067	0.03 066
44'	0.03 066	0.03 065	0.03 064	0.03 064	0.03 063
45'	0.03 062	0.03 062	0.03 061	0.03 060	0.03 060
46'	0.03 059	0.03 058	0.03 057	0.03 057	0.03 056
47'	0.03 055	0.03 055	0.03 054	0.03 053	0.03 053
48'	0.03 052	0.03 051	0.03 051	0.03 050	0.03 049
49'	0.03 049	0.03 048	0.03 047	0.03 047	0.03 046
50'	0.03 045	0.03 045	0.03 044	0.03 043	0.03 042
51'	0.03 042	0.03 041	0.03 040	0.03 040	0.03 039
52'	0.03 038	0.03 038	0.03 037	0.03 036	0.03 036
53'	0.03 035	0.03 034	0.03 034	0.03 033	0.03 032
54'	0.03 032	0.03 031	0.03 030	0.03 030	0.03 029
55'	0.03 028	0.03 028	0.03 027	0.03 026	0.03 025
56'	0.03 025	0.03 024	0.03 023	0.03 023	0.03 022
57'	0.03 021	0.03 021	0.03 020	0.03 019	0.03 019
58'	0.03 018	0.03 017	0.03 017	0.03 016	0.03 015
59'	0.03 015	0.03 014	0.03 013	0.03 013	0.03 012

K																		K

150°

	0.'0	0.'2	0.'4	0.'6	0.'8
0'	0.03 011	0.03 011	0.03 010	0.03 009	0.03 009
1'	0.03 008	0.03 007	0.03 007	0.03 006	0.03 005
2'	0.03 004	0.03 004	0.03 003	0.03 002	0.03 002
3'	0.03 001	0.03 000	0.03 000	0.02 999	0.02 998
4'	0.02 998	0.02 997	0.02 996	0.02 996	0.02 995
5'	0.02 994	0.02 994	0.02 993	0.02 992	0.02 992
6'	0.02 991	0.02 990	0.02 990	0.02 989	0.02 988
7'	0.02 988	0.02 987	0.02 986	0.02 986	0.02 985
8'	0.02 984	0.02 984	0.02 983	0.02 982	0.02 982
9'	0.02 981	0.02 980	0.02 980	0.02 979	0.02 978
10'	0.02 977	0.02 977	0.02 976	0.02 975	0.02 975
11'	0.02 974	0.02 973	0.02 973	0.02 972	0.02 971
12'	0.02 971	0.02 970	0.02 969	0.02 969	0.02 968
13'	0.02 967	0.02 967	0.02 966	0.02 965	0.02 965
14'	0.02 964	0.02 963	0.02 963	0.02 962	0.02 961
15'	0.02 961	0.02 960	0.02 959	0.02 959	0.02 958
16'	0.02 957	0.02 957	0.02 956	0.02 955	0.02 955
17'	0.02 954	0.02 953	0.02 953	0.02 952	0.02 951
18'	0.02 951	0.02 950	0.02 949	0.02 949	0.02 948
19'	0.02 947	0.02 947	0.02 946	0.02 945	0.02 945
20'	0.02 944	0.02 943	0.02 943	0.02 942	0.02 941
21'	0.02 941	0.02 940	0.02 939	0.02 939	0.02 938
22'	0.02 937	0.02 937	0.02 936	0.02 935	0.02 935
23'	0.02 934	0.02 933	0.02 933	0.02 932	0.02 931
24'	0.02 931	0.02 930	0.02 929	0.02 929	0.02 928
25'	0.02 927	0.02 927	0.02 926	0.02 925	0.02 925
26'	0.02 924	0.02 923	0.02 923	0.02 922	0.02 921
27'	0.02 921	0.02 920	0.02 919	0.02 919	0.02 918
28'	0.02 917	0.02 917	0.02 916	0.02 915	0.02 915
29'	0.02 914	0.02 913	0.02 913	0.02 912	0.02 911
30'	0.02 911	0.02 910	0.02 909	0.02 909	0.02 908
31'	0.02 907	0.02 907	0.02 906	0.02 905	0.02 905
32'	0.02 904	0.02 903	0.02 903	0.02 902	0.02 901
33'	0.02 901	0.02 900	0.02 899	0.02 899	0.02 898
34'	0.02 897	0.02 897	0.02 896	0.02 895	0.02 895
35'	0.02 894	0.02 893	0.02 893	0.02 892	0.02 891
36'	0.02 891	0.02 890	0.02 889	0.02 889	0.02 888
37'	0.02 887	0.02 887	0.02 886	0.02 885	0.02 885
38'	0.02 884	0.02 883	0.02 883	0.02 882	0.02 881
39'	0.02 881	0.02 880	0.02 879	0.02 879	0.02 878
40'	0.02 877	0.02 877	0.02 876	0.02 875	0.02 875
41'	0.02 874	0.02 873	0.02 873	0.02 872	0.02 871
42'	0.02 871	0.02 870	0.02 869	0.02 869	0.02 868
43'	0.02 868	0.02 867	0.02 866	0.02 866	0.02 865
44'	0.02 864	0.02 864	0.02 863	0.02 862	0.02 862
45'	0.02 861	0.02 860	0.02 860	0.02 859	0.02 858
46'	0.02 858	0.02 857	0.02 856	0.02 856	0.02 855
47'	0.02 854	0.02 854	0.02 853	0.02 852	0.02 852
48'	0.02 851	0.02 850	0.02 850	0.02 849	0.02 848
49'	0.02 848	0.02 847	0.02 846	0.02 846	0.02 845
50'	0.02 844	0.02 844	0.02 843	0.02 842	0.02 842
51'	0.02 841	0.02 841	0.02 840	0.02 839	0.02 839
52'	0.02 838	0.02 837	0.02 837	0.02 836	0.02 835
53'	0.02 835	0.02 834	0.02 833	0.02 833	0.02 832
54'	0.02 831	0.02 831	0.02 830	0.02 829	0.02 829
55'	0.02 828	0.02 827	0.02 827	0.02 826	0.02 825
56'	0.02 825	0.02 824	0.02 823	0.02 823	0.02 822
57'	0.02 821	0.02 821	0.02 820	0.02 820	0.02 819
58'	0.02 818	0.02 818	0.02 817	0.02 816	0.02 816
59'	0.02 815	0.02 814	0.02 814	0.02 813	0.02 812

151°

	0.'0	0.'2	0.'4	0.'6	0.'8
0'	0.02 812	0.02 811	0.02 810	0.02 810	0.02 809
1'	0.02 808	0.02 808	0.02 807	0.02 806	0.02 806
2'	0.02 805	0.02 804	0.02 804	0.02 803	0.02 803
3'	0.02 802	0.02 801	0.02 801	0.02 800	0.02 799
4'	0.02 799	0.02 798	0.02 797	0.02 797	0.02 796
5'	0.02 795	0.02 795	0.02 794	0.02 793	0.02 793
6'	0.02 792	0.02 791	0.02 791	0.02 790	0.02 790
7'	0.02 789	0.02 788	0.02 788	0.02 787	0.02 786
8'	0.02 786	0.02 785	0.02 784	0.02 784	0.02 783
9'	0.02 782	0.02 782	0.02 781	0.02 780	0.02 780
10'	0.02 779	0.02 778	0.02 778	0.02 777	0.02 777
11'	0.02 776	0.02 775	0.02 775	0.02 774	0.02 773
12'	0.02 773	0.02 772	0.02 771	0.02 771	0.02 770
13'	0.02 769	0.02 769	0.02 768	0.02 767	0.02 767
14'	0.02 766	0.02 765	0.02 765	0.02 764	0.02 764
15'	0.02 763	0.02 762	0.02 762	0.02 761	0.02 760
16'	0.02 760	0.02 759	0.02 758	0.02 758	0.02 757
17'	0.02 756	0.02 756	0.02 755	0.02 754	0.02 754
18'	0.02 753	0.02 753	0.02 752	0.02 751	0.02 751
19'	0.02 750	0.02 749	0.02 749	0.02 748	0.02 747
20'	0.02 747	0.02 746	0.02 745	0.02 745	0.02 744
21'	0.02 744	0.02 743	0.02 742	0.02 742	0.02 741
22'	0.02 740	0.02 740	0.02 739	0.02 738	0.02 738
23'	0.02 737	0.02 736	0.02 736	0.02 735	0.02 734
24'	0.02 734	0.02 733	0.02 733	0.02 732	0.02 731
25'	0.02 731	0.02 730	0.02 729	0.02 729	0.02 728
26'	0.02 727	0.02 727	0.02 726	0.02 725	0.02 725
27'	0.02 724	0.02 724	0.02 723	0.02 722	0.02 722
28'	0.02 721	0.02 720	0.02 720	0.02 719	0.02 718
29'	0.02 718	0.02 717	0.02 716	0.02 716	0.02 715
30'	0.02 715	0.02 714	0.02 713	0.02 713	0.02 712
31'	0.02 711	0.02 711	0.02 710	0.02 709	0.02 709
32'	0.02 708	0.02 707	0.02 707	0.02 706	0.02 706
33'	0.02 705	0.02 704	0.02 704	0.02 703	0.02 702
34'	0.02 702	0.02 701	0.02 700	0.02 700	0.02 699
35'	0.02 699	0.02 698	0.02 697	0.02 697	0.02 696
36'	0.02 695	0.02 695	0.02 694	0.02 693	0.02 693
37'	0.02 692	0.02 691	0.02 691	0.02 690	0.02 690
38'	0.02 689	0.02 688	0.02 688	0.02 687	0.02 686
39'	0.02 686	0.02 685	0.02 685	0.02 684	0.02 683
40'	0.02 683	0.02 682	0.02 681	0.02 681	0.02 680
41'	0.02 679	0.02 679	0.02 678	0.02 677	0.02 677
42'	0.02 676	0.02 676	0.02 675	0.02 674	0.02 674
43'	0.02 673	0.02 672	0.02 672	0.02 671	0.02 670
44'	0.02 670	0.02 669	0.02 669	0.02 668	0.02 667
45'	0.02 667	0.02 666	0.02 665	0.02 665	0.02 664
46'	0.02 663	0.02 663	0.02 662	0.02 662	0.02 661
47'	0.02 660	0.02 660	0.02 659	0.02 658	0.02 658
48'	0.02 657	0.02 656	0.02 656	0.02 655	0.02 655
49'	0.02 654	0.02 653	0.02 653	0.02 652	0.02 651
50'	0.02 651	0.02 650	0.02 650	0.02 649	0.02 648
51'	0.02 648	0.02 647	0.02 646	0.02 646	0.02 645
52'	0.02 644	0.02 644	0.02 643	0.02 643	0.02 642
53'	0.02 641	0.02 641	0.02 640	0.02 639	0.02 639
54'	0.02 638	0.02 637	0.02 637	0.02 636	0.02 636
55'	0.02 635	0.02 634	0.02 634	0.02 633	0.02 632
56'	0.02 632	0.02 631	0.02 631	0.02 630	0.02 629
57'	0.02 629	0.02 628	0.02 627	0.02 627	0.02 626
58'	0.02 625	0.02 625	0.02 624	0.02 624	0.02 623
59'	0.02 622	0.02 622	0.02 621	0.02 620	0.02 620

K   K

152°

	0.'0	0.'2	0.'4	0.'6	0.'8
0'	0.02 619	0.02 619	0.02 618	0.02 617	0.02 617
1'	0.02 616	0.02 615	0.02 615	0.02 614	0.02 614
2'	0.02 613	0.02 612	0.02 612	0.02 611	0.02 610
3'	0.02 610	0.02 609	0.02 608	0.02 608	0.02 607
4'	0.02 607	0.02 606	0.02 605	0.02 605	0.02 604
5'	0.02 603	0.02 603	0.02 602	0.02 602	0.02 601
6'	0.02 600	0.02 600	0.02 599	0.02 598	0.02 598
7'	0.02 597	0.02 597	0.02 596	0.02 595	0.02 595
8'	0.02 594	0.02 593	0.02 593	0.02 592	0.02 592
9'	0.02 591	0.02 590	0.02 590	0.02 589	0.02 588
10'	0.02 588	0.02 587	0.02 587	0.02 586	0.02 585
11'	0.02 585	0.02 584	0.02 583	0.02 583	0.02 582
12'	0.02 582	0.02 581	0.02 580	0.02 580	0.02 579
13'	0.02 578	0.02 578	0.02 577	0.02 577	0.02 576
14'	0.02 575	0.02 575	0.02 574	0.02 573	0.02 573
15'	0.02 572	0.02 572	0.02 571	0.02 570	0.02 570
16'	0.02 569	0.02 568	0.02 568	0.02 567	0.02 567
17'	0.02 566	0.02 565	0.02 565	0.02 564	0.02 563
18'	0.02 563	0.02 562	0.02 562	0.02 561	0.02 560
19'	0.02 560	0.02 559	0.02 558	0.02 558	0.02 557
20'	0.02 557	0.02 556	0.02 555	0.02 555	0.02 554
21'	0.02 553	0.02 553	0.02 552	0.02 552	0.02 551
22'	0.02 550	0.02 550	0.02 549	0.02 548	0.02 548
23'	0.02 547	0.02 547	0.02 546	0.02 545	0.02 545
24'	0.02 544	0.02 544	0.02 543	0.02 542	0.02 542
25'	0.02 541	0.02 540	0.02 540	0.02 539	0.02 539
26'	0.02 538	0.02 537	0.02 537	0.02 536	0.02 535
27'	0.02 535	0.02 534	0.02 534	0.02 533	0.02 532
28'	0.02 532	0.02 531	0.02 531	0.02 530	0.02 529
29'	0.02 529	0.02 528	0.02 527	0.02 527	0.02 526
30'	0.02 526	0.02 525	0.02 524	0.02 524	0.02 523
31'	0.02 522	0.02 522	0.02 521	0.02 521	0.02 520
32'	0.02 519	0.02 519	0.02 518	0.02 518	0.02 517
33'	0.02 516	0.02 516	0.02 515	0.02 514	0.02 514
34'	0.02 513	0.02 513	0.02 512	0.02 511	0.02 511
35'	0.02 510	0.02 510	0.02 509	0.02 508	0.02 508
36'	0.02 507	0.02 506	0.02 506	0.02 505	0.02 505
37'	0.02 504	0.02 503	0.02 503	0.02 502	0.02 502
38'	0.02 501	0.02 500	0.02 500	0.02 499	0.02 498
39'	0.02 498	0.02 497	0.02 497	0.02 496	0.02 495
40'	0.02 495	0.02 494	0.02 494	0.02 493	0.02 492
41'	0.02 492	0.02 491	0.02 490	0.02 490	0.02 489
42'	0.02 489	0.02 488	0.02 487	0.02 487	0.02 486
43'	0.02 486	0.02 485	0.02 484	0.02 484	0.02 483
44'	0.02 482	0.02 482	0.02 481	0.02 481	0.02 480
45'	0.02 479	0.02 479	0.02 478	0.02 478	0.02 477
46'	0.02 476	0.02 476	0.02 475	0.02 475	0.02 474
47'	0.02 473	0.02 473	0.02 472	0.02 471	0.02 471
48'	0.02 470	0.02 470	0.02 469	0.02 468	0.02 468
49'	0.02 467	0.02 467	0.02 466	0.02 465	0.02 465
50'	0.02 464	0.02 464	0.02 463	0.02 462	0.02 462
51'	0.02 461	0.02 460	0.02 460	0.02 459	0.02 459
52'	0.02 458	0.02 457	0.02 457	0.02 456	0.02 456
53'	0.02 455	0.02 454	0.02 454	0.02 453	0.02 453
54'	0.02 452	0.02 451	0.02 451	0.02 450	0.02 449
55'	0.02 449	0.02 448	0.02 448	0.02 447	0.02 446
56'	0.02 446	0.02 445	0.02 445	0.02 444	0.02 443
57'	0.02 443	0.02 442	0.02 442	0.02 441	0.02 440
58'	0.02 440	0.02 439	0.02 439	0.02 438	0.02 437
59'	0.02 437	0.02 436	0.02 436	0.02 435	0.02 434

153°

	0.'0	0.'2	0.'4	0.'6	0.'8
0'	0.02 434	0.02 433	0.02 432	0.02 432	0.02 431
1'	0.02 431	0.02 430	0.02 429	0.02 429	0.02 428
2'	0.02 428	0.02 427	0.02 426	0.02 426	0.02 425
3'	0.02 425	0.02 424	0.02 423	0.02 423	0.02 422
4'	0.02 422	0.02 421	0.02 420	0.02 420	0.02 419
5'	0.02 419	0.02 418	0.02 417	0.02 417	0.02 416
6'	0.02 416	0.02 415	0.02 414	0.02 414	0.02 413
7'	0.02 413	0.02 412	0.02 411	0.02 411	0.02 410
8'	0.02 409	0.02 409	0.02 408	0.02 408	0.02 407
9'	0.02 406	0.02 406	0.02 405	0.02 405	0.02 404
10'	0.02 403	0.02 403	0.02 402	0.02 402	0.02 401
11'	0.02 400	0.02 400	0.02 399	0.02 399	0.02 398
12'	0.02 397	0.02 397	0.02 396	0.02 396	0.02 395
13'	0.02 394	0.02 394	0.02 393	0.02 393	0.02 392
14'	0.02 391	0.02 391	0.02 390	0.02 390	0.02 389
15'	0.02 388	0.02 388	0.02 387	0.02 387	0.02 386
16'	0.02 385	0.02 385	0.02 384	0.02 384	0.02 383
17'	0.02 382	0.02 382	0.02 381	0.02 381	0.02 380
18'	0.02 379	0.02 379	0.02 378	0.02 378	0.02 377
19'	0.02 376	0.02 376	0.02 375	0.02 375	0.02 374
20'	0.02 373	0.02 373	0.02 372	0.02 372	0.02 371
21'	0.02 370	0.02 370	0.02 369	0.02 369	0.02 368
22'	0.02 367	0.02 367	0.02 366	0.02 366	0.02 365
23'	0.02 364	0.02 364	0.02 363	0.02 363	0.02 362
24'	0.02 361	0.02 361	0.02 360	0.02 360	0.02 359
25'	0.02 358	0.02 358	0.02 357	0.02 357	0.02 356
26'	0.02 355	0.02 355	0.02 354	0.02 354	0.02 353
27'	0.02 353	0.02 352	0.02 351	0.02 351	0.02 350
28'	0.02 350	0.02 349	0.02 348	0.02 348	0.02 347
29'	0.02 347	0.02 346	0.02 345	0.02 345	0.02 344
30'	0.02 344	0.02 343	0.02 342	0.02 342	0.02 341
31'	0.02 341	0.02 340	0.02 339	0.02 339	0.02 338
32'	0.02 338	0.02 337	0.02 336	0.02 336	0.02 335
33'	0.02 335	0.02 334	0.02 333	0.02 333	0.02 332
34'	0.02 332	0.02 331	0.02 331	0.02 330	0.02 329
35'	0.02 329	0.02 328	0.02 328	0.02 327	0.02 326
36'	0.02 326	0.02 325	0.02 325	0.02 324	0.02 323
37'	0.02 323	0.02 322	0.02 322	0.02 321	0.02 320
38'	0.02 320	0.02 319	0.02 319	0.02 318	0.02 317
39'	0.02 317	0.02 316	0.02 316	0.02 315	0.02 315
40'	0.02 314	0.02 313	0.02 313	0.02 312	0.02 312
41'	0.02 311	0.02 310	0.02 310	0.02 309	0.02 309
42'	0.02 308	0.02 307	0.02 307	0.02 306	0.02 306
43'	0.02 305	0.02 304	0.02 304	0.02 303	0.02 303
44'	0.02 302	0.02 302	0.02 301	0.02 300	0.02 300
45'	0.02 299	0.02 299	0.02 298	0.02 297	0.02 297
46'	0.02 296	0.02 296	0.02 295	0.02 294	0.02 294
47'	0.02 293	0.02 293	0.02 292	0.02 292	0.02 291
48'	0.02 290	0.02 290	0.02 289	0.02 289	0.02 288
49'	0.02 287	0.02 287	0.02 286	0.02 286	0.02 285
50'	0.02 284	0.02 284	0.02 283	0.02 283	0.02 282
51'	0.02 282	0.02 281	0.02 280	0.02 280	0.02 279
52'	0.02 279	0.02 278	0.02 277	0.02 277	0.02 276
53'	0.02 276	0.02 275	0.02 275	0.02 274	0.02 273
54'	0.02 273	0.02 272	0.02 272	0.02 271	0.02 270
55'	0.02 270	0.02 269	0.02 269	0.02 268	0.02 267
56'	0.02 267	0.02 266	0.02 266	0.02 265	0.02 265
57'	0.02 264	0.02 263	0.02 263	0.02 262	0.02 262
58'	0.02 261	0.02 260	0.02 260	0.02 259	0.02 259
59'	0.02 258	0.02 258	0.02 257	0.02 256	0.02 256

154°

	0.'0	0.'2	0.'4	0.'6	0.'8
0'	0.02 255	0.02 255	0.02 254	0.02 253	0.02 253
1'	0.02 252	0.02 252	0.02 251	0.02 251	0.02 250
2'	0.02 249	0.02 249	0.02 248	0.02 248	0.02 247
3'	0.02 246	0.02 246	0.02 245	0.02 245	0.02 244
4'	0.02 244	0.02 243	0.02 242	0.02 242	0.02 241
5'	0.02 241	0.02 240	0.02 239	0.02 239	0.02 238
6'	0.02 238	0.02 237	0.02 237	0.02 236	0.02 235
7'	0.02 235	0.02 234	0.02 234	0.02 233	0.02 233
8'	0.02 232	0.02 231	0.02 231	0.02 230	0.02 230
9'	0.02 229	0.02 228	0.02 228	0.02 227	0.02 227
10'	0.02 226	0.02 226	0.02 225	0.02 224	0.02 224
11'	0.02 223	0.02 223	0.02 222	0.02 222	0.02 221
12'	0.02 220	0.02 220	0.02 219	0.02 219	0.02 218
13'	0.02 217	0.02 217	0.02 216	0.02 216	0.02 215
14'	0.02 215	0.02 214	0.02 213	0.02 213	0.02 212
15'	0.02 212	0.02 211	0.02 211	0.02 210	0.02 209
16'	0.02 209	0.02 208	0.02 208	0.02 207	0.02 206
17'	0.02 206	0.02 205	0.02 205	0.02 204	0.02 204
18'	0.02 203	0.02 202	0.02 202	0.02 201	0.02 201
19'	0.02 200	0.02 200	0.02 199	0.02 198	0.02 198
20'	0.02 197	0.02 197	0.02 196	0.02 196	0.02 195
21'	0.02 194	0.02 194	0.02 193	0.02 193	0.02 192
22'	0.02 192	0.02 191	0.02 190	0.02 190	0.02 189
23'	0.02 189	0.02 188	0.02 187	0.02 187	0.02 186
24'	0.02 186	0.02 185	0.02 185	0.02 184	0.02 183
25'	0.02 183	0.02 182	0.02 182	0.02 181	0.02 181
26'	0.02 180	0.02 179	0.02 179	0.02 178	0.02 178
27'	0.02 177	0.02 177	0.02 176	0.02 175	0.02 175
28'	0.02 174	0.02 174	0.02 173	0.02 173	0.02 172
29'	0.02 171	0.02 171	0.02 170	0.02 170	0.02 169
30'	0.02 169	0.02 168	0.02 167	0.02 167	0.02 166
31'	0.02 166	0.02 165	0.02 165	0.02 164	0.02 163
32'	0.02 163	0.02 162	0.02 162	0.02 161	0.02 161
33'	0.02 160	0.02 159	0.02 159	0.02 158	0.02 158
34'	0.02 157	0.02 157	0.02 156	0.02 155	0.02 155
35'	0.02 154	0.02 154	0.02 153	0.02 153	0.02 152
36'	0.02 151	0.02 151	0.02 150	0.02 150	0.02 149
37'	0.02 149	0.02 148	0.02 147	0.02 147	0.02 146
38'	0.02 146	0.02 145	0.02 145	0.02 144	0.02 144
39'	0.02 143	0.02 142	0.02 142	0.02 141	0.02 141
40'	0.02 140	0.02 140	0.02 139	0.02 138	0.02 138
41'	0.02 137	0.02 137	0.02 136	0.02 136	0.02 135
42'	0.02 134	0.02 134	0.02 133	0.02 133	0.02 132
43'	0.02 132	0.02 131	0.02 130	0.02 130	0.02 129
44'	0.02 129	0.02 128	0.02 128	0.02 127	0.02 126
45'	0.02 126	0.02 125	0.02 125	0.02 124	0.02 124
46'	0.02 123	0.02 123	0.02 122	0.02 121	0.02 121
47'	0.02 120	0.02 120	0.02 119	0.02 119	0.02 118
48'	0.02 117	0.02 117	0.02 116	0.02 116	0.02 115
49'	0.02 115	0.02 114	0.02 113	0.02 113	0.02 112
50'	0.02 112	0.02 111	0.02 111	0.02 110	0.02 110
51'	0.02 109	0.02 108	0.02 108	0.02 107	0.02 107
52'	0.02 106	0.02 106	0.02 105	0.02 104	0.02 104
53'	0.02 103	0.02 103	0.02 102	0.02 102	0.02 101
54'	0.02 101	0.02 100	0.02 100	0.02 099	0.02 098
55'	0.02 098	0.02 097	0.02 097	0.02 096	0.02 095
56'	0.02 095	0.02 094	0.02 094	0.02 093	0.02 093
57'	0.02 092	0.02 092	0.02 091	0.02 090	0.02 090
58'	0.02 089	0.02 089	0.02 088	0.02 088	0.02 087
59'	0.02 086	0.02 086	0.02 085	0.02 085	0.02 084

155°

	0.'0	0.'2	0.'4	0.'6	0.'8
0'	0.02 084	0.02 083	0.02 083	0.02 082	0.02 081
1'	0.02 081	0.02 080	0.02 080	0.02 079	0.02 079
2'	0.02 078	0.02 078	0.02 077	0.02 076	0.02 076
3'	0.02 075	0.02 075	0.02 074	0.02 074	0.02 073
4'	0.02 073	0.02 072	0.02 071	0.02 071	0.02 070
5'	0.02 070	0.02 069	0.02 069	0.02 068	0.02 067
6'	0.02 067	0.02 066	0.02 066	0.02 065	0.02 065
7'	0.02 064	0.02 064	0.02 063	0.02 062	0.02 062
8'	0.02 061	0.02 061	0.02 060	0.02 060	0.02 059
9'	0.02 059	0.02 058	0.02 057	0.02 057	0.02 056
10'	0.02 056	0.02 055	0.02 055	0.02 054	0.02 054
11'	0.02 053	0.02 052	0.02 052	0.02 051	0.02 051
12'	0.02 050	0.02 050	0.02 049	0.02 049	0.02 048
13'	0.02 047	0.02 047	0.02 046	0.02 046	0.02 045
14'	0.02 045	0.02 044	0.02 044	0.02 043	0.02 042
15'	0.02 042	0.02 041	0.02 041	0.02 040	0.02 040
16'	0.02 039	0.02 039	0.02 038	0.02 037	0.02 037
17'	0.02 036	0.02 036	0.02 035	0.02 035	0.02 034
18'	0.02 034	0.02 033	0.02 032	0.02 032	0.02 031
19'	0.02 031	0.02 030	0.02 030	0.02 029	0.02 029
20'	0.02 028	0.02 028	0.02 027	0.02 026	0.02 026
21'	0.02 025	0.02 025	0.02 024	0.02 024	0.02 023
22'	0.02 023	0.02 022	0.02 021	0.02 021	0.02 020
23'	0.02 020	0.02 019	0.02 019	0.02 018	0.02 018
24'	0.02 017	0.02 016	0.02 016	0.02 015	0.02 015
25'	0.02 014	0.02 014	0.02 013	0.02 013	0.02 012
26'	0.02 012	0.02 011	0.02 010	0.02 010	0.02 009
27'	0.02 009	0.02 008	0.02 008	0.02 007	0.02 007
28'	0.02 006	0.02 005	0.02 005	0.02 004	0.02 004
29'	0.02 003	0.02 003	0.02 002	0.02 002	0.02 001
30'	0.02 001	0.02 000	0.01 999	0.01 999	0.01 998
31'	0.01 998	0.01 997	0.01 997	0.01 996	0.01 996
32'	0.01 995	0.01 995	0.01 994	0.01 993	0.01 993
33'	0.01 992	0.01 992	0.01 991	0.01 991	0.01 990
34'	0.01 990	0.01 989	0.01 988	0.01 988	0.01 987
35'	0.01 987	0.01 986	0.01 986	0.01 985	0.01 985
36'	0.01 984	0.01 984	0.01 983	0.01 982	0.01 982
37'	0.01 981	0.01 981	0.01 980	0.01 980	0.01 979
38'	0.01 979	0.01 978	0.01 978	0.01 977	0.01 976
39'	0.01 976	0.01 975	0.01 975	0.01 974	0.01 974
40'	0.01 973	0.01 973	0.01 972	0.01 972	0.01 971
41'	0.01 970	0.01 970	0.01 969	0.01 969	0.01 968
42'	0.01 968	0.01 967	0.01 967	0.01 966	0.01 966
43'	0.01 965	0.01 965	0.01 964	0.01 963	0.01 963
44'	0.01 962	0.01 962	0.01 961	0.01 961	0.01 960
45'	0.01 960	0.01 959	0.01 959	0.01 958	0.01 957
46'	0.01 957	0.01 956	0.01 956	0.01 955	0.01 955
47'	0.01 954	0.01 954	0.01 953	0.01 953	0.01 952
48'	0.01 951	0.01 951	0.01 950	0.01 950	0.01 949
49'	0.01 949	0.01 948	0.01 948	0.01 947	0.01 947
50'	0.01 946	0.01 946	0.01 945	0.01 944	0.01 944
51'	0.01 943	0.01 943	0.01 942	0.01 942	0.01 941
52'	0.01 941	0.01 940	0.01 940	0.01 939	0.01 939
53'	0.01 938	0.01 937	0.01 937	0.01 936	0.01 936
54'	0.01 935	0.01 935	0.01 934	0.01 934	0.01 933
55'	0.01 933	0.01 932	0.01 931	0.01 931	0.01 930
56'	0.01 930	0.01 929	0.01 929	0.01 928	0.01 928
57'	0.01 927	0.01 927	0.01 926	0.01 926	0.01 925
58'	0.01 924	0.01 924	0.01 923	0.01 923	0.01 922
59'	0.01 922	0.01 921	0.01 921	0.01 920	0.01 920

K
K

156°

	0.'0	0.'2	0.'4	0.'6	0.'8
0'	0.01 919	0.01 919	0.01 918	0.01 918	0.01 917
1'	0.01 916	0.01 916	0.01 915	0.01 915	0.01 914
2'	0.01 914	0.01 913	0.01 913	0.01 912	0.01 912
3'	0.01 911	0.01 911	0.01 910	0.01 909	0.01 909
4'	0.01 908	0.01 908	0.01 907	0.01 907	0.01 906
5'	0.01 906	0.01 905	0.01 905	0.01 904	0.01 904
6'	0.01 903	0.01 903	0.01 902	0.01 901	0.01 901
7'	0.01 900	0.01 900	0.01 899	0.01 899	0.01 898
8'	0.01 898	0.01 897	0.01 897	0.01 896	0.01 896
9'	0.01 895	0.01 894	0.01 894	0.01 893	0.01 893
10'	0.01 892	0.01 892	0.01 891	0.01 891	0.01 890
11'	0.01 890	0.01 889	0.01 889	0.01 888	0.01 888
12'	0.01 887	0.01 887	0.01 886	0.01 885	0.01 885
13'	0.01 884	0.01 884	0.01 883	0.01 883	0.01 882
14'	0.01 882	0.01 881	0.01 881	0.01 880	0.01 880
15'	0.01 879	0.01 879	0.01 878	0.01 877	0.01 877
16'	0.01 876	0.01 876	0.01 875	0.01 875	0.01 874
17'	0.01 874	0.01 873	0.01 873	0.01 872	0.01 872
18'	0.01 871	0.01 871	0.01 870	0.01 870	0.01 869
19'	0.01 868	0.01 868	0.01 867	0.01 867	0.01 866
20'	0.01 866	0.01 865	0.01 865	0.01 864	0.01 864
21'	0.01 863	0.01 863	0.01 862	0.01 862	0.01 861
22'	0.01 861	0.01 860	0.01 859	0.01 859	0.01 858
23'	0.01 858	0.01 857	0.01 857	0.01 856	0.01 856
24'	0.01 855	0.01 855	0.01 854	0.01 854	0.01 853
25'	0.01 853	0.01 852	0.01 852	0.01 851	0.01 850
26'	0.01 850	0.01 849	0.01 849	0.01 848	0.01 848
27'	0.01 847	0.01 847	0.01 846	0.01 846	0.01 845
28'	0.01 845	0.01 844	0.01 844	0.01 843	0.01 843
29'	0.01 842	0.01 842	0.01 841	0.01 840	0.01 840
30'	0.01 839	0.01 839	0.01 838	0.01 838	0.01 837
31'	0.01 837	0.01 836	0.01 836	0.01 835	0.01 835
32'	0.01 834	0.01 834	0.01 833	0.01 833	0.01 832
33'	0.01 832	0.01 831	0.01 831	0.01 830	0.01 829
34'	0.01 829	0.01 828	0.01 828	0.01 827	0.01 827
35'	0.01 826	0.01 826	0.01 825	0.01 825	0.01 824
36'	0.01 824	0.01 823	0.01 823	0.01 822	0.01 822
37'	0.01 821	0.01 821	0.01 820	0.01 820	0.01 819
38'	0.01 818	0.01 818	0.01 817	0.01 817	0.01 816
39'	0.01 816	0.01 815	0.01 815	0.01 814	0.01 814
40'	0.01 813	0.01 813	0.01 812	0.01 812	0.01 811
41'	0.01 811	0.01 810	0.01 810	0.01 809	0.01 809
42'	0.01 808	0.01 808	0.01 807	0.01 806	0.01 806
43'	0.01 805	0.01 805	0.01 804	0.01 804	0.01 803
44'	0.01 803	0.01 802	0.01 802	0.01 801	0.01 801
45'	0.01 800	0.01 800	0.01 799	0.01 799	0.01 798
46'	0.01 798	0.01 797	0.01 797	0.01 796	0.01 796
47'	0.01 795	0.01 795	0.01 794	0.01 793	0.01 793
48'	0.01 792	0.01 792	0.01 791	0.01 791	0.01 790
49'	0.01 790	0.01 789	0.01 789	0.01 788	0.01 788
50'	0.01 787	0.01 787	0.01 786	0.01 786	0.01 785
51'	0.01 785	0.01 784	0.01 784	0.01 783	0.01 783
52'	0.01 782	0.01 782	0.01 781	0.01 781	0.01 780
53'	0.01 779	0.01 779	0.01 778	0.01 778	0.01 777
54'	0.01 777	0.01 776	0.01 776	0.01 775	0.01 775
55'	0.01 774	0.01 774	0.01 773	0.01 773	0.01 772
56'	0.01 772	0.01 771	0.01 771	0.01 770	0.01 770
57'	0.01 769	0.01 769	0.01 768	0.01 768	0.01 767
58'	0.01 767	0.01 766	0.01 766	0.01 765	0.01 765
59'	0.01 764	0.01 764	0.01 763	0.01 762	0.01 762

157°

	0.'0	0.'2	0.'4	0.'6	0.'8
0'	0.01 761	0.01 761	0.01 760	0.01 760	0.01 759
1'	0.01 759	0.01 758	0.01 758	0.01 757	0.01 757
2'	0.01 756	0.01 756	0.01 755	0.01 755	0.01 754
3'	0.01 754	0.01 753	0.01 753	0.01 752	0.01 752
4'	0.01 751	0.01 751	0.01 750	0.01 750	0.01 749
5'	0.01 749	0.01 748	0.01 748	0.01 747	0.01 747
6'	0.01 746	0.01 746	0.01 745	0.01 745	0.01 744
7'	0.01 744	0.01 743	0.01 742	0.01 742	0.01 741
8'	0.01 741	0.01 740	0.01 740	0.01 739	0.01 739
9'	0.01 738	0.01 738	0.01 737	0.01 737	0.01 736
10'	0.01 736	0.01 735	0.01 735	0.01 734	0.01 734
11'	0.01 733	0.01 733	0.01 732	0.01 732	0.01 731
12'	0.01 731	0.01 730	0.01 730	0.01 729	0.01 729
13'	0.01 728	0.01 728	0.01 727	0.01 727	0.01 726
14'	0.01 726	0.01 725	0.01 725	0.01 724	0.01 724
15'	0.01 723	0.01 723	0.01 722	0.01 722	0.01 721
16'	0.01 721	0.01 720	0.01 720	0.01 719	0.01 719
17'	0.01 718	0.01 718	0.01 717	0.01 717	0.01 716
18'	0.01 716	0.01 715	0.01 714	0.01 714	0.01 713
19'	0.01 713	0.01 712	0.01 712	0.01 711	0.01 711
20'	0.01 710	0.01 710	0.01 709	0.01 709	0.01 708
21'	0.01 708	0.01 707	0.01 707	0.01 706	0.01 706
22'	0.01 705	0.01 705	0.01 704	0.01 704	0.01 703
23'	0.01 703	0.01 702	0.01 702	0.01 701	0.01 701
24'	0.01 700	0.01 700	0.01 699	0.01 699	0.01 698
25'	0.01 698	0.01 697	0.01 697	0.01 696	0.01 696
26'	0.01 695	0.01 695	0.01 694	0.01 694	0.01 693
27'	0.01 693	0.01 692	0.01 692	0.01 691	0.01 691
28'	0.01 690	0.01 690	0.01 689	0.01 689	0.01 688
29'	0.01 688	0.01 687	0.01 687	0.01 686	0.01 686
30'	0.01 685	0.01 685	0.01 684	0.01 684	0.01 683
31'	0.01 683	0.01 682	0.01 682	0.01 681	0.01 681
32'	0.01 680	0.01 680	0.01 679	0.01 679	0.01 678
33'	0.01 678	0.01 677	0.01 677	0.01 676	0.01 676
34'	0.01 675	0.01 675	0.01 674	0.01 674	0.01 673
35'	0.01 673	0.01 672	0.01 672	0.01 671	0.01 671
36'	0.01 670	0.01 670	0.01 669	0.01 669	0.01 668
37'	0.01 668	0.01 667	0.01 667	0.01 666	0.01 666
38'	0.01 665	0.01 665	0.01 664	0.01 664	0.01 663
39'	0.01 663	0.01 662	0.01 662	0.01 661	0.01 661
40'	0.01 660	0.01 660	0.01 659	0.01 659	0.01 658
41'	0.01 658	0.01 657	0.01 657	0.01 656	0.01 656
42'	0.01 655	0.01 655	0.01 654	0.01 654	0.01 653
43'	0.01 653	0.01 652	0.01 652	0.01 651	0.01 651
44'	0.01 650	0.01 650	0.01 649	0.01 649	0.01 648
45'	0.01 648	0.01 647	0.01 647	0.01 646	0.01 646
46'	0.01 645	0.01 645	0.01 644	0.01 644	0.01 643
47'	0.01 643	0.01 642	0.01 642	0.01 641	0.01 641
48'	0.01 640	0.01 640	0.01 639	0.01 639	0.01 638
49'	0.01 638	0.01 637	0.01 637	0.01 636	0.01 636
50'	0.01 635	0.01 635	0.01 634	0.01 634	0.01 633
51'	0.01 633	0.01 632	0.01 632	0.01 631	0.01 631
52'	0.01 630	0.01 630	0.01 629	0.01 629	0.01 628
53'	0.01 628	0.01 627	0.01 627	0.01 626	0.01 626
54'	0.01 625	0.01 625	0.01 624	0.01 624	0.01 623
55'	0.01 623	0.01 622	0.01 622	0.01 622	0.01 621
56'	0.01 621	0.01 620	0.01 620	0.01 619	0.01 619
57'	0.01 618	0.01 618	0.01 617	0.01 617	0.01 616
58'	0.01 616	0.01 615	0.01 615	0.01 614	0.01 614
59'	0.01 613	0.01 613	0.01 612	0.01 612	0.01 611

158°

	0.'0	0.'2	0.'4	0.'6	0.'8
0'	0.01 611	0.01 610	0.01 610	0.01 609	0.01 609
1'	0.01 608	0.01 608	0.01 607	0.01 607	0.01 606
2'	0.01 606	0.01 605	0.01 605	0.01 604	0.01 604
3'	0.01 603	0.01 603	0.01 602	0.01 602	0.01 601
4'	0.01 601	0.01 600	0.01 600	0.01 599	0.01 599
5'	0.01 598	0.01 598	0.01 597	0.01 597	0.01 596
6'	0.01 596	0.01 595	0.01 595	0.01 595	0.01 594
7'	0.01 594	0.01 593	0.01 593	0.01 592	0.01 592
8'	0.01 591	0.01 591	0.01 590	0.01 590	0.01 589
9'	0.01 589	0.01 588	0.01 588	0.01 587	0.01 587
10'	0.01 586	0.01 586	0.01 585	0.01 585	0.01 584
11'	0.01 584	0.01 583	0.01 583	0.01 582	0.01 582
12'	0.01 581	0.01 581	0.01 580	0.01 580	0.01 579
13'	0.01 579	0.01 578	0.01 578	0.01 577	0.01 577
14'	0.01 576	0.01 576	0.01 576	0.01 575	0.01 575
15'	0.01 574	0.01 574	0.01 573	0.01 573	0.01 572
16'	0.01 572	0.01 571	0.01 571	0.01 570	0.01 570
17'	0.01 569	0.01 569	0.01 568	0.01 568	0.01 567
18'	0.01 567	0.01 566	0.01 566	0.01 565	0.01 565
19'	0.01 564	0.01 564	0.01 563	0.01 563	0.01 562
20'	0.01 562	0.01 561	0.01 561	0.01 561	0.01 560
21'	0.01 560	0.01 559	0.01 559	0.01 558	0.01 558
22'	0.01 557	0.01 557	0.01 556	0.01 556	0.01 555
23'	0.01 555	0.01 554	0.01 554	0.01 553	0.01 553
24'	0.01 552	0.01 552	0.01 551	0.01 551	0.01 550
25'	0.01 550	0.01 549	0.01 549	0.01 548	0.01 548
26'	0.01 547	0.01 547	0.01 547	0.01 546	0.01 546
27'	0.01 545	0.01 545	0.01 544	0.01 544	0.01 543
28'	0.01 543	0.01 542	0.01 542	0.01 541	0.01 541
29'	0.01 540	0.01 540	0.01 539	0.01 539	0.01 538
30'	0.01 538	0.01 537	0.01 537	0.01 536	0.01 536
31'	0.01 535	0.01 535	0.01 535	0.01 534	0.01 534
32'	0.01 533	0.01 533	0.01 532	0.01 532	0.01 531
33'	0.01 531	0.01 530	0.01 530	0.01 529	0.01 529
34'	0.01 528	0.01 528	0.01 527	0.01 527	0.01 526
35'	0.01 526	0.01 525	0.01 525	0.01 524	0.01 524
36'	0.01 524	0.01 523	0.01 523	0.01 522	0.01 522
37'	0.01 521	0.01 521	0.01 520	0.01 520	0.01 519
38'	0.01 519	0.01 518	0.01 518	0.01 517	0.01 517
39'	0.01 516	0.01 516	0.01 515	0.01 515	0.01 514
40'	0.01 514	0.01 514	0.01 513	0.01 513	0.01 512
41'	0.01 512	0.01 511	0.01 511	0.01 510	0.01 510
42'	0.01 509	0.01 509	0.01 508	0.01 508	0.01 507
43'	0.01 507	0.01 506	0.01 506	0.01 505	0.01 505
44'	0.01 504	0.01 504	0.01 504	0.01 503	0.01 503
45'	0.01 502	0.01 502	0.01 501	0.01 501	0.01 500
46'	0.01 500	0.01 499	0.01 499	0.01 498	0.01 498
47'	0.01 497	0.01 497	0.01 496	0.01 496	0.01 495
48'	0.01 495	0.01 495	0.01 494	0.01 494	0.01 493
49'	0.01 493	0.01 492	0.01 492	0.01 491	0.01 491
50'	0.01 490	0.01 490	0.01 489	0.01 489	0.01 488
51'	0.01 488	0.01 487	0.01 487	0.01 487	0.01 486
52'	0.01 486	0.01 485	0.01 485	0.01 484	0.01 484
53'	0.01 483	0.01 483	0.01 482	0.01 482	0.01 481
54'	0.01 481	0.01 480	0.01 480	0.01 479	0.01 479
55'	0.01 479	0.01 478	0.01 478	0.01 477	0.01 477
56'	0.01 476	0.01 476	0.01 475	0.01 475	0.01 474
57'	0.01 474	0.01 473	0.01 473	0.01 472	0.01 472
58'	0.01 471	0.01 471	0.01 471	0.01 470	0.01 470
59'	0.01 469	0.01 469	0.01 468	0.01 468	0.01 467

159°

	0.'0	0.'2	0.'4	0.'6	0.'8
0'	0.01 467	0.01 466	0.01 466	0.01 465	0.01 465
1'	0.01 464	0.01 464	0.01 463	0.01 463	0.01 463
2'	0.01 462	0.01 462	0.01 461	0.01 461	0.01 460
3'	0.01 460	0.01 459	0.01 459	0.01 458	0.01 458
4'	0.01 457	0.01 457	0.01 456	0.01 456	0.01 456
5'	0.01 455	0.01 455	0.01 454	0.01 454	0.01 453
6'	0.01 453	0.01 452	0.01 452	0.01 451	0.01 451
7'	0.01 450	0.01 450	0.01 450	0.01 449	0.01 449
8'	0.01 448	0.01 448	0.01 447	0.01 447	0.01 446
9'	0.01 446	0.01 445	0.01 445	0.01 444	0.01 444
10'	0.01 443	0.01 443	0.01 443	0.01 442	0.01 442
11'	0.01 441	0.01 441	0.01 440	0.01 440	0.01 439
12'	0.01 439	0.01 438	0.01 438	0.01 437	0.01 437
13'	0.01 436	0.01 436	0.01 436	0.01 435	0.01 435
14'	0.01 434	0.01 434	0.01 433	0.01 433	0.01 432
15'	0.01 432	0.01 431	0.01 431	0.01 430	0.01 430
16'	0.01 430	0.01 429	0.01 429	0.01 428	0.01 428
17'	0.01 427	0.01 427	0.01 426	0.01 426	0.01 425
18'	0.01 425	0.01 424	0.01 424	0.01 424	0.01 423
19'	0.01 423	0.01 422	0.01 422	0.01 421	0.01 421
20'	0.01 420	0.01 420	0.01 419	0.01 419	0.01 418
21'	0.01 418	0.01 418	0.01 417	0.01 417	0.01 416
22'	0.01 416	0.01 415	0.01 415	0.01 414	0.01 414
23'	0.01 413	0.01 413	0.01 413	0.01 412	0.01 412
24'	0.01 411	0.01 411	0.01 410	0.01 410	0.01 409
25'	0.01 409	0.01 408	0.01 408	0.01 407	0.01 407
26'	0.01 407	0.01 406	0.01 406	0.01 405	0.01 405
27'	0.01 404	0.01 404	0.01 403	0.01 403	0.01 402
28'	0.01 402	0.01 402	0.01 401	0.01 401	0.01 400
29'	0.01 400	0.01 399	0.01 399	0.01 398	0.01 398
30'	0.01 397	0.01 397	0.01 396	0.01 396	0.01 396
31'	0.01 395	0.01 395	0.01 394	0.01 394	0.01 393
32'	0.01 393	0.01 392	0.01 392	0.01 391	0.01 391
33'	0.01 391	0.01 390	0.01 390	0.01 389	0.01 389
34'	0.01 388	0.01 388	0.01 387	0.01 387	0.01 386
35'	0.01 386	0.01 386	0.01 385	0.01 385	0.01 384
36'	0.01 384	0.01 383	0.01 383	0.01 382	0.01 382
37'	0.01 381	0.01 381	0.01 381	0.01 380	0.01 380
38'	0.01 379	0.01 379	0.01 378	0.01 378	0.01 377
39'	0.01 377	0.01 376	0.01 376	0.01 376	0.01 375
40'	0.01 375	0.01 374	0.01 374	0.01 373	0.01 373
41'	0.01 372	0.01 372	0.01 371	0.01 371	0.01 371
42'	0.01 370	0.01 370	0.01 369	0.01 369	0.01 368
43'	0.01 368	0.01 367	0.01 367	0.01 366	0.01 366
44'	0.01 366	0.01 365	0.01 365	0.01 364	0.01 364
45'	0.01 363	0.01 363	0.01 362	0.01 362	0.01 362
46'	0.01 361	0.01 361	0.01 360	0.01 360	0.01 359
47'	0.01 359	0.01 358	0.01 358	0.01 357	0.01 357
48'	0.01 357	0.01 356	0.01 356	0.01 355	0.01 355
49'	0.01 354	0.01 354	0.01 353	0.01 353	0.01 353
50'	0.01 352	0.01 352	0.01 351	0.01 351	0.01 350
51'	0.01 350	0.01 349	0.01 349	0.01 348	0.01 348
52'	0.01 348	0.01 347	0.01 347	0.01 346	0.01 346
53'	0.01 345	0.01 345	0.01 345	0.01 344	0.01 344
54'	0.01 343	0.01 343	0.01 342	0.01 342	0.01 341
55'	0.01 341	0.01 340	0.01 340	0.01 340	0.01 339
56'	0.01 339	0.01 338	0.01 338	0.01 337	0.01 337
57'	0.01 336	0.01 336	0.01 336	0.01 335	0.01 335
58'	0.01 334	0.01 334	0.01 333	0.01 333	0.01 332
59'	0.01 332	0.01 331	0.01 331	0.01 331	0.01 330

160°

	0.'0	0.'2	0.'4	0.'6	0.'8
0'	0.01 330	0.01 329	0.01 329	0.01 328	0.01 328
1'	0.01 327	0.01 327	0.01 327	0.01 326	0.01 326
2'	0.01 325	0.01 325	0.01 324	0.01 324	0.01 323
3'	0.01 323	0.01 323	0.01 322	0.01 322	0.01 321
4'	0.01 321	0.01 320	0.01 320	0.01 319	0.01 319
5'	0.01 319	0.01 318	0.01 318	0.01 317	0.01 317
6'	0.01 316	0.01 316	0.01 315	0.01 315	0.01 315
7'	0.01 314	0.01 314	0.01 313	0.01 313	0.01 312
8'	0.01 312	0.01 312	0.01 311	0.01 311	0.01 310
9'	0.01 310	0.01 309	0.01 309	0.01 308	0.01 308
10'	0.01 308	0.01 307	0.01 307	0.01 306	0.01 306
11'	0.01 305	0.01 305	0.01 304	0.01 304	0.01 304
12'	0.01 303	0.01 303	0.01 302	0.01 302	0.01 301
13'	0.01 301	0.01 300	0.01 300	0.01 300	0.01 299
14'	0.01 299	0.01 298	0.01 298	0.01 297	0.01 297
15'	0.01 297	0.01 296	0.01 296	0.01 295	0.01 295
16'	0.01 294	0.01 294	0.01 293	0.01 293	0.01 293
17'	0.01 292	0.01 292	0.01 291	0.01 291	0.01 290
18'	0.01 290	0.01 289	0.01 289	0.01 289	0.01 288
19'	0.01 288	0.01 287	0.01 287	0.01 286	0.01 286
20'	0.01 286	0.01 285	0.01 285	0.01 284	0.01 284
21'	0.01 283	0.01 283	0.01 282	0.01 282	0.01 282
22'	0.01 281	0.01 281	0.01 280	0.01 280	0.01 279
23'	0.01 279	0.01 279	0.01 278	0.01 278	0.01 277
24'	0.01 277	0.01 276	0.01 276	0.01 275	0.01 275
25'	0.01 275	0.01 274	0.01 274	0.01 273	0.01 273
26'	0.01 272	0.01 272	0.01 272	0.01 271	0.01 271
27'	0.01 270	0.01 270	0.01 269	0.01 269	0.01 269
28'	0.01 268	0.01 268	0.01 267	0.01 267	0.01 266
29'	0.01 266	0.01 265	0.01 265	0.01 265	0.01 264
30'	0.01 264	0.01 263	0.01 263	0.01 262	0.01 262
31'	0.01 262	0.01 261	0.01 261	0.01 260	0.01 260
32'	0.01 259	0.01 259	0.01 259	0.01 258	0.01 258
33'	0.01 257	0.01 257	0.01 256	0.01 256	0.01 255
34'	0.01 255	0.01 255	0.01 254	0.01 254	0.01 253
35'	0.01 253	0.01 252	0.01 252	0.01 252	0.01 251
36'	0.01 251	0.01 250	0.01 250	0.01 249	0.01 249
37'	0.01 249	0.01 248	0.01 248	0.01 247	0.01 247
38'	0.01 246	0.01 246	0.01 246	0.01 245	0.01 245
39'	0.01 244	0.01 244	0.01 243	0.01 243	0.01 243
40'	0.01 242	0.01 242	0.01 241	0.01 241	0.01 240
41'	0.01 240	0.01 240	0.01 239	0.01 239	0.01 238
42'	0.01 238	0.01 237	0.01 237	0.01 237	0.01 236
43'	0.01 236	0.01 235	0.01 235	0.01 234	0.01 234
44'	0.01 234	0.01 233	0.01 233	0.01 232	0.01 232
45'	0.01 231	0.01 231	0.01 231	0.01 230	0.01 230
46'	0.01 229	0.01 229	0.01 228	0.01 228	0.01 228
47'	0.01 227	0.01 227	0.01 226	0.01 226	0.01 225
48'	0.01 225	0.01 225	0.01 224	0.01 224	0.01 223
49'	0.01 223	0.01 222	0.01 222	0.01 222	0.01 221
50'	0.01 221	0.01 220	0.01 220	0.01 219	0.01 219
51'	0.01 219	0.01 218	0.01 218	0.01 217	0.01 217
52'	0.01 216	0.01 216	0.01 216	0.01 215	0.01 215
53'	0.01 214	0.01 214	0.01 213	0.01 213	0.01 213
54'	0.01 212	0.01 212	0.01 211	0.01 211	0.01 210
55'	0.01 210	0.01 210	0.01 209	0.01 209	0.01 208
56'	0.01 208	0.01 208	0.01 207	0.01 207	0.01 206
57'	0.01 206	0.01 205	0.01 205	0.01 205	0.01 204
58'	0.01 204	0.01 203	0.01 203	0.01 202	0.01 202
59'	0.01 202	0.01 201	0.01 201	0.01 200	0.01 200

161°

	0.'0	0.'2	0.'4	0.'6	0.'8
0'	0.01 199	0.01 199	0.01 199	0.01 198	0.01 198
1'	0.01 197	0.01 197	0.01 197	0.01 196	0.01 196
2'	0.01 195	0.01 195	0.01 194	0.01 194	0.01 194
3'	0.01 193	0.01 193	0.01 192	0.01 192	0.01 191
4'	0.01 191	0.01 191	0.01 190	0.01 190	0.01 189
5'	0.01 189	0.01 188	0.01 188	0.01 188	0.01 187
6'	0.01 187	0.01 186	0.01 186	0.01 186	0.01 185
7'	0.01 185	0.01 184	0.01 184	0.01 183	0.01 183
8'	0.01 183	0.01 182	0.01 182	0.01 181	0.01 181
9'	0.01 181	0.01 180	0.01 180	0.01 179	0.01 179
10'	0.01 178	0.01 178	0.01 178	0.01 177	0.01 177
11'	0.01 176	0.01 176	0.01 175	0.01 175	0.01 175
12'	0.01 174	0.01 174	0.01 173	0.01 173	0.01 173
13'	0.01 172	0.01 172	0.01 171	0.01 171	0.01 170
14'	0.01 170	0.01 170	0.01 169	0.01 169	0.01 168
15'	0.01 168	0.01 168	0.01 167	0.01 167	0.01 166
16'	0.01 166	0.01 165	0.01 165	0.01 165	0.01 164
17'	0.01 164	0.01 163	0.01 163	0.01 163	0.01 162
18'	0.01 162	0.01 161	0.01 161	0.01 160	0.01 160
19'	0.01 160	0.01 159	0.01 159	0.01 158	0.01 158
20'	0.01 158	0.01 157	0.01 157	0.01 156	0.01 156
21'	0.01 155	0.01 155	0.01 155	0.01 154	0.01 154
22'	0.01 153	0.01 153	0.01 153	0.01 152	0.01 152
23'	0.01 151	0.01 151	0.01 151	0.01 150	0.01 150
24'	0.01 149	0.01 149	0.01 148	0.01 148	0.01 148
25'	0.01 147	0.01 147	0.01 146	0.01 146	0.01 146
26'	0.01 145	0.01 145	0.01 144	0.01 144	0.01 143
27'	0.01 143	0.01 143	0.01 142	0.01 142	0.01 141
28'	0.01 141	0.01 141	0.01 140	0.01 140	0.01 139
29'	0.01 139	0.01 139	0.01 138	0.01 138	0.01 137
30'	0.01 137	0.01 136	0.01 136	0.01 136	0.01 135
31'	0.01 135	0.01 134	0.01 134	0.01 134	0.01 133
32'	0.01 133	0.01 132	0.01 132	0.01 132	0.01 131
33'	0.01 131	0.01 130	0.01 130	0.01 129	0.01 129
34'	0.01 129	0.01 128	0.01 128	0.01 127	0.01 127
35'	0.01 127	0.01 126	0.01 126	0.01 125	0.01 125
36'	0.01 125	0.01 124	0.01 124	0.01 123	0.01 123
37'	0.01 123	0.01 122	0.01 122	0.01 121	0.01 121
38'	0.01 120	0.01 120	0.01 120	0.01 119	0.01 119
39'	0.01 118	0.01 118	0.01 118	0.01 117	0.01 117
40'	0.01 116	0.01 116	0.01 116	0.01 115	0.01 115
41'	0.01 114	0.01 114	0.01 114	0.01 113	0.01 113
42'	0.01 112	0.01 112	0.01 112	0.01 111	0.01 111
43'	0.01 110	0.01 110	0.01 109	0.01 109	0.01 109
44'	0.01 108	0.01 108	0.01 107	0.01 107	0.01 107
45'	0.01 106	0.01 106	0.01 105	0.01 105	0.01 105
46'	0.01 104	0.01 104	0.01 103	0.01 103	0.01 103
47'	0.01 102	0.01 102	0.01 101	0.01 101	0.01 101
48'	0.01 100	0.01 100	0.01 099	0.01 099	0.01 099
49'	0.01 098	0.01 098	0.01 097	0.01 097	0.01 097
50'	0.01 096	0.01 096	0.01 095	0.01 095	0.01 095
51'	0.01 094	0.01 094	0.01 093	0.01 093	0.01 092
52'	0.01 092	0.01 092	0.01 091	0.01 091	0.01 090
53'	0.01 090	0.01 090	0.01 089	0.01 089	0.01 088
54'	0.01 088	0.01 088	0.01 087	0.01 087	0.01 086
55'	0.01 086	0.01 086	0.01 085	0.01 085	0.01 084
56'	0.01 084	0.01 084	0.01 083	0.01 083	0.01 082
57'	0.01 082	0.01 082	0.01 081	0.01 081	0.01 080
58'	0.01 080	0.01 080	0.01 079	0.01 079	0.01 078
59'	0.01 078	0.01 078	0.01 077	0.01 077	0.01 076

	162°	163°	164°	165°	166°	167°	168°	169°	170°
0'	0.01 076	0.00 959	0.00 849	0.00 746	0.00 650	0.00 560	0.00 477	0.00 401	0.00 331
1'	0.01 074	0.00 957	0.00 848	0.00 745	0.00 648	0.00 559	0.00 476	0.00 400	0.00 330
2'	0.01 072	0.00 956	0.00 846	0.00 743	0.00 647	0.00 557	0.00 474	0.00 398	0.00 329
3'	0.01 070	0.00 954	0.00 844	0.00 741	0.00 645	0.00 556	0.00 473	0.00 397	0.00 328
4'	0.01 068	0.00 952	0.00 842	0.00 740	0.00 644	0.00 554	0.00 472	0.00 396	0.00 327
5'	0.01 066	0.00 950	0.00 841	0.00 738	0.00 642	0.00 553	0.00 471	0.00 395	0.00 326
6'	0.01 064	0.00 948	0.00 839	0.00 736	0.00 641	0.00 552	0.00 469	0.00 394	0.00 325
7'	0.01 062	0.00 946	0.00 837	0.00 735	0.00 639	0.00 550	0.00 468	0.00 392	0.00 323
8'	0.01 060	0.00 944	0.00 835	0.00 733	0.00 638	0.00 549	0.00 467	0.00 391	0.00 322
9'	0.01 058	0.00 942	0.00 834	0.00 731	0.00 636	0.00 547	0.00 465	0.00 390	0.00 321
10'	0.01 056	0.00 941	0.00 832	0.00 730	0.00 634	0.00 546	0.00 464	0.00 389	0.00 320
11'	0.01 054	0.00 939	0.00 830	0.00 728	0.00 633	0.00 544	0.00 463	0.00 388	0.00 319
12'	0.01 052	0.00 937	0.00 828	0.00 726	0.00 631	0.00 543	0.00 461	0.00 386	0.00 318
13'	0.01 050	0.00 935	0.00 827	0.00 725	0.00 630	0.00 542	0.00 460	0.00 385	0.00 317
14'	0.01 048	0.00 933	0.00 825	0.00 723	0.00 628	0.00 540	0.00 459	0.00 384	0.00 316
15'	0.01 046	0.00 931	0.00 823	0.00 722	0.00 627	0.00 539	0.00 457	0.00 383	0.00 315
16'	0.01 044	0.00 929	0.00 821	0.00 720	0.00 625	0.00 537	0.00 456	0.00 382	0.00 314
17'	0.01 042	0.00 928	0.00 820	0.00 718	0.00 624	0.00 536	0.00 455	0.00 380	0.00 313
18'	0.01 040	0.00 926	0.00 818	0.00 717	0.00 622	0.00 535	0.00 454	0.00 379	0.00 312
19'	0.01 038	0.00 924	0.00 816	0.00 715	0.00 621	0.00 533	0.00 452	0.00 378	0.00 310
20'	0.01 036	0.00 922	0.00 814	0.00 713	0.00 619	0.00 532	0.00 451	0.00 377	0.00 309
21'	0.01 034	0.00 920	0.00 813	0.00 712	0.00 618	0.00 530	0.00 450	0.00 376	0.00 308
22'	0.01 032	0.00 918	0.00 811	0.00 710	0.00 616	0.00 529	0.00 448	0.00 374	0.00 307
23'	0.01 030	0.00 916	0.00 809	0.00 709	0.00 615	0.00 528	0.00 447	0.00 373	0.00 306
24'	0.01 029	0.00 915	0.00 807	0.00 707	0.00 613	0.00 526	0.00 446	0.00 372	0.00 305
25'	0.01 027	0.00 913	0.00 806	0.00 705	0.00 612	0.00 525	0.00 445	0.00 371	0.00 304
26'	0.01 025	0.00 911	0.00 804	0.00 704	0.00 610	0.00 523	0.00 443	0.00 370	0.00 303
27'	0.01 023	0.00 909	0.00 802	0.00 702	0.00 609	0.00 522	0.00 442	0.00 369	0.00 302
28'	0.01 021	0.00 907	0.00 800	0.00 700	0.00 607	0.00 521	0.00 441	0.00 367	0.00 301
29'	0.01 019	0.00 905	0.00 799	0.00 699	0.00 606	0.00 519	0.00 439	0.00 366	0.00 300
30'	0.01 017	0.00 904	0.00 797	0.00 697	0.00 604	0.00 518	0.00 438	0.00 365	0.00 299
31'	0.01 015	0.00 902	0.00 795	0.00 696	0.00 603	0.00 516	0.00 437	0.00 364	0.00 298
32'	0.01 013	0.00 900	0.00 794	0.00 694	0.00 601	0.00 515	0.00 436	0.00 363	0.00 297
33'	0.01 011	0.00 898	0.00 792	0.00 692	0.00 600	0.00 514	0.00 434	0.00 362	0.00 296
34'	0.01 009	0.00 896	0.00 790	0.00 691	0.00 598	0.00 512	0.00 433	0.00 361	0.00 295
35'	0.01 007	0.00 894	0.00 788	0.00 689	0.00 597	0.00 511	0.00 432	0.00 359	0.00 294
36'	0.01 005	0.00 893	0.00 787	0.00 688	0.00 595	0.00 510	0.00 431	0.00 358	0.00 293
37'	0.01 003	0.00 891	0.00 785	0.00 686	0.00 594	0.00 508	0.00 429	0.00 357	0.00 292
38'	0.01 001	0.00 889	0.00 783	0.00 684	0.00 592	0.00 507	0.00 428	0.00 356	0.00 290
39'	0.00 999	0.00 887	0.00 782	0.00 683	0.00 591	0.00 505	0.00 427	0.00 355	0.00 289
40'	0.00 997	0.00 885	0.00 780	0.00 681	0.00 589	0.00 504	0.00 426	0.00 354	0.00 288
41'	0.00 996	0.00 884	0.00 778	0.00 680	0.00 588	0.00 503	0.00 424	0.00 352	0.00 287
42'	0.00 994	0.00 882	0.00 777	0.00 678	0.00 586	0.00 501	0.00 423	0.00 351	0.00 286
43'	0.00 992	0.00 880	0.00 775	0.00 676	0.00 585	0.00 500	0.00 422	0.00 350	0.00 285
44'	0.00 990	0.00 878	0.00 773	0.00 675	0.00 583	0.00 499	0.00 421	0.00 349	0.00 284
45'	0.00 988	0.00 876	0.00 771	0.00 673	0.00 582	0.00 497	0.00 419	0.00 348	0.00 283
46'	0.00 986	0.00 874	0.00 770	0.00 672	0.00 580	0.00 496	0.00 418	0.00 347	0.00 282
47'	0.00 984	0.00 873	0.00 768	0.00 670	0.00 579	0.00 495	0.00 417	0.00 346	0.00 281
48'	0.00 982	0.00 871	0.00 766	0.00 669	0.00 578	0.00 493	0.00 416	0.00 345	0.00 280
49'	0.00 980	0.00 869	0.00 765	0.00 667	0.00 576	0.00 492	0.00 414	0.00 343	0.00 279
50'	0.00 978	0.00 867	0.00 763	0.00 665	0.00 575	0.00 491	0.00 413	0.00 342	0.00 278
51'	0.00 976	0.00 866	0.00 761	0.00 664	0.00 573	0.00 489	0.00 412	0.00 341	0.00 277
52'	0.00 975	0.00 864	0.00 760	0.00 662	0.00 572	0.00 488	0.00 411	0.00 340	0.00 276
53'	0.00 973	0.00 862	0.00 758	0.00 661	0.00 570	0.00 486	0.00 409	0.00 339	0.00 275
54'	0.00 971	0.00 860	0.00 756	0.00 659	0.00 569	0.00 485	0.00 408	0.00 338	0.00 274
55'	0.00 969	0.00 858	0.00 755	0.00 658	0.00 567	0.00 484	0.00 407	0.00 337	0.00 273
56'	0.00 967	0.00 857	0.00 753	0.00 656	0.00 566	0.00 482	0.00 406	0.00 336	0.00 272
57'	0.00 965	0.00 855	0.00 751	0.00 655	0.00 564	0.00 481	0.00 404	0.00 334	0.00 271
58'	0.00 963	0.00 853	0.00 750	0.00 653	0.00 563	0.00 480	0.00 403	0.00 333	0.00 270
59'	0.00 961	0.00 851	0.00 748	0.00 651	0.00 562	0.00 478	0.00 402	0.00 332	0.00 269

K

	171°	172°	173°	174°	175°	176°	177°	178°	179°
0'	0.00 268	0.00 212	0.00 162	0.00 119	0.00 083	0.00 053	0.00 030	0.00 013	0.00 003
1'	0.00 267	0.00 211	0.00 161	0.00 118	0.00 082	0.00 052	0.00 029	0.00 013	0.00 003
2'	0.00 266	0.00 210	0.00 161	0.00 118	0.00 082	0.00 052	0.00 029	0.00 013	0.00 003
3'	0.00 265	0.00 209	0.00 160	0.00 117	0.00 081	0.00 052	0.00 029	0.00 013	0.00 003
4'	0.00 264	0.00 208	0.00 159	0.00 116	0.00 081	0.00 051	0.00 028	0.00 012	0.00 003
5'	0.00 263	0.00 207	0.00 158	0.00 116	0.00 080	0.00 051	0.00 028	0.00 012	0.00 003
6'	0.00 262	0.00 207	0.00 158	0.00 115	0.00 079	0.00 050	0.00 028	0.00 012	0.00 003
7'	0.00 261	0.00 206	0.00 157	0.00 115	0.00 079	0.00 050	0.00 027	0.00 012	0.00 003
8'	0.00 260	0.00 205	0.00 156	0.00 114	0.00 078	0.00 049	0.00 027	0.00 012	0.00 002
9'	0.00 259	0.00 204	0.00 155	0.00 113	0.00 078	0.00 049	0.00 027	0.00 011	0.00 002
10'	0.00 258	0.00 203	0.00 155	0.00 113	0.00 077	0.00 049	0.00 027	0.00 011	0.00 002
11'	0.00 257	0.00 202	0.00 154	0.00 112	0.00 077	0.00 048	0.00 026	0.00 011	0.00 002
12'	0.00 256	0.00 201	0.00 153	0.00 111	0.00 076	0.00 048	0.00 026	0.00 011	0.00 002
13'	0.00 255	0.00 201	0.00 152	0.00 111	0.00 076	0.00 047	0.00 026	0.00 011	0.00 002
14'	0.00 254	0.00 200	0.00 152	0.00 110	0.00 075	0.00 047	0.00 025	0.00 010	0.00 002
15'	0.00 253	0.00 199	0.00 151	0.00 109	0.00 075	0.00 047	0.00 025	0.00 010	0.00 002
16'	0.00 252	0.00 198	0.00 150	0.00 109	0.00 074	0.00 046	0.00 025	0.00 010	0.00 002
17'	0.00 252	0.00 197	0.00 149	0.00 108	0.00 074	0.00 046	0.00 024	0.00 010	0.00 002
18'	0.00 251	0.00 196	0.00 149	0.00 107	0.00 073	0.00 045	0.00 024	0.00 010	0.00 002
19'	0.00 250	0.00 195	0.00 148	0.00 107	0.00 073	0.00 045	0.00 024	0.00 009	0.00 002
20'	0.00 249	0.00 195	0.00 147	0.00 106	0.00 072	0.00 044	0.00 024	0.00 009	0.00 001
21'	0.00 248	0.00 194	0.00 146	0.00 106	0.00 072	0.00 044	0.00 023	0.00 009	0.00 001
22'	0.00 247	0.00 193	0.00 146	0.00 105	0.00 071	0.00 044	0.00 023	0.00 009	0.00 001
23'	0.00 246	0.00 192	0.00 145	0.00 104	0.00 071	0.00 043	0.00 023	0.00 009	0.00 001
24'	0.00 245	0.00 191	0.00 144	0.00 104	0.00 070	0.00 043	0.00 022	0.00 008	0.00 001
25'	0.00 244	0.00 190	0.00 143	0.00 103	0.00 069	0.00 042	0.00 022	0.00 008	0.00 001
26'	0.00 243	0.00 189	0.00 143	0.00 103	0.00 069	0.00 042	0.00 022	0.00 008	0.00 001
27'	0.00 242	0.00 189	0.00 142	0.00 102	0.00 068	0.00 042	0.00 022	0.00 008	0.00 001
28'	0.00 241	0.00 188	0.00 141	0.00 101	0.00 068	0.00 041	0.00 021	0.00 008	0.00 001
29'	0.00 240	0.00 187	0.00 141	0.00 101	0.00 067	0.00 041	0.00 021	0.00 008	0.00 001
30'	0.00 239	0.00 186	0.00 140	0.00 100	0.00 067	0.00 041	0.00 021	0.00 007	0.00 001
31'	0.00 238	0.00 185	0.00 139	0.00 099	0.00 066	0.00 040	0.00 020	0.00 007	0.00 001
32'	0.00 237	0.00 185	0.00 138	0.00 099	0.00 066	0.00 040	0.00 020	0.00 007	0.00 001
33'	0.00 236	0.00 184	0.00 138	0.00 098	0.00 066	0.00 039	0.00 020	0.00 007	0.00 001
34'	0.00 235	0.00 183	0.00 137	0.00 098	0.00 065	0.00 039	0.00 020	0.00 007	0.00 001
35'	0.00 235	0.00 182	0.00 136	0.00 097	0.00 065	0.00 039	0.00 019	0.00 007	0.00 001
36'	0.00 234	0.00 181	0.00 136	0.00 096	0.00 064	0.00 038	0.00 019	0.00 006	0.00 001
37'	0.00 233	0.00 180	0.00 135	0.00 096	0.00 064	0.00 038	0.00 019	0.00 006	0.00 000
38'	0.00 232	0.00 180	0.00 134	0.00 095	0.00 063	0.00 037	0.00 019	0.00 006	0.00 000
39'	0.00 231	0.00 179	0.00 133	0.00 095	0.00 063	0.00 037	0.00 018	0.00 006	0.00 000
40'	0.00 230	0.00 178	0.00 133	0.00 094	0.00 062	0.00 037	0.00 018	0.00 006	0.00 000
41'	0.00 229	0.00 177	0.00 132	0.00 094	0.00 062	0.00 036	0.00 018	0.00 006	0.00 000
42'	0.00 228	0.00 176	0.00 131	0.00 093	0.00 061	0.00 036	0.00 017	0.00 006	0.00 000
43'	0.00 227	0.00 176	0.00 131	0.00 092	0.00 061	0.00 036	0.00 017	0.00 005	0.00 000
44'	0.00 226	0.00 175	0.00 130	0.00 092	0.00 060	0.00 035	0.00 017	0.00 005	0.00 000
45'	0.00 225	0.00 174	0.00 129	0.00 091	0.00 060	0.00 035	0.00 017	0.00 005	0.00 000
46'	0.00 224	0.00 173	0.00 129	0.00 091	0.00 059	0.00 035	0.00 016	0.00 005	0.00 000
47'	0.00 223	0.00 172	0.00 128	0.00 090	0.00 059	0.00 034	0.00 016	0.00 005	0.00 000
48'	0.00 223	0.00 172	0.00 127	0.00 089	0.00 058	0.00 034	0.00 016	0.00 005	0.00 000
49'	0.00 222	0.00 171	0.00 127	0.00 089	0.00 058	0.00 034	0.00 016	0.00 005	0.00 000
50'	0.00 221	0.00 170	0.00 126	0.00 088	0.00 057	0.00 033	0.00 016	0.00 005	0.00 000
51'	0.00 220	0.00 169	0.00 125	0.00 088	0.00 057	0.00 033	0.00 015	0.00 004	0.00 000
52'	0.00 219	0.00 168	0.00 124	0.00 087	0.00 057	0.00 032	0.00 015	0.00 004	0.00 000
53'	0.00 218	0.00 168	0.00 124	0.00 087	0.00 056	0.00 032	0.00 015	0.00 004	0.00 000
54'	0.00 217	0.00 167	0.00 123	0.00 086	0.00 056	0.00 032	0.00 015	0.00 004	0.00 000
55'	0.00 216	0.00 166	0.00 122	0.00 085	0.00 055	0.00 031	0.00 014	0.00 004	0.00 000
56'	0.00 215	0.00 165	0.00 122	0.00 085	0.00 055	0.00 031	0.00 014	0.00 004	0.00 000
57'	0.00 215	0.00 164	0.00 121	0.00 084	0.00 054	0.00 031	0.00 014	0.00 004	0.00 000
58'	0.00 214	0.00 164	0.00 120	0.00 084	0.00 054	0.00 030	0.00 014	0.00 004	0.00 000
59'	0.00 213	0.00 163	0.00 120	0.00 083	0.00 053	0.00 030	0.00 013	0.00 003	0.00 000

Gaussians

.301	.300	.300	.299	.299	.298	.298	.297	.297
0.00 001 03	0.00 009 99	0.00 109 49	0.00 209 99	0.00 310 49	0.00 410 99	0.00 510 49	0.00 611 99	0.00 712 49
0.00 003 02	.00 011 98	.00 111 48	.00 211 98	.00 312 48	.00 412 98	.00 512 48	.00 613 98	.00 714 48
0.00 005 01	.00 013 97	.00 113 47	.00 213 97	.00 314 47	.00 414 97	.00 515 47	.00 615 97	.00 716 47
0.00 007 00	.00 015 96	.00 115 46	.00 215 96	.00 316 46	.00 416 96	.00 517 46	.00 617 96	.00 718 46
	.00 017 95	.00 117 45	.00 217 95	.00 318 45	.00 418 95	.00 519 45	.00 619 95	.00 720 45
	.00 019 94	.00 119 44	.00 219 94	.00 320 44	.00 420 94	.00 521 44	.00 621 94	.00 722 44
	.00 021 93	.00 121 43	.00 221 93	.00 322 43	.00 422 93	.00 523 43	.00 623 93	.00 724 43
	.00 023 92	.00 123 42	.00 223 92	.00 324 42	.00 424 92	.00 525 42	.00 625 92	.00 726 42
	.00 025 91	.00 125 41	.00 225 91	.00 326 41	.00 426 91	.00 527 41	.00 627 91	.00 728 41
	.00 027 90	.00 127 40	.00 227 90	.00 328 40	.00 428 90	.00 529 40	.00 629 90	.00 730 40
	.00 029 89	.00 129 39	.00 229 89	.00 330 39	.00 430 89	.00 531 39	.00 631 89	.00 732 39
	.00 031 88	.00 131 38	.00 231 88	.00 332 38	.00 432 88	.00 533 38	.00 633 88	.00 734 38
	.00 033 87	.00 133 37	.00 233 87	.00 334 37	.00 434 87	.00 535 37	.00 635 87	.00 736 37
	.00 035 86	.00 135 36	.00 235 86	.00 336 36	.00 436 86	.00 537 36	.00 637 86	.00 738 36
	.00 037 85	.00 137 35	.00 237 85	.00 338 35	.00 438 85	.00 539 35	.00 639 85	.00 740 35
	.00 039 84	.00 139 34	.00 239 84	.00 340 34	.00 440 84	.00 541 34	.00 641 84	.00 742 34
	.00 041 83	.00 141 33	.00 241 83	.00 342 33	.00 442 83	.00 543 33	.00 643 83	.00 744 33
	.00 043 82	.00 143 32	.00 243 82	.00 344 32	.00 444 82	.00 545 32	.00 645 82	.00 746 32
	.00 045 81	.00 145 31	.00 245 81	.00 346 31	.00 446 81	.00 547 31	.00 647 81	.00 748 31
	.00 047 80	.00 147 30	.00 247 80	.00 348 30	.00 448 80	.00 549 30	.00 649 80	.00 750 30
	.00 049 79	.00 149 29	.00 249 79	.00 350 29	.00 450 79	.00 551 29	.00 651 79	.00 752 29
	.00 051 78	.00 151 28	.00 251 78	.00 352 28	.00 452 78	.00 553 28	.00 653 78	.00 754 28
	.00 053 77	.00 153 27	.00 253 77	.00 354 27	.00 454 77	.00 555 27	.00 655 77	.00 756 27
	.00 055 76	.00 155 26	.00 255 76	.00 356 26	.00 456 76	.00 557 26	.00 657 76	.00 758 26
	0.00 057 75	0.00 157 25	0.00 257 75	0.00 358 25	0.00 458 75	0.00 559 25	0.00 659 75	0.00 760 25
	.00 059 74	.00 159 24	.00 259 74	.00 360 24	.00 460 74	.00 561 24	.00 661 74	.00 762 24
	.00 061 73	.00 161 23	.00 261 73	.00 362 23	.00 462 73	.00 563 23	.00 664 73	.00 764 23
	.00 063 72	.00 163 22	.00 263 72	.00 364 22	.00 464 72	.00 565 22	.00 666 72	.00 766 22
	.00 065 71	.00 165 21	.00 265 71	.00 366 21	.00 466 71	.00 567 21	.00 668 71	.00 768 21
	.00 067 70	.00 167 20	.00 267 70	.00 368 20	.00 468 70	.00 569 20	.00 670 70	.00 770 20
	.00 069 69	.00 169 19	.00 269 69	.00 370 19	.00 470 69	.00 571 19	.00 672 69	.00 772 19
	.00 071 68	.00 171 18	.00 271 68	.00 372 18	.00 472 68	.00 573 18	.00 674 68	.00 774 18
	.00 073 67	.00 173 17	.00 273 67	.00 374 17	.00 474 67	.00 575 17	.00 676 67	.00 776 17
	.00 075 66	.00 175 16	.00 275 66	.00 376 16	.00 476 66	.00 577 16	.00 678 66	.00 778 16
	.00 077 65	.00 177 15	.00 277 65	.00 378 15	.00 478 65	.00 579 15	.00 680 65	.00 780 15
	.00 079 64	.00 179 14	.00 279 64	.00 380 14	.00 480 64	.00 581 14	.00 682 64	.00 783 14
	.00 081 63	.00 181 13	.00 281 63	.00 382 13	.00 482 63	.00 583 13	.00 684 63	.00 785 13
	.00 083 62	.00 183 12	.00 283 62	.00 384 12	.00 484 62	.00 585 12	.00 686 62	.00 787 12
	.00 085 61	.00 185 11	.00 285 61	.00 386 11	.00 486 61	.00 587 11	.00 688 61	.00 789 11
	.00 087 60	.00 187 10	.00 287 60	.00 388 10	.00 488 60	.00 589 10	.00 690 60	.00 791 10
	.00 089 59	.00 189 09	.00 289 59	.00 390 09	.00 490 59	.00 591 09	.00 692 59	.00 793 09
	.00 091 58	.00 191 08	.00 291 58	.00 392 08	.00 492 58	.00 593 08	.00 694 58	.00 795 08
	.00 093 57	.00 193 07	.00 293 57	.00 394 07	.00 494 57	.00 595 07	.00 696 57	.00 797 07
	.00 095 56	.00 195 06	.00 295 56	.00 396 06	.00 496 56	.00 597 06	.00 698 56	.00 799 06
	.00 097 55	.00 197 05	.00 297 55	.00 398 05	.00 498 55	.00 599 05	.00 700 55	.00 801 05
	.00 099 54	.00 199 04	.00 299 54	.00 400 04	.00 500 54	.00 601 04	.00 702 54	.00 803 04
	.00 101 53	.00 201 03	.00 302 53	.00 402 03	.00 502 53	.00 603 03	.00 704 53	.00 805 03
	.00 103 52	.00 203 02	.00 304 52	.00 404 02	.00 504 52	.00 605 02	.00 706 52	.00 807 02
	.00 105 51	.00 205 01	.00 306 51	.00 406 01	.00 506 51	.00 607 01	.00 708 51	.00 809 01
	0.00 107 50	0.00 207 00	0.00 308 50	0.00 408 00	0.00 508 50	0.00 609 00	0.00 710 50	0.00 811 00

Find your entering number in the column of heavy print. If there isn't a perfect match, go to the next larger number. The last part of the gaussian is beside it; the first part is above the column.

Gaussians   Gaussians

	.296	.296	.295	.295	.294	.294	.293	.293	.292
0.00 813 99	0.00 914 49	0.01 015 99	0.01 116 49	0.01 218 99	0.01 319 49	0.01 421 99	0.01 522 49	0.01 624 99
.00 815 98	.00 916 48	.01 017 98	.01 118 48	.01 220 98	.01 321 48	.01 423 98	.01 524 48	.01 626 98
.00 817 97	.00 918 47	.01 019 97	.01 120 47	.01 222 97	.01 323 47	.01 425 97	.01 526 47	.01 628 97
.00 819 96	.00 920 46	.01 021 96	.01 122 46	.01 224 96	.01 325 46	.01 427 96	.01 528 46	.01 630 96
.00 821 95	.00 922 45	.01 023 95	.01 124 45	.01 226 95	.01 327 45	.01 429 95	.01 530 45	.01 632 95
.00 823 94	.00 924 44	.01 025 94	.01 126 44	.01 228 94	.01 329 44	.01 431 94	.01 532 44	.01 634 94
.00 825 93	.00 926 43	.01 027 93	.01 128 43	.01 230 93	.01 331 43	.01 433 93	.01 535 43	.01 636 93
.00 827 92	.00 928 42	.01 029 92	.01 130 42	.01 232 92	.01 333 42	.01 435 92	.01 537 42	.01 638 92
.00 829 91	.00 930 41	.01 031 91	.01 132 41	.01 234 91	.01 335 41	.01 437 91	.01 539 41	.01 640 91
.00 831 90	.00 932 40	.01 033 90	.01 134 40	.01 236 90	.01 337 40	.01 439 90	.01 541 40	.01 643 90
.00 833 89	.00 934 39	.01 035 89	.01 136 39	.01 238 89	.01 339 39	.01 441 89	.01 543 39	.01 645 89
.00 835 88	.00 936 38	.01 037 88	.01 138 38	.01 240 88	.01 341 38	.01 443 88	.01 545 38	.01 647 88
.00 837 87	.00 938 37	.01 039 87	.01 140 37	.01 242 87	.01 343 37	.01 445 87	.01 547 37	.01 649 87
.00 839 86	.00 940 36	.01 041 86	.01 142 36	.01 244 86	.01 345 36	.01 447 86	.01 549 36	.01 651 86
.00 841 85	.00 942 35	.01 043 85	.01 145 35	.01 246 85	.01 347 35	.01 449 85	.01 551 35	.01 653 85
.00 843 84	.00 944 34	.01 045 84	.01 147 34	.01 248 84	.01 349 34	.01 451 84	.01 553 34	.01 655 84
.00 845 83	.00 946 33	.01 047 83	.01 149 33	.01 250 83	.01 351 33	.01 453 83	.01 555 33	.01 657 83
.00 847 82	.00 948 32	.01 049 82	.01 151 32	.01 252 82	.01 354 32	.01 455 82	.01 557 32	.01 659 82
.00 849 81	.00 950 31	.01 051 81	.01 153 31	.01 254 81	.01 356 31	.01 457 81	.01 559 31	.01 661 81
.00 851 80	.00 952 30	.01 053 80	.01 155 30	.01 256 80	.01 358 30	.01 459 80	.01 561 30	.01 663 80
.00 853 79	.00 954 29	.01 055 79	.01 157 29	.01 258 79	.01 360 29	.01 461 79	.01 563 29	.01 665 79
.00 855 78	.00 956 28	.01 057 78	.01 159 28	.01 260 78	.01 362 28	.01 463 78	.01 565 28	.01 667 78
.00 857 77	.00 958 27	.01 059 77	.01 161 27	.01 262 77	.01 364 27	.01 465 77	.01 567 27	.01 669 77
.00 859 76	.00 960 26	.01 061 76	.01 163 26	.01 264 76	.01 366 26	.01 467 76	.01 569 26	.01 671 76
0.00 861 75	0.00 962 25	0.01 063 75	0.01 165 25	0.01 266 75	0.01 368 25	0.01 469 75	0.01 571 25	0.01 673 75
.00 863 74	.00 964 24	.01 066 74	.01 167 24	.01 268 74	.01 370 24	.01 471 74	.01 573 24	.01 675 74
.00 865 73	.00 966 23	.01 068 73	.01 169 23	.01 270 73	.01 372 23	.01 473 73	.01 575 23	.01 677 73
.00 867 72	.00 968 22	.01 070 72	.01 171 22	.01 272 72	.01 374 22	.01 476 72	.01 577 22	.01 679 72
.00 869 71	.00 970 21	.01 072 71	.01 173 21	.01 274 71	.01 376 21	.01 478 71	.01 579 21	.01 681 71
.00 871 70	.00 972 20	.01 074 70	.01 175 20	.01 276 70	.01 378 20	.01 480 70	.01 581 20	.01 683 70
.00 873 69	.00 974 19	.01 076 69	.01 177 19	.01 278 69	.01 380 19	.01 482 69	.01 583 19	.01 685 69
.00 875 68	.00 976 18	.01 078 68	.01 179 18	.01 280 68	.01 382 18	.01 484 68	.01 585 18	.01 687 68
.00 877 67	.00 978 17	.01 080 67	.01 181 17	.01 282 67	.01 384 17	.01 486 67	.01 587 17	.01 689 67
.00 879 66	.00 981 16	.01 082 66	.01 183 16	.01 284 66	.01 386 16	.01 488 66	.01 590 16	.01 691 66
.00 881 65	.00 983 15	.01 084 65	.01 185 15	.01 287 65	.01 388 15	.01 490 65	.01 592 15	.01 693 65
.00 883 64	.00 985 14	.01 086 64	.01 187 14	.01 289 64	.01 390 14	.01 492 64	.01 594 14	.01 696 64
.00 885 63	.00 987 13	.01 088 63	.01 189 13	.01 291 63	.01 392 13	.01 494 63	.01 596 13	.01 698 63
.00 888 62	.00 989 12	.01 090 62	.01 191 12	.01 293 62	.01 394 12	.01 496 62	.01 598 12	.01 700 62
.00 890 61	.00 991 11	.01 092 61	.01 193 11	.01 295 61	.01 396 11	.01 498 61	.01 600 11	.01 702 61
.00 892 60	.00 993 10	.01 094 60	.01 195 10	.01 297 60	.01 398 10	.01 500 60	.01 602 10	.01 704 60
.00 894 59	.00 995 09	.01 096 59	.01 197 09	.01 299 59	.01 400 09	.01 502 59	.01 604 09	.01 706 59
.00 896 58	.00 997 08	.01 098 58	.01 199 08	.01 301 58	.01 402 08	.01 504 58	.01 606 08	.01 708 58
.00 898 57	.00 999 07	.01 100 57	.01 201 07	.01 303 57	.01 404 07	.01 506 57	.01 608 07	.01 710 57
.00 900 56	.01 001 06	.01 102 56	.01 203 06	.01 305 56	.01 406 06	.01 508 56	.01 610 06	.01 712 56
.00 902 55	.01 003 05	.01 104 55	.01 205 05	.01 307 55	.01 408 05	.01 510 55	.01 612 05	.01 714 55
.00 904 54	.01 005 04	.01 106 54	.01 207 04	.01 309 54	.01 410 04	.01 512 54	.01 614 04	.01 716 54
.00 906 53	.01 007 03	.01 108 53	.01 209 03	.01 311 53	.01 412 03	.01 514 53	.01 616 03	.01 718 53
.00 908 52	.01 009 02	.01 110 52	.01 211 02	.01 313 52	.01 414 02	.01 516 52	.01 618 02	.01 720 52
.00 910 51	.01 011 01	.01 112 51	.01 213 01	.01 315 51	.01 417 01	.01 518 51	.01 620 01	.01 722 51
0.00 912 50	0.01 013 00	0.01 114 50	0.01 215 00	0.01 317 50	0.01 419 00	0.01 520 50	0.01 622 00	0.01 724 50

Find your entering number in the column of heavy print. If there isn't a perfect match, go to the next larger number. The last part of the gaussian is beside it; the first part is above the column.

Gaussians

.292	.291	.291	.290	.290	.289	.289	.288	.288
0.01 726 49	0.01 828 99	0.01 930 49	0.02 033 99	0.02 135 49	0.02 238 99	0.02 341 49	0.02 443 99	0.02 546 49
.01 728 48	.01 830 98	.01 932 48	.02 035 98	.02 137 48	.02 240 98	.02 343 48	.02 445 98	.02 548 48
.01 730 47	.01 832 97	.01 935 47	.02 037 97	.02 139 47	.02 242 97	.02 345 47	.02 447 97	.02 550 47
.01 732 46	.01 834 96	.01 937 46	.02 039 96	.02 141 46	.02 244 96	.02 347 46	.02 450 96	.02 552 46
.01 734 45	.01 836 95	.01 939 45	.02 041 95	.02 143 45	.02 246 95	.02 349 45	.02 452 95	.02 555 45
.01 736 44	.01 838 94	.01 941 44	.02 043 94	.02 145 44	.02 248 94	.02 351 44	.02 454 94	.02 557 44
.01 738 43	.01 840 93	.01 943 43	.02 045 93	.02 148 43	.02 250 93	.02 353 43	.02 456 93	.02 559 43
.01 740 42	.01 843 92	.01 945 42	.02 047 92	.02 150 42	.02 252 92	.02 355 42	.02 458 92	.02 561 42
.01 742 41	.01 845 91	.01 947 41	.02 049 91	.02 152 41	.02 254 91	.02 357 41	.02 460 91	.02 563 41
.01 744 40	.01 847 90	.01 949 40	.02 051 90	.02 154 40	.02 256 90	.02 359 40	.02 462 90	.02 565 40
.01 747 39	.01 849 89	.01 951 39	.02 053 89	.02 156 39	.02 258 89	.02 361 39	.02 464 89	.02 567 39
.01 749 38	.01 851 88	.01 953 38	.02 055 88	.02 158 38	.02 260 88	.02 363 38	.02 466 88	.02 569 38
.01 751 37	.01 853 87	.01 955 37	.02 057 87	.02 160 37	.02 262 87	.02 365 37	.02 468 87	.02 571 37
.01 753 36	.01 855 86	.01 957 36	.02 059 86	.02 162 36	.02 264 86	.02 367 36	.02 470 86	.02 573 36
.01 755 35	.01 857 85	.01 959 35	.02 061 85	.02 164 35	.02 267 85	.02 369 35	.02 472 85	.02 575 35
.01 757 34	.01 859 84	.01 961 34	.02 063 84	.02 166 34	.02 269 84	.02 371 34	.02 474 84	.02 577 34
.01 759 33	.01 861 83	.01 963 33	.02 066 83	.02 168 33	.02 271 83	.02 373 33	.02 476 83	.02 579 33
.01 761 32	.01 863 82	.01 965 32	.02 068 82	.02 170 32	.02 273 82	.02 375 32	.02 478 82	.02 581 32
.01 763 31	.01 865 81	.01 967 31	.02 070 81	.02 172 31	.02 275 81	.02 378 31	.02 480 81	.02 583 31
.01 765 30	.01 867 80	.01 969 30	.02 072 80	.02 174 30	.02 277 80	.02 380 30	.02 482 80	.02 585 30
.01 767 29	.01 869 79	.01 971 29	.02 074 79	.02 176 29	.02 279 79	.02 382 29	.02 485 79	.02 588 29
.01 769 28	.01 871 78	.01 973 28	.02 076 78	.02 178 28	.02 281 78	.02 384 28	.02 487 78	.02 590 28
.01 771 27	.01 873 77	.01 975 27	.02 078 77	.02 180 27	.02 283 77	.02 386 27	.02 489 77	.02 592 27
.01 773 26	.01 875 76	.01 977 26	.02 080 76	.02 182 26	.02 285 76	.02 388 26	.02 491 76	.02 594 26
0.01 775 25	0.01 877 75	0.01 980 25	0.02 082 75	0.02 184 25	0.02 287 75	0.02 390 25	0.02 493 75	0.02 596 25
.01 777 24	.01 879 74	.01 982 24	.02 084 74	.02 186 24	.02 289 74	.02 392 24	.02 495 74	.02 598 24
.01 779 23	.01 881 73	.01 984 23	.02 086 73	.02 189 23	.02 291 73	.02 394 23	.02 497 73	.02 600 23
.01 781 22	.01 883 72	.01 986 22	.02 088 72	.02 191 22	.02 293 72	.02 396 22	.02 499 72	.02 602 22
.01 783 21	.01 885 71	.01 988 21	.02 090 71	.02 193 21	.02 295 71	.02 398 21	.02 501 71	.02 604 21
.01 785 20	.01 887 70	.01 990 20	.02 092 70	.02 195 20	.02 297 70	.02 400 20	.02 503 70	.02 606 20
.01 787 19	.01 890 69	.01 992 19	.02 094 69	.02 197 19	.02 299 69	.02 402 19	.02 505 69	.02 608 19
.01 789 18	.01 892 68	.01 994 18	.02 096 68	.02 199 18	.02 301 68	.02 404 18	.02 507 68	.02 610 18
.01 791 17	.01 894 67	.01 996 17	.02 098 67	.02 201 17	.02 304 67	.02 406 17	.02 509 67	.02 612 17
.01 793 16	.01 896 66	.01 998 16	.02 100 66	.02 203 16	.02 306 66	.02 408 16	.02 511 66	.02 614 16
.01 796 15	.01 898 65	.02 000 15	.02 102 65	.02 205 15	.02 308 65	.02 410 15	.02 513 65	.02 616 15
.01 798 14	.01 900 64	.02 002 14	.02 104 64	.02 207 14	.02 310 64	.02 412 14	.02 515 64	.02 618 14
.01 800 13	.01 902 63	.02 004 13	.02 107 63	.02 209 13	.02 312 63	.02 415 13	.02 517 63	.02 621 13
.01 802 12	.01 904 62	.02 006 12	.02 109 62	.02 211 12	.02 314 62	.02 417 12	.02 520 62	.02 623 12
.01 804 11	.01 906 61	.02 008 11	.02 111 61	.02 213 11	.02 316 61	.02 419 11	.02 522 61	.02 625 11
.01 806 10	.01 908 60	.02 010 10	.02 113 60	.02 215 10	.02 318 60	.02 421 10	.02 524 60	.02 627 10
.01 808 09	.01 910 59	.02 012 09	.02 115 59	.02 217 09	.02 320 59	.02 423 09	.02 526 59	.02 629 09
.01 810 08	.01 912 58	.02 014 08	.02 117 58	.02 219 08	.02 322 58	.02 425 08	.02 528 58	.02 631 08
.01 812 07	.01 914 57	.02 016 07	.02 119 57	.02 221 07	.02 324 57	.02 427 07	.02 530 57	.02 633 07
.01 814 06	.01 916 56	.02 018 06	.02 121 56	.02 223 06	.02 326 56	.02 429 06	.02 532 56	.02 635 06
.01 816 05	.01 918 55	.02 020 05	.02 123 55	.02 225 05	.02 328 55	.02 431 05	.02 534 55	.02 637 05
.01 818 04	.01 920 54	.02 023 04	.02 125 54	.02 228 04	.02 330 54	.02 433 04	.02 536 54	.02 639 04
.01 820 03	.01 922 53	.02 025 03	.02 127 53	.02 230 03	.02 332 53	.02 435 03	.02 538 53	.02 641 03
.01 822 02	.01 924 52	.02 027 02	.02 129 52	.02 232 02	.02 334 52	.02 437 02	.02 540 52	.02 643 02
.01 824 01	.01 926 51	.02 029 01	.02 131 51	.02 234 01	.02 336 51	.02 439 01	.02 542 51	.02 645 01
0.01 826 00	0.01 928 50	0.02 031 00	0.02 133 50	0.02 236 00	0.02 338 50	0.02 441 00	0.02 544 50	0.02 647 00

Find your entering number in the column of heavy print. If there isn't a perfect match, go to the next larger number. The last part of the gaussian is beside it; the first part is above the column.

Gaussians

.287	.287	.286	.286	.285	.285	.284	.284	.283
0.02 649 *99*	0.02 753 *49*	0.02 856 *99*	0.02 959 *49*	0.03 063 *99*	0.03 167 *49*	0.03 271 *99*	0.03 375 *49*	0.03 479 *99*
.02 651 *98*	.02 755 *48*	.02 858 *98*	.02 961 *48*	.03 065 *98*	.03 169 *48*	.03 273 *98*	.03 377 *48*	.03 481 *98*
.02 654 *97*	.02 757 *47*	.02 860 *97*	.02 964 *47*	.03 067 *97*	.03 171 *47*	.03 275 *97*	.03 379 *47*	.03 483 *97*
.02 656 *96*	.02 759 *46*	.02 862 *96*	.02 966 *46*	.03 069 *96*	.03 173 *46*	.03 277 *96*	.03 381 *46*	.03 485 *96*
.02 658 *95*	.02 761 *45*	.02 864 *95*	.02 968 *45*	.03 071 *95*	.03 175 *45*	.03 279 *95*	.03 383 *45*	.03 487 *95*
.02 660 *94*	.02 763 *44*	.02 866 *94*	.02 970 *44*	.03 073 *94*	.03 177 *44*	.03 281 *94*	.03 385 *44*	.03 489 *94*
.02 662 *93*	.02 765 *43*	.02 868 *93*	.02 972 *43*	.03 075 *93*	.03 179 *43*	.03 283 *93*	.03 387 *43*	.03 491 *93*
.02 664 *92*	.02 767 *42*	.02 870 *92*	.02 974 *42*	.03 077 *92*	.03 181 *42*	.03 285 *92*	.03 389 *42*	.03 493 *92*
.02 666 *91*	.02 769 *41*	.02 872 *91*	.02 976 *41*	.03 080 *91*	.03 183 *41*	.03 287 *91*	.03 391 *41*	.03 495 *91*
.02 668 *90*	.02 771 *40*	.02 875 *90*	.02 978 *40*	.03 082 *90*	.03 185 *40*	.03 289 *90*	.03 393 *40*	.03 497 *90*
.02 670 *89*	.02 773 *39*	.02 877 *89*	.02 980 *39*	.03 084 *89*	.03 187 *39*	.03 291 *89*	.03 395 *39*	.03 499 *89*
.02 672 *88*	.02 775 *38*	.02 879 *88*	.02 982 *38*	.03 086 *88*	.03 190 *38*	.03 293 *88*	.03 397 *38*	.03 502 *88*
.02 674 *87*	.02 777 *37*	.02 881 *87*	.02 984 *37*	.03 088 *87*	.03 192 *37*	.03 295 *87*	.03 399 *37*	.03 504 *87*
.02 676 *86*	.02 779 *36*	.02 883 *86*	.02 986 *36*	.03 090 *86*	.03 194 *36*	.03 298 *86*	.03 402 *36*	.03 506 *86*
.02 678 *85*	.02 782 *35*	.02 885 *85*	.02 988 *35*	.03 092 *85*	.03 196 *35*	.03 300 *85*	.03 404 *35*	.03 508 *85*
.02 680 *84*	.02 784 *34*	.02 887 *84*	.02 990 *34*	.03 094 *84*	.03 198 *34*	.03 302 *84*	.03 406 *34*	.03 510 *84*
.02 682 *83*	.02 786 *33*	.02 889 *83*	.02 993 *33*	.03 096 *83*	.03 200 *33*	.03 304 *83*	.03 408 *33*	.03 512 *83*
.02 684 *82*	.02 788 *32*	.02 891 *82*	.02 995 *32*	.03 098 *82*	.03 202 *32*	.03 306 *82*	.03 410 *32*	.03 514 *82*
.02 687 *81*	.02 790 *31*	.02 893 *81*	.02 997 *31*	.03 100 *81*	.03 204 *31*	.03 308 *81*	.03 412 *31*	.03 516 *81*
.02 689 *80*	.02 792 *30*	.02 895 *80*	.02 999 *30*	.03 102 *80*	.03 206 *30*	.03 310 *80*	.03 414 *30*	.03 518 *80*
.02 691 *79*	.02 794 *29*	.02 897 *79*	.03 001 *29*	.03 104 *79*	.03 208 *29*	.03 312 *79*	.03 416 *29*	.03 520 *79*
.02 693 *78*	.02 796 *28*	.02 899 *78*	.03 003 *28*	.03 107 *78*	.03 210 *28*	.03 314 *78*	.03 418 *28*	.03 522 *78*
.02 695 *77*	.02 798 *27*	.02 901 *77*	.03 005 *27*	.03 109 *77*	.03 212 *27*	.03 316 *77*	.03 420 *27*	.03 524 *77*
.02 697 *76*	.02 800 *26*	.02 903 *76*	.03 007 *26*	.03 111 *76*	.03 214 *26*	.03 318 *76*	.03 422 *26*	.03 527 *76*
0.02 699 *75*	0.02 802 *25*	0.02 906 *75*	0.03 009 *25*	0.03 113 *75*	0.03 217 *25*	0.03 320 *75*	0.03 424 *25*	0.03 529 *75*
.02 701 *74*	.02 804 *24*	.02 908 *74*	.03 011 *24*	.03 115 *74*	.03 219 *24*	.03 323 *74*	.03 427 *24*	.03 531 *74*
.02 703 *73*	.02 806 *23*	.02 910 *73*	.03 013 *23*	.03 117 *73*	.03 221 *23*	.03 325 *73*	.03 429 *23*	.03 533 *73*
.02 705 *72*	.02 808 *22*	.02 912 *72*	.03 015 *22*	.03 119 *72*	.03 223 *22*	.03 327 *72*	.03 431 *22*	.03 535 *72*
.02 707 *71*	.02 810 *21*	.02 914 *71*	.03 017 *21*	.03 121 *71*	.03 225 *21*	.03 329 *71*	.03 433 *21*	.03 537 *71*
.02 709 *70*	.02 813 *20*	.02 916 *70*	.03 019 *20*	.03 123 *70*	.03 227 *20*	.03 331 *70*	.03 435 *20*	.03 539 *70*
.02 711 *69*	.02 815 *19*	.02 918 *69*	.03 022 *19*	.03 125 *69*	.03 229 *19*	.03 333 *69*	.03 437 *19*	.03 541 *69*
.02 713 *68*	.02 817 *18*	.02 920 *68*	.03 024 *18*	.03 127 *68*	.03 231 *18*	.03 335 *68*	.03 439 *18*	.03 543 *68*
.02 715 *67*	.02 819 *17*	.02 922 *67*	.03 026 *17*	.03 129 *67*	.03 233 *17*	.03 337 *67*	.03 441 *17*	.03 545 *67*
.02 717 *66*	.02 821 *16*	.02 924 *66*	.03 028 *16*	.03 131 *66*	.03 235 *16*	.03 339 *66*	.03 443 *16*	.03 547 *66*
.02 720 *65*	.02 823 *15*	.02 926 *65*	.03 030 *15*	.03 133 *65*	.03 237 *15*	.03 341 *65*	.03 445 *15*	.03 549 *65*
.02 722 *64*	.02 825 *14*	.02 928 *64*	.03 032 *14*	.03 136 *64*	.03 239 *14*	.03 343 *64*	.03 447 *14*	.03 552 *64*
.02 724 *63*	.02 827 *13*	.02 930 *63*	.03 034 *13*	.03 138 *63*	.03 241 *13*	.03 345 *63*	.03 449 *13*	.03 554 *63*
.02 726 *62*	.02 829 *12*	.02 932 *62*	.03 036 *12*	.03 140 *62*	.03 244 *12*	.03 347 *62*	.03 452 *12*	.03 556 *62*
.02 728 *61*	.02 831 *11*	.02 935 *61*	.03 038 *11*	.03 142 *61*	.03 246 *11*	.03 350 *61*	.03 454 *11*	.03 558 *61*
.02 730 *60*	.02 833 *10*	.02 937 *60*	.03 040 *10*	.03 144 *60*	.03 248 *10*	.03 352 *60*	.03 456 *10*	.03 560 *60*
.02 732 *59*	.02 835 *09*	.02 939 *59*	.03 042 *09*	.03 146 *59*	.03 250 *09*	.03 354 *59*	.03 458 *09*	.03 562 *59*
.02 734 *58*	.02 837 *08*	.02 941 *58*	.03 044 *08*	.03 148 *58*	.03 252 *08*	.03 356 *58*	.03 460 *08*	.03 564 *58*
.02 736 *57*	.02 839 *07*	.02 943 *57*	.03 046 *07*	.03 150 *57*	.03 254 *07*	.03 358 *57*	.03 462 *07*	.03 566 *57*
.02 738 *56*	.02 841 *06*	.02 945 *56*	.03 048 *06*	.03 152 *56*	.03 256 *06*	.03 360 *56*	.03 464 *06*	.03 568 *56*
.02 740 *55*	.02 844 *05*	.02 947 *55*	.03 051 *05*	.03 154 *55*	.03 258 *05*	.03 362 *55*	.03 466 *05*	.03 570 *55*
.02 742 *54*	.02 846 *04*	.02 949 *54*	.03 053 *04*	.03 156 *54*	.03 260 *04*	.03 364 *54*	.03 468 *04*	.03 572 *54*
.02 744 *53*	.02 848 *03*	.02 951 *53*	.03 055 *03*	.03 158 *53*	.03 262 *03*	.03 366 *53*	.03 470 *03*	.03 575 *53*
.02 746 *52*	.02 850 *02*	.02 953 *52*	.03 057 *02*	.03 160 *52*	.03 264 *02*	.03 368 *52*	.03 472 *02*	.03 577 *52*
.02 748 *51*	.02 852 *01*	.02 955 *51*	.03 059 *01*	.03 163 *51*	.03 266 *01*	.03 370 *51*	.03 474 *01*	.03 579 *51*
0.02 751 *50*	0.02 854 *00*	0.02 957 *50*	0.03 061 *00*	0.03 165 *50*	0.03 268 *00*	0.03 372 *50*	0.03 477 *00*	0.03 581 *50*

Find your entering number in the column of heavy print. If there isn't a perfect match, go to the next larger number. The last part of the gaussian is beside it; the first part is above the column.

Gaussians   Gaussians

	.28 3	.28 2	.28 2	.28 1	.28 1	.28 0	.28 0	.27 9	.27 9
0.03 583 49	0.03 687 99	0.03 792 49	0.03 896 99	0.04 001 49	0.04 106 99	0.04 211 49	0.04 316 99	0.04 421 49
.03 585 48	.03 689 98	.03 794 48	.03 898 98	.04 003 48	.04 108 98	.04 213 48	.04 318 98	.04 424 48
.03 587 47	.03 691 97	.03 796 47	.03 901 97	.04 005 47	.04 110 97	.04 215 47	.04 320 97	.04 426 47
.03 589 46	.03 693 96	.03 798 46	.03 903 96	.04 007 46	.04 112 96	.04 217 46	.04 322 96	.04 428 46
.03 591 45	.03 696 95	.03 800 45	.03 905 95	.04 009 45	.04 114 95	.04 219 45	.04 325 95	.04 430 45
.03 593 44	.03 698 94	.03 802 44	.03 907 94	.04 012 44	.04 116 94	.04 222 44	.04 327 94	.04 432 44
.03 595 43	.03 700 93	.03 804 43	.03 909 93	.04 014 43	.04 119 93	.04 224 43	.04 329 93	.04 434 43
.03 597 42	.03 702 92	.03 806 42	.03 911 92	.04 016 42	.04 121 92	.04 226 42	.04 331 92	.04 436 42
.03 600 41	.03 704 91	.03 808 41	.03 913 91	.04 018 41	.04 123 91	.04 228 41	.04 333 91	.04 438 41
.03 602 40	.03 706 90	.03 811 40	.03 915 90	.04 020 40	.04 125 90	.04 230 40	.04 335 90	.04 440 40
.03 604 39	.03 708 89	.03 813 39	.03 917 89	.04 022 39	.04 127 89	.04 232 39	.04 337 89	.04 443 39
.03 606 38	.03 710 88	.03 815 38	.03 919 88	.04 024 38	.04 129 88	.04 234 38	.04 339 88	.04 445 38
.03 608 37	.03 712 87	.03 817 37	.03 921 87	.04 026 37	.04 131 87	.04 236 37	.04 341 87	.04 447 37
.03 610 36	.03 714 86	.03 819 36	.03 924 86	.04 028 36	.04 133 86	.04 238 36	.04 344 86	.04 449 36
.03 612 35	.03 716 85	.03 821 35	.03 926 85	.04 030 35	.04 135 85	.04 240 35	.04 346 85	.04 451 35
.03 614 34	.03 719 84	.03 823 34	.03 928 84	.04 033 34	.04 137 84	.04 243 34	.04 348 84	.04 453 34
.03 616 33	.03 721 83	.03 825 33	.03 930 83	.04 035 33	.04 140 83	.04 245 33	.04 350 83	.04 455 33
.03 618 32	.03 723 82	.03 827 32	.03 932 82	.04 037 32	.04 142 82	.04 247 32	.04 352 82	.04 457 32
.03 620 31	.03 725 81	.03 829 31	.03 934 81	.04 039 31	.04 144 81	.04 249 31	.04 354 81	.04 459 31
.03 622 30	.03 727 80	.03 831 30	.03 936 80	.04 041 30	.04 146 80	.04 251 30	.04 356 80	.04 462 30
.03 625 29	.03 729 79	.03 834 29	.03 938 79	.04 043 29	.04 148 79	.04 253 29	.04 358 79	.04 464 29
.03 627 28	.03 731 78	.03 836 28	.03 940 78	.04 045 28	.04 150 78	.04 255 28	.04 360 78	.04 466 28
.03 629 27	.03 733 77	.03 838 27	.03 942 77	.04 047 27	.04 152 77	.04 257 27	.04 362 77	.04 468 27
.03 631 26	.03 735 76	.03 840 26	.03 945 76	.04 049 26	.04 154 76	.04 259 26	.04 365 76	.04 470 26
0.03 633 25	0.03 737 75	0.03 842 25	0.03 947 75	0.04 051 25	0.04 156 75	0.04 261 25	0.04 367 75	0.04 472 25
.03 635 24	.03 739 74	.03 844 24	.03 949 74	.04 054 24	.04 158 74	.04 264 24	.04 369 74	.04 474 24
.03 637 23	.03 742 73	.03 846 23	.03 951 73	.04 056 23	.04 161 73	.04 266 23	.04 371 73	.04 476 23
.03 639 22	.03 744 72	.03 848 22	.03 953 72	.04 058 22	.04 163 72	.04 268 22	.04 373 72	.04 478 22
.03 641 21	.03 746 71	.03 850 21	.03 955 71	.04 060 21	.04 165 71	.04 270 21	.04 375 71	.04 480 21
.03 643 20	.03 748 70	.03 852 20	.03 957 70	.04 062 20	.04 167 70	.04 272 20	.04 377 70	.04 483 20
.03 645 19	.03 750 69	.03 854 19	.03 959 69	.04 064 19	.04 169 69	.04 274 19	.04 379 69	.04 485 19
.03 648 18	.03 752 68	.03 857 18	.03 961 68	.04 066 18	.04 171 68	.04 276 18	.04 381 68	.04 487 18
.03 650 17	.03 754 67	.03 859 17	.03 963 67	.04 068 17	.04 173 67	.04 278 17	.04 384 67	.04 489 17
.03 652 16	.03 756 66	.03 861 16	.03 965 66	.04 070 16	.04 175 66	.04 280 16	.04 386 66	.04 491 16
.03 654 15	.03 758 65	.03 863 15	.03 968 65	.04 072 15	.04 177 65	.04 283 15	.04 388 65	.04 493 15
.03 656 14	.03 760 64	.03 865 14	.03 970 64	.04 075 14	.04 179 64	.04 285 14	.04 390 64	.04 495 14
.03 658 13	.03 762 63	.03 867 13	.03 972 63	.04 077 13	.04 182 63	.04 287 13	.04 392 63	.04 497 13
.03 660 12	.03 765 62	.03 869 12	.03 974 62	.04 079 12	.04 184 62	.04 289 12	.04 394 62	.04 499 12
.03 662 11	.03 767 61	.03 871 11	.03 976 61	.04 081 11	.04 186 61	.04 291 11	.04 396 61	.04 502 11
.03 664 10	.03 769 60	.03 873 10	.03 978 60	.04 083 10	.04 188 60	.04 293 10	.04 398 60	.04 504 10
.03 666 09	.03 771 59	.03 875 09	.03 980 59	.04 085 09	.04 190 59	.04 295 09	.04 400 59	.04 506 09
.03 668 08	.03 773 58	.03 877 08	.03 982 58	.04 087 08	.04 192 58	.04 297 08	.04 403 58	.04 508 08
.03 671 07	.03 775 57	.03 880 07	.03 984 57	.04 089 07	.04 194 57	.04 299 07	.04 405 57	.04 510 07
.03 673 06	.03 777 56	.03 882 06	.03 986 56	.04 091 06	.04 196 56	.04 301 06	.04 407 56	.04 512 06
.03 675 05	.03 779 55	.03 884 05	.03 989 55	.04 093 05	.04 198 55	.04 304 05	.04 409 55	.04 514 05
.03 677 04	.03 781 54	.03 886 04	.03 991 54	.04 095 04	.04 201 54	.04 306 04	.04 411 54	.04 516 04
.03 679 03	.03 783 53	.03 888 03	.03 993 53	.04 098 03	.04 203 53	.04 308 03	.04 413 53	.04 518 03
.03 681 02	.03 785 52	.03 890 02	.03 995 52	.04 100 02	.04 205 52	.04 310 02	.04 415 52	.04 521 02
.03 683 01	.03 788 51	.03 892 01	.03 997 51	.04 102 01	.04 207 51	.04 312 01	.04 417 51	.04 523 01
0.03 685 00	0.03 790 50	0.03 894 00	0.03 999 50	0.04 104 00	0.04 209 50	0.04 314 00	0.04 419 50	0.04 525 00

Find your entering number in the column of heavy print. If there isn't a perfect match, go to the next larger number. The last part of the gaussian is beside it; the first part is above the column.

Gaussians   Gaussians

	.278	.278	.277	.277	.276	.276	.275	.275	.274
	0.04 527 99	0.04 632 49	0.04 738 99	0.04 844 49	0.04 950 99	0.05 056 49	0.05 162 99	0.05 269 49	0.05 375 99
	.04 529 98	.04 635 48	.04 740 98	.04 846 48	.04 952 98	.05 058 48	.05 164 98	.05 271 48	.05 377 98
	.04 531 97	.04 637 47	.04 742 97	.04 848 47	.04 954 97	.05 060 47	.05 167 97	.05 273 47	.05 379 97
	.04 533 96	.04 639 46	.04 744 96	.04 850 46	.04 956 96	.05 062 46	.05 169 96	.05 275 46	.05 382 96
	.04 535 95	.04 641 45	.04 747 95	.04 852 45	.04 958 95	.05 065 45	.05 171 95	.05 277 45	.05 384 95
	.04 537 94	.04 643 44	.04 749 94	.04 855 44	.04 961 94	.05 067 44	.05 173 94	.05 279 44	.05 386 94
	.04 540 93	.04 645 43	.04 751 93	.04 857 43	.04 963 93	.05 069 43	.05 175 93	.05 281 43	.05 388 93
	.04 542 92	.04 647 42	.04 753 92	.04 859 42	.04 965 92	.05 071 42	.05 177 92	.05 284 42	.05 390 92
	.04 544 91	.04 649 41	.04 755 91	.04 861 41	.04 967 91	.05 073 41	.05 179 91	.05 286 41	.05 392 91
	.04 546 90	.04 651 40	.04 757 90	.04 863 40	.04 969 90	.05 075 40	.05 181 90	.05 288 40	.05 394 90
	.04 548 89	.04 654 39	.04 759 89	.04 865 39	.04 971 89	.05 077 39	.05 184 89	.05 290 39	.05 397 89
	.04 550 88	.04 656 38	.04 761 88	.04 867 38	.04 973 88	.05 079 38	.05 186 88	.05 292 38	.05 399 88
	.04 552 87	.04 658 37	.04 764 87	.04 869 37	.04 975 87	.05 082 37	.05 188 87	.05 294 37	.05 401 87
	.04 554 86	.04 660 36	.04 766 86	.04 872 36	.04 978 86	.05 084 36	.05 190 86	.05 296 36	.05 403 86
	.04 556 85	.04 662 35	.04 768 85	.04 874 35	.04 980 85	.05 086 35	.05 192 85	.05 298 35	.05 405 85
	.04 559 84	.04 664 34	.04 770 84	.04 876 34	.04 982 84	.05 088 34	.05 194 84	.05 301 34	.05 407 84
	.04 561 83	.04 666 33	.04 772 83	.04 878 33	.04 984 83	.05 090 33	.05 196 83	.05 303 33	.05 409 83
	.04 563 82	.04 668 32	.04 774 82	.04 880 32	.04 986 82	.05 092 32	.05 198 82	.05 305 32	.05 411 82
	.04 565 81	.04 670 31	.04 776 81	.04 882 31	.04 988 81	.05 094 31	.05 201 81	.05 307 31	.05 414 81
	.04 567 80	.04 673 30	.04 778 80	.04 884 30	.04 990 80	.05 096 30	.05 203 80	.05 309 30	.05 416 80
	.04 569 79	.04 675 29	.04 780 79	.04 886 29	.04 992 79	.05 099 29	.05 205 79	.05 311 29	.05 418 79
	.04 571 78	.04 677 28	.04 783 78	.04 888 28	.04 994 78	.05 101 28	.05 207 78	.05 313 28	.05 420 78
	.04 573 77	.04 679 27	.04 785 77	.04 891 27	.04 997 77	.05 103 27	.05 209 77	.05 316 27	.05 422 77
	.04 575 76	.04 681 26	.04 787 76	.04 893 26	.04 999 76	.05 105 26	.05 211 76	.05 318 26	.05 424 76
	0.04 578 75	0.04 683 25	0.04 789 75	0.04 895 25	0.05 001 75	0.05 107 25	0.05 213 75	0.05 320 25	0.05 426 75
	.04 580 74	.04 685 24	.04 791 74	.04 897 24	.05 003 74	.05 109 24	.05 215 74	.05 322 24	.05 429 74
	.04 582 73	.04 687 23	.04 793 73	.04 899 23	.05 005 73	.05 111 23	.05 218 73	.05 324 23	.05 431 73
	.04 584 72	.04 690 22	.04 795 72	.04 901 22	.05 007 72	.05 113 22	.05 220 72	.05 326 22	.05 433 72
	.04 586 71	.04 692 21	.04 797 71	.04 903 21	.05 009 71	.05 116 21	.05 222 71	.05 328 21	.05 435 71
	.04 588 70	.04 694 20	.04 800 70	.04 905 20	.05 011 70	.05 118 20	.05 224 70	.05 330 20	.05 437 70
	.04 590 69	.04 696 19	.04 802 69	.04 908 19	.05 014 69	.05 120 19	.05 226 69	.05 333 19	.05 439 69
	.04 592 68	.04 698 18	.04 804 68	.04 910 18	.05 016 68	.05 122 18	.05 228 68	.05 335 18	.05 441 68
	.04 594 67	.04 700 17	.04 806 67	.04 912 17	.05 018 67	.05 124 17	.05 230 67	.05 337 17	.05 443 67
	.04 597 66	.04 702 16	.04 808 66	.04 914 16	.05 020 66	.05 126 16	.05 232 66	.05 339 16	.05 446 66
	.04 599 65	.04 704 15	.04 810 65	.04 916 15	.05 022 65	.05 128 15	.05 235 65	.05 341 15	.05 448 65
	.04 601 64	.04 706 14	.04 812 64	.04 918 14	.05 024 64	.05 130 14	.05 237 64	.05 343 14	.05 450 64
	.04 603 63	.04 709 13	.04 814 63	.04 920 13	.05 026 63	.05 133 13	.05 239 63	.05 345 13	.05 452 63
	.04 605 62	.04 711 12	.04 816 62	.04 922 12	.05 028 62	.05 135 12	.05 241 62	.05 347 12	.05 454 62
	.04 607 61	.04 713 11	.04 819 61	.04 925 11	.05 031 61	.05 137 11	.05 243 61	.05 350 11	.05 456 61
	.04 609 60	.04 715 10	.04 821 60	.04 927 10	.05 033 60	.05 139 10	.05 245 60	.05 352 10	.05 458 60
	.04 611 59	.04 717 09	.04 823 59	.04 929 09	.05 035 59	.05 141 09	.05 247 59	.05 354 09	.05 461 59
	.04 613 58	.04 719 08	.04 825 58	.04 931 08	.05 037 58	.05 143 08	.05 250 58	.05 356 08	.05 463 58
	.04 616 57	.04 721 07	.04 827 57	.04 933 07	.05 039 57	.05 145 07	.05 252 57	.05 358 07	.05 465 57
	.04 618 56	.04 723 06	.04 829 56	.04 935 06	.05 041 56	.05 147 06	.05 254 56	.05 360 06	.05 467 56
	.04 620 55	.04 725 05	.04 831 55	.04 937 05	.05 043 55	.05 150 05	.05 256 55	.05 362 05	.05 469 55
	.04 622 54	.04 728 04	.04 833 54	.04 939 04	.05 045 54	.05 152 04	.05 258 54	.05 365 04	.05 471 54
	.04 624 53	.04 730 03	.04 836 53	.04 941 03	.05 048 53	.05 154 03	.05 260 53	.05 367 03	.05 473 53
	.04 626 52	.04 732 02	.04 838 52	.04 944 02	.05 050 52	.05 156 02	.05 262 52	.05 369 02	.05 475 52
	.04 628 51	.04 734 01	.04 840 51	.04 946 01	.05 052 51	.05 158 01	.05 264 51	.05 371 01	.05 478 51
	0.04 630 50	0.04 736 00	0.04 842 50	0.04 948 00	0.05 054 50	0.05 160 00	0.05 267 50	0.05 373 00	0.05 480 50

Find your entering number in the column of heavy print. If there isn't a perfect match, go to the next larger number. The last part of the gaussian is beside it; the first part is above the column.

Gaussians   Gaussians

	.274	.273	.273	.272	.272	.271	.271	.270	.270
0.05 482 49	0.05 589 99	0.05 696 49	0.05 803 99	0.05 910 49	0.06 017 99	0.06 125 49	0.06 232 99	0.06 340 49
.05 484 48	.05 591 98	.05 698 48	.05 805 98	.05 912 48	.06 019 98	.06 127 48	.06 235 98	.06 342 48
.05 486 47	.05 593 97	.05 700 47	.05 807 97	.05 914 47	.06 022 97	.06 129 47	.06 237 97	.06 344 47
.05 488 46	.05 595 96	.05 702 46	.05 809 96	.05 916 46	.06 024 96	.06 131 46	.06 239 96	.06 347 46
.05 490 45	.05 597 95	.05 704 45	.05 811 95	.05 918 45	.06 026 95	.06 133 45	.06 241 95	.06 349 45
.05 493 44	.05 599 94	.05 706 44	.05 813 94	.05 921 44	.06 028 94	.06 135 44	.06 243 94	.06 351 44
.05 495 43	.05 601 93	.05 708 43	.05 816 93	.05 923 43	.06 030 93	.06 138 43	.06 245 93	.06 353 43
.05 497 42	.05 604 92	.05 711 42	.05 818 92	.05 925 42	.06 032 92	.06 140 42	.06 247 92	.06 355 42
.05 499 41	.05 606 91	.05 713 41	.05 820 91	.05 927 41	.06 034 91	.06 142 41	.06 250 91	.06 357 41
.05 501 40	.05 608 90	.05 715 40	.05 822 90	.05 929 40	.06 037 90	.06 144 40	.06 252 90	.06 360 40
.05 503 39	.05 610 89	.05 717 39	.05 824 89	.05 931 39	.06 039 89	.06 146 39	.06 254 89	.06 362 39
.05 505 38	.05 612 88	.05 719 38	.05 826 88	.05 933 38	.06 041 88	.06 148 38	.06 256 88	.06 364 38
.05 507 37	.05 614 87	.05 721 37	.05 828 87	.05 936 37	.06 043 87	.06 151 37	.06 258 87	.06 366 37
.05 510 36	.05 616 86	.05 723 36	.05 831 86	.05 938 36	.06 045 86	.06 153 36	.06 260 86	.06 368 36
.05 512 35	.05 619 85	.05 726 35	.05 833 85	.05 940 35	.06 047 85	.06 155 35	.06 263 85	.06 370 35
.05 514 34	.05 621 84	.05 728 34	.05 835 84	.05 942 34	.06 049 84	.06 157 34	.06 265 84	.06 373 34
.05 516 33	.05 623 83	.05 730 33	.05 837 83	.05 944 33	.06 052 83	.06 159 33	.06 267 83	.06 375 33
.05 518 32	.05 625 82	.05 732 32	.05 839 82	.05 946 32	.06 054 82	.06 161 32	.06 269 82	.06 377 32
.05 520 31	.05 627 81	.05 734 31	.05 841 81	.05 949 31	.06 056 81	.06 163 31	.06 271 81	.06 379 31
.05 522 30	.05 629 80	.05 736 30	.05 843 80	.05 951 30	.06 058 80	.06 166 30	.06 273 80	.06 381 30
.05 525 29	.05 631 79	.05 738 29	.05 846 79	.05 953 29	.06 060 79	.06 168 29	.06 275 79	.06 383 29
.05 527 28	.05 634 78	.05 741 28	.05 848 78	.05 955 28	.06 062 78	.06 170 28	.06 278 78	.06 385 28
.05 529 27	.05 636 77	.05 743 27	.05 850 77	.05 957 27	.06 065 77	.06 172 27	.06 280 77	.06 388 27
.05 531 26	.05 638 76	.05 745 26	.05 852 76	.05 959 26	.06 067 76	.06 174 26	.06 282 76	.06 390 26
0.05 533 25	0.05 640 75	0.05 747 25	0.05 854 75	0.05 961 25	0.06 069 75	0.06 176 25	0.06 284 75	0.06 392 25
.05 535 24	.05 642 74	.05 749 24	.05 856 74	.05 964 24	.06 071 74	.06 179 24	.06 286 74	.06 394 24
.05 537 23	.05 644 73	.05 751 23	.05 858 73	.05 966 23	.06 073 73	.06 181 23	.06 288 73	.06 396 23
.05 540 22	.05 646 72	.05 753 22	.05 861 72	.05 968 22	.06 075 72	.06 183 22	.06 291 72	.06 398 22
.05 542 21	.05 649 71	.05 756 21	.05 863 71	.05 970 21	.06 077 71	.06 185 21	.06 293 71	.06 401 21
.05 544 20	.05 651 70	.05 758 20	.05 865 70	.05 972 20	.06 080 70	.06 187 20	.06 295 70	.06 403 20
.05 546 19	.05 653 69	.05 760 19	.05 867 69	.05 974 19	.06 082 69	.06 189 19	.06 297 69	.06 405 19
.05 548 18	.05 655 68	.05 762 18	.05 869 68	.05 976 18	.06 084 68	.06 191 18	.06 299 68	.06 407 18
.05 550 17	.05 657 67	.05 764 17	.05 871 67	.05 979 17	.06 086 67	.06 194 17	.06 301 67	.06 409 17
.05 552 16	.05 659 66	.05 766 16	.05 873 66	.05 981 16	.06 088 66	.06 196 16	.06 304 66	.06 411 16
.05 554 15	.05 661 65	.05 768 15	.05 876 65	.05 983 15	.06 090 65	.06 198 15	.06 306 65	.06 414 15
.05 557 14	.05 663 64	.05 771 14	.05 878 64	.05 985 14	.06 092 64	.06 200 14	.06 308 64	.06 416 14
.05 559 13	.05 666 63	.05 773 13	.05 880 63	.05 987 13	.06 095 63	.06 202 13	.06 310 63	.06 418 13
.05 561 12	.05 668 62	.05 775 12	.05 882 62	.05 989 12	.06 097 62	.06 204 12	.06 312 62	.06 420 12
.05 563 11	.05 670 61	.05 777 11	.05 884 61	.05 991 11	.06 099 61	.06 207 11	.06 314 61	.06 422 11
.05 565 10	.05 672 60	.05 779 10	.05 886 60	.05 994 10	.06 101 60	.06 209 10	.06 316 60	.06 424 10
.05 567 09	.05 674 59	.05 781 09	.05 888 59	.05 996 09	.06 103 59	.06 211 09	.06 319 59	.06 427 09
.05 569 08	.05 676 58	.05 783 08	.05 891 58	.05 998 08	.06 105 58	.06 213 08	.06 321 58	.06 429 08
.05 572 07	.05 678 57	.05 786 07	.05 893 57	.06 000 07	.06 108 57	.06 215 07	.06 323 57	.06 431 07
.05 574 06	.05 681 56	.05 788 06	.05 895 56	.06 002 06	.06 110 56	.06 217 06	.06 325 56	.06 433 06
.05 576 05	.05 683 55	.05 790 05	.05 897 55	.06 004 05	.06 112 55	.06 219 05	.06 327 55	.06 435 05
.05 578 04	.05 685 54	.05 792 04	.05 899 54	.06 006 04	.06 114 54	.06 222 04	.06 329 54	.06 437 04
.05 580 03	.05 687 53	.05 794 03	.05 901 53	.06 009 03	.06 116 53	.06 224 03	.06 332 53	.06 439 03
.05 582 02	.05 689 52	.05 796 02	.05 903 52	.06 011 02	.06 118 52	.06 226 02	.06 334 52	.06 442 02
.05 584 01	.05 691 51	.05 798 01	.05 906 51	.06 013 01	.06 120 51	.06 228 01	.06 336 51	.06 444 01
0.05 587 00	0.05 693 50	0.05 801 00	0.05 908 50	0.06 015 00	0.06 123 50	0.06 230 00	0.06 338 50	0.06 446 00

Find your entering number in the column of heavy print. If there isn't a perfect match, go to the next larger number. The last part of the gaussian is beside it; the first part is above the column.

Gaussians   Gaussians

	.269	.269	.268	.268	.267	.267	.266	.266	.265
	0.06 448 99	0.06 556 49	0.06 664 99	0.06 773 49	0.06 881 99	0.06 990 49	0.07 099 99	0.07 208 49	0.07 317 99
	.06 450 98	.06 558 48	.06 667 98	.06 775 48	.06 883 98	.06 992 48	.07 101 98	.07 210 48	.07 319 98
	.06 452 97	.06 561 47	.06 669 97	.06 777 47	.06 886 97	.06 994 47	.07 103 97	.07 212 47	.07 321 97
	.06 455 96	.06 563 46	.06 671 96	.06 779 46	.06 888 96	.06 996 46	.07 105 96	.07 214 46	.07 323 96
	.06 457 95	.06 565 45	.06 673 95	.06 781 45	.06 890 95	.06 999 45	.07 107 95	.07 216 45	.07 326 95
	.06 459 94	.06 567 44	.06 675 94	.06 784 44	.06 892 94	.07 001 44	.07 110 94	.07 219 44	.07 328 94
	.06 461 93	.06 569 43	.06 677 93	.06 786 43	.06 894 93	.07 003 43	.07 112 93	.07 221 43	.07 330 93
	.06 463 92	.06 571 42	.06 680 92	.06 788 42	.06 896 92	.07 005 42	.07 114 92	.07 223 42	.07 332 92
	.06 465 91	.06 573 41	.06 682 91	.06 790 41	.06 899 91	.07 007 41	.07 116 91	.07 225 41	.07 334 91
	.06 468 90	.06 576 40	.06 684 90	.06 792 40	.06 901 90	.07 010 40	.07 118 90	.07 227 40	.07 336 90
	.06 470 89	.06 578 39	.06 686 89	.06 794 39	.06 903 89	.07 012 39	.07 121 89	.07 229 39	.07 339 89
	.06 472 88	.06 580 38	.06 688 88	.06 797 38	.06 905 88	.07 014 38	.07 123 88	.07 232 38	.07 341 88
	.06 474 87	.06 582 37	.06 690 87	.06 799 37	.06 907 87	.07 016 37	.07 125 87	.07 234 37	.07 343 87
	.06 476 86	.06 584 36	.06 693 86	.06 801 36	.06 910 86	.07 018 36	.07 127 86	.07 236 36	.07 345 86
	.06 478 85	.06 586 35	.06 695 85	.06 803 35	.06 912 85	.07 020 35	.07 129 85	.07 238 35	.07 347 85
	.06 481 84	.06 589 34	.06 697 84	.06 805 34	.06 914 84	.07 023 34	.07 131 84	.07 240 34	.07 350 84
	.06 483 83	.06 591 33	.06 699 83	.06 807 33	.06 916 83	.07 025 33	.07 134 83	.07 243 33	.07 352 83
	.06 485 82	.06 593 32	.06 701 82	.06 810 32	.06 918 82	.07 027 32	.07 136 82	.07 245 32	.07 354 82
	.06 487 81	.06 595 31	.06 703 81	.06 812 31	.06 920 81	.07 029 31	.07 138 81	.07 247 31	.07 356 81
	.06 489 80	.06 597 30	.06 706 80	.06 814 30	.06 923 80	.07 031 30	.07 140 80	.07 249 30	.07 358 80
	.06 491 79	.06 599 29	.06 708 79	.06 816 29	.06 925 79	.07 033 29	.07 142 79	.07 251 29	.07 360 79
	.06 493 78	.06 602 28	.06 710 78	.06 818 28	.06 927 78	.07 036 28	.07 144 78	.07 253 28	.07 363 78
	.06 496 77	.06 604 27	.06 712 77	.06 820 27	.06 929 77	.07 038 27	.07 147 77	.07 256 27	.07 365 77
	.06 498 76	.06 606 26	.06 714 76	.06 823 26	.06 931 76	.07 040 26	.07 149 76	.07 258 26	.07 367 76
	0.06 500 75	0.06 608 25	0.06 716 75	0.06 825 25	0.06 933 75	0.07 042 25	0.07 151 75	0.07 260 25	0.07 369 75
	.06 502 74	.06 610 24	.06 719 74	.06 827 24	.06 936 74	.07 044 24	.07 153 74	.07 262 24	.07 371 74
	.06 504 73	.06 612 23	.06 721 73	.06 829 23	.06 938 73	.07 046 23	.07 155 73	.07 264 23	.07 374 73
	.06 506 72	.06 615 22	.06 723 72	.06 831 22	.06 940 72	.07 049 22	.07 158 72	.07 267 22	.07 376 72
	.06 509 71	.06 617 21	.06 725 71	.06 834 21	.06 942 71	.07 051 21	.07 160 71	.07 269 21	.07 378 71
	.06 511 70	.06 619 20	.06 727 70	.06 836 20	.06 944 70	.07 053 20	.07 162 70	.07 271 20	.07 380 70
	.06 513 69	.06 621 19	.06 729 69	.06 838 19	.06 946 69	.07 055 19	.07 164 69	.07 273 19	.07 382 69
	.06 515 68	.06 623 18	.06 732 68	.06 840 18	.06 949 68	.07 057 18	.07 166 68	.07 275 18	.07 385 68
	.06 517 67	.06 625 17	.06 734 67	.06 842 17	.06 951 67	.07 060 17	.07 168 67	.07 277 17	.07 387 67
	.06 519 66	.06 628 16	.06 736 66	.06 844 16	.06 953 66	.07 062 16	.07 171 66	.07 280 16	.07 389 66
	.06 522 65	.06 630 15	.06 738 65	.06 847 15	.06 955 65	.07 064 15	.07 173 65	.07 282 15	.07 391 65
	.06 524 64	.06 632 14	.06 740 64	.06 849 14	.06 957 64	.07 066 14	.07 175 64	.07 284 14	.07 393 64
	.06 526 63	.06 634 13	.06 742 63	.06 851 13	.06 959 63	.07 068 13	.07 177 63	.07 286 13	.07 395 63
	.06 528 62	.06 636 12	.06 745 62	.06 853 12	.06 962 62	.07 070 12	.07 179 62	.07 288 12	.07 398 62
	.06 530 61	.06 638 11	.06 747 61	.06 855 11	.06 964 61	.07 073 11	.07 182 61	.07 291 11	.07 400 61
	.06 532 60	.06 641 10	.06 749 60	.06 857 10	.06 966 60	.07 075 10	.07 184 60	.07 293 10	.07 402 60
	.06 535 59	.06 643 09	.06 751 59	.06 860 09	.06 968 59	.07 077 09	.07 186 59	.07 295 09	.07 404 59
	.06 537 58	.06 645 08	.06 753 58	.06 862 08	.06 970 58	.07 079 08	.07 188 58	.07 297 08	.07 406 58
	.06 539 57	.06 647 07	.06 755 57	.06 864 07	.06 973 57	.07 081 07	.07 190 57	.07 299 07	.07 409 57
	.06 541 56	.06 649 06	.06 758 56	.06 866 06	.06 975 56	.07 083 06	.07 192 56	.07 302 06	.07 411 56
	.06 543 55	.06 651 05	.06 760 55	.06 868 05	.06 977 55	.07 086 05	.07 195 55	.07 304 05	.07 413 55
	.06 545 54	.06 654 04	.06 762 54	.06 870 04	.06 979 54	.07 088 04	.07 197 54	.07 306 04	.07 415 54
	.06 548 53	.06 656 03	.06 764 53	.06 873 03	.06 981 53	.07 090 03	.07 199 53	.07 308 03	.07 417 53
	.06 550 52	.06 658 02	.06 766 52	.06 875 02	.06 983 52	.07 092 02	.07 201 52	.07 310 02	.07 419 52
	.06 552 51	.06 660 01	.06 768 51	.06 877 01	.06 986 51	.07 094 01	.07 203 51	.07 312 01	.07 422 51
	0.06 554 50	0.06 662 00	0.06 771 50	0.06 879 00	0.06 988 50	0.07 097 00	0.07 206 50	0.07 315 00	0.07 424 50

Find your entering number in the column of heavy print. If there isn't a perfect match, go to the next larger number. The last part of the gaussian is beside it; the first part is above the column.

Gaussians

	.26 5	.26 4	.26 4	.26 3	.26 3	.26 2	.26 2	.26 1	.26 1
	0.07 426 49	0.07 535 99	0.07 645 49	0.07 755 99	0.07 865 49	0.07 975 99	0.08 085 49	0.08 195 99	0.08 305 49
	.07 428 48	.07 538 98	.07 647 48	.07 757 98	.07 867 48	.07 977 98	.08 087 48	.08 197 98	.08 308 48
	.07 430 47	.07 540 97	.07 649 47	.07 759 97	.07 869 47	.07 979 97	.08 089 47	.08 199 97	.08 310 47
	.07 433 46	.07 542 96	.07 652 46	.07 761 96	.07 871 46	.07 981 96	.08 091 46	.08 202 96	.08 312 46
	.07 435 45	.07 544 95	.07 654 45	.07 763 95	.07 873 45	.07 983 95	.08 094 45	.08 204 95	.08 314 45
	.07 437 44	.07 546 94	.07 656 44	.07 766 94	.07 876 44	.07 986 94	.08 096 44	.08 206 94	.08 317 44
	.07 439 43	.07 549 93	.07 658 43	.07 768 93	.07 878 43	.07 988 93	.08 098 43	.08 208 93	.08 319 43
	.07 441 42	.07 551 92	.07 660 42	.07 770 92	.07 880 42	.07 990 92	.08 100 42	.08 210 92	.08 321 42
	.07 444 41	.07 553 91	.07 663 41	.07 772 91	.07 882 41	.07 992 91	.08 102 41	.08 213 91	.08 323 41
	.07 446 40	.07 555 90	.07 665 40	.07 774 90	.07 884 40	.07 994 90	.08 105 40	.08 215 90	.08 325 40
	.07 448 39	.07 557 89	.07 667 39	.07 777 89	.07 887 39	.07 997 89	.08 107 39	.08 217 89	.08 328 39
	.07 450 38	.07 560 88	.07 669 38	.07 779 88	.07 889 38	.07 999 88	.08 109 38	.08 219 88	.08 330 38
	.07 452 37	.07 562 87	.07 671 37	.07 781 87	.07 891 37	.08 001 87	.08 111 37	.08 221 87	.08 332 37
	.07 454 36	.07 564 86	.07 673 36	.07 783 86	.07 893 36	.08 003 86	.08 113 36	.08 224 86	.08 334 36
	.07 457 35	.07 566 85	.07 676 35	.07 785 85	.07 895 35	.08 005 85	.08 116 35	.08 226 85	.08 336 35
	.07 459 34	.07 568 84	.07 678 34	.07 788 84	.07 898 34	.08 008 84	.08 118 34	.08 228 84	.08 339 34
	.07 461 33	.07 570 83	.07 680 33	.07 790 83	.07 900 33	.08 010 83	.08 120 33	.08 230 83	.08 341 33
	.07 463 32	.07 573 82	.07 682 32	.07 792 82	.07 902 32	.08 012 82	.08 122 32	.08 233 82	.08 343 32
	.07 465 31	.07 575 81	.07 684 31	.07 794 81	.07 904 31	.08 014 81	.08 124 31	.08 235 81	.08 345 31
	.07 468 30	.07 577 80	.07 687 30	.07 796 80	.07 906 30	.08 016 80	.08 127 30	.08 237 80	.08 347 30
	.07 470 29	.07 579 79	.07 689 29	.07 799 79	.07 909 29	.08 019 79	.08 129 29	.08 239 79	.08 350 29
	.07 472 28	.07 581 78	.07 691 28	.07 801 78	.07 911 28	.08 021 78	.08 131 28	.08 241 78	.08 352 28
	.07 474 27	.07 584 77	.07 693 27	.07 803 77	.07 913 27	.08 023 77	.08 133 27	.08 244 77	.08 354 27
	.07 476 26	.07 586 76	.07 695 26	.07 805 76	.07 915 26	.08 025 76	.08 135 26	.08 246 76	.08 356 26
	0.07 479 25	0.07 588 75	0.07 698 25	0.07 807 75	0.07 917 25	0.08 027 75	0.08 138 25	0.08 248 75	0.08 359 25
	.07 481 24	.07 590 74	.07 700 24	.07 810 74	.07 920 24	.08 030 74	.08 140 24	.08 250 74	.08 361 24
	.07 483 23	.07 592 73	.07 702 23	.07 812 73	.07 922 23	.08 032 73	.08 142 23	.08 252 73	.08 363 23
	.07 485 22	.07 595 72	.07 704 22	.07 814 72	.07 924 22	.08 034 72	.08 144 22	.08 255 72	.08 365 22
	.07 487 21	.07 597 71	.07 706 21	.07 816 71	.07 926 21	.08 036 71	.08 146 21	.08 257 71	.08 367 21
	.07 489 20	.07 599 70	.07 709 20	.07 818 70	.07 928 20	.08 038 70	.08 149 20	.08 259 70	.08 370 20
	.07 492 19	.07 601 69	.07 711 19	.07 821 69	.07 931 19	.08 041 69	.08 151 19	.08 261 69	.08 372 19
	.07 494 18	.07 603 68	.07 713 18	.07 823 68	.07 933 18	.08 043 68	.08 153 18	.08 263 68	.08 374 18
	.07 496 17	.07 606 67	.07 715 17	.07 825 67	.07 935 17	.08 045 67	.08 155 17	.08 266 67	.08 376 17
	.07 498 16	.07 608 66	.07 717 16	.07 827 66	.07 937 16	.08 047 66	.08 157 16	.08 268 66	.08 378 16
	.07 500 15	.07 610 65	.07 720 15	.07 829 65	.07 939 15	.08 049 65	.08 160 15	.08 270 65	.08 381 15
	.07 503 14	.07 612 64	.07 722 14	.07 832 64	.07 942 14	.08 052 64	.08 162 14	.08 272 64	.08 383 14
	.07 505 13	.07 614 63	.07 724 13	.07 834 63	.07 944 13	.08 054 63	.08 164 13	.08 275 63	.08 385 13
	.07 507 12	.07 616 62	.07 726 12	.07 836 62	.07 946 12	.08 056 62	.08 166 12	.08 277 62	.08 387 12
	.07 509 11	.07 619 61	.07 728 11	.07 838 61	.07 948 11	.08 058 61	.08 169 11	.08 279 61	.08 390 11
	.07 511 10	.07 621 60	.07 731 10	.07 840 60	.07 950 10	.08 060 60	.08 171 10	.08 281 60	.08 392 10
	.07 514 09	.07 623 59	.07 733 09	.07 843 59	.07 953 09	.08 063 59	.08 173 09	.08 283 59	.08 394 09
	.07 516 08	.07 625 58	.07 735 08	.07 845 58	.07 955 08	.08 065 58	.08 175 08	.08 286 58	.08 396 08
	.07 518 07	.07 627 57	.07 737 07	.07 847 57	.07 957 07	.08 067 57	.08 177 07	.08 288 57	.08 398 07
	.07 520 06	.07 630 56	.07 739 06	.07 849 56	.07 959 06	.08 069 56	.08 180 06	.08 290 56	.08 401 06
	.07 522 05	.07 632 55	.07 742 05	.07 851 55	.07 961 05	.08 071 55	.08 182 05	.08 292 55	.08 403 05
	.07 524 04	.07 634 54	.07 744 04	.07 854 54	.07 964 04	.08 074 54	.08 184 04	.08 294 54	.08 405 04
	.07 527 03	.07 636 53	.07 746 03	.07 856 53	.07 966 03	.08 076 53	.08 186 03	.08 297 53	.08 407 03
	.07 529 02	.07 638 52	.07 748 02	.07 858 52	.07 968 02	.08 078 52	.08 188 02	.08 299 52	.08 409 02
	.07 531 01	.07 641 51	.07 750 01	.07 860 51	.07 970 01	.08 080 51	.08 191 01	.08 301 51	.08 412 01
	0.07 533 00	0.07 643 50	0.07 752 00	0.07 862 50	0.07 972 00	0.08 082 50	0.08 193 00	0.08 303 50	0.08 414 00

Find your entering number in the column of heavy print. If there isn't a perfect match, go to the next larger number. The last part of the gaussian is beside it; the first part is above the column.

Gaussians

	.260	.260	.259	.259	.258	.258	.257	.257	.256
0.08 416 99	0.08 527 49	0.08 638 99	0.08 749 49	0.08 860 99	0.08 971 49	0.09 083 99	0.09 195 49	0.09 307 99
.08 418 98	.08 529 48	.08 640 98	.08 751 48	.08 862 98	.08 974 48	.09 085 98	.09 197 48	.09 309 98
.08 421 97	.08 531 47	.08 642 97	.08 753 47	.08 865 97	.08 976 47	.09 087 97	.09 199 47	.09 311 97
.08 423 96	.08 533 46	.08 644 96	.08 756 46	.08 867 96	.08 978 46	.09 090 96	.09 201 46	.09 313 96
.08 425 95	.08 536 45	.08 647 95	.08 758 45	.08 869 95	.08 980 45	.09 092 95	.09 204 45	.09 316 95
.08 427 94	.08 538 44	.08 649 94	.08 760 44	.08 871 94	.08 983 44	.09 094 94	.09 206 44	.09 318 94
.08 429 93	.08 540 43	.08 651 93	.08 762 43	.08 873 93	.08 985 43	.09 096 93	.09 208 43	.09 320 93
.08 432 92	.08 542 42	.08 653 92	.08 764 42	.08 876 92	.08 987 42	.09 099 92	.09 210 42	.09 322 92
.08 434 91	.08 545 41	.08 656 91	.08 767 41	.08 878 91	.08 989 41	.09 101 91	.09 213 41	.09 325 91
.08 436 90	.08 547 40	.08 658 90	.08 769 40	.08 880 90	.08 992 40	.09 103 90	.09 215 40	.09 327 90
.08 438 89	.08 549 39	.08 660 89	.08 771 39	.08 882 89	.08 994 39	.09 105 89	.09 217 39	.09 329 89
.08 440 88	.08 551 38	.08 662 88	.08 773 38	.08 885 88	.08 996 38	.09 108 88	.09 219 38	.09 331 88
.08 443 87	.08 553 37	.08 664 87	.08 776 37	.08 887 87	.08 998 37	.09 110 87	.09 222 37	.09 333 87
.08 445 86	.08 556 36	.08 667 86	.08 778 36	.08 889 86	.09 000 36	.09 112 86	.09 224 36	.09 336 86
.08 447 85	.08 558 35	.08 669 85	.08 780 35	.08 891 85	.09 003 35	.09 114 85	.09 226 35	.09 338 85
.08 449 84	.08 560 34	.08 671 84	.08 782 34	.08 893 84	.09 005 34	.09 117 84	.09 228 34	.09 340 84
.08 452 83	.08 562 33	.08 673 83	.08 784 33	.08 896 83	.09 007 33	.09 119 83	.09 231 33	.09 342 83
.08 454 82	.08 565 32	.08 676 82	.08 787 32	.08 898 82	.09 009 32	.09 121 82	.09 233 32	.09 345 82
.08 456 81	.08 567 31	.08 678 81	.08 789 31	.08 900 81	.09 012 31	.09 123 81	.09 235 31	.09 347 81
.08 458 80	.08 569 30	.08 680 80	.08 791 30	.08 902 80	.09 014 30	.09 125 80	.09 237 30	.09 349 80
.08 460 79	.08 571 29	.08 682 79	.08 793 29	.08 905 79	.09 016 29	.09 128 79	.09 239 29	.09 351 79
.08 463 78	.08 573 28	.08 684 78	.08 796 28	.08 907 78	.09 018 28	.09 130 78	.09 242 28	.09 354 78
.08 465 77	.08 576 27	.08 687 77	.08 798 27	.08 909 77	.09 021 27	.09 132 77	.09 244 27	.09 356 77
.08 467 76	.08 578 26	.08 689 76	.08 800 26	.08 911 76	.09 023 26	.09 134 76	.09 246 26	.09 358 76
0.08 469 75	0.08 580 25	0.08 691 75	0.08 802 25	0.08 914 75	0.09 025 25	0.09 137 75	0.09 248 25	0.09 360 75
.08 471 74	.08 582 24	.08 693 74	.08 804 24	.08 916 74	.09 027 24	.09 139 74	.09 251 24	.09 363 74
.08 474 73	.08 585 23	.08 696 73	.08 807 23	.08 918 73	.09 029 23	.09 141 73	.09 253 23	.09 365 73
.08 476 72	.08 587 22	.08 698 72	.08 809 22	.08 920 72	.09 032 22	.09 143 72	.09 255 22	.09 367 72
.08 478 71	.08 589 21	.08 700 71	.08 811 21	.08 922 71	.09 034 21	.09 146 71	.09 257 21	.09 369 71
.08 480 70	.08 591 20	.08 702 70	.08 813 20	.08 925 70	.09 036 20	.09 148 70	.09 260 20	.09 372 70
.08 483 69	.08 593 19	.08 704 69	.08 816 19	.08 927 69	.09 038 19	.09 150 69	.09 262 19	.09 374 69
.08 485 68	.08 596 18	.08 707 68	.08 818 18	.08 929 68	.09 041 18	.09 152 68	.09 264 18	.09 376 68
.08 487 67	.08 598 17	.08 709 67	.08 820 17	.08 931 67	.09 043 17	.09 155 67	.09 266 17	.09 378 67
.08 489 66	.08 600 16	.08 711 66	.08 822 16	.08 934 66	.09 045 16	.09 157 66	.09 269 16	.09 381 66
.08 491 65	.08 602 15	.08 713 65	.08 824 15	.08 936 65	.09 047 15	.09 159 65	.09 271 15	.09 383 65
.08 494 64	.08 604 14	.08 716 64	.08 827 14	.08 938 64	.09 050 14	.09 161 64	.09 273 14	.09 385 64
.08 496 63	.08 607 13	.08 718 63	.08 829 13	.08 940 63	.09 052 13	.09 163 63	.09 275 13	.09 387 63
.08 498 62	.08 609 12	.08 720 62	.08 831 12	.08 943 62	.09 054 12	.09 166 62	.09 278 12	.09 389 62
.08 500 61	.08 611 11	.08 722 61	.08 833 11	.08 945 61	.09 056 11	.09 168 61	.09 280 11	.09 392 61
.08 502 60	.08 613 10	.08 724 60	.08 836 10	.08 947 60	.09 058 10	.09 170 60	.09 282 10	.09 394 60
.08 505 59	.08 616 09	.08 727 59	.08 838 09	.08 949 59	.09 061 09	.09 172 59	.09 284 09	.09 396 59
.08 507 58	.08 618 08	.08 729 58	.08 840 08	.08 951 58	.09 063 08	.09 175 58	.09 286 08	.09 398 58
.08 509 57	.08 620 07	.08 731 57	.08 842 07	.08 954 57	.09 065 07	.09 177 57	.09 289 07	.09 401 57
.08 511 56	.08 622 06	.08 733 56	.08 845 06	.08 956 56	.09 067 06	.09 179 56	.09 291 06	.09 403 56
.08 514 55	.08 624 05	.08 736 55	.08 847 05	.08 958 55	.09 070 05	.09 181 55	.09 293 05	.09 405 55
.08 516 54	.08 627 04	.08 738 54	.08 849 04	.08 960 54	.09 072 04	.09 184 54	.09 295 04	.09 407 54
.08 518 53	.08 629 03	.08 740 53	.08 851 03	.08 963 53	.09 074 03	.09 186 53	.09 298 03	.09 410 53
.08 520 52	.08 631 02	.08 742 52	.08 853 02	.08 965 52	.09 076 02	.09 188 52	.09 300 02	.09 412 52
.08 522 51	.08 633 01	.08 744 51	.08 856 01	.08 967 51	.09 079 01	.09 190 51	.09 302 01	.09 414 51
0.08 525 50	0.08 636 00	0.08 747 50	0.08 858 00	0.08 969 50	0.09 081 00	0.09 193 50	0.09 304 00	0.09 416 50

Find your entering number in the column of heavy print. If there isn't a perfect match, go to the next larger number. The last part of the gaussian is beside it; the first part is above the column.

Gaussians

	.25 6	.25 5	.25 5	.25 4	.25 4	.25 3	.25 3	.25 2	.25 2
	0.09 419 49	0.09 531 99	0.09 643 49	0.09 756 99	0.09 868 49	0.09 981 99	0.10 094 49	0.10 207 99	0.10 321 49
	.09 421 48	.09 533 98	.09 645 48	.09 758 98	.09 871 48	.09 983 98	.10 096 48	.10 210 98	.10 323 48
	.09 423 47	.09 535 97	.09 648 47	.09 760 97	.09 873 47	.09 986 97	.10 099 47	.10 212 97	.10 325 47
	.09 425 46	.09 538 96	.09 650 46	.09 762 96	.09 875 46	.09 988 96	.10 101 46	.10 214 96	.10 328 46
	.09 428 45	.09 540 95	.09 652 45	.09 765 95	.09 877 45	.09 990 95	.10 103 45	.10 216 95	.10 330 45
	.09 430 44	.09 542 94	.09 654 44	.09 767 94	.09 880 44	.09 992 94	.10 106 44	.10 219 94	.10 332 44
	.09 432 43	.09 544 93	.09 657 43	.09 769 93	.09 882 43	.09 995 93	.10 108 43	.10 221 93	.10 334 43
	.09 434 42	.09 547 92	.09 659 42	.09 771 92	.09 884 42	.09 997 92	.10 110 42	.10 223 92	.10 337 42
	.09 437 41	.09 549 91	.09 661 41	.09 774 91	.09 886 41	.09 999 91	.10 112 41	.10 225 91	.10 339 41
	.09 439 40	.09 551 90	.09 663 40	.09 776 90	.09 889 40	.10 002 90	.10 115 40	.10 228 90	.10 341 40
	.09 441 39	.09 553 89	.09 666 39	.09 778 89	.09 891 39	.10 004 89	.10 117 39	.10 230 89	.10 343 39
	.09 443 38	.09 556 88	.09 668 38	.09 780 88	.09 893 38	.10 006 88	.10 119 38	.10 232 88	.10 346 38
	.09 446 37	.09 558 87	.09 670 37	.09 783 87	.09 895 37	.10 008 87	.10 121 37	.10 235 87	.10 348 37
	.09 448 36	.09 560 86	.09 672 36	.09 785 86	.09 898 36	.10 011 86	.10 124 36	.10 237 86	.10 350 36
	.09 450 35	.09 562 85	.09 675 35	.09 787 85	.09 900 35	.10 013 85	.10 126 35	.10 239 85	.10 352 35
	.09 452 34	.09 565 84	.09 677 34	.09 789 84	.09 902 34	.10 015 84	.10 128 34	.10 241 84	.10 355 34
	.09 455 33	.09 567 83	.09 679 33	.09 792 83	.09 904 33	.10 017 83	.10 130 33	.10 244 83	.10 357 33
	.09 457 32	.09 569 82	.09 681 32	.09 794 82	.09 907 32	.10 020 82	.10 133 32	.10 246 82	.10 359 32
	.09 459 31	.09 571 81	.09 684 31	.09 796 81	.09 909 31	.10 022 81	.10 135 31	.10 248 81	.10 362 31
	.09 461 30	.09 574 80	.09 686 30	.09 798 80	.09 911 30	.10 024 80	.10 137 30	.10 250 80	.10 364 30
	.09 463 29	.09 576 79	.09 688 29	.09 801 79	.09 913 29	.10 026 79	.10 139 29	.10 253 79	.10 366 29
	.09 466 28	.09 578 78	.09 690 28	.09 803 78	.09 916 28	.10 029 78	.10 142 28	.10 255 78	.10 368 28
	.09 468 27	.09 580 77	.09 693 27	.09 805 77	.09 918 27	.10 031 77	.10 144 27	.10 257 77	.10 371 27
	.09 470 26	.09 582 76	.09 695 26	.09 808 76	.09 920 26	.10 033 76	.10 146 26	.10 259 76	.10 373 26
	0.09 472 25	0.09 585 75	0.09 697 25	0.09 810 75	0.09 923 25	0.10 035 75	0.10 149 25	0.10 262 75	0.10 375 25
	.09 475 24	.09 587 74	.09 699 24	.09 812 74	.09 925 24	.10 038 74	.10 151 24	.10 264 74	.10 377 24
	.09 477 23	.09 589 73	.09 702 23	.09 814 73	.09 927 23	.10 040 73	.10 153 23	.10 266 73	.10 380 23
	.09 479 22	.09 591 72	.09 704 22	.09 817 72	.09 929 22	.10 042 72	.10 155 22	.10 269 72	.10 382 22
	.09 481 21	.09 594 71	.09 706 21	.09 819 71	.09 932 21	.10 044 71	.10 158 21	.10 271 71	.10 384 21
	.09 484 20	.09 596 70	.09 708 20	.09 821 70	.09 934 20	.10 047 70	.10 160 20	.10 273 70	.10 387 20
	.09 486 19	.09 598 69	.09 711 19	.09 823 69	.09 936 19	.10 049 69	.10 162 19	.10 275 69	.10 389 19
	.09 488 18	.09 600 68	.09 713 18	.09 826 68	.09 938 18	.10 051 68	.10 164 18	.10 278 68	.10 391 18
	.09 490 17	.09 603 67	.09 715 17	.09 828 67	.09 941 17	.10 054 67	.10 167 17	.10 280 67	.10 393 17
	.09 493 16	.09 605 66	.09 717 16	.09 830 66	.09 943 16	.10 056 66	.10 169 16	.10 282 66	.10 396 16
	.09 495 15	.09 607 65	.09 720 15	.09 832 65	.09 945 15	.10 058 65	.10 171 15	.10 284 65	.10 398 15
	.09 497 14	.09 609 64	.09 722 14	.09 835 64	.09 947 14	.10 060 64	.10 173 14	.10 287 64	.10 400 14
	.09 499 13	.09 612 63	.09 724 13	.09 837 63	.09 950 13	.10 063 63	.10 176 13	.10 289 63	.10 402 13
	.09 502 12	.09 614 62	.09 726 12	.09 839 62	.09 952 12	.10 065 62	.10 178 12	.10 291 62	.10 405 12
	.09 504 11	.09 616 61	.09 729 11	.09 841 61	.09 954 11	.10 067 61	.10 180 11	.10 293 61	.10 407 11
	.09 506 10	.09 618 60	.09 731 10	.09 844 60	.09 956 10	.10 069 60	.10 182 10	.10 296 60	.10 409 10
	.09 508 09	.09 621 59	.09 733 09	.09 846 59	.09 959 09	.10 072 59	.10 185 09	.10 298 59	.10 411 09
	.09 511 08	.09 623 58	.09 735 08	.09 848 58	.09 961 08	.10 074 58	.10 187 08	.10 300 58	.10 414 08
	.09 513 07	.09 625 57	.09 738 07	.09 850 57	.09 963 07	.10 076 57	.10 189 07	.10 303 57	.10 416 07
	.09 515 06	.09 627 56	.09 740 06	.09 853 56	.09 965 06	.10 078 56	.10 192 06	.10 305 56	.10 418 06
	.09 517 05	.09 630 55	.09 742 05	.09 855 55	.09 968 05	.10 081 55	.10 194 05	.10 307 55	.10 421 05
	.09 520 04	.09 632 54	.09 744 04	.09 857 54	.09 970 04	.10 083 54	.10 196 04	.10 309 54	.10 423 04
	.09 522 03	.09 634 53	.09 747 03	.09 859 53	.09 972 03	.10 085 53	.10 198 03	.10 312 53	.10 425 03
	.09 524 02	.09 636 52	.09 749 02	.09 862 52	.09 974 02	.10 087 52	.10 201 02	.10 314 52	.10 427 02
	.09 526 01	.09 639 51	.09 751 01	.09 864 51	.09 977 01	.10 090 51	.10 203 01	.10 316 51	.10 430 01
	0.09 529 00	0.09 641 50	0.09 753 00	0.09 866 50	0.09 979 00	0.10 092 50	0.10 205 00	0.10 318 50	0.10 432 00

Find your entering number in the column of heavy print. If there isn't a perfect match, go to the next larger number. The last part of the gaussian is beside it; the first part is above the column.

Gaussians   Gaussians

.251	.251	.250	.250	.249	.249	.248	.248	.247
0.10 434 99	0.10 548 49	0.10 662 99	0.10 776 49	0.10 890 99	0.11 004 49	0.11 119 99	0.11 233 49	0.11 348 99
.10 436 98	.10 550 48	.10 664 98	.10 778 48	.10 892 98	.11 006 48	.11 121 98	.11 236 48	.11 351 98
.10 439 97	.10 552 47	.10 666 97	.10 780 47	.10 894 97	.11 009 47	.11 123 97	.11 238 47	.11 353 97
.10 441 96	.10 555 46	.10 669 96	.10 783 46	.10 897 96	.11 011 46	.11 126 96	.11 240 46	.11 355 96
.10 443 95	.10 557 45	.10 671 95	.10 785 45	.10 899 95	.11 013 45	.11 128 95	.11 243 45	.11 357 95
.10 446 94	.10 559 44	.10 673 94	.10 787 44	.10 901 94	.11 016 44	.11 130 94	.11 245 44	.11 360 94
.10 448 93	.10 562 43	.10 675 93	.10 789 43	.10 904 93	.11 018 43	.11 132 93	.11 247 43	.11 362 93
.10 450 92	.10 564 42	.10 678 92	.10 792 42	.10 906 92	.11 020 42	.11 135 92	.11 249 42	.11 364 92
.10 452 91	.10 566 41	.10 680 91	.10 794 41	.10 908 91	.11 022 41	.11 137 91	.11 252 41	.11 367 91
.10 455 90	.10 568 40	.10 682 90	.10 796 40	.10 910 90	.11 025 40	.11 139 90	.11 254 40	.11 369 90
.10 457 89	.10 571 39	.10 684 89	.10 799 39	.10 913 89	.11 027 39	.11 142 89	.11 256 39	.11 371 89
.10 459 88	.10 573 38	.10 687 88	.10 801 38	.10 915 88	.11 029 38	.11 144 88	.11 259 38	.11 373 88
.10 461 87	.10 575 37	.10 689 87	.10 803 37	.10 917 87	.11 032 37	.11 146 87	.11 261 37	.11 376 87
.10 464 86	.10 577 36	.10 691 86	.10 805 36	.10 920 86	.11 034 36	.11 148 86	.11 263 36	.11 378 86
.10 466 85	.10 580 35	.10 694 85	.10 808 35	.10 922 85	.11 036 35	.11 151 85	.11 266 35	.11 380 85
.10 468 84	.10 582 34	.10 696 84	.10 810 34	.10 924 84	.11 039 34	.11 153 84	.11 268 34	.11 383 84
.10 471 83	.10 584 33	.10 698 83	.10 812 33	.10 926 83	.11 041 33	.11 155 83	.11 270 33	.11 385 83
.10 473 82	.10 587 32	.10 700 82	.10 814 32	.10 929 82	.11 043 32	.11 158 82	.11 272 32	.11 387 82
.10 475 81	.10 589 31	.10 703 81	.10 817 31	.10 931 81	.11 045 31	.11 160 81	.11 275 31	.11 390 81
.10 477 80	.10 591 30	.10 705 80	.10 819 30	.10 933 80	.11 048 30	.11 162 80	.11 277 30	.11 392 80
.10 480 79	.10 593 29	.10 707 79	.10 821 29	.10 936 79	.11 050 29	.11 165 79	.11 279 29	.11 394 79
.10 482 78	.10 596 28	.10 710 78	.10 824 28	.10 938 78	.11 052 28	.11 167 78	.11 282 28	.11 396 78
.10 484 77	.10 598 27	.10 712 77	.10 826 27	.10 940 77	.11 055 27	.11 169 77	.11 284 27	.11 399 77
.10 486 76	.10 600 26	.10 714 76	.10 828 26	.10 942 76	.11 057 26	.11 171 76	.11 286 26	.11 401 76
0.10 489 75	0.10 602 25	0.10 716 75	0.10 830 25	0.10 945 75	0.11 059 25	0.11 174 75	0.11 288 25	0.11 403 75
.10 491 74	.10 605 24	.10 719 74	.10 833 24	.10 947 74	.11 061 24	.11 176 74	.11 291 24	.11 406 74
.10 493 73	.10 607 23	.10 721 73	.10 835 23	.10 949 73	.11 064 23	.11 178 73	.11 293 23	.11 408 73
.10 496 72	.10 609 22	.10 723 72	.10 837 22	.10 952 72	.11 066 22	.11 181 72	.11 295 22	.11 410 72
.10 498 71	.10 612 21	.10 726 71	.10 840 21	.10 954 71	.11 068 21	.11 183 71	.11 298 21	.11 413 71
.10 500 70	.10 614 20	.10 728 70	.10 842 20	.10 956 70	.11 071 20	.11 185 70	.11 300 20	.11 415 70
.10 502 69	.10 616 19	.10 730 69	.10 844 19	.10 958 69	.11 073 19	.11 187 69	.11 302 19	.11 417 69
.10 505 68	.10 618 18	.10 732 68	.10 846 18	.10 961 68	.11 075 18	.11 190 68	.11 305 18	.11 419 68
.10 507 67	.10 621 17	.10 735 67	.10 849 17	.10 963 67	.11 077 17	.11 192 67	.11 307 17	.11 422 67
.10 509 66	.10 623 16	.10 737 66	.10 851 16	.10 965 66	.11 080 16	.11 194 66	.11 309 16	.11 424 66
.10 511 65	.10 625 15	.10 739 65	.10 853 15	.10 968 65	.11 082 15	.11 197 65	.11 311 15	.11 426 65
.10 514 64	.10 628 14	.10 741 64	.10 856 14	.10 970 64	.11 084 14	.11 199 64	.11 314 14	.11 429 64
.10 516 63	.10 630 13	.10 744 63	.10 858 13	.10 972 63	.11 087 13	.11 201 63	.11 316 13	.11 431 63
.10 518 62	.10 632 12	.10 746 62	.10 860 12	.10 974 62	.11 089 12	.11 204 62	.11 318 12	.11 433 62
.10 521 61	.10 634 11	.10 748 61	.10 862 11	.10 977 61	.11 091 11	.11 206 61	.11 321 11	.11 436 61
.10 523 60	.10 637 10	.10 751 60	.10 865 10	.10 979 60	.11 093 10	.11 208 60	.11 323 10	.11 438 60
.10 525 59	.10 639 09	.10 753 59	.10 867 09	.10 981 59	.11 096 09	.11 210 59	.11 325 09	.11 440 59
.10 527 58	.10 641 08	.10 755 58	.10 869 08	.10 984 58	.11 098 08	.11 213 58	.11 328 08	.11 443 58
.10 530 57	.10 643 07	.10 757 57	.10 872 07	.10 986 57	.11 100 07	.11 215 57	.11 330 07	.11 445 57
.10 532 56	.10 646 06	.10 760 56	.10 874 06	.10 988 56	.11 103 06	.11 217 56	.11 332 06	.11 447 56
.10 534 55	.10 648 05	.10 762 55	.10 876 05	.10 990 55	.11 105 05	.11 220 55	.11 334 05	.11 449 55
.10 536 54	.10 650 04	.10 764 54	.10 878 04	.10 993 54	.11 107 04	.11 222 54	.11 337 04	.11 452 54
.10 539 53	.10 653 03	.10 767 53	.10 881 03	.10 995 53	.11 110 03	.11 224 53	.11 339 03	.11 454 53
.10 541 52	.10 655 02	.10 769 52	.10 883 02	.10 997 52	.11 112 02	.11 226 52	.11 341 02	.11 456 52
.10 543 51	.10 657 01	.10 771 51	.10 885 01	.11 000 51	.11 114 01	.11 229 51	.11 344 01	.11 459 51
0.10 546 50	0.10 659 00	0.10 773 50	0.10 888 00	0.11 002 50	0.11 116 00	0.11 231 50	0.11 346 00	0.11 461 50

Find your entering number in the column of heavy print. If there isn't a perfect match, go to the next larger number. The last part of the gaussian is beside it; the first part is above the column.

Gaussians

.247	.246	.246	.245	.245	.244	.244	.243	.243
0.11 463 49	0.11 578 99	0.11 694 49	0.11 809 99	0.11 925 49	0.12 041 99	0.12 157 49	0.12 273 99	0.12 390 49
.11 466 48	.11 581 98	.11 696 48	.11 812 98	.11 927 48	.12 043 98	.12 159 48	.12 276 98	.12 392 48
.11 468 47	.11 583 97	.11 698 47	.11 814 97	.11 930 47	.12 046 97	.12 162 47	.12 278 97	.12 394 47
.11 470 46	.11 585 96	.11 701 46	.11 816 96	.11 932 46	.12 048 96	.12 164 46	.12 280 96	.12 397 46
.11 472 45	.11 588 95	.11 703 45	.11 819 95	.11 934 45	.12 050 95	.12 166 45	.12 283 95	.12 399 45
.11 475 44	.11 590 94	.11 705 44	.11 821 94	.11 937 44	.12 053 94	.12 169 44	.12 285 94	.12 401 44
.11 477 43	.11 592 93	.11 708 43	.11 823 93	.11 939 43	.12 055 93	.12 171 43	.12 287 93	.12 404 43
.11 479 42	.11 595 92	.11 710 42	.11 826 92	.11 941 42	.12 057 92	.12 173 42	.12 290 92	.12 406 42
.11 482 41	.11 597 91	.11 712 41	.11 828 91	.11 944 41	.12 059 91	.12 176 41	.12 292 91	.12 408 41
.11 484 40	.11 599 90	.11 715 40	.11 830 90	.11 946 40	.12 062 90	.12 178 40	.12 294 90	.12 411 40
.11 486 39	.11 601 89	.11 717 39	.11 832 89	.11 948 39	.12 064 89	.12 180 39	.12 296 89	.12 413 39
.11 489 38	.11 604 88	.11 719 38	.11 835 88	.11 951 38	.12 066 88	.12 183 38	.12 299 88	.12 415 38
.11 491 37	.11 606 87	.11 721 37	.11 837 87	.11 953 37	.12 069 87	.12 185 37	.12 301 87	.12 418 37
.11 493 36	.11 608 86	.11 724 36	.11 839 86	.11 955 36	.12 071 86	.12 187 36	.12 303 86	.12 420 36
.11 495 35	.11 611 85	.11 726 35	.11 842 85	.11 957 35	.12 073 85	.12 190 35	.12 306 85	.12 422 35
.11 498 34	.11 613 84	.11 728 34	.11 844 84	.11 960 34	.12 076 84	.12 192 34	.12 308 84	.12 425 34
.11 500 33	.11 615 83	.11 731 33	.11 846 83	.11 962 33	.12 078 83	.12 194 33	.12 310 83	.12 427 33
.11 502 32	.11 618 82	.11 733 32	.11 849 82	.11 964 32	.12 080 82	.12 196 32	.12 313 82	.12 429 32
.11 505 31	.11 620 81	.11 735 31	.11 851 81	.11 967 31	.12 083 81	.12 199 31	.12 315 81	.12 432 31
.11 507 30	.11 622 80	.11 738 30	.11 853 80	.11 969 30	.12 085 80	.12 201 30	.12 317 80	.12 434 30
.11 509 29	.11 625 79	.11 740 29	.11 856 79	.11 971 29	.12 087 79	.12 203 29	.12 320 79	.12 436 29
.11 512 28	.11 627 78	.11 742 28	.11 858 78	.11 974 28	.12 090 78	.12 206 28	.12 322 78	.12 439 28
.11 514 27	.11 629 77	.11 745 27	.11 860 77	.11 976 27	.12 092 77	.12 208 27	.12 324 77	.12 441 27
.11 516 26	.11 631 76	.11 747 26	.11 863 76	.11 978 26	.12 094 76	.12 210 26	.12 327 76	.12 443 26
0.11 518 25	0.11 634 75	0.11 749 25	0.11 865 75	0.11 981 25	0.12 097 75	0.12 213 25	0.12 329 75	0.12 446 25
.11 521 24	.11 636 74	.11 752 24	.11 867 74	.11 983 24	.12 099 74	.12 215 24	.12 331 74	.12 448 24
.11 523 23	.11 638 73	.11 754 23	.11 869 73	.11 985 23	.12 101 73	.12 217 23	.12 334 73	.12 450 23
.11 525 22	.11 641 72	.11 756 22	.11 872 72	.11 988 22	.12 104 72	.12 220 22	.12 336 72	.12 453 22
.11 528 21	.11 643 71	.11 758 21	.11 874 71	.11 990 21	.12 106 71	.12 222 21	.12 338 71	.12 455 21
.11 530 20	.11 645 70	.11 761 20	.11 876 70	.11 992 20	.12 108 70	.12 224 20	.12 341 70	.12 457 20
.11 532 19	.11 648 69	.11 763 19	.11 879 69	.11 995 19	.12 111 69	.12 227 19	.12 343 69	.12 460 19
.11 535 18	.11 650 68	.11 765 18	.11 881 68	.11 997 18	.12 113 68	.12 229 18	.12 345 68	.12 462 18
.11 537 17	.11 652 67	.11 768 17	.11 883 67	.11 999 17	.12 115 67	.12 231 17	.12 348 67	.12 464 17
.11 539 16	.11 655 66	.11 770 16	.11 886 66	.12 001 16	.12 117 66	.12 234 16	.12 350 66	.12 467 16
.11 542 15	.11 657 65	.11 772 15	.11 888 65	.12 004 15	.12 120 65	.12 236 15	.12 352 65	.12 469 15
.11 544 14	.11 659 64	.11 775 14	.11 890 64	.12 006 14	.12 122 64	.12 238 14	.12 355 64	.12 471 14
.11 546 13	.11 661 63	.11 777 13	.11 893 63	.12 008 13	.12 124 63	.12 241 13	.12 357 63	.12 474 13
.11 548 12	.11 664 62	.11 779 12	.11 895 62	.12 011 12	.12 127 62	.12 243 12	.12 359 62	.12 476 12
.11 551 11	.11 666 61	.11 782 11	.11 897 61	.12 013 11	.12 129 61	.12 245 11	.12 362 61	.12 478 11
.11 553 10	.11 668 60	.11 784 10	.11 900 60	.12 015 10	.12 131 60	.12 248 10	.12 364 60	.12 481 10
.11 555 09	.11 671 59	.11 786 09	.11 902 59	.12 018 09	.12 134 59	.12 250 09	.12 366 59	.12 483 09
.11 558 08	.11 673 58	.11 789 08	.11 904 58	.12 020 08	.12 136 58	.12 252 08	.12 369 58	.12 485 08
.11 560 07	.11 675 57	.11 791 07	.11 906 57	.12 022 07	.12 138 57	.12 255 07	.12 371 57	.12 488 07
.11 562 06	.11 678 56	.11 793 06	.11 909 56	.12 025 06	.12 141 56	.12 257 06	.12 373 56	.12 490 06
.11 565 05	.11 680 55	.11 795 05	.11 911 55	.12 027 05	.12 143 55	.12 259 05	.12 376 55	.12 492 05
.11 567 04	.11 682 54	.11 798 04	.11 913 54	.12 029 04	.12 145 54	.12 262 04	.12 378 54	.12 495 04
.11 569 03	.11 685 53	.11 800 03	.11 916 53	.12 032 03	.12 148 53	.12 264 03	.12 380 53	.12 497 03
.11 571 02	.11 687 52	.11 802 02	.11 918 52	.12 034 02	.12 150 52	.12 266 02	.12 383 52	.12 499 02
.11 574 01	.11 689 51	.11 805 01	.11 920 51	.12 036 01	.12 152 51	.12 269 01	.12 385 51	.12 502 01
0.11 576 00	0.11 691 50	0.11 807 00	0.11 923 50	0.12 039 00	0.12 155 50	0.12 271 00	0.12 387 50	0.12 504 00

Find your entering number in the column of heavy print. If there isn't a perfect match, go to the next larger number. The last part of the gaussian is beside it; the first part is above the column.

Gaussians
Gaussians

.242	.242	.241	.241	.240	.240	.239	.239	.238
0.12 506 99	0.12 623 49	0.12 740 99	0.12 857 49	0.12 974 99	0.13 092 49	0.13 210 99	0.13 327 49	0.13 446 99
.12 509 98	.12 625 48	.12 742 98	.12 859 48	.12 977 98	.13 094 48	.13 212 98	.13 330 48	.13 448 98
.12 511 97	.12 628 47	.12 745 97	.12 862 47	.12 979 97	.13 097 47	.13 214 97	.13 332 47	.13 450 97
.12 513 96	.12 630 46	.12 747 96	.12 864 46	.12 981 96	.13 099 46	.13 217 96	.13 335 46	.13 453 96
.12 516 95	.12 632 45	.12 749 95	.12 866 45	.12 984 95	.13 101 45	.13 219 95	.13 337 45	.13 455 95
.12 518 94	.12 635 44	.12 752 94	.12 869 44	.12 986 94	.13 104 44	.13 221 94	.13 339 44	.13 457 94
.12 520 93	.12 637 43	.12 754 93	.12 871 43	.12 989 93	.13 106 43	.13 224 93	.13 342 43	.13 460 93
.12 523 92	.12 639 42	.12 756 92	.12 874 42	.12 991 92	.13 108 42	.13 226 92	.13 344 42	.13 462 92
.12 525 91	.12 642 41	.12 759 91	.12 876 41	.12 993 91	.13 111 41	.13 228 91	.13 346 41	.13 464 91
.12 527 90	.12 644 40	.12 761 90	.12 878 40	.12 996 90	.13 113 40	.13 231 90	.13 349 40	.13 467 90
.12 530 89	.12 646 39	.12 763 89	.12 881 39	.12 998 89	.13 115 39	.13 233 89	.13 351 39	.13 469 89
.12 532 88	.12 649 38	.12 766 88	.12 883 38	.13 000 88	.13 118 38	.13 236 88	.13 353 38	.13 472 88
.12 534 87	.12 651 37	.12 768 87	.12 885 37	.13 003 87	.13 120 37	.13 238 87	.13 356 37	.13 474 87
.12 537 86	.12 653 36	.12 770 86	.12 888 36	.13 005 86	.13 122 36	.13 240 86	.13 358 36	.13 476 86
.12 539 85	.12 656 35	.12 773 85	.12 890 35	.13 007 85	.13 125 35	.13 243 85	.13 360 35	.13 479 85
.12 541 84	.12 658 34	.12 775 84	.12 892 34	.13 010 84	.13 127 34	.13 245 84	.13 363 34	.13 481 84
.12 544 83	.12 660 33	.12 777 83	.12 895 33	.13 012 83	.13 130 33	.13 247 83	.13 365 33	.13 483 83
.12 546 82	.12 663 32	.12 780 82	.12 897 32	.13 014 82	.13 132 32	.13 250 82	.13 368 32	.13 486 82
.12 548 81	.12 665 31	.12 782 81	.12 899 31	.13 017 81	.13 134 31	.13 252 81	.13 370 31	.13 488 81
.12 551 80	.12 667 30	.12 784 80	.12 902 30	.13 019 80	.13 137 30	.13 254 80	.13 372 30	.13 490 80
.12 553 79	.12 670 29	.12 787 79	.12 904 29	.13 021 79	.13 139 29	.13 257 79	.13 375 29	.13 493 79
.12 555 78	.12 672 28	.12 789 78	.12 906 28	.13 024 78	.13 141 28	.13 259 78	.13 377 28	.13 495 78
.12 558 77	.12 674 27	.12 791 77	.12 909 27	.13 026 77	.13 144 27	.13 261 77	.13 379 27	.13 498 77
.12 560 76	.12 677 26	.12 794 76	.12 911 26	.13 028 76	.13 146 26	.13 264 76	.13 382 26	.13 500 76
0.12 562 75	0.12 679 25	0.12 796 75	0.12 913 25	0.13 031 75	0.13 148 25	0.13 266 75	0.13 384 25	0.13 502 75
.12 565 74	.12 681 24	.12 799 74	.12 916 24	.13 033 74	.13 151 24	.13 269 74	.13 386 24	.13 505 74
.12 567 73	.12 684 23	.12 801 73	.12 918 23	.13 035 73	.13 153 23	.13 271 73	.13 389 23	.13 507 73
.12 569 72	.12 686 22	.12 803 72	.12 920 22	.13 038 72	.13 155 22	.13 273 72	.13 391 22	.13 509 72
.12 572 71	.12 688 21	.12 806 71	.12 923 21	.13 040 71	.13 158 21	.13 276 71	.13 394 21	.13 512 71
.12 574 70	.12 691 20	.12 808 70	.12 925 20	.13 043 70	.13 160 20	.13 278 70	.13 396 20	.13 514 70
.12 576 69	.12 693 19	.12 810 69	.12 927 19	.13 045 69	.13 163 19	.13 280 69	.13 398 19	.13 516 69
.12 579 68	.12 695 18	.12 813 68	.12 930 18	.13 047 68	.13 165 18	.13 283 68	.13 401 18	.13 519 68
.12 581 67	.12 698 17	.12 815 67	.12 932 17	.13 050 67	.13 167 17	.13 285 67	.13 403 17	.13 521 67
.12 583 66	.12 700 16	.12 817 66	.12 935 16	.13 052 66	.13 170 16	.13 287 66	.13 405 16	.13 524 66
.12 586 65	.12 703 15	.12 820 65	.12 937 15	.13 054 65	.13 172 15	.13 290 65	.13 408 15	.13 526 65
.12 588 64	.12 705 14	.12 822 64	.12 939 14	.13 057 64	.13 174 14	.13 292 64	.13 410 14	.13 528 64
.12 590 63	.12 707 13	.12 824 63	.12 942 13	.13 059 63	.13 177 13	.13 294 63	.13 412 13	.13 531 63
.12 593 62	.12 710 12	.12 827 62	.12 944 12	.13 061 62	.13 179 12	.13 297 62	.13 415 12	.13 533 62
.12 595 61	.12 712 11	.12 829 61	.12 946 11	.13 064 61	.13 181 11	.13 299 61	.13 417 11	.13 535 61
.12 597 60	.12 714 10	.12 831 60	.12 949 10	.13 066 60	.13 184 10	.13 302 60	.13 420 10	.13 538 60
.12 600 59	.12 717 09	.12 834 59	.12 951 09	.13 068 59	.13 186 09	.13 304 59	.13 422 09	.13 540 59
.12 602 58	.12 719 08	.12 836 58	.12 953 08	.13 071 58	.13 188 08	.13 306 58	.13 424 08	.13 542 58
.12 604 57	.12 721 07	.12 838 57	.12 956 07	.13 073 57	.13 191 07	.13 309 57	.13 427 07	.13 545 57
.12 607 56	.12 724 06	.12 841 56	.12 958 06	.13 075 56	.13 193 06	.13 311 56	.13 429 06	.13 547 56
.12 609 55	.12 726 05	.12 843 55	.12 960 05	.13 078 55	.13 195 05	.13 313 55	.13 431 05	.13 550 55
.12 611 54	.12 728 04	.12 845 54	.12 963 04	.13 080 54	.13 198 04	.13 316 54	.13 434 04	.13 552 54
.12 614 53	.12 731 03	.12 848 53	.12 965 03	.13 083 53	.13 200 03	.13 318 53	.13 436 03	.13 554 53
.12 616 52	.12 733 02	.12 850 52	.12 967 02	.13 085 52	.13 203 02	.13 320 52	.13 438 02	.13 557 52
.12 618 51	.12 735 01	.12 852 51	.12 970 01	.13 087 51	.13 205 01	.13 323 51	.13 441 01	.13 559 51
0.12 621 50	0.12 738 00	0.12 855 50	0.12 972 00	0.13 090 50	0.13 207 00	0.13 325 50	0.13 443 00	0.13 561 50

Find your entering number in the column of heavy print. If there isn't a perfect match, go to the next larger number. The last part of the gaussian is beside it; the first part is above the column.

Gaussians

	.23 8	.23 7	.23 7	.23 6	.23 6	.23 5	.23 5	.23 4	.23 4
0.13 564 49	0.13 682 99	0.13 801 49	0.13 920 99	0.14 039 49	0.14 158 99	0.14 277 49	0.14 397 99	0.14 516 49
.13 566 48	.13 685 98	.13 803 48	.13 922 98	.14 041 48	.14 160 98	.14 279 48	.14 399 98	.14 519 48
.13 568 47	.13 687 97	.13 806 47	.13 924 97	.14 043 47	.14 163 97	.14 282 47	.14 401 97	.14 521 47
.13 571 46	.13 689 96	.13 808 46	.13 927 96	.14 046 46	.14 165 96	.14 284 46	.14 404 96	.14 524 46
.13 573 45	.13 692 95	.13 810 45	.13 929 95	.14 048 45	.14 167 95	.14 287 45	.14 406 95	.14 526 45
.13 576 44	.13 694 94	.13 813 44	.13 931 94	.14 050 44	.14 170 94	.14 289 44	.14 409 94	.14 528 44
.13 578 43	.13 696 93	.13 815 43	.13 934 93	.14 053 43	.14 172 93	.14 291 43	.14 411 93	.14 531 43
.13 580 42	.13 699 92	.13 817 42	.13 936 92	.14 055 42	.14 174 92	.14 294 42	.14 413 92	.14 533 42
.13 583 41	.13 701 91	.13 820 41	.13 939 91	.14 058 41	.14 177 91	.14 296 41	.14 416 91	.14 536 41
.13 585 40	.13 704 90	.13 822 40	.13 941 90	.14 060 40	.14 179 90	.14 299 40	.14 418 90	.14 538 40
.13 587 39	.13 706 89	.13 825 39	.13 943 89	.14 062 39	.14 182 89	.14 301 39	.14 421 89	.14 540 39
.13 590 38	.13 708 88	.13 827 38	.13 946 88	.14 065 38	.14 184 88	.14 303 38	.14 423 88	.14 543 38
.13 592 37	.13 711 87	.13 829 37	.13 948 87	.14 067 37	.14 186 87	.14 306 37	.14 425 87	.14 545 37
.13 595 36	.13 713 86	.13 832 36	.13 950 86	.14 070 36	.14 189 86	.14 308 36	.14 428 86	.14 548 36
.13 597 35	.13 715 85	.13 834 35	.13 953 85	.14 072 35	.14 191 85	.14 311 35	.14 430 85	.14 550 35
.13 599 34	.13 718 84	.13 836 34	.13 955 84	.14 074 34	.14 194 84	.14 313 34	.14 433 84	.14 552 34
.13 602 33	.13 720 83	.13 839 33	.13 958 83	.14 077 33	.14 196 83	.14 315 33	.14 435 83	.14 555 33
.13 604 32	.13 722 82	.13 841 32	.13 960 82	.14 079 32	.14 198 82	.14 318 32	.14 437 82	.14 557 32
.13 606 31	.13 725 81	.13 844 31	.13 962 81	.14 081 31	.14 201 81	.14 320 31	.14 440 81	.14 560 31
.13 609 30	.13 727 80	.13 846 30	.13 965 80	.14 084 30	.14 203 80	.14 323 30	.14 442 80	.14 562 30
.13 611 29	.13 730 79	.13 848 29	.13 967 79	.14 086 29	.14 205 79	.14 325 29	.14 445 79	.14 564 29
.13 613 28	.13 732 78	.13 851 28	.13 970 78	.14 089 28	.14 208 78	.14 327 28	.14 447 78	.14 567 28
.13 616 27	.13 734 77	.13 853 27	.13 972 77	.14 091 27	.14 210 77	.14 330 27	.14 449 77	.14 569 27
.13 618 26	.13 737 76	.13 855 26	.13 974 76	.14 093 26	.14 213 76	.14 332 26	.14 452 76	.14 572 26
0.13 621 25	0.13 739 75	0.13 858 25	0.13 977 75	0.14 096 25	0.14 215 75	0.14 334 25	0.14 454 75	0.14 574 25
.13 623 24	.13 741 74	.13 860 24	.13 979 74	.14 098 24	.14 217 74	.14 337 24	.14 457 74	.14 576 24
.13 625 23	.13 744 73	.13 863 23	.13 981 73	.14 101 23	.14 220 73	.14 339 23	.14 459 73	.14 579 23
.13 628 22	.13 746 72	.13 865 22	.13 984 72	.14 103 22	.14 222 72	.14 342 22	.14 461 72	.14 581 22
.13 630 21	.13 749 71	.13 867 21	.13 986 71	.14 105 21	.14 225 71	.14 344 21	.14 464 71	.14 584 21
.13 632 20	.13 751 70	.13 870 20	.13 989 70	.14 108 20	.14 227 70	.14 346 20	.14 466 70	.14 586 20
.13 635 19	.13 753 69	.13 872 19	.13 991 69	.14 110 19	.14 229 69	.14 349 19	.14 468 69	.14 588 19
.13 637 18	.13 756 68	.13 874 18	.13 993 68	.14 112 18	.14 232 68	.14 351 18	.14 471 68	.14 591 18
.13 640 17	.13 758 67	.13 877 17	.13 996 67	.14 115 17	.14 234 67	.14 354 17	.14 473 67	.14 593 17
.13 642 16	.13 760 66	.13 879 16	.13 998 66	.14 117 16	.14 237 66	.14 356 16	.14 476 66	.14 596 16
.13 644 15	.13 763 65	.13 882 15	.14 000 65	.14 120 15	.14 239 65	.14 358 15	.14 478 65	.14 598 15
.13 647 14	.13 765 64	.13 884 14	.14 003 64	.14 122 14	.14 241 64	.14 361 14	.14 480 64	.14 600 14
.13 649 13	.13 768 63	.13 886 13	.14 005 63	.14 124 13	.14 244 63	.14 363 13	.14 483 63	.14 603 13
.13 651 12	.13 770 62	.13 889 12	.14 008 62	.14 127 12	.14 246 62	.14 366 12	.14 485 62	.14 605 12
.13 654 11	.13 772 61	.13 891 11	.14 010 61	.14 129 11	.14 248 61	.14 368 11	.14 488 61	.14 608 11
.13 656 10	.13 775 60	.13 893 10	.14 012 60	.14 132 10	.14 251 60	.14 370 10	.14 490 60	.14 610 10
.13 658 09	.13 777 59	.13 896 09	.14 015 59	.14 134 09	.14 253 59	.14 373 09	.14 492 59	.14 612 09
.13 661 08	.13 779 58	.13 898 08	.14 017 58	.14 136 08	.14 256 58	.14 375 08	.14 495 58	.14 615 08
.13 663 07	.13 782 57	.13 901 07	.14 020 57	.14 139 07	.14 258 57	.14 378 07	.14 497 57	.14 617 07
.13 666 06	.13 784 56	.13 903 06	.14 022 56	.14 141 06	.14 260 56	.14 380 06	.14 500 56	.14 620 06
.13 668 05	.13 787 55	.13 905 05	.14 024 55	.14 143 05	.14 263 55	.14 382 05	.14 502 55	.14 622 05
.13 670 04	.13 789 54	.13 908 04	.14 027 54	.14 146 04	.14 265 54	.14 385 04	.14 504 54	.14 624 04
.13 673 03	.13 791 53	.13 910 03	.14 029 53	.14 148 03	.14 268 53	.14 387 03	.14 507 53	.14 627 03
.13 675 02	.13 794 52	.13 912 02	.14 031 52	.14 151 02	.14 270 52	.14 389 02	.14 509 52	.14 629 02
.13 677 01	.13 796 51	.13 915 01	.14 034 51	.14 153 01	.14 272 51	.14 392 01	.14 512 51	.14 632 01
0.13 680 00	0.13 798 50	0.13 917 00	0.14 036 50	0.14 155 00	0.14 275 50	0.14 394 00	0.14 514 50	0.14 634 00

Find your entering number in the column of heavy print. If there isn't a perfect match, go to the next larger number. The last part of the gaussian is beside it; the first part is above the column.

Gaussians   Gaussians

	.23 3	.23 3	.23 2	.23 2	.23 1	.23 1	.23 0	.23 0	.22 9
0.14 636 99	0.14 756 49	0.14 877 99	0.14 997 49	0.15 118 99	0.15 239 49	0.15 360 99	0.15 481 49	0.15 603 99
.14 639 98	.14 759 48	.14 879 98	.15 000 48	.15 120 98	.15 241 48	.15 363 98	.15 484 48	.15 605 98
.14 641 97	.14 761 47	.14 882 97	.15 002 47	.15 123 97	.15 244 47	.15 365 97	.15 486 47	.15 608 97
.14 644 96	.14 764 46	.14 884 96	.15 005 46	.15 125 96	.15 246 46	.15 367 96	.15 489 46	.15 610 96
.14 646 95	.14 766 45	.14 886 95	.15 007 45	.15 128 95	.15 249 45	.15 370 95	.15 491 45	.15 613 95
.14 648 94	.14 769 44	.14 889 94	.15 009 44	.15 130 94	.15 251 44	.15 372 94	.15 494 44	.15 615 94
.14 651 93	.14 771 43	.14 891 93	.15 012 43	.15 133 93	.15 254 43	.15 375 93	.15 496 43	.15 618 93
.14 653 92	.14 773 42	.14 894 92	.15 014 42	.15 135 92	.15 256 42	.15 377 92	.15 498 42	.15 620 92
.14 656 91	.14 776 41	.14 896 91	.15 017 41	.15 137 91	.15 258 41	.15 379 91	.15 501 41	.15 622 91
.14 658 90	.14 778 40	.14 898 90	.15 019 40	.15 140 90	.15 261 40	.15 382 90	.15 503 40	.15 625 90
.14 660 89	.14 781 39	.14 901 89	.15 021 39	.15 142 89	.15 263 39	.15 384 89	.15 506 39	.15 627 89
.14 663 88	.14 783 38	.14 903 88	.15 024 38	.15 145 88	.15 266 38	.15 387 88	.15 508 38	.15 630 88
.14 665 87	.14 785 37	.14 906 87	.15 026 37	.15 147 87	.15 268 37	.15 389 87	.15 511 37	.15 632 87
.14 668 86	.14 788 36	.14 908 86	.15 029 36	.15 149 86	.15 270 36	.15 392 86	.15 513 36	.15 635 86
.14 670 85	.14 790 35	.14 911 85	.15 031 35	.15 152 85	.15 273 35	.15 394 85	.15 515 35	.15 637 85
.14 672 84	.14 793 34	.14 913 84	.15 034 34	.15 154 84	.15 275 34	.15 396 84	.15 518 34	.15 639 84
.14 675 83	.14 795 33	.14 915 83	.15 036 33	.15 157 83	.15 278 33	.15 399 83	.15 520 33	.15 642 83
.14 677 82	.14 797 32	.14 918 82	.15 038 32	.15 159 82	.15 280 32	.15 401 82	.15 523 32	.15 644 82
.14 680 81	.14 800 31	.14 920 81	.15 041 31	.15 162 81	.15 283 31	.15 404 81	.15 525 31	.15 647 81
.14 682 80	.14 802 30	.14 923 80	.15 043 30	.15 164 80	.15 285 30	.15 406 80	.15 528 30	.15 649 80
.14 684 79	.14 805 29	.14 925 79	.15 046 29	.15 166 79	.15 287 29	.15 409 79	.15 530 29	.15 652 79
.14 687 78	.14 807 28	.14 927 78	.15 048 28	.15 169 78	.15 290 28	.15 411 78	.15 532 28	.15 654 78
.14 689 77	.14 809 27	.14 930 77	.15 050 27	.15 171 77	.15 292 27	.15 413 77	.15 535 27	.15 656 77
.14 692 76	.14 812 26	.14 932 76	.15 053 26	.15 174 76	.15 295 26	.15 416 76	.15 537 26	.15 659 76
0.14 694 75	0.14 814 25	0.14 935 75	0.15 055 25	0.15 176 75	0.15 297 25	0.15 418 75	0.15 540 25	0.15 661 75
.14 696 74	.14 817 24	.14 937 74	.15 058 24	.15 178 74	.15 300 24	.15 421 74	.15 542 24	.15 664 74
.14 699 73	.14 819 23	.14 939 73	.15 060 23	.15 181 73	.15 302 23	.15 423 73	.15 545 23	.15 666 73
.14 701 72	.14 821 22	.14 942 72	.15 063 22	.15 183 72	.15 304 22	.15 426 72	.15 547 22	.15 669 72
.14 704 71	.14 824 21	.14 944 71	.15 065 21	.15 186 71	.15 307 21	.15 428 71	.15 549 21	.15 671 71
.14 706 70	.14 826 20	.14 947 70	.15 067 20	.15 188 70	.15 309 20	.15 430 70	.15 552 20	.15 673 70
.14 708 69	.14 829 19	.14 949 69	.15 070 19	.15 191 69	.15 312 19	.15 433 69	.15 554 19	.15 676 69
.14 711 68	.14 831 18	.14 952 68	.15 072 18	.15 193 68	.15 314 18	.15 435 68	.15 557 18	.15 678 68
.14 713 67	.14 833 17	.14 954 67	.15 075 17	.15 195 67	.15 316 17	.15 438 67	.15 559 17	.15 681 67
.14 716 66	.14 836 16	.14 956 66	.15 077 16	.15 198 66	.15 319 16	.15 440 66	.15 562 16	.15 683 66
.14 718 65	.14 838 15	.14 959 65	.15 079 15	.15 200 65	.15 321 15	.15 443 65	.15 564 15	.15 686 65
.14 720 64	.14 841 14	.14 961 64	.15 082 14	.15 203 64	.15 324 14	.15 445 64	.15 566 14	.15 688 64
.14 723 63	.14 843 13	.14 964 63	.15 084 13	.15 205 63	.15 326 13	.15 447 63	.15 569 13	.15 691 63
.14 725 62	.14 846 12	.14 966 62	.15 087 12	.15 208 62	.15 329 12	.15 450 62	.15 571 12	.15 693 62
.14 728 61	.14 848 11	.14 968 61	.15 089 11	.15 210 61	.15 331 11	.15 452 61	.15 574 11	.15 695 61
.14 730 60	.14 850 10	.14 971 60	.15 091 10	.15 212 60	.15 333 10	.15 455 60	.15 576 10	.15 698 60
.14 732 59	.14 853 09	.14 973 59	.15 094 09	.15 215 59	.15 336 09	.15 457 59	.15 579 09	.15 700 59
.14 735 58	.14 855 08	.14 976 58	.15 096 08	.15 217 58	.15 338 08	.15 460 58	.15 581 08	.15 703 58
.14 737 57	.14 858 07	.14 978 57	.15 099 07	.15 220 57	.15 341 07	.15 462 57	.15 583 07	.15 705 57
.14 740 56	.14 860 06	.14 980 56	.15 101 06	.15 222 56	.15 343 06	.15 464 56	.15 586 06	.15 708 56
.14 742 55	.14 862 05	.14 983 55	.15 104 05	.15 224 55	.15 346 05	.15 467 55	.15 588 05	.15 710 55
.14 744 54	.14 865 04	.14 985 54	.15 106 04	.15 227 54	.15 348 04	.15 469 54	.15 591 04	.15 712 54
.14 747 53	.14 867 03	.14 988 53	.15 108 03	.15 229 53	.15 350 03	.15 472 53	.15 593 03	.15 715 53
.14 749 52	.14 870 02	.14 990 52	.15 111 02	.15 232 52	.15 353 02	.15 474 52	.15 596 02	.15 717 52
.14 752 51	.14 872 01	.14 993 51	.15 113 01	.15 234 51	.15 355 01	.15 477 51	.15 598 01	.15 720 51
0.14 754 50	0.14 874 00	0.14 995 50	0.15 116 00	0.15 237 50	0.15 358 00	0.15 479 50	0.15 600 00	0.15 722 50

Find your entering number in the column of heavy print. If there isn't a perfect match, go to the next larger number. The last part of the gaussian is beside it; the first part is above the column.

Gaussians

	.229	.228	.228	.227	.227	.226	.226	.225	.225
0.15 725 49	0.15 847 99	0.15 969 49	0.16 091 99	0.16 214 49	0.16 336 99	0.16 459 49	0.16 582 99	0.16 706 49
.15 727 48	.15 849 98	.15 971 48	.16 093 98	.16 216 48	.16 339 98	.16 462 48	.16 585 98	.16 708 48
.15 730 47	.15 851 97	.15 974 47	.16 096 97	.16 218 47	.16 341 97	.16 464 47	.16 587 97	.16 711 47
.15 732 46	.15 854 96	.15 976 46	.16 098 96	.16 221 46	.16 344 96	.16 467 46	.16 590 96	.16 713 46
.15 734 45	.15 856 95	.15 978 45	.16 101 95	.16 223 45	.16 346 95	.16 469 45	.16 592 95	.16 716 45
.15 737 44	.15 859 94	.15 981 44	.16 103 94	.16 226 44	.16 349 94	.16 471 44	.16 595 94	.16 718 44
.15 739 43	.15 861 93	.15 983 43	.16 106 93	.16 228 43	.16 351 93	.16 474 43	.16 597 93	.16 721 43
.15 742 42	.15 864 92	.15 986 42	.16 108 92	.16 231 42	.16 353 92	.16 476 42	.16 600 92	.16 723 42
.15 744 41	.15 866 91	.15 988 41	.16 111 91	.16 233 41	.16 356 91	.16 479 41	.16 602 91	.16 725 41
.15 747 40	.15 869 90	.15 991 40	.16 113 90	.16 236 40	.16 358 90	.16 481 40	.16 605 90	.16 728 40
.15 749 39	.15 871 89	.15 993 39	.16 115 89	.16 238 39	.16 361 89	.16 484 39	.16 607 89	.16 730 39
.15 751 38	.15 873 88	.15 996 38	.16 118 88	.16 241 38	.16 363 88	.16 486 38	.16 609 88	.16 733 38
.15 754 37	.15 876 87	.15 998 37	.16 120 87	.16 243 37	.16 366 87	.16 489 37	.16 612 87	.16 735 37
.15 756 36	.15 878 86	.16 000 36	.16 123 86	.16 245 36	.16 368 86	.16 491 36	.16 614 86	.16 738 36
.15 759 35	.15 881 85	.16 003 35	.16 125 85	.16 248 35	.16 371 85	.16 494 35	.16 617 85	.16 740 35
.15 761 34	.15 883 84	.16 005 34	.16 128 84	.16 250 34	.16 373 84	.16 496 34	.16 619 84	.16 743 34
.15 764 33	.15 886 83	.16 008 33	.16 130 83	.16 253 33	.16 376 83	.16 499 33	.16 622 83	.16 745 33
.15 766 32	.15 888 82	.16 010 32	.16 133 82	.16 255 32	.16 378 82	.16 501 32	.16 624 82	.16 748 32
.15 769 31	.15 890 81	.16 013 31	.16 135 81	.16 258 31	.16 380 81	.16 503 31	.16 627 81	.16 750 31
.15 771 30	.15 893 80	.16 015 30	.16 138 80	.16 260 30	.16 383 80	.16 506 30	.16 629 80	.16 753 30
.15 773 29	.15 895 79	.16 018 29	.16 140 79	.16 263 29	.16 385 79	.16 508 29	.16 632 79	.16 755 29
.15 776 28	.15 898 78	.16 020 28	.16 142 78	.16 265 28	.16 388 78	.16 511 28	.16 634 78	.16 758 28
.15 778 27	.15 900 77	.16 022 27	.16 145 77	.16 267 27	.16 390 77	.16 513 27	.16 637 77	.16 760 27
.15 781 26	.15 903 76	.16 025 26	.16 147 76	.16 270 26	.16 393 76	.16 516 26	.16 639 76	.16 762 26
0.15 783 25	0.15 905 75	0.16 027 25	0.16 150 75	0.16 272 25	0.16 395 75	0.16 518 25	0.16 642 75	0.16 765 25
.15 786 24	.15 908 74	.16 030 24	.16 152 74	.16 275 24	.16 398 74	.16 521 24	.16 644 74	.16 767 24
.15 788 23	.15 910 73	.16 032 23	.16 155 73	.16 277 23	.16 400 73	.16 523 23	.16 646 73	.16 770 23
.15 790 22	.15 912 72	.16 035 22	.16 157 72	.16 280 22	.16 403 72	.16 526 22	.16 649 72	.16 772 22
.15 793 21	.15 915 71	.16 037 21	.16 160 71	.16 282 21	.16 405 71	.16 528 21	.16 651 71	.16 775 21
.15 795 20	.15 917 70	.16 040 20	.16 162 70	.16 285 20	.16 408 70	.16 531 20	.16 654 70	.16 777 20
.15 798 19	.15 920 69	.16 042 19	.16 164 69	.16 287 19	.16 410 69	.16 533 19	.16 656 69	.16 780 19
.15 800 18	.15 922 68	.16 044 18	.16 167 68	.16 290 18	.16 412 68	.16 536 18	.16 659 68	.16 782 18
.15 803 17	.15 925 67	.16 047 17	.16 169 67	.16 292 17	.16 415 67	.16 538 17	.16 661 67	.16 785 17
.15 805 16	.15 927 66	.16 049 16	.16 172 66	.16 295 16	.16 417 66	.16 540 16	.16 664 66	.16 787 16
.15 808 15	.15 930 65	.16 052 15	.16 174 65	.16 297 15	.16 420 65	.16 543 15	.16 666 65	.16 790 15
.15 810 14	.15 932 64	.16 054 14	.16 177 64	.16 299 14	.16 422 64	.16 545 14	.16 669 64	.16 792 14
.15 812 13	.15 934 63	.16 057 13	.16 179 63	.16 302 13	.16 425 63	.16 548 13	.16 671 63	.16 795 13
.15 815 12	.15 937 62	.16 059 12	.16 182 62	.16 304 12	.16 427 62	.16 550 12	.16 674 62	.16 797 12
.15 817 11	.15 939 61	.16 062 11	.16 184 61	.16 307 11	.16 430 61	.16 553 11	.16 676 61	.16 800 11
.15 820 10	.15 942 60	.16 064 10	.16 187 60	.16 309 10	.16 432 60	.16 555 10	.16 679 60	.16 802 10
.15 822 09	.15 944 59	.16 067 09	.16 189 59	.16 312 09	.16 435 59	.16 558 09	.16 681 59	.16 805 09
.15 825 08	.15 947 58	.16 069 08	.16 191 58	.16 314 08	.16 437 58	.16 560 08	.16 683 58	.16 807 08
.15 827 07	.15 949 57	.16 071 07	.16 194 57	.16 317 07	.16 440 57	.16 563 07	.16 686 57	.16 809 07
.15 829 06	.15 952 56	.16 074 06	.16 196 56	.16 319 06	.16 442 56	.16 565 06	.16 688 56	.16 812 06
.15 832 05	.15 954 55	.16 076 05	.16 199 55	.16 322 05	.16 444 55	.16 568 05	.16 691 55	.16 814 05
.15 834 04	.15 956 54	.16 079 04	.16 201 54	.16 324 04	.16 447 54	.16 570 04	.16 693 54	.16 817 04
.15 837 03	.15 959 53	.16 081 03	.16 204 53	.16 326 03	.16 449 53	.16 572 03	.16 696 53	.16 819 03
.15 839 02	.15 961 52	.16 084 02	.16 206 52	.16 329 02	.16 452 52	.16 575 02	.16 698 52	.16 822 02
.15 842 01	.15 964 51	.16 086 01	.16 209 51	.16 331 01	.16 454 51	.16 577 01	.16 701 51	.16 824 01
0.15 844 00	0.15 966 50	0.16 089 00	0.16 211 50	0.16 334 00	0.16 457 50	0.16 580 00	0.16 703 50	0.16 827 00

Find your entering number in the column of heavy print. If there isn't a perfect match, go to the next larger number. The last part of the gaussian is beside it; the first part is above the column.

Gaussians

.22 4	.22 4	.22 3	.22 3	.22 2	.22 2	.22 1	.22 1	.22 0
0.16 829 99	0.16 953 49	0.17 077 99	0.17 201 49	0.17 326 99	0.17 450 49	0.17 575 99	0.17 700 49	0.17 825 99
.16 832 98	.16 955 48	.17 079 98	.17 204 48	.17 328 98	.17 453 48	.17 578 98	.17 703 48	.17 828 98
.16 834 97	.16 958 47	.17 082 97	.17 206 47	.17 331 97	.17 455 47	.17 580 97	.17 705 47	.17 830 97
.16 837 96	.16 960 46	.17 084 96	.17 209 46	.17 333 96	.17 458 46	.17 583 96	.17 708 46	.17 833 96
.16 839 95	.16 963 45	.17 087 95	.17 211 45	.17 336 95	.17 460 45	.17 585 95	.17 710 45	.17 835 95
.16 842 94	.16 965 44	.17 089 94	.17 214 44	.17 338 94	.17 463 44	.17 588 94	.17 713 44	.17 838 94
.16 844 93	.16 968 43	.17 092 93	.17 216 43	.17 341 93	.17 465 43	.17 590 93	.17 715 43	.17 840 93
.16 847 92	.16 970 42	.17 094 92	.17 219 42	.17 343 92	.17 468 42	.17 593 92	.17 718 42	.17 843 92
.16 849 91	.16 973 41	.17 097 91	.17 221 41	.17 346 91	.17 470 41	.17 595 91	.17 720 41	.17 845 91
.16 852 90	.16 975 40	.17 099 90	.17 224 40	.17 348 90	.17 473 40	.17 598 90	.17 723 40	.17 848 90
.16 854 89	.16 978 39	.17 102 89	.17 226 39	.17 351 89	.17 475 39	.17 600 89	.17 725 39	.17 850 89
.16 856 88	.16 980 38	.17 104 88	.17 229 38	.17 353 88	.17 478 38	.17 603 88	.17 728 38	.17 853 88
.16 859 87	.16 983 37	.17 107 87	.17 231 37	.17 355 87	.17 480 37	.17 605 87	.17 730 37	.17 855 87
.16 861 86	.16 985 36	.17 109 86	.17 234 36	.17 358 86	.17 483 36	.17 608 86	.17 733 36	.17 858 86
.16 864 85	.16 988 35	.17 112 85	.17 236 35	.17 360 85	.17 485 35	.17 610 85	.17 735 35	.17 860 85
.16 866 84	.16 990 34	.17 114 84	.17 238 34	.17 363 84	.17 488 34	.17 613 84	.17 738 34	.17 863 84
.16 869 83	.16 993 33	.17 117 83	.17 241 33	.17 365 83	.17 490 33	.17 615 83	.17 740 33	.17 865 83
.16 871 82	.16 995 32	.17 119 82	.17 243 32	.17 368 82	.17 493 32	.17 618 82	.17 743 32	.17 868 82
.16 874 81	.16 998 31	.17 122 81	.17 246 31	.17 370 81	.17 495 31	.17 620 81	.17 745 31	.17 871 81
.16 876 80	.17 000 30	.17 124 80	.17 248 30	.17 373 80	.17 498 30	.17 623 80	.17 748 30	.17 873 80
.16 879 79	.17 003 29	.17 127 79	.17 251 29	.17 375 79	.17 500 29	.17 625 79	.17 750 29	.17 876 79
.16 881 78	.17 005 28	.17 129 78	.17 253 28	.17 378 78	.17 503 28	.17 628 78	.17 753 28	.17 878 78
.16 884 77	.17 008 27	.17 132 77	.17 256 27	.17 380 77	.17 505 27	.17 630 77	.17 755 27	.17 881 77
.16 886 76	.17 010 26	.17 134 76	.17 258 26	.17 383 76	.17 508 26	.17 633 76	.17 758 26	.17 883 76
0.16 889 75	0.17 012 25	0.17 137 75	0.17 261 25	0.17 385 75	0.17 510 25	0.17 635 75	0.17 760 25	0.17 886 75
.16 891 74	.17 015 24	.17 139 74	.17 263 24	.17 388 74	.17 513 24	.17 638 74	.17 763 24	.17 888 74
.16 894 73	.17 017 23	.17 142 73	.17 266 23	.17 390 73	.17 515 23	.17 640 73	.17 765 23	.17 891 73
.16 896 72	.17 020 22	.17 144 72	.17 268 22	.17 393 72	.17 518 22	.17 643 72	.17 768 22	.17 893 72
.16 899 71	.17 022 21	.17 147 71	.17 271 21	.17 395 71	.17 520 21	.17 645 71	.17 770 21	.17 896 71
.16 901 70	.17 025 20	.17 149 70	.17 273 20	.17 398 70	.17 523 20	.17 648 70	.17 773 20	.17 898 70
.16 903 69	.17 027 19	.17 151 69	.17 276 19	.17 400 69	.17 525 19	.17 650 69	.17 775 19	.17 901 69
.16 906 68	.17 030 18	.17 154 68	.17 278 18	.17 403 68	.17 528 18	.17 653 68	.17 778 18	.17 903 68
.16 908 67	.17 032 17	.17 156 67	.17 281 17	.17 405 67	.17 530 17	.17 655 67	.17 780 17	.17 906 67
.16 911 66	.17 035 16	.17 159 66	.17 283 16	.17 408 66	.17 533 16	.17 658 66	.17 783 16	.17 908 66
.16 913 65	.17 037 15	.17 161 65	.17 286 15	.17 410 65	.17 535 15	.17 660 65	.17 785 15	.17 911 65
.16 916 64	.17 040 14	.17 164 64	.17 288 14	.17 413 64	.17 538 14	.17 663 64	.17 788 14	.17 913 64
.16 918 63	.17 042 13	.17 166 63	.17 291 13	.17 415 63	.17 540 13	.17 665 63	.17 790 13	.17 916 63
.16 921 62	.17 045 12	.17 169 62	.17 293 12	.17 418 62	.17 543 12	.17 668 62	.17 793 12	.17 918 62
.16 923 61	.17 047 11	.17 171 61	.17 296 11	.17 420 61	.17 545 11	.17 670 61	.17 795 11	.17 921 61
.16 926 60	.17 050 10	.17 174 60	.17 298 10	.17 423 60	.17 548 10	.17 673 60	.17 798 10	.17 923 60
.16 928 59	.17 052 09	.17 176 59	.17 301 09	.17 425 59	.17 550 09	.17 675 59	.17 800 09	.17 926 59
.16 931 58	.17 055 08	.17 179 58	.17 303 08	.17 428 58	.17 553 08	.17 678 58	.17 803 08	.17 928 58
.16 933 57	.17 057 07	.17 181 57	.17 306 07	.17 430 57	.17 555 07	.17 680 57	.17 805 07	.17 931 57
.16 936 56	.17 060 06	.17 184 56	.17 308 06	.17 433 56	.17 558 06	.17 683 56	.17 808 06	.17 933 56
.16 938 55	.17 062 05	.17 186 55	.17 311 05	.17 435 55	.17 560 05	.17 685 55	.17 810 05	.17 936 55
.16 941 54	.17 065 04	.17 189 54	.17 313 04	.17 438 54	.17 563 04	.17 688 54	.17 813 04	.17 938 54
.16 943 53	.17 067 03	.17 191 53	.17 316 03	.17 440 53	.17 565 03	.17 690 53	.17 815 03	.17 941 53
.16 946 52	.17 070 02	.17 194 52	.17 318 02	.17 443 52	.17 568 02	.17 693 52	.17 818 02	.17 943 52
.16 948 51	.17 072 01	.17 196 51	.17 321 01	.17 445 51	.17 570 01	.17 695 51	.17 820 01	.17 946 51
0.16 951 50	0.17 075 00	0.17 199 50	0.17 323 00	0.17 448 50	0.17 573 00	0.17 698 50	0.17 823 00	0.17 948 50

Find your entering number in the column of heavy print. If there isn't a perfect match, go to the next larger number. The last part of the gaussian is beside it; the first part is above the column.

Gaussians   Gaussians

.220	.219	.219	.218	.218	.217	.217	.216	.216
0.17 951 49	0.18 077 99	0.18 202 49	0.18 329 99	0.18 455 49	0.18 582 99	0.18 708 49	0.18 835 99	0.18 963 49
.17 953 48	.18 079 98	.18 205 48	.18 331 98	.18 458 48	.18 584 98	.18 711 48	.18 838 98	.18 965 48
.17 956 47	.18 082 97	.18 208 47	.18 334 97	.18 460 47	.18 587 97	.18 713 47	.18 840 97	.18 968 47
.17 958 46	.18 084 96	.18 210 46	.18 336 96	.18 463 46	.18 589 96	.18 716 46	.18 843 96	.18 970 46
.17 961 45	.18 087 95	.18 213 45	.18 339 95	.18 465 45	.18 592 95	.18 719 45	.18 846 95	.18 973 45
.17 963 44	.18 089 94	.18 215 44	.18 341 94	.18 468 44	.18 594 94	.18 721 44	.18 848 94	.18 975 44
.17 966 43	.18 092 93	.18 218 43	.18 344 93	.18 470 43	.18 597 93	.18 724 43	.18 851 93	.18 978 43
.17 968 42	.18 094 92	.18 220 42	.18 346 92	.18 473 42	.18 599 92	.18 726 42	.18 853 92	.18 981 42
.17 971 41	.18 097 91	.18 223 41	.18 349 91	.18 475 41	.18 602 91	.18 729 41	.18 856 91	.18 983 41
.17 973 40	.18 099 90	.18 225 40	.18 351 90	.18 478 40	.18 604 90	.18 731 40	.18 858 90	.18 986 40
.17 976 39	.18 102 89	.18 228 39	.18 354 89	.18 480 39	.18 607 89	.18 734 39	.18 861 89	.18 988 39
.17 978 38	.18 104 88	.18 230 38	.18 356 88	.18 483 38	.18 609 88	.18 736 38	.18 863 88	.18 991 38
.17 981 37	.18 107 87	.18 233 37	.18 359 87	.18 485 37	.18 612 87	.18 739 37	.18 866 87	.18 993 37
.17 984 36	.18 109 86	.18 235 36	.18 361 86	.18 488 36	.18 615 86	.18 741 36	.18 868 86	.18 996 36
.17 986 35	.18 112 85	.18 238 35	.18 364 85	.18 490 35	.18 617 85	.18 744 35	.18 871 85	.18 998 35
.17 989 34	.18 114 84	.18 240 34	.18 366 84	.18 493 34	.18 620 84	.18 746 34	.18 874 84	.19 001 34
.17 991 33	.18 117 83	.18 243 33	.18 369 83	.18 495 33	.18 622 83	.18 749 33	.18 876 83	.19 003 33
.17 994 32	.18 119 82	.18 245 32	.18 372 82	.18 498 32	.18 625 82	.18 752 32	.18 879 82	.19 006 32
.17 996 31	.18 122 81	.18 248 31	.18 374 81	.18 501 31	.18 627 81	.18 754 31	.18 881 81	.19 009 31
.17 999 30	.18 124 80	.18 250 30	.18 377 80	.18 503 30	.18 630 80	.18 757 30	.18 884 80	.19 011 30
.18 001 29	.18 127 79	.18 253 29	.18 379 79	.18 506 29	.18 632 79	.18 759 29	.18 886 79	.19 014 29
.18 004 28	.18 129 78	.18 255 28	.18 382 78	.18 508 28	.18 635 78	.18 762 28	.18 889 78	.19 016 28
.18 006 27	.18 132 77	.18 258 27	.18 384 77	.18 511 27	.18 637 77	.18 764 27	.18 891 77	.19 019 27
.18 009 26	.18 134 76	.18 260 26	.18 387 76	.18 513 26	.18 640 76	.18 767 26	.18 894 76	.19 021 26
0.18 011 25	0.18 137 75	0.18 263 25	0.18 389 75	0.18 516 25	0.18 642 75	0.18 769 25	0.18 896 75	0.19 024 25
.18 014 24	.18 139 74	.18 266 24	.18 392 74	.18 518 24	.18 645 74	.18 772 24	.18 899 74	.19 026 24
.18 016 23	.18 142 73	.18 268 23	.18 394 73	.18 521 23	.18 647 73	.18 774 23	.18 902 73	.19 029 23
.18 019 22	.18 145 72	.18 271 22	.18 397 72	.18 523 22	.18 650 72	.18 777 22	.18 904 72	.19 031 22
.18 021 21	.18 147 71	.18 273 21	.18 399 71	.18 526 21	.18 653 71	.18 779 21	.18 907 71	.19 034 21
.18 024 20	.18 150 70	.18 276 20	.18 402 70	.18 528 20	.18 655 70	.18 782 20	.18 909 70	.19 037 20
.18 026 19	.18 152 69	.18 278 19	.18 404 69	.18 531 19	.18 658 69	.18 785 19	.18 912 69	.19 039 19
.18 029 18	.18 155 68	.18 281 18	.18 407 68	.18 533 18	.18 660 68	.18 787 18	.18 914 68	.19 042 18
.18 031 17	.18 157 67	.18 283 17	.18 409 67	.18 536 17	.18 663 67	.18 790 17	.18 917 67	.19 044 17
.18 034 16	.18 160 66	.18 286 16	.18 412 66	.18 538 16	.18 665 66	.18 792 16	.18 919 66	.19 047 16
.18 036 15	.18 162 65	.18 288 15	.18 415 65	.18 541 15	.18 668 65	.18 795 15	.18 922 65	.19 049 15
.18 039 14	.18 165 64	.18 291 14	.18 417 64	.18 544 14	.18 670 64	.18 797 14	.18 924 64	.19 052 14
.18 041 13	.18 167 63	.18 293 13	.18 420 63	.18 546 13	.18 673 63	.18 800 13	.18 927 63	.19 054 13
.18 044 12	.18 170 62	.18 296 12	.18 422 62	.18 549 12	.18 675 62	.18 802 12	.18 930 62	.19 057 12
.18 046 11	.18 172 61	.18 298 11	.18 425 61	.18 551 11	.18 678 61	.18 805 11	.18 932 61	.19 060 11
.18 049 10	.18 175 60	.18 301 10	.18 427 60	.18 554 10	.18 680 60	.18 807 10	.18 935 60	.19 062 10
.18 051 09	.18 177 59	.18 303 09	.18 430 59	.18 556 09	.18 683 59	.18 810 09	.18 937 59	.19 065 09
.18 054 08	.18 180 58	.18 306 08	.18 432 58	.18 559 08	.18 686 58	.18 813 08	.18 940 58	.19 067 08
.18 056 07	.18 182 57	.18 308 07	.18 435 57	.18 561 07	.18 688 57	.18 815 07	.18 942 57	.19 070 07
.18 059 06	.18 185 56	.18 311 06	.18 437 56	.18 564 06	.18 691 56	.18 818 06	.18 945 56	.19 072 06
.18 061 05	.18 187 55	.18 313 05	.18 440 55	.18 566 05	.18 693 55	.18 820 05	.18 947 55	.19 075 05
.18 064 04	.18 190 54	.18 316 04	.18 442 54	.18 569 04	.18 696 54	.18 823 04	.18 950 54	.19 077 04
.18 066 03	.18 192 53	.18 319 03	.18 445 53	.18 571 03	.18 698 53	.18 825 03	.18 952 53	.19 080 03
.18 069 02	.18 195 52	.18 321 02	.18 447 52	.18 574 02	.18 701 52	.18 828 02	.18 955 52	.19 082 02
.18 072 01	.18 197 51	.18 324 01	.18 450 51	.18 576 01	.18 703 51	.18 830 01	.18 958 51	.19 085 01
0.18 074 00	0.18 200 50	0.18 326 00	0.18 452 50	0.18 579 00	0.18 706 50	0.18 833 00	0.18 960 50	0.19 088 00

Find your entering number in the column of heavy print. If there isn't a perfect match, go to the next larger number. The last part of the gaussian is beside it; the first part is above the column.

Gaussians   Gaussians

	.215	.215	.214	.214	.213	.213	.212	.212	.211
0.19 090 99	0.19 218 49	0.19 346 99	0.19 474 49	0.19 602 99	0.19 731 49	0.19 860 99	0.19 989 49	0.20 118 99
.19 093 98	.19 220 48	.19 348 98	.19 477 48	.19 605 98	.19 734 48	.19 862 98	.19 992 48	.20 121 98
.19 095 97	.19 223 47	.19 351 97	.19 479 47	.19 608 97	.19 736 47	.19 865 97	.19 994 47	.20 124 97
.19 098 96	.19 226 46	.19 353 96	.19 482 46	.19 610 96	.19 739 46	.19 868 96	.19 997 46	.20 126 96
.19 100 95	.19 228 45	.19 356 95	.19 484 45	.19 613 95	.19 741 45	.19 870 95	.19 999 45	.20 129 95
.19 103 94	.19 231 44	.19 359 94	.19 487 44	.19 615 94	.19 744 44	.19 873 94	.20 002 44	.20 131 94
.19 105 93	.19 233 43	.19 361 93	.19 489 43	.19 618 93	.19 746 43	.19 875 93	.20 005 43	.20 134 93
.19 108 92	.19 236 42	.19 364 92	.19 492 42	.19 620 92	.19 749 42	.19 878 92	.20 007 42	.20 136 92
.19 111 91	.19 238 41	.19 366 91	.19 495 41	.19 623 91	.19 752 41	.19 881 91	.20 010 41	.20 139 91
.19 113 90	.19 241 40	.19 369 90	.19 497 40	.19 626 90	.19 754 40	.19 883 90	.20 012 40	.20 142 90
.19 116 89	.19 243 39	.19 371 89	.19 500 39	.19 628 89	.19 757 39	.19 886 89	.20 015 39	.20 144 89
.19 118 88	.19 246 38	.19 374 88	.19 502 38	.19 631 88	.19 759 38	.19 888 88	.20 017 38	.20 147 88
.19 121 87	.19 249 37	.19 377 87	.19 505 37	.19 633 87	.19 762 37	.19 891 87	.20 020 37	.20 149 87
.19 123 86	.19 251 36	.19 379 86	.19 507 36	.19 636 86	.19 765 36	.19 893 86	.20 023 36	.20 152 86
.19 126 85	.19 254 35	.19 382 85	.19 510 35	.19 638 85	.19 767 35	.19 896 85	.20 025 35	.20 155 85
.19 128 84	.19 256 34	.19 384 84	.19 512 34	.19 641 84	.19 770 34	.19 899 84	.20 028 34	.20 157 84
.19 131 83	.19 259 33	.19 387 83	.19 515 33	.19 644 83	.19 772 33	.19 901 83	.20 030 33	.20 160 83
.19 134 82	.19 261 32	.19 389 82	.19 518 32	.19 646 82	.19 775 32	.19 904 82	.20 033 32	.20 162 82
.19 136 81	.19 264 31	.19 392 81	.19 520 31	.19 649 81	.19 777 31	.19 906 81	.20 036 31	.20 165 81
.19 139 80	.19 266 30	.19 394 80	.19 523 30	.19 651 80	.19 780 30	.19 909 80	.20 038 30	.20 168 80
.19 141 79	.19 269 29	.19 397 79	.19 525 29	.19 654 79	.19 783 29	.19 912 79	.20 041 29	.20 170 79
.19 144 78	.19 272 28	.19 400 78	.19 528 28	.19 656 78	.19 785 28	.19 914 78	.20 043 28	.20 173 78
.19 146 77	.19 274 27	.19 402 77	.19 530 27	.19 659 77	.19 788 27	.19 917 77	.20 046 27	.20 175 77
.19 149 76	.19 277 26	.19 405 76	.19 533 26	.19 662 76	.19 790 26	.19 919 76	.20 048 26	.20 178 76
0.19 151 75	0.19 279 25	0.19 407 75	0.19 536 25	0.19 664 75	0.19 793 25	0.19 922 75	0.20 051 25	0.20 181 75
.19 154 74	.19 282 24	.19 410 74	.19 538 24	.19 667 74	.19 795 24	.19 924 74	.20 054 24	.20 183 74
.19 157 73	.19 284 23	.19 412 73	.19 541 23	.19 669 73	.19 798 23	.19 927 73	.20 056 23	.20 186 73
.19 159 72	.19 287 22	.19 415 72	.19 543 22	.19 672 72	.19 801 22	.19 930 72	.20 059 22	.20 188 72
.19 162 71	.19 289 21	.19 418 71	.19 546 21	.19 674 71	.19 803 21	.19 932 71	.20 061 21	.20 191 71
.19 164 70	.19 292 20	.19 420 70	.19 548 20	.19 677 70	.19 806 20	.19 935 70	.20 064 20	.20 193 70
.19 167 69	.19 295 19	.19 423 69	.19 551 19	.19 680 69	.19 808 19	.19 937 69	.20 067 19	.20 196 69
.19 169 68	.19 297 18	.19 425 68	.19 554 18	.19 682 68	.19 811 18	.19 940 68	.20 069 18	.20 199 68
.19 172 67	.19 300 17	.19 428 67	.19 556 17	.19 685 67	.19 813 17	.19 943 67	.20 072 17	.20 201 67
.19 174 66	.19 302 16	.19 430 66	.19 559 16	.19 687 66	.19 816 16	.19 945 66	.20 074 16	.20 204 66
.19 177 65	.19 305 15	.19 433 65	.19 561 15	.19 690 65	.19 819 15	.19 948 65	.20 077 15	.20 206 65
.19 180 64	.19 307 14	.19 436 64	.19 564 14	.19 692 64	.19 821 14	.19 950 64	.20 080 14	.20 209 64
.19 182 63	.19 310 13	.19 438 63	.19 566 13	.19 695 63	.19 824 13	.19 953 63	.20 082 13	.20 212 63
.19 185 62	.19 313 12	.19 441 62	.19 569 12	.19 698 62	.19 826 12	.19 955 62	.20 085 12	.20 214 62
.19 187 61	.19 315 11	.19 443 61	.19 572 11	.19 700 61	.19 829 11	.19 958 61	.20 087 11	.20 217 61
.19 190 60	.19 318 10	.19 446 60	.19 574 10	.19 703 60	.19 832 10	.19 961 60	.20 090 10	.20 219 60
.19 192 59	.19 320 09	.19 448 59	.19 577 09	.19 705 59	.19 834 09	.19 963 59	.20 092 09	.20 222 59
.19 195 58	.19 323 08	.19 451 58	.19 579 08	.19 708 58	.19 837 08	.19 966 58	.20 095 08	.20 225 58
.19 197 57	.19 325 07	.19 453 57	.19 582 07	.19 710 57	.19 839 07	.19 968 57	.20 098 07	.20 227 57
.19 200 56	.19 328 06	.19 456 56	.19 584 06	.19 713 56	.19 842 06	.19 971 56	.20 100 06	.20 230 56
.19 203 55	.19 330 05	.19 459 55	.19 587 05	.19 716 55	.19 844 05	.19 974 55	.20 103 05	.20 232 55
.19 205 54	.19 333 04	.19 461 54	.19 590 04	.19 718 54	.19 847 04	.19 976 54	.20 105 04	.20 235 54
.19 208 53	.19 336 03	.19 464 53	.19 592 03	.19 721 53	.19 850 03	.19 979 53	.20 108 03	.20 238 53
.19 210 52	.19 338 02	.19 466 52	.19 595 02	.19 723 52	.19 852 02	.19 981 52	.20 111 02	.20 240 52
.19 213 51	.19 341 01	.19 469 51	.19 597 01	.19 726 51	.19 855 01	.19 984 51	.20 113 01	.20 243 51
0.19 215 50	0.19 343 00	0.19 471 50	0.19 600 00	0.19 728 50	0.19 857 00	0.19 986 50	0.20 116 00	0.20 245 50

Find your entering number in the column of heavy print. If there isn't a perfect match, go to the next larger number. The last part of the gaussian is beside it; the first part is above the column.

Gaussians   Gaussians

.211	.210	.210	.209	.209	.208	.208	.207	.207
0.20 248 49	0.20 378 99	0.20 508 49	0.20 638 99	0.20 769 49	0.20 899 99	0.21 030 49	0.21 162 99	0.21 293 49
.20 251 48	.20 380 98	.20 510 48	.20 641 98	.20 771 48	.20 902 98	.21 033 48	.21 164 98	.21 296 48
.20 253 47	.20 383 97	.20 513 47	.20 643 97	.20 774 47	.20 905 97	.21 036 47	.21 167 97	.21 299 47
.20 256 46	.20 386 96	.20 516 46	.20 646 96	.20 776 46	.20 907 96	.21 038 46	.21 170 96	.21 301 46
.20 258 45	.20 388 95	.20 518 45	.20 649 95	.20 779 45	.20 910 95	.21 041 45	.21 172 95	.21 304 45
.20 261 44	.20 391 94	.20 521 44	.20 651 94	.20 782 44	.20 913 94	.21 044 44	.21 175 94	.21 306 44
.20 264 43	.20 393 93	.20 523 43	.20 654 93	.20 784 43	.20 915 93	.21 046 43	.21 177 93	.21 309 43
.20 266 42	.20 396 92	.20 526 42	.20 656 92	.20 787 42	.20 918 92	.21 049 42	.21 180 92	.21 312 42
.20 269 41	.20 399 91	.20 529 41	.20 659 91	.20 790 41	.20 920 91	.21 051 41	.21 183 91	.21 314 41
.20 271 40	.20 401 90	.20 531 40	.20 662 90	.20 792 40	.20 923 90	.21 054 40	.21 185 90	.21 317 40
.20 274 39	.20 404 89	.20 534 39	.20 664 89	.20 795 39	.20 926 89	.21 057 39	.21 188 89	.21 320 39
.20 276 38	.20 406 88	.20 536 38	.20 667 88	.20 797 38	.20 928 88	.21 059 38	.21 191 88	.21 322 38
.20 279 37	.20 409 87	.20 539 37	.20 669 87	.20 800 37	.20 931 87	.21 062 37	.21 193 87	.21 325 37
.20 282 36	.20 412 86	.20 542 36	.20 672 86	.20 803 36	.20 933 86	.21 065 36	.21 196 86	.21 327 36
.20 284 35	.20 414 85	.20 544 35	.20 675 85	.20 805 35	.20 936 85	.21 067 35	.21 199 85	.21 330 35
.20 287 34	.20 417 84	.20 547 34	.20 677 84	.20 808 34	.20 939 84	.21 070 34	.21 201 84	.21 333 34
.20 289 33	.20 419 83	.20 549 33	.20 680 83	.20 810 33	.20 941 83	.21 072 33	.21 204 83	.21 335 33
.20 292 32	.20 422 82	.20 552 32	.20 682 82	.20 813 32	.20 944 82	.21 075 32	.21 206 82	.21 338 32
.20 295 31	.20 425 81	.20 555 31	.20 685 81	.20 816 31	.20 947 81	.21 078 31	.21 209 81	.21 341 31
.20 297 30	.20 427 80	.20 557 30	.20 688 80	.20 818 30	.20 949 80	.21 080 30	.21 212 80	.21 343 30
.20 300 29	.20 430 79	.20 560 29	.20 690 79	.20 821 29	.20 952 79	.21 083 29	.21 214 79	.21 346 29
.20 302 28	.20 432 78	.20 563 28	.20 693 78	.20 824 28	.20 954 78	.21 086 28	.21 217 78	.21 349 28
.20 305 27	.20 435 77	.20 565 27	.20 696 77	.20 826 27	.20 957 77	.21 088 27	.21 220 77	.21 351 27
.20 308 26	.20 438 76	.20 568 26	.20 698 76	.20 829 26	.20 960 76	.21 091 26	.21 222 76	.21 354 26
0.20 310 25	0.20 440 75	0.20 570 25	0.20 701 75	0.20 831 25	0.20 962 75	0.21 093 25	0.21 225 75	0.21 356 25
.20 313 24	.20 443 74	.20 573 24	.20 703 74	.20 834 24	.20 965 74	.21 096 24	.21 227 74	.21 359 24
.20 315 23	.20 445 73	.20 576 23	.20 706 73	.20 837 23	.20 968 73	.21 099 23	.21 230 73	.21 362 23
.20 318 22	.20 448 72	.20 578 22	.20 709 72	.20 839 22	.20 970 72	.21 101 22	.21 233 72	.21 364 22
.20 321 21	.20 451 71	.20 581 21	.20 711 71	.20 842 21	.20 973 71	.21 104 21	.21 235 71	.21 367 21
.20 323 20	.20 453 70	.20 583 20	.20 714 70	.20 844 20	.20 975 70	.21 107 20	.21 238 70	.21 370 20
.20 326 19	.20 456 69	.20 586 19	.20 716 69	.20 847 19	.20 978 69	.21 109 19	.21 241 69	.21 372 19
.20 328 18	.20 458 68	.20 589 18	.20 719 68	.20 850 18	.20 981 68	.21 112 18	.21 243 68	.21 375 18
.20 331 17	.20 461 67	.20 591 17	.20 722 67	.20 852 17	.20 983 67	.21 114 17	.21 246 67	.21 378 17
.20 334 16	.20 464 66	.20 594 16	.20 724 66	.20 855 16	.20 986 66	.21 117 16	.21 248 66	.21 380 16
.20 336 15	.20 466 65	.20 596 15	.20 727 65	.20 858 15	.20 988 65	.21 120 15	.21 251 65	.21 383 15
.20 339 14	.20 469 64	.20 599 14	.20 729 64	.20 860 14	.20 991 64	.21 122 14	.21 254 64	.21 385 14
.20 341 13	.20 471 63	.20 602 13	.20 732 63	.20 863 13	.20 994 63	.21 125 13	.21 256 63	.21 388 13
.20 344 12	.20 474 62	.20 604 12	.20 735 62	.20 865 12	.20 996 62	.21 128 12	.21 259 62	.21 391 12
.20 347 11	.20 477 61	.20 607 11	.20 737 61	.20 868 11	.20 999 61	.21 130 11	.21 262 61	.21 393 11
.20 349 10	.20 479 60	.20 609 10	.20 740 60	.20 871 10	.21 002 60	.21 133 10	.21 264 60	.21 396 10
.20 352 09	.20 482 59	.20 612 09	.20 743 59	.20 873 09	.21 004 59	.21 135 09	.21 267 59	.21 399 09
.20 354 08	.20 484 58	.20 615 08	.20 745 58	.20 876 08	.21 007 58	.21 138 08	.21 270 58	.21 401 08
.20 357 07	.20 487 57	.20 617 07	.20 748 57	.20 878 07	.21 009 57	.21 141 07	.21 272 57	.21 404 07
.20 360 06	.20 490 56	.20 620 06	.20 750 56	.20 881 06	.21 012 56	.21 143 06	.21 275 56	.21 407 06
.20 362 05	.20 492 55	.20 622 05	.20 753 55	.20 884 05	.21 015 55	.21 146 05	.21 277 55	.21 409 05
.20 365 04	.20 495 54	.20 625 04	.20 756 54	.20 886 04	.21 017 54	.21 149 04	.21 280 54	.21 412 04
.20 367 03	.20 497 53	.20 628 03	.20 758 53	.20 889 03	.21 020 53	.21 151 03	.21 283 53	.21 414 03
.20 370 02	.20 500 52	.20 630 02	.20 761 52	.20 892 02	.21 023 52	.21 154 02	.21 285 52	.21 417 02
.20 373 01	.20 503 51	.20 633 01	.20 763 51	.20 894 01	.21 025 51	.21 156 01	.21 288 51	.21 420 01
0.20 375 00	0.20 505 50	0.20 636 00	0.20 766 50	0.20 897 00	0.21 028 50	0.21 159 00	0.21 291 50	0.21 422 00

Find your entering number in the column of heavy print. If there isn't a perfect match, go to the next larger number. The last part of the gaussian is beside it; the first part is above the column.

Gaussians

.206	.206	.205	.205	.204	.204	.203	.203	.202
0.21 425 99	0.21 557 49	0.21 689 99	0.21 822 49	0.21 955 99	0.22 088 49	0.22 221 99	0.22 354 49	0.22 488 99
.21 428 98	.21 560 48	.21 692 98	.21 824 48	.21 957 98	.22 090 48	.22 224 98	.22 357 48	.22 491 98
.21 430 97	.21 562 47	.21 695 97	.21 827 47	.21 960 97	.22 093 47	.22 226 97	.22 360 47	.22 494 97
.21 433 96	.21 565 46	.21 697 96	.21 830 46	.21 963 96	.22 096 46	.22 229 96	.22 362 46	.22 496 96
.21 436 95	.21 568 45	.21 700 95	.21 832 45	.21 965 95	.22 098 45	.22 232 95	.22 365 45	.22 499 95
.21 438 94	.21 570 44	.21 703 94	.21 835 44	.21 968 94	.22 101 44	.22 234 94	.22 368 44	.22 502 94
.21 441 93	.21 573 43	.21 705 93	.21 838 43	.21 971 93	.22 104 43	.22 237 93	.22 370 43	.22 504 93
.21 443 92	.21 576 42	.21 708 92	.21 840 42	.21 973 92	.22 106 42	.22 240 92	.22 373 42	.22 507 92
.21 446 91	.21 578 41	.21 710 91	.21 843 41	.21 976 91	.22 109 41	.22 242 91	.22 376 41	.22 510 91
.21 449 90	.21 581 40	.21 713 90	.21 846 40	.21 978 90	.22 112 40	.22 245 90	.22 378 40	.22 512 90
.21 451 89	.21 583 39	.21 716 89	.21 848 39	.21 981 89	.22 114 39	.22 248 89	.22 381 39	.22 515 89
.21 454 88	.21 586 38	.21 718 88	.21 851 38	.21 984 88	.22 117 38	.22 250 88	.22 384 38	.22 518 88
.21 457 87	.21 589 37	.21 721 87	.21 854 37	.21 986 87	.22 120 37	.22 253 87	.22 386 37	.22 520 87
.21 459 86	.21 591 36	.21 724 86	.21 856 36	.21 989 86	.22 122 36	.22 256 86	.22 389 36	.22 523 86
.21 462 85	.21 594 35	.21 726 85	.21 859 35	.21 992 85	.22 125 35	.22 258 85	.22 392 35	.22 526 85
.21 465 84	.21 597 34	.21 729 84	.21 862 34	.21 994 84	.22 128 34	.22 261 84	.22 394 34	.22 528 84
.21 467 83	.21 599 33	.21 732 83	.21 864 33	.21 997 83	.22 130 33	.22 264 83	.22 397 33	.22 531 83
.21 470 82	.21 602 32	.21 734 82	.21 867 32	.22 000 82	.22 133 32	.22 266 82	.22 400 32	.22 534 82
.21 473 81	.21 605 31	.21 737 81	.21 870 31	.22 002 81	.22 136 31	.22 269 81	.22 403 31	.22 536 81
.21 475 80	.21 607 30	.21 740 80	.21 872 30	.22 005 80	.22 138 30	.22 272 80	.22 405 30	.22 539 80
.21 478 79	.21 610 29	.21 742 79	.21 875 29	.22 008 79	.22 141 29	.22 274 79	.22 408 29	.22 542 79
.21 480 78	.21 613 28	.21 745 78	.21 878 28	.22 010 78	.22 144 28	.22 277 78	.22 411 28	.22 544 78
.21 483 77	.21 615 27	.21 748 77	.21 880 27	.22 013 77	.22 146 27	.22 280 77	.22 413 27	.22 547 77
.21 486 76	.21 618 26	.21 750 76	.21 883 26	.22 016 76	.22 149 26	.22 282 76	.22 416 26	.22 550 76
0.21 488 75	0.21 620 25	0.21 753 75	0.21 885 25	0.22 018 75	0.22 152 25	0.22 285 75	0.22 419 25	0.22 552 75
.21 491 74	.21 623 24	.21 756 74	.21 888 24	.22 021 74	.22 154 24	.22 288 74	.22 421 24	.22 555 74
.21 494 73	.21 626 23	.21 758 73	.21 891 23	.22 024 73	.22 157 23	.22 290 73	.22 424 23	.22 558 73
.21 496 72	.21 628 22	.21 761 72	.21 893 22	.22 026 72	.22 160 22	.22 293 72	.22 427 22	.22 561 72
.21 499 71	.21 631 21	.21 763 71	.21 896 21	.22 029 71	.22 162 21	.22 296 71	.22 429 21	.22 563 71
.21 502 70	.21 634 20	.21 766 70	.21 899 20	.22 032 70	.22 165 20	.22 298 70	.22 432 20	.22 566 70
.21 504 69	.21 636 19	.21 769 69	.21 901 19	.22 034 69	.22 168 19	.22 301 69	.22 435 19	.22 569 69
.21 507 68	.21 639 18	.21 771 68	.21 904 18	.22 037 68	.22 170 18	.22 304 68	.22 437 18	.22 571 68
.21 509 67	.21 642 17	.21 774 67	.21 907 17	.22 040 67	.22 173 17	.22 306 67	.22 440 17	.22 574 67
.21 512 66	.21 644 16	.21 777 66	.21 909 16	.22 042 66	.22 176 16	.22 309 66	.22 443 16	.22 577 66
.21 515 65	.21 647 15	.21 779 65	.21 912 15	.22 045 65	.22 178 15	.22 312 65	.22 445 15	.22 579 65
.21 517 64	.21 650 14	.21 782 64	.21 915 14	.22 048 64	.22 181 14	.22 314 64	.22 448 14	.22 582 64
.21 520 63	.21 652 13	.21 785 63	.21 917 13	.22 050 63	.22 184 13	.22 317 63	.22 451 13	.22 585 63
.21 523 62	.21 655 12	.21 787 62	.21 920 12	.22 053 62	.22 186 12	.22 320 62	.22 453 12	.22 587 62
.21 525 61	.21 658 11	.21 790 61	.21 923 11	.22 056 61	.22 189 11	.22 322 61	.22 456 11	.22 590 61
.21 528 60	.21 660 10	.21 793 60	.21 925 10	.22 058 60	.22 192 10	.22 325 60	.22 459 10	.22 593 60
.21 531 59	.21 663 09	.21 795 59	.21 928 09	.22 061 59	.22 194 09	.22 328 59	.22 461 09	.22 595 59
.21 533 58	.21 665 08	.21 798 58	.21 931 08	.22 064 58	.22 197 08	.22 330 58	.22 464 08	.22 598 58
.21 536 57	.21 668 07	.21 801 57	.21 933 07	.22 066 57	.22 200 07	.22 333 57	.22 467 07	.22 601 57
.21 539 56	.21 671 06	.21 803 56	.21 936 06	.22 069 56	.22 202 06	.22 336 56	.22 469 06	.22 603 56
.21 541 55	.21 673 05	.21 806 55	.21 939 05	.22 072 55	.22 205 05	.22 338 55	.22 472 05	.22 606 55
.21 544 54	.21 676 04	.21 809 54	.21 941 04	.22 074 54	.22 208 04	.22 341 54	.22 475 04	.22 609 54
.21 546 53	.21 679 03	.21 811 53	.21 944 03	.22 077 53	.22 210 03	.22 344 53	.22 477 03	.22 611 53
.21 549 52	.21 681 02	.21 814 52	.21 947 02	.22 080 52	.22 213 02	.22 346 52	.22 480 02	.22 614 52
.21 552 51	.21 684 01	.21 816 51	.21 949 01	.22 082 51	.22 216 01	.22 349 51	.22 483 01	.22 617 51
0.21 554 50	0.21 687 00	0.21 819 50	0.21 952 00	0.22 085 50	0.22 218 00	0.22 352 50	0.22 485 00	0.22 620 50

Find your entering number in the column of heavy print. If there isn't a perfect match, go to the next larger number. The last part of the gaussian is beside it; the first part is above the column.

Gaussians

	.202	.201	.201	.200	.200	.199	.199	.198	.198
	0.22 622 49	0.22 757 99	0.22 891 49	0.23 026 99	0.23 161 49	0.23 296 99	0.23 432 49	0.23 568 99	0.23 704 49
	.22 625 48	.22 759 98	.22 894 48	.23 029 98	.23 164 48	.23 299 98	.23 435 48	.23 571 98	.23 707 48
	.22 628 47	.22 762 97	.22 896 47	.23 031 97	.23 166 47	.23 302 97	.23 437 47	.23 573 97	.23 710 47
	.22 630 46	.22 765 96	.22 899 46	.23 034 96	.23 169 46	.23 305 96	.23 440 46	.23 576 96	.23 712 46
	.22 633 45	.22 767 95	.22 902 45	.23 037 95	.23 172 45	.23 307 95	.23 443 45	.23 579 95	.23 715 45
	.22 636 44	.22 770 94	.22 905 44	.23 039 94	.23 175 44	.23 310 94	.23 446 44	.23 582 94	.23 718 44
	.22 638 43	.22 773 93	.22 907 43	.23 042 93	.23 177 43	.23 313 93	.23 448 43	.23 584 93	.23 720 43
	.22 641 42	.22 775 92	.22 910 42	.23 045 92	.23 180 42	.23 315 92	.23 451 42	.23 587 92	.23 723 42
	.22 644 41	.22 778 91	.22 913 41	.23 048 91	.23 183 41	.23 318 91	.23 454 41	.23 590 91	.23 726 41
	.22 646 40	.22 781 90	.22 915 40	.23 050 90	.23 185 40	.23 321 90	.23 456 40	.23 592 90	.23 729 40
	.22 649 39	.22 783 89	.22 918 39	.23 053 89	.23 188 39	.23 323 89	.23 459 39	.23 595 89	.23 731 39
	.22 652 38	.22 786 88	.22 921 38	.23 056 88	.23 191 38	.23 326 88	.23 462 38	.23 598 88	.23 734 38
	.22 654 37	.22 789 87	.22 923 37	.23 058 87	.23 193 37	.23 329 87	.23 465 37	.23 601 87	.23 737 37
	.22 657 36	.22 791 86	.22 926 36	.23 061 86	.23 196 36	.23 332 86	.23 467 36	.23 603 86	.23 740 36
	.22 660 35	.22 794 85	.22 929 35	.23 064 85	.23 199 35	.23 334 85	.23 470 35	.23 606 85	.23 742 35
	.22 662 34	.22 797 84	.22 932 34	.23 066 84	.23 202 34	.23 337 84	.23 473 34	.23 609 84	.23 745 34
	.22 665 33	.22 800 83	.22 934 33	.23 069 83	.23 204 33	.23 340 83	.23 475 33	.23 611 83	.23 748 33
	.22 668 32	.22 802 82	.22 937 32	.23 072 82	.23 207 32	.23 342 82	.23 478 32	.23 614 82	.23 750 32
	.22 671 31	.22 805 81	.22 940 31	.23 075 81	.23 210 31	.23 345 81	.23 481 31	.23 617 81	.23 753 31
	.22 673 30	.22 808 80	.22 942 30	.23 077 80	.23 212 30	.23 348 80	.23 484 30	.23 620 80	.23 756 30
	.22 676 29	.22 810 79	.22 945 29	.23 080 79	.23 215 29	.23 351 79	.23 486 29	.23 622 79	.23 759 29
	.22 679 28	.22 813 78	.22 948 28	.23 083 78	.23 218 28	.23 353 78	.23 489 28	.23 625 78	.23 761 28
	.22 681 27	.22 816 77	.22 950 27	.23 085 77	.23 221 27	.23 356 77	.23 492 27	.23 628 77	.23 764 27
	.22 684 26	.22 818 76	.22 953 26	.23 088 76	.23 223 26	.23 359 76	.23 494 26	.23 631 76	.23 767 26
	0.22 687 25	0.22 821 75	0.22 956 25	0.23 091 75	0.23 226 25	0.23 361 75	0.23 497 25	0.23 633 75	0.23 770 25
	.22 689 24	.22 824 74	.22 958 24	.23 093 74	.23 229 24	.23 364 74	.23 500 24	.23 636 74	.23 772 24
	.22 692 23	.22 826 73	.22 961 23	.23 096 73	.23 231 23	.23 367 73	.23 503 23	.23 639 73	.23 775 23
	.22 695 22	.22 829 72	.22 964 22	.23 099 72	.23 234 22	.23 370 72	.23 505 22	.23 641 72	.23 778 22
	.22 697 21	.22 832 71	.22 967 21	.23 102 71	.23 237 21	.23 372 71	.23 508 21	.23 644 71	.23 780 21
	.22 700 20	.22 835 70	.22 969 20	.23 104 70	.23 239 20	.23 375 70	.23 511 20	.23 647 70	.23 783 20
	.22 703 19	.22 837 69	.22 972 19	.23 107 69	.23 242 19	.23 378 69	.23 514 19	.23 650 69	.23 786 19
	.22 705 18	.22 840 68	.22 975 18	.23 110 68	.23 245 18	.23 380 68	.23 516 18	.23 652 68	.23 789 18
	.22 708 17	.22 843 67	.22 977 17	.23 112 67	.23 248 17	.23 383 67	.23 519 17	.23 655 67	.23 791 17
	.22 711 16	.22 845 66	.22 980 16	.23 115 66	.23 250 16	.23 386 66	.23 522 16	.23 658 66	.23 794 16
	.22 714 15	.22 848 65	.22 983 15	.23 118 65	.23 253 15	.23 389 65	.23 524 15	.23 660 65	.23 797 15
	.22 716 14	.22 851 64	.22 985 14	.23 120 64	.23 256 14	.23 391 64	.23 527 14	.23 663 64	.23 800 14
	.22 719 13	.22 853 63	.22 988 13	.23 123 63	.23 258 13	.23 394 63	.23 530 13	.23 666 63	.23 802 13
	.22 722 12	.22 856 62	.22 991 12	.23 126 62	.23 261 12	.23 397 62	.23 533 12	.23 669 62	.23 805 12
	.22 724 11	.22 859 61	.22 994 11	.23 129 61	.23 264 11	.23 399 61	.23 535 11	.23 671 61	.23 808 11
	.22 727 10	.22 861 60	.22 996 10	.23 131 60	.23 267 10	.23 402 60	.23 538 10	.23 674 60	.23 810 10
	.22 730 09	.22 864 59	.22 999 09	.23 134 59	.23 269 09	.23 405 59	.23 541 09	.23 677 59	.23 813 09
	.22 732 08	.22 867 58	.23 002 08	.23 137 58	.23 272 08	.23 408 58	.23 543 08	.23 680 58	.23 816 08
	.22 735 07	.22 870 57	.23 004 07	.23 139 57	.23 275 07	.23 410 57	.23 546 07	.23 682 57	.23 819 07
	.22 738 06	.22 872 56	.23 007 06	.23 142 56	.23 277 06	.23 413 56	.23 549 06	.23 685 56	.23 821 06
	.22 740 05	.22 875 55	.23 010 05	.23 145 55	.23 280 05	.23 416 55	.23 552 05	.23 688 55	.23 824 05
	.22 743 04	.22 878 54	.23 012 04	.23 147 54	.23 283 04	.23 418 54	.23 554 04	.23 690 54	.23 827 04
	.22 746 03	.22 880 53	.23 015 03	.23 150 53	.23 286 03	.23 421 53	.23 557 03	.23 693 53	.23 830 03
	.22 748 02	.22 883 52	.23 018 02	.23 153 52	.23 288 02	.23 424 52	.23 560 02	.23 696 52	.23 832 02
	.22 751 01	.22 886 51	.23 021 01	.23 156 51	.23 291 01	.23 427 51	.23 562 01	.23 699 51	.23 835 01
	0.22 754 00	0.22 888 50	0.23 023 00	0.23 158 50	0.23 294 00	0.23 429 50	0.23 565 00	0.23 701 50	0.23 838 00

Find your entering number in the column of heavy print. If there isn't a perfect match, go to the next larger number. The last part of the gaussian is beside it; the first part is above the column.

Gaussians

.197	.197	.196	.196	.195	.195	.194	.194	.193
0.23 841 99	0.23 977 49	0.24 114 99	0.24 251 49	0.24 389 99	0.24 527 49	0.24 665 99	0.24 803 49	0.24 942 99
.23 843 98	.23 980 48	.24 117 98	.24 254 48	.24 392 98	.24 530 48	.24 668 98	.24 806 48	.24 945 98
.23 846 97	.23 983 47	.24 120 97	.24 257 47	.24 394 97	.24 532 47	.24 670 97	.24 809 47	.24 947 97
.23 849 96	.23 985 46	.24 122 96	.24 260 46	.24 397 96	.24 535 46	.24 673 96	.24 812 46	.24 950 96
.23 851 95	.23 988 45	.24 125 95	.24 262 45	.24 400 95	.24 538 45	.24 676 95	.24 814 45	.24 953 95
.23 854 94	.23 991 44	.24 128 94	.24 265 44	.24 403 94	.24 541 44	.24 679 94	.24 817 44	.24 956 94
.23 857 93	.23 994 43	.24 131 93	.24 268 43	.24 406 93	.24 543 43	.24 681 93	.24 820 43	.24 959 93
.23 860 92	.23 996 42	.24 133 92	.24 271 42	.24 408 92	.24 546 42	.24 684 92	.24 823 42	.24 961 92
.23 862 91	.23 999 41	.24 136 91	.24 273 41	.24 411 91	.24 549 41	.24 687 91	.24 825 41	.24 964 91
.23 865 90	.24 002 40	.24 139 90	.24 276 40	.24 414 90	.24 552 40	.24 690 90	.24 828 40	.24 967 90
.23 868 89	.24 005 39	.24 142 89	.24 279 39	.24 417 89	.24 554 39	.24 693 89	.24 831 39	.24 970 89
.23 871 88	.24 007 38	.24 144 88	.24 282 38	.24 419 88	.24 557 38	.24 695 88	.24 834 38	.24 972 88
.23 873 87	.24 010 37	.24 147 87	.24 284 37	.24 422 87	.24 560 37	.24 698 87	.24 837 37	.24 975 87
.23 876 86	.24 013 36	.24 150 86	.24 287 36	.24 425 86	.24 563 36	.24 701 86	.24 839 36	.24 978 86
.23 879 85	.24 016 35	.24 153 85	.24 290 35	.24 428 85	.24 565 35	.24 704 85	.24 842 35	.24 981 85
.23 881 84	.24 018 34	.24 155 84	.24 293 34	.24 430 84	.24 568 34	.24 706 84	.24 845 34	.24 984 84
.23 884 83	.24 021 33	.24 158 83	.24 295 33	.24 433 83	.24 571 33	.24 709 83	.24 848 33	.24 986 83
.23 887 82	.24 024 32	.24 161 82	.24 298 32	.24 436 82	.24 574 32	.24 712 82	.24 850 32	.24 989 82
.23 890 81	.24 026 31	.24 164 81	.24 301 31	.24 439 81	.24 576 31	.24 715 81	.24 853 31	.24 992 81
.23 892 80	.24 029 30	.24 166 80	.24 304 30	.24 441 80	.24 579 30	.24 717 80	.24 856 30	.24 995 80
.23 895 79	.24 032 29	.24 169 79	.24 306 29	.24 444 79	.24 582 29	.24 720 79	.24 859 29	.24 997 79
.23 898 78	.24 035 28	.24 172 78	.24 309 28	.24 447 78	.24 585 28	.24 723 78	.24 861 28	.25 000 78
.23 901 77	.24 037 27	.24 175 77	.24 312 27	.24 450 77	.24 588 27	.24 726 77	.24 864 27	.25 003 77
.23 903 76	.24 040 26	.24 177 76	.24 315 26	.24 452 76	.24 590 26	.24 729 76	.24 867 26	.25 006 76
0.23 906 75	0.24 043 25	0.24 180 75	0.24 317 25	0.24 455 75	0.24 593 25	0.24 731 75	0.24 870 25	0.25 009 75
.23 909 74	.24 046 24	.24 183 74	.24 320 24	.24 458 74	.24 596 24	.24 734 74	.24 873 24	.25 011 74
.23 912 73	.24 048 23	.24 186 73	.24 323 23	.24 461 73	.24 599 23	.24 737 73	.24 875 23	.25 014 73
.23 914 72	.24 051 22	.24 188 72	.24 326 22	.24 463 72	.24 601 22	.24 740 72	.24 878 22	.25 017 72
.23 917 71	.24 054 21	.24 191 71	.24 328 21	.24 466 71	.24 604 21	.24 742 71	.24 881 21	.25 020 71
.23 920 70	.24 057 20	.24 194 70	.24 331 20	.24 469 70	.24 607 20	.24 745 70	.24 884 20	.25 022 70
.23 922 69	.24 059 19	.24 197 69	.24 334 19	.24 472 69	.24 610 19	.24 748 69	.24 886 19	.25 025 69
.23 925 68	.24 062 18	.24 199 68	.24 337 18	.24 474 68	.24 612 18	.24 751 68	.24 889 18	.25 028 68
.23 928 67	.24 065 17	.24 202 67	.24 339 17	.24 477 67	.24 615 17	.24 753 67	.24 892 17	.25 031 67
.23 931 66	.24 068 16	.24 205 66	.24 342 16	.24 480 66	.24 618 16	.24 756 66	.24 895 16	.25 034 66
.23 933 65	.24 070 15	.24 207 65	.24 345 15	.24 483 65	.24 621 15	.24 759 65	.24 898 15	.25 036 65
.23 936 64	.24 073 14	.24 210 64	.24 348 14	.24 485 64	.24 623 14	.24 762 64	.24 900 14	.25 039 64
.23 939 63	.24 076 13	.24 213 63	.24 350 13	.24 488 63	.24 626 13	.24 764 63	.24 903 13	.25 042 63
.23 942 62	.24 079 12	.24 216 62	.24 353 12	.24 491 62	.24 629 12	.24 767 62	.24 906 12	.25 045 62
.23 944 61	.24 081 11	.24 218 61	.24 356 11	.24 494 61	.24 632 11	.24 770 61	.24 909 11	.25 047 61
.23 947 60	.24 084 10	.24 221 60	.24 359 10	.24 496 60	.24 634 10	.24 773 60	.24 911 10	.25 050 60
.23 950 59	.24 087 09	.24 224 59	.24 361 09	.24 499 59	.24 637 09	.24 776 59	.24 914 09	.25 053 59
.23 953 58	.24 090 08	.24 227 58	.24 364 08	.24 502 58	.24 640 08	.24 778 58	.24 917 08	.25 056 58
.23 955 57	.24 092 07	.24 229 57	.24 367 07	.24 505 57	.24 643 07	.24 781 57	.24 920 07	.25 059 57
.23 958 56	.24 095 06	.24 232 56	.24 370 06	.24 507 56	.24 646 06	.24 784 56	.24 922 06	.25 061 56
.23 961 55	.24 098 05	.24 235 55	.24 372 05	.24 510 55	.24 648 05	.24 787 55	.24 925 05	.25 064 55
.23 964 54	.24 100 04	.24 238 54	.24 375 04	.24 513 54	.24 651 04	.24 789 54	.24 928 04	.25 067 54
.23 966 53	.24 103 03	.24 240 53	.24 378 03	.24 516 53	.24 654 03	.24 792 53	.24 931 03	.25 070 53
.23 969 52	.24 106 02	.24 243 52	.24 381 02	.24 519 52	.24 657 02	.24 795 52	.24 934 02	.25 073 52
.23 972 51	.24 109 01	.24 246 51	.24 383 01	.24 521 51	.24 659 01	.24 798 51	.24 936 01	.25 075 51
0.23 974 50	0.24 111 00	0.24 249 50	0.24 386 00	0.24 524 50	0.24 662 00	0.24 800 50	0.24 939 00	0.25 078 50

Find your entering number in the column of heavy print. If there isn't a perfect match, go to the next larger number. The last part of the gaussian is beside it; the first part is above the column.

Gaussians   Gaussians

	.193	.192	.192	.191	.191	.190	.190	.189	.189
	0.25 081 49	0.25 220 99	0.25 360 49	0.25 499 99	0.25 639 49	0.25 780 99	0.25 921 49	0.26 061 99	0.26 203 49
	.25 084 48	.25 223 98	.25 362 48	.25 502 98	.25 642 48	.25 783 98	.25 923 48	.26 064 98	.26 206 48
	.25 086 47	.25 226 97	.25 365 47	.25 505 97	.25 645 47	.25 785 97	.25 926 47	.26 067 97	.26 208 47
	.25 089 46	.25 228 96	.25 368 46	.25 508 96	.25 648 46	.25 788 96	.25 929 46	.26 070 96	.26 211 46
	.25 092 45	.25 231 95	.25 371 45	.25 511 95	.25 651 45	.25 791 95	.25 932 45	.26 073 95	.26 214 45
	.25 095 44	.25 234 94	.25 374 44	.25 513 94	.25 653 44	.25 794 94	.25 935 44	.26 076 94	.26 217 44
	.25 098 43	.25 237 93	.25 376 43	.25 516 93	.25 656 43	.25 797 93	.25 937 43	.26 078 93	.26 220 43
	.25 100 42	.25 240 92	.25 379 42	.25 519 92	.25 659 42	.25 800 92	.25 940 42	.26 081 92	.26 223 42
	.25 103 41	.25 242 91	.25 382 41	.25 522 91	.25 662 41	.25 802 91	.25 943 41	.26 084 91	.26 225 41
	.25 106 40	.25 245 90	.25 385 40	.25 525 90	.25 665 40	.25 805 90	.25 946 40	.26 087 90	.26 228 40
	.25 109 39	.25 248 89	.25 388 39	.25 527 89	.25 668 39	.25 808 89	.25 949 39	.26 090 89	.26 231 39
	.25 111 38	.25 251 88	.25 390 38	.25 530 88	.25 670 38	.25 811 88	.25 952 38	.26 093 88	.26 234 38
	.25 114 37	.25 254 87	.25 393 37	.25 533 87	.25 673 37	.25 814 87	.25 954 37	.26 095 87	.26 237 37
	.25 117 36	.25 256 86	.25 396 36	.25 536 86	.25 676 36	.25 816 86	.25 957 36	.26 098 86	.26 240 36
	.25 120 35	.25 259 85	.25 399 35	.25 539 85	.25 679 35	.25 819 85	.25 960 35	.26 101 85	.26 242 35
	.25 123 34	.25 262 84	.25 401 34	.25 541 84	.25 682 34	.25 822 84	.25 963 34	.26 104 84	.26 245 34
	.25 125 33	.25 265 83	.25 404 33	.25 544 83	.25 684 33	.25 825 83	.25 966 33	.26 107 83	.26 248 33
	.25 128 32	.25 267 82	.25 407 32	.25 547 82	.25 687 32	.25 828 82	.25 968 32	.26 109 82	.26 251 32
	.25 131 31	.25 270 81	.25 410 31	.25 550 81	.25 690 31	.25 830 81	.25 971 31	.26 112 81	.26 254 31
	.25 134 30	.25 273 80	.25 413 30	.25 553 80	.25 693 30	.25 833 80	.25 974 30	.26 115 80	.26 256 30
	.25 137 29	.25 276 79	.25 415 29	.25 555 79	.25 696 29	.25 836 79	.25 977 29	.26 118 79	.26 259 29
	.25 139 28	.25 279 78	.25 418 28	.25 558 78	.25 698 28	.25 839 78	.25 980 28	.26 121 78	.26 262 28
	.25 142 27	.25 281 77	.25 421 27	.25 561 77	.25 701 27	.25 842 77	.25 983 27	.26 124 77	.26 265 27
	.25 145 26	.25 284 76	.25 424 26	.25 564 76	.25 704 26	.25 845 76	.25 985 26	.26 126 76	.26 268 26
	0.25 148 25	0.25 287 75	0.25 427 25	0.25 567 75	0.25 707 25	0.25 847 75	0.25 988 25	0.26 129 75	0.26 271 25
	.25 150 24	.25 290 74	.25 429 24	.25 569 74	.25 710 24	.25 850 74	.25 991 24	.26 132 74	.26 273 24
	.25 153 23	.25 293 73	.25 432 23	.25 572 73	.25 712 23	.25 853 73	.25 994 23	.26 135 73	.26 276 23
	.25 156 22	.25 295 72	.25 435 22	.25 575 72	.25 715 22	.25 856 72	.25 997 22	.26 138 72	.26 279 22
	.25 159 21	.25 298 71	.25 438 21	.25 578 71	.25 718 21	.25 859 71	.25 999 21	.26 141 71	.26 282 21
	.25 162 20	.25 301 70	.25 441 20	.25 581 70	.25 721 20	.25 861 70	.26 002 20	.26 143 70	.26 285 20
	.25 164 19	.25 304 69	.25 443 19	.25 583 69	.25 724 19	.25 864 69	.26 005 19	.26 146 69	.26 288 19
	.25 167 18	.25 307 68	.25 446 18	.25 586 68	.25 726 18	.25 867 68	.26 008 18	.26 149 68	.26 290 18
	.25 170 17	.25 309 67	.25 449 17	.25 589 67	.25 729 17	.25 870 67	.26 011 17	.26 152 67	.26 293 17
	.25 173 16	.25 312 66	.25 452 16	.25 592 66	.25 732 16	.25 873 66	.26 014 16	.26 155 66	.26 296 16
	.25 175 15	.25 315 65	.25 455 15	.25 595 65	.25 735 15	.25 875 65	.26 016 15	.26 158 65	.26 299 15
	.25 178 14	.25 318 64	.25 457 14	.25 597 64	.25 738 14	.25 878 64	.26 019 14	.26 160 64	.26 302 14
	.25 181 13	.25 320 63	.25 460 13	.25 600 63	.25 741 13	.25 881 63	.26 022 13	.26 163 63	.26 305 13
	.25 184 12	.25 323 62	.25 463 12	.25 603 62	.25 743 12	.25 884 62	.26 025 12	.26 166 62	.26 307 12
	.25 187 11	.25 326 61	.25 466 11	.25 606 61	.25 746 11	.25 887 61	.26 028 11	.26 169 61	.26 310 11
	.25 189 10	.25 329 60	.25 469 10	.25 609 60	.25 749 10	.25 890 60	.26 030 10	.26 172 60	.26 313 10
	.25 192 09	.25 332 59	.25 471 09	.25 611 59	.25 752 09	.25 892 59	.26 033 09	.26 174 59	.26 316 09
	.25 195 08	.25 334 58	.25 474 08	.25 614 58	.25 755 08	.25 895 58	.26 036 08	.26 177 58	.26 319 08
	.25 198 07	.25 337 57	.25 477 07	.25 617 57	.25 757 07	.25 898 57	.26 039 07	.26 180 57	.26 322 07
	.25 201 06	.25 340 56	.25 480 06	.25 620 56	.25 760 06	.25 901 56	.26 042 06	.26 183 56	.26 324 06
	.25 203 05	.25 343 55	.25 483 05	.25 623 55	.25 763 05	.25 904 55	.26 045 05	.26 186 55	.26 327 05
	.25 206 04	.25 346 54	.25 485 04	.25 625 54	.25 766 04	.25 906 54	.26 047 04	.26 189 54	.26 330 04
	.25 209 03	.25 348 53	.25 488 03	.25 628 53	.25 769 03	.25 909 53	.26 050 03	.26 191 53	.26 333 03
	.25 212 02	.25 351 52	.25 491 02	.25 631 52	.25 771 02	.25 912 52	.26 053 02	.26 194 52	.26 336 02
	.25 214 01	.25 354 51	.25 494 01	.25 634 51	.25 774 01	.25 915 51	.26 056 01	.26 197 51	.26 339 01
	0.25 217 00	0.25 357 50	0.25 497 00	0.25 637 50	0.25 777 00	0.25 918 50	0.26 059 00	0.26 200 50	0.26 341 00

Find your entering number in the column of heavy print. If there isn't a perfect match, go to the next larger number. The last part of the gaussian is beside it; the first part is above the column.

Gaussians   Gaussians

	.188	.188	.187	.187	.186	.186	.185	.185	.184
0.26 344 99	0.26 486 49	0.26 628 99	0.26 771 49	0.26 914 99	0.27 057 49	0.27 200 99	0.27 344 49	0.27 488 99
.26 347 98	.26 489 48	.26 631 98	.26 774 48	.26 916 98	.27 059 48	.27 203 98	.27 347 48	.27 491 98
.26 350 97	.26 492 47	.26 634 97	.26 776 47	.26 919 97	.27 062 47	.27 206 97	.27 349 47	.27 493 97
.26 353 96	.26 495 46	.26 637 96	.26 779 46	.26 922 96	.27 065 46	.27 209 96	.27 352 46	.27 496 96
.26 356 95	.26 498 45	.26 640 95	.26 782 45	.26 925 95	.27 068 45	.27 211 95	.27 355 45	.27 499 95
.26 358 94	.26 500 44	.26 643 94	.26 785 44	.26 928 94	.27 071 44	.27 214 94	.27 358 44	.27 502 94
.26 361 93	.26 503 43	.26 645 93	.26 788 43	.26 931 93	.27 074 43	.27 217 93	.27 361 43	.27 505 93
.26 364 92	.26 506 42	.26 648 92	.26 791 42	.26 934 92	.27 077 42	.27 220 92	.27 364 42	.27 508 92
.26 367 91	.26 509 41	.26 651 91	.26 794 41	.26 936 91	.27 080 41	.27 223 91	.27 367 41	.27 511 91
.26 370 90	.26 512 40	.26 654 90	.26 796 40	.26 939 90	.27 082 40	.27 226 90	.27 370 40	.27 514 90
.26 373 89	.26 515 39	.26 657 89	.26 799 39	.26 942 89	.27 085 39	.27 229 89	.27 372 39	.27 517 89
.26 375 88	.26 517 38	.26 660 88	.26 802 38	.26 945 88	.27 088 38	.27 232 88	.27 375 38	.27 519 88
.26 378 87	.26 520 37	.26 662 87	.26 805 37	.26 948 87	.27 091 37	.27 234 87	.27 378 37	.27 522 87
.26 381 86	.26 523 36	.26 665 86	.26 808 36	.26 951 86	.27 094 36	.27 237 86	.27 381 36	.27 525 86
.26 384 85	.26 526 35	.26 668 85	.26 811 35	.26 954 85	.27 097 35	.27 240 85	.27 384 35	.27 528 85
.26 387 84	.26 529 34	.26 671 84	.26 814 34	.26 956 84	.27 100 34	.27 243 84	.27 387 34	.27 531 84
.26 390 83	.26 532 33	.26 674 83	.26 816 33	.26 959 83	.27 102 33	.27 246 83	.27 390 33	.27 534 83
.26 393 82	.26 534 32	.26 677 82	.26 819 32	.26 962 82	.27 105 32	.27 249 82	.27 393 32	.27 537 82
.26 395 81	.26 537 31	.26 680 81	.26 822 31	.26 965 81	.27 108 31	.27 252 81	.27 395 31	.27 540 81
.26 398 80	.26 540 30	.26 682 80	.26 825 30	.26 968 80	.27 111 30	.27 255 80	.27 398 30	.27 542 80
.26 401 79	.26 543 29	.26 685 79	.26 828 29	.26 971 79	.27 114 29	.27 257 79	.27 401 29	.27 545 79
.26 404 78	.26 546 28	.26 688 78	.26 831 28	.26 974 78	.27 117 28	.27 260 78	.27 404 28	.27 548 78
.26 407 77	.26 549 27	.26 691 77	.26 834 27	.26 976 77	.27 120 27	.27 263 77	.27 407 27	.27 551 77
.26 410 76	.26 552 26	.26 694 76	.26 836 26	.26 979 76	.27 123 26	.27 266 76	.27 410 26	.27 554 76
0.26 412 75	0.26 554 25	0.26 697 75	0.26 839 25	0.26 982 75	0.27 125 25	0.27 269 75	0.27 413 25	0.27 557 75
.26 415 74	.26 557 24	.26 700 74	.26 842 24	.26 985 74	.27 128 24	.27 272 74	.27 416 24	.27 560 74
.26 418 73	.26 560 23	.26 702 73	.26 845 23	.26 988 73	.27 131 23	.27 275 73	.27 419 23	.27 563 73
.26 421 72	.26 563 22	.26 705 72	.26 848 22	.26 991 72	.27 134 22	.27 278 72	.27 421 22	.27 566 72
.26 424 71	.26 566 21	.26 708 71	.26 851 21	.26 994 71	.27 137 21	.27 280 71	.27 424 21	.27 568 71
.26 427 70	.26 569 20	.26 711 70	.26 854 20	.26 996 70	.27 140 20	.27 283 70	.27 427 20	.27 571 70
.26 429 69	.26 571 19	.26 714 69	.26 856 19	.26 999 69	.27 143 19	.27 286 69	.27 430 19	.27 574 69
.26 432 68	.26 574 18	.26 717 68	.26 859 18	.27 002 68	.27 145 18	.27 289 68	.27 433 18	.27 577 68
.26 435 67	.26 577 17	.26 719 67	.26 862 17	.27 005 67	.27 148 17	.27 292 67	.27 436 17	.27 580 67
.26 438 66	.26 580 16	.26 722 66	.26 865 16	.27 008 66	.27 151 16	.27 295 66	.27 439 16	.27 583 66
.26 441 65	.26 583 15	.26 725 65	.26 868 15	.27 011 65	.27 154 15	.27 298 65	.27 442 15	.27 586 65
.26 444 64	.26 586 14	.26 728 64	.26 871 14	.27 014 64	.27 157 14	.27 301 64	.27 444 14	.27 589 64
.26 446 63	.26 588 13	.26 731 63	.26 874 13	.27 017 63	.27 160 13	.27 303 63	.27 447 13	.27 592 63
.26 449 62	.26 591 12	.26 734 62	.26 876 12	.27 019 62	.27 163 12	.27 306 62	.27 450 12	.27 594 62
.26 452 61	.26 594 11	.26 737 61	.26 879 11	.27 022 61	.27 166 11	.27 309 61	.27 453 11	.27 597 61
.26 455 60	.26 597 10	.26 739 60	.26 882 10	.27 025 60	.27 168 10	.27 312 60	.27 456 10	.27 600 60
.26 458 59	.26 600 09	.26 742 59	.26 885 09	.27 028 59	.27 171 09	.27 315 59	.27 459 09	.27 603 59
.26 461 58	.26 603 08	.26 745 58	.26 888 08	.27 031 58	.27 174 08	.27 318 58	.27 462 08	.27 606 58
.26 463 57	.26 606 07	.26 748 57	.26 891 07	.27 034 57	.27 177 07	.27 321 57	.27 465 07	.27 609 57
.26 466 56	.26 608 06	.26 751 56	.26 894 06	.27 037 56	.27 180 06	.27 324 56	.27 468 06	.27 612 56
.26 469 55	.26 611 05	.26 754 55	.26 896 05	.27 039 55	.27 183 05	.27 326 55	.27 470 05	.27 615 55
.26 472 54	.26 614 04	.26 757 54	.26 899 04	.27 042 54	.27 186 04	.27 329 54	.27 473 04	.27 618 54
.26 475 53	.26 617 03	.26 759 53	.26 902 03	.27 045 53	.27 189 03	.27 332 53	.27 476 03	.27 620 53
.26 478 52	.26 620 02	.26 762 52	.26 905 02	.27 048 52	.27 191 02	.27 335 52	.27 479 02	.27 623 52
.26 480 51	.26 623 01	.26 765 51	.26 908 01	.27 051 51	.27 194 01	.27 338 51	.27 482 01	.27 626 51
0.26 483 50	0.26 625 00	0.26 768 50	0.26 911 00	0.27 054 50	0.27 197 00	0.27 341 50	0.27 485 00	0.27 629 50

Find your entering number in the column of heavy print. If there isn't a perfect match, go to the next larger number. The last part of the gaussian is beside it; the first part is above the column.

Gaussians

.184	.183	.183	.182	.182	.181	.181	.180	.180
0.27 632 49	0.27 777 99	0.27 922 49	0.28 067 99	0.28 212 49	0.28 358 99	0.28 505 49	0.28 651 99	0.28 798 49
.27 635 48	.27 780 98	.27 924 48	.28 070 98	.28 215 48	.28 361 98	.28 507 48	.28 654 98	.28 801 48
.27 638 47	.27 782 97	.27 927 47	.28 073 97	.28 218 47	.28 364 97	.28 510 47	.28 657 97	.28 804 47
.27 641 46	.27 785 96	.27 930 46	.28 076 96	.28 221 46	.28 367 96	.28 513 46	.28 660 96	.28 807 46
.27 644 45	.27 788 95	.27 933 45	.28 078 95	.28 224 45	.28 370 95	.28 516 45	.28 663 95	.28 810 45
.27 646 44	.27 791 94	.27 936 44	.28 081 94	.28 227 44	.28 373 94	.28 519 44	.28 666 94	.28 813 44
.27 649 43	.27 794 93	.27 939 43	.28 084 93	.28 230 43	.28 376 93	.28 522 43	.28 669 93	.28 816 43
.27 652 42	.27 797 92	.27 942 42	.28 087 92	.28 233 42	.28 379 92	.28 525 42	.28 672 92	.28 819 42
.27 655 41	.27 800 91	.27 945 41	.28 090 91	.28 236 41	.28 382 91	.28 528 41	.28 675 91	.28 821 41
.27 658 40	.27 803 90	.27 948 40	.28 093 90	.28 239 40	.28 385 90	.28 531 40	.28 678 90	.28 824 40
.27 661 39	.27 806 89	.27 951 39	.28 096 89	.28 242 39	.28 388 89	.28 534 39	.28 680 89	.28 827 39
.27 664 38	.27 808 88	.27 954 38	.28 099 88	.28 244 38	.28 390 88	.28 537 38	.28 683 88	.28 830 38
.27 667 37	.27 811 87	.27 956 37	.28 102 87	.28 247 37	.28 393 87	.28 540 37	.28 686 87	.28 833 37
.27 670 36	.27 814 86	.27 959 36	.28 105 86	.28 250 36	.28 396 86	.28 543 36	.28 689 86	.28 836 36
.27 672 35	.27 817 85	.27 962 35	.28 108 85	.28 253 35	.28 399 85	.28 546 35	.28 692 85	.28 839 35
.27 675 34	.27 820 84	.27 965 34	.28 110 84	.28 256 34	.28 402 84	.28 548 34	.28 695 84	.28 842 34
.27 678 33	.27 823 83	.27 968 33	.28 113 83	.28 259 33	.28 405 83	.28 551 33	.28 698 83	.28 845 33
.27 681 32	.27 826 82	.27 971 32	.28 116 82	.28 262 32	.28 408 82	.28 554 32	.28 701 82	.28 848 32
.27 684 31	.27 829 81	.27 974 31	.28 119 81	.28 265 31	.28 411 81	.28 557 31	.28 704 81	.28 851 31
.27 687 30	.27 832 80	.27 977 30	.28 122 80	.28 268 30	.28 414 80	.28 560 30	.28 707 80	.28 854 30
.27 690 29	.27 835 79	.27 980 29	.28 125 79	.28 271 29	.28 417 79	.28 563 29	.28 710 79	.28 857 29
.27 693 28	.27 837 78	.27 983 28	.28 128 78	.28 274 28	.28 420 78	.28 566 28	.28 713 78	.28 860 28
.27 696 27	.27 840 77	.27 985 27	.28 131 77	.28 277 27	.28 423 77	.28 569 27	.28 716 77	.28 863 27
.27 698 26	.27 843 76	.27 988 26	.28 134 76	.28 279 26	.28 426 76	.28 572 26	.28 719 76	.28 866 26
0.27 701 25	0.27 846 75	0.27 991 25	0.28 137 75	0.28 282 25	0.28 428 75	0.28 575 25	0.28 722 75	0.28 869 25
.27 704 24	.27 849 74	.27 994 24	.28 140 74	.28 285 24	.28 431 74	.28 578 24	.28 724 74	.28 872 24
.27 707 23	.27 852 73	.27 997 23	.28 142 73	.28 288 23	.28 434 73	.28 581 23	.28 727 73	.28 874 23
.27 710 22	.27 855 72	.28 000 22	.28 145 72	.28 291 22	.28 437 72	.28 584 22	.28 730 72	.28 877 22
.27 713 21	.27 858 71	.28 003 21	.28 148 71	.28 294 21	.28 440 71	.28 587 21	.28 733 71	.28 880 21
.27 716 20	.27 861 70	.28 006 20	.28 151 70	.28 297 20	.28 443 70	.28 589 20	.28 736 70	.28 883 20
.27 719 19	.27 864 69	.28 009 19	.28 154 69	.28 300 19	.28 446 69	.28 592 19	.28 739 69	.28 886 19
.27 722 18	.27 866 68	.28 012 18	.28 157 68	.28 303 18	.28 449 68	.28 595 18	.28 742 68	.28 889 18
.27 725 17	.27 869 67	.28 015 17	.28 160 67	.28 306 17	.28 452 67	.28 598 17	.28 745 67	.28 892 17
.27 727 16	.27 872 66	.28 017 16	.28 163 66	.28 309 16	.28 455 66	.28 601 16	.28 748 66	.28 895 16
.27 730 15	.27 875 65	.28 020 15	.28 166 65	.28 312 15	.28 458 65	.28 604 15	.28 751 65	.28 898 15
.27 733 14	.27 878 64	.28 023 14	.28 169 64	.28 315 14	.28 461 64	.28 607 14	.28 754 64	.28 901 14
.27 736 13	.27 881 63	.28 026 13	.28 172 63	.28 317 13	.28 464 63	.28 610 13	.28 757 63	.28 904 13
.27 739 12	.27 884 62	.28 029 12	.28 175 62	.28 320 12	.28 466 62	.28 613 12	.28 760 62	.28 907 12
.27 742 11	.27 887 61	.28 032 11	.28 177 61	.28 323 11	.28 469 61	.28 616 11	.28 763 61	.28 910 11
.27 745 10	.27 890 60	.28 035 10	.28 180 60	.28 326 10	.28 472 60	.28 619 10	.28 766 60	.28 913 10
.27 748 09	.27 893 59	.28 038 09	.28 183 59	.28 329 09	.28 475 59	.28 622 09	.28 769 59	.28 916 09
.27 751 08	.27 895 58	.28 041 08	.28 186 58	.28 332 08	.28 478 58	.28 625 08	.28 772 58	.28 919 08
.27 753 07	.27 898 57	.28 044 07	.28 189 57	.28 335 07	.28 481 57	.28 628 07	.28 774 57	.28 922 07
.27 756 06	.27 901 56	.28 046 06	.28 192 56	.28 338 06	.28 484 56	.28 631 06	.28 777 56	.28 925 06
.27 759 05	.27 904 55	.28 049 05	.28 195 55	.28 341 05	.28 487 55	.28 633 05	.28 780 55	.28 927 05
.27 762 04	.27 907 54	.28 052 04	.28 198 54	.28 344 04	.28 490 54	.28 636 04	.28 783 54	.28 930 04
.27 765 03	.27 910 53	.28 055 03	.28 201 53	.28 347 03	.28 493 53	.28 639 03	.28 786 53	.28 933 03
.27 768 02	.27 913 52	.28 058 02	.28 204 52	.28 350 02	.28 496 52	.28 642 02	.28 789 52	.28 936 02
.27 771 01	.27 916 51	.28 061 01	.28 207 51	.28 352 01	.28 499 51	.28 645 01	.28 792 51	.28 939 01
0.27 774 00	0.27 919 50	0.28 064 00	0.28 209 50	0.28 355 00	0.28 502 50	0.28 648 00	0.28 795 50	0.28 942 00

Find your entering number in the column of heavy print. If there isn't a perfect match, go to the next larger number. The last part of the gaussian is beside it; the first part is above the column.

Gaussians   Gaussians

	.179	.179	.178	.178	.177	.177	.176	.176	.175
	0.28 945 99	0.29 093 49	0.29 241 99	0.29 389 49	0.29 537 99	0.29 686 49	0.29 835 99	0.29 985 49	0.30 135 99
	.28 948 98	.29 096 48	.29 244 98	.29 392 48	.29 540 98	.29 689 48	.29 838 98	.29 988 48	.30 138 98
	.28 951 97	.29 099 47	.29 246 97	.29 395 47	.29 543 97	.29 692 47	.29 841 97	.29 991 47	.30 141 97
	.28 954 96	.29 102 46	.29 249 96	.29 398 46	.29 546 96	.29 695 46	.29 844 96	.29 994 46	.30 144 96
	.28 957 95	.29 105 45	.29 252 95	.29 401 45	.29 549 95	.29 698 45	.29 847 95	.29 997 45	.30 147 95
	.28 960 94	.29 107 44	.29 255 94	.29 404 44	.29 552 94	.29 701 44	.29 850 94	.30 000 44	.30 150 94
	.28 963 93	.29 110 43	.29 258 93	.29 407 43	.29 555 93	.29 704 43	.29 853 93	.30 003 43	.30 153 93
	.28 966 92	.29 113 42	.29 261 92	.29 410 42	.29 558 92	.29 707 42	.29 856 92	.30 006 42	.30 156 92
	.28 969 91	.29 116 41	.29 264 91	.29 413 41	.29 561 91	.29 710 41	.29 859 91	.30 009 41	.30 159 91
	.28 972 90	.29 119 40	.29 267 90	.29 415 40	.29 564 90	.29 713 40	.29 862 90	.30 012 40	.30 162 90
	.28 975 89	.29 122 39	.29 270 89	.29 418 39	.29 567 89	.29 716 39	.29 865 89	.30 015 39	.30 165 89
	.28 978 88	.29 125 38	.29 273 88	.29 421 38	.29 570 88	.29 719 38	.29 868 88	.30 018 38	.30 168 88
	.28 981 87	.29 128 37	.29 276 87	.29 424 37	.29 573 87	.29 722 37	.29 871 87	.30 021 37	.30 171 87
	.28 983 86	.29 131 36	.29 279 86	.29 427 36	.29 576 86	.29 725 36	.29 874 86	.30 024 36	.30 174 86
	.28 986 85	.29 134 35	.29 282 85	.29 430 35	.29 579 85	.29 728 35	.29.877 85	.30 027 35	.30 177 85
	.28 989 84	.29 137 34	.29 285 84	.29 433 34	.29 582 84	.29 731 34	.29 880 84	.30 030 34	.30 180 84
	.28 992 83	.29 140 33	.29 288 83	.29 436 33	.29 585 83	.29 734 33	.29 883 83	.30 033 33	.30 183 83
	.28 995 82	.29 143 32	.29 291 82	.29 439 32	.29 588 82	.29 737 32	.29 886 82	.30 036 32	.30 186 82
	.28 998 81	.29 146 31	.29 294 81	.29 442 31	.29 591 81	.29 740 31	.29 889 81	.30 039 31	.30 189 81
	.29 001 80	.29 149 30	.29 297 80	.29 445 30	.29 594 80	.29 743 30	.29 892 80	.30 042 30	.30 192 80
	.29 004 79	.29 152 29	.29 300 79	.29 448 29	.29 597 79	.29 746 29	.29 895 79	.30 045 29	.30 195 79
	.29 007 78	.29 155 28	.29 303 78	.29 451 28	.29 600 78	.29 749 28	.29 898 78	.30 048 28	.30 198 78
	.29 010 77	.29 158 27	.29 306 77	.29 454 27	.29 603 77	.29 752 27	.29 901 77	.30 051 27	.30 201 77
	.29 013 76	.29 161 26	.29 309 76	.29 457 26	.29 606 76	.29 755 26	.29 904 76	.30 054 26	.30 204 76
	0.29 016 75	0.29 164 25	0.29 312 75	0.29 460 25	0.29 609 75	0.29 758 25	0.29 907 75	0.30 057 25	0.30 207 75
	.29 019 74	.29 167 24	.29 315 74	.29 463 24	.29 612 74	.29 761 24	.29 910 74	.30 060 24	.30 210 74
	.29 022 73	.29 170 23	.29 318 73	.29 466 23	.29 615 73	.29 764 23	.29 913 73	.30 063 23	.30 213 73
	.29 025 72	.29 173 22	.29 321 72	.29 469 22	.29 618 72	.29 767 22	.29 916 72	.30 066 22	.30 216 72
	.29 028 71	.29 175 21	.29 324 71	.29 472 21	.29 621 71	.29 770 21	.29 919 71	.30 069 21	.30 219 71
	.29 031 70	.29 178 20	.29 326 70	.29 475 20	.29 624 70	.29 773 20	.29 922 70	.30 072 20	.30 222 70
	.29 034 69	.29 181 19	.29 329 69	.29 478 19	.29 627 69	.29 776 19	.29 925 69	.30 075 19	.30 225 69
	.29 037 68	.29 184 18	.29 332 68	.29 481 18	.29 630 68	.29 779 18	.29 928 68	.30 078 18	.30 228 68
	.29 040 67	.29 187 17	.29 335 67	.29 484 17	.29 633 67	.29 782 17	.29 931 67	.30 081 17	.30 231 67
	.29 043 66	.29 190 16	.29 338 66	.29 487 16	.29 636 66	.29 785 16	.29 934 66	.30 084 16	.30 234 66
	.29 045 65	.29 193 15	.29 341 65	.29 490 15	.29 639 65	.29 788 15	.29 937 65	.30 087 15	.30 237 65
	.29 048 64	.29 196 14	.29 344 64	.29 493 14	.29 641 64	.29 791 14	.29 940 64	.30 090 14	.30 240 64
	.29 051 63	.29 199 13	.29 347 63	.29 496 13	.29 644 63	.29 794 13	.29 943 63	.30 093 13	.30 243 63
	.29 054 62	.29 202 12	.29 350 62	.29 499 12	.29 647 62	.29 797 12	.29 946 62	.30 096 12	.30 246 62
	.29 057 61	.29 205 11	.29 353 61	.29 502 11	.29 650 61	.29 800 11	.29 949 61	.30 099 11	.30 249 61
	.29 060 60	.29 208 10	.29 356 60	.29 505 10	.29 653 60	.29 803 10	.29 952 60	.30 102 10	.30 252 60
	.29 063 59	.29 211 09	.29 359 59	.29 508 09	.29 656 59	.29 806 09	.29 955 59	.30 105 09	.30 255 59
	.29 066 58	.29 214 08	.29 362 58	.29 511 08	.29 659 58	.29 809 08	.29 958 58	.30 108 08	.30 258 58
	.29 069 57	.29 217 07	.29 365 57	.29 514 07	.29 662 57	.29 811 07	.29 961 57	.30 111 07	.30 261 57
	.29 072 56	.29 220 06	.29 368 56	.29 516 06	.29 665 56	.29 814 06	.29 964 56	.30 114 06	.30 264 56
	.29 075 55	.29 223 05	.29 371 55	.29 519 05	.29 668 55	.29 817 05	.29 967 55	.30 117 05	.30 267 55
	.29 078 54	.29 226 04	.29 374 54	.29 522 04	.29 671 54	.29 820 04	.29 970 54	.30 120 04	.30 270 54
	.29 081 53	.29 229 03	.29 377 53	.29 525 03	.29 674 53	.29 823 03	.29 973 53	.30 123 03	.30 273 53
	.29 084 52	.29 232 02	.29 380 52	.29 528 02	.29 677 52	.29 826 02	.29 976 52	.30 126 02	.30 276 52
	.29 087 51	.29 235 01	.29 383 51	.29 531 01	.29 680 51	.29 829 01	.29 979 51	.30 129 01	.30 279 51
	0.29 090 50	0.29 238 00	0.29 386 50	0.29 534 00	0.29 683 50	0.29 832 00	0.29 982 50	0.30 132 00	0.30 282 50

Find your entering number in the column of heavy print. If there isn't a perfect match, go to the next larger number. The last part of the gaussian is beside it; the first part is above the column.

Gaussians

.175	.174	.174	.173	.173	.172	.172	.171	.171
0.30 285 *49*	0.30 436 *99*	0.30 587 *49*	0.30 738 *99*	0.30 890 *49*	0.31 042 *99*	0.31 194 *49*	0.31 347 *99*	0.31 500 *49*
.30 288 *48*	.30 439 *98*	.30 590 *48*	.30 741 *98*	.30 893 *48*	.31 045 *98*	.31 197 *48*	.31 350 *98*	.31 503 *48*
.30 291 *47*	.30 442 *97*	.30 593 *47*	.30 744 *97*	.30 896 *47*	.31 048 *97*	.31 200 *47*	.31 353 *97*	.31 506 *47*
.30 294 *46*	.30 445 *96*	.30 596 *46*	.30 747 *96*	.30 899 *46*	.31 051 *96*	.31 203 *46*	.31 356 *96*	.31 509 *46*
.30 297 *45*	.30 448 *95*	.30 599 *45*	.30 750 *95*	.30 902 *45*	.31 054 *95*	.31 206 *45*	.31 359 *95*	.31 512 *45*
.30 300 *44*	.30 451 *94*	.30 602 *44*	.30 753 *94*	.30 905 *44*	.31 057 *94*	.31 209 *44*	.31 362 *94*	.31 515 *44*
.30 303 *43*	.30 454 *93*	.30 605 *43*	.30 756 *93*	.30 908 *43*	.31 060 *93*	.31 212 *43*	.31 365 *93*	.31 518 *43*
.30 306 *42*	.30 457 *92*	.30 608 *42*	.30 759 *92*	.30 911 *42*	.31 063 *92*	.31 215 *42*	.31 368 *92*	.31 521 *42*
.30 309 *41*	.30 460 *91*	.30 611 *41*	.30 762 *91*	.30 914 *41*	.31 066 *91*	.31 218 *41*	.31 371 *91*	.31 524 *41*
.30 312 *40*	.30 463 *90*	.30 614 *40*	.30 765 *90*	.30 917 *40*	.31 069 *90*	.31 221 *40*	.31 374 *90*	.31 527 *40*
.30 315 *39*	.30 466 *89*	.30 617 *39*	.30 768 *89*	.30 920 *39*	.31 072 *89*	.31 224 *39*	.31 377 *89*	.31 530 *39*
.30 318 *38*	.30 469 *88*	.30 620 *38*	.30 771 *88*	.30 923 *38*	.31 075 *88*	.31 228 *38*	.31 380 *88*	.31 533 *38*
.30 321 *37*	.30 472 *87*	.30 623 *37*	.30 774 *87*	.30 926 *37*	.31 078 *87*	.31 231 *37*	.31 383 *87*	.31 537 *37*
.30 324 *36*	.30 475 *86*	.30 626 *36*	.30 777 *86*	.30 929 *36*	.31 081 *86*	.31 234 *36*	.31 386 *86*	.31 540 *36*
.30 327 *35*	.30 478 *85*	.30 629 *35*	.30 780 *85*	.30 932 *35*	.31 084 *85*	.31 237 *35*	.31 390 *85*	.31 543 *35*
.30 330 *34*	.30 481 *84*	.30 632 *34*	.30 783 *84*	.30 935 *34*	.31 087 *84*	.31 240 *34*	.31 393 *84*	.31 546 *34*
.30 333 *33*	.30 484 *83*	.30 635 *33*	.30 786 *83*	.30 938 *33*	.31 090 *83*	.31 243 *33*	.31 396 *83*	.31 549 *33*
.30 336 *32*	.30 487 *82*	.30 638 *32*	.30 789 *82*	.30 941 *32*	.31 093 *82*	.31 246 *32*	.31 399 *82*	.31 552 *32*
.30 339 *31*	.30 490 *81*	.30 641 *31*	.30 792 *81*	.30 944 *31*	.31 096 *81*	.31 249 *31*	.31 402 *81*	.31 555 *31*
.30 342 *30*	.30 493 *80*	.30 644 *30*	.30 796 *80*	.30 947 *30*	.31 099 *80*	.31 252 *30*	.31 405 *80*	.31 558 *30*
.30 345 *29*	.30 496 *79*	.30 647 *29*	.30 799 *79*	.30 950 *29*	.31 102 *79*	.31 255 *29*	.31 408 *79*	.31 561 *29*
.30 348 *28*	.30 499 *78*	.30 650 *28*	.30 802 *78*	.30 953 *28*	.31 106 *78*	.31 258 *28*	.31 411 *78*	.31 564 *28*
.30 351 *27*	.30 502 *77*	.30 653 *27*	.30 805 *77*	.30 956 *27*	.31 109 *77*	.31 261 *27*	.31 414 *77*	.31 567 *27*
.30 354 *26*	.30 505 *76*	.30 656 *26*	.30 808 *76*	.30 959 *26*	.31 112 *76*	.31 264 *26*	.31 417 *76*	.31 570 *26*
0.30 357 *25*	0.30 508 *75*	0.30 659 *25*	0.30 811 *75*	0.30 963 *25*	0.31 115 *75*	0.31 267 *25*	0.31 420 *75*	0.31 573 *25*
.30 360 *24*	.30 511 *74*	.30 662 *24*	.30 814 *74*	.30 966 *24*	.31 118 *74*	.31 270 *24*	.31 423 *74*	.31 576 *24*
.30 363 *23*	.30 514 *73*	.30 665 *23*	.30 817 *73*	.30 969 *23*	.31 121 *73*	.31 273 *23*	.31 426 *73*	.31 580 *23*
.30 366 *22*	.30 517 *72*	.30 668 *22*	.30 820 *72*	.30 972 *22*	.31 124 *72*	.31 276 *22*	.31 429 *72*	.31 583 *22*
.30 369 *21*	.30 520 *71*	.30 671 *21*	.30 823 *71*	.30 975 *21*	.31 127 *71*	.31 279 *21*	.31 432 *71*	.31 586 *21*
.30 372 *20*	.30 523 *70*	.30 674 *20*	.30 826 *70*	.30 978 *20*	.31 130 *70*	.31 282 *20*	.31 435 *70*	.31 589 *20*
.30 375 *19*	.30 526 *69*	.30 677 *19*	.30 829 *69*	.30 981 *19*	.31 133 *69*	.31 286 *19*	.31 438 *69*	.31 592 *19*
.30 378 *18*	.30 529 *68*	.30 680 *18*	.30 832 *68*	.30 984 *18*	.31 136 *68*	.31 289 *18*	.31 442 *68*	.31 595 *18*
.30 381 *17*	.30 532 *67*	.30 683 *17*	.30 835 *67*	.30 987 *17*	.31 139 *67*	.31 292 *17*	.31 445 *67*	.31 598 *17*
.30 384 *16*	.30 535 *66*	.30 686 *16*	.30 838 *66*	.30 990 *16*	.31 142 *66*	.31 295 *16*	.31 448 *66*	.31 601 *16*
.30 387 *15*	.30 538 *65*	.30 689 *15*	.30 841 *65*	.30 993 *15*	.31 145 *65*	.31 298 *15*	.31 451 *65*	.31 604 *15*
.30 390 *14*	.30 541 *64*	.30 693 *14*	.30 844 *64*	.30 996 *14*	.31 148 *64*	.31 301 *14*	.31 454 *64*	.31 607 *14*
.30 393 *13*	.30 544 *63*	.30 696 *13*	.30 847 *63*	.30 999 *13*	.31 151 *63*	.31 304 *13*	.31 457 *63*	.31 610 *13*
.30 397 *12*	.30 547 *62*	.30 699 *12*	.30 850 *62*	.31 002 *12*	.31 154 *62*	.31 307 *12*	.31 460 *62*	.31 613 *12*
.30 400 *11*	.30 550 *61*	.30 702 *11*	.30 853 *61*	.31 005 *11*	.31 157 *61*	.31 310 *11*	.31 463 *61*	.31 616 *11*
.30 403 *10*	.30 553 *60*	.30 705 *10*	.30 856 *60*	.31 008 *10*	.31 160 *60*	.31 313 *10*	.31 466 *60*	.31 619 *10*
.30 406 *09*	.30 556 *59*	.30 708 *09*	.30 859 *59*	.31 011 *09*	.31 163 *59*	.31 316 *09*	.31 469 *59*	.31 622 *09*
.30 409 *08*	.30 559 *58*	.30 711 *08*	.30 862 *58*	.31 014 *08*	.31 167 *58*	.31 319 *08*	.31 472 *58*	.31 626 *08*
.30 412 *07*	.30 562 *57*	.30 714 *07*	.30 865 *57*	.31 017 *07*	.31 170 *57*	.31 322 *07*	.31 475 *57*	.31 629 *07*
.30 415 *06*	.30 565 *56*	.30 717 *06*	.30 868 *56*	.31 020 *06*	.31 173 *56*	.31 325 *06*	.31 478 *56*	.31 632 *06*
.30 418 *05*	.30 569 *55*	.30 720 *05*	.30 871 *55*	.31 023 *05*	.31 176 *55*	.31 328 *05*	.31 481 *55*	.31 635 *05*
.30 421 *04*	.30 572 *54*	.30 723 *04*	.30 874 *54*	.31 026 *04*	.31 179 *54*	.31 331 *04*	.31 484 *54*	.31 638 *04*
.30 424 *03*	.30 575 *53*	.30 726 *03*	.30 877 *53*	.31 029 *03*	.31 182 *53*	.31 334 *03*	.31 488 *53*	.31 641 *03*
.30 427 *02*	.30 578 *52*	.30 729 *02*	.30 880 *52*	.31 032 *02*	.31 185 *52*	.31 338 *02*	.31 491 *52*	.31 644 *02*
.30 430 *01*	.30 581 *51*	.30 732 *01*	.30 884 *51*	.31 036 *01*	.31 188 *51*	.31 341 *01*	.31 494 *51*	.31 647 *01*
0.30 433 *00*	0.30 584 *50*	0.30 735 *00*	0.30 887 *50*	0.31 039 *00*	0.31 191 *50*	0.31 344 *00*	0.31 497 *50*	0.31 650 *00*

Find your entering number in the column of heavy print. If there isn't a perfect match, go to the next larger number. The last part of the gaussian is beside it; the first part is above the column.

Gaussians   Gaussians

	.170	.170	.169	.169	.168	.168	.167	.167	.166
0.31 653 99	0.31 807 49	0.31 961 99	0.32 116 49	0.32 271 99	0.32 426 49	0.32 582 99	0.32 738 49	0.32 894 99
.31 656 98	.31 810 48	.31 964 98	.32 119 48	.32 274 98	.32 429 48	.32 585 98	.32 741 48	.32 897 98
.31 659 97	.31 813 47	.31 967 97	.32 122 47	.32 277 97	.32 432 47	.32 588 97	.32 744 47	.32 900 97
.31 662 96	.31 816 46	.31 970 96	.32 125 46	.32 280 96	.32 435 46	.32 591 96	.32 747 46	.32 904 96
.31 666 95	.31 819 45	.31 974 95	.32 128 45	.32 283 95	.32 438 45	.32 594 95	.32 750 45	.32 907 95
.31 669 94	.31 822 44	.31 977 94	.32 131 44	.32 286 94	.32 442 44	.32 597 94	.32 753 44	.32 910 94
.31 672 93	.31 826 43	.31 980 93	.32 134 43	.32 289 93	.32 445 43	.32 600 93	.32 757 43	.32 913 93
.31 675 92	.31 829 42	.31 983 92	.32 137 42	.32 292 92	.32 448 42	.32 604 92	.32 760 42	.32 916 92
.31 678 91	.31 832 41	.31 986 91	.32 141 41	.32 296 91	.32 451 41	.32 607 91	.32 763 41	.32 919 91
.31 681 90	.31 835 40	.31 989 90	.32 144 40	.32 299 90	.32 454 40	.32 610 90	.32 766 40	.32 922 90
.31 684 89	.31 838 39	.31 992 89	.32 147 39	.32 302 89	.32 457 39	.32 613 89	.32 769 39	.32 926 89
.31 687 88	.31 841 38	.31 995 88	.32 150 38	.32 305 88	.32 460 38	.32 616 88	.32 772 38	.32 929 88
.31 690 87	.31 844 37	.31 998 87	.32 153 37	.32 308 87	.32 463 37	.32 619 87	.32 775 37	.32 932 87
.31 693 86	.31 847 36	.32 001 86	.32 156 36	.32 311 86	.32 466 36	.32 622 86	.32 778 36	.32 935 86
.31 696 85	.31 850 35	.32 004 85	.32 159 35	.32 314 85	.32 470 35	.32 625 85	.32 782 35	.32 938 85
.31 699 84	.31 853 34	.32 008 84	.32 162 34	.32 317 84	.32 473 34	.32 628 84	.32 785 34	.32 941 84
.31 702 83	.31 856 33	.32 011 83	.32 165 33	.32 320 83	.32 476 33	.32 632 83	.32 788 33	.32 944 83
.31 705 82	.31 859 32	.32 014 82	.32 168 32	.32 323 82	.32 479 32	.32 635 82	.32 791 32	.32 947 82
.31 709 81	.31 863 31	.32 017 81	.32 172 31	.32 327 81	.32 482 31	.32 638 81	.32 794 31	.32 951 81
.31 712 80	.31 866 30	.32 020 80	.32 175 30	.32 330 80	.32 485 30	.32 641 80	.32 797 30	.32 954 80
.31 715 79	.31 869 29	.32 023 79	.32 178 29	.32 333 79	.32 488 29	.32 644 79	.32 800 29	.32 957 79
.31 718 78	.31 872 28	.32 026 78	.32 181 28	.32 336 78	.32 491 28	.32 647 78	.32 803 28	.32 960 78
.31 721 77	.31 875 27	.32 029 77	.32 184 27	.32 339 77	.32 494 27	.32 650 77	.32 807 27	.32 963 77
.31 724 76	.31 878 26	.32 032 76	.32 187 26	.32 342 76	.32 498 26	.32 653 76	.32 810 26	.32 966 76
0.31 727 75	0.31 881 25	0.32 035 75	0.32 190 25	0.32 345 75	0.32 501 25	0.32 657 75	0.32 813 25	0.32 969 75
.31 730 74	.31 884 24	.32 038 74	.32 193 24	.32 348 74	.32 504 24	.32 660 74	.32 816 24	.32 973 74
.31 733 73	.31 887 23	.32 042 73	.32 196 23	.32 351 73	.32 507 23	.32 663 73	.32 819 23	.32 976 73
.31 736 72	.31 890 22	.32 045 72	.32 199 22	.32 355 72	.32 510 22	.32 666 72	.32 822 22	.32 979 72
.31 739 71	.31 893 21	.32 048 71	.32 202 21	.32 358 71	.32 513 21	.32 669 71	.32 825 21	.32 982 71
.31 742 70	.31 896 20	.32 051 70	.32 206 20	.32 361 70	.32 516 20	.32 672 70	.32 828 20	.32 985 70
.31 745 69	.31 900 19	.32 054 69	.32 209 19	.32 364 69	.32 519 19	.32 675 69	.32 832 19	.32 988 69
.31 749 68	.31 903 18	.32 057 68	.32 212 18	.32 367 68	.32 522 18	.32 678 68	.32 835 18	.32 991 68
.31 752 67	.31 906 17	.32 060 67	.32 215 17	.32 370 67	.32 526 17	.32 682 67	.32 838 17	.32 995 67
.31 755 66	.31 909 16	.32 063 66	.32 218 16	.32 373 66	.32 529 16	.32 685 66	.32 841 16	.32 998 66
.31 758 65	.31 912 15	.32 066 65	.32 221 15	.32 376 65	.32 532 15	.32 688 65	.32 844 15	.33 001 65
.31 761 64	.31 915 14	.32 069 64	.32 224 14	.32 379 64	.32 535 14	.32 691 64	.32 847 14	.33 004 64
.31 764 63	.31 918 13	.32 072 63	.32 227 13	.32 382 63	.32 538 13	.32 694 63	.32 850 13	.33 007 63
.31 767 62	.31 921 12	.32 076 62	.32 230 12	.32 386 62	.32 541 12	.32 697 62	.32 853 12	.33 010 62
.31 770 61	.31 924 11	.32 079 61	.32 233 11	.32 389 61	.32 544 11	.32 700 61	.32 857 11	.33 013 61
.31 773 60	.31 927 10	.32 082 60	.32 237 10	.32 392 60	.32 547 10	.32 703 60	.32 860 10	.33 017 60
.31 776 59	.31 930 09	.32 085 59	.32 240 09	.32 395 59	.32 551 09	.32 707 59	.32 863 09	.33 020 59
.31 779 58	.31 933 08	.32 088 58	.32 243 08	.32 398 58	.32 554 08	.32 710 58	.32 866 08	.33 023 58
.31 782 57	.31 937 07	.32 091 57	.32 246 07	.32 401 57	.32 557 07	.32 713 57	.32 869 07	.33 026 57
.31 785 56	.31 940 06	.32 094 56	.32 249 06	.32 404 56	.32 560 06	.32 716 56	.32 872 06	.33 029 56
.31 789 55	.31 943 05	.32 097 55	.32 252 05	.32 407 55	.32 563 05	.32 719 55	.32 875 05	.33 032 55
.31 792 54	.31 946 04	.32 100 54	.32 255 04	.32 410 54	.32 566 04	.32 722 54	.32 879 04	.33 035 54
.31 795 53	.31 949 03	.32 103 53	.32 258 03	.32 414 53	.32 569 03	.32 725 53	.32 882 03	.33 038 53
.31 798 52	.31 952 02	.32 106 52	.32 261 02	.32 417 52	.32 572 02	.32 728 52	.32 885 02	.33 042 52
.31 801 51	.31 955 01	.32 110 51	.32 265 01	.32 420 51	.32 575 01	.32 732 51	.32 888 01	.33 045 51
0.31 804 50	0.31 958 00	0.32 113 50	0.32 268 00	0.32 423 50	0.32 579 00	0.32 735 50	0.32 891 00	0.33 048 50

Find your entering number in the column of heavy print. If there isn't a perfect match, go to the next larger number. The last part of the gaussian is beside it; the first part is above the column.

Gaussians

	.166	.165	.165	.164	.164	.163	.163	.162	.162
	0.33 051 49	0.33 208 99	0.33 366 49	0.33 524 99	0.33 682 49	0.33 841 99	0.34 000 49	0.34 160 99	0.34 320 49
	.33 054 48	.33 211 98	.33 369 48	.33 527 98	.33 685 48	.33 844 98	.34 003 48	.34 163 98	.34 323 48
	.33 057 47	.33 215 97	.33 372 47	.33 530 97	.33 689 47	.33 847 97	.34 007 47	.34 166 97	.34 326 47
	.33 060 46	.33 218 96	.33 375 46	.33 533 96	.33 692 46	.33 851 96	.34 010 46	.34 169 96	.34 329 46
	.33 064 45	.33 221 95	.33 378 45	.33 537 95	.33 695 45	.33 854 95	.34 013 45	.34 173 95	.34 333 45
	.33 067 44	.33 224 94	.33 382 44	.33 540 94	.33 698 44	.33 857 94	.34 016 44	.34 176 94	.34 336 44
	.33 070 43	.33 227 93	.33 385 43	.33 543 93	.33 701 43	.33 860 93	.34 019 43	.34 179 93	.34 339 43
	.33 073 42	.33 230 92	.33 388 42	.33 546 92	.33 704 42	.33 863 92	.34 023 42	.34 182 92	.34 342 42
	.33 076 41	.33 233 91	.33 391 41	.33 549 91	.33 708 41	.33 866 91	.34 026 41	.34 185 91	.34 345 41
	.33 079 40	.33 237 90	.33 394 40	.33 552 90	.33 711 40	.33 870 90	.34 029 40	.34 189 90	.34 349 40
	.33 082 39	.33 240 89	.33 397 39	.33 556 89	.33 714 39	.33 873 89	.34 032 39	.34 192 89	.34 352 39
	.33 086 38	.33 243 88	.33 401 38	.33 559 88	.33 717 38	.33 876 88	.34 035 38	.34 195 88	.34 355 38
	.33 089 37	.33 246 87	.33 404 37	.33 562 87	.33 720 37	.33 879 87	.34 039 37	.34 198 87	.34 358 37
	.33 092 36	.33 249 86	.33 407 36	.33 565 86	.33 724 36	.33 882 86	.34 042 36	.34 201 86	.34 361 36
	.33 095 35	.33 252 85	.33 410 35	.33 568 85	.33 727 35	.33 886 85	.34 045 35	.34 205 85	.34 365 35
	.33 098 34	.33 256 84	.33 413 34	.33 571 84	.33 730 34	.33 889 84	.34 048 34	.34 208 84	.34 368 34
	.33 101 33	.33 259 83	.33 416 33	.33 575 83	.33 733 33	.33 892 83	.34 051 33	.34 211 83	.34 371 33
	.33 104 32	.33 262 82	.33 420 32	.33 578 82	.33 736 32	.33 895 82	.34 054 32	.34 214 82	.34 374 32
	.33 108 31	.33 265 81	.33 423 31	.33 581 81	.33 739 31	.33 898 81	.34 058 31	.34 217 81	.34 378 31
	.33 111 30	.33 268 80	.33 426 30	.33 584 80	.33 743 30	.33 901 80	.34 061 30	.34 221 80	.34 381 30
	.33 114 29	.33 271 79	.33 429 29	.33 587 79	.33 746 29	.33 905 79	.34 064 29	.34 224 79	.34 384 29
	.33 117 28	.33 274 78	.33 432 28	.33 590 78	.33 749 28	.33 908 78	.34 067 28	.34 227 78	.34 387 28
	.33 120 27	.33 278 77	.33 435 27	.33 594 77	.33 752 27	.33 911 77	.34 070 27	.34 230 77	.34 390 27
	.33 123 26	.33 281 76	.33 438 26	.33 597 76	.33 755 26	.33 914 76	.34 074 26	.34 233 76	.34 394 26
	0.33 126 25	0.33 284 75	0.33 442 25	0.33 600 75	0.33 758 25	0.33 917 75	0.34 077 25	0.34 237 75	0.34 397 25
	.33 130 24	.33 287 74	.33 445 24	.33 603 74	.33 762 24	.33 921 74	.34 080 24	.34 240 74	.34 400 24
	.33 133 23	.33 290 73	.33 448 23	.33 606 73	.33 765 23	.33 924 73	.34 083 23	.34 243 73	.34 403 23
	.33 136 22	.33 293 72	.33 451 22	.33 609 72	.33 768 22	.33 927 72	.34 086 22	.34 246 72	.34 406 22
	.33 139 21	.33 296 71	.33 454 21	.33 613 71	.33 771 21	.33 930 71	.34 090 21	.34 249 71	.34 410 21
	.33 142 20	.33 300 70	.33 457 20	.33 616 70	.33 774 20	.33 933 70	.34 093 20	.34 253 70	.34 413 20
	.33 145 19	.33 303 69	.33 461 19	.33 619 69	.33 777 19	.33 937 69	.34 096 19	.34 256 69	.34 416 19
	.33 148 18	.33 306 68	.33 464 18	.33 622 68	.33 781 18	.33 940 68	.34 099 18	.34 259 68	.34 419 18
	.33 152 17	.33 309 67	.33 467 17	.33 625 67	.33 784 17	.33 943 67	.34 102 17	.34 262 67	.34 422 17
	.33 155 16	.33 312 66	.33 470 16	.33 628 66	.33 787 16	.33 946 66	.34 106 16	.34 265 66	.34 426 16
	.33 158 15	.33 315 65	.33 473 15	.33 632 65	.33 790 15	.33 949 65	.34 109 15	.34 269 65	.34 429 15
	.33 161 14	.33 319 64	.33 476 14	.33 635 64	.33 793 14	.33 952 64	.34 112 14	.34 272 64	.34 432 14
	.33 164 13	.33 322 63	.33 480 13	.33 638 63	.33 797 13	.33 956 63	.34 115 13	.34 275 63	.34 435 13
	.33 167 12	.33 325 62	.33 483 12	.33 641 62	.33 800 12	.33 959 62	.34 118 12	.34 278 62	.34 438 12
	.33 170 11	.33 328 61	.33 486 11	.33 644 61	.33 803 11	.33 962 61	.34 121 11	.34 281 61	.34 442 11
	.33 174 10	.33 331 60	.33 489 10	.33 647 60	.33 806 10	.33 965 60	.34 125 10	.34 285 60	.34 445 10
	.33 177 09	.33 334 59	.33 492 09	.33 651 59	.33 809 09	.33 968 59	.34 128 09	.34 288 59	.34 448 09
	.33 180 08	.33 337 58	.33 495 08	.33 654 58	.33 812 08	.33 972 58	.34 131 08	.34 291 58	.34 451 08
	.33 183 07	.33 341 57	.33 499 07	.33 657 57	.33 816 07	.33 975 57	.34 134 07	.34 294 57	.34 455 07
	.33 186 06	.33 344 56	.33 502 06	.33 660 56	.33 819 06	.33 978 56	.34 137 06	.34 297 56	.34 458 06
	.33 189 05	.33 347 55	.33 505 05	.33 663 55	.33 822 05	.33 981 55	.34 141 05	.34 301 55	.34 461 05
	.33 193 04	.33 350 54	.33 508 04	.33 666 54	.33 825 04	.33 984 54	.34 144 04	.34 304 54	.34 464 04
	.33 196 03	.33 353 53	.33 511 03	.33 670 53	.33 828 03	.33 987 53	.34 147 03	.34 307 53	.34 467 03
	.33 199 02	.33 356 52	.33 514 02	.33 673 52	.33 832 02	.33 991 52	.34 150 02	.34 310 52	.34 471 02
	.33 202 01	.33 360 51	.33 518 01	.33 676 51	.33 835 01	.33 994 51	.34 153 01	.34 313 51	.34 474 01
	0.33 205 00	0.33 363 50	0.33 521 00	0.33 679 50	0.33 838 00	0.33 997 50	0.34 157 00	0.34 317 50	0.34 477 00

Find your entering number in the column of heavy print. If there isn't a perfect match, go to the next larger number. The last part of the gaussian is beside it; the first part is above the column.

Gaussians   Gaussians

.161	.161	.160	.160	.159	.159	.158	.158	.157
0.34 480 99	0.34 641 49	0.34 802 99	0.34 964 49	0.35 126 99	0.35 288 49	0.35 451 99	0.35 615 49	0.35 778 99
.34 483 98	.34 644 48	.34 805 98	.34 967 48	.35 129 98	.35 292 48	.35 455 98	.35 618 48	.35 782 98
.34 487 97	.34 647 47	.34 809 97	.34 970 47	.35 132 97	.35 295 47	.35 458 97	.35 621 47	.35 785 97
.34 490 96	.34 651 46	.34 812 96	.34 974 46	.35 136 96	.35 298 46	.35 461 96	.35 624 46	.35 788 96
.34 493 95	.34 654 45	.34 815 95	.34 977 45	.35 139 95	.35 301 45	.35 464 95	.35 628 45	.35 791 95
.34 496 94	.34 657 44	.34 818 94	.34 980 44	.35 142 94	.35 305 44	.35 468 94	.35 631 44	.35 795 94
.34 499 93	.34 660 43	.34 822 93	.34 983 43	.35 145 93	.35 308 43	.35 471 93	.35 634 43	.35 798 93
.34 503 92	.34 664 42	.34 825 92	.34 987 42	.35 149 92	.35 311 42	.35 474 92	.35 638 42	.35 801 92
.34 506 91	.34 667 41	.34 828 91	.34 990 41	.35 152 91	.35 314 41	.35 477 91	.35 641 41	.35 805 91
.34 509 90	.34 670 40	.34 831 90	.34 993 40	.35 155 90	.35 318 40	.35 481 90	.35 644 40	.35 808 90
.34 512 89	.34 673 39	.34 835 89	.34 996 39	.35 158 89	.35 321 39	.35 484 89	.35 647 39	.35 811 89
.34 516 88	.34 676 38	.34 838 88	.34 999 38	.35 162 88	.35 324 38	.35 487 88	.35 651 38	.35 814 88
.34 519 87	.34 680 37	.34 841 87	.35 003 37	.35 165 87	.35 327 37	.35 490 87	.35 654 37	.35 818 87
.34 522 86	.34 683 36	.34 844 86	.35 006 36	.35 168 86	.35 331 36	.35 494 86	.35 657 36	.35 821 86
.34 525 85	.34 686 35	.34 847 85	.35 009 35	.35 171 85	.35 334 35	.35 497 85	.35 660 35	.35 824 85
.34 528 84	.34 689 34	.34 851 84	.35 012 34	.35 175 84	.35 337 34	.35 500 84	.35 664 34	.35 828 84
.34 532 83	.34 693 33	.34 854 83	.35 016 33	.35 178 83	.35 340 33	.35 504 83	.35 667 33	.35 831 83
.34 535 82	.34 696 32	.34 857 82	.35 019 32	.35 181 82	.35 344 32	.35 507 82	.35 670 32	.35 834 82
.34 538 81	.34 699 31	.34 860 81	.35 022 31	.35 184 81	.35 347 31	.35 510 81	.35 674 31	.35 837 81
.34 541 80	.34 702 30	.34 864 80	.35 025 30	.35 188 80	.35 350 30	.35 513 80	.35 677 30	.35 841 80
.34 544 79	.34 705 29	.34 867 79	.35 029 29	.35 191 79	.35 354 29	.35 517 79	.35 680 29	.35 844 79
.34 548 78	.34 709 28	.34 870 78	.35 032 28	.35 194 78	.35 357 28	.35 520 78	.35 683 28	.35 847 78
.34 551 77	.34 712 27	.34 873 77	.35 035 27	.35 197 77	.35 360 27	.35 523 77	.35 687 27	.35 851 77
.34 554 76	.34 715 26	.34 877 76	.35 038 26	.35 201 76	.35 363 26	.35 526 76	.35 690 26	.35 854 76
0.34 557 75	0.34 718 25	0.34 880 75	0.35 042 25	0.35 204 75	0.35 367 25	0.35 530 75	0.35 693 25	0.35 857 75
.34 561 74	.34 722 24	.34 883 74	.35 045 24	.35 207 74	.35 370 24	.35 533 74	.35 696 24	.35 860 74
.34 564 73	.34 725 23	.34 886 73	.35 048 23	.35 210 73	.35 373 23	.35 536 73	.35 700 23	.35 864 73
.34 567 72	.34 728 22	.34 889 72	.35 051 22	.35 214 72	.35 376 22	.35 539 72	.35 703 22	.35 867 72
.34 570 71	.34 731 21	.34 893 71	.35 055 21	.35 217 71	.35 380 21	.35 543 71	.35 706 21	.35 870 71
.34 573 70	.34 734 20	.34 896 70	.35 058 20	.35 220 70	.35 383 20	.35 546 70	.35 710 20	.35 874 70
.34 577 69	.34 738 19	.34 899 69	.35 061 19	.35 223 69	.35 386 19	.35 549 69	.35 713 19	.35 877 69
.34 580 68	.34 741 18	.34 902 68	.35 064 18	.35 227 68	.35 389 18	.35 553 68	.35 716 18	.35 880 68
.34 583 67	.34 744 17	.34 906 67	.35 068 17	.35 230 67	.35 393 17	.35 556 67	.35 719 17	.35 883 67
.34 586 66	.34 747 16	.34 909 66	.35 071 16	.35 233 66	.35 396 16	.35 559 66	.35 723 16	.35 887 66
.34 590 65	.34 751 15	.34 912 65	.35 074 15	.35 236 65	.35 399 15	.35 562 65	.35 726 15	.35 890 65
.34 593 64	.34 754 14	.34 915 64	.35 077 14	.35 240 64	.35 402 14	.35 566 64	.35 729 14	.35 893 64
.34 596 63	.34 757 13	.34 919 63	.35 081 13	.35 243 63	.35 406 13	.35 569 63	.35 732 13	.35 897 63
.34 599 62	.34 760 12	.34 922 62	.35 084 12	.35 246 62	.35 409 12	.35 572 62	.35 736 12	.35 900 62
.34 602 61	.34 764 11	.34 925 61	.35 087 11	.35 249 61	.35 412 11	.35 575 61	.35 739 11	.35 903 61
.34 606 60	.34 767 10	.34 928 60	.35 090 10	.35 253 60	.35 415 10	.35 579 60	.35 742 10	.35 906 60
.34 609 59	.34 770 09	.34 932 59	.35 093 09	.35 256 59	.35 419 09	.35 582 59	.35 746 09	.35 910 59
.34 612 58	.34 773 08	.34 935 58	.35 097 08	.35 259 58	.35 422 08	.35 585 58	.35 749 08	.35 913 58
.34 615 57	.34 776 07	.34 938 57	.35 100 07	.35 262 57	.35 425 07	.35 588 57	.35 752 07	.35 916 57
.34 618 56	.34 780 06	.34 941 56	.35 103 06	.35 266 56	.35 428 06	.35 592 56	.35 755 06	.35 920 56
.34 622 55	.34 783 05	.34 944 55	.35 106 05	.35 269 55	.35 432 05	.35 595 55	.35 759 05	.35 923 55
.34 625 54	.34 786 04	.34 948 54	.35 110 04	.35 272 54	.35 435 04	.35 598 54	.35 762 04	.35 926 54
.34 628 53	.34 789 03	.34 951 53	.35 113 03	.35 275 53	.35 438 03	.35 602 53	.35 765 03	.35 929 53
.34 631 52	.34 793 02	.34 954 52	.35 116 02	.35 279 52	.35 442 02	.35 605 52	.35 769 02	.35 933 52
.34 635 51	.34 796 01	.34 957 51	.35 119 01	.35 282 51	.35 445 01	.35 608 51	.35 772 01	.35 936 51
0.34 638 50	0.34 799 00	0.34 961 50	0.35 123 00	0.35 285 50	0.35 448 00	0.35 611 50	0.35 775 00	0.35 939 50

Find your entering number in the column of heavy print. If there isn't a perfect match, go to the next larger number. The last part of the gaussian is beside it; the first part is above the column.

Gaussians

	.157	.156	.156	.155	.155	.154	.154	.153	.153
0.35 943 49	0.36 107 99	0.36 272 49	0.36 438 99	0.36 604 49	0.36 770 99	0.36 937 49	0.37 104 99	0.37 272 49
.35 946 48	.36 110 98	.36 275 48	.36 441 98	.36 607 48	.36 773 98	.36 940 48	.37 107 98	.37 275 48
.35 949 47	.36 114 97	.36 279 47	.36 444 97	.36 610 47	.36 777 97	.36 943 47	.37 111 97	.37 278 47
.35 952 46	.36 117 96	.36 282 46	.36 448 96	.36 614 46	.36 780 96	.36 947 46	.37 114 96	.37 282 46
.35 956 45	.36 120 95	.36 285 45	.36 451 95	.36 617 45	.36 783 95	.36 950 45	.37 117 95	.37 285 45
.35 959 44	.36 124 94	.36 289 44	.36 454 94	.36 620 44	.36 787 94	.36 953 44	.37 121 94	.37 289 44
.35 962 43	.36 127 93	.36 292 43	.36 458 93	.36 624 43	.36 790 93	.36 957 43	.37 124 93	.37 292 43
.35 966 42	.36 130 92	.36 295 42	.36 461 92	.36 627 42	.36 793 92	.36 960 42	.37 128 92	.37 295 42
.35 969 41	.36 134 91	.36 299 41	.36 464 91	.36 630 41	.36 797 91	.36 964 41	.37 131 91	.37 299 41
.35 972 40	.36 137 90	.36 302 40	.36 468 90	.36 634 40	.36 800 90	.36 967 40	.37 134 90	.37 302 40
.35 975 39	.36 140 89	.36 305 39	.36 471 89	.36 637 39	.36 803 89	.36 970 39	.37 138 89	.37 305 39
.35 979 38	.36 143 88	.36 309 38	.36 474 88	.36 640 38	.36 807 88	.36 974 38	.37 141 88	.37 309 38
.35 982 37	.36 147 87	.36 312 37	.36 477 87	.36 643 37	.36 810 87	.36 977 37	.37 144 87	.37 312 37
.35 985 36	.36 150 86	.36 315 36	.36 481 86	.36 647 36	.36 813 86	.36 980 36	.37 148 86	.37 315 36
.35 989 35	.36 153 85	.36 318 35	.36 484 85	.36 650 35	.36 817 85	.36 984 35	.37 151 85	.37 319 35
.35 992 34	.36 157 84	.36 322 34	.36 487 84	.36 653 34	.36 820 84	.36 987 34	.37 154 84	.37 322 34
.35 995 33	.36 160 83	.36 325 33	.36 491 83	.36 657 33	.36 823 83	.36 990 33	.37 158 83	.37 326 33
.35 998 32	.36 163 82	.36 328 32	.36 494 82	.36 660 32	.36 827 82	.36 994 32	.37 161 82	.37 329 32
.36 002 31	.36 167 81	.36 332 31	.36 497 81	.36 663 31	.36 830 81	.36 997 31	.37 164 81	.37 332 31
.36 005 30	.36 170 80	.36 335 30	.36 501 80	.36 667 30	.36 833 80	.37 000 30	.37 168 80	.37 336 30
.36 008 29	.36 173 79	.36 338 29	.36 504 79	.36 670 29	.36 837 79	.37 004 29	.37 171 79	.37 339 29
.36 012 28	.36 176 78	.36 342 28	.36 507 78	.36 673 28	.36 840 78	.37 007 28	.37 174 78	.37 342 28
.36 015 27	.36 180 77	.36 345 27	.36 511 77	.36 677 27	.36 843 77	.37 010 27	.37 178 77	.37 346 27
.36 018 26	.36 183 76	.36 348 26	.36 514 76	.36 680 26	.36 847 76	.37 014 26	.37 181 76	.37 349 26
0.36 021 25	0.36 186 75	0.36 352 25	0.36 517 75	0.36 683 25	0.36 850 75	0.37 017 25	0.37 185 75	0.37 352 25
.36 025 24	.36 190 74	.36 355 24	.36 521 74	.36 687 24	.36 853 74	.37 020 24	.37 188 74	.37 356 24
.36 028 23	.36 193 73	.36 358 23	.36 524 73	.36 690 23	.36 857 73	.37 024 23	.37 191 73	.37 359 23
.36 031 22	.36 196 72	.36 362 22	.36 527 72	.36 693 22	.36 860 72	.37 027 22	.37 195 72	.37 363 22
.36 035 21	.36 200 71	.36 365 21	.36 531 71	.36 697 21	.36 863 71	.37 030 21	.37 198 71	.37 366 21
.36 038 20	.36 203 70	.36 368 20	.36 534 70	.36 700 20	.36 867 70	.37 034 20	.37 201 70	.37 369 20
.36 041 19	.36 206 69	.36 371 19	.36 537 69	.36 703 19	.36 870 69	.37 037 19	.37 205 69	.37 373 19
.36 045 18	.36 209 68	.36 375 18	.36 540 68	.36 707 18	.36 873 68	.37 040 18	.37 208 68	.37 376 18
.36 048 17	.36 213 67	.36 378 17	.36 544 67	.36 710 17	.36 877 67	.37 044 17	.37 211 67	.37 379 17
.36 051 16	.36 216 66	.36 381 16	.36 547 66	.36 713 16	.36 880 66	.37 047 16	.37 215 66	.37 383 16
.36 054 15	.36 219 65	.36 385 15	.36 550 65	.36 717 15	.36 883 65	.37 050 15	.37 218 65	.37 386 15
.36 058 14	.36 223 64	.36 388 14	.36 554 64	.36 720 14	.36 887 64	.37 054 14	.37 221 64	.37 389 14
.36 061 13	.36 226 63	.36 391 13	.36 557 63	.36 723 13	.36 890 63	.37 057 13	.37 225 63	.37 393 13
.36 064 12	.36 229 62	.36 395 12	.36 560 62	.36 727 12	.36 893 62	.37 061 12	.37 228 62	.37 396 12
.36 068 11	.36 233 61	.36 398 11	.36 564 61	.36 730 11	.36 897 61	.37 064 11	.37 231 61	.37 400 11
.36 071 10	.36 236 60	.36 401 10	.36 567 60	.36 733 10	.36 900 60	.37 067 10	.37 235 60	.37 403 10
.36 074 09	.36 239 59	.36 405 09	.36 570 59	.36 737 09	.36 903 59	.37 071 09	.37 238 59	.37 406 09
.36 077 08	.36 242 58	.36 408 08	.36 574 58	.36 740 08	.36 907 58	.37 074 08	.37 242 58	.37 410 08
.36 081 07	.36 246 57	.36 411 07	.36 577 57	.36 743 07	.36 910 57	.37 077 07	.37 245 57	.37 413 07
.36 084 06	.36 249 56	.36 414 06	.36 580 56	.36 747 06	.36 913 56	.37 081 06	.37 248 56	.37 416 06
.36 087 05	.36 252 55	.36 418 05	.36 584 55	.36 750 05	.36 917 55	.37 084 05	.37 252 55	.37 420 05
.36 091 04	.36 256 54	.36 421 04	.36 587 54	.36 753 04	.36 920 54	.37 087 04	.37 255 54	.37 423 04
.36 094 03	.36 259 53	.36 424 03	.36 590 53	.36 757 03	.36 923 53	.37 091 03	.37 258 53	.37 426 03
.36 097 02	.36 262 52	.36 428 02	.36 594 52	.36 760 02	.36 927 52	.37 094 02	.37 262 52	.37 430 02
.36 101 01	.36 266 51	.36 431 01	.36 597 51	.36 763 01	.36 930 51	.37 097 01	.37 265 51	.37 433 01
0.36 104 00	0.36 269 50	0.36 434 00	0.36 600 50	0.36 767 00	0.36 933 50	0.37 101 00	0.37 268 50	0.37 437 00

Find your entering number in the column of heavy print. If there isn't a perfect match, go to the next larger number. The last part of the gaussian is beside it; the first part is above the column.

Gaussians   Gaussians

	.152	.152	.151	.151	.150	.150	.149	.149	.148
0.37 440 99	0.37 609 49	0.37 778 99	0.37 947 49	0.38 117 99	0.38 288 49	0.38 459 99	0.38 630 49	0.38 802 99
.37 443 98	.37 612 48	.37 781 98	.37 951 48	.38 121 98	.38 291 48	.38 462 98	.38 634 48	.38 806 98
.37 447 97	.37 615 47	.37 784 97	.37 954 47	.38 124 97	.38 295 47	.38 466 97	.38 637 47	.38 809 97
.37 450 96	.37 619 46	.37 788 96	.37 957 46	.38 127 96	.38 298 46	.38 469 96	.38 641 46	.38 812 96
.37 453 95	.37 622 45	.37 791 95	.37 961 45	.38 131 95	.38 301 45	.38 472 95	.38 644 45	.38 816 95
.37 457 94	.37 625 44	.37 795 94	.37 964 44	.38 134 94	.38 305 44	.38 476 94	.38 647 44	.38 819 94
.37 460 93	.37 629 43	.37 798 93	.37 968 43	.38 138 93	.38 308 43	.38 479 93	.38 651 43	.38 823 93
.37 464 92	.37 632 42	.37 801 92	.37 971 42	.38 141 92	.38 312 42	.38 483 92	.38 654 42	.38 826 92
.37 467 91	.37 636 41	.37 805 91	.37 974 41	.38 145 91	.38 315 41	.38 486 91	.38 658 41	.38 830 91
.37 470 90	.37 639 40	.37 808 90	.37 978 40	.38 148 90	.38 319 40	.38 490 90	.38 661 40	.38 833 90
.37 474 89	.37 642 39	.37 812 89	.37 981 39	.38 151 89	.38 322 39	.38 493 89	.38 665 39	.38 837 89
.37 477 88	.37 646 38	.37 815 88	.37 985 38	.38 155 88	.38 325 38	.38 496 88	.38 668 38	.38 840 88
.37 480 87	.37 649 37	.37 818 87	.37 988 37	.38 158 87	.38 329 37	.38 500 87	.38 671 37	.38 843 87
.37 484 86	.37 653 36	.37 822 86	.37 991 36	.38 162 86	.38 332 36	.38 503 86	.38 675 36	.38 847 86
.37 487 85	.37 656 35	.37 825 85	.37 995 35	.38 165 85	.38 336 35	.38 507 85	.38 678 35	.38 850 85
.37 490 84	.37 659 34	.37 829 84	.37 998 34	.38 168 84	.38 339 34	.38 510 84	.38 682 34	.38 854 84
.37 494 83	.37 663 33	.37 832 83	.38 002 33	.38 172 83	.38 342 33	.38 514 83	.38 685 33	.38 857 83
.37 497 82	.37 666 32	.37 835 82	.38 005 32	.38 175 82	.38 346 32	.38 517 82	.38 689 32	.38 861 82
.37 501 81	.37 669 31	.37 839 81	.38 008 31	.38 179 81	.38 349 31	.38 520 81	.38 692 31	.38 864 81
.37 504 80	.37 673 30	.37 842 80	.38 012 30	.38 182 80	.38 353 30	.38 524 80	.38 695 30	.38 868 80
.37 507 79	.37 676 29	.37 845 79	.38 015 29	.38 185 79	.38 356 29	.38 527 79	.38 699 29	.38 871 79
.37 511 78	.37 680 28	.37 849 78	.38 019 28	.38 189 78	.38 360 28	.38 531 78	.38 702 28	.38 875 78
.37 514 77	.37 683 27	.37 852 77	.38 022 27	.38 192 77	.38 363 27	.38 534 77	.38 706 27	.38 878 77
.37 517 76	.37 686 26	.37 856 76	.38 025 26	.38 196 76	.38 366 26	.38 538 76	.38 709 26	.38 881 76
0.37 521 75	0.37 690 25	0.37 859 75	0.38 029 25	0.38 199 75	0.38 370 25	0.38 541 75	0.38 713 25	0.38 885 75
.37 524 74	.37 693 24	.37 862 74	.38 032 24	.38 202 74	.38 373 24	.38 544 74	.38 716 24	.38 888 74
.37 528 73	.37 696 23	.37 866 73	.38 036 23	.38 206 73	.38 377 23	.38 548 73	.38 720 23	.38 892 73
.37 531 72	.37 700 22	.37 869 72	.38 039 22	.38 209 72	.38 380 22	.38 551 72	.38 723 22	.38 895 72
.37 534 71	.37 703 21	.37 873 71	.38 042 21	.38 213 71	.38 383 21	.38 555 71	.38 726 21	.38 899 71
.37 538 70	.37 707 20	.37 876 70	.38 046 20	.38 216 70	.38 387 20	.38 558 70	.38 730 20	.38 902 70
.37 541 69	.37 710 19	.37 879 69	.38 049 19	.38 220 69	.38 390 19	.38 562 69	.38 733 19	.38 906 69
.37 544 68	.37 713 18	.37 883 68	.38 053 18	.38 223 68	.38 394 18	.38 565 68	.38 737 18	.38 909 68
.37 548 67	.37 717 17	.37 886 67	.38 056 17	.38 226 67	.38 397 17	.38 568 67	.38 740 17	.38 912 67
.37 551 66	.37 720 16	.37 890 66	.38 059 16	.38 230 66	.38 401 16	.38 572 66	.38 744 16	.38 916 66
.37 555 65	.37 724 15	.37 893 65	.38 063 15	.38 233 65	.38 404 15	.38 575 65	.38 747 15	.38 919 65
.37 558 64	.37 727 14	.37 896 64	.38 066 14	.38 237 64	.38 407 14	.38 579 64	.38 751 14	.38 923 64
.37 561 63	.37 730 13	.37 900 63	.38 070 13	.38 240 63	.38 411 13	.38 582 63	.38 754 13	.38 926 63
.37 565 62	.37 734 12	.37 903 62	.38 073 12	.38 243 62	.38 414 12	.38 586 62	.38 757 12	.38 930 62
.37 568 61	.37 737 11	.37 907 61	.38 076 11	.38 247 61	.38 418 11	.38 589 61	.38 761 11	.38 933 61
.37 571 60	.37 740 10	.37 910 60	.38 080 10	.38 250 60	.38 421 10	.38 592 60	.38 764 10	.38 937 60
.37 575 59	.37 744 09	.37 913 59	.38 083 09	.38 254 59	.38 425 09	.38 596 59	.38 768 09	.38 940 59
.37 578 58	.37 747 08	.37 917 58	.38 087 08	.38 257 58	.38 428 08	.38 599 58	.38 771 08	.38 943 58
.37 582 57	.37 751 07	.37 920 57	.38 090 07	.38 260 57	.38 431 07	.38 603 57	.38 775 07	.38 947 57
.37 585 56	.37 754 06	.37 923 56	.38 093 06	.38 264 56	.38 435 06	.38 606 56	.38 778 06	.38 950 56
.37 588 55	.37 757 05	.37 927 55	.38 097 05	.38 267 55	.38 438 05	.38 610 55	.38 781 05	.38 954 55
.37 592 54	.37 761 04	.37 930 54	.38 100 04	.38 271 54	.38 442 04	.38 613 54	.38 785 04	.38 957 54
.37 595 53	.37 764 03	.37 934 53	.38 104 03	.38 274 53	.38 445 03	.38 616 53	.38 788 03	.38 961 53
.37 598 52	.37 768 02	.37 937 52	.38 107 02	.38 278 52	.38 448 02	.38 620 52	.38 792 02	.38 964 52
.37 602 51	.37 771 01	.37 940 51	.38 110 01	.38 281 51	.38 452 01	.38 623 51	.38 795 01	.38 968 51
0.37 605 50	0.37 774 00	0.37 944 50	0.38 114 00	0.38 284 50	0.38 455 00	0.38 627 50	0.38 799 00	0.38 971 50

Find your entering number in the column of heavy print. If there isn't a perfect match, go to the next larger number. The last part of the gaussian is beside it; the first part is above the column.

Gaussians

	.148	.147	.147	.146	.146	.145	.145	.144	.144
0.38 975 49	0.39 147 99	0.39 321 49	0.39 495 99	0.39 669 49	0.39 844 99	0.40 019 49	0.40 195 99	0.40 372 49
.38 978 48	.39 151 98	.39 324 48	.39 498 98	.39 673 48	.39 848 98	.40 023 48	.40 199 98	.40 375 48
.38 981 47	.39 154 97	.39 328 47	.39 502 97	.39 676 47	.39 851 97	.40 026 47	.40 202 97	.40 379 47
.38 985 46	.39 158 96	.39 331 46	.39 505 96	.39 680 46	.39 855 96	.40 030 46	.40 206 96	.40 382 46
.38 988 45	.39 161 95	.39 335 45	.39 509 95	.39 683 45	.39 858 95	.40 033 45	.40 209 95	.40 386 45
.38 992 44	.39 165 94	.39 338 44	.39 512 94	.39 687 44	.39 862 94	.40 037 44	.40 213 94	.40 389 44
.38 995 43	.39 168 93	.39 342 43	.39 516 93	.39 690 43	.39 865 93	.40 041 43	.40 216 93	.40 393 43
.38 999 42	.39 172 92	.39 345 42	.39 519 92	.39 694 42	.39 869 92	.40 044 42	.40 220 92	.40 397 42
.39 002 41	.39 175 91	.39 349 41	.39 523 91	.39 697 41	.39 872 91	.40 048 41	.40 224 91	.40 400 41
.39 006 40	.39 179 90	.39 352 40	.39 526 90	.39 701 40	.39 876 90	.40 051 40	.40 227 90	.40 404 40
.39 009 39	.39 182 89	.39 356 39	.39 530 89	.39 704 39	.39 879 89	.40 055 39	.40 231 89	.40 407 39
.39 013 38	.39 186 88	.39 359 38	.39 533 88	.39 708 38	.39 883 88	.40 058 38	.40 234 88	.40 411 38
.39 016 37	.39 189 87	.39 363 37	.39 537 87	.39 711 37	.39 886 87	.40 062 37	.40 238 87	.40 414 37
.39 019 36	.39 193 86	.39 366 36	.39 540 86	.39 715 36	.39 890 86	.40 065 36	.40 241 86	.40 418 36
.39 023 35	.39 196 85	.39 370 35	.39 544 85	.39 718 35	.39 893 85	.40 069 35	.40 245 85	.40 421 35
.39 026 34	.39 199 84	.39 373 34	.39 547 84	.39 722 34	.39 897 84	.40 072 34	.40 248 84	.40 425 34
.39 030 33	.39 203 83	.39 376 33	.39 551 83	.39 725 33	.39 900 83	.40 076 33	.40 252 83	.40 428 33
.39 033 32	.39 206 82	.39 380 32	.39 554 82	.39 729 32	.39 904 82	.40 079 32	.40 255 82	.40 432 32
.39 037 31	.39 210 81	.39 383 31	.39 557 81	.39 732 31	.39 907 81	.40 083 31	.40 259 81	.40 435 31
.39 040 30	.39 213 80	.39 387 30	.39 561 80	.39 736 30	.39 911 80	.40 086 30	.40 262 80	.40 439 30
.39 044 29	.39 217 79	.39 390 29	.39 564 79	.39 739 29	.39 914 79	.40 090 29	.40 266 79	.40 442 29
.39 047 28	.39 220 78	.39 394 28	.39 568 78	.39 743 28	.39 918 78	.40 093 28	.40 269 78	.40 446 28
.39 051 27	.39 224 77	.39 397 27	.39 571 77	.39 746 27	.39 921 77	.40 097 27	.40 273 77	.40 450 27
.39 054 26	.39 227 76	.39 401 26	.39 575 76	.39 750 26	.39 925 76	.40 100 26	.40 276 76	.40 453 26
0.39 057 25	0.39 231 75	0.39 404 25	0.39 578 75	0.39 753 25	0.39 928 75	0.40 104 25	0.40 280 75	0.40 457 25
.39 061 24	.39 234 74	.39 408 24	.39 582 74	.39 757 24	.39 932 74	.40 107 24	.40 283 74	.40 460 24
.39 064 23	.39 238 73	.39 411 23	.39 585 73	.39 760 23	.39 935 73	.40 111 23	.40 287 73	.40 464 23
.39 068 22	.39 241 72	.39 415 22	.39 589 72	.39 764 22	.39 939 72	.40 114 22	.40 291 72	.40 467 22
.39 071 21	.39 245 71	.39 418 21	.39 592 71	.39 767 21	.39 942 71	.40 118 21	.40 294 71	.40 471 21
.39 075 20	.39 248 70	.39 422 20	.39 596 70	.39 771 20	.39 946 70	.40 121 20	.40 298 70	.40 474 20
.39 078 19	.39 251 69	.39 425 19	.39 599 69	.39 774 19	.39 949 69	.40 125 19	.40 301 69	.40 478 19
.39 082 18	.39 255 68	.39 429 18	.39 603 68	.39 778 18	.39 953 68	.40 128 18	.40 305 68	.40 481 18
.39 085 17	.39 258 67	.39 432 17	.39 606 67	.39 781 17	.39 956 67	.40 132 17	.40 308 67	.40 485 17
.39 089 16	.39 262 66	.39 436 16	.39 610 66	.39 785 16	.39 960 66	.40 135 16	.40 312 66	.40 488 16
.39 092 15	.39 265 65	.39 439 15	.39 613 65	.39 788 15	.39 963 65	.40 139 15	.40 315 65	.40 492 15
.39 096 14	.39 269 64	.39 443 14	.39 617 64	.39 792 14	.39 967 64	.40 143 14	.40 319 64	.40 496 14
.39 099 13	.39 272 63	.39 446 13	.39 620 63	.39 795 13	.39 970 63	.40 146 13	.40 322 63	.40 499 13
.39 102 12	.39 276 62	.39 450 12	.39 624 62	.39 799 12	.39 974 62	.40 150 12	.40 326 62	.40 503 12
.39 106 11	.39 279 61	.39 453 11	.39 627 61	.39 802 11	.39 977 61	.40 153 11	.40 329 61	.40 506 11
.39 109 10	.39 283 60	.39 456 10	.39 631 60	.39 806 10	.39 981 60	.40 157 10	.40 333 60	.40 510 10
.39 113 09	.39 286 59	.39 460 09	.39 634 59	.39 809 09	.39 984 59	.40 160 09	.40 336 59	.40 513 09
.39 116 08	.39 290 58	.39 463 08	.39 638 58	.39 813 08	.39 988 58	.40 164 08	.40 340 58	.40 517 08
.39 120 07	.39 293 57	.39 467 07	.39 641 57	.39 816 07	.39 991 57	.40 167 07	.40 344 57	.40 520 07
.39 123 06	.39 297 56	.39 470 06	.39 645 56	.39 820 06	.39 995 56	.40 171 06	.40 347 56	.40 524 06
.39 127 05	.39 300 55	.39 474 05	.39 648 55	.39 823 05	.39 998 55	.40 174 05	.40 351 55	.40 527 05
.39 130 04	.39 304 54	.39 477 04	.39 652 54	.39 827 04	.40 002 54	.40 178 04	.40 354 54	.40 531 04
.39 134 03	.39 307 53	.39 481 03	.39 655 53	.39 830 03	.40 005 53	.40 181 03	.40 358 53	.40 535 03
.39 137 02	.39 310 52	.39 484 02	.39 659 52	.39 834 02	.40 009 52	.40 185 02	.40 361 52	.40 538 02
.39 141 01	.39 314 51	.39 488 01	.39 662 51	.39 837 01	.40 012 51	.40 188 01	.40 365 51	.40 542 01
0.39 144 00	0.39 317 50	0.39 491 00	0.39 666 50	0.39 841 00	0.40 016 50	0.40 192 00	0.40 368 50	0.40 545 00

Find your entering number in the column of heavy print. If there isn't a perfect match, go to the next larger number. The last part of the gaussian is beside it; the first part is above the column.

Gaussians   Gaussians

	.143	.143	.142	.142	.141	.141	.140	.140	.139
	0.40 549 *99*	0.40 726 *49*	0.40 904 *99*	0.41 083 *49*	0.41 262 *99*	0.41 441 *49*	0.41 621 *99*	0.41 802 *49*	0.41 983 *99*
	.40 552 *98*	.40 730 *48*	.40 908 *98*	.41 086 *48*	.41 265 *98*	.41 445 *48*	.41 625 *98*	.41 806 *48*	.41 987 *98*
	.40 556 *97*	.40 733 *47*	.40 911 *97*	.41 090 *47*	.41 269 *97*	.41 448 *47*	.41 629 *97*	.41 809 *47*	.41 990 *97*
	.40 559 *96*	.40 737 *46*	.40 915 *96*	.41 093 *46*	.41 272 *96*	.41 452 *46*	.41 632 *96*	.41 813 *46*	.41 994 *96*
	.40 563 *95*	.40 740 *45*	.40 918 *95*	.41 097 *45*	.41 276 *95*	.41 456 *45*	.41 636 *95*	.41 816 *45*	.41 998 *95*
	.40 566 *94*	.40 744 *44*	.40 922 *94*	.41 101 *44*	.41 280 *94*	.41 459 *44*	.41 639 *94*	.41 820 *44*	.42 001 *94*
	.40 570 *93*	.40 747 *43*	.40 926 *93*	.41 104 *43*	.41 283 *93*	.41 463 *43*	.41 643 *93*	.41 824 *43*	.42 005 *93*
	.40 574 *92*	.40 751 *42*	.40 929 *92*	.41 108 *42*	.41 287 *92*	.41 466 *42*	.41 647 *92*	.41 827 *42*	.42 009 *92*
	.40 577 *91*	.40 755 *41*	.40 933 *91*	.41 111 *41*	.41 290 *91*	.41 470 *41*	.41 650 *91*	.41 831 *41*	.42 012 *91*
	.40 581 *90*	.40 758 *40*	.40 936 *90*	.41 115 *40*	.41 294 *90*	.41 474 *40*	.41 654 *90*	.41 835 *40*	.42 016 *90*
	.40 584 *89*	.40 762 *39*	.40 940 *89*	.41 118 *39*	.41 298 *89*	.41 477 *39*	.41 657 *89*	.41 838 *39*	.42 019 *89*
	.40 588 *88*	.40 765 *38*	.40 943 *88*	.41 122 *38*	.41 301 *88*	.41 481 *38*	.41 661 *88*	.41 842 *38*	.42 023 *88*
	.40 591 *87*	.40 769 *37*	.40 947 *87*	.41 126 *37*	.41 305 *87*	.41 484 *37*	.41 665 *87*	.41 845 *37*	.42 027 *87*
	.40 595 *86*	.40 772 *36*	.40 950 *86*	.41 129 *36*	.41 308 *86*	.41 488 *36*	.41 668 *86*	.41 849 *36*	.42 030 *86*
	.40 598 *85*	.40 776 *35*	.40 954 *85*	.41 133 *35*	.41 312 *85*	.41 492 *35*	.41 672 *85*	.41 853 *35*	.42 034 *85*
	.40 602 *84*	.40 779 *34*	.40 958 *84*	.41 136 *34*	.41 315 *84*	.41 495 *34*	.41 675 *84*	.41 856 *34*	.42 038 *84*
	.40 605 *83*	.40 783 *33*	.40 961 *83*	.41 140 *33*	.41 319 *83*	.41 499 *33*	.41 679 *83*	.41 860 *33*	.42 041 *83*
	.40 609 *82*	.40 787 *32*	.40 965 *82*	.41 143 *32*	.41 323 *82*	.41 502 *32*	.41 683 *82*	.41 864 *32*	.42 045 *82*
	.40 613 *81*	.40 790 *31*	.40 968 *81*	.41 147 *31*	.41 326 *81*	.41 506 *31*	.41 686 *81*	.41 867 *31*	.42 049 *81*
	.40 616 *80*	.40 794 *30*	.40 972 *80*	.41 151 *30*	.41 330 *80*	.41 510 *30*	.41 690 *80*	.41 871 *30*	.42 052 *80*
	.40 620 *79*	.40 797 *29*	.40 975 *79*	.41 154 *29*	.41 333 *79*	.41 513 *29*	.41 694 *79*	.41 874 *29*	.42 056 *79*
	.40 623 *78*	.40 801 *28*	.40 979 *78*	.41 158 *28*	.41 337 *78*	.41 517 *28*	.41 697 *78*	.41 878 *28*	.42 059 *78*
	.40 627 *77*	.40 804 *27*	.40 983 *77*	.41 161 *27*	.41 341 *77*	.41 520 *27*	.41 701 *77*	.41 882 *27*	.42 063 *77*
	.40 630 *76*	.40 808 *26*	.40 986 *76*	.41 165 *26*	.41 344 *76*	.41 524 *26*	.41 704 *76*	.41 885 *26*	.42 067 *76*
	0.40 634 *75*	0.40 812 *25*	0.40 990 *75*	0.41 168 *25*	0.41 348 *75*	0.41 528 *25*	0.41 708 *75*	0.41 889 *25*	0.42 070 *75*
	.40 637 *74*	.40 815 *24*	.40 993 *74*	.41 172 *24*	.41 351 *74*	.41 531 *24*	.41 712 *74*	.41 892 *24*	.42 074 *74*
	.40 641 *73*	.40 819 *23*	.40 997 *73*	.41 176 *23*	.41 355 *73*	.41 535 *23*	.41 715 *73*	.41 896 *23*	.42 078 *73*
	.40 644 *72*	.40 822 *22*	.41 000 *72*	.41 179 *22*	.41 359 *72*	.41 538 *22*	.41 719 *72*	.41 900 *22*	.42 081 *72*
	.40 648 *71*	.40 826 *21*	.41 004 *71*	.41 183 *21*	.41 362 *71*	.41 542 *21*	.41 722 *71*	.41 903 *21*	.42 085 *71*
	.40 652 *70*	.40 829 *20*	.41 008 *70*	.41 186 *20*	.41 366 *70*	.41 546 *20*	.41 726 *70*	.41 907 *20*	.42 088 *70*
	.40 655 *69*	.40 833 *19*	.41 011 *69*	.41 190 *19*	.41 369 *69*	.41 549 *19*	.41 730 *69*	.41 911 *19*	.42 092 *69*
	.40 659 *68*	.40 836 *18*	.41 015 *68*	.41 194 *18*	.41 373 *68*	.41 553 *18*	.41 733 *68*	.41 914 *18*	.42 096 *68*
	.40 662 *67*	.40 840 *17*	.41 018 *67*	.41 197 *17*	.41 377 *67*	.41 556 *17*	.41 737 *67*	.41 918 *17*	.42 099 *67*
	.40 666 *66*	.40 844 *16*	.41 022 *66*	.41 201 *16*	.41 380 *66*	.41 560 *16*	.41 740 *66*	.41 921 *16*	.42 103 *66*
	.40 669 *65*	.40 847 *15*	.41 025 *65*	.41 204 *15*	.41 384 *65*	.41 564 *15*	.41 744 *65*	.41 925 *15*	.42 107 *65*
	.40 673 *64*	.40 851 *14*	.41 029 *64*	.41 208 *14*	.41 387 *64*	.41 567 *14*	.41 748 *64*	.41 929 *14*	.42 110 *64*
	.40 676 *63*	.40 854 *13*	.41 033 *63*	.41 211 *13*	.41 391 *63*	.41 571 *13*	.41 751 *63*	.41 932 *13*	.42 114 *63*
	.40 680 *62*	.40 858 *12*	.41 036 *62*	.41 215 *12*	.41 394 *62*	.41 574 *12*	.41 755 *62*	.41 936 *12*	.42 118 *62*
	.40 684 *61*	.40 861 *11*	.41 040 *61*	.41 219 *11*	.41 398 *61*	.41 578 *11*	.41 759 *61*	.41 940 *11*	.42 121 *61*
	.40 687 *60*	.40 865 *10*	.41 043 *60*	.41 222 *10*	.41 402 *60*	.41 582 *10*	.41 762 *60*	.41 943 *10*	.42 125 *60*
	.40 691 *59*	.40 868 *09*	.41 047 *59*	.41 226 *09*	.41 405 *59*	.41 585 *09*	.41 766 *59*	.41 947 *09*	.42 128 *59*
	.40 694 *58*	.40 872 *08*	.41 050 *58*	.41 229 *08*	.41 409 *58*	.41 589 *08*	.41 769 *58*	.41 950 *08*	.42 132 *58*
	.40 698 *57*	.40 876 *07*	.41 054 *57*	.41 233 *07*	.41 412 *57*	.41 592 *07*	.41 773 *57*	.41 954 *07*	.42 136 *57*
	.40 701 *56*	.40 879 *06*	.41 058 *56*	.41 237 *06*	.41 416 *56*	.41 596 *06*	.41 777 *56*	.41 958 *06*	.42 139 *56*
	.40 705 *55*	.40 883 *05*	.41 061 *55*	.41 240 *05*	.41 420 *55*	.41 600 *05*	.41 780 *55*	.41 961 *05*	.42 143 *55*
	.40 708 *54*	.40 886 *04*	.41 065 *54*	.41 244 *04*	.41 423 *54*	.41 603 *04*	.41 784 *54*	.41 965 *04*	.42 147 *54*
	.40 712 *53*	.40 890 *03*	.41 068 *53*	.41 247 *03*	.41 427 *53*	.41 607 *03*	.41 787 *53*	.41 969 *03*	.42 150 *53*
	.40 715 *52*	.40 893 *02*	.41 072 *52*	.41 251 *02*	.41 430 *52*	.41 611 *02*	.41 791 *52*	.41 972 *02*	.42 154 *52*
	.40 719 *51*	.40 897 *01*	.41 075 *51*	.41 254 *01*	.41 434 *51*	.41 614 *01*	.41 795 *51*	.41 976 *01*	.42 158 *51*
	0.40 723 *50*	0.40 901 *00*	0.41 079 *50*	0.41 258 *00*	0.41 438 *50*	0.41 618 *00*	0.41 798 *50*	0.41 980 *00*	0.42 161 *50*

Find your entering number in the column of heavy print. If there isn't a perfect match, go to the next larger number. The last part of the gaussian is beside it; the first part is above the column.

Gaussians

	.139	.138	.138	.137	.137	.136	.136	.135	.135
0.42 165 49	0.42 347 99	0.42 530 49	0.42 713 99	0.42 897 49	0.43 082 99	0.43 267 49	0.43 453 99	0.43 639 49
.42 169 48	.42 351 98	.42 534 48	.42 717 98	.42 901 48	.43 086 98	.43 271 48	.43 456 98	.43 643 48
.42 172 47	.42 354 97	.42 537 47	.42 721 97	.42 905 47	.43 089 97	.43 274 47	.43 460 97	.43 647 47
.42 176 46	.42 358 96	.42 541 46	.42 724 96	.42 908 46	.43 093 96	.43 278 46	.43 464 96	.43 650 46
.42 179 45	.42 362 95	.42 545 45	.42 728 95	.42 912 45	.43 097 95	.43 282 45	.43 468 95	.43 654 45
.42 183 44	.42 365 94	.42 548 44	.42 732 94	.42 916 44	.43 100 94	.43 286 44	.43 471 94	.43 658 44
.42 187 43	.42 369 93	.42 552 43	.42 735 93	.42 920 43	.43 104 93	.43 289 43	.43 475 93	.43 661 43
.42 190 42	.42 373 92	.42 556 42	.42 739 92	.42 923 42	.43 108 92	.43 293 42	.43 479 92	.43 665 42
.42 194 41	.42 376 91	.42 559 41	.42 743 91	.42 927 41	.43 112 91	.43 297 41	.43 483 91	.43 669 41
.42 198 40	.42 380 90	.42 563 40	.42 747 90	.42 931 40	.43 115 90	.43 300 40	.43 486 90	.43 673 40
.42 201 39	.42 384 89	.42 567 39	.42 750 89	.42 934 39	.43 119 89	.43 304 39	.43 490 89	.43 676 39
.42 205 38	.42 387 88	.42 570 38	.42 754 88	.42 938 38	.43 123 88	.43 308 38	.43 494 88	.43 680 38
.42 209 37	.42 391 87	.42 574 37	.42 758 87	.42 942 37	.43 126 87	.43 312 37	.43 497 87	.43 684 37
.42 212 36	.42 395 86	.42 578 36	.42 761 86	.42 945 36	.43 130 86	.43 315 36	.43 501 86	.43 688 36
.42 216 35	.42 398 85	.42 581 35	.42 765 85	.42 949 35	.43 134 85	.43 319 35	.43 505 85	.43 691 35
.42 220 34	.42 402 84	.42 585 34	.42 769 84	.42 953 34	.43 137 84	.43 323 34	.43 509 84	.43 695 34
.42 223 33	.42 406 83	.42 589 33	.42 772 83	.42 956 33	.43 141 83	.43 326 33	.43 512 83	.43 699 33
.42 227 32	.42 409 82	.42 592 32	.42 776 82	.42 960 32	.43 145 82	.43 330 32	.43 516 82	.43 703 32
.42 230 31	.42 413 81	.42 596 31	.42 780 81	.42 964 31	.43 149 81	.43 334 31	.43 520 81	.43 706 31
.42 234 30	.42 417 80	.42 600 30	.42 783 80	.42 967 30	.43 152 80	.43 338 30	.43 523 80	.43 710 30
.42 238 29	.42 420 79	.42 603 29	.42 787 79	.42 971 29	.43 156 79	.43 341 29	.43 527 79	.43 714 29
.42 241 28	.42 424 78	.42 607 28	.42 791 78	.42 975 28	.43 160 78	.43 345 28	.43 531 78	.43 717 28
.42 245 27	.42 428 77	.42 611 27	.42 794 77	.42 979 27	.43 163 77	.43 349 27	.43 535 77	.43 721 27
.42 249 26	.42 431 76	.42 614 26	.42 798 76	.42 982 26	.43 167 76	.43 352 26	.43 538 76	.43 725 26
0.42 252 25	0.42 435 75	0.42 618 25	0.42 802 75	0.42 986 25	0.43 171 75	0.43 356 25	0.43 542 75	0.43 729 25
.42 256 24	.42 439 74	.42 622 24	.42 805 74	.42 990 24	.43 174 74	.43 360 24	.43 546 74	.43 732 24
.42 260 23	.42 442 73	.42 625 23	.42 809 73	.42 993 23	.43 178 73	.43 364 23	.43 550 73	.43 736 23
.42 263 22	.42 446 72	.42 629 22	.42 813 72	.42 997 22	.43 182 72	.43 367 22	.43 553 72	.43 740 22
.42 267 21	.42 450 71	.42 633 21	.42 816 71	.43 001 21	.43 186 71	.43 371 21	.43 557 71	.43 744 21
.42 271 20	.42 453 70	.42 636 20	.42 820 70	.43 004 20	.43 189 70	.43 375 20	.43 561 70	.43 747 20
.42 274 19	.42 457 69	.42 640 19	.42 824 69	.43 008 19	.43 193 69	.43 378 19	.43 564 69	.43 751 19
.42 278 18	.42 460 68	.42 644 18	.42 827 68	.43 012 18	.43 197 68	.43 382 18	.43 568 68	.43 755 18
.42 281 17	.42 464 67	.42 647 17	.42 831 67	.43 015 17	.43 200 67	.43 386 17	.43 572 67	.43 759 17
.42 285 16	.42 468 66	.42 651 16	.42 835 66	.43 019 16	.43 204 66	.43 390 16	.43 576 66	.43 762 16
.42 289 15	.42 471 65	.42 655 15	.42 838 65	.43 023 15	.43 208 65	.43 393 15	.43 579 65	.43 766 15
.42 292 14	.42 475 64	.42 658 14	.42 842 64	.43 027 14	.43 211 64	.43 397 14	.43 583 64	.43 770 14
.42 296 13	.42 479 63	.42 662 13	.42 846 63	.43 030 13	.43 215 63	.43 401 13	.43 587 63	.43 774 13
.42 300 12	.42 482 62	.42 666 12	.42 850 62	.43 034 12	.43 219 62	.43 404 12	.43 591 62	.43 777 12
.42 303 11	.42 486 61	.42 669 11	.42 853 61	.43 038 11	.43 223 61	.43 408 11	.43 594 61	.43 781 11
.42 307 10	.42 490 60	.42 673 10	.42 857 60	.43 041 10	.43 226 60	.43 412 10	.43 598 60	.43 785 10
.42 311 09	.42 493 59	.42 677 09	.42 861 59	.43 045 09	.43 230 59	.43 416 09	.43 602 59	.43 788 09
.42 314 08	.42 497 58	.42 680 08	.42 864 58	.43 049 08	.43 234 58	.43 419 08	.43 605 58	.43 792 08
.42 318 07	.42 501 57	.42 684 07	.42 868 57	.43 052 07	.43 237 57	.43 423 07	.43 609 57	.43 796 07
.42 322 06	.42 504 56	.42 688 06	.42 872 56	.43 056 06	.43 241 56	.43 427 06	.43 613 56	.43 800 06
.42 325 05	.42 508 55	.42 691 05	.42 875 55	.43 060 05	.43 245 55	.43 430 05	.43 617 55	.43 803 05
.42 329 04	.42 512 54	.42 695 04	.42 879 54	.43 063 04	.43 249 54	.43 434 04	.43 620 54	.43 807 04
.42 333 03	.42 515 53	.42 699 03	.42 883 53	.43 067 03	.43 252 53	.43 438 03	.43 624 53	.43 811 03
.42 336 02	.42 519 52	.42 702 02	.42 886 52	.43 071 02	.43 256 52	.43 442 02	.43 628 52	.43 815 02
.42 340 01	.42 523 51	.42 706 01	.42 890 51	.43 075 01	.43 260 51	.43 445 01	.43 632 51	.43 818 01
0.42 344 00	0.42 526 50	0.42 710 00	0.42 894 50	0.43 078 00	0.43 263 50	0.43 449 00	0.43 635 50	0.43 822 00

Find your entering number in the column of heavy print. If there isn't a perfect match, go to the next larger number. The last part of the gaussian is beside it; the first part is above the column.

Gaussians

.134	.134	.133	.133	.132	.132	.131	.131	.130
0.43 826 99	0.44 013 49	0.44 201 99	0.44 390 49	0.44 579 99	0.44 769 49	0.44 960 99	0.45 151 49	0.45 343 99
.43 830 98	.44 017 48	.44 205 98	.44 394 48	.44 583 98	.44 773 48	.44 963 98	.45 155 48	.45 346 98
.43 833 97	.44 021 47	.44 209 97	.44 398 47	.44 587 97	.44 777 47	.44 967 97	.45 158 47	.45 350 97
.43 837 96	.44 025 46	.44 213 96	.44 401 46	.44 591 96	.44 781 46	.44 971 96	.45 162 46	.45 354 96
.43 841 95	.44 028 45	.44 216 95	.44 405 45	.44 595 95	.44 784 45	.44 975 95	.45 166 45	.45 358 95
.43 845 94	.44 032 44	.44 220 94	.44 409 44	.44 598 94	.44 788 44	.44 979 94	.45 170 44	.45 362 94
.43 848 93	.44 036 43	.44 224 93	.44 413 43	.44 602 93	.44 792 43	.44 983 93	.45 174 43	.45 366 93
.43 852 92	.44 040 42	.44 228 92	.44 417 42	.44 606 92	.44 796 42	.44 986 92	.45 178 42	.45 369 92
.43 856 91	.44 043 41	.44 232 91	.44 420 41	.44 610 91	.44 800 41	.44 990 91	.45 181 41	.45 373 91
.43 860 90	.44 047 40	.44 235 90	.44 424 40	.44 613 90	.44 803 40	.44 994 90	.45 185 40	.45 377 90
.43 863 89	.44 051 39	.44 239 89	.44 428 39	.44 617 89	.44 807 39	.44 998 89	.45 189 39	.45 381 89
.43 867 88	.44 055 38	.44 243 88	.44 432 38	.44 621 88	.44 811 38	.45 002 88	.45 193 38	.45 385 88
.43 871 87	.44 058 37	.44 247 87	.44 435 37	.44 625 87	.44 815 37	.45 005 87	.45 197 37	.45 389 87
.43 875 86	.44 062 36	.44 250 86	.44 439 36	.44 629 86	.44 819 36	.45 009 86	.45 201 36	.45 392 86
.43 878 85	.44 066 35	.44 254 85	.44 443 35	.44 632 85	.44 822 35	.45 013 85	.45 204 35	.45 396 85
.43 882 84	.44 070 34	.44 258 84	.44 447 34	.44 636 84	.44 826 34	.45 017 84	.45 208 34	.45 400 84
.43 886 83	.44 073 33	.44 262 83	.44 451 33	.44 640 83	.44 830 33	.45 021 83	.45 212 33	.45 404 83
.43 890 82	.44 077 32	.44 266 82	.44 454 32	.44 644 82	.44 834 32	.45 025 82	.45 216 32	.45 408 82
.43 893 81	.44 081 31	.44 269 81	.44 458 31	.44 648 81	.44 838 31	.45 028 81	.45 220 31	.45 412 81
.43 897 80	.44 085 30	.44 273 80	.44 462 30	.44 651 80	.44 842 30	.45 032 80	.45 224 30	.45 416 80
.43 901 79	.44 089 29	.44 277 79	.44 466 29	.44 655 79	.44 845 29	.45 036 79	.45 227 29	.45 419 79
.43 905 78	.44 092 28	.44 281 78	.44 469 28	.44 659 78	.44 849 28	.45 040 78	.45 231 28	.45 423 78
.43 908 77	.44 096 27	.44 284 77	.44 473 27	.44 663 77	.44 853 27	.45 044 77	.45 235 27	.45 427 77
.43 912 76	.44 100 26	.44 288 76	.44 477 26	.44 667 76	.44 857 26	.45 048 76	.45 239 26	.45 431 76
0.43 916 75	0.44 104 25	0.44 292 75	0.44 481 25	0.44 670 75	0.44 861 25	0.45 051 75	0.45 243 25	0.45 435 75
.43 920 74	.44 107 24	.44 296 74	.44 485 24	.44 674 74	.44 864 24	.45 055 74	.45 247 24	.45 439 74
.43 923 73	.44 111 23	.44 299 73	.44 488 23	.44 678 73	.44 868 23	.45 059 73	.45 250 23	.45 442 73
.43 927 72	.44 115 22	.44 303 72	.44 492 22	.44 682 72	.44 872 22	.45 063 72	.45 254 22	.45 446 72
.43 931 71	.44 119 21	.44 307 71	.44 496 21	.44 686 71	.44 876 21	.45 067 71	.45 258 21	.45 450 71
.43 935 70	.44 122 20	.44 311 70	.44 500 20	.44 689 70	.44 880 20	.45 070 70	.45 262 20	.45 454 70
.43 938 69	.44 126 19	.44 315 69	.44 504 19	.44 693 69	.44 883 19	.45 074 69	.45 266 19	.45 458 69
.43 942 68	.44 130 18	.44 318 68	.44 507 18	.44 697 68	.44 887 18	.45 078 68	.45 270 18	.45 462 68
.43 946 67	.44 134 17	.44 322 67	.44 511 17	.44 701 67	.44 891 17	.45 082 67	.45 273 17	.45 466 67
.43 950 66	.44 137 16	.44 326 66	.44 515 16	.44 705 66	.44 895 16	.45 086 66	.45 277 16	.45 469 66
.43 953 65	.44 141 15	.44 330 65	.44 519 15	.44 708 65	.44 899 15	.45 090 65	.45 281 15	.45 473 65
.43 957 64	.44 145 14	.44 333 64	.44 522 14	.44 712 64	.44 902 14	.45 093 64	.45 285 14	.45 477 64
.43 961 63	.44 149 13	.44 337 63	.44 526 13	.44 716 63	.44 906 13	.45 097 63	.45 289 13	.45 481 63
.43 965 62	.44 152 12	.44 341 62	.44 530 12	.44 720 62	.44 910 12	.45 101 62	.45 293 12	.45 485 62
.43 968 61	.44 156 11	.44 345 61	.44 534 11	.44 724 61	.44 914 11	.45 105 61	.45 296 11	.45 489 61
.43 972 60	.44 160 10	.44 349 60	.44 538 10	.44 727 60	.44 918 10	.45 109 60	.45 300 10	.45 492 60
.43 976 59	.44 164 09	.44 352 59	.44 541 09	.44 731 59	.44 922 09	.45 113 59	.45 304 09	.45 496 59
.43 980 58	.44 168 08	.44 356 58	.44 545 08	.44 735 58	.44 925 08	.45 116 58	.45 308 08	.45 500 58
.43 983 57	.44 171 07	.44 360 57	.44 549 07	.44 739 57	.44 929 07	.45 120 57	.45 312 07	.45 504 57
.43 987 56	.44 175 06	.44 364 56	.44 553 06	.44 743 56	.44 933 06	.45 124 56	.45 316 06	.45 508 56
.43 991 55	.44 179 05	.44 367 55	.44 557 05	.44 746 55	.44 937 05	.45 128 55	.45 319 05	.45 512 55
.43 995 54	.44 183 04	.44 371 54	.44 560 04	.44 750 54	.44 941 04	.45 132 54	.45 323 04	.45 516 54
.43 998 53	.44 186 03	.44 375 53	.44 564 03	.44 754 53	.44 944 03	.45 135 53	.45 327 03	.45 519 53
.44 002 52	.44 190 02	.44 379 52	.44 568 02	.44 758 52	.44 948 02	.45 139 52	.45 331 02	.45 523 52
.44 006 51	.44 194 01	.44 383 51	.44 572 01	.44 762 51	.44 952 01	.45 143 51	.45 335 01	.45 527 51
0.44 010 50	0.44 198 00	0.44 386 50	0.44 576 00	0.44 765 50	0.44 956 00	0.45 147 50	0.45 339 00	0.45 531 50

Find your entering number in the column of heavy print. If there isn't a perfect match, go to the next larger number. The last part of the gaussian is beside it; the first part is above the column.

Gaussians

	.130	.129	.129	.128	.128	.127	.127	.126	.126
0.45 535 49	0.45 728 99	0.45 921 49	0.46 116 99	0.46 311 49	0.46 506 99	0.46 702 49	0.46 899 99	0.47 097 49
.45 539 48	.45 732 98	.45 925 48	.46 120 98	.46 315 48	.46 510 98	.46 706 48	.46 903 98	.47 101 48
.45 543 47	.45 736 97	.45 929 47	.46 124 97	.46 318 47	.46 514 97	.46 710 47	.46 907 97	.47 105 47
.45 546 46	.45 739 96	.45 933 46	.46 127 96	.46 322 46	.46 518 96	.46 714 46	.46 911 96	.47 109 46
.45 550 45	.45 743 95	.45 937 45	.46 131 95	.46 326 45	.46 522 95	.46 718 45	.46 915 95	.47 113 45
.45 554 44	.45 747 94	.45 941 44	.46 135 94	.46 330 44	.46 526 94	.46 722 44	.46 919 94	.47 117 44
.45 558 43	.45 751 93	.45 945 43	.46 139 93	.46 334 43	.46 530 93	.46 726 43	.46 923 93	.47 121 43
.45 562 42	.45 755 92	.45 949 42	.46 143 92	.46 338 42	.46 534 92	.46 730 42	.46 927 92	.47 125 42
.45 566 41	.45 759 91	.45 952 41	.46 147 91	.46 342 41	.46 538 91	.46 734 41	.46 931 91	.47 129 41
.45 570 40	.45 763 90	.45 956 40	.46 151 90	.46 346 40	.46 541 90	.46 738 40	.46 935 90	.47 132 40
.45 573 39	.45 767 89	.45 960 39	.46 155 89	.46 350 39	.46 545 89	.46 742 39	.46 939 89	.47 136 39
.45 577 38	.45 770 88	.45 964 38	.46 159 88	.46 354 38	.46 549 88	.46 746 38	.46 943 88	.47 140 38
.45 581 37	.45 774 87	.45 968 37	.46 162 87	.46 358 37	.46 553 87	.46 750 37	.46 947 87	.47 144 37
.45 585 36	.45 778 86	.45 972 36	.46 166 86	.46 361 36	.46 557 86	.46 754 36	.46 951 86	.47 148 36
.45 589 35	.45 782 85	.45 976 35	.46 170 85	.46 365 35	.46 561 85	.46 757 35	.46 955 85	.47 152 35
.45 593 34	.45 786 84	.45 980 34	.46 174 84	.46 369 34	.46 565 84	.46 761 34	.46 958 84	.47 156 34
.45 597 33	.45 790 83	.45 984 33	.46 178 83	.46 373 33	.46 569 83	.46 765 33	.46 962 83	.47 160 33
.45 600 32	.45 794 82	.45 987 32	.46 182 82	.46 377 32	.46 573 82	.46 769 32	.46 966 82	.47 164 32
.45 604 31	.45 797 81	.45 991 31	.46 186 81	.46 381 31	.46 577 81	.46 773 31	.46 970 81	.47 168 31
.45 608 30	.45 801 80	.45 995 30	.46 190 80	.46 385 30	.46 581 80	.46 777 30	.46 974 80	.47 172 30
.45 612 29	.45 805 79	.45 999 29	.46 194 79	.46 389 29	.46 585 79	.46 781 29	.46 978 79	.47 176 29
.45 616 28	.45 809 78	.46 003 28	.46 198 78	.46 393 28	.46 589 78	.46 785 28	.46 982 78	.47 180 28
.45 620 27	.45 813 77	.46 007 27	.46 201 77	.46 397 27	.46 592 77	.46 789 27	.46 986 77	.47 184 27
.45 624 26	.45 817 76	.46 011 26	.46 205 76	.46 401 26	.46 596 76	.46 793 26	.46 990 76	.47 188 26
0.45 627 25	0.45 821 75	0.46 015 25	0.46 209 75	0.46 404 25	0.46 600 75	0.46 797 25	0.46 994 75	0.47 192 25
.45 631 24	.45 825 74	.46 019 24	.46 213 74	.46 408 24	.46 604 74	.46 801 24	.46 998 74	.47 196 24
.45 635 23	.45 828 73	.46 022 23	.46 217 73	.46 412 23	.46 608 73	.46 805 23	.47 002 73	.47 200 23
.45 639 22	.45 832 72	.46 026 22	.46 221 72	.46 416 22	.46 612 72	.46 809 22	.47 006 72	.47 204 22
.45 643 21	.45 836 71	.46 030 21	.46 225 71	.46 420 21	.46 616 71	.46 813 21	.47 010 71	.47 208 21
.45 647 20	.45 840 70	.46 034 20	.46 229 70	.46 424 20	.46 620 70	.46 817 20	.47 014 70	.47 212 20
.45 651 19	.45 844 69	.46 038 19	.46 233 69	.46 428 19	.46 624 69	.46 820 19	.47 018 69	.47 216 19
.45 654 18	.45 848 68	.46 042 18	.46 236 68	.46 432 18	.46 628 68	.46 824 18	.47 022 68	.47 220 18
.45 658 17	.45 852 67	.46 046 17	.46 240 67	.46 436 17	.46 632 67	.46 828 17	.47 026 67	.47 224 17
.45 662 16	.45 856 66	.46 050 16	.46 244 66	.46 440 16	.46 636 66	.46 832 16	.47 030 66	.47 228 16
.45 666 15	.45 859 65	.46 053 15	.46 248 65	.46 444 15	.46 640 65	.46 836 15	.47 034 65	.47 232 15
.45 670 14	.45 863 64	.46 057 14	.46 252 64	.46 447 14	.46 643 64	.46 840 14	.47 038 64	.47 236 14
.45 674 13	.45 867 63	.46 061 13	.46 256 63	.46 451 13	.46 647 63	.46 844 13	.47 041 63	.47 240 13
.45 678 12	.45 871 62	.46 065 12	.46 260 62	.46 455 12	.46 651 62	.46 848 12	.47 045 62	.47 243 12
.45 681 11	.45 875 61	.46 069 11	.46 264 61	.46 459 11	.46 655 61	.46 852 11	.47 049 61	.47 247 11
.45 685 10	.45 879 60	.46 073 10	.46 268 60	.46 463 10	.46 659 60	.46 856 10	.47 053 60	.47 251 10
.45 689 09	.45 883 59	.46 077 09	.46 272 59	.46 467 09	.46 663 59	.46 860 09	.47 057 59	.47 255 09
.45 693 08	.45 887 58	.46 081 08	.46 275 58	.46 471 08	.46 667 58	.46 864 08	.47 061 58	.47 259 08
.45 697 07	.45 890 57	.46 085 07	.46 279 57	.46 475 07	.46 671 57	.46 868 07	.47 065 57	.47 263 07
.45 701 06	.45 894 56	.46 088 06	.46 283 56	.46 479 06	.46 675 56	.46 872 06	.47 069 56	.47 267 06
.45 705 05	.45 898 55	.46 092 05	.46 287 55	.46 483 05	.46 679 55	.46 876 05	.47 073 55	.47 271 05
.45 709 04	.45 902 54	.46 096 04	.46 291 54	.46 487 04	.46 683 54	.46 880 04	.47 077 54	.47 275 04
.45 712 03	.45 906 53	.46 100 03	.46 295 53	.46 491 03	.46 687 53	.46 884 03	.47 081 53	.47 279 03
.45 716 02	.45 910 52	.46 104 02	.46 299 52	.46 494 02	.46 691 52	.46 887 02	.47 085 52	.47 283 02
.45 720 01	.45 914 51	.46 108 01	.46 303 51	.46 498 01	.46 695 51	.46 891 01	.47 089 51	.47 287 01
0.45 724 00	0.45 918 50	0.46 112 00	0.46 307 50	0.46 502 00	0.46 698 50	0.46 895 00	0.47 093 50	0.47 291 00

Find your entering number in the column of heavy print. If there isn't a perfect match, go to the next larger number. The last part of the gaussian is beside it; the first part is above the column.

Gaussians   Gaussians

.125	.125	.124	.124	.123	.123	.122	.122	.121
0.47 295 99	0.47 494 49	0.47 694 99	0.47 894 49	0.48 095 99	0.48 297 49	0.48 499 99	0.48 702 49	0.48 906 99
.47 299 98	.47 498 48	.47 698 98	.47 898 48	.48 099 98	.48 301 48	.48 503 98	.48 706 48	.48 910 98
.47 303 97	.47 502 47	.47 702 97	.47 902 47	.48 103 97	.48 305 47	.48 507 97	.48 710 47	.48 914 97
.47 307 96	.47 506 46	.47 706 96	.47 906 46	.48 107 96	.48 309 46	.48 511 96	.48 714 46	.48 918 96
.47 311 95	.47 510 45	.47 710 95	.47 910 45	.48 111 95	.48 313 45	.48 515 95	.48 718 45	.48 922 95
.47 315 94	.47 514 44	.47 714 94	.47 914 44	.48 115 94	.48 317 44	.48 519 94	.48 722 44	.48 926 94
.47 319 93	.47 518 43	.47 718 93	.47 918 43	.48 119 93	.48 321 43	.48 523 93	.48 726 43	.48 930 93
.47 323 92	.47 522 42	.47 722 92	.47 922 42	.48 123 92	.48 325 42	.48 527 92	.48 730 42	.48 934 92
.47 327 91	.47 526 41	.47 726 91	.47 926 41	.48 127 91	.48 329 41	.48 531 91	.48 735 41	.48 939 91
.47 331 90	.47 530 40	.47 730 90	.47 930 40	.48 131 90	.48 333 40	.48 535 90	.48 739 40	.48 943 90
.47 335 89	.47 534 39	.47 734 89	.47 934 39	.48 135 89	.48 337 39	.48 539 89	.48 743 39	.48 947 89
.47 339 88	.47 538 38	.47 738 88	.47 938 38	.48 139 88	.48 341 38	.48 544 88	.48 747 38	.48 951 88
.47 343 87	.47 542 37	.47 742 87	.47 942 37	.48 143 87	.48 345 37	.48 548 87	.48 751 37	.48 955 87
.47 347 86	.47 546 36	.47 746 86	.47 946 36	.48 147 86	.48 349 36	.48 552 86	.48 755 36	.48 959 86
.47 351 85	.47 550 35	.47 750 85	.47 950 35	.48 151 85	.48 353 35	.48 556 85	.48 759 35	.48 963 85
.47 355 84	.47 554 34	.47 754 84	.47 954 34	.48 155 84	.48 357 34	.48 560 84	.48 763 34	.48 967 84
.47 359 83	.47 558 33	.47 758 83	.47 958 33	.48 159 83	.48 361 33	.48 564 83	.48 767 33	.48 971 83
.47 363 82	.47 562 32	.47 762 82	.47 962 32	.48 163 82	.48 365 32	.48 568 82	.48 771 32	.48 975 82
.47 367 81	.47 566 31	.47 766 81	.47 966 31	.48 167 81	.48 369 31	.48 572 81	.48 775 31	.48 979 81
.47 371 80	.47 570 30	.47 770 80	.47 970 30	.48 171 80	.48 373 30	.48 576 80	.48 779 30	.48 983 80
.47 375 79	.47 574 29	.47 774 79	.47 974 29	.48 175 79	.48 377 29	.48 580 79	.48 783 29	.48 988 79
.47 379 78	.47 578 28	.47 778 78	.47 978 28	.48 179 78	.48 381 28	.48 584 78	.48 788 28	.48 992 78
.47 383 77	.47 582 27	.47 782 77	.47 982 27	.48 183 77	.48 385 27	.48 588 77	.48 792 27	.48 996 77
.47 386 76	.47 586 26	.47 786 76	.47 986 26	.48 188 76	.48 390 26	.48 592 76	.48 796 26	.49 000 76
0.47 390 75	0.47 590 25	0.47 790 75	0.47 990 25	0.48 192 75	0.48 394 25	0.48 596 75	0.48 800 25	0.49 004 75
.47 394 74	.47 594 24	.47 794 74	.47 994 24	.48 196 74	.48 398 24	.48 600 74	.48 804 24	.49 008 74
.47 398 73	.47 598 23	.47 798 73	.47 998 23	.48 200 73	.48 402 23	.48 604 73	.48 808 23	.49 012 73
.47 402 72	.47 602 22	.47 802 72	.48 002 22	.48 204 72	.48 406 22	.48 608 72	.48 812 22	.49 016 72
.47 406 71	.47 606 21	.47 806 71	.48 006 21	.48 208 71	.48 410 21	.48 613 71	.48 816 21	.49 020 71
.47 410 70	.47 610 20	.47 810 70	.48 010 20	.48 212 70	.48 414 20	.48 617 70	.48 820 20	.49 024 70
.47 414 69	.47 614 19	.47 814 69	.48 014 19	.48 216 69	.48 418 19	.48 621 69	.48 824 19	.49 028 69
.47 418 68	.47 618 18	.47 818 68	.48 018 18	.48 220 68	.48 422 18	.48 625 68	.48 828 18	.49 033 68
.47 422 67	.47 622 17	.47 822 67	.48 022 17	.48 224 67	.48 426 17	.48 629 67	.48 832 17	.49 037 67
.47 426 66	.47 626 16	.47 826 66	.48 026 16	.48 228 66	.48 430 16	.48 633 66	.48 836 16	.49 041 66
.47 430 65	.47 630 15	.47 830 65	.48 030 15	.48 232 65	.48 434 15	.48 637 65	.48 841 15	.49 045 65
.47 434 64	.47 634 14	.47 834 64	.48 034 14	.48 236 64	.48 438 14	.48 641 64	.48 845 14	.49 049 64
.47 438 63	.47 638 13	.47 838 63	.48 038 13	.48 240 63	.48 442 13	.48 645 63	.48 849 13	.49 053 63
.47 442 62	.47 642 12	.47 842 62	.48 043 12	.48 244 62	.48 446 12	.48 649 62	.48 853 12	.49 057 62
.47 446 61	.47 646 11	.47 846 61	.48 047 11	.48 248 61	.48 450 11	.48 653 61	.48 857 11	.49 061 61
.47 450 60	.47 650 10	.47 850 60	.48 051 10	.48 252 60	.48 454 10	.48 657 60	.48 861 10	.49 065 60
.47 454 59	.47 654 09	.47 854 59	.48 055 09	.48 256 59	.48 458 09	.48 661 59	.48 865 09	.49 069 59
.47 458 58	.47 658 08	.47 858 58	.48 059 08	.48 260 58	.48 462 08	.48 665 58	.48 869 08	.49 073 58
.47 462 57	.47 662 07	.47 862 57	.48 063 07	.48 264 57	.48 466 07	.48 669 57	.48 873 07	.49 078 57
.47 466 56	.47 666 06	.47 866 56	.48 067 06	.48 268 56	.48 471 06	.48 674 56	.48 877 06	.49 082 56
.47 470 55	.47 670 05	.47 870 55	.48 071 05	.48 272 55	.48 475 05	.48 678 55	.48 881 05	.49 086 55
.47 474 54	.47 674 04	.47 874 54	.48 075 04	.48 276 54	.48 479 04	.48 682 54	.48 885 04	.49 090 54
.47 478 53	.47 678 03	.47 878 53	.48 079 03	.48 280 53	.48 483 03	.48 686 53	.48 889 03	.49 094 53
.47 482 52	.47 682 02	.47 882 52	.48 083 02	.48 284 52	.48 487 02	.48 690 52	.48 894 02	.49 098 52
.47 486 51	.47 686 01	.47 886 51	.48 087 01	.48 288 51	.48 491 01	.48 694 51	.48 898 01	.49 102 51
0.47 490 50	0.47 690 00	0.47 890 50	0.48 091 00	0.48 292 50	0.48 495 00	0.48 698 50	0.48 902 00	0.49 106 50

Find your entering number in the column of heavy print. If there isn't a perfect match, go to the next larger number. The last part of the gaussian is beside it; the first part is above the column.

Gaussians

.121	.120	.120	.119	.119	.118	.118	.117	.117
0.49 110 49	0.49 316 99	0.49 522 49	0.49 728 99	0.49 936 49	0.50 144 99	0.50 353 49	0.50 563 99	0.50 774 49
.49 114 48	.49 320 98	.49 526 48	.49 733 98	.49 940 48	.50 148 98	.50 357 48	.50 567 98	.50 778 48
.49 119 47	.49 324 97	.49 530 47	.49 737 97	.49 944 47	.50 153 97	.50 362 47	.50 571 97	.50 782 47
.49 123 46	.49 328 96	.49 534 46	.49 741 96	.49 948 46	.50 157 96	.50 366 46	.50 576 96	.50 786 46
.49 127 45	.49 332 95	.49 538 45	.49 745 95	.49 953 45	.50 161 95	.50 370 45	.50 580 95	.50 790 45
.49 131 44	.49 336 94	.49 542 44	.49 749 94	.49 957 44	.50 165 94	.50 374 44	.50 584 94	.50 795 44
.49 135 43	.49 340 93	.49 546 43	.49 753 93	.49 961 43	.50 169 93	.50 378 43	.50 588 93	.50 799 43
.49 139 42	.49 344 92	.49 551 42	.49 757 92	.49 965 42	.50 173 92	.50 383 42	.50 592 92	.50 803 42
.49 143 41	.49 349 91	.49 555 41	.49 762 91	.49 969 41	.50 178 91	.50 387 41	.50 597 91	.50 807 41
.49 147 40	.49 353 90	.49 559 40	.49 766 90	.49 973 40	.50 182 90	.50 391 40	.50 601 90	.50 812 40
.49 151 39	.49 357 89	.49 563 39	.49 770 89	.49 978 39	.50 186 89	.50 395 39	.50 605 89	.50 816 39
.49 155 38	.49 361 88	.49 567 38	.49 774 88	.49 982 38	.50 190 88	.50 399 38	.50 609 88	.50 820 38
.49 160 37	.49 365 87	.49 571 37	.49 778 87	.49 986 37	.50 194 87	.50 403 37	.50 613 87	.50 824 37
.49 164 36	.49 369 86	.49 575 36	.49 782 86	.49 990 36	.50 198 86	.50 408 36	.50 618 86	.50 828 36
.49 168 35	.49 373 85	.49 579 35	.49 786 85	.49 994 35	.50 203 85	.50 412 35	.50 622 85	.50 833 35
.49 172 34	.49 377 84	.49 584 34	.49 791 84	.49 998 34	.50 207 84	.50 416 34	.50 626 84	.50 837 34
.49 176 33	.49 381 83	.49 588 33	.49 795 83	.50 002 33	.50 211 83	.50 420 33	.50 630 83	.50 841 33
.49 180 32	.49 386 82	.49 592 32	.49 799 82	.50 007 32	.50 215 82	.50 424 32	.50 634 82	.50 845 32
.49 184 31	.49 390 81	.49 596 31	.49 803 81	.50 011 31	.50 219 81	.50 429 31	.50 639 81	.50 850 31
.49 188 30	.49 394 80	.49 600 30	.49 807 80	.50 015 30	.50 224 80	.50 433 30	.50 643 80	.50 854 30
.49 192 29	.49 398 79	.49 604 29	.49 811 79	.50 019 29	.50 228 79	.50 437 29	.50 647 79	.50 858 29
.49 196 28	.49 402 78	.49 608 28	.49 815 78	.50 023 28	.50 232 78	.50 441 28	.50 651 78	.50 862 28
.49 201 27	.49 406 77	.49 613 27	.49 820 77	.50 027 27	.50 236 77	.50 445 27	.50 656 77	.50 866 27
.49 205 26	.49 410 76	.49 617 26	.49 824 76	.50 032 26	.50 240 76	.50 450 26	.50 660 76	.50 871 26
0.49 209 25	0.49 414 75	0.49 621 25	0.49 828 75	0.50 036 25	0.50 244 75	0.50 454 25	0.50 664 75	0.50 875 25
.49 213 24	.49 419 74	.49 625 24	.49 832 74	.50 040 24	.50 249 74	.50 458 24	.50 668 74	.50 879 24
.49 217 23	.49 423 73	.49 629 23	.49 836 73	.50 044 23	.50 253 73	.50 462 23	.50 672 73	.50 883 23
.49 221 22	.49 427 72	.49 633 22	.49 840 72	.50 048 22	.50 257 72	.50 466 22	.50 677 72	.50 888 22
.49 225 21	.49 431 71	.49 637 21	.49 845 71	.50 052 21	.50 261 71	.50 471 21	.50 681 71	.50 892 21
.49 229 20	.49 435 70	.49 641 20	.49 849 70	.50 057 20	.50 265 70	.50 475 20	.50 685 70	.50 896 20
.49 233 19	.49 439 69	.49 646 19	.49 853 69	.50 061 19	.50 269 69	.50 479 19	.50 689 69	.50 900 19
.49 238 18	.49 443 68	.49 650 18	.49 857 68	.50 065 18	.50 274 68	.50 483 18	.50 693 68	.50 904 18
.49 242 17	.49 447 67	.49 654 17	.49 861 67	.50 069 17	.50 278 67	.50 487 17	.50 698 67	.50 909 17
.49 246 16	.49 452 66	.49 658 16	.49 865 66	.50 073 16	.50 282 66	.50 492 16	.50 702 66	.50 913 16
.49 250 15	.49 456 65	.49 662 15	.49 869 65	.50 077 15	.50 286 65	.50 496 15	.50 706 65	.50 917 15
.49 254 14	.49 460 64	.49 666 14	.49 874 64	.50 082 14	.50 290 64	.50 500 14	.50 710 64	.50 921 14
.49 258 13	.49 464 63	.49 670 13	.49 878 63	.50 086 13	.50 295 63	.50 504 13	.50 715 63	.50 926 13
.49 262 12	.49 468 62	.49 675 12	.49 882 62	.50 090 12	.50 299 62	.50 508 12	.50 719 62	.50 930 12
.49 266 11	.49 472 61	.49 679 11	.49 886 61	.50 094 11	.50 303 61	.50 513 11	.50 723 61	.50 934 11
.49 270 10	.49 476 60	.49 683 10	.49 890 60	.50 098 10	.50 307 60	.50 517 10	.50 727 60	.50 938 10
.49 275 09	.49 480 59	.49 687 09	.49 894 59	.50 102 09	.50 311 59	.50 521 09	.50 731 59	.50 943 09
.49 279 08	.49 485 58	.49 691 08	.49 899 58	.50 107 08	.50 316 58	.50 525 08	.50 736 58	.50 947 08
.49 283 07	.49 489 57	.49 695 07	.49 903 57	.50 111 07	.50 320 57	.50 529 07	.50 740 57	.50 951 07
.49 287 06	.49 493 56	.49 699 06	.49 907 56	.50 115 06	.50 324 56	.50 534 06	.50 744 56	.50 955 06
.49 291 05	.49 497 55	.49 704 05	.49 911 55	.50 119 05	.50 328 55	.50 538 05	.50 748 55	.50 959 05
.49 295 04	.49 501 54	.49 708 04	.49 915 54	.50 123 04	.50 332 54	.50 542 04	.50 752 54	.50 964 04
.49 299 03	.49 505 53	.49 712 03	.49 919 53	.50 127 03	.50 336 53	.50 546 03	.50 757 53	.50 968 03
.49 303 02	.49 509 52	.49 716 02	.49 923 52	.50 132 02	.50 341 52	.50 550 02	.50 761 52	.50 972 02
.49 307 01	.49 513 51	.49 720 01	.49 928 51	.50 136 01	.50 345 51	.50 555 01	.50 765 51	.50 976 01
0.49 312 00	0.49 518 50	0.49 724 00	0.49 932 50	0.50 140 00	0.50 349 50	0.50 559 00	0.50 769 50	0.50 981 00

Find your entering number in the column of heavy print. If there isn't a perfect match, go to the next larger number. The last part of the gaussian is beside it; the first part is above the column.

Gaussians

.116	.116	.115	.115	.114	.114	.113	.113	.112
0.50 985 99	0.51 197 49	0.51 410 99	0.51 624 49	0.51 838 99	0.52 054 49	0.52 270 99	0.52 487 49	0.52 705 99
.50 989 98	.51 201 48	.51 414 98	.51 628 48	.51 843 98	.52 058 48	.52 274 98	.52 491 48	.52 709 98
.50 993 97	.51 206 47	.51 419 97	.51 632 47	.51 847 97	.52 062 47	.52 278 97	.52 495 47	.52 713 97
.50 998 96	.51 210 46	.51 423 96	.51 637 46	.51 851 96	.52 067 46	.52 283 96	.52 500 46	.52 718 96
.51 002 95	.51 214 45	.51 427 95	.51 641 45	.51 855 95	.52 071 45	.52 287 95	.52 504 45	.52 722 95
.51 006 94	.51 218 44	.51 431 94	.51 645 44	.51 860 94	.52 075 44	.52 291 94	.52 509 44	.52 726 94
.51 010 93	.51 223 43	.51 436 93	.51 649 43	.51 864 93	.52 080 43	.52 296 93	.52 513 43	.52 731 93
.51 015 92	.51 227 42	.51 440 92	.51 654 42	.51 868 92	.52 084 42	.52 300 92	.52 517 42	.52 735 92
.51 019 91	.51 231 41	.51 444 91	.51 658 41	.51 873 91	.52 088 41	.52 304 91	.52 522 41	.52 740 91
.51 023 90	.51 235 40	.51 448 90	.51 662 40	.51 877 90	.52 092 40	.52 309 90	.52 526 40	.52 744 90
.51 027 89	.51 240 39	.51 453 89	.51 667 39	.51 881 89	.52 097 39	.52 313 89	.52 530 39	.52 748 89
.51 032 88	.51 244 38	.51 457 88	.51 671 38	.51 886 88	.52 101 38	.52 317 88	.52 535 38	.52 753 88
.51 036 87	.51 248 37	.51 461 87	.51 675 37	.51 890 87	.52 105 37	.52 322 87	.52 539 37	.52 757 87
.51 040 86	.51 252 36	.51 465 86	.51 679 36	.51 894 86	.52 110 36	.52 326 86	.52 543 36	.52 761 86
.51 044 85	.51 257 35	.51 470 85	.51 684 35	.51 898 85	.52 114 35	.52 330 85	.52 548 35	.52 766 85
.51 048 84	.51 261 34	.51 474 84	.51 688 34	.51 903 84	.52 118 34	.52 335 84	.52 552 34	.52 770 84
.51 053 83	.51 265 33	.51 478 83	.51 692 33	.51 907 83	.52 123 33	.52 339 83	.52 556 33	.52 775 83
.51 057 82	.51 269 32	.51 483 82	.51 697 32	.51 911 82	.52 127 32	.52 343 82	.52 561 32	.52 779 82
.51 061 81	.51 274 31	.51 487 81	.51 701 31	.51 916 81	.52 131 31	.52 348 81	.52 565 31	.52 783 81
.51 065 80	.51 278 30	.51 491 80	.51 705 30	.51 920 80	.52 136 30	.52 352 80	.52 569 30	.52 788 80
.51 070 79	.51 282 29	.51 495 79	.51 709 29	.51 924 79	.52 140 29	.52 356 79	.52 574 29	.52 792 79
.51 074 78	.51 286 28	.51 500 78	.51 714 28	.51 929 78	.52 144 28	.52 361 78	.52 578 28	.52 796 78
.51 078 77	.51 291 27	.51 504 77	.51 718 27	.51 933 77	.52 149 27	.52 365 77	.52 583 27	.52 801 77
.51 082 76	.51 295 26	.51 508 76	.51 722 26	.51 937 76	.52 153 26	.52 370 76	.52 587 26	.52 805 76
0.51 087 75	0.51 299 25	0.51 512 75	0.51 727 25	0.51 942 75	0.52 157 25	0.52 374 75	0.52 591 25	0.52 810 75
.51 091 74	.51 303 24	.51 517 74	.51 731 24	.51 946 74	.52 162 24	.52 378 74	.52 596 24	.52 814 74
.51 095 73	.51 308 23	.51 521 73	.51 735 23	.51 950 73	.52 166 23	.52 383 73	.52 600 23	.52 818 73
.51 099 72	.51 312 22	.51 525 72	.51 739 22	.51 954 72	.52 170 22	.52 387 72	.52 604 22	.52 823 72
.51 104 71	.51 316 21	.51 530 71	.51 744 21	.51 959 71	.52 175 21	.52 391 71	.52 609 21	.52 827 71
.51 108 70	.51 320 20	.51 534 70	.51 748 20	.51 963 70	.52 179 20	.52 396 70	.52 613 20	.52 831 70
.51 112 69	.51 325 19	.51 538 69	.51 752 19	.51 967 69	.52 183 19	.52 400 69	.52 617 19	.52 836 69
.51 116 68	.51 329 18	.51 542 68	.51 757 18	.51 972 68	.52 188 18	.52 404 68	.52 622 18	.52 840 68
.51 121 67	.51 333 17	.51 547 67	.51 761 17	.51 976 67	.52 192 17	.52 409 67	.52 626 17	.52 845 67
.51 125 66	.51 337 16	.51 551 66	.51 765 16	.51 980 66	.52 196 16	.52 413 66	.52 630 16	.52 849 66
.51 129 65	.51 342 15	.51 555 65	.51 770 15	.51 985 65	.52 201 15	.52 417 65	.52 635 15	.52 853 65
.51 133 64	.51 346 14	.51 559 64	.51 774 14	.51 989 64	.52 205 14	.52 422 64	.52 639 14	.52 858 64
.51 138 63	.51 350 13	.51 564 63	.51 778 13	.51 993 63	.52 209 13	.52 426 63	.52 644 13	.52 862 63
.51 142 62	.51 355 12	.51 568 62	.51 782 12	.51 998 62	.52 213 12	.52 430 62	.52 648 12	.52 866 62
.51 146 61	.51 359 11	.51 572 61	.51 787 11	.52 002 61	.52 218 11	.52 435 61	.52 652 11	.52 871 61
.51 150 60	.51 363 10	.51 577 60	.51 791 10	.52 006 60	.52 222 10	.52 439 60	.52 657 10	.52 875 60
.51 155 59	.51 367 09	.51 581 59	.51 795 09	.52 010 59	.52 226 09	.52 443 59	.52 661 09	.52 880 59
.51 159 58	.51 372 08	.51 585 58	.51 800 08	.52 015 58	.52 231 08	.52 448 58	.52 665 08	.52 884 58
.51 163 57	.51 376 07	.51 589 57	.51 804 07	.52 019 57	.52 235 07	.52 452 57	.52 670 07	.52 888 57
.51 167 56	.51 380 06	.51 594 56	.51 808 06	.52 023 56	.52 239 06	.52 456 56	.52 674 06	.52 893 56
.51 172 55	.51 384 05	.51 598 55	.51 812 05	.52 028 55	.52 244 05	.52 461 55	.52 678 05	.52 897 55
.51 176 54	.51 389 04	.51 602 54	.51 817 04	.52 032 54	.52 248 04	.52 465 54	.52 683 04	.52 901 54
.51 180 53	.51 393 03	.51 607 53	.51 821 03	.52 036 53	.52 252 03	.52 469 53	.52 687 03	.52 906 53
.51 184 52	.51 397 02	.51 611 52	.51 825 02	.52 041 52	.52 257 02	.52 474 52	.52 692 02	.52 910 52
.51 189 51	.51 401 01	.51 615 51	.51 830 01	.52 045 51	.52 261 01	.52 478 51	.52 696 01	.52 915 51
0.51 193 50	0.51 406 00	0.51 619 50	0.51 834 00	0.52 049 50	0.52 265 00	0.52 482 50	0.52 700 00	0.52 919 50

Find your entering number in the column of heavy print. If there isn't a perfect match, go to the next larger number. The last part of the gaussian is beside it; the first part is above the column.

Gaussians

	.112	.111	.111	.110	.110	.109	.109	.108	.108
	0.52 923 49	0.53 143 99	0.53 363 49	0.53 585 99	0.53 807 49	0.54 030 99	0.54 254 49	0.54 479 99	0.54 704 49
	.52 928 48	.53 147 98	.53 368 48	.53 589 98	.53 811 48	.54 034 98	.54 258 48	.54 483 98	.54 709 48
	.52 932 47	.53 152 97	.53 372 47	.53 593 97	.53 816 47	.54 039 97	.54 263 47	.54 488 97	.54 713 47
	.52 936 46	.53 156 96	.53 377 46	.53 598 96	.53 820 46	.54 043 96	.54 267 46	.54 492 96	.54 718 46
	.52 941 45	.53 161 95	.53 381 45	.53 602 95	.53 825 45	.54 048 95	.54 272 45	.54 497 95	.54 722 45
	.52 945 44	.53 165 94	.53 385 44	.53 607 94	.53 829 44	.54 052 94	.54 276 44	.54 501 94	.54 727 44
	.52 950 43	.53 169 93	.53 390 43	.53 611 93	.53 833 43	.54 057 93	.54 281 43	.54 506 93	.54 731 43
	.52 954 42	.53 174 92	.53 394 42	.53 616 92	.53 838 42	.54 061 92	.54 285 42	.54 510 92	.54 736 42
	.52 958 41	.53 178 91	.53 399 41	.53 620 91	.53 842 41	.54 066 91	.54 290 41	.54 515 91	.54 741 41
	.52 963 40	.53 183 90	.53 403 40	.53 625 90	.53 847 40	.54 070 90	.54 294 40	.54 519 90	.54 745 40
	.52 967 39	.53 187 89	.53 408 39	.53 629 89	.53 851 39	.54 075 89	.54 299 39	.54 524 89	.54 750 39
	.52 972 38	.53 191 88	.53 412 38	.53 633 88	.53 856 38	.54 079 88	.54 303 38	.54 528 88	.54 754 38
	.52 976 37	.53 196 87	.53 416 37	.53 638 87	.53 860 37	.54 083 87	.54 308 37	.54 533 87	.54 759 37
	.52 980 36	.53 200 86	.53 421 36	.53 642 86	.53 865 36	.54 088 86	.54 312 36	.54 537 86	.54 763 36
	.52 985 35	.53 205 85	.53 425 35	.53 647 85	.53 869 35	.54 092 85	.54 317 35	.54 542 85	.54 768 35
	.52 989 34	.53 209 84	.53 430 34	.53 651 84	.53 874 34	.54 097 84	.54 321 34	.54 546 84	.54 772 34
	.52 994 33	.53 213 83	.53 434 33	.53 656 83	.53 878 33	.54 101 83	.54 326 33	.54 551 83	.54 777 33
	.52 998 32	.53 218 82	.53 438 32	.53 660 82	.53 882 32	.54 106 82	.54 330 32	.54 555 82	.54 781 32
	.53 002 31	.53 222 81	.53 443 31	.53 664 81	.53 887 31	.54 110 81	.54 335 31	.54 560 81	.54 786 31
	.53 007 30	.53 227 80	.53 447 30	.53 669 80	.53 891 30	.54 115 80	.54 339 30	.54 564 80	.54 790 30
	.53 011 29	.53 231 79	.53 452 29	.53 673 79	.53 896 29	.54 119 79	.54 344 29	.54 569 79	.54 795 29
	.53 015 28	.53 235 78	.53 456 28	.53 678 78	.53 900 28	.54 124 78	.54 348 28	.54 573 78	.54 799 28
	.53 020 27	.53 240 77	.53 461 27	.53 682 77	.53 905 27	.54 128 77	.54 353 27	.54 578 77	.54 804 27
	.53 024 26	.53 244 76	.53 465 26	.53 687 76	.53 909 26	.54 133 76	.54 357 26	.54 582 76	.54 808 26
	0.53 029 25	0.53 249 75	0.53 469 25	0.53 691 75	0.53 914 25	0.54 137 75	0.54 362 25	0.54 587 75	0.54 813 25
	.53 033 24	.53 253 74	.53 474 24	.53 696 74	.53 918 24	.54 142 74	.54 366 24	.54 591 74	.54 818 24
	.53 037 23	.53 257 73	.53 478 23	.53 700 73	.53 923 23	.54 146 73	.54 371 23	.54 596 73	.54 822 23
	.53 042 22	.53 262 72	.53 483 22	.53 704 72	.53 927 22	.54 151 72	.54 375 22	.54 600 72	.54 827 22
	.53 046 21	.53 266 71	.53 487 21	.53 709 71	.53 932 21	.54 155 71	.54 380 21	.54 605 71	.54 831 21
	.53 051 20	.53 271 70	.53 492 20	.53 713 70	.53 936 20	.54 160 70	.54 384 20	.54 609 70	.54 836 20
	.53 055 19	.53 275 69	.53 496 19	.53 718 69	.53 940 19	.54 164 69	.54 389 19	.54 614 69	.54 840 19
	.53 059 18	.53 279 68	.53 500 18	.53 722 68	.53 945 18	.54 169 68	.54 393 18	.54 618 68	.54 845 18
	.53 064 17	.53 284 67	.53 505 17	.53 727 67	.53 949 17	.54 173 67	.54 398 17	.54 623 67	.54 849 17
	.53 068 16	.53 288 66	.53 509 16	.53 731 66	.53 954 16	.54 177 66	.54 402 16	.54 627 66	.54 854 16
	.53 073 15	.53 293 65	.53 514 15	.53 736 65	.53 958 15	.54 182 65	.54 407 15	.54 632 65	.54 858 15
	.53 077 14	.53 297 64	.53 518 14	.53 740 64	.53 963 14	.54 186 64	.54 411 14	.54 636 64	.54 863 14
	.53 081 13	.53 302 63	.53 523 13	.53 744 63	.53 967 13	.54 191 63	.54 416 13	.54 641 63	.54 867 13
	.53 086 12	.53 306 62	.53 527 12	.53 749 62	.53 972 12	.54 195 62	.54 420 12	.54 646 62	.54 872 12
	.53 090 11	.53 310 61	.53 531 11	.53 753 61	.53 976 11	.54 200 61	.54 425 11	.54 650 61	.54 876 11
	.53 095 10	.53 315 60	.53 536 10	.53 758 60	.53 981 10	.54 204 60	.54 429 10	.54 655 60	.54 881 10
	.53 099 09	.53 319 59	.53 540 09	.53 762 59	.53 985 09	.54 209 59	.54 434 09	.54 659 59	.54 886 09
	.53 103 08	.53 324 58	.53 545 08	.53 767 58	.53 990 08	.54 213 58	.54 438 08	.54 664 58	.54 890 08
	.53 108 07	.53 328 57	.53 549 07	.53 771 57	.53 994 07	.54 218 57	.54 443 07	.54 668 57	.54 895 07
	.53 112 06	.53 332 56	.53 554 06	.53 776 56	.53 999 06	.54 222 56	.54 447 06	.54 673 56	.54 899 06
	.53 117 05	.53 337 55	.53 558 05	.53 780 55	.54 003 05	.54 227 55	.54 452 05	.54 677 55	.54 904 05
	.53 121 04	.53 341 54	.53 562 04	.53 784 54	.54 007 04	.54 231 54	.54 456 04	.54 682 54	.54 908 04
	.53 125 03	.53 346 53	.53 567 03	.53 789 53	.54 012 03	.54 236 53	.54 461 03	.54 686 53	.54 913 03
	.53 130 02	.53 350 52	.53 571 02	.53 793 52	.54 016 02	.54 240 52	.54 465 02	.54 691 52	.54 917 02
	.53 134 01	.53 354 51	.53 576 01	.53 798 51	.54 021 01	.54 245 51	.54 470 01	.54 695 51	.54 922 01
	0.53 139 00	0.53 359 50	0.53 580 00	0.53 802 50	0.54 025 00	0.54 249 50	0.54 474 00	0.54 700 50	0.54 926 00

Find your entering number in the column of heavy print. If there isn't a perfect match, go to the next larger number. The last part of the gaussian is beside it; the first part is above the column.

Gaussians   Gaussians

	.107	.107	.106	.106	.105	.105	.104	.104	.103
0.54 931 99	0.55 159 49	0.55 387 99	0.55 617 49	0.55 847 99	0.56 078 49	0.56 311 99	0.56 544 49	0.56 778 99
.54 936 98	.55 163 48	.55 392 98	.55 621 48	.55 852 98	.56 083 48	.56 315 98	.56 549 48	.56 783 98
.54 940 97	.55 168 47	.55 396 97	.55 626 47	.55 856 97	.56 088 47	.56 320 97	.56 553 47	.56 788 97
.54 945 96	.55 172 46	.55 401 96	.55 630 46	.55 861 96	.56 092 46	.56 325 96	.56 558 46	.56 792 96
.54 949 95	.55 177 45	.55 405 95	.55 635 45	.55 865 95	.56 097 45	.56 329 95	.56 563 45	.56 797 95
.54 954 94	.55 181 44	.55 410 94	.55 640 44	.55 870 94	.56 102 44	.56 334 94	.56 567 44	.56 802 94
.54 958 93	.55 186 43	.55 415 93	.55 644 43	.55 875 93	.56 106 43	.56 339 93	.56 572 43	.56 807 93
.54 963 92	.55 191 42	.55 419 92	.55 649 42	.55 879 92	.56 111 42	.56 343 92	.56 577 42	.56 811 92
.54 967 91	.55 195 41	.55 424 91	.55 653 41	.55 884 91	.56 115 41	.56 348 91	.56 581 41	.56 816 91
.54 972 90	.55 200 40	.55 428 90	.55 658 40	.55 889 90	.56 120 40	.56 353 90	.56 586 40	.56 821 90
.54 976 89	.55 204 39	.55 433 89	.55 663 39	.55 893 89	.56 125 39	.56 357 89	.56 591 39	.56 825 89
.54 981 88	.55 209 38	.55 437 88	.55 667 38	.55 898 88	.56 129 38	.56 362 88	.56 596 38	.56 830 88
.54 986 87	.55 213 37	.55 442 87	.55 672 37	.55 902 87	.56 134 37	.56 367 87	.56 600 37	.56 835 87
.54 990 86	.55 218 36	.55 447 86	.55 676 36	.55 907 86	.56 139 36	.56 371 86	.56 605 36	.56 839 86
.54 995 85	.55 222 35	.55 451 85	.55 681 35	.55 912 85	.56 143 35	.56 376 85	.56 610 35	.56 844 85
.54 999 84	.55 227 34	.55 456 84	.55 686 34	.55 916 84	.56 148 34	.56 381 84	.56 614 34	.56 849 84
.55 004 83	.55 232 33	.55 460 83	.55 690 33	.55 921 83	.56 153 33	.56 385 83	.56 619 33	.56 854 83
.55 008 82	.55 236 32	.55 465 82	.55 695 32	.55 926 82	.56 157 32	.56 390 82	.56 624 32	.56 858 82
.55 013 81	.55 241 31	.55 470 81	.55 699 31	.55 930 81	.56 162 31	.56 395 81	.56 628 31	.56 863 81
.55 017 80	.55 245 30	.55 474 80	.55 704 30	.55 935 80	.56 167 30	.56 399 80	.56 633 30	.56 868 80
.55 022 79	.55 250 29	.55 479 79	.55 709 29	.55 939 79	.56 171 29	.56 404 79	.56 638 29	.56 872 79
.55 026 78	.55 254 28	.55 483 78	.55 713 28	.55 944 78	.56 176 28	.56 409 78	.56 642 28	.56 877 78
.55 031 77	.55 259 27	.55 488 77	.55 718 27	.55 949 77	.56 180 27	.56 413 77	.56 647 27	.56 882 77
.55 036 76	.55 264 26	.55 493 76	.55 722 26	.55 953 76	.56 185 26	.56 418 76	.56 652 26	.56 886 76
0.55 040 75	0.55 268 25	0.55 497 75	0.55 727 25	0.55 958 75	0.56 190 25	0.56 423 75	0.56 656 25	0.56 891 75
.55 045 74	.55 273 24	.55 502 74	.55 732 24	.55 963 74	.56 194 24	.56 427 74	.56 661 24	.56 896 74
.55 049 73	.55 277 23	.55 506 73	.55 736 23	.55 967 73	.56 199 23	.56 432 73	.56 666 23	.56 901 73
.55 054 72	.55 282 22	.55 511 72	.55 741 22	.55 972 72	.56 204 22	.56 437 72	.56 670 22	.56 905 72
.55 058 71	.55 286 21	.55 515 71	.55 745 21	.55 976 71	.56 208 21	.56 441 71	.56 675 21	.56 910 71
.55 063 70	.55 291 20	.55 520 70	.55 750 20	.55 981 70	.56 213 20	.56 446 70	.56 680 20	.56 915 70
.55 067 69	.55 296 19	.55 525 69	.55 755 19	.55 986 69	.56 218 19	.56 451 69	.56 685 19	.56 919 69
.55 072 68	.55 300 18	.55 529 68	.55 759 18	.55 990 68	.56 222 18	.56 455 68	.56 689 18	.56 924 68
.55 077 67	.55 305 17	.55 534 67	.55 764 17	.55 995 67	.56 227 17	.56 460 67	.56 694 17	.56 929 67
.55 081 66	.55 309 16	.55 538 66	.55 769 16	.56 000 66	.56 232 16	.56 465 66	.56 699 16	.56 934 66
.55 086 65	.55 314 15	.55 543 65	.55 773 15	.56 004 65	.56 236 15	.56 469 65	.56 703 15	.56 938 65
.55 090 64	.55 318 14	.55 548 64	.55 778 14	.56 009 64	.56 241 14	.56 474 64	.56 708 14	.56 943 64
.55 095 63	.55 323 13	.55 552 63	.55 782 13	.56 013 63	.56 246 13	.56 479 63	.56 713 13	.56 948 63
.55 099 62	.55 328 12	.55 557 62	.55 787 12	.56 018 62	.56 250 12	.56 483 62	.56 717 12	.56 952 62
.55 104 61	.55 332 11	.55 561 61	.55 792 11	.56 023 61	.56 255 11	.56 488 61	.56 722 11	.56 957 61
.55 108 60	.55 337 10	.55 566 60	.55 796 10	.56 027 60	.56 260 10	.56 493 60	.56 727 10	.56 962 60
.55 113 59	.55 341 09	.55 571 59	.55 801 09	.56 032 59	.56 264 09	.56 497 59	.56 731 09	.56 967 59
.55 118 58	.55 346 08	.55 575 58	.55 805 08	.56 037 58	.56 269 08	.56 502 58	.56 736 08	.56 971 58
.55 122 57	.55 350 07	.55 580 57	.55 810 07	.56 041 57	.56 273 07	.56 507 57	.56 741 07	.56 976 57
.55 127 56	.55 355 06	.55 584 56	.55 815 06	.56 046 56	.56 278 06	.56 511 56	.56 746 06	.56 981 56
.55 131 55	.55 360 05	.55 589 55	.55 819 05	.56 051 55	.56 283 05	.56 516 55	.56 750 05	.56 985 55
.55 136 54	.55 364 04	.55 594 54	.55 824 04	.56 055 54	.56 287 04	.56 521 54	.56 755 04	.56 990 54
.55 140 53	.55 369 03	.55 598 53	.55 829 03	.56 060 53	.56 292 03	.56 525 53	.56 760 03	.56 995 53
.55 145 52	.55 373 02	.55 603 52	.55 833 02	.56 064 52	.56 297 02	.56 530 52	.56 764 02	.57 000 52
.55 149 51	.55 378 01	.55 607 51	.55 838 01	.56 069 51	.56 301 01	.56 535 51	.56 769 01	.57 004 51
0.55 154 50	0.55 383 00	0.55 612 50	0.55 842 00	0.56 074 50	0.56 306 00	0.56 539 50	0.56 774 00	0.57 009 50

Find your entering number in the column of heavy print. If there isn't a perfect match, go to the next larger number. The last part of the gaussian is beside it; the first part is above the column.

Gaussians

.103	.102	.102	.101	.101	.100	.100	.099	.099
0.57 014 49	0.57 250 99	0.57 487 49	0.57 726 99	0.57 965 49	0.58 206 99	0.58 447 49	0.58 690 99	0.58 933 49
.57 018 48	.57 255 98	.57 492 48	.57 731 98	.57 970 48	.58 210 98	.58 452 48	.58 695 98	.58 938 48
.57 023 47	.57 260 97	.57 497 47	.57 735 97	.57 975 47	.58 215 97	.58 457 47	.58 700 97	.58 943 47
.57 028 46	.57 264 96	.57 502 46	.57 740 96	.57 980 46	.58 220 96	.58 462 46	.58 704 96	.58 948 46
.57 033 45	.57 269 95	.57 506 45	.57 745 95	.57 984 45	.58 225 95	.58 467 45	.58 709 95	.58 953 45
.57 037 44	.57 274 94	.57 511 44	.57 750 94	.57 989 44	.58 230 94	.58 471 44	.58 714 94	.58 958 44
.57 042 43	.57 278 93	.57 516 43	.57 754 93	.57 994 43	.58 235 93	.58 476 43	.58 719 93	.58 963 43
.57 047 42	.57 283 92	.57 521 42	.57 759 92	.57 999 42	.58 239 92	.58 481 42	.58 724 92	.58 968 42
.57 051 41	.57 288 91	.57 525 41	.57 764 91	.58 004 41	.58 244 91	.58 486 41	.58 729 91	.58 973 41
.57 056 40	.57 293 90	.57 530 40	.57 769 90	.58 008 40	.58 249 90	.58 491 40	.58 734 90	.58 977 40
.57 061 39	.57 297 89	.57 535 39	.57 774 89	.58 013 39	.58 254 89	.58 496 39	.58 738 89	.58 982 39
.57 066 38	.57 302 88	.57 540 38	.57 778 88	.58 018 38	.58 259 88	.58 500 38	.58 743 88	.58 987 38
.57 070 37	.57 307 87	.57 544 37	.57 783 87	.58 023 37	.58 264 87	.58 505 37	.58 748 87	.58 992 37
.57 075 36	.57 312 86	.57 549 36	.57 788 86	.58 028 36	.58 268 86	.58 510 36	.58 753 86	.58 997 36
.57 080 35	.57 316 85	.57 554 35	.57 793 85	.58 032 35	.58 273 85	.58 515 35	.58 758 85	.59 002 35
.57 084 34	.57 321 84	.57 559 34	.57 797 84	.58 037 34	.58 278 84	.58 520 34	.58 763 84	.59 007 34
.57 089 33	.57 326 83	.57 564 33	.57 802 83	.58 042 33	.58 283 83	.58 525 33	.58 768 83	.59 012 33
.57 094 32	.57 331 82	.57 568 32	.57 807 82	.58 047 32	.58 288 82	.58 530 32	.58 773 82	.59 017 32
.57 099 31	.57 335 81	.57 573 31	.57 812 81	.58 052 31	.58 292 81	.58 534 31	.58 777 81	.59 021 31
.57 103 30	.57 340 80	.57 578 30	.57 817 80	.58 056 30	.58 297 80	.58 539 30	.58 782 80	.59 026 30
.57 108 29	.57 345 79	.57 583 29	.57 821 79	.58 061 29	.58 302 79	.58 544 29	.58 787 79	.59 031 29
.57 113 28	.57 350 78	.57 587 28	.57 826 78	.58 066 28	.58 307 78	.58 549 28	.58 792 78	.59 036 28
.57 118 27	.57 354 77	.57 592 27	.57 831 77	.58 071 27	.58 312 77	.58 554 27	.58 797 77	.59 041 27
.57 122 26	.57 359 76	.57 597 26	.57 836 76	.58 076 26	.58 317 76	.58 559 26	.58 802 76	.59 046 26
0.57 127 25	0.57 364 75	0.57 602 25	0.57 841 75	0.58 080 25	0.58 321 75	0.58 563 25	0.58 807 75	0.59 051 25
.57 132 24	.57 369 74	.57 606 24	.57 845 74	.58 085 24	.58 326 74	.58 568 24	.58 811 74	.59 056 24
.57 136 23	.57 373 73	.57 611 23	.57 850 73	.58 090 23	.58 331 73	.58 573 23	.58 816 73	.59 061 23
.57 141 22	.57 378 72	.57 616 22	.57 855 72	.58 095 22	.58 336 72	.58 578 22	.58 821 72	.59 065 22
.57 146 21	.57 383 71	.57 621 21	.57 860 71	.58 100 21	.58 341 71	.58 583 21	.58 826 71	.59 070 21
.57 151 20	.57 388 70	.57 626 20	.57 864 70	.58 105 20	.58 346 70	.58 588 20	.58 831 70	.59 075 20
.57 155 19	.57 392 69	.57 630 19	.57 869 69	.58 109 19	.58 350 69	.58 593 19	.58 836 69	.59 080 19
.57 160 18	.57 397 68	.57 635 18	.57 874 68	.58 114 18	.58 355 68	.58 597 18	.58 841 68	.59 085 18
.57 165 17	.57 402 67	.57 640 17	.57 879 67	.58 119 17	.58 360 67	.58 602 17	.58 846 67	.59 090 17
.57 170 16	.57 407 66	.57 645 16	.57 884 66	.58 124 16	.58 365 66	.58 607 16	.58 850 66	.59 095 16
.57 174 15	.57 411 65	.57 649 15	.57 888 65	.58 129 15	.58 370 65	.58 612 15	.58 855 65	.59 100 15
.57 179 14	.57 416 64	.57 654 14	.57 893 64	.58 133 14	.58 375 64	.58 617 14	.58 860 64	.59 105 14
.57 184 13	.57 421 63	.57 659 13	.57 898 63	.58 138 13	.58 379 63	.58 622 13	.58 865 63	.59 110 13
.57 188 12	.57 426 62	.57 664 12	.57 903 62	.58 143 12	.58 384 62	.58 627 12	.58 870 62	.59 114 12
.57 193 11	.57 430 61	.57 668 11	.57 908 61	.58 148 11	.58 389 61	.58 631 11	.58 875 61	.59 119 11
.57 198 10	.57 435 60	.57 673 10	.57 912 60	.58 153 10	.58 394 60	.58 636 10	.58 880 60	.59 124 10
.57 203 09	.57 440 59	.57 678 09	.57 917 59	.58 157 09	.58 399 59	.58 641 09	.58 885 59	.59 129 09
.57 207 08	.57 445 58	.57 683 08	.57 922 58	.58 162 08	.58 404 58	.58 646 08	.58 890 58	.59 134 08
.57 212 07	.57 449 57	.57 688 07	.57 927 57	.58 167 07	.58 408 57	.58 651 07	.58 894 57	.59 139 07
.57 217 06	.57 454 56	.57 692 06	.57 932 56	.58 172 06	.58 413 56	.58 656 06	.58 899 56	.59 144 06
.57 222 05	.57 459 55	.57 697 05	.57 936 55	.58 177 05	.58 418 55	.58 661 05	.58 904 55	.59 149 05
.57 226 04	.57 464 54	.57 702 04	.57 941 54	.58 182 04	.58 423 54	.58 665 04	.58 909 54	.59 154 04
.57 231 03	.57 468 53	.57 707 03	.57 946 53	.58 186 03	.58 428 53	.58 670 03	.58 914 53	.59 159 03
.57 236 02	.57 473 52	.57 711 02	.57 951 52	.58 191 02	.58 433 52	.58 675 02	.58 919 52	.59 164 02
.57 241 01	.57 478 51	.57 716 01	.57 956 51	.58 196 01	.58 437 51	.58 680 01	.58 924 51	.59 168 01
0.57 245 00	0.57 483 50	0.57 721 00	0.57 960 50	0.58 201 00	0.58 442 50	0.58 685 00	0.58 929 50	0.59 173 00

Find your entering number in the column of heavy print. If there isn't a perfect match, go to the next larger number. The last part of the gaussian is beside it; the first part is above the column.

Gaussians   Gaussians

.098	.098	.097	.097	.096	.096	.095	.095	.094
0.59 178 99	0.59 424 49	0.59 671 99	0.59 919 49	0.60 168 99	0.60 419 49	0.60 670 99	0.60 923 49	0.61 177 99
.59 183 98	.59 429 48	.59 676 98	.59 924 48	.60 173 98	.60 424 48	.60 675 98	.60 928 48	.61 182 98
.59 188 97	.59 434 47	.59 681 97	.59 929 47	.60 178 97	.60 429 47	.60 681 97	.60 933 47	.61 187 97
.59 193 96	.59 439 46	.59 686 96	.59 934 46	.60 183 96	.60 434 46	.60 686 96	.60 938 46	.61 192 96
.59 198 95	.59 444 45	.59 691 95	.59 939 45	.60 188 95	.60 439 45	.60 691 95	.60 943 45	.61 197 95
.59 203 94	.59 449 44	.59 696 94	.59 944 44	.60 193 94	.60 444 44	.60 696 94	.60 949 44	.61 203 94
.59 208 93	.59 454 43	.59 701 93	.59 949 43	.60 198 93	.60 449 43	.60 701 93	.60 954 43	.61 208 93
.59 213 92	.59 459 42	.59 706 92	.59 954 42	.60 203 92	.60 454 42	.60 706 92	.60 959 42	.61 213 92
.59 217 91	.59 464 41	.59 711 91	.59 959 41	.60 208 91	.60 459 41	.60 711 91	.60 964 41	.61 218 91
.59 222 90	.59 468 40	.59 716 90	.59 964 40	.60 213 90	.60 464 40	.60 716 90	.60 969 40	.61 223 90
.59 227 89	.59 473 39	.59 721 89	.59 969 39	.60 218 89	.60 469 39	.60 721 89	.60 974 39	.61 228 89
.59 232 88	.59 478 38	.59 726 88	.59 974 38	.60 223 88	.60 474 38	.60 726 88	.60 979 38	.61 233 88
.59 237 87	.59 483 37	.59 731 87	.59 979 37	.60 228 87	.60 479 37	.60 731 87	.60 984 37	.61 238 87
.59 242 86	.59 488 36	.59 735 86	.59 984 36	.60 233 86	.60 484 36	.60 736 86	.60 989 36	.61 243 86
.59 247 85	.59 493 35	.59 740 85	.59 989 35	.60 238 85	.60 489 35	.60 741 85	.60 994 35	.61 248 85
.59 252 84	.59 498 34	.59 745 84	.59 994 34	.60 243 84	.60 494 34	.60 746 84	.60 999 34	.61 254 84
.59 257 83	.59 503 33	.59 750 83	.59 999 33	.60 248 83	.60 499 33	.60 751 83	.61 004 33	.61 259 83
.59 262 82	.59 508 32	.59 755 82	.60 004 32	.60 253 82	.60 504 32	.60 756 82	.61 009 32	.61 264 82
.59 267 81	.59 513 31	.59 760 81	.60 009 31	.60 258 81	.60 509 31	.60 761 81	.61 014 31	.61 269 81
.59 272 80	.59 518 30	.59 765 80	.60 014 30	.60 263 80	.60 514 30	.60 766 80	.61 020 30	.61 274 80
.59 276 79	.59 523 29	.59 770 79	.60 019 29	.60 268 79	.60 519 29	.60 771 79	.61 025 29	.61 279 79
.59 281 78	.59 528 28	.59 775 78	.60 024 28	.60 273 78	.60 524 28	.60 776 78	.61 030 28	.61 284 78
.59 286 77	.59 533 27	.59 780 77	.60 029 27	.60 279 77	.60 529 27	.60 781 77	.61 035 27	.61 289 77
.59 291 76	.59 538 26	.59 785 76	.60 034 26	.60 284 76	.60 534 26	.60 787 76	.61 040 26	.61 294 76
0.59 296 75	0.59 543 25	0.59 790 75	0.60 039 25	0.60 289 75	0.60 539 25	0.60 792 75	0.61 045 25	0.61 299 75
.59 301 74	.59 547 24	.59 795 74	.60 044 24	.60 294 74	.60 545 24	.60 797 74	.61 050 24	.61 305 74
.59 306 73	.59 552 23	.59 800 73	.60 049 23	.60 299 73	.60 550 23	.60 802 73	.61 055 23	.61 310 73
.59 311 72	.59 557 22	.59 805 72	.60 054 22	.60 304 72	.60 555 22	.60 807 72	.61 060 22	.61 315 72
.59 316 71	.59 562 21	.59 810 71	.60 059 21	.60 309 71	.60 560 21	.60 812 71	.61 065 21	.61 320 71
.59 321 70	.59 567 20	.59 815 70	.60 064 20	.60 314 70	.60 565 20	.60 817 70	.61 070 20	.61 325 70
.59 326 69	.59 572 19	.59 820 69	.60 069 19	.60 319 69	.60 570 19	.60 822 69	.61 075 19	.61 330 69
.59 331 68	.59 577 18	.59 825 68	.60 074 18	.60 324 68	.60 575 18	.60 827 68	.61 080 18	.61 335 68
.59 335 67	.59 582 17	.59 830 67	.60 079 17	.60 329 67	.60 580 17	.60 832 67	.61 086 17	.61 340 67
.59 340 66	.59 587 16	.59 835 66	.60 084 16	.60 334 66	.60 585 16	.60 837 66	.61 091 16	.61 345 66
.59 345 65	.59 592 15	.59 840 65	.60 089 15	.60 339 65	.60 590 15	.60 842 65	.61 096 15	.61 350 65
.59 350 64	.59 597 14	.59 845 64	.60 094 14	.60 344 64	.60 595 14	.60 847 64	.61 101 14	.61 356 64
.59 355 63	.59 602 13	.59 850 63	.60 099 13	.60 349 63	.60 600 13	.60 852 63	.61 106 13	.61 361 63
.59 360 62	.59 607 12	.59 855 62	.60 104 12	.60 354 62	.60 605 12	.60 857 62	.61 111 12	.61 366 62
.59 365 61	.59 612 11	.59 860 61	.60 109 11	.60 359 61	.60 610 11	.60 862 61	.61 116 11	.61 371 61
.59 370 60	.59 617 10	.59 865 60	.60 114 10	.60 364 60	.60 615 10	.60 867 60	.61 121 10	.61 376 60
.59 375 59	.59 622 09	.59 870 59	.60 119 09	.60 369 59	.60 620 09	.60 873 59	.61 126 09	.61 381 59
.59 380 58	.59 627 08	.59 874 58	.60 124 08	.60 374 58	.60 625 08	.60 878 58	.61 131 08	.61 386 58
.59 385 57	.59 632 07	.59 879 57	.60 129 07	.60 379 57	.60 630 07	.60 883 57	.61 136 07	.61 391 57
.59 390 56	.59 636 06	.59 884 56	.60 134 06	.60 384 56	.60 635 06	.60 888 56	.61 141 06	.61 396 56
.59 395 55	.59 641 05	.59 889 55	.60 138 05	.60 389 55	.60 640 05	.60 893 55	.61 147 05	.61 402 55
.59 399 54	.59 646 04	.59 894 54	.60 143 04	.60 394 54	.60 645 04	.60 898 54	.61 152 04	.61 407 54
.59 404 53	.59 651 03	.59 899 53	.60 148 03	.60 399 53	.60 650 03	.60 903 53	.61 157 03	.61 412 53
.59 409 52	.59 656 02	.59 904 52	.60 153 02	.60 404 52	.60 655 02	.60 908 52	.61 162 02	.61 417 52
.59 414 51	.59 661 01	.59 909 51	.60 158 01	.60 409 51	.60 660 01	.60 913 51	.61 167 01	.61 422 51
0.59 419 50	0.59 666 00	0.59 914 50	0.60 163 00	0.60 414 50	0.60 665 00	0.60 918 50	0.61 172 00	0.61 427 50

Find your entering number in the column of heavy print. If there isn't a perfect match, go to the next larger number. The last part of the gaussian is beside it; the first part is above the column.

Gaussians

.09 4	.09 3	.09 3	.09 2	.09 2	.09 1	.09 1	.09 0	.09 0
0.61 432 49	0.61 689 99	0.61 946 49	0.62 205 99	0.62 465 49	0.62 726 99	0.62 989 49	0.63 253 99	0.63 518 49
.61 437 48	.61 694 98	.61 951 48	.62 210 98	.62 470 48	.62 732 98	.62 994 48	.63 258 98	.63 523 48
.61 442 47	.61 699 97	.61 956 47	.62 215 97	.62 475 47	.62 737 97	.62 999 47	.63 263 97	.63 529 47
.61 448 46	.61 704 96	.61 962 46	.62 220 96	.62 481 46	.62 742 96	.63 005 46	.63 269 96	.63 534 46
.61 453 45	.61 709 95	.61 967 45	.62 226 95	.62 486 45	.62 747 95	.63 010 45	.63 274 95	.63 539 45
.61 458 44	.61 714 94	.61 972 44	.62 231 94	.62 491 44	.62 752 94	.63 015 44	.63 279 94	.63 545 44
.61 463 43	.61 719 93	.61 977 43	.62 236 93	.62 496 43	.62 758 93	.63 020 43	.63 285 93	.63 550 43
.61 468 42	.61 725 92	.61 982 42	.62 241 92	.62 501 42	.62 763 92	.63 026 42	.63 290 92	.63 555 42
.61 473 41	.61 730 91	.61 987 41	.62 246 91	.62 507 41	.62 768 91	.63 031 41	.63 295 91	.63 560 41
.61 478 40	.61 735 90	.61 993 40	.62 252 90	.62 512 40	.62 773 90	.63 036 40	.63 300 90	.63 566 40
.61 483 39	.61 740 89	.61 998 39	.62 257 89	.62 517 39	.62 779 89	.63 042 39	.63 306 89	.63 571 39
.61 489 38	.61 745 88	.62 003 38	.62 262 88	.62 522 38	.62 784 88	.63 047 38	.63 311 88	.63 576 38
.61 494 37	.61 750 87	.62 008 37	.62 267 87	.62 528 37	.62 789 87	.63 052 37	.63 316 87	.63 582 37
.61 499 36	.61 755 86	.62 013 36	.62 272 86	.62 533 36	.62 794 86	.63 057 36	.63 322 86	.63 587 36
.61 504 35	.61 761 85	.62 018 35	.62 278 85	.62 538 35	.62 800 85	.63 063 35	.63 327 85	.63 592 35
.61 509 34	.61 766 84	.62 024 34	.62 283 84	.62 543 34	.62 805 84	.63 068 34	.63 332 84	.63 598 34
.61 514 33	.61 771 83	.62 029 33	.62 288 83	.62 548 33	.62 810 83	.63 073 33	.63 337 83	.63 603 33
.61 519 32	.61 776 82	.62 034 32	.62 293 82	.62 554 32	.62 815 82	.63 078 32	.63 343 82	.63 608 32
.61 524 31	.61 781 81	.62 039 31	.62 298 81	.62 559 31	.62 821 81	.63 084 31	.63 348 81	.63 614 31
.61 529 30	.61 786 80	.62 044 30	.62 304 80	.62 564 30	.62 826 80	.63 089 30	.63 353 80	.63 619 30
.61 535 29	.61 791 79	.62 049 29	.62 309 79	.62 569 29	.62 831 79	.63 094 29	.63 359 79	.63 624 29
.61 540 28	.61 797 78	.62 055 28	.62 314 78	.62 575 28	.62 836 78	.63 100 28	.63 364 78	.63 630 28
.61 545 27	.61 802 77	.62 060 27	.62 319 77	.62 580 27	.62 842 77	.63 105 27	.63 369 77	.63 635 27
.61 550 26	.61 807 76	.62 065 26	.62 324 76	.62 585 26	.62 847 76	.63 110 26	.63 375 76	.63 640 26
0.61 555 25	0.61 812 75	0.62 070 25	0.62 330 75	0.62 590 25	0.62 852 75	0.63 115 25	0.63 380 75	0.63 646 25
.61 560 24	.61 817 74	.62 075 24	.62 335 74	.62 595 24	.62 857 74	.63 121 24	.63 385 74	.63 651 24
.61 565 23	.61 822 73	.62 081 23	.62 340 73	.62 601 23	.62 863 73	.63 126 23	.63 390 73	.63 656 23
.61 570 22	.61 827 72	.62 086 22	.62 345 72	.62 606 22	.62 868 72	.63 131 22	.63 396 72	.63 662 22
.61 576 21	.61 833 71	.62 091 21	.62 350 71	.62 611 21	.62 873 71	.63 136 21	.63 401 71	.63 667 21
.61 581 20	.61 838 70	.62 096 20	.62 356 70	.62 616 20	.62 878 70	.63 142 20	.63 406 70	.63 672 20
.61 586 19	.61 843 69	.62 101 19	.62 361 69	.62 622 19	.62 884 69	.63 147 19	.63 412 69	.63 678 19
.61 591 18	.61 848 68	.62 106 18	.62 366 68	.62 627 18	.62 889 68	.63 152 18	.63 417 68	.63 683 18
.61 596 17	.61 853 67	.62 112 17	.62 371 67	.62 632 17	.62 894 67	.63 158 17	.63 422 67	.63 688 17
.61 601 16	.61 858 66	.62 117 16	.62 376 66	.62 637 16	.62 899 66	.63 163 16	.63 428 66	.63 694 16
.61 606 15	.61 864 65	.62 122 15	.62 382 65	.62 643 15	.62 905 65	.63 168 15	.63 433 65	.63 699 15
.61 612 14	.61 869 64	.62 127 14	.62 387 64	.62 648 14	.62 910 64	.63 173 14	.63 438 64	.63 704 14
.61 617 13	.61 874 63	.62 132 13	.62 392 63	.62 653 13	.62 915 63	.63 179 13	.63 444 63	.63 710 13
.61 622 12	.61 879 62	.62 138 12	.62 397 62	.62 658 12	.62 920 62	.63 184 12	.63 449 62	.63 715 12
.61 627 11	.61 884 61	.62 143 11	.62 402 61	.62 663 11	.62 926 61	.63 189 11	.63 454 61	.63 720 11
.61 632 10	.61 889 60	.62 148 10	.62 408 60	.62 669 10	.62 931 60	.63 195 10	.63 459 60	.63 726 10
.61 637 09	.61 895 59	.62 153 09	.62 413 59	.62 674 09	.62 936 59	.63 200 09	.63 465 59	.63 731 09
.61 642 08	.61 900 58	.62 158 08	.62 418 58	.62 679 08	.62 942 58	.63 205 08	.63 470 58	.63 736 08
.61 647 07	.61 905 57	.62 163 07	.62 423 57	.62 684 07	.62 947 57	.63 210 07	.63 475 57	.63 742 07
.61 653 06	.61 910 56	.62 169 06	.62 428 56	.62 690 06	.62 952 56	.63 216 06	.63 481 56	.63 747 06
.61 658 05	.61 915 55	.62 174 05	.62 434 55	.62 695 05	.62 957 55	.63 221 05	.63 486 55	.63 752 05
.61 663 04	.61 920 54	.62 179 04	.62 439 54	.62 700 04	.62 963 54	.63 226 04	.63 491 54	.63 758 04
.61 668 03	.61 925 53	.62 184 03	.62 444 53	.62 705 03	.62 968 53	.63 232 03	.63 497 53	.63 763 03
.61 673 02	.61 931 52	.62 189 02	.62 449 52	.62 711 02	.62 973 52	.63 237 02	.63 502 52	.63 768 02
.61 678 01	.61 936 51	.62 195 01	.62 455 51	.62 716 01	.62 978 51	.63 242 01	.63 507 51	.63 774 01
0.61 683 00	0.61 941 50	0.62 200 00	0.62 460 50	0.62 721 00	0.62 984 50	0.63 247 00	0.63 513 50	0.63 779 00

Find your entering number in the column of heavy print. If there isn't a perfect match, go to the next larger number. The last part of the gaussian is beside it; the first part is above the column.

Gaussians   Gaussians

	.08 9	.08 9	.08 8	.08 8	.08 7	.08 7	.08 6	.08 6	.08 5
0.63 784 99	0.64 052 49	0.64 322 99	0.64 592 49	0.64 864 99	0.65 137 49	0.65 412 99	0.65 688 49	0.65 966 99
.63 790 98	.64 058 48	.64 327 98	.64 597 48	.64 869 98	.65 143 48	.65 418 98	.65 694 48	.65 972 98
.63 795 97	.64 063 47	.64 332 97	.64 603 47	.64 875 97	.65 148 47	.65 423 97	.65 699 47	.65 977 97
.63 800 96	.64 068 46	.64 338 96	.64 608 46	.64 880 96	.65 154 46	.65 429 96	.65 705 46	.65 983 96
.63 806 95	.64 074 45	.64 343 95	.64 614 45	.64 886 95	.65 159 45	.65 434 95	.65 710 45	.65 988 95
.63 811 94	.64 079 44	.64 348 94	.64 619 44	.64 891 94	.65 165 44	.65 440 94	.65 716 44	.65 994 94
.63 817 93	.64 085 43	.64 354 93	.64 625 43	.64 897 93	.65 170 43	.65 445 93	.65 722 43	.65 999 93
.63 822 92	.64 090 42	.64 359 92	.64 630 42	.64 902 92	.65 176 42	.65 451 92	.65 727 42	.66 005 92
.63 827 91	.64 095 41	.64 365 91	.64 635 41	.64 908 91	.65 181 41	.65 456 91	.65 733 41	.66 011 91
.63 833 90	.64 101 40	.64 370 90	.64 641 40	.64 913 90	.65 187 40	.65 462 90	.65 738 40	.66 016 90
.63 838 89	.64 106 39	.64 376 89	.64 646 39	.64 919 89	.65 192 39	.65 467 89	.65 744 39	.66 022 89
.63 843 88	.64 111 38	.64 381 88	.64 652 38	.64 924 88	.65 198 38	.65 473 88	.65 749 38	.66 027 88
.63 849 87	.64 117 37	.64 386 87	.64 657 37	.64 929 87	.65 203 37	.65 478 87	.65 755 37	.66 033 87
.63 854 86	.64 122 36	.64 392 86	.64 663 36	.64 935 86	.65 209 36	.65 484 86	.65 760 36	.66 038 86
.63 859 85	.64 128 35	.64 397 85	.64 668 35	.64 940 85	.65 214 35	.65 489 85	.65 766 35	.66 044 85
.63 865 84	.64 133 34	.64 403 84	.64 674 34	.64 946 84	.65 220 34	.65 495 84	.65 771 34	.66 050 84
.63 870 83	.64 138 33	.64 408 83	.64 679 33	.64 951 83	.65 225 33	.65 500 83	.65 777 33	.66 055 83
.63 875 82	.64 144 32	.64 413 82	.64 684 32	.64 957 82	.65 231 32	.65 506 82	.65 783 32	.66 061 82
.63 881 81	.64 149 31	.64 419 81	.64 690 31	.64 962 81	.65 236 31	.65 511 81	.65 788 31	.66 066 81
.63 886 80	.64 154 30	.64 424 80	.64 695 30	.64 968 80	.65 242 30	.65 517 80	.65 794 30	.66 072 80
.63 891 79	.64 160 29	.64 430 79	.64 701 29	.64 973 79	.65 247 29	.65 522 79	.65 799 29	.66 077 79
.63 897 78	.64 165 28	.64 435 78	.64 706 28	.64 979 78	.65 253 28	.65 528 78	.65 805 28	.66 083 78
.63 902 77	.64 171 27	.64 440 77	.64 712 27	.64 984 77	.65 258 27	.65 533 77	.65 810 27	.66 089 77
.63 908 76	.64 176 26	.64 446 76	.64 717 26	.64 990 76	.65 264 26	.65 539 76	.65 816 26	.66 094 76
0.63 913 75	0.64 181 25	0.64 451 75	0.64 722 25	0.64 995 75	0.65 269 25	0.65 545 75	0.65 821 25	0.66 100 75
.63 918 74	.64 187 24	.64 457 74	.64 728 24	.65 001 74	.65 275 24	.65 550 74	.65 827 24	.66 105 74
.63 924 73	.64 192 23	.64 462 73	.64 733 23	.65 006 73	.65 280 23	.65 556 73	.65 832 23	.66 111 73
.63 929 72	.64 198 22	.64 467 72	.64 739 22	.65 011 72	.65 286 22	.65 561 72	.65 838 22	.66 116 72
.63 934 71	.64 203 21	.64 473 71	.64 744 21	.65 017 71	.65 291 21	.65 567 71	.65 844 21	.66 122 71
.63 940 70	.64 208 20	.64 478 70	.64 750 20	.65 022 70	.65 297 20	.65 572 70	.65 849 20	.66 128 70
.63 945 69	.64 214 19	.64 484 69	.64 755 19	.65 028 69	.65 302 19	.65 578 69	.65 855 19	.66 133 69
.63 950 68	.64 219 18	.64 489 68	.64 761 18	.65 033 68	.65 308 18	.65 583 68	.65 860 18	.66 139 68
.63 956 67	.64 224 17	.64 495 67	.64 766 17	.65 039 67	.65 313 17	.65 589 67	.65 866 17	.66 144 67
.63 961 66	.64 230 16	.64 500 66	.64 771 16	.65 044 66	.65 319 16	.65 594 66	.65 871 16	.66 150 66
.63 966 65	.64 235 15	.64 505 65	.64 777 15	.65 050 65	.65 324 15	.65 600 65	.65 877 15	.66 156 65
.63 972 64	.64 241 14	.64 511 64	.64 782 14	.65 055 64	.65 330 14	.65 605 64	.65 883 14	.66 161 64
.63 977 63	.64 246 13	.64 516 63	.64 788 13	.65 061 63	.65 335 13	.65 611 63	.65 888 13	.66 167 63
.63 983 62	.64 251 12	.64 522 62	.64 793 12	.65 066 62	.65 341 12	.65 616 62	.65 894 12	.66 172 62
.63 988 61	.64 257 11	.64 527 61	.64 799 11	.65 072 61	.65 346 11	.65 622 61	.65 899 11	.66 178 61
.63 993 60	.64 262 10	.64 532 60	.64 804 10	.65 077 60	.65 352 10	.65 627 60	.65 905 10	.66 184 60
.63 999 59	.64 268 09	.64 538 59	.64 810 09	.65 083 59	.65 357 09	.65 633 59	.65 910 09	.66 189 59
.64 004 58	.64 273 08	.64 543 58	.64 815 08	.65 088 58	.65 363 08	.65 638 58	.65 916 08	.66 195 58
.64 009 57	.64 278 07	.64 549 57	.64 820 07	.65 094 57	.65 368 07	.65 644 57	.65 921 07	.66 200 57
.64 015 56	.64 284 06	.64 554 56	.64 826 06	.65 099 56	.65 374 06	.65 650 56	.65 927 06	.66 206 56
.64 020 55	.64 289 05	.64 560 55	.64 831 05	.65 104 55	.65 379 05	.65 655 55	.65 933 05	.66 211 55
.64 025 54	.64 295 04	.64 565 54	.64 837 04	.65 110 54	.65 385 04	.65 661 54	.65 938 04	.66 217 54
.64 031 53	.64 300 03	.64 570 53	.64 842 03	.65 115 53	.65 390 03	.65 666 53	.65 944 03	.66 223 53
.64 036 52	.64 305 02	.64 576 52	.64 848 02	.65 121 52	.65 396 02	.65 672 52	.65 949 02	.66 228 52
.64 042 51	.64 311 01	.64 581 51	.64 853 01	.65 126 51	.65 401 01	.65 677 51	.65 955 01	.66 234 51
0.64 047 50	0.64 316 00	0.64 587 50	0.64 859 00	0.65 132 50	0.65 407 00	0.65 683 50	0.65 960 00	0.66 239 50

Find your entering number in the column of heavy print. If there isn't a perfect match, go to the next larger number. The last part of the gaussian is beside it; the first part is above the column.

Gaussians

	.08 5	.08 4	.08 4	.08 3	.08 3	.08 2	.08 2	.08 1	.08 1
0.66 245 49	0.66 526 99	0.66 808 49	0.67 091 99	0.67 376 49	0.67 663 99	0.67 951 49	0.68 241 99	0.68 533 49
.66 251 48	.66 531 98	.66 813 48	.67 097 98	.67 382 48	.67 669 98	.67 957 48	.68 247 98	.68 539 48
.66 256 47	.66 537 97	.66 819 47	.67 103 97	.67 388 47	.67 675 97	.67 963 47	.68 253 97	.68 544 47
.66 262 46	.66 543 96	.66 825 46	.67 108 96	.67 394 46	.67 680 96	.67 969 46	.68 259 96	.68 550 46
.66 267 45	.66 548 95	.66 830 45	.67 114 95	.67 399 45	.67 686 95	.67 974 45	.68 264 95	.68 556 45
.66 273 44	.66 554 94	.66 836 44	.67 120 94	.67 405 44	.67 692 94	.67 980 44	.68 270 94	.68 562 44
.66 279 43	.66 559 93	.66 842 43	.67 125 93	.67 411 43	.67 698 93	.67 986 43	.68 276 93	.68 568 43
.66 284 42	.66 565 92	.66 847 42	.67 131 92	.67 416 42	.67 703 92	.67 992 42	.68 282 92	.68 574 42
.66 290 41	.66 571 91	.66 853 41	.67 137 91	.67 422 41	.67 709 91	.67 998 41	.68 288 91	.68 579 41
.66 295 40	.66 576 90	.66 859 40	.67 143 90	.67 428 40	.67 715 90	.68 003 40	.68 294 90	.68 585 40
.66 301 39	.66 582 89	.66 864 39	.67 148 89	.67 434 39	.67 721 89	.68 009 39	.68 299 89	.68 591 39
.66 307 38	.66 588 88	.66 870 38	.67 154 88	.67 439 38	.67 726 88	.68 015 38	.68 305 88	.68 597 38
.66 312 37	.66 593 87	.66 876 37	.67 160 87	.67 445 37	.67 732 87	.68 021 37	.68 311 87	.68 603 37
.66 318 36	.66 599 86	.66 881 36	.67 165 86	.67 451 36	.67 738 86	.68 027 36	.68 317 86	.68 609 36
.66 323 35	.66 604 85	.66 887 35	.67 171 85	.67 457 35	.67 744 85	.68 032 35	.68 323 85	.68 615 35
.66 329 34	.66 610 84	.66 893 34	.67 177 84	.67 462 34	.67 749 84	.68 038 34	.68 328 84	.68 620 34
.66 335 33	.66 616 83	.66 898 33	.67 182 83	.67 468 33	.67 755 83	.68 044 33	.68 334 83	.68 626 33
.66 340 32	.66 621 82	.66 904 32	.67 188 82	.67 474 32	.67 761 82	.68 050 32	.68 340 82	.68 632 32
.66 346 31	.66 627 81	.66 910 31	.67 194 81	.67 479 31	.67 767 81	.68 056 31	.68 346 81	.68 638 31
.66 351 30	.66 633 80	.66 915 30	.67 199 80	.67 485 30	.67 772 80	.68 061 30	.68 352 80	.68 644 30
.66 357 29	.66 638 79	.66 921 29	.67 205 79	.67 491 29	.67 778 79	.68 067 29	.68 358 79	.68 650 29
.66 363 28	.66 644 78	.66 927 28	.67 211 78	.67 497 28	.67 784 78	.68 073 28	.68 363 78	.68 656 28
.66 368 27	.66 650 77	.66 932 27	.67 217 77	.67 502 27	.67 790 77	.68 079 27	.68 369 77	.68 661 27
.66 374 26	.66 655 76	.66 938 26	.67 222 76	.67 508 26	.67 796 76	.68 084 26	.68 375 76	.68 667 26
0.66 380 25	0.66 661 75	0.66 944 25	0.67 228 75	0.67 514 25	0.67 801 75	0.68 090 25	0.68 381 75	0.68 673 25
.66 385 24	.66 666 74	.66 949 24	.67 234 74	.67 520 24	.67 807 74	.68 096 24	.68 387 74	.68 679 24
.66 391 23	.66 672 73	.66 955 23	.67 239 73	.67 525 23	.67 813 73	.68 102 23	.68 393 73	.68 685 23
.66 396 22	.66 678 72	.66 961 22	.67 245 72	.67 531 22	.67 819 72	.68 108 22	.68 398 72	.68 691 22
.66 402 21	.66 683 71	.66 966 21	.67 251 71	.67 537 21	.67 824 71	.68 113 21	.68 404 71	.68 697 21
.66 408 20	.66 689 70	.66 972 20	.67 256 70	.67 543 20	.67 830 70	.68 119 20	.68 410 70	.68 702 20
.66 413 19	.66 695 69	.66 978 19	.67 262 69	.67 548 19	.67 836 69	.68 125 19	.68 416 69	.68 708 19
.66 419 18	.66 700 68	.66 983 18	.67 268 68	.67 554 18	.67 842 68	.68 131 18	.68 422 68	.68 714 18
.66 424 17	.66 706 67	.66 989 17	.67 274 67	.67 560 17	.67 847 67	.68 137 17	.68 428 67	.68 720 17
.66 430 16	.66 712 66	.66 995 16	.67 279 66	.67 565 16	.67 853 66	.68 142 16	.68 433 66	.68 726 16
.66 436 15	.66 717 65	.67 000 15	.67 285 65	.67 571 15	.67 859 65	.68 148 15	.68 439 65	.68 732 15
.66 441 14	.66 723 64	.67 006 14	.67 291 64	.67 577 14	.67 865 64	.68 154 14	.68 445 64	.68 738 14
.66 447 13	.66 729 63	.67 012 13	.67 296 63	.67 583 13	.67 870 63	.68 160 13	.68 451 63	.68 744 13
.66 453 12	.66 734 62	.67 017 12	.67 302 62	.67 588 12	.67 876 62	.68 166 12	.68 457 62	.68 749 12
.66 458 11	.66 740 61	.67 023 11	.67 308 61	.67 594 11	.67 882 61	.68 172 11	.68 463 61	.68 755 11
.66 464 10	.66 746 60	.67 029 10	.67 314 60	.67 600 10	.67 888 60	.68 177 10	.68 468 60	.68 761 10
.66 469 09	.66 751 59	.67 034 09	.67 319 59	.67 606 09	.67 894 59	.68 183 09	.68 474 59	.68 767 09
.66 475 08	.66 757 58	.67 040 08	.67 325 58	.67 611 08	.67 899 58	.68 189 08	.68 480 58	.68 773 08
.66 481 07	.66 762 57	.67 046 07	.67 331 57	.67 617 07	.67 905 57	.68 195 07	.68 486 57	.68 779 07
.66 486 06	.66 768 56	.67 052 06	.67 336 56	.67 623 06	.67 911 56	.68 201 06	.68 492 56	.68 785 06
.66 492 05	.66 774 55	.67 057 05	.67 342 55	.67 629 05	.67 917 55	.68 206 05	.68 498 55	.68 791 05
.66 498 04	.66 779 54	.67 063 04	.67 348 54	.67 634 04	.67 922 54	.68 212 04	.68 503 54	.68 796 04
.66 503 03	.66 785 53	.67 069 03	.67 354 53	.67 640 03	.67 928 53	.68 218 03	.68 509 53	.68 802 03
.66 509 02	.66 791 52	.67 074 02	.67 359 52	.67 646 02	.67 934 52	.68 224 02	.68 515 52	.68 808 02
.66 514 01	.66 796 51	.67 080 01	.67 365 51	.67 652 01	.67 940 51	.68 230 01	.68 521 51	.68 814 01
0.66 520 00	0.66 802 50	0.67 086 00	0.67 371 50	0.67 657 00	0.67 946 50	0.68 235 00	0.68 527 50	0.68 820 00

Find your entering number in the column of heavy print. If there isn't a perfect match, go to the next larger number. The last part of the gaussian is beside it; the first part is above the column.

Gaussians

	.080	.080	.079	.079	.078	.078	.077	.077	.076
0.68 826 99	0.69 120 49	0.69 417 99	0.69 715 49	0.70 015 99	0.70 316 49	0.70 620 99	0.70 925 49	0.71 232 99
.68 832 98	.69 126 48	.69 423 98	.69 721 48	.70 021 98	.70 322 48	.70 626 98	.70 931 48	.71 238 98
.68 838 97	.69 132 47	.69 429 97	.69 727 47	.70 027 97	.70 328 47	.70 632 97	.70 937 47	.71 244 97
.68 843 96	.69 138 46	.69 435 96	.69 733 46	.70 033 96	.70 335 46	.70 638 96	.70 943 46	.71 250 96
.68 849 95	.69 144 45	.69 441 95	.69 739 45	.70 039 95	.70 341 45	.70 644 95	.70 949 45	.71 256 95
.68 855 94	.69 150 44	.69 447 94	.69 745 44	.70 045 94	.70 347 44	.70 650 94	.70 955 44	.71 262 94
.68 861 93	.69 156 43	.69 453 93	.69 751 43	.70 051 93	.70 353 43	.70 656 93	.70 962 43	.71 269 93
.68 867 92	.69 162 42	.69 459 92	.69 757 42	.70 057 92	.70 359 42	.70 662 92	.70 968 42	.71 275 92
.68 873 91	.69 168 41	.69 464 91	.69 763 41	.70 063 91	.70 365 41	.70 668 91	.70 974 41	.71 281 91
.68 879 90	.69 174 40	.69 470 90	.69 769 40	.70 069 90	.70 371 40	.70 674 90	.70 980 40	.71 287 90
.68 885 89	.69 180 39	.69 476 89	.69 775 39	.70 075 89	.70 377 39	.70 681 89	.70 986 39	.71 293 89
.68 890 88	.69 186 38	.69 482 88	.69 781 38	.70 081 88	.70 383 38	.70 687 88	.70 992 38	.71 299 88
.68 896 87	.69 191 37	.69 488 87	.69 787 37	.70 087 87	.70 389 37	.70 693 87	.70 998 37	.71 306 87
.68 902 86	.69 197 36	.69 494 86	.69 793 36	.70 093 86	.70 395 36	.70 699 86	.71 004 36	.71 312 86
.68 908 85	.69 203 35	.69 500 85	.69 799 35	.70 099 85	.70 401 35	.70 705 85	.71 011 35	.71 318 85
.68 914 84	.69 209 34	.69 506 84	.69 805 34	.70 105 84	.70 407 34	.70 711 84	.71 017 34	.71 324 84
.68 920 83	.69 215 33	.69 512 83	.69 811 33	.70 111 83	.70 413 33	.70 717 83	.71 023 33	.71 330 83
.68 926 82	.69 221 32	.69 518 82	.69 817 32	.70 117 82	.70 419 32	.70 723 82	.71 029 32	.71 336 82
.68 932 81	.69 227 31	.69 524 81	.69 823 31	.70 123 81	.70 425 31	.70 729 81	.71 035 31	.71 343 81
.68 938 80	.69 233 30	.69 530 80	.69 829 30	.70 129 80	.70 431 30	.70 735 80	.71 041 30	.71 349 80
.68 943 79	.69 239 29	.69 536 79	.69 835 29	.70 135 79	.70 437 29	.70 742 79	.71 047 29	.71 355 79
.68 949 78	.69 245 28	.69 542 78	.69 841 28	.70 141 78	.70 444 28	.70 748 78	.71 053 28	.71 361 78
.68 955 77	.69 251 27	.69 548 77	.69 847 27	.70 147 77	.70 450 27	.70 754 77	.71 060 27	.71 367 77
.68 961 76	.69 257 26	.69 554 76	.69 853 26	.70 153 76	.70 456 26	.70 760 76	.71 066 26	.71 373 76
0.68 967 75	0.69 263 25	0.69 560 75	0.69 859 25	0.70 159 75	0.70 462 25	0.70 766 75	0.71 072 25	0.71 380 75
.68 973 74	.69 268 24	.69 566 74	.69 865 24	.70 165 74	.70 468 24	.70 772 74	.71 078 24	.71 386 74
.68 979 73	.69 274 23	.69 572 73	.69 871 23	.70 171 73	.70 474 23	.70 778 73	.71 084 23	.71 392 73
.68 985 72	.69 280 22	.69 578 72	.69 877 22	.70 177 72	.70 480 22	.70 784 72	.71 090 22	.71 398 72
.68 991 71	.69 286 21	.69 584 71	.69 883 21	.70 183 71	.70 486 21	.70 790 71	.71 096 21	.71 404 71
.68 997 70	.69 292 20	.69 590 70	.69 889 20	.70 190 70	.70 492 20	.70 796 70	.71 103 20	.71 410 70
.69 002 69	.69 298 19	.69 596 69	.69 895 19	.70 196 69	.70 498 19	.70 803 69	.71 109 19	.71 417 69
.69 008 68	.69 304 18	.69 602 68	.69 901 18	.70 202 68	.70 504 18	.70 809 68	.71 115 18	.71 423 68
.69 014 67	.69 310 17	.69 607 67	.69 907 17	.70 208 67	.70 510 17	.70 815 67	.71 121 17	.71 429 67
.69 020 66	.69 316 16	.69 613 66	.69 913 16	.70 214 66	.70 516 16	.70 821 66	.71 127 16	.71 435 66
.69 026 65	.69 322 15	.69 619 65	.69 919 15	.70 220 65	.70 522 15	.70 827 65	.71 133 15	.71 441 65
.69 032 64	.69 328 14	.69 625 64	.69 925 14	.70 226 64	.70 529 14	.70 833 64	.71 139 14	.71 448 64
.69 038 63	.69 334 13	.69 631 63	.69 931 13	.70 232 63	.70 535 13	.70 839 63	.71 146 13	.71 454 63
.69 044 62	.69 340 12	.69 637 62	.69 937 12	.70 238 62	.70 541 12	.70 845 62	.71 152 12	.71 460 62
.69 050 61	.69 346 11	.69 643 61	.69 943 11	.70 244 61	.70 547 11	.70 851 61	.71 158 11	.71 466 61
.69 056 60	.69 352 10	.69 649 60	.69 949 10	.70 250 60	.70 553 10	.70 857 60	.71 164 10	.71 472 60
.69 061 59	.69 357 09	.69 655 59	.69 955 09	.70 256 59	.70 559 09	.70 864 59	.71 170 09	.71 478 59
.69 067 58	.69 363 08	.69 661 58	.69 961 08	.70 262 58	.70 565 08	.70 870 58	.71 176 08	.71 485 58
.69 073 57	.69 369 07	.69 667 57	.69 967 07	.70 268 57	.70 571 07	.70 876 57	.71 182 07	.71 491 57
.69 079 56	.69 375 06	.69 673 56	.69 973 06	.70 274 56	.70 577 06	.70 882 56	.71 189 06	.71 497 56
.69 085 55	.69 381 05	.69 679 55	.69 979 05	.70 280 55	.70 583 05	.70 888 55	.71 195 05	.71 503 55
.69 091 54	.69 387 04	.69 685 54	.69 985 04	.70 286 54	.70 589 04	.70 894 54	.71 201 04	.71 509 54
.69 097 53	.69 393 03	.69 691 53	.69 991 03	.70 292 53	.70 595 03	.70 900 53	.71 207 03	.71 516 53
.69 103 52	.69 399 02	.69 697 52	.69 997 02	.70 298 52	.70 601 02	.70 906 52	.71 213 02	.71 522 52
.69 109 51	.69 405 01	.69 703 51	.70 003 01	.70 304 51	.70 608 01	.70 913 51	.71 219 01	.71 528 51
0.69 115 50	0.69 411 00	0.69 709 50	0.70 009 00	0.70 310 50	0.70 614 00	0.70 919 50	0.71 226 00	0.71 534 50

Find your entering number in the column of heavy print. If there isn't a perfect match, go to the next larger number. The last part of the gaussian is beside it; the first part is above the column.

Gaussians

.076	.075	.075	.074	.074	.073	.073	.072	.072
0.71 540 49	0.71 851 99	0.72 163 49	0.72 478 99	0.72 794 49	0.73 112 99	0.73 432 49	0.73 755 99	0.74 079 49
.71 547 48	.71 857 98	.72 170 48	.72 484 98	.72 800 48	.73 119 98	.73 439 48	.73 761 98	.74 085 48
.71 553 47	.71 863 97	.72 176 47	.72 490 97	.72 807 47	.73 125 97	.73 445 47	.73 768 97	.74 092 47
.71 559 46	.71 870 96	.72 182 46	.72 497 96	.72 813 46	.73 131 96	.73 452 46	.73 774 96	.74 098 46
.71 565 45	.71 876 95	.72 188 45	.72 503 95	.72 819 45	.73 138 95	.73 458 45	.73 781 95	.74 105 45
.71 571 44	.71 882 94	.72 195 44	.72 509 94	.72 826 44	.73 144 94	.73 465 44	.73 787 94	.74 111 44
.71 578 43	.71 888 93	.72 201 43	.72 516 93	.72 832 43	.73 151 93	.73 471 43	.73 793 93	.74 118 43
.71 584 42	.71 895 92	.72 207 42	.72 522 92	.72 838 42	.73 157 92	.73 477 42	.73 800 92	.74 124 42
.71 590 41	.71 901 91	.72 214 41	.72 528 91	.72 845 41	.73 163 91	.73 484 41	.73 806 91	.74 131 41
.71 596 40	.71 907 90	.72 220 40	.72 535 90	.72 851 40	.73 170 90	.73 490 40	.73 813 90	.74 137 40
.71 602 39	.71 913 89	.72 226 39	.72 541 89	.72 858 39	.73 176 89	.73 497 39	.73 819 89	.74 144 39
.71 609 38	.71 920 88	.72 232 38	.72 547 88	.72 864 38	.73 183 88	.73 503 38	.73 826 88	.74 151 38
.71 615 37	.71 926 87	.72 239 37	.72 553 87	.72 870 37	.73 189 87	.73 510 37	.73 832 87	.74 157 37
.71 621 36	.71 932 86	.72 245 36	.72 560 86	.72 877 36	.73 195 86	.73 516 36	.73 839 86	.74 164 36
.71 627 35	.71 938 85	.72 251 35	.72 566 85	.72 883 35	.73 202 85	.73 522 35	.73 845 85	.74 170 35
.71 633 34	.71 944 84	.72 258 34	.72 572 84	.72 889 34	.73 208 84	.73 529 34	.73 852 84	.74 177 34
.71 640 33	.71 951 83	.72 264 33	.72 579 83	.72 896 33	.73 214 83	.73 535 33	.73 858 83	.74 183 33
.71 646 32	.71 957 82	.72 270 32	.72 585 82	.72 902 32	.73 221 82	.73 542 32	.73 865 82	.74 190 32
.71 652 31	.71 963 81	.72 276 31	.72 591 81	.72 908 31	.73 227 81	.73 548 31	.73 871 81	.74 196 31
.71 658 30	.71 969 80	.72 283 30	.72 598 80	.72 915 30	.73 234 80	.73 555 30	.73 878 80	.74 203 30
.71 664 29	.71 976 79	.72 289 29	.72 604 79	.72 921 29	.73 240 79	.73 561 29	.73 884 79	.74 209 29
.71 671 28	.71 982 78	.72 295 28	.72 610 78	.72 927 28	.73 246 78	.73 568 28	.73 891 78	.74 216 28
.71 677 27	.71 988 77	.72 301 27	.72 617 77	.72 934 27	.73 253 77	.73 574 27	.73 897 77	.74 222 27
.71 683 26	.71 994 76	.72 308 26	.72 623 76	.72 940 26	.73 259 76	.73 580 26	.73 904 76	.74 229 26
0.71 689 25	0.72 001 75	0.72 314 25	0.72 629 75	0.72 947 25	0.73 266 75	0.73 587 25	0.73 910 75	0.74 235 25
.71 695 24	.72 007 74	.72 320 24	.72 636 74	.72 953 24	.73 272 74	.73 593 24	.73 917 74	.74 242 24
.71 702 23	.72 013 73	.72 327 23	.72 642 73	.72 959 23	.73 279 73	.73 600 23	.73 923 73	.74 248 23
.71 708 22	.72 019 72	.72 333 22	.72 648 72	.72 966 22	.73 285 72	.73 606 22	.73 929 72	.74 255 22
.71 714 21	.72 026 71	.72 339 21	.72 655 71	.72 972 21	.73 291 71	.73 613 21	.73 936 71	.74 261 21
.71 720 20	.72 032 70	.72 345 20	.72 661 70	.72 978 20	.73 298 70	.73 619 20	.73 942 70	.74 268 20
.71 727 19	.72 038 69	.72 352 19	.72 667 69	.72 985 19	.73 304 69	.73 626 19	.73 949 69	.74 274 19
.71 733 18	.72 044 68	.72 358 18	.72 674 68	.72 991 18	.73 311 68	.73 632 18	.73 955 68	.74 281 18
.71 739 17	.72 051 67	.72 364 17	.72 680 67	.72 997 17	.73 317 67	.73 638 17	.73 962 67	.74 288 17
.71 745 16	.72 057 66	.72 371 16	.72 686 66	.73 004 16	.73 323 66	.73 645 16	.73 968 66	.74 294 16
.71 751 15	.72 063 65	.72 377 15	.72 693 65	.73 010 15	.73 330 65	.73 651 15	.73 975 65	.74 301 15
.71 758 14	.72 069 64	.72 383 14	.72 699 64	.73 017 14	.73 336 64	.73 658 14	.73 981 64	.74 307 14
.71 764 13	.72 076 63	.72 390 13	.72 705 63	.73 023 13	.73 343 63	.73 664 13	.73 988 63	.74 314 13
.71 770 12	.72 082 62	.72 396 12	.72 712 62	.73 029 12	.73 349 62	.73 671 12	.73 994 62	.74 320 12
.71 776 11	.72 088 61	.72 402 11	.72 718 61	.73 036 11	.73 355 61	.73 677 11	.74 001 61	.74 327 11
.71 782 10	.72 094 60	.72 408 10	.72 724 60	.73 042 10	.73 362 60	.73 684 10	.74 007 60	.74 333 10
.71 789 09	.72 101 59	.72 415 09	.72 731 59	.73 048 09	.73 368 59	.73 690 09	.74 014 59	.74 340 09
.71 795 08	.72 107 58	.72 421 08	.72 737 58	.73 055 08	.73 375 58	.73 697 08	.74 020 58	.74 346 08
.71 801 07	.72 113 57	.72 427 07	.72 743 57	.73 061 07	.73 381 57	.73 703 07	.74 027 57	.74 353 07
.71 807 06	.72 120 56	.72 434 06	.72 750 56	.73 068 06	.73 388 56	.73 709 06	.74 033 56	.74 359 06
.71 814 05	.72 126 55	.72 440 05	.72 756 55	.73 074 05	.73 394 55	.73 716 05	.74 040 55	.74 366 05
.71 820 04	.72 132 54	.72 446 04	.72 762 54	.73 080 04	.73 400 54	.73 722 04	.74 046 54	.74 372 04
.71 826 03	.72 138 53	.72 453 03	.72 769 53	.73 087 03	.73 407 53	.73 729 03	.74 053 53	.74 379 03
.71 832 02	.72 145 52	.72 459 02	.72 775 52	.73 093 02	.73 413 52	.73 735 02	.74 059 52	.74 386 02
.71 838 01	.72 151 51	.72 465 01	.72 781 51	.73 099 01	.73 420 51	.73 742 01	.74 066 51	.74 392 01
0.71 845 00	0.72 157 50	0.72 471 00	0.72 788 50	0.73 106 00	0.73 426 50	0.73 748 00	0.74 072 50	0.74 399 00

Find your entering number in the column of heavy print. If there isn't a perfect match, go to the next larger number. The last part of the gaussian is beside it; the first part is above the column.

Gaussians   Gaussians

	.071	.071	.070	.070	.069	.069	.068	.068	.067
0.74 405 99	0.74 734 49	0.75 064 99	0.75 397 49	0.75 732 99	0.76 069 49	0.76 408 99	0.76 750 49	0.77 093 99
.74 412 98	.74 740 48	.75 071 98	.75 403 48	.75 738 98	.76 075 48	.76 415 98	.76 756 48	.77 100 98
.74 418 97	.74 747 47	.75 077 97	.75 410 47	.75 745 97	.76 082 47	.76 422 97	.76 763 47	.77 107 97
.74 425 96	.74 753 46	.75 084 96	.75 417 46	.75 752 96	.76 089 46	.76 428 96	.76 770 46	.77 114 96
.74 431 95	.74 760 45	.75 091 95	.75 423 45	.75 759 95	.76 096 45	.76 435 95	.76 777 45	.77 121 95
.74 438 94	.74 767 44	.75 097 94	.75 430 44	.75 765 94	.76 103 44	.76 442 94	.76 784 44	.77 128 94
.74 445 93	.74 773 43	.75 104 93	.75 437 43	.75 772 93	.76 109 43	.76 449 93	.76 791 43	.77 135 93
.74 451 92	.74 780 42	.75 111 92	.75 444 42	.75 779 92	.76 116 42	.76 456 92	.76 798 42	.77 142 92
.74 458 91	.74 786 41	.75 117 91	.75 450 41	.75 785 91	.76 123 41	.76 462 91	.76 804 41	.77 149 91
.74 464 90	.74 793 40	.75 124 90	.75 457 40	.75 792 90	.76 130 40	.76 469 90	.76 811 40	.77 156 90
.74 471 89	.74 800 39	.75 130 89	.75 464 39	.75 799 89	.76 136 39	.76 476 89	.76 818 39	.77 163 89
.74 477 88	.74 806 38	.75 137 88	.75 470 38	.75 806 88	.76 143 38	.76 483 88	.76 825 38	.77 169 88
.74 484 87	.74 813 37	.75 144 87	.75 477 37	.75 812 87	.76 150 37	.76 490 87	.76 832 37	.77 176 87
.74 490 86	.74 819 36	.75 150 86	.75 484 36	.75 819 86	.76 157 36	.76 497 86	.76 839 36	.77 183 86
.74 497 85	.74 826 35	.75 157 85	.75 490 35	.75 826 85	.76 163 35	.76 503 85	.76 846 35	.77 190 85
.74 504 84	.74 833 34	.75 164 84	.75 497 34	.75 833 84	.76 170 34	.76 510 84	.76 853 34	.77 197 84
.74 510 83	.74 839 33	.75 170 83	.75 504 33	.75 839 83	.76 177 33	.76 517 83	.76 859 33	.77 204 83
.74 517 82	.74 846 32	.75 177 82	.75 510 32	.75 846 82	.76 184 32	.76 524 82	.76 866 32	.77 211 82
.74 523 81	.74 852 31	.75 184 81	.75 517 31	.75 853 81	.76 191 31	.76 531 81	.76 873 31	.77 218 81
.74 530 80	.74 859 30	.75 190 80	.75 524 30	.75 859 80	.76 197 30	.76 538 80	.76 880 30	.77 225 80
.74 536 79	.74 866 29	.75 197 79	.75 530 29	.75 866 79	.76 204 29	.76 544 79	.76 887 29	.77 232 79
.74 543 78	.74 872 28	.75 204 78	.75 537 28	.75 873 78	.76 211 28	.76 551 78	.76 894 28	.77 239 78
.74 549 77	.74 879 27	.75 210 77	.75 544 27	.75 880 77	.76 218 27	.76 558 77	.76 901 27	.77 246 77
.74 556 76	.74 885 26	.75 217 76	.75 551 26	.75 886 76	.76 224 26	.76 565 76	.76 907 26	.77 252 76
0.74 563 75	0.74 892 25	0.75 224 75	0.75 557 25	0.75 893 75	0.76 231 25	0.76 572 75	0.76 914 25	0.77 259 75
.74 569 74	.74 899 24	.75 230 74	.75 564 24	.75 900 74	.76 238 24	.76 579 74	.76 921 24	.77 266 74
.74 576 73	.74 905 23	.75 237 73	.75 571 23	.75 907 73	.76 245 23	.76 585 73	.76 928 23	.77 273 73
.74 582 72	.74 912 22	.75 243 72	.75 577 22	.75 913 72	.76 252 22	.76 592 72	.76 935 22	.77 280 72
.74 589 71	.74 918 21	.75 250 71	.75 584 21	.75 920 71	.76 258 21	.76 599 71	.76 942 21	.77 287 71
.74 595 70	.74 925 20	.75 257 70	.75 591 20	.75 927 70	.76 265 20	.76 606 70	.76 949 20	.77 294 70
.74 602 69	.74 932 19	.75 263 69	.75 597 19	.75 934 69	.76 272 19	.76 613 69	.76 956 19	.77 301 69
.74 609 68	.74 938 18	.75 270 68	.75 604 18	.75 940 68	.76 279 18	.76 620 68	.76 963 18	.77 308 68
.74 615 67	.74 945 17	.75 277 67	.75 611 17	.75 947 67	.76 286 17	.76 626 67	.76 969 17	.77 315 67
.74 622 66	.74 952 16	.75 283 66	.75 618 16	.75 954 66	.76 292 16	.76 633 66	.76 976 16	.77 322 66
.74 628 65	.74 958 15	.75 290 65	.75 624 15	.75 961 65	.76 299 15	.76 640 65	.76 983 15	.77 329 65
.74 635 64	.74 965 14	.75 297 64	.75 631 14	.75 967 64	.76 306 14	.76 647 64	.76 990 14	.77 336 64
.74 641 63	.74 971 13	.75 303 63	.75 638 13	.75 974 63	.76 313 13	.76 654 63	.76 997 13	.77 343 63
.74 648 62	.74 978 12	.75 310 62	.75 644 12	.75 981 62	.76 320 12	.76 661 62	.77 004 12	.77 349 62
.74 655 61	.74 985 11	.75 317 61	.75 651 11	.75 988 61	.76 326 11	.76 667 61	.77 011 11	.77 356 61
.74 661 60	.74 991 10	.75 323 60	.75 658 10	.75 994 60	.76 333 10	.76 674 60	.77 018 10	.77 363 60
.74 668 59	.74 998 09	.75 330 59	.75 664 09	.76 001 59	.76 340 09	.76 681 59	.77 025 09	.77 370 59
.74 674 58	.75 004 08	.75 337 58	.75 671 08	.76 008 58	.76 347 08	.76 688 58	.77 031 08	.77 377 58
.74 681 57	.75 011 07	.75 343 57	.75 678 07	.76 015 57	.76 354 07	.76 695 57	.77 038 07	.77 384 57
.74 688 56	.75 018 06	.75 350 56	.75 685 06	.76 021 56	.76 360 06	.76 702 56	.77 045 06	.77 391 56
.74 694 55	.75 024 05	.75 357 55	.75 691 05	.76 028 55	.76 367 05	.76 708 55	.77 052 05	.77 398 55
.74 701 54	.75 031 04	.75 363 54	.75 698 04	.76 035 54	.76 374 04	.76 715 54	.77 059 04	.77 405 54
.74 707 53	.75 038 03	.75 370 53	.75 705 03	.76 042 53	.76 381 03	.76 722 53	.77 066 03	.77 412 53
.74 714 52	.75 044 02	.75 377 52	.75 711 02	.76 048 52	.76 388 02	.76 729 52	.77 073 02	.77 419 52
.74 720 51	.75 051 01	.75 383 51	.75 718 01	.76 055 51	.76 394 01	.76 736 51	.77 080 01	.77 426 51
0.74 727 50	0.75 057 00	0.75 390 50	0.75 725 00	0.76 062 50	0.76 401 00	0.76 743 50	0.77 087 00	0.77 433 50

Find your entering number in the column of heavy print. If there isn't a perfect match, go to the next larger number. The last part of the gaussian is beside it; the first part is above the column.

Gaussians

.067	.066	.066	.065	.065	.064	.064	.063	.063
0.77 440 49	0.77 788 99	0.78 139 49	0.78 493 99	0.78 849 49	0.79 207 99	0.79 568 49	0.79 932 99	0.80 298 49
.77 447 48	.77 795 98	.78 146 48	.78 500 98	.78 856 48	.79 214 98	.79 576 48	.79 939 98	.80 306 48
.77 454 47	.77 802 97	.78 153 47	.78 507 97	.78 863 47	.79 222 97	.79 583 47	.79 947 97	.80 313 47
.77 461 46	.77 809 96	.78 160 46	.78 514 96	.78 870 46	.79 229 96	.79 590 46	.79 954 96	.80 320 46
.77 468 45	.77 816 95	.78 168 45	.78 521 95	.78 877 45	.79 236 95	.79 597 45	.79 961 95	.80 328 45
.77 474 44	.77 823 94	.78 175 44	.78 528 94	.78 885 44	.79 243 94	.79 605 44	.79 969 94	.80 335 44
.77 481 43	.77 830 93	.78 182 43	.78 535 93	.78 892 43	.79 250 93	.79 612 43	.79 976 93	.80 342 43
.77 488 42	.77 837 92	.78 189 42	.78 543 92	.78 899 42	.79 258 92	.79 619 42	.79 983 92	.80 350 42
.77 495 41	.77 844 91	.78 196 41	.78 550 91	.78 906 41	.79 265 91	.79 626 41	.79 990 91	.80 357 41
.77 502 40	.77 851 90	.78 203 40	.78 557 90	.78 913 40	.79 272 90	.79 634 40	.79 998 90	.80 365 40
.77 509 39	.77 858 89	.78 210 39	.78 564 89	.78 920 39	.79 279 89	.79 641 39	.80 005 89	.80 372 39
.77 516 38	.77 865 88	.78 217 38	.78 571 88	.78 927 38	.79 287 88	.79 648 38	.80 012 88	.80 379 38
.77 523 37	.77 872 87	.78 224 37	.78 578 87	.78 935 37	.79 294 87	.79 655 37	.80 020 87	.80 387 37
.77 530 36	.77 879 86	.78 231 36	.78 585 86	.78 942 36	.79 301 86	.79 663 36	.80 027 86	.80 394 36
.77 537 35	.77 886 85	.78 238 35	.78 592 85	.78 949 35	.79 308 85	.79 670 35	.80 034 85	.80 401 35
.77 544 34	.77 893 84	.78 245 34	.78 599 84	.78 956 34	.79 315 84	.79 677 34	.80 042 84	.80 409 34
.77 551 33	.77 900 83	.78 252 33	.78 606 83	.78 963 33	.79 323 83	.79 684 33	.80 049 83	.80 416 33
.77 558 32	.77 907 82	.78 259 32	.78 614 82	.78 970 32	.79 330 82	.79 692 32	.80 056 82	.80 423 32
.77 565 31	.77 914 81	.78 266 31	.78 621 81	.78 978 31	.79 337 81	.79 699 31	.80 064 81	.80 431 31
.77 572 30	.77 921 80	.78 273 30	.78 628 80	.78 985 30	.79 344 80	.79 706 30	.80 071 80	.80 438 30
.77 579 29	.77 928 79	.78 280 29	.78 635 79	.78 992 29	.79 351 79	.79 714 29	.80 078 79	.80 446 29
.77 586 28	.77 935 78	.78 288 28	.78 642 78	.78 999 28	.79 359 78	.79 721 28	.80 086 78	.80 453 28
.77 593 27	.77 942 77	.78 295 27	.78 649 77	.79 006 27	.79 366 77	.79 728 27	.80 093 77	.80 460 27
.77 600 26	.77 949 76	.78 302 26	.78 656 76	.79 013 26	.79 373 76	.79 735 26	.80 100 76	.80 468 26
0.77 607 25	0.77 957 75	0.78 309 25	0.78 663 75	0.79 021 25	0.79 380 75	0.79 743 25	0.80 108 75	0.80 475 25
.77 614 24	.77 964 74	.78 316 24	.78 670 74	.79 028 24	.79 387 74	.79 750 24	.80 115 74	.80 482 24
.77 621 23	.77 971 73	.78 323 23	.78 678 73	.79 035 23	.79 395 73	.79 757 23	.80 122 73	.80 490 23
.77 628 22	.77 978 72	.78 330 22	.78 685 72	.79 042 22	.79 402 72	.79 764 22	.80 129 72	.80 497 22
.77 635 21	.77 985 71	.78 337 21	.78 692 71	.79 049 21	.79 409 71	.79 772 21	.80 137 71	.80 505 21
.77 642 20	.77 992 70	.78 344 20	.78 699 70	.79 056 20	.79 416 70	.79 779 20	.80 144 70	.80 512 20
.77 649 19	.77 999 69	.78 351 19	.78 706 69	.79 064 19	.79 424 69	.79 786 19	.80 151 69	.80 519 19
.77 656 18	.78 006 68	.78 358 18	.78 713 68	.79 071 18	.79 431 68	.79 794 18	.80 159 68	.80 527 18
.77 663 17	.78 013 67	.78 365 17	.78 720 67	.79 078 17	.79 438 67	.79 801 17	.80 166 67	.80 534 17
.77 670 16	.78 020 66	.78 372 16	.78 727 66	.79 085 16	.79 445 66	.79 808 16	.80 173 66	.80 542 16
.77 676 15	.78 027 65	.78 379 15	.78 735 65	.79 092 15	.79 453 65	.79 815 15	.80 181 65	.80 549 15
.77 683 14	.78 034 64	.78 387 14	.78 742 64	.79 099 14	.79 460 64	.79 823 14	.80 188 64	.80 556 14
.77 690 13	.78 041 63	.78 394 13	.78 749 63	.79 107 13	.79 467 63	.79 830 13	.80 195 63	.80 564 13
.77 697 12	.78 048 62	.78 401 12	.78 756 62	.79 114 12	.79 474 62	.79 837 12	.80 203 62	.80 571 12
.77 704 11	.78 055 61	.78 408 11	.78 763 61	.79 121 11	.79 481 61	.79 844 11	.80 210 61	.80 579 11
.77 711 10	.78 062 60	.78 415 10	.78 770 60	.79 128 10	.79 489 60	.79 852 10	.80 218 60	.80 586 10
.77 718 09	.78 069 59	.78 422 09	.78 777 59	.79 135 09	.79 496 59	.79 859 09	.80 225 59	.80 593 09
.77 725 08	.78 076 58	.78 429 08	.78 785 58	.79 143 08	.79 503 58	.79 866 08	.80 232 58	.80 601 08
.77 732 07	.78 083 57	.78 436 07	.78 792 57	.79 150 07	.79 510 57	.79 874 07	.80 240 57	.80 608 07
.77 739 06	.78 090 56	.78 443 06	.78 799 56	.79 157 06	.79 518 56	.79 881 06	.80 247 56	.80 616 06
.77 746 05	.78 097 55	.78 450 05	.78 806 55	.79 164 05	.79 525 55	.79 888 05	.80 254 55	.80 623 05
.77 753 04	.78 104 54	.78 457 04	.78 813 54	.79 171 04	.79 532 54	.79 896 04	.80 262 54	.80 630 04
.77 760 03	.78 111 53	.78 464 03	.78 820 53	.79 179 03	.79 539 53	.79 903 03	.80 269 53	.80 638 03
.77 767 02	.78 118 52	.78 472 02	.78 827 52	.79 186 02	.79 547 52	.79 910 02	.80 276 52	.80 645 02
.77 774 01	.78 125 51	.78 479 01	.78 835 51	.79 193 01	.79 554 51	.79 917 01	.80 284 51	.80 653 01
0.77 781 00	0.78 132 50	0.78 486 00	0.78 842 50	0.79 200 00	0.79 561 50	0.79 925 00	0.80 291 50	0.80 660 00

Find your entering number in the column of heavy print. If there isn't a perfect match, go to the next larger number. The last part of the gaussian is beside it; the first part is above the column.

Gaussians

.062	.062	.061	.061	.060	.060	.059	.059	.058
0.80 667 99	0.81 039 49	0.81 414 99	0.81 791 49	0.82 171 99	0.82 554 49	0.82 940 99	0.83 329 49	0.83 722 99
.80 675 98	.81 047 48	.81 421 98	.81 798 48	.82 179 98	.82 562 48	.82 948 98	.83 337 48	.83 729 98
.80 682 97	.81 054 47	.81 429 97	.81 806 47	.82 186 97	.82 570 47	.82 956 97	.83 345 47	.83 737 97
.80 690 96	.81 061 46	.81 436 96	.81 814 46	.82 194 96	.82 577 46	.82 964 96	.83 353 46	.83 745 96
.80 697 95	.81 069 45	.81 444 95	.81 821 45	.82 202 95	.82 585 45	.82 971 95	.83 361 45	.83 753 95
.80 704 94	.81 076 44	.81 451 94	.81 829 44	.82 209 94	.82 593 44	.82 979 94	.83 368 44	.83 761 94
.80 712 93	.81 084 43	.81 459 93	.81 836 43	.82 217 93	.82 600 43	.82 987 93	.83 376 43	.83 769 93
.80 719 92	.81 091 42	.81 466 92	.81 844 42	.82 225 92	.82 608 42	.82 995 92	.83 384 42	.83 777 92
.80 727 91	.81 099 41	.81 474 91	.81 852 41	.82 232 91	.82 616 41	.83 002 91	.83 392 41	.83 785 91
.80 734 90	.81 106 40	.81 481 90	.81 859 40	.82 240 90	.82 624 40	.83 010 90	.83 400 40	.83 792 90
.80 741 89	.81 114 39	.81 489 89	.81 867 39	.82 248 89	.82 631 39	.83 018 89	.83 408 39	.83 800 89
.80 749 88	.81 121 38	.81 496 88	.81 874 38	.82 255 88	.82 639 38	.83 026 88	.83 415 38	.83 808 88
.80 756 87	.81 129 37	.81 504 87	.81 882 37	.82 263 87	.82 647 37	.83 033 87	.83 423 37	.83 816 87
.80 764 86	.81 136 36	.81 511 86	.81 889 36	.82 270 86	.82 654 36	.83 041 86	.83 431 36	.83 824 86
.80 771 85	.81 144 35	.81 519 85	.81 897 35	.82 278 85	.82 662 35	.83 049 85	.83 439 35	.83 832 85
.80 779 84	.81 151 34	.81 526 84	.81 905 34	.82 286 84	.82 670 34	.83 057 84	.83 447 34	.83 840 84
.80 786 83	.81 159 33	.81 534 83	.81 912 33	.82 293 83	.82 677 33	.83 065 83	.83 455 33	.83 848 83
.80 793 82	.81 166 32	.81 542 82	.81 920 32	.82 301 82	.82 685 32	.83 072 82	.83 462 32	.83 856 82
.80 801 81	.81 174 31	.81 549 81	.81 927 31	.82 309 81	.82 693 31	.83 080 81	.83 470 31	.83 864 81
.80 808 80	.81 181 30	.81 557 80	.81 935 30	.82 316 80	.82 701 30	.83 088 80	.83 478 30	.83 871 80
.80 816 79	.81 189 29	.81 564 79	.81 943 29	.82 324 79	.82 708 29	.83 096 79	.83 486 29	.83 879 79
.80 823 78	.81 196 28	.81 572 78	.81 950 28	.82 332 78	.82 716 28	.83 103 78	.83 494 28	.83 887 78
.80 831 77	.81 204 27	.81 579 77	.81 958 27	.82 339 77	.82 724 27	.83 111 77	.83 502 27	.83 895 77
.80 838 76	.81 211 26	.81 587 76	.81 965 26	.82 347 76	.82 731 26	.83 119 76	.83 509 26	.83 903 76
0.80 845 75	0.81 218 25	0.81 594 75	0.81 973 25	0.82 355 75	0.82 739 25	0.83 127 75	0.83 517 25	0.83 911 75
.80 853 74	.81 226 24	.81 602 74	.81 981 24	.82 362 74	.82 747 24	.83 134 74	.83 525 24	.83 919 74
.80 860 73	.81 233 23	.81 609 73	.81 988 23	.82 370 73	.82 755 23	.83 142 73	.83 533 23	.83 927 73
.80 868 72	.81 241 22	.81 617 72	.81 996 22	.82 378 72	.82 762 22	.83 150 72	.83 541 22	.83 935 72
.80 875 71	.81 248 21	.81 625 71	.82 003 21	.82 385 71	.82 770 21	.83 158 71	.83 549 21	.83 943 71
.80 883 70	.81 256 20	.81 632 70	.82 011 20	.82 393 70	.82 778 20	.83 166 70	.83 556 20	.83 950 70
.80 890 69	.81 263 19	.81 640 69	.82 019 19	.82 401 69	.82 786 19	.83 173 69	.83 564 19	.83 958 69
.80 897 68	.81 271 18	.81 647 68	.82 026 18	.82 408 68	.82 793 18	.83 181 68	.83 572 18	.83 966 68
.80 905 67	.81 278 17	.81 655 67	.82 034 17	.82 416 67	.82 801 17	.83 189 67	.83 580 17	.83 974 67
.80 912 66	.81 286 16	.81 662 66	.82 042 16	.82 424 66	.82 809 16	.83 197 66	.83 588 16	.83 982 66
.80 920 65	.81 293 15	.81 670 65	.82 049 15	.82 431 65	.82 816 15	.83 205 65	.83 596 15	.83 990 65
.80 927 64	.81 301 14	.81 677 64	.82 057 14	.82 439 64	.82 824 14	.83 212 64	.83 604 14	.83 998 64
.80 935 63	.81 308 13	.81 685 63	.82 064 13	.82 447 63	.82 832 13	.83 220 63	.83 611 13	.84 006 63
.80 942 62	.81 316 12	.81 693 62	.82 072 12	.82 454 62	.82 840 12	.83 228 62	.83 619 12	.84 014 62
.80 950 61	.81 323 11	.81 700 61	.82 080 11	.82 462 61	.82 847 11	.83 236 61	.83 627 11	.84 022 61
.80 957 60	.81 331 10	.81 708 60	.82 087 10	.82 470 60	.82 855 10	.83 244 60	.83 635 10	.84 030 60
.80 965 59	.81 338 09	.81 715 59	.82 095 09	.82 477 59	.82 863 09	.83 251 59	.83 643 09	.84 038 59
.80 972 58	.81 346 08	.81 723 58	.82 102 08	.82 485 58	.82 871 08	.83 259 58	.83 651 08	.84 045 58
.80 979 57	.81 353 07	.81 730 57	.82 110 07	.82 493 57	.82 878 07	.83 267 57	.83 659 07	.84 053 57
.80 987 56	.81 361 06	.81 738 56	.82 118 06	.82 500 56	.82 886 06	.83 275 56	.83 666 06	.84 061 56
.80 994 55	.81 369 05	.81 745 55	.82 125 05	.82 508 55	.82 894 05	.83 283 55	.83 674 05	.84 069 55
.81 002 54	.81 376 04	.81 753 54	.82 133 04	.82 516 54	.82 902 04	.83 290 54	.83 682 04	.84 077 54
.81 009 53	.81 384 03	.81 761 53	.82 141 03	.82 523 53	.82 909 03	.83 298 53	.83 690 03	.84 085 53
.81 017 52	.81 391 02	.81 768 52	.82 148 02	.82 531 52	.82 917 02	.83 306 52	.83 698 02	.84 093 52
.81 024 51	.81 399 01	.81 776 51	.82 156 01	.82 539 51	.82 925 01	.83 314 51	.83 706 01	.84 101 51
0.81 032 50	0.81 406 00	0.81 783 50	0.82 163 00	0.82 547 50	0.82 933 00	0.83 322 50	0.83 714 00	0.84 109 50

Find your entering number in the column of heavy print. If there isn't a perfect match, go to the next larger number. The last part of the gaussian is beside it; the first part is above the column.

Gaussians   Gaussians

	.058	.057	.057	.056	.056	.055	.055	.054	.054
	0.84 117 49	0.84 515 99	0.84 917 49	0.85 322 99	0.85 730 49	0.86 142 99	0.86 557 49	0.86 976 99	0.87 398 49
	.84 125 48	.84 523 98	.84 925 48	.85 330 98	.85 738 48	.86 150 98	.86 565 48	.86 984 98	.87 406 48
	.84 133 47	.84 531 97	.84 933 47	.85 338 97	.85 747 47	.86 158 97	.86 574 47	.86 992 97	.87 415 47
	.84 141 46	.84 539 96	.84 941 46	.85 346 96	.85 755 46	.86 167 96	.86 582 46	.87 001 96	.87 423 46
	.84 149 45	.84 547 95	.84 949 45	.85 354 95	.85 763 45	.86 175 95	.86 590 45	.87 009 95	.87 432 45
	.84 157 44	.84 555 94	.84 957 44	.85 363 94	.85 771 44	.86 183 94	.86 599 44	.87 018 94	.87 440 44
	.84 164 43	.84 563 93	.84 965 43	.85 371 93	.85 779 43	.86 191 93	.86 607 43	.87 026 93	.87 449 43
	.84 172 42	.84 571 92	.84 973 42	.85 379 92	.85 788 42	.86 200 92	.86 615 42	.87 035 92	.87 457 42
	.84 180 41	.84 579 91	.84 982 41	.85 387 91	.85 796 41	.86 208 91	.86 624 41	.87 043 91	.87 466 41
	.84 188 40	.84 587 90	.84 990 40	.85 395 90	.85 804 40	.86 216 90	.86 632 40	.87 051 90	.87 474 40
	.84 196 39	.84 595 89	.84 998 39	.85 403 89	.85 812 39	.86 225 89	.86 640 39	.87 060 89	.87 483 39
	.84 204 38	.84 603 88	.85 006 38	.85 411 88	.85 820 38	.86 233 88	.86 649 38	.87 068 88	.87 491 38
	.84 212 37	.84 611 87	.85 014 37	.85 420 87	.85 829 37	.86 241 87	.86 657 37	.87 077 87	.87 500 37
	.84 220 36	.84 619 86	.85 022 36	.85 428 86	.85 837 36	.86 249 86	.86 666 36	.87 085 86	.87 508 36
	.84 228 35	.84 627 85	.85 030 35	.85 436 85	.85 845 35	.86 258 85	.86 674 35	.87 094 85	.87 517 35
	.84 236 34	.84 635 84	.85 038 34	.85 444 84	.85 853 34	.86 266 84	.86 682 34	.87 102 84	.87 525 34
	.84 244 33	.84 643 83	.85 046 33	.85 452 83	.85 862 33	.86 274 83	.86 691 33	.87 110 83	.87 534 33
	.84 252 32	.84 651 82	.85 054 32	.85 460 82	.85 870 32	.86 283 82	.86 699 32	.87 119 82	.87 542 32
	.84 260 31	.84 660 81	.85 062 31	.85 468 81	.85 878 31	.86 291 81	.86 707 31	.87 127 81	.87 551 31
	.84 268 30	.84 668 80	.85 070 30	.85 477 80	.85 886 30	.86 299 80	.86 716 30	.87 136 80	.87 559 30
	.84 276 29	.84 676 79	.85 079 29	.85 485 79	.85 894 29	.86 308 79	.86 724 29	.87 144 79	.87 568 29
	.84 284 28	.84 684 78	.85 087 28	.85 493 78	.85 903 28	.86 316 78	.86 732 28	.87 153 78	.87 576 28
	.84 292 27	.84 692 77	.85 095 27	.85 501 77	.85 911 27	.86 324 77	.86 741 27	.87 161 77	.87 585 27
	.84 300 26	.84 700 76	.85 103 26	.85 509 76	.85 919 26	.86 332 76	.86 749 26	.87 169 76	.87 593 26
	0.84 308 25	0.84 708 75	0.85 111 25	0.85 517 75	0.85 927 25	0.86 341 75	0.86 758 25	0.87 178 75	0.87 602 25
	.84 316 24	.84 716 74	.85 119 24	.85 526 74	.85 936 24	.86 349 74	.86 766 24	.87 186 74	.87 610 24
	.84 324 23	.84 724 73	.85 127 23	.85 534 73	.85 944 23	.86 357 73	.86 774 23	.87 195 73	.87 619 23
	.84 332 22	.84 732 72	.85 135 22	.85 542 72	.85 952 22	.86 366 72	.86 783 22	.87 203 72	.87 627 22
	.84 340 21	.84 740 71	.85 143 21	.85 550 71	.85 960 21	.86 374 71	.86 791 21	.87 212 71	.87 636 21
	.84 348 20	.84 748 70	.85 151 20	.85 558 70	.85 969 20	.86 382 70	.86 799 20	.87 220 70	.87 644 20
	.84 356 19	.84 756 69	.85 160 19	.85 566 69	.85 977 19	.86 391 69	.86 808 19	.87 229 69	.87 653 19
	.84 363 18	.84 764 68	.85 168 18	.85 575 68	.85 985 18	.86 399 68	.86 816 18	.87 237 68	.87 662 18
	.84 371 17	.84 772 67	.85 176 17	.85 583 67	.85 993 17	.86 407 67	.86 825 17	.87 245 67	.87 670 17
	.84 379 16	.84 780 66	.85 184 16	.85 591 66	.86 002 16	.86 415 66	.86 833 16	.87 254 66	.87 679 16
	.84 387 15	.84 788 65	.85 192 15	.85 599 65	.86 010 15	.86 424 65	.86 841 15	.87 262 65	.87 687 15
	.84 395 14	.84 796 64	.85 200 14	.85 607 64	.86 018 14	.86 432 64	.86 850 14	.87 271 64	.87 696 14
	.84 403 13	.84 804 63	.85 208 13	.85 616 63	.86 026 13	.86 440 63	.86 858 13	.87 279 63	.87 704 13
	.84 411 12	.84 812 62	.85 216 12	.85 624 62	.86 034 12	.86 449 62	.86 866 12	.87 288 62	.87 713 12
	.84 419 11	.84 820 61	.85 224 11	.85 632 61	.86 043 11	.86 457 61	.86 875 11	.87 296 61	.87 721 11
	.84 427 10	.84 828 60	.85 233 10	.85 640 60	.86 051 10	.86 465 60	.86 883 10	.87 305 60	.87 730 10
	.84 435 09	.84 836 59	.85 241 09	.85 648 59	.86 059 09	.86 474 59	.86 892 09	.87 313 59	.87 738 09
	.84 443 08	.84 844 58	.85 249 08	.85 656 58	.86 068 08	.86 482 58	.86 900 08	.87 322 58	.87 747 08
	.84 451 07	.84 852 57	.85 257 07	.85 665 57	.86 076 07	.86 490 57	.86 908 07	.87 330 57	.87 755 07
	.84 459 06	.84 861 56	.85 265 06	.85 673 56	.86 084 06	.86 499 56	.86 917 06	.87 339 56	.87 764 06
	.84 467 05	.84 869 55	.85 273 05	.85 681 55	.86 092 05	.86 507 55	.86 925 05	.87 347 55	.87 773 05
	.84 475 04	.84 877 54	.85 281 04	.85 689 54	.86 101 04	.86 515 54	.86 934 04	.87 356 54	.87 781 04
	.84 483 03	.84 885 53	.85 289 03	.85 697 53	.86 109 03	.86 524 53	.86 942 03	.87 364 53	.87 790 03
	.84 491 02	.84 893 52	.85 298 02	.85 706 52	.86 117 02	.86 532 52	.86 950 02	.87 372 52	.87 798 02
	.84 499 01	.84 901 51	.85 306 01	.85 714 51	.86 125 01	.86 540 51	.86 959 01	.87 381 51	.87 807 01
	0.84 507 00	0.84 909 50	0.85 314 00	0.85 722 50	0.86 134 00	0.86 549 50	0.86 967 00	0.87 389 50	0.87 815 00

Find your entering number in the column of heavy print. If there isn't a perfect match, go to the next larger number. The last part of the gaussian is beside it; the first part is above the column.

Gaussians   Gaussians

	.053	.053	.052	.052	.051	.051	.050	.050	.049
0.87 824 99	0.88 253 49	0.88 687 99	0.89 124 49	0.89 565 99	0.90 011 49	0.90 460 99	0.90 913 49	0.91 371 99
.87 832 98	.88 262 48	.88 696 98	.89 133 48	.89 574 98	.90 020 48	.90 469 98	.90 923 48	.91 380 98
.87 841 97	.88 271 47	.88 704 97	.89 142 47	.89 583 97	.90 028 47	.90 478 97	.90 932 47	.91 390 97
.87 849 96	.88 279 46	.88 713 96	.89 151 46	.89 592 96	.90 037 46	.90 487 96	.90 941 46	.91 399 96
.87 858 95	.88 288 45	.88 722 95	.89 159 45	.89 601 95	.90 046 45	.90 496 95	.90 950 45	.91 408 95
.87 867 94	.88 297 44	.88 730 94	.89 168 44	.89 610 94	.90 055 44	.90 505 94	.90 959 44	.91 417 94
.87 875 93	.88 305 43	.88 739 93	.89 177 43	.89 619 93	.90 064 43	.90 514 93	.90 968 43	.91 426 93
.87 884 92	.88 314 42	.88 748 92	.89 186 42	.89 627 92	.90 073 42	.90 523 92	.90 977 42	.91 436 92
.87 892 91	.88 323 41	.88 757 91	.89 194 41	.89 636 91	.90 082 41	.90 532 91	.90 986 41	.91 445 91
.87 901 90	.88 331 40	.88 765 90	.89 203 40	.89 645 90	.90 091 40	.90 541 90	.90 995 40	.91 454 90
.87 909 89	.88 340 39	.88 774 89	.89 212 39	.89 654 89	.90 100 39	.90 550 89	.91 005 39	.91 463 89
.87 918 88	.88 348 38	.88 783 88	.89 221 38	.89 663 88	.90 109 38	.90 559 88	.91 014 38	.91 472 88
.87 927 87	.88 357 37	.88 791 87	.89 230 37	.89 672 87	.90 118 37	.90 568 87	.91 023 37	.91 482 87
.87 935 86	.88 366 36	.88 800 86	.89 238 36	.89 681 86	.90 127 36	.90 577 86	.91 032 36	.91 491 86
.87 944 85	.88 374 35	.88 809 85	.89 247 35	.89 690 85	.90 136 35	.90 586 85	.91 041 35	.91 500 85
.87 952 84	.88 383 34	.88 818 84	.89 256 34	.89 699 84	.90 145 34	.90 596 84	.91 050 34	.91 509 84
.87 961 83	.88 392 33	.88 826 83	.89 265 33	.89 707 83	.90 154 33	.90 605 83	.91 059 33	.91 519 83
.87 969 82	.88 400 32	.88 835 82	.89 274 32	.89 716 82	.90 163 32	.90 614 82	.91 069 32	.91 528 82
.87 978 81	.88 409 31	.88 844 81	.89 283 31	.89 725 81	.90 172 31	.90 623 81	.91 078 31	.91 537 81
.87 987 80	.88 418 30	.88 853 80	.89 291 30	.89 734 80	.90 181 30	.90 632 80	.91 087 30	.91 546 80
.87 995 79	.88 426 29	.88 861 79	.89 300 29	.89 743 79	.90 190 29	.90 641 79	.91 096 29	.91 555 79
.88 004 78	.88 435 28	.88 870 78	.89 309 28	.89 752 78	.90 199 28	.90 650 78	.91 105 28	.91 565 78
.88 012 77	.88 444 27	.88 879 77	.89 318 27	.89 761 77	.90 208 27	.90 659 77	.91 114 27	.91 574 77
.88 021 76	.88 452 26	.88 888 76	.89 327 26	.89 770 76	.90 217 26	.90 668 76	.91 123 26	.91 583 76
0.88 030 75	0.88 461 25	0.88 896 75	0.89 335 25	0.89 779 75	0.90 226 25	0.90 677 75	0.91 133 25	0.91 592 75
.88 038 74	.88 470 24	.88 905 74	.89 344 24	.89 787 74	.90 235 24	.90 686 74	.91 142 24	.91 602 74
.88 047 73	.88 478 23	.88 914 73	.89 353 23	.89 796 73	.90 244 23	.90 695 73	.91 151 23	.91 611 73
.88 055 72	.88 487 22	.88 923 72	.89 362 22	.89 805 72	.90 253 22	.90 704 72	.91 160 22	.91 620 72
.88 064 71	.88 496 21	.88 931 71	.89 371 21	.89 814 71	.90 262 21	.90 713 71	.91 169 21	.91 629 71
.88 073 70	.88 504 20	.88 940 70	.89 380 20	.89 823 70	.90 271 20	.90 722 70	.91 178 20	.91 639 70
.88 081 69	.88 513 19	.88 949 69	.89 388 19	.89 832 69	.90 280 19	.90 732 69	.91 188 19	.91 648 69
.88 090 68	.88 522 18	.88 958 68	.89 397 18	.89 841 68	.90 289 18	.90 741 68	.91 197 18	.91 657 68
.88 098 67	.88 530 17	.88 966 67	.89 406 17	.89 850 67	.90 298 17	.90 750 67	.91 206 17	.91 666 67
.88 107 66	.88 539 16	.88 975 66	.89 415 16	.89 859 66	.90 307 16	.90 759 66	.91 215 16	.91 676 66
.88 116 65	.88 548 15	.88 984 65	.89 424 15	.89 868 65	.90 316 15	.90 768 65	.91 224 15	.91 685 65
.88 124 64	.88 556 14	.88 993 64	.89 433 14	.89 877 64	.90 325 14	.90 777 64	.91 233 14	.91 694 64
.88 133 63	.88 565 13	.89 001 63	.89 441 13	.89 886 63	.90 334 13	.90 786 63	.91 243 13	.91 703 63
.88 141 62	.88 574 12	.89 010 62	.89 450 12	.89 894 62	.90 343 12	.90 795 62	.91 252 12	.91 713 62
.88 150 61	.88 582 11	.89 019 61	.89 459 11	.89 903 61	.90 352 11	.90 804 61	.91 261 11	.91 722 61
.88 159 60	.88 591 10	.89 028 60	.89 468 10	.89 912 60	.90 361 10	.90 813 60	.91 270 10	.91 731 60
.88 167 59	.88 600 09	.89 036 59	.89 477 09	.89 921 59	.90 370 09	.90 822 59	.91 279 09	.91 740 59
.88 176 58	.88 609 08	.89 045 58	.89 486 08	.89 930 58	.90 379 08	.90 831 58	.91 288 08	.91 750 58
.88 184 57	.88 617 07	.89 054 57	.89 495 07	.89 939 57	.90 388 07	.90 841 57	.91 298 07	.91 759 57
.88 193 56	.88 626 06	.89 063 56	.89 503 06	.89 948 56	.90 397 06	.90 850 56	.91 307 06	.91 768 56
.88 202 55	.88 635 05	.89 071 55	.89 512 05	.89 957 55	.90 406 05	.90 859 55	.91 316 05	.91 778 55
.88 210 54	.88 643 04	.89 080 54	.89 521 04	.89 966 54	.90 415 04	.90 868 54	.91 325 04	.91 787 54
.88 219 53	.88 652 03	.89 089 53	.89 530 03	.89 975 53	.90 424 03	.90 877 53	.91 334 03	.91 796 53
.88 228 52	.88 661 02	.89 098 52	.89 539 02	.89 984 52	.90 433 02	.90 886 52	.91 344 02	.91 805 52
.88 236 51	.88 669 01	.89 107 51	.89 548 01	.89 993 51	.90 442 01	.90 895 51	.91 353 01	.91 815 51
0.88 245 50	0.88 678 00	0.89 115 50	0.89 556 00	0.90 002 50	0.90 451 00	0.90 904 50	0.91 362 00	0.91 824 50

Find your entering number in the column of heavy print. If there isn't a perfect match, go to the next larger number. The last part of the gaussian is beside it; the first part is above the column.

Gaussians

.049	.048	.048	.047	.047	.046	.046	.045	.045
0.91 833 49	0.92 300 99	0.92 771 49	0.93 246 99	0.93 727 49	0.94 212 99	0.94 702 49	0.95 197 99	0.95 697 49
.91 843 48	.92 309 98	.92 780 48	.93 256 98	.93 736 48	.94 222 98	.94 712 48	.95 207 98	.95 707 48
.91 852 47	.92 319 97	.92 790 47	.93 266 97	.93 746 47	.94 231 97	.94 722 47	.95 217 97	.95 718 47
.91 861 46	.92 328 96	.92 799 46	.93 275 96	.93 756 46	.94 241 96	.94 732 46	.95 227 96	.95 728 46
.91 870 45	.92 337 95	.92 809 45	.93 285 95	.93 765 45	.94 251 95	.94 741 45	.95 237 95	.95 738 45
.91 880 44	.92 347 94	.92 818 44	.93 294 94	.93 775 44	.94 261 94	.94 751 44	.95 247 94	.95 748 44
.91 889 43	.92 356 93	.92 828 43	.93 304 93	.93 785 43	.94 271 93	.94 761 43	.95 257 93	.95 758 43
.91 898 42	.92 365 92	.92 837 42	.93 313 92	.93 794 42	.94 280 92	.94 771 42	.95 267 92	.95 768 42
.91 908 41	.92 375 91	.92 847 41	.93 323 91	.93 804 41	.94 290 91	.94 781 41	.95 277 91	.95 778 41
.91 917 40	.92 384 90	.92 856 40	.93 333 90	.93 814 40	.94 300 90	.94 791 40	.95 287 90	.95 788 40
.91 926 39	.92 394 89	.92 866 39	.93 342 89	.93 823 39	.94 310 89	.94 801 39	.95 297 89	.95 798 39
.91 935 38	.92 403 88	.92 875 38	.93 352 88	.93 833 38	.94 319 88	.94 811 38	.95 307 88	.95 808 38
.91 945 37	.92 412 87	.92 885 37	.93 361 87	.93 843 37	.94 329 87	.94 820 37	.95 317 87	.95 818 37
.91 954 36	.92 422 86	.92 894 36	.93 371 86	.93 852 36	.94 339 86	.94 830 36	.95 327 86	.95 828 36
.91 963 35	.92 431 85	.92 904 35	.93 380 85	.93 862 35	.94 349 85	.94 840 35	.95 337 85	.95 838 35
.91 973 34	.92 441 84	.92 913 34	.93 390 84	.93 872 34	.94 358 84	.94 850 34	.95 347 84	.95 849 34
.91 982 33	.92 450 83	.92 922 33	.93 400 83	.93 882 33	.94 368 83	.94 860 33	.95 357 83	.95 859 33
.91 991 32	.92 459 82	.92 932 32	.93 409 82	.93 891 32	.94 378 82	.94 870 32	.95 367 82	.95 869 32
.92 001 31	.92 469 81	.92 941 31	.93 419 81	.93 901 31	.94 388 81	.94 880 31	.95 377 81	.95 879 31
.92 010 30	.92 478 80	.92 951 30	.93 428 80	.93 911 30	.94 398 80	.94 890 30	.95 387 80	.95 889 30
.92 019 29	.92 488 79	.92 960 29	.93 438 79	.93 920 29	.94 407 79	.94 900 29	.95 397 79	.95 899 29
.92 029 28	.92 497 78	.92 970 28	.93 448 78	.93 930 28	.94 417 78	.94 909 28	.95 407 78	.95 909 28
.92 038 27	.92 506 77	.92 980 27	.93 457 77	.93 940 27	.94 427 77	.94 919 27	.95 417 77	.95 919 27
.92 047 26	.92 516 76	.92 989 26	.93 467 76	.93 949 26	.94 437 76	.94 929 26	.95 427 76	.95 929 26
0.92 057 25	0.92 525 75	0.92 999 25	0.93 476 75	0.93 959 25	0.94 447 75	0.94 939 25	0.95 437 75	0.95 939 25
.92 066 24	.92 535 74	.93 008 24	.93 486 74	.93 969 24	.94 456 74	.94 949 24	.95 447 74	.95 949 24
.92 075 23	.92 544 73	.93 018 23	.93 496 73	.93 978 23	.94 466 73	.94 959 23	.95 457 73	.95 960 23
.92 085 22	.92 554 72	.93 027 22	.93 505 72	.93 988 22	.94 476 72	.94 969 22	.95 467 72	.95 970 22
.92 094 21	.92 563 71	.93 037 21	.93 515 71	.93 998 21	.94 486 71	.94 979 21	.95 477 71	.95 980 21
.92 103 20	.92 572 70	.93 046 20	.93 524 70	.94 008 20	.94 496 70	.94 989 20	.95 487 70	.95 990 20
.92 113 19	.92 582 69	.93 056 19	.93 534 69	.94 017 19	.94 505 69	.94 999 19	.95 497 69	.96 000 19
.92 122 18	.92 591 68	.93 065 18	.93 544 68	.94 027 18	.94 515 68	.95 008 18	.95 507 68	.96 010 18
.92 131 17	.92 601 67	.93 075 17	.93 553 67	.94 037 17	.94 525 67	.95 018 17	.95 517 67	.96 020 17
.92 141 16	.92 610 66	.93 084 16	.93 563 66	.94 046 16	.94 535 66	.95 028 16	.95 527 66	.96 030 16
.92 150 15	.92 620 65	.93 094 15	.93 573 65	.94 056 15	.94 545 65	.95 038 15	.95 537 65	.96 041 15
.92 159 14	.92 629 64	.93 103 14	.93 582 64	.94 066 14	.94 555 64	.95 048 14	.95 547 64	.96 051 14
.92 169 13	.92 638 63	.93 113 13	.93 592 63	.94 076 13	.94 564 63	.95 058 13	.95 557 63	.96 061 13
.92 178 12	.92 648 62	.93 122 12	.93 601 62	.94 085 12	.94 574 62	.95 068 12	.95 567 62	.96 071 12
.92 187 11	.92 657 61	.93 132 11	.93 611 61	.94 095 11	.94 584 61	.95 078 11	.95 577 61	.96 081 11
.92 197 10	.92 667 60	.93 141 10	.93 621 60	.94 105 10	.94 594 60	.95 088 10	.95 587 60	.96 091 10
.92 206 09	.92 676 59	.93 151 09	.93 630 59	.94 115 09	.94 604 59	.95 098 09	.95 597 59	.96 101 09
.92 215 08	.92 686 58	.93 160 08	.93 640 58	.94 124 08	.94 613 58	.95 108 08	.95 607 58	.96 112 08
.92 225 07	.92 695 57	.93 170 07	.93 650 57	.94 134 07	.94 623 57	.95 118 07	.95 617 57	.96 122 07
.92 234 06	.92 705 56	.93 180 06	.93 659 56	.94 144 06	.94 633 56	.95 128 06	.95 627 56	.96 132 06
.92 244 05	.92 714 55	.93 189 05	.93 669 55	.94 154 05	.94 643 55	.95 137 05	.95 637 55	.96 142 05
.92 253 04	.92 723 54	.93 199 04	.93 679 54	.94 163 04	.94 653 54	.95 147 04	.95 647 54	.96 152 04
.92 262 03	.92 733 53	.93 208 03	.93 688 53	.94 173 03	.94 663 53	.95 157 03	.95 657 53	.96 162 03
.92 272 02	.92 742 52	.93 218 02	.93 698 52	.94 183 02	.94 673 52	.95 167 02	.95 667 52	.96 172 02
.92 281 01	.92 752 51	.93 227 01	.93 708 51	.94 192 01	.94 682 51	.95 177 01	.95 677 51	.96 183 01
0.92 290 00	0.92 761 50	0.93 237 00	0.93 717 50	0.94 202 00	0.94 692 50	0.95 187 00	0.95 687 50	0.96 193 00

Find your entering number in the column of heavy print. If there isn't a perfect match, go to the next larger number. The last part of the gaussian is beside it; the first part is above the column.

Gaussians   Gaussians

	.044	.044	.043	.043	.042	.042	.041	.041	.040
0.96 203 99	0.96 714 49	0.97 230 99	0.97 752 49	0.98 280 99	0.98 813 49	0.99 353 99	0.99 898 49	1.00 450 99
.96 213 98	.96 724 48	.97 240 98	.97 762 48	.98 290 98	.98 824 48	.99 364 98	.99 909 48	1.00 462 98
.96 223 97	.96 734 47	.97 251 97	.97 773 47	.98 301 97	.98 835 47	.99 374 97	.99 920 47	1.00 473 97
.96 233 96	.96 745 46	.97 261 96	.97 783 46	.98 312 96	.98 845 46	.99 385 96	.99 931 46	1.00 484 96
.96 244 95	.96 755 45	.97 272 95	.97 794 45	.98 322 95	.98 856 45	.99 396 95	.99 942 45	1.00 495 95
.96 254 94	.96 765 44	.97 282 94	.97 804 44	.98 333 94	.98 867 44	.99 407 94	.99 953 44	1.00 506 94
.96 264 93	.96 775 43	.97 292 93	.97 815 43	.98 343 93	.98 878 43	.99 418 93	.99 964 43	1.00 517 93
.96 274 92	.96 786 42	.97 303 92	.97 826 42	.98 354 92	.98 888 42	.99 429 92	.99 975 42	1.00 528 92
.96 284 91	.96 796 41	.97 313 91	.97 836 41	.98 365 91	.98 899 41	.99 440 91	.99 986 41	1.00 539 91
.96 294 90	.96 806 40	.97 324 90	.97 847 40	.98 375 90	.98 910 40	.99 451 90	.99 997 40	1.00 551 90
.96 305 89	.96 817 39	.97 334 89	.97 857 39	.98 386 89	.98 921 39	.99 461 89	1.00 008 39	1.00 562 89
.96 315 88	.96 827 38	.97 344 88	.97 868 38	.98 397 88	.98 931 38	.99 472 88	1.00 019 38	1.00 573 88
.96 325 87	.96 837 37	.97 355 87	.97 878 37	.98 407 87	.98 942 37	.99 483 87	1.00 030 37	1.00 584 87
.96 335 86	.96 847 36	.97 365 86	.97 889 36	.98 418 86	.98 953 36	.99 494 86	1.00 041 36	1.00 595 86
.96 345 85	.96 858 35	.97 376 85	.97 899 35	.98 428 85	.98 964 35	.99 505 85	1.00 052 35	1.00 606 85
.96 356 84	.96 868 34	.97 386 84	.97 910 34	.98 439 84	.98 974 34	.99 516 84	1.00 063 34	1.00 617 84
.96 366 83	.96 878 33	.97 396 83	.97 920 33	.98 450 83	.98 985 33	.99 527 83	1.00 074 33	1.00 628 83
.96 376 82	.96 889 32	.97 407 82	.97 931 32	.98 460 82	.98 996 32	.99 538 82	1.00 085 32	1.00 640 82
.96 386 81	.96 899 31	.97 417 81	.97 941 31	.98 471 81	.99 007 31	.99 548 81	1.00 096 31	1.00 651 81
.96 396 80	.96 909 30	.97 428 80	.97 952 30	.98 482 80	.99 018 30	.99 559 80	1.00 107 30	1.00 662 80
.96 407 79	.96 920 29	.97 438 79	.97 962 29	.98 492 79	.99 028 29	.99 570 79	1.00 118 29	1.00 673 79
.96 417 78	.96 930 28	.97 449 78	.97 973 28	.98 503 78	.99 039 28	.99 581 78	1.00 130 28	1.00 684 78
.96 427 77	.96 940 27	.97 459 77	.97 983 27	.98 514 77	.99 050 27	.99 592 77	1.00 141 27	1.00 695 77
.96 437 76	.96 951 26	.97 469 76	.97 994 26	.98 524 76	.99 061 26	.99 603 76	1.00 152 26	1.00 707 76
0.96 447 75	0.96 961 25	0.97 480 75	0.98 005 25	0.98 535 75	0.99 071 25	0.99 614 75	1.00 163 25	1.00 718 75
.96 458 74	.96 971 24	.97 490 74	.98 015 24	.98 546 74	.99 082 24	.99 625 74	1.00 174 24	1.00 729 74
.96 468 73	.96 982 23	.97 501 73	.98 026 23	.98 556 73	.99 093 23	.99 636 73	1.00 185 23	1.00 740 73
.96 478 72	.96 992 22	.97 511 72	.98 036 22	.98 567 72	.99 104 22	.99 647 72	1.00 196 22	1.00 751 72
.96 488 71	.97 002 21	.97 522 71	.98 047 21	.98 578 71	.99 115 21	.99 658 71	1.00 207 21	1.00 762 71
.96 499 70	.97 013 20	.97 532 70	.98 057 20	.98 588 70	.99 125 20	.99 668 70	1.00 218 20	1.00 774 70
.96 509 69	.97 023 19	.97 543 69	.98 068 19	.98 599 69	.99 136 19	.99 679 69	1.00 229 19	1.00 785 69
.96 519 68	.97 033 18	.97 553 68	.98 078 18	.98 610 68	.99 147 18	.99 690 68	1.00 240 18	1.00 796 68
.96 529 67	.97 044 17	.97 563 67	.98 089 17	.98 620 67	.99 158 17	.99 701 67	1.00 251 17	1.00 807 67
.96 539 66	.97 054 16	.97 574 66	.98 100 16	.98 631 66	.99 169 16	.99 712 66	1.00 262 16	1.00 818 66
.96 550 65	.97 064 15	.97 584 65	.98 110 15	.98 642 65	.99 179 15	.99 723 65	1.00 273 15	1.00 830 65
.96 560 64	.97 075 14	.97 595 64	.98 121 14	.98 653 64	.99 190 14	.99 734 64	1.00 284 14	1.00 841 64
.96 570 63	.97 085 13	.97 605 63	.98 131 13	.98 663 63	.99 201 13	.99 745 63	1.00 295 13	1.00 852 63
.96 580 62	.97 095 12	.97 616 62	.98 142 12	.98 674 62	.99 212 12	.99 756 62	1.00 306 12	1.00 863 62
.96 591 61	.97 106 11	.97 626 61	.98 152 11	.98 685 61	.99 223 11	.99 767 61	1.00 317 11	1.00 874 61
.96 601 60	.97 116 10	.97 637 60	.98 163 10	.98 695 60	.99 234 10	.99 778 60	1.00 328 10	1.00 886 60
.96 611 59	.97 126 09	.97 647 59	.98 174 09	.98 706 59	.99 244 09	.99 789 59	1.00 340 09	1.00 897 59
.96 621 58	.97 137 08	.97 658 58	.98 184 08	.98 717 58	.99 255 08	.99 800 58	1.00 351 08	1.00 908 58
.96 632 57	.97 147 07	.97 668 57	.98 195 07	.98 727 57	.99 266 07	.99 811 57	1.00 362 07	1.00 919 57
.96 642 56	.97 157 06	.97 679 56	.98 205 06	.98 738 56	.99 277 06	.99 822 56	1.00 373 06	1.00 930 56
.96 652 55	.97 168 05	.97 689 55	.98 216 05	.98 749 55	.99 288 05	.99 833 55	1.00 384 05	1.00 942 55
.96 662 54	.97 178 04	.97 700 54	.98 227 04	.98 760 54	.99 299 04	.99 844 54	1.00 395 04	1.00 953 54
.96 673 53	.97 189 03	.97 710 53	.98 237 03	.98 770 53	.99 309 03	.99 855 53	1.00 406 03	1.00 964 53
.96 683 52	.97 199 02	.97 721 52	.98 248 02	.98 781 52	.99 320 02	.99 866 52	1.00 417 02	1.00 975 52
.96 693 51	.97 209 01	.97 731 51	.98 258 01	.98 792 51	.99 331 01	.99 877 51	1.00 428 01	1.00 986 51
0.96 703 50	0.97 220 00	0.97 741 50	0.98 269 00	0.98 802 50	0.99 342 00	0.99 887 50	1.00 439 00	1.00 998 50

Find your entering number in the column of heavy print. If there isn't a perfect match, go to the next larger number. The last part of the gaussian is beside it; the first part is above the column.

Gaussians

	.040	.039	.039	.038	.038	.037	.037	.036	.036
1.01 009 49	1.01 574 99	1.02 146 49	1.02 725 99	1.03 311 49	1.03 904 99	1.04 505 49	1.05 113 99	1.05 730 49
1.01 020 48	1.01 585 98	1.02 157 48	1.02 736 98	1.03 322 48	1.03 916 98	1.04 517 48	1.05 126 98	1.05 742 48
1.01 031 47	1.01 597 97	1.02 169 47	1.02 748 97	1.03 334 47	1.03 928 97	1.04 529 47	1.05 138 97	1.05 755 47
1.01 043 46	1.01 608 96	1.02 180 46	1.02 760 96	1.03 346 46	1.03 940 96	1.04 541 46	1.05 150 96	1.05 767 46
1.01 054 45	1.01 620 95	1.02 192 45	1.02 771 95	1.03 358 45	1.03 952 95	1.04 553 45	1.05 162 95	1.05 780 45
1.01 065 44	1.01 631 94	1.02 203 44	1.02 783 94	1.03 370 44	1.03 964 94	1.04 565 44	1.05 175 94	1.05 792 44
1.01 076 43	1.01 642 93	1.02 215 43	1.02 795 93	1.03 382 43	1.03 976 93	1.04 577 43	1.05 187 93	1.05 804 43
1.01 088 42	1.01 654 92	1.02 227 42	1.02 806 92	1.03 393 42	1.03 988 92	1.04 590 42	1.05 199 92	1.05 817 42
1.01 099 41	1.01 665 91	1.02 238 41	1.02 818 91	1.03 405 41	1.04 000 91	1.04 602 41	1.05 211 91	1.05 829 41
1.01 110 40	1.01 676 90	1.02 250 40	1.02 830 90	1.03 417 40	1.04 012 90	1.04 614 40	1.05 224 90	1.05 842 40
1.01 121 39	1.01 688 89	1.02 261 39	1.02 841 89	1.03 429 39	1.04 024 89	1.04 626 39	1.05 236 89	1.05 854 39
1.01 133 38	1.01 699 88	1.02 273 38	1.02 853 88	1.03 441 38	1.04 036 88	1.04 638 38	1.05 248 88	1.05 867 38
1.01 144 37	1.01 711 87	1.02 284 37	1.02 865 87	1.03 452 37	1.04 048 87	1.04 650 37	1.05 261 87	1.05 879 37
1.01 155 36	1.01 722 86	1.02 296 36	1.02 876 86	1.03 464 36	1.04 059 86	1.04 662 36	1.05 273 86	1.05 891 36
1.01 166 35	1.01 733 85	1.02 307 35	1.02 888 85	1.03 476 35	1.04 071 85	1.04 674 35	1.05 285 85	1.05 904 35
1.01 178 34	1.01 745 84	1.02 319 34	1.02 900 84	1.03 488 34	1.04 083 84	1.04 687 34	1.05 297 84	1.05 916 34
1.01 189 33	1.01 756 83	1.02 330 33	1.02 911 83	1.03 500 33	1.04 095 83	1.04 699 33	1.05 310 83	1.05 929 33
1.01 200 32	1.01 768 82	1.02 342 32	1.02 923 82	1.03 512 32	1.04 107 82	1.04 711 32	1.05 322 82	1.05 941 32
1.01 212 31	1.01 779 81	1.02 353 31	1.02 935 81	1.03 523 31	1.04 119 81	1.04 723 31	1.05 334 81	1.05 954 31
1.01 223 30	1.01 791 80	1.02 365 30	1.02 947 80	1.03 535 30	1.04 131 80	1.04 735 30	1.05 347 80	1.05 966 30
1.01 234 29	1.01 802 79	1.02 377 29	1.02 958 79	1.03 547 29	1.04 143 79	1.04 747 29	1.05 359 79	1.05 979 29
1.01 245 28	1.01 813 78	1.02 388 28	1.02 970 78	1.03 559 28	1.04 155 78	1.04 759 28	1.05 371 78	1.05 991 28
1.01 257 27	1.01 825 77	1.02 400 27	1.02 982 77	1.03 571 27	1.04 167 77	1.04 772 27	1.05 384 77	1.06 004 27
1.01 268 26	1.01 836 76	1.02 411 26	1.02 993 76	1.03 583 26	1.04 179 76	1.04 784 26	1.05 396 76	1.06 016 26
1.01 279 25	1.01 848 75	1.02 423 25	1.03 005 75	1.03 595 25	1.04 191 75	1.04 796 25	1.05 408 75	1.06 029 25
1.01 291 24	1.01 859 74	1.02 434 24	1.03 017 74	1.03 606 24	1.04 203 74	1.04 808 24	1.05 421 74	1.06 041 24
1.01 302 23	1.01 871 73	1.02 446 23	1.03 029 73	1.03 618 23	1.04 215 73	1.04 820 23	1.05 433 73	1.06 054 23
1.01 313 22	1.01 882 72	1.02 458 22	1.03 040 72	1.03 630 22	1.04 228 72	1.04 832 22	1.05 445 72	1.06 066 22
1.01 325 21	1.01 893 71	1.02 469 21	1.03 052 71	1.03 642 21	1.04 240 71	1.04 845 21	1.05 458 71	1.06 079 21
1.01 336 20	1.01 905 70	1.02 481 20	1.03 064 70	1.03 654 20	1.04 252 70	1.04 857 20	1.05 470 70	1.06 091 20
1.01 347 19	1.01 916 69	1.02 492 19	1.03 075 69	1.03 666 19	1.04 264 69	1.04 869 19	1.05 482 69	1.06 104 19
1.01 358 18	1.01 928 68	1.02 504 18	1.03 087 68	1.03 678 18	1.04 276 68	1.04 881 18	1.05 495 68	1.06 116 18
1.01 370 17	1.01 939 67	1.02 516 17	1.03 099 67	1.03 690 17	1.04 288 67	1.04 893 17	1.05 507 67	1.06 129 17
1.01 381 16	1.01 951 66	1.02 527 16	1.03 111 66	1.03 701 16	1.04 300 66	1.04 906 16	1.05 519 66	1.06 141 16
1.01 392 15	1.01 962 65	1.02 539 15	1.03 122 65	1.03 713 15	1.04 312 65	1.04 918 15	1.05 532 65	1.06 154 15
1.01 404 14	1.01 974 64	1.02 550 14	1.03 134 64	1.03 725 14	1.04 324 64	1.04 930 14	1.05 544 64	1.06 166 14
1.01 415 13	1.01 985 63	1.02 562 13	1.03 146 63	1.03 737 13	1.04 336 63	1.04 942 13	1.05 556 63	1.06 179 13
1.01 426 12	1.01 997 62	1.02 574 12	1.03 158 62	1.03 749 12	1.04 348 62	1.04 954 12	1.05 569 62	1.06 191 12
1.01 438 11	1.02 008 61	1.02 585 11	1.03 169 61	1.03 761 11	1.04 360 61	1.04 967 11	1.05 581 61	1.06 204 11
1.01 449 10	1.02 019 60	1.02 597 10	1.03 181 60	1.03 773 10	1.04 372 60	1.04 979 10	1.05 594 60	1.06 216 10
1.01 460 09	1.02 031 59	1.02 608 09	1.03 193 59	1.03 785 09	1.04 384 59	1.04 991 09	1.05 606 59	1.06 229 09
1.01 472 08	1.02 042 58	1.02 620 08	1.03 205 58	1.03 797 08	1.04 396 58	1.05 003 08	1.05 618 58	1.06 241 08
1.01 483 07	1.02 054 57	1.02 632 07	1.03 216 57	1.03 809 07	1.04 408 57	1.05 015 07	1.05 631 57	1.06 254 07
1.01 495 06	1.02 065 56	1.02 643 06	1.03 228 56	1.03 820 06	1.04 420 56	1.05 028 06	1.05 643 56	1.06 267 06
1.01 506 05	1.02 077 55	1.02 655 05	1.03 240 55	1.03 832 05	1.04 432 55	1.05 040 05	1.05 655 55	1.06 279 05
1.01 517 04	1.02 088 54	1.02 667 04	1.03 252 54	1.03 844 04	1.04 444 54	1.05 052 04	1.05 668 54	1.06 292 04
1.01 529 03	1.02 100 53	1.02 678 03	1.03 264 53	1.03 856 03	1.04 456 53	1.05 064 03	1.05 680 53	1.06 304 03
1.01 540 02	1.02 111 52	1.02 690 02	1.03 275 52	1.03 868 02	1.04 469 52	1.05 077 02	1.05 693 52	1.06 317 02
1.01 551 01	1.02 123 51	1.02 701 01	1.03 287 51	1.03 880 01	1.04 481 51	1.05 089 01	1.05 705 51	1.06 329 01
1.01 563 00	1.02 134 50	1.02 713 00	1.03 299 50	1.03 892 00	1.04 493 50	1.05 101 00	1.05 717 50	1.06 342 00

Find your entering number in the column of heavy print. If there isn't a perfect match, go to the next larger number. The last part of the gaussian is beside it; the first part is above the column.

Gaussians   Gaussians

	.03 5	.03 5	.03 4	.03 4	.03 3	.03 3	.03 2	.03 2	.03 1
1.06 354 99	1.06 987 49	1.07 629 99	1.08 280 49	1.08 939 99	1.09 608 49	1.10 287 99	1.10 976 49	1.11 675 99
1.06 367 98	1.07 000 48	1.07 642 98	1.08 293 48	1.08 953 98	1.09 622 48	1.10 301 98	1.10 990 48	1.11 689 98
1.06 380 97	1.07 013 47	1.07 655 97	1.08 306 47	1.08 966 97	1.09 635 47	1.10 314 97	1.11 003 47	1.11 703 97
1.06 392 96	1.07 026 46	1.07 668 96	1.08 319 46	1.08 979 96	1.09 649 46	1.10 328 96	1.11 017 46	1.11 717 96
1.06 405 95	1.07 039 45	1.07 681 95	1.08 332 45	1.08 992 95	1.09 662 45	1.10 342 95	1.11 031 45	1.11 731 95
1.06 417 94	1.07 051 44	1.07 694 94	1.08 345 44	1.09 006 94	1.09 676 44	1.10 355 94	1.11 045 44	1.11 745 94
1.06 430 93	1.07 064 43	1.07 707 93	1.08 358 43	1.09 019 93	1.09 689 43	1.10 369 93	1.11 059 43	1.11 759 93
1.06 443 92	1.07 077 42	1.07 720 92	1.08 371 42	1.09 032 92	1.09 703 42	1.10 383 92	1.11 073 42	1.11 773 92
1.06 455 91	1.07 090 41	1.07 733 91	1.08 385 41	1.09 046 91	1.09 716 41	1.10 396 91	1.11 087 41	1.11 787 91
1.06 468 90	1.07 102 40	1.07 746 90	1.08 398 40	1.09 059 90	1.09 730 40	1.10 410 90	1.11 101 40	1.11 802 90
1.06 480 89	1.07 115 39	1.07 759 89	1.08 411 39	1.09 072 89	1.09 743 39	1.10 424 89	1.11 115 39	1.11 816 89
1.06 493 88	1.07 128 38	1.07 771 88	1.08 424 38	1.09 086 88	1.09 757 38	1.10 438 88	1.11 129 38	1.11 830 88
1.06 506 87	1.07 141 37	1.07 784 87	1.08 437 37	1.09 099 87	1.09 770 37	1.10 451 87	1.11 142 37	1.11 844 87
1.06 518 86	1.07 153 36	1.07 797 86	1.08 450 36	1.09 112 86	1.09 784 36	1.10 465 86	1.11 156 36	1.11 858 86
1.06 531 85	1.07 166 35	1.07 810 85	1.08 463 35	1.09 126 85	1.09 797 35	1.10 479 85	1.11 170 35	1.11 872 85
1.06 543 84	1.07 179 34	1.07 823 84	1.08 477 34	1.09 139 84	1.09 811 34	1.10 492 84	1.11 184 34	1.11 886 84
1.06 556 83	1.07 192 33	1.07 836 83	1.08 490 33	1.09 152 83	1.09 824 33	1.10 506 83	1.11 198 33	1.11 900 83
1.06 569 82	1.07 205 32	1.07 849 82	1.08 503 32	1.09 166 82	1.09 838 32	1.10 520 82	1.11 212 32	1.11 915 82
1.06 581 81	1.07 217 31	1.07 862 81	1.08 516 31	1.09 179 81	1.09 851 31	1.10 534 81	1.11 226 31	1.11 929 81
1.06 594 80	1.07 230 30	1.07 875 80	1.08 529 30	1.09 192 80	1.09 865 30	1.10 547 80	1.11 240 30	1.11 943 80
1.06 607 79	1.07 243 29	1.07 888 79	1.08 542 29	1.09 206 79	1.09 879 29	1.10 561 79	1.11 254 29	1.11 957 79
1.06 619 78	1.07 256 28	1.07 901 78	1.08 556 28	1.09 219 78	1.09 892 28	1.10 575 78	1.11 268 28	1.11 971 78
1.06 632 77	1.07 269 27	1.07 914 77	1.08 569 27	1.09 232 77	1.09 906 27	1.10 589 77	1.11 282 27	1.11 985 77
1.06 645 76	1.07 282 26	1.07 927 76	1.08 582 26	1.09 246 76	1.09 919 26	1.10 602 76	1.11 296 26	1.12 000 76
1.06 657 75	1.07 294 25	1.07 940 75	1.08 595 25	1.09 259 75	1.09 933 25	1.10 616 75	1.11 310 25	1.12 014 75
1.06 670 74	1.07 307 24	1.07 953 74	1.08 608 24	1.09 273 74	1.09 946 24	1.10 630 74	1.11 324 24	1.12 028 74
1.06 683 73	1.07 320 23	1.07 966 73	1.08 621 23	1.09 286 73	1.09 960 23	1.10 644 73	1.11 338 23	1.12 042 73
1.06 695 72	1.07 333 22	1.07 979 72	1.08 635 22	1.09 299 72	1.09 974 22	1.10 658 72	1.11 352 22	1.12 056 72
1.06 708 71	1.07 346 21	1.07 992 71	1.08 648 21	1.09 313 71	1.09 987 21	1.10 671 71	1.11 366 21	1.12 071 71
1.06 721 70	1.07 359 20	1.08 005 70	1.08 661 20	1.09 326 70	1.10 001 20	1.10 685 70	1.11 380 20	1.12 085 70
1.06 733 69	1.07 371 19	1.08 018 69	1.08 674 19	1.09 340 69	1.10 014 19	1.10 699 69	1.11 394 19	1.12 099 69
1.06 746 68	1.07 384 18	1.08 031 68	1.08 687 18	1.09 353 68	1.10 028 18	1.10 713 68	1.11 408 18	1.12 113 68
1.06 759 67	1.07 397 17	1.08 044 67	1.08 701 17	1.09 366 67	1.10 041 17	1.10 727 67	1.11 422 17	1.12 127 67
1.06 771 66	1.07 410 16	1.08 057 66	1.08 714 16	1.09 380 66	1.10 055 16	1.10 740 66	1.11 436 16	1.12 142 66
1.06 784 65	1.07 423 15	1.08 070 65	1.08 727 15	1.09 393 65	1.10 069 15	1.10 754 65	1.11 450 15	1.12 156 65
1.06 797 64	1.07 436 14	1.08 084 64	1.08 740 14	1.09 407 64	1.10 082 14	1.10 768 64	1.11 464 14	1.12 170 64
1.06 809 63	1.07 449 13	1.08 097 63	1.08 754 13	1.09 420 63	1.10 096 13	1.10 782 63	1.11 478 13	1.12 184 63
1.06 822 62	1.07 461 12	1.08 110 62	1.08 767 12	1.09 433 62	1.10 110 12	1.10 796 62	1.11 492 12	1.12 199 62
1.06 835 61	1.07 474 11	1.08 123 61	1.08 780 11	1.09 447 61	1.10 123 11	1.10 809 61	1.11 506 11	1.12 213 61
1.06 847 60	1.07 487 10	1.08 136 60	1.08 793 10	1.09 460 60	1.10 137 10	1.10 823 60	1.11 520 10	1.12 227 60
1.06 860 59	1.07 500 09	1.08 149 59	1.08 807 09	1.09 474 59	1.10 150 09	1.10 837 59	1.11 534 09	1.12 241 59
1.06 873 58	1.07 513 08	1.08 162 58	1.08 820 08	1.09 487 58	1.10 164 08	1.10 851 58	1.11 548 08	1.12 256 58
1.06 886 57	1.07 526 07	1.08 175 57	1.08 833 07	1.09 501 57	1.10 178 07	1.10 865 57	1.11 562 07	1.12 270 57
1.06 898 56	1.07 539 06	1.08 188 56	1.08 846 06	1.09 514 56	1.10 191 06	1.10 879 56	1.11 576 06	1.12 284 56
1.06 911 55	1.07 552 05	1.08 201 55	1.08 860 05	1.09 527 55	1.10 205 05	1.10 892 55	1.11 590 05	1.12 298 55
1.06 924 54	1.07 565 04	1.08 214 54	1.08 873 04	1.09 541 54	1.10 219 04	1.10 906 54	1.11 604 04	1.12 313 54
1.06 937 53	1.07 577 03	1.08 227 53	1.08 886 03	1.09 554 53	1.10 232 03	1.10 920 53	1.11 618 03	1.12 327 53
1.06 949 52	1.07 590 02	1.08 240 52	1.08 899 02	1.09 568 52	1.10 246 02	1.10 934 52	1.11 632 02	1.12 341 52
1.06 962 51	1.07 603 01	1.08 253 51	1.08 913 01	1.09 581 51	1.10 260 01	1.10 948 51	1.11 646 01	1.12 356 51
1.06 975 50	1.07 616 00	1.08 267 50	1.08 926 00	1.09 595 50	1.10 273 00	1.10 962 50	1.11 661 00	1.12 370 50

Find your entering number in the column of heavy print. If there isn't a perfect match, go to the next larger number. The last part of the gaussian is beside it; the first part is above the column.

Gaussians

.031	.030	.030	.029	.029	.028	.028	.027	.027
1.12 384 49	1.13 105 99	1.13 836 49	1.14 580 99	1.15 336 49	1.16 104 99	1.16 885 49	1.17 679 99	1.18 487 49
1.12 398 48	1.13 119 98	1.13 851 48	1.14 595 98	1.15 351 48	1.16 119 98	1.16 900 48	1.17 695 98	1.18 504 48
1.12 413 47	1.13 134 97	1.13 866 47	1.14 610 97	1.15 366 47	1.16 135 97	1.16 916 47	1.17 711 97	1.18 520 47
1.12 427 46	1.13 148 96	1.13 881 46	1.14 625 96	1.15 381 46	1.16 150 96	1.16 932 46	1.17 727 96	1.18 536 46
1.12 441 45	1.13 163 95	1.13 896 45	1.14 640 95	1.15 397 45	1.16 166 95	1.16 948 45	1.17 743 95	1.18 552 45
1.12 456 44	1.13 177 94	1.13 910 44	1.14 655 94	1.15 412 44	1.16 181 94	1.16 963 44	1.17 759 94	1.18 569 44
1.12 470 43	1.13 192 93	1.13 925 43	1.14 670 93	1.15 427 43	1.16 197 93	1.16 979 43	1.17 775 93	1.18 585 43
1.12 484 42	1.13 206 92	1.13 940 42	1.14 685 92	1.15 442 42	1.16 212 92	1.16 995 42	1.17 791 92	1.18 601 42
1.12 499 41	1.13 221 91	1.13 955 41	1.14 700 91	1.15 458 41	1.16 228 91	1.17 011 41	1.17 807 91	1.18 618 41
1.12 513 40	1.13 236 90	1.13 969 40	1.14 715 90	1.15 473 40	1.16 243 90	1.17 027 40	1.17 823 90	1.18 634 40
1.12 527 39	1.13 250 89	1.13 984 39	1.14 730 89	1.15 488 39	1.16 259 89	1.17 042 39	1.17 839 89	1.18 651 39
1.12 542 38	1.13 265 88	1.13 999 38	1.14 745 88	1.15 503 38	1.16 274 88	1.17 058 38	1.17 856 88	1.18 667 38
1.12 556 37	1.13 279 87	1.14 014 37	1.14 760 87	1.15 519 37	1.16 290 87	1.17 074 37	1.17 872 87	1.18 683 37
1.12 570 36	1.13 294 86	1.14 029 36	1.14 775 86	1.15 534 36	1.16 305 86	1.17 090 36	1.17 888 86	1.18 700 36
1.12 585 35	1.13 308 85	1.14 043 35	1.14 790 85	1.15 549 35	1.16 321 85	1.17 106 35	1.17 904 85	1.18 716 35
1.12 599 34	1.13 323 84	1.14 058 34	1.14 805 84	1.15 565 34	1.16 337 84	1.17 121 34	1.17 920 84	1.18 732 34
1.12 614 33	1.13 338 83	1.14 073 33	1.14 820 83	1.15 580 33	1.16 352 83	1.17 137 33	1.17 936 83	1.18 749 33
1.12 628 32	1.13 352 82	1.14 088 32	1.14 836 82	1.15 595 32	1.16 368 82	1.17 153 32	1.17 952 82	1.18 765 32
1.12 642 31	1.13 367 81	1.14 103 31	1.14 851 81	1.15 611 31	1.16 383 81	1.17 169 31	1.17 968 81	1.18 782 31
1.12 657 30	1.13 381 80	1.14 118 30	1.14 866 80	1.15 626 30	1.16 399 80	1.17 185 30	1.17 984 80	1.18 798 30
1.12 671 29	1.13 396 79	1.14 132 29	1.14 881 79	1.15 641 29	1.16 414 79	1.17 201 29	1.18 001 79	1.18 814 29
1.12 685 28	1.13 411 78	1.14 147 28	1.14 896 78	1.15 657 28	1.16 430 78	1.17 217 28	1.18 017 78	1.18 831 28
1.12 700 27	1.13 425 77	1.14 162 27	1.14 911 77	1.15 672 27	1.16 446 77	1.17 232 27	1.18 033 77	1.18 847 27
1.12 714 26	1.13 440 76	1.14 177 26	1.14 926 76	1.15 687 26	1.16 461 76	1.17 248 26	1.18 049 76	1.18 864 26
1.12 729 25	1.13 455 75	1.14 192 25	1.14 941 75	1.15 703 25	1.16 477 75	1.17 264 25	1.18 065 75	1.18 880 25
1.12 743 24	1.13 469 74	1.14 207 24	1.14 956 74	1.15 718 24	1.16 492 74	1.17 280 24	1.18 081 74	1.18 897 24
1.12 757 23	1.13 484 73	1.14 222 23	1.14 971 73	1.15 733 23	1.16 508 73	1.17 296 23	1.18 097 73	1.18 913 23
1.12 772 22	1.13 498 72	1.14 237 22	1.14 986 72	1.15 749 22	1.16 524 72	1.17 312 22	1.18 114 72	1.18 930 22
1.12 786 21	1.13 513 71	1.14 251 21	1.15 002 71	1.15 764 21	1.16 539 71	1.17 328 21	1.18 130 71	1.18 946 21
1.12 801 20	1.13 528 70	1.14 266 20	1.15 017 70	1.15 780 20	1.16 555 70	1.17 344 20	1.18 146 70	1.18 963 20
1.12 815 19	1.13 542 69	1.14 281 19	1.15 032 69	1.15 795 19	1.16 571 69	1.17 360 19	1.18 162 69	1.18 979 19
1.12 830 18	1.13 557 68	1.14 296 18	1.15 047 68	1.15 810 18	1.16 586 68	1.17 376 18	1.18 178 68	1.18 995 18
1.12 844 17	1.13 572 67	1.14 311 17	1.15 062 67	1.15 826 17	1.16 602 67	1.17 391 17	1.18 195 67	1.19 012 17
1.12 858 16	1.13 586 66	1.14 326 16	1.15 077 66	1.15 841 16	1.16 618 66	1.17 407 16	1.18 211 66	1.19 028 16
1.12 873 15	1.13 601 65	1.14 341 15	1.15 092 65	1.15 856 15	1.16 633 65	1.17 423 15	1.18 227 65	1.19 045 15
1.12 887 14	1.13 616 64	1.14 356 14	1.15 108 64	1.15 872 14	1.16 649 64	1.17 439 14	1.18 243 64	1.19 061 14
1.12 902 13	1.13 630 63	1.14 371 13	1.15 123 63	1.15 887 13	1.16 665 63	1.17 455 13	1.18 259 63	1.19 078 13
1.12 916 12	1.13 645 62	1.14 386 12	1.15 138 62	1.15 903 12	1.16 680 62	1.17 471 12	1.18 276 62	1.19 095 12
1.12 931 11	1.13 660 61	1.14 400 11	1.15 153 61	1.15 918 11	1.16 696 61	1.17 487 11	1.18 292 61	1.19 111 11
1.12 945 10	1.13 675 60	1.14 415 10	1.15 168 60	1.15 934 10	1.16 712 60	1.17 503 10	1.18 308 60	1.19 128 10
1.12 960 09	1.13 689 59	1.14 430 09	1.15 183 59	1.15 949 09	1.16 727 59	1.17 519 09	1.18 324 59	1.19 144 09
1.12 974 08	1.13 704 58	1.14 445 08	1.15 199 58	1.15 964 08	1.16 743 58	1.17 535 08	1.18 341 58	1.19 161 08
1.12 989 07	1.13 719 57	1.14 460 07	1.15 214 57	1.15 980 07	1.16 759 57	1.17 551 07	1.18 357 57	1.19 177 07
1.13 003 06	1.13 733 56	1.14 475 06	1.15 229 56	1.15 995 06	1.16 774 56	1.17 567 06	1.18 373 56	1.19 194 06
1.13 018 05	1.13 748 55	1.14 490 05	1.15 244 55	1.16 011 05	1.16 790 55	1.17 583 05	1.18 389 55	1.19 210 05
1.13 032 04	1.13 763 54	1.14 505 04	1.15 259 54	1.16 026 04	1.16 806 54	1.17 599 04	1.18 406 54	1.19 227 04
1.13 047 03	1.13 778 53	1.14 520 03	1.15 275 53	1.16 042 03	1.16 822 53	1.17 615 03	1.18 422 53	1.19 243 03
1.13 061 02	1.13 792 52	1.14 535 02	1.15 290 52	1.16 057 02	1.16 837 52	1.17 631 02	1.18 438 52	1.19 260 02
1.13 076 01	1.13 807 51	1.14 550 01	1.15 305 51	1.16 073 01	1.16 853 51	1.17 647 01	1.18 455 51	1.19 277 01
1.13 090 00	1.13 822 50	1.14 565 00	1.15 320 50	1.16 088 00	1.16 869 50	1.17 663 00	1.18 471 50	1.19 293 00

Find your entering number in the column of heavy print. If there isn't a perfect match, go to the next larger number. The last part of the gaussian is beside it; the first part is above the column.

Gaussians   Gaussians

.026	.026	.025	.025	.024	.024	.023	.023	.022
1.19 310 99	1.20 147 49	1.21 000 99	1.21 869 49	1.22 755 99	1.23 658 49	1.24 580 99	1.25 520 49	1.26 479 99
1.19 326 98	1.20 164 48	1.21 017 98	1.21 887 48	1.22 773 98	1.23 676 48	1.24 598 98	1.25 539 48	1.26 499 98
1.19 343 97	1.20 181 47	1.21 035 97	1.21 904 47	1.22 791 97	1.23 695 47	1.24 617 97	1.25 558 47	1.26 518 97
1.19 360 96	1.20 198 46	1.21 052 96	1.21 922 46	1.22 809 96	1.23 713 46	1.24 635 96	1.25 577 46	1.26 538 96
1.19 376 95	1.20 215 45	1.21 069 95	1.21 940 45	1.22 827 95	1.23 731 45	1.24 654 95	1.25 596 45	1.26 557 95
1.19 393 94	1.20 232 44	1.21 086 94	1.21 957 44	1.22 845 94	1.23 750 44	1.24 673 94	1.25 615 44	1.26 577 94
1.19 409 93	1.20 249 43	1.21 104 93	1.21 975 43	1.22 863 93	1.23 768 43	1.24 691 93	1.25 634 43	1.26 596 93
1.19 426 92	1.20 266 42	1.21 121 92	1.21 992 42	1.22 880 92	1.23 786 42	1.24 710 92	1.25 653 42	1.26 615 92
1.19 443 91	1.20 283 41	1.21 138 91	1.22 010 41	1.22 898 91	1.23 804 41	1.24 729 91	1.25 672 41	1.26 635 91
1.19 459 90	1.20 300 40	1.21 155 90	1.22 027 40	1.22 916 90	1.23 823 40	1.24 747 90	1.25 691 40	1.26 654 90
1.19 476 89	1.20 317 39	1.21 173 89	1.22 045 39	1.22 934 89	1.23 841 39	1.24 766 89	1.25 710 39	1.26 674 89
1.19 493 88	1.20 334 38	1.21 190 88	1.22 063 38	1.22 952 88	1.23 859 38	1.24 785 88	1.25 729 38	1.26 693 88
1.19 509 87	1.20 351 37	1.21 207 87	1.22 080 37	1.22 970 87	1.23 878 37	1.24 803 87	1.25 748 37	1.26 713 87
1.19 526 86	1.20 368 36	1.21 225 86	1.22 098 36	1.22 988 86	1.23 896 36	1.24 822 86	1.25 767 36	1.26 732 86
1.19 543 85	1.20 385 35	1.21 242 85	1.22 116 35	1.23 006 85	1.23 914 35	1.24 841 85	1.25 786 35	1.26 752 85
1.19 559 84	1.20 402 34	1.21 259 84	1.22 133 34	1.23 024 84	1.23 933 34	1.24 860 84	1.25 805 34	1.26 771 84
1.19 576 83	1.20 419 33	1.21 277 83	1.22 151 33	1.23 042 83	1.23 951 33	1.24 878 83	1.25 825 33	1.26 791 83
1.19 593 82	1.20 436 32	1.21 294 82	1.22 169 32	1.23 060 82	1.23 969 32	1.24 897 82	1.25 844 32	1.26 810 82
1.19 610 81	1.20 453 31	1.21 311 81	1.22 186 31	1.23 078 81	1.23 988 31	1.24 916 81	1.25 863 31	1.26 830 81
1.19 626 80	1.20 470 30	1.21 329 80	1.22 204 30	1.23 096 80	1.24 006 30	1.24 934 80	1.25 882 30	1.26 850 80
1.19 643 79	1.20 487 29	1.21 346 79	1.22 222 29	1.23 114 79	1.24 025 29	1.24 953 79	1.25 901 29	1.26 869 79
1.19 660 78	1.20 504 28	1.21 363 78	1.22 239 28	1.23 132 78	1.24 043 28	1.24 972 78	1.25 920 28	1.26 889 78
1.19 676 77	1.20 521 27	1.21 381 77	1.22 257 27	1.23 150 77	1.24 061 27	1.24 991 77	1.25 939 27	1.26 908 77
1.19 693 76	1.20 538 26	1.21 398 76	1.22 275 26	1.23 168 76	1.24 080 26	1.25 010 76	1.25 959 26	1.26 928 76
1.19 710 75	1.20 555 25	1.21 415 75	1.22 292 25	1.23 186 75	1.24 098 25	1.25 028 75	1.25 978 25	1.26 947 75
1.19 727 74	1.20 572 24	1.21 433 74	1.22 310 24	1.23 204 74	1.24 117 24	1.25 047 74	1.25 997 24	1.26 967 74
1.19 743 73	1.20 589 23	1.21 450 73	1.22 328 23	1.23 223 73	1.24 135 23	1.25 066 73	1.26 016 23	1.26 987 73
1.19 760 72	1.20 606 22	1.21 468 72	1.22 346 22	1.23 241 72	1.24 153 22	1.25 085 72	1.26 035 22	1.27 006 72
1.19 777 71	1.20 623 21	1.21 485 71	1.22 363 21	1.23 259 71	1.24 172 21	1.25 104 71	1.26 055 21	1.27 026 71
1.19 794 70	1.20 640 20	1.21 502 70	1.22 381 20	1.23 277 70	1.24 190 20	1.25 122 70	1.26 074 20	1.27 046 70
1.19 810 69	1.20 657 19	1.21 520 69	1.22 399 19	1.23 295 69	1.24 209 19	1.25 141 69	1.26 093 19	1.27 065 69
1.19 827 68	1.20 674 18	1.21 537 68	1.22 416 18	1.23 313 68	1.24 227 18	1.25 160 68	1.26 112 18	1.27 085 68
1.19 844 67	1.20 691 17	1.21 555 67	1.22 434 17	1.23 331 67	1.24 246 17	1.25 179 67	1.26 132 17	1.27 104 67
1.19 861 66	1.20 708 16	1.21 572 66	1.22 452 16	1.23 349 66	1.24 264 16	1.25 198 66	1.26 151 16	1.27 124 66
1.19 878 65	1.20 726 15	1.21 589 65	1.22 470 15	1.23 367 65	1.24 283 15	1.25 217 65	1.26 170 15	1.27 144 65
1.19 894 64	1.20 743 14	1.21 607 64	1.22 488 14	1.23 385 64	1.24 301 14	1.25 236 64	1.26 189 14	1.27 164 64
1.19 911 63	1.20 760 13	1.21 624 63	1.22 505 13	1.23 404 63	1.24 320 13	1.25 254 63	1.26 209 13	1.27 183 63
1.19 928 62	1.20 777 12	1.21 642 62	1.22 523 12	1.23 422 62	1.24 338 12	1.25 273 62	1.26 228 12	1.27 203 62
1.19 945 61	1.20 794 11	1.21 659 61	1.22 541 11	1.23 440 61	1.24 357 11	1.25 292 61	1.26 247 11	1.27 223 61
1.19 962 60	1.20 811 10	1.21 677 60	1.22 559 10	1.23 458 60	1.24 375 10	1.25 311 60	1.26 267 10	1.27 242 60
1.19 979 59	1.20 828 09	1.21 694 59	1.22 577 09	1.23 476 59	1.24 394 09	1.25 330 59	1.26 286 09	1.27 262 59
1.19 995 58	1.20 846 08	1.21 712 58	1.22 594 08	1.23 494 58	1.24 412 08	1.25 349 58	1.26 305 08	1.27 282 58
1.20 012 57	1.20 863 07	1.21 729 57	1.22 612 07	1.23 513 57	1.24 431 07	1.25 368 57	1.26 325 07	1.27 302 57
1.20 029 56	1.20 880 06	1.21 747 56	1.22 630 06	1.23 531 56	1.24 449 06	1.25 387 56	1.26 344 06	1.27 321 56
1.20 046 55	1.20 897 05	1.21 764 55	1.22 648 05	1.23 549 55	1.24 468 05	1.25 406 55	1.26 363 05	1.27 341 55
1.20 063 54	1.20 914 04	1.21 782 54	1.22 666 04	1.23 567 54	1.24 487 04	1.25 425 54	1.26 383 04	1.27 361 54
1.20 080 53	1.20 931 03	1.21 799 53	1.22 684 03	1.23 585 53	1.24 505 03	1.25 444 53	1.26 402 03	1.27 381 53
1.20 097 52	1.20 949 02	1.21 817 52	1.22 701 02	1.23 604 52	1.24 524 02	1.25 463 52	1.26 421 02	1.27 400 52
1.20 113 51	1.20 966 01	1.21 834 51	1.22 719 01	1.23 622 51	1.24 542 01	1.25 482 51	1.26 441 01	1.27 420 51
1.20 130 50	1.20 983 00	1.21 852 50	1.22 737 00	1.23 640 50	1.24 561 00	1.25 501 50	1.26 460 00	1.27 440 50

Find your entering number in the column of heavy print. If there isn't a perfect match, go to the next larger number. The last part of the gaussian is beside it; the first part is above the column.

Gaussians

	.022	.021	.021	.020	.020	.019	.019	.018	.018
1.27 460 49	1.28 462 99	1.29 486 49	1.30 534 99	1.31 606 49	1.32 705 99	1.33 830 49	1.34 984 99	1.36 169 49
1.27 480 48	1.28 482 98	1.29 507 48	1.30 555 98	1.31 628 48	1.32 727 98	1.33 853 48	1.35 008 98	1.36 193 48
1.27 499 47	1.28 502 97	1.29 527 47	1.30 576 97	1.31 650 47	1.32 749 97	1.33 876 47	1.35 031 97	1.36 217 47
1.27 519 46	1.28 523 96	1.29 548 46	1.30 597 96	1.31 672 46	1.32 771 96	1.33 899 46	1.35 055 96	1.36 241 46
1.27 539 45	1.28 543 95	1.29 569 45	1.30 619 95	1.31 693 45	1.32 794 95	1.33 922 45	1.35 078 95	1.36 265 45
1.27 559 44	1.28 563 94	1.29 590 44	1.30 640 94	1.31 715 44	1.32 816 94	1.33 944 44	1.35 101 94	1.36 289 44
1.27 579 43	1.28 583 93	1.29 610 43	1.30 661 93	1.31 737 43	1.32 838 93	1.33 967 43	1.35 125 93	1.36 313 43
1.27 599 42	1.28 604 92	1.29 631 42	1.30 682 92	1.31 759 42	1.32 861 92	1.33 990 42	1.35 148 92	1.36 337 42
1.27 619 41	1.28 624 91	1.29 652 41	1.30 704 91	1.31 780 41	1.32 883 91	1.34 013 41	1.35 172 91	1.36 361 41
1.27 639 40	1.28 644 90	1.29 673 40	1.30 725 90	1.31 802 40	1.32 905 90	1.34 036 40	1.35 195 90	1.36 385 40
1.27 658 39	1.28 665 89	1.29 694 39	1.30 746 89	1.31 824 39	1.32 928 89	1.34 059 39	1.35 219 89	1.36 409 39
1.27 678 38	1.28 685 88	1.29 714 38	1.30 768 88	1.31 846 38	1.32 950 88	1.34 082 38	1.35 242 88	1.36 433 38
1.27 698 37	1.28 705 87	1.29 735 37	1.30 789 87	1.31 868 37	1.32 972 87	1.34 105 37	1.35 266 87	1.36 458 37
1.27 718 36	1.28 726 86	1.29 756 36	1.30 810 86	1.31 889 36	1.32 995 86	1.34 128 36	1.35 289 86	1.36 482 36
1.27 738 35	1.28 746 85	1.29 777 35	1.30 832 85	1.31 911 35	1.33 017 85	1.34 150 35	1.35 313 85	1.36 506 35
1.27 758 34	1.28 767 84	1.29 798 34	1.30 853 84	1.31 933 34	1.33 039 84	1.34 173 34	1.35 336 84	1.36 530 34
1.27 778 33	1.28 787 83	1.29 819 33	1.30 874 83	1.31 955 33	1.33 062 83	1.34 196 33	1.35 360 83	1.36 554 33
1.27 798 32	1.28 807 82	1.29 840 32	1.30 896 82	1.31 977 32	1.33 084 82	1.34 219 32	1.35 384 82	1.36 579 32
1.27 818 31	1.28 828 81	1.29 860 31	1.30 917 81	1.31 999 31	1.33 107 81	1.34 242 31	1.35 407 81	1.36 603 31
1.27 838 30	1.28 848 80	1.29 881 30	1.30 938 80	1.32 021 30	1.33 129 80	1.34 265 30	1.35 431 80	1.36 627 30
1.27 858 29	1.28 869 79	1.29 902 29	1.30 960 79	1.32 043 29	1.33 152 79	1.34 288 29	1.35 454 79	1.36 651 29
1.27 878 28	1.28 889 78	1.29 923 28	1.30 981 78	1.32 064 28	1.33 174 78	1.34 311 28	1.35 478 78	1.36 675 28
1.27 898 27	1.28 910 77	1.29 944 27	1.31 003 77	1.32 086 27	1.33 197 77	1.34 334 27	1.35 502 77	1.36 700 27
1.27 918 26	1.28 930 76	1.29 965 26	1.31 024 76	1.32 108 26	1.33 219 76	1.34 358 26	1.35 525 76	1.36 724 26
1.27 938 25	1.28 950 75	1.29 986 25	1.31 045 75	1.32 130 25	1.33 242 75	1.34 381 25	1.35 549 75	1.36 748 25
1.27 958 24	1.28 971 74	1.30 007 24	1.31 067 74	1.32 152 24	1.33 264 74	1.34 404 24	1.35 573 74	1.36 773 24
1.27 978 23	1.28 991 73	1.30 028 23	1.31 088 73	1.32 174 23	1.33 287 73	1.34 427 23	1.35 596 73	1.36 797 23
1.27 998 22	1.29 012 72	1.30 049 22	1.31 110 72	1.32 196 22	1.33 309 72	1.34 450 22	1.35 620 72	1.36 821 22
1.28 018 21	1.29 032 71	1.30 070 21	1.31 131 71	1.32 218 21	1.33 332 71	1.34 473 21	1.35 644 71	1.36 846 21
1.28 038 20	1.29 053 70	1.30 091 20	1.31 153 70	1.32 240 20	1.33 354 70	1.34 496 20	1.35 668 70	1.36 870 20
1.28 058 19	1.29 074 69	1.30 112 19	1.31 174 69	1.32 262 19	1.33 377 69	1.34 519 19	1.35 691 69	1.36 894 19
1.28 078 18	1.29 094 68	1.30 133 18	1.31 196 68	1.32 284 18	1.33 399 68	1.34 542 18	1.35 715 68	1.36 919 18
1.28 098 17	1.29 115 67	1.30 154 17	1.31 217 67	1.32 306 17	1.33 422 67	1.34 566 17	1.35 739 67	1.36 943 17
1.28 119 16	1.29 135 66	1.30 175 16	1.31 239 66	1.32 328 16	1.33 444 66	1.34 589 16	1.35 763 66	1.36 968 16
1.28 139 15	1.29 156 65	1.30 196 15	1.31 260 65	1.32 350 15	1.33 467 65	1.34 612 15	1.35 786 65	1.36 992 15
1.28 159 14	1.29 176 64	1.30 217 14	1.31 282 64	1.32 372 14	1.33 490 64	1.34 635 14	1.35 810 64	1.37 017 14
1.28 179 13	1.29 197 63	1.30 238 13	1.31 303 63	1.32 394 13	1.33 512 63	1.34 658 13	1.35 834 63	1.37 041 13
1.28 199 12	1.29 217 62	1.30 259 12	1.31 325 62	1.32 417 12	1.33 535 62	1.34 682 12	1.35 858 62	1.37 065 12
1.28 219 11	1.29 238 61	1.30 280 11	1.31 347 61	1.32 439 11	1.33 558 61	1.34 705 11	1.35 882 61	1.37 090 11
1.28 239 10	1.29 259 60	1.30 301 10	1.31 368 60	1.32 461 10	1.33 580 60	1.34 728 10	1.35 906 60	1.37 114 10
1.28 260 09	1.29 279 59	1.30 322 09	1.31 390 59	1.32 483 09	1.33 603 59	1.34 751 09	1.35 929 59	1.37 139 09
1.28 280 08	1.29 300 58	1.30 343 08	1.31 411 58	1.32 505 08	1.33 626 58	1.34 775 08	1.35 953 58	1.37 163 08
1.28 300 07	1.29 321 57	1.30 365 07	1.31 433 57	1.32 527 07	1.33 648 57	1.34 798 07	1.35 977 57	1.37 188 07
1.28 320 06	1.29 341 56	1.30 386 06	1.31 455 56	1.32 549 06	1.33 671 56	1.34 821 06	1.36 001 56	1.37 213 06
1.28 340 05	1.29 362 55	1.30 407 05	1.31 476 55	1.32 571 05	1.33 694 55	1.34 844 05	1.36 025 55	1.37 237 05
1.28 361 04	1.29 383 54	1.30 428 04	1.31 498 54	1.32 594 04	1.33 716 54	1.34 868 04	1.36 049 54	1.37 262 04
1.28 381 03	1.29 403 53	1.30 449 03	1.31 520 53	1.32 616 03	1.33 739 53	1.34 891 03	1.36 073 53	1.37 286 03
1.28 401 02	1.29 424 52	1.30 470 02	1.31 541 52	1.32 638 02	1.33 762 52	1.34 914 02	1.36 097 52	1.37 311 02
1.28 421 01	1.29 445 51	1.30 491 01	1.31 563 51	1.32 660 01	1.33 785 51	1.34 938 01	1.36 121 51	1.37 336 01
1.28 441 00	1.29 465 50	1.30 513 00	1.31 585 50	1.32 682 00	1.33 807 50	1.34 961 00	1.36 145 50	1.37 360 00

Find your entering number in the column of heavy print. If there isn't a perfect match, go to the next larger number. The last part of the gaussian is beside it; the first part is above the column.

Gaussians   Gaussians

.017	.017	.016	.016	.015	.015	.014	.014	.013
1.37 385 99	1.38 634 49	1.39 920 99	1.41 242 49	1.42 605 99	1.44 010 49	1.45 461 99	1.46 960 49	1.48 511 99
1.37 409 98	1.38 660 48	1.39 946 98	1.41 269 48	1.42 633 98	1.44 039 48	1.45 491 98	1.46 991 48	1.48 542 98
1.37 434 97	1.38 685 47	1.39 972 97	1.41 296 47	1.42 661 97	1.44 068 47	1.45 520 97	1.47 021 47	1.48 574 97
1.37 459 96	1.38 711 46	1.39 998 96	1.41 323 46	1.42 688 96	1.44 096 46	1.45 550 96	1.47 052 46	1.48 606 96
1.37 483 95	1.38 736 45	1.40 024 95	1.41 350 45	1.42 716 95	1.44 125 45	1.45 579 95	1.47 082 45	1.48 637 95
1.37 508 94	1.38 761 44	1.40 050 94	1.41 377 44	1.42 744 94	1.44 153 44	1.45 609 94	1.47 113 44	1.48 669 94
1.37 533 93	1.38 787 43	1.40 076 93	1.41 404 43	1.42 772 93	1.44 182 43	1.45 638 93	1.47 143 43	1.48 700 93
1.37 558 92	1.38 812 42	1.40 102 92	1.41 431 42	1.42 799 92	1.44 211 42	1.45 668 92	1.47 174 42	1.48 732 92
1.37 582 91	1.38 838 41	1.40 129 91	1.41 458 41	1.42 827 91	1.44 239 41	1.45 698 91	1.47 205 41	1.48 764 91
1.37 607 90	1.38 863 40	1.40 155 90	1.41 485 40	1.42 855 90	1.44 268 40	1.45 727 90	1.47 235 40	1.48 796 90
1.37 632 89	1.38 889 39	1.40 181 89	1.41 512 39	1.42 883 89	1.44 297 39	1.45 757 89	1.47 266 39	1.48 827 89
1.37 657 88	1.38 914 38	1.40 207 88	1.41 539 38	1.42 911 88	1.44 326 38	1.45 787 88	1.47 297 38	1.48 859 88
1.37 682 87	1.38 940 37	1.40 234 87	1.41 566 37	1.42 938 87	1.44 354 37	1.45 816 87	1.47 327 37	1.48 891 87
1.37 706 86	1.38 965 36	1.40 260 86	1.41 593 36	1.42 966 86	1.44 383 36	1.45 846 86	1.47 358 36	1.48 923 86
1.37 731 85	1.38 991 35	1.40 286 85	1.41 620 35	1.42 994 85	1.44 412 35	1.45 876 85	1.47 389 35	1.48 955 85
1.37 756 84	1.39 016 34	1.40 312 84	1.41 647 34	1.43 022 84	1.44 441 34	1.45 906 84	1.47 420 34	1.48 987 84
1.37 781 83	1.39 042 33	1.40 339 83	1.41 674 33	1.43 050 83	1.44 470 33	1.45 935 83	1.47 450 33	1.49 019 83
1.37 806 82	1.39 067 32	1.40 365 82	1.41 701 32	1.43 078 82	1.44 498 32	1.45 965 82	1.47 481 32	1.49 050 82
1.37 831 81	1.39 093 31	1.40 391 81	1.41 728 31	1.43 106 81	1.44 527 31	1.45 995 81	1.47 512 31	1.49 082 81
1.37 856 80	1.39 118 30	1.40 418 80	1.41 755 30	1.43 134 80	1.44 556 30	1.46 025 80	1.47 543 30	1.49 114 80
1.37 881 79	1.39 144 29	1.40 444 79	1.41 783 29	1.43 162 79	1.44 585 29	1.46 055 79	1.47 574 29	1.49 146 79
1.37 905 78	1.39 170 28	1.40 470 78	1.41 810 28	1.43 190 78	1.44 614 28	1.46 085 78	1.47 605 28	1.49 178 78
1.37 930 77	1.39 195 27	1.40 497 77	1.41 837 27	1.43 218 77	1.44 643 27	1.46 114 77	1.47 636 27	1.49 210 77
1.37 955 76	1.39 221 26	1.40 523 76	1.41 864 26	1.43 246 76	1.44 672 26	1.46 144 76	1.47 667 26	1.49 242 76
1.37 980 75	1.39 247 25	1.40 550 75	1.41 891 25	1.43 274 75	1.44 701 25	1.46 174 75	1.47 698 25	1.49 275 75
1.38 005 74	1.39 272 24	1.40 576 74	1.41 919 24	1.43 302 74	1.44 730 24	1.46 204 74	1.47 729 24	1.49 307 74
1.38 030 73	1.39 298 23	1.40 603 73	1.41 946 23	1.43 330 73	1.44 759 23	1.46 234 73	1.47 760 23	1.49 339 73
1.38 055 72	1.39 324 22	1.40 629 72	1.41 973 22	1.43 359 72	1.44 788 22	1.46 264 72	1.47 791 22	1.49 371 72
1.38 080 71	1.39 350 21	1.40 656 71	1.42 000 21	1.43 387 71	1.44 817 21	1.46 294 71	1.47 822 21	1.49 403 71
1.38 105 70	1.39 375 20	1.40 682 70	1.42 028 20	1.43 415 70	1.44 846 20	1.46 324 70	1.47 853 20	1.49 435 70
1.38 130 69	1.39 401 19	1.40 709 69	1.42 055 19	1.43 443 69	1.44 875 19	1.46 354 69	1.47 884 19	1.49 468 69
1.38 155 68	1.39 427 18	1.40 735 68	1.42 082 18	1.43 471 68	1.44 904 18	1.46 385 68	1.47 915 18	1.49 500 68
1.38 181 67	1.39 453 17	1.40 762 67	1.42 110 17	1.43 500 67	1.44 933 17	1.46 415 67	1.47 946 17	1.49 532 67
1.38 206 66	1.39 479 16	1.40 788 66	1.42 137 16	1.43 528 66	1.44 963 16	1.46 445 66	1.47 977 16	1.49 564 66
1.38 231 65	1.39 504 15	1.40 815 65	1.42 165 15	1.43 556 65	1.44 992 15	1.46 475 65	1.48 009 15	1.49 597 65
1.38 256 64	1.39 530 14	1.40 841 64	1.42 192 14	1.43 584 64	1.45 021 14	1.46 505 64	1.48 040 14	1.49 629 64
1.38 281 63	1.39 556 13	1.40 868 63	1.42 219 13	1.43 613 63	1.45 050 13	1.46 535 63	1.48 071 13	1.49 661 63
1.38 306 62	1.39 582 12	1.40 895 62	1.42 247 12	1.43 641 62	1.45 079 12	1.46 565 62	1.48 102 12	1.49 694 62
1.38 331 61	1.39 608 11	1.40 921 61	1.42 274 11	1.43 669 61	1.45 109 11	1.46 596 61	1.48 134 11	1.49 726 61
1.38 357 60	1.39 634 10	1.40 948 60	1.42 302 10	1.43 698 60	1.45 138 10	1.46 626 60	1.48 165 10	1.49 759 60
1.38 382 59	1.39 660 09	1.40 975 59	1.42 329 09	1.43 726 59	1.45 167 09	1.46 656 59	1.48 196 09	1.49 791 59
1.38 407 58	1.39 686 08	1.41 001 58	1.42 357 08	1.43 754 58	1.45 196 08	1.46 686 58	1.48 228 08	1.49 824 58
1.38 432 57	1.39 711 07	1.41 028 57	1.42 384 07	1.43 783 57	1.45 226 07	1.46 717 57	1.48 259 07	1.49 856 57
1.38 457 56	1.39 737 06	1.41 055 56	1.42 412 06	1.43 811 56	1.45 255 06	1.46 747 56	1.48 290 06	1.49 889 56
1.38 483 55	1.39 763 05	1.41 082 55	1.42 439 05	1.43 840 55	1.45 284 05	1.46 777 55	1.48 322 05	1.49 921 55
1.38 508 54	1.39 789 04	1.41 108 54	1.42 467 04	1.43 868 54	1.45 314 04	1.46 808 54	1.48 353 04	1.49 954 54
1.38 533 53	1.39 815 03	1.41 135 53	1.42 495 03	1.43 896 53	1.45 343 03	1.46 838 53	1.48 385 03	1.49 986 53
1.38 558 52	1.39 841 02	1.41 162 52	1.42 522 02	1.43 925 52	1.45 373 02	1.46 869 52	1.48 416 02	1.50 019 52
1.38 584 51	1.39 867 01	1.41 189 51	1.42 550 01	1.43 953 51	1.45 402 01	1.46 899 51	1.48 448 01	1.50 052 51
1.38 609 50	1.39 894 00	1.41 216 50	1.42 578 00	1.43 982 50	1.45 432 00	1.46 930 50	1.48 479 00	1.50 084 50

Find your entering number in the column of heavy print. If there isn't a perfect match, go to the next larger number. The last part of the gaussian is beside it; the first part is above the column.

Gaussians

	.013	.012	.012	.011	.011	.010	.010	.009	.009
1.50 117 *49*	1.51 783 *99*	1.53 513 *49*	1.55 314 *99*	1.57 189 *49*	1.59 148 *99*	1.61 196 *49*	1.63 343 *99*	1.65 599 *49*
	1.50 150 *48*	1.51 817 *98*	1.53 549 *48*	1.55 350 *98*	1.57 228 *48*	1.59 188 *98*	1.61 238 *48*	1.63 387 *98*	1.65 645 *48*
	1.50 182 *47*	1.51 851 *97*	1.53 584 *47*	1.55 387 *97*	1.57 266 *47*	1.59 228 *97*	1.61 280 *47*	1.63 431 *97*	1.65 692 *47*
	1.50 215 *46*	1.51 885 *96*	1.53 619 *46*	1.55 424 *96*	1.57 305 *46*	1.59 268 *96*	1.61 322 *46*	1.63 475 *96*	1.65 738 *46*
	1.50 248 *45*	1.51 919 *95*	1.53 655 *45*	1.55 461 *95*	1.57 343 *45*	1.59 308 *95*	1.61 364 *45*	1.63 519 *95*	1.65 785 *45*
	1.50 281 *44*	1.51 953 *94*	1.53 690 *44*	1.55 498 *94*	1.57 381 *44*	1.59 348 *94*	1.61 406 *44*	1.63 564 *94*	1.65 831 *44*
	1.50 314 *43*	1.51 987 *93*	1.53 726 *43*	1.55 535 *93*	1.57 420 *43*	1.59 388 *93*	1.61 448 *43*	1.63 608 *93*	1.65 878 *43*
	1.50 347 *42*	1.52 021 *92*	1.53 761 *42*	1.55 572 *92*	1.57 458 *42*	1.59 429 *92*	1.61 490 *42*	1.63 652 *92*	1.65 924 *42*
	1.50 379 *41*	1.52 055 *91*	1.53 797 *41*	1.55 609 *91*	1.57 497 *41*	1.59 469 *91*	1.61 533 *41*	1.63 696 *91*	1.65 971 *41*
	1.50 412 *40*	1.52 090 *90*	1.53 832 *40*	1.55 646 *90*	1.57 536 *40*	1.59 509 *90*	1.61 575 *40*	1.63 741 *90*	1.66 018 *40*
	1.50 445 *39*	1.52 124 *89*	1.53 868 *39*	1.55 683 *89*	1.57 574 *39*	1.59 550 *89*	1.61 617 *39*	1.63 785 *89*	1.66 064 *39*
	1.50 478 *38*	1.52 158 *88*	1.53 903 *38*	1.55 720 *88*	1.57 613 *38*	1.59 590 *88*	1.61 659 *38*	1.63 830 *88*	1.66 111 *38*
	1.50 511 *37*	1.52 192 *87*	1.53 939 *37*	1.55 757 *87*	1.57 652 *37*	1.59 631 *87*	1.61 702 *37*	1.63 874 *87*	1.66 158 *37*
	1.50 544 *36*	1.52 227 *86*	1.53 975 *36*	1.55 794 *86*	1.57 690 *36*	1.59 671 *86*	1.61 744 *36*	1.63 919 *86*	1.66 205 *36*
	1.50 577 *35*	1.52 261 *85*	1.54 010 *35*	1.55 831 *85*	1.57 729 *35*	1.59 712 *85*	1.61 787 *35*	1.63 963 *85*	1.66 252 *35*
	1.50 610 *34*	1.52 295 *84*	1.54 046 *34*	1.55 868 *84*	1.57 768 *34*	1.59 752 *84*	1.61 829 *34*	1.64 008 *84*	1.66 299 *34*
	1.50 643 *33*	1.52 330 *83*	1.54 082 *33*	1.55 905 *83*	1.57 807 *33*	1.59 793 *83*	1.61 872 *33*	1.64 053 *83*	1.66 346 *33*
	1.50 677 *32*	1.52 364 *82*	1.54 117 *32*	1.55 943 *82*	1.57 846 *32*	1.59 834 *82*	1.61 914 *32*	1.64 097 *82*	1.66 393 *32*
	1.50 710 *31*	1.52 398 *81*	1.54 153 *31*	1.55 980 *81*	1.57 885 *31*	1.59 874 *81*	1.61 957 *31*	1.64 142 *81*	1.66 440 *31*
	1.50 743 *30*	1.52 433 *80*	1.54 189 *30*	1.56 017 *80*	1.57 923 *30*	1.59 915 *80*	1.62 000 *30*	1.64 187 *80*	1.66 487 *30*
	1.50 776 *29*	1.52 467 *79*	1.54 225 *29*	1.56 055 *79*	1.57 962 *29*	1.59 956 *79*	1.62 042 *29*	1.64 232 *79*	1.66 535 *29*
	1.50 809 *28*	1.52 502 *78*	1.54 261 *28*	1.56 092 *78*	1.58 001 *28*	1.59 996 *78*	1.62 085 *28*	1.64 277 *78*	1.66 582 *28*
	1.50 842 *27*	1.52 536 *77*	1.54 297 *27*	1.56 129 *77*	1.58 040 *27*	1.60 037 *77*	1.62 128 *27*	1.64 322 *77*	1.66 629 *27*
	1.50 876 *26*	1.52 571 *76*	1.54 333 *26*	1.56 167 *76*	1.58 080 *26*	1.60 078 *76*	1.62 171 *26*	1.64 367 *76*	1.66 677 *26*
	1.50 909 *25*	1.52 605 *75*	1.54 369 *25*	1.56 204 *75*	1.58 119 *25*	1.60 119 *75*	1.62 214 *25*	1.64 412 *75*	1.66 724 *25*
	1.50 942 *24*	1.52 640 *74*	1.54 404 *24*	1.56 242 *74*	1.58 158 *24*	1.60 160 *74*	1.62 256 *24*	1.64 457 *74*	1.66 772 *24*
	1.50 976 *23*	1.52 675 *73*	1.54 441 *23*	1.56 279 *73*	1.58 197 *23*	1.60 201 *73*	1.62 299 *23*	1.64 502 *73*	1.66 819 *23*
	1.51 009 *22*	1.52 709 *72*	1.54 477 *22*	1.56 317 *72*	1.58 236 *22*	1.60 242 *72*	1.62 342 *22*	1.64 547 *72*	1.66 867 *22*
	1.51 042 *21*	1.52 744 *71*	1.54 513 *21*	1.56 354 *71*	1.58 275 *21*	1.60 283 *71*	1.62 385 *21*	1.64 592 *71*	1.66 915 *21*
	1.51 076 *20*	1.52 779 *70*	1.54 549 *20*	1.56 392 *70*	1.58 315 *20*	1.60 324 *70*	1.62 429 *20*	1.64 638 *70*	1.66 962 *20*
	1.51 109 *19*	1.52 813 *69*	1.54 585 *19*	1.56 430 *69*	1.58 354 *19*	1.60 365 *69*	1.62 472 *19*	1.64 683 *69*	1.67 010 *19*
	1.51 143 *18*	1.52 848 *68*	1.54 621 *18*	1.56 467 *68*	1.58 393 *18*	1.60 406 *68*	1.62 515 *18*	1.64 728 *68*	1.67 058 *18*
	1.51 176 *17*	1.52 883 *67*	1.54 657 *17*	1.56 505 *67*	1.58 433 *17*	1.60 448 *67*	1.62 558 *17*	1.64 774 *67*	1.67 106 *17*
	1.51 210 *16*	1.52 918 *66*	1.54 693 *16*	1.56 543 *66*	1.58 472 *16*	1.60 489 *66*	1.62 601 *16*	1.64 819 *66*	1.67 154 *16*
	1.51 243 *15*	1.52 952 *65*	1.54 730 *15*	1.56 581 *65*	1.58 512 *15*	1.60 530 *65*	1.62 645 *15*	1.64 865 *65*	1.67 202 *15*
	1.51 277 *14*	1.52 987 *64*	1.54 766 *14*	1.56 618 *64*	1.58 551 *14*	1.60 571 *64*	1.62 688 *14*	1.64 910 *64*	1.67 250 *14*
	1.51 310 *13*	1.53 022 *63*	1.54 802 *13*	1.56 656 *63*	1.58 591 *13*	1.60 613 *63*	1.62 731 *13*	1.64 956 *63*	1.67 298 *13*
	1.51 344 *12*	1.53 057 *62*	1.54 839 *12*	1.56 694 *62*	1.58 630 *12*	1.60 654 *62*	1.62 775 *12*	1.65 001 *62*	1.67 346 *12*
	1.51 377 *11*	1.53 092 *61*	1.54 875 *11*	1.56 732 *61*	1.58 670 *11*	1.60 696 *61*	1.62 818 *11*	1.65 047 *61*	1.67 394 *11*
	1.51 411 *10*	1.53 127 *60*	1.54 911 *10*	1.56 770 *60*	1.58 709 *10*	1.60 737 *60*	1.62 862 *10*	1.65 093 *60*	1.67 442 *10*
	1.51 445 *09*	1.53 162 *59*	1.54 948 *09*	1.56 808 *59*	1.58 749 *09*	1.60 779 *59*	1.62 905 *09*	1.65 139 *59*	1.67 490 *09*
	1.51 479 *08*	1.53 197 *58*	1.54 984 *08*	1.56 846 *58*	1.58 789 *08*	1.60 820 *58*	1.62 949 *08*	1.65 184 *58*	1.67 539 *08*
	1.51 512 *07*	1.53 232 *57*	1.55 021 *07*	1.56 884 *57*	1.58 828 *07*	1.60 862 *57*	1.62 992 *07*	1.65 230 *57*	1.67 587 *07*
	1.51 546 *06*	1.53 267 *56*	1.55 057 *06*	1.56 922 *56*	1.58 868 *06*	1.60 903 *56*	1.63 036 *06*	1.65 276 *56*	1.67 636 *06*
	1.51 580 *05*	1.53 302 *55*	1.55 094 *05*	1.56 960 *55*	1.58 908 *05*	1.60 945 *55*	1.63 080 *05*	1.65 322 *55*	1.67 684 *05*
	1.51 614 *04*	1.53 337 *54*	1.55 130 *04*	1.56 998 *54*	1.58 948 *04*	1.60 987 *54*	1.63 124 *04*	1.65 368 *54*	1.67 733 *04*
	1.51 647 *03*	1.53 373 *53*	1.55 167 *03*	1.57 036 *53*	1.58 988 *03*	1.61 028 *53*	1.63 167 *03*	1.65 414 *53*	1.67 781 *03*
	1.51 681 *02*	1.53 408 *52*	1.55 204 *02*	1.57 075 *52*	1.59 028 *02*	1.61 070 *52*	1.63 211 *02*	1.65 460 *52*	1.67 830 *02*
	1.51 715 *01*	1.53 443 *51*	1.55 240 *01*	1.57 113 *51*	1.59 068 *01*	1.61 112 *51*	1.63 255 *01*	1.65 507 *51*	1.67 879 *01*
	1.51 749 *00*	1.53 478 *50*	1.55 277 *00*	1.57 151 *50*	1.59 108 *00*	1.61 154 *50*	1.63 299 *00*	1.65 553 *50*	1.67 927 *00*

Find your entering number in the column of heavy print. If there isn't a perfect match, go to the next larger number. The last part of the gaussian is beside it; the first part is above the column.

Gaussians   Gaussians

	.008	.008	.007	.007	.006	.006	.005	.005	.004
1.67 976 99	1.70 488 49	1.73 151 99	1.75 984 49	1.79 011 99	1.82 262 49	1.85 772 99	1.89 585 49	1.93 762 99
1.68 025 98	1.70 540 48	1.73 205 98	1.76 042 48	1.79 074 98	1.82 330 48	1.85 845 98	1.89 665 48	1.93 849 98
1.68 074 97	1.70 591 47	1.73 260 97	1.76 101 47	1.79 137 97	1.82 397 47	1.85 918 97	1.89 745 47	1.93 937 97
1.68 123 96	1.70 643 46	1.73 316 96	1.76 160 46	1.79 200 96	1.82 465 46	1.85 991 96	1.89 825 46	1.94 025 96
1.68 172 95	1.70 695 45	1.73 371 95	1.76 219 45	1.79 263 95	1.82 533 45	1.86 065 95	1.89 905 45	1.94 113 95
1.68 221 94	1.70 747 44	1.73 426 94	1.76 277 44	1.79 326 94	1.82 601 44	1.86 139 94	1.89 986 44	1.94 202 94
1.68 270 93	1.70 799 43	1.73 481 93	1.76 336 43	1.79 389 93	1.82 669 43	1.86 212 93	1.90 066 43	1.94 290 93
1.68 319 92	1.70 851 42	1.73 536 92	1.76 395 42	1.79 452 92	1.82 737 42	1.86 286 92	1.90 147 42	1.94 379 92
1.68 369 91	1.70 903 41	1.73 592 91	1.76 455 41	1.79 516 91	1.82 805 41	1.86 360 91	1.90 228 41	1.94 468 91
1.68 418 90	1.70 955 40	1.73 647 90	1.76 514 40	1.79 579 90	1.82 874 40	1.86 434 90	1.90 308 40	1.94 557 90
1.68 467 89	1.71 008 39	1.73 703 89	1.76 573 39	1.79 643 89	1.82 942 39	1.86 508 89	1.90 390 39	1.94 647 89
1.68 517 88	1.71 060 38	1.73 758 88	1.76 632 38	1.79 706 88	1.83 011 38	1.86 583 88	1.90 471 38	1.94 736 88
1.68 566 87	1.71 112 37	1.73 814 87	1.76 692 37	1.79 770 87	1.83 079 37	1.86 657 87	1.90 552 37	1.94 826 87
1.68 616 86	1.71 165 36	1.73 870 86	1.76 751 36	1.79 834 86	1.83 148 36	1.86 732 86	1.90 634 36	1.94 916 86
1.68 665 85	1.71 217 35	1.73 926 85	1.76 811 35	1.79 898 85	1.83 217 35	1.86 807 85	1.90 715 35	1.95 006 85
1.68 715 84	1.71 270 34	1.73 982 84	1.76 871 34	1.79 962 84	1.83 286 34	1.86 882 84	1.90 797 34	1.95 096 84
1.68 764 83	1.71 323 33	1.74 038 83	1.76 930 33	1.80 026 83	1.83 355 33	1.86 957 83	1.90 879 33	1.95 186 83
1.68 814 82	1.71 375 32	1.74 094 82	1.76 990 32	1.80 090 82	1.83 424 32	1.87 032 82	1.90 961 32	1.95 277 82
1.68 864 81	1.71 428 31	1.74 150 81	1.77 050 31	1.80 154 81	1.83 494 31	1.87 107 81	1.91 044 31	1.95 368 81
1.68 914 80	1.71 481 30	1.74 206 80	1.77 110 30	1.80 219 80	1.83 563 30	1.87 182 80	1.91 126 30	1.95 459 80
1.68 964 79	1.71 534 29	1.74 262 79	1.77 170 29	1.80 283 79	1.83 633 29	1.87 258 79	1.91 209 29	1.95 550 79
1.69 014 78	1.71 587 28	1.74 318 78	1.77 230 28	1.80 348 78	1.83 702 28	1.87 333 78	1.91 291 28	1.95 641 78
1.69 064 77	1.71 640 27	1.74 375 77	1.77 291 27	1.80 412 77	1.83 772 27	1.87 409 77	1.91 374 27	1.95 733 77
1.69 114 76	1.71 693 26	1.74 431 76	1.77 351 26	1.80 477 76	1.83 842 26	1.87 485 76	1.91 457 26	1.95 824 76
1.69 164 75	1.71 746 25	1.74 488 75	1.77 411 25	1.80 542 75	1.83 912 25	1.87 561 75	1.91 541 25	1.95 916 75
1.69 214 74	1.71 799 24	1.74 545 74	1.77 472 24	1.80 607 74	1.83 982 24	1.87 637 74	1.91 624 24	1.96 009 74
1.69 264 73	1.71 852 23	1.74 601 73	1.77 532 23	1.80 672 73	1.84 052 23	1.87 714 73	1.91 707 23	1.96 101 73
1.69 315 72	1.71 906 22	1.74 658 72	1.77 593 22	1.80 737 72	1.84 122 22	1.87 790 72	1.91 791 22	1.96 193 72
1.69 365 71	1.71 959 21	1.74 715 71	1.77 654 21	1.80 802 71	1.84 193 21	1.87 867 71	1.91 875 21	1.96 286 71
1.69 415 70	1.72 013 20	1.74 772 70	1.77 714 20	1.80 868 70	1.84 263 20	1.87 943 70	1.91 959 20	1.96 379 70
1.69 466 69	1.72 066 19	1.74 829 69	1.77 775 19	1.80 933 69	1.84 334 19	1.88 020 69	1.92 043 19	1.96 472 69
1.69 517 68	1.72 120 18	1.74 886 68	1.77 836 18	1.80 998 68	1.84 405 18	1.88 097 68	1.92 128 18	1.96 565 68
1.69 567 67	1.72 173 17	1.74 943 67	1.77 897 17	1.81 064 67	1.84 476 17	1.88 174 67	1.92 212 17	1.96 659 67
1.69 618 66	1.72 227 16	1.75 000 66	1.77 959 16	1.81 130 66	1.84 547 16	1.88 251 66	1.92 297 16	1.96 753 66
1.69 668 65	1.72 281 15	1.75 057 65	1.78 020 15	1.81 196 65	1.84 618 15	1.88 329 65	1.92 382 15	1.96 846 65
1.69 719 64	1.72 335 14	1.75 115 64	1.78 081 14	1.81 262 64	1.84 689 14	1.88 406 64	1.92 467 14	1.96 941 64
1.69 770 63	1.72 389 13	1.75 172 63	1.78 143 13	1.81 328 63	1.84 760 13	1.88 484 63	1.92 552 13	1.97 035 63
1.69 821 62	1.72 443 12	1.75 230 62	1.78 204 12	1.81 394 62	1.84 832 12	1.88 562 62	1.92 637 12	1.97 129 62
1.69 872 61	1.72 497 11	1.75 287 61	1.78 266 11	1.81 460 61	1.84 904 11	1.88 640 61	1.92 723 11	1.97 224 61
1.69 923 60	1.72 551 10	1.75 345 60	1.78 327 10	1.81 526 60	1.84 975 10	1.88 718 60	1.92 808 10	1.97 319 60
1.69 974 59	1.72 605 09	1.75 402 59	1.78 389 09	1.81 593 59	1.85 047 09	1.88 796 59	1.92 894 09	1.97 414 59
1.70 025 58	1.72 659 08	1.75 460 58	1.78 451 08	1.81 659 58	1.85 119 08	1.88 874 58	1.92 980 08	1.97 509 58
1.70 076 57	1.72 714 07	1.75 518 57	1.78 513 07	1.81 726 57	1.85 191 07	1.88 953 57	1.93 066 07	1.97 605 57
1.70 127 56	1.72 768 06	1.75 576 56	1.78 575 06	1.81 792 56	1.85 263 06	1.89 031 56	1.93 152 06	1.97 701 56
1.70 179 55	1.72 822 05	1.75 634 55	1.78 637 05	1.81 859 55	1.85 335 05	1.89 110 55	1.93 239 05	1.97 797 55
1.70 230 54	1.72 877 04	1.75 692 54	1.78 699 04	1.81 926 54	1.85 408 04	1.89 189 54	1.93 326 04	1.97 893 54
1.70 282 53	1.72 932 03	1.75 750 53	1.78 761 03	1.81 993 53	1.85 480 03	1.89 268 53	1.93 412 03	1.97 989 53
1.70 333 52	1.72 986 02	1.75 809 52	1.78 824 02	1.82 060 52	1.85 553 02	1.89 347 52	1.93 499 02	1.98 086 52
1.70 385 51	1.73 041 01	1.75 867 51	1.78 886 01	1.82 127 51	1.85 626 01	1.89 426 51	1.93 587 01	1.98 183 51
1.70 436 50	1.73 096 00	1.75 925 50	1.78 949 00	1.82 195 50	1.85 699 00	1.89 506 50	1.93 674 00	1.98 280 50

Find your entering number in the column of heavy print. If there isn't a perfect match, go to the next larger number. The last part of the gaussian is beside it; the first part is above the column.

Gaussians

	.004	.003	.003	.002	.002	.001	.001	.000	.000
1.98 377 49	2.03 535 99	2.09 383 49	2.16 133 99	2.24 120 49	2.33 901 99	2.46 529 49	2.64 381 99	2.95 171 49
1.98 474 48	2.03 645 98	2.09 508 48	2.16 279 98	2.24 295 48	2.34 121 98	2.46 823 48	2.64 825 98	2.96 076 48
1.98 572 47	2.03 755 97	2.09 633 47	2.16 426 97	2.24 472 47	2.34 342 97	2.47 118 47	2.65 273 97	2.97 001 47
1.98 670 46	2.03 865 96	2.09 759 46	2.16 573 96	2.24 649 46	2.34 564 96	2.47 416 46	2.65 726 96	2.97 945 46
1.98 768 45	2.03 975 95	2.09 886 45	2.16 721 95	2.24 826 45	2.34 787 95	2.47 716 45	2.66 183 95	2.98 910 45
1.98 866 44	2.04 086 94	2.10 013 44	2.16 869 94	2.25 005 44	2.35 011 94	2.48 018 44	2.66 646 94	2.99 898 44
1.98 965 43	2.04 197 93	2.10 140 43	2.17 018 93	2.25 184 43	2.35 237 93	2.48 323 43	2.67 113 93	3.00 908 43
1.99 063 42	2.04 308 92	2.10 267 42	2.17 167 92	2.25 364 42	2.35 463 92	2.48 629 42	2.67 586 92	3.01 942 42
1.99 162 41	2.04 420 91	2.10 395 41	2.17 317 91	2.25 545 41	2.35 691 91	2.48 937 41	2.68 064 91	3.03 002 41
1.99 262 40	2.04 532 90	2.10 523 40	2.17 467 90	2.25 726 40	2.35 920 90	2.49 248 40	2.68 547 90	3.04 088 40
1.99 361 39	2.04 644 89	2.10 652 39	2.17 618 89	2.25 908 39	2.36 151 89	2.49 561 39	2.69 035 89	3.05 202 39
1.99 461 38	2.04 756 88	2.10 781 38	2.17 769 88	2.26 091 38	2.36 382 88	2.49 876 38	2.69 529 88	3.06 345 38
1.99 561 37	2.04 869 87	2.10 910 37	2.17 921 87	2.26 275 37	2.36 615 87	2.50 194 37	2.70 029 87	3.07 519 37
1.99 661 36	2.04 982 86	2.11 040 36	2.18 073 86	2.26 460 36	2.36 849 86	2.50 514 36	2.70 534 86	3.08 726 36
1.99 761 35	2.05 095 85	2.11 170 35	2.18 226 85	2.26 645 35	2.37 084 85	2.50 836 35	2.71 045 85	3.09 967 35
1.99 862 34	2.05 209 84	2.11 301 34	2.18 380 84	2.26 831 34	2.37 321 84	2.51 160 34	2.71 563 84	3.11 244 34
1.99 962 33	2.05 323 83	2.11 432 33	2.18 534 83	2.27 018 33	2.37 558 83	2.51 487 33	2.72 087 83	3.12 560 33
2.00 063 32	2.05 437 82	2.11 563 32	2.18 688 82	2.27 206 32	2.37 798 82	2.51 817 32	2.72 617 82	3.13 918 32
2.00 165 31	2.05 551 81	2.11 695 31	2.18 843 81	2.27 394 31	2.38 038 81	2.52 149 31	2.73 153 81	3.15 319 31
2.00 266 30	2.05 666 80	2.11 827 30	2.18 999 80	2.27 583 30	2.38 280 80	2.52 483 30	2.73 696 80	3.16 767 30
2.00 368 29	2.05 781 79	2.11 959 29	2.19 155 79	2.27 774 29	2.38 523 79	2.52 820 29	2.74 247 79	3.18 264 29
2.00 470 28	2.05 897 78	2.12 092 28	2.19 312 78	2.27 965 28	2.38 767 78	2.53 160 28	2.74 804 78	3.19 816 28
2.00 572 27	2.06 012 77	2.12 225 27	2.19 469 77	2.28 156 27	2.39 013 77	2.53 503 27	2.75 368 77	3.21 424 27
2.00 675 26	2.06 128 76	2.12 359 26	2.19 627 76	2.28 349 26	2.39 260 76	2.53 848 26	2.75 940 76	3.23 095 26
2.00 777 25	2.06 245 75	2.12 493 25	2.19 785 75	2.28 543 25	2.39 509 75	2.54 196 25	2.76 520 75	3.24 832 25
2.00 880 24	2.06 361 74	2.12 628 24	2.19 944 74	2.28 737 24	2.39 759 74	2.54 546 24	2.77 107 74	3.26 641 24
2.00 983 23	2.06 478 73	2.12 763 23	2.20 104 73	2.28 932 23	2.40 011 73	2.54 900 23	2.77 702 73	3.28 530 23
2.01 087 22	2.06 595 72	2.12 898 22	2.20 264 72	2.29 128 22	2.40 264 72	2.55 256 22	2.78 306 72	3.30 504 22
2.01 190 21	2.06 713 71	2.13 034 21	2.20 425 71	2.29 325 21	2.40 518 71	2.55 616 21	2.78 918 71	3.32 572 21
2.01 294 20	2.06 831 70	2.13 170 20	2.20 586 70	2.29 523 20	2.40 774 70	2.55 978 20	2.79 539 70	3.34 743 20
2.01 398 19	2.06 949 69	2.13 307 19	2.20 748 69	2.29 722 19	2.41 032 69	2.56 344 19	2.80 169 69	3.37 029 19
2.01 503 18	2.07 068 68	2.13 444 18	2.20 911 68	2.29 922 18	2.41 291 68	2.56 712 18	2.80 808 68	3.39 441 18
2.01 607 17	2.07 186 67	2.13 581 17	2.21 074 67	2.30 122 17	2.41 551 67	2.57 084 17	2.81 456 67	3.41 995 17
2.01 712 16	2.07 306 66	2.13 719 16	2.21 238 66	2.30 324 16	2.41 813 66	2.57 459 16	2.82 115 66	3.44 709 16
2.01 818 15	2.07 425 65	2.13 858 15	2.21 402 65	2.30 526 15	2.42 077 65	2.57 837 15	2.82 783 65	3.47 604 15
2.01 923 14	2.07 545 64	2.13 996 14	2.21 567 64	2.30 730 14	2.42 342 64	2.58 218 14	2.83 462 64	3.50 706 14
2.02 029 13	2.07 665 63	2.14 136 13	2.21 733 63	2.30 934 13	2.42 609 63	2.58 603 13	2.84 152 63	3.54 046 13
2.02 134 12	2.07 786 62	2.14 275 12	2.21 899 62	2.31 140 12	2.42 878 62	2.58 991 12	2.84 853 62	3.57 665 12
2.02 241 11	2.07 906 61	2.14 416 11	2.22 066 61	2.31 346 11	2.43 148 61	2.59 383 11	2.85 565 61	3.61 613 11
2.02 347 10	2.08 027 60	2.14 556 10	2.22 233 60	2.31 553 10	2.43 420 60	2.59 778 10	2.86 290 60	3.65 956 10
2.02 454 09	2.08 149 59	2.14 697 09	2.22 401 59	2.31 761 09	2.43 693 59	2.60 177 09	2.87 026 59	3.70 781 09
2.02 561 08	2.08 271 58	2.14 839 08	2.22 570 58	2.31 971 08	2.43 969 58	2.60 580 08	2.87 775 58	3.76 211 08
2.02 668 07	2.08 393 57	2.14 981 07	2.22 740 57	2.32 181 07	2.44 246 57	2.60 986 07	2.88 538 57	3.82 417 07
2.02 775 06	2.08 515 56	2.15 123 06	2.22 910 56	2.32 392 06	2.44 525 56	2.61 396 06	2.89 314 56	3.89 661 06
2.02 883 05	2.08 638 55	2.15 266 05	2.23 081 55	2.32 605 05	2.44 805 55	2.61 810 05	2.90 104 55	3.98 359 05
2.02 991 04	2.08 761 54	2.15 409 04	2.23 252 54	2.32 818 04	2.45 088 54	2.62 228 04	2.90 908 54	4.09 246 04
2.03 099 03	2.08 885 53	2.15 553 03	2.23 424 53	2.33 032 03	2.45 372 53	2.62 651 03	2.91 728 53	4.23 810 03
2.03 208 02	2.09 009 52	2.15 697 02	2.23 597 52	2.33 248 02	2.45 659 52	2.63 077 02	2.92 564 52	4.45 880 02
2.03 317 01	2.09 133 51	2.15 842 01	2.23 771 51	2.33 465 01	2.45 947 51	2.63 507 01	2.93 415 51	4.93 021 01
2.03 426 00	2.09 258 50	2.15 987 00	2.23 945 50	2.33 682 00	2.46 237 50	2.63 942 00	2.94 284 50	Larger # 00

Find your entering number in the column of heavy print. If there isn't a perfect match, go to the next larger number. The last part of the gaussian is beside it; the first part is above the column.

log Dec.   log Dec.

.000		.000		.001		.001		.002		.002		.003	
0° 16.'5	00	2° 45.'8	50	3° 53.'8	00	4° 46.'0	50	5° 30.'1	00	6° 08.'9	50	6° 43.'9	00
0° 28.'6	01	2° 47.'4	51	3° 54.'9	01	4° 47.'0	51	5° 30.'9	01	6° 09.'6	51	6° 44.'6	01
0° 36.'9	02	2° 49.'0	52	3° 56.'1	02	4° 47.'9	52	5° 31.'7	02	6° 10.'3	52	6° 45.'3	02
0° 43.'6	03	2° 50.'6	53	3° 57.'2	03	4° 48.'9	53	5° 32.'5	03	6° 11.'1	53	6° 45.'9	03
0° 49.'5	04	2° 52.'2	54	3° 58.'4	04	4° 49.'8	54	5° 33.'4	04	6° 11.'8	54	6° 46.'6	04
0° 54.'7	05	2° 53.'8	55	3° 59.'5	05	4° 50.'7	55	5° 34.'2	05	6° 12.'5	55	6° 47.'3	05
0° 59.'5	06	2° 55.'3	56	4° 00.'7	06	4° 51.'7	56	5° 35.'0	06	6° 13.'3	56	6° 47.'9	06
1° 03.'9	07	2° 56.'9	57	4° 01.'8	07	4° 52.'6	57	5° 35.'8	07	6° 14.'0	57	6° 48.'6	07
1° 08.'0	08	2° 58.'4	58	4° 02.'9	08	4° 53.'5	58	5° 36.'6	08	6° 14.'7	58	6° 49.'3	08
1° 11.'9	09	2° 59.'9	59	4° 04.'0	09	4° 54.'4	59	5° 37.'4	09	6° 15.'4	59	6° 49.'9	09
1° 15.'6	10	3° 01.'4	60	4° 05.'1	10	4° 55.'4	60	5° 38.'2	10	6° 16.'2	60	6° 50.'6	10
1° 19.'1	11	3° 02.'9	61	4° 06.'2	11	4° 56.'3	61	5° 39.'0	11	6° 16.'9	61	6° 51.'3	11
1° 22.'5	12	3° 04.'4	62	4° 07.'3	12	4° 57.'2	62	5° 39.'8	12	6° 17.'6	62	6° 51.'9	12
1° 25.'7	13	3° 05.'9	63	4° 08.'4	13	4° 58.'1	63	5° 40.'6	13	6° 18.'3	63	6° 52.'6	13
1° 28.'8	14	3° 07.'3	64	4° 09.'5	14	4° 59.'0	64	5° 41.'4	14	6° 19.'0	64	6° 53.'2	14
1° 31.'8	15	3° 08.'8	65	4° 10.'6	15	4° 59.'9	65	5° 42.'2	15	6° 19.'7	65	6° 53.'9	15
1° 34.'8	16	3° 10.'2	66	4° 11.'7	16	5° 00.'8	66	5° 43.'0	16	6° 20.'5	66	6° 54.'5	16
1° 37.'6	17	3° 11.'6	67	4° 12.'8	17	5° 01.'7	67	5° 43.'8	17	6° 21.'2	67	6° 55.'2	17
1° 40.'3	18	3° 13.'0	68	4° 13.'8	18	5° 02.'6	68	5° 44.'6	18	6° 21.'9	68	6° 55.'8	18
1° 43.'0	19	3° 14.'4	69	4° 14.'9	19	5° 03.'5	69	5° 45.'3	19	6° 22.'6	69	6° 56.'5	19
1° 45.'6	20	3° 15.'8	70	4° 16.'0	20	5° 04.'4	70	5° 46.'1	20	6° 23.'3	70	6° 57.'1	20
1° 48.'2	21	3° 17.'2	71	4° 17.'0	21	5° 05.'3	71	5° 46.'9	21	6° 24.'0	71	6° 57.'8	21
1° 50.'6	22	3° 18.'6	72	4° 18.'1	22	5° 06.'2	72	5° 47.'7	22	6° 24.'7	72	6° 58.'4	22
1° 53.'1	23	3° 19.'9	73	4° 19.'1	23	5° 07.'1	73	5° 48.'5	23	6° 25.'4	73	6° 59.'1	23
1° 55.'5	24	3° 21.'3	74	4° 20.'2	24	5° 08.'0	74	5° 49.'2	24	6° 26.'1	74	6° 59.'7	24
1° 57.'8	25	3° 22.'6	75	4° 21.'2	25	5° 08.'8	75	5° 50.'0	25	6° 26.'8	75	7° 00.'4	25
2° 00.'1	26	3° 24.'0	76	4° 22.'3	26	5° 09.'7	76	5° 50.'8	26	6° 27.'5	76	7° 01.'0	26
2° 02.'3	27	3° 25.'3	77	4° 23.'3	27	5° 10.'6	77	5° 51.'6	27	6° 28.'2	77	7° 01.'7	27
2° 04.'5	28	3° 26.'6	78	4° 24.'3	28	5° 11.'5	78	5° 52.'3	28	6° 28.'9	78	7° 02.'3	28
2° 06.'7	29	3° 27.'9	79	4° 25.'3	29	5° 12.'3	79	5° 53.'1	29	6° 29.'6	79	7° 02.'9	29
2° 08.'8	30	3° 29.'2	80	4° 26.'4	30	5° 13.'2	80	5° 53.'9	30	6° 30.'3	80	7° 03.'6	30
2° 10.'9	31	3° 30.'5	81	4° 27.'4	31	5° 14.'1	81	5° 54.'6	31	6° 31.'0	81	7° 04.'2	31
2° 13.'0	32	3° 31.'8	82	4° 28.'4	32	5° 14.'9	82	5° 55.'4	32	6° 31.'7	82	7° 04.'9	32
2° 15.'0	33	3° 33.'1	83	4° 29.'4	33	5° 15.'8	83	5° 56.'2	33	6° 32.'4	83	7° 05.'5	33
2° 17.'0	34	3° 34.'4	84	4° 30.'4	34	5° 16.'7	84	5° 56.'9	34	6° 33.'1	84	7° 06.'1	34
2° 19.'0	35	3° 35.'6	85	4° 31.'4	35	5° 17.'5	85	5° 57.'7	35	6° 33.'8	85	7° 06.'8	35
2° 20.'9	36	3° 36.'9	86	4° 32.'4	36	5° 18.'4	86	5° 58.'4	36	6° 34.'4	86	7° 07.'4	36
2° 22.'8	37	3° 38.'1	87	4° 33.'4	37	5° 19.'2	87	5° 59.'2	37	6° 35.'1	87	7° 08.'0	37
2° 24.'7	38	3° 39.'4	88	4° 34.'4	38	5° 20.'1	88	5° 60.'0	38	6° 35.'8	88	7° 08.'7	38
2° 26.'6	39	3° 40.'6	89	4° 35.'4	39	5° 20.'9	89	6° 00.'7	39	6° 36.'5	89	7° 09.'3	39
2° 28.'4	40	3° 41.'9	90	4° 36.'4	40	5° 21.'8	90	6° 01.'5	40	6° 37.'2	90	7° 09.'9	40
2° 30.'3	41	3° 43.'1	91	4° 37.'4	41	5° 22.'6	91	6° 02.'2	41	6° 37.'9	91	7° 10.'5	41
2° 32.'1	42	3° 44.'3	92	4° 38.'3	42	5° 23.'4	92	6° 03.'0	42	6° 38.'5	92	7° 11.'2	42
2° 33.'8	43	3° 45.'5	93	4°.39.'3	43	5° 24.'3	93	6° 03.'7	43	6° 39.'2	93	7° 11.'8	43
2° 35.'6	44	3° 46.'7	94	4° 40.'3	44	5° 25.'1	94	6° 04.'4	44	6° 39.'9	94	7° 12.'4	44
2° 37.'3	45	3° 47.'9	95	4° 41.'2	45	5° 25.'9	95	6° 05.'2	45	6° 40.'6	95	7° 13.'1	45
2° 39.'1	46	3° 49.'1	96	4° 42.'2	46	5° 26.'8	96	6° 05.'9	46	6° 41.'2	96	7° 13.'7	46
2° 40.'8	47	3° 50.'3	97	4° 43.'2	47	5° 27.'6	97	6° 06.'7	47	6° 41.'9	97	7° 14.'3	47
2° 42.'4	48	3° 51.'4	98	4° 44.'1	48	5° 28.'4	98	6° 07.'4	48	6° 42.'6	98	7° 14.'9	48
2° 44.'1	49	3° 52.'6	99	4° 45.'1	49	5° 29.'3	99	6° 08.'1	49	6° 43.'3	99	7° 15.'5	49

If exact declination is not in table, go to next larger angle. Last part of log Dec. is beside it; first part at top of column.

log Dec.						log Dec.
.003	.004	.004	.005	.005	.006	.006

7° 16.'2 50	7° 46.'2 00	8° 14.'3 50	8° 40.'9 00	9° 06.'2 50	9° 30.'4 00	9° 53.'5 50
7° 16.'8 51	7° 46.'7 01	8° 14.'8 51	8° 41.'4 01	9° 06.'7 51	9° 30.'8 01	9° 54.'0 51
7° 17.'4 52	7° 47.'3 02	8° 15.'4 52	8° 41.'9 02	9° 07.'2 52	9° 31.'3 02	9° 54.'4 52
7° 18.'0 53	7° 47.'9 03	8° 15.'9 53	8° 42.'5 03	9° 07.'7 53	9° 31.'8 03	9° 54.'9 53
7° 18.'6 54	7° 48.'5 04	8° 16.'5 54	8° 43.'0 04	9° 08.'2 54	9° 32.'3 04	9° 55.'3 54
7° 19.'3 55	7° 49.'0 05	8° 17.'0 55	8° 43.'5 05	9° 08.'7 55	9° 32.'7 05	9° 55.'8 55
7° 19.'9 56	7° 49.'6 06	8° 17.'6 56	8° 44.'0 06	9° 09.'2 56	9° 33.'2 06	9° 56.'2 56
7° 20.'5 57	7° 50.'2 07	8° 18.'1 57	8° 44.'5 07	9° 09.'7 57	9° 33.'7 07	9° 56.'7 57
7° 21.'1 58	7° 50.'8 08	8° 18.'7 58	8° 45.'0 08	9° 10.'1 58	9° 34.'1 08	9° 57.'1 58
7° 21.'7 59	7° 51.'3 09	8° 19.'2 59	8° 45.'6 09	9° 10.'6 59	9° 34.'6 09	9° 57.'6 59
7° 22.'3 60	7° 51.'9 10	8° 19.'7 60	8° 46.'1 10	9° 11.'1 60	9° 35.'1 10	9° 58.'0 60
7° 22.'9 61	7° 52.'5 11	8° 20.'3 61	8° 46.'6 11	9° 11.'6 61	9° 35.'5 11	9° 58.'5 61
7° 23.'6 62	7° 53.'1 12	8° 20.'8 62	8° 47.'1 12	9° 12.'1 62	9° 36.'0 12	9° 58.'9 62
7° 24.'2 63	7° 53.'6 13	8° 21.'4 63	8° 47.'6 13	9° 12.'6 63	9° 36.'5 13	9° 59.'4 63
7° 24.'8 64	7° 54.'2 14	8° 21.'9 64	8° 48.'1 14	9° 13.'1 64	9° 36.'9 14	9° 59.'8 64
7° 25.'4 65	7° 54.'8 15	8° 22.'4 65	8° 48.'6 15	9° 13.'6 65	9° 37.'4 15	10° 00.'3 65
7° 26.'0 66	7° 55.'3 16	8° 23.'0 66	8° 49.'1 16	9° 14.'1 66	9° 37.'9 16	10° 00.'7 66
7° 26.'6 67	7° 55.'9 17	8° 23.'5 67	8° 49.'7 17	9° 14.'5 67	9° 38.'3 17	10° 01.'2 67
7° 27.'2 68	7° 56.'5 18	8° 24.'0 68	8° 50.'2 18	9° 15.'0 68	9° 38.'8 18	10° 01.'6 68
7° 27.'8 69	7° 57.'0 19	8° 24.'6 69	8° 50.'7 19	9° 15.'5 69	9° 39.'3 19	10° 02.'1 69
7° 28.'4 70	7° 57.'6 20	8° 25.'1 70	8° 51.'2 20	9° 16.'0 70	9° 39.'7 20	10° 02.'5 70
7° 29.'0 71	7° 58.'2 21	8° 25.'7 71	8° 51.'7 21	9° 16.'5 71	9° 40.'2 21	10° 03.'0 71
7° 29.'6 72	7° 58.'7 22	8° 26.'2 72	8° 52.'2 22	9° 17.'0 72	9° 40.'7 22	10° 03.'4 72
7° 30.'2 73	7° 59.'3 23	8° 26.'7 73	8° 52.'7 23	9° 17.'5 73	9° 41.'1 23	10° 03.'9 73
7° 30.'8 74	7° 59.'9 24	8° 27.'3 74	8° 53.'2 24	9° 17.'9 74	9° 41.'6 24	10° 04.'3 74
7° 31.'4 75	8° 00.'4 25	8° 27.'8 75	8° 53.'7 25	9° 18.'4 75	9° 42.'1 25	10° 04.'8 75
7° 32.'0 76	8° 01.'0 26	8° 28.'3 76	8° 54.'2 26	9° 18.'9 76	9° 42.'5 26	10° 05.'2 76
7° 32.'6 77	8° 01.'6 27	8° 28.'8 77	8° 54.'7 27	9° 19.'4 77	9° 43.'0 27	10° 05.'6 77
7° 33.'2 78	8° 02.'1 28	8° 29.'4 78	8° 55.'2 28	9° 19.'9 78	9° 43.'4 28	10° 06.'1 78
7° 33.'8 79	8° 02.'7 29	8° 29.'9 79	8° 55.'7 29	9° 20.'3 79	9° 43.'9 29	10° 06.'5 79
7° 34.'4 80	8° 03.'2 30	8° 30.'4 80	8° 56.'2 30	9° 20.'8 80	9° 44.'4 30	10° 07.'0 80
7° 35.'0 81	8° 03.'8 31	8° 31.'0 81	8° 56.'7 31	9° 21.'3 81	9° 44.'8 31	10° 07.'4 81
7° 35.'6 82	8° 04.'4 32	8° 31.'5 82	8° 57.'2 32	9° 21.'8 82	9° 45.'3 32	10° 07.'9 82
7° 36.'2 83	8° 04.'9 33	8° 32.'0 83	8° 57.'7 33	9° 22.'3 83	9° 45.'8 33	10° 08.'3 83
7° 36.'8 84	8° 05.'5 34	8° 32.'5 84	8° 58.'2 34	9° 22.'7 84	9° 46.'2 34	10° 08.'8 84
7° 37.'4 85	8° 06.'0 35	8° 33.'1 85	8° 58.'7 35	9° 23.'2 85	9° 46.'7 35	10° 09.'2 85
7° 38.'0 86	8° 06.'6 36	8° 33.'6 86	8° 59.'2 36	9° 23.'7 86	9° 47.'1 36	10° 09.'6 86
7° 38.'5 87	8° 07.'1 37	8° 34.'1 87	8° 59.'7 37	9° 24.'2 87	9° 47.'6 37	10° 10.'1 87
7° 39.'1 88	8° 07.'7 38	8° 34.'7 88	9° 00.'2 38	9° 24.'7 88	9° 48.'0 38	10° 10.'5 88
7° 39.'7 89	8° 08.'3 39	8° 35.'2 89	9° 00.'7 39	9° 25.'1 89	9° 48.'5 39	10° 11.'0 89
7° 40.'3 90	8° 08.'8 40	8° 35.'7 90	9° 01.'2 40	9° 25.'6 90	9° 49.'0 40	10° 11.'4 90
7° 40.'9 91	8° 09.'4 41	8° 36.'2 91	9° 01.'7 41	9° 26.'1 91	9° 49.'4 41	10° 11.'8 91
7° 41.'5 92	8° 09.'9 42	8° 36.'7 92	9° 02.'2 42	9° 26.'6 92	9° 49.'9 42	10° 12.'3 92
7° 42.'1 93	8° 10.'5 43	8° 37.'3 93	9° 02.'7 43	9° 27.'0 93	9° 50.'3 43	10° 12.'7 93
7° 42.'7 94	8° 11.'0 44	8° 37.'8 94	9° 03.'2 44	9° 27.'5 94	9° 50.'8 44	10° 13.'2 94
7° 43.'2 95	8° 11.'6 45	8° 38.'3 95	9° 03.'7 45	9° 28.'0 95	9° 51.'2 45	10° 13.'6 95
7° 43.'8 96	8° 12.'1 46	8° 38.'8 96	9° 04.'2 46	9° 28.'5 96	9° 51.'7 46	10° 14.'0 96
7° 44.'4 97	8° 12.'7 47	8° 39.'4 97	9° 04.'7 47	9° 28.'9 97	9° 52.'2 47	10° 14.'5 97
7° 45.'0 98	8° 13.'2 48	8° 39.'9 98	9° 05.'2 48	9° 29.'4 98	9° 52.'6 48	10° 14.'9 98
7° 45.'6 99	8° 13.'8 49	8° 40.'4 99	9° 05.'7 49	9° 29.'9 99	9° 53.'1 49	10° 15.'4 99

If exact declination is not in table, go to next larger angle. Last part of log Dec. is beside it; first part at top of column.

log Dec.   log Dec.

.007	.007	.008	.008	.009	.009	.010
10° 15.'8 00	10° 37.'3 50	10° 58.'0 00	11° 18.'1 50	11° 37.'6 00	11° 56.'6 50	12° 15.'1 00
10° 16.'2 01	10° 37.'7 51	10° 58.'4 01	11° 18.'5 51	11° 38.'0 01	11° 57.'0 51	12° 15.'4 01
10° 16.'7 02	10° 38.'1 52	10° 58.'8 02	11° 18.'9 52	11° 38.'4 02	11° 57.'4 52	12° 15.'8 02
10° 17.'1 03	10° 38.'5 53	10° 59.'2 03	11° 19.'3 53	11° 38.'8 03	11° 57.'7 53	12° 16.'2 03
10° 17.'5 04	10° 39.'0 54	10° 59.'7 04	11° 19.'7 54	11° 39.'2 04	11° 58.'1 54	12° 16.'5 04
10° 18.'0 05	10° 39.'4 55	11° 00.'1 05	11° 20.'1 55	11° 39.'6 05	11° 58.'5 55	12° 16.'9 05
10° 18.'4 06	10° 39.'8 56	11° 00.'5 06	11° 20.'5 56	11° 40.'0 06	11° 58.'9 56	12° 17.'3 06
10° 18.'8 07	10° 40.'2 57	11° 00.'9 07	11° 20.'9 57	11° 40.'3 07	11° 59.'2 57	12° 17.'6 07
10° 19.'3 08	10° 40.'6 58	11° 01.'3 08	11° 21.'3 58	11° 40.'7 08	11° 59.'6 58	12° 18.'0 08
10° 19.'7 09	10° 41.'1 59	11° 01.'7 09	11° 21.'7 59	11° 41.'1 09	11° 60.'0 59	12° 18.'4 09
10° 20.'1 10	10° 41.'5 60	11° 02.'1 10	11° 22.'1 60	11° 41.'5 10	12° 00.'3 60	12° 18.'7 10
10° 20.'6 11	10° 41.'9 61	11° 02.'5 11	11° 22.'5 61	11° 41.'9 11	12° 00.'7 61	12° 19.'1 11
10° 21.'0 12	10° 42.'3 62	11° 02.'9 12	11° 22.'9 62	11° 42.'2 12	12° 01.'1 62	12° 19.'4 12
10° 21.'4 13	10° 42.'7 63	11° 03.'3 13	11° 23.'3 63	11° 42.'6 13	12° 01.'5 63	12° 19.'8 13
10° 21.'9 14	10° 43.'1 64	11° 03.'7 14	11° 23.'7 64	11° 43.'0 14	12° 01.'8 64	12° 20.'2 14
10° 22.'3 15	10° 43.'6 65	11° 04.'1 15	11° 24.'0 65	11° 43.'4 15	12° 02.'2 65	12° 20.'5 15
10° 22.'7 16	10° 44.'0 66	11° 04.'5 16	11° 24.'4 66	11° 43.'8 16	12° 02.'6 66	12° 20.'9 16
10° 23.'2 17	10° 44.'4 67	11° 04.'9 17	11° 24.'8 67	11° 44.'2 17	12° 03.'0 67	12° 21.'3 17
10° 23.'6 18	10° 44.'8 68	11° 05.'3 18	11° 25.'2 68	11° 44.'5 18	12° 03.'3 68	12° 21.'6 18
10° 24.'0 19	10° 45.'2 69	11° 05.'7 19	11° 25.'6 69	11° 44.'9 19	12° 03.'7 69	12° 22.'0 19
10° 24.'5 20	10° 45.'7 70	11° 06.'1 20	11° 26.'0 70	11° 45.'3 20	12° 04.'1 70	12° 22.'3 20
10° 24.'9 21	10° 46.'1 71	11° 06.'5 21	11° 26.'4 71	11° 45.'7 21	12° 04.'4 71	12° 22.'7 21
10° 25.'3 22	10° 46.'5 72	11° 06.'9 22	11° 26.'8 72	11° 46.'1 22	12° 04.'8 72	12° 23.'1 22
10° 25.'8 23	10° 46.'9 73	11° 07.'4 23	11° 27.'2 73	11° 46.'4 23	12° 05.'2 73	12° 23.'4 23
10° 26.'2 24	10° 47.'3 74	11° 07.'8 24	11° 27.'6 74	11° 46.'8 24	12° 05.'5 74	12° 23.'8 24
10° 26.'6 25	10° 47.'7 75	11° 08.'2 25	11° 28.'0 75	11° 47.'2 25	12° 05.'9 75	12° 24.'1 25
10° 27.'1 26	10° 48.'1 76	11° 08.'6 26	11° 28.'4 76	11° 47.'6 26	12° 06.'3 76	12° 24.'5 26
10° 27.'5 27	10° 48.'6 77	11° 09.'0 27	11° 28.'7 77	11° 48.'0 27	12° 06.'6 77	12° 24.'9 27
10° 27.'9 28	10° 49.'0 78	11° 09.'4 28	11° 29.'1 78	11° 48.'3 28	12° 07.'0 78	12° 25.'2 28
10° 28.'3 29	10° 49.'4 79	11° 09.'8 29	11° 29.'5 79	11° 48.'7 29	12° 07.'4 79	12° 25.'6 29
10° 28.'8 30	10° 49.'8 80	11° 10.'2 30	11° 29.'9 80	11° 49.'1 30	12° 07.'8 80	12° 25.'9 30
10° 29.'2 31	10° 50.'2 81	11° 10.'6 31	11° 30.'3 81	11° 49.'5 31	12° 08.'1 81	12° 26.'3 31
10° 29.'6 32	10° 50.'6 82	11° 11.'0 32	11° 30.'7 82	11° 49.'8 32	12° 08.'5 82	12° 26.'7 32
10° 30.'0 33	10° 51.'0 83	11° 11.'4 33	11° 31.'1 83	11° 50.'2 33	12° 08.'9 83	12° 27.'0 33
10° 30.'5 34	10° 51.'5 84	11° 11.'8 34	11° 31.'5 84	11° 50.'6 34	12° 09.'2 84	12° 27.'4 34
10° 30.'9 35	10° 51.'9 85	11° 12.'2 35	11° 31.'9 85	11° 51.'0 35	12° 09.'6 85	12° 27.'7 35
10° 31.'3 36	10° 52.'3 86	11° 12.'6 36	11° 32.'2 86	11° 51.'4 36	12° 10.'0 86	12° 28.'1 36
10° 31.'8 37	10° 52.'7 87	11° 13.'0 37	11° 32.'6 87	11° 51.'7 37	12° 10.'3 87	12° 28.'4 37
10° 32.'2 38	10° 53.'1 88	11° 13.'4 38	11° 33.'0 88	11° 52.'1 38	12° 10.'7 88	12° 28.'8 38
10° 32.'6 39	10° 53.'5 89	11° 13.'8 39	11° 33.'4 89	11° 52.'5 39	12° 11.'1 89	12° 29.'2 39
10° 33.'0 40	10° 53.'9 90	11° 14.'2 40	11° 33.'8 90	11° 52.'9 40	12° 11.'4 90	12° 29.'5 40
10° 33.'5 41	10° 54.'3 91	11° 14.'6 41	11° 34.'2 91	11° 53.'2 41	12° 11.'8 91	12° 29.'9 41
10° 33.'9 42	10° 54.'7 92	11° 15.'0 42	11° 34.'6 92	11° 53.'6 42	12° 12.'2 92	12° 30.'2 42
10° 34.'3 43	10° 55.'2 93	11° 15.'4 43	11° 35.'0 93	11° 54.'0 43	12° 12.'5 93	12° 30.'6 43
10° 34.'7 44	10° 55.'6 94	11° 15.'8 44	11° 35.'3 94	11° 54.'4 44	12° 12.'9 94	12° 30.'9 44
10° 35.'2 45	10° 56.'0 95	11° 16.'2 45	11° 35.'7 95	11° 54.'7 45	12° 13.'3 95	12° 31.'3 45
10° 35.'6 46	10° 56.'4 96	11° 16.'5 46	11° 36.'1 96	11° 55.'1 46	12° 13.'6 96	12° 31.'7 46
10° 36.'0 47	10° 56.'8 97	11° 16.'9 47	11° 36.'5 97	11° 55.'5 47	12° 14.'0 97	12° 32.'0 47
10° 36.'4 48	10° 57.'2 98	11° 17.'3 48	11° 36.'9 98	11° 55.'9 48	12° 14.'4 98	12° 32.'4 48
10° 36.'8 49	10° 57.'6 99	11° 17.'7 49	11° 37.'3 99	11° 56.'2 49	12° 14.'7 99	12° 32.'7 49

If exact declination is not in table, go to next larger angle. Last part of log Dec. is beside it; first part at top of column.

log Dec.   log Dec.

.010		.011		.011		.012		.012		.013		.013	
12° 33.'1	50	12° 50.'6	00	13° 07.'8	50	13° 24.'6	00	13° 41.'0	50	13° 57.'1	00	14° 12.'9	50
12° 33.'4	51	12° 51.'0	01	13° 08.'1	51	13° 24.'9	01	13° 41.'3	51	13° 57.'4	01	14° 13.'2	51
12° 33.'8	52	12° 51.'3	02	13° 08.'5	52	13° 25.'3	02	13° 41.'7	52	13° 57.'7	02	14° 13.'5	52
12° 34.'1	53	12° 51.'7	03	13° 08.'8	53	13° 25.'6	03	13° 42.'0	53	13° 58.'1	03	14° 13.'8	53
12° 34.'5	54	12° 52.'0	04	13° 09.'2	54	13° 25.'9	04	13° 42.'3	54	13° 58.'4	04	14° 14.'1	54
12° 34.'9	55	12° 52.'4	05	13° 09.'5	55	13° 26.'2	05	13° 42.'6	55	13° 58.'7	05	14° 14.'4	55
12° 35.'2	56	12° 52.'7	06	13° 09.'8	56	13° 26.'6	06	13° 43.'0	56	13° 59.'0	06	14° 14.'8	56
12° 35.'6	57	12° 53.'1	07	13° 10.'2	57	13° 26.'9	07	13° 43.'3	57	13° 59.'3	07	14° 15.'1	57
12° 35.'9	58	12° 53.'4	08	13° 10.'5	58	13° 27.'2	08	13° 43.'6	58	13° 59.'7	08	14° 15.'4	58
12° 36.'3	59	12° 53.'8	09	13° 10.'9	59	13° 27.'6	09	13° 43.'9	59	13° 60.'0	09	14° 15.'7	59
12° 36.'6	60	12° 54.'1	10	13° 11.'2	60	13° 27.'9	10	13° 44.'3	60	14° 00.'3	10	14° 16.'0	60
12° 37.'0	61	12° 54.'5	11	13° 11.'5	61	13° 28.'2	11	13° 44.'6	61	14° 00.'6	11	14° 16.'3	61
12° 37.'3	62	12° 54.'8	12	13° 11.'9	62	13° 28.'6	12	13° 44.'9	62	14° 00.'9	12	14° 16.'6	62
12° 37.'7	63	12° 55.'1	13	13° 12.'2	63	13° 28.'9	13	13° 45.'2	63	14° 01.'2	13	14° 16.'9	63
12° 38.'0	64	12° 55.'5	14	13° 12.'5	64	13° 29.'2	14	13° 45.'6	64	14° 01.'6	14	14° 17.'2	64
12° 38.'4	65	12° 55.'8	15	13° 12.'9	65	13° 29.'6	15	13° 45.'9	65	14° 01.'9	15	14° 17.'6	65
12° 38.'7	66	12° 56.'2	16	13° 13.'2	66	13° 29.'9	16	13° 46.'2	66	14° 02.'2	16	14° 17.'9	66
12° 39.'1	67	12° 56.'5	17	13° 13.'6	67	13° 30.'2	17	13° 46.'5	67	14° 02.'5	17	14° 18.'2	67
12° 39.'5	68	12° 56.'9	18	13° 13.'9	68	13° 30.'5	18	13° 46.'8	68	14° 02.'8	18	14° 18.'5	68
12° 39.'8	69	12° 57.'2	19	13° 14.'2	69	13° 30.'9	19	13° 47.'2	69	14° 03.'1	19	14° 18.'8	69
12° 40.'2	70	12° 57.'6	20	13° 14.'6	70	13° 31.'2	20	13° 47.'5	70	14° 03.'5	20	14° 19.'1	70
12° 40.'5	71	12° 57.'9	21	13° 14.'9	71	13° 31.'5	21	13° 47.'8	71	14° 03.'8	21	14° 19.'4	71
12° 40.'9	72	12° 58.'2	22	13° 15.'2	72	13° 31.'9	22	13° 48.'1	72	14° 04.'1	22	14° 19.'7	72
12° 41.'2	73	12° 58.'6	23	13° 15.'6	73	13° 32.'2	23	13° 48.'5	73	14° 04.'4	23	14° 20.'0	73
12° 41.'6	74	12° 58.'9	24	13° 15.'9	74	13° 32.'5	24	13° 48.'8	74	14° 04.'7	24	14° 20.'4	74
12° 41.'9	75	12° 59.'3	25	13° 16.'2	75	13° 32.'8	25	13° 49.'1	75	14° 05.'0	25	14° 20.'7	75
12° 42.'3	76	12° 59.'6	26	13° 16.'6	76	13° 33.'2	26	13° 49.'4	76	14° 05.'4	26	14° 21.'0	76
12° 42.'6	77	12° 60.'0	27	13° 16.'9	77	13° 33.'5	27	13° 49.'7	77	14° 05.'7	27	14° 21.'3	77
12° 43.'0	78	13° 00.'3	28	13° 17.'3	78	13° 33.'8	28	13° 50.'1	78	14° 06.'0	28	14° 21.'6	78
12° 43.'3	79	13° 00.'6	29	13° 17.'6	79	13° 34.'2	29	13° 50.'4	79	14° 06.'3	29	14° 21.'9	79
12° 43.'7	80	13° 01.'0	30	13° 17.'9	80	13° 34.'5	30	13° 50.'7	80	14° 06.'6	30	14° 22.'2	80
12° 44.'0	81	13° 01.'3	31	13° 18.'3	81	13° 34.'8	31	13° 51.'0	81	14° 06.'9	31	14° 22.'5	81
12° 44.'4	82	13° 01.'7	32	13° 18.'6	82	13° 35.'1	32	13° 51.'4	82	14° 07.'2	32	14° 22.'8	82
12° 44.'7	83	13° 02.'0	33	13° 18.'9	83	13° 35.'5	33	13° 51.'7	83	14° 07.'6	33	14° 23.'1	83
12° 45.'1	84	13° 02.'4	34	13° 19.'3	84	13° 35.'8	34	13° 52.'0	84	14° 07.'9	34	14° 23.'4	84
12° 45.'4	85	13° 02.'7	35	13° 19.'6	85	13° 36.'1	35	13° 52.'3	85	14° 08.'2	35	14° 23.'8	85
12° 45.'8	86	13° 03.'0	36	13° 19.'9	86	13° 36.'5	36	13° 52.'6	86	14° 08.'5	36	14° 24.'1	86
12° 46.'1	87	13° 03.'4	37	13° 20.'3	87	13° 36.'8	37	13° 53.'0	87	14° 08.'8	37	14° 24.'4	87
12° 46.'5	88	13° 03.'7	38	13° 20.'6	88	13° 37.'1	38	13° 53.'3	88	14° 09.'1	38	14° 24.'7	88
12° 46.'8	89	13° 04.'1	39	13° 20.'9	89	13° 37.'4	39	13° 53.'6	89	14° 09.'4	39	14° 25.'0	89
12° 47.'2	90	13° 04.'4	40	13° 21.'3	90	13° 37.'8	40	13° 53.'9	90	14° 09.'8	40	14° 25.'3	90
12° 47.'5	91	13° 04.'7	41	13° 21.'6	91	13° 38.'1	41	13° 54.'2	91	14° 10.'1	41	14° 25.'6	91
12° 47.'9	92	13° 05.'1	42	13° 21.'9	92	13° 38.'4	42	13° 54.'6	92	14° 10.'4	42	14° 25.'9	92
12° 48.'2	93	13° 05.'4	43	13° 22.'3	93	13° 38.'7	43	13° 54.'9	93	14° 10.'7	43	14° 26.'2	93
12° 48.'6	94	13° 05.'8	44	13° 22.'6	94	13° 39.'1	44	13° 55.'2	94	14° 11.'0	44	14° 26.'5	94
12° 48.'9	95	13° 06.'1	45	13° 22.'9	95	13° 39.'4	45	13° 55.'5	95	14° 11.'3	45	14° 26.'8	95
12° 49.'3	96	13° 06.'5	46	13° 23.'3	96	13° 39.'7	46	13° 55.'8	96	14° 11.'6	46	14° 27.'1	96
12° 49.'6	97	13° 06.'8	47	13° 23.'6	97	13° 40.'0	47	13° 56.'2	97	14° 11.'9	47	14° 27.'4	97
12° 50.'0	98	13° 07.'1	48	13° 23.'9	98	13° 40.'4	48	13° 56.'5	98	14° 12.'3	48	14° 27.'8	98
12° 50.'3	99	13° 07.'5	49	13° 24.'3	99	13° 40.'7	49	13° 56.'8	99	14° 12.'6	49	14° 28.'1	99

If exact declination is not in table, go to next larger angle. Last part of log Dec. is beside it; first part at top of column.

log Dec.   log Dec.

.014		.014		.015		.015		.016		.016		.017	
14° 28.'4	00	14° 43.'6	50	14° 58.'5	00	15° 13.'2	50	15° 27.'6	00	15° 41.'8	50	15° 55.'8	00
14° 28.'7	01	14° 43.'9	51	14° 58.'8	01	15° 13.'4	51	15° 27.'9	01	15° 42.'1	51	15° 56.'0	01
14° 29.'0	02	14° 44.'2	52	14° 59.'1	02	15° 13.'7	52	15° 28.'2	02	15° 42.'3	52	15° 56.'3	02
14° 29.'3	03	14° 44.'5	53	14° 59.'4	03	15° 14.'0	53	15° 28.'4	03	15° 42.'6	53	15° 56.'6	03
14° 29.'6	04	14° 44.'8	54	14° 59.'7	04	15° 14.'3	54	15° 28.'7	04	15° 42.'9	54	15° 56.'9	04
14° 29.'9	05	14° 45.'1	55	14° 60.'0	05	15° 14.'6	55	15° 29.'0	05	15° 43.'2	55	15° 57.'1	05
14° 30.'2	06	14° 45.'4	56	15° 00.'3	06	15° 14.'9	56	15° 29.'3	06	15° 43.'5	56	15° 57.'4	06
14° 30.'5	07	14° 45.'7	57	15° 00.'6	07	15° 15.'2	57	15° 29.'6	07	15° 43.'8	57	15° 57.'7	07
14° 30.'8	08	14° 46.'0	58	15° 00.'8	08	15° 15.'5	58	15° 29.'9	08	15° 44.'0	58	15° 58.'0	08
14° 31.'1	09	14° 46.'3	59	15° 01.'1	09	15° 15.'8	59	15° 30.'2	09	15° 44.'3	59	15° 58.'2	09
14° 31.'4	10	14° 46.'6	60	15° 01.'4	10	15° 16.'1	60	15° 30.'4	10	15° 44.'6	60	15° 58.'5	10
14° 31.'7	11	14° 46.'9	61	15° 01.'7	11	15° 16.'4	61	15° 30.'7	11	15° 44.'9	61	15° 58.'8	11
14° 32.'0	12	14° 47.'2	62	15° 02.'0	12	15° 16.'6	62	15° 31.'0	12	15° 45.'2	62	15° 59.'1	12
14° 32.'3	13	14° 47.'5	63	15° 02.'3	13	15° 16.'9	63	15° 31.'3	13	15° 45.'4	63	15° 59.'4	13
14° 32.'6	14	14° 47.'8	64	15° 02.'6	14	15° 17.'2	64	15° 31.'6	14	15° 45.'7	64	15° 59.'6	14
14° 33.'0	15	14° 48.'1	65	15° 02.'9	15	15° 17.'5	65	15° 31.'9	15	15° 46.'0	65	15° 59.'9	15
14° 33.'3	16	14° 48.'4	66	15° 03.'2	16	15° 17.'8	66	15° 32.'2	16	15° 46.'3	66	16° 00.'2	16
14° 33.'6	17	14° 48.'7	67	15° 03.'5	17	15° 18.'1	67	15° 32.'4	17	15° 46.'6	67	16° 00.'5	17
14° 33.'9	18	14° 49.'0	68	15° 03.'8	18	15° 18.'4	68	15° 32.'7	18	15° 46.'8	68	16° 00.'7	18
14° 34.'2	19	14° 49.'3	69	15° 04.'1	19	15° 18.'7	69	15° 33.'0	19	15° 47.'1	69	16° 01.'0	19
14° 34.'5	20	14° 49.'6	70	15° 04.'4	20	15° 19.'0	70	15° 33.'3	20	15° 47.'4	70	16° 01.'3	20
14° 34.'8	21	14° 49.'9	71	15° 04.'7	21	15° 19.'2	71	15° 33.'6	21	15° 47.'7	71	16° 01.'6	21
14° 35.'1	22	14° 50.'2	72	15° 05.'0	22	15° 19.'5	72	15° 33.'9	22	15° 48.'0	72	16° 01.'8	22
14° 35.'4	23	14° 50.'5	73	15° 05.'3	23	15° 19.'8	73	15° 34.'1	23	15° 48.'2	73	16° 02.'1	23
14° 35.'7	24	14° 50.'8	74	15° 05.'6	24	15° 20.'1	74	15° 34.'4	24	15° 48.'5	74	16° 02.'4	24
14° 36.'0	25	14° 51.'1	75	15° 05.'9	25	15° 20.'4	75	15° 34.'7	25	15° 48.'8	75	16° 02.'7	25
14° 36.'3	26	14° 51.'4	76	15° 06.'1	26	15° 20.'7	76	15° 35.'0	26	15° 49.'1	76	16° 02.'9	26
14° 36.'6	27	14° 51.'7	77	15° 06.'4	27	15° 21.'0	77	15° 35.'3	27	15° 49.'4	77	16° 03.'2	27
14° 36.'9	28	14° 51.'9	78	15° 06.'7	28	15° 21.'3	78	15° 35.'6	28	15° 49.'6	78	16° 03.'5	28
14° 37.'2	29	14° 52.'2	79	15° 07.'0	29	15° 21.'6	79	15° 35.'8	29	15° 49.'9	79	16° 03.'8	29
14° 37.'5	30	14° 52.'5	80	15° 07.'3	30	15° 21.'8	80	15° 36.'1	30	15° 50.'2	80	16° 04.'0	30
14° 37.'8	31	14° 52.'8	81	15° 07.'6	31	15° 22.'1	81	15° 36.'4	31	15° 50.'5	81	16° 04.'3	31
14° 38.'1	32	14° 53.'1	82	15° 07.'9	32	15° 22.'4	82	15° 36.'7	32	15° 50.'8	82	16° 04.'6	32
14° 38.'4	33	14° 53.'4	83	15° 08.'2	33	15° 22.'7	83	15° 37.'0	33	15° 51.'0	83	16° 04.'9	33
14° 38.'7	34	14° 53.'7	84	15° 08.'5	34	15° 23.'0	84	15° 37.'3	34	15° 51.'3	84	16° 05.'1	34
14° 39.'0	35	14° 54.'0	85	15° 08.'8	35	15° 23.'3	85	15° 37.'5	35	15° 51.'6	85	16° 05.'4	35
14° 39.'3	36	14° 54.'3	86	15° 09.'1	36	15° 23.'6	86	15° 37.'8	36	15° 51.'9	86	16° 05.'7	36
14° 39.'6	37	14° 54.'6	87	15° 09.'4	37	15° 23.'9	87	15° 38.'1	37	15° 52.'1	87	16° 06.'0	37
14° 39.'9	38	14° 54.'9	88	15° 09.'7	38	15° 24.'1	88	15° 38.'4	38	15° 52.'4	88	16° 06.'2	38
14° 40.'2	39	14° 55.'2	89	15° 10.'0	39	15° 24.'4	89	15° 38.'7	39	15° 52.'7	89	16° 06.'5	39
14° 40.'5	40	14° 55.'5	90	15° 10.'2	40	15° 24.'7	90	15° 39.'0	40	15° 53.'0	90	16° 06.'8	40
14° 40.'8	41	14° 55.'8	91	15° 10.'5	41	15° 25.'0	91	15° 39.'2	41	15° 53.'3	91	16° 07.'1	41
14° 41.'1	42	14° 56.'1	92	15° 10.'8	42	15° 25.'3	92	15° 39.'5	42	15° 53.'5	92	16° 07.'3	42
14° 41.'4	43	14° 56.'4	93	15° 11.'1	43	15° 25.'6	93	15° 39.'8	43	15° 53.'8	93	16° 07.'6	43
14° 41.'7	44	14° 56.'7	94	15° 11.'4	44	15° 25.'9	94	15° 40.'1	44	15° 54.'1	94	16° 07.'9	44
14° 42.'1	45	14° 57.'0	95	15° 11.'7	45	15° 26.'2	95	15° 40.'4	45	15° 54.'4	95	16° 08.'2	45
14° 42.'4	46	14° 57.'3	96	15° 12.'0	46	15° 26.'4	96	15° 40.'7	46	15° 54.'6	96	16° 08.'4	46
14° 42.'7	47	14° 57.'6	97	15° 12.'3	47	15° 26.'7	97	15° 40.'9	47	15° 54.'9	97	16° 08.'7	47
14° 43.'0	48	14° 57.'9	98	15° 12.'6	48	15° 27.'0	98	15° 41.'2	48	15° 55.'2	98	16° 09.'0	48
14° 43.'3	49	14° 58.'2	99	15° 12.'9	49	15° 27.'3	99	15° 41.'5	49	15° 55.'5	99	16° 09.'2	49

If exact declination is not in table, go to next larger angle. Last part of log Dec. is beside it; first part at top of column.

log Dec.						log Dec.
.017	.018	.018	.019	.019	.020	.020

16° 09.'5 50	16° 23.'1 00	16° 36.'4 50	16° 49.'6 00	17° 02.'6 50	17° 15.'4 00	17° 28.'1 50
16° 09.'8 51	16° 23.'3 01	16° 36.'7 51	16° 49.'9 01	17° 02.'9 51	17° 15.'7 01	17° 28.'4 51
16° 10.'1 52	16° 23.'6 02	16° 37.'0 52	16° 50.'1 02	17° 03.'1 52	17° 16.'0 02	17° 28.'6 52
16° 10.'3 53	16° 23.'9 03	16° 37.'2 53	16° 50.'4 03	17° 03.'4 53	17° 16.'2 03	17° 28.'9 53
16° 10.'6 54	16° 24.'2 04	16° 37.'5 54	16° 50.'7 04	17° 03.'7 54	17° 16.'5 04	17° 29.'1 54
16° 10.'9 55	16° 24.'4 05	16° 37.'8 55	16° 50.'9 05	17° 03.'9 55	17° 16.'7 05	17° 29.'4 55
16° 11.'2 56	16° 24.'7 06	16° 38.'0 56	16° 51.'2 06	17° 04.'2 56	17° 17.'0 06	17° 29.'6 56
16° 11.'4 57	16° 25.'0 07	16° 38.'3 57	16° 51.'5 07	17° 04.'4 57	17° 17.'2 07	17° 29.'9 57
16° 11.'7 58	16° 25.'2 08	16° 38.'6 58	16° 51.'7 08	17° 04.'7 58	17° 17.'5 08	17° 30.'1 58
16° 12.'0 59	16° 25.'5 09	16° 38.'8 59	16° 52.'0 09	17° 04.'9 59	17° 17.'7 09	17° 30.'4 59
16° 12.'2 60	16° 25.'8 10	16° 39.'1 60	16° 52.'2 10	17° 05.'2 60	17° 18.'0 10	17° 30.'6 60
16° 12.'5 61	16° 26.'0 11	16° 39.'4 61	16° 52.'5 11	17° 05.'5 61	17° 18.'2 11	17° 30.'9 61
16° 12.'8 62	16° 26.'3 12	16° 39.'6 62	16° 52.'8 12	17° 05.'7 62	17° 18.'5 12	17° 31.'1 62
16° 13.'1 63	16° 26.'6 13	16° 39.'9 63	16° 53.'0 13	17° 06.'0 63	17° 18.'8 13	17° 31.'4 63
16° 13.'3 64	16° 26.'8 14	16° 40.'2 64	16° 53.'3 14	17° 06.'2 64	17° 19.'0 14	17° 31.'6 64
16° 13.'6 65	16° 27.'1 15	16° 40.'4 65	16° 53.'5 15	17° 06.'5 65	17° 19.'3 15	17° 31.'9 65
16° 13.'9 66	16° 27.'4 16	16° 40.'7 66	16° 53.'8 16	17° 06.'7 66	17° 19.'5 16	17° 32.'1 66
16° 14.'2 67	16° 27.'6 17	16° 40.'9 67	16° 54.'1 17	17° 07.'0 67	17° 19.'8 17	17° 32.'4 67
16° 14.'4 68	16° 27.'9 18	16° 41.'2 68	16° 54.'3 18	17° 07.'3 68	17° 20.'0 18	17° 32.'6 68
16° 14.'7 69	16° 28.'2 19	16° 41.'5 69	16° 54.'6 19	17° 07.'5 69	17° 20.'3 19	17° 32.'9 69
16° 15.'0 70	16° 28.'4 20	16° 41.'7 70	16° 54.'8 20	17° 07.'8 70	17° 20.'5 20	17° 33.'1 70
16° 15.'2 71	16° 28.'7 21	16° 42.'0 71	16° 55.'1 21	17° 08.'0 71	17° 20.'8 21	17° 33.'4 71
16° 15.'5 72	16° 29.'0 22	16° 42.'3 72	16° 55.'4 22	17° 08.'3 72	17° 21.'0 22	17° 33.'6 72
16° 15.'8 73	16° 29.'3 23	16° 42.'5 73	16° 55.'6 23	17° 08.'5 73	17° 21.'3 23	17° 33.'9 73
16° 16.'1 74	16° 29.'5 24	16° 42.'8 74	16° 55.'9 24	17° 08.'8 74	17° 21.'5 24	17° 34.'1 74
16° 16.'3 75	16° 29.'8 25	16° 43.'1 75	16° 56.'1 25	17° 09.'1 75	17° 21.'8 25	17° 34.'4 75
16° 16.'6 76	16° 30.'1 26	16° 43.'3 76	16° 56.'4 26	17° 09.'3 76	17° 22.'0 26	17° 34.'6 76
16° 16.'9 77	16° 30.'3 27	16° 43.'6 77	16° 56.'7 27	17° 09.'6 77	17° 22.'3 27	17° 34.'9 77
16° 17.'1 78	16° 30.'6 28	16° 43.'8 78	16° 56.'9 28	17° 09.'8 78	17° 22.'6 28	17° 35.'1 78
16° 17.'4 79	16° 30.'9 29	16° 44.'1 79	16° 57.'2 29	17° 10.'1 79	17° 22.'8 29	17° 35.'4 79
16° 17.'7 80	16° 31.'1 30	16° 44.'4 80	16° 57.'4 30	17° 10.'3 80	17° 23.'1 30	17° 35.'6 80
16° 17.'9 81	16° 31.'4 31	16° 44.'6 81	16° 57.'7 31	17° 10.'6 81	17° 23.'3 31	17° 35.'9 81
16° 18.'2 82	16° 31.'7 32	16° 44.'9 82	16° 58.'0 32	17° 10.'8 82	17° 23.'6 32	17° 36.'1 82
16° 18.'5 83	16° 31.'9 33	16° 45.'2 83	16° 58.'2 33	17° 11.'1 83	17° 23.'8 33	17° 36.'4 83
16° 18.'8 84	16° 32.'2 34	16° 45.'4 84	16° 58.'5 34	17° 11.'4 84	17° 24.'1 34	17° 36.'6 84
16° 19.'0 85	16° 32.'5 35	16° 45.'7 85	16° 58.'7 35	17° 11.'6 85	17° 24.'3 35	17° 36.'9 85
16° 19.'3 86	16° 32.'7 36	16° 46.'0 86	16° 59.'0 36	17° 11.'9 86	17° 24.'6 36	17° 37.'1 86
16° 19.'6 87	16° 33.'0 37	16° 46.'2 87	16° 59.'3 37	17° 12.'1 87	17° 24.'8 37	17° 37.'4 87
16° 19.'8 88	16° 33.'3 38	16° 46.'5 88	16° 59.'5 38	17° 12.'4 88	17° 25.'1 38	17° 37.'6 88
16° 20.'1 89	16° 33.'5 39	16° 46.'7 89	16° 59.'8 39	17° 12.'6 89	17° 25.'3 39	17° 37.'9 89
16° 20.'4 90	16° 33.'8 40	16° 47.'0 90	17° 00.'0 40	17° 12.'9 90	17° 25.'6 40	17° 38.'1 90
16° 20.'7 91	16° 34.'1 41	16° 47.'3 91	17° 00.'3 41	17° 13.'1 91	17° 25.'8 41	17° 38.'4 91
16° 20.'9 92	16° 34.'3 42	16° 47.'5 92	17° 00.'6 42	17° 13.'4 92	17° 26.'1 42	17° 38.'6 92
16° 21.'2 93	16° 34.'6 43	16° 47.'8 93	17° 00.'8 43	17° 13.'7 93	17° 26.'3 43	17° 38.'9 93
16° 21.'5 94	16° 34.'9 44	16° 48.'0 94	17° 01.'1 44	17° 13.'9 94	17° 26.'6 44	17° 39.'1 94
16° 21.'7 95	16° 35.'1 45	16° 48.'3 95	17° 01.'3 45	17° 14.'2 95	17° 26.'8 45	17° 39.'4 95
16° 22.'0 96	16° 35.'4 46	16° 48.'6 96	17° 01.'6 46	17° 14.'4 96	17° 27.'1 46	17° 39.'6 96
16° 22.'3 97	16° 35.'6 47	16° 48.'8 97	17° 01.'8 47	17° 14.'7 97	17° 27.'3 47	17° 39.'9 97
16° 22.'5 98	16° 35.'9 48	16° 49.'1 98	17° 02.'1 48	17° 14.'9 98	17° 27.'6 48	17° 40.'1 98
16° 22.'8 99	16° 36.'2 49	16° 49.'4 99	17° 02.'4 49	17° 15.'2 99	17° 27.'9 49	17° 40.'4 99

If exact declination is not in table, go to next larger angle. Last part of log Dec. is beside it; first part at top of column.

log Dec.   log Dec.

   .021   .021   .022   .022   .023   .023   .024

17° 40.'6 00   17° 52.'9 50   18° 05.'1 00   18° 17.'2 50   18° 29.'1 00   18° 40.'9 50   18° 52.'5 00
17° 40.'8 01   17° 53.'2 51   18° 05.'4 01   18° 17.'4 51   18° 29.'3 01   18° 41.'1 51   18° 52.'7 01
17° 41.'1 02   17° 53.'4 52   18° 05.'6 02   18° 17.'7 52   18° 29.'6 02   18° 41.'3 52   18° 53.'0 02
17° 41.'3 03   17° 53.'7 53   18° 05.'9 03   18° 17.'9 53   18° 29.'8 03   18° 41.'6 53   18° 53.'2 03
17° 41.'6 04   17° 53.'9 54   18° 06.'1 04   18° 18.'1 54   18° 30.'0 04   18° 41.'8 54   18° 53.'4 04
17° 41.'8 05   17° 54.'2 55   18° 06.'3 05   18° 18.'4 55   18° 30.'3 05   18° 42.'0 55   18° 53.'7 05
17° 42.'1 06   17° 54.'4 56   18° 06.'6 06   18° 18.'6 56   18° 30.'5 06   18° 42.'3 56   18° 53.'9 06
17° 42.'3 07   17° 54.'7 57   18° 06.'8 07   18° 18.'9 57   18° 30.'7 07   18° 42.'5 57   18° 54.'1 07
17° 42.'6 08   17° 54.'9 58   18° 07.'1 08   18° 19.'1 58   18° 31.'0 08   18° 42.'7 58   18° 54.'4 08
17° 42.'8 09   17° 55.'1 59   18° 07.'3 09   18° 19.'3 59   18° 31.'2 09   18° 43.'0 59   18° 54.'6 09
17° 43.'1 10   17° 55.'4 60   18° 07.'6 10   18° 19.'6 60   18° 31.'5 10   18° 43.'2 60   18° 54.'8 10
17° 43.'3 11   17° 55.'6 61   18° 07.'8 11   18° 19.'8 61   18° 31.'7 11   18° 43.'4 61   18° 55.'0 11
17° 43.'6 12   17° 55.'9 62   18° 08.'0 12   18° 20.'1 62   18° 31.'9 12   18° 43.'7 62   18° 55.'3 12
17° 43.'8 13   17° 56.'1 63   18° 08.'3 13   18° 20.'3 63   18° 32.'2 13   18° 43.'9 63   18° 55.'5 13
17° 44.'1 14   17° 56.'4 64   18° 08.'5 14   18° 20.'5 64   18° 32.'4 14   18° 44.'1 64   18° 55.'7 14
17° 44.'3 15   17° 56.'6 65   18° 08.'8 15   18° 20.'8 65   18° 32.'6 15   18° 44.'4 65   18° 56.'0 15
17° 44.'6 16   17° 56.'9 66   18° 09.'0 16   18° 21.'0 66   18° 32.'9 16   18° 44.'6 66   18° 56.'2 16
17° 44.'8 17   17° 57.'1 67   18° 09.'2 17   18° 21.'2 67   18° 33.'1 17   18° 44.'8 67   18° 56.'4 17
17° 45.'1 18   17° 57.'3 68   18° 09.'5 18   18° 21.'5 68   18° 33.'3 18   18° 45.'1 68   18° 56.'7 18
17° 45.'3 19   17° 57.'6 69   18° 09.'7 19   18° 21.'7 69   18° 33.'6 19   18° 45.'3 69   18° 56.'9 19
17° 45.'6 20   17° 57.'8 70   18° 10.'0 20   18° 22.'0 70   18° 33.'8 20   18° 45.'5 70   18° 57.'1 20
17° 45.'8 21   17° 58.'1 71   18° 10.'2 21   18° 22.'2 71   18° 34.'1 21   18° 45.'8 71   18° 57.'4 21
17° 46.'0 22   17° 58.'3 72   18° 10.'5 22   18° 22.'4 72   18° 34.'3 22   18° 46.'0 72   18° 57.'6 22
17° 46.'3 23   17° 58.'6 73   18° 10.'7 23   18° 22.'7 73   18° 34.'5 23   18° 46.'2 73   18° 57.'8 23
17° 46.'5 24   17° 58.'8 74   18° 10.'9 24   18° 22.'9 74   18° 34.'8 24   18° 46.'5 74   18° 58.'0 24
17° 46.'8 25   17° 59.'1 75   18° 11.'2 25   18° 23.'2 75   18° 35.'0 25   18° 46.'7 75   18° 58.'3 25
17° 47.'0 26   17° 59.'3 76   18° 11.'4 26   18° 23.'4 76   18° 35.'2 26   18° 46.'9 76   18° 58.'5 26
17° 47.'3 27   17° 59.'5 77   18° 11.'7 27   18° 23.'6 77   18° 35.'5 27   18° 47.'2 77   18° 58.'7 27
17° 47.'5 28   17° 59.'8 78   18° 11.'9 28   18° 23.'9 78   18° 35.'7 28   18° 47.'4 78   18° 59.'0 28
17° 47.'8 29   18° 00.'0 79   18° 12.'1 29   18° 24.'1 79   18° 35.'9 29   18° 47.'6 79   18° 59.'2 29
17° 48.'0 30   18° 00.'3 80   18° 12.'4 30   18° 24.'3 80   18° 36.'2 30   18° 47.'9 80   18° 59.'4 30
17° 48.'3 31   18° 00.'5 81   18° 12.'6 31   18° 24.'6 81   18° 36.'4 31   18° 48.'1 81   18° 59.'7 31
17° 48.'5 32   18° 00.'8 82   18° 12.'9 32   18° 24.'8 82   18° 36.'6 32   18° 48.'3 82   18° 59.'9 32
17° 48.'8 33   18° 01.'0 83   18° 13.'1 33   18° 25.'1 83   18° 36.'9 33   18° 48.'6 83   19° 00.'1 33
17° 49.'0 34   18° 01.'2 84   18° 13.'3 34   18° 25.'3 84   18° 37.'1 34   18° 48.'8 84   19° 00.'3 34
17° 49.'3 35   18° 01.'5 85   18° 13.'6 35   18° 25.'5 85   18° 37.'3 35   18° 49.'0 85   19° 00.'6 35
17° 49.'5 36   18° 01.'7 86   18° 13.'8 36   18° 25.'8 86   18° 37.'6 36   18° 49.'3 86   19° 00.'8 36
17° 49.'7 37   18° 02.'0 87   18° 14.'1 37   18° 26.'0 87   18° 37.'8 37   18° 49.'5 87   19° 01.'0 37
17° 50.'0 38   18° 02.'2 88   18° 14.'3 38   18° 26.'2 88   18° 38.'0 38   18° 49.'7 88   19° 01.'3 38
17° 50.'2 39   18° 02.'5 89   18° 14.'5 39   18° 26.'5 89   18° 38.'3 39   18° 50.'0 89   19° 01.'5 39
17° 50.'5 40   18° 02.'7 90   18° 14.'8 40   18° 26.'7 90   18° 38.'5 40   18° 50.'2 90   19° 01.'7 40
17° 50.'7 41   18° 03.'0 91   18° 15.'0 41   18° 27.'0 91   18° 38.'8 41   18° 50.'4 91   19° 02.'0 41
17° 51.'0 42   18° 03.'2 92   18° 15.'3 42   18° 27.'2 92   18° 39.'0 42   18° 50.'6 92   19° 02.'2 42
17° 51.'2 43   18° 03.'4 93   18° 15.'5 43   18° 27.'4 93   18° 39.'2 43   18° 50.'9 93   19° 02.'4 43
17° 51.'5 44   18° 03.'7 94   18° 15.'7 44   18° 27.'7 94   18° 39.'5 44   18° 51.'1 94   19° 02.'6 44
17° 51.'7 45   18° 03.'9 95   18° 16.'0 45   18° 27.'9 95   18° 39.'7 45   18° 51.'3 95   19° 02.'9 45
17° 52.'0 46   18° 04.'2 96   18° 16.'2 46   18° 28.'1 96   18° 39.'9 46   18° 51.'6 96   19° 03.'1 46
17° 52.'2 47   18° 04.'4 97   18° 16.'5 47   18° 28.'4 97   18° 40.'2 47   18° 51.'8 97   19° 03.'3 47
17° 52.'5 48   18° 04.'7 98   18° 16.'7 48   18° 28.'6 98   18° 40.'4 48   18° 52.'0 98   19° 03.'6 48
17° 52.'7 49   18° 04.'9 99   18° 16.'9 49   18° 28.'9 99   18° 40.'6 49   18° 52.'3 99   19° 03.'8 49

If exact declination is not in table, go to next larger angle. Last part of log Dec. is beside it; first part at top of column.

log Dec.   log Dec.

   .024   .025   .025   .026   .026   .027   .027

19° 04.'0 50   19° 15.'4 00   19° 26.'7 50   19° 37.'8 00   19° 48.'9 50   19° 59.'8 00   20° 10.'6 50
19° 04.'2 51   19° 15.'6 01   19° 26.'9 51   19° 38.'1 01   19° 49.'1 51   20° 00.'0 01   20° 10.'8 51
19° 04.'5 52   19° 15.'9 02   19° 27.'1 52   19° 38.'3 02   19° 49.'3 52   20° 00.'2 02   20° 11.'1 52
19° 04.'7 53   19° 16.'1 03   19° 27.'3 53   19° 38.'5 03   19° 49.'5 53   20° 00.'5 03   20° 11.'3 53
19° 04.'9 54   19° 16.'3 04   19° 27.'6 54   19° 38.'7 04   19° 49.'7 54   20° 00.'7 04   20° 11.'5 54
19° 05.'2 55   19° 16.'5 05   19° 27.'8 55   19° 38.'9 05   19° 50.'0 55   20° 00.'9 05   20° 11.'7 55
19° 05.'4 56   19° 16.'8 06   19° 28.'0 56   19° 39.'2 06   19° 50.'2 56   20° 01.'1 06   20° 11.'9 56
19° 05.'6 57   19° 17.'0 07   19° 28.'2 57   19° 39.'4 07   19° 50.'4 57   20° 01.'3 07   20° 12.'1 57
19° 05.'8 58   19° 17.'2 08   19° 28.'5 58   19° 39.'6 08   19° 50.'6 58   20° 01.'5 08   20° 12.'3 58
19° 06.'1 59   19° 17.'4 09   19° 28.'7 59   19° 39.'8 09   19° 50.'8 59   20° 01.'8 09   20° 12.'6 59
19° 06.'3 60   19° 17.'7 10   19° 28.'9 60   19° 40.'0 10   19° 51.'1 60   20° 02.'0 10   20° 12.'8 60
19° 06.'5 61   19° 17.'9 11   19° 29.'1 61   19° 40.'3 11   19° 51.'3 61   20° 02.'2 11   20° 13.'0 61
19° 06.'8 62   19° 18.'1 12   19° 29.'4 62   19° 40.'5 12   19° 51.'5 62   20° 02.'4 12   20° 13.'2 62
19° 07.'0 63   19° 18.'3 13   19° 29.'6 63   19° 40.'7 13   19° 51.'7 63   20° 02.'6 13   20° 13.'4 63
19° 07.'2 64   19° 18.'6 14   19° 29.'8 64   19° 40.'9 14   19° 51.'9 64   20° 02.'8 14   20° 13.'6 64
19° 07.'4 65   19° 18.'8 15   19° 30.'0 65   19° 41.'2 15   19° 52.'2 65   20° 03.'1 15   20° 13.'8 65
19° 07.'7 66   19° 19.'0 16   19° 30.'3 66   19° 41.'4 16   19° 52.'4 66   20° 03.'3 16   20° 14.'1 66
19° 07.'9 67   19° 19.'3 17   19° 30.'5 67   19° 41.'6 17   19° 52.'6 67   20° 03.'5 17   20° 14.'3 67
19° 08.'1 68   19° 19.'5 18   19° 30.'7 68   19° 41.'8 18   19° 52.'8 68   20° 03.'7 18   20° 14.'5 68
19° 08.'4 69   19° 19.'7 19   19° 30.'9 69   19° 42.'0 19   19° 53.'0 69   20° 03.'9 19   20° 14.'7 69
19° 08.'6 70   19° 19.'9 20   19° 31.'2 70   19° 42.'3 20   19° 53.'3 70   20° 04.'1 20   20° 14.'9 70
19° 08.'8 71   19° 20.'2 21   19° 31.'4 71   19° 42.'5 21   19° 53.'5 71   20° 04.'4 21   20° 15.'1 71
19° 09.'0 72   19° 20.'4 22   19° 31.'6 72   19° 42.'7 22   19° 53.'7 72   20° 04.'6 22   20° 15.'4 72
19° 09.'3 73   19° 20.'6 23   19° 31.'8 73   19° 42.'9 23   19° 53.'9 73   20° 04.'8 23   20° 15.'6 73
19° 09.'5 74   19° 20.'8 24   19° 32.'0 74   19° 43.'1 24   19° 54.'1 74   20° 05.'0 24   20° 15.'8 74
19° 09.'7 75   19° 21.'1 25   19° 32.'3 75   19° 43.'4 25   19° 54.'3 75   20° 05.'2 25   20° 16.'0 75
19° 10.'0 76   19° 21.'3 26   19° 32.'5 76   19° 43.'6 26   19° 54.'6 76   20° 05.'4 26   20° 16.'2 76
19° 10.'2 77   19° 21.'5 27   19° 32.'7 77   19° 43.'8 27   19° 54.'8 77   20° 05.'7 27   20° 16.'4 77
19° 10.'4 78   19° 21.'7 28   19° 32.'9 78   19° 44.'0 28   19° 55.'0 78   20° 05.'9 28   20° 16.'6 78
19° 10.'6 79   19° 22.'0 29   19° 33.'2 79   19° 44.'2 29   19° 55.'2 79   20° 06.'1 29   20° 16.'9 79
19° 10.'9 80   19° 22.'2 30   19° 33.'4 80   19° 44.'5 30   19° 55.'4 80   20° 06.'3 30   20° 17.'1 80
19° 11.'1 81   19° 22.'4 31   19° 33.'6 81   19° 44.'7 31   19° 55.'7 81   20° 06.'5 31   20° 17.'3 81
19° 11.'3 82   19° 22.'6 32   19° 33.'8 82   19° 44.'9 32   19° 55.'9 82   20° 06.'7 32   20° 17.'5 82
19° 11.'5 83   19° 22.'9 33   19° 34.'1 83   19° 45.'1 33   19° 56.'1 83   20° 07.'0 33   20° 17.'7 83
19° 11.'8 84   19° 23.'1 34   19° 34.'3 84   19° 45.'3 34   19° 56.'3 84   20° 07.'2 34   20° 17.'9 84
19° 12.'0 85   19° 23.'3 35   19° 34.'5 85   19° 45.'6 35   19° 56.'5 85   20° 07.'4 35   20° 18.'1 85
19° 12.'2 86   19° 23.'5 36   19° 34.'7 86   19° 45.'8 36   19° 56.'8 86   20° 07.'6 36   20° 18.'4 86
19° 12.'5 87   19° 23.'8 37   19° 34.'9 87   19° 46.'0 37   19° 57.'0 87   20° 07.'8 37   20° 18.'6 87
19° 12.'7 88   19° 24.'0 38   19° 35.'2 88   19° 46.'2 38   19° 57.'2 88   20° 08.'0 38   20° 18.'8 88
19° 12.'9 89   19° 24.'2 39   19° 35.'4 89   19° 46.'5 39   19° 57.'4 89   20° 08.'3 39   20° 19.'0 89
19° 13.'1 90   19° 24.'4 40   19° 35.'6 90   19° 46.'7 40   19° 57.'6 90   20° 08.'5 40   20° 19.'2 90
19° 13.'4 91   19° 24.'7 41   19° 35.'8 91   19° 46.'9 41   19° 57.'8 91   20° 08.'7 41   20° 19.'4 91
19° 13.'6 92   19° 24.'9 42   19° 36.'1 92   19° 47.'1 42   19° 58.'1 92   20° 08.'9 42   20° 19.'6 92
19° 13.'8 93   19° 25.'1 43   19° 36.'3 93   19° 47.'3 43   19° 58.'3 93   20° 09.'1 43   20° 19.'8 93
19° 14.'0 94   19° 25.'3 44   19° 36.'5 94   19° 47.'6 44   19° 58.'5 94   20° 09.'3 44   20° 20.'1 94
19° 14.'3 95   19° 25.'6 45   19° 36.'7 95   19° 47.'8 45   19° 58.'7 95   20° 09.'5 45   20° 20.'3 95
19° 14.'5 96   19° 25.'8 46   19° 36.'9 96   19° 48.'0 46   19° 58.'9 96   20° 09.'8 46   20° 20.'5 96
19° 14.'7 97   19° 26.'0 47   19° 37.'2 97   19° 48.'2 47   19° 59.'1 97   20° 10.'0 47   20° 20.'7 97
19° 15.'0 98   19° 26.'2 48   19° 37.'4 98   19° 48.'4 48   19° 59.'4 98   20° 10.'2 48   20° 20.'9 98
19° 15.'2 99   19° 26.'5 49   19° 37.'6 99   19° 48.'7 49   19° 59.'6 99   20° 10.'4 49   20° 21.'1 99

If exact declination is not in table, go to next larger angle. Last part of log Dec. is beside it; first part at top of column.

log Dec.   log Dec.

.028		.028		.029		.029		.030		.030		.031	
20° 21.'3	00	20° 32.'0	50	20° 42.'5	00	20° 52.'9	50	21° 03.'2	00	21° 13.'5	50	21° 23.'6	00
20° 21.'6	01	20° 32.'2	51	20° 42.'7	01	20° 53.'1	51	21° 03.'4	01	21° 13.'7	51	21° 23.'8	01
20° 21.'8	02	20° 32.'4	52	20° 42.'9	02	20° 53.'3	52	21° 03.'6	02	21° 13.'9	52	21° 24.'0	02
20° 22.'0	03	20° 32.'6	53	20° 43.'1	03	20° 53.'5	53	21° 03.'8	03	21° 14.'1	53	21° 24.'2	03
20° 22.'2	04	20° 32.'8	54	20° 43.'3	04	20° 53.'7	54	21° 04.'0	04	21° 14.'3	54	21° 24.'4	04
20° 22.'4	05	20° 33.'0	55	20° 43.'5	05	20° 53.'9	55	21° 04.'3	05	21° 14.'5	55	21° 24.'6	05
20° 22.'6	06	20° 33.'2	56	20° 43.'7	06	20° 54.'1	56	21° 04.'5	06	21° 14.'7	56	21° 24.'8	06
20° 22.'8	07	20° 33.'4	57	20° 43.'9	07	20° 54.'4	57	21° 04.'7	07	21° 14.'9	57	21° 25.'0	07
20° 23.'0	08	20° 33.'6	58	20° 44.'2	08	20° 54.'6	58	21° 04.'9	08	21° 15.'1	58	21° 25.'2	08
20° 23.'3	09	20° 33.'9	59	20° 44.'4	09	20° 54.'8	59	21° 05.'1	09	21° 15.'3	59	21° 25.'4	09
20° 23.'5	10	20° 34.'1	60	20° 44.'6	10	20° 55.'0	60	21° 05.'3	10	21° 15.'5	60	21° 25.'6	10
20° 23.'7	11	20° 34.'3	61	20° 44.'8	11	20° 55.'2	61	21° 05.'5	11	21° 15.'7	61	21° 25.'8	11
20° 23.'9	12	20° 34.'5	62	20° 45.'0	12	20° 55.'4	62	21° 05.'7	12	21° 15.'9	62	21° 26.'0	12
20° 24.'1	13	20° 34.'7	63	20° 45.'2	13	20° 55.'6	63	21° 05.'9	13	21° 16.'1	63	21° 26.'2	13
20° 24.'3	14	20° 34.'9	64	20° 45.'4	14	20° 55.'8	64	21° 06.'1	14	21° 16.'3	64	21° 26.'4	14
20° 24.'5	15	20° 35.'1	65	20° 45.'6	15	20° 56.'0	65	21° 06.'3	15	21° 16.'5	65	21° 26.'6	15
20° 24.'8	16	20° 35.'3	66	20° 45.'8	16	20° 56.'2	66	21° 06.'5	16	21° 16.'7	66	21° 26.'8	16
20° 25.'0	17	20° 35.'5	67	20° 46.'0	17	20° 56.'4	67	21° 06.'7	17	21° 16.'9	67	21° 27.'0	17
20° 25.'2	18	20° 35.'8	68	20° 46.'2	18	20° 56.'6	68	21° 06.'9	18	21° 17.'1	68	21° 27.'2	18
20° 25.'4	19	20° 36.'0	69	20° 46.'4	19	20° 56.'8	69	21° 07.'1	19	21° 17.'3	69	21° 27.'4	19
20° 25.'6	20	20° 36.'2	70	20° 46.'7	20	20° 57.'0	70	21° 07.'3	20	21° 17.'5	70	21° 27.'6	20
20° 25.'8	21	20° 36.'4	71	20° 46.'9	21	20° 57.'2	71	21° 07.'5	21	21° 17.'7	71	21° 27.'8	21
20° 26.'0	22	20° 36.'6	72	20° 47.'1	22	20° 57.'5	72	21° 07.'7	22	21° 17.'9	72	21° 28.'0	22
20° 26.'2	23	20° 36.'8	73	20° 47.'3	23	20° 57.'7	73	21° 07.'9	23	21° 18.'1	73	21° 28.'2	23
20° 26.'5	24	20° 37.'0	74	20° 47.'5	24	20° 57.'9	74	21° 08.'2	24	21° 18.'3	74	21° 28.'4	24
20° 26.'7	25	20° 37.'2	75	20° 47.'7	25	20° 58.'1	75	21° 08.'4	25	21° 18.'5	75	21° 28.'7	25
20° 26.'9	26	20° 37.'4	76	20° 47.'9	26	20° 58.'3	76	21° 08.'6	26	21° 18.'8	76	21° 28.'9	26
20° 27.'1	27	20° 37.'7	77	20° 48.'1	27	20° 58.'5	77	21° 08.'8	27	21° 19.'0	77	21° 29.'1	27
20° 27.'3	28	20° 37.'9	78	20° 48.'3	28	20° 58.'7	78	21° 09.'0	28	21° 19.'2	78	21° 29.'3	28
20° 27.'5	29	20° 38.'1	79	20° 48.'5	29	20° 58.'9	79	21° 09.'2	29	21° 19.'4	79	21° 29.'5	29
20° 27.'7	30	20° 38.'3	80	20° 48.'7	30	20° 59.'1	80	21° 09.'4	30	21° 19.'6	80	21° 29.'7	30
20° 27.'9	31	20° 38.'5	81	20° 49.'0	31	20° 59.'3	81	21° 09.'6	31	21° 19.'8	81	21° 29.'9	31
20° 28.'1	32	20° 38.'7	82	20° 49.'2	32	20° 59.'5	82	21° 09.'8	32	21° 20.'0	82	21° 30.'1	32
20° 28.'4	33	20° 38.'9	83	20° 49.'4	33	20° 59.'7	83	21° 10.'0	33	21° 20.'2	83	21° 30.'3	33
20° 28.'6	34	20° 39.'1	84	20° 49.'6	34	20° 59.'9	84	21° 10.'2	34	21° 20.'4	84	21° 30.'5	34
20° 28.'8	35	20° 39.'3	85	20° 49.'8	35	21° 00.'1	85	21° 10.'4	35	21° 20.'6	85	21° 30.'7	35
20° 29.'0	36	20° 39.'5	86	20° 50.'0	36	21° 00.'3	86	21° 10.'6	36	21° 20.'8	86	21° 30.'9	36
20° 29.'2	37	20° 39.'8	87	20° 50.'2	37	21° 00.'6	87	21° 10.'8	37	21° 21.'0	87	21° 31.'1	37
20° 29.'4	38	20° 40.'0	88	20° 50.'4	38	21° 00.'8	88	21° 11.'0	38	21° 21.'2	88	21° 31.'3	38
20° 29.'6	39	20° 40.'2	89	20° 50.'6	39	21° 01.'0	89	21° 11.'2	39	21° 21.'4	89	21° 31.'5	39
20° 29.'8	40	20° 40.'4	90	20° 50.'8	40	21° 01.'2	90	21° 11.'4	40	21° 21.'6	90	21° 31.'7	40
20° 30.'1	41	20° 40.'6	91	20° 51.'0	41	21° 01.'4	91	21° 11.'6	41	21° 21.'8	91	21° 31.'9	41
20° 30.'3	42	20° 40.'8	92	20° 51.'2	42	21° 01.'6	92	21° 11.'8	42	21° 22.'0	92	21° 32.'1	42
20° 30.'5	43	20° 41.'0	93	20° 51.'4	43	21° 01.'8	93	21° 12.'0	43	21° 22.'2	93	21° 32.'3	43
20° 30.'7	44	20° 41.'2	94	20° 51.'7	44	21° 02.'0	94	21° 12.'2	44	21° 22.'4	94	21° 32.'5	44
20° 30.'9	45	20° 41.'4	95	20° 51.'9	45	21° 02.'2	95	21° 12.'4	45	21° 22.'6	95	21° 32.'7	45
20° 31.'1	46	20° 41.'6	96	20° 52.'1	46	21° 02.'4	96	21° 12.'6	46	21° 22.'8	96	21° 32.'9	46
20° 31.'3	47	20° 41.'8	97	20° 52.'3	47	21° 02.'6	97	21° 12.'9	47	21° 23.'0	97	21° 33.'1	47
20° 31.'5	48	20° 42.'1	98	20° 52.'5	48	21° 02.'8	98	21° 13.'1	48	21° 23.'2	98	21° 33.'3	48
20° 31.'7	49	20° 42.'3	99	20° 52.'7	49	21° 03.'0	99	21° 13.'3	49	21° 23.'4	99	21° 33.'5	49

If exact declination is not in table, go to next larger angle. Last part of log Dec. is beside it; first part at top of column.

log Dec.   log Dec.

         .03 1   .03 2   .03 2   .03 3   .03 3   .03 4   .03 4

21° 33.'7	50	21° 43.'6	00	21° 53.'5	50	22° 03.'3	00	22° 13.'1	50	22° 22.'7	00	22° 32.'3	50
21° 33.'9	51	21° 43.'8	01	21° 53.'7	51	22° 03.'5	01	22° 13.'3	51	22° 22.'9	01	22° 32.'5	51
21° 34.'1	52	21° 44.'0	02	21° 53.'9	52	22° 03.'7	02	22° 13.'5	52	22° 23.'1	02	22° 32.'7	52
21° 34.'3	53	21° 44.'2	03	21° 54.'1	53	22° 03.'9	03	22° 13.'7	53	22° 23.'3	03	22° 32.'9	53
21° 34.'5	54	21° 44.'4	04	21° 54.'3	54	22° 04.'1	04	22° 13.'8	54	22° 23.'5	04	22° 33.'1	54
21° 34.'7	55	21° 44.'6	05	21° 54.'5	55	22° 04.'3	05	22° 14.'0	55	22° 23.'7	05	22° 33.'3	55
21° 34.'9	56	21° 44.'8	06	21° 54.'7	56	22° 04.'5	06	22° 14.'2	56	22° 23.'9	06	22° 33.'4	56
21° 35.'1	57	21° 45.'0	07	21° 54.'9	57	22° 04.'7	07	22° 14.'4	57	22° 24.'1	07	22° 33.'6	57
21° 35.'3	58	21° 45.'2	08	21° 55.'1	58	22° 04.'9	08	22° 14.'6	58	22° 24.'3	08	22° 33.'8	58
21° 35.'5	59	21° 45.'4	09	21° 55.'3	59	22° 05.'1	09	22° 14.'8	59	22° 24.'5	09	22° 34.'0	59
21° 35.'7	60	21° 45.'6	10	21° 55.'5	60	22° 05.'3	10	22° 15.'0	60	22° 24.'6	10	22° 34.'2	60
21° 35.'9	61	21° 45.'8	11	21° 55.'7	61	22° 05.'5	11	22° 15.'2	61	22° 24.'8	11	22° 34.'4	61
21° 36.'1	62	21° 46.'0	12	21° 55.'9	62	22° 05.'7	12	22° 15.'4	62	22° 25.'0	12	22° 34.'6	62
21° 36.'3	63	21° 46.'2	13	21° 56.'1	63	22° 05.'9	13	22° 15.'6	63	22° 25.'2	13	22° 34.'8	63
21° 36.'5	64	21° 46.'4	14	21° 56.'3	64	22° 06.'1	14	22° 15.'8	64	22° 25.'4	14	22° 35.'0	64
21° 36.'7	65	21° 46.'6	15	21° 56.'5	65	22° 06.'3	15	22° 16.'0	65	22° 25.'6	15	22° 35.'2	65
21° 36.'9	66	21° 46.'8	16	21° 56.'7	66	22° 06.'5	16	22° 16.'2	66	22° 25.'8	16	22° 35.'3	66
21° 37.'1	67	21° 47.'0	17	21° 56.'9	67	22° 06.'7	17	22° 16.'4	67	22° 26.'0	17	22° 35.'5	67
21° 37.'3	68	21° 47.'2	18	21° 57.'1	68	22° 06.'9	18	22° 16.'6	68	22° 26.'2	18	22° 35.'7	68
21° 37.'5	69	21° 47.'4	19	21° 57.'3	69	22° 07.'0	19	22° 16.'7	69	22° 26.'4	19	22° 35.'9	69
21° 37.'7	70	21° 47.'6	20	21° 57.'5	70	22° 07.'2	20	22° 16.'9	70	22° 26.'6	20	22° 36.'1	70
21° 37.'9	71	21° 47.'8	21	21° 57.'7	71	22° 07.'4	21	22° 17.'1	71	22° 26.'8	21	22° 36.'3	71
21° 38.'1	72	21° 48.'0	22	21° 57.'9	72	22° 07.'6	22	22° 17.'3	72	22° 26.'9	22	22° 36.'5	72
21° 38.'3	73	21° 48.'2	23	21° 58.'1	73	22° 07.'8	23	22° 17.'5	73	22° 27.'1	23	22° 36.'7	73
21° 38.'5	74	21° 48.'4	24	21° 58.'3	74	22° 08.'0	24	22° 17.'7	74	22° 27.'3	24	22° 36.'9	74
21° 38.'7	75	21° 48.'6	25	21° 58.'4	75	22° 08.'2	25	22° 17.'9	75	22° 27.'5	25	22° 37.'1	75
21° 38.'9	76	21° 48.'8	26	21° 58.'6	76	22° 08.'4	26	22° 18.'1	76	22° 27.'7	26	22° 37.'2	76
21° 39.'1	77	21° 49.'0	27	21° 58.'8	77	22° 08.'6	27	22° 18.'3	77	22° 27.'9	27	22° 37.'4	77
21° 39.'3	78	21° 49.'2	28	21° 59.'0	78	22° 08.'8	28	22° 18.'5	78	22° 28.'1	28	22° 37.'6	78
21° 39.'5	79	21° 49.'4	29	21° 59.'2	79	22° 09.'0	29	22° 18.'7	79	22° 28.'3	29	22° 37.'8	79
21° 39.'7	80	21° 49.'6	30	21° 59.'4	80	22° 09.'2	30	22° 18.'9	80	22° 28.'5	30	22° 38.'0	80
21° 39.'9	81	21° 49.'8	31	21° 59.'6	81	22° 09.'4	31	22° 19.'1	81	22° 28.'7	31	22° 38.'2	81
21° 40.'1	82	21° 50.'0	32	21° 59.'8	82	22° 09.'6	32	22° 19.'3	82	22° 28.'9	32	22° 38.'4	82
21° 40.'3	83	21° 50.'2	33	22° 00.'0	83	22° 09.'8	33	22° 19.'5	83	22° 29.'1	33	22° 38.'6	83
21° 40.'5	84	21° 50.'4	34	22° 00.'2	84	22° 10.'0	34	22° 19.'6	84	22° 29.'2	34	22° 38.'8	84
21° 40.'7	85	21° 50.'6	35	22° 00.'4	85	22° 10.'2	35	22° 19.'8	85	22° 29.'4	35	22° 39.'0	85
21° 40.'9	86	21° 50.'8	36	22° 00.'6	86	22° 10.'4	36	22° 20.'0	86	22° 29.'6	36	22° 39.'1	86
21° 41.'1	87	21° 51.'0	37	22° 00.'8	87	22° 10.'5	37	22° 20.'2	87	22° 29.'8	37	22° 39.'3	87
21° 41.'3	88	21° 51.'2	38	22° 01.'0	88	22° 10.'7	38	22° 20.'4	88	22° 30.'0	38	22° 39.'5	88
21° 41.'5	89	21° 51.'4	39	22° 01.'2	89	22° 10.'9	39	22° 20.'6	89	22° 30.'2	39	22° 39.'7	89
21° 41.'7	90	21° 51.'6	40	22° 01.'4	90	22° 11.'1	40	22° 20.'8	90	22° 30.'4	40	22° 39.'9	90
21° 41.'9	91	21° 51.'8	41	22° 01.'6	91	22° 11.'3	41	22° 21.'0	91	22° 30.'6	41	22° 40.'1	91
21° 42.'1	92	21° 52.'0	42	22° 01.'8	92	22° 11.'5	42	22° 21.'2	92	22° 30.'8	42	22° 40.'3	92
21° 42.'3	93	21° 52.'2	43	22° 02.'0	93	22° 11.'7	43	22° 21.'4	93	22° 31.'0	43	22° 40.'5	93
21° 42.'5	94	21° 52.'4	44	22° 02.'2	94	22° 11.'9	44	22° 21.'6	94	22° 31.'2	44	22° 40.'7	94
21° 42.'6	95	21° 52.'5	45	22° 02.'4	95	22° 12.'1	45	22° 21.'8	95	22° 31.'3	45	22° 40.'9	95
21° 42.'8	96	21° 52.'7	46	22° 02.'6	96	22° 12.'3	46	22° 22.'0	96	22° 31.'5	46	22° 41.'0	96
21° 43.'0	97	21° 52.'9	47	22° 02.'8	97	22° 12.'5	47	22° 22.'1	97	22° 31.'7	47	22° 41.'2	97
21° 43.'2	98	21° 53.'1	48	22° 03.'0	98	22° 12.'7	48	22° 22.'3	98	22° 31.'9	48	22° 41.'4	98
21° 43.'4	99	21° 53.'3	49	22° 03.'1	99	22° 12.'9	49	22° 22.'5	99	22° 32.'1	49	22° 41.'6	99

If exact declination is not in table, go to next larger angle. Last part of log Dec. is beside it; first part at top of column.

log Dec.   log Dec.

.035 | .035 | .036 | .036 | .037 | .037 | .038

22° 41.'8	00	22° 51.'2	50	23° 00.'6	00	23° 09.'9	50	23° 19.'1	00	23° 28.'2	50	23° 37.'3	00
22° 42.'0	01	22° 51.'4	51	23° 00.'8	01	23° 10.'0	51	23° 19.'3	01	23° 28.'4	51	23° 37.'5	01
22° 42.'2	02	22° 51.'6	52	23° 01.'0	02	23° 10.'2	52	23° 19.'4	02	23° 28.'6	52	23° 37.'7	02
22° 42.'4	03	22° 51.'8	53	23° 01.'1	03	23° 10.'4	53	23° 19.'6	03	23° 28.'8	53	23° 37.'9	03
22° 42.'6	04	22° 52.'0	54	23° 01.'3	04	23° 10.'6	54	23° 19.'8	04	23° 29.'0	54	23° 38.'0	04
22° 42.'7	05	22° 52.'2	55	23° 01.'5	05	23° 10.'8	55	23° 20.'0	05	23° 29.'1	55	23° 38.'2	05
22° 42.'9	06	22° 52.'4	56	23° 01.'7	06	23° 11.'0	56	23° 20.'2	06	23° 29.'3	56	23° 38.'4	06
22° 43.'1	07	22° 52.'5	57	23° 01.'9	07	23° 11.'2	57	23° 20.'4	07	23° 29.'5	57	23° 38.'6	07
22° 43.'3	08	22° 52.'7	58	23° 02.'1	08	23° 11.'3	58	23° 20.'5	08	23° 29.'7	58	23° 38.'8	08
22° 43.'5	09	22° 52.'9	59	23° 02.'3	09	23° 11.'5	59	23° 20.'7	09	23° 29.'9	59	23° 38.'9	09
22° 43.'7	10	22° 53.'1	60	23° 02.'4	10	23° 11.'7	60	23° 20.'9	10	23° 30.'1	60	23° 39.'1	10
22° 43.'9	11	22° 53.'3	61	23° 02.'6	11	23° 11.'9	61	23° 21.'1	11	23° 30.'2	61	23° 39.'3	11
22° 44.'1	12	22° 53.'5	62	23° 02.'8	12	23° 12.'1	62	23° 21.'3	12	23° 30.'4	62	23° 39.'5	12
22° 44.'3	13	22° 53.'7	63	23° 03.'0	13	23° 12.'3	63	23° 21.'5	13	23° 30.'6	63	23° 39.'7	13
22° 44.'4	14	22° 53.'9	64	23° 03.'2	14	23° 12.'5	64	23° 21.'6	14	23° 30.'8	64	23° 39.'8	14
22° 44.'6	15	22° 54.'0	65	23° 03.'4	15	23° 12.'6	65	23° 21.'8	15	23° 31.'0	65	23° 40.'0	15
22° 44.'8	16	22° 54.'2	66	23° 03.'6	16	23° 12.'8	66	23° 22.'0	16	23° 31.'1	66	23° 40.'2	16
22° 45.'0	17	22° 54.'4	67	23° 03.'7	17	23° 13.'0	67	23° 22.'2	17	23° 31.'3	67	23° 40.'4	17
22° 45.'2	18	22° 54.'6	68	23° 03.'9	18	23° 13.'2	68	23° 22.'4	18	23° 31.'5	68	23° 40.'6	18
22° 45.'4	19	22° 54.'8	69	23° 04.'1	19	23° 13.'4	69	23° 22.'6	19	23° 31.'7	69	23° 40.'7	19
22° 45.'6	20	22° 55.'0	70	23° 04.'3	20	23° 13.'6	70	23° 22.'7	20	23° 31.'9	70	23° 40.'9	20
22° 45.'8	21	22° 55.'2	71	23° 04.'5	21	23° 13.'7	71	23° 22.'9	21	23° 32.'1	71	23° 41.'1	21
22° 46.'0	22	22° 55.'3	72	23° 04.'7	22	23° 13.'9	72	23° 23.'1	22	23° 32.'2	72	23° 41.'3	22
22° 46.'1	23	22° 55.'5	73	23° 04.'9	23	23° 14.'1	73	23° 23.'3	23	23° 32.'4	73	23° 41.'5	23
22° 46.'3	24	22° 55.'7	74	23° 05.'0	24	23° 14.'3	74	23° 23.'5	24	23° 32.'6	74	23° 41.'6	24
22° 46.'5	25	22° 55.'9	75	23° 05.'2	25	23° 14.'5	75	23° 23.'7	25	23° 32.'8	75	23° 41.'8	25
22° 46.'7	26	22° 56.'1	76	23° 05.'4	26	23° 14.'7	76	23° 23.'8	26	23° 33.'0	76	23° 42.'0	26
22° 46.'9	27	22° 56.'3	77	23° 05.'6	27	23° 14.'8	77	23° 24.'0	27	23° 33.'1	77	23° 42.'2	27
22° 47.'1	28	22° 56.'5	78	23° 05.'8	28	23° 15.'0	78	23° 24.'2	28	23° 33.'3	78	23° 42.'4	28
22° 47.'3	29	22° 56.'7	79	23° 06.'0	29	23° 15.'2	79	23° 24.'4	29	23° 33.'5	79	23° 42.'5	29
22° 47.'5	30	22° 56.'8	80	23° 06.'2	30	23° 15.'4	80	23° 24.'6	30	23° 33.'7	80	23° 42.'7	30
22° 47.'7	31	22° 57.'0	81	23° 06.'3	31	23° 15.'6	81	23° 24.'8	31	23° 33.'9	81	23° 42.'9	31
22° 47.'8	32	22° 57.'2	82	23° 06.'5	32	23° 15.'8	82	23° 24.'9	32	23° 34.'0	82	23° 43.'1	32
22° 48.'0	33	22° 57.'4	83	23° 06.'7	33	23° 16.'0	83	23° 25.'1	33	23° 34.'2	83	23° 43.'3	33
22° 48.'2	34	22° 57.'6	84	23° 06.'9	34	23° 16.'1	84	23° 25.'3	34	23° 34.'4	84	23° 43.'5	34
22° 48.'4	35	22° 57.'8	85	23° 07.'1	35	23° 16.'3	85	23° 25.'5	35	23° 34.'6	85	23° 43.'6	35
22° 48.'6	36	22° 58.'0	86	23° 07.'3	36	23° 16.'5	86	23° 25.'7	36	23° 34.'8	86	23° 43.'8	36
22° 48.'8	37	22° 58.'2	87	23° 07.'5	37	23° 16.'7	87	23° 25.'9	37	23° 35.'0	87	23° 44.'0	37
22° 49.'0	38	22° 58.'3	88	23° 07.'6	38	23° 16.'9	88	23° 26.'0	38	23° 35.'1	88	23° 44.'2	38
22° 49.'2	39	22° 58.'5	89	23° 07.'8	39	23° 17.'1	89	23° 26.'2	39	23° 35.'3	89	23° 44.'4	39
22° 49.'3	40	22° 58.'7	90	23° 08.'0	40	23° 17.'2	90	23° 26.'4	40	23° 35.'5	90	23° 44.'5	40
22° 49.'5	41	22° 58.'9	91	23° 08.'2	41	23° 17.'4	91	23° 26.'6	41	23° 35.'7	91	23° 44.'7	41
22° 49.'7	42	22° 59.'1	92	23° 08.'4	42	23° 17.'6	92	23° 26.'8	42	23° 35.'9	92	23° 44.'9	42
22° 49.'9	43	22° 59.'3	93	23° 08.'6	43	23° 17.'8	93	23° 27.'0	43	23° 36.'0	93	23° 45.'1	43
22° 50.'1	44	22° 59.'5	94	23° 08.'8	44	23° 18.'0	94	23° 27.'1	44	23° 36.'2	94	23° 45.'3	44
22° 50.'3	45	22° 59.'6	95	23° 08.'9	45	23° 18.'2	95	23° 27.'3	45	23° 36.'4	95	23° 45.'4	45
22° 50.'5	46	22° 59.'8	96	23° 09.'1	46	23° 18.'3	96	23° 27.'5	46	23° 36.'6	96	23° 45.'6	46
22° 50.'7	47	23° 00.'0	97	23° 09.'3	47	23° 18.'5	97	23° 27.'7	47	23° 36.'8	97	23° 45.'8	47
22° 50.'8	48	23° 00.'2	98	23° 09.'5	48	23° 18.'7	98	23° 27.'9	48	23° 36.'9	98	23° 46.'0	48
22° 51.'0	49	23° 00.'4	99	23° 09.'7	49	23° 18.'9	99	23° 28.'0	49	23° 37.'1	99	23° 46.'1	49

If exact declination is not in table, go to next larger angle. Last part of log Dec. is beside it; first part at top of column.

log Dec.   log Dec.

.038		.039		.039		.040		.040		.041		.041	
23° 46.'3	50	23° 55.'3	00	24° 04.'2	50	24° 13.'0	00	24° 21.'8	50	24° 30.'5	00	24° 39.'1	50
23° 46.'5	51	23° 55.'5	01	24° 04.'4	51	24° 13.'2	01	24° 21.'9	51	24° 30.'7	01	24° 39.'3	51
23° 46.'7	52	23° 55.'6	02	24° 04.'5	52	24° 13.'4	02	24° 22.'1	52	24° 30.'8	02	24° 39.'5	52
23° 46.'9	53	23° 55.'8	03	24° 04.'7	53	24° 13.'5	03	24° 22.'3	53	24° 31.'0	03	24° 39.'7	53
23° 47.'0	54	23° 56.'0	04	24° 04.'9	54	24° 13.'7	04	24° 22.'5	54	24° 31.'2	04	24° 39.'8	54
23° 47.'2	55	23° 56.'2	05	24° 05.'1	55	24° 13.'9	05	24° 22.'6	55	24° 31.'4	05	24° 40.'0	55
23° 47.'4	56	23° 56.'4	06	24° 05.'2	56	24° 14.'1	06	24° 22.'8	56	24° 31.'5	06	24° 40.'2	56
23° 47.'6	57	23° 56.'5	07	24° 05.'4	57	24° 14.'2	07	24° 23.'0	57	24° 31.'7	07	24° 40.'3	57
23° 47.'8	58	23° 56.'7	08	24° 05.'6	58	24° 14.'4	08	24° 23.'2	58	24° 31.'9	08	24° 40.'5	58
23° 47.'9	59	23° 56.'9	09	24° 05.'8	59	24° 14.'6	09	24° 23.'3	59	24° 32.'0	09	24° 40.'7	59
23° 48.'1	60	23° 57.'1	10	24° 05.'9	60	24° 14.'8	10	24° 23.'5	60	24° 32.'2	10	24° 40.'9	60
23° 48.'3	61	23° 57.'2	11	24° 06.'1	61	24° 14.'9	11	24° 23.'7	61	24° 32.'4	11	24° 41.'0	61
23° 48.'5	62	23° 57.'4	12	24° 06.'3	62	24° 15.'1	12	24° 23.'9	62	24° 32.'6	12	24° 41.'2	62
23° 48.'7	63	23° 57.'6	13	24° 06.'5	63	24° 15.'3	13	24° 24.'0	63	24° 32.'7	13	24° 41.'4	63
23° 48.'8	64	23° 57.'8	14	24° 06.'7	64	24° 15.'5	14	24° 24.'2	64	24° 32.'9	14	24° 41.'5	64
23° 49.'0	65	23° 58.'0	15	24° 06.'8	65	24° 15.'6	15	24° 24.'4	65	24° 33.'1	15	24° 41.'7	65
23° 49.'2	66	23° 58.'1	16	24° 07.'0	66	24° 15.'8	16	24° 24.'6	66	24° 33.'3	16	24° 41.'9	66
23° 49.'4	67	23° 58.'3	17	24° 07.'2	67	24° 16.'0	17	24° 24.'7	67	24° 33.'4	17	24° 42.'1	67
23° 49.'6	68	23° 58.'5	18	24° 07.'4	68	24° 16.'2	18	24° 24.'9	68	24° 33.'6	18	24° 42.'2	68
23° 49.'7	69	23° 58.'7	19	24° 07.'5	69	24° 16.'3	19	24° 25.'1	69	24° 33.'8	19	24° 42.'4	69
23° 49.'9	70	23° 58.'8	20	24° 07.'7	70	24° 16.'5	20	24° 25.'3	70	24° 34.'0	20	24° 42.'6	70
23° 50.'1	71	23° 59.'0	21	24° 07.'9	71	24° 16.'7	21	24° 25.'4	71	24° 34.'1	21	24° 42.'8	71
23° 50.'3	72	23° 59.'2	22	24° 08.'1	72	24° 16.'9	22	24° 25.'6	72	24° 34.'3	22	24° 42.'9	72
23° 50.'5	73	23° 59.'4	23	24° 08.'2	73	24° 17.'0	23	24° 25.'8	73	24° 34.'5	23	24° 43.'1	73
23° 50.'6	74	23° 59.'6	24	24° 08.'4	74	24° 17.'2	24	24° 26.'0	74	24° 34.'6	24	24° 43.'3	74
23° 50.'8	75	23° 59.'7	25	24° 08.'6	75	24° 17.'4	25	24° 26.'1	75	24° 34.'8	25	24° 43.'4	75
23° 51.'0	76	23° 59.'9	26	24° 08.'8	76	24° 17.'6	26	24° 26.'3	76	24° 35.'0	26	24° 43.'6	76
23° 51.'2	77	24° 00.'1	27	24° 08.'9	77	24° 17.'7	27	24° 26.'5	77	24° 35.'2	27	24° 43.'8	77
23° 51.'4	78	24° 00.'3	28	24° 09.'1	78	24° 17.'9	28	24° 26.'7	78	24° 35.'3	28	24° 44.'0	78
23° 51.'5	79	24° 00.'4	29	24° 09.'3	79	24° 18.'1	29	24° 26.'8	79	24° 35.'5	29	24° 44.'1	79
23° 51.'7	80	24° 00.'6	30	24° 09.'5	80	24° 18.'3	30	24° 27.'0	80	24° 35.'7	30	24° 44.'3	80
23° 51.'9	81	24° 00.'8	31	24° 09.'7	81	24° 18.'4	31	24° 27.'2	81	24° 35.'9	31	24° 44.'5	81
23° 52.'1	82	24° 01.'0	32	24° 09.'8	82	24° 18.'6	32	24° 27.'4	82	24° 36.'0	32	24° 44.'6	82
23° 52.'2	83	24° 01.'2	33	24° 10.'0	83	24° 18.'8	33	24° 27.'5	83	24° 36.'2	33	24° 44.'8	83
23° 52.'4	84	24° 01.'3	34	24° 10.'2	84	24° 19.'0	34	24° 27.'7	84	24° 36.'4	34	24° 45.'0	84
23° 52.'6	85	24° 01.'5	35	24° 10.'4	85	24° 19.'1	35	24° 27.'9	85	24° 36.'5	35	24° 45.'2	85
23° 52.'8	86	24° 01.'7	36	24° 10.'5	86	24° 19.'3	36	24° 28.'1	86	24° 36.'7	36	24° 45.'3	86
23° 53.'0	87	24° 01.'9	37	24° 10.'7	87	24° 19.'5	37	24° 28.'2	87	24° 36.'9	37	24° 45.'5	87
23° 53.'1	88	24° 02.'0	38	24° 10.'9	88	24° 19.'7	38	24° 28.'4	88	24° 37.'1	38	24° 45.'7	88
23° 53.'3	89	24° 02.'2	39	24° 11.'1	89	24° 19.'8	39	24° 28.'6	89	24° 37.'2	39	24° 45.'8	89
23° 53.'5	90	24° 02.'4	40	24° 11.'2	90	24° 20.'0	40	24° 28.'7	90	24° 37.'4	40	24° 46.'0	90
23° 53.'7	91	24° 02.'6	41	24° 11.'4	91	24° 20.'2	41	24° 28.'9	91	24° 37.'6	41	24° 46.'2	91
23° 53.'9	92	24° 02.'8	42	24° 11.'6	92	24° 20.'4	42	24° 29.'1	92	24° 37.'8	42	24° 46.'4	92
23° 54.'0	93	24° 02.'9	43	24° 11.'8	93	24° 20.'5	43	24° 29.'3	93	24° 37.'9	43	24° 46.'5	93
23° 54.'2	94	24° 03.'1	44	24° 11.'9	94	24° 20.'7	44	24° 29.'4	94	24° 38.'1	44	24° 46.'7	94
23° 54.'4	95	24° 03.'3	45	24° 12.'1	95	24° 20.'9	45	24° 29.'6	95	24° 38.'3	45	24° 46.'9	95
23° 54.'6	96	24° 03.'5	46	24° 12.'3	96	24° 21.'1	46	24° 29.'8	96	24° 38.'4	46	24° 47.'0	96
23° 54.'7	97	24° 03.'6	47	24° 12.'5	97	24° 21.'2	47	24° 30.'0	97	24° 38.'6	47	24° 47.'2	97
23° 54.'9	98	24° 03.'8	48	24° 12.'7	98	24° 21.'4	48	24° 30.'1	98	24° 38.'8	48	24° 47.'4	98
23° 55.'1	99	24° 04.'0	49	24° 12.'8	99	24° 21.'6	49	24° 30.'3	99	24° 39.'0	49	24° 47.'6	99

If exact declination is not in table, go to next larger angle. Last part of log Dec. is beside it; first part at top of column.

log Dec.   log Dec.

.042		.042		.043		.043		.044		.044		.045	
24° 47.'7	00	24° 56.'3	50	25° 04.'8	00	25° 13.'2	50	25° 21.'6	00	25° 29.'9	50	25° 38.'2	00
24° 47.'9	01	24° 56.'4	51	25° 04.'9	01	25° 13.'4	51	25° 21.'7	01	25° 30.'1	51	25° 38.'3	01
24° 48.'1	02	24° 56.'6	52	25° 05.'1	02	25° 13.'5	52	25° 21.'9	02	25° 30.'2	52	25° 38.'5	02
24° 48.'2	03	24° 56.'8	53	25° 05.'3	03	25° 13.'7	53	25° 22.'1	03	25° 30.'4	53	25° 38.'7	03
24° 48.'4	04	24° 57.'0	54	25° 05.'4	04	25° 13.'9	54	25° 22.'2	04	25° 30.'6	54	25° 38.'8	04
24° 48.'6	05	24° 57.'1	55	25° 05.'6	05	25° 14.'0	55	25° 22.'4	05	25° 30.'7	55	25° 39.'0	05
24° 48.'8	06	24° 57.'3	56	25° 05.'8	06	25° 14.'2	56	25° 22.'6	06	25° 30.'9	56	25° 39.'2	06
24° 48.'9	07	24° 57.'5	57	25° 05.'9	07	25° 14.'4	57	25° 22.'7	07	25° 31.'0	57	25° 39.'3	07
24° 49.'1	08	24° 57.'6	58	25° 06.'1	08	25° 14.'5	58	25° 22.'9	08	25° 31.'2	58	25° 39.'5	08
24° 49.'3	09	24° 57.'8	59	25° 06.'3	09	25° 14.'7	59	25° 23.'1	09	25° 31.'4	59	25° 39.'6	09
24° 49.'4	10	24° 58.'0	60	25° 06.'4	10	25° 14.'9	60	25° 23.'2	10	25° 31.'5	60	25° 39.'8	10
24° 49.'6	11	24° 58.'1	61	25° 06.'6	11	25° 15.'0	61	25° 23.'4	11	25° 31.'7	61	25° 40.'0	11
24° 49.'8	12	24° 58.'3	62	25° 06.'8	12	25° 15.'2	62	25° 23.'6	12	25° 31.'9	62	25° 40.'1	12
24° 50.'0	13	24° 58.'5	63	25° 07.'0	13	25° 15.'4	63	25° 23.'7	13	25° 32.'0	63	25° 40.'3	13
24° 50.'1	14	24° 58.'7	64	25° 07.'1	14	25° 15.'5	64	25° 23.'9	14	25° 32.'2	64	25° 40.'5	14
24° 50.'3	15	24° 58.'8	65	25° 07.'3	15	25° 15.'7	65	25° 24.'1	15	25° 32.'4	65	25° 40.'6	15
24° 50.'5	16	24° 59.'0	66	25° 07.'5	16	25° 15.'9	66	25° 24.'2	16	25° 32.'5	66	25° 40.'8	16
24° 50.'6	17	24° 59.'2	67	25° 07.'6	17	25° 16.'0	67	25° 24.'4	17	25° 32.'7	67	25° 41.'0	17
24° 50.'8	18	24° 59.'3	68	25° 07.'8	18	25° 16.'2	68	25° 24.'6	18	25° 32.'9	68	25° 41.'1	18
24° 51.'0	19	24° 59.'5	69	25° 08.'0	19	25° 16.'4	69	25° 24.'7	19	25° 33.'0	69	25° 41.'3	19
24° 51.'2	20	24° 59.'7	70	25° 08.'1	20	25° 16.'5	70	25° 24.'9	20	25° 33.'2	70	25° 41.'5	20
24° 51.'3	21	24° 59.'8	71	25° 08.'3	21	25° 16.'7	71	25° 25.'1	21	25° 33.'4	71	25° 41.'6	21
24° 51.'5	22	25° 00.'0	72	25° 08.'5	22	25° 16.'9	72	25° 25.'2	22	25° 33.'5	72	25° 41.'8	22
24° 51.'7	23	25° 00.'2	73	25° 08.'6	23	25° 17.'0	73	25° 25.'4	23	25° 33.'7	73	25° 41.'9	23
24° 51.'8	24	25° 00.'4	74	25° 08.'8	24	25° 17.'2	74	25° 25.'6	24	25° 33.'9	74	25° 42.'1	24
24° 52.'0	25	25° 00.'5	75	25° 09.'0	25	25° 17.'4	75	25° 25.'7	25	25° 34.'0	75	25° 42.'3	25
24° 52.'2	26	25° 00.'7	76	25° 09.'1	26	25° 17.'5	76	25° 25.'9	26	25° 34.'2	76	25° 42.'4	26
24° 52.'4	27	25° 00.'9	77	25° 09.'3	27	25° 17.'7	77	25° 26.'1	27	25° 34.'4	77	25° 42.'6	27
24° 52.'5	28	25° 01.'0	78	25° 09.'5	28	25° 17.'9	78	25° 26.'2	28	25° 34.'5	78	25° 42.'8	28
24° 52.'7	29	25° 01.'2	79	25° 09.'7	29	25° 18.'1	79	25° 26.'4	29	25° 34.'7	79	25° 42.'9	29
24° 52.'9	30	25° 01.'4	80	25° 09.'8	30	25° 18.'2	80	25° 26.'6	30	25° 34.'9	80	25° 43.'1	30
24° 53.'0	31	25° 01.'5	81	25° 10.'0	31	25° 18.'4	81	25° 26.'7	31	25° 35.'0	81	25° 43.'3	31
24° 53.'2	32	25° 01.'7	82	25° 10.'2	32	25° 18.'6	82	25° 26.'9	32	25° 35.'2	82	25° 43.'4	32
24° 53.'4	33	25° 01.'9	83	25° 10.'3	33	25° 18.'7	83	25° 27.'1	33	25° 35.'4	83	25° 43.'6	33
24° 53.'5	34	25° 02.'0	84	25° 10.'5	34	25° 18.'9	84	25° 27.'2	34	25° 35.'5	84	25° 43.'8	34
24° 53.'7	35	25° 02.'2	85	25° 10.'7	35	25° 19.'1	85	25° 27.'4	35	25° 35.'7	85	25° 43.'9	35
24° 53.'9	36	25° 02.'4	86	25° 10.'8	36	25° 19.'2	86	25° 27.'6	36	25° 35.'8	86	25° 44.'1	36
24° 54.'1	37	25° 02.'6	87	25° 11.'0	37	25° 19.'4	87	25° 27.'7	37	25° 36.'0	87	25° 44.'3	37
24° 54.'2	38	25° 02.'7	88	25° 11.'2	38	25° 19.'6	88	25° 27.'9	38	25° 36.'2	88	25° 44.'4	38
24° 54.'4	39	25° 02.'9	89	25° 11.'3	39	25° 19.'7	89	25° 28.'1	39	25° 36.'3	89	25° 44.'6	39
24° 54.'6	40	25° 03.'1	90	25° 11.'5	40	25° 19.'9	90	25° 28.'2	40	25° 36.'5	90	25° 44.'7	40
24° 54.'7	41	25° 03.'2	91	25° 11.'7	41	25° 20.'1	91	25° 28.'4	41	25° 36.'7	91	25° 44.'9	41
24° 54.'9	42	25° 03.'4	92	25° 11.'8	42	25° 20.'2	92	25° 28.'6	42	25° 36.'8	92	25° 45.'1	42
24° 55.'1	43	25° 03.'6	93	25° 12.'0	43	25° 20.'4	93	25° 28.'7	43	25° 37.'0	93	25° 45.'2	43
24° 55.'3	44	25° 03.'7	94	25° 12.'2	44	25° 20.'6	94	25° 28.'9	44	25° 37.'2	94	25° 45.'4	44
24° 55.'4	45	25° 03.'9	95	25° 12.'3	45	25° 20.'7	95	25° 29.'1	45	25° 37.'3	95	25° 45.'6	45
24° 55.'6	46	25° 04.'1	96	25° 12.'5	46	25° 20.'9	96	25° 29.'2	46	25° 37.'5	96	25° 45.'7	46
24° 55.'8	47	25° 04.'2	97	25° 12.'7	47	25° 21.'1	97	25° 29.'4	47	25° 37.'7	97	25° 45.'9	47
24° 55.'9	48	25° 04.'4	98	25° 12.'9	48	25° 21.'2	98	25° 29.'6	48	25° 37.'8	98	25° 46.'1	48
24° 56.'1	49	25° 04.'6	99	25° 13.'0	49	25° 21.'4	99	25° 29.'7	49	25° 38.'0	99	25° 46.'2	49

If exact declination is not in table, go to next larger angle. Last part of log Dec. is beside it; first part at top of column.

log Dec.   log Dec.

.045		.046		.046		.047		.047		.048		.048	
25° 46.'4	50	25° 54.'6	00	26° 02.'7	50	26° 10.'8	00	26° 18.'8	50	26° 26.'8	00	26° 34.'7	50
25° 46.'5	51	25° 54.'7	01	26° 02.'8	51	26° 10.'9	01	26° 18.'9	51	26° 26.'9	01	26° 34.'9	51
25° 46.'7	52	25° 54.'9	02	26° 03.'0	52	26° 11.'1	02	26° 19.'1	52	26° 27.'1	02	26° 35.'0	52
25° 46.'9	53	25° 55.'0	03	26° 03.'2	53	26° 11.'2	03	26° 19.'3	53	26° 27.'2	03	26° 35.'2	53
25° 47.'0	54	25° 55.'2	04	26° 03.'3	54	26° 11.'4	04	26° 19.'4	54	26° 27.'4	04	26° 35.'3	54
25° 47.'2	55	25° 55.'4	05	26° 03.'5	55	26° 11.'6	05	26° 19.'6	55	26° 27.'6	05	26° 35.'5	55
25° 47.'4	56	25° 55.'5	06	26° 03.'6	56	26° 11.'7	06	26° 19.'7	56	26° 27.'7	06	26° 35.'6	56
25° 47.'5	57	25° 55.'7	07	26° 03.'8	57	26° 11.'9	07	26° 19.'9	57	26° 27.'9	07	26° 35.'8	57
25° 47.'7	58	25° 55.'9	08	26° 04.'0	58	26° 12.'0	08	26° 20.'1	58	26° 28.'0	08	26° 36.'0	58
25° 47.'9	59	25° 56.'0	09	26° 04.'1	59	26° 12.'2	09	26° 20.'2	59	26° 28.'2	09	26° 36.'1	59
25° 48.'0	60	25° 56.'2	10	26° 04.'3	60	26° 12.'4	10	26° 20.'4	60	26° 28.'4	10	26° 36.'3	60
25° 48.'2	61	25° 56.'3	11	26° 04.'5	61	26° 12.'5	11	26° 20.'5	61	26° 28.'5	11	26° 36.'4	61
25° 48.'3	62	25° 56.'5	12	26° 04.'6	62	26° 12.'7	12	26° 20.'7	62	26° 28.'7	12	26° 36.'6	62
25° 48.'5	63	25° 56.'7	13	26° 04.'8	63	26° 12.'8	13	26° 20.'9	63	26° 28.'8	13	26° 36.'7	63
25° 48.'7	64	25° 56.'8	14	26° 04.'9	64	26° 13.'0	14	26° 21.'0	64	26° 29.'0	14	26° 36.'9	64
25° 48.'8	65	25° 57.'0	15	26° 05.'1	65	26° 13.'2	15	26° 21.'2	65	26° 29.'1	15	26° 37.'1	65
25° 49.'0	66	25° 57.'2	16	26° 05.'3	66	26° 13.'3	16	26° 21.'3	66	26° 29.'3	16	26° 37.'2	66
25° 49.'2	67	25° 57.'3	17	26° 05.'4	67	26° 13.'5	17	26° 21.'5	67	26° 29.'5	17	26° 37.'4	67
25° 49.'3	68	25° 57.'5	18	26° 05.'6	68	26° 13.'6	18	26° 21.'7	68	26° 29.'6	18	26° 37.'5	68
25° 49.'5	69	25° 57.'6	19	26° 05.'8	69	26° 13.'8	19	26° 21.'8	69	26° 29.'8	19	26° 37.'7	69
25° 49.'7	70	25° 57.'8	20	26° 05.'9	70	26° 14.'0	20	26° 22.'0	70	26° 29.'9	20	26° 37.'9	70
25° 49.'8	71	25° 58.'0	21	26° 06.'1	71	26° 14.'1	21	26° 22.'1	71	26° 30.'1	21	26° 38.'0	71
25° 50.'0	72	25° 58.'1	22	26° 06.'2	72	26° 14.'3	22	26° 22.'3	72	26° 30.'3	22	26° 38.'2	72
25° 50.'1	73	25° 58.'3	23	26° 06.'4	73	26° 14.'5	23	26° 22.'5	73	26° 30.'4	23	26° 38.'3	73
25° 50.'3	74	25° 58.'5	24	26° 06.'6	74	26° 14.'6	24	26° 22.'6	74	26° 30.'6	24	26° 38.'5	74
25° 50.'5	75	25° 58.'6	25	26° 06.'7	75	26° 14.'8	25	26° 22.'8	75	26° 30.'7	25	26° 38.'6	75
25° 50.'6	76	25° 58.'8	26	26° 06.'9	76	26° 14.'9	26	26° 22.'9	76	26° 30.'9	26	26° 38.'8	76
25° 50.'8	77	25° 58.'9	27	26° 07.'0	77	26° 15.'1	27	26° 23.'1	77	26° 31.'1	27	26° 39.'0	77
25° 51.'0	78	25° 59.'1	28	26° 07.'2	78	26° 15.'3	28	26° 23.'3	78	26° 31.'2	28	26° 39.'1	78
25° 51.'1	79	25° 59.'3	29	26° 07.'4	79	26° 15.'4	29	26° 23.'4	79	26° 31.'4	29	26° 39.'3	79
25° 51.'3	80	25° 59.'4	30	26° 07.'5	80	26° 15.'6	30	26° 23.'6	80	26° 31.'5	30	26° 39.'4	80
25° 51.'5	81	25° 59.'6	31	26° 07.'7	81	26° 15.'7	31	26° 23.'7	81	26° 31.'7	31	26° 39.'6	81
25° 51.'6	82	25° 59.'8	32	26° 07.'9	82	26° 15.'9	32	26° 23.'9	82	26° 31.'8	32	26° 39.'7	82
25° 51.'8	83	25° 59.'9	33	26° 08.'0	83	26° 16.'1	33	26° 24.'1	83	26° 32.'0	33	26° 39.'9	83
25° 51.'9	84	26° 00.'1	34	26° 08.'2	84	26° 16.'2	34	26° 24.'2	84	26° 32.'2	34	26° 40.'1	84
25° 52.'1	85	26° 00.'2	35	26° 08.'3	85	26° 16.'4	35	26° 24.'4	85	26° 32.'3	35	26° 40.'2	85
25° 52.'3	86	26° 00.'4	36	26° 08.'5	86	26° 16.'5	36	26° 24.'5	86	26° 32.'5	36	26° 40.'4	86
25° 52.'4	87	26° 00.'6	37	26° 08.'7	87	26° 16.'7	37	26° 24.'7	87	26° 32.'6	37	26° 40.'5	87
25° 52.'6	88	26° 00.'7	38	26° 08.'8	88	26° 16.'9	38	26° 24.'8	88	26° 32.'8	38	26° 40.'7	88
25° 52.'8	89	26° 00.'9	39	26° 09.'0	89	26° 17.'0	39	26° 25.'0	89	26° 33.'0	39	26° 40.'9	89
25° 52.'9	90	26° 01.'1	40	26° 09.'1	90	26° 17.'2	40	26° 25.'2	90	26° 33.'1	40	26° 41.'0	90
25° 53.'1	91	26° 01.'2	41	26° 09.'3	91	26° 17.'3	41	26° 25.'3	91	26° 33.'3	41	26° 41.'2	91
25° 53.'3	92	26° 01.'4	42	26° 09.'5	92	26° 17.'5	42	26° 25.'5	92	26° 33.'4	42	26° 41.'3	92
25° 53.'4	93	26° 01.'5	43	26° 09.'6	93	26° 17.'7	43	26° 25.'6	93	26° 33.'6	43	26° 41.'5	93
25° 53.'6	94	26° 01.'7	44	26° 09.'8	94	26° 17.'8	44	26° 25.'8	94	26° 33.'7	44	26° 41.'6	94
25° 53.'7	95	26° 01.'9	45	26° 09.'9	95	26° 18.'0	45	26° 26.'0	95	26° 33.'9	45	26° 41.'8	95
25° 53.'9	96	26° 02.'0	46	26° 10.'1	96	26° 18.'1	46	26° 26.'1	96	26° 34.'1	46	26° 42.'0	96
25° 54.'1	97	26° 02.'2	47	26° 10.'3	97	26° 18.'3	47	26° 26.'3	97	26° 34.'2	47	26° 42.'1	97
25° 54.'2	98	26° 02.'4	48	26° 10.'4	98	26° 18.'5	48	26° 26.'4	98	26° 34.'4	48	26° 42.'3	98
25° 54.'4	99	26° 02.'5	49	26° 10.'6	99	26° 18.'6	49	26° 26.'6	99	26° 34.'5	49	26° 42.'4	99

If exact declination is not in table, go to next larger angle. Last part of log Dec. is beside it; first part at top of column.

log Dec.   log Dec.

.049   .049   .050   .050   .051   .051   .052

26° 42.'6	00	26° 50.'4	50	26° 58.'2	00	27° 06.'0	50	27° 13.'7	00	27° 21.'4	50	27° 29.'0	00
26° 42.'7	01	26° 50.'6	51	26° 58.'4	01	27° 06.'1	51	27° 13.'8	01	27° 21.'5	51	27° 29.'1	01
26° 42.'9	02	26° 50.'7	52	26° 58.'5	02	27° 06.'3	52	27° 14.'0	02	27° 21.'7	52	27° 29.'3	02
26° 43.'1	03	26° 50.'9	53	26° 58.'7	03	27° 06.'4	53	27° 14.'2	03	27° 21.'8	53	27° 29.'5	03
26° 43.'2	04	26° 51.'1	54	26° 58.'8	04	27° 06.'6	54	27° 14.'3	04	27° 22.'0	54	27° 29.'6	04
26° 43.'4	05	26° 51.'2	55	26° 59.'0	05	27° 06.'8	55	27° 14.'5	05	27° 22.'1	55	27° 29.'8	05
26° 43.'5	06	26° 51.'4	56	26° 59.'2	06	27° 06.'9	56	27° 14.'6	06	27° 22.'3	56	27° 29.'9	06
26° 43.'7	07	26° 51.'5	57	26° 59.'3	07	27° 07.'1	57	27° 14.'8	07	27° 22.'4	57	27° 30.'1	07
26° 43.'8	08	26° 51.'7	58	26° 59.'5	08	27° 07.'2	58	27° 14.'9	08	27° 22.'6	58	27° 30.'2	08
26° 44.'0	09	26° 51.'8	59	26° 59.'6	09	27° 07.'4	59	27° 15.'1	09	27° 22.'7	59	27° 30.'4	09
26° 44.'2	10	26° 52.'0	60	26° 59.'8	10	27° 07.'5	60	27° 15.'2	10	27° 22.'9	60	27° 30.'5	10
26° 44.'3	11	26° 52.'1	61	26° 59.'9	11	27° 07.'7	61	27° 15.'4	11	27° 23.'0	61	27° 30.'7	11
26° 44.'5	12	26° 52.'3	62	27° 00.'1	12	27° 07.'8	62	27° 15.'5	12	27° 23.'2	62	27° 30.'8	12
26° 44.'6	13	26° 52.'5	63	27° 00.'2	13	27° 08.'0	63	27° 15.'7	13	27° 23.'4	63	27° 31.'0	13
26° 44.'8	14	26° 52.'6	64	27° 00.'4	14	27° 08.'1	64	27° 15.'8	14	27° 23.'5	64	27° 31.'1	14
26° 44.'9	15	26° 52.'8	65	27° 00.'6	15	27° 08.'3	65	27° 16.'0	15	27° 23.'7	65	27° 31.'3	15
26° 45.'1	16	26° 52.'9	66	27° 00.'7	16	27° 08.'5	66	27° 16.'2	16	27° 23.'8	66	27° 31.'4	16
26° 45.'3	17	26° 53.'1	67	27° 00.'9	17	27° 08.'6	67	27° 16.'3	17	27° 24.'0	67	27° 31.'6	17
26° 45.'4	18	26° 53.'2	68	27° 01.'0	18	27° 08.'8	68	27° 16.'5	18	27° 24.'1	68	27° 31.'7	18
26° 45.'6	19	26° 53.'4	69	27° 01.'2	19	27° 08.'9	69	27° 16.'6	19	27° 24.'3	69	27° 31.'9	19
26° 45.'7	20	26° 53.'6	70	27° 01.'3	20	27° 09.'1	70	27° 16.'8	20	27° 24.'4	70	27° 32.'0	20
26° 45.'9	21	26° 53.'7	71	27° 01.'5	21	27° 09.'2	71	27° 16.'9	21	27° 24.'6	71	27° 32.'2	21
26° 46.'0	22	26° 53.'9	72	27° 01.'6	22	27° 09.'4	72	27° 17.'1	22	27° 24.'7	72	27° 32.'3	22
26° 46.'2	23	26° 54.'0	73	27° 01.'8	23	27° 09.'5	73	27° 17.'2	23	27° 24.'9	73	27° 32.'5	23
26° 46.'4	24	26° 54.'2	74	27° 02.'0	24	27° 09.'7	74	27° 17.'4	24	27° 25.'0	74	27° 32.'6	24
26° 46.'5	25	26° 54.'3	75	27° 02.'1	25	27° 09.'8	75	27° 17.'5	25	27° 25.'2	75	27° 32.'8	25
26° 46.'7	26	26° 54.'5	76	27° 02.'3	26	27° 10.'0	76	27° 17.'7	26	27° 25.'3	76	27° 32.'9	26
26° 46.'8	27	26° 54.'6	77	27° 02.'4	27	27° 10.'2	77	27° 17.'8	27	27° 25.'5	77	27° 33.'1	27
26° 47.'0	28	26° 54.'8	78	27° 02.'6	28	27° 10.'3	78	27° 18.'0	28	27° 25.'6	78	27° 33.'2	28
26° 47.'1	29	26° 55.'0	79	27° 02.'7	29	27° 10.'5	79	27° 18.'1	29	27° 25.'8	79	27° 33.'4	29
26° 47.'3	30	26° 55.'1	80	27° 02.'9	30	27° 10.'6	80	27° 18.'3	30	27° 25.'9	80	27° 33.'6	30
26° 47.'5	31	26° 55.'3	81	27° 03.'0	31	27° 10.'8	81	27° 18.'5	31	27° 26.'1	81	27° 33.'7	31
26° 47.'6	32	26° 55.'4	82	27° 03.'2	32	27° 10.'9	82	27° 18.'6	32	27° 26.'3	82	27° 33.'9	32
26° 47.'8	33	26° 55.'6	83	27° 03.'3	33	27° 11.'1	83	27° 18.'8	33	27° 26.'4	83	27° 34.'0	33
26° 47.'9	34	26° 55.'7	84	27° 03.'5	34	27° 11.'2	84	27° 18.'9	34	27° 26.'6	84	27° 34.'2	34
26° 48.'1	35	26° 55.'9	85	27° 03.'7	35	27° 11.'4	85	27° 19.'1	35	27° 26.'7	85	27° 34.'3	35
26° 48.'2	36	26° 56.'0	86	27° 03.'8	36	27° 11.'5	86	27° 19.'2	36	27° 26.'9	86	27° 34.'5	36
26° 48.'4	37	26° 56.'2	87	27° 04.'0	37	27° 11.'7	87	27° 19.'4	37	27° 27.'0	87	27° 34.'6	37
26° 48.'5	38	26° 56.'4	88	27° 04.'1	38	27° 11.'8	88	27° 19.'5	38	27° 27.'2	88	27° 34.'8	38
26° 48.'7	39	26° 56.'5	89	27° 04.'3	39	27° 12.'0	89	27° 19.'7	39	27° 27.'3	89	27° 34.'9	39
26° 48.'9	40	26° 56.'7	90	27° 04.'4	40	27° 12.'2	90	27° 19.'8	40	27° 27.'5	90	27° 35.'1	40
26° 49.'0	41	26° 56.'8	91	27° 04.'6	41	27° 12.'3	91	27° 20.'0	41	27° 27.'6	91	27° 35.'2	41
26° 49.'2	42	26° 57.'0	92	27° 04.'7	42	27° 12.'5	92	27° 20.'1	42	27° 27.'8	92	27° 35.'4	42
26° 49.'3	43	26° 57.'1	93	27° 04.'9	43	27° 12.'6	93	27° 20.'3	43	27° 27.'9	93	27° 35.'5	43
26° 49.'5	44	26° 57.'3	94	27° 05.'1	44	27° 12.'8	94	27° 20.'4	44	27° 28.'1	94	27° 35.'7	44
26° 49.'6	45	26° 57.'4	95	27° 05.'2	45	27° 12.'9	95	27° 20.'6	45	27° 28.'2	95	27° 35.'8	45
26° 49.'8	46	26° 57.'6	96	27° 05.'4	46	27° 13.'1	96	27° 20.'8	46	27° 28.'4	96	27° 36.'0	46
26° 50.'0	47	26° 57.'8	97	27° 05.'5	47	27° 13.'2	97	27° 20.'9	47	27° 28.'5	97	27° 36.'1	47
26° 50.'1	48	26° 57.'9	98	27° 05.'7	48	27° 13.'4	98	27° 21.'1	48	27° 28.'7	98	27° 36.'3	48
26° 50.'3	49	26° 58.'1	99	27° 05.'8	49	27° 13.'5	99	27° 21.'2	49	27° 28.'8	99	27° 36.'4	49

If exact declination is not in table, go to next larger angle. Last part of log Dec. is beside it; first part at top of column.

log Dec.   log Dec.

.052		.053		.053		.054		.054		.055		.055	
27° 36.'6	50	27° 44.'1	00	27° 51.'6	50	27° 59.'1	00	28° 06.'5	50	28° 13.'9	00	28° 21.'3	50
27° 36.'7	51	27° 44.'3	01	27° 51.'8	51	27° 59.'3	01	28° 06.'7	51	28° 14.'1	01	28° 21.'4	51
27° 36.'9	52	27° 44.'4	02	27° 51.'9	52	27° 59.'4	02	28° 06.'8	52	28° 14.'2	02	28° 21.'6	52
27° 37.'0	53	27° 44.'6	03	27° 52.'1	53	27° 59.'6	03	28° 07.'0	53	28° 14.'4	03	28° 21.'7	53
27° 37.'2	54	27° 44.'7	04	27° 52.'2	54	27° 59.'7	04	28° 07.'1	54	28° 14.'5	04	28° 21.'9	54
27° 37.'3	55	27° 44.'9	05	27° 52.'4	55	27° 59.'9	05	28° 07.'3	55	28° 14.'7	05	28° 22.'0	55
27° 37.'5	56	27° 45.'0	06	27° 52.'5	56	27° 60.'0	06	28° 07.'4	56	28° 14.'8	06	28° 22.'2	56
27° 37.'6	57	27° 45.'2	07	27° 52.'7	57	28° 00.'1	07	28° 07.'6	57	28° 15.'0	07	28° 22.'3	57
27° 37.'8	58	27° 45.'3	08	27° 52.'8	58	28° 00.'3	08	28° 07.'7	58	28° 15.'1	08	28° 22.'5	58
27° 37.'9	59	27° 45.'5	09	27° 53.'0	59	28° 00.'4	09	28° 07.'9	59	28° 15.'3	09	28° 22.'6	59
27° 38.'1	60	27° 45.'6	10	27° 53.'1	60	28° 00.'6	10	28° 08.'0	60	28° 15.'4	10	28° 22.'7	60
27° 38.'2	61	27° 45.'8	11	27° 53.'3	61	28° 00.'7	11	28° 08.'2	61	28° 15.'5	11	28° 22.'9	61
27° 38.'4	62	27° 45.'9	12	27° 53.'4	62	28° 00.'9	12	28° 08.'3	62	28° 15.'7	12	28° 23.'0	62
27° 38.'5	63	27° 46.'1	13	27° 53.'6	63	28° 01.'0	13	28° 08.'5	63	28° 15.'8	13	28° 23.'2	63
27° 38.'7	64	27° 46.'2	14	27° 53.'7	64	28° 01.'2	14	28° 08.'6	64	28° 16.'0	14	28° 23.'3	64
27° 38.'9	65	27° 46.'4	15	27° 53.'9	65	28° 01.'3	15	28° 08.'8	65	28° 16.'1	15	28° 23.'5	65
27° 39.'0	66	27° 46.'5	16	27° 54.'0	66	28° 01.'5	16	28° 08.'9	66	28° 16.'3	16	28° 23.'6	66
27° 39.'2	67	27° 46.'7	17	27° 54.'2	67	28° 01.'6	17	28° 09.'1	67	28° 16.'4	17	28° 23.'8	67
27° 39.'3	68	27° 46.'8	18	27° 54.'3	68	28° 01.'8	18	28° 09.'2	68	28° 16.'6	18	28° 23.'9	68
27° 39.'5	69	27° 47.'0	19	27° 54.'5	69	28° 01.'9	19	28° 09.'3	69	28° 16.'7	19	28° 24.'1	69
27° 39.'6	70	27° 47.'1	20	27° 54.'6	70	28° 02.'1	20	28° 09.'5	70	28° 16.'9	20	28° 24.'2	70
27° 39.'8	71	27° 47.'3	21	27° 54.'8	71	28° 02.'2	21	28° 09.'6	71	28° 17.'0	21	28° 24.'4	71
27° 39.'9	72	27° 47.'4	22	27° 54.'9	72	28° 02.'4	22	28° 09.'8	72	28° 17.'2	22	28° 24.'5	72
27° 40.'1	73	27° 47.'6	23	27° 55.'1	73	28° 02.'5	23	28° 09.'9	73	28° 17.'3	23	28° 24.'6	73
27° 40.'2	74	27° 47.'7	24	27° 55.'2	74	28° 02.'7	24	28° 10.'1	74	28° 17.'5	24	28° 24.'8	74
27° 40.'4	75	27° 47.'9	25	27° 55.'4	75	28° 02.'8	25	28° 10.'2	75	28° 17.'6	25	28° 24.'9	75
27° 40.'5	76	27° 48.'0	26	27° 55.'5	76	28° 03.'0	26	28° 10.'4	76	28° 17.'8	26	28° 25.'1	76
27° 40.'7	77	27° 48.'2	27	27° 55.'7	77	28° 03.'1	27	28° 10.'5	77	28° 17.'9	27	28° 25.'2	77
27° 40.'8	78	27° 48.'3	28	27° 55.'8	78	28° 03.'3	28	28° 10.'7	78	28° 18.'0	28	28° 25.'4	78
27° 41.'0	79	27° 48.'5	29	27° 56.'0	79	28° 03.'4	29	28° 10.'8	79	28° 18.'2	29	28° 25.'5	79
27° 41.'1	80	27° 48.'6	30	27° 56.'1	80	28° 03.'6	30	28° 11.'0	80	28° 18.'3	30	28° 25.'7	80
27° 41.'3	81	27° 48.'8	31	27° 56.'3	81	28° 03.'7	31	28° 11.'1	81	28° 18.'5	31	28° 25.'8	81
27° 41.'4	82	27° 48.'9	32	27° 56.'4	82	28° 03.'9	32	28° 11.'3	82	28° 18.'6	32	28° 26.'0	82
27° 41.'6	83	27° 49.'1	33	27° 56.'6	83	28° 04.'0	33	28° 11.'4	83	28° 18.'8	33	28° 26.'1	83
27° 41.'7	84	27° 49.'2	34	27° 56.'7	84	28° 04.'2	34	28° 11.'6	84	28° 18.'9	34	28° 26.'3	84
27° 41.'9	85	27° 49.'4	35	27° 56.'9	85	28° 04.'3	35	28° 11.'7	85	28° 19.'1	35	28° 26.'4	85
27° 42.'0	86	27° 49.'5	36	27° 57.'0	86	28° 04.'5	36	28° 11.'9	86	28° 19.'2	36	28° 26.'5	86
27° 42.'2	87	27° 49.'7	37	27° 57.'2	87	28° 04.'6	37	28° 12.'0	87	28° 19.'4	37	28° 26.'7	87
27° 42.'3	88	27° 49.'8	38	27° 57.'3	88	28° 04.'8	38	28° 12.'2	88	28° 19.'5	38	28° 26.'8	88
27° 42.'5	89	27° 50.'0	39	27° 57.'5	89	28° 04.'9	39	28° 12.'3	89	28° 19.'7	39	28° 27.'0	89
27° 42.'6	90	27° 50.'1	40	27° 57.'6	90	28° 05.'1	40	28° 12.'4	90	28° 19.'8	40	28° 27.'1	90
27° 42.'8	91	27° 50.'3	41	27° 57.'8	91	28° 05.'2	41	28° 12.'6	91	28° 20.'0	41	28° 27.'3	91
27° 42.'9	92	27° 50.'4	42	27° 57.'9	92	28° 05.'3	42	28° 12.'7	92	28° 20.'1	42	28° 27.'4	92
27° 43.'1	93	27° 50.'6	43	27° 58.'1	93	28° 05.'5	43	28° 12.'9	93	28° 20.'3	43	28° 27.'6	93
27° 43.'2	94	27° 50.'7	44	27° 58.'2	94	28° 05.'6	44	28° 13.'0	94	28° 20.'4	44	28° 27.'7	94
27° 43.'4	95	27° 50.'9	45	27° 58.'4	95	28° 05.'8	45	28° 13.'2	95	28° 20.'5	45	28° 27.'9	95
27° 43.'5	96	27° 51.'0	46	27° 58.'5	96	28° 05.'9	46	28° 13.'3	96	28° 20.'7	46	28° 28.'0	96
27° 43.'7	97	27° 51.'2	47	27° 58.'7	97	28° 06.'1	47	28° 13.'5	97	28° 20.'8	47	28° 28.'2	97
27° 43.'8	98	27° 51.'3	48	27° 58.'8	98	28° 06.'2	48	28° 13.'6	98	28° 21.'0	48	28° 28.'3	98
27° 44.'0	99	27° 51.'5	49	27° 59.'0	99	28° 06.'4	49	28° 13.'8	99	28° 21.'1	49	28° 28.'4	99

If exact declination is not in table, go to next larger angle. Last part of log Dec. is beside it; first part at top of column.

log Dec.   log Dec.

.056		.056		.057		.057		.058		.058		.059	
28° 28.'6	00	28° 35.'9	50	28° 43.'1	00	28° 50.'3	50	28° 57.'5	00	29° 04.'6	50	29° 11.'7	00
28° 28.'7	01	28° 36.'0	51	28° 43.'3	01	28° 50.'5	51	28° 57.'6	01	29° 04.'8	51	29° 11.'9	01
28° 28.'9	02	28° 36.'2	52	28° 43.'4	02	28° 50.'6	52	28° 57.'8	02	29° 04.'9	52	29° 12.'0	02
28° 29.'0	03	28° 36.'3	53	28° 43.'5	03	28° 50.'7	53	28° 57.'9	03	29° 05.'1	53	29° 12.'1	03
28° 29.'2	04	28° 36.'5	54	28° 43.'7	04	28° 50.'9	54	28° 58.'1	04	29° 05.'2	54	29° 12.'3	04
28° 29.'3	05	28° 36.'6	55	28° 43.'8	05	28° 51.'0	55	28° 58.'2	05	29° 05.'3	55	29° 12.'4	05
28° 29.'5	06	28° 36.'7	56	28° 44.'0	06	28° 51.'2	56	28° 58.'3	06	29° 05.'5	56	29° 12.'6	06
28° 29.'6	07	28° 36.'9	57	28° 44.'1	07	28° 51.'3	57	28° 58.'5	07	29° 05.'6	57	29° 12.'7	07
28° 29.'8	08	28° 37.'0	58	28° 44.'3	08	28° 51.'5	58	28° 58.'6	08	29° 05.'8	58	29° 12.'9	08
28° 29.'9	09	28° 37.'2	59	28° 44.'4	09	28° 51.'6	59	28° 58.'8	09	29° 05.'9	59	29° 13.'0	09
28° 30.'1	10	28° 37.'3	60	28° 44.'6	10	28° 51.'8	60	28° 58.'9	10	29° 06.'0	60	29° 13.'1	10
28° 30.'2	11	28° 37.'5	61	28° 44.'7	11	28° 51.'9	61	28° 59.'1	11	29° 06.'2	61	29° 13.'3	11
28° 30.'3	12	28° 37.'6	62	28° 44.'8	12	28° 52.'0	62	28° 59.'2	12	29° 06.'3	62	29° 13.'4	12
28° 30.'5	13	28° 37.'8	63	28° 45.'0	13	28° 52.'2	63	28° 59.'3	13	29° 06.'5	63	29° 13.'6	13
28° 30.'6	14	28° 37.'9	64	28° 45.'1	14	28° 52.'3	64	28° 59.'5	14	29° 06.'6	64	29° 13.'7	14
28° 30.'8	15	28° 38.'0	65	28° 45.'3	15	28° 52.'5	65	28° 59.'6	15	29° 06.'8	65	29° 13.'8	15
28° 30.'9	16	28° 38.'2	66	28° 45.'4	16	28° 52.'6	66	28° 59.'8	16	29° 06.'9	66	29° 14.'0	16
28° 31.'1	17	28° 38.'3	67	28° 45.'6	17	28° 52.'8	67	28° 59.'9	17	29° 07.'0	67	29° 14.'1	17
28° 31.'2	18	28° 38.'5	68	28° 45.'7	18	28° 52.'9	68	29° 00.'1	18	29° 07.'2	68	29° 14.'3	18
28° 31.'4	19	28° 38.'6	69	28° 45.'9	19	28° 53.'0	69	29° 00.'2	19	29° 07.'3	69	29° 14.'4	19
28° 31.'5	20	28° 38.'8	70	28° 46.'0	20	28° 53.'2	70	29° 00.'3	20	29° 07.'5	70	29° 14.'6	20
28° 31.'7	21	28° 38.'9	71	28° 46.'1	21	28° 53.'3	71	29° 00.'5	21	29° 07.'6	71	29° 14.'7	21
28° 31.'8	22	28° 39.'1	72	28° 46.'3	22	28° 53.'5	72	29° 00.'6	22	29° 07.'8	72	29° 14.'8	22
28° 31.'9	23	28° 39.'2	73	28° 46.'4	23	28° 53.'6	73	29° 00.'8	23	29° 07.'9	73	29° 15.'0	23
28° 32.'1	24	28° 39.'4	74	28° 46.'6	24	28° 53.'8	74	29° 00.'9	24	29° 08.'0	74	29° 15.'1	24
28° 32.'2	25	28° 39.'5	75	28° 46.'7	25	28° 53.'9	75	29° 01.'1	25	29° 08.'2	75	29° 15.'3	25
28° 32.'4	26	28° 39.'6	76	28° 46.'9	26	28° 54.'1	76	29° 01.'2	26	29° 08.'3	76	29° 15.'4	26
28° 32.'5	27	28° 39.'8	77	28° 47.'0	27	28° 54.'2	77	29° 01.'3	27	29° 08.'5	77	29° 15.'5	27
28° 32.'7	28	28° 39.'9	78	28° 47.'2	28	28° 54.'3	78	29° 01.'5	28	29° 08.'6	78	29° 15.'7	28
28° 32.'8	29	28° 40.'1	79	28° 47.'3	29	28° 54.'5	79	29° 01.'6	29	29° 08.'7	79	29° 15.'8	29
28° 33.'0	30	28° 40.'2	80	28° 47.'4	30	28° 54.'6	80	29° 01.'8	30	29° 08.'9	80	29° 16.'0	30
28° 33.'1	31	28° 40.'4	81	28° 47.'6	31	28° 54.'8	81	29° 01.'9	31	29° 09.'0	81	29° 16.'1	31
28° 33.'3	32	28° 40.'5	82	28° 47.'7	32	28° 54.'9	82	29° 02.'1	32	29° 09.'2	82	29° 16.'2	32
28° 33.'4	33	28° 40.'7	83	28° 47.'9	33	28° 55.'1	83	29° 02.'2	33	29° 09.'3	83	29° 16.'4	33
28° 33.'5	34	28° 40.'8	84	28° 48.'0	34	28° 55.'2	84	29° 02.'3	34	29° 09.'5	84	29° 16.'5	34
28° 33.'7	35	28° 40.'9	85	28° 48.'2	35	28° 55.'3	85	29° 02.'5	35	29° 09.'6	85	29° 16.'7	35
28° 33.'8	36	28° 41.'1	86	28° 48.'3	36	28° 55.'5	86	29° 02.'6	36	29° 09.'7	86	29° 16.'8	36
28° 34.'0	37	28° 41.'2	87	28° 48.'4	37	28° 55.'6	87	29° 02.'8	37	29° 09.'9	87	29° 17.'0	37
28° 34.'1	38	28° 41.'4	88	28° 48.'6	38	28° 55.'8	88	29° 02.'9	38	29° 10.'0	88	29° 17.'1	38
28° 34.'3	39	28° 41.'5	89	28° 48.'7	39	28° 55.'9	89	29° 03.'1	39	29° 10.'2	89	29° 17.'2	39
28° 34.'4	40	28° 41.'7	90	28° 48.'9	40	28° 56.'1	90	29° 03.'2	40	29° 10.'3	90	29° 17.'4	40
28° 34.'6	41	28° 41.'8	91	28° 49.'0	41	28° 56.'2	91	29° 03.'3	41	29° 10.'4	91	29° 17.'5	41
28° 34.'7	42	28° 42.'0	92	28° 49.'2	42	28° 56.'3	92	29° 03.'5	42	29° 10.'6	92	29° 17.'7	42
28° 34.'9	43	28° 42.'1	93	28° 49.'3	43	28° 56.'5	93	29° 03.'6	43	29° 10.'7	93	29° 17.'8	43
28° 35.'0	44	28° 42.'2	94	28° 49.'5	44	28° 56.'6	94	29° 03.'8	44	29° 10.'9	94	29° 17.'9	44
28° 35.'1	45	28° 42.'4	95	28° 49.'6	45	28° 56.'8	95	29° 03.'9	45	29° 11.'0	95	29° 18.'1	45
28° 35.'3	46	28° 42.'5	96	28° 49.'7	46	28° 56.'9	96	29° 04.'1	46	29° 11.'2	96	29° 18.'2	46
28° 35.'4	47	28° 42.'7	97	28° 49.'9	47	28° 57.'1	97	29° 04.'2	47	29° 11.'3	97	29° 18.'4	47
28° 35.'6	48	28° 42.'8	98	28° 50.'0	48	28° 57.'2	98	29° 04.'3	48	29° 11.'4	98	29° 18.'5	48
28° 35.'7	49	28° 43.'0	99	28° 50.'2	49	28° 57.'3	99	29° 04.'5	49	29° 11.'6	99	29° 18.'6	49

If exact declination is not in table, go to next larger angle. Last part of log Dec. is beside it; first part at top of column.

Using Predicted Distances One Hour Apart

To find the Universal Time that matches the cleared distance: Suppose the distance was observed, according to your reckoning, between 09:00:00 and 10:00:00 UT. Call the predicted distances for those hours D#1 and D#2 respectively. Check to be sure the cleared distance, D, falls between them. Take the difference between D and D#1, and the difference between D#1 and D#2. Find the corresponding logarithms in Table 7. Subtract one log from the other and enter Table 8 with the result. From the matching log in Table 8 — or the nearest thing to a matching log — take off the minutes and seconds of UT. In this case, UT found by observation is 09:36:27.

		table	& log
D~D#1	18.'1	7	1.1225
D#2~D#1	29.'8	7	-0.9060
		8	0.2165 = log of 36 minutes, 27 seconds

To analyze the error in a practice observation: With the difference between the known UT and that found by lunar, look in table 8 for a log. Add this to the log that was *subtracted* in the operation shown above. Find, in table 7, the closest value to the sum. The corresponding arc is the error made in measuring the lunar distance. In the example, UT per observation was off one minute nineteen seconds, and that indicated an error of 0.'7 in the distance.

		table	& log
Error in UT:	1 m. 19 sec.	8	1.6587
D#2~D#1	29.'8	7	+0.9060
Error in Distance:	0.'7	7	2.5647

	Moon's round limb faced?		The Distance was?	
	EAST	WEST	INCREASING	DECREASING
GMT by LUNAR is GREATER than the truth?	there was a GAP in the contact	OVERLAP	Measurement was too GREAT	too SMALL
LESS than the truth?	OVERLAP	GAP	too SMALL	too GREAT

The left half of the chart shows whether you made the error by not bringing the objects quite together for the contact, or by making them overlap. But in case you trust your eyesight more than you trust your sextant, and suspect unknown errors in the instrument, the right half of the chart shows whether the measurement was too long or too short.

To adjust observed altitudes to an intermediate time: Let's say you are at sea, single-handing, and have observed both the distance and the altitudes yourself, as explained on page viii. Now you need to know what the altitudes were at the time of the distance.

Suppose the elapsed time between the first altitude of the moon and the distance you want to clear was six minutes twenty one seconds, while the elapsed time between the two altitudes of the moon was eleven minutes fifty eight seconds. Look up the Table 8 logs of these intervals and subtract one from the other. To the result, add the Table 7 log of the difference (let's say it was 1° 37.'0) between altitudes. This will give you the Table 7 log of the increment wanted. Add it to or subtract it from the moon's first altitude, depending on whether she was rising or falling. Repeat the operation with the other body's altitude.

		table	& log
Elapsed time between first altitude and given time	6 min. 21 sec.	8	0.9754
between first & last altitude	11 min. 58 sec.	8	-0.7002
			0.2752
Change between first & last altitude:	1° 37.'0	7	+0.3934
Increment to add to, or subtract from, first altitude:	0° 51.'5	7	0.6686

Note: This procedure will be much easier to follow if you use the form Robert Eno created for it. An example and a blank copy can be found in the workforms section.

Table 7

0°

	.0	.1	.2	.3	.4	.5	.6	.7	.8	.9
0'		3.3802	3.0792	2.9031	2.7782	2.6812	2.6021	2.5351	2.4771	2.4260
1'	2.3802	2.3388	2.3010	2.2663	2.2341	2.2041	2.1761	2.1498	2.1249	2.1015
2'	2.0792	2.0580	2.0378	2.0185	2.0000	1.9823	1.9652	1.9488	1.9331	1.9178
3'	1.9031	1.8888	1.8751	1.8617	1.8487	1.8361	1.8239	1.8120	1.8004	1.7891
4'	1.7782	1.7674	1.7570	1.7467	1.7368	1.7270	1.7175	1.7081	1.6990	1.6900
5'	1.6812	1.6726	1.6642	1.6559	1.6478	1.6398	1.6320	1.6243	1.6168	1.6094
6'	1.6021	1.5949	1.5878	1.5809	1.5740	1.5673	1.5607	1.5541	1.5477	1.5414
7'	1.5351	1.5290	1.5229	1.5169	1.5110	1.5051	1.4994	1.4937	1.4881	1.4826
8'	1.4771	1.4717	1.4664	1.4611	1.4559	1.4508	1.4457	1.4407	1.4357	1.4308
9'	1.4260	1.4212	1.4164	1.4117	1.4071	1.4025	1.3979	1.3934	1.3890	1.3846
10'	1.3802	1.3759	1.3716	1.3674	1.3632	1.3590	1.3549	1.3508	1.3468	1.3428
11'	1.3388	1.3349	1.3310	1.3271	1.3233	1.3195	1.3158	1.3120	1.3083	1.3047
12'	1.3010	1.2974	1.2939	1.2903	1.2868	1.2833	1.2798	1.2764	1.2730	1.2696
13'	1.2663	1.2629	1.2596	1.2564	1.2531	1.2499	1.2467	1.2435	1.2403	1.2372
14'	1.2341	1.2310	1.2279	1.2249	1.2218	1.2188	1.2159	1.2129	1.2099	1.2070
15'	1.2041	1.2012	1.1984	1.1955	1.1927	1.1899	1.1871	1.1843	1.1816	1.1788
16'	1.1761	1.1734	1.1707	1.1680	1.1654	1.1627	1.1601	1.1575	1.1549	1.1523
17'	1.1498	1.1472	1.1447	1.1422	1.1397	1.1372	1.1347	1.1322	1.1298	1.1274
18'	1.1249	1.1225	1.1201	1.1178	1.1154	1.1130	1.1107	1.1084	1.1061	1.1037
19'	1.1015	1.0992	1.0969	1.0947	1.0924	1.0902	1.0880	1.0857	1.0835	1.0814
20'	1.0792	1.0770	1.0749	1.0727	1.0706	1.0685	1.0663	1.0642	1.0621	1.0601
21'	1.0580	1.0559	1.0539	1.0518	1.0498	1.0478	1.0458	1.0438	1.0418	1.0398
22'	1.0378	1.0358	1.0339	1.0319	1.0300	1.0280	1.0261	1.0242	1.0223	1.0204
23'	1.0185	1.0166	1.0147	1.0129	1.0110	1.0091	1.0073	1.0055	1.0036	1.0018
24'	1.0000	0.9982	0.9964	0.9946	0.9928	0.9910	0.9893	0.9875	0.9858	0.9840
25'	0.9823	0.9805	0.9788	0.9771	0.9754	0.9737	0.9720	0.9703	0.9686	0.9669
26'	0.9652	0.9636	0.9619	0.9603	0.9586	0.9570	0.9553	0.9537	0.9521	0.9505
27'	0.9488	0.9472	0.9456	0.9440	0.9425	0.9409	0.9393	0.9377	0.9362	0.9346
28'	0.9331	0.9315	0.9300	0.9284	0.9269	0.9254	0.9238	0.9223	0.9208	0.9193
29'	0.9178	0.9163	0.9148	0.9133	0.9119	0.9104	0.9089	0.9075	0.9060	0.9045
30'	0.9031	0.9016	0.9002	0.8988	0.8973	0.8959	0.8945	0.8931	0.8917	0.8903
31'	0.8888	0.8875	0.8861	0.8847	0.8833	0.8819	0.8805	0.8792	0.8778	0.8764
32'	0.8751	0.8737	0.8724	0.8710	0.8697	0.8683	0.8670	0.8657	0.8643	0.8630
33'	0.8617	0.8604	0.8591	0.8578	0.8565	0.8552	0.8539	0.8526	0.8513	0.8500
34'	0.8487	0.8475	0.8462	0.8449	0.8437	0.8424	0.8411	0.8399	0.8386	0.8374
35'	0.8361	0.8349	0.8337	0.8324	0.8312	0.8300	0.8288	0.8275	0.8263	0.8251
36'	0.8239	0.8227	0.8215	0.8203	0.8191	0.8179	0.8167	0.8155	0.8144	0.8132
37'	0.8120	0.8108	0.8097	0.8085	0.8073	0.8062	0.8050	0.8039	0.8027	0.8016
38'	0.8004	0.7993	0.7981	0.7970	0.7959	0.7948	0.7936	0.7925	0.7914	0.7903
39'	0.7891	0.7880	0.7869	0.7858	0.7847	0.7836	0.7825	0.7814	0.7803	0.7792
40'	0.7782	0.7771	0.7760	0.7749	0.7738	0.7728	0.7717	0.7706	0.7696	0.7685
41'	0.7674	0.7664	0.7653	0.7643	0.7632	0.7622	0.7611	0.7601	0.7590	0.7580
42'	0.7570	0.7559	0.7549	0.7539	0.7528	0.7518	0.7508	0.7498	0.7488	0.7478
43'	0.7467	0.7457	0.7447	0.7437	0.7427	0.7417	0.7407	0.7397	0.7387	0.7377
44'	0.7368	0.7358	0.7348	0.7338	0.7328	0.7319	0.7309	0.7299	0.7289	0.7280
45'	0.7270	0.7260	0.7251	0.7241	0.7232	0.7222	0.7212	0.7203	0.7193	0.7184
46'	0.7175	0.7165	0.7156	0.7146	0.7137	0.7128	0.7118	0.7109	0.7100	0.7090
47'	0.7081	0.7072	0.7063	0.7054	0.7044	0.7035	0.7026	0.7017	0.7008	0.6999
48'	0.6990	0.6981	0.6972	0.6963	0.6954	0.6945	0.6936	0.6927	0.6918	0.6909
49'	0.6900	0.6891	0.6882	0.6874	0.6865	0.6856	0.6847	0.6839	0.6830	0.6821
50'	0.6812	0.6804	0.6795	0.6786	0.6778	0.6769	0.6761	0.6752	0.6743	0.6735
51'	0.6726	0.6718	0.6709	0.6701	0.6692	0.6684	0.6676	0.6667	0.6659	0.6650
52'	0.6642	0.6634	0.6625	0.6617	0.6609	0.6601	0.6592	0.6584	0.6576	0.6568
53'	0.6559	0.6551	0.6543	0.6535	0.6527	0.6519	0.6510	0.6502	0.6494	0.6486
54'	0.6478	0.6470	0.6462	0.6454	0.6446	0.6438	0.6430	0.6422	0.6414	0.6406
55'	0.6398	0.6391	0.6383	0.6375	0.6367	0.6359	0.6351	0.6344	0.6336	0.6328
56'	0.6320	0.6312	0.6305	0.6297	0.6289	0.6282	0.6274	0.6266	0.6259	0.6251
57'	0.6243	0.6236	0.6228	0.6221	0.6213	0.6205	0.6198	0.6190	0.6183	0.6175
58'	0.6168	0.6160	0.6153	0.6145	0.6138	0.6131	0.6123	0.6116	0.6108	0.6101
59'	0.6094	0.6086	0.6079	0.6072	0.6064	0.6057	0.6050	0.6042	0.6035	0.6028

Table 7

1°	.'0	.'1	.'2	.'3	.'4	.'5	.'6	.'7	.'8	.'9
0'	0.6021	0.6013	0.6006	0.5999	0.5992	0.5985	0.5977	0.5970	0.5963	0.5956
1'	0.5949	0.5942	0.5935	0.5928	0.5920	0.5913	0.5906	0.5899	0.5892	0.5885
2'	0.5878	0.5871	0.5864	0.5857	0.5850	0.5843	0.5836	0.5829	0.5823	0.5816
3'	0.5809	0.5802	0.5795	0.5788	0.5781	0.5774	0.5768	0.5761	0.5754	0.5747
4'	0.5740	0.5734	0.5727	0.5720	0.5713	0.5707	0.5700	0.5693	0.5686	0.5680
5'	0.5673	0.5666	0.5660	0.5653	0.5646	0.5640	0.5633	0.5626	0.5620	0.5613
6'	0.5607	0.5600	0.5594	0.5587	0.5580	0.5574	0.5567	0.5561	0.5554	0.5548
7'	0.5541	0.5535	0.5528	0.5522	0.5516	0.5509	0.5503	0.5496	0.5490	0.5483
8'	0.5477	0.5471	0.5464	0.5458	0.5452	0.5445	0.5439	0.5433	0.5426	0.5420
9'	0.5414	0.5407	0.5401	0.5395	0.5389	0.5382	0.5376	0.5370	0.5364	0.5357
10'	0.5351	0.5345	0.5339	0.5333	0.5326	0.5320	0.5314	0.5308	0.5302	0.5296
11'	0.5290	0.5283	0.5277	0.5271	0.5265	0.5259	0.5253	0.5247	0.5241	0.5235
12'	0.5229	0.5223	0.5217	0.5211	0.5205	0.5199	0.5193	0.5187	0.5181	0.5175
13'	0.5169	0.5163	0.5157	0.5151	0.5145	0.5139	0.5133	0.5127	0.5122	0.5116
14'	0.5110	0.5104	0.5098	0.5092	0.5086	0.5081	0.5075	0.5069	0.5063	0.5057
15'	0.5051	0.5046	0.5040	0.5034	0.5028	0.5023	0.5017	0.5011	0.5005	0.5000
16'	0.4994	0.4988	0.4983	0.4977	0.4971	0.4965	0.4960	0.4954	0.4949	0.4943
17'	0.4937	0.4932	0.4926	0.4920	0.4915	0.4909	0.4903	0.4898	0.4892	0.4887
18'	0.4881	0.4876	0.4870	0.4864	0.4859	0.4853	0.4848	0.4842	0.4837	0.4831
19'	0.4826	0.4820	0.4815	0.4809	0.4804	0.4798	0.4793	0.4788	0.4782	0.4777
20'	0.4771	0.4766	0.4760	0.4755	0.4750	0.4744	0.4739	0.4733	0.4728	0.4723
21'	0.4717	0.4712	0.4707	0.4701	0.4696	0.4691	0.4685	0.4680	0.4675	0.4669
22'	0.4664	0.4659	0.4653	0.4648	0.4643	0.4638	0.4632	0.4627	0.4622	0.4617
23'	0.4611	0.4606	0.4601	0.4596	0.4590	0.4585	0.4580	0.4575	0.4570	0.4564
24'	0.4559	0.4554	0.4549	0.4544	0.4539	0.4534	0.4528	0.4523	0.4518	0.4513
25'	0.4508	0.4503	0.4498	0.4493	0.4488	0.4482	0.4477	0.4472	0.4467	0.4462
26'	0.4457	0.4452	0.4447	0.4442	0.4437	0.4432	0.4427	0.4422	0.4417	0.4412
27'	0.4407	0.4402	0.4397	0.4392	0.4387	0.4382	0.4377	0.4372	0.4367	0.4362
28'	0.4357	0.4352	0.4347	0.4343	0.4338	0.4333	0.4328	0.4323	0.4318	0.4313
29'	0.4308	0.4303	0.4298	0.4294	0.4289	0.4284	0.4279	0.4274	0.4269	0.4265
30'	0.4260	0.4255	0.4250	0.4245	0.4240	0.4236	0.4231	0.4226	0.4221	0.4216
31'	0.4212	0.4207	0.4202	0.4197	0.4193	0.4188	0.4183	0.4178	0.4174	0.4169
32'	0.4164	0.4160	0.4155	0.4150	0.4145	0.4141	0.4136	0.4131	0.4127	0.4122
33'	0.4117	0.4113	0.4108	0.4103	0.4099	0.4094	0.4089	0.4085	0.4080	0.4075
34'	0.4071	0.4066	0.4062	0.4057	0.4052	0.4048	0.4043	0.4039	0.4034	0.4029
35'	0.4025	0.4020	0.4016	0.4011	0.4007	0.4002	0.3998	0.3993	0.3988	0.3984
36'	0.3979	0.3975	0.3970	0.3966	0.3961	0.3957	0.3952	0.3948	0.3943	0.3939
37'	0.3934	0.3930	0.3925	0.3921	0.3917	0.3912	0.3908	0.3903	0.3899	0.3894
38'	0.3890	0.3885	0.3881	0.3877	0.3872	0.3868	0.3863	0.3859	0.3855	0.3850
39'	0.3846	0.3841	0.3837	0.3833	0.3828	0.3824	0.3820	0.3815	0.3811	0.3806
40'	0.3802	0.3798	0.3793	0.3789	0.3785	0.3780	0.3776	0.3772	0.3768	0.3763
41'	0.3759	0.3755	0.3750	0.3746	0.3742	0.3737	0.3733	0.3729	0.3725	0.3720
42'	0.3716	0.3712	0.3708	0.3703	0.3699	0.3695	0.3691	0.3686	0.3682	0.3678
43'	0.3674	0.3670	0.3665	0.3661	0.3657	0.3653	0.3649	0.3644	0.3640	0.3636
44'	0.3632	0.3628	0.3623	0.3619	0.3615	0.3611	0.3607	0.3603	0.3598	0.3594
45'	0.3590	0.3586	0.3582	0.3578	0.3574	0.3570	0.3565	0.3561	0.3557	0.3553
46'	0.3549	0.3545	0.3541	0.3537	0.3533	0.3529	0.3525	0.3520	0.3516	0.3512
47'	0.3508	0.3504	0.3500	0.3496	0.3492	0.3488	0.3484	0.3480	0.3476	0.3472
48'	0.3468	0.3464	0.3460	0.3456	0.3452	0.3448	0.3444	0.3440	0.3436	0.3432
49'	0.3428	0.3424	0.3420	0.3416	0.3412	0.3408	0.3404	0.3400	0.3396	0.3392
50'	0.3388	0.3384	0.3380	0.3376	0.3372	0.3368	0.3365	0.3361	0.3357	0.3353
51'	0.3349	0.3345	0.3341	0.3337	0.3333	0.3329	0.3325	0.3322	0.3318	0.3314
52'	0.3310	0.3306	0.3302	0.3298	0.3294	0.3291	0.3287	0.3283	0.3279	0.3275
53'	0.3271	0.3267	0.3264	0.3260	0.3256	0.3252	0.3248	0.3245	0.3241	0.3237
54'	0.3233	0.3229	0.3225	0.3222	0.3218	0.3214	0.3210	0.3206	0.3203	0.3199
55'	0.3195	0.3191	0.3188	0.3184	0.3180	0.3176	0.3173	0.3169	0.3165	0.3161
56'	0.3158	0.3154	0.3150	0.3146	0.3143	0.3139	0.3135	0.3131	0.3128	0.3124
57'	0.3120	0.3117	0.3113	0.3109	0.3105	0.3102	0.3098	0.3094	0.3091	0.3087
58'	0.3083	0.3080	0.3076	0.3072	0.3069	0.3065	0.3061	0.3058	0.3054	0.3050
59'	0.3047	0.3043	0.3039	0.3036	0.3032	0.3028	0.3025	0.3021	0.3018	0.3014

Table 7

2°

	.'0	.'1	.'2	.'3	.'4	.'5	.'6	.'7	.'8	.'9
0'	0.3010	0.3007	0.3003	0.2999	0.2996	0.2992	0.2989	0.2985	0.2981	0.2978
1'	0.2974	0.2971	0.2967	0.2964	0.2960	0.2956	0.2953	0.2949	0.2946	0.2942
2'	0.2939	0.2935	0.2931	0.2928	0.2924	0.2921	0.2917	0.2914	0.2910	0.2907
3'	0.2903	0.2900	0.2896	0.2892	0.2889	0.2885	0.2882	0.2878	0.2875	0.2871
4'	0.2868	0.2864	0.2861	0.2857	0.2854	0.2850	0.2847	0.2843	0.2840	0.2836
5'	0.2833	0.2830	0.2826	0.2823	0.2819	0.2816	0.2812	0.2809	0.2805	0.2802
6'	0.2798	0.2795	0.2792	0.2788	0.2785	0.2781	0.2778	0.2774	0.2771	0.2767
7'	0.2764	0.2761	0.2757	0.2754	0.2750	0.2747	0.2744	0.2740	0.2737	0.2733
8'	0.2730	0.2727	0.2723	0.2720	0.2716	0.2713	0.2710	0.2706	0.2703	0.2700
9'	0.2696	0.2693	0.2689	0.2686	0.2683	0.2679	0.2676	0.2673	0.2669	0.2666
10'	0.2663	0.2659	0.2656	0.2653	0.2649	0.2646	0.2643	0.2639	0.2636	0.2633
11'	0.2629	0.2626	0.2623	0.2619	0.2616	0.2613	0.2610	0.2606	0.2603	0.2600
12'	0.2596	0.2593	0.2590	0.2587	0.2583	0.2580	0.2577	0.2573	0.2570	0.2567
13'	0.2564	0.2560	0.2557	0.2554	0.2551	0.2547	0.2544	0.2541	0.2538	0.2534
14'	0.2531	0.2528	0.2525	0.2521	0.2518	0.2515	0.2512	0.2508	0.2505	0.2502
15'	0.2499	0.2496	0.2492	0.2489	0.2486	0.2483	0.2480	0.2476	0.2473	0.2470
16'	0.2467	0.2464	0.2460	0.2457	0.2454	0.2451	0.2448	0.2444	0.2441	0.2438
17'	0.2435	0.2432	0.2429	0.2425	0.2422	0.2419	0.2416	0.2413	0.2410	0.2406
18'	0.2403	0.2400	0.2397	0.2394	0.2391	0.2388	0.2384	0.2381	0.2378	0.2375
19'	0.2372	0.2369	0.2366	0.2363	0.2359	0.2356	0.2353	0.2350	0.2347	0.2344
20'	0.2341	0.2338	0.2335	0.2332	0.2328	0.2325	0.2322	0.2319	0.2316	0.2313
21'	0.2310	0.2307	0.2304	0.2301	0.2298	0.2295	0.2291	0.2288	0.2285	0.2282
22'	0.2279	0.2276	0.2273	0.2270	0.2267	0.2264	0.2261	0.2258	0.2255	0.2252
23'	0.2249	0.2246	0.2243	0.2240	0.2237	0.2234	0.2231	0.2228	0.2225	0.2222
24'	0.2218	0.2215	0.2212	0.2209	0.2206	0.2203	0.2200	0.2197	0.2194	0.2191
25'	0.2188	0.2185	0.2182	0.2179	0.2176	0.2173	0.2170	0.2168	0.2165	0.2162
26'	0.2159	0.2156	0.2153	0.2150	0.2147	0.2144	0.2141	0.2138	0.2135	0.2132
27'	0.2129	0.2126	0.2123	0.2120	0.2117	0.2114	0.2111	0.2108	0.2105	0.2102
28'	0.2099	0.2097	0.2094	0.2091	0.2088	0.2085	0.2082	0.2079	0.2076	0.2073
29'	0.2070	0.2067	0.2064	0.2062	0.2059	0.2056	0.2053	0.2050	0.2047	0.2044
30'	0.2041	0.2038	0.2035	0.2033	0.2030	0.2027	0.2024	0.2021	0.2018	0.2015
31'	0.2012	0.2009	0.2007	0.2004	0.2001	0.1998	0.1995	0.1992	0.1989	0.1987
32'	0.1984	0.1981	0.1978	0.1975	0.1972	0.1969	0.1967	0.1964	0.1961	0.1958
33'	0.1955	0.1952	0.1950	0.1947	0.1944	0.1941	0.1938	0.1935	0.1933	0.1930
34'	0.1927	0.1924	0.1921	0.1918	0.1916	0.1913	0.1910	0.1907	0.1904	0.1902
35'	0.1899	0.1896	0.1893	0.1890	0.1888	0.1885	0.1882	0.1879	0.1876	0.1874
36'	0.1871	0.1868	0.1865	0.1863	0.1860	0.1857	0.1854	0.1851	0.1849	0.1846
37'	0.1843	0.1840	0.1838	0.1835	0.1832	0.1829	0.1827	0.1824	0.1821	0.1818
38'	0.1816	0.1813	0.1810	0.1807	0.1805	0.1802	0.1799	0.1796	0.1794	0.1791
39'	0.1788	0.1785	0.1783	0.1780	0.1777	0.1775	0.1772	0.1769	0.1766	0.1764
40'	0.1761	0.1758	0.1755	0.1753	0.1750	0.1747	0.1745	0.1742	0.1739	0.1737
41'	0.1734	0.1731	0.1728	0.1726	0.1723	0.1720	0.1718	0.1715	0.1712	0.1710
42'	0.1707	0.1704	0.1702	0.1699	0.1696	0.1694	0.1691	0.1688	0.1686	0.1683
43'	0.1680	0.1678	0.1675	0.1672	0.1670	0.1667	0.1664	0.1662	0.1659	0.1656
44'	0.1654	0.1651	0.1648	0.1646	0.1643	0.1640	0.1638	0.1635	0.1633	0.1630
45'	0.1627	0.1625	0.1622	0.1619	0.1617	0.1614	0.1612	0.1609	0.1606	0.1604
46'	0.1601	0.1598	0.1596	0.1593	0.1591	0.1588	0.1585	0.1583	0.1580	0.1578
47'	0.1575	0.1572	0.1570	0.1567	0.1565	0.1562	0.1559	0.1557	0.1554	0.1552
48'	0.1549	0.1546	0.1544	0.1541	0.1539	0.1536	0.1534	0.1531	0.1528	0.1526
49'	0.1523	0.1521	0.1518	0.1516	0.1513	0.1510	0.1508	0.1505	0.1503	0.1500
50'	0.1498	0.1495	0.1493	0.1490	0.1487	0.1485	0.1482	0.1480	0.1477	0.1475
51'	0.1472	0.1470	0.1467	0.1465	0.1462	0.1459	0.1457	0.1454	0.1452	0.1449
52'	0.1447	0.1444	0.1442	0.1439	0.1437	0.1434	0.1432	0.1429	0.1427	0.1424
53'	0.1422	0.1419	0.1417	0.1414	0.1412	0.1409	0.1407	0.1404	0.1402	0.1399
54'	0.1397	0.1394	0.1392	0.1389	0.1387	0.1384	0.1382	0.1379	0.1377	0.1374
55'	0.1372	0.1369	0.1367	0.1364	0.1362	0.1359	0.1357	0.1354	0.1352	0.1349
56'	0.1347	0.1345	0.1342	0.1340	0.1337	0.1335	0.1332	0.1330	0.1327	0.1325
57'	0.1322	0.1320	0.1317	0.1315	0.1313	0.1310	0.1308	0.1305	0.1303	0.1300
58'	0.1298	0.1295	0.1293	0.1291	0.1288	0.1286	0.1283	0.1281	0.1278	0.1276
59'	0.1274	0.1271	0.1269	0.1266	0.1264	0.1261	0.1259	0.1257	0.1254	0.1252

Table 7

3°

	.0	.1	.2	.3	.4	.5	.6	.7	.8	.9
0'	0.1249	0.1247	0.1245	0.1242	0.1240	0.1237	0.1235	0.1233	0.1230	0.1228
1'	0.1225	0.1223	0.1221	0.1218	0.1216	0.1213	0.1211	0.1209	0.1206	0.1204
2'	0.1201	0.1199	0.1197	0.1194	0.1192	0.1189	0.1187	0.1185	0.1182	0.1180
3'	0.1178	0.1175	0.1173	0.1170	0.1168	0.1166	0.1163	0.1161	0.1159	0.1156
4'	0.1154	0.1152	0.1149	0.1147	0.1145	0.1142	0.1140	0.1137	0.1135	0.1133
5'	0.1130	0.1128	0.1126	0.1123	0.1121	0.1119	0.1116	0.1114	0.1112	0.1109
6'	0.1107	0.1105	0.1102	0.1100	0.1098	0.1095	0.1093	0.1091	0.1088	0.1086
7'	0.1084	0.1081	0.1079	0.1077	0.1074	0.1072	0.1070	0.1067	0.1065	0.1063
8'	0.1061	0.1058	0.1056	0.1054	0.1051	0.1049	0.1047	0.1044	0.1042	0.1040
9'	0.1037	0.1035	0.1033	0.1031	0.1028	0.1026	0.1024	0.1021	0.1019	0.1017
10'	0.1015	0.1012	0.1010	0.1008	0.1005	0.1003	0.1001	0.0999	0.0996	0.0994
11'	0.0992	0.0990	0.0987	0.0985	0.0983	0.0980	0.0978	0.0976	0.0974	0.0971
12'	0.0969	0.0967	0.0965	0.0962	0.0960	0.0958	0.0956	0.0953	0.0951	0.0949
13'	0.0947	0.0944	0.0942	0.0940	0.0938	0.0935	0.0933	0.0931	0.0929	0.0926
14'	0.0924	0.0922	0.0920	0.0917	0.0915	0.0913	0.0911	0.0908	0.0906	0.0904
15'	0.0902	0.0900	0.0897	0.0895	0.0893	0.0891	0.0888	0.0886	0.0884	0.0882
16'	0.0880	0.0877	0.0875	0.0873	0.0871	0.0868	0.0866	0.0864	0.0862	0.0860
17'	0.0857	0.0855	0.0853	0.0851	0.0849	0.0846	0.0844	0.0842	0.0840	0.0838
18'	0.0835	0.0833	0.0831	0.0829	0.0827	0.0825	0.0822	0.0820	0.0818	0.0816
19'	0.0814	0.0811	0.0809	0.0807	0.0805	0.0803	0.0801	0.0798	0.0796	0.0794
20'	0.0792	0.0790	0.0787	0.0785	0.0783	0.0781	0.0779	0.0777	0.0774	0.0772
21'	0.0770	0.0768	0.0766	0.0764	0.0762	0.0759	0.0757	0.0755	0.0753	0.0751
22'	0.0749	0.0746	0.0744	0.0742	0.0740	0.0738	0.0736	0.0734	0.0731	0.0729
23'	0.0727	0.0725	0.0723	0.0721	0.0719	0.0716	0.0714	0.0712	0.0710	0.0708
24'	0.0706	0.0704	0.0702	0.0699	0.0697	0.0695	0.0693	0.0691	0.0689	0.0687
25'	0.0685	0.0682	0.0680	0.0678	0.0676	0.0674	0.0672	0.0670	0.0668	0.0666
26'	0.0663	0.0661	0.0659	0.0657	0.0655	0.0653	0.0651	0.0649	0.0647	0.0645
27'	0.0642	0.0640	0.0638	0.0636	0.0634	0.0632	0.0630	0.0628	0.0626	0.0624
28'	0.0621	0.0619	0.0617	0.0615	0.0613	0.0611	0.0609	0.0607	0.0605	0.0603
29'	0.0601	0.0599	0.0596	0.0594	0.0592	0.0590	0.0588	0.0586	0.0584	0.0582
30'	0.0580	0.0578	0.0576	0.0574	0.0572	0.0570	0.0568	0.0565	0.0563	0.0561
31'	0.0559	0.0557	0.0555	0.0553	0.0551	0.0549	0.0547	0.0545	0.0543	0.0541
32'	0.0539	0.0537	0.0535	0.0533	0.0531	0.0529	0.0526	0.0524	0.0522	0.0520
33'	0.0518	0.0516	0.0514	0.0512	0.0510	0.0508	0.0506	0.0504	0.0502	0.0500
34'	0.0498	0.0496	0.0494	0.0492	0.0490	0.0488	0.0486	0.0484	0.0482	0.0480
35'	0.0478	0.0476	0.0474	0.0472	0.0470	0.0468	0.0466	0.0464	0.0462	0.0460
36'	0.0458	0.0456	0.0454	0.0452	0.0450	0.0448	0.0446	0.0444	0.0442	0.0440
37'	0.0438	0.0436	0.0434	0.0432	0.0430	0.0428	0.0426	0.0424	0.0422	0.0420
38'	0.0418	0.0416	0.0414	0.0412	0.0410	0.0408	0.0406	0.0404	0.0402	0.0400
39'	0.0398	0.0396	0.0394	0.0392	0.0390	0.0388	0.0386	0.0384	0.0382	0.0380
40'	0.0378	0.0376	0.0374	0.0372	0.0370	0.0368	0.0366	0.0364	0.0362	0.0360
41'	0.0358	0.0356	0.0354	0.0352	0.0350	0.0348	0.0346	0.0344	0.0342	0.0341
42'	0.0339	0.0337	0.0335	0.0333	0.0331	0.0329	0.0327	0.0325	0.0323	0.0321
43'	0.0319	0.0317	0.0315	0.0313	0.0311	0.0309	0.0307	0.0305	0.0304	0.0302
44'	0.0300	0.0298	0.0296	0.0294	0.0292	0.0290	0.0288	0.0286	0.0284	0.0282
45'	0.0280	0.0278	0.0276	0.0275	0.0273	0.0271	0.0269	0.0267	0.0265	0.0263
46'	0.0261	0.0259	0.0257	0.0255	0.0253	0.0251	0.0250	0.0248	0.0246	0.0244
47'	0.0242	0.0240	0.0238	0.0236	0.0234	0.0232	0.0230	0.0228	0.0227	0.0225
48'	0.0223	0.0221	0.0219	0.0217	0.0215	0.0213	0.0211	0.0209	0.0208	0.0206
49'	0.0204	0.0202	0.0200	0.0198	0.0196	0.0194	0.0192	0.0191	0.0189	0.0187
50'	0.0185	0.0183	0.0181	0.0179	0.0177	0.0175	0.0174	0.0172	0.0170	0.0168
51'	0.0166	0.0164	0.0162	0.0160	0.0158	0.0157	0.0155	0.0153	0.0151	0.0149
52'	0.0147	0.0145	0.0143	0.0142	0.0140	0.0138	0.0136	0.0134	0.0132	0.0130
53'	0.0129	0.0127	0.0125	0.0123	0.0121	0.0119	0.0117	0.0116	0.0114	0.0112
54'	0.0110	0.0108	0.0106	0.0104	0.0103	0.0101	0.0099	0.0097	0.0095	0.0093
55'	0.0091	0.0090	0.0088	0.0086	0.0084	0.0082	0.0080	0.0079	0.0077	0.0075
56'	0.0073	0.0071	0.0069	0.0067	0.0066	0.0064	0.0062	0.0060	0.0058	0.0056
57'	0.0055	0.0053	0.0051	0.0049	0.0047	0.0045	0.0044	0.0042	0.0040	0.0038
58'	0.0036	0.0035	0.0033	0.0031	0.0029	0.0027	0.0025	0.0024	0.0022	0.0020
59'	0.0018	0.0016	0.0015	0.0013	0.0011	0.0009	0.0007	0.0005	0.0004	0.0002

Table 8

Minutes and Seconds of Time

M.	S.		+1	+2	+3	+4	+5	+6	+7	+8	+9
						Additional Seconds					
0	00		3.5563	3.2553	3.0792	2.9542	2.8573	2.7782	2.7112	2.6532	2.6021
	10	2.5563	2.5149	2.4771	2.4424	2.4102	2.3802	2.3522	2.3259	2.3010	2.2775
	20	2.2553	2.2341	2.2139	2.1946	2.1761	2.1584	2.1413	2.1249	2.1091	2.0939
	30	2.0792	2.0649	2.0512	2.0378	2.0248	2.0122	2.0000	1.9881	1.9765	1.9652
	40	1.9542	1.9435	1.9331	1.9228	1.9128	1.9031	1.8935	1.8842	1.8751	1.8661
	50	1.8573	1.8487	1.8403	1.8320	1.8239	1.8159	1.8081	1.8004	1.7929	1.7855
1	00	1.7782	1.7710	1.7639	1.7570	1.7501	1.7434	1.7368	1.7302	1.7238	1.7175
	10	1.7112	1.7050	1.6990	1.6930	1.6871	1.6812	1.6755	1.6698	1.6642	1.6587
	20	1.6532	1.6478	1.6425	1.6372	1.6320	1.6269	1.6218	1.6168	1.6118	1.6069
	30	1.6021	1.5973	1.5925	1.5878	1.5832	1.5786	1.5740	1.5695	1.5651	1.5607
	40	1.5563	1.5520	1.5477	1.5435	1.5393	1.5351	1.5310	1.5269	1.5229	1.5189
	50	1.5149	1.5110	1.5071	1.5032	1.4994	1.4956	1.4918	1.4881	1.4844	1.4808
2	00	1.4771	1.4735	1.4699	1.4664	1.4629	1.4594	1.4559	1.4525	1.4491	1.4457
	10	1.4424	1.4390	1.4357	1.4325	1.4292	1.4260	1.4228	1.4196	1.4164	1.4133
	20	1.4102	1.4071	1.4040	1.4010	1.3979	1.3949	1.3919	1.3890	1.3860	1.3831
	30	1.3802	1.3773	1.3745	1.3716	1.3688	1.3660	1.3632	1.3604	1.3576	1.3549
	40	1.3522	1.3495	1.3468	1.3441	1.3415	1.3388	1.3362	1.3336	1.3310	1.3284
	50	1.3259	1.3233	1.3208	1.3183	1.3158	1.3133	1.3108	1.3083	1.3059	1.3034
3	00	1.3010	1.2986	1.2962	1.2939	1.2915	1.2891	1.2868	1.2845	1.2821	1.2798
	10	1.2775	1.2753	1.2730	1.2707	1.2685	1.2663	1.2640	1.2618	1.2596	1.2574
	20	1.2553	1.2531	1.2510	1.2488	1.2467	1.2445	1.2424	1.2403	1.2382	1.2362
	30	1.2341	1.2320	1.2300	1.2279	1.2259	1.2239	1.2218	1.2198	1.2178	1.2159
	40	1.2139	1.2119	1.2099	1.2080	1.2061	1.2041	1.2022	1.2003	1.1984	1.1965
	50	1.1946	1.1927	1.1908	1.1889	1.1871	1.1852	1.1834	1.1816	1.1797	1.1779
4	00	1.1761	1.1743	1.1725	1.1707	1.1689	1.1671	1.1654	1.1636	1.1619	1.1601
	10	1.1584	1.1566	1.1549	1.1532	1.1515	1.1498	1.1481	1.1464	1.1447	1.1430
	20	1.1413	1.1397	1.1380	1.1363	1.1347	1.1331	1.1314	1.1298	1.1282	1.1266
	30	1.1249	1.1233	1.1217	1.1201	1.1186	1.1170	1.1154	1.1138	1.1123	1.1107
	40	1.1091	1.1076	1.1061	1.1045	1.1030	1.1015	1.0999	1.0984	1.0969	1.0954
	50	1.0939	1.0924	1.0909	1.0894	1.0880	1.0865	1.0850	1.0835	1.0821	1.0806
5	00	1.0792	1.0777	1.0763	1.0749	1.0734	1.0720	1.0706	1.0692	1.0678	1.0663
	10	1.0649	1.0635	1.0621	1.0608	1.0594	1.0580	1.0566	1.0552	1.0539	1.0525
	20	1.0512	1.0498	1.0484	1.0471	1.0458	1.0444	1.0431	1.0418	1.0404	1.0391
	30	1.0378	1.0365	1.0352	1.0339	1.0326	1.0313	1.0300	1.0287	1.0274	1.0261
	40	1.0248	1.0235	1.0223	1.0210	1.0197	1.0185	1.0172	1.0160	1.0147	1.0135
	50	1.0122	1.0110	1.0098	1.0085	1.0073	1.0061	1.0049	1.0036	1.0024	1.0012
6	00	1.0000	0.9988	0.9976	0.9964	0.9952	0.9940	0.9928	0.9916	0.9905	0.9893
	10	0.9881	0.9869	0.9858	0.9846	0.9834	0.9823	0.9811	0.9800	0.9788	0.9777
	20	0.9765	0.9754	0.9742	0.9731	0.9720	0.9708	0.9697	0.9686	0.9675	0.9664
	30	0.9652	0.9641	0.9630	0.9619	0.9608	0.9597	0.9586	0.9575	0.9564	0.9553
	40	0.9542	0.9532	0.9521	0.9510	0.9499	0.9488	0.9478	0.9467	0.9456	0.9446
	50	0.9435	0.9425	0.9414	0.9404	0.9393	0.9383	0.9372	0.9362	0.9351	0.9341
7	00	0.9331	0.9320	0.9310	0.9300	0.9289	0.9279	0.9269	0.9259	0.9249	0.9238
	10	0.9228	0.9218	0.9208	0.9198	0.9188	0.9178	0.9168	0.9158	0.9148	0.9138
	20	0.9128	0.9119	0.9109	0.9099	0.9089	0.9079	0.9070	0.9060	0.9050	0.9041
	30	0.9031	0.9021	0.9012	0.9002	0.8992	0.8983	0.8973	0.8964	0.8954	0.8945
	40	0.8935	0.8926	0.8917	0.8907	0.8898	0.8888	0.8879	0.8870	0.8861	0.8851
	50	0.8842	0.8833	0.8824	0.8814	0.8805	0.8796	0.8787	0.8778	0.8769	0.8760
8	00	0.8751	0.8742	0.8733	0.8724	0.8715	0.8706	0.8697	0.8688	0.8679	0.8670
	10	0.8661	0.8652	0.8643	0.8635	0.8626	0.8617	0.8608	0.8599	0.8591	0.8582
	20	0.8573	0.8565	0.8556	0.8547	0.8539	0.8530	0.8522	0.8513	0.8504	0.8496
	30	0.8487	0.8479	0.8470	0.8462	0.8453	0.8445	0.8437	0.8428	0.8420	0.8411
	40	0.8403	0.8395	0.8386	0.8378	0.8370	0.8361	0.8353	0.8345	0.8337	0.8328
	50	0.8320	0.8312	0.8304	0.8296	0.8288	0.8279	0.8271	0.8263	0.8255	0.8247

Table 8   Table 8

Additional Seconds

Minutes and Seconds of Time

M.	S.		+1	+2	+3	+4	+5	+6	+7	+8	+9
9	00	0.8239	0.8231	0.8223	0.8215	0.8207	0.8199	0.8191	0.8183	0.8175	0.8167
	10	0.8159	0.8152	0.8144	0.8136	0.8128	0.8120	0.8112	0.8104	0.8097	0.8089
	20	0.8081	0.8073	0.8066	0.8058	0.8050	0.8043	0.8035	0.8027	0.8020	0.8012
	30	0.8004	0.7997	0.7989	0.7981	0.7974	0.7966	0.7959	0.7951	0.7944	0.7936
	40	0.7929	0.7921	0.7914	0.7906	0.7899	0.7891	0.7884	0.7877	0.7869	0.7862
	50	0.7855	0.7847	0.7840	0.7832	0.7825	0.7818	0.7811	0.7803	0.7796	0.7789
10	00	0.7782	0.7774	0.7767	0.7760	0.7753	0.7745	0.7738	0.7731	0.7724	0.7717
	10	0.7710	0.7703	0.7696	0.7688	0.7681	0.7674	0.7667	0.7660	0.7653	0.7646
	20	0.7639	0.7632	0.7625	0.7618	0.7611	0.7604	0.7597	0.7590	0.7583	0.7577
	30	0.7570	0.7563	0.7556	0.7549	0.7542	0.7535	0.7528	0.7522	0.7515	0.7508
	40	0.7501	0.7494	0.7488	0.7481	0.7474	0.7467	0.7461	0.7454	0.7447	0.7441
	50	0.7434	0.7427	0.7421	0.7414	0.7407	0.7401	0.7394	0.7387	0.7381	0.7374
11	00	0.7368	0.7361	0.7354	0.7348	0.7341	0.7335	0.7328	0.7322	0.7315	0.7309
	10	0.7302	0.7296	0.7289	0.7283	0.7276	0.7270	0.7264	0.7257	0.7251	0.7244
	20	0.7238	0.7232	0.7225	0.7219	0.7212	0.7206	0.7200	0.7193	0.7187	0.7181
	30	0.7175	0.7168	0.7162	0.7156	0.7149	0.7143	0.7137	0.7131	0.7124	0.7118
	40	0.7112	0.7106	0.7100	0.7093	0.7087	0.7081	0.7075	0.7069	0.7063	0.7057
	50	0.7050	0.7044	0.7038	0.7032	0.7026	0.7020	0.7014	0.7008	0.7002	0.6996
12	00	0.6990	0.6984	0.6978	0.6972	0.6966	0.6960	0.6954	0.6948	0.6942	0.6936
	10	0.6930	0.6924	0.6918	0.6912	0.6906	0.6900	0.6894	0.6888	0.6882	0.6877
	20	0.6871	0.6865	0.6859	0.6853	0.6847	0.6841	0.6836	0.6830	0.6824	0.6818
	30	0.6812	0.6807	0.6801	0.6795	0.6789	0.6784	0.6778	0.6772	0.6766	0.6761
	40	0.6755	0.6749	0.6743	0.6738	0.6732	0.6726	0.6721	0.6715	0.6709	0.6704
	50	0.6698	0.6692	0.6687	0.6681	0.6676	0.6670	0.6664	0.6659	0.6653	0.6648
13	00	0.6642	0.6637	0.6631	0.6625	0.6620	0.6614	0.6609	0.6603	0.6598	0.6592
	10	0.6587	0.6581	0.6576	0.6570	0.6565	0.6559	0.6554	0.6548	0.6543	0.6538
	20	0.6532	0.6527	0.6521	0.6516	0.6510	0.6505	0.6500	0.6494	0.6489	0.6484
	30	0.6478	0.6473	0.6467	0.6462	0.6457	0.6451	0.6446	0.6441	0.6435	0.6430
	40	0.6425	0.6420	0.6414	0.6409	0.6404	0.6398	0.6393	0.6388	0.6383	0.6377
	50	0.6372	0.6367	0.6362	0.6357	0.6351	0.6346	0.6341	0.6336	0.6331	0.6325
14	00	0.6320	0.6315	0.6310	0.6305	0.6300	0.6294	0.6289	0.6284	0.6279	0.6274
	10	0.6269	0.6264	0.6259	0.6254	0.6248	0.6243	0.6238	0.6233	0.6228	0.6223
	20	0.6218	0.6213	0.6208	0.6203	0.6198	0.6193	0.6188	0.6183	0.6178	0.6173
	30	0.6168	0.6163	0.6158	0.6153	0.6148	0.6143	0.6138	0.6133	0.6128	0.6123
	40	0.6118	0.6113	0.6108	0.6103	0.6099	0.6094	0.6089	0.6084	0.6079	0.6074
	50	0.6069	0.6064	0.6059	0.6055	0.6050	0.6045	0.6040	0.6035	0.6030	0.6025
15	00	0.6021	0.6016	0.6011	0.6006	0.6001	0.5997	0.5992	0.5987	0.5982	0.5977
	10	0.5973	0.5968	0.5963	0.5958	0.5954	0.5949	0.5944	0.5939	0.5935	0.5930
	20	0.5925	0.5920	0.5916	0.5911	0.5906	0.5902	0.5897	0.5892	0.5888	0.5883
	30	0.5878	0.5874	0.5869	0.5864	0.5860	0.5855	0.5850	0.5846	0.5841	0.5836
	40	0.5832	0.5827	0.5823	0.5818	0.5813	0.5809	0.5804	0.5800	0.5795	0.5790
	50	0.5786	0.5781	0.5777	0.5772	0.5768	0.5763	0.5758	0.5754	0.5749	0.5745
16	00	0.5740	0.5736	0.5731	0.5727	0.5722	0.5718	0.5713	0.5709	0.5704	0.5700
	10	0.5695	0.5691	0.5686	0.5682	0.5677	0.5673	0.5669	0.5664	0.5660	0.5655
	20	0.5651	0.5646	0.5642	0.5637	0.5633	0.5629	0.5624	0.5620	0.5615	0.5611
	30	0.5607	0.5602	0.5598	0.5594	0.5589	0.5585	0.5580	0.5576	0.5572	0.5567
	40	0.5563	0.5559	0.5554	0.5550	0.5546	0.5541	0.5537	0.5533	0.5528	0.5524
	50	0.5520	0.5516	0.5511	0.5507	0.5503	0.5498	0.5494	0.5490	0.5486	0.5481
17	00	0.5477	0.5473	0.5469	0.5464	0.5460	0.5456	0.5452	0.5447	0.5443	0.5439
	10	0.5435	0.5430	0.5426	0.5422	0.5418	0.5414	0.5409	0.5405	0.5401	0.5397
	20	0.5393	0.5389	0.5384	0.5380	0.5376	0.5372	0.5368	0.5364	0.5359	0.5355
	30	0.5351	0.5347	0.5343	0.5339	0.5335	0.5331	0.5326	0.5322	0.5318	0.5314
	40	0.5310	0.5306	0.5302	0.5298	0.5294	0.5290	0.5285	0.5281	0.5277	0.5273
	50	0.5269	0.5265	0.5261	0.5257	0.5253	0.5249	0.5245	0.5241	0.5237	0.5233

Table 8

Minutes and Seconds of Time

M.	S.		+1	+2	+3	+4	Additional Seconds +5	+6	+7	+8	+9
18	00	0.5229	0.5225	0.5221	0.5217	0.5213	0.5209	0.5205	0.5201	0.5197	0.5193
	10	0.5189	0.5185	0.5181	0.5177	0.5173	0.5169	0.5165	0.5161	0.5157	0.5153
	20	0.5149	0.5145	0.5141	0.5137	0.5133	0.5129	0.5125	0.5122	0.5118	0.5114
	30	0.5110	0.5106	0.5102	0.5098	0.5094	0.5090	0.5086	0.5082	0.5079	0.5075
	40	0.5071	0.5067	0.5063	0.5059	0.5055	0.5051	0.5048	0.5044	0.5040	0.5036
	50	0.5032	0.5028	0.5025	0.5021	0.5017	0.5013	0.5009	0.5005	0.5002	0.4998
19	00	0.4994	0.4990	0.4986	0.4983	0.4979	0.4975	0.4971	0.4967	0.4964	0.4960
	10	0.4956	0.4952	0.4949	0.4945	0.4941	0.4937	0.4933	0.4930	0.4926	0.4922
	20	0.4918	0.4915	0.4911	0.4907	0.4903	0.4900	0.4896	0.4892	0.4889	0.4885
	30	0.4881	0.4877	0.4874	0.4870	0.4866	0.4863	0.4859	0.4855	0.4852	0.4848
	40	0.4844	0.4841	0.4837	0.4833	0.4830	0.4826	0.4822	0.4819	0.4815	0.4811
	50	0.4808	0.4804	0.4800	0.4797	0.4793	0.4789	0.4786	0.4782	0.4778	0.4775
20	00	0.4771	0.4768	0.4764	0.4760	0.4757	0.4753	0.4750	0.4746	0.4742	0.4739
	10	0.4735	0.4732	0.4728	0.4724	0.4721	0.4717	0.4714	0.4710	0.4707	0.4703
	20	0.4699	0.4696	0.4692	0.4689	0.4685	0.4682	0.4678	0.4675	0.4671	0.4668
	30	0.4664	0.4660	0.4657	0.4653	0.4650	0.4646	0.4643	0.4639	0.4636	0.4632
	40	0.4629	0.4625	0.4622	0.4618	0.4615	0.4611	0.4608	0.4604	0.4601	0.4597
	50	0.4594	0.4590	0.4587	0.4584	0.4580	0.4577	0.4573	0.4570	0.4566	0.4563
21	00	0.4559	0.4556	0.4552	0.4549	0.4546	0.4542	0.4539	0.4535	0.4532	0.4528
	10	0.4525	0.4522	0.4518	0.4515	0.4511	0.4508	0.4505	0.4501	0.4498	0.4494
	20	0.4491	0.4488	0.4484	0.4481	0.4477	0.4474	0.4471	0.4467	0.4464	0.4460
	30	0.4457	0.4454	0.4450	0.4447	0.4444	0.4440	0.4437	0.4434	0.4430	0.4427
	40	0.4424	0.4420	0.4417	0.4414	0.4410	0.4407	0.4404	0.4400	0.4397	0.4394
	50	0.4390	0.4387	0.4384	0.4380	0.4377	0.4374	0.4370	0.4367	0.4364	0.4361
22	00	0.4357	0.4354	0.4351	0.4347	0.4344	0.4341	0.4338	0.4334	0.4331	0.4328
	10	0.4325	0.4321	0.4318	0.4315	0.4311	0.4308	0.4305	0.4302	0.4298	0.4295
	20	0.4292	0.4289	0.4285	0.4282	0.4279	0.4276	0.4273	0.4269	0.4266	0.4263
	30	0.4260	0.4256	0.4253	0.4250	0.4247	0.4244	0.4240	0.4237	0.4234	0.4231
	40	0.4228	0.4224	0.4221	0.4218	0.4215	0.4212	0.4209	0.4205	0.4202	0.4199
	50	0.4196	0.4193	0.4189	0.4186	0.4183	0.4180	0.4177	0.4174	0.4171	0.4167
23	00	0.4164	0.4161	0.4158	0.4155	0.4152	0.4149	0.4145	0.4142	0.4139	0.4136
	10	0.4133	0.4130	0.4127	0.4124	0.4120	0.4117	0.4114	0.4111	0.4108	0.4105
	20	0.4102	0.4099	0.4096	0.4092	0.4089	0.4086	0.4083	0.4080	0.4077	0.4074
	30	0.4071	0.4068	0.4065	0.4062	0.4059	0.4055	0.4052	0.4049	0.4046	0.4043
	40	0.4040	0.4037	0.4034	0.4031	0.4028	0.4025	0.4022	0.4019	0.4016	0.4013
	50	0.4010	0.4007	0.4004	0.4001	0.3998	0.3995	0.3991	0.3988	0.3985	0.3982
24	00	0.3979	0.3976	0.3973	0.3970	0.3967	0.3964	0.3961	0.3958	0.3955	0.3952
	10	0.3949	0.3946	0.3943	0.3940	0.3937	0.3934	0.3931	0.3928	0.3925	0.3922
	20	0.3919	0.3917	0.3914	0.3911	0.3908	0.3905	0.3902	0.3899	0.3896	0.3893
	30	0.3890	0.3887	0.3884	0.3881	0.3878	0.3875	0.3872	0.3869	0.3866	0.3863
	40	0.3860	0.3857	0.3855	0.3852	0.3849	0.3846	0.3843	0.3840	0.3837	0.3834
	50	0.3831	0.3828	0.3825	0.3822	0.3820	0.3817	0.3814	0.3811	0.3808	0.3805
25	00	0.3802	0.3799	0.3796	0.3793	0.3791	0.3788	0.3785	0.3782	0.3779	0.3776
	10	0.3773	0.3770	0.3768	0.3765	0.3762	0.3759	0.3756	0.3753	0.3750	0.3747
	20	0.3745	0.3742	0.3739	0.3736	0.3733	0.3730	0.3727	0.3725	0.3722	0.3719
	30	0.3716	0.3713	0.3710	0.3708	0.3705	0.3702	0.3699	0.3696	0.3693	0.3691
	40	0.3688	0.3685	0.3682	0.3679	0.3677	0.3674	0.3671	0.3668	0.3665	0.3663
	50	0.3660	0.3657	0.3654	0.3651	0.3649	0.3646	0.3643	0.3640	0.3637	0.3635
26	00	0.3632	0.3629	0.3626	0.3623	0.3621	0.3618	0.3615	0.3612	0.3610	0.3607
	10	0.3604	0.3601	0.3598	0.3596	0.3593	0.3590	0.3587	0.3585	0.3582	0.3579
	20	0.3576	0.3574	0.3571	0.3568	0.3565	0.3563	0.3560	0.3557	0.3555	0.3552
	30	0.3549	0.3546	0.3544	0.3541	0.3538	0.3535	0.3533	0.3530	0.3527	0.3525
	40	0.3522	0.3519	0.3516	0.3514	0.3511	0.3508	0.3506	0.3503	0.3500	0.3497
	50	0.3495	0.3492	0.3489	0.3487	0.3484	0.3481	0.3479	0.3476	0.3473	0.3471

Table 8

Minutes and Seconds of Time

M.	S.		+1	+2	+3	+4	+5	+6	+7	+8	+9
						Additional Seconds					
27	00	0.3468	0.3465	0.3463	0.3460	0.3457	0.3454	0.3452	0.3449	0.3446	0.3444
	10	0.3441	0.3438	0.3436	0.3433	0.3431	0.3428	0.3425	0.3423	0.3420	0.3417
	20	0.3415	0.3412	0.3409	0.3407	0.3404	0.3401	0.3399	0.3396	0.3393	0.3391
	30	0.3388	0.3386	0.3383	0.3380	0.3378	0.3375	0.3372	0.3370	0.3367	0.3365
	40	0.3362	0.3359	0.3357	0.3354	0.3351	0.3349	0.3346	0.3344	0.3341	0.3338
	50	0.3336	0.3333	0.3331	0.3328	0.3325	0.3323	0.3320	0.3318	0.3315	0.3313
28	00	0.3310	0.3307	0.3305	0.3302	0.3300	0.3297	0.3294	0.3292	0.3289	0.3287
	10	0.3284	0.3282	0.3279	0.3276	0.3274	0.3271	0.3269	0.3266	0.3264	0.3261
	20	0.3259	0.3256	0.3253	0.3251	0.3248	0.3246	0.3243	0.3241	0.3238	0.3236
	30	0.3233	0.3231	0.3228	0.3225	0.3223	0.3220	0.3218	0.3215	0.3213	0.3210
	40	0.3208	0.3205	0.3203	0.3200	0.3198	0.3195	0.3193	0.3190	0.3188	0.3185
	50	0.3183	0.3180	0.3178	0.3175	0.3173	0.3170	0.3168	0.3165	0.3163	0.3160
29	00	0.3158	0.3155	0.3153	0.3150	0.3148	0.3145	0.3143	0.3140	0.3138	0.3135
	10	0.3133	0.3130	0.3128	0.3125	0.3123	0.3120	0.3118	0.3115	0.3113	0.3110
	20	0.3108	0.3105	0.3103	0.3101	0.3098	0.3096	0.3093	0.3091	0.3088	0.3086
	30	0.3083	0.3081	0.3078	0.3076	0.3073	0.3071	0.3069	0.3066	0.3064	0.3061
	40	0.3059	0.3056	0.3054	0.3052	0.3049	0.3047	0.3044	0.3042	0.3039	0.3037
	50	0.3034	0.3032	0.3030	0.3027	0.3025	0.3022	0.3020	0.3018	0.3015	0.3013
30	00	0.3010	0.3008	0.3005	0.3003	0.3001	0.2998	0.2996	0.2993	0.2991	0.2989
	10	0.2986	0.2984	0.2981	0.2979	0.2977	0.2974	0.2972	0.2969	0.2967	0.2965
	20	0.2962	0.2960	0.2958	0.2955	0.2953	0.2950	0.2948	0.2946	0.2943	0.2941
	30	0.2939	0.2936	0.2934	0.2931	0.2929	0.2927	0.2924	0.2922	0.2920	0.2917
	40	0.2915	0.2912	0.2910	0.2908	0.2905	0.2903	0.2901	0.2898	0.2896	0.2894
	50	0.2891	0.2889	0.2887	0.2884	0.2882	0.2880	0.2877	0.2875	0.2873	0.2870
31	00	0.2868	0.2866	0.2863	0.2861	0.2859	0.2856	0.2854	0.2852	0.2849	0.2847
	10	0.2845	0.2842	0.2840	0.2838	0.2835	0.2833	0.2831	0.2828	0.2826	0.2824
	20	0.2821	0.2819	0.2817	0.2815	0.2812	0.2810	0.2808	0.2805	0.2803	0.2801
	30	0.2798	0.2796	0.2794	0.2792	0.2789	0.2787	0.2785	0.2782	0.2780	0.2778
	40	0.2775	0.2773	0.2771	0.2769	0.2766	0.2764	0.2762	0.2760	0.2757	0.2755
	50	0.2753	0.2750	0.2748	0.2746	0.2744	0.2741	0.2739	0.2737	0.2735	0.2732
32	00	0.2730	0.2728	0.2725	0.2723	0.2721	0.2719	0.2716	0.2714	0.2712	0.2710
	10	0.2707	0.2705	0.2703	0.2701	0.2698	0.2696	0.2694	0.2692	0.2689	0.2687
	20	0.2685	0.2683	0.2681	0.2678	0.2676	0.2674	0.2672	0.2669	0.2667	0.2665
	30	0.2663	0.2660	0.2658	0.2656	0.2654	0.2652	0.2649	0.2647	0.2645	0.2643
	40	0.2640	0.2638	0.2636	0.2634	0.2632	0.2629	0.2627	0.2625	0.2623	0.2621
	50	0.2618	0.2616	0.2614	0.2612	0.2610	0.2607	0.2605	0.2603	0.2601	0.2599
33	00	0.2596	0.2594	0.2592	0.2590	0.2588	0.2585	0.2583	0.2581	0.2579	0.2577
	10	0.2574	0.2572	0.2570	0.2568	0.2566	0.2564	0.2561	0.2559	0.2557	0.2555
	20	0.2553	0.2551	0.2548	0.2546	0.2544	0.2542	0.2540	0.2538	0.2535	0.2533
	30	0.2531	0.2529	0.2527	0.2525	0.2522	0.2520	0.2518	0.2516	0.2514	0.2512
	40	0.2510	0.2507	0.2505	0.2503	0.2501	0.2499	0.2497	0.2494	0.2492	0.2490
	50	0.2488	0.2486	0.2484	0.2482	0.2480	0.2477	0.2475	0.2473	0.2471	0.2469
34	00	0.2467	0.2465	0.2462	0.2460	0.2458	0.2456	0.2454	0.2452	0.2450	0.2448
	10	0.2445	0.2443	0.2441	0.2439	0.2437	0.2435	0.2433	0.2431	0.2429	0.2426
	20	0.2424	0.2422	0.2420	0.2418	0.2416	0.2414	0.2412	0.2410	0.2408	0.2405
	30	0.2403	0.2401	0.2399	0.2397	0.2395	0.2393	0.2391	0.2389	0.2387	0.2384
	40	0.2382	0.2380	0.2378	0.2376	0.2374	0.2372	0.2370	0.2368	0.2366	0.2364
	50	0.2362	0.2359	0.2357	0.2355	0.2353	0.2351	0.2349	0.2347	0.2345	0.2343
35	00	0.2341	0.2339	0.2337	0.2335	0.2333	0.2331	0.2328	0.2326	0.2324	0.2322
	10	0.2320	0.2318	0.2316	0.2314	0.2312	0.2310	0.2308	0.2306	0.2304	0.2302
	20	0.2300	0.2298	0.2296	0.2294	0.2291	0.2289	0.2287	0.2285	0.2283	0.2281
	30	0.2279	0.2277	0.2275	0.2273	0.2271	0.2269	0.2267	0.2265	0.2263	0.2261
	40	0.2259	0.2257	0.2255	0.2253	0.2251	0.2249	0.2247	0.2245	0.2243	0.2241
	50	0.2239	0.2237	0.2235	0.2233	0.2231	0.2229	0.2227	0.2225	0.2223	0.2220

Table 8

Minutes and Seconds of Time

M.	S.		+1	+2	+3	+4	+5	+6	+7	+8	+9
						Additional Seconds					
36	00	0.2218	0.2216	0.2214	0.2212	0.2210	0.2208	0.2206	0.2204	0.2202	0.2200
	10	0.2198	0.2196	0.2194	0.2192	0.2190	0.2188	0.2186	0.2184	0.2182	0.2180
	20	0.2178	0.2176	0.2174	0.2172	0.2170	0.2169	0.2167	0.2165	0.2163	0.2161
	30	0.2159	0.2157	0.2155	0.2153	0.2151	0.2149	0.2147	0.2145	0.2143	0.2141
	40	0.2139	0.2137	0.2135	0.2133	0.2131	0.2129	0.2127	0.2125	0.2123	0.2121
	50	0.2119	0.2117	0.2115	0.2113	0.2111	0.2109	0.2107	0.2105	0.2103	0.2101
37	00	0.2099	0.2098	0.2096	0.2094	0.2092	0.2090	0.2088	0.2086	0.2084	0.2082
	10	0.2080	0.2078	0.2076	0.2074	0.2072	0.2070	0.2068	0.2066	0.2064	0.2062
	20	0.2061	0.2059	0.2057	0.2055	0.2053	0.2051	0.2049	0.2047	0.2045	0.2043
	30	0.2041	0.2039	0.2037	0.2035	0.2033	0.2032	0.2030	0.2028	0.2026	0.2024
	40	0.2022	0.2020	0.2018	0.2016	0.2014	0.2012	0.2010	0.2009	0.2007	0.2005
	50	0.2003	0.2001	0.1999	0.1997	0.1995	0.1993	0.1991	0.1989	0.1987	0.1986
38	00	0.1984	0.1982	0.1980	0.1978	0.1976	0.1974	0.1972	0.1970	0.1968	0.1967
	10	0.1965	0.1963	0.1961	0.1959	0.1957	0.1955	0.1953	0.1951	0.1950	0.1948
	20	0.1946	0.1944	0.1942	0.1940	0.1938	0.1936	0.1934	0.1933	0.1931	0.1929
	30	0.1927	0.1925	0.1923	0.1921	0.1919	0.1918	0.1916	0.1914	0.1912	0.1910
	40	0.1908	0.1906	0.1904	0.1903	0.1901	0.1899	0.1897	0.1895	0.1893	0.1891
	50	0.1889	0.1888	0.1886	0.1884	0.1882	0.1880	0.1878	0.1876	0.1875	0.1873
39	00	0.1871	0.1869	0.1867	0.1865	0.1863	0.1862	0.1860	0.1858	0.1856	0.1854
	10	0.1852	0.1850	0.1849	0.1847	0.1845	0.1843	0.1841	0.1839	0.1838	0.1836
	20	0.1834	0.1832	0.1830	0.1828	0.1827	0.1825	0.1823	0.1821	0.1819	0.1817
	30	0.1816	0.1814	0.1812	0.1810	0.1808	0.1806	0.1805	0.1803	0.1801	0.1799
	40	0.1797	0.1795	0.1794	0.1792	0.1790	0.1788	0.1786	0.1785	0.1783	0.1781
	50	0.1779	0.1777	0.1775	0.1774	0.1772	0.1770	0.1768	0.1766	0.1765	0.1763
40	00	0.1761	0.1759	0.1757	0.1755	0.1754	0.1752	0.1750	0.1748	0.1746	0.1745
	10	0.1743	0.1741	0.1739	0.1737	0.1736	0.1734	0.1732	0.1730	0.1728	0.1727
	20	0.1725	0.1723	0.1721	0.1719	0.1718	0.1716	0.1714	0.1712	0.1711	0.1709
	30	0.1707	0.1705	0.1703	0.1702	0.1700	0.1698	0.1696	0.1694	0.1693	0.1691
	40	0.1689	0.1687	0.1686	0.1684	0.1682	0.1680	0.1678	0.1677	0.1675	0.1673
	50	0.1671	0.1670	0.1668	0.1666	0.1664	0.1663	0.1661	0.1659	0.1657	0.1655
41	00	0.1654	0.1652	0.1650	0.1648	0.1647	0.1645	0.1643	0.1641	0.1640	0.1638
	10	0.1636	0.1634	0.1633	0.1631	0.1629	0.1627	0.1626	0.1624	0.1622	0.1620
	20	0.1619	0.1617	0.1615	0.1613	0.1612	0.1610	0.1608	0.1606	0.1605	0.1603
	30	0.1601	0.1599	0.1598	0.1596	0.1594	0.1592	0.1591	0.1589	0.1587	0.1585
	40	0.1584	0.1582	0.1580	0.1578	0.1577	0.1575	0.1573	0.1571	0.1570	0.1568
	50	0.1566	0.1565	0.1563	0.1561	0.1559	0.1558	0.1556	0.1554	0.1552	0.1551
42	00	0.1549	0.1547	0.1546	0.1544	0.1542	0.1540	0.1539	0.1537	0.1535	0.1534
	10	0.1532	0.1530	0.1528	0.1527	0.1525	0.1523	0.1522	0.1520	0.1518	0.1516
	20	0.1515	0.1513	0.1511	0.1510	0.1508	0.1506	0.1504	0.1503	0.1501	0.1499
	30	0.1498	0.1496	0.1494	0.1493	0.1491	0.1489	0.1487	0.1486	0.1484	0.1482
	40	0.1481	0.1479	0.1477	0.1476	0.1474	0.1472	0.1470	0.1469	0.1467	0.1465
	50	0.1464	0.1462	0.1460	0.1459	0.1457	0.1455	0.1454	0.1452	0.1450	0.1449
43	00	0.1447	0.1445	0.1443	0.1442	0.1440	0.1438	0.1437	0.1435	0.1433	0.1432
	10	0.1430	0.1428	0.1427	0.1425	0.1423	0.1422	0.1420	0.1418	0.1417	0.1415
	20	0.1413	0.1412	0.1410	0.1408	0.1407	0.1405	0.1403	0.1402	0.1400	0.1398
	30	0.1397	0.1395	0.1393	0.1392	0.1390	0.1388	0.1387	0.1385	0.1383	0.1382
	40	0.1380	0.1378	0.1377	0.1375	0.1373	0.1372	0.1370	0.1368	0.1367	0.1365
	50	0.1363	0.1362	0.1360	0.1359	0.1357	0.1355	0.1354	0.1352	0.1350	0.1349
44	00	0.1347	0.1345	0.1344	0.1342	0.1340	0.1339	0.1337	0.1335	0.1334	0.1332
	10	0.1331	0.1329	0.1327	0.1326	0.1324	0.1322	0.1321	0.1319	0.1317	0.1316
	20	0.1314	0.1313	0.1311	0.1309	0.1308	0.1306	0.1304	0.1303	0.1301	0.1300
	30	0.1298	0.1296	0.1295	0.1293	0.1291	0.1290	0.1288	0.1287	0.1285	0.1283
	40	0.1282	0.1280	0.1278	0.1277	0.1275	0.1274	0.1272	0.1270	0.1269	0.1267
	50	0.1266	0.1264	0.1262	0.1261	0.1259	0.1257	0.1256	0.1254	0.1253	0.1251

Table 8

Minutes and Seconds of Time

M.	S.		+1	+2	+3	+4	Additional Seconds +5	+6	+7	+8	+9
45	00	0.1249	0.1248	0.1246	0.1245	0.1243	0.1241	0.1240	0.1238	0.1237	0.1235
	10	0.1233	0.1232	0.1230	0.1229	0.1227	0.1225	0.1224	0.1222	0.1221	0.1219
	20	0.1217	0.1216	0.1214	0.1213	0.1211	0.1209	0.1208	0.1206	0.1205	0.1203
	30	0.1201	0.1200	0.1198	0.1197	0.1195	0.1193	0.1192	0.1190	0.1189	0.1187
	40	0.1186	0.1184	0.1182	0.1181	0.1179	0.1178	0.1176	0.1174	0.1173	0.1171
	50	0.1170	0.1168	0.1167	0.1165	0.1163	0.1162	0.1160	0.1159	0.1157	0.1156
46	00	0.1154	0.1152	0.1151	0.1149	0.1148	0.1146	0.1145	0.1143	0.1141	0.1140
	10	0.1138	0.1137	0.1135	0.1134	0.1132	0.1130	0.1129	0.1127	0.1126	0.1124
	20	0.1123	0.1121	0.1119	0.1118	0.1116	0.1115	0.1113	0.1112	0.1110	0.1109
	30	0.1107	0.1105	0.1104	0.1102	0.1101	0.1099	0.1098	0.1096	0.1095	0.1093
	40	0.1091	0.1090	0.1088	0.1087	0.1085	0.1084	0.1082	0.1081	0.1079	0.1078
	50	0.1076	0.1074	0.1073	0.1071	0.1070	0.1068	0.1067	0.1065	0.1064	0.1062
47	00	0.1061	0.1059	0.1057	0.1056	0.1054	0.1053	0.1051	0.1050	0.1048	0.1047
	10	0.1045	0.1044	0.1042	0.1041	0.1039	0.1037	0.1036	0.1034	0.1033	0.1031
	20	0.1030	0.1028	0.1027	0.1025	0.1024	0.1022	0.1021	0.1019	0.1018	0.1016
	30	0.1015	0.1013	0.1012	0.1010	0.1008	0.1007	0.1005	0.1004	0.1002	0.1001
	40	0.0999	0.0998	0.0996	0.0995	0.0993	0.0992	0.0990	0.0989	0.0987	0.0986
	50	0.0984	0.0983	0.0981	0.0980	0.0978	0.0977	0.0975	0.0974	0.0972	0.0971
48	00	0.0969	0.0968	0.0966	0.0965	0.0963	0.0962	0.0960	0.0959	0.0957	0.0956
	10	0.0954	0.0953	0.0951	0.0950	0.0948	0.0947	0.0945	0.0944	0.0942	0.0941
	20	0.0939	0.0938	0.0936	0.0935	0.0933	0.0932	0.0930	0.0929	0.0927	0.0926
	30	0.0924	0.0923	0.0921	0.0920	0.0918	0.0917	0.0915	0.0914	0.0912	0.0911
	40	0.0909	0.0908	0.0906	0.0905	0.0903	0.0902	0.0900	0.0899	0.0897	0.0896
	50	0.0894	0.0893	0.0891	0.0890	0.0888	0.0887	0.0885	0.0884	0.0883	0.0881
49	00	0.0880	0.0878	0.0877	0.0875	0.0874	0.0872	0.0871	0.0869	0.0868	0.0866
	10	0.0865	0.0863	0.0862	0.0860	0.0859	0.0857	0.0856	0.0855	0.0853	0.0852
	20	0.0850	0.0849	0.0847	0.0846	0.0844	0.0843	0.0841	0.0840	0.0838	0.0837
	30	0.0835	0.0834	0.0833	0.0831	0.0830	0.0828	0.0827	0.0825	0.0824	0.0822
	40	0.0821	0.0819	0.0818	0.0816	0.0815	0.0814	0.0812	0.0811	0.0809	0.0808
	50	0.0806	0.0805	0.0803	0.0802	0.0801	0.0799	0.0798	0.0796	0.0795	0.0793
50	00	0.0792	0.0790	0.0789	0.0787	0.0786	0.0785	0.0783	0.0782	0.0780	0.0779
	10	0.0777	0.0776	0.0774	0.0773	0.0772	0.0770	0.0769	0.0767	0.0766	0.0764
	20	0.0763	0.0762	0.0760	0.0759	0.0757	0.0756	0.0754	0.0753	0.0751	0.0750
	30	0.0749	0.0747	0.0746	0.0744	0.0743	0.0741	0.0740	0.0739	0.0737	0.0736
	40	0.0734	0.0733	0.0731	0.0730	0.0729	0.0727	0.0726	0.0724	0.0723	0.0721
	50	0.0720	0.0719	0.0717	0.0716	0.0714	0.0713	0.0711	0.0710	0.0709	0.0707
51	00	0.0706	0.0704	0.0703	0.0702	0.0700	0.0699	0.0697	0.0696	0.0694	0.0693
	10	0.0692	0.0690	0.0689	0.0687	0.0686	0.0685	0.0683	0.0682	0.0680	0.0679
	20	0.0678	0.0676	0.0675	0.0673	0.0672	0.0670	0.0669	0.0668	0.0666	0.0665
	30	0.0663	0.0662	0.0661	0.0659	0.0658	0.0656	0.0655	0.0654	0.0652	0.0651
	40	0.0649	0.0648	0.0647	0.0645	0.0644	0.0642	0.0641	0.0640	0.0638	0.0637
	50	0.0635	0.0634	0.0633	0.0631	0.0630	0.0628	0.0627	0.0626	0.0624	0.0623
52	00	0.0621	0.0620	0.0619	0.0617	0.0616	0.0615	0.0613	0.0612	0.0610	0.0609
	10	0.0608	0.0606	0.0605	0.0603	0.0602	0.0601	0.0599	0.0598	0.0596	0.0595
	20	0.0594	0.0592	0.0591	0.0590	0.0588	0.0587	0.0585	0.0584	0.0583	0.0581
	30	0.0580	0.0579	0.0577	0.0576	0.0574	0.0573	0.0572	0.0570	0.0569	0.0568
	40	0.0566	0.0565	0.0563	0.0562	0.0561	0.0559	0.0558	0.0557	0.0555	0.0554
	50	0.0552	0.0551	0.0550	0.0548	0.0547	0.0546	0.0544	0.0543	0.0541	0.0540
53	00	0.0539	0.0537	0.0536	0.0535	0.0533	0.0532	0.0531	0.0529	0.0528	0.0526
	10	0.0525	0.0524	0.0522	0.0521	0.0520	0.0518	0.0517	0.0516	0.0514	0.0513
	20	0.0512	0.0510	0.0509	0.0507	0.0506	0.0505	0.0503	0.0502	0.0501	0.0499
	30	0.0498	0.0497	0.0495	0.0494	0.0493	0.0491	0.0490	0.0489	0.0487	0.0486
	40	0.0484	0.0483	0.0482	0.0480	0.0479	0.0478	0.0476	0.0475	0.0474	0.0472
	50	0.0471	0.0470	0.0468	0.0467	0.0466	0.0464	0.0463	0.0462	0.0460	0.0459

Table 8

Minutes and Seconds of Time

M.	S.		+1	+2	+3	+4	+5	+6	+7	+8	+9
						Additional Seconds					
54	00	0.0458	0.0456	0.0455	0.0454	0.0452	0.0451	0.0450	0.0448	0.0447	0.0446
	10	0.0444	0.0443	0.0442	0.0440	0.0439	0.0438	0.0436	0.0435	0.0434	0.0432
	20	0.0431	0.0430	0.0428	0.0427	0.0426	0.0424	0.0423	0.0422	0.0420	0.0419
	30	0.0418	0.0416	0.0415	0.0414	0.0412	0.0411	0.0410	0.0408	0.0407	0.0406
	40	0.0404	0.0403	0.0402	0.0400	0.0399	0.0398	0.0396	0.0395	0.0394	0.0392
	50	0.0391	0.0390	0.0388	0.0387	0.0386	0.0384	0.0383	0.0382	0.0381	0.0379
55	00	0.0378	0.0377	0.0375	0.0374	0.0373	0.0371	0.0370	0.0369	0.0367	0.0366
	10	0.0365	0.0363	0.0362	0.0361	0.0359	0.0358	0.0357	0.0356	0.0354	0.0353
	20	0.0352	0.0350	0.0349	0.0348	0.0346	0.0345	0.0344	0.0342	0.0341	0.0340
	30	0.0339	0.0337	0.0336	0.0335	0.0333	0.0332	0.0331	0.0329	0.0328	0.0327
	40	0.0326	0.0324	0.0323	0.0322	0.0320	0.0319	0.0318	0.0316	0.0315	0.0314
	50	0.0313	0.0311	0.0310	0.0309	0.0307	0.0306	0.0305	0.0304	0.0302	0.0301
56	00	0.0300	0.0298	0.0297	0.0296	0.0294	0.0293	0.0292	0.0291	0.0289	0.0288
	10	0.0287	0.0285	0.0284	0.0283	0.0282	0.0280	0.0279	0.0278	0.0276	0.0275
	20	0.0274	0.0273	0.0271	0.0270	0.0269	0.0267	0.0266	0.0265	0.0264	0.0262
	30	0.0261	0.0260	0.0258	0.0257	0.0256	0.0255	0.0253	0.0252	0.0251	0.0250
	40	0.0248	0.0247	0.0246	0.0244	0.0243	0.0242	0.0241	0.0239	0.0238	0.0237
	50	0.0235	0.0234	0.0233	0.0232	0.0230	0.0229	0.0228	0.0227	0.0225	0.0224
57	00	0.0223	0.0221	0.0220	0.0219	0.0218	0.0216	0.0215	0.0214	0.0213	0.0211
	10	0.0210	0.0209	0.0208	0.0206	0.0205	0.0204	0.0202	0.0201	0.0200	0.0199
	20	0.0197	0.0196	0.0195	0.0194	0.0192	0.0191	0.0190	0.0189	0.0187	0.0186
	30	0.0185	0.0184	0.0182	0.0181	0.0180	0.0179	0.0177	0.0176	0.0175	0.0174
	40	0.0172	0.0171	0.0170	0.0169	0.0167	0.0166	0.0165	0.0163	0.0162	0.0161
	50	0.0160	0.0158	0.0157	0.0156	0.0155	0.0153	0.0152	0.0151	0.0150	0.0148
58	00	0.0147	0.0146	0.0145	0.0143	0.0142	0.0141	0.0140	0.0139	0.0137	0.0136
	10	0.0135	0.0134	0.0132	0.0131	0.0130	0.0129	0.0127	0.0126	0.0125	0.0124
	20	0.0122	0.0121	0.0120	0.0119	0.0117	0.0116	0.0115	0.0114	0.0112	0.0111
	30	0.0110	0.0109	0.0107	0.0106	0.0105	0.0104	0.0103	0.0101	0.0100	0.0099
	40	0.0098	0.0096	0.0095	0.0094	0.0093	0.0091	0.0090	0.0089	0.0088	0.0087
	50	0.0085	0.0084	0.0083	0.0082	0.0080	0.0079	0.0078	0.0077	0.0075	0.0074
59	00	0.0073	0.0072	0.0071	0.0069	0.0068	0.0067	0.0066	0.0064	0.0063	0.0062
	10	0.0061	0.0060	0.0058	0.0057	0.0056	0.0055	0.0053	0.0052	0.0051	0.0050
	20	0.0049	0.0047	0.0046	0.0045	0.0044	0.0042	0.0041	0.0040	0.0039	0.0038
	30	0.0036	0.0035	0.0034	0.0033	0.0031	0.0030	0.0029	0.0028	0.0027	0.0025
	40	0.0024	0.0023	0.0022	0.0021	0.0019	0.0018	0.0017	0.0016	0.0015	0.0013
	50	0.0012	0.0011	0.0010	0.0008	0.0007	0.0006	0.0005	0.0004	0.0002	0.0001

Appendix

Using Predicted Lunar Distances

The tables and procedures presented in this book are self contained, and do not require other data beyond what is included in present day almanacs of the bodies being used (GHA, Dec, HP). The lunar sight reduction process, however, can be notably quicker when pre-computed lunar distance data are available.

In the early days of celestial navigation when lunars were part of the routine, the Nautical Almanac and other publications included computed lunar distances that could be used to both predict the best sights to take and to evaluate the actual sights once taken. The most common format for these predictions gave the distances every 3 hours for the selected bodies that would yield the best lunar sights.

These data have not been available from official government sources since about 1905, but several individuals have provided these predictions each year for several years now, and thus the data are once again readily available to mariners. Notable examples of this work include that of Steven Wepster of the University of Utrech and Frank Reed, coordinator of the NavList discussion group (www.fer3.com/arc), which specializes in lunar theory and practice among many other topics. Examples from each source are shown below.

JULY 2010

4 UT	+Kaus Aust. ° '	P.L.	+Nunki ° '	P.L.	+Jupiter ° '	P.L.	−Hamal ° '	P.L.	−Sun ° '	P.L.
0	90 55.2	3071	82 58.1	3007	6 57.6	6619	32 42.0	3063	96 45.8	3356
3	92 23.9	3063	84 28.1	2999	7 36.8	5374	31 13.1	3061	95 22.7	3347
6	93 52.8	3054	85 58.4	2990	8 29.0	4644	29 44.2	3059	93 59.4	3337
9	95 21.9	3045	87 28.8	2980	9 30.7	4186	28 15.2	3057	92 35.9	3327
12	96 51.2	3036	88 59.4	2971	10 39.4	3883	26 46.2	3058	91 12.3	3317
15	98 20.7	3026	90 30.2	2960	11 53.0	3671	25 17.2	3058	89 48.4	3306
18	99 50.3	3016	92 1.2	2950	13 10.3	3519	23 48.2	3061	88 24.3	3294
21	101 20.2	3006	93 32.5	2939	14 30.3	3405	22 19.2	3067	87 0.0	3282

Sample data from Steve Wepster, available at www.staff.science.uu.nl/~wepst101/tables.html (archived at www.starpath.com/navpubs). He offers distances to the best five bodies, at 3-hour intervals each day. The data are presented in print ready pdf documents.

Lunars Almanac for July 4, 2010, Date and Times are GMT.								
	0:00	3:00	6:00	9:00	12:00	15:00	18:00	21:00
Moon's HP	54.65	54.71	54.77	54.83	54.88	54.95	55.02	55.08
Sun SD:	15.74							
The Sun	96° 45.8'	95° 22.7'	93° 59.4'	92° 36.0'	91° 12.3'	89° 48.4'	88° 24.4'	87° 00.0'
Jupiter	---	---	---	---	10° 39.4'	11° 53.0'	13° 10.3'	14° 30.3'
Hamal	32° 42.1'	31° 13.2'	29° 44.2'	28° 15.2'	26° 46.2'	25° 17.2'	23° 48.2'	22° 19.3'
Kaus Aust.	90° 55.1'	92° 23.9'	93° 52.8'	95° 21.9'	96° 51.1'	98° 20.6'	99° 50.3'	101° 20.2'
Nunki	82° 58.0'	84° 28.1'	85° 58.3'	87° 28.8'	88° 59.4'	90° 30.2'	92° 01.2'	93° 32.5'

Sample data from Frank Reed, available at www.historicalatlas.com/lunars/lunars_pre_v5.html (archived at www.starpath.com/navpubs). He offers data for all reasonable bodies at 1-, 2-, or 3-hour intervals each day. The above is an excerpt to compare with the Wepster format. The data are presented as web-page tables, covering the bodies chosen by the user.

Prior to an ocean voyage or terrestrial expedition, the navigator can quickly print out these tables for the dates underway and use them as called for to expedite the lunar process.

The traditional way to interpolate predicted distances data for the actual distance observed makes use of Proportional Logarithms. For convenience to the navigator, a set of these tables, customized to this application, along with instructions on using them is included in this Appendix.

Using Predicted Distances Three Hours Apart

To find the Universal Time that matches the cleared distance:
For a *three hour* interval between predicted distances, use the Proportional Logarithm table.

In mid February of 2010, for example, a distance between the sun and moon was measured and cleared to get an observed distance of 89° 11.'6. A printout of Steven Wepster's pre computed distances for February, 2010 shows this sun-moon distance occurred on the twenty first of the month, in the interval between 21:00:00 and midnight, UT.

Call the predicted distances at the beginning and end of the interval "D#1" and "D#2" respectively. Call the cleared distance "D." Take the difference between D and D#1 and the difference between D#1 and D#2. Look up the proportional logs of these differences and subtract one log from the other. With the remainder find, in the PL table, the corresponding hours, minutes, and seconds. Add these to the time of D#1 and you have the UT of the observation.

```
D~D#1   = 1° 5.'3   PL =   0.4404
D#2~D#1 = 1° 32.'0  PL = - 0.2915
                          0.1489 = PL of  2:07:46
                                        +21:00:00
              UT per lunar distance =   23:07:46
```

	+Sun		–Hamal		–Pollux		
18	74 33.3	3055	49 53.5	3518	36 5.5	271	
21	76 2.4	3041	51 13.5	3467	34 29.2	2700	
21 UT	+Sun		–Hamal		–Pollux		
0	77 31.7	3026	13 1.7	2985	63 19.6	2708	
3	79 1.4	3011	14 32.3	2908	61 43.1	2695	
6	80 31.4	2994	16 4.4	2848	60 6.4	2682	6
9	82 1.7	2979	17 37.8	2799	58 29.3	2669	6
12	83 32.3	2963	19 12.3	2757	56 52.0	2656	
15	85 3.3	2947	20 47.7	2721	55 14.3	2642	6
18	86 34.6	2930	22 23.9	2690	53 36.4	2630	
21	88 6.3	2913	24 0.8	2660	51 58.1	2616	
22 UT	+Sun		+Hamal		–Pollux		
0	89 38.3	2897	25 38.3	2634	50 19.6	2603	
3	91 10.7	2879	27 16.4	2609	48 40.8	2590	

Note: In Wepster's table of predictions, next to D#1, you'll find the PL for D#1~D#2. Although a PL as calculated above may not agree exactly, being calculated only for the nearest 0.'1, the difference will be inconsequential.

To analyze the error in practice observation: With the difference between the known UT and that found by lunar, look in the PL table for a log. Add his to the log that was *subtracted* in the operation shown above. Find the closest PL to this sum. The corresponding arc is the error in your lunar. In the example, GMT per observation was off forty nine seconds, which indicated an error of 0.'4 in the distance.

```
Error in UT = 49 sec.  PL  2.3432
D#2~D#1    = 1° 32.'0  PL +0.2915
                           2.6347 = PL of 0.'4
```

	Moon's round limb faced?		The Distance was?	
	EAST	WEST	INCREASING	DECREASING
GMT by LUNAR is GREATER than the truth?	there was a GAP in the contact	OVERLAP	Measurement was too GREAT	too SMALL
LESS than the truth?	OVERLAP	GAP	too SMALL	too GREAT

Use the chart to determine the direction of the error. The left half shows whether you made the error by not bringing the objects quite together for the contact, or by making them overlap. But in case you trust your eyesight more than you trust your sextant, and suspect unknown errors in the instrument, the right half of the chart shows whether the measurement was too long or too short.

To adjust observed altitudes to an intermediate time: Let's say you are at sea, single handing, and have observed both the distance and the altitudes yourself, as explained on page viii. To clear the distance you need to know what the altitudes were at the average time of the distance. Historically, this problem was solved with the PL table, but you may find tables 7 and 8 more convenient. An explanation is at the bottom of p. 292.

Proportional Logarithms

Degree:minute, or Hour:minute

	0:00	0:01	0:02	0:03	0:04	0:05	0:06	0:07	0:08	0:09	0:10	0:11	0:12	0:13	0:14	0:15	0:16	0:17
0	#VALUE!	2.2553	1.9542	1.7782	1.6532	1.5563	1.4771	1.4102	1.3522	1.3010	1.2553	1.2139	1.1761	1.1413	1.1091	1.0792	1.0512	1.0248
2	3.7324	2.2410	1.9471	1.7734	1.6496	1.5534	1.4747	1.4081	1.3504	1.2994	1.2538	1.2126	1.1749	1.1402	1.1081	1.0782	1.0502	1.0240
4	3.4314	2.2272	1.9400	1.7686	1.6460	1.5506	1.4723	1.4061	1.3486	1.2978	1.2524	1.2113	1.1737	1.1391	1.1071	1.0773	1.0493	1.0231
6	3.2553	2.2139	1.9331	1.7639	1.6425	1.5477	1.4699	1.4040	1.3468	1.2962	1.2510	1.2099	1.1725	1.1380	1.1061	1.0763	1.0484	1.0223
8	3.1303	2.2009	1.9262	1.7593	1.6390	1.5449	1.4676	1.4020	1.3450	1.2946	1.2495	1.2086	1.1713	1.1369	1.1050	1.0753	1.0475	1.0214
10	3.0334	2.1883	1.9195	1.7547	1.6355	1.5421	1.4652	1.4000	1.3432	1.2931	1.2481	1.2073	1.1701	1.1358	1.1040	1.0744	1.0467	1.0206
12	2.9542	2.1761	1.9128	1.7501	1.6320	1.5393	1.4629	1.3979	1.3415	1.2915	1.2467	1.2061	1.1689	1.1347	1.1030	1.0734	1.0458	1.0197
14	2.8873	2.1642	1.9063	1.7456	1.6286	1.5365	1.4606	1.3959	1.3397	1.2899	1.2453	1.2048	1.1677	1.1336	1.1020	1.0725	1.0449	1.0189
16	2.8293	2.1526	1.8999	1.7412	1.6252	1.5337	1.4582	1.3939	1.3379	1.2883	1.2438	1.2035	1.1665	1.1325	1.1009	1.0715	1.0440	1.0181
18	2.7782	2.1413	1.8935	1.7368	1.6218	1.5310	1.4559	1.3919	1.3362	1.2868	1.2424	1.2022	1.1654	1.1314	1.0999	1.0706	1.0431	1.0172
20	2.7324	2.1303	1.8873	1.7324	1.6185	1.5283	1.4536	1.3900	1.3345	1.2852	1.2410	1.2009	1.1642	1.1303	1.0989	1.0696	1.0422	1.0164
22	2.6910	2.1196	1.8811	1.7281	1.6151	1.5256	1.4514	1.3880	1.3327	1.2837	1.2396	1.1996	1.1630	1.1292	1.0979	1.0687	1.0413	1.0156
24	2.6532	2.1091	1.8751	1.7238	1.6118	1.5229	1.4491	1.3860	1.3310	1.2821	1.2382	1.1984	1.1619	1.1282	1.0969	1.0678	1.0404	1.0147
26	2.6185	2.0989	1.8691	1.7196	1.6085	1.5202	1.4468	1.3841	1.3293	1.2806	1.2368	1.1971	1.1607	1.1271	1.0959	1.0668	1.0395	1.0139
28	2.5863	2.0889	1.8632	1.7154	1.6053	1.5175	1.4446	1.3821	1.3276	1.2791	1.2355	1.1958	1.1595	1.1260	1.0949	1.0659	1.0387	1.0131
30	2.5563	2.0792	1.8573	1.7112	1.6021	1.5149	1.4424	1.3802	1.3259	1.2775	1.2341	1.1946	1.1584	1.1249	1.0939	1.0649	1.0378	1.0122
32	2.5283	2.0696	1.8516	1.7071	1.5989	1.5123	1.4401	1.3783	1.3242	1.2760	1.2327	1.1933	1.1572	1.1239	1.0929	1.0640	1.0369	1.0114
34	2.5019	2.0603	1.8459	1.7030	1.5957	1.5097	1.4379	1.3764	1.3225	1.2745	1.2313	1.1921	1.1561	1.1228	1.0919	1.0631	1.0360	1.0106
36	2.4771	2.0512	1.8403	1.6990	1.5925	1.5071	1.4357	1.3745	1.3208	1.2730	1.2300	1.1908	1.1549	1.1217	1.0909	1.0621	1.0352	1.0098
38	2.4536	2.0422	1.8348	1.6950	1.5894	1.5045	1.4335	1.3726	1.3191	1.2715	1.2286	1.1896	1.1538	1.1207	1.0899	1.0612	1.0343	1.0089
40	2.4314	2.0334	1.8293	1.6910	1.5863	1.5019	1.4314	1.3707	1.3174	1.2700	1.2272	1.1883	1.1526	1.1196	1.0889	1.0603	1.0334	1.0081
42	2.4102	2.0248	1.8239	1.6871	1.5832	1.4994	1.4292	1.3688	1.3158	1.2685	1.2259	1.1871	1.1515	1.1186	1.0880	1.0594	1.0326	1.0073
44	2.3900	2.0164	1.8186	1.6832	1.5801	1.4969	1.4270	1.3669	1.3141	1.2670	1.2245	1.1859	1.1503	1.1175	1.0870	1.0585	1.0317	1.0065
46	2.3707	2.0081	1.8133	1.6793	1.5771	1.4943	1.4249	1.3650	1.3124	1.2655	1.2232	1.1846	1.1492	1.1164	1.0860	1.0575	1.0308	1.0057
48	2.3522	2.0000	1.8081	1.6755	1.5740	1.4918	1.4228	1.3632	1.3108	1.2640	1.2218	1.1834	1.1481	1.1154	1.0850	1.0566	1.0300	1.0049
50	2.3345	1.9920	1.8030	1.6717	1.5710	1.4894	1.4206	1.3613	1.3091	1.2626	1.2205	1.1822	1.1469	1.1143	1.0840	1.0557	1.0291	1.0040
52	2.3174	1.9842	1.7979	1.6679	1.5680	1.4869	1.4185	1.3595	1.3075	1.2611	1.2192	1.1809	1.1458	1.1133	1.0831	1.0548	1.0282	1.0032
54	2.3010	1.9765	1.7929	1.6642	1.5651	1.4844	1.4164	1.3576	1.3059	1.2596	1.2178	1.1797	1.1447	1.1123	1.0821	1.0539	1.0274	1.0024
56	2.2852	1.9690	1.7879	1.6605	1.5621	1.4820	1.4143	1.3558	1.3043	1.2582	1.2165	1.1785	1.1436	1.1112	1.0811	1.0530	1.0265	1.0016
58	2.2700	1.9615	1.7830	1.6568	1.5592	1.4795	1.4122	1.3540	1.3026	1.2567	1.2152	1.1773	1.1424	1.1102	1.0801	1.0521	1.0257	1.0008
	0° 0'	0° 1'	0° 2'	0° 3'	0° 4'	0° 5'	0° 6'	0° 7'	0° 8'	0° 9'	0° 10'	0° 11'	0° 12'	0° 13'	0° 14'	0° 15'	0° 16'	0° 17'

Proportional Logarithms

Degree:minute, or Hour:minute

	0:18	0:19	0:20	0:21	0:22	0:23	0:24	0:25	0:26	0:27	0:28	0:29	0:30	0:31	0:32	0:33	0:34	0:35	
0	1.0000	0.9765	0.9542	0.9331	0.9128	0.8935	0.8751	0.8573	0.8403	0.8239	0.8081	0.7929	0.7782	0.7639	0.7501	0.7368	0.7238	0.7112	
2	0.9992	0.9758	0.9535	0.9324	0.9122	0.8929	0.8745	0.8568	0.8397	0.8234	0.8076	0.7924	0.7777	0.7634	0.7497	0.7363	0.7234	0.7108	
4	0.9984	0.9750	0.9528	0.9317	0.9115	0.8923	0.8739	0.8562	0.8392	0.8228	0.8071	0.7919	0.7772	0.7630	0.7492	0.7359	0.7229	0.7104	
6	0.9976	0.9742	0.9521	0.9310	0.9109	0.8917	0.8733	0.8556	0.8386	0.8223	0.8066	0.7914	0.7767	0.7625	0.7488	0.7354	0.7225	0.7100	0.'1
8	0.9968	0.9735	0.9514	0.9303	0.9102	0.8910	0.8727	0.8550	0.8381	0.8218	0.8061	0.7909	0.7762	0.7620	0.7483	0.7350	0.7221	0.7096	
10	0.9960	0.9727	0.9506	0.9296	0.9096	0.8904	0.8721	0.8544	0.8375	0.8212	0.8055	0.7904	0.7757	0.7616	0.7479	0.7346	0.7217	0.7091	
12	0.9952	0.9720	0.9499	0.9289	0.9089	0.8898	0.8715	0.8539	0.8370	0.8207	0.8050	0.7899	0.7753	0.7611	0.7474	0.7341	0.7212	0.7087	0.'2
14	0.9944	0.9712	0.9492	0.9283	0.9083	0.8892	0.8709	0.8533	0.8364	0.8202	0.8045	0.7894	0.7748	0.7607	0.7470	0.7337	0.7208	0.7083	
16	0.9936	0.9705	0.9485	0.9276	0.9076	0.8885	0.8703	0.8527	0.8359	0.8196	0.8040	0.7889	0.7743	0.7602	0.7465	0.7333	0.7204	0.7079	
18	0.9928	0.9697	0.9478	0.9269	0.9070	0.8879	0.8697	0.8522	0.8353	0.8191	0.8035	0.7884	0.7738	0.7597	0.7461	0.7328	0.7200	0.7075	0.'3
20	0.9920	0.9690	0.9471	0.9262	0.9063	0.8873	0.8691	0.8516	0.8348	0.8186	0.8030	0.7879	0.7734	0.7593	0.7456	0.7324	0.7196	0.7071	
22	0.9912	0.9682	0.9464	0.9255	0.9057	0.8867	0.8685	0.8510	0.8342	0.8181	0.8025	0.7874	0.7729	0.7588	0.7452	0.7320	0.7191	0.7067	
24	0.9905	0.9675	0.9456	0.9249	0.9050	0.8861	0.8679	0.8504	0.8337	0.8175	0.8020	0.7869	0.7724	0.7583	0.7447	0.7315	0.7187	0.7063	0.'4
26	0.9897	0.9667	0.9449	0.9242	0.9044	0.8854	0.8673	0.8499	0.8331	0.8170	0.8014	0.7864	0.7719	0.7579	0.7443	0.7311	0.7183	0.7059	
28	0.9889	0.9660	0.9442	0.9235	0.9037	0.8848	0.8667	0.8493	0.8326	0.8165	0.8009	0.7859	0.7714	0.7574	0.7438	0.7307	0.7179	0.7055	
30	0.9881	0.9652	0.9435	0.9228	0.9031	0.8842	0.8661	0.8487	0.8320	0.8159	0.8004	0.7855	0.7710	0.7570	0.7434	0.7302	0.7175	0.7050	0.'5
32	0.9873	0.9645	0.9428	0.9222	0.9024	0.8836	0.8655	0.8482	0.8315	0.8154	0.7999	0.7850	0.7705	0.7565	0.7429	0.7298	0.7170	0.7046	
34	0.9865	0.9638	0.9421	0.9215	0.9018	0.8830	0.8649	0.8476	0.8309	0.8149	0.7994	0.7845	0.7700	0.7560	0.7425	0.7294	0.7166	0.7042	
36	0.9858	0.9630	0.9414	0.9208	0.9012	0.8824	0.8643	0.8470	0.8304	0.8144	0.7989	0.7840	0.7696	0.7556	0.7421	0.7289	0.7162	0.7038	0.'6
38	0.9850	0.9623	0.9407	0.9201	0.9005	0.8817	0.8637	0.8465	0.8298	0.8138	0.7984	0.7835	0.7691	0.7551	0.7416	0.7285	0.7158	0.7034	
40	0.9842	0.9615	0.9400	0.9195	0.8999	0.8811	0.8632	0.8459	0.8293	0.8133	0.7979	0.7830	0.7686	0.7547	0.7412	0.7281	0.7154	0.7030	
42	0.9834	0.9608	0.9393	0.9188	0.8992	0.8805	0.8626	0.8453	0.8288	0.8128	0.7974	0.7825	0.7681	0.7542	0.7407	0.7276	0.7149	0.7026	0.'7
44	0.9827	0.9601	0.9386	0.9181	0.8986	0.8799	0.8620	0.8448	0.8282	0.8123	0.7969	0.7820	0.7677	0.7538	0.7403	0.7272	0.7145	0.7022	
46	0.9819	0.9593	0.9379	0.9175	0.8980	0.8793	0.8614	0.8442	0.8277	0.8117	0.7964	0.7815	0.7672	0.7533	0.7398	0.7268	0.7141	0.7018	
48	0.9811	0.9586	0.9372	0.9168	0.8973	0.8787	0.8608	0.8437	0.8271	0.8112	0.7959	0.7811	0.7667	0.7528	0.7394	0.7264	0.7137	0.7014	0.'8
50	0.9803	0.9579	0.9365	0.9162	0.8967	0.8781	0.8602	0.8431	0.8266	0.8107	0.7954	0.7806	0.7663	0.7524	0.7390	0.7259	0.7133	0.7010	
52	0.9796	0.9571	0.9358	0.9155	0.8961	0.8775	0.8597	0.8425	0.8261	0.8102	0.7949	0.7801	0.7658	0.7519	0.7385	0.7255	0.7129	0.7006	
54	0.9788	0.9564	0.9351	0.9148	0.8954	0.8769	0.8591	0.8420	0.8255	0.8097	0.7944	0.7796	0.7653	0.7515	0.7381	0.7251	0.7124	0.7002	0.'9
56	0.9780	0.9557	0.9344	0.9142	0.8948	0.8763	0.8585	0.8414	0.8250	0.8091	0.7939	0.7791	0.7648	0.7510	0.7376	0.7246	0.7120	0.6998	
58	0.9773	0.9550	0.9337	0.9135	0.8942	0.8757	0.8579	0.8409	0.8244	0.8086	0.7934	0.7786	0.7644	0.7506	0.7372	0.7242	0.7116	0.6994	
	0° 18'	0° 19'	0° 20'	0° 21'	0° 22'	0° 23'	0° 24'	0° 25'	0° 26'	0° 27'	0° 28'	0° 29'	0° 30'	0° 31'	0° 32'	0° 33'	0° 34'	0° 35'	

SECONDS OF TIME OR ARC

ARC

Proportional Logarithms

Degree:minute, or Hour:minute

	0:36	0:37	0:38	0:39	0:40	0:41	0:42	0:43	0:44	0:45	0:46	0:47	0:48	0:49	0:50	0:51	0:52	0:53	
0	0.6990	0.6871	0.6755	0.6642	0.6532	0.6425	0.6320	0.6218	0.6118	0.6021	0.5925	0.5832	0.5740	0.5651	0.5563	0.5477	0.5393	0.5310	
2	0.6986	0.6867	0.6751	0.6638	0.6529	0.6421	0.6317	0.6215	0.6115	0.6017	0.5922	0.5829	0.5737	0.5648	0.5560	0.5474	0.5390	0.5307	
4	0.6982	0.6863	0.6747	0.6635	0.6525	0.6418	0.6313	0.6211	0.6112	0.6014	0.5919	0.5826	0.5734	0.5645	0.5557	0.5471	0.5387	0.5305	
6	0.6978	0.6859	0.6743	0.6631	0.6521	0.6414	0.6310	0.6208	0.6108	0.6011	0.5916	0.5823	0.5731	0.5642	0.5554	0.5469	0.5384	0.5302	0.'1
8	0.6974	0.6855	0.6740	0.6627	0.6518	0.6411	0.6306	0.6205	0.6105	0.6008	0.5913	0.5819	0.5728	0.5639	0.5551	0.5466	0.5382	0.5299	
10	0.6970	0.6851	0.6736	0.6624	0.6514	0.6407	0.6303	0.6201	0.6102	0.6005	0.5909	0.5816	0.5725	0.5636	0.5549	0.5463	0.5379	0.5296	
12	0.6966	0.6847	0.6732	0.6620	0.6510	0.6404	0.6300	0.6198	0.6099	0.6001	0.5906	0.5813	0.5722	0.5633	0.5546	0.5460	0.5376	0.5294	0.'2
14	0.6962	0.6843	0.6728	0.6616	0.6507	0.6400	0.6296	0.6195	0.6095	0.5998	0.5903	0.5810	0.5719	0.5630	0.5543	0.5457	0.5373	0.5291	
16	0.6958	0.6840	0.6725	0.6612	0.6503	0.6397	0.6293	0.6191	0.6092	0.5995	0.5900	0.5807	0.5716	0.5627	0.5540	0.5454	0.5370	0.5288	
18	0.6954	0.6836	0.6721	0.6609	0.6500	0.6393	0.6289	0.6188	0.6089	0.5992	0.5897	0.5804	0.5713	0.5624	0.5537	0.5452	0.5368	0.5285	0.'3
20	0.6950	0.6832	0.6717	0.6605	0.6496	0.6390	0.6286	0.6185	0.6085	0.5989	0.5894	0.5801	0.5710	0.5621	0.5534	0.5449	0.5365	0.5283	
22	0.6946	0.6828	0.6713	0.6601	0.6492	0.6386	0.6282	0.6181	0.6082	0.5985	0.5891	0.5798	0.5707	0.5618	0.5531	0.5446	0.5362	0.5280	
24	0.6942	0.6824	0.6709	0.6598	0.6489	0.6383	0.6279	0.6178	0.6079	0.5982	0.5888	0.5795	0.5704	0.5615	0.5528	0.5443	0.5359	0.5277	0.'4
26	0.6938	0.6820	0.6706	0.6594	0.6485	0.6379	0.6276	0.6174	0.6076	0.5979	0.5884	0.5792	0.5701	0.5613	0.5526	0.5440	0.5357	0.5275	
28	0.6934	0.6816	0.6702	0.6590	0.6482	0.6376	0.6272	0.6171	0.6072	0.5976	0.5881	0.5789	0.5698	0.5610	0.5523	0.5437	0.5354	0.5272	
30	0.6930	0.6812	0.6698	0.6587	0.6478	0.6372	0.6269	0.6168	0.6069	0.5973	0.5878	0.5786	0.5695	0.5607	0.5520	0.5435	0.5351	0.5269	0.'5
32	0.6926	0.6809	0.6694	0.6583	0.6475	0.6369	0.6265	0.6165	0.6066	0.5969	0.5875	0.5783	0.5692	0.5604	0.5517	0.5432	0.5348	0.5266	
34	0.6922	0.6805	0.6691	0.6579	0.6471	0.6365	0.6262	0.6161	0.6063	0.5966	0.5872	0.5780	0.5689	0.5601	0.5514	0.5429	0.5346	0.5264	
36	0.6918	0.6801	0.6687	0.6576	0.6467	0.6362	0.6259	0.6158	0.6059	0.5963	0.5869	0.5777	0.5686	0.5598	0.5511	0.5426	0.5343	0.5261	0.'6
38	0.6914	0.6797	0.6683	0.6572	0.6464	0.6358	0.6255	0.6155	0.6056	0.5960	0.5866	0.5774	0.5683	0.5595	0.5508	0.5423	0.5340	0.5258	
40	0.6910	0.6793	0.6679	0.6568	0.6460	0.6355	0.6252	0.6151	0.6053	0.5957	0.5863	0.5771	0.5680	0.5592	0.5506	0.5421	0.5337	0.5256	
42	0.6906	0.6789	0.6676	0.6565	0.6457	0.6351	0.6248	0.6148	0.6050	0.5954	0.5860	0.5768	0.5677	0.5589	0.5503	0.5418	0.5335	0.5253	0.'7
44	0.6902	0.6785	0.6672	0.6561	0.6453	0.6348	0.6245	0.6145	0.6046	0.5950	0.5856	0.5765	0.5674	0.5586	0.5500	0.5415	0.5332	0.5250	
46	0.6898	0.6782	0.6668	0.6558	0.6450	0.6344	0.6242	0.6141	0.6043	0.5947	0.5853	0.5761	0.5671	0.5583	0.5497	0.5412	0.5329	0.5248	
48	0.6894	0.6778	0.6664	0.6554	0.6446	0.6341	0.6238	0.6138	0.6040	0.5944	0.5850	0.5758	0.5669	0.5580	0.5494	0.5409	0.5326	0.5245	0.'8
50	0.6890	0.6774	0.6661	0.6550	0.6443	0.6338	0.6235	0.6135	0.6037	0.5941	0.5847	0.5755	0.5666	0.5578	0.5491	0.5407	0.5324	0.5242	
52	0.6886	0.6770	0.6657	0.6547	0.6439	0.6334	0.6232	0.6131	0.6033	0.5938	0.5844	0.5752	0.5663	0.5575	0.5488	0.5404	0.5321	0.5240	
54	0.6882	0.6766	0.6653	0.6543	0.6435	0.6331	0.6228	0.6128	0.6030	0.5935	0.5841	0.5749	0.5660	0.5572	0.5486	0.5401	0.5318	0.5237	0.'9
56	0.6879	0.6763	0.6650	0.6539	0.6432	0.6327	0.6225	0.6125	0.6027	0.5931	0.5838	0.5746	0.5657	0.5569	0.5483	0.5398	0.5315	0.5234	
58	0.6875	0.6759	0.6646	0.6536	0.6428	0.6324	0.6221	0.6121	0.6024	0.5928	0.5835	0.5743	0.5654	0.5566	0.5480	0.5395	0.5313	0.5231	
	0° 36'	0° 37'	0° 38'	0° 39'	0° 40'	0° 41'	0° 42'	0° 43'	0° 44'	0° 45'	0° 46'	0° 47'	0° 48'	0° 49'	0° 50'	0° 51'	0° 52'	0° 53'	

Proportional Logarithms

Degree:minute, or Hour:minute

	0:54	0:55	0:56	0:57	0:58	0:59	1:00	1:01	1:02	1:03	1:04	1:05	1:06	1:07	1:08	1:09	1:10	1:11	
0	0.5229	0.5149	0.5071	0.4994	0.4918	0.4844	0.4771	0.4699	0.4629	0.4559	0.4491	0.4424	0.4357	0.4292	0.4228	0.4164	0.4102	0.4040	
2	0.5226	0.5146	0.5068	0.4991	0.4916	0.4842	0.4769	0.4697	0.4626	0.4557	0.4489	0.4421	0.4355	0.4290	0.4226	0.4162	0.4100	0.4038	
4	0.5223	0.5144	0.5066	0.4989	0.4913	0.4839	0.4766	0.4695	0.4624	0.4555	0.4486	0.4419	0.4353	0.4288	0.4223	0.4160	0.4098	0.4036	
6	0.5221	0.5141	0.5063	0.4986	0.4911	0.4837	0.4764	0.4692	0.4622	0.4552	0.4484	0.4417	0.4351	0.4285	0.4221	0.4158	0.4096	0.4034	0.'1
8	0.5218	0.5139	0.5061	0.4984	0.4908	0.4834	0.4762	0.4690	0.4619	0.4550	0.4482	0.4415	0.4349	0.4283	0.4219	0.4156	0.4093	0.4032	
10	0.5215	0.5136	0.5058	0.4981	0.4906	0.4832	0.4759	0.4688	0.4617	0.4548	0.4480	0.4412	0.4346	0.4281	0.4217	0.4154	0.4091	0.4030	
12	0.5213	0.5133	0.5055	0.4979	0.4903	0.4830	0.4757	0.4685	0.4615	0.4546	0.4477	0.4410	0.4344	0.4279	0.4215	0.4152	0.4089	0.4028	0.'2
14	0.5210	0.5131	0.5053	0.4976	0.4901	0.4827	0.4754	0.4683	0.4612	0.4543	0.4475	0.4408	0.4342	0.4277	0.4213	0.4150	0.4087	0.4026	
16	0.5207	0.5128	0.5050	0.4974	0.4899	0.4825	0.4752	0.4680	0.4610	0.4541	0.4473	0.4406	0.4340	0.4275	0.4211	0.4147	0.4085	0.4024	
18	0.5205	0.5125	0.5048	0.4971	0.4896	0.4822	0.4750	0.4678	0.4608	0.4539	0.4471	0.4404	0.4338	0.4273	0.4209	0.4145	0.4083	0.4022	0.'3
20	0.5202	0.5123	0.5045	0.4969	0.4894	0.4820	0.4747	0.4676	0.4606	0.4536	0.4468	0.4401	0.4335	0.4270	0.4206	0.4143	0.4081	0.4020	
22	0.5199	0.5120	0.5043	0.4966	0.4891	0.4817	0.4745	0.4673	0.4603	0.4534	0.4466	0.4399	0.4333	0.4268	0.4204	0.4141	0.4079	0.4018	
24	0.5197	0.5118	0.5040	0.4964	0.4889	0.4815	0.4742	0.4671	0.4601	0.4532	0.4464	0.4397	0.4331	0.4266	0.4202	0.4139	0.4077	0.4016	0.'4
26	0.5194	0.5115	0.5037	0.4961	0.4886	0.4812	0.4740	0.4669	0.4599	0.4530	0.4462	0.4395	0.4329	0.4264	0.4200	0.4137	0.4075	0.4014	
28	0.5191	0.5112	0.5035	0.4959	0.4884	0.4810	0.4738	0.4666	0.4596	0.4527	0.4459	0.4393	0.4327	0.4262	0.4198	0.4135	0.4073	0.4012	
30	0.5189	0.5110	0.5032	0.4956	0.4881	0.4808	0.4735	0.4664	0.4594	0.4525	0.4457	0.4390	0.4325	0.4260	0.4196	0.4133	0.4071	0.4010	0.'5
32	0.5186	0.5107	0.5030	0.4954	0.4879	0.4805	0.4733	0.4662	0.4592	0.4523	0.4455	0.4388	0.4322	0.4258	0.4194	0.4131	0.4069	0.4008	
34	0.5183	0.5105	0.5027	0.4951	0.4876	0.4803	0.4730	0.4659	0.4589	0.4520	0.4453	0.4386	0.4320	0.4255	0.4192	0.4129	0.4067	0.4006	
36	0.5181	0.5102	0.5025	0.4949	0.4874	0.4800	0.4728	0.4657	0.4587	0.4518	0.4450	0.4384	0.4318	0.4253	0.4189	0.4127	0.4065	0.4004	0.'6
38	0.5178	0.5099	0.5022	0.4946	0.4871	0.4798	0.4726	0.4655	0.4585	0.4516	0.4448	0.4381	0.4316	0.4251	0.4187	0.4125	0.4063	0.4002	
40	0.5175	0.5097	0.5019	0.4943	0.4869	0.4795	0.4723	0.4652	0.4582	0.4514	0.4446	0.4379	0.4314	0.4249	0.4185	0.4122	0.4061	0.4000	
42	0.5173	0.5094	0.5017	0.4941	0.4866	0.4793	0.4721	0.4650	0.4580	0.4511	0.4444	0.4377	0.4311	0.4247	0.4183	0.4120	0.4059	0.3998	0.'7
44	0.5170	0.5092	0.5014	0.4938	0.4864	0.4791	0.4718	0.4648	0.4578	0.4509	0.4441	0.4375	0.4309	0.4245	0.4181	0.4118	0.4056	0.3996	
46	0.5168	0.5089	0.5012	0.4936	0.4861	0.4788	0.4716	0.4645	0.4575	0.4507	0.4439	0.4373	0.4307	0.4243	0.4179	0.4116	0.4054	0.3993	
48	0.5165	0.5086	0.5009	0.4933	0.4859	0.4786	0.4714	0.4643	0.4573	0.4505	0.4437	0.4370	0.4305	0.4240	0.4177	0.4114	0.4052	0.3991	0.'8
50	0.5162	0.5084	0.5007	0.4931	0.4856	0.4783	0.4711	0.4640	0.4571	0.4502	0.4435	0.4368	0.4303	0.4238	0.4175	0.4112	0.4050	0.3989	
52	0.5160	0.5081	0.5004	0.4928	0.4854	0.4781	0.4709	0.4638	0.4569	0.4500	0.4433	0.4366	0.4301	0.4236	0.4173	0.4110	0.4048	0.3987	
54	0.5157	0.5079	0.5002	0.4926	0.4852	0.4778	0.4707	0.4636	0.4566	0.4498	0.4430	0.4364	0.4298	0.4234	0.4171	0.4108	0.4046	0.3985	0.'9
56	0.5154	0.5076	0.4999	0.4923	0.4849	0.4776	0.4704	0.4633	0.4564	0.4495	0.4428	0.4362	0.4296	0.4232	0.4168	0.4106	0.4044	0.3983	
58	0.5152	0.5073	0.4997	0.4921	0.4847	0.4774	0.4702	0.4631	0.4562	0.4493	0.4426	0.4359	0.4294	0.4230	0.4166	0.4104	0.4042	0.3981	
	0°54'	0°55'	0°56'	0°57'	0°58'	0°59'	1°0'	1°1'	1°2'	1°3'	1°4'	1°5'	1°6'	1°7'	1°8'	1°9'	1°10'	1°11'	

SECONDS OF TIME or ARC

ARC

Proportional Logarithms

Degree:minute, or Hour:minute

	1:12	1:13	1:14	1:15	1:16	1:17	1:18	1:19	1:20	1:21	1:22	1:23	1:24	1:25	1:26	1:27	1:28	1:29	
0	0.3979	0.3919	0.3860	0.3802	0.3745	0.3688	0.3632	0.3576	0.3522	0.3468	0.3415	0.3362	0.3310	0.3259	0.3208	0.3158	0.3108	0.3059	
2	0.3977	0.3918	0.3858	0.3800	0.3743	0.3686	0.3630	0.3575	0.3520	0.3466	0.3413	0.3360	0.3308	0.3257	0.3206	0.3156	0.3106	0.3057	
4	0.3975	0.3916	0.3856	0.3798	0.3741	0.3684	0.3628	0.3573	0.3518	0.3464	0.3411	0.3358	0.3306	0.3255	0.3204	0.3154	0.3105	0.3056	
6	0.3973	0.3914	0.3855	0.3796	0.3739	0.3682	0.3626	0.3571	0.3516	0.3463	0.3409	0.3357	0.3305	0.3253	0.3203	0.3153	0.3103	0.3054	0.'1
8	0.3971	0.3912	0.3853	0.3794	0.3737	0.3680	0.3624	0.3569	0.3515	0.3461	0.3408	0.3355	0.3303	0.3252	0.3201	0.3151	0.3101	0.3052	
10	0.3969	0.3910	0.3851	0.3792	0.3735	0.3678	0.3623	0.3567	0.3513	0.3459	0.3406	0.3353	0.3301	0.3250	0.3199	0.3149	0.3100	0.3051	
12	0.3967	0.3908	0.3849	0.3791	0.3733	0.3677	0.3621	0.3565	0.3511	0.3457	0.3404	0.3351	0.3300	0.3248	0.3198	0.3148	0.3098	0.3049	0.'2
14	0.3965	0.3906	0.3847	0.3789	0.3731	0.3675	0.3619	0.3564	0.3509	0.3455	0.3402	0.3350	0.3298	0.3247	0.3196	0.3146	0.3096	0.3047	
16	0.3963	0.3904	0.3845	0.3787	0.3729	0.3673	0.3617	0.3562	0.3507	0.3454	0.3400	0.3348	0.3296	0.3245	0.3194	0.3144	0.3095	0.3046	
18	0.3961	0.3902	0.3843	0.3785	0.3727	0.3671	0.3615	0.3560	0.3506	0.3452	0.3399	0.3346	0.3294	0.3243	0.3193	0.3143	0.3093	0.3044	0.'3
20	0.3959	0.3900	0.3841	0.3783	0.3726	0.3669	0.3613	0.3558	0.3504	0.3450	0.3397	0.3345	0.3293	0.3242	0.3191	0.3141	0.3091	0.3043	
22	0.3957	0.3898	0.3839	0.3781	0.3724	0.3667	0.3611	0.3556	0.3502	0.3448	0.3395	0.3343	0.3291	0.3240	0.3189	0.3139	0.3090	0.3041	
24	0.3955	0.3896	0.3837	0.3779	0.3722	0.3665	0.3610	0.3555	0.3500	0.3446	0.3393	0.3341	0.3289	0.3238	0.3188	0.3138	0.3088	0.3039	0.'4
26	0.3953	0.3894	0.3835	0.3777	0.3720	0.3663	0.3608	0.3553	0.3498	0.3445	0.3392	0.3339	0.3288	0.3236	0.3186	0.3136	0.3087	0.3038	
28	0.3951	0.3892	0.3833	0.3775	0.3718	0.3662	0.3606	0.3551	0.3497	0.3443	0.3390	0.3338	0.3286	0.3235	0.3184	0.3134	0.3085	0.3036	
30	0.3949	0.3890	0.3831	0.3773	0.3716	0.3660	0.3604	0.3549	0.3495	0.3441	0.3388	0.3336	0.3284	0.3233	0.3183	0.3133	0.3083	0.3034	0.'5
32	0.3947	0.3888	0.3829	0.3771	0.3714	0.3658	0.3602	0.3547	0.3493	0.3439	0.3386	0.3334	0.3282	0.3231	0.3181	0.3131	0.3082	0.3033	
34	0.3945	0.3886	0.3827	0.3769	0.3712	0.3656	0.3600	0.3545	0.3491	0.3438	0.3385	0.3332	0.3281	0.3230	0.3179	0.3129	0.3080	0.3031	
36	0.3943	0.3884	0.3825	0.3768	0.3710	0.3654	0.3598	0.3544	0.3489	0.3436	0.3383	0.3331	0.3279	0.3228	0.3178	0.3128	0.3078	0.3030	0.'6
38	0.3941	0.3882	0.3823	0.3766	0.3709	0.3652	0.3597	0.3542	0.3488	0.3434	0.3381	0.3329	0.3277	0.3226	0.3176	0.3126	0.3077	0.3028	
40	0.3939	0.3880	0.3821	0.3764	0.3707	0.3650	0.3595	0.3540	0.3486	0.3432	0.3379	0.3327	0.3276	0.3225	0.3174	0.3124	0.3075	0.3026	
42	0.3937	0.3878	0.3820	0.3762	0.3705	0.3649	0.3593	0.3538	0.3484	0.3431	0.3378	0.3325	0.3274	0.3223	0.3173	0.3123	0.3073	0.3025	0.'7
44	0.3935	0.3876	0.3818	0.3760	0.3703	0.3647	0.3591	0.3536	0.3482	0.3429	0.3376	0.3324	0.3272	0.3221	0.3171	0.3121	0.3072	0.3023	
46	0.3933	0.3874	0.3816	0.3758	0.3701	0.3645	0.3589	0.3535	0.3480	0.3427	0.3374	0.3322	0.3270	0.3220	0.3169	0.3119	0.3070	0.3022	
48	0.3931	0.3872	0.3814	0.3756	0.3699	0.3643	0.3587	0.3533	0.3479	0.3425	0.3372	0.3320	0.3269	0.3218	0.3168	0.3118	0.3069	0.3020	0.'8
50	0.3929	0.3870	0.3812	0.3754	0.3697	0.3641	0.3586	0.3531	0.3477	0.3423	0.3371	0.3319	0.3267	0.3216	0.3166	0.3116	0.3067	0.3018	
52	0.3927	0.3868	0.3810	0.3752	0.3695	0.3639	0.3584	0.3529	0.3475	0.3422	0.3369	0.3317	0.3265	0.3214	0.3164	0.3114	0.3065	0.3017	
54	0.3925	0.3866	0.3808	0.3750	0.3693	0.3637	0.3582	0.3527	0.3473	0.3420	0.3367	0.3315	0.3264	0.3213	0.3163	0.3113	0.3064	0.3015	0.'9
56	0.3923	0.3864	0.3806	0.3748	0.3692	0.3635	0.3580	0.3525	0.3471	0.3418	0.3365	0.3313	0.3262	0.3211	0.3161	0.3111	0.3062	0.3014	
58	0.3921	0.3862	0.3804	0.3746	0.3690	0.3634	0.3578	0.3524	0.3470	0.3416	0.3364	0.3312	0.3260	0.3209	0.3159	0.3110	0.3060	0.3012	
	1°12'	1°13'	1°14'	1°15'	1°16'	1°17'	1°18'	1°19'	1°20'	1°21'	1°22'	1°23'	1°24'	1°25'	1°26'	1°27'	1°28'	1°29'	

Proportional Logarithms

Degree:minute, or Hour:minute

	1:30	1:31	1:32	1:33	1:34	1:35	1:36	1:37	1:38	1:39	1:40	1:41	1:42	1:43	1:44	1:45	1:46	1:47	
0	0.3010	0.2962	0.2915	0.2868	0.2821	0.2775	0.2730	0.2685	0.2640	0.2596	0.2553	0.2510	0.2467	0.2424	0.2382	0.2341	0.2300	0.2259	
2	0.3009	0.2961	0.2913	0.2866	0.2820	0.2774	0.2729	0.2684	0.2639	0.2595	0.2551	0.2508	0.2465	0.2423	0.2381	0.2339	0.2298	0.2258	
4	0.3007	0.2959	0.2912	0.2865	0.2818	0.2772	0.2727	0.2682	0.2638	0.2593	0.2550	0.2507	0.2464	0.2422	0.2380	0.2338	0.2297	0.2256	
6	0.3005	0.2958	0.2910	0.2863	0.2817	0.2771	0.2725	0.2681	0.2636	0.2592	0.2548	0.2505	0.2462	0.2420	0.2378	0.2337	0.2296	0.2255	0.'1
8	0.3004	0.2956	0.2909	0.2862	0.2815	0.2769	0.2724	0.2679	0.2635	0.2591	0.2547	0.2504	0.2461	0.2419	0.2377	0.2335	0.2294	0.2253	
10	0.3002	0.2954	0.2907	0.2860	0.2814	0.2768	0.2722	0.2678	0.2633	0.2589	0.2545	0.2502	0.2460	0.2417	0.2375	0.2334	0.2293	0.2252	
12	0.3001	0.2953	0.2905	0.2859	0.2812	0.2766	0.2721	0.2676	0.2632	0.2588	0.2544	0.2501	0.2458	0.2416	0.2374	0.2333	0.2291	0.2251	0.'2
14	0.2999	0.2951	0.2904	0.2857	0.2811	0.2765	0.2719	0.2675	0.2630	0.2586	0.2543	0.2499	0.2457	0.2415	0.2373	0.2331	0.2290	0.2249	
16	0.2997	0.2950	0.2902	0.2855	0.2809	0.2763	0.2718	0.2673	0.2629	0.2585	0.2541	0.2498	0.2455	0.2413	0.2371	0.2330	0.2289	0.2248	
18	0.2996	0.2948	0.2901	0.2854	0.2808	0.2762	0.2716	0.2672	0.2627	0.2583	0.2540	0.2497	0.2454	0.2412	0.2370	0.2328	0.2287	0.2247	0.'3
20	0.2994	0.2946	0.2899	0.2852	0.2806	0.2760	0.2715	0.2670	0.2626	0.2582	0.2538	0.2495	0.2453	0.2410	0.2368	0.2327	0.2286	0.2245	
22	0.2993	0.2945	0.2898	0.2851	0.2805	0.2759	0.2713	0.2669	0.2624	0.2580	0.2537	0.2494	0.2451	0.2409	0.2367	0.2326	0.2285	0.2244	
24	0.2991	0.2943	0.2896	0.2849	0.2803	0.2757	0.2712	0.2667	0.2623	0.2579	0.2535	0.2492	0.2450	0.2408	0.2366	0.2324	0.2283	0.2243	0.'4
26	0.2989	0.2942	0.2894	0.2848	0.2801	0.2756	0.2710	0.2666	0.2621	0.2577	0.2534	0.2491	0.2448	0.2406	0.2364	0.2323	0.2282	0.2241	
28	0.2988	0.2940	0.2893	0.2846	0.2800	0.2754	0.2709	0.2664	0.2620	0.2576	0.2533	0.2489	0.2447	0.2405	0.2363	0.2322	0.2281	0.2240	
30	0.2986	0.2939	0.2891	0.2845	0.2798	0.2753	0.2707	0.2663	0.2618	0.2574	0.2531	0.2488	0.2445	0.2403	0.2362	0.2320	0.2279	0.2239	0.'5
32	0.2985	0.2937	0.2890	0.2843	0.2797	0.2751	0.2706	0.2661	0.2617	0.2573	0.2530	0.2487	0.2444	0.2402	0.2360	0.2319	0.2278	0.2237	
34	0.2983	0.2935	0.2888	0.2842	0.2795	0.2750	0.2704	0.2660	0.2615	0.2572	0.2528	0.2485	0.2443	0.2401	0.2359	0.2317	0.2277	0.2236	
36	0.2981	0.2934	0.2887	0.2840	0.2794	0.2748	0.2703	0.2658	0.2614	0.2570	0.2527	0.2484	0.2441	0.2399	0.2357	0.2316	0.2275	0.2235	0.'6
38	0.2980	0.2932	0.2885	0.2838	0.2792	0.2747	0.2701	0.2657	0.2612	0.2569	0.2525	0.2482	0.2440	0.2398	0.2356	0.2315	0.2274	0.2233	
40	0.2978	0.2931	0.2883	0.2837	0.2791	0.2745	0.2700	0.2655	0.2611	0.2567	0.2524	0.2481	0.2438	0.2396	0.2355	0.2313	0.2272	0.2232	
42	0.2977	0.2929	0.2882	0.2835	0.2789	0.2744	0.2698	0.2654	0.2610	0.2566	0.2522	0.2480	0.2437	0.2395	0.2353	0.2312	0.2271	0.2231	0.'7
44	0.2975	0.2927	0.2880	0.2834	0.2788	0.2742	0.2697	0.2652	0.2608	0.2564	0.2521	0.2478	0.2436	0.2394	0.2352	0.2311	0.2270	0.2229	
46	0.2973	0.2926	0.2879	0.2832	0.2786	0.2741	0.2695	0.2651	0.2607	0.2563	0.2520	0.2477	0.2434	0.2392	0.2350	0.2309	0.2268	0.2228	
48	0.2972	0.2924	0.2877	0.2831	0.2785	0.2739	0.2694	0.2649	0.2605	0.2561	0.2518	0.2475	0.2433	0.2391	0.2349	0.2308	0.2267	0.2227	0.'8
50	0.2970	0.2923	0.2876	0.2829	0.2783	0.2738	0.2692	0.2648	0.2604	0.2560	0.2517	0.2474	0.2431	0.2389	0.2348	0.2307	0.2266	0.2225	
52	0.2969	0.2921	0.2874	0.2828	0.2782	0.2736	0.2691	0.2646	0.2602	0.2559	0.2515	0.2472	0.2430	0.2388	0.2346	0.2305	0.2264	0.2224	
54	0.2967	0.2920	0.2873	0.2826	0.2780	0.2735	0.2689	0.2645	0.2601	0.2557	0.2514	0.2471	0.2429	0.2387	0.2345	0.2304	0.2263	0.2223	0.'9
56	0.2965	0.2918	0.2871	0.2825	0.2779	0.2733	0.2688	0.2643	0.2599	0.2556	0.2512	0.2470	0.2427	0.2385	0.2344	0.2302	0.2262	0.2221	
58	0.2964	0.2916	0.2869	0.2823	0.2777	0.2732	0.2687	0.2642	0.2598	0.2554	0.2511	0.2468	0.2426	0.2384	0.2342	0.2301	0.2260	0.2220	
	1°30'	1°31'	1°32'	1°33'	1°34'	1°35'	1°36'	1°37'	1°38'	1°39'	1°40'	1°41'	1°42'	1°43'	1°44'	1°45'	1°46'	1°47'	

SECONDS OF TIME

ARC

A R C

Proportional Logarithms

Degree:minute, or Hour:minute

ARC

	1:48	1:49	1:50	1:51	1:52	1:53	1:54	1:55	1:56	1:57	1:58	1:59	2:00	2:01	2:02	2:03	2:04	2:05	
0	0.2218	0.2178	0.2139	0.2099	0.2061	0.2022	0.1984	0.1946	0.1908	0.1871	0.1834	0.1797	0.1761	0.1725	0.1689	0.1654	0.1619	0.1584	
2	0.2217	0.2177	0.2137	0.2098	0.2059	0.2021	0.1982	0.1944	0.1907	0.1870	0.1833	0.1796	0.1760	0.1724	0.1688	0.1652	0.1617	0.1582	
4	0.2216	0.2176	0.2136	0.2097	0.2058	0.2019	0.1981	0.1943	0.1906	0.1868	0.1831	0.1795	0.1759	0.1722	0.1687	0.1651	0.1616	0.1581	
6	0.2214	0.2174	0.2135	0.2096	0.2057	0.2018	0.1980	0.1942	0.1904	0.1867	0.1830	0.1794	0.1757	0.1721	0.1686	0.1650	0.1615	0.1580	0.'1
8	0.2213	0.2173	0.2134	0.2094	0.2055	0.2017	0.1979	0.1941	0.1903	0.1866	0.1829	0.1792	0.1756	0.1720	0.1684	0.1649	0.1614	0.1579	
10	0.2212	0.2172	0.2132	0.2093	0.2054	0.2016	0.1977	0.1939	0.1902	0.1865	0.1828	0.1791	0.1755	0.1719	0.1683	0.1648	0.1613	0.1578	
12	0.2210	0.2170	0.2131	0.2092	0.2053	0.2014	0.1976	0.1938	0.1901	0.1863	0.1827	0.1790	0.1754	0.1718	0.1682	0.1647	0.1612	0.1577	0.'2
14	0.2209	0.2169	0.2130	0.2090	0.2052	0.2013	0.1975	0.1937	0.1899	0.1862	0.1825	0.1789	0.1752	0.1717	0.1681	0.1645	0.1610	0.1576	
16	0.2208	0.2168	0.2128	0.2089	0.2050	0.2012	0.1974	0.1936	0.1898	0.1861	0.1824	0.1788	0.1751	0.1715	0.1680	0.1644	0.1609	0.1574	
18	0.2206	0.2167	0.2127	0.2088	0.2049	0.2010	0.1972	0.1934	0.1897	0.1860	0.1823	0.1786	0.1750	0.1714	0.1678	0.1643	0.1608	0.1573	0.'3
20	0.2205	0.2165	0.2126	0.2086	0.2048	0.2009	0.1971	0.1933	0.1896	0.1859	0.1822	0.1785	0.1749	0.1713	0.1677	0.1642	0.1607	0.1572	
22	0.2204	0.2164	0.2124	0.2085	0.2046	0.2008	0.1970	0.1932	0.1894	0.1857	0.1820	0.1784	0.1748	0.1712	0.1676	0.1641	0.1606	0.1571	
24	0.2202	0.2163	0.2123	0.2084	0.2045	0.2007	0.1968	0.1931	0.1893	0.1856	0.1819	0.1783	0.1746	0.1711	0.1675	0.1640	0.1605	0.1570	0.'4
26	0.2201	0.2161	0.2122	0.2083	0.2044	0.2005	0.1967	0.1929	0.1892	0.1855	0.1818	0.1781	0.1745	0.1709	0.1674	0.1638	0.1603	0.1569	
28	0.2200	0.2160	0.2120	0.2081	0.2042	0.2004	0.1966	0.1928	0.1891	0.1854	0.1817	0.1780	0.1744	0.1708	0.1673	0.1637	0.1602	0.1567	
30	0.2198	0.2159	0.2119	0.2080	0.2041	0.2003	0.1965	0.1927	0.1889	0.1852	0.1816	0.1779	0.1743	0.1707	0.1671	0.1636	0.1601	0.1566	0.'5
32	0.2197	0.2157	0.2118	0.2079	0.2040	0.2001	0.1963	0.1926	0.1888	0.1851	0.1814	0.1778	0.1742	0.1706	0.1670	0.1635	0.1600	0.1565	
34	0.2196	0.2156	0.2116	0.2077	0.2039	0.2000	0.1962	0.1924	0.1887	0.1850	0.1813	0.1777	0.1740	0.1705	0.1669	0.1634	0.1599	0.1564	
36	0.2194	0.2155	0.2115	0.2076	0.2037	0.1999	0.1961	0.1923	0.1886	0.1849	0.1812	0.1775	0.1739	0.1703	0.1668	0.1633	0.1598	0.1563	0.'6
38	0.2193	0.2153	0.2114	0.2075	0.2036	0.1998	0.1960	0.1922	0.1884	0.1847	0.1811	0.1774	0.1738	0.1702	0.1667	0.1631	0.1596	0.1562	
40	0.2192	0.2152	0.2113	0.2073	0.2035	0.1996	0.1958	0.1921	0.1883	0.1846	0.1809	0.1773	0.1737	0.1701	0.1665	0.1630	0.1595	0.1561	
42	0.2190	0.2151	0.2111	0.2072	0.2033	0.1995	0.1957	0.1919	0.1882	0.1845	0.1808	0.1772	0.1736	0.1700	0.1664	0.1629	0.1594	0.1559	0.'7
44	0.2189	0.2149	0.2110	0.2071	0.2032	0.1994	0.1956	0.1918	0.1881	0.1844	0.1807	0.1771	0.1734	0.1699	0.1663	0.1628	0.1593	0.1558	
46	0.2188	0.2148	0.2109	0.2070	0.2031	0.1993	0.1955	0.1917	0.1880	0.1843	0.1806	0.1769	0.1733	0.1697	0.1662	0.1627	0.1592	0.1557	
48	0.2186	0.2147	0.2107	0.2068	0.2030	0.1991	0.1953	0.1916	0.1878	0.1841	0.1805	0.1768	0.1732	0.1696	0.1661	0.1626	0.1591	0.1556	0.'8
50	0.2185	0.2145	0.2106	0.2067	0.2028	0.1990	0.1952	0.1914	0.1877	0.1840	0.1803	0.1767	0.1731	0.1695	0.1660	0.1624	0.1589	0.1555	
52	0.2184	0.2144	0.2105	0.2066	0.2027	0.1989	0.1951	0.1913	0.1876	0.1839	0.1802	0.1766	0.1730	0.1694	0.1658	0.1623	0.1588	0.1554	
54	0.2182	0.2143	0.2103	0.2064	0.2026	0.1987	0.1950	0.1912	0.1875	0.1838	0.1801	0.1765	0.1728	0.1693	0.1657	0.1622	0.1587	0.1552	0.'9
56	0.2181	0.2141	0.2102	0.2063	0.2025	0.1986	0.1948	0.1911	0.1873	0.1836	0.1800	0.1763	0.1727	0.1692	0.1656	0.1621	0.1586	0.1551	
58	0.2180	0.2140	0.2101	0.2062	0.2023	0.1985	0.1947	0.1909	0.1872	0.1835	0.1798	0.1762	0.1726	0.1690	0.1655	0.1620	0.1585	0.1550	
	1°48'	1°49'	1°50'	1°51'	1°52'	1°53'	1°54'	1°55'	1°56'	1°57'	1°58'	1°59'	2°0'	2°1'	2°2'	2°3'	2°4'	2°5'	

SECONDS OF TIME or ARC

ARC

Proportional Logarithms

Degree:minute, or Hour:minute

	2:06	2:07	2:08	2:09	2:10	2:11	2:12	2:13	2:14	2:15	2:16	2:17	2:18	2:19	2:20	2:21	2:22	2:23	
0	0.1549	0.1515	0.1481	0.1447	0.1413	0.1380	0.1347	0.1314	0.1282	0.1249	0.1217	0.1186	0.1154	0.1123	0.1091	0.1061	0.1030	0.0999	
2	0.1548	0.1514	0.1479	0.1446	0.1412	0.1379	0.1346	0.1313	0.1281	0.1248	0.1216	0.1184	0.1153	0.1122	0.1090	0.1060	0.1029	0.0998	
4	0.1547	0.1512	0.1478	0.1445	0.1411	0.1378	0.1345	0.1312	0.1280	0.1247	0.1215	0.1183	0.1152	0.1120	0.1089	0.1058	0.1028	0.0997	
6	0.1546	0.1511	0.1477	0.1443	0.1410	0.1377	0.1344	0.1311	0.1278	0.1246	0.1214	0.1182	0.1151	0.1119	0.1088	0.1057	0.1027	0.0996	0.'1
8	0.1544	0.1510	0.1476	0.1442	0.1409	0.1376	0.1343	0.1310	0.1277	0.1245	0.1213	0.1181	0.1150	0.1118	0.1087	0.1056	0.1026	0.0995	
10	0.1543	0.1509	0.1475	0.1441	0.1408	0.1374	0.1342	0.1309	0.1276	0.1244	0.1212	0.1180	0.1149	0.1117	0.1086	0.1055	0.1025	0.0994	
12	0.1542	0.1508	0.1474	0.1440	0.1407	0.1373	0.1340	0.1308	0.1275	0.1243	0.1211	0.1179	0.1148	0.1116	0.1085	0.1054	0.1024	0.0993	0.'2
14	0.1541	0.1507	0.1473	0.1439	0.1406	0.1372	0.1339	0.1307	0.1274	0.1242	0.1210	0.1178	0.1147	0.1115	0.1084	0.1053	0.1023	0.0992	
16	0.1540	0.1506	0.1472	0.1438	0.1404	0.1371	0.1338	0.1306	0.1273	0.1241	0.1209	0.1177	0.1146	0.1114	0.1083	0.1052	0.1022	0.0991	
18	0.1539	0.1504	0.1470	0.1437	0.1403	0.1370	0.1337	0.1304	0.1272	0.1240	0.1208	0.1176	0.1145	0.1113	0.1082	0.1051	0.1021	0.0990	0.'3
20	0.1538	0.1503	0.1469	0.1436	0.1402	0.1369	0.1336	0.1303	0.1271	0.1239	0.1207	0.1175	0.1143	0.1112	0.1081	0.1050	0.1020	0.0989	
22	0.1536	0.1502	0.1468	0.1435	0.1401	0.1368	0.1335	0.1302	0.1270	0.1238	0.1206	0.1174	0.1142	0.1111	0.1080	0.1049	0.1019	0.0988	
24	0.1535	0.1501	0.1467	0.1433	0.1400	0.1367	0.1334	0.1301	0.1269	0.1237	0.1205	0.1173	0.1141	0.1110	0.1079	0.1048	0.1018	0.0987	0.'4
26	0.1534	0.1500	0.1466	0.1432	0.1399	0.1366	0.1333	0.1300	0.1268	0.1235	0.1204	0.1172	0.1140	0.1109	0.1078	0.1047	0.1017	0.0986	
28	0.1533	0.1499	0.1465	0.1431	0.1398	0.1365	0.1332	0.1299	0.1267	0.1234	0.1202	0.1171	0.1139	0.1108	0.1077	0.1046	0.1016	0.0985	
30	0.1532	0.1498	0.1464	0.1430	0.1397	0.1363	0.1331	0.1298	0.1266	0.1233	0.1201	0.1170	0.1138	0.1107	0.1076	0.1045	0.1015	0.0984	0.'5
32	0.1531	0.1496	0.1463	0.1429	0.1396	0.1362	0.1329	0.1297	0.1264	0.1232	0.1200	0.1169	0.1137	0.1106	0.1075	0.1044	0.1014	0.0983	
34	0.1530	0.1495	0.1461	0.1428	0.1394	0.1361	0.1328	0.1296	0.1263	0.1231	0.1199	0.1168	0.1136	0.1105	0.1074	0.1043	0.1013	0.0982	
36	0.1528	0.1494	0.1460	0.1427	0.1393	0.1360	0.1327	0.1295	0.1262	0.1230	0.1198	0.1167	0.1135	0.1104	0.1073	0.1042	0.1012	0.0981	0.'6
38	0.1527	0.1493	0.1459	0.1426	0.1392	0.1359	0.1326	0.1294	0.1261	0.1229	0.1197	0.1165	0.1134	0.1103	0.1072	0.1041	0.1011	0.0980	
40	0.1526	0.1492	0.1458	0.1424	0.1391	0.1358	0.1325	0.1292	0.1260	0.1228	0.1196	0.1164	0.1133	0.1102	0.1071	0.1040	0.1009	0.0979	
42	0.1525	0.1491	0.1457	0.1423	0.1390	0.1357	0.1324	0.1291	0.1259	0.1227	0.1195	0.1163	0.1132	0.1101	0.1070	0.1039	0.1008	0.0978	0.'7
44	0.1524	0.1490	0.1456	0.1422	0.1389	0.1356	0.1323	0.1290	0.1258	0.1226	0.1194	0.1162	0.1131	0.1100	0.1069	0.1038	0.1007	0.0977	
46	0.1523	0.1489	0.1455	0.1421	0.1388	0.1355	0.1322	0.1289	0.1257	0.1225	0.1193	0.1161	0.1130	0.1099	0.1068	0.1037	0.1006	0.0976	
48	0.1522	0.1487	0.1454	0.1420	0.1387	0.1354	0.1321	0.1288	0.1256	0.1224	0.1192	0.1160	0.1129	0.1098	0.1067	0.1036	0.1005	0.0975	0.'8
50	0.1520	0.1486	0.1452	0.1419	0.1386	0.1352	0.1320	0.1287	0.1255	0.1223	0.1191	0.1159	0.1128	0.1097	0.1066	0.1035	0.1004	0.0974	
52	0.1519	0.1485	0.1451	0.1418	0.1384	0.1351	0.1319	0.1286	0.1254	0.1222	0.1190	0.1158	0.1127	0.1096	0.1065	0.1034	0.1003	0.0973	
54	0.1518	0.1484	0.1450	0.1417	0.1383	0.1350	0.1317	0.1285	0.1253	0.1221	0.1189	0.1157	0.1126	0.1095	0.1064	0.1033	0.1002	0.0972	0.'9
56	0.1517	0.1483	0.1449	0.1416	0.1382	0.1349	0.1316	0.1284	0.1252	0.1219	0.1188	0.1156	0.1125	0.1094	0.1063	0.1032	0.1001	0.0971	
58	0.1516	0.1482	0.1448	0.1414	0.1381	0.1348	0.1315	0.1283	0.1250	0.1218	0.1187	0.1155	0.1124	0.1092	0.1062	0.1031	0.1000	0.0970	
	2° 6'	2° 7'	2° 8'	2° 9'	2° 10'	2° 11'	2° 12'	2° 13'	2° 14'	2° 15'	2° 16'	2° 17'	2° 18'	2° 19'	2° 20'	2° 21'	2° 22'	2° 23'	

SECONDS OF TIME or ARC

ARC

Proportional Logarithms

Degree:minute, or Hour:minute

	2:24	2:25	2:26	2:27	2:28	2:29	2:30	2:31	2:32	2:33	2:34	2:35	2:36	2:37	2:38	2:39	2:40	2:41	
0	0.0969	0.0939	0.0909	0.0880	0.0850	0.0821	0.0792	0.0763	0.0734	0.0706	0.0678	0.0649	0.0621	0.0594	0.0566	0.0539	0.0512	0.0484	
2	0.0968	0.0938	0.0908	0.0879	0.0849	0.0820	0.0791	0.0762	0.0733	0.0705	0.0677	0.0648	0.0621	0.0593	0.0565	0.0538	0.0511	0.0484	
4	0.0967	0.0937	0.0907	0.0878	0.0848	0.0819	0.0790	0.0761	0.0732	0.0704	0.0676	0.0648	0.0620	0.0592	0.0564	0.0537	0.0510	0.0483	
6	0.0966	0.0936	0.0906	0.0877	0.0847	0.0818	0.0789	0.0760	0.0731	0.0703	0.0675	0.0647	0.0619	0.0591	0.0563	0.0536	0.0509	0.0482	0.'1
8	0.0965	0.0935	0.0905	0.0876	0.0846	0.0817	0.0788	0.0759	0.0730	0.0702	0.0674	0.0646	0.0618	0.0590	0.0562	0.0535	0.0508	0.0481	
10	0.0964	0.0934	0.0904	0.0875	0.0845	0.0816	0.0787	0.0758	0.0730	0.0701	0.0673	0.0645	0.0617	0.0589	0.0562	0.0534	0.0507	0.0480	
12	0.0963	0.0933	0.0903	0.0874	0.0844	0.0815	0.0786	0.0757	0.0729	0.0700	0.0672	0.0644	0.0616	0.0588	0.0561	0.0533	0.0506	0.0479	0.'2
14	0.0962	0.0932	0.0902	0.0873	0.0843	0.0814	0.0785	0.0756	0.0728	0.0699	0.0671	0.0643	0.0615	0.0587	0.0560	0.0532	0.0505	0.0478	
16	0.0961	0.0931	0.0901	0.0872	0.0842	0.0813	0.0784	0.0755	0.0727	0.0698	0.0670	0.0642	0.0614	0.0586	0.0559	0.0531	0.0504	0.0477	
18	0.0960	0.0930	0.0900	0.0871	0.0841	0.0812	0.0783	0.0754	0.0726	0.0697	0.0669	0.0641	0.0613	0.0585	0.0558	0.0531	0.0503	0.0476	0.'3
20	0.0959	0.0929	0.0899	0.0870	0.0840	0.0811	0.0782	0.0753	0.0725	0.0696	0.0668	0.0640	0.0612	0.0585	0.0557	0.0530	0.0502	0.0475	
22	0.0958	0.0928	0.0898	0.0869	0.0839	0.0810	0.0781	0.0752	0.0724	0.0695	0.0667	0.0639	0.0611	0.0584	0.0556	0.0529	0.0502	0.0475	
24	0.0957	0.0927	0.0897	0.0868	0.0838	0.0809	0.0780	0.0751	0.0723	0.0694	0.0666	0.0638	0.0610	0.0583	0.0555	0.0528	0.0501	0.0474	0.'4
26	0.0956	0.0926	0.0896	0.0867	0.0837	0.0808	0.0779	0.0751	0.0722	0.0694	0.0665	0.0637	0.0609	0.0582	0.0554	0.0527	0.0500	0.0473	
28	0.0955	0.0925	0.0895	0.0866	0.0836	0.0807	0.0778	0.0750	0.0721	0.0693	0.0664	0.0636	0.0609	0.0581	0.0553	0.0526	0.0499	0.0472	
30	0.0954	0.0924	0.0894	0.0865	0.0835	0.0806	0.0777	0.0749	0.0720	0.0692	0.0663	0.0635	0.0608	0.0580	0.0552	0.0525	0.0498	0.0471	0.'5
32	0.0953	0.0923	0.0893	0.0864	0.0834	0.0805	0.0776	0.0748	0.0719	0.0691	0.0663	0.0634	0.0607	0.0579	0.0552	0.0524	0.0497	0.0470	
34	0.0952	0.0922	0.0892	0.0863	0.0834	0.0804	0.0775	0.0747	0.0718	0.0690	0.0662	0.0634	0.0606	0.0578	0.0551	0.0523	0.0496	0.0469	
36	0.0951	0.0921	0.0891	0.0862	0.0833	0.0803	0.0774	0.0746	0.0717	0.0689	0.0661	0.0633	0.0605	0.0577	0.0550	0.0522	0.0495	0.0468	0.'6
38	0.0950	0.0920	0.0890	0.0861	0.0832	0.0802	0.0774	0.0745	0.0716	0.0688	0.0660	0.0632	0.0604	0.0576	0.0549	0.0521	0.0494	0.0467	
40	0.0949	0.0919	0.0889	0.0860	0.0831	0.0801	0.0773	0.0744	0.0715	0.0687	0.0659	0.0631	0.0603	0.0575	0.0548	0.0521	0.0493	0.0467	
42	0.0948	0.0918	0.0888	0.0859	0.0830	0.0801	0.0772	0.0743	0.0714	0.0686	0.0658	0.0630	0.0602	0.0574	0.0547	0.0520	0.0493	0.0466	0.'7
44	0.0947	0.0917	0.0887	0.0858	0.0829	0.0800	0.0771	0.0742	0.0713	0.0685	0.0657	0.0629	0.0601	0.0573	0.0546	0.0519	0.0492	0.0465	
46	0.0946	0.0916	0.0886	0.0857	0.0828	0.0799	0.0770	0.0741	0.0712	0.0684	0.0656	0.0628	0.0600	0.0573	0.0545	0.0518	0.0491	0.0464	
48	0.0945	0.0915	0.0885	0.0856	0.0827	0.0798	0.0769	0.0740	0.0711	0.0683	0.0655	0.0627	0.0599	0.0572	0.0544	0.0517	0.0490	0.0463	0.'8
50	0.0944	0.0914	0.0884	0.0855	0.0826	0.0797	0.0768	0.0739	0.0711	0.0682	0.0654	0.0626	0.0598	0.0571	0.0543	0.0516	0.0489	0.0462	
52	0.0943	0.0913	0.0883	0.0854	0.0825	0.0796	0.0767	0.0738	0.0710	0.0681	0.0653	0.0625	0.0597	0.0570	0.0542	0.0515	0.0488	0.0461	
54	0.0942	0.0912	0.0883	0.0853	0.0824	0.0795	0.0766	0.0737	0.0709	0.0680	0.0652	0.0624	0.0596	0.0569	0.0541	0.0514	0.0487	0.0460	0.'9
56	0.0941	0.0911	0.0882	0.0852	0.0823	0.0794	0.0765	0.0736	0.0708	0.0679	0.0651	0.0623	0.0596	0.0568	0.0541	0.0513	0.0486	0.0459	
58	0.0940	0.0910	0.0881	0.0851	0.0822	0.0793	0.0764	0.0735	0.0707	0.0678	0.0650	0.0622	0.0595	0.0567	0.0540	0.0512	0.0485	0.0458	
	2° 24'	2° 25'	2° 26'	2° 27'	2° 28'	2° 29'	2° 30'	2° 31'	2° 32'	2° 33'	2° 34'	2° 35'	2° 36'	2° 37'	2° 38'	2° 39'	2° 40'	2° 41'	

ARC

Proportional Logarithms

Degree:minute, or Hour:minute

	2:42	2:43	2:44	2:45	2:46	2:47	2:48	2:49	2:50	2:51	2:52	2:53	2:54	2:55	2:56	2:57	2:58	2:59	
0	0.0458	0.0431	0.0404	0.0378	0.0352	0.0326	0.0300	0.0274	0.0248	0.0223	0.0197	0.0172	0.0147	0.0122	0.0098	0.0073	0.0049	0.0024	
2	0.0457	0.0430	0.0403	0.0377	0.0351	0.0325	0.0299	0.0273	0.0247	0.0222	0.0197	0.0171	0.0146	0.0122	0.0097	0.0072	0.0048	0.0023	
4	0.0456	0.0429	0.0403	0.0376	0.0350	0.0324	0.0298	0.0272	0.0247	0.0221	0.0196	0.0171	0.0146	0.0121	0.0096	0.0071	0.0047	0.0023	
6	0.0455	0.0428	0.0402	0.0375	0.0349	0.0323	0.0297	0.0271	0.0246	0.0220	0.0195	0.0170	0.0145	0.0120	0.0095	0.0071	0.0046	0.0022	0.'1
8	0.0454	0.0427	0.0401	0.0374	0.0348	0.0322	0.0296	0.0270	0.0245	0.0219	0.0194	0.0169	0.0144	0.0119	0.0094	0.0070	0.0045	0.0021	
10	0.0453	0.0426	0.0400	0.0374	0.0347	0.0321	0.0295	0.0270	0.0244	0.0219	0.0193	0.0168	0.0143	0.0118	0.0093	0.0069	0.0044	0.0020	
12	0.0452	0.0426	0.0399	0.0373	0.0346	0.0320	0.0294	0.0269	0.0243	0.0218	0.0192	0.0167	0.0142	0.0117	0.0093	0.0068	0.0044	0.0019	0.'2
14	0.0451	0.0425	0.0398	0.0372	0.0346	0.0319	0.0294	0.0268	0.0242	0.0217	0.0192	0.0166	0.0141	0.0117	0.0092	0.0067	0.0043	0.0019	
16	0.0450	0.0424	0.0397	0.0371	0.0345	0.0319	0.0293	0.0267	0.0241	0.0216	0.0191	0.0166	0.0141	0.0116	0.0091	0.0066	0.0042	0.0018	
18	0.0450	0.0423	0.0396	0.0370	0.0344	0.0318	0.0292	0.0266	0.0241	0.0215	0.0190	0.0165	0.0140	0.0115	0.0090	0.0066	0.0041	0.0017	0.'3
20	0.0449	0.0422	0.0395	0.0369	0.0343	0.0317	0.0291	0.0265	0.0240	0.0214	0.0189	0.0164	0.0139	0.0114	0.0089	0.0065	0.0040	0.0016	
22	0.0448	0.0421	0.0395	0.0368	0.0342	0.0316	0.0290	0.0264	0.0239	0.0213	0.0188	0.0163	0.0138	0.0113	0.0089	0.0064	0.0040	0.0015	
24	0.0447	0.0420	0.0394	0.0367	0.0341	0.0315	0.0289	0.0264	0.0238	0.0213	0.0187	0.0162	0.0137	0.0112	0.0088	0.0063	0.0039	0.0015	0.'4
26	0.0446	0.0419	0.0393	0.0366	0.0340	0.0314	0.0288	0.0263	0.0237	0.0212	0.0187	0.0161	0.0136	0.0112	0.0087	0.0062	0.0038	0.0014	
28	0.0445	0.0418	0.0392	0.0366	0.0339	0.0313	0.0288	0.0262	0.0236	0.0211	0.0186	0.0161	0.0136	0.0111	0.0086	0.0062	0.0037	0.0013	
30	0.0444	0.0418	0.0391	0.0365	0.0339	0.0313	0.0287	0.0261	0.0235	0.0210	0.0185	0.0160	0.0135	0.0110	0.0085	0.0061	0.0036	0.0012	0.'5
32	0.0443	0.0417	0.0390	0.0364	0.0338	0.0312	0.0286	0.0260	0.0235	0.0209	0.0184	0.0159	0.0134	0.0109	0.0084	0.0060	0.0036	0.0011	
34	0.0442	0.0416	0.0389	0.0363	0.0337	0.0311	0.0285	0.0259	0.0234	0.0208	0.0183	0.0158	0.0133	0.0108	0.0084	0.0059	0.0035	0.0010	
36	0.0442	0.0415	0.0388	0.0362	0.0336	0.0310	0.0284	0.0258	0.0233	0.0208	0.0182	0.0157	0.0132	0.0107	0.0083	0.0058	0.0034	0.0010	0.'6
38	0.0441	0.0414	0.0388	0.0361	0.0335	0.0309	0.0283	0.0258	0.0232	0.0207	0.0181	0.0156	0.0131	0.0107	0.0082	0.0057	0.0033	0.0009	
40	0.0440	0.0413	0.0387	0.0360	0.0334	0.0308	0.0282	0.0257	0.0231	0.0206	0.0181	0.0156	0.0131	0.0106	0.0081	0.0057	0.0032	0.0008	
42	0.0439	0.0412	0.0386	0.0359	0.0333	0.0307	0.0282	0.0256	0.0230	0.0205	0.0180	0.0155	0.0130	0.0105	0.0080	0.0056	0.0031	0.0007	0.'7
44	0.0438	0.0411	0.0385	0.0359	0.0333	0.0307	0.0281	0.0255	0.0230	0.0204	0.0179	0.0154	0.0129	0.0104	0.0080	0.0055	0.0031	0.0006	
46	0.0437	0.0410	0.0384	0.0358	0.0332	0.0306	0.0280	0.0254	0.0229	0.0203	0.0178	0.0153	0.0128	0.0103	0.0079	0.0054	0.0030	0.0006	
48	0.0436	0.0410	0.0383	0.0357	0.0331	0.0305	0.0279	0.0253	0.0228	0.0202	0.0177	0.0152	0.0127	0.0103	0.0078	0.0053	0.0029	0.0005	0.'8
50	0.0435	0.0409	0.0382	0.0356	0.0330	0.0304	0.0278	0.0252	0.0227	0.0202	0.0176	0.0151	0.0126	0.0102	0.0077	0.0053	0.0028	0.0004	
52	0.0434	0.0408	0.0381	0.0355	0.0329	0.0303	0.0277	0.0252	0.0226	0.0201	0.0176	0.0151	0.0126	0.0101	0.0076	0.0052	0.0027	0.0003	
54	0.0434	0.0407	0.0381	0.0354	0.0328	0.0302	0.0276	0.0251	0.0225	0.0200	0.0175	0.0150	0.0125	0.0100	0.0075	0.0051	0.0027	0.0002	0.'9
56	0.0433	0.0406	0.0380	0.0353	0.0327	0.0301	0.0276	0.0250	0.0224	0.0199	0.0174	0.0149	0.0124	0.0099	0.0075	0.0050	0.0026	0.0002	
58	0.0432	0.0405	0.0379	0.0353	0.0326	0.0300	0.0275	0.0249	0.0224	0.0198	0.0173	0.0148	0.0123	0.0098	0.0074	0.0049	0.0025	0.0001	
	2°42'	2°43'	2°44'	2°45'	2°46'	2°47'	2°48'	2°49'	2°50'	2°51'	2°52'	2°53'	2°54'	2°55'	2°56'	2°57'	2°58'	2°59'	

www.ingramcontent.com/pod-product-compliance
Lightning Source LLC
Chambersburg PA
CBHW082004150426
42814CB00005BA/223